2020NIAN QUANGUO ZHUANLI DAILISHI ZIGE
KAODIAN FATIAO JINGDU JI LINIAN ZHENTI XIANGJIE

2020年
全国专利代理师
资格考试考点法条精读及历年真题详解

专利法律知识卷

精读大纲考点
解析五年真题
紧扣重点法条
梳理解题思路

曹京涛 编著

知识产权出版社
全国百佳图书出版单位
—北京—

图书在版编目（CIP）数据

2020年全国专利代理师资格考试考点法条精读及历年真题详解. 专利法律知识卷/曹京涛编著. —北京：知识产权出版社，2020.6

ISBN 978-7-5130-6924-3

Ⅰ.①2… Ⅱ.①曹… Ⅲ.①专利—代理（法律）—中国—资格考试—题解 Ⅳ.①D923.42-44

中国版本图书馆CIP数据核字（2020）第081233号

内容提要

本书针对全国专利代理师资格考试科目一：专利法律知识编写而成，根据《全国专利代理师资格考试大纲》的要求对专利法律知识的考点法条进行逐一讲解，并对2015~2019年的真题进行分类解析，力求通过法条讲解和真题演练的结合，使考生做到讲练结合、有的放矢。在法条讲解部分，作者对历年考试中法条的考查频率进行了统计，通过对高频考点的透彻讲解，使考生理解知识点之间的内在关联；在真题解析部分，一律采用现行法规进行分类解析，将考点的考查角度、考查方式尽收眼底，以促进考生多思考、勤动笔，使考生能真正领会考点，助力考试。

本书适用于知识产权行业相关从业人员，尤其是参加全国专利代理师资格考试的考生，能够使考生快捷地复习考点，省时省力、事半功倍。

责任编辑：李学军	责任校对：谷　洋
封面设计：刘　伟	责任印制：刘译文

2020年全国专利代理师资格考试考点法条精读及历年真题详解（专利法律知识卷）
曹京涛　编著

出版发行：知识产权出版社有限责任公司	网　　址：http://www.ipph.cn
社　　址：北京市海淀区气象路50号院	邮　　编：100081
责编电话：15611868862	责编邮箱：752606025@qq.com
发行电话：010-82000860转8101/8102	发行传真：010-82000893/82005070/82000270
印　　刷：天津嘉恒印务有限公司	经　　销：各大网上书店、新华书店及相关专业书店
开　　本：850mm×1168mm　1/16	印　　张：31.25
版　　次：2020年6月第1版	印　　次：2020年6月第1次印刷
字　　数：1136千字	定　　价：92.00元
ISBN 978-7-5130-6924-3	

出版权专有　　侵权必究

如有印装质量问题，本社负责调换。

作者简介

曹京涛，副研究员，专利代理师，IPMS审核员，中国政法大学法学硕士。先后工作于北京首钢集团、国家知识产权局，目前就职于中规（北京）认证有限公司，从事知识产权工作十余年，业务范围涉及专利、商标、商业秘密等，擅长专利代理师培训、IPMS审核以及专利挖掘、布局、无效等。

在多年的知识产权工作中，作者积累了丰富的实践经验。主要著作有：《全国专利代理人资格考试考点法条精读及真题分类解析》《企业知识产权管理体系构建与运行》《知识产权认证行业白皮书》等。主要文章有：《卷一专利法真题解析：走出误区（以考核委员会征集的公众意见为视角）》《轻松到手80分：相关法考点法条精读及真题分类解析》《中国电通信技术领域发明专利复审结案情况分析》《跨国公司在中国专利侵权诉讼审结案件分析报告》等。

作者近年来一直潜心研究全国专利代理师资格考试，通过分析研究历年专利代理师资格考试的考点和出题方向，致力于打造真正适合考生，具有实用性、针对性的考试辅导用书，希望助考生一臂之力。

2015~2019年专利法律知识真题分布统计表

	2015年	2016年	2017年	2018年	2019年	合计
第一章　总则	28	20	30	26	28	132
第二章　授予专利权的条件	14	13	16	14	14	71
第三章　专利的申请	25	26	22	14	22	109
第四章　专利申请的审查和批准	6	8	14	13	13	54
第五章　专利权的期限、终止和无效	14	15	14	16	12	71
第六章　专利实施的强制许可	1	1	0	2	0	4
第七章　专利权的保护	7	13	4	13	9	46
第八章　附则	2	1	0	1	0	4
专利文献与专利分类	3	3	0	1	2	9

目 录

导 言 ………………………………………… 1
 一、专利制度概要 ……………………………… 1
  (一) 专利制度的产生与发展 ……………… 1
  (二) 专利体系及特点 ……………………… 1
  (三) 专利制度的作用 ……………………… 2
 二、中国专利制度 ……………………………… 2
  (一) 中国专利制度的发展历史 …………… 2
  (二) 中国专利制度的主要特点 …………… 5
  (三) 中国专利制度行政与司法机构 ……… 5

第一章 总 则 ……………………………… 7
 引 言 ……………………………………… 7
 第一条【立法宗旨】 …………………………… 8
  一、本条含义 ………………………………… 8
  二、重点讲解 ………………………………… 8
   (一) 保护专利权人的合法利益 …………… 8
   (二) 鼓励发明创造 ………………………… 8
   (三) 推动发明创造的应用 ………………… 8
   (四) 提高创新能力，促进科学技术进步和
     经济社会发展 ………………………… 8
 第二条【发明创造的定义】 …………………… 9
  一、本条含义 ………………………………… 9
  二、重点讲解 ………………………………… 9
   (一) 发明 …………………………………… 9
   (二) 实用新型 …………………………… 10
   (三) 外观设计 …………………………… 11
  三、真题分析 ………………………………… 12
 第三条【专利行政部门的职责】 ……………… 17
  一、本条含义 ………………………………… 17
  二、重点讲解 ………………………………… 17
   (一) 国务院专利行政部门及其主要职能 … 17
   (二) 地方管理专利工作的部门及其
     主要职能 ……………………………… 17
  三、真题分析 ………………………………… 19
 第四条【需要保密的专利申请】 ……………… 20
  一、本条含义 ………………………………… 20
  二、重点讲解 ………………………………… 20
   (一) 保密的范围 ………………………… 20
   (二) 保密专利申请的审查 ……………… 20
   (三) 本条与专利法第二十条 …………… 21
  三、真题分析 ………………………………… 22
 第五条【违反社会公德和妨害公众利益的
    发明创造】 ……………………………… 23
  一、本条含义 ………………………………… 23
  二、重点讲解 ………………………………… 24
   (一) 违反法律的发明创造 ……………… 24
   (二) 违反社会公德的发明创造 ………… 24
   (三) 妨害公共利益的发明创造 ………… 24
   (四) 违反法律、行政法规的规定获取或者
     利用遗传资源，并依赖该遗传资源
     完成的发明创造 ……………………… 25
  三、真题分析 ………………………………… 25
 第六条【申请专利的权利和专利权的归属】 … 27
  一、本条含义 ………………………………… 27
  二、重点讲解 ………………………………… 27
   (一) 发明人或者设计人的概念 ………… 27
   (二) 职务发明创造 ……………………… 28
   (三) 非职务发明创造 …………………… 28
  三、真题分析 ………………………………… 29
 第七条【鼓励对非职务发明创造申请专利】 … 31
  一、本条含义 ………………………………… 31
  二、重点讲解 ………………………………… 31
   (一) 压制的含义 ………………………… 31
 第八条【合作、委托完成的发明创造申请
    专利的权利以及专利权归属】 ………… 31
  一、本条含义 ………………………………… 31
  二、重点讲解 ………………………………… 31
   (一) 合作完成的发明创造 ……………… 31
   (二) 委托开发完成的发明创造 ………… 32
   (三) 权属纠纷的解决途径 ……………… 32
   (四) 请求中止 …………………………… 32
  三、真题分析 ………………………………… 35

| 第九条【禁止重复授权和先申请原则】 ……… 36
| 一、本条含义 …………………………… 36
| 二、重点讲解 …………………………… 36
| (一)申请人的概念 ………………… 36
| (二)对同样的发明创造的处理 …… 37
| (三)先发明制和先申请制 ………… 38
| 三、真题分析 …………………………… 39
| 第十条【专利申请权和专利权的转让】 …… 43
| 一、本条含义 …………………………… 43
| 二、重点讲解 …………………………… 43
| (一)转让专利权的权利 …………… 43
| (二)专利权的质押 ………………… 45
| (三)申请专利的权利和专利申请权 … 45
| 三、真题分析 …………………………… 45
| 第十一条【专利权的效力】 ………………… 49
| 一、本条含义 …………………………… 49
| 二、重点讲解 …………………………… 49
| (一)"未经专利权人许可"的含义 … 49
| (二)"为生产经营目的"的含义 …… 50
| (三)"制造、使用、许诺销售、销售和进口专利产品"的含义 …… 50
| (四)"使用"专利方法的含义 …… 51
| (五)"依照该专利方法直接获得的产品"的含义 …………………… 51
| (六)"使用、许诺销售、销售、进口依照专利方法直接获得的产品"的含义 … 52
| (七)"制造、许诺销售、销售、进口外观设计专利产品"的含义 …… 52
| 三、真题分析 …………………………… 52
| 第十二条【专利权许可】 …………………… 56
| 一、本条含义 …………………………… 56
| 二、重点讲解 …………………………… 56
| (一)许可的效力 …………………… 56
| (二)许可的种类 …………………… 56
| (三)专利实施许可合同 …………… 57
| (四)专利实施许可合同的备案 …… 57
| 三、真题分析 …………………………… 58
| 第十三条【发明专利申请的临时保护】 …… 59
| 一、本条含义 …………………………… 59
| 二、重点讲解 …………………………… 59
| (一)发明专利申请公布后的临时保护 … 59
| (二)专利申请各时间段的效力 …… 60

三、真题分析 …………………………… 60
第十四条【发明专利的推广应用】 ………… 62
  一、本条含义 …………………………… 62
  二、重点讲解 …………………………… 62
    (一)专利的推广应用 ……………… 62
  三、真题分析 …………………………… 63
第十五条【专利申请权和专利权的共有】 … 63
  一、本条含义 …………………………… 63
  二、重点讲解 …………………………… 64
    (一)共有权利的行使 ……………… 64
    (二)普通许可使用费的分配 ……… 64
  三、真题分析 …………………………… 65
第十六条【职务发明奖励】 ………………… 67
  一、本条含义 …………………………… 67
  二、重点讲解 …………………………… 67
    (一)职务发明创造的发明人或设计人获得奖酬的权利及相关规定 … 67
  三、真题分析 …………………………… 68
第十七条【署名权与专利标识】 …………… 71
  一、本条含义 …………………………… 71
  二、重点讲解 …………………………… 71
    (一)发明人或者设计人的署名权 … 71
    (二)标明专利标识的权利 ………… 71
  三、真题分析 …………………………… 72
第十八条【外国人、外国企业和外国其他组织在我国申请专利的条件】 ……… 73
  一、本条含义 …………………………… 73
  二、重点讲解 …………………………… 73
    (一)外国申请人 …………………… 73
第十九条【专利代理】 ……………………… 74
  一、本条含义 …………………………… 74
  二、重点讲解 …………………………… 74
    (一)专利代理 ……………………… 74
    (二)专利代理机构和专利代理师 … 74
    (三)专利代理执业和监管 ………… 78
    (四)专利代理违法行为的处理和法律责任 …… 80
    (五)专利代理行业组织 …………… 82
  三、真题分析 …………………………… 82
第二十条【向外申请专利】 ………………… 91
  一、本条含义 …………………………… 92
  二、重点讲解 …………………………… 92
    (一)向外申请专利的保密审查 …… 92

（二）专利合作条约 …………………… 93
　　（三）国际申请进入中国国家阶段的
　　　　　特殊要求 ………………………… 101
　　（四）相关专利国际条约 ………………… 105
　三、真题分析 ………………………………… 108
第二十一条【处理专利申请和请求的原则和
　　　　　　保密原则】……………………… 123
　一、本条含义 ………………………………… 123
　二、重点讲解 ………………………………… 124
　　（一）国务院专利行政部门及其专利复审
　　　　　委员会处理专利申请和请求的原则 …… 124
　　（二）专利公报 …………………………… 124
　　（三）"专利申请公布或者公告"的含义 …… 125
　　（四）"国务院专利行政部门的工作人员
　　　　　及有关人员"的含义 ………………… 125

第二章　授予专利权的条件 ………………… 126
　引　言 ………………………………………… 126
　第二十二条【授予发明、实用新型
　　　　　　　专利权的条件】………………… 126
　一、本条含义 ………………………………… 127
　二、重点讲解 ………………………………… 127
　　（一）现有技术 …………………………… 127
　　（二）新颖性 ……………………………… 128
　　（三）创造性 ……………………………… 132
　　（四）实用性 ……………………………… 136
　三、真题分析 ………………………………… 137
第二十三条【授予外观设计专利权的条件】… 156
　一、本条含义 ………………………………… 156
　二、重点讲解 ………………………………… 156
　　（一）相关概念 …………………………… 156
　　（二）外观设计专利申请的授权条件 …… 157
　三、真题分析 ………………………………… 161
第二十四条【新颖性的宽限期】……………… 167
　一、本条含义 ………………………………… 167
　二、重点讲解 ………………………………… 167
　　（一）宽限期的定义 ……………………… 167
　　（二）宽限期的效力 ……………………… 168
　　（三）宽限期的期限 ……………………… 168
　　（四）适用宽限期的情形 ………………… 168
　　（五）主张适用宽限期的时间限制 ……… 168
　　（六）有权主张适用宽限期的人 ………… 168

　　（七）主张适用宽限期的条件 …………… 168
　　（八）二次公开适用宽限期的条件 ……… 168
　　（九）适用宽限期的国际展览会 ………… 169
　　（十）适用宽限期的学术会议或技术会议 …… 169
　　（十一）首次发表的含义 ………………… 169
　　（十二）首次展出的含义 ………………… 169
　　（十三）他人未经申请人同意而泄露
　　　　　　其发明创造内容的含义 ………… 169
　　（十四）证明材料 ………………………… 169
　　（十五）权利恢复的例外情形 …………… 169
　三、真题分析 ………………………………… 170
第二十五条【不授予专利权的主题】………… 175
　一、本条含义 ………………………………… 175
　二、重点讲解 ………………………………… 175
　　（一）科学发现 …………………………… 175
　　（二）智力活动的规则和方法 …………… 176
　　（三）疾病的诊断和治疗方法 …………… 177
　　（四）动物和植物品种 …………………… 179
　　（五）原子核变换方法和用该方法
　　　　　获得的物质 ………………………… 179
　　（六）对平面印刷品的图案/色彩或者二者的
　　　　　结合作出的主要起标识作用的设计 …… 179
　三、真题分析 ………………………………… 180

第三章　专利的申请 ………………………… 184
　引　言 ………………………………………… 184
　第二十六条【发明和实用新型专利的
　　　　　　　申请文件】……………………… 184
　一、本条含义 ………………………………… 185
　二、重点讲解 ………………………………… 185
　　（一）请求书 ……………………………… 185
　　（二）权利要求书 ………………………… 188
　　（三）说明书及说明书附图 ……………… 193
　　（四）说明书摘要及摘要附图 …………… 199
　　（五）申请文件的书写规则及附图绘制要求 … 200
　　（六）对于涉及生物材料申请的特殊要求 …… 202
　　（七）对涉及遗传资源申请的特殊要求 …… 204
　　（八）专利的申请及受理 ………………… 204
　三、真题分析 ………………………………… 215
第二十七条【外观设计专利的申请文件】…… 238
　一、本条含义 ………………………………… 238
　二、重点讲解 ………………………………… 238

（一）外观设计专利申请请求书 …………… 238
　　（二）图片或照片 ……………………………… 239
　　（三）简要说明 ………………………………… 241
　　（四）涉及图形用户界面的产品外观设计 …… 241
三、真题分析 ………………………………………… 242
第二十八条【专利申请日】 ………………………… 246
一、本条含义 ………………………………………… 247
二、重点讲解 ………………………………………… 247
　　（一）申请日 …………………………………… 247
　　（二）申请号 …………………………………… 248
　　（三）日期/期限的确定与变更 ……………… 249
三、真题分析 ………………………………………… 249
第二十九条【优先权】 ……………………………… 251
一、本条含义 ………………………………………… 251
二、重点讲解 ………………………………………… 251
　　（一）优先权 …………………………………… 251
三、真题分析 ………………………………………… 254
第三十条【优先权的手续】 ………………………… 257
一、本条含义 ………………………………………… 257
二、重点讲解 ………………………………………… 257
　　（一）优先权请求 ……………………………… 257
三、真题分析 ………………………………………… 260
第三十一条【专利申请的单一性和合案
　　　　　　申请】 ……………………………… 262
一、本条含义 ………………………………………… 262
二、重点讲解 ………………………………………… 262
　　（一）发明和实用新型专利申请的单一性 …… 262
　　（二）外观设计专利申请的单一性 …………… 268
　　（三）分案申请 ………………………………… 269
三、真题分析 ………………………………………… 271
第三十二条【专利申请的撤回】 …………………… 275
一、本条含义 ………………………………………… 275
二、重点讲解 ………………………………………… 275
　　（一）撤回专利申请声明 ……………………… 275
三、真题分析 ………………………………………… 276
第三十三条【修改专利申请文件的原则】 ………… 276
一、本条含义 ………………………………………… 277
二、重点讲解 ………………………………………… 277
　　（一）涉及发明专利申请的答复和修改 ……… 277
　　（二）涉及实用新型专利申请的答复和修改 … 282
　　（三）涉及外观设计专利申请的答复和修改 … 284
三、真题分析 ………………………………………… 286

第四章　专利申请的审查和批准 ………………… 293
引　言 ………………………………………………… 293
第三十四条【发明专利申请的公布】 ……………… 293
一、本条含义 ………………………………………… 294
二、重点讲解 ………………………………………… 294
　　（一）发明专利申请的初步审查程序 ………… 294
三、真题分析 ………………………………………… 296
第三十五条【发明专利申请的实质审查请求】 … 299
一、本条含义 ………………………………………… 299
二、重点讲解 ………………………………………… 299
　　（一）发明专利申请的实质审查请求 ………… 299
三、真题分析 ………………………………………… 300
第三十六条【发明专利申请有关资料的提交】 … 300
一、本条含义 ………………………………………… 300
二、重点讲解 ………………………………………… 300
　　（一）"有关的参考资料"的性质 …………… 300
　　（二）"检索的资料或者审查结果的
　　　　　资料"的内容 …………………………… 301
第三十七条【发明专利申请的实质审查】 ……… 301
一、本条含义 ………………………………………… 301
二、重点讲解 ………………………………………… 301
　　（一）实质审查程序中的基本原则 …………… 301
　　（二）实质审查 ………………………………… 302
　　（三）授权通知 ………………………………… 309
　　（四）实审程序的终止、中止和恢复 ………… 309
三、真题分析 ………………………………………… 310
第三十八条【发明专利申请的经质
　　　　　　审查后的驳回】 ……………………… 313
一、本条含义 ………………………………………… 313
二、重点讲解 ………………………………………… 313
　　（一）驳回决定 ………………………………… 313
　　（二）发明专利申请实审驳回理由与宣告
　　　　　专利无效理由对比表 …………………… 314
第三十九条【发明专利权的授予】 ………………… 314
一、本条含义 ………………………………………… 314
二、重点讲解 ………………………………………… 314
　　（一）授权程序 ………………………………… 314
　　（二）专利证书 ………………………………… 315
　　（三）专利登记簿 ……………………………… 316
　　（四）案卷及登记簿的查阅、复制和保存 …… 316
三、真题分析 ………………………………………… 317
第四十条【实用新型、外观设计

专利权的授予】 ………………………… 319
　　　一、本条含义 …………………………… 320
　　　二、重点讲解 …………………………… 320
　　　　（一）实用新型专利申请的初步审查 … 320
　　　　（二）外观设计专利申请的初步审查 … 321
　　　三、真题分析 …………………………… 322
　第四十一条【专利申请的复审】 …………… 322
　　　一、本条含义 …………………………… 322
　　　二、重点讲解 …………………………… 322
　　　第一部分　概要 ………………………… 322
　　　　（一）专利复审委员会 ………………… 322
　　　　（二）审查原则 ………………………… 323
　　　　（三）合议审查 ………………………… 323
　　　　（四）独任审查 ………………………… 324
　　　　（五）回避制度 ………………………… 324
　　　　（六）审查决定 ………………………… 325
　　　　（七）更正及驳回请求 ………………… 325
　　　　（八）对专利复审委员会的决定不服的
　　　　　　　司法救济 ………………………… 326
　　　第二部分　专利申请的复审 …………… 326
　　　　（一）复审程序的性质 ………………… 326
　　　　（二）复审请求的形式审查 …………… 327
　　　　（三）复审请求的前置审查 …………… 328
　　　　（四）复审请求的合议审查 …………… 329
　　　　（五）复审决定 ………………………… 330
　　　　（六）复审程序中止 …………………… 330
　　　　（七）复审程序的终止 ………………… 330
　　　第三部分　国家知识产权局的行政复议 … 330
　　　　（一）国家知识产权局行政复议基本
　　　　　　　概念与手续 ……………………… 330
　　　　（二）申请复议的范围 ………………… 333
　　　三、真题分析 …………………………… 333

第五章　专利权的期限、终止和无效 ………… 346
　引言 ………………………………………… 346
　第四十二条【专利权的期限】 ……………… 347
　　　一、本条含义 …………………………… 347
　　　二、重点讲解 …………………………… 347
　　　　（一）期限的种类 ……………………… 347
　　　　（二）期限的计算 ……………………… 347
　　　　（三）期限的延长 ……………………… 348
　　　　（四）耽误期限的处分 ………………… 348

　　　三、真题分析 …………………………… 349
　第四十三条【专利年费】 …………………… 351
　　　一、本条含义 …………………………… 352
　　　二、重点讲解 …………………………… 352
　　　　（一）年费 ……………………………… 352
　　　　（二）"自被授予专利权的当年开始缴纳"
　　　　　　　的含义 …………………………… 352
　第四十四条【专利权在期限届满前的终止】 … 352
　　　一、本条含义 …………………………… 352
　　　二、重点讲解 …………………………… 353
　　　　（一）专利权的终止 …………………… 353
　　　三、真题分析 …………………………… 354
　第四十五条【宣告专利权无效的请求】 …… 355
　　　一、本条含义 …………………………… 355
　　　二、重点讲解 …………………………… 356
　　　　（一）无效宣告请求的性质 …………… 356
　　　　（二）无效宣告请求应当遵循的其他
　　　　　　　审查原则 ………………………… 356
　　　　（三）无效宣告请求范围以及理由和证据 … 356
　　　三、真题分析 …………………………… 357
　第四十六条【宣告专利权无效请求的审查】 … 363
　　　一、本条含义 …………………………… 363
　　　二、重点讲解 …………………………… 363
　　　　（一）无效宣告请求的审查 …………… 363
　　　　（二）口头审理 ………………………… 370
　　　　（三）无效宣告程序中有关证据问题的规定 … 373
　　　三、真题分析 …………………………… 376
　第四十七条【宣告专利权无效的效力】 …… 393
　　　一、本条含义 …………………………… 394
　　　二、重点讲解 …………………………… 394
　　　　（一）"自始即不存在"的含义 ………… 394
　　　三、真题分析 …………………………… 394

第六章　专利实施的强制许可 ………………… 396
　引言 ………………………………………… 396
　第四十八条【给予强制许可的一般理由】 … 397
　　　一、本条含义 …………………………… 397
　　　二、重点讲解 …………………………… 397
　　　　（一）因专利权人未实施或者未充分实施
　　　　　　　专利而给予的强制许可 ………… 397
　　　　（二）为消除或者减少垄断行为对竞争产生的
　　　　　　　不利影响而给予的强制许可 …… 398

（三）强制许可的申请和审批 ………… 398
　　三、真题分析 ……………………………… 399
第四十九条【给予强制许可的特别理由】 …… 400
　　一、本条含义 ……………………………… 400
　　二、重点讲解
　　（一）为公共利益目的而给予的强制许可 … 400
第五十条【出口专利药品的强制许可】 ……… 401
　　一、本条含义 ……………………………… 401
　　二、重点讲解
　　（一）为公共健康目的而给予的强制许可 … 401
第五十一条【从属专利的强制许可】 ………… 402
　　一、本条含义 ……………………………… 402
　　二、重点讲解
　　（一）从属专利的强制许可 ……………… 402
第五十二条【半导体技术的强制许可】 ……… 402
　　一、本条含义 ……………………………… 403
　　二、重点讲解
　　（一）对涉及半导体技术的强制许可的给予
　　　　和实施的限制 ……………………… 403
　　三、真题分析 ……………………………… 403
第五十三条【强制许可的实施限制】 ………… 404
　　一、本条含义 ……………………………… 404
　　二、重点讲解
　　（一）"主要为了供应国内市场"的
　　　　限制性条件 ………………………… 404
　　（二）例外情形 …………………………… 404
第五十四条【申请强制许可的有关证据】 …… 404
　　一、本条含义 ……………………………… 404
　　二、重点讲解
　　（一）本条规定的适用范围 ……………… 404
第五十五条【给予强制许可的决定及其登记、
　　　　公告和终止】 ………………… 405
　　一、本条含义 ……………………………… 405
　　二、重点讲解
　　（一）强制许可的终止 …………………… 405
　　三、真题分析 ……………………………… 406
第五十六条【强制许可的实施权】 …………… 407
　　一、本条含义 ……………………………… 407
　　二、重点讲解
　　（一）对强制许可被许可方的实施
　　　　权利的限制 ………………………… 407
第五十七条【强制许可的使用费】 …………… 407

　　一、本条含义 ……………………………… 407
　　二、重点讲解 ……………………………… 408
　　（一）强制许可使用费的裁决 …………… 408
第五十八条【给予强制许可决定和使用费的
　　　　司法救济】 …………………… 408
　　一、本条含义 ……………………………… 409
　　二、重点讲解 ……………………………… 409
　　（一）对给予强制许可的决定不服的救济 … 409
　　（二）对强制许可使用费的裁决不服的救济 … 409

第七章　专利权的保护 ……………………… 410
引　言 ……………………………………… 410
第五十九条【专利权的保护范围】 …………… 411
　　一、本条含义 ……………………………… 411
　　二、重点讲解 ……………………………… 411
　　（一）专利权的保护范围 ………………… 411
　　（二）专利侵权的判定原则 ……………… 413
　　三、真题分析 ……………………………… 415
第六十条【侵犯专利权的处理、审理
　　　　及民事责任】 ………………… 419
　　一、本条含义 ……………………………… 419
　　二、重点讲解 ……………………………… 419
　　（一）专利侵权行为的类型 ……………… 419
　　（二）侵犯专利权的法律责任 …………… 420
　　（三）救济方法 …………………………… 420
　　（四）其他专利纠纷 ……………………… 424
　　三、真题分析 ……………………………… 425
第六十一条【举证责任的特殊规定及
　　　　专利权评价报告】 …………… 429
　　一、本条含义 ……………………………… 429
　　二、重点讲解 ……………………………… 429
　　（一）方法发明专利侵权的举证责任 …… 429
　　（二）请求作出实用新型和外观设计
　　　　专利权评价报告 …………………… 430
　　三、真题分析 ……………………………… 433
第六十二条【现有技术和现有设计抗辩】 …… 436
　　一、本条含义 ……………………………… 436
　　二、重点讲解 ……………………………… 436
　　（一）实施现有技术或者现有设计的行为
　　　　不构成专利侵权 …………………… 436
　　三、真题分析 ……………………………… 436
第六十三条【假冒专利的法律责任】 ………… 437

一、本条含义 …………………………………… 437	秘密及其法律责任 …………………………… 458
二、重点讲解 …………………………………… 438	第七十二条【侵夺发明人、设计人权益的
（一）假冒专利的行为 ………………………… 438	法律责任】 …………………… 459
三、真题分析 …………………………………… 438	一、本条含义 …………………………………… 459
第六十四条【假冒专利行为的查处】 ………… 441	二、重点讲解 …………………………………… 459
一、本条含义 …………………………………… 441	（一）本条所称发明人或者设计人的权益 …… 459
二、重点讲解 …………………………………… 441	（二）本条规定的处置措施 …………………… 459
（一）假冒专利行为的查处 …………………… 441	第七十三条【管理专利工作部门不得
第六十五条【侵犯专利权的损失赔偿】 ……… 443	从事经营活动】 ………………… 459
一、本条含义 …………………………………… 443	一、本条含义 …………………………………… 459
二、重点讲解 …………………………………… 443	二、重点讲解 …………………………………… 459
（一）赔偿损失 ………………………………… 443	（一）管理专利工作的部门参与经营活动
（二）赔偿数额的计算 ………………………… 444	及其法律责任 …………………………… 459
三、真题分析 …………………………………… 445	第七十四条【对有关国家机关工作人员的要求
第六十六条【侵犯专利权的诉前临时措施】 … 447	及法律责任】 …………………… 460
一、本条含义 …………………………………… 447	一、本条含义 …………………………………… 460
二、重点讲解 …………………………………… 447	二、重点讲解 …………………………………… 460
（一）专利侵权行为的诉前停止 ……………… 447	（一）专利行政部门人员渎职行为
三、真题分析 …………………………………… 448	及其法律责任 …………………………… 460
第六十七条【侵犯专利权的诉前证据保全】 … 450	
一、本条含义 …………………………………… 450	第八章　附　则 ………………………………… 461
二、重点讲解 …………………………………… 450	引　言 …………………………………………… 461
（一）诉前证据保全 …………………………… 451	第七十五条【专利费用】 ……………………… 461
第六十八条【侵犯专利权的诉讼时效】 ……… 451	一、本条含义 …………………………………… 461
一、本条含义 …………………………………… 451	二、重点讲解 …………………………………… 461
二、重点讲解 …………………………………… 451	（一）费用 ……………………………………… 461
（一）诉讼时效 ………………………………… 451	三、真题分析 …………………………………… 465
三、真题分析 …………………………………… 452	第七十六条【实施日期】 ……………………… 466
第六十九条【不视为侵犯专利权的行为】 …… 452	一、本条含义 …………………………………… 466
一、本条含义 …………………………………… 453	二、重点讲解 …………………………………… 466
二、重点讲解 …………………………………… 453	
（一）不视为专利侵权的情形 ………………… 453	施行修改后的专利法的过渡办法 ……………… 467
三、真题分析 …………………………………… 455	
第七十条【损失赔偿责任的免除】 …………… 457	专利文献与专利分类 …………………………… 468
一、本条含义 …………………………………… 457	引　言 …………………………………………… 468
二、重点讲解 …………………………………… 457	第一节　专利文献基本知识 …………………… 468
（一）赔偿责任的免除情形 …………………… 457	一、专利文献概述 ……………………………… 468
第七十一条【向外国申请专利泄露国家	二、专利说明书类文献组成部分 ……………… 469
秘密的法律责任】 ……………… 458	三、专利说明书种类 …………………………… 469
一、本条含义 …………………………………… 458	四、专利文献著录项目及其代码 ……………… 470
二、重点讲解 …………………………………… 458	（一）发明、实用新型专利文献著录项目
（一）擅自向外国申请专利泄露国家	名称及相应INID代码 …………………… 470

（二）外观设计专利文献著录项目名称及
　　　相应 INID 代码 …………………… 471
五、专利文献编号 …………………………… 475
　（一）专利申请号 ………………………… 475
　（二）专利文献号 ………………………… 475
六、中国专利文献 …………………………… 475
　（一）中国专利文献种类及其代码 ……… 476
　（二）中国专利编号 ……………………… 477
七、其他主要国家/组织专利文献 ………… 478
　（一）欧洲专利文献种类及其代码 ……… 478
　（二）PCT 国际申请文献种类及其代码 … 478
　（三）美国专利文献种类及其代码 ……… 478
　（四）日本专利文献种类及其代码 ……… 478
八、真题分析 ………………………………… 479
第二节　专利分类 …………………………… 480
一、发明和实用新型的国际专利
　　分类（IPC） …………………………… 480
　（一）国际专利分类八个部的类名 ……… 480
　（二）分类表的等级结构与完整的分类号 … 481
　（三）IPC 号在专利文献中的表达形式 … 481
　（四）技术主题所涉及的发明信息 ……… 481
　（五）技术主题所涉及的附加信息 ……… 482

（六）发明的技术主题 …………………… 482
二、外观设计的洛加诺分类 ………………… 482
　（一）《国际外观设计分类表》的编排/
　　　等级结构 ……………………………… 482
　（二）分类号的表示 ……………………… 482
三、真题分析 ………………………………… 482
第三节　专利信息检索 ……………………… 483
一、专利信息检索概述 ……………………… 483
　（一）专利信息检索概念 ………………… 483
　（二）专利信息检索工具 ………………… 483
二、专利信息检索种类 ……………………… 483
　（一）专利技术信息检索 ………………… 483
　（二）专利性检索 ………………………… 484
　（三）专利法律状态检索 ………………… 484
　（四）同族专利检索 ……………………… 484
　（五）专利引文检索 ……………………… 484
　（六）侵权检索 …………………………… 484
三、专利信息检索技术与方法 ……………… 484
　（一）布尔逻辑运算 ……………………… 484
　（二）专利检索要素 ……………………… 484
四、主要互联网专利信息检索系统 ………… 485

导　言

一、专利制度概要

（一）专利制度的产生与发展

专利制度发端于中世纪的欧洲。早在 14 世纪，英国国王向引进新技术的外国技工授予垄断权利并给予保护，使他们能在英国经营，并将技术传授于英国工人。这种垄断权利就是专利权的前身。随着技术进步和产业发展的进一步要求，英国王室的授权逐渐演变为一项鼓励发明创造的常态化的法律制度。

1474 年颁布的《威尼斯专利法》是世界上第一部具有现代专利法特点的法律。1623 年通过的《英国垄断法》奠定了现代专利法的基础，被视为专利制度发展史上的第二个里程碑。18、19 世纪，美国、法国、德国、日本等国相继制定了专利法。1873 年，世界上建立专利制度的国家仅有 22 个，100 年后增加到 120 个。目前，绝大多数国家都建立了专利制度。

1883 年缔结的《保护工业产权巴黎公约》（简称《巴黎公约》）确立了公民待遇原则，明确了成员国有义务就专利权等工业产权的实体保护向其他成员国提供不低于本国国民的待遇。《巴黎公约》还确立了专利独立、优先权等原则。1970 年在《巴黎公约》的基础上缔结的《专利合作条约》（PCT）建立了国际申请体系，使各国申请人可以使用一种语言、向一个专利局提交一份申请，就在指定的多个国家中享有国家申请的效力。此外，国际上还订立了一系列与专利有关的条约，其中，1994 年订立的《与贸易有关的知识产权协定》（简称 TRIPS 协定）将包括专利在内的知识产权保护问题与国际贸易挂钩，大大提高了知识产权的保护标准，对专利制度的国际协调起到了重要作用，并在全球范围产生了深远影响。

（二）专利体系及特点

1. 专利权的概念

专利权中的"专利"一词是从英语 Patent 翻译过来的。Patent 来自拉丁文 Letters Patent，是在中世纪的英国国王对人们封以爵位、任命官职及授予各种特权所常用的一种文书。这种文书盖有国王御玺，没有封口，人人可以打开阅读。也就是说，这种证书的内容是公开的。自英国颁布《垄断法》以后，英国对发明人授予垄断权所用的这种文件改用英国专利局的印章，表明国家对某一发明创造已授予垄断权。这种文件在当今被称为专利证书，其所授予的权利被称为专利权，亦可简称专利。这种证书的内容也是公开的。正是这两大特点构成了专利的最基本特征——垄断和公开。

专利权是专利制度的核心。一般认为，专利权是一个国家或地区的政府主管机关依法授予申请人在一定期限内禁止他人未经允许而实施其专利的权利。也可以说，专利权是发明创造的合法所有人依法对其发明创造所享有的独占权。

2. 专利权的性质

专利权具有客体（发明创造）的无形性、授权的地域性、存在的时间性和权利的独占性等特点。

（1）客体的无形性。发明创造是专利权的客体。与有形财产不同，尽管发明创造往往会以有形载体例如某种产品的形式出现，但其实质是无形的技术方案或者设计方案。客体无形性是专利权等知识产权区别于有形财产所有权的最根本的特征。

（2）授权的地域性。专利权只在授权的地域范围内有效，即授权的地域性。发明人或者设计人如果希望在不同的国家得到保护，一般需要分别向各国申请获得授权。

（3）存在的时间性。专利权是一项有期限的民事权利。各国法律都对专利权的期限作出了明确的规定，期限届满之后，虽然发明创造本身依然存在，并且可能仍然具有实施的价值，但是专利权不再存在，原来受法律保护的客体进入公有领域，任何人都可自由利用。

（4）权利的独占性。专利权具有独占性。根据法律规定，专利权专属于权利人所有，未经许可，他人不得实施。

3. 先申请制

先申请制是将专利权授予先提出申请的人。这种做法的好处是可以促使申请人在完成发明后尽早提出专利申请，有利于发明创造的尽早公开，从而避免重复研究，节约社会资源。但是，这种做法也存在一定弊端，可能导致由于申请人急于提出专利申请，使发明创造还处在不成熟、不完善的阶段就公之于众，既不利于方案的完善，也可能有损申请人本应获得的权益。基于效率与公平的综合考量，包括我国在内的绝大多数国家都采用先申请制。

4. 先发明制

先发明制是将专利权授予先作出发明创造的人。这将有利于发明人进一步完善发明创造，而不必急于提出申请，但也有可能助长发明人将其发明创造长时间置于保密状态，不利于发明创造的尽早公开和传播。

5. 登记制、初步审查制与实质审查制

在所有国家，专利申请提出以后必须经过政府主管部门的审核，才能被授予专利权。各国根据各自的实际情况和需要，采取了不同的审核制度，主要有登记制、初步审查制、实质审查制等。

登记后即授予专利权，为登记制。采用初步审查制的，专利局将对申请文件是否完备、填写方式是否符合要求、申请费是否已经缴纳以及申请是否存在明显的实质性缺陷进行审查，没有发现驳回理由的，就会授予专利权。采用实质审查制的，专利局不仅对申请文件的形式要求进行审查，还对申请专利的技术是否具备专利法律法规规定的授权条件，即对新颖性、创造性、实用性进行审查，经实质审查合格后才会授予专利权。

在采用审查制度的国家中，有的国家如美国实行即时审查制，即申请提交后即可进行审查；而包括我国在内的许多国家采用了早期公开、延迟审查的制度。按照这种审查制度，申请人向专利局提交专利申请后，专利局首先对其进行初步审查，符合形式要求的即在自申请日起满18个月时予以公布，这就是"早期公开"；"延迟审查"是指专利局完成初步审查后并不立即进行实质审查，而是在申请人按规定时间（通常是自申请日起3年内）提出实质审查请求后才进行审查。申请人未在规定期限内提出实质审查的，其申请将被视为撤回。采用这种制度，一方面能够使申请专利的技术尽早与公众见面，有利于技术传播，避免重复研究；另一方面给申请人是否继续申请、是否投入人力和资金提供了充分的考虑时间，同时也减少了审查机构的工作压力。

（三）专利制度的作用

专利制度的作用主要体现在两个方面，一是通过授予专利权人一定期限的独占权，使其在激烈的竞争中占据有利地位，收回完成发明创造的投入，促进进一步创新，从而有效地鼓励发明创造；二是通过充分公开发明创造、广泛迅速传播专利信息，推动发明创造的应用和推广，为他人研发提供更好的基础，避免重复投入，从而促进国家科学技术进步和经济发展。

二、中国专利制度

（一）中国专利制度的发展历史

1. 中国专利法的制定

鸦片战争之后，我国一些受西方资产阶级民主思想影响的知识分子开始将有关专利制度的思想引入中国。清光绪年间，维新派和保守派之间就是否需要在我国建立专利制度进行了激烈争论。光绪皇帝接受维新派建议，决心变法维新，提出了"除旧布新"的纲领，于1898年（清光绪二十四年）7月12日颁布了《振兴工艺给奖章程》。该章程共12条，其第一条至第三条分别规定了为期50年、30年、10年的专利，这是我国建立专利制度的初次尝试。然而，该章程颁布仅两个月，慈禧太后就发动了政变，"百日维新"就此终结，该章程也就随之落空了。

孙中山先生领导辛亥革命推翻千年帝制，建立了中华民国。民国政府工商部于1912年6月13日制定了《奖励工艺品暂行章程》，同年12月12日，由参议院通过予以施行，这是民国政府颁布的第一部涉及专利的法规。该章程规定，奖励对象为改良的产品，但对食品和药品不授予专利权；奖励办法是分等级授予5年以内的专利

权，或者给予名誉上的褒奖；对伪造或者假冒行为处以徒刑或者罚金；对外国人不授予专利权。

抗日战争胜利前夕，民国政府主席蒋介石和立法院院长孙科联名于1944年5月29日颁布了中华民国专利法，这是我国历史上颁布的第一部专利法，共133条。1947年11月8日，民国政府又颁布了该专利法的实施细则。然而，由于当时的具体国情，中华民国专利法及其实施细则在大陆并没有真正予以实施，只是从1949年1月1日起在我国台湾地区予以施行。

中华人民共和国的成立揭开了中国历史的崭新篇章。新中国成立伊始，百废待兴，政务院即于1950年8月11日颁布了《保障发明权与专利权暂行条例》，这是新中国颁布的第一个有关专利的法规。依据该条例，我国从1953~1957年一共发放6件发明证书，4件专利证书。之后，国务院颁布的《发明奖励条例》《技术改进奖励条例》等旨在鼓励发明和技术改进的法规也没有得到很好的施行。因此，从1949年新中国成立到1985年，我国实际上并没有真正建立专利制度，只是实行了对发明和技术改进的奖励制度。

1984年4月12日，第六届全国人民代表大会常务委员会第四次会议对历时5年，先后历经25稿的专利法草案进行了表决，并通过了此草案。至此，我国建立专利制度的标志——《中华人民共和国专利法》诞生了，并于1985年4月1日起施行，该部法律具有以下特点：

（1）在同一部法律中囊括了发明、实用新型、外观设计三种专利，而不是如同大多数国家那样分别予以立法。

（2）采用单一的专利模式保护发明创造，而不是采用专利模式与发明证书模式相结合的混合模式保护发明创造。

（3）在先申请制和先发明制之间选择了先申请制；在审查方式上对发明专利申请选择了早期公布、请求审查制，对实用新型和外观设计专利申请选择了初步审查制；在授予专利权的方式上选择了首先予以公告，经异议程序后授予专利权的方式。

（4）对能够获得专利保护的技术领域实行了逐步开放的做法，规定对药品、用化学方法获得的物质、食品和调味品不授予专利权。

（5）针对当时我国的具体国情，对专利权的归属作了"所有"和"持有"的区分，解决了专利制度如何与当时占主导地位的全民所有制体制协调一致的突出难题。

（6）对专利权的保护实行司法途径和行政途径平行运作的双轨制，这在世界各国的专利制度中是十分少见的。

（7）全面体现了《巴黎公约》确立的国民待遇、优先权、专利独立三大原则，严格履行了该公约规定的义务。

（8）秉承了我国法律简明扼要的传统，总共只有69条规定。

为了配合《专利法》的施行，国务院于1985年1月19日审议批准了《中华人民共和国专利法实施细则》，由中国专利局同日予以公布，自1985年4月1日起与《专利法》同日施行。

2. 中国专利法及其实施细则的第一次修改

1992年9月4日，第七届全国人大常委会第27次会议通过了《专利法》修正案，对其进行第一次修改，并于1993年1月1日起施行。这次修改的重点是使我国专利法与当时已经基本成型的TRIPS相一致，主要包括：

（1）扩大专利保护的技术范围，对药品、食品、饮料、调味品和化学物质提供专利保护；

（2）增加进口权，并将对制造方法的保护扩大到包括由该方法所直接获得的产品；

（3）延长专利权的保护期；

（4）增设本国优先权；

（5）将授权前的异议程序改为授权之后的撤销程序；

（6）完善给予实施专利的强制许可的条件，增设了强制许可的类型。

1992年12月12日，国务院审议批准了对《专利法实施细则》的修订案，由中国专利局1992年12月21日予以公布，自1993年1月1日起与修改后的《专利法》同日施行。

3. 中国专利法及其实施细则的第二次修改

2000年8月25日第九届全国人大常委会第17次会议通过《专利法》修正案，对其进行了第二次修改，并于2001年7月1日起实施。修改内容主要包括：

（1）取消撤销程序；
（2）取消实用新型和外观设计行政终审权；
（3）增设了实用新型检索报告制度；
（4）增加对许诺销售行为的禁止权；
（5）增加临时措施（诉前禁令和财产保全）；
（6）明确规定侵权赔偿额的计算方式（可以是许可费的倍数）；
（7）增加了有关国际申请的规定。

2001年6月15日，国务院审议通过并以国务院令第306号公布了《专利法实施细则》的修订案，自2001年7月1日起与《专利法》第二次修正案同日施行。

4. 中国专利法及其实施细则的第三次修改及其过渡适用

2008年12月27日第十一届全国人大常委会第6次会议通过《专利法》修正案，对其进行了第三次修改，并于2009年10月1日起实施。修改内容主要包括：

（1）遗传资源作为驳回和无效的理由（A5）；
（2）增加"衔接性放弃"（A9）；
（3）增设外观设计禁止"许诺销售"（A11）；
（4）许可合同取消了"书面"二字（A12）；
（5）取消了非国有单位的推广应用（A14）；
（6）增加了对共有关系的规定（A15）；
（7）取消了"内、外"代理区别，取消了向外国申请的强制委托（A19）；
（8）取消了首先向中国申请的规定（A20）；
（9）增加了对外申请的保密审查（A20）；
（10）新颖性改为世界新颖性标准（A22）；
（11）抵触申请包括了自己（A22）；
（12）外观设计增设了抵触申请（A23）；
（13）外观设计增加了"独创性"标准（A23）；
（14）取消了对主要起标识作用的平面印刷品的保护（A25）；
（15）说明书对遗传资源的披露（A26）；
（16）引入"相似"外观设计制度（A31）；
（17）增设反垄断强制许可类型（A48）；
（18）增设药品出口强制许可类型（A50）；
（19）"简要说明"可以解释外观设计（A59）；
（20）外观设计引入"评价报告"制度（A61）；
（21）评价报告请求人放宽（A61）；
（22）引入现有技术抗辩制度（A62）；
（23）合并假冒他人专利和冒充专利为假冒专利（A63）；
（24）强化地方局对假冒专利处罚（A64）；
（25）增加了侵权赔偿的计算方法（A65）；
（26）诉前禁令裁定可以延长48小时作出（A66）；
（27）增设诉前证据保全（A67）；
（28）实现有限"平行进口"（A69）；
（29）为提供审批而实施药品不视为侵权（A69）；
（30）无过错许诺销售也构成侵权（A70）。

2009年12月30日，国务院第九十五次常务会议审议通过了《专利法实施细则》修订案，温家宝总理于2010年1月9日签署第569号国务院令予以公布，自2010年2月1日起施行。

5. 相关法律法规的制定与完善

为了实施《专利法》及其实施细则，相关主管部门先后制定了多部行政法规及部门规章，并根据《专利法》及其实施细则的修正和实践需要不断完善。主要包括《专利代理条例》《国防专利条例》《专利审查指南》《国家知识产权局行政复议规程》《专利代理管理办法》《专利行政执法办法》和《专利实施强制许可办法》等。

此外，为切实保护专利权人和其他利害关系人的合法权益、正确审理专利纠纷和侵犯专利权纠纷案件，最高人民法院先后发布了《最高人民法院关于对诉前停止侵犯专利权行为适用法律问题的若干规定》（法释〔2001〕20号）、《最高人民法院关于审理专利纠纷案件适用法律问题的若干规定》（法释〔2015〕4号）和《最高人民法院关于审理侵犯专利权纠纷案件应用法律若干问题的解释》（法释〔2009〕21号）、《最高人民法院关于审理侵犯专利权纠纷案件应用法律若干问题的解释（二）》（法释〔2016〕1号）、《最高人民法院关于审查知识产权纠纷行为保全案件适用法律若干问题的规定》（法释〔2018〕21号）、《最高人民法院关于知识产权法庭若干问题的规定》（法释〔2018〕22号）等与专利有关的司法解释。

（二）中国专利制度的主要特点

1. 先申请原则

专利法第九条第二款规定："两个以上的申请人分别就同样的发明创造申请专利的，专利权授予最先申请的人。"在我国以申请日为标准，来判断申请的先后顺序。也有少数国家以提交申请的"时"为标准来判断申请的先后顺序，这种方法虽然精确，但比较烦琐，而且两个以上的申请人在同日分别就同一发明创造申请专利的情况，毕竟很少，所以，包括我国在内的大多数国家采用以申请日为标准来判断申请的先后顺序。另外，专利法实施细则第四十一条第一款规定，两个以上的申请人同日（指申请日；有优先权的，指优先权日）分别就同样的发明创造申请专利的，应当在收到国务院专利行政部门的通知后自行协商确定申请人。

2. 三种专利类型

专利法第二条第一款规定，本法所称的发明创造是指发明、实用新型和外观设计。

我国专利法的一大特色是对发明、实用新型和外观设计三种类型的发明创造都授予专利权。在世界上许多国家的法律制度中，专利一般专指发明专利，实用新型和工业品外观设计在立法上则相对独立。有些国家甚至没有建立实用新型制度。我国将三种类型的发明创造统一由专利制度加以保护，是基于国情作出的选择，同时也节约了立法成本和制度运行成本。

3. 专利审查制度

根据专利法第三十九条的规定，我国对发明专利实行实质审查制度。根据专利法第四十条规定，我国对实用新型和外观设计实行初步审查制度。

4. 行政保护与司法保护双轨制

我国在建立专利制度的时候，考虑到当时知识产权审判力量比较薄弱，大量专利侵权案件全部由法院处理有一定困难；专利侵权案件的处理需要一定的技术背景，由专利管理机关处理比较合适；行政处理可以迅速解决一些简单的专利侵权案件，使当事人免于诉累。就在我国建立起了专利行政保护和司法保护的双重体系，即所谓"双轨制"。专利行政保护是我国专利制度的特色之一。

（三）中国专利制度行政与司法机构

1. 中国专利制度行政部门的设置

我国专利行政部门主要分为国务院专利行政部门和地方管理专利工作的部门。为审查涉及国防利益需要保密的申请，我国成立了国防专利机构。经过国家知识产权局批准，地方管理专利工作的部门可以设立专利代办处并直接进行管理。

2. 国务院专利行政部门及其主要职能

国务院专利行政部门是指国家知识产权局，国家知识产权局是国家市场监督管理总局管理的国家局，行政级别为副部级。主要职能是：负责拟订和组织实施国家知识产权战略；负责保护知识产权；负责促进知识产权运用；负责知识产权的审查注册登记和行政裁决；负责建立知识产权公共服务体系；负责统筹协调涉外知识产权事宜。

专利法第三条第一款规定，国务院专利行政部门负责管理全国的专利工作；统一受理和审查专利申请，依法授予专利权。

3. 国防专利机构及其主要职能

专利法实施细则第七条第一款规定，专利申请涉及国防利益需要保密的，由国防专利机构受理并进行审查；国务院专利行政部门受理的专利申请涉及国防利益需要保密的，应当及时移交国防专利机构进行审查。经国防专利机构审查没有发现驳回理由的，由国务院专利行政部门作出授予国防专利权的决定。

《国防专利条例》第二条规定，国防专利是指涉及国防利益以及对国防建设具有潜在作用需要保密的发明专利。《国防专利条例》第三条规定，国家国防专利机构（以下简称国防专利机构）负责受理和审查国防专利申请。经国防专利机构审查认为符合本条例规定的，由国务院专利行政部门授予国防专利权。国务院国防科学技术工业主管部门和中国人民解放军总装备部（以下简称总装备部）分别负责地方系统和军队系统的国防专利管理工作。

需要注意的是，国防专利的审查、授权和颁发证书等程序比较特殊。《国防专利条例》第十八条规定，国防专利申请经审查认为没有驳回理由或者驳回后经过复审认为不应当驳回的，由国务院专利行政部门作出授予国防专利权的决定，并委托国防专利机构颁发国防专利证书，同时在国务院专利行政部门出版的专利公报上公告该国防专利的申请日、授权日和专利号。国防专利机构应当将该国防专利的有关事项予以登记，并在《国防专利内部通报》上刊登。

4. 地方管理专利工作的部门及其主要职能

专利法第三条第二款规定，省、自治区、直辖市人民政府管理专利工作的部门负责本行政区域内的专利管理工作。

专利法实施细则第七十九条规定，专利法和本细则所称管理专利工作的部门，是指由省、自治区、直辖市人民政府以及专利管理工作量大又有实际处理能力的设区的市人民政府设立的管理专利工作的部门。

5. 审理专利案件的人民法院及其管辖权

《最高人民法院关于审理专利纠纷案件适用法律问题的若干规定》第二条规定，专利纠纷第一审案件，由各省、自治区、直辖市人民政府所在地的中级人民法院和最高人民法院指定的中级人民法院管辖。最高人民法院根据实际情况，可以指定基层人民法院管辖第一审专利纠纷案件。

《最高人民法院关于审理专利纠纷案件适用法律问题的若干规定》第一条规定，人民法院受理下列专利纠纷案件：（1）专利申请权纠纷案件；（2）专利权权属纠纷案件；（3）专利权、专利申请权转让合同纠纷案件；（4）侵犯专利权纠纷案件；（5）假冒他人专利纠纷案件；（6）发明专利申请公布后、专利权授予前使用费纠纷案件；（7）职务发明创造发明人、设计人奖励、报酬纠纷案件；（8）诉前申请停止侵权、财产保全案件；（9）发明人、设计人资格纠纷案件；（10）不服专利复审委员会维持驳回申请复审决定案件；（11）不服专利复审委员会专利权无效宣告请求决定案件；（12）不服国务院专利行政部门实施强制许可决定案件；（13）不服国务院专利行政部门实施强制许可使用费裁决案件；（14）不服国务院专利行政部门行政复议决定案件；（15）不服管理专利工作的部门行政决定案件；（16）其他专利纠纷案件。

第一章 总 则

引 言

本章是总则，具有本法总纲的性质，在该部法律中占有十分突出的地位，总则部分共有21条，占本法条款总数的四分之一以上。总则部分涵盖了立法宗旨、主管专利工作的部门、申请专利的客体和主体、职务发明与非职务发明的界定、专利权的效力、发明人和设计人的权利、专利申请权和专利权的转让、专利的实施许可、在中国完成的发明创造向外申请专利、专利代理和专利工作人员的保密责任等。除第一条规定立法宗旨外，其余各条规定了我国专利制度的基本原则和适用于以下各章的规定。

2015~2019年专利法律知识真题在本章的分布统计如下：

法条	2015年	2016年	2017年	2018年	2019年	合计
A1	0	0	0	0	0	0
A2	2	3	4	0	3	12
A3	2	0	1	0	0	3
A4	1	0	0	1	1	3
A5	1	0	0	1	1	3
A6	1	1	1	1	1	5
A7	0	0	0	0	0	0
A8	2	0	0	1	1	4
A9	3	2	1	1	2	9
A10	2	1	3	2	1	9
A11	2	0	1	5	2	10
A12	1	1	0	2	0	2
A13	0	1	0	2	0	3
A14	0	0	0	0	1	1
A15	2	2	0	2	1	7
A16	1	1	2	0	1	5
A17	1	0	1	0	0	2
A18	0	0	0	0	0	0
A19	3	4	4	3	6	20
A20	4	4	12	7	7	34
A21	0	0	0	0	0	0
总计	28	20	30	26	28	132

第一条【立法宗旨】

为了保护专利权人的合法权益，鼓励发明创造，推动发明创造的应用，提高创新能力，促进科学技术进步和经济社会发展，制定本法。

一、本条含义

本条规定专利法的立法宗旨，其中，保护专利权人的合法权益是专利法的核心；通过授予专利权来鼓励发明创造，并从社会和公众的利益出发，鼓励和号召使用新的、好的技术，将其推广应用；提高创新能力，促进科学技术进步和经济社会发展是增强我国企业市场竞争能力、提高国家核心竞争力的迫切需求。

二、重点讲解

（一）保护专利权人的合法利益

保护专利权人的合法利益是专利法的核心，是实现本条规定的其他宗旨的基础。如果不能有效保护专利权人的合法利益，则无法实现专利制度"鼓励发明创造，推动发明创造的应用，提高创新能力，促进科学技术进步和经济社会发展"的作用。

本条"保护专利权人的合法权益"主要体现在专利法第十条（转让权）、专利法第十一条（排他性保护）、专利法第十二条（许可权）、专利法第十三条（临时保护权）、专利法第十七条第二款（标注权）、专利法第四十四条和专利法第九条第一款（放弃权）、专利法实施细则第十四条第一款（继承、赠与等转移权）、专利法实施细则第十四条第三款（质押权）。

（二）鼓励发明创造

国家应当鼓励发明创造的必要性和重要性是不言而喻的。本条规定制定专利法的宗旨之一在于通过授予专利权来鼓励发明创造。

本条"鼓励发明创造"体现在对发明人或者设计人在物质和精神上的回报，专利法第十六条规定了对发明人或者设计人的奖励和报酬，专利法第十七条第一款规定了发明人或者设计人的署名权。

（三）推动发明创造的应用

鼓励作出发明创造并不是专利法的终极目的。发明创造的意义在于通过其实施应用，发展生产力、促进社会进步与繁荣。如果一项发明创造仅仅停留在纸面上，完成之后便束之高阁，不予实施应用，那么再好的发明创造也没有实际意义。我国决定通过建立专利制度来保护发明创造，其重要原因之一就在于专利制度有利于发明创造的推广应用。

本条"推动发明创造的应用"主要体现在专利法第十条（转让）、专利法第十二条（普通许可）、专利法第十四条（推广应用）、专利法第十五条第一款（共有权利人单独实施或普通许可）、专利法第四十八条至第五十八条（强制许可）。

（四）提高创新能力，促进科学技术进步和经济社会发展

随着国际形势的发展变化和我国经济实力的快速提升，我国已经越来越重视创新能力的提高和创新型国家的建设。

专利制度是知识产权制度的重要组成部分，其作用不仅体现在维护专利权人的合法权益、鼓励发明创造、推动发明创造的应用、促进科学技术进步方面，而且应当将其提升到建设创新型国家、促进经济社会发展的战略高度。

第二条 【发明创造的定义】

本法所称的发明创造是指发明、实用新型和外观设计。
发明，是指对产品、方法或者其改进所提出的新的技术方案。
实用新型，是指对产品的形状、构造或者其结合所提出的适于实用的新的技术方案。
外观设计，是指对产品的形状、图案或者其结合以及色彩与形状、图案的结合所作出的富有美感并适于工业应用的新设计。

一、本条含义

本条规定发明创造的三种类型，以及每种类型的定义，发明和实用新型两者都是指技术方案，其中，能够获得发明专利保护的客体是对产品、方法或者其改进所提出的技术方案，能够获得实用新型专利保护的客体是对产品的形状、构造或者其结合所提出的技术方案。外观设计是对产品外观作出且能在工业上予以应用的设计方案。

二、重点讲解

（一）发明

发明是专利法保护的主要客体。各国专利法，没有不以专利保护发明的。在许多国家，所谓专利，就是指发明专利。专利法上所说的发明，与人们日常所说的发明含义并不完全相同。人们日常所说的发明，泛指创造了前所未有的东西，至于究竟以什么时候为界，在什么范围内前所未有，并没有明确的概念。专利法意义上的发明有特定的含义。按照世界知识产权组织主持起草的《发展中国家发明示范法》（1979 年）对发明所下的定义："发明是发明人的一种思想，是利用自然规律解决实践中特定问题的技术方案"。本法所说的发明，是指对产品、方法或者其改进所提出的新的技术方案，包括产品发明和方法发明。

1. 产品发明

产品发明是指人工制造的各种有形物品的发明，如新的机器、设备、材料、工具、用具等的发明。

2. 方法发明

方法发明是指关于把一个物品或者物质改变成另一个物品或者物质所采用的手段的发明，如新的制造方法、化学方法、生物方法的发明等。

3. 对产品或方法的改进

在世界各国受理的专利申请中，涉及全新产品或者全新方法的极少，绝大多数专利申请都是对现有产品或者现有方法的局部改进，例如对某些技术特征进行新的组合，对某些技术特征进行新的选择等。因此，本条第二款规定改进产品或者方法的技术方案也能够被授予发明专利权。

4. 新的技术方案

《专利审查指南 2010》第二部分第一章第 2 节规定了技术方案的含义。

技术方案是对要解决的技术问题所采取的利用了自然规律的技术手段的集合。技术手段通常是由技术特征来体现的。

未采用技术手段解决技术问题，以获得符合自然规律的技术效果的方案，不属于专利法第二条第二款规定的客体。

气味或者诸如声、光、电、磁、波等信号或者能量也不属于专利法第二条第二款规定的客体。但利用其性质解决技术问题的，则不属此列。

"新的"用于界定能够获得发明专利的技术方案的性质。这并不意味着本条第二款的定义本身包括新颖性要求。专利法第二十二条第二款对发明的新颖性作了专门规定，是判断发明是否具有新颖性的直接法律依据。本条第二款是对发明作出定义，若无"新的"一词，就将导致对产品、方法提出的任何技术方案都被称为"发明"，这显然有悖常理，会导致公众的误解。因此，本条第二款是对可申请专利保护的发明客体的一般性定义，不是判断新颖性、创造性的具体审查标准。

（二）实用新型

实用新型，实质上是发明的一部分。全世界有一部分国家将发明中的一部分（主要是有一定形状、结构而且创造性水平比较低的发明）划分出来，单独加以保护。这一部分发明称为实用新型。人们把它称为"小发明"，把取得专利权的实用新型称为"小专利"。

从法律上讲，实用新型制度可以弥补发明专利保护的不足。我国对发明专利申请采取早期公开、延迟审查制度，申请文件自申请日起满十八个月即向公众公布。这时，申请一般还没有经过审查，依法只能得到临时保护。这意味着申请人对第三人利用其发明的行为无权加以制止，要求支付使用费的请求也没有强制的效力。但是，如果实行实用新型制度，而且允许申请人可以就同一主题申请发明专利和实用新型专利两种保护，那么在发明专利申请公布之时，由于实用新型专利已经授权，他可以根据实用新型专利，有效地制止第三人利用发明的行为。

1. 产品的含义

《专利审查指南2010》第一部分第二章第6.1节规定了产品的含义。

根据专利法第二条第三款的规定，实用新型专利只保护产品。所述产品应当是经过产业方法制造的，有确定形状、构造且占据一定空间的实体。

2. 产品的形状

《专利审查指南2010》第一部分第二章第6.2.1节规定了产品的形状。

产品的形状是指产品所具有的、可以从外部观察到的确定的空间形状。

对产品形状所提出的改进可以是对产品的三维形态所提出的改进，例如对凸轮形状、刀具形状作出的改进；也可以是对产品的二维形态所提出的改进，例如对型材的断面形状的改进。

无确定形状的产品，例如气态、液态、粉末状、颗粒状的物质或材料，其形状不能作为实用新型产品的形状特征。

应当注意的是：

（1）不能以生物的或者自然形成的形状作为产品的形状特征。例如，不能以植物盆景中植物生长所形成的形状作为产品的形状特征，也不能以自然形成的假山形状作为产品的形状特征。

（2）不能以摆放、堆积等方法获得的非确定的形状作为产品的形状特征。

（3）允许产品中的某个技术特征为无确定形状的物质，如气态、液态、粉末状、颗粒状物质，只要其在该产品中受该产品结构特征的限制即可，例如，对温度计的形状构造所提出的技术方案中允许写入无确定形状的酒精。

（4）产品的形状可以是在某种特定情况下所具有的确定的空间形状。例如，具有新颖形状的冰杯、降落伞等。又如，一种用于钢带运输和存放的钢带包装壳，由内钢圈、外钢圈、捆带、外护板以及防水复合纸等构成，若其各部分按照技术方案所确定的相互关系将钢带包装起来后形成确定的空间形状，这样的空间形状不具有任意性，则钢带包装壳属于实用新型专利保护的客体。

3. 产品的构造

《专利审查指南2010》第一部分第二章第6.2.2节规定了产品的构造。

产品的构造是指产品的各个组成部分的安排、组织和相互关系。

产品的构造可以是机械构造，也可以是线路构造。机械构造是指构成产品的零部件的相对位置关系、连接关系和必要的机械配合关系等；线路构造是指构成产品的元器件之间的确定的连接关系。

复合层可以认为是产品的构造，产品的渗碳层、氧化层等属于复合层结构。

物质的分子结构、组分、金相结构等不属于实用新型专利给予保护的产品的构造。例如，仅改变焊条药皮组分的电焊条不属于实用新型专利保护的客体。

应当注意的是：

（1）权利要求中可以包含已知材料的名称，即可以将现有技术中的已知材料应用于具有形状、构造的产品上，例如复合木地板、塑料杯、记忆合金制成的心脏导管支架等，不属于对材料本身提出的改进。

（2）如果权利要求中既包含形状、构造特征，又包含对材料本身提出的改进，则不属于实用新型专利保护的客体。例如，一种菱形药片，其特征在于，该药片是由20%的A组分、40%的B组分及40%的C组分构成的。

由于该权利要求包含了对材料本身提出的改进，因而不属于实用新型专利保护的客体。

4. 新的技术方案

《专利审查指南2010》第一部分第二章第6.3节规定了技术方案。

专利法第二条第三款所述的技术方案，是指对要解决的技术问题所采取的利用了自然规律的技术手段的集合。技术手段通常是由技术特征来体现的。

未采用技术手段解决技术问题，以获得符合自然规律的技术效果的方案，不属于实用新型专利保护的客体。

产品的形状以及表面的图案、色彩或者其结合的新方案，没有解决技术问题的，不属于实用新型专利保护的客体。产品表面的文字、符号、图表或者其结合的新方案，不属于实用新型专利保护的客体。例如：仅改变按键表面文字、符号的计算机或手机键盘；以十二生肖形状为装饰的开罐刀；仅以表面图案设计为区别特征的棋类、牌类，如古诗扑克等。

5. 不给予实用新型专利保护的客体

《专利审查指南2010》第一部分第二章第6.1节规定了实用新型专利只保护产品。

一切方法以及未经人工制造的自然存在的物品不属于实用新型专利保护的客体。

上述方法包括产品的制造方法、使用方法、通讯方法、处理方法、计算机程序以及将产品用于特定用途等。

例如，齿轮的制造方法、工作间的除尘方法或数据处理方法，自然存在的雨花石等不属于实用新型专利保护的客体。

一项发明创造可能既包括对产品形状、构造的改进，也包括对生产该产品的专用方法、工艺或构成该产品的材料本身等方面的改进。但是实用新型专利仅保护针对产品形状、构造提出的改进技术方案。

应当注意的是：

（1）权利要求中可以使用已知方法的名称限定产品的形状、构造，但不得包含方法的步骤、工艺条件等。例如，以焊接、铆接等已知方法名称限定各部件连接关系的，不属于对方法本身提出的改进。

（2）如果权利要求中既包含形状、构造特征，又包含对方法本身提出的改进，例如含有对产品制造方法、使用方法或计算机程序进行限定的技术特征，则不属于实用新型专利保护的客体。例如，一种木质牙签，主体形状为圆柱形，端部为圆锥形，其特征在于：木质牙签加工成形后，浸泡于医用杀菌剂中5～20分钟，然后取出晾干。由于该权利要求包含了对方法本身提出的改进，因而不属于实用新型专利保护的客体。

由上述可知，可授予实用新型专利权的保护客体只限于产品，不能是方法。而且，并非能授予发明专利权的所有产品都能被授予实用新型专利权，而仅仅是其中的一部分，即凡是属于能够获得实用新型专利权的主题，必定也属于能够获得发明专利权的主题；反之则不然。

（三）外观设计

所谓外观设计，是指产品的外表式样。这种产品必须能够用工业或者手工业方法重复制造，这种式样赋予产品以一种特殊的外貌。因此，人们把外观设计也称作工业品外观设计。由于这个原因以及历史上的原因，外观设计成为工业产权法的一部分。

外观设计不同于发明和实用新型。发明和实用新型都是技术上的解决方案，或者涉及产品，或者涉及方法；外观设计则是工业产品的具有装饰性或者艺术性的外表。其中，外观设计和实用新型的保护客体都涉及产品的形状，两者的不同在于，外观设计保护产品的形状，着重于体现美感，而实用新型保护产品的形状是着眼在形状给产品带来的技术效果和功能。

1. 外观设计的载体

《专利审查指南2010》第一部分第三章第7.1节规定了外观设计必须以产品为载体。

外观设计是产品的外观设计，其载体应当是产品。不能重复生产的手工艺品、农产品、畜产品、自然物不能作为外观设计的载体。

2. 产品的形状/图案或者其结合以及色彩与形状、图案的结合

《专利审查指南2010》第一部分第三章第7.2节规定了产品的形状、图案或者其结合以及色彩与形状、图案的结合。

构成外观设计的是产品的外观设计要素或要素的结合，其中包括形状、图案或者其结合以及色彩与形状、图案的结合。产品的色彩不能独立构成外观设计，除非产品色彩变化的本身已形成一种图案。可以构成外观设计的组合有：产品的形状；产品的图案；产品的形状和图案；产品的形状和色彩；产品的图案和色彩；产品的形状、图案和色彩。

形状，是指对产品造型的设计，也就是指产品外部的点、线、面的移动、变化、组合而呈现的外表轮廓，即对产品的结构、外形等同时进行设计、制造的结果。

图案，是指由任何线条、文字、符号、色块的排列或组合而在产品的表面构成的图形。图案可以通过绘图或其他能够体现设计者的图案设计构思的手段制作。

色彩，是指用于产品上的颜色或者颜色的组合，制造该产品所用材料的本色不是外观设计的色彩。

外观设计要素，即形状、图案、色彩是相互依存的，有时其界限是难以界定的，例如多种色块的搭配即成图案。

3. 富有美感并适于工业应用的新设计

《专利审查指南 2010》第一部分第三章第 7.3 节规定了适于工业应用的富有美感的新设计。

适于工业应用，是指该外观设计能应用于产业上并形成批量生产。

富有美感，是指在判断是否属于外观设计专利权的保护客体时，关注的是产品的外观给人的视觉感受，而不是产品的功能特性或者技术效果。

专利法第二条第四款是对可获得专利保护的外观设计的一般性定义，而不是判断外观设计是否相同或实质相同的具体审查标准。因此，在审查中，对于要求保护的外观设计是否满足新设计的一般性要求，审查员通常仅需根据申请文件的内容及一般消费者的常识进行判断。

4. 不授予外观设计专利权的情形

《专利审查指南 2010》第一部分第三章第 7.4 节规定了不授予外观设计专利权的情形。

根据专利法第二条第四款的规定，以下属于不授予外观设计专利权的情形：

（1）取决于特定地理条件、不能重复再现的固定建筑物、桥梁等。例如，包括特定的山水在内的山水别墅。

（2）因其包含有气体、液体及粉末状等无固定形状的物质而导致其形状、图案、色彩不固定的产品。

（3）产品的不能分割或者不能单独售且不能单独使用的局部设计，例如袜跟、帽檐、杯把等。

（4）对于由多个不同特定形状或者图案的构件组成的产品，如果构件本身不能单独售且不能单独使用，则该构件不属于外观设计专利保护的客体。例如，一组由不同形状的插接块组成的拼图玩具，只有将所有插接块共同作为一项外观设计申请时，才属于外观设计专利保护的客体。

（5）不能作用于视觉或者肉眼难以确定，需要借助特定的工具才能分辨其形状、图案、色彩的物品。例如，其图案是在紫外灯照射下才能显现的产品。

（6）要求保护的外观设计不是产品本身常规的形态，例如手帕扎成动物形态的外观设计。

（7）以自然物原有形状、图案、色彩作为主体的设计，通常指两种情形，一种是自然物本身；另一种是自然物仿真设计。

（8）纯属美术、书法、摄影范畴的作品。

（9）仅以在其产品所属领域内司空见惯的几何形状和图案构成的外观设计。

（10）文字和数字的字音、字义不属于外观设计保护的内容。

（11）游戏界面以及与人机交互无关的显示装置所显示的图案，例如，电子屏幕壁纸、开关机画面、与人机交互无关的网站网页的图文排版。

三、真题分析

1.【2019 年第 3 题】下面哪项属于外观设计的保护客体？
A. 蒙娜丽莎油画　　　　　　　　B. 王者荣耀游戏界面
C. 刻有文字的花瓶　　　　　　　D. 依山而建的别墅

【考点】外观设计的保护客体

【分析】根据《专利审查指南 2010》第一部分第三章第 7.4 节的规定，根据专利法第二条第四款的规定，以下属于不授予外观设计专利权的情形：（1）取决于特定地理条件、不能重复再现的固定建筑物、桥梁等。例如，包括特定的山水在内的山水别墅。……（8）纯属美术、书法、摄影范畴的作品。……（11）游戏界面以及与人机交互无关的显示装置所显示的图案，例如，电子屏幕壁纸、开关机画面、与人机交互无关的网站网页的图文排版。因此，选项 ABD 错误。

专利法第二条第四款规定，外观设计，是指对产品的形状、图案或者其结合以及色彩与形状、图案的结合所作出的富有美感并适于工业应用的新设计。因此，选项 C 正确。

【答案】C

2.【2019 年第 6 题】下列申请主题哪个可以被授予实用新型专利权？
A. 一种添加有防腐剂的饮料　　　　　　B. 一种模具的制作方法
C. 一种包含有指纹识别装置的防盗锁　　D. 一种表面图案为乘法口诀的扑克

【考点】实用新型专利保护的客体

【分析】根据《专利审查指南 2010》第一部分第二章第 6.2.1 节的规定，无确定形状的产品，例如气态、液态、粉末状、颗粒状的物质或材料，其形状不能作为实用新型产品的形状特征。因此，选项 A 错误。根据《专利审查指南 2010》第一部分第二章第 6.1 节的规定，一切方法以及未经人工制造的自然存在的物品不属于实用新型专利保护的客体。因此，选项 B 错误。

根据专利法第二条第三款的规定，实用新型，是指对产品的形状、构造或者其结合所提出的适于实用的新的技术方案。因此，选项 C 正确。根据《专利审查指南 2010》第一部分第二章第 6.3 节的规定，产品的形状以及表面的图案、色彩或者其结合的新方案，没有解决技术问题的，不属于实用新型专利保护的客体。产品表面的文字、符号、图表或者其结合的新方案，不属于实用新型专利保护的客体。例如：仅改变按键表面文字、符号的计算机或手机键盘；以十二生肖形状为装饰的开罐刀；仅以表面图案设计为区别特征的棋类、牌类，如古诗扑克等。因此，选项 D 错误。

【答案】C

3.【2019 年第 39 题】下列哪些属于实用新型专利产品的构造？
A. 物质的金相结构　　　　　　　　　　B. 产品的机械构造
C. 产品的渗碳层　　　　　　　　　　　D. 金属的氧化层

【考点】实用新型专利产品的构造

【分析】根据《专利审查指南 2010》第一部分第二章第 6.2.2 节的规定，产品的构造是指产品的各个组成部分的安排、组织和相互关系。产品的构造可以是机械构造，也可以是线路构造。机械构造是指构成产品的零部件的相对位置关系、连接关系和必要的机械配合关系等；线路构造是指构成产品的元器件之间的确定的连接关系。复合层可以认为是产品的构造，产品的渗碳层、氧化层等属于复合层结构。物质的分子结构、组分、金相结构等不属于实用新型专利给予保护的产品的构造。例如，仅改变焊条药皮组分的电焊条不属于实用新型专利保护的客体。因此，选项 A 错误，选项 BCD 正确。

【答案】BCD

4.【2017 年第 14 题】下列哪一主题属于实用新型的保护客体？
A. 一种生活晾绳　　　　　　　　　　　B. 动物标本
C. 一种玻璃水　　　　　　　　　　　　D. 织物中掺入荧光粉而形成的荧光织物

【考点】实用新型专利保护的客体

【分析】根据专利法第二条第三款的规定，实用新型，是指对产品的形状、构造或者其结合所提出的适于实用的新的技术方案。根据《专利审查指南 2010》第一部分第二章第 6.1 节的规定，根据专利法第二条第三款的规定，实用新型专利只保护产品。所述产品应当是经过产业方法制造的，有确定形状、构造且占据一定空间的实体。一切方法以及未经人工制造的自然存在的物品不属于实用新型专利保护的客体。因此，选项 A 正确，需要注意的是，生活晾绳具有可以从外部观察到的确定的空间形状，与无确定形状的气态、液态、粉末状、颗粒状的物质或材料等产品是不同的。本题选项 B 是自然存在的生物，不属于实用新型所保护的产品，因此，选项 B 错误。

根据《专利审查指南 2010》第一部分第二章第 6.2.1 节的规定，无确定形状的产品，例如气态、液态、粉末状、颗粒状的物质或材料，其形状不能作为实用新型产品的形状特征。因此，选项 C 错误。

根据《专利审查指南 2010》第一部分第二章第 6.1 节的规定，一项发明创造可能既包括对产品形状、构造的改进，也包括对生产该产品的专用方法、工艺或构成该产品的材料本身等方面的改进。但是实用新型专利仅保护针对产品形状、构造提出的改进技术方案。根据《专利审查指南2010》第一部分第二章第6.2.2节的规定，产品的构造是指产品的各个组成部分的安排、组织和相互关系。产品的构造可以是机械构造，也可以是线路构造。……复合层可以认为是产品的构造，产品的渗碳层、氧化层等属于复合层结构。物质的分子结构、组分、金相结构等不属于实用新型专利给予保护的产品的构造。本题选项D"织物中掺入荧光粉而形成的荧光织物"没有形成复合层结构，不涉及产品构造或形状的改进，因此，选项D错误。

【答案】A

5.【2017年第19题】以下说法哪个是正确的？
A. 一种超强超短激光及其发生器均可获得发明专利保护
B. 塑料薄膜和其制备方法均可获得实用新型专利保护
C. 带有人民币图案的窗帘的外观设计可获得外观设计专利保护
D. 以上说法都错误

【考点】专利保护的客体

【分析】根据《专利审查指南2010》第二部分第一章第2节的规定，气味或者诸如声、光、电、磁、波等信号或者能量也不属于专利法第二条第二款规定的客体。因此，选项A错误。根据《专利审查指南2010》第一部分第二章第6.1节的规定，一切方法以及未经人工制造的自然存在的物品不属于实用新型专利保护的客体。因此，选项B错误。根据《专利审查指南2010》第一部分第三章第6.1.1节的规定，违反法律，是指外观设计专利申请的内容违反了由全国人民代表大会或者全国人民代表大会常务委员会依照立法程序制定和颁布的法律。例如，带有人民币图案的床单的外观设计，因违反《中国人民银行法》，不能被授予专利权。因此，选项C错误。综上所述，选项D正确。

【答案】D

6.【2017年第61题】关于实用新型的保护客体，以下说法正确的是？
A. 将若干一次性水杯摆放成有利于运动员拿取的楔形，这样的水杯造型产品属于实用新型保护客体
B. 含有无确定形状的水银或酒精的温度计，属于实用新型的保护客体
C. 一种带有棱柱形蜡烛的音乐开关，随着蜡烛的熔化变形而实现电路的转换，该开关属于实用新型的保护客体
D. 堆积成圆台状的建筑沙子属于实用新型的保护客体

【考点】实用新型的保护客体

【分析】根据《专利审查指南2010》第一部分第二章第6.2.1节的规定，不能以摆放、堆积等方法获得的非确定的形状作为产品的形状特征。因此，选项AD错误。根据专利法第二条第三款的规定，实用新型，是指对产品的形状、构造或者其结合所提出的适于实用的新的技术方案。根据《专利审查指南2010》第一部分第二章第6.2.1节的规定，允许产品中的某个技术特征为无确定形状的物质，如气态、液态、粉末状、颗粒状物质，只要其在该产品中受该产品结构特征的限制即可，例如，对温度计的形状构造所提出的技术方案中允许写入无确定形状的酒精。产品的形状可以是某种特定情况下所具有的确定的空间形状。例如，具有新颖形状的冰杯、降落伞等。因此，选项BC正确。

【答案】BC

7.【2017年第66题】下列选项哪些属于不授予外观设计专利的情形？
A. "王者荣耀"游戏界面　　　　　　　B. 带有网格设计的屏幕壁纸
C. 手机开机画面设计　　　　　　　　D. 网站网页的图文排版

【考点】外观设计专利保护的客体

【分析】《专利审查指南2010》第一部分第三章第7.4节规定了不授予外观设计专利权的情形。根据专利法第二条第四款的规定，以下属于不授予外观设计专利权的情形：其中，(11)游戏界面以及与人机交互无关的显示装置所显示的图案，例如，电子屏幕壁纸、开关机画面、与人机交互无关的网站网页的图文排版。因此，选项ABCD正确。

需要注意的是，2017年《专利审查指南2010》第一部分第三章第7.4节的规定是"网站网页的图文排版"，现行规定将其改成"与人机交互无关的网站网页的图文排版"。

【答案】ABCD

8.【2016年第4题】下列哪个属于实用新型专利保护的客体？
A. 一种采用新程序控制的垃圾桶
B. 一种制作卡通形象垃圾桶的模具
C. 一种用于制作垃圾桶的新材料
D. 一种为了美观而将外形设计为动物形象的垃圾桶

【考点】实用新型专利保护的客体

【分析】《专利审查指南2010》第一部分第二章第6.1节规定，如果权利要求中既包含形状、构造特征，又包含对方法本身提出的改进，例如含有对产品制造方法、使用方法或计算机程序进行限定的技术特征，则不属于实用新型专利保护的客体。本题选项A中，将"采用新程序控制"来限定垃圾桶，涉及计算机程序的改进，因此，选项A错误。

根据专利法第二条第三款的规定，实用新型，是指对产品的形状、构造或者其结合所提出的适于实用的新的技术方案。本题中选项B模具涉及产品形状、构造的改进，符合该规定，因此，选项B正确。

《专利审查指南2010》第一部分第二章第6.2.2节规定，如果权利要求中既包含形状、构造特征，又包含对材料本身提出的改进，则不属于实用新型专利保护的客体。本题选项C涉及新材料的改进，因此，选项C错误。

《专利审查指南2010》第一部分第二章第6.3节规定，专利法第二条第三款所述的技术方案，是指对要解决的技术问题所采取的利用了自然规律的技术手段的集合。技术手段通常是由技术特征来体现的。未采用技术手段解决技术问题，以获得符合自然规律的技术效果的方案，不属于实用新型专利保护的客体。而本题选项D中"为了美观而将外形设计为动物形象的垃圾桶"没有解决技术问题，不属于技术方案，因此，选项D错误。

【答案】B

9.【2016年第5题】下列哪个主题可获得外观设计专利权？
A. 以企业商标标识为主体内容的瓶贴设计
B. 手机屏幕壁纸的设计
C. 艺术花瓶的设计
D. 可批量印制的摄影作品

【考点】外观设计专利保护的客体

【分析】根据专利法第二十五条的规定，对下列各项，不授予专利权：其中（六）对平面印刷品的图案、色彩或者二者的结合作出的主要起标识作用的设计。根据《专利审查指南2010》第一部分第三章第6.2节的规定，如果一件外观设计专利申请同时满足下列三个条件，则认为所述申请属于专利法第二十五条第一款第（六）项规定的不授予专利权的情形：（1）使用外观设计的产品属于平面印刷品；（2）该外观设计是针对图案、色彩或者二者的结合而作出的；（3）该外观设计主要起标识作用。因此，选项A错误。

根据《专利审查指南2010》第一部分第三章第7.4节的规定，以下属于不授予外观设计专利权的情形：其中（8）纯属美术、书法、摄影范畴的作品。（11）游戏界面以及与人机交互无关的显示装置所显示的图案，例如，电子屏幕壁纸、开关机画面、与人机交互无关的网站网页的图文排版。本题选项BD分别属于上述第（11）项和第（8）项规定的情形，因此，选项BD错误。根据专利法第二条第四款的规定，外观设计，是指对产品的形状、图案或者其结合以及色彩与形状、图案的结合所作出的富有美感并适于工业应用的新设计。因此，选项C正确。

【答案】C

10.【2016年第6题】下列哪个属于不可获得专利权的主题？
A. 一种用转基因方法培育的黑色玉米品种
B. 一种必须经主管机关批准方能生产的武器
C. 一种生产放射性同位素的设备
D. 一种制造假肢的方法

【考点】不能获得专利权的主题

【分析】根据《专利审查指南2010》第二部分第十章第9.1.2.4节的规定，转基因动物或植物是通过基因工程的重组DNA技术等生物学方法得到的动物或植物。其本身仍然属于本部分第1章第4.4节定义的"动物品种"或"植物品种"的范畴，根据专利法第二十五条第一款第四项规定，动物和植物品种不能被授予专利权。因此，选项A正确。

根据《专利审查指南2010》第二部分第一章第3.1.1节的规定，专利法实施细则第十条规定，专利法第五条所称违反法律的发明创造，不包括仅其实施为法律所禁止的发明创造。其含义是，如果仅仅是发明创造的产品的生产、销售或使用受到法律的限制或约束，则该产品本身及其制造方法并不属于违反法律的发明创造。例如，用于国防的各种武器的生产、销售及使用虽然受到法律的限制，但这些武器本身及其制造方法仍然属于可给予专利保护的客体。因此，选项B错误。

根据《专利审查指南2010》第二部分第一章第4.5节的规定，为实现核变换方法的各种设备、仪器及其零部件等，均属于可被授予专利权的客体。因此，选项C错误。根据《专利审查指南2010》第二部分第一章第4.3.2.2节的规定，以下几类方法是不属于治疗方法的例子，不得依据专利法第二十五条第一款第（三）项拒绝授予其专利权。（1）制造假肢或者假体的方法，以及为制造该假肢或者假体而实施的测量方法。例如，一种制造假牙的方法，该方法包括在病人口腔中制作牙齿模具，而在体外制造假牙。虽然其最终目的是治疗，但是该方法本身的目的是制造出合适的假牙。因此，选项D错误。

【答案】A

11.【2015年第5题】下列哪个属于实用新型专利保护的客体？
A. 一种复合齿轮，其特征在于将熔制的钢水浇铸到齿模内，冷却、保温后而成
B. 一种药膏，其特征在于包含凡士林5%~20%、尿素10%~30%、水杨酸8%~30%
C. 一种建筑沙子，其特征在于将其堆积成圆台状
D. 一种葫芦容器，其特征在于容器主体为葫芦形，容器上口内镶有衬套

【考点】实用新型专利保护的客体

【分析】根据《专利审查指南2010》第一部分第二章第6.1节的规定，如果权利要求中既包含形状、构造特征，又包含对方法本身提出的改进，例如含有对产品制造方法、使用方法或计算机程序进行限定的技术特征，则不属于实用新型专利保护的客体。本题选项A涉及产品的制造方法，因此，选项A错误。根据《专利审查指南2010》第一部分第二章第6.2.2节的规定，如果权利要求中既包含形状、构造特征，又包含对材料本身提出的改进，则不属于实用新型专利保护的客体。例如，一种菱形药片，其特征在于，该药片是由20%的A组分、40%的B组分及40%的C组分构成的。由于该权利要求包含了对材料本身提出的改进，因而不属于实用新型专利保护的客体。本题选项B涉及对材料本身的改进，因此，选项B错误。

根据《专利审查指南2010》第一部分第二章第6.2.1节的规定，不能以摆放、堆积等方法获得的非确定的形状作为产品的形状特征。因此，选项C错误。根据专利法第二条第三款的规定，实用新型，是指对产品的形状、构造或者其结合所提出的适于实用的新的技术方案。根据《专利审查指南2010》第一部分第二章第6.2.2节的规定，产品的构造可以是机械构造，也可以是线路构造。机械构造是指构成产品的零部件的相对位置关系、连接关系和必要的机械配合关系等；线路构造是指构成产品的元器件之间的确定的连接关系。本题选项D中"容器主体为葫芦形"是对产品形状的限定，"容器上口内镶有衬套"是对产品的机械构造的限定，因此，选项D正确。

【答案】D

12.【2015年第37题】下列哪些属于外观设计专利保护的客体？
A. 帽子上的绢花造型设计　　　　　　　B. 通电后才显示的霓虹灯的彩色图案
C. 饼干的月牙形设计　　　　　　　　　D. 餐巾扎成的玫瑰花形状

【考点】外观设计专利保护的客体

【分析】根据专利法第二条第三款的规定，外观设计，是指对产品的形状、图案或者其结合以及色彩与形状、图案的结合所作出的富有美感并适于工业应用的新设计。本题选项AC是对产品形状作出的设计，属于外观设计专利保护的客体，因此，选项AC正确。

根据《专利审查指南2010》第一部分第三章第7.4节的规定，根据专利法第二条第四款的规定，以下属于不授予外观设计专利权的情形：其中，（6）要求保护的外观设计不是产品本身常规的形态，例如手帕扎成动物形态的外观设计。（11）游戏界面以及与人机交互无关的显示装置所显示的图案，例如，电子屏幕壁纸、开关机画面、与人机交互无关的网站网页的图文排版。本题选项B中"通电后才显示的霓虹灯的彩色图案"与实现产品功能有关，属于外观设计专利保护的客体，因此，选项B正确；选项D中"餐巾扎成的玫瑰花形状"不是产品本身常规的形态，因此，选项D错误。

【答案】ABC

第三条【专利行政部门的职责】

国务院专利行政部门负责管理全国的专利工作；统一受理和审查专利申请，依法授予专利权。
省、自治区、直辖市人民政府管理专利工作的部门负责本行政区域内的专利管理工作。

一、本条含义

本条规定国务院专利行政部门、管理专利工作的部门的职责，并在专利法实施细则第八十条规定，国务院专利行政部门应当对管理专利工作的部门处理专利侵权纠纷、查处假冒专利行为、调解专利纠纷进行业务指导。

二、重点讲解

（一）国务院专利行政部门及其主要职能

国务院专利行政部门是指国家知识产权局。2018年国务院重新组建国家知识产权局，将国家知识产权局的职责、国家工商行政管理总局的商标管理职责、国家质量监督检验检疫总局的原产地地理标志管理职责整合，重新组建国家知识产权局，由国家市场监督管理总局管理。主要职责是：负责拟订和组织实施国家知识产权战略；负责保护知识产权；负责促进知识产权运用；负责知识产权的审查注册登记和行政裁决；负责建立知识产权公共服务体系；负责统筹协调涉外知识产权事宜。

国家知识产权局负责管理全国的专利工作；统一受理和审查专利申请，依法授予专利权。国家知识产权局设有专利局，并委托专利局受理、审批专利申请，专利局以国家知识产权局的名义作出各项决定。根据专利法第四十一条的规定，国家知识产权局设立专利复审委员会，并由其负责对专利申请的复审，以及对授予的专利权的无效宣告请求的审查并作出决定。

根据专利法实施细则第八十条的规定，国务院专利行政部门应当对管理专利工作的部门处理专利侵权纠纷、查处假冒专利行为、调解专利纠纷进行业务指导。

（二）地方管理专利工作的部门及其主要职能

专利法实施细则第七十九条规定，"专利法和本细则所称管理专利工作的部门，是指由省、自治区、直辖市人民政府以及专利管理工作量大又有实际处理能力的设区的市人民政府设立的管理专利工作的部门"。

专利法实施细则第八十三条第二款规定，"专利标识不符合前款规定的，由管理专利工作的部门责令改正"。

根据《专利行政执法办法》第六条的规定，管理专利工作的部门可以依据本地实际，委托有实际处理能力的市、县级人民政府设立的专利管理部门查处假冒专利行为、调解专利纠纷。注意：仅仅委托查处假冒专利行为、调解专利纠纷两种职能。

根据专利法实施细则第八十条和第八十三条第二款的规定，地方管理专利工作的部门的主要职能包括处理专利侵权纠纷（A60）、调解专利纠纷（R85）、查处假冒专利行为（A63~64）、责令改正专利标识（R83.2）。

1. 处理专利侵权纠纷

专利法第六十条规定，未经专利权人许可，实施其专利，即侵犯其专利权，引起纠纷的，由当事人协商解决；不愿协商或者协商不成的，专利权人或者利害关系人可以向人民法院起诉，也可以请求管理专利工作的部门处理。管理专利工作的部门处理时，认定侵权行为成立的，可以责令侵权人立即停止侵权行为，当事人不服的，可以自收到处理通知之日起十五日内依照《中华人民共和国行政诉讼法》向人民法院起诉；侵权人期满不起诉又不停止侵权行为的，管理专利工作的部门可以申请人民法院强制执行。进行处理的管理专利工作的部门应当事人的请求，可以就侵犯专利权的赔偿数额进行调解；调解不成的，当事人可以依照《中华人民共和国民事诉讼法》向人民法院起诉。

由此可知，侵权纠纷的救济途径包括当事人协商解决、向人民法院起诉、请求管理专利工作的部门处理，还可以依据仲裁协议向仲裁机关提出仲裁请求。而且，应当事人请求，管理专利工作的部门可以就侵犯专利权的赔偿数额进行调解。

2. 调解专利纠纷

专利法实施细则第八十五条规定：

除专利法第六十条规定的外，管理专利工作的部门应当事人请求，可以对下列专利纠纷进行调解：

（一）专利申请权和专利权归属纠纷；

（二）发明人、设计人资格纠纷；

（三）职务发明创造的发明人、设计人的奖励和报酬纠纷；

（四）在发明专利申请公布后专利权授予前使用发明而未支付适当费用的纠纷；

（五）其他专利纠纷。

对于前款第（四）项所列的纠纷，当事人请求管理专利工作的部门调解的，应当在专利权被授予之后提出。

需要注意的是：（1）关于请求中止有关程序。根据专利法实施细则第八十六条第一款的规定，当事人因专利申请权或者专利权的归属发生纠纷，已请求管理专利工作的部门调解或者向人民法院起诉的，可以请求国务院专利行政部门中止有关程序。（2）关于要求支付使用费的诉讼时效。根据专利法第六十八条第二款的规定，发明专利申请公布后至专利权授予前使用该发明未支付适当使用费的，专利权人要求支付使用费的诉讼时效为二年，自专利权人得知或者应当得知他人使用其发明之日起计算，但是，专利权人于专利权授予之日前即已得知或者应当得知的，自专利权授予之日起计算。

3. 查处假冒专利行为

专利法第六十四条规定，管理专利工作的部门根据已经取得的证据，对涉嫌假冒专利行为进行查处时，（1）可以询问有关当事人，调查与涉嫌违法行为有关的情况；（2）对当事人涉嫌违法行为的场所实施现场检查；（3）查阅、复制与涉嫌违法行为有关的合同、发票、账簿以及其他有关资料；（4）检查与涉嫌违法行为有关的产品，对有证据证明是假冒专利的产品，可以查封或者扣押。

管理专利工作的部门依法行使前款规定的职权时，当事人应当予以协助、配合，不得拒绝、阻挠。

专利法第六十三条规定，假冒专利的，除依法承担民事责任外，由管理专利工作的部门责令改正并予公告，没收违法所得，可以并处违法所得四倍以下的罚款；没有违法所得的，可以处二十万元以下的罚款；构成犯罪的，依法追究刑事责任。

专利法实施细则第八十四条规定：

下列行为属于专利法第六十三条规定的假冒专利的行为：

（一）在未被授予专利权的产品或者其包装上标注专利标识，专利权被宣告无效后或者终止后继续在产品或者其包装上标注专利标识，或者未经许可在产品或者产品包装上标注他人的专利号；

（二）销售第（一）项所述产品；

（三）在产品说明书等材料中将未被授予专利权的技术或者设计称为专利技术或者专利设计，将专利申请称为专利，或者未经许可使用他人的专利号，使公众将所涉及的技术或者设计误认为是专利技术或者专利设计；

（四）伪造或者变造专利证书、专利文件或者专利申请文件；

（五）其他使公众混淆，将未被授予专利权的技术或者设计误认为是专利技术或者专利设计的行为。

专利权终止前依法在专利产品、依照专利方法直接获得的产品或者其包装上标注专利标识，在专利权终止后许诺销售、销售该产品的，不属于假冒专利行为。

销售不知道是假冒专利的产品，并且能够证明该产品合法来源的，由管理专利工作的部门责令停止销售，但免除罚款的处罚。

需要注意的是：（1）专利法第六十四条规定对涉嫌假冒专利行为的查处，规定了在认定为是假冒专利行为前采取的措施，该措施不适用于专利法第六十条规定的对专利侵权纠纷的处理。（2）专利法第六十三条规定了在认定为假冒专利行为后的法律责任，包括民事责任、行政处罚、刑事责任。而专利法第六十条中侵犯专利权的法律责任仅包括民事责任。

4. 责令改正专利标识

根据专利法实施细则第八十三条的规定，专利权人依照专利法第十七条的规定，在其专利产品或者该产品的包装上标明专利标识的，应当按照国务院专利行政部门规定的方式予以标明。专利标识不符合前款规定的，由管理专利工作的部门责令改正。

根据《专利标识标注办法》第三条的规定，管理专利工作的部门负责在本行政区域内对标注专利标识的行为进行监督管理。

三、真题分析

13. 【2017年第1题】下列哪个机关依法具有处理侵犯专利权纠纷的职能？
 A. 省、自治区、直辖市人民政府设立的管理专利工作的部门
 B. 县人民政府设立的管理专利工作的部门
 C. 设区的市人民政府
 D. 国家知识产权局
 【考点】管理专利工作的部门 专利侵权纠纷处理
 【分析】根据专利法第六十条的规定，未经专利权人许可，实施其专利，即侵犯其专利权，引起纠纷的，由当事人协商解决；不愿协商或者协商不成的，专利权人或者利害关系人可以向人民法院起诉，也可以请求管理专利工作的部门处理。专利法实施细则第七十九条规定，专利法和本细则所称管理专利工作的部门，是指由省、自治区、直辖市人民政府以及专利管理工作量大又有实际处理能力的设区的市人民政府设立的管理专利工作的部门。因此，选项A正确。
 【答案】A

14. 【2015年第14题】下列说法哪个是正确的？
 A. 国务院专利行政部门负责管理全国的专利工作
 B. 专利复审委员会负责受理针对专利权评价报告的更正请求
 C. 国务院专利行政部门设立的专利代办处受理所有专利申请
 D. 基层人民法院负责管辖本辖区内的专利纠纷第一审案件
 【考点】国家知识产权局与司法机构的职能
 【分析】根据专利法第三条第一款的规定，国务院专利行政部门负责管理全国的专利工作；统一受理和审查专利申请，依法授予专利权。因此，选项A正确。专利法实施细则第五十六条第一款规定，授予实用新型或者外观设计专利权的决定公告后，专利法第六十条规定的专利权人或者利害关系人可以请求国务院专利行政部门作出专利权评价报告。根据《专利审查指南2010》第五部分第十章第6节的规定，作出专利权评价报告的部门在发现专利权评价报告中存在错误后，可以自行更正。请求人认为专利权评价报告存在需要更正的错误的，可以请求更正。由此可知，国务院专利行政部门负责受理针对专利权评价报告的更正请求，因此，选项B错误。

 根据《专利审查指南2010》第五部分第三章第1节的规定，专利局受理处负责受理专利申请及其他有关文件，代办处按照相关规定受理专利申请及其他有关文件。其中代办处的受理范围按照相关规定确定。因此，选项C错误。《最高人民法院关于审理专利纠纷案件适用法律问题的若干规定》第二条规定，专利纠纷第一审案件，由各省、自治区、直辖市人民政府所在地的中级人民法院和最高人民法院指定的中级人民法院管辖。最高人民法院根据实际情况，可以指定基层人民法院管辖第一审专利纠纷案件。因此，选项D错误。
 【答案】A

15. 【2015年第95题】管理专利工作的部门应当事人的请求，可以对下列哪些专利纠纷进行调解？
 A. 专利申请权归属纠纷
 B. 发明人资格纠纷
 C. 职务发明创造的发明人的奖励和报酬纠纷
 D. 在发明专利申请公布后专利权授予前使用发明而未支付适当费用的纠纷
 【考点】专利纠纷调解
 【分析】根据专利法实施细则第八十五条第一款的规定，除专利法第六十条规定的外，管理专利工作的部门应当事人请求，可以对下列专利纠纷进行调解：（一）专利申请权和专利权归属纠纷；（二）发明人、设计人资格纠纷；（三）职务发明创造的发明人、设计人的奖励和报酬纠纷；（四）在发明专利申请公布后专利权授予前使用发明而未支付适当费用的纠纷；（五）其他专利纠纷。因此，选项ABCD正确。
 【答案】ABCD

第四条【需要保密的专利申请】

申请专利的发明创造涉及国家安全或者重大利益需要保密的，按照国家有关规定办理。

一、本条含义

本条从国家的角度出发规定涉及国家安全或者重大利益的发明创造需要按照国家有关规定进行保密审查。

本条"国家有关规定"包括《中华人民共和国保守国家秘密法》的规定，也包括国务院制定的专利法实施细则等有关行政法规的规定。《中华人民共和国保守国家秘密法》规定，"国家秘密是关系到国家的安全和利益，依照法定程序确定，在一定时间内只限一定范围的人员知悉的事项"。

二、重点讲解

专利制度是一种"以公开换取保护"的制度，因此从原则上讲，获得专利权的发明创造必须予以公开，使公众在专利权届满之后能够自由实施该发明创造。但是，如果申请专利的发明创造涉及国家安全或者重大利益也照此办理，与普通专利申请一样予以公开，就会损害国家安全或者重大利益。因此，对这样的发明创造有必要采取保密措施。

要落实对申请专利而又涉及国家安全或者重大利益的发明创造予以保密的既定方针，我们专利法在两个环节上采取了保密措施：一是向国内申请专利的环节，规定在专利法第四条；二是向国外申请专利的环节，规定在专利法第二十条。

（一）保密的范围

《专利审查指南2010》第五部分第五章第1节规定了保密的范围。

专利法第四条规定的保密范围是涉及国家安全或者重大利益两个方面的发明创造。

根据专利法实施细则第七条第一款的规定，专利局受理的专利申请涉及国防利益需要保密的，应当及时移交国防专利机构进行审查。

根据专利法实施细则第七条第二款的规定，专利局认为其受理的发明或者实用新型专利申请涉及国防利益以外的国家安全或者重大利益需要保密的，应当及时作出按照保密专利申请处理的决定，并通知申请人。

1. 涉及国家安全的发明创造

涉及国家安全的发明创造，就是指国家安全专用或者在国家安全上有重大价值的发明创造。

2. 涉及重大利益的发明创造

重大利益是指国家安全以外的其他重大利益。某些发明虽然不是国家安全专用或者在国家安全上有重大价值，但是公布了可能会损害国家的重大利益的，也应当适用本条规定予以保密。

（二）保密专利申请的审查

1. 专利申请的保密确定

《专利审查指南2010》第五部分第五章第3节规定了专利申请的保密确定，分为申请人提出保密请求的保密确定和专利局自行进行的保密确定两种情况。

（1）申请人提出保密请求的保密确定。

① 保密请求的提出。申请人认为其发明或者实用新型专利申请涉及国家安全或者重大利益需要保密的，应当在提出专利申请的同时，在请求书上作出要求保密的表示，其申请文件应当以纸件形式提交。申请人也可以在发明专利申请进入公布准备之前，或者实用新型专利申请进入授权公告准备之前，提出保密请求。

申请人在提出保密请求之前已确定其申请的内容涉及国家安全或者重大利益需要保密的，应当提交有关部门确定密级的相关文件。

② 保密的确定。审查员应当根据保密基准对专利申请进行审查，并根据不同情况确定是否需要保密。

第一，专利申请的内容涉及国防利益的，由国防专利局进行保密确定。需要保密的，应当及时移交国防专利局进行审查，审查员向申请人发出专利申请移交国防专利局通知书；不需要保密的，审查员应当发出保密审批通知书，通知申请人该专利申请不予保密，按照一般专利申请处理。

第二，发明或者实用新型内容涉及国防利益以外的国家安全或者重大利益的，由专利局进行保密确定，必要时可以邀请相关领域的技术专家协助确定。审查员根据保密确定的结果发出保密审批通知书，需要保密的，通知申请人该专利申请予以保密，按照保密专利申请处理；不需要保密的，通知申请人该专利申请不予保密，按照一般专利申请处理。

（2）专利局自行进行的保密确定。分类审查员在对发明或者实用新型专利申请进行分类时，应当将发明内容可能涉及国家安全或者重大利益，但申请人未提出保密请求的发明或者实用新型专利申请挑选出来。审查员应当参照本章第3.1.2节的规定，对上述专利申请进行保密确定。

对于已确定为保密专利申请的电子申请，如果涉及国家安全或者重大利益需要保密，审查员应当将该专利申请转为纸件形式继续审查并通知申请人，申请人此后应当以纸件形式向专利局或国防专利局递交各种文件，不得通过电子专利申请系统提交文件。

2. **保密专利申请的审批流程**

《专利审查指南2010》第五部分第五章第4节规定了保密专利申请的审批流程。

（1）涉及国防利益需要保密的专利申请，由国防专利局进行审查，经审查没有发现驳回理由的，由专利局根据国防专利局的审查意见作出授予国防专利权的决定，并委托国防专利局颁发国防专利证书，同时在专利公报上公告国防专利的专利号、申请日和授权公告日。

国防专利复审委员会作出宣告国防专利权无效决定的，专利局应当在专利公报上公告专利号、授权公告日、无效宣告决定号和无效宣告决定日。

（2）涉及国防利益以外的国家安全或者重大利益需要保密的发明或者实用新型专利申请，由专利局按照以下程序进行审查和管理。

审查员应当对确定需要保密的专利申请案卷作出保密标记，在对该专利申请作出解密决定之前，对其进行保密管理。保密专利申请的初步审查和实质审查均由专利局指定的审查员进行。

对于发明专利申请，初步审查和实质审查按照与一般发明专利申请相同的基准进行。初步审查合格的保密专利申请不予公布，实质审查请求符合规定的，直接进入实质审查程序。经实质审查没有发现驳回理由的，作出授予保密发明专利权的决定，并发出授予发明专利权通知书和办理登记手续通知书。

对于实用新型专利申请，初步审查按照与一般实用新型专利申请相同的基准进行。经初步审查没有发现驳回理由的，作出授予保密实用新型专利权的决定，并发出授予实用新型专利权通知书和办理登记手续通知书。

保密专利申请的授权公告仅公布专利号、申请日和授权公告日。

3. **保密专利申请（或专利）的解密程序**

《专利审查指南2010》第五部分第五章第4节规定了专利申请（或专利）的解密程序。

（1）申请人（或专利权人）提出解密请求。保密专利申请的申请人或者保密专利的专利权人可以书面提出解密请求。提出保密请求时提交了有关部门确定密级的相关文件的，申请人（或专利权人）提出解密请求时，应当附具原确定密级的部门同意解密的证明文件。

专利局对提出解密请求的保密专利申请（或专利）进行解密确定，并将结果通知申请人。

（2）专利局定期解密。专利局每两年对保密专利申请（或专利）进行一次复查，经复查认为不需要继续保密的，通知申请人予以解密。

（3）解密后的处理。审查员应当对已经解密的专利申请（或专利）作出解密标记。发明专利申请解密后，尚未被授予专利权的，按照一般发明专利申请进行审查和管理，符合公布条件的，应当予以公布，并出版发明专利申请单行本；实用新型专利申请解密后，尚未被授予专利权的，按照一般实用新型专利申请进行审查和管理。

发明或者实用新型专利解密后，应当进行解密公告、出版发明或者实用新型专利单行本，并按照一般专利进行管理。

（三）本条与专利法第二十条

本条规定普通国家申请的保密审查，专利法第二十条规定向外国申请专利前的保密审查，"一内一外"两条防线落实对申请专利而又涉及国家安全或者重大利益的发明创造予以保密的既定方针。

专利法第四条和专利法第二十条对比表如下：

		A4 普通国家申请的保密审查	A20 向外国申请专利前的保密审查
相同点	保密审查标准一致	根据 A4 进行审查	
	归属一致	对于保密申请或国防申请，不得向外国申请专利 申请人提出向外国申请专利保密审查请求，需要保密的，禁止向外国申请专利，其在中国对应的专利申请转化为保密专利申请或国防专利申请	
	专利类型	发明、实用新型	
不同点	申请人意愿不同	认为申请可能涉及国家安全或重大利益，希望保密	认为申请不涉及国家安全或重大利益，希望向外国申请专利
	请求方式不同	申请时，在请求书中做出保密请求；申请后，提交意见陈述书	R8.2 和 R8.3 共规定了三种方式
	适用法律不同	R7	A20、R8、R9
	请求时间不同	发明或实用新型申请进入公布或公告之前提出请求或者专利局自行保密审查	向外国申请专利之前，不论在中国的专利申请的状态如何，是否公布或公告，均需提出保密审查请求

注：本条和专利法第二十条所说发明创造只包括发明、实用新型，不包括外观设计，其原因在于外观设计不涉及产品的技术功能和技术特征，与国家安全或者重大利益关系不大。

三、真题分析

16.【2019 年第 31 题】下列关于国防专利的说法正确的是？
A. 国防专利机构负责受理和审查国防专利申请
B. 国防专利申请经国防专利机构审查认为符合规定的，由国防专利机构授予国防专利权
C. 国防专利申请权和国防专利权经批准可以向国内的单位和个人转让
D. 禁止向国外的单位和个人转让国防专利申请权和国防专利权

【考点】国防专利

【分析】根据《国防专利条例》第三条的规定，国家国防专利机构负责受理和审查国防专利申请。因此，选项 A 正确。根据《国防专利条例》第三条第一款的规定，国家国防专利机构负责受理和审查国防专利申请。经国防专利机构审查认为符合本条例规定的，由国务院专利行政部门授予国防专利权。因此，选项 B 错误。

根据《国防专利条例》第七条第一款的规定，国防专利申请权和国防专利权经批准可以向国内的中国单位和个人转让。根据《国防专利条例》第八条的规定，禁止向国外的单位和个人以及在国内的外国人和外国机构转让国防专利申请权和国防专利权。因此，选项 C 错误，选项 D 正确。

【答案】AD

17.【2018 年第 10 题】关于保密专利的审查，以下说法错误的是：
A. 申请人认为其发明或者实用新型专利申请涉及国家安全或者重大利益需要保密的，应当在提出专利申请的同时，在请求书上作出要求保密的表示，其申请文件不得以电子申请的形式提交
B. 专利申请涉及国防利益需要保密的，由国防专利机构受理并进行审查，经审查没有发现驳回理由的，由国家知识产权局根据国防专利机构的审查意见作出授予国防专利权的决定并颁发国防专利证书
C. 国家知识产权局认为其受理的发明或者实用新型专利申请涉及国防利益以外的国家安全或者重大利益需要保密的，应及时作出按照保密专利申请处理的决定，并通知申请人
D. 保密专利申请的授权公告仅公布专利号、申请日和授权公告日，发明或者实用新型专利解密后，应当进

行解密公告

【考点】 保密专利的审查

【分析】《专利审查指南2010》第五部分第五章第3节规定，申请人认为其发明或者实用新型专利申请涉及国家安全或者重大利益需要保密的，应当在提出专利申请的同时，在请求书上作出要求保密的表示，其申请文件应当以纸件形式提交。因此，选项A的说法正确。《专利审查指南2010》第五部分第五章第4节规定，涉及国防利益需要保密的专利申请，由国防专利局进行审查，经审查没有发现驳回理由的，由专利局根据国防专利局的审查意见作出授予国防专利权的决定，并委托国防专利局颁发国防专利证书，同时在专利公报上公告国防专利的专利号、申请日和授权公告日。因此，选项B的说法错误。

根据专利法实施细则第七条第二款的规定，专利局认为其受理的发明或者实用新型专利申请涉及国防利益以外的国家安全或者重大利益需要保密的，应当及时作出按照保密专利申请处理的决定，并通知申请人。因此，选项C的说法正确。《专利审查指南2010》第五部分第五章第4节规定，保密专利申请的授权公告仅公布专利号、申请日和授权公告日。发明或者实用新型专利解密后，应当进行解密公告、出版发明或者实用新型专利单行本，并按照一般专利进行管理。因此，选项D的说法正确。

【答案】 B

18.【2015年第70题】下列有关国防专利申请和国防专利的说法哪些是正确的？
A. 专利申请涉及国防利益需要保密的，由国防专利机构受理并进行审查
B. 经主管部门批准，国防专利权人可以向国外的单位或者个人转让国防专利权
C. 国防专利申请人在对第一次审查意见通知书进行答复时，可以对其国防专利申请主动提出修改
D. 国家知识产权局专利复审委员会负责国防专利的复审和无效宣告工作

【考点】 国防专利

【分析】 根据专利法实施细则第七条第一款的规定，专利申请涉及国防利益需要保密的，由国防专利机构受理并进行审查；国务院专利行政部门受理的专利申请涉及国防利益需要保密的，应当及时移交国防专利机构进行审查。经国防专利机构审查没有发现驳回理由的，由国务院专利行政部门作出授予国防专利权的决定。根据《国防专利条例》第三条第一款的规定，国家国防专利机构负责受理和审查国防专利申请。经国防专利机构审查认为符合本条例规定的，由国务院专利行政部门授予国防专利权。因此，选项A正确。根据《国防专利条例》第八条的规定，禁止向国外的单位和个人以及在国内的外国人和外国机构转让国防专利申请权和国防专利权。因此，选项B错误。

根据《国防专利条例》第十四条第二款的规定，国防专利申请人在自申请日起6个月内或者在对第一次审查意见通知书进行答复时，可以对其国防专利申请主动提出修改。因此，选项C正确。根据《国防专利条例》第十六条第一款的规定，国防专利机构设立国防专利复审委员会，负责国防专利的复审和无效宣告工作。因此，选项D错误。

【答案】 AC

第五条【违反社会公德和妨害公众利益的发明创造】

对违反法律、社会公德或者妨害公共利益的发明创造，不授予专利权。

对违反法律、行政法规的规定获取或者利用遗传资源，并依赖该遗传资源完成的发明创造，不授予专利权。

一、本条含义

本条从反面规定授予专利权的条件，规定四种不授予专利权的情形，其中，规定第一款的目的在于防止对可能扰乱正常社会秩序、导致犯罪或者造成其他不安定因素的发明创造被授予专利权，维护国家和人民的根本利益；规定第二款的目的在于在专利制度中落实《生物多样性公约》（简称CBD）的有关规定，有效的保护我国的生物遗传资源，促进我国遗传资源的合理和有序利用。

二、重点讲解

专利法从正面和反面两个角度规定授予专利权的条件,并且分散在各个条款中,其中,本条和专利法第二十五条规定了不授予专利权的主题。对发明创造授予专利权,必须考虑国家和社会的利益,并不是对任何发明创造都应当授予专利权的,因此,本条规定了四种不授予专利权的主题。另外,专利法第二十五条规定了六种不授予专利权的主题。

(一) 违反法律的发明创造

《专利审查指南2010》第二部分第一章第3.1.1节规定了违反法律的发明创造。

1. "法律"的含义

法律,是指由全国人民代表大会或者全国人民代表大会常务委员会依照立法程序制定和颁布的法律。它不包括行政法规和规章。

2. 违反法律的发明创造的定义

发明创造与法律相违背的,不能被授予专利权。例如,用于赌博的设备、机器或工具;吸毒的器具;伪造国家货币、票据、公文、证件、印章、文物的设备等都属于违反法律的发明创造,不能被授予专利权。

发明创造并没有违反法律,但是由于其被滥用而违反法律的,则不属此列。例如,用于医疗的各种毒药、麻醉品、镇静剂、兴奋剂和用于娱乐的棋牌等。

专利法实施细则第十条规定,专利法第五条所称违反法律的发明创造,不包括仅其实施为法律所禁止的发明创造。其含义是,如果仅仅是发明创造的产品的生产、销售或使用受到法律的限制或约束,则该产品本身及其制造方法并不属于违反法律的发明创造。例如,用于国防的各种武器的生产、销售及使用虽然受到法律的限制,但这些武器本身及其制造方法仍然属于可给予专利保护的客体。

(二) 违反社会公德的发明创造

《专利审查指南2010》第二部分第一章第3.1.2节规定了违反社会公德的发明创造。

1. "社会公德"的含义

社会公德,是指公众普遍认为是正当的、并被接受的伦理道德观念和行为准则。它的内涵基于一定的文化背景,随着时间的推移和社会的进步不断地发生变化,而且因地域不同而各异。中国专利法中所称的社会公德限于中国境内。

2. 违反社会公德的发明创造的定义

发明创造与社会公德相违背的,不能被授予专利权。例如,带有暴力凶杀或者淫秽的图片或者照片的外观设计,非医疗目的的人造性器官或者其替代物,人与动物交配的方法,改变人生殖系遗传同一性的方法或改变了生殖系遗传同一性的人,克隆的人或克隆人的方法,人胚胎的工业或商业目的的应用,可能导致动物痛苦而对人或动物的医疗没有实质性益处的改变动物遗传同一性的方法等,上述发明创造违反社会公德,不能被授予专利权。

但是,如果发明创造是利用未经过体内发育的受精14天以内的人类胚胎分离或者获取干细胞的,则不能以"违反社会公德"为理由拒绝授予专利权。

(三) 妨害公共利益的发明创造

《专利审查指南2010》第二部分第一章第3.1.3节规定了妨害公共利益的发明创造。

1. "妨害公共利益"的含义

妨害公共利益,是指发明创造的实施或使用会给公众或社会造成危害,或者会使国家和社会的正常秩序受到影响。

2. 妨害公共利益的发明创造的定义

发明创造以致人伤残或损害财物为手段的,如一种使盗窃者双目失明的防盗装置及方法,不能被授予专利权;发明创造的实施或使用会严重污染环境、严重浪费能源或资源、破坏生态平衡、危害公众健康的,不能被授予专利权;专利申请的文字或者图案涉及国家重大政治事件或宗教信仰、伤害人民感情或民族感情,或者宣传封建迷信的,不能被授予专利权。

但是,如果发明创造因滥用而可能造成妨害公共利益的,或者发明创造在产生积极效果的同时存在某种缺点的，例如对人体有某种副作用的药品，则不能以"妨害公共利益"为理由拒绝授予专利权。

（四）违反法律、行政法规的规定获取或者利用遗传资源，并依赖该遗传资源完成的发明创造

《专利审查指南2010》第二部分第一章第3.2节规定了违反法律/行政法规的规定获取或者利用遗传资源，并依赖该遗传资源完成的发明创造。

1. "遗传资源"的含义

根据专利法第五条第二款的规定，对违反法律、行政法规的规定获取或者利用遗传资源，并依赖该遗传资源完成的发明创造，不授予专利权。

根据专利法实施细则第二十六条第一款的规定，专利法所称遗传资源，是指取自人体、动物、植物或者微生物等含有遗传功能单位并具有实际或者潜在价值的材料；专利法所称依赖遗传资源完成的发明创造，是指利用了遗传资源的遗传功能完成的发明创造。

在上述规定中，遗传功能是指生物体通过繁殖将性状或者特征代代相传或者使整个生物体得以复制的能力。遗传功能单位是指生物体的基因或者具有遗传功能的DNA或者RNA片段。

取自人体、动物、植物或者微生物等含有遗传功能单位的材料，是指遗传功能单位的载体，既包括整个生物体，也包括生物体的某些部分，例如器官、组织、血液、体液、细胞、基因组、基因、DNA或者RNA片段等。

2. 依赖遗传资源完成的发明创造的定义

发明创造利用了遗传资源的遗传功能是指对遗传功能单位进行分离、分析、处理等，以完成发明创造，实现其遗传资源的价值。

3. 违反法律、行政法规的规定获取或者利用遗传资源的定义

违反法律、行政法规的规定获取或者利用遗传资源，是指遗传资源的获取或者利用未按照我国有关法律、行政法规的规定事先获得有关行政管理部门的批准或者相关权利人的许可。例如，按照《中华人民共和国畜牧法》和《中华人民共和国畜禽遗传资源进出境和对外合作研究利用审批办法》的规定，向境外输出列入中国畜禽遗传资源保护名录的畜禽遗传资源应当办理相关审批手续，某发明创造的完成依赖于中国向境外出口的列入中国畜禽遗传资源保护名录的某畜禽遗传资源，未办理审批手续的，该发明创造不能被授予专利权。

4. 本条第二款与专利法第二十六条第五款

（1）本条第二款属于"违法不授权"条款，是驳回专利申请的法律依据，同时也是宣告专利权无效的法律依据，也就是说本条第二款既是驳回理由，也是无效理由。

（2）与本条第二款相呼应的专利法第二十六条第五款属于"遗传资源来源信息披露"条款，是为落实本条第二款的规定而服务的，但是，专利法第二十六条第五款是驳回专利申请的法律依据，而不是宣告该专利权无效的法律依据，也就是说专利法第二十六条第五款是驳回理由，但不是无效理由。

另外，在本条第二款中，遗传资源是指我国的遗传资源。在专利法第二十六条第五款中，遗传资源是指世界范围的遗传资源。

三、真题分析

19.【2019年第38题】关于涉及遗传资源的专利申请，下列说法正确的是？
A. 对违反法律、行政法规的规定获取遗传资源，并依赖该遗传资源完成的发明创造，不授予专利权
B. 专利法所称依赖遗传资源完成的发明创造，是指利用遗传资源的遗传功能完成的发明创造
C. 依赖遗传资源完成的发明创造，申请人只需在专利申请文件中说明遗传资源的直接来源
D. 遗传资源，是指取自人体、动物、植物或者微生物等含有遗传功能单位并具有实际或者潜在价值的材料

【考点】遗传资源

【分析】根据专利法第五条第二款的规定，对违反法律、行政法规的规定获取或者利用遗传资源，并依赖该遗传资源完成的发明创造，不授予专利权。因此，选项A正确。根据专利法实施细则第二十六条第一款的规定，专利法所称遗传资源，是指取自人体、动物、植物或者微生物等含有遗传功能单位并具有实际或者潜在价值的材料；专利法所称依赖遗传资源完成的发明创造，是指利用了遗传资源的遗传功能完成的发明创造。因此，选项BD正确。

根据专利法第二十六条第四款的规定，依赖遗传资源完成的发明创造，申请人应当在专利申请文件中说明该遗传资源的直接来源和原始来源；申请人无法说明原始来源的，应当陈述理由。因此，选项C错误。

【答案】ABD

20.【2018年第5题】关于专利法第五条，以下说法正确的是：

A. 该条第一款所述"违反法律的发明创造"中的"法律"，包括由全国人民代表大会或其常务委员会、以及国务院制定和颁布的法律法规

B. 只要发明创造的产品的生产、销售或使用违反了法律，则该产品本身及其制造方法就属于违反法律的发明创造

C. 如果一项在美国完成的发明创造的完成依赖于从中国获取的某畜禽遗传资源，该遗传资源属于列入《中华人民共和国国家级畜禽遗传资源保护名录》的遗传资源，但发明人并未按照《中华人民共和国畜禽遗传资源进出境和对外合作研究利用审批办法》的规定办理审批手续，因此，该项发明向中国申请专利时不能授予专利权

D. 如果某专利申请说明书包含了违反法律的发明创造，但该申请的权利要求中未请求保护该违反法律的发明创造，则该专利申请不违反专利法第五条第一款的规定

【考点】违反社会公德和妨害公众利益的发明创造

【分析】专利法第五条规定，对违反法律、社会公德或者妨害公共利益的发明创造，不授予专利权。对违反法律、行政法规的规定获取或者利用遗传资源，并依赖该遗传资源完成的发明创造，不授予专利权。《专利审查指南2010》第二部分第一章第3.1.1节规定，法律，是指由全国人民代表大会或者全国人民代表大会常务委员会依照立法程序制定和颁布的法律。它不包括行政法规和规章。发明创造与法律相违背的，不能被授予专利权。因此，选项A错误。根据专利法第五条第一款的审查对象为整个申请文件，即包括权利要求书、说明书（包括附图）和说明书摘要。申请文件中只要存在违反专利法第五条第一款的内容，都是不允许的。因此，选项D错误。

《专利审查指南2010》第二部分第一章第3.1.1节规定，专利法实施细则第十条规定，专利法第五条所称违反法律的发明创造，不包括仅其实施为法律所禁止的发明创造。其含义是，如果仅仅是发明创造的产品的生产、销售或使用受到法律的限制或约束，则该产品本身及其制造方法并不属于违反法律的发明创造。例如，用于国防的各种武器的生产、销售及使用虽然受到法律的限制，但这些武器本身及其制造方法仍然属于可给予专利保护的客体。因此，选项B错误。

《专利审查指南2010》第二部分第一章第3.2节规定，违反法律、行政法规的规定获取或者利用遗传资源，是指遗传资源的获取或者利用未按照我国有关法律、行政法规的规定事先获得有关行政管理部门的批准或者相关权利人的许可。例如，按照《中华人民共和国畜牧法》和《中华人民共和国畜禽遗传资源进出境和对外合作研究利用审批办法》的规定，向境外输出列入中国畜禽遗传资源保护名录的畜禽遗传资源应当办理相关审批手续，某发明创造的完成依赖于中国向境外出口的列入中国畜禽遗传资源保护名录的某畜禽遗传资源，未办理审批手续的，该发明创造不能被授予专利权。因此，选项C正确。

【答案】C

21.【2015年第10题】关于涉及遗传资源的专利申请，下列说法哪个是错误的？

A. 对违反法律的规定获取遗传资源，并依赖该遗传资源完成的发明创造，不授予专利权

B. 对违反行政法规的规定利用遗传资源，并依赖该遗传资源完成的发明创造，不授予专利权

C. 依赖遗传资源完成的发明创造，申请人应当在专利申请文件中说明遗传资源的直接来源和原始来源

D. 依赖遗传资源完成的发明创造，申请人无法说明直接来源的，应当在申请文件中陈述理由

【考点】涉及遗传资源的专利申请

【分析】根据专利法第五条第二款的规定，对违反法律、行政法规的规定获取或者利用遗传资源，并依赖该遗传资源完成的发明创造，不授予专利权。因此，选项AB的说法正确。根据专利法第二十六条第四款的规定，依赖遗传资源完成的发明创造，申请人应当在专利申请文件中说明该遗传资源的直接来源和原始来源；申请人无法说明原始来源的，应当陈述理由。因此，选项C的说法正确，选项D的说法错误。

【答案】D

第六条【申请专利的权利和专利权的归属】

执行本单位的任务或者主要是利用本单位的物质技术条件所完成的发明创造为职务发明创造。职务发明创造申请专利的权利属于该单位；申请被批准后，该单位为专利权人。

非职务发明创造，申请专利的权利属于发明人或者设计人；申请被批准后，该发明人或者设计人为专利权人。

利用本单位的物质技术条件所完成的发明创造，单位与发明人或者设计人订有合同，对申请专利的权利和专利权的归属作出约定的，从其约定。

一、本条含义

本条规定职务发明创造、非职务发明创造的构成条件和权利归属问题，其中，职务发明创造分为两种类型，一是发明人或者设计人执行本单位的任务所完成的发明创造，二是发明人或者设计人主要是利用本单位的物质技术条件所完成的发明创造，职务发明创造的申请人为单位，申请被批准后，该单位是专利权人。非职务发明创造的申请人是发明人或者设计人，申请被批准后，该发明人或者设计人为专利权人。第三款规定，利用本单位的物质技术条件所完成的发明创造的权利归属遵从约定优先的原则。

二、重点讲解

本条和专利法第八条从两方面规定申请专利的权利以及专利权的归属，这两条基本涵盖与权利归属相关的所有方面。其中，本条针对职务发明创造和非职务发明创造，涉及的是内部关系即发明人、设计人与其所在单位的关系，专利法第八条针对以合作或者委托方式完成的发明创造的权利归属问题，涉及的是外部关系即合作和委托关系中各方面之间的关系。

（一）发明人或者设计人的概念

1. 发明人或者设计人的定义

《专利审查指南2010》第一部分第一章第4.1.2节规定了发明人。

专利法实施细则第十三条规定，发明人是指对发明创造的实质性特点作出创造性贡献的人。在专利局的审查程序中，审查员对请求书中填写的发明人是否符合该规定不作审查。

发明人应当是个人，请求书中不得填写单位或者集体，例如不得写成"××课题组"等。发明人应当使用本人真实姓名，不得使用笔名或者其他非正式的姓名。多个发明人的，应当按自左向右顺序填写。不符合规定的，审查员应当发出补正通知书。申请人改正请求书中所填写的发明人姓名的，应当提交补正书、当事人的声明及相应的证明文件。

发明人可以请求专利局不公布其姓名。提出专利申请时请求不公布发明人姓名的，应当在请求书"发明人"一栏所填写的相应发明人后面注明"（不公布姓名）"。不公布姓名的请求提出之后，经审查认为符合规定的，专利局在专利公报、专利申请单行本、专利单行本以及专利证书中均不公布其姓名，并在相应位置注明"请求不公布姓名"字样，发明人也不得再请求重新公布其姓名。提出专利申请后请求不公布发明人姓名的，应当提交由发明人签字或者盖章的书面声明，但是专利申请进入公布准备后才提出该请求的，视为未提出请求，审查员应当发出视为未提出通知书。外国发明人中文译名中可以使用外文缩写字母，姓和名之间用圆点分开，圆点置于中间位置，例如 M·琼斯。

2. 发明人或者设计人的判断原则

是否对发明创造的实质性特点作出创造性贡献是判断发明人或者设计人的标准。根据专利法实施细则第十三条的规定，在完成发明创造过程中，只负责组织工作的人、为物质技术条件的利用提供方便的人或者从事其他辅助工作的人，不是发明人或者设计人。

(二) 职务发明创造

1. 职务发明创造的概念

根据本条第一款的规定，职务发明创造的完成方式有两种类型：一是发明人或者设计人执行本单位的任务所完成的发明创造；二是发明人或者设计人主要是利用本单位的物质技术条件完成的发明创造。

2. 职务发明创造的判断

专利法实施细则第十二条规定，

专利法第六条所称执行本单位的任务所完成的职务发明创造，是指：

（一）在本职工作中作出的发明创造；

（二）履行本单位交付的本职工作之外的任务所作出的发明创造；

（三）退休、调离原单位后或者劳动、人事关系终止后 1 年内作出的，与其在原单位承担的本职工作或者原单位分配的任务有关的发明创造。

专利法第六条所称本单位，包括临时工作单位；专利法第六条所称本单位的物质技术条件，是指本单位的资金、设备、零部件、原材料或者不对外公开的技术资料等。

需要注意的是，"单位"本来是一种通俗的说法，但在专利法中单位具有相当于"法人"的含义，即具有民事权利能力和民事行为能力，依法能够独立享有权利和承担义务的组织。通俗的说法把该组织内部的一些部门也称为单位。例如，以大学为例，大学是一个单位，其下的学院、学系、研究室、实验室等也都是单位。但是专利法中所称的单位仅仅是指具有法人地位的单位，在上述例子中，便是大学本身，其余的单位都不是本法所称的单位。

3. 职务发明创造申请专利的权利及所取得的专利权的归属

本条第一款规定，职务发明创造申请专利的权利属于该单位；申请被批准后，该单位为专利权人。也就是说，该单位有权以自己的名义向专利行政部门提交专利申请，并将作出发明创造的发明人、设计人写入发明人、设计人栏内。

本条第三款规定，利用本单位的物质技术条件所完成的发明创造，单位与发明人或者设计人订有合同，对申请专利的权利和专利权的归属作出约定的，从其约定。这一规定，有利于鼓励个人发明创造的积极性，也有利于充分发挥单位物质技术条件的作用，避免闲置。

需要注意的是，本条第三款约定优先的原则不适用于本条第一款中执行本单位的任务所完成的发明创造。

（三）非职务发明创造

1. 非职务发明创造的概念

除本条第一款规定属于职务发明创造的情形外，发明人或者设计人所完成的发明创造，都属于非职务发明创造。

2. 非职务发明创造的判断

《专利审查制度 2010》第一部分第一章第 4.1.3.1 节规定申请人是本国人的形式审查。

职务发明，申请专利的权利属于单位；非职务发明，申请专利的权利属于发明人。

在专利局的审查程序中，审查员对请求书中填写的申请人一般情况下不作资格审查。申请人是个人的，可以推定该发明为非职务发明，该个人有权提出专利申请，除非根据专利申请的内容判断申请人的资格明显有疑义的，才需要通知申请人提供所在单位出具的非职务发明证明。申请人是单位的，可以推定该发明是职务发明，该单位有权提出专利申请，除非该单位的申请人资格明显有疑义的，例如填写的单位是××大学科研处或者××研究所××课题组，才需要发出补正通知书，通知申请人提供能表明其具有申请人资格的证明文件。

3. 非职务发明创造申请专利的权利及所取得的专利权的归属

对于非职务发明创造，发明人或者设计人有权申请专利。这是各国专利法的一条基本原则，我国也不例外。因为发明创造是一种财产，当然应当由完成该发明创造的发明人或者设计人申请专利。

专利申请被批准后，专利权就归申请专利的发明人或者设计人所有。如果申请人有数人，专利权就归他们共同所有。

4. 专利权人的概念

申请人的专利申请被授予专利权后，申请人就变成了专利权人。专利权本质上是一种排他权，在专利法第十一条规定,"除本法另有规定的以外,任何单位或者个人未经专利权人许可,都不得实施其专利"。而且专利权也是一种财产权,与其他财产权一样,可以继承、转让。

需要说明的是,在职务发明创造的情况下,专利权人(申请人)是单位;而不管是职务发明创造,还是非职务发明创造,发明人或者设计人应当是自然人,不能是单位。

三、真题分析

22.【2019年第19题】下列关于发明人的说法正确的是?
A. 发明人是指对发明创造的实质性特点做出创造性贡献的人
B. 请求书中发明人可以填写为"某课题组"
C. 申请人提交文件后发现发明人姓名的文字有错误,将"王立"错写成"王丽",申请人应通过补正更正
D. 发明人就其完成的任何发明创造均有权申请专利

【考点】发明人

【分析】根据《专利审查指南2010》第一部分第一章第4.1.2节的规定,专利法实施细则第十三条规定,发明人是指对发明创造的实质性特点作出创造性贡献的人。在专利局的审查程序中,审查员对请求书中填写的发明人是否符合该规定不作审查。发明人应当是个人,请求书中不得填写单位或者集体,例如不得写成"××课题组"等。因此,选项A正确,选项B错误。

根据专利法实施细则第一百一十九条第二款的规定,请求变更发明人姓名、专利申请人和专利权人的姓名或者名称、国籍和地址、专利代理机构的名称、地址和代理人姓名的,应当向国务院专利行政部门办理著录事项变更手续,并附具变更理由的证明材料。《专利审查指南2010》第一部分第一章第6.7.2.3节规定了(著录项目变更证明文件)发明人变更:(1)因发明人更改姓名提出变更请求的,参照本章第6.7.2.1节第(1)项的规定。(2)因漏填或者错填发明人提出变更请求的,应当提交由全体申请人(或专利权人)和变更前全体发明人签字或者盖章的证明文件。(3)因发明人资格纠纷提出变更请求的,参照本章第6.7.2.2节第(1)项的规定。(4)因更改中文译名提出变更请求的,应当提交发明人声明。因此,选项C错误。

根据专利法第六条第一款的规定,执行本单位的任务或者主要是利用本单位的物质技术条件所完成的发明创造为职务发明创造。职务发明创造申请专利的权利属于该单位;申请被批准后,该单位为专利权人。由此可知,发明人就其完成的职务发明创造无权申请专利,因此,选项D错误。

【答案】A

23.【2018年第2题】甲某是×公司的研究人员,与乙某、丙某共同承担了一种数字交换机的具体研制工作,2013年6月,甲某于该研制工作中途辞职继续独自开展相关数字交换机的开发工作。2014年4月,甲某完成该研制工作、成功开发出了某型数字交换机,并于2014年5月以甲某个人名义申请专利。则以下说法正确的是?
A. 该专利申请权应归×公司所有,甲某、乙某、丙某均享有发明人的署名权
B. 该专利申请权应归×公司所有,仅甲某享有发明人的署名权
C. 该专利申请权应归甲某个人所有,甲某享有发明人的署名权
D. 该专利申请权应归甲某个人所有,但×公司享有免费使用权

【考点】职务发明创造 署名权

【分析】根据专利法第六条第一款的规定,执行本单位的任务或者主要是利用本单位的物质技术条件所完成的发明创造为职务发明创造。职务发明创造申请专利的权利属于该单位;申请被批准后,该单位为专利权人。根据专利法实施细则第十二条第一款的规定,专利法第六条所称执行本单位的任务所完成的职务发明创造,是指:(一)在本职工作中作出的发明创造;(二)履行本单位交付的本职工作之外的任务所作出的发明创造;(三)退休、调离原单位后或者劳动、人事关系终止后1年内作出的,与其在原单位承担的本职工作或者原单位分配的任务有关的发明创造。

根据专利法实施细则第十三条的规定,专利法所称发明人或者设计人,是指对发明创造的实质性特点作出创造性贡献的人。根据专利法第十七条第一款的规定,发明人或者设计人有在专利文件中写明自己是发明人或者设计人的权利。

本题中，2013年6月甲某辞职后继续开展的开发工作与其在×公司的工作相关，甲某以个人名义申请专利的时间为2014年5月，该时间距其辞职时间2013年6月未超过一年，因此，该发明创造属于职务发明创造，该专利申请权应归×公司所有。而且甲某在×公司工作期间与乙某、丙某共同承担这种数字交换机的具体研制工作，故甲乙丙三人都是发明人，享有署名权。综上所述，选项A正确。

【答案】A

24.【2017年第2题】2015年11月10日，张某与甲电子技术公司终止了劳动合同，之后，张某于2016年12月8日作出了一项与其在甲电子技术公司的本职工作相关的发明创造。那么就该发明创造申请专利的权利属于谁？

A. 甲公司
B. 甲公司和张某
C. 张某
D. 由甲公司和张某协商决定

【考点】非职务发明创造

【分析】根据专利法第六条第一款的规定，执行本单位的任务或者主要是利用本单位的物质技术条件所完成的发明创造为职务发明创造。根据专利法实施细则第十二条第一款的规定，专利法第六条所称执行本单位的任务所完成的职务发明创造，是指：（一）在本职工作中作出的发明创造；（二）履行本单位交付的本职工作之外的任务所作出的发明创造；（三）退休、调离原单位后或者劳动、人事关系终止后1年内作出的，与其在原单位承担的本职工作或者原单位分配的任务有关的发明创造。

本题中，张某终止劳动合同的时间超过了一年，其作出的发明创造不属于职务发明创造，因此，就该发明创造申请专利的权利属于张某，选项ABD错误，选项C正确。

【答案】C

25.【2016年第33题】下列哪些属于职务发明创造？

A. 金某在履行本单位交付的本职工作之外的任务时完成的发明创造
B. 吕某退休一年之后作出的与其退休前所从事的工作有关的发明创造
C. 王某在职期间作出的与其单位所从事工作无关的发明创造
D. 刘某临时借调到某研究所工作，在执行该所交付的任务时完成的发明创造

【考点】职务发明创造

【分析】根据专利法实施细则第十二条的规定，专利法第六条所称执行本单位的任务所完成的职务发明创造，是指：（一）在本职工作中作出的发明创造；（二）履行本单位交付的本职工作之外的任务所作出的发明创造；（三）退休、调离原单位后或者劳动、人事关系终止后1年内作出的，与其在原单位承担的本职工作或者原单位分配的任务有关的发明创造。专利法第六条所称本单位，包括临时工作单位；专利法第六条所称本单位的物质技术条件，是指本单位的资金、设备、零部件、原材料或者不对外公开的技术资料等。因此，选项AD正确，选项BC错误。

【答案】AD

26.【2015年第3题】甲公司是一家光缆设备公司，王某是甲公司负责光缆设备研发的技术人员。王某在2011年3月从甲公司离职，并加入了乙公司。乙公司2012年1月就王某发明的一项光缆设备技术提交了一件专利申请，并获得专利权。下列说法哪个是正确的？

A. 专利权应归甲公司所有
B. 专利权应归乙公司所有
C. 专利权应归甲公司和乙公司共同所有
D. 王某及乙公司负责人有权主张在专利文件中写明自己是发明人

【考点】职务发明

【分析】根据专利法实施细则第十二条规定第一款的规定，专利法第六条所称执行本单位的任务所完成的职务发明创造，是指：（一）在本职工作中作出的发明创造；（二）履行本单位交付的本职工作之外的任务所作出的发明创造；（三）退休、调离原单位后或者劳动、人事关系终止后1年内作出的，与其在原单位承担的本职工作或者原单位分配的任务有关的发明创造。本题中，乙公司2012年1月就王某发明的光缆设备技术提交专利申请时，王某从甲公司离职还未满1年，因此，专利权应归甲公司所有，选项A正确，选项BC错误。

根据专利法第十七条第一款的规定，发明人或者设计人有在专利文件中写明自己是发明人或者设计人的权利。根据专利法实施细则第十三条的规定，发明人或者设计人，是指对发明创造的实质特点作出了创造性贡献的人。因此，选项 D 中乙公司负责人无权主张在专利文件中写明自己是发明人，选项 D 错误。

【答案】A

第七条【鼓励对非职务发明创造申请专利】

对发明人或者设计人的非职务发明创造专利申请，任何单位或者个人不得压制。

一、本条含义

本条规定非职务发明创造完成后，是否申请专利、何时申请专利、申请何种专利，都属于发明人或者设计人的权利和自由，任何单位或者个人无权干涉。

二、重点讲解

（一）压制的含义

本条所说的"压制"是指单位对非职务发明创造申请专利的压制，而对于职务发明创造是否申请专利由单位决定，不存在"压制"的情况。

本条中的"压制"与专利法第七十二条中的"侵夺"不同，若单位明知一项发明创造为非职务发明创造，却据为己有，以单位名义申请专利，则构成侵夺发明人或者设计人的非职务发明创造的行为，侵夺行为是比压制行为更为严重的侵权行为，由所在单位或者上级主管部门给予行政处分。

第八条【合作、委托完成的发明创造申请专利的权利以及专利权归属】

两个以上单位或者个人合作完成的发明创造、一个单位或者个人接受其他单位或者个人委托所完成的发明创造，除另有协议的以外，申请专利的权利属于完成或者共同完成的单位或者个人；申请被批准后，申请的单位或者个人为专利权人。

一、本条含义

本条规定对于合作和委托完成的发明创造的权利归属实行合同优先原则；在没有约定的情况下，则侧重保护完成方，即在委托关系的情况下，由完成方也就是受托方享有申请专利的权利和专利权，在合作关系的情况下，由完成方或者共同完成方享有申请专利的权利和专利权。

二、重点讲解

（一）合作完成的发明创造

1. 合作完成的发明创造的概念

合作完成的发明创造，是指两个以上单位或者个人共同进行投资、共同参与研究开发工作所完成的发明创造。可以是单位和单位之间的合作（如科研机构、大专院校和企业之间的合作），也可以是单位和个人之间的合作，还可以是个人和个人之间的合作。

"完成或者共同完成的单位"，是指完成职务发明创造的发明人或者设计人所在的单位。根据专利法实施细则第十三条的规定，"专利法所称发明人或者设计人，是指对发明创造的实质性特点作出创造性贡献的人。在完成发明创造过程中，只负责组织工作的人、为物质技术条件的利用提供方便的人或者从事其他辅助工作的人，不是发明人或者设计人"。

2. 合作完成的发明创造申请专利权利及所取得的专利权的归属

根据本条的规定，两个以上单位或者个人合作完成的发明创造，除另有协议的以外，申请专利的权利属于完成或者共同完成的单位或者个人；申请被批准后，申请的单位或者个人为专利权人。

如果两个或者两个以上单位合作，各单位都有工作人员对完成的发明创造作出创造性贡献，没有协议的情况下，各单位就是共同完成发明创造的单位，应共有申请专利的权利。如果两个或者两个以上单位合作，只有一个单位的发明人对完成的发明创造作出了创造性贡献，在没有协议的情况下，就只有该发明人所在的那个单位享有申请专利的权利和专利权。但是，合同也可以规定参加合作的其他单位作为该项发明创造的共同专利申请人，或者规定享有申请专利的权利和专利权的单位应当给予参加合作的其他单位以适当的经济补偿。

（二）委托开发完成的发明创造

1. 委托完成的发明创造的概念

委托完成的发明创造，是指单位或者个人提出研究开发任务并提供经费和报酬，由其他单位或者个人进行研究开发所完成的发明创造。其中，提出研究开发任务并提供经费和报酬的单位或者个人属于委托方，进行研究开发完成发明创造的单位或者个人属于受托方。

2. 委托完成的发明创造申请专利权利及所取得的专利权的归属

根据本条的规定，一个单位或者个人接受其他单位或者个人委托所完成的发明创造，除另有协议的以外，申请专利的权利属于完成或者共同完成的单位或者个人；申请被批准后，申请的单位或者个人为专利权人。

本条规定与委托发明成果一般属于委托方的国际惯例不一致，带有计划经济历史阶段的痕迹和色彩。在改革开放以前，我国无论委托单位或者受托单位都清一色是国有企业或全民所有制单位。委托单位经常是国家行政机关和地方政府部门，提供给受托单位进行研究、设计的资金大多来自国库，不能因为经该单位转手付出了资金，就应当取得对受托单位完成的发明创造的专利申请权和专利权。因此，1984 年制定的专利法规定，在没有协议的情况下，申请和获得专利权的权利属于完成发明创造的单位。尽管随着我国改革开放事业的发展，上述情况发生了很大变化，但鉴于依据本条规定，合作或者委托的单位、个人可以通过协议来约定申请专利的权利和专利权的归属，因此，专利法没有对本条规定的权利归属原则作出修改。

（三）权属纠纷的解决途径

专利法实施细则第八十五条规定，"除专利法第六十条规定的外，管理专利工作的部门应当事人请求，可以对下列专利纠纷进行调解：（一）专利申请权和专利权归属纠纷；……"。

《最高人民法院关于审理专利纠纷案件适用法律问题的若干规定》第一条规定，"人民法院受理下列专利纠纷案件：1. 专利申请权纠纷案件；2. 专利权权属纠纷案件；……9. 发明人、设计人资格纠纷案件"。

由此可知，权属纠纷的解决途径包括请求管理专利工作的部门调解、向人民法院起诉，当然，依照民事活动自愿的原则，还可以通过协商解决。

（四）请求中止

《专利审查指南 2010》第五部分第七章第 7 节规定了中止程序。

中止，是指当地方知识产权管理部门或者人民法院受理了专利申请权（或专利权）权属纠纷，或者人民法院裁定对专利申请权（或专利权）采取财产保全措施时，专利局根据权属纠纷的当事人的请求或者人民法院的要求中止有关程序的行为。

1. 请求中止的条件

请求专利局中止有关程序应当符合下列条件：

（1）当事人请求中止的，专利申请权（或专利权）权属纠纷已被地方知识产权管理部门或者人民法院受理；人民法院要求协助执行对专利申请权（或专利权）采取财产保全措施的，应当已作出财产保全的民事裁定。

（2）中止的请求人是权属纠纷的当事人或者对专利申请权（或专利权）采取财产保全措施的人民法院。

2. 请求中止的手续

（1）权属纠纷的当事人请求中止的手续。专利申请权（或专利权）权属纠纷的当事人 请求专利局中止有关程序的，应当符合下列规定：

① 提交中止程序请求书；

② 附具证明文件，即地方知识产权管理部门或者人民法院的写明专利申请号（或专利号）的有关受理文件正本或者副本。

（2）因协助执行财产保全而中止的手续。因人民法院要求协助执行财产保全措施需要中止有关程序的，应当符合下列规定：

① 人民法院应当将对专利申请权（或专利权）进行财产保全的民事裁定书及协助执行通知书送达专利局指定的接收部门，并提供人民法院的通信地址、邮政编码和收件人姓名。

② 民事裁定书及协助执行通知书应当写明要求专利局协助执行的专利申请号（或专利号）、发明创造名称、申请人（或专利权人）的姓名或者名称、财产保全期限等内容。

③ 要求协助执行财产保全的专利申请（或专利）处于有效期内。

3. 中止请求的审查

（1）权属纠纷的当事人请求中止的审批及处理。专利局收到当事人提出的中止程序请求书和有关证明后，专利局的流程管理部门应当审查是否满足下列各项条件：

① 请求中止的专利申请（或专利）未丧失权利，涉及无效宣告程序的除外；

② 未执行中止程序；

③ 请求是由有关证明文件中所记载的权属纠纷当事人提出；

④ 受理权属纠纷的机关对该专利申请（或专利）权属纠纷案有管辖权；

⑤ 证明文件中记载的申请号（或专利号）、发明创造名称和权利人与请求中止的专利申请（或专利）记载的内容一致；

⑥ 中止请求书与证明文件其他方面符合规定的形式要求。

不满足上述第①至⑤项条件的，审查员应当向中止程序请求人发出视为未提出通知书。不满足上述第⑥项条件的，例如中止程序请求书不符合格式要求或者提交的证明文件不是正本或者副本的，审查员应当发出办理手续补正通知书，通知中止程序请求人在一个月的期限内补正其缺陷。补正期限内，暂停有关程序。期满未补正的或者补正后仍未能消除缺陷的，应当向中止程序请求人发出视为未提出通知书，恢复有关程序。

满足上述条件或者经补正后满足上述条件的，应当执行中止，审查员应当向专利申请（或专利）权属纠纷的双方当事人发出中止程序请求审批通知书，并告知中止期限的起止日期（自提出中止请求之日起）。对处于无效宣告程序中的专利，专利局的流程管理部门还应当将执行中止的决定通知专利复审委员会，由专利复审委员会通知无效宣告程序中的当事人。

（2）因协助执行财产保全而中止的审核及处理。专利局收到人民法院的民事裁定书和协助执行通知书后，应当按照本章第7.3.2.1节的规定进行审核，并按下列情形处理：

① 不符合规定的，应当向人民法院发出不予执行财产保全通知书，说明不执行中止的原因并继续原程序。

② 符合规定的，应当执行中止，并向人民法院和申请人（或专利权人）发出保全程序开始通知书，说明协助执行财产保全期限的起止日期（自收到民事裁定书之日起），并对专利权的财产保全予以公告。

③ 对已执行财产保全的不得重复进行保全。执行中止后，其他人民法院又要求协助执行财产保全的，可以轮候保全。专利局应当进行轮候登记，对轮候登记在先的，自前一保全结束之日起轮候保全开始。

对于处在无效宣告程序中的专利，专利局的流程管理部门还应当将执行中止的决定通知专利复审委员会，由专利复审委员会通知无效宣告程序中的当事人。

4. 中止的范围

（1）暂停专利申请的初步审查、实质审查、复审、授予专利权和专利权无效宣告程序；

（2）暂停视为撤回专利申请、视为放弃取得专利权、未缴年费终止专利权等程序；

（3）暂停办理撤回专利申请、放弃专利权、变更申请人（或专利权人）的姓名或者名称、转移专利申请权（或专利权）、专利权质押登记等手续。

中止请求批准前已进入公布或者公告准备的，该程序不受中止的影响。

5. 中止的期限

（1）权属纠纷的当事人请求中止的期限。对于专利申请权（或专利权）权属纠纷的当事人提出的中止请求，中止期限一般不得超过一年，即自中止请求之日起满一年的，该中止程序结束。

有关专利申请权（或专利权）权属纠纷在中止期限一年内未能结案，需要继续中止程序的，请求人应当在中止期满前请求延长中止期限，并提交权属纠纷受理部门出具的说明尚未结案原因的证明文件。中止程序可以延长一次，延长的期限不得超过六个月。不符合规定的，审查员应当发出延长期限审批通知书并说明不予延长的理由；符合规定的，审查员应当发出延长期限审批通知书，通知权属纠纷的双方当事人。

（2）因协助执行财产保全而中止的期限。对于人民法院要求专利局协助执行财产保全而执行中止程序的，按照民事裁定书及协助执行通知书写明的财产保全期限中止有关程序。

人民法院要求继续采取财产保全措施的，应当在中止期限届满前将继续保全的协助执行通知书送达专利局，经审核符合本章第7.3.2.1节规定的，中止期限予以续展。

（3）涉及无效宣告程序的中止期限。对涉及无效宣告程序中的专利，应权属纠纷当事人请求的中止，中止期限不超过一年，中止期限届满专利局将自行恢复有关程序。

6. 中止程序的结束

（1）权属纠纷的当事人提出的中止程序的结束。中止期限届满，专利局自行恢复有关程序，审查员应当向权属纠纷的双方当事人发出中止程序结束通知书。

对于尚在中止期限内的专利申请（或专利），地方知识产权管理部门作出的处理决定或者人民法院作出的判决产生法律效力之后（涉及权利人变更的，在办理著录项目变更手续之后），专利局应当结束中止程序。

专利局收到当事人、利害关系人、地方知识产权管理部门或者人民法院送交的调解书、裁定书或者判决书后，应当审查下列各项：

① 文件是否有效，即是否是正式文本（正本或副本），是否是由有管辖权的机关作出的。

② 文件中记载的申请号（或专利号）、发明创造名称和权利人是否与请求结束中止程序的专利申请（或专利）中记载的内容一致。

③ 文件是否已生效，如判决书的上诉期是否已满（调解书均没有上诉期）。当不能确定该文件是否已发生法律效力时，审查员应当给另一方当事人发出收到人民法院判决书的通知书，确认是否提起上诉；在指定的期限内未答复或者明确不上诉的，文件视为发生法律效力。提起上诉的，当事人应提交上级人民法院出具的证明文件，原人民法院判决书不发生法律效力。

文件不符合规定的，审查员应当向请求人发出视为未提出通知书，继续中止程序。文件符合规定并且未涉及权利人变更的，审查员应当发出中止程序结束通知书，通知双方当事人，恢复有关程序。

文件符合规定，但涉及权利人变更的，审查员应当发出办理手续补正通知书，通知取得权利一方的当事人在收到通知书之日起三个月内办理著录项目变更手续，并补办在中止程序中应办而未办的其他手续；取得权利一方的当事人办理有关手续后，审查员应当发出中止程序结束通知书，通知双方当事人，恢复有关程序。期满未办理有关手续的，视为放弃取得专利申请权（或专利权）的权利，审查员应当向取得权利的一方当事人发出视为放弃取得专利申请权或专利权的权利通知书，期满未办理恢复手续的，中止程序结束，审查员应当发出中止程序结束通知书，通知权属纠纷的双方当事人，恢复有关程序。

（2）因人民法院要求协助执行财产保全的中止程序的结束。中止期限届满，人民法院没有要求继续采取财产保全措施的，审查员应当发出中止程序结束通知书，通知人民法院和申请人（或专利权人），恢复有关程序，并对专利权保全解除予以公告。有轮候保全登记的，对轮候登记在先的，自前一保全结束之日起轮候保全开始，中止期限为民事裁定书及协助执行通知书写明的财产保全期限。审查员应当向前一个人民法院和申请人（或专利权人）发出中止程序结束通知书，向轮候登记在先的人民法院和申请人（或专利权人）发出保全程序开始通知书，说明协助执行财产保全期的起止日期，并对专利权的财产保全予以公告。

要求协助执行财产保全的人民法院送达解除保全通知书后，经审核符合规定的，审查员应当发出中止程序结束通知书，通知人民法院和申请人（或专利权人），恢复有关程序，并对专利权的保全解除予以公告。

三、真题分析

27.【2019年第1题】 甲公司委托乙公司研发某产品,乙公司指定员工李某承担此项研发任务。后来,为了加快研发进度,甲公司又派员工周某参与研发。李某和周某共同在研发过程中完成了一项发明创造。在没有任何约定的情形下,该发明创造申请专利的权利属于下列哪个公司或个人?

　　A. 李某和周某　　　　　　　　　　B. 甲公司
　　C. 乙公司　　　　　　　　　　　　D. 甲公司和乙公司

【考点】委托完成的发明创造 合作完成的发明创造 职务发明创造

【分析】根据专利法第八条的规定,两个以上单位或者个人合作完成的发明创造、一个单位或者个人接受其他单位或者个人委托所完成的发明创造,除另有协议的以外,申请专利的权利属于完成或者共同完成的单位或者个人;申请被批准后,申请的单位或者个人为专利权人。根据专利法第六条第一款的规定,执行本单位的任务或者主要是利用本单位的物质技术条件所完成的发明创造为职务发明创造。职务发明创造申请专利的权利属于该单位;申请被批准后,该单位为专利权人。

　　本题中,根据上述规定,员工李某和员工周某共同在研发过程中完成的发明创造属于职务发明创造。另外,由于甲公司派员工周某参与研发,使得甲公司与乙公司的关系从委托关系转变成合作关系。因此,本题中发明创造申请专利的权利属于甲公司和乙公司,即选项D正确。

【答案】D

28.【2018年第4题】 蓝天公司是一家化工企业,为降低工业污染,遂请绿水公司开发新型催化剂,并向绿水公司支付了10万元报酬,由绿水公司的工程师甲某负责该研究项目,但未约定研究成果的知识产权归属。该催化剂研发成功后,该项发明的专利申请权应当归谁所有?

　　A. 归蓝天公司所有　　　　　　　　B. 归甲某所有
　　C. 归绿水公司所有　　　　　　　　D. 归蓝天公司和绿水公司共同所有

【考点】委托完成的发明创造

【分析】根据专利法第八条的规定,两个以上单位或者个人合作完成的发明创造、一个单位或者个人接受其他单位或者个人委托所完成的发明创造,除另有协议的以外,申请专利的权利属于完成或者共同完成的单位或者个人;申请被批准后,申请的单位或者个人为专利权人。根据专利法第六条第一款的规定,执行本单位的任务或者主要是利用本单位的物质技术条件所完成的发明创造为职务发明创造。职务发明创造申请专利的权利属于该单位;申请被批准后,该单位为专利权人。

　　本题中,蓝天公司邀请绿水公司开发新型催化剂,并向绿水公司支付了10万元报酬,两者属于委托关系,且未约定研究成果的知识产权归属,因此,该项发明的专利申请权应当归绿水公司所有,其中工程师甲作为绿水公司的职工属于发明人,而申请人为绿水公司,因此,选项C正确。

【答案】C

29.【2015年第1题】 乙公司委托甲公司研发某产品,甲公司指定员工吕某承担此项研发任务,吕某在研发过程中完成了一项发明创造。在没有任何约定的情形下,该发明创造申请专利的权利属于谁?

　　A. 吕某　　　　　　　　　　　　　B. 甲公司
　　C. 乙公司　　　　　　　　　　　　D. 甲公司和乙公司

【考点】委托发明创造

【分析】根据专利法第八条的规定,两个以上单位或者个人合作完成的发明创造、一个单位或者个人接受其他单位或者个人委托所完成的发明创造,除另有协议的以外,申请专利的权利属于完成或者共同完成的单位或者个人;申请被批准后,申请的单位或者个人为专利权人。本题中,甲公司完成的发明创造申请专利的权利应当属于甲公司,因此,选项B正确,选项ACD错误。

【答案】B

30.【2015年第69题】 当事人因专利申请权的归属发生纠纷,可以请求国家知识产权局中止下列哪些程序?

　　A. 专利申请的初审程序　　　　　　B. 授予专利权程序
　　C. 放弃专利申请权手续　　　　　　D. 变更专利申请权手续

【考点】中止程序

【分析】根据《专利审查指南2010》第五部分第七章第7.2节的规定，中止的范围包括：（1）暂停专利申请的初步审查、实质审查、复审、授予专利权和专利权无效宣告程序；（2）暂停视为撤回专利申请、视为放弃取得专利权、未缴年费终止专利权等程序；（3）暂停办理撤回专利申请、放弃专利权、变更申请人（或专利权人）的姓名或者名称、转移专利申请权（或专利权）、专利权质押登记等手续。因此，选项ABCD正确。

【答案】ABCD

第九条【禁止重复授权和先申请原则】

同样的发明创造只能授予一项专利权。但是，同一申请人同日对同样的发明创造既申请实用新型专利又申请发明专利，先获得的实用新型专利权尚未终止，且申请人声明放弃该实用新型专利权的，可以授予发明专利权。

两个以上的申请人分别就同样的发明创造申请专利的，专利权授予最先申请的人。

一、本条含义

本条第一款中"同样的发明创造只能授予一项专利权"被称为"禁止重复授权原则"，从专利权项数的角度，强调对同样的发明创造只能授予一项专利权；第二款被称为"先申请原则"，从申请时间的角度，强调对同样的发明创造申请专利的，专利权授予最先申请的人，两款从不同角度强调专利权的唯一性、独占性。另外，本条第一款还规定"禁止重复授权原则"的例外情形。

二、重点讲解

（一）申请人的概念

《专利审查指南2010》第一部分第一章第4.1.3.1节规定，在专利局的审查程序中，审查员对请求书中填写的申请人一般情况下不作资格审查。申请人是个人的，可以推定该发明为非职务发明，该个人有权提出专利申请，除非根据专利申请的内容判断申请人的资格明显有疑义的，才需要通知申请人提供所在单位出具的非职务发明证明。申请人是单位的，可以推定该发明是职务发明，该单位有权提出专利申请，除非该单位的申请人资格明显有疑义的，例如填写的单位是××大学科研处或者××研究所××课题组，才需要发出补正通知书，通知申请人提供能表明其具有申请人资格的证明文件。

1. 中国内地申请人

中国内地申请人是指具有中国国籍而不包括港澳台地区的专利申请人，包括自然人和单位。其中，自然人应当具有中国国籍，而与其年龄、精神状态，以及是否被剥夺政治权利无关。单位是指具有法人地位的组织，应当具有民事权利能力和民事行为能力，依法能够独立享有权利和承担义务。需要注意的是，外国人或者港澳台居民在中国内地开办的企业，属于中国企业，在其申请专利时，属于中国内地申请人。

《专利审查指南2010》第一部分第一章第4.1.3.1节规定，申请人是中国单位或者个人的，应当填写其名称或者姓名、地址、邮政编码、组织机构代码或者居民身份证件号码。申请人是个人的，应当使用本人真实姓名，不得使用笔名或者其他非正式的姓名。申请人是单位的，应当使用正式全称，不得使用缩写或者简称。请求书中填写的单位名称应当与所使用的公章上的单位名称一致。不符合规定的，审查员应当发出补正通知书。申请人改正请求书中所填写的姓名或者名称的，应当提交补正书、当事人的声明及相应的证明文件。

2. 中国港澳台申请人

中国港澳台申请人是指在中国申请专利的中国港澳台地区的自然人或者单位。

3. 外国申请人

外国申请人是指具有外国国籍的自然人和依据外国法律成立并在外国登记注册而在我国申请专利的法人，包括外国人、外国企业和外国其他组织。

《专利审查指南2010》第一部分第一章第4.1.3.2节规定，申请人是个人的，其中文译名中可以使用外文缩写字母，姓和名之间用圆点分开，圆点置于中间位置，例如 M·琼斯。姓名中不应当含有学位、职务等称号，例如××博士、××教授等。申请人是企业或者其他组织的，其名称应当使用中文正式译文的全称。对于申请人所属国法律规定具有独立法人地位的某些称谓允许使用。

4. 共同申请人

共同申请人是指两个或者两个以上的主体共同向专利局申请专利的人。很多情况下，共同申请人是共同发明人或者设计人。所谓共同发明人或者设计人，是指两个或者两个以上的人对同一发明创造共同构思，并都对其实质性特点做出创造性贡献的人。

另外，根据专利法第十五条规定了共有权利的行使：

专利申请权或者专利权的共有人对权利的行使有约定的，从其约定。没有约定的，共有人可以单独实施或者以普通许可方式许可他人实施该专利；许可他人实施该专利的，收取的使用费应当在共有人之间分配。

除前款规定的情形外，行使共有的专利申请权或者专利权应当取得全体共有人的同意。

《专利审查指南2010》第五部分第三章第2.2节规定不受理的情形，其中，第（6）、（7）项如下：

在中国内地没有经常居所或者营业所的外国人、外国企业或者外国其他组织作为第一署名申请人，没有委托专利代理机构的。

在中国内地没有经常居所或者营业所的香港、澳门或者台湾地区的个人、企业或者其他组织作为第一署名申请人，没有委托专利代理机构的。

5. 申请专利的权利

申请专利的权利，是指发明创造在作出之后、提出专利申请之前，有关的单位或者个人享有的决定是否对该发明创造申请专利、何时申请专利、申请何种专利以及向哪些国家申请专利等权利。

6. 不同种类申请人的法律适用及其区别

（1）中国内地申请人。根据专利法第十九条第二款的规定，中国单位或者个人在国内申请专利和办理其他专利事务的，可以委托依法设立的专利代理机构办理。

根据专利法第二十条第二款的规定，中国单位或者个人可以根据中华人民共和国参加的有关国际条约提出专利国际申请。申请人提出专利国际申请的，应当遵守前款规定。

（2）中国港澳台申请人。《专利审查指南2010》第一部分第一章第6.1.1节规定，在中国内地没有经常居所或者营业所的香港、澳门或者台湾地区的申请人向专利局提出专利申请和办理其他专利事务，或者作为第一署名申请人与中国内地的申请人共同申请专利和办理其他专利事务的，应当委托专利代理机构办理。

另外，在专利申请权和专利权转让中，转让方或者受让方是香港、澳门或者台湾地区的个人、企业或者其他组织的情形见专利法第十条专利申请权和专利权的转让。

（3）外国申请人。

① 在中国有经常居所或者营业所的外国申请人。在中国有经常居所或者营业所的外国申请人，是指在我国境内长期居住、生活、工作的外国自然人和在我国设有机构、长期营业的外国公司、企业和其他组织。根据《巴黎公约》规定的国民待遇原则，将该部分外国申请人给予与中国单位和个人完全相同的待遇。

② 在中国没有经常居所或者营业所的外国外申请人。根据专利法第十九条第二款的规定，在中国没有经常居所或者营业所的外国人、外国企业或者外国其他组织在中国申请专利和办理其他专利事务的，应当委托依法设立的专利代理机构办理。

（二）对同样的发明创造的处理

《专利审查指南2010》第二部分第三章第6节规定了对同样的发明创造的处理。

专利法第九条规定，同样的发明创造只能授予一项专利权。两个以上的申请人分别就同样的发明创造申请专利的，专利权授予最先申请的人。

上述条款规定了不能重复授予专利权的原则。禁止对同样的发明创造授予多项专利权，是为了防止权利之间存在冲突。

对于发明或实用新型，专利法第九条或专利法实施细则第四十一条中所述的"同样的发明创造"是指两件或两件以上申请（或专利）中存在的保护范围相同的权利要求。

在先申请构成抵触申请或已公开构成现有技术的，应根据专利法第二十二条第二款、第三款，而不是根据专利法第九条对在后专利申请（或专利）进行审查。

1. **同样的发明创造的判断原则**

专利法第五十九条第一款规定，发明或者实用新型专利权的保护范围以其权利要求的内容为准，说明书及附图可以用于解释权利要求的内容。为了避免重复授权，在判断是否为同样的发明创造时，应当将两件发明或者实用新型专利申请或专利的权利要求书的内容进行比较，而不是将权利要求书与专利申请或专利文件的全部内容进行比较。

判断时，如果一件专利申请或专利的一项权利要求与另一件专利申请或专利的某一项权利要求保护范围相同，应当认为它们是同样的发明创造。

两件专利申请或专利说明书的内容相同，但其权利要求保护范围不同的，应当认为所要求保护的发明创造不同。例如，同一申请人提交的两件专利申请的说明书都记载了一种产品以及制造该产品的方法，其中一件专利申请的权利要求书要求保护的是该产品，另一件专利申请的权利要求书要求保护的是制造该产品的方法，应当认为要求保护的是不同的发明创造。应当注意的是，权利要求保护范围仅部分重叠的，不属于同样的发明创造。例如，权利要求中存在以连续的数值范围限定的技术特征的，其连续的数值范围与另一件发明或者实用新型专利申请或专利权权利要求中的数值范围不完全相同的，不属于同样的发明创造。

2. **同一申请人就同样的发明创造提出两件专利申请**

在审查过程中，对于同一申请人同日（指申请日，有优先权的指优先权日）就同样的发明创造提出两件专利申请，并且这两件申请符合授予专利权的其他条件的，应当就这两件申请分别通知申请人进行选择或者修改。申请人期满不答复的，相应的申请被视为撤回。经申请人陈述意见或者进行修改后仍不符合专利法第九条第一款规定的，两件申请均予以驳回。

3. **不同申请人就同样的发明创造在同一日分别提出专利申请**

在审查过程中，对于不同的申请人同日（指申请日，有优先权的指优先权日）就同样的发明创造分别提出专利申请，并且这两件申请符合授予专利权的其他条件的，应当根据专利法实施细则第四十一条第一款的规定，通知申请人自行协商确定申请人。申请人期满不答复的，其申请被视为撤回；协商不成，或者经申请人陈述意见或进行修改后仍不符合专利法第九条第一款规定的，两件申请均予以驳回。

4. **对一件专利申请和一项专利权的处理**

在对一件专利申请进行审查的过程中，对于同一申请人同日（指申请日，有优先权的指优先权日）就同样的发明创造提出的另一件专利申请已经被授予专利权，并且尚未授权的专利申请符合授予专利权的其他条件的，应当通知申请人进行修改。申请人期满不答复的，其申请被视为撤回。经申请人陈述意见或者进行修改后仍不符合专利法第九条第一款规定的，应当驳回其专利申请。

但是，对于同一申请人同日（仅指申请日）对同样的发明创造既申请实用新型又申请发明专利的，在先获得的实用新型专利权尚未终止，并且申请人在申请时分别做出说明的，除通过修改发明专利申请外，还可以通过放弃实用新型专利权避免重复授权。因此，在对上述发明专利申请进行审查的过程中，如果该发明专利申请符合授予专利权的其他条件，应当通知申请人进行选择或者修改，申请人选择放弃已经授予的实用新型专利权的，应当在答复审查意见通知书时附交放弃实用新型专利权的书面声明。此时，对那件符合授权条件、尚未授权的发明专利申请，应当发出授权通知书，并将放弃上述实用新型专利权的书面声明转至有关审查部门，由专利局予以登记和公告，公告上注明上述实用新型专利权自公告授予发明专利权之日起终止。

（三）先发明制和先申请制

以发明创造完成的时间为准，谁先完成发明创造，专利权就授予谁，称为先发明制。以提出申请的时间先后为准，即谁先提出申请，专利权就授予谁，称为先申请制。目前，世界上包括我国在内的绝大多数国家实行先申请制。

先发明制旨在保护最先作出发明创造的人，从鼓励发明创造的角度看，先发明制优于先申请制。但先发明制存在以下不足：其一，最先作出发明创造的人可以"有恃无恐"，因为早一点晚一点申请专利都没有关系，这可能助长发明人长期保守其发明创造的秘密，不利于发明创造尽早公开和传播。其他科技人员进行的研究开发就可能是重复研究开发；其二，当两个以上的人就同样的发明创造申请专利时，判断谁是最先作出发明创造的人是一件非常困难的事。同时为了应对可能产生的纠纷，发明人在完成发明创造的过程中需要随时注意保留能够证明自己最先作出该发明创造的证据,这增加了科研人员的负担,而且事获得的专利权变得不稳定;其三,为了与先发明制配套,美国专利法规定申请专利的人必须是发明人本人,发明人所在的公司企业要成为专利权人必须首先经过转让成为受让人,这使专利申请的手续变得复杂;其四,采用先发明制导致在判断新颖性等专利性条件时必须考虑一些特殊的问题。

先申请制旨在保护最先提出申请的人,具有敦促申请人一旦完成发明创造就尽早提出专利申请的作用,有利于发明创造的尽早公开,能够避免重复研究。但先申请制也存在以下不足:其一,较后作出发明创造的人可以通过先提出专利申请而捷足先登,最先作出该发明创造而较后提出专利申请的申请人非但不能获得专利权,还可能受到他人抢先申请并获得的专利权的制约,可能导致不公平的结果;其二,采用先申请制,科研人员、设计人员及其所在的单位往往只要在研究、设计上初见成效,就会抢着赶紧提出专利申请,唯恐落在他人之后而失去获得专利权的机会,这容易导致不成熟、价值不高的专利申请,会给专利审查工作增加不必要的负担。

两种方式权衡利弊,先申请制的优点更加突出一些,因此绝大多数国家选择先申请制。我国在1984年制定《专利法》时也选择了先申请制。

需要指出的是,为了克服采用先申请制可能产生的使先作出发明创造的人反而受制于后作出同样发明创造的人所获得的专利权的弊病,采用先申请制的国家普遍规定了先用权。我国专利法第六十九条第(二)项规定了先用权。

三、真题分析

31.【2019年第16题】同一申请人同日对同样的发明创造既提交了发明专利申请,又提交了实用新型专利申请,并于申请日进行了声明。如果先获得的实用新型专利权尚未终止,而发明专利申请符合其他可以授予专利权的条件,申请人声明放弃实用新型专利权的,放弃的实用新型专利权自下列哪日终止?

  A. 发明专利权的授权公告日   B. 放弃实用新型专利权声明的提交日
  C. 实用新型的申请日   D. 实用新型的授权公告日

【考点】同样的发明创造

【分析】根据《专利审查指南2010》第二部分第三章第6.2.2节的规定,对于同一申请人同日(仅指申请日)对同样的发明创造既申请实用新型又申请发明专利的,在先获得的实用新型专利权尚未终止,并且申请人在申请时分别作出说明的,除通过修改发明专利申请外,还可以通过放弃实用新型专利权避免重复授权。对那件符合授权条件、尚未授权的发明专利申请,应当发出授权通知书,并将放弃上述实用新型专利权的书面声明转至有关审查部门,由专利局予以登记和公告,公告上注明上述实用新型专利权自公告授予发明专利权之日起终止。因此,选项A正确,选项BCD错误。

【答案】A

32.【2019年第32题】下列哪些可以作为申请人申请专利?

  A. 某公司知识产权部   B. 某知识产权代理有限责任公司
  C. 北京某十岁小学生甲   D. 在我国境内没有营业所的美国公司

【考点】申请人

【分析】根据《专利审查指南2010》第一部分第一章第4.1.3.1节的规定,申请人是个人的,可以推定该发明为非职务发明,该个人有权提出专利申请,除非根据专利申请的内容判断申请人的资格明显有疑义的,才需要通知申请人提供所在单位出具的非职务发明证明。申请人是单位的,可以推定该发明是职务发明,该单位有权提出专利申请,除非该单位的申请人资格明显有疑义的,例如填写的单位是××大学科研处或者××研究所××课题组,才需要发出补正通知书,通知申请人提供能表明其具有申请人资格的证明文件。因此,选项A错误。

根据《专利代理条例》第十八条的规定,专利代理机构和专利代理师不得以自己的名义申请专利或者请求宣告专利权无效。因此,选项B错误。专利法及其细则并没有对申请人的民事行为能力、政治权利作出限定,选项C可以作为申请人,因此,选项C正确。本题选项D可以作为申请人申请专利,当然,该公司应当委托专利代理机构申请专利,因此,选项D正确。

【答案】CD

33.【2018年第1题】甲、乙、丙、丁分别就无人驾驶汽车用摄像装置各自独立地先后完成了同样的发明创造，并就该发明创造分别向国家知识产权局提交了专利申请。根据下述选项所述的情形，则应当被授予专利权的是：

A. 甲于 2014 年 8 月 1 日向国家知识产权局受理部门提交的符合规定的发明专利申请文件

B. 乙于 2014 年 8 月 6 日向国家知识产权局受理部门提交的符合规定的发明专利申请文件，并享有 2013 年 8 月 6 日的优先权

C. 丙于 2013 年 8 月 1 日通过顺丰速递向国家知识产权局受理部门寄交的符合规定的发明专利申请文件，国家知识产权局受理部门于 2013 年 8 月 2 日收到该申请文件

D. 丁于 2013 年 7 月 30 日通过邮局向国家知识产权局受理部门寄交的符合规定的发明专利申请文件，国家知识产权局受理部门于 2013 年 8 月 8 日收到该申请文件

【考点】先申请制 申请日

【分析】专利法第九条第二款规定，两个以上的申请人分别就同样的发明创造申请专利的，专利权授予最先申请的人。《专利审查指南2010》第五部分第三章第2.3.1节受理程序（3）规定了确定申请日。向专利局受理处或者代办处窗口直接递交的专利申请，以收到日为申请日；通过邮局邮寄递交到专利局受理处或者代办处的专利申请，以信封上的寄出邮戳日为申请日；寄出的邮戳日不清晰无法辨认的，以专利局受理处或者代办处收到日为申请日，并将信封存档。通过速递公司递交到专利局受理处或者代办处的专利申请，以收到日为申请日。邮寄或者递交到专利局非受理部门或者个人的专利申请，其邮寄或者递交日不具有确定申请日的效力，如果该专利申请被转送到专利局受理处或者代办处，以受理处或者代办处实际收到日为申请日。专利法第二十九条第二款规定，申请人自发明或者实用新型在中国第一次提出专利申请之日起十二个月内，又向国务院专利行政部门就相同主题提出专利申请的，可以享有优先权。专利法实施细则第十一条第一款规定，除专利法第二十八条和第四十二条规定的情形外，专利法所称申请日，有优先权的，指优先权日。

本题中，甲的发明专利申请的申请日是 2014 年 8 月 1 日。乙的发明专利申请的申请日是 2014 年 8 月 6 日（优先权日是 2013 年 8 月 6 日）。丙的发明专利申请的申请日是 2013 年 8 月 2 日。丁的发明专利申请的申请日是 2013 年 7 月 30 日，该日期早于 2014 年 8 月 1 日、2013 年 8 月 6 日和 2013 年 8 月 2 日，根据上述规定，选项 D 正确。

【答案】D

34.【2017 年第 80 题】甲公司 2015 年 8 月 26 日就同样的发明创造提出了一项实用新型专利申请和一项发明专利申请，申请人也已在申请时分别做出说明，以下哪些说法正确？

A. 作为同样发明创造的发明专利申请可以直接被授权

B. 作为同样发明创造的发明专利申请进行修改权利要求后，可能会被授权

C. 如果在发明专利申请授权前，甲公司因不缴纳年费导致实用新型专利权已终止，作为同样发明创造的发明专利申请可以被授权

D. 如果在实用新型专利申请授权前，甲公司提交了撤回实用新型专利申请声明并且该撤回声明已经生效，该发明申请符合授予专利权的其他条件，则该发明专利申请可以被授权

【考点】同样的发明创造

【分析】根据专利法第九条的规定，同样的发明创造只能授予一项专利权。但是，同一申请人同日对同样的发明创造既申请实用新型专利又申请发明专利，先获得的实用新型专利权尚未终止，且申请人声明放弃该实用新型专利权的，可以授予发明专利权。根据《专利审查指南2010》第二部分第三章第6.2.2节的规定，对于同一申请人同日（仅指申请日）对同样的发明创造既申请实用新型又申请发明专利的，在先获得的实用新型专利权尚未终止，并且申请人在申请时分别做出说明的，除通过修改发明专利申请外，还可以通过放弃实用新型专利权避免重复授权。由此可知，同日申请的实用新型授权后，发明专利申请可以通过修改申请，或者通过放弃实用新型专利权（处于有效状态）获得发明专利的授权。因此，选项 AC 错误，选项 B 正确。本题选项 D 中，由于撤回声明已经生效，该实用新型专利申请并没有公开和授权，不会出现重复授权的问题，因此，该发明专利申请可以被授权，选项 D 正确。

【答案】BD

35.【2016 年第 40 题】关于同样发明创造，下列说法哪些是正确的？

A. 李某于2014年5月4日和5月5日先后就同样的发明创造提交了实用新型专利申请A和发明专利申请B，为避免重复授权，李某可以选择放弃已经取得的实用新型A的专利权，或选择修改发明申请B的权利要求

B. 王某在2014年5月5日就同样的发明创造分别提交实用新型申请A和发明专利申请B，但未就存在同日申请进行说明。为避免重复授权，王某既可以选择放弃已经取得的实用新型A的专利权，也可以选择修改发明申请B的权利要求

C. 为避免重复授权，张某依据专利法第9条及实施细则第41条选择放弃已经获得的实用新型专利权，则该实用新型专利权自同日提交的发明专利申请授权公告之日起终止

D. 赵某、郑某同日就同样的发明创造分别提出的专利申请，当该两件申请均符合授予专利权的其他条件时，二人应当在收到通知后自行协商确定申请人

【考点】同样发明创造

【分析】根据专利法实施细则第四十一条第二款的规定，同一申请人在同日（指申请日）对同样的发明创造既申请实用新型专利又申请发明专利的，应当在申请时分别说明对同样的发明创造已申请了另一专利；未作说明的，依照专利法第九条第一款关于同样的发明创造只能授予一项专利权的规定处理。根据《专利审查指南2010》第二部分第三章第6.2.2节的规定，对于同一申请人同日（仅指申请日）对同样的发明创造既申请实用新型又申请发明专利的，在先获得的实用新型专利权尚未终止，并且申请人在申请时分别作出说明的，除通过修改发明专利申请外，还可以通过放弃实用新型专利权避免重复授权。对那件符合授权条件、尚未授权的发明专利申请，应当发出授权通知书，并将放弃上述实用新型专利权的书面声明转至有关审查部门，由专利局予以登记和公告，公告上注明上述实用新型专利权自公告授予发明专利权之日起终止。本题选项A中李某先后（并非同日）提出两件专利申请，而选项B中，王某未就存在同日申请进行说明，因此，李某、王某都没有选择放弃已经取得的实用新型A的专利权的机会，因此，选项AB错误。选项C符合上述规定，因此，选项C正确。

根据《专利审查指南2010》第二部分第三章第6.2.1.2节的规定，在审查过程中，对于不同的申请人同日（指申请日，有优先权的指优先权日）就同样的发明创造分别提出专利申请，并且这两件申请符合授予专利权的其他条件的，应当根据专利法实施细则第四十一条第一款的规定，通知申请人自行协商确定申请人。因此，选项D正确。

【答案】CD

36.【2016年第85题】甲于2010年12月11日向国家知识产权局就同样的发明创造同时提交了发明和实用新型专利申请，且根据专利法实施细则第41条进行了说明；实用新型专利申请于2011年6月15日被公告授权；为避免重复授权，甲于2012年10月15日提交了放弃实用新型专利权的声明，国家知识产权局于2013年2月15日针对发明专利申请发出授权通知书并同意甲放弃实用新型专利权，发明专利申请于2013年4月15日被公告授权。下列说法哪些是正确的？

A. 实用新型专利权自2011年6月15日生效，于2013年2月15日终止

B. 实用新型专利权自2011年6月15日生效，于2013年4月15日终止

C. 发明专利权自2013年4月15日生效，实用新型专利权视为自申请日2010年12月11日起即不存在

D. 发明专利权自2013年4月15日生效，实用新型专利权自该日起终止

【考点】实用新型专利 保护期限

【分析】根据专利法实施细则第三十九条的规定，发明专利申请经实质审查没有发现驳回理由的，由国务院专利行政部门作出授予发明专利权的决定，发给发明专利证书，同时予以登记和公告。发明专利权自公告之日起生效。根据专利法第四十条的规定，实用新型和外观设计专利申请经初步审查没有发现驳回理由的，由国务院专利行政部门作出授予实用新型专利权或者外观设计专利权的决定，发给相应的专利证书，同时予以登记和公告。实用新型专利权和外观设计专利权自公告之日起生效。《专利审查指南2010》第二部分第三章第6.2.2节规定，对于同一申请人同日（仅指申请日）对同样的发明创造既申请实用新型又申请发明专利的，在先获得的实用新型专利权尚未终止，并且申请人在申请时分别作出说明的，除通过修改发明专利申请外，还可以通过放弃实用新型专利权避免重复授权。对那件符合授权条件、尚未授权的发明专利申请，应当发出授权通知书，并将放弃上述实用新型专利权的书面声明转至有关审查部门，由专利局予以登记和公告，公告上注明上述实用新型专利权自公告授予

予发明专利权之日起终止。

本题中，实用新型的专利权期限始于授权公告日 2011 年 6 月 15 日，并且终止于发明专利的授权公告日 2013 年 4 月 15 日，因此，选项 AC 错误，选项 BD 正确。

【答案】BD

37.【2015 年第 2 题】甲乙二人于 2014 年 5 月 10 日就同样的面包机分别提出了发明专利申请，如果甲乙二人的专利申请均符合其他授予专利权的条件，则专利权应当授予谁？

A. 甲
B. 乙
C. 甲和乙共有
D. 经甲和乙协商确定的人

【考点】先申请制

【分析】根据专利法实施细则第四十一条第一款的规定，两个以上的申请人同日（指申请日；有优先权的，指优先权日）分别就同样的发明创造申请专利的，应当在收到国务院专利行政部门的通知后自行协商确定申请人。因此，选项 ABC 错误，选项 D 正确。

【答案】D

38.【2015 年第 6 题】张某和刘某同日就同样的吸尘器分别向国家知识产权局提交了一件发明专利申请。在下列哪个情形下，张某和刘某的专利申请所要求保护的技术方案构成同样的发明创造？

A. 张某的申请请求保护吸尘器 X，刘某的申请请求保护吸尘器 X'，X 与 X' 的区别仅仅是所属技术领域的惯用手段的直接置换
B. 张某的申请请求保护吸尘器 X，刘某的申请请求保护包括吸尘器 X 的清洁系统 Y
C. 张某的申请请求保护吸尘器 X，刘某的申请请求保护吸尘器 X 及包括吸尘器 X 的清洁系统 Y
D. 张某的申请请求保护吸尘器 X，刘某的申请请求保护吸尘器 X 在清洁系统 Y 中的应用

【考点】同样的发明创造

【分析】根据《专利审查指南 2010》第二部分第三章第 6 节的规定，对于发明或实用新型，专利法第九条或专利法实施细则第四十一条中所述的"同样的发明创造"是指两件或两件以上申请（或专利）中存在的保护范围相同的权利要求。本题中，选项 ABD 中不存在保护范围相同的权利要求，其中选项 A 中吸尘器 X 与吸尘器 X'（两者有区别）是不同的吸尘器，保护范围是不同的；而选项 C 中，张某和刘某都请求保护吸尘器 X，即存在的保护范围相同的权利要求。选项 B 中的吸尘器 X 与包括吸尘器 X 的清洁系统 Y、选项 D 中的吸尘器 X 与吸尘器 X 在清洁系统 Y 中的应用都不存在的保护范围相同的权利要求。因此，选项 C 正确，选项 ABD 错误。

需要注意的是，关于同样的发明创造的判断，根据《专利审查指南 2010》第二部分第三章第 6.1 节的规定，如果一件专利申请或专利的一项权利要求与另一件专利申请或专利的某一项权利要求保护范围相同，应当认为它们是同样的发明创造。权利要求保护范围仅部分重叠的，不属于同样的发明创造。例如，权利要求中存在以连续的数值范围限定的技术特征的，其连续的数值范围与另一件发明或者实用新型专利申请或专利权利要求中的数值范围不完全相同的，不属于同样的发明创造。由此可知，首先，一件专利申请/专利与另一件专利申请/专利存在保护范围相同的权利要求（权利要求的项数不限）即认定为是同样的发明创造。其次，当一项权利要求与另一项权利要求对比时，保护范围仅部分重叠的，不属于同样的发明创造，这里的"部分重叠"是针对两项对比的权利要求而言。因此，本题选项 C 属于前者，即存在保护范围相同的权利要求（吸尘器 X），而并不要求张某和刘某的专利申请都保护吸尘器 X 及包括吸尘器 X 的清洁系统 Y。

【答案】C

39.【2015 年第 19 题】下列哪个主体不能作为专利申请人？

A. 某研究所课题组
B. 某有限责任公司
C. 某监狱服刑人员
D. 某十四周岁的中学生

【考点】申请人

【分析】根据《专利审查指南 2010》第一部分第一章第 4.1.3.1 节的规定，申请人是个人的，可以推定该发明为非职务发明，该个人有权提出专利申请，除非根据专利申请的内容判断申请人的资格明显有疑义的，才需要通知申请人提供所在单位出具的非职务发明证明。申请人是单位的，可以推定该发明是职务发明，该单位有权提出专利申请，除非该单位的申请人资格明显有疑义的，例如填写的单位是××大学科研处或者××研究所××课

题组，才需要发出补正通知书，通知申请人提供能表明其具有申请人资格的证明文件。选项A中"某研究所课题组"不具有法人资格，不能独立享有权利和承担义务，不能作为专利法规定的申请人，因此，选项A正确。而选项B符合规定，能作为专利申请人，因此，选项B错误。专利法及其细则并没有对申请人的民事行为能力、政治权利作出限定，选项CD都可以作为申请人，因此，选项CD错误。

【答案】A

第十条【专利申请权和专利权的转让】

专利申请权和专利权可以转让。

中国单位或者个人向外国人、外国企业或者外国其他组织转让专利申请权或者专利权的，应当依照有关法律、行政法规的规定办理手续。

转让专利申请权或者专利权的，当事人应当订立书面合同，并向国务院专利行政部门登记，由国务院专利行政部门予以公告。专利申请权或者专利权的转让自登记之日起生效。

一、本条含义

专利申请权和专利权作为民事权利，当事人可以转让。但是，如果转让人是中国单位或者个人，受让人是外国人、外国企业或者外国其他组织，应当依照《对外贸易法》和《技术进出口管理条例》办理登记或者许可手续。

第三款规定专利申请权或者专利权的转让，当事人应当订立书面合同，并向国务院专利行政部门登记，转让行为生效始于登记之日。当然，转让合同自合同成立之日起生效。

二、重点讲解

专利权人的权利包括转让专利申请权和专利权的权利（A10）、禁止他人未经许可实施专利的权利（A11）、许可他人实施专利的权利（A12）、临时保护权（A13）、标明专利标识的权利（A17.2）、放弃专利权的权利（A44和A9.1）、继承等转移权（R14.1）、专利权的质押权（R14.3）。

（一）转让专利权的权利

专利申请权和专利权都是财产权，因此和其他财产权一样是可以转移的。专利申请权和专利权的转移即可以因为法律事件的发生而依照有关法律的规定直接发生。例如，在自然人死亡，法人或非法人组织分立、合并等情况下，专利申请权和专利权依继承法转移给继承人，或者依照有关法律转移给有权继受其权利的单位或者组织。

专利申请权和专利权的转移还可以因权力主体的法律行为而发生。例如，转让、赠与等。专利权作为一种财产权，权利人理应享有予以转让的权利，这是权利人对其专利权行使处分权的基本方式。

1. 转让的法律效力

专利权人可以按照自己的意愿依法处分其专利权，既可以收取转让费有偿转让其专利权，也可以以赠与等方式无偿转让其专利权。专利权转让后，专利权的主体变更，受让人成为新的专利权人，对取得专利的发明创造享有独占权，同时应履行专利权人的义务，如缴纳专利年费。

2. 转让专利权的主要方式

专利权只能作为一个整体转让。转让人不能就发明创造的某一项使用，在国家的某一地区使用，或者只就产品的制造、使用、销售或进口等行为中的一部分转让专利权。这一点与专利许可不同，专利许可是可以只就发明创造的某一项使用、在国家的某一地区使用、在专利权的某一部分期间使用，或者只就产品的制造或者销售达成许可合同。

根据《公司法》第二十七条第一款的规定，股东可以用货币出资，也可以用实物、知识产权、土地使用权等可以用货币估价并可以依法转让的非货币财产作价出资。根据《公司法》第二十八条第一款的规定，股东以非货币财产出资的，应当依法办理其财产权的转移手续。因此，以专利权出资入股的，视为专利权的转让，当事人应当依照本条第三款的规定办理登记手续。共有专利权的转让应当由所有专利权人共同转让。

3. 转让生效的条件

根据本条第三款的规定，专利申请权或者专利权的转让自登记之日起生效；根据《合同法》第三十二条的规定，当事人采用合同书形式订立合同的，自双方当事人签字或者盖章时合同成立。根据《合同法》第四十四条第一款的规定，依法成立的合同，自成立时生效。因此，转让合同自合同成立之日起生效。需要注意的是，本条第三款规定的是转让行为的生效，《合同法》第四十四条规定的是（转让）合同的生效，不可混淆。

例如，专利申请人或者专利权人与甲依法订立转让合同之后，且在向国家知识产权局进行登记之前，专利申请人或者专利权人又与乙就同一专利申请权或者专利权订立了转让合同，并且就这一转让向国家知识产权局进行了登记，尽管后一转让合同成立在后，仍然能够产生转让的效力；前一转让合同尽管成立在先，但不产生转让的效力。在这种情况下，应当由乙作为受让人享有和行使被转让的专利申请权和或者专利权，甲无权作为该专利申请权或者专利权的受让人。当然，甲与原专利申请人或者专利权人订立的转让合同仍然是有效合同，甲可以要求其承担违约责任。

4. 专利转让合同

根据本条第二款的规定，转让专利申请权或者专利权的，当事人应当订立书面合同，并向国务院专利行政部门登记，由国务院专利行政部门予以公告。

5. 向外国人转让专利申请权和专利权的特殊要求

本条第二款规定，中国单位或者个人向外国人、外国企业或者外国其他组织转让专利申请权或者专利权的，应当依照有关法律、行政法规的规定办理手续。

（1）本条第二款（以及专利法第十九条、第二十条）所称"中国单位"，是指按照我国法律成立从而具有我国民事主体资格的单位，不仅包括全民所有所有制单位、集体所有制单位、股份有限公司、有限责任公司、私营企业以及其他混合所有制单位，而且包括依照我国法律成立的中外合资企业、中外合作经营企业以及外资独资企业。

本条第二款所称"外国人、外国企业或者外国其他组织"，应当作广义上理解，是指所有不具有中国民事主体资格的外国人（包括狭义的具有外国国籍的人和无国籍人）、外国企业和外国其他组织。

本条第二款所称"有关法律、行政法规"是指《对外贸易法》和《技术进出口管理条例》。

（2）根据《技术进出口管理条例》的规定，从技术出口管制的角度出发，将出口技术分为三种类型：一是禁止出口的技术；二是限制出口的技术；三是自由出口的技术（例如，儿童玩具）。禁止出口的技术不得出口；属于限制出口的技术实行许可证管理，经有关商务主管部门许可才能出口；属于自由出口的技术实行合同登记管理，当事人只需在合同订立后到有关主管部门办理备案手续即可。

《专利审查指南2010》第一部分第一章第6.7.2.2节规定了专利申请权（或专利权）的转移涉及外国人、外国企业或者外国其他组织的情形，专利申请权（或专利权）转让（或赠与）涉及外国人、外国企业或者外国其他组织的，应当符合下列规定：

（i）转让方、受让方均是外国人、外国企业或者外国其他组织的，应当提交双方签字或者盖章的转让合同。

（ii）对于发明或者实用新型专利申请（或专利），转让方是中国内地的个人或者单位，受让方是外国人、外国企业或者外国其他组织的，应当出具国务院商务主管部门颁发的《技术出口许可证》或者《自由出口技术合同登记证书》，或者地方商务主管部门颁发的《自由出口技术合同登记证书》，以及双方签字或者盖章的转让合同。

（iii）转让方是外国人、外国企业或者外国其他组织，受让方是中国内地个人或者单位的，应当提交双方签字或者盖章的转让合同。

中国内地的个人或者单位与外国人、外国企业或者外国其他组织作为共同转让方，受让方是外国人、外国企业或者外国其他组织的，适用本项（ii）的规定处理；中国内地的个人或者单位与外国人、外国企业或者外国其他组织作为共同受让方，转让方是外国人、外国企业或者外国其他组织的，适用本项（iii）的规定处理。

中国内地的个人或者单位与香港、澳门或者台湾地区的个人、企业或者其他组织作为共同转让方，受让方是外国人、外国企业或者外国其他组织的，参照本项（ii）的规定处理；中国内地的个人或者单位与香港、澳门或者台湾地区的个人、企业或者其他组织作为共同受让方，转让方是外国人、外国企业或者外国其他组织的，参照本项（iii）的规定处理。

转让方是中国内地的个人或者单位，受让方是香港、澳门或者台湾地区的个人、企业或者其他组织的，参照本项（ii）的规定处理。

需要注意的是，根据专利法第二条的规定，外观设计专利的保护对象是对产品的外观作出富有美感的设计方案，不涉及技术方案，因此，向外转让外观设计专利申请权和专利权的不属于技术出口，不必办理《技术出口管理条例》规定的手续。另外，专利法实施细则第七条、第八条、第九条规定（专利法第四条）需要保密的发明创造适用于发明和实用新型两种类型，专利法第二十条规定向外申请专利需要进行保密审查的发明创造适用于发明和实用新型两种类型，这样，专利法第四条、第二十条规定的保密审查与技术进出口规定的总体目标一致。

6. 转让和实施许可的关系

转让和实施许可都是专利申请人和专利权人行使权利的一种方式，但二者有本质区别。专利实施许可是指专利权人允许他人在约定的时间和地域内实施专利权所保护的发明创造；而转让专利权是将专利权在有效的时间和地域范围内的所有权利让与他人，转让专利申请权是将对专利申请享有的权利让与他人。

（二）专利权的质押

1. 专利权质押的法律效力

专利权质押是指专利权人以专利权为债权的担保。当债务人（专利权人）不能履行义务时，债权人有权依照法定程序将该专利权折价或者转让、拍卖所得价款优先清偿债务。在专利权质押合同生效后，专利权不发生转移，仍属于专利权人所有。

2. 出质登记的办理

专利法实施细则第十四条第三款规定，以专利权出质的，由出质人和质权人共同向国务院专利行政部门办理出质登记。

《专利权质押登记办法》第三条规定，以专利权出质的，出质人与质权人应当订立书面质押合同。质押合同可以是单独订立的合同，也可以是主合同中的担保条款。《专利权质押登记办法》第十二条规定，专利权质押登记申请经审查合格的，国家知识产权局在专利登记簿上予以登记，并向当事人发送《专利权质押登记通知书》。质权自国家知识产权局登记时设立。

（三）申请专利的权利和专利申请权

本条所称"专利申请权"是指申请人在向国家知识产权局提出申请以后对其专利申请享有的权利，即对该专利申请的所有权。

专利法第六条和第八条所称"申请专利的权利"是指发明创造在作出之后、提出专利申请之前，有关的单位或者个人享有的决定是否对该发明创造申请专利、何时申请专利、申请何种专利以及向哪些国家申请专利等权利。当然，申请专利的权利也可以转让，然而由于转让行为发生在提出专利申请之前，与国家知识产权局的程序没有任何关联，因此无须履行专利法第十条第二款和第三款的规定。

申请专利的权利与专利申请权有紧密联系，体现在一旦享有申请专利的权利的主体行使该权利提交专利申请后，其申请专利的权利就"转化"为专利申请权，因此专利申请权实际上是申请专利的权利在提出专利申请之后的继续，是权利人行使申请专利的权利的后果。

三、真题分析

40.【2019年第84题】上海公司甲欲将其中国发明专利权转让给香港公司乙，下列说法正确的是？
A. 在转让前应当事先获得当地管理专利工作的部门审核批准
B. 甲公司与乙公司应当订立书面转让合同
C. 办理转让手续时需出具《技术出口许可证》或《自由出口技术合同登记证书》
D. 该专利权的转让自转让合同签订之日起生效

【考点】专利权转让

【分析】根据《专利审查指南2010》第一部分第一章第6.7.2.2节的规定，(ii) 对于发明或者实用新型专利申请（或专利），转让方是中国内地的个人或者单位，受让方是外国人、外国企业或者外国其他组织的，应当出具国务院商务主管部门颁发的《技术出口许可证》或者《自由出口技术合同登记证书》，或者地方商务主管部门颁发的《自由出口技术合同登记证书》，以及双方签字或者盖章的转让合同。转让方是中国内地的个人或者单位，受让方是香港、澳门或者台湾地区的个人、企业或者其他组织的，参照本项（ii）的规定处理。由此可知，转让前应当出具国务院商务主管部门或者地方商务主管部门颁发的相关证书，以及转让合同，因此，选项A错误，选项BC正确。

根据专利法第十条第三款的规定，转让专利申请权或者专利权的，当事人应当订立书面合同，并向国务院专利行政部门登记，由国务院专利行政部门予以公告。专利申请权或者专利权的转让自登记之日起生效。因此，选项D错误。

【答案】BC

41.【2018年第86题】某中国发明专利权人甲与乙依法订立专利权转让合同，在向国家知识产权局办理该转让合同的登记手续之前，甲又与丙就同一专利权订立了专利权转让合同，并向国家知识产权局办理了该转让合同的登记手续。则以下说法正确的是：

A. 甲与乙的合同成立在先，应当由乙作为受让人享受和行使被转让的专利权
B. 甲与丙的合同依法向国家知识产权局进行了登记，应当由丙作为受让人享受和行使被转让的专利权
C. 甲与乙的合同未向国家知识产权局办理了登记手续，因此，甲与乙的合同无效
D. 甲应当承担合同违约责任

【考点】专利权转让

【分析】专利法第十条第三款规定，转让专利申请权或者专利权的，当事人应当订立书面合同，并向国务院专利行政部门登记，由国务院专利行政部门予以公告。专利申请权或者专利权的转让自登记之日起生效。需要注意的是，根据该款规定，专利申请权或者专利权的转让自登记之日起生效；而根据《合同法》的原则，转让合同自合同成立之日起生效，前者规定的是转让行为的生效，后者规定的是转让合同的生效，不可混淆。

本题中，甲与乙的转让合同虽然成立在先，但由于没有向国务院专利行政部门办理登记，导致转让行为没有生效。而甲与丙签署转让合同，并向国务院专利行政部门进行了登记，因此转让行为生效，所以，应当由丙作为受让人享受和行使被转让的专利权。而甲与乙的转让合同是成立并有效的，是否办理登记手续不影响转让合同的效力，因此，甲应当向乙承担合同违约责任。综上所述，选项AC错误，选项BD正确。

【答案】BD

42.【2018年第94题】以下说法正确的是：

A. 人民法院受理的侵犯发明专利权纠纷案件，被告在答辩期内请求宣告该项专利权无效的，人民法院应当中止诉讼
B. 当事人因专利权的归属发生纠纷，已向人民法院起诉的，可以请求国家知识产权局中止该专利的无效宣告程序
C. 实用新型和外观设计侵权纠纷案件中，人民法院可以根据案件审理需要要求原告提交检索报告或者专利权评价报告，原告无正当理由不提交的，人民法院可以裁定中止诉讼
D. 侵犯实用新型、外观设计专利权纠纷案件的被告请求中止诉讼的，应当在答辩期内对原告的专利权提出宣告无效的请求

【考点】专利权纠纷

【分析】《最高人民法院关于审理专利纠纷案件适用法律问题的若干规定》第十一条规定，人民法院受理的侵犯发明专利权纠纷案件或者经专利复审委员会审查维持专利权的侵犯实用新型、外观设计专利权纠纷案件，被告在答辩期间内请求宣告该项专利权无效的，人民法院可以不中止诉讼。因此，选项A错误。

《专利审查指南2010》第五部分第七章第7节规定了中止程序，中止，是指当地方知识产权管理部门或者人民法院受理了专利申请权（或专利权）权属纠纷，或者人民法院裁定对专利申请权（或专利权）采取财产保全措施时，专利局根据权属纠纷的当事人的请求或者人民法院的要求中止有关程序的行为。中止的范围包括：暂停专利申请的初步审查、实质审查、复审、授予专利权和专利权无效宣告程序。因此，选项B正确。

《最高人民法院关于审理专利纠纷案件适用法律问题的若干规定》第八条第一款规定，根据案件审理需要，人民法院可以要求原告提交检索报告或者专利权评价报告。原告无正当理由不提交的，人民法院可以裁定中止诉

讼或者判令原告承担可能的不利后果。因此，选项 C 正确。

《最高人民法院关于审理专利纠纷案件适用法律问题的若干规定》第八条第二款规定，侵犯实用新型、外观设计专利权纠纷案件的被告请求中止诉讼的，应当在答辩期内对原告的专利权提出宣告无效的请求。因此，选项 D 正确。

【答案】BCD

43.【2017年第3题】王某拥有一项实用新型专利权，2017 年 5 月 5 日，王某和张某签订了专利权转让合同，但没有到国家知识产权局进行登记。此后，王某又于 2017 年 7 月 3 日与刘某签订了专利权转让合同，并于 2017 年 7 月 14 日到国家知识产权局进行了登记。2017 年 8 月 1 日国家知识产权局对该项专利权的转让进行了公告。那么下列哪个说法是正确的？

A. 该专利权的转让自 2017 年 5 月 5 日起生效
B. 该专利权的转让自 2017 年 7 月 3 日起生效
C. 该专利权的转让自 2017 年 7 月 14 日起生效
D. 该专利权的转让自 2017 年 8 月 1 日起生效

【考点】专利权转让

【分析】根据专利法第十条第三款的规定，转让专利申请权或者专利权的，当事人应当订立书面合同，并向国务院专利行政部门登记，由国务院专利行政部门予以公告。专利申请权或者专利权的转让自登记之日起生效。因此，选项 C 正确。

需要注意的是，王某和张某虽然签订了专利权转让合同，但由于没有到国家知识产权局进行登记，因此，该转让行为没有生效。如果张某受到损失，由于该转让合同已经生效，其可以通过民事诉讼等途径进行救济。

【答案】C

44.【2017年第37题】在办理专利申请权或专利权的转让手续时，下列哪些情形应当出具国务院商务主管部门颁发的《技术出口许可证》或者《自由出口技术合同登记证书》，或者地方商务主管部门颁发的《自由出口技术合同登记证书》？

A. 上海一家国有企业与美国一家公司共同向国家知识产权局提交了一件发明专利申请，之后将该专利申请权转让给一家日本公司
B. 北京某大学教授王某向国家知识产权局提交了一件发明专利申请并获得了专利权，其在英国期间，将该专利权转让给一家英国公司
C. 重庆某民营公司向国家知识产权局提交了一件外观设计专利申请并获得了专利权，之后其将该专利权转让给一家韩国公司
D. 天津市民张某向国家知识产权局提交了一件发明专利申请并获得了专利权，之后其将该专利权转让给一家在中国内地注册的外资公司

【考点】专利权转让

【分析】根据《专利审查指南2010》第一部分第一章第 6.7.2.2 节的规定，对于发明或者实用新型专利申请（或专利），转让方是中国内地的个人或者单位，受让方是外国人、外国企业或者外国其他组织的，应当出具国务院商务主管部门颁发的《技术出口许可证》或者《自由出口技术合同登记证书》，或者地方商务主管部门颁发的《自由出口技术合同登记证书》，以及双方签字或者盖章的转让合同。本题中，选项 AB 符合上述规定。选项 C 中转让的是外观设计专利，不符合上述规定。选项 D 中"在中国内地注册的外资公司"属于中国企业，不符合上述规定。因此，选项 AB 正确，选项 CD 错误。

需要注意的是：专利法第十条第二款规定，中国单位或者个人向外国人、外国企业或外国其他组织转让专利申请权或者专利权的，应当依照有关法律、行政法规的规定办理手续。其中，"中国单位"是指按照中国法律成立的具有中国国籍的单位，包括全民所有制企业、集体所有制企业、股份有限公司、有限责任公司、中外合资企业、中外合作企业和外商独资企业。

【答案】AB

45.【2017年第38题】下列哪些情况下，专利权质押合同不予登记？

A. 出质人与专利登记簿记载的专利权人不一致的
B. 专利权已经终止的
C. 专利权处于年费缴纳滞纳期的
D. 专利权已被启动无效宣告程序的

【考点】专利权质押合同

【分析】根据《专利权质押登记办法》第十二条第二款的规定，经审查发现有下列情形之一的，国家知识产权局作出不予登记的决定，并向当事人发送《专利权质押不予登记通知书》：（一）出质人与专利登记簿记载的专利权人不一致的；（二）专利权已终止或者已被宣告无效的；（三）专利申请尚未被授予专利权的；（四）专利权处于年费缴纳滞纳期的；（五）专利权已被启动无效宣告程序的；（六）因专利权的归属发生纠纷或者人民法院裁定对专利权采取保全措施，专利权的质押手续被暂停办理的；（七）债务人履行债务的期限超过专利权有效期的；（八）质押合同约定在债务履行期届满质权人未受清偿时，专利权归质权人所有的；（九）质押合同不符合本办法第九条规定的；（十）以共有专利权出质但未取得全体共有人同意的；（十一）专利权已被申请质押登记且处于质押期间的；（十二）其他应当不予登记的情形。因此，选项ABCD正确。

【答案】ABCD

46.【2016年第83题】中国内地的甲公司将其在中国境内完成的一项发明创造向国家知识产权局提出发明专利申请并获得授权，现甲公司拟将该发明专利权转让给美国乙公司，下列说法哪些是正确的？
   A. 甲公司在转让前应当事先获得当地管理专利工作的部门审核批准
   B. 甲公司与乙公司应当订立书面转让合同
   C. 办理转让手续时应当出具《技术出口许可证》或《自由出口技术合同登记证书》
   D. 该专利权的转让自合同签订之日起生效

【考点】专利权转让

【分析】根据《专利审查指南2010》第一部分第一章第6.7.2.2节的规定，对于发明或者实用新型专利申请（或专利），转让方是中国内地的个人或者单位，受让方是外国人、外国企业或者外国其他组织的，应当出具国务院商务主管部门颁发的《技术出口许可证》或者《自由出口技术合同登记证书》，或者地方商务主管部门颁发的《自由出口技术合同登记证书》，以及双方签字或者盖章的转让合同。因此，选项A错误，选项C正确，需要注意的是，《技术出口许可证》或《自由出口技术合同登记证书》是由商务主管部门颁发的，而不是由管理专利工作的部门审核批准的。

根据专利法第十条第三款的规定，转让专利申请权或者专利权的，当事人应当订立书面合同，并向国务院专利行政部门登记，由国务院专利行政部门予以公告。专利申请权或者专利权的转让自登记之日起生效。因此，选项B正确，选项D错误。

【答案】BC

47.【2015年第85题】中国的甲公司将其拥有的一项专利申请权转让给美国的乙公司。下列说法哪些是正确的？
   A. 该转让须经国家知识产权局进行保密审查   B. 该转让应当订立书面合同
   C. 该转让自合同订立之日起生效   D. 该转让要向国家知识产权局登记后方可生效

【考点】专利申请权转让

【分析】根据《专利审查指南2010》第一部分第一章第6.7.2.2节的规定，对于发明或者实用新型专利申请（或专利），转让方是中国内地的个人或者单位，受让方是外国人、外国企业或者外国其他组织的，应当出具国务院商务主管部门颁发的《技术出口许可证》或者《自由出口技术合同登记证书》，或者地方商务主管部门颁发的《自由出口技术合同登记证书》，以及双方签字或者盖章的转让合同。本题中，中国甲公司将其专利申请权转让给美国乙公司，应当在国务院商务主管部门或者地方商务主管部门办理相关手续，而不是报经国务院专利行政部门进行保密审查，专利法第二十条第一款（向外国申请专利）和专利法实施细则第七条（申请专利涉及国防利益、国家安全或者重大利益）规定了保密审查，其中专利法第二十条第一款中"向外国申请专利"与本题中的"专利申请权转让"是不同的，因此，选项A错误。

根据专利法第十条第三款的规定，转让专利申请权或者专利权的，当事人应当订立书面合同，并向国务院专利行政部门登记，由国务院专利行政部门予以公告。专利申请权或者专利权的转让自登记之日起生效。因此，选项BD正确，选项C错误。

【答案】BD

48.【2015年第88题】甲将一项专利权质押给乙，于2012年3月1日签订了质押合同，并于2012年3月5日到国家知识产权局进行了登记。后经乙同意，甲于2012年5月10日与丙签订了专利权转让合同，并于2012年

5月17日到国家知识产权局进行了登记。下列说法哪些是正确的？

　　A. 质权自2012年3月1日起生效　　　　　　B. 质权自2012年3月5日起生效
　　C. 专利权的转让自2012年5月10日起生效　　D. 专利权的转让自2012年5月17日起生效

【考点】专利权转让

【分析】根据专利法实施细则第十四条第三款的规定，以专利权出质的，由出质人和质权人共同向国务院专利行政部门办理出质登记。根据《专利权质押登记办法》第十二条第一款的规定，专利权质押登记申请经审查合格的，国家知识产权局在专利登记簿上予以登记，并向当事人发送《专利权质押登记通知书》。质权自国家知识产权局登记时设立。因此，选项A错误，选项B正确。根据专利法第十条第三款的规定，转让专利申请权或者专利权的，当事人应当订立书面合同，并向国务院专利行政部门登记，由国务院专利行政部门予以公告。专利申请权或者专利权的转让自登记之日起生效。因此，选项C错误，选项D正确。

【答案】BD

第十一条【专利权的效力】

　　发明和实用新型专利权被授予后，除本法另有规定的以外，任何单位或者个人未经专利权人许可，都不得实施其专利，即不得为生产经营目的制造、使用、许诺销售、销售、进口其专利产品，或者使用其专利方法以及使用、许诺销售、销售、进口依照该专利方法直接获得的产品。

　　外观设计专利权被授予后，任何单位或者个人未经专利权人许可，都不得实施其专利，即不得为生产经营目的制造、许诺销售、销售、进口其外观设计专利产品。

一、本条含义

　　本条是专利法中最为重要的条款之一，规定专利权人的基本权利。一方面，本条规定，专利权被授予之后，除本法另有规定的以外，任何单位或者个人未经专利权人许可，都不得实施其专利（发明和实用新型），从制度上保障专利权人享有实施其发明创造的"排他权"。另一方面，本条规定构成侵犯专利权行为的条件，为公众从事生产经营行为提供了明确的行为准则。

二、重点讲解

　　本条规定了专利权人禁止他人未经许可实施专利的权利，其中，"实施专利"的行为共有五种具体的实施方式，即制造、许诺销售、销售、使用和进口，并且该实施方式的列举属于穷尽性列举。

　　（一）"未经专利权人许可"的含义

　　根据本条的规定，除本法另有规定的以外，任何单位或者个人未经专利权人许可，都不得实施其专利。

　　1. 在判断是否未经专利权人许可而构成侵权时，需要注意的事项

　　（1）专利法第十二条规定，任何单位或者个人实施他人专利的，应当与专利权人订立实施许可合同，向专利权人支付专利使用费。被许可人无权允许合同规定以外的任何单位或者个人实施该专利。

　　（2）专利法第十五条第一款规定，专利申请权或者专利权的共有人对权利的行使有约定的，从其约定。没有约定的，共有人可以单独实施或者以普通许可方式许可他人实施该专利；许可他人实施该专利的，收取的使用费应当在共有人之间分配。

　　（3）即使订立了专利实施许可合同，但如果被许可方实施专利的行为超越了合同约定的范围，其实施行为就构成了"未经专利权人许可"的行为。《合同法》第三百五十一条规定，实施专利或者使用技术秘密超越约定的范围的，违反约定擅自许可第三人实施该项专利或者使用该项技术秘密的，应当停止违约行为，承担违约责任。

　　2. "除本法另有规定的以外"的含义

　　（1）本条第一款中"除本法另有规定的以外"是指专利法第十四条关于推广应用的规定，以及专利法第四十八条至第五十八条关于强制许可的规定，在这两种情况下，无须经专利权人许可，即本来应当构成侵犯专利权的行为，出于种种考虑豁免其侵犯专利权的民事责任，属于"侵犯专利权的例外"，但实施者仍然有向专利权人支付使用费的义务。另外，在专利法第六十九条规定了不视为侵权的五种情形，在这五种情形下，实施者没有支付使用费的义务。

（2）本条第二款中没有规定"本法另有规定的以外"，即对外观设计专利权的保护没有例外情形。并且限于为生产经营目的制造、许诺销售、销售、进口其外观设计专利产品，没有"使用"这一行为。

在具有多款的法条中，应当准确理解每款的适用范围，除专利法第十一条外，还需要注意以下条款：

① 专利法第六十五条第一款规定，权利人最终得到的赔偿应当是实际损失、侵权人的非法获利或者使用费的合理倍数之一与合理开支之和，而在专利法第六十五条第二款中，法院以法定赔偿的方式确定赔偿数额，不能在已经确定的法定赔偿之外另行附加所述合理开支。

② 专利法第六条第三款规定，对于"利用本单位的物质技术条件所完成的发明创造"，可以约定权利归属，而对于"执行本单位的任务所完成的发明创造"属于职务发明，单位为权利人，不能约定发明人或设计人为权利人。

③ 专利法第三十六条第二款规定，无正当理由逾期不履行该款规定的义务的，其专利申请将被视为撤回，这一规定应理解为仅适用本条第二款而不适用本条第一款。

④ 专利法实施细则第六条第三款规定，依照本条第二款的规定（以其他正当事由）请求恢复权利的，还应当缴纳恢复权利请求费。因此，依据本条第一款的规定（以不可抗力的事由）请求恢复权利的，不需要缴纳恢复权利请求费。

（二）"为生产经营目的"的含义

按照本条的规定，需要得到专利权人许可的，是为生产经营目的的实施该专利的行为。生产，是指工农业生产。经营，是指商业、服务业，也包括一些事业的经营，有以营利为目的的，也有不以营利为目的的，如环境保护、气象预报、道路和航道的维修等，所以，"为生产经营为目的"不能简单得理解为"为营利目的"。

某一行为是否属于为生产经营目的而进行的，通常可以从三个角度进行判断：一是行为方式，二是行为主体，三是行为的性质和范围。从行为方式上看，许诺销售和销售行为无论其行为主体是单位还是个人，一般都具有为生产经营目的的性质；而对于制造、使用和进口行为来说，则既可能是具有生产经营目的的行为，又可能是不具有生产经营目的的行为。从行为主体上看，企业和营利性单位的行为一般都具有为生产经营目的的性质；而国家机关、非营利性单位、社会团体的行为一般不具有为生产经营目的的性质。行为的性质和范围需要根据行为的实际情况作出具体判断。需要特别注意的是：一个单位的性质并不决定是否构成实施专利行为的关键因素，国家机关、非营利性事业单位、社会团体的某些制造、使用和进口行为也可能具有为生产经营目的的性质，例如医院为治病而使用专利设备等。

（三）"制造、使用、许诺销售、销售和进口专利产品"的含义

1. 制造专利产品

制造专利产品，对发明和实用新型专利权而言，是指作出或者形成落入专利权保护范围的产品；对外观设计专利权而言，是指作出或者形成采用外观设计专利的图片或者照片所表示的设计方案的产品。

2. 使用专利产品

使用专利产品，是指使用落入专利权保护范围的产品。一种产品可以有一种或者多种用途，不论是利用它的哪一种用途，也不论是反复连续使用还是只用了一次，只要是为了生产经营目的而使用，都应当获得专利权人的许可。当然，如果某项专利的保护对象是某种产品的新用途，则只要没有将该产品用于专利的权利要求所要求保护的新用途，就不必获得专利权人的许可。

3. 许诺销售专利产品

许诺销售专利产品，是指明确表示愿意出售落入专利权保护范围的产品的行为。许诺销售行为既可以面向特定对象，也可以面向不特定公众；既可以采用口头形式，也可以采用书面形式；既可以通过展示或者演示的途径，也可以通过电话、电传、报刊、网络或其他途径。例如，将专利产品陈列在商店中，列入拍卖清单，在报纸、电视、网络上做广告等行为，都明确表明了愿意销售该专利产品的愿望，都属于"许诺销售"的行为。

4. 销售专利产品

销售专利产品，就是把落入专利权保护范围的产品的所有权从一方（卖方）有偿转移给另一方（买方）。销售行为是买卖当事人之间进行的一种交易行为，即出卖人将标的物所有权转移给予买受人，而买受人将相应价款支付给出卖人。

《最高人民法院关于审理侵犯专利权纠纷案件应用法律若干问题的解释（二）》第十九条规定：产品买卖合同依法成立的，人民法院应当认定属于专利法第十一条规定的销售。

5. 进口专利产品

进口专利产品，是指将落入专利权保护范围的产品从国外越过边界运进国内。至于这种产品是哪个国家运来的，这种产品在其制造国或者出口国是否享有专利保护，其制造或者出口是否违反他们的法律，进口的目的是使用还是销售，都无关紧要，无须过问。由于进口行为与制造行为一样，都是使专利产品在专利权有效地域范围内出现的首要环节，因此判断进口行为是否构成侵权行为与判断制造行为是否构成侵权行为具有类似的特点，即不考虑行为人的主观过错，不论进口者是否知道其进口的产品为专利产品，只要未经专利权人许可，都要承担全部的侵权责任。

关于平行进口，首先要明确其前提条件，即进口的产品必须是专利权人（这里所说的"专利权"是指在我国获得的专利权，而不是指该专利权人在其他国家获得的专利权）自己或者其被许可人制造并售出的。如果进口的专利产品是未经专利权人许可而制造并售出的（与该制造销售行为在行为发生地所在国家是否构成侵犯该专利权人在该国获得的专利权无关），则不仅进口行为本身构成侵犯专利权的行为，而且对进口的产品随后所进行的许诺销售、销售和使用行为都将构成侵犯专利权的行为，谈不上是否允许平行进口的问题。专利法第六十九条第（一）项明确了我国在平行进口问题上的立场。

从对世的意义上说，从无到有再现产品专利权保护客体的行为只有制造这一行为，因此，对专利产品的制造提供的是"绝对保护"，体现在：第一，除专利法第六十九条规定的不视为侵犯专利权的情形之外，认定制造专利产品行为构成侵犯专利权的行为没有任何其他先决条件，因为制造行为是导致其他所有侵权行为的"龙头"；第二，制造者是否应当承担侵权责任，尤其是承担停止侵权行为的责任，与其主观上是否有过错无关。

对使用、许诺销售、销售、进口专利产品的行为提供的是"相对保护"，与对制造专利产品行为提供的"绝对保护"相比，存在下面两方面的区别：

第一，认定使用、许诺销售、销售、进口专利产品的行为构成侵犯专利权的行为，需要考虑所涉及的专利产品是合法制造还是非法制造的。如果专利产品是合法制造并售出的，则其购买者无论进行上述四种行为中的哪一种，都不构成侵犯专利权的行为。

第二，即使使用、许诺销售、销售、进口的是非法制造的专利产品，从而构成侵犯专利权的行为的，也并非在任何情况下都要承担法律规定的全部侵权责任。例如，《专利法》第七十条规定："为生产经营目的使用、许诺销售、销售不知道是未经专利权人许可而制造并售出的专利侵权产品，能证明该产品合法来源的，不承担赔偿责任。"这表明，在上述情况下使用、许诺销售、销售非法制造并售出的专利产品的行为人只有在明知是非法制造的专利产品仍然进行上述行为的，才需要承担赔偿责任。

（四）"使用"专利方法的含义

专利方法是指享有发明专利的方法。使用的方法是不是专利方法，必须依照该方法发明专利的权利要求书的内容来确定，说明书和附图应当用来解释权利要求。这就是说，一种方法是不是专利方法，要看它是不是落入方法发明专利的保护范围而定。

一般来说，专利方法是指具备该专利的权利要求书记载的技术特征的方法。使用专利方法就是在实践中为权利要求书中所述的目的而使用这种方法。只要具体的使用包含在专利的权利要求书的范围以内，而依照该方法直接获得的产品是权利要求书所述的产品，那么这种方法的使用便须得到专利权人的许可。

（五）"依照该专利方法直接获得的产品"的含义

根据本条的规定，将制造方法专利权的保护延伸到使用该方法直接获得的产品。所谓"延伸保护"，是指一项制造方法发明专利权被授予之后，任何单位或个人未经专利权人许可，除了不得为生产经营目的使用该专利方法之外，还不得为生产经营目的使用、许诺销售、销售或者进口依照该专利方法直接获得的产品。当然，专利方法还包括作业方法、使用方法等，但能享有专利法所规定的延伸保护的只有制造方法。

制造方法专利延伸保护产品效力是有限度的。根据本款的规定，受到方法专利保护的产品必须是依照专利方法直接获得的。

《最高人民法院关于审理侵犯专利权纠纷案件应用法律若干问题的解释》第十三条规定：

对于使用专利方法获得的原始产品，人民法院应当认定为专利法第十一条规定的依照专利方法直接获得的产品。

对于将上述原始产品进一步加工、处理而获得后续产品的行为，人民法院应当认定属于专利法第十一条规定的使用依照该专利方法直接获得的产品。

例如，一种制造所述橡胶的工艺方法，在未经专利权人许可的情况下，甲使用相同方法制造橡胶；乙将甲制造的橡胶销售给丙；丙采用乙售出的橡胶制造轮胎；丁用丙生产的轮胎制造汽车轮子。其中，甲未经许可而使用了甲的专利方法，无疑构成了侵犯甲专利权的行为；乙和丙未经甲许可而销售、使用该专利方法所直接获得的产品，也构成了侵犯该专利权的行为；最后，丁的行为是否也构成侵犯该专利权的行为？丁采用的原料是轮胎，所进行的行为是制造汽车轮子，与专利方法之间的关系已经相当"遥远"了。如果认定丁的行为也构成了侵权行为，则对该专利方法的延伸保护就可以没有限制地一路延伸开去，甚至扩大到采用该种轮子来制造汽车的行为。这样的结论显然是不合理的，会对后续产品的自由流通带来过多的妨碍，是不适当地扩展了专利权的效力，从而损害了公众的利益。

（六）"使用、许诺销售、销售、进口依照专利方法直接获得的产品"的含义

这里使用、许诺销售、销售、进口的含义与上面提到的并无差异，在此不再赘述。

（七）"制造、许诺销售、销售、进口外观设计专利产品"的含义

所谓外观设计专利产品，是指某种产品的外观设计与获得专利的外观设计相同或者相似，而且该产品与外观设计专利在被授权时指定使用该外观设计的产品类别相同或者相类似。因此，判断某种产品是否属于外观设计专利产品，不仅要看该产品的外观设计与获得专利的外观设计是否相同或者相似，而且要看该产品与获得专利的外观设计在授权时指定的产品的类别是否相同或者相类似。

与发明专利权和实用新型专利权相比，外观设计专利权的效力不包括"使用"。这是因为，赋予外观设计专利的主要目的在于阻止他人未经许可在制造有关产品时复制受专利保护的外观设计，为达到这个目的，阻止他人未经许可而制造、许诺销售、销售、进口外观设计专利产品就足够了，没有必要限制他人为生产经营目的使用外观设计专利产品。

三、真题分析

49.【2019年第85题】在未经专利权人同意的情况下，在专利权的有效期内，下列哪些行为侵犯了专利权？
A. 甲公司从公开渠道获得了一份技术材料，但不知其已经获得发明专利权，甲自行应用该技术生产产品并销售
B. 乙按照他人的外观设计专利制作了一套沙发以自用
C. 丙实施了他人的实用新型专利技术方案，将产品以成本价卖给某公司
D. 医院丁按照一件中药发明专利的技术方案配制汤药用以医治病人

【考点】专利权

【分析】根据专利法第十一条的规定，发明和实用新型专利权被授予后，除本法另有规定的以外，任何单位或者个人未经专利权人许可，都不得实施其专利，即不得为生产经营目的制造、使用、许诺销售、销售、进口其专利产品，或者使用其专利方法以及使用、许诺销售、销售、进口依照该专利方法直接获得的产品。外观设计专利权被授予后，任何单位或者个人未经专利权人许可，都不得实施其专利，即不得为生产经营目的制造、许诺销售、销售、进口其外观设计专利产品。本题中，选项ACD中的行为都侵犯专利权，其中选项A中甲获取技术材料的渠道以及对该材料已经获得发明专利权是否知情不是侵权行为的构成要件，而选项B中由于乙制作沙发以自用，不构成侵权，因此，选项ACD正确，选项B错误。

【答案】ACD

50.【2019年第95题】甲公司获得一项灯具的外观设计专利权。乙公司未经甲公司许可制造了相同外观设计的灯具，并由丙公司出售给丁酒店。丁酒店使用该灯具装饰其酒店大堂。下列说法正确的是？

A. 乙的制造行为侵犯了甲的专利权
B. 丙的销售行为侵犯了甲的专利权
C. 丁的使用行为侵犯了甲的专利权，但因其能证明产品的合法来源，可以不承担侵权赔偿责任
D. 丁的使用行为未侵犯甲的专利权

【考点】外观设计专利侵权

【分析】根据专利法第十一条第二款的规定，外观设计专利权被授予后，任何单位或者个人未经专利权人许可，都不得实施其专利，即不得为生产经营目的制造、许诺销售、销售、进口其外观设计专利产品。注意该款规定不包括"使用"，本题中乙公司的制造行为、丙公司的销售行为都侵犯了甲公司的专利权，但丁酒店的使用行为未侵犯甲公司的专利权，因此，选项ABD正确，选项C错误。

【答案】ABD

51.【2018年第26题】甲公司获得一项灯具的外观设计专利权。乙公司未经甲公司的许可制造了相同设计的灯具，并出售给丙酒店。丙酒店使用该灯具装饰其酒店大堂使其显得金碧辉煌以招徕顾客。则以下说法正确的是：

A. 乙公司和丙酒店的上述行为均侵犯了甲公司的专利权
B. 乙公司的上述行为侵犯了甲公司的专利权，但丙酒店的上述行为未侵犯甲公司的专利权
C. 乙公司的上述行为未侵犯甲公司的专利权，但丙酒店的上述行为侵犯了甲公司的专利权
D. 乙公司和丙酒店的上述行为均未侵犯甲公司的专利权

【考点】外观设计侵权

【分析】根据专利法第十一条第二款的规定，外观设计专利权被授予后，任何单位或者个人未经专利权人许可，都不得实施其专利，即不得为生产经营目的制造、许诺销售、销售、进口其外观设计专利产品。注意该款规定不包括"使用"，本题中乙公司的上述行为侵犯了甲公司的专利权，但丙酒店的上述行为未侵犯甲公司的专利权，因此，选项B正确。

【答案】B

52.【2018年第31题】关于专利权，以下说法错误的有：

A. 专利权具有排他性，专利权人有权禁止任何人未经其许可为生产经营目的实施该专利技术
B. 自专利授权之日起，专利权人即获得在专利有效期内不受他人约束、自由实施其专利技术以获利的权利
C. 专利的排他权本质上是排除对专利权所保护之知识产品的非法侵占、妨害或损毁
D. 各国专利制度均涵盖发明专利、实用新型和外观设计三种类型的专利

【考点】专利权

【分析】专利法第十一条第一款规定，发明和实用新型专利权被授予后，除本法另有规定的以外，任何单位或者个人未经专利权人许可，都不得实施其专利，即不得为生产经营目的制造、使用、许诺销售、销售、进口其专利产品，或者使用其专利方法以及使用、许诺销售、销售、进口依照该专利方法直接获得的产品。其中"除本法另有规定的以外"是指专利法第十四条关于推广应用的规定，以及专利法第四十八条至第五十八条关于强制许可的规定，在这两种情况下，无需经专利权人许可，即本来应当构成侵犯专利权的行为，出于种种考虑豁免其侵犯专利权的民事责任，属于"侵犯专利权的例外"。因此，选项A的说法错误。该条规定专利权被授予之后，除本法另有规定的以外，任何单位或者个人未经专利权人许可，都不得实施其专利，从制度上保障专利权人享有实施其发明创造的"排他权"。因此，选项C的说法错误。

专利法第五十一条第一款规定，一项取得专利权的发明或者实用新型比前已经取得专利权的发明或者实用新型具有显著经济意义的重大技术进步，其实施又有赖于前一发明或者实用新型的实施的，国务院专利行政部门根据后一专利权人的申请，可以给予实施前一发明或者实用新型的强制许可。该款规定了对具有从属关系的两个专利的强制许可。由此可知，对于从属专利而言，其实施受到在前专利的约束。因此，选项B的说法错误。

专利法第二条第一款规定，本法所称的发明创造是指发明、实用新型和外观设计。然而在世界上许多国家的法律制度中，专利一般专指发明专利，实用新型和工业品外观设计在立法上则相对独立。有些国家甚至没有建立实用新型制度。因此，选项D的说法错误。

【答案】ABCD

53. 【2018年第82题】丙发明了一种机械装置并获得发明专利权,设计单位甲未经丙许可、为乙设计绘制了的该发明专利装置的零件图和总装图,并获取了设计报酬。则以下说法正确的是:
   A. 无论乙是否采用甲的设计方案用于生产经营活动,甲的上述行为都不属于专利法第十一条规定的直接侵犯丙的专利权的行为
   B. 如果乙没有采用甲的设计方案实际制造并销售该装置,则甲和乙的上述行为均不构成侵犯丙的专利权的行为
   C. 如果乙采用甲的设计方案并实际制造并销售该装置,则乙的上述行为侵犯丙专利权,但甲的上述行为不构成对丙的专利的侵权行为
   D. 如果乙采用甲的设计方案并实际制造并销售该装置,则甲的上述行为构成对丙的专利的共同侵权

【考点】专利侵权行为

【分析】专利法第十一条第一款规定,发明和实用新型专利权被授予后,除本法另有规定的以外,任何单位或者个人未经专利权人许可,都不得实施其专利,即不得为生产经营目的制造、使用、许诺销售、销售、进口其专利产品,或者使用其专利方法以及使用、许诺销售、销售、进口依照该专利方法直接获得的产品。

《最高人民法院关于审理侵犯专利权纠纷案件应用法律若干问题的解释(二)》第二十一条第一款规定,明知有关产品系专门用于实施专利的材料、设备、零部件、中间物等,未经专利权人许可,为生产经营目的将该产品提供给他人实施了侵犯专利权的行为,权利人主张该提供者的行为属于侵权责任法第九条规定的帮助他人实施侵权行为的,人民法院应予支持。《侵权责任法》第九条第一款规定,教唆、帮助他人实施侵权行为的,应当与行为人承担连带责任。根据该司法解释的规定,当乙采用甲的设计方案并实际制造并销售该装置时,甲乙构成共同侵权,其中乙构成直接侵权,甲承担连带责任。

本题选项A中,甲的"绘制"行为不属于专利法第十一条第一款规定的五种行为之一,因此,选项A正确。本题选项B中,由于乙没有采用甲的设计方案实际制造并销售该装置,题干中所述的甲和乙的行为不属于专利侵权行为,因此,选项B正确。

本题选项CD中,由于乙采用甲的设计方案并实际制造并销售该装置,乙的制造和销售行为属于专利法第十一条第一款规定的专利侵权行为(直接侵权行为),与题干中的甲的行为(间接侵权行为)构成对丙的专利的共同侵权,因此,选项C错误,选项D正确。

【答案】ABD

54. 【2018年第83题】以下情形,哪些行为不构成侵犯专利权的行为?
   A. 在某次地震灾害时,某公司赶制了一批受他人专利权保护的挖掘救援器具,并作为无偿捐赠的救灾物资紧急运送到灾区
   B. 某人按照他人的专利权的中药药方配制了一服中药,熬成药汤自己服用
   C. 某公司从市场大量回收废旧的某型专利设备,从中拆解零部件重新组装制成完整的该型专利设备,并在市场上销售
   D. 某公司购买了一批未经许可制造并售出的专利零部件,并将其储存在公司的仓库中,以备该公司生产运行设备中该型零部件损坏时更换,但至今尚未更换

【考点】专利侵权行为

【分析】专利法第十一条规定,发明和实用新型专利权被授予后,除本法另有规定的以外,任何单位或者个人未经专利权人许可,都不得实施其专利,即不得为生产经营目的制造、使用、许诺销售、销售、进口其专利产品,或者使用其专利方法以及使用、许诺销售、销售、进口依照该专利方法直接获得的产品。外观设计专利权被授予后,任何单位或者个人未经专利权人许可,都不得实施其专利,即不得为生产经营目的制造、许诺销售、销售、进口其外观设计专利产品。

本题选项AB中,某公司赶制挖掘救援器具和某人配制中药不以生产经营为目的,因此,该行为不构成侵犯专利权的行为,因此,选项AB正确。本题选项C中,某公司的重新组装制成(制造)并销售该型专利设备的行为属于上述规定的专利侵权行为,因此,选项C错误。

专利法第七十条规定,为生产经营目的使用、许诺销售或者销售不知道是未经专利权人许可而制造并售出的专利侵权产品,能证明该产品合法来源的,不承担赔偿责任。本题选项D中某公司的"购买"和"储存"不构

成专利侵权行为,但该公司的"备用"属于使用的范畴,该行为构成专利侵权行为。当然,根据专利法第七十条的规定,如果该公司是善意的,不承担赔偿责任。因此,选项 D 错误。

【答案】 AB

55.【2018 年第 93 题】 甲获得一项外观设计专利。乙在该专利申请日后、授权公告前未经甲的许可制造了一批该专利产品并销售给丙。丙将该外观设计专利产品作为零部件组装到自己的产品上提升产品美感,并在该外观设计专利授权公告后持续向市场销售。则以下说法正确的是:

A. 乙的上述行为侵犯甲的外观设计专利权

B. 乙的上述行为不属于侵犯甲的外观设计专利权的行为

C. 丙的上述行为侵犯甲的外观设计专利权

D. 丙的上述行为不侵犯甲的外观设计专利权

【考点】 专利侵权行为

【分析】 专利法第十一条第二款规定,外观设计专利权被授予后,任何单位或者个人未经专利权人许可,都不得实施其专利,即不得为生产经营目的制造、许诺销售、销售、进口其外观设计专利产品。《最高人民法院关于审理侵犯专利权纠纷案件应用法律若干问题的解释》第十二条第二款规定,将侵犯外观设计专利权的产品作为零部件,制造另一产品并销售的,人民法院应当认定属于专利法第十一条规定的销售行为,但侵犯外观设计专利权的产品在该另一产品中仅具有技术功能的除外。

本题中,乙的行为在外观设计专利权被授予前,因此,乙的行为不属于侵犯甲的外观设计专利权的行为。丙在该外观设计专利授权公告后持续向市场销售自己的产品,且该外观设计专利产品作为零部件提升丙产品美感,该销售行为侵犯甲的外观设计专利权。因此,选项 AD 错误,选项 BC 正确。

【答案】 BC

56.【2017 年第 36 题】 以下哪些说法不符合我国专利法的规定?

A. 除专利法另有规定外,发明专利权人有权禁止他人为生产经营目的许诺销售其专利产品

B. 除专利法另有规定外,方法发明专利权人有权禁止他人为生产经营目的的制造与依照其专利方法直接获得的产品相同的产品

C. 除专利法另有规定外,实用新型专利权人有权禁止他人为生产经营目的许诺销售、销售、进口其专利产品

D. 除专利法另有规定外,外观设计专利权人有权禁止他人为生产经营目的制造、使用、销售其专利产品

【考点】 专利侵权行为

【分析】 根据专利法第十一条第一款的规定,发明和实用新型专利权被授予后,除本法另有规定的以外,任何单位或者个人未经专利权人许可,都不得实施其专利,即不得为生产经营目的制造、使用、许诺销售、销售、进口其专利产品,或者使用其专利方法以及使用、许诺销售、销售、进口依照该专利方法直接获得的产品。因此,选项 AC 的说法符合专利法的规定。需要注意的是,对于专利方法,侵权行为仅限于他人使用专利方法以及使用、许诺销售、销售、进口依照该专利方法直接获得的产品,而并不禁止他人用其他方法制造与依照其专利方法直接获得的产品相同的产品。因此,选项 B 的说法不符合专利法的规定。

根据专利法第十一条第二款的规定,外观设计专利权被授予后,任何单位或者个人未经专利权人许可,都不得实施其专利,即不得为生产经营目的制造、许诺销售、销售、进口其外观设计专利产品。因此,选项 D 的说法不符合专利法的规定。

【答案】 BD

57.【2015 年第 91 题】 甲公司在中国拥有一项抗癌药品的专利权,并在中国国内进行了制造销售。以下未经甲公司许可的哪些行为侵犯了甲公司的专利权?

A. 乙是病人,从印度购买仿制的该专利药品自己服用,并将多余的药品带回国内销售

B. 丙从甲公司购买了该专利药品,将其加价卖给第三人

C. 丁在国内某报纸上发布印度仿制的该专利药品的销售广告

D. 戊见甲公司销售的药品价格过于昂贵,自行制造并低价销售该专利药品

【考点】 专利侵权行为

【分析】根据专利法第十一条第一款的规定，发明和实用新型专利权被授予后，除本法另有规定的以外，任何单位或者个人未经专利权人许可，都不得实施其专利，即不得为生产经营目的制造、使用、许诺销售、销售、进口其专利产品，或者使用其专利方法以及使用、许诺销售、销售、进口依照该专利方法直接获得的产品。本题中，乙的销售"仿制药"的行为、丁的许诺销售"仿制药"的行为、戊的制造和销售该专利药品的行为都侵犯了甲公司的专利权，因此，选项ACD正确。

根据专利法第六十九条的规定，专利产品或者依照专利方法直接获得的产品，由专利权人或者经其许可的单位、个人售出后，使用、许诺销售、销售、进口该产品的，不视为侵犯专利权。本题中，丙从甲公司购买该专利药品，再卖给第三人的行为不侵犯甲公司的专利权，因此，选项B错误。

【答案】ACD

58.【2015年第92题】甲公司拥有一项新型药物的专利权。未经甲公司许可，下列哪些行为侵犯了甲公司的专利权？

A. 乙公司通过电子邮件向某医院发出销售该新型药物的介绍信息
B. 李某在专业期刊上发表文章对该新型药物的性能作了全面介绍
C. 某医院为尽快治疗好患者，自行配置并使用了该新型药物
D. 丙公司为提供行政审批所需要的信息，自行制造了该新型药物

【考点】专利侵权行为

【分析】根据专利法第十一条第一款的规定，发明和实用新型专利权被授予后，除本法另有规定的以外，任何单位或者个人未经专利权人许可，都不得实施其专利，即不得为生产经营目的制造、使用、许诺销售、销售、进口其专利产品，或者使用其专利方法以及使用、许诺销售、销售、进口依照该专利方法直接获得的产品。本题中，乙公司的许诺销售行为、某医院的制造和使用行为侵犯了甲公司的专利权，因此，选项AC正确。而李某对该新型药物的性能进行介绍不侵犯甲公司的专利权，因此，选项B错误。

根据专利法第六十九条的规定，有下列情形之一的，不视为侵犯专利权：其中，（五）为提供行政审批所需要的信息，制造、使用、进口专利药品或者专利医疗器械的，以及专门为其制造、进口专利药品或者专利医疗器械的。因此，选项D错误。

【答案】AC

第十二条【专利权许可】

任何单位或者个人实施他人专利的，应当与专利权人订立实施许可合同，向专利权人支付专利使用费。被许可人无权允许合同规定以外的任何单位或者个人实施该专利。

一、本条含义

本条是关于专利实施许可的规定。通过订立实施许可合同实现双方的利益交换，专利权人部分放弃实施其发明创造的独占权利，同时，换取被许可人支付的专利使用费；被许可人向专利权人支付实施专利的使用费，但换取实施专利的权利。被许可人仅享有该发明创造的实施权，不享有所有权，因此被许可人无权允许合同规定以外的任何单位或者个人实施该专利。

二、重点讲解

本条规定了专利权人许可他人实施专利的权利。

（一）许可的效力

专利实施许可的实质就是专利权人将实施专利的权利授予被许可人。专利实施许可类似于有形财产的出租，但是专利实施许可与有形财产的出租又有很大的区别：有形财产在同一时刻只能出租给一个承租人，而专利权可以在同一时刻许可若干人实施。

专利实施许可并不意味着专利权主体的转移，而仅仅意味着被许可人获得了以约定方式实施专利的权利，主要涉及双方当事人的利益，而不直接涉及公众的利益。

另外，转让专利申请权或者转让专利权意味着权利主体的转移和权利客体的让渡。专利申请权和专利权的转让并非仅仅是转让合同双方当事人之间的事情，还必须让广大公众知道。因此，需要向国家知识产权局登记，并由国家知识产权局予以公告。

（二）许可的种类

按照被许可人取得的实施权的范围，可以将专利实施许可分为以下几种类型：

1. 独占实施许可

独占实施许可，简称独占许可，是指在一定时间内，在专利权的有效地域范围内，专利权人只许可一个被许可人实施其专利，而且专利权人自己也不得实施该专利。

2. 排他实施许可

排他实施许可，简称排他许可，也称独家许可，是指在一定时间内，在专利权的有效地域范围内，专利权人只许可一个被许可人实施其专利，但专利权人自己有权实施该专利。排他许可与独占许可的区别就在于排他许可中的专利权人自己享有实施该专利的权利，而独占许可中的专利权人自己也不能实施该专利。

3. 普通实施许可

普通实施许可，简称普通许可，是指在一定时间内，专利权人许可他人实施其专利，同时保留许可第三人实施该专利的权利。这样，在同一地域内，被许可人同时可能有若干家，专利权人自己也仍可以实施。普通许可是专利实施许可中最常见的一种类型。

4. 交叉实施许可

交叉实施许可，简称交叉许可，也称作互换实施许可，是指两个专利权人互相许可对方实施自己的专利。这种许可，两个专利的价值大体是相等的，所以一般是免交使用费的，但如果二者的技术效果或者经济效益差距较大，也可以约定由一方给予另一方以适当的补偿。

5. 分实施许可

分实施许可，简称分许可，是针对基本许可而言的，即被许可人依照与专利权人的协议，再许可第三人实施同一专利，被许可人与第三人之间的实施许可就是分许可。被许可人签订这种分许可合同必须得到专利权人的同意。

（三）专利实施许可合同

2008年修改《专利法》时删除本条原来规定的"书面"二字，其主要目的并非在于鼓励人们以口头方式订立专利实施许可合同，而在于通过此举为在必要的情况下认定实施专利的默示许可扫除障碍。在一个单位和个人意欲实施他人的专利而与专利权人协商订立专利实施许可合同的情况下，应当尽量采用订立书面合同的方式。

专利实施许可合同自合同成立之日起生效，无须经国家知识产权局登记和公告，这不同于专利申请权和专利权的转让，并且，转让专利申请权或者专利权的，当事人应当订立书面合同。

在实施许可合同中，专利权人的权利包括给予何种许可类型、许可多长时间、许可哪些地域范围以及许可哪些实施专利行为，其中，许可类型包括普通许可、排他许可、独占许可，根据专利法第十一条的规定，实施专利行为包括制造、使用、许诺销售、销售、进口其专利产品，或者使用其专利方法以及使用、许诺销售、销售、进口依照该专利方法直接获得的产品。

需要注意的是，专利权人与他人订立实施许可合同，不因为被推广应用或给予强制许可而受到限制。

（四）专利实施许可合同的备案

专利法实施细则第十四条第二款规定，"专利权人与他人订立的专利实施许可合同，应当自合同生效之日起3个月内向国务院专利行政部门备案"。实施许可合同备案的效力弱于转让登记的效力，目前，不备案也没处罚措施，也不是合同成立的前提条件。未备案的，不得对抗善意第三人。

根据专利法实施细则第八十九条、第九十条的规定，专利实施许可合同的备案在专利登记簿上登记，并在专利公报上公布。

另外，《专利实施许可合同备案办法》第四条规定，"申请备案的专利实施许可合同应当以书面形式订立"。

三、真题分析

59.【2016年第82题】 下列关于专利实施许可的说法哪些是正确的？

A. 专利实施许可合同应当自合同生效之日起三个月内向国家知识产权局申请办理备案手续

B. 专利实施许可合同的被许可人可以不经专利权人同意在产品的包装上标注专利标记

C. 独占实施许可合同的被许可人可以单独向人民法院提出诉前责令被申请人停止侵犯专利权行为的申请

D. 普通实施许可合同的被许可人在专利权人不请求的情况下，可以单独请求管理专利工作的部门处理专利侵权纠纷

【考点】 专利实施许可

【分析】 根据专利法实施细则第十四条的规定，除依照专利法第十条规定转让专利权外，专利权因其他事由发生转移的，当事人应当凭有关证明文件或者法律文书向国务院专利行政部门办理专利权转移手续。专利权人与他人订立的专利实施许可合同，应当自合同生效之日起3个月内向国务院专利行政部门备案。以专利权出质的，由出质人和质权人共同向国务院专利行政部门办理出质登记。因此，选项A正确。根据《专利标识标注办法》第四条的规定，在授予专利权之后的专利权有效期内，专利权人或者经专利权人同意享有专利标识标注权的被许可人可以在其专利产品、依照专利方法直接获得的产品、该产品的包装或者该产品的说明书等材料上标注专利标识。由此可知，经专利权人同意享有专利标识标注权的被许可人才能在产品的包装上标注专利标记，因此，选项B错误。

根据《最高人民法院关于对诉前停止侵犯专利权行为适用法律问题的若干规定》第一条的规定，根据专利法第六十一条的规定，专利权人或者利害关系人可以向人民法院提出诉前责令被申请人停止侵犯专利权行为的申请。提出申请的利害关系人，包括专利实施许可合同的被许可人、专利财产权利的合法继承人等。专利实施许可合同被许可人中，独占实施许可合同的被许可人可以单独向人民法院提出申请；排他实施许可合同的被许可人在专利权人不申请的情况下，可以提出申请。因此，选项C正确。根据《专利行政执法办法》第十条的规定，请求管理专利工作的部门处理专利侵权纠纷的，应当符合下列条件：（一）请求人是专利权人或者利害关系人；（二）有明确的被请求人；（三）有明确的请求事项和具体事实、理由；（四）属于受案管理专利工作的部门的受案范围和管辖；（五）当事人没有就该专利侵权纠纷向人民法院起诉。第一项所称利害关系人包括专利实施许可合同的被许可人、专利权的合法继承人。专利实施许可合同的被许可人中，独占实施许可合同的被许可人可以单独提出请求；排他实施许可合同的被许可人在专利权人不请求的情况下，可以单独提出请求；除合同另有约定外，普通实施许可合同的被许可人不能单独提出请求。因此，选项D错误。

【答案】 AC

60.【2015年第31题】 下列说法哪些是正确的？

A. 发明专利申请须经过初步审查、公布、实质审查才能授予专利权

B. 实用新型专利保护对产品及其制造方法所提出的适于实用的新的技术方案

C. 外观设计专利权授予最先设计的人

D. 任何单位或者个人实施他人专利的，应当与专利权人订立实施许可合同

【考点】 实质审查 实用新型 先申请制 专利许可

【分析】 根据专利法第三十四条的规定，专利局收到发明专利申请后，经初步审查认为符合专利法要求的，自申请日起满十八个月，即行公布。根据专利法第三十五条第一款的规定，发明专利申请自申请日起三年内，国务院专利行政部门可以根据申请人随时提出的请求，对其申请进行实质审查。因此，选项A正确。根据专利法第二条第三款的规定，实用新型，是指对产品的形状、构造或者其结合所提出的适于实用的新的技术方案。因此，选项B错误。

根据专利法第九条第二款的规定，两个以上的申请人分别就同样的发明创造申请专利的，专利权授予最先申请的人。因此，选项C错误。根据专利法第十二条的规定，任何单位或者个人实施他人专利的，应当与专利权人订立实施许可合同，向专利权人支付专利使用费。被许可人无权允许合同规定以外的任何单位或者个人实施该专利。因此，选项D正确。

【答案】 AD

第十三条【发明专利申请的临时保护】

发明专利申请公布后，申请人可以要求实施其发明的单位或者个人支付适当的费用。

一、本条含义

根据专利法第三十四条的规定，发明专利申请经初审合格，自申请日起满18个月或者经申请人请求提前公布后，他人可能通过阅读公开的申请文件了解发明的内容，因而可能实施该发明。本条以该发明申请能够被授权为假设条件，规定发明申请公布后，在授权公告日之前，申请人可以要求实施其发明的单位或者个人支付适当的费用。

二、重点讲解

（一）发明专利申请公布后的临时保护

1. 临时保护的性质

在本条中，他人的实施行为不是侵犯专利权的行为，因为该发明申请还没有被授权，谈不上侵犯"专利"，而且，即使该发明专利申请被授权，在授权公告前使用该发明的行为也不属于侵权行为。本条规定申请人仅仅是可以要求他人支付适当的费用。若他人以该发明申请未被授权为理由拒付费用，申请人需要按照专利法实施细则第八十五条的规定，在专利权被授予之后请求管理专利工作的部门进行调节，或者，根据专利法第六十八条第二款的规定，在发明专利权授予之后向法院起诉，其诉讼时效两年。

另外，临时保护随着发明专利申请的被驳回，或者被授权后又被无效而消失，而且随着专利申请权的转移而转移。

2. 临时保护的适用范围及时间段

临时保护只适用于公布后的发明专利申请，且始于公布日，终于授权公告日，从授权公告日开始从"临时保护"变成"正式保护"。对申请日至公布日之间的发明专利申请，以及对于申请日至授权日之间的实用新型和外观设计专利申请均不存在临时保护。

需要说明的是，若发明申请没有被授权，而是被驳回、被视撤、视为撤回或视为放弃，则临时保护自始不存在。根据专利法实施细则第九十条的规定，公众通过国务院专利行政部门定期出版的专利公报可以了解发明专利申请公布后的驳回、撤回、视为撤回、视为放弃、恢复和转移，其中，包括临时保护的恢复，即失而复得的情况。

3. PCT 国际申请的临时保护

根据 PCT 条约第 21 条，国际局应自国际申请的优先权日起满 18 个月迅速进行国际公布。专利法实施细则第一百一十四条第二款规定，要求获得发明专利权的国际申请，由国际局以中文进行国际公布的，自公布日起享有临时保护；由国际局以中文以外的文字进行国际公布的，自国务院专利行政部门公布日起享有临时保护。

简言之，自中文公布日起，PCT 国际申请享有临时保护。

4. 临时保护期实施发明的判断

根据专利法第五十九条第一款的规定，发明或者实用新型专利权的保护范围以其权利要求的内容为准，说明书及附图可以用于解释权利要求的内容。

根据《最高人民法院关于审理侵犯专利权纠纷案件应用法律若干问题的解释》第七条的规定，人民法院判定被诉侵权技术方案是否落入专利权的保护范围，应当审查权利人主张的权利要求所记载的全部技术特征。被诉侵权技术方案包含与权利要求记载的全部技术特征相同或者等同的技术特征的，人民法院应当认定其落入专利权的保护范围；被诉侵权技术方案的技术特征与权利要求记载的全部技术特征相比，缺少权利要求记载的一个以上的技术特征，或者有一个以上技术特征不相同也不等同的，人民法院应当认定其没有落入专利权的保护范围。

根据《最高人民法院关于审理侵犯专利权纠纷案件应用法律若干问题的解释（二）》第十八条第二款的规定，发明专利申请公布时申请人请求保护的范围与发明专利公告授权时的专利权保护范围不一致，被诉技术方案均落入上述两种范围的，人民法院应当认定被告在前款所称期间内实施了该发明；被诉技术方案仅落入其中一种范围的，人民法院应当认定被告在前款所称期间内未实施该发明。

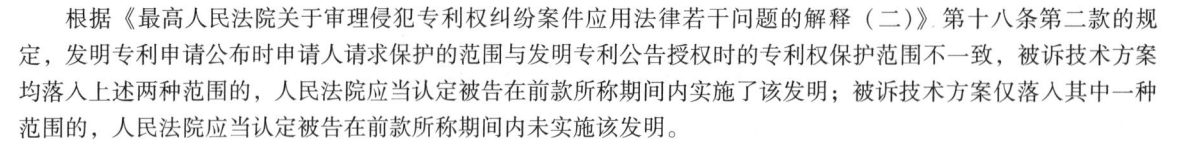

（二）专利申请各时间段的效力

时间段	申请日之前	申请日至公布日	公布日至授权日	授权日至终止日
发明	A69第（二）项先用权	不受任何保护，不管以后是否授权	A13临时保护，以假设能授权为条件	正式保护
实用新型外观设计	A69第（二）项先用权	没有公布程序，处于保密状态		正式保护

注：A69第（二）项规定先用权，是善意行为，必须是根据申请日之前自己的研究或通过合法途径获得的信息而进行，合法途径包括申请日前的合法受让，或从专利权人那里获得的有关信息，如在展览会上获得，则在展出日到申请日之间有人制造相同的产品或使用相同的方法，或为之做好准备，则属于合法行为。

三、真题分析

61.【2018年第96题】甲于2015年1月1日向国家知识产权局提交了一份发明专利申请，权利要求为："一种产品W，包含技术特征a和b。"该申请于2016年7月1日公布。

乙自2016年10月1日开始、该专利申请公布后未经甲的许可制造、销售相同的产品W，所述产品包含技术特征a和b。

2018年1月2日，甲的该专利申请经审查并公告授权，授权的权利要求为："一种产品W'，包含技术特征a、b和c。"

则以下说法错误的是：

A. 乙应当为其"在该专利授权公告前制造、销售产品W"的行为向甲支付适当费用
B. 乙无须为其"在该专利授权公告前制造、销售产品W"的行为向甲支付适当费用
C. 乙应当为其"在该专利授权公告前制造、销售产品W"的行为承担专利侵权赔偿责任
D. 乙应当该专利授权公告后立即停止制造、销售产品W的专利侵权行为

【考点】发明专利申请临时保护

【分析】根据专利法第五十九条第一款的规定，发明或者实用新型专利权的保护范围以其权利要求的内容为准，说明书及附图可以用于解释权利要求的内容。根据《最高人民法院关于审理侵犯专利权纠纷案件应用法律若干问题的解释》第七条的规定，人民法院判定被诉侵权技术方案是否落入专利权的保护范围，应当审查权利人主张的权利要求所记载的全部技术特征。被诉侵权技术方案包含与权利要求记载的全部技术特征相同或者等同的技术特征的，人民法院应当认定其落入专利权的保护范围；被诉侵权技术方案的技术特征与权利要求记载的全部技术特征相比，缺少权利要求记载的一个以上的技术特征，或者有一个以上技术特征不相同也不等同的，人民法院应当认定其没有落入专利权的保护范围。本题中，根据上述全覆盖原则，产品W包含技术特征a和b，并不包含技术特征c，因此，乙制造、销售产品W的行为不是专利侵权行为，由此可知，选项D的说法错误。

根据专利法第十三条的规定，发明专利申请公布后，申请人可以要求实施其发明的单位或者个人支付适当的费用。《最高人民法院关于审理侵犯专利权纠纷案件应用法律若干问题的解释（二）》第十八条第二款规定，发明专利申请公布时申请人请求保护的范围与发明专利公告授权时的专利权保护范围不一致，被诉技术方案均落入上述两种范围的，人民法院应当认定被告在前款所称期间内实施了该发明；被诉技术方案仅落入其中一种范围的，人民法院应当认定被告在前款所称期间内未实施该发明。本题中，乙制造、销售的产品W包含技术特征a和b，落入了发明专利申请公布时申请人请求保护的范围（产品W包含技术特征a和b），而没有落入发明专利公告授权时的专利权保护范围（产品W'，包含技术特征a、b和c）。因此，选项AC的说法错误，选项B的说

法正确。

【答案】ACD

62.【2018年第99题】甲于2010年1月1日向国家知识产权局提交了一份设备产品专利申请，该申请于2011年7月1日公开、2012年12月1日授权。乙在该专利申请公开后、授权公告前未经甲的许可制造了相同的专利设备，并于2011年10月1日与丙签订购销合同。合同约定，丙分期向乙支付设备及服务款项，乙向丙提供该设备，并自合同订立之日起10年内向丙提供相应的设备安装、调试、维修、保养等技术支持服务。则以下说法正确的是：

A. 乙在该专利授权公告后向丙提供设备调试、维修、保养等技术支持服务构成未经许可使用该专利产品的行为，属于侵犯甲的专利权的行为
B. 乙在该专利授权公告后向丙提供设备调试、维修、保养等技术支持服务不属于侵犯甲的专利权的行为
C. 丙在该专利授权公告后使用该专利设备的行为属于侵犯甲的专利权的行为
D. 丙在该专利授权公告后使用该专利设备的行为不属于侵犯甲的专利权的行为

【考点】发明专利申请临时保护

【分析】根据专利法第十一条第一款的规定，发明和实用新型专利权被授予后，除本法另有规定的以外，任何单位或者个人未经专利权人许可，都不得实施其专利，即不得为生产经营目的制造、使用、许诺销售、销售、进口其专利产品，或者使用其专利方法以及使用、许诺销售、销售、进口依照该专利方法直接获得的产品。根据专利法第十三条的规定，发明专利申请公布后，申请人可以要求实施其发明的单位或者个人支付适当的费用。

根据《最高人民法院关于审理侵犯专利权纠纷案件应用法律若干问题的解释（二）》（简称《解释二》）第十八条第三款的规定，发明专利公告授权后，未经专利权人许可，为生产经营目的使用、许诺销售、销售在本条第一款所称期间内已由他人制造、销售、进口的产品，且该他人已支付或者书面承诺支付专利法第十三条规定的适当费用的，对于权利人关于上述使用、许诺销售、销售行为侵犯专利权的主张，人民法院不予支持。

《解释二》出台前，一种意见认为，临时保护期内制造、销售、进口的产品不是侵权产品，专利权人无权在授权公告日之后禁止非侵权产品的后续销售、使用等行为；另一种意见认为，依照专利法第十一条的规定，专利权被授予后，专利权人可以禁止他人未经其许可的任何实施行为。使用、许诺销售、销售临时保护期内已制造、销售或进口的产品，不属于专利法第六十九条规定的不视为侵权的情形，故应依法被禁止。《解释二》第十八条作了折中：临时保护期实施制造、进口行为的人按照专利法第十三条的规定向权利人支付适当费用的，临时保护期内已制造、进口的产品不视为侵权产品，其后续的使用、销售、许诺销售不属于专利法第十一条规定的侵权行为。

本题中，乙制造和销售被诉专利侵权产品的行为是在发明专利临时保护期内，该行为不属于侵权行为，不为专利法所禁止。在乙实施的制造行为不侵权的情况下，后续丙的使用行为同样不属于侵权行为。同理，乙向丙提供的调试、维修、保养等技术支持服务也不属于侵权行为。因此，选项AC错误，选项BD正确。

【答案】BD

63.【2016年第26题】甲提交了一件发明专利申请，在公布文本中，其权利要求请求保护的技术方案中包括a、b、c、d四个技术特征；该申请经过实质审查后被授权，授权公告的权利要求保护的技术方案中包括了a、b、c、e四个技术特征，其中技术特征e是记载在申请文件的说明书中的特征，且与技术特征d不等同。乙、丙、丁、戊在该申请公布日后至授权公告日之前，分别生产制造了下列相关产品。甲可以要求支付费用的是？

A. 乙生产制造的产品包括了a、b、c三个技术特征
B. 丙生产制造的产品包括了a、b、c、d四个技术特征
C. 丁生产制造的产品包括了a、b、c、e四个技术特征
D. 戊生产制造的产品包括了a、b、c、d、e五个技术特征

【考点】侵权判定　发明专利申请临时保护

【分析】根据《最高人民法院关于审理侵犯专利权纠纷案件应用法律若干问题的解释（二）》第十八条第一

款、第二款的规定，权利人依据专利法第十三条诉请在发明专利申请公布日至授权公告日期间实施该发明的单位或者个人支付适当费用的，人民法院可以参照有关专利许可使用费合理确定。发明专利申请公布时申请人请求保护的范围与发明专利公告授权时的专利权保护范围不一致，被诉技术方案均落入上述两种范围的，人民法院应当认定被告在前款所称期间内实施了该发明；被诉技术方案仅落入其中一种范围的，人民法院应当认定被告在前款所称期间内未实施该发明。

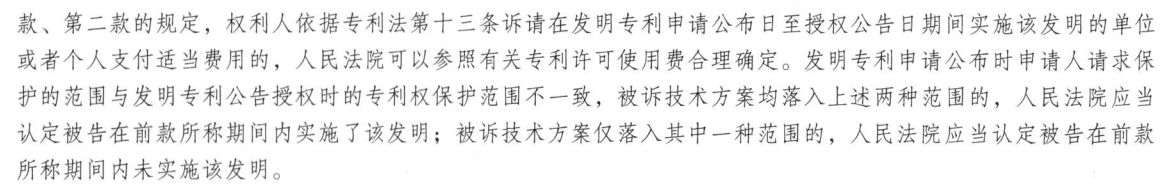

本题选项 D 产品包括 a、b、c、d、e 五个技术特征，同时落入了甲提交的专利申请的公开文本和授权文本技术方案的保护范围，因此，选项 D 正确，选项 ABC 错误。

【答案】D

第十四条【发明专利的推广应用】

国有企业事业单位的发明专利，对国家利益或者公共利益具有重大意义的，国务院有关主管部门和省、自治区、直辖市人民政府报经国务院批准，可以决定在批准的范围内推广应用，允许指定的单位实施，由实施单位按照国家规定向专利权人支付使用费。

一、本条含义

本条是在国家利益或公共利益与专利权主体享有的权利冲突时，对专利权独占性的突破。本条是专利法第十一条第一款"发明和实用新型专利权被授予后，除本法另有规定的以外，任何单位或者个人未经专利权人许可，都不得实施其专利"中"另有规定"的情形之一。

"对国家利益或者公共利益具有重大意义"是指发明对经济建设、科技进步、国家安全、环境保护、病疫防治等具有重大意义。

本条中"指定的单位"，没有限制其性质，不一定是国有企事业单位，而且由实施单位按照国家规定向专利权人支付使用费。

二、重点讲解

本条和 A48~58 关于强制许可的规定都属于专利法第十一条中"另有规定"的情形。

（一）专利的推广应用

1. 专利被推广应用应具备的条件

（1）在专利权主体上，予以推广应用的对象仅限于国有企事业单位享有的专利权，不包括我国的三资企业、私营企业以及其他混合所有制单位以及个人享有的专利权，也不包括外国人、外国企业或者外国组织享有的专利权。当然，对于其他单位或个人的专利权可以通过专利法第六章的规定给予强制许可。

（2）在专利权类型上，予以推广应用的对象仅限于发明专利，不包括实用新型和外观设计，其原因在于实用新型和外观设计一般不会涉及国家利益或者公共利益，没有必要予以推广应用。

需要说明的是，专利推广应用的适用专利类型和批准程序都严于专利强制许可，体现了国家对作为私权的专利权的保护，只有对国家利益或者公共利益具有重大意义，且是国有企业事业单位的发明专利才可能予以推广应用。

2. 推广应用的审批程序

根据本条的规定，在推广应用的程序上，由国务院有关主管部门和省、自治区、直辖市人民政府报经国务院批准，即批准权归属国务院，这表明对批准予以推广应用的决定不服的没有救济程序。而且，在授权后可随时被推广，没有时间限制，不同于专利法第四十八条第（一）项规定的情形（因专利权人未实施或者未充分实施专利而给予的强制许可）。

3. 被推广应用专利使用费的支付

本条规定"由实施的单位按照国家规定向专利权人支付使用费"。这表明，即使在本条规定的情形下由国务院批准决定对发明专利予以推广应用，也不能无视专利权人的权益，这符合TRIPS的有关规定。

4. 在不同情形下专利类型的适用小结

序号	法条	发明	实用新型	外观设计	序号	法条	发明	实用新型	外观设计
1	A13 临时保护	√			9	R104 国际专利申请	√	√	
2	A14 推广应用	√			10	A24 宽限期	√	√	√
3	A4、A20 向内外保密申请	√	√		11	A29.1 外国优先权	√	√	√
4	A26.4、A5.2 遗传资源	√			12	A29.2 本国优先权	√	√	
5	A48-51 强制许可	√	√		13	R42 分案申请	√	√	√
6	A61.2 专利权评价报告		√	√	14	A7 国防、保密专利	√	√	
7	A12 普通许可	√	√	√	15	A70 赔偿免责	√	√	√
8	A10.2 向外转让	√	√		16	A61.1 举证责任倒置	√		

5. 不同阶段的费用小结

时间	授权前	授权后		
费用	A13 发明申请的临时保护	A12 普通许可	A14 发明的推广应用	A48 发明和实用新型强制许可

需要注意的是，（1）A13以假设专利申请能够授权为条件，若最终没被授权，则临时保护不存在，更谈不上临时保护使用费了。（2）不管是通过专利权人的普通许可，还是国务院批准的推广应用，还是国家知识产权局批准的强制许可，实施他人的专利权，都是合法行为，双方的权益都受到保护，实施者需要向专利权人支付使用费。

三、真题分析

64.【2019年第27题】下列关于专利推广应用的说法正确的是？
A. 实用新型专利可以被推广应用
B. 只有国有企事业单位的发明专利才能被推广应用
C. 国内专利权人的专利都可以被推广应用
D. 推广应用后，实施单位需要向人民政府支付使用费

【考点】专利推广应用
【分析】根据专利法第十四条的规定，国有企业事业单位的发明专利，对国家利益或者公共利益具有重大意义的，国务院有关主管部门和省、自治区、直辖市人民政府报经国务院批准，可以决定在批准的范围内推广应用，允许指定的单位实施，由实施单位按照国家规定向专利权人支付使用费。因此，选项B正确。
【答案】B

第十五条【专利申请权和专利权的共有】

专利申请权或者专利权的共有人对权利的行使有约定的，从其约定。没有约定的，共有人可以单独实施或者以普通许可方式许可他人实施该专利；许可他人实施该专利的，收取的使用费应当在共有人之间分配。

除前款规定的情形外，行使共有的专利申请权或者专利权应当取得全体共有人的同意。

一、本条含义

根据本条的规定，对于共有专利申请权和共有专利权的行使，实行约定优先原则。没有约定的，共有人可以

单独实施或者以普通许可方式许可他人实施该专利，不需要经过全体共有人同意，其中，许可他人实施该专利的，收取的使用费应当在共有人之间分配。除上述两种情况外，行使共有的专利申请权或者专利权应当取得全体共有人的同意。

二、重点讲解

（一）共有权利的行使

共有专利申请权和共有专利权产生，其基础往往是共有申请专利的权利，根据专利法第八条的规定，共有申请专利的权利的产生，其基础往往是合作开发或委托开发关系。

本条第一款规定，"没有约定的，共有人可以单独实施或者以普通许可方式许可他人实施该专利；许可他人实施该专利的，收取的使用费应当在共有人之间分配"，由此可知，共有人自己单独实施该专利时，不需要将所获利润与其他共有人分配，而且，以普通许可方式许可他人实施该专利的，收取的使用费只需在共有人之间分配即可，不需要平均分配。

另外，除普通许可方式外，还有独占许可方式、排他许可方式，并且专利法第四十八条至第五十一条还规定了强制许可方式。

1. 涉及约定优先的法条

（1）专利法第六条、第八条关于权利归属的规定。

（2）专利法第十五条关于权利行使方式的规定。

（3）专利法实施细则第七十六条关于奖励和报酬的规定。

需要注意的是，在上述法条均规定约定优先，但在考试中一般考没有约定的情况。

2. 共有人需要全体参加的情形

（1）《专利审查指南2010》第一部分第一章第4.1.5节关于代表人的规定，直接涉及共有权利的手续包括提出专利申请，委托专利代理，转让专利申请权、优先权或者专利权，撤回专利申请，撤回优先权要求，放弃专利权等。直接涉及共有权利的手续应当由全体权利人签字或者盖章。除直接涉及共有权利的手续外，代表人可代表全体申请人办理在专利局其他手续。

（2）《专利审查指南2010》第二部分第八章第4.12.2节关于会晤地点和参加人的规定，除非另有声明或者委托了代理机构，共有专利申请的单位或者个人都应当参加会晤。

（3）《专利审查指南2010》第五部分第二章第3.2节关于费用减缓的手续的规定，费用减缓请求书应当由全体申请人（或专利权人）签字或者盖章；申请人（或专利权人）委托专利代理机构办理费用减缓手续并提交声明的，可以由专利代理机构盖章。委托专利代理机构办理费用减缓手续的声明可以在专利代理委托书中注明，也可以单独提交。

（4）《专利审查指南2010》第一部分第一章第6.7.2.4节关于专利代理机构及代理人变更的规定，办理解除委托或者辞去委托手续的，应当事先通知对方当事人。

解除委托时，申请人（或专利权人）应当提交著录项目变更申报书，并附具全体申请人（或专利权人）签字或者盖章的解聘书，或者仅提交由全体申请人（或专利权人）签字或者盖章的著录项目变更申报书。

辞去委托时，专利代理机构应当提交著录项目变更申报书，并附具申请人（或专利权人）或者其代表人签字或者盖章的同意辞去委托声明，或者附具由专利代理机构盖章的表明已通知申请人（或专利权人）的声明。

（5）根据《行政复议规程》第八条的规定，对涉及共有权利的具体行政行为不服申请复议的，应当由共有人共同提出复议申请。

（6）根据专利法实施细则第十四条第三款的规定，以专利权出质的，由出质人和质权人共同向国务院专利行政部门办理出质登记。

（二）普通许可使用费的分配

根据本条第一款的规定，共有人之一单独许可他人实施该专利获得的使用费应当在共有人之间分配，却没有规定共有人之一单独实施该专利获得的收益应当在共有人之间分配，其原因是两者的性质有所不同：共有人之一单独实施专利的，需要单独为其实施付出人力、物力和财力，其收益是实施者劳动的结果，其他共有人同样有单独实施的权利,不分享实施者的收益没有什么不公平之处;共有人之一单独许可他人实施专利的,许可人并没有相应的付出,收取使用费是基于共有人共同作出的发明创造,应当认为是共有人的共同收益,理应在共有人之间分配。当然,从鼓励许可他人实施专利,从而为所有共有人创造收益的角度来看,许可人有理由因为其从事的许可活动而获得更多的回报,正因为如此,本条仅仅规定收取的使用费应当在共有人之间分配,而没有规定应当在共有人之间平均分配。

三、真题分析

65.【2019年第33题】甲乙二人合作开发一项产品,申请了专利并获得专利权。二人未就该专利权的行使进行任何约定,下列说法正确的是?

  A. 甲乙二人可分别以普通许可的形式许可他人实施专利,并分别收取使用费,使用费无须重新分配

  B. 甲可将自己对该专利享有的权利转让给丙,而无须取得乙的同意

  C. 甲可单独实施该专利,无须取得乙的同意,且获得的收益也无须和乙分配

  D. 甲必须取得乙的同意才能以独占许可的方式许可他人实施该专利

【考点】共有专利权

【分析】专利法第十五条规定,专利申请权或者专利权的共有人对权利的行使有约定的,从其约定。没有约定的,共有人可以单独实施或者以普通许可方式许可他人实施该专利;许可他人实施该专利的,收取的使用费应当在共有人之间分配。除前款规定的情形外,行使共有的专利申请权或者专利权应当取得全体共有人的同意。根据《专利审查指南2010》第一部分第一章第4.1.5节的规定,直接涉及共有权利的手续包括提出专利申请,委托专利代理,转让专利申请权、优先权或者专利权,撤回专利申请,撤回优先权要求,放弃专利权等。直接涉及共有权利的手续应当由全体权利人签字或者盖章。因此,选项AB错误,选项CD正确。

【答案】CD

66.【2018年第3题】甲、乙二人合作研制出一种新型加湿器,申请专利并获得授权。W公司与甲、乙二人商谈,提出获得许可实施该专利的意向。甲以W公司规模太小没有名气为由拒绝,乙随后独自与W公司签订专利实施普通许可合同,许可费20万元。则以下说法错误的是?

  A. 该专利的专利权由甲乙共同享有　　　　B. 乙享有的发明人的署名权不可转让

  C. 乙无权与W公司签订普通许可合同　　　D. 乙获得的20万元使用费应当合理分配给甲

【考点】专利许可　署名权

【分析】根据专利法第八条的规定,两个以上单位或者个人合作完成的发明创造、一个单位或者个人接受其他单位或者个人委托所完成的发明创造,除另有协议的以外,申请专利的权利属于完成或者共同完成的单位或者个人;申请被批准后,申请的单位或者个人为专利权人。因此,选项A的说法正确。

根据专利法第十七条第一款的规定,发明人或者设计人有在专利文件中写明自己是发明人或者设计人的权利。在专利文件中写明专利的发明人或者设计人的姓名,这种权利又被称为"精神权利"或者"人身权",该权利是不能转让的。因此,选项B的说法正确。

根据专利法第十五条的规定,专利申请权或者专利权的共有人对权利的行使有约定的,从其约定。没有约定的,共有人可以单独实施或者以普通许可方式许可他人实施该专利;许可他人实施该专利的,收取的使用费应当在共有人之间分配。除前款规定的情形外,行使共有的专利申请权或者专利权应当取得全体共有人的同意。因此,选项C的说法错误,选项D的说法正确。

【答案】C

67.【2018年第33题】甲、乙、丙、丁四人合作研制出新型加湿器,共同申请专利并获得授权,但甲、乙、丙、丁四人未就专利权的行使作出明确约定。甲欲将该专利以普通许可的方式许可A公司使用,乙欲将该专利以排他许可的方式许可B公司使用,丙对这两种许可均表示反对,丁未与甲乙丙协商自行实施该专利技术。则下列哪些说法是错误的?

  A. 丁自行实施该专利所获得收益应当与甲、乙、丙分享

  B. 如果丙反对,甲、乙均无权与A公司、B公司签署许可合同

  C. 甲有权不顾丙的反对,将该专利技术以普通许可的方式许可给A公司实施

D. 只要乙同意与甲、丙、丁分享专利许可费，乙就可以自行与 B 公司签署排他许可协议

【考点】共有权利行使

【分析】根据专利法第十五条的规定，专利申请权或者专利权的共有人对权利的行使有约定的，从其约定。没有约定的，共有人可以单独实施或者以普通许可方式许可他人实施该专利；许可他人实施该专利的，收取的使用费应当在共有人之间分配。除前款规定的情形外，行使共有的专利申请权或者专利权应当取得全体共有人的同意。

本题中，不管丙是否反对，甲都可以将该专利以普通许可的方式许可 A 公司使用，收取的使用费应当在共有人甲乙丙之间分配。而乙欲将该专利以排他许可的方式许可 B 公司使用，则需要甲、丙的同意。丁自行实施该专利技术时，无须与甲乙商量。因此，选项 ABD 的说法错误，选项 C 的说法正确。

【答案】ABD

68.【2016 年第 31 题】甲和乙共同拥有一项发明专利权，甲乙未对该专利权的行使进行约定。下列说法哪些是正确的？

A. 甲可以单独实施该专利，实施获得的收益应当与乙平均分配
B. 甲如果以独占许可的方式许可丙实施，则必须取得乙同意
C. 甲可以以普通许可的方式许可丙实施，无须取得乙同意
D. 甲可以放弃其共有的专利权，无须取得乙同意

【考点】共有专利权

【分析】根据专利法第十五条的规定，专利申请权或者专利权的共有人对权利的行使有约定的，从其约定。没有约定的，共有人可以单独实施或者以普通许可方式许可他人实施该专利；许可他人实施该专利的，收取的使用费应当在共有人之间分配。除前款规定的情形外，行使共有的专利申请权或者专利权应当取得全体共有人的同意。因此，选项 AD 错误，选项 BC 正确。

需要注意的是，根据《专利审查指南 2010》第一部分第一章第 4.1.5 节的规定，直接涉及共有权利的手续包括：提出专利申请，委托专利代理，转让专利申请权、优先权或者专利权，撤回专利申请，撤回优先权要求，放弃专利权等。直接涉及共有权利的手续应当由全体权利人签字或者盖章。本题中，在没有约定的情况下，甲作为共有权利人之一可以单独实施或者以普通许可方式许可他人实施该专利，但是甲放弃其共有的专利权，需取得乙同意。

【答案】BC

69.【2016 年第 84 题】甲公司和乙公司共同拥有一项实用新型专利权，其未对权利的行使进行约定，现甲公司欲以该专利权进行质押融资。下列说法哪些是正确的？

A. 该专利权的质押须取得乙公司的同意
B. 申请专利权质押登记时，应当向国家知识产权局提交该专利权的评价报告
C. 在该专利权的质押期间内可以对该专利权再次进行质押
D. 在该专利权的质押期间内转让该专利权的，须取得质权人的同意

【考点】专利权质押

【分析】根据《专利权质押登记办法》第四条的规定，以共有的专利权出质的，除全体共有人另有约定以外，应当取得其他共有人的同意。因此，选项 A 正确。根据《专利权质押登记办法》第七条第一款的规定，申请专利权质押登记的，当事人应当向国家知识产权局提交下列文件：（一）出质人和质权人共同签字或者盖章的专利权质押登记申请表；（二）专利权质押合同；（三）双方当事人的身份证明；（四）委托代理的，注明委托权限的委托书；（五）其他需要提供的材料。由此可知，申请专利权质押登记时，不用提交专利权的评价报告，因此，选项 B 错误。

根据《专利权质押登记办法》第十二条的规定，专利权已被申请质押登记且处于质押期间的，国家知识产权局作出不予登记的决定，并向当事人发送《专利权质押不予登记通知书》。因此，选项 C 错误。根据《专利权质押登记办法》第十六条第一款的规定，专利权质押期间，出质人未提交质权人同意转让或者许可实施该专利权的证明材料的，国家知识产权局不予办理专利权转让登记手续或者专利实施合同备案手续。因此，选项 D 正确。

【答案】AD

70.【2015 年第 33 题】对于共有的专利权,在共有人无任何约定的情形下,下列哪些行为必须获得全体共有人的同意?
　　A. 专利权的转让　　　　　　　　　　B. 专利权的普通实施许可
　　C. 以专利权入股　　　　　　　　　　D. 专利权的出质
【考点】共同权利的行使
【分析】根据专利法第十五的规定,专利申请权或者专利权的共有人对权利的行使有约定的,从其约定。没有约定的,共有人可以单独实施或者以普通许可方式许可他人实施该专利;许可他人实施该专利的,收取的使用费应当在共有人之间分配。除前款规定的情形外,行使共有的专利申请权或者专利权应当取得全体共有人的同意。由此可知,在共有人无任何约定的情形下,共有人除了单独实施或者以普通许可方式许可他人实施该专利外,必须获得全体共有人的同意,因此,选项 ACD 正确,选项 B 错误。
【答案】ACD

71.【2015 年第 84 题】甲乙二人共同拥有一项发明专利权。在没有任何约定的情形下,下列说法哪些是正确的?
　　A. 甲可以单独实施该专利
　　B. 甲在未经乙同意的情况下可以以独占许可方式许可他人实施该专利
　　C. 甲单独实施该专利获得的收益应当在甲乙之间分配
　　D. 甲许可他人实施该专利,其收取的使用费应当在甲乙之间分配
【考点】共同权利的行使
【分析】根据专利法第十五条的规定,专利申请权或者专利权的共有人对权利的行使有约定的,从其约定。没有约定的,共有人可以单独实施或者以普通许可方式许可他人实施该专利;许可他人实施该专利的,收取的使用费应当在共有人之间分配。除前款规定的情形外,行使共有的专利申请权或者专利权应当取得全体共有人的同意。
　　本题中,甲可以单独实施该专利,或者甲以普通许可方式许可他人实施该专利,并将收取的使用费在甲乙之间分配,因此,选项 AD 正确。甲在未经乙同意的情况下,不可以以独占许可方式许可他人实施该专利,因此,选项 B 错误。甲单独实施该专利,则获得的收益无须在甲乙之间进行分配,因此,选项 C 错误。
【答案】AD

第十六条【职务发明奖励】

被授予专利权的单位应当对职务发明创造的发明人或者设计人给予奖励;发明创造专利实施后,根据其推广应用的范围和取得的经济效益,对发明人或者设计人给予合理的报酬。

一、本条含义

本条规定发明人或设计人的获得物质奖酬的权利,职务发明创造被授予专利权后,不论发明创造是否已经实施,单位都应当对作出该发明创造的发明人或者设计人给予奖励;职务发明创造专利被实施后,专利权人应当根据其推广应用的范围和取得的经济效益,对发明人或者设计人给予合理的报酬。

二、重点讲解

（一）职务发明创造的发明人或设计人获得奖酬的权利及相关规定

劳动者的智力劳动与单位的物质技术条件是产生职务发明创造的两个必要条件。我国专利法和许多欧洲国家的专利法规定,对职务发明创造申请专利的权利由单位享有,强调保护单位的利益。然而,发明人、设计人的智力劳动对发明创造的产生具有不可替代的作用,因此为平衡双方的利益,回报发明人、设计人作出的贡献,鼓励发明人、设计人作出更多更好的发明创造,要求单位对职务发明创造的发明人或者设计人给予合理的奖励、报酬。

根据专利法实施细则第七十七条、第七十八条的规定，将职务发明的奖励、报酬汇总如下：

	发明	实用新型	外观设计	支付时间
奖励	≥3000元	≥1000元		公告之日起3个月内
实施后的报酬	营业利润中提取≥2%		营业利润中提取≥0.2%	每年
许可他人的报酬	从收取的使用费中提取≥10%			

1. "发明人或设计人"的含义

根据专利法实施细则第十三条的规定，"发明人或设计人"是指对发明创造的实质性特点作出创造性贡献的人。只负责组织工作的人、为物质条件的利用提供方便的人或者从事其他辅助工作的人，不应当被认为是发明人或者设计人。需要注意的是，这里的人仅仅指自然人，不能是单位、研究组和课题组，在专利法第六条、第十七条中也是同样的意思。

另外，不管发明人或设计人是否与该单位终止了劳动人事关系，都不影响发明人或设计人应当获得的奖励和报酬，而且根据专利法实施细则第七十六条的规定，奖励和报酬适用约定优先。

2. "被授予专利权的单位"的含义

如同专利法第六条的规定仅仅适用于在中国境内完成的发明创造而不适用于在外国境内完成的发明创造一样，本条中"被授予专利权的单位"也仅仅包括就在中国境内完成的发明创造获得中国专利的单位，不包括就在外国完成的发明创造获得中国专利权的单位。就在外国境内完成的发明创造在中国申请并获得专利的，是否应当给予发明人或者设计人奖励和报酬，应当适用该发明创造完成地法律。此处的"单位"包括国有企事业单位、私有企业等。

3. 奖酬纠纷的解决途径

奖酬纠纷的解决途径包括当事人协商、请求管理专利工作的部门进行调解、向人民法院提出诉讼。

专利法实施细则第八十五条规定，除专利法第六十条规定的外，管理专利工作的部门应当事人请求，可以对下列专利纠纷进行调解：……（三）职务发明创造的发明人、设计人的奖励和报酬纠纷；……

《最高人民法院关于审理专利纠纷案件适用法律问题的若干规定》第一条规定，人民法院受理下列专利纠纷案件：……7. 职务发明创造发明人、设计人奖励、报酬纠纷案件；……

三、真题分析

72.【2019年第34题】甲执行本单位任务完成了一项发明创造，其单位就该发明创造申请并获得了一项发明专利。在没有任何约定或者规章制度规定奖励方式和数额的前提下，下列说法正确的是？

A. 其单位应当在提出专利申请之日起3个月内发给甲不少于3000元的奖金
B. 甲可以请求国家知识产权局不公布其姓名
C. 甲发现乙单位侵犯了该发明专利权，可以向人民法院提起诉讼
D. 其单位许可他人实施该专利，应当从收取的使用费中提取不低于10%作为报酬给予甲

【考点】职务发明创造的奖酬

【分析】根据专利法实施细则第七十七条第一款的规定，被授予专利权的单位与发明人或者设计人没有约定，也没有在依法制定的规章制度中规定奖励的方式和数额的，应当自专利权公告之日起3个月内发给发明人或者设计人奖金，发明专利的奖金最低不少于3000元，一项实用新型专利或者外观设计专利的奖金最低不少于1000元。因此，选项A错误。

根据《专利审查指南2010》第一部分第一章第4.1.2节的规定，发明人可以请求专利局不公布其姓名。因此，选项B正确。

根据专利法第六十条的规定，未经专利权人许可，实施其专利，即侵犯其专利权，引起纠纷的，由当事人协商解决；不愿协商或者协商不成的，专利权人或者利害关系人可以向人民法院起诉，也可以请求管理专利工作的部门处理。根据《最高人民法院关于对诉前停止侵犯专利权行为适用法律问题的若干规定》第一条第二款的规定，利害关系人，包括专利实施许可合同的被许可人、专利财产权利的合法继承人等。本题中，发明人甲不是专

利权人或者利害关系人，因此，选项 C 错误。

根据专利法实施细则第七十八条的规定，被授予专利权的单位未与发明人、设计人约定也未在其依法制定的规章制度中规定专利法第十六条规定的报酬的方式和数额的，在专利权有效期限内，实施发明创造专利后，每年应当从实施该项发明或者实用新型专利的营业利润中提取不低于 2% 或者从实施该项外观设计专利的营业利润中提取不低于 0.2%，作为报酬给予发明人或者设计人，或者参照上述比例，给予发明人或者设计人一次性报酬；被授予专利权的单位许可其他单位或者个人实施其专利的，应当从收取的使用费中提取不低于 10%，作为报酬给予发明人或者设计人。因此，选项 D 正确。

【答案】BD

73.【2017 年第 31 题】下列关于发明人、设计人的说法哪些是正确的？
A. 职务发明创造的发明人在其发明被授予专利权后有权获得奖励
B. 发明人或设计人有在专利文件中不公开自己姓名的权利
C. 发明人或设计人有在专利文件中写明自己是发明人或者设计人的权利
D. 职务发明创造的发明人在其发明被授予专利权后无权自行实施

【考点】发明人或者设计人

【分析】根据专利法第十六条的规定，被授予专利权的单位应当对职务发明创造的发明人或者设计人给予奖励；发明创造专利实施后，根据其推广应用的范围和取得的经济效益，对发明人或者设计人给予合理的报酬。因此，选项 A 正确。根据《专利审查指南 2010》第一部分第一章第 4.1.2 节的规定，发明人可以请求专利局不公布其姓名。提出专利申请时请求不公布发明人姓名的，应当在请求书"发明人"一栏所填写的相应发明人后面注明"（不公布姓名）"。因此，选项 B 正确。

根据专利法第十七条的规定，发明人或者设计人有在专利文件中写明自己是发明人或者设计人的权利。因此，选项 C 正确。根据专利法第六条第一款的规定，执行本单位的任务或者主要是利用本单位的物质技术条件所完成的发明创造为职务发明创造。职务发明创造申请专利的权利属于该单位；申请被批准后，该单位为专利权人。由此可知，由于职务发明创造被授权后，单位为专利权人，而发明人不是专利权人，其无权自行实施。因此，选项 D 正确。

【答案】ABCD

74.【2017 年第 35 题】某公司员工王某在本职工作中独立完成了一项发明创造。该公司就该发明创造提交了发明专利申请，在提交的专利申请文件中将王某和总经理李某署名为共同发明人。在发明专利权授予 1 年后，发给王某 5000 元人民币作为奖金。此外，该公司每年从获得的实施许可费 200 万元中拿出 10 万元和 1 万元分别支付给王某和李某作为报酬。下列哪些说法是正确的？
A. 该公司给予王某奖金的时间符合法定期限
B. 该公司不应当将李某署名为发明人
C. 该公司给予王某 5000 元的奖金符合法定标准
D. 该公司给予王某 10 万元的报酬符合法定标准

【考点】职务发明创造的奖酬

【分析】根据专利法实施细则第七十七条第一款的规定，被授予专利权的单位未与发明人、设计人约定也未在其依法制定的规章制度中规定专利法第十六条规定的奖励的方式和数额的，应当自专利权公告之日起 3 个月内发给发明人或者设计人奖金。一项发明专利的奖金最低不少于 3000 元；一项实用新型专利或者外观设计专利的奖金最低不少于 1000 元。本题中，在发明专利权授予 1 年（超过了 3 个月）后，该公司发给王某 5000（高于 3000）元人民币作为奖金，因此，选项 A 错误，选项 C 正确。根据专利法实施细则第十三条的规定，"发明人或设计人"是指对发明创造的实质性特点作出创造性贡献的人。只负责组织工作的人、为物质条件的利用提供方便的人或者从事其他辅助工作的人，不应当被认为是发明人或者设计人。本题中，李某没有对发明创造的实质性特点作出创造性贡献，因此，选项 B 正确。

根据专利法实施细则第七十八条的规定，被授予专利权的单位未与发明人、设计人约定也未在其依法制定的规章制度中规定专利法第十六条规定的报酬的方式和数额的，在专利权有效期限内，实施发明创造专利后，每年应当从实施该项发明或者实用新型专利的营业利润中提取不低于 2% 或者从实施该项外观设计专利的营业利润中提取不低于 0.2%，作为报酬给予发明人或者设计人，或者参照上述比例，给予发明人或者设计人一次性报酬；被授予专利权的单位许可其他单位或者个人实施其专利的，应当从收取的使用费中提取不低于 10%，作为报酬给予发明人或者设计人。本题中，该公司应当从收取的使用费中提取不低于10%，即200万元×10%＝20万元，作为报酬给予王某，而该公司仅给予王某10万元的报酬，因此，选项D错误。

【答案】 BC

75.【2016年第32题】某公司就其员工张某完成的一项职务发明创造获得了发明专利权，该公司未与张某就职务发明创造的奖励及实施方式进行约定，并且公司规章中也没有相应规定，下列说法哪些是正确的？

A. 张某有在申请文件中写明自己是发明人的权利
B. 该公司应当自专利权公告之日起3个月内发给张某奖金
C. 该公司如果自行实施该专利，则应当从实施该专利的营业利润中提取一定比例作为报酬给张某
D. 在该公司不实施该专利的情况下，张某有实施该专利的权利

【考点】 职务发明创造的奖酬

【分析】 根据专利法第十七条的规定，发明人或者设计人有权在专利文件中写明自己是发明人或者设计人。专利权人有权在其专利产品或者该产品的包装上标明专利标识。因此，选项A正确。专利法实施细则第七十七条第一款规定，被授予专利权的单位未与发明人、设计人约定也未在其依法制定的规章制度中规定专利法第十六条规定的奖励的方式和数额的，应当自专利权公告之日起3个月内发给发明人或者设计人奖金。一项发明专利的奖金最低不少于3000元；一项实用新型专利或者外观设计专利的奖金最低不少于1000元。因此，选项B正确。

根据专利法实施细则第七十八条的规定，被授予专利权的单位未与发明人、设计人约定也未在其依法制定的规章制度中规定专利法第十六条规定的报酬的方式和数额的，在专利权有效期限内，实施发明创造专利后，每年应当从实施该项发明或者实用新型专利的营业利润中提取不低于2%或者从实施该项外观设计专利的营业利润中提取不低于0.2%，作为报酬给予发明人或者设计人，或者参照上述比例，给予发明人或者设计人一次性报酬；被授予专利权的单位许可其他单位或者个人实施其专利的，应当从收取的使用费中提取不低于10%，作为报酬给予发明人或者设计人。因此，选项C正确。根据专利法第十一条第一款的规定，发明和实用新型专利权被授予后，除本法另有规定的以外，任何单位或者个人未经专利权人许可，都不得实施其专利，即不得为生产经营目的制造、使用、许诺销售、销售、进口其专利产品，或者使用其专利方法以及使用、许诺销售、销售、进口依照该专利方法直接获得的产品。本题中，发明人张某不是专利权人，公司不实施专利的情况下，张某无权自己实施，因此，选项D错误。

【答案】 ABC

76.【2015年第34题】某公司员工张某执行本公司任务完成了一项发明创造，其公司就该发明获得了发明专利权。在没有约定的情形下，下列说法哪些是正确的？

A. 该公司应当自专利权公告之日起3个月内发给张某奖金
B. 该公司给予张某的奖金数额最低不少于3000元
C. 该公司如果自行实施该发明专利，则应当从实施该发明的营业利润中提取不低于2%作为报酬给予张某
D. 该公司如果许可他人实施该发明专利，则应当从收取的许可费中提取不低于10%作为报酬给予张某

【考点】 职务发明创造的奖励

【分析】 根据专利法实施细则第七十七条第一款的规定，被授予专利权的单位与发明人或者设计人没有约定，也没有在依法制定的规章制度中规定奖励的方式和数额的，应当自专利权公告之日起3个月内发给发明人或者设计人奖金，发明专利的奖金最低不少于3000元。本题中，张某所做出的职务发明创造获得了发明专利权，该公司应当自专利权公告之日起3个月内发给张某最低不少于3000元奖金，因此，选项AB正确。

根据专利法实施细则第七十八条的规定，被授予专利权的单位未与发明人、设计人约定也未在其依法制定的规章制度中规定专利法第十六条规定的报酬的方式和数额的，在专利权有效期限内，实施发明创造专利后，每年应当从实施该项发明或者实用新型专利的营业利润中提取不低于2%或者从实施该项外观设计专利的营业利润中提取不低于0.2%，作为报酬给予发明人或者设计人，或者参照上述比例，给予发明人或者设计人一次性报酬；被授予专利权的单位许可其他单位或者个人实施其专利的，应当从收取的使用费中提取不低于10%，作为报酬给予发明人或者设计人。因此，选项CD正确。

【答案】 ABCD

第十七条【署名权与专利标识】

发明人或者设计人有在专利文件中写明自己是发明人或者设计人的权利。

专利权人有权在其专利产品或者该产品的包装上标明专利标识。

一、本条含义

本条第一款规定发明人或者设计人的署名权，即其有权在专利文件中写明自己是发明人或者设计人；本条第二款规定专利权人的专利标识权，即在其专利产品或者该产品的包装上标明专利标识。

二、重点讲解

(一) 发明人或者设计人的署名权

发明创造是发明人或者设计人的创造性劳动成果，要鼓励发明创造，首先就应当贯彻"以人为本"的原则，推崇发明人、设计人的创造性劳动，为其"扬名"，在专利文件中写明专利的发明人或者设计人的姓名，这种权利又被称为"精神权利"或者"人身权"。

根据专利法实施细则第十三条的规定，发明人或者设计人，是指对发明创造的实质特点作出了创造性贡献的人。

按照本条第一款的规定，署名权是发明人和设计人的一项权利，而不是项义务，因此，发明人和设计人也可以放弃这种权利。

《专利审查指南2010》第一部分第一章第4.1.2节发明人规定，发明人可以请求专利局不公布其姓名。提出专利申请时请求不公布发明人姓名的，应当在请求书"发明人"一栏所填写的相应发明人后面注明"(不公布姓名)"。不公布姓名的请求提出之后，经审查认为符合规定的，专利局在专利公报、专利申请单行本、专利单行本以及专利证书中均不公布其姓名，并在相应位置注明"请求不公布姓名"字样，发明人也不得再请求重新公布其姓名。提出专利申请后请求不公布发明人姓名的，应当提交由发明人签字或者盖章的书面声明，但是专利申请进入公布准备后才提出该请求的，视为未提出请求，审查员应当发出视为未提出通知书。外国发明人中文译名中可以使用外文缩写字母，姓和名之间用圆点分开，圆点置于中间位置，例如 M·琼斯。

(二) 标明专利标识的权利

在专利产品上标明专利标识是专利权人的一种权利，而不是专利权人的一种义务。通过在专利产品上标明专利标记，可以起到提醒公众注意该产品是受专利权保护的产品，任何人未经许可不得擅自仿制的作用，是对国家知识产权局授予专利权公告的一种补充，有助于提高全社会尊重他人知识产权的意识。

1. 标注权的行使

《专利标识标注办法》第四条、第五条从以下几个方面做出了规定：

(1) 行使标注权的权利主体：专利权人或者经专利权人同意享有专利标识标注权的被许可人。

(2) 标注对象：专利产品、依照专利方法直接获得的产品、该产品的包装或者该产品的说明书等材料。

(3) 标注内容：采用中文标明专利权的类别（如中国发明专利、中国实用新型专利、中国外观设计专利）、专利号，还可以附加其他文字、图形标记，但附加的文字、图形标记及其标注方式不得误导公众。

(4) 期限要求：授权之后的专利权有效期内。

《专利标识标注办法》第六条规定，在依照专利方法直接获得的产品、该产品的包装或者该产品的说明书等材料上标注专利标识的，应当采用中文注明该产品系依照专利方法所获得的产品。

专利法实施细则第八十三条规定，专利权人依照专利法第十七条的规定，在其专利产品或者该产品的包装上标明专利标识的，应当按照国务院专利行政部门规定的方式予以标明。专利标识不符合前款规定的，由管理专利工作的部门责令改正。

2. 行使标注权的限制

专利权人只有在专利权的有效期内才能在专利产品或者该产品的包装上标明专利标识。也就是说，除专利权人以及其被许可人之外的他人标明专利标识的，专利申请人在被授予专利权之前就标明专利标识的，专利权人在其专利权终止之后继续标明专利标识的，都是不符合规定的行为。

关于标明专利标识的行为是否构成假冒专利的行为的认定，在专利法实施细则第八十四条规定，下列行为属于专利法第六十三条规定的假冒专利的行为：

（一）在未被授予专利权的产品或者其包装上标注专利标识，专利权被宣告无效后或者终止后继续在产品或者其包装上标注专利标识，或者未经许可在产品或者产品包装上标注他人的专利号的；

（二）销售第（一）项所述产品；

（三）在产品说明书等材料中将未被授予专利权的技术或者设计称为专利技术或者专利设计，将专利申请称为专利，或者未经许可使用他人的专利号，使公众将所涉及的技术或者设计误认为是专利技术或者专利设计；

（四）伪造或者变造专利证书、专利文件或者专利申请文件；

（五）其他使公众混淆，将未被授予专利权的技术或者设计误认为是专利技术或者专利设计的行为。

专利权终止前依法在专利产品、依照专利方法直接获得的产品或者其包装上标注专利标识，在专利权终止后许诺销售、销售该产品的，不属于假冒专利行为。

销售不知道是假冒专利的产品，并且能够证明该产品合法来源的，由管理专利工作的部门责令停止销售，但免除罚款的处罚。

需要注意的是，《专利标识标注办法》第七条规定，专利权被授予前在产品、该产品的包装或者该产品的说明书等材料上进行标注的，应当采用中文标明中国专利申请的类别、专利申请号，并标明"专利申请，尚未授权"字样。

三、真题分析

77.【2017年第32题】李某作为发明人完成了一项职务发明创造，其所在的甲公司就此项发明创造提出了发明专利申请。那么，以下哪些说法是正确的？

A. 在提出专利申请后，李某请求不公布其姓名，则应当提交李某签字或盖章的书面声明

B. 在提出专利申请时，李某请求不公布其姓名，则应当在请求书"发明人"一栏所填写的李某姓名后注明"（不公布姓名）"

C. 李某不公布其姓名的请求被批准后，专利局在专利公报、专利单行本中不公布其姓名，但在专利证书中公布其姓名

D. 在专利申请进入公报编辑后，李某请求不公布其姓名，则李某的请求将视为未提出

【考点】发明人或设计人的署名权

【分析】根据《专利审查指南2010》第一部分第一章第4.1.2节的规定，发明人可以请求专利局不公布其姓名。提出专利申请时请求不公布发明人姓名的，应当在请求书"发明人"一栏所填写的相应发明人后面注明"（不公布姓名）"。不公布姓名的请求提出之后，经审查认为符合规定的，专利局在专利公报、专利申请单行本、专利单行本以及专利证书中均不公布其姓名，并在相应位置注明"请求不公布姓名"字样，发明人也不得再请求重新公布其姓名。提出专利申请后请求不公布发明人姓名的，应当提交由发明人签字或者盖章的书面声明，但是专利申请进入公布准备后才提出该请求的，视为未提出请求，审查员应当发出视为未提出通知书。因此，选项ABD正确，选项C错误。

【答案】ABD

78.【2015年第87题】某公司拥有一项实用新型专利权。下列说法哪些是正确的？

A. 该公司应当在其生产和销售的该专利产品或产品包装上标注专利标识

B. 该公司在该专利产品上标注专利标识的，应当采用中文标明专利权的类型

C. 在该专利权被授予前，该公司可以在产品上标注专利申请号，但应标明"专利申请，尚未授权"字样

D. 该公司在该专利权期限届满前在产品上标注专利标识，在专利权终止后继续销售上述产品的，不构成假冒专利行为

【考点】专利标识

【分析】根据专利法第十七条第二款的规定,专利权人有权在其专利产品或者该产品的包装上标明专利标识。由此可知,标明专利标识是专利权人的一项权利,而不是一项义务,因此,选项 A 错误。根据《专利标识标注办法》第五条的规定,标注专利标识的,应当标明下述内容:其中,(一)采用中文标明专利权的类别,例如中国发明专利、中国实用新型专利、中国外观设计专利。因此,选项 B 正确。

根据《专利标识标注办法》第七条的规定,专利权被授予前在产品、该产品的包装或者该产品的说明书等材料上进行标注的,应当采用中文标明中国专利申请的类别、专利申请号,并标明"专利申请,尚未授权"字样。因此,选项 C 正确。根据专利法实施细则第八十四条第二款的规定,专利权终止前依法在专利产品、依照专利方法直接获得的产品或者其包装上标注专利标识,在专利权终止后许诺销售、销售该产品的,不属于假冒专利行为。因此,选项 D 正确。

【答案】BCD

第十八条【外国人、外国企业和外国其他组织在我国申请专利的条件】

在中国没有经常居所或者营业所的外国人、外国企业或者外国其他组织在中国申请专利的,依照其所属国同中国签订的协议或者共同参加的国际条约,或者依照互惠原则,根据本法办理。

一、本条含义

本条是关于在我国没有经常居所或者营业所的外国人、外国企业或者外国其他组织在我国获得专利保护的规定,其目的是落实《巴黎公约》的有关原则。

对外国人而言,本条仅仅涉及"在中国无经常居住的外国人",所谓"有经常居所"是指自然人有相对固定的居住处。一个外国人如果住在我国的一个旅馆中,即使是较长时间的逗留,也不能称为其在中国有经常居所。

对外国企业或者外国其他组织而言,本条仅仅涉及"在中国无营业所的外国企业或者外国其他组织,所谓"有营业所"是指法人有真实的和起工商作用的营业处。外国法人在我国仅仅有办理有关事务的办事处、联络处的,还不能说是在我国有营业所。

二、重点讲解

(一)外国申请人

外国申请人是指具有外国国籍的自然人和依据外国法律成立并在外国登记注册而在我国申请专利的法人,包括外国人、外国企业和外国其他组织。

本条规定了在中国没有经常居所或者营业所的外国申请人在中国申请专利的要求。根据本条规定,外国申请人是在中国没有经常居所或者营业所的外国人、外国企业或者外国其他组织的,应当确认其国籍、注册地是否符合下列三个条件之一:

(1)申请人所属国同我国签订有相互给予对方国民以专利保护的协议;
(2)申请人所属国是巴黎公约成员国或者世界贸易组织成员;
(3)申请人所属国依互惠原则给外国人以专利保护。

对于在中国有经常居所或者营业所的外国申请人,即在我国境内长期居住、生活、工作的外国自然人和在我国设有机构、长期营业的外国公司、企业和其他组织,根据《巴黎公约》规定的国民待遇原则,将该部分外国申请人给予与中国单位和个人完全相同的待遇,例如申请专利或者办理其他专利事务可以委托但不是必须委托依法设立的专利代理机构。

需要注意的是,对于外资独资企业,如果是在我国注册的企业,则该企业应当被认为是"中国单位",而不是"外国企业"。

第十九条【专利代理】

在中国没有经常居所或者营业所的外国人、外国企业或者外国其他组织在中国申请专利和办理其他专利事务的，应当委托依法设立的专利代理机构办理。

中国单位或者个人在国内申请专利和办理其他专利事务的，可以委托依法设立的专利代理机构办理。

专利代理机构应当遵守法律、行政法规，按照被代理人的委托办理专利申请或者其他专利事务；对被代理人发明创造的内容，除专利申请已经公布或者公告的以外，负有保密责任。专利代理机构的具体管理办法由国务院规定。

一、本条含义

本条第一款规定在中国没有居住所的外国自然人、没有营业所的外国法人即外国企业或者外国其他组织，在中国申请专利和办理其他专利事务的，应当委托依法设立的专利代理机构办理，既可以为有关外国当事人提供方便，也便于国家知识产权局及时、准确地处理专利事务，包括与外国当事人之间进行有关文件、资料的交换、送达等。本条第二款规定，中国单位或者个人在国内申请专利和办理其他专利事务的，可以委托但不是必须委托依法设立的专利代理机构办理。本条第三款规定了专利代理机构的基本职业准则。

二、重点讲解

（一）专利代理

1. 专利代理的概念

从法律性质上说，专利代理属于民事代理的一种，民事代理是指代理人在代理权限内，以被代理人的名义实施民事法律行为。也就是说只要这些行为是在委托的权限以内，而且是以委托人的名义实施的，这些行为就直接对委托人产生效力，就好像是委托人自己实施该法律行为一样。代理包括委托代理、法定代理和指定代理。其中，委托代理是指按照被代理人的委托而进行的代理。专利代理属于委托代理，即由作为委托代理人的专利代理机构，接受作为被代理人的专利申请人、专利权人等相关主体的委托行使代理权。

《专利代理条例》第二条规定，本条例所称专利代理，是指专利代理机构接受委托，以委托人的名义在代理权限范围内办理专利申请、宣告专利权无效等专利事务的行为。从这一规定中可以看出，专利代理的概念包括三方面的要素：

第一，从法律关系上讲，专利代理的行为主体是专利代理机构，而非专利代理师或者其他任何主体。由于存在"专利代理师"这一概念，并且在实践中也是由具体的人为被代理人提供服务，因此这一点容易被误解，需要特别注意。

第二，以委托人的名义在代理权限范围内办理业务，而非以代理机构自己的名义任意行使。这一点与一般的民事代理完全一致。

第三，专利代理涉及的业务范围，包括专利申请、请求宣告无效以及文献检索、专利实施许可、专利权转让、专利纠纷的解决和进行专利诉讼等专利事务。

2. 专利代理的作用

专利代理贯穿于发明创造申请与审查授权、实施与保护的全过程，在切实维护广大申请人和专利权人的合法权益，以及促进专利审查授权质量不断提高方面发挥着重要作用。其作用主要体现在两个方面：一是帮助委托人实现合法权益最大化。二是帮助政府部门和司法结构提高效率。

（二）专利代理机构和专利代理师

1. 专利代理机构

（1）专利代理机构的组织形式。根据《专利代理条例》第七条的规定，专利代理机构的组织形式应当为合伙企业、有限责任公司等。该规定中的"等"字给其他组织形式的代理机构预留了空间。

根据《专利代理管理办法》第九条的规定，专利代理机构的组织形式应当为合伙企业、有限责任公司等。合伙人、股东应当为中国公民。

目前已经取消由国家知识产权局指定涉外代理机构的做法，这意味着所有依法设立的专利代理机构均可办理涉外专利事务。因此，代理机构的类型也可以分为依法设立的专利代理机构和办理专利事务的律师事务所两类。

（2）申请办理专利代理机构执业许可证的条件和程序。《专利代理条例》第八条、《专利代理管理办法》第十条以及第十一条、第十二条分别规定了合伙企业、有限责任公司、律师事务所申请办理执业许可证的条件。

根据《专利代理条例》第八条的规定，合伙企业、有限责任公司形式的专利代理机构从事专利代理业务应当具备下列条件：

（一）有符合法律、行政法规规定的专利代理机构名称；

（二）有书面合伙协议或者公司章程；

（三）有独立的经营场所；

（四）合伙人、股东符合国家有关规定。

根据《专利代理管理办法》第十条的规定：合伙企业形式的专利代理机构申请办理执业许可证的，应当具备下列条件：

（一）有符合法律、行政法规和本办法第十四条规定的专利代理机构名称；

（二）有书面合伙协议；

（三）有独立的经营场所；

（四）有两名以上合伙人；

（五）合伙人具有专利代理师资格证，并有两年以上专利代理师执业经历。

根据《专利代理管理办法》第十一条的规定，有限责任公司形式的专利代理机构申请办理执业许可证的，应当具备下列条件：

（一）有符合法律、行政法规和本办法第十四条规定的专利代理机构名称；

（二）有书面公司章程；

（三）有独立的经营场所；

（四）有五名以上股东；

（五）五分之四以上股东以及公司法定代表人具有专利代理师资格证，并有两年以上专利代理师执业经历。

根据《专利代理管理办法》第十二条的规定，律师事务所申请办理执业许可证的，应当具备下列条件：

（一）有独立的经营场所；

（二）有两名以上合伙人或者专职律师具有专利代理师资格证。

《专利代理管理办法》第十五条规定了合伙企业、有限责任公司、律师事务所申请办理执业许可证的程序，该条规定申请专利代理机构执业许可证的，应当通过专利代理管理系统向国家知识产权局提交申请书和下列申请材料：

（一）合伙企业形式的专利代理机构应当提交营业执照、合伙协议和合伙人身份证件扫描件；

（二）有限责任公司形式的专利代理机构应当提交营业执照、公司章程和股东身份证件扫描件；

（三）律师事务所应当提交律师事务所执业许可证和具有专利代理师资格证的合伙人、专职律师身份证件扫描件。

申请人应当对其申请材料实质内容的真实性负责。必要时，国家知识产权局可以要求申请人提供原件进行核实。法律、行政法规和国务院决定另有规定的除外。

（3）专利代理机构合伙人或者股东应当满足的条件。《专利代理管理办法》第十条、第十一条和第十三条分别从正面和反面规定专利代理机构合伙人或者股东应当满足的条件。

根据《专利代理管理办法》第十条的规定：合伙企业形式的专利代理机构申请办理执业许可证的，应当具备下列条件：……（五）合伙人具有专利代理师资格证，并有两年以上专利代理师执业经历。

根据《专利代理管理办法》第十一条的规定：……（五）五分之四以上股东以及公司法定代表人具有专利代理师资格证，并有两年以上专利代理师执业经历。

根据《专利代理管理办法》第十三条的规定，有下列情形之一的，不得作为专利代理机构的合伙人、股东：

（一）不具有完全民事行为能力；
（二）因故意犯罪受过刑事处罚；
（三）不能专职在专利代理机构工作；
（四）所在专利代理机构解散或者被撤销、吊销执业许可证，未妥善处理各种尚未办结的专利代理业务。

专利代理机构以欺骗、贿赂等不正当手段取得执业许可证，被依法撤销、吊销的，其合伙人、股东、法定代表人自处罚决定作出之日起三年内不得在专利代理机构新任合伙人或者股东、法定代表人。

（4）专利代理机构执业许可审批。《专利代理条例》第九条第一款和《专利代理管理办法》第十六条规定了专利代理机构执业许可审批。

《专利代理条例》第九条第一款规定，从事专利代理业务，应当向国务院专利行政部门提出申请，提交有关材料，取得专利代理机构执业许可证。国务院专利行政部门应当自受理申请之日起20日内作出是否颁发专利代理机构执业许可证的决定。

《专利代理管理办法》第十六条规定，申请材料不符合本办法第十五规定的，国家知识产权局应当自收到申请材料之日起五日内一次告知申请人需要补正的全部内容，逾期未告知的，自收到申请材料之日起视为受理；申请材料齐全、符合法定形式，或者申请人按照要求提交全部补正申请材料的，应当受理该申请。受理或者不予受理申请的，应当书面通知申请人并说明理由。

国家知识产权局应当自受理之日起十日内予以审核，对符合规定条件的，予以批准，向申请人颁发专利代理机构执业许可证；对不符合规定条件的，不予批准，书面通知申请人并说明理由。

（5）专利代理机构的事项变更。《专利代理条例》第九条第二款和《专利代理管理办法》第十七条规定了专利代理机构的事项变更。

根据《专利代理条例》第九条第二款的规定，专利代理机构合伙人、股东或者法定代表人等事项发生变化的，应当办理变更手续。

根据《专利代理管理办法》第十七条的规定，专利代理机构名称、经营场所、合伙协议或者公司章程、合伙人或者执行事务合伙人、股东或者法定代表人发生变化的，应当自办理企业变更登记之日起三十日内向国家知识产权局申请办理变更手续；律师事务所具有专利代理师资格证的合伙人或者专职律师等事项发生变化的，应当自司法行政部门批准之日起三十日内向国家知识产权局申请办理变更手续。

国家知识产权局应当自申请受理之日起十日内作出相应决定，对符合本办法规定的事项予以变更。

（6）专利代理机构的解散、注销。《专利代理条例》第十五条和《专利代理管理办法》第十九条规定了专利代理机构的解散、注销。

根据《专利代理条例》第十五条的规定，专利代理机构解散或者被撤销、吊销执业许可证的，应当妥善处理各种尚未办结的专利代理业务。

根据《专利代理管理办法》第十九条的规定，专利代理机构解散或者不再办理专利代理业务的，应当在妥善处理各种尚未办结的业务后，向国家知识产权局办理注销专利代理机构执业许可证手续。

专利代理机构注销营业执照，或者营业执照、执业许可证被撤销、吊销的，应当在营业执照注销三十日前或者接到撤销、吊销通知书之日起三十日内通知委托人解除委托合同，妥善处理尚未办结的业务，并向国家知识产权局办理注销专利代理机构执业许可证的手续。未妥善处理全部专利代理业务的，专利代理机构的合伙人、股东不得办理专利代理师执业备案变更。

（7）专利代理机构设立分支机构的条件。根据《专利代理管理办法》第二十条的规定，专利代理机构设立分支机构办理专利代理业务的，应当具备下列条件：
（一）办理专利代理业务时间满两年；
（二）有十名以上专利代理师执业，拟设分支机构应当有一名以上专利代理师执业，并且分支机构负责人应当具有专利代理师资格证；
（三）专利代理师不得同时在两个以上的分支机构担任负责人；
（四）设立分支机构前三年内未受过专利代理行政处罚；
（五）设立分支机构时未被列入经营异常名录或者严重违法失信名单。

根据《专利代理管理办法》第二十一条的规定，专利代理机构的分支机构不得以自己的名义办理专利代理业务。专利代理机构应当对其分支机构的执业活动承担法律责任。

（8）分支机构的备案、变更和注销。根据《专利代理管理办法》第二十二条的规定，专利代理机构设立、变更或者注销分支机构的，应当自完成分支机构相关企业或者司法登记手续之日起三十日内，通过专利代理管理系统向分支机构所在地的省、自治区、直辖市人民政府管理专利工作的部门进行备案。

备案应当填写备案表并上传下列材料：

（一）设立分支机构的，上传分支机构营业执照或者律师事务所分所执业许可证扫描件；

（二）变更分支机构注册事项的，上传变更以后的分支机构营业执照或者律师事务所分所执业许可证扫描件；

（三）注销分支机构的，上传妥善处理完各种事项的说明。

2. 专利代理师

（1）专利代理师资格考试。《专利代理师资格考试办法》第二条规定，专利代理师资格考试是全国统一的专利代理师执业准入资格考试。

《专利代理师资格考试办法》第三条规定，国家知识产权局负责考试组织工作，制定考试政策和考务管理制度，指导省、自治区、直辖市人民政府管理专利工作的部门的考务工作，负责考试命题、专利代理师资格证书颁发、组织巡考、考试安全保密、全国范围内重大突发事件的应急处理、应试人员和考试工作人员的违规违纪行为处理等工作。

国家知识产权局成立专利代理师考试委员会。考试委员会审定考试大纲和确定考试合格分数线，其成员由国家知识产权局、国务院有关部门、专利代理行业组织的有关人员和专利代理师代表组成，主任由国家知识产权局局长担任。考试委员会办公室负责考试各项具体工作。

（2）申请专利代理师资格的条件。《专利代理条例》第十条、《专利代理师资格考试办法》第二十一条及第二十二条、第二十三条分别从正面和反面规定了申请专利代理师资格的条件。

根据《专利代理条例》第十条的规定，具有高等院校理工科专业专科以上学历的中国公民可以参加全国专利代理师资格考试；考试合格的，由国务院专利行政部门颁发专利代理师资格证。专利代理师资格考试办法由国务院专利行政部门制定。

根据《专利代理师资格考试办法》第二十一条的规定，符合以下条件的中国公民，可以报名参加考试：

（一）具有完全民事行为能力；

（二）取得国家承认的理工科大专以上学历，并获得毕业证书或者学位证书。

香港特别行政区、澳门特别行政区永久性居民中的中国公民和台湾地区居民可以报名参加考试。

根据《专利代理师资格考试办法》第二十二条的规定，从事专利审查等工作满七年的中国公民，可以申请免予专利代理实务科目考试。

根据《专利代理师资格考试办法》第二十三条的规定，有下列情形之一的，不得报名参加考试：

（一）因故意犯罪受过刑事处罚，自刑罚执行完毕之日起未满三年；

（二）受吊销专利代理资格证的处罚，自处罚决定之日起未满三年。

（3）专利代理师执业条件。《专利代理条例》第十一条和《专利代理管理办法》第二十六条规定了专利代理师执业条件。

根据《专利代理条例》第十一条的规定，专利代理师执业应当取得专利代理师资格证，在专利代理机构实习满1年，并在一家专利代理机构从业。

根据《专利代理管理办法》第二十六条的规定，专利代理师执业应当符合下列条件：

（一）具有完全民事行为能力；

（二）取得专利代理师资格证；

（三）在专利代理机构实习满一年，但具有律师执业经历或者三年以上专利审查经历的人员除外；

（四）在专利代理机构担任合伙人、股东，或者与专利代理机构签订劳动合同；

（五）能专职从事专利代理业务。

符合前款所列全部条件之日为执业之日。

（4）专利代理师执业备案的条件和程序。《专利代理条例》第十二条和《专利代理管理办法》第二十八条规定了专利代理师执业备案的条件和程序。

根据《专利代理条例》第十二条的规定，专利代理师首次执业，应当自执业之日起30日内向专利代理机构所在地省、自治区、直辖市人民政府管理专利工作的部门备案。

省、自治区、直辖市人民政府管理专利工作的部门应当为专利代理师通过互联网备案提供方便。

根据《专利代理管理办法》第二十八条的规定，专利代理师首次执业的，应当自执业之日起三十日内通过专利代理管理系统向专利代理机构所在地的省、自治区、直辖市人民政府管理专利工作的部门进行执业备案。

备案应当填写备案表并上传下列材料：

（一）本人身份证件扫描件；

（二）与专利代理机构签订的劳动合同；

（三）实习评价材料。

专利代理师应当对其备案材料实质内容的真实性负责。必要时，省、自治区、直辖市人民政府管理专利工作的部门可以要求提供原件进行核实。

（5）专利代理师的执业规范。《专利代理管理办法》第五条规定，专利代理机构和专利代理师执业应当遵守法律、行政法规和本办法，恪守职业道德、执业纪律，诚实守信，规范执业，提升专利代理质量，维护委托人的合法权益和专利代理行业正常秩序。

（6）执业纪律和职业道德。《专利代理条例》第十六条至第十九条和《专利代理管理办法》第五十三条规定了执业纪律和职业道德。

根据《专利代理条例》第十六条的规定，专利代理师应当根据专利代理机构的指派承办专利代理业务，不得自行接受委托。

专利代理师不得同时在两个以上专利代理机构从事专利代理业务。

专利代理师对其签名办理的专利代理业务负责。

根据《专利代理条例》第十七条的规定，专利代理机构和专利代理师对其在执业过程中了解的发明创造的内容，除专利申请已经公布或者公告的以外，负有保守秘密的义务。

根据《专利代理条例》第十八条的规定，专利代理机构和专利代理师不得以自己的名义申请专利或者请求宣告专利权无效。

根据《专利代理条例》第十九条第二款的规定，曾在国务院专利行政部门或者地方人民政府管理专利工作的部门任职的专利代理师，不得对其审查、审理或者处理过的专利申请或专利案件进行代理。

根据《专利代理管理办法》第五十三条的规定，专利代理师对其签名办理的专利代理业务负责。对于非经本人办理的专利事务，专利代理师有权拒绝在相关法律文件上签名。

专利代理师因专利代理质量等原因给委托人、第三人利益造成损失或者损害社会公共利益的，省、自治区、直辖市人民政府管理专利工作的部门可以对签名的专利代理师予以警告。

（三）专利代理执业和监管

1. 专利代理机构的业务范围

根据《专利代理条例》第二条的规定，本条例所称专利代理，是指专利代理机构接受委托，以委托人的名义在代理权限范围内办理专利申请、宣告专利权无效等专利事务的行为。

根据《专利代理条例》第十三条的规定，专利代理机构可以接受委托，代理专利申请、宣告专利权无效、转让专利申请权或者专利权以及订立专利实施许可合同等专利事务，也可以应当事人要求提供专利事务方面的咨询。

2. 专利代理机构接受委托的方式

根据《专利代理条例》第三条的规定，任何单位和个人可以自行在国内申请专利和办理其他专利事务，也可以委托依法设立的专利代理机构办理，法律另有规定的除外。专利代理机构应当按照委托人的委托办理专利事务。

3. 避免利益冲突的要求

根据《专利代理条例》第十四条的规定，专利代理机构接受委托，应当与委托人订立书面委托合同。专利代理机构接受委托后，不得就同一专利申请或者专利权的事务接受有利益冲突的其他当事人的委托。

专利代理机构应当指派在本机构执业的专利代理师承办专利代理业务，指派的专利代理师本人及其近亲属不得与其承办的专利代理业务有利益冲突。

4. 保密义务

根据《专利代理条例》第十七条的规定，专利代理机构和专利代理师对其在执业过程中了解的发明创造的内容，除专利申请已经公布或者公告的以外，负有保守秘密的义务。

5. 专利代理机构年度报告

《专利代理管理办法》第三十五条规定，专利代理机构应当按照国家有关规定提交年度报告。年度报告应当包括以下内容：

（一）专利代理机构通信地址、邮政编码、联系电话、电子邮箱等信息；

（二）执行事务合伙人或者法定代表人、合伙人或者股东、专利代理师的姓名，从业人数信息；

（三）合伙人、股东的出资额、出资时间、出资方式等信息；

（四）设立分支机构的信息；

（五）专利代理机构通过互联网等信息网络提供专利代理服务的信息网络平台名称、网址等信息；

（六）专利代理机构办理专利申请、宣告专利权无效、转让、许可、纠纷的行政处理和诉讼、质押融资等业务信息；

（七）专利代理机构资产总额、负债总额、营业总收入、主营业务收入、利润总额、净利润、纳税总额等信息；

（八）专利代理机构设立境外分支机构、其从业人员获得境外专利代理从业资质的信息；

（九）其他应当予以报告的信息。

律师事务所可仅提交其从事专利事务相关的内容。

根据《专利代理管理办法》第三十六条的规定，国家知识产权局以及省、自治区、直辖市人民政府管理专利工作的部门的工作人员应当对专利代理机构年度报告中不予公示的内容保密。

6. 专利代理机构经营异常名录和严重违法失信名单

根据《专利代理管理办法》第三十四条的规定，国家知识产权局组织指导全国的专利代理机构年度报告、经营异常名录和严重违法失信名单的公示工作。

7. 专利代理机构和专利代理师的信息公示

根据《专利代理管理办法》第四十五条的规定，国家知识产权局应当及时向社会公布专利代理机构执业许可证取得、变更、注销、撤销、吊销等相关信息，以及专利代理师的执业备案、撤销、吊销等相关信息。

国家知识产权局和省、自治区、直辖市人民政府管理专利工作的部门应当及时向社会公示专利代理机构年度报告信息，列入或者移出经营异常名录、严重违法失信名单信息，行政处罚信息，以及对专利代理执业活动的检查情况。行政处罚、检查监督结果纳入国家企业信用信息公示系统向社会公布。

律师事务所、律师受到专利代理行政处罚的，应当由国家知识产权局和省、自治区、直辖市人民政府管理专利工作的部门将信息通报相关司法行政部门。

8. 对专利代理机构和专利代理师执业活动的检查和监督

《专利代理条例》第二十二条和《专利代理管理办法》第三十九条至第四十二条规定了对专利代理机构和专利代理师执业活动的检查和监督。

根据《专利代理条例》第二十二条的规定，国务院专利行政部门和省、自治区、直辖市人民政府管理专利工作的部门应当采取随机抽查等方式，对专利代理机构和专利代理师的执业活动进行检查、监督，发现违反本条例规定的，及时依法予以处理，并向社会公布检查、处理结果。检查不得收取任何费用。

根据《专利代理管理办法》第三十九条的规定，国家知识产权局指导省、自治区、直辖市人民政府管理专利工作的部门对专利代理机构和专利代理师的执业活动情况进行检查、监督。

专利代理机构跨省设立分支机构的，其分支机构应当由分支机构所在地的省、自治区、直辖市人民政府管理专利工作的部门进行检查、监督。该专利代理机构所在地的省、自治区、直辖市人民政府管理专利工作的部门应当予以协助。

根据《专利代理管理办法》第四十条的规定，国家知识产权局和省、自治区、直辖市人民政府管理专利工作的部门应当采取书面检查、实地检查、网络监测等方式对专利代理机构和专利代理师进行检查、监督。

在检查过程中应当随机抽取检查对象，随机选派执法检查人员。发现违法违规情况的，应当及时依法处理，并向社会公布检查、处理结果。对已被列入经营异常名录或者严重违法失信名单的专利代理机构，省、自治区、直辖市人民政府管理专利工作的部门应当进行实地检查。

根据《专利代理管理办法》第四十一条的规定，省、自治区、直辖市人民政府管理专利工作的部门应当重点对下列事项进行检查、监督：

（一）专利代理机构是否符合执业许可条件；
（二）专利代理机构合伙人、股东以及法定代表人是否符合规定；
（三）专利代理机构年度报告的信息是否真实、完整、有效，与其在市场监督管理部门或者司法行政部门公示的信息是否一致；
（四）专利代理机构是否存在本办法第三十七条规定的情形；
（五）专利代理机构是否建立健全执业管理制度和运营制度等情况；
（六）专利代理师是否符合执业条件并履行备案手续；
（七）未取得专利代理执业许可的单位或者个人是否存在擅自开展专利代理业务的违法行为。

根据《专利代理管理办法》第四十二条的规定，省、自治区、直辖市人民政府管理专利工作的部门依法进行检查监督时，应当将检查监督的情况和处理结果予以记录，由检查、监督人员签字后归档。

当事人应当配合省、自治区、直辖市人民政府管理专利工作的部门的检查、监督，接受询问，如实提供有关情况和材料。

（四）专利代理违法行为的处理和法律责任

1. 专利代理违法行为的处理

（1）举报投诉的情形和层级。根据《专利代理管理办法》第四十六条第一款的规定，任何单位或者个人认为专利代理机构、专利代理师的执业活动违反专利代理管理有关法律、行政法规、部门规章规定，或者认为存在擅自开展专利代理业务情形的，可以向省、自治区、直辖市人民政府管理专利工作的部门投诉和举报。

（2）专利代理违法行为的处理。根据《专利代理管理办法》第四十六条第二款的规定，省、自治区、直辖市人民政府管理专利工作的部门收到投诉和举报后，应当依据市场监督管理投诉举报处理办法、行政处罚程序等有关规定进行调查处理。本办法另有规定的除外。

根据《专利代理管理办法》第四十七条的规定，对具有重大影响的专利代理违法违规行为，国家知识产权局可以协调或者指定有关省、自治区、直辖市人民政府管理专利工作的部门进行处理。对于专利代理违法行为的处理涉及两个以上省、自治区、直辖市人民政府管理专利工作的部门的，可以报请国家知识产权局组织协调处理。

对省、自治区、直辖市人民政府管理专利工作的部门专利代理违法行为处理工作，国家知识产权局依法进行监督。

根据《专利代理管理办法》第四十八条的规定，省、自治区、直辖市人民政府管理专利工作的部门可以依据本地实际，要求下一级人民政府管理专利工作的部门协助处理专利代理违法违规行为；也可以依法委托有实际处理能力的管理公共事务的事业组织处理专利代理违法违规行为。

委托方应当对受托方的行为进行监督和指导，并承担法律责任。

2. 列入经营异常名录和严重违法失信名单的情形

根据《专利代理管理办法》第三十七条的规定，专利代理机构有下列情形之一的，按照国家有关规定列入经营异常名录：

（一）未在规定的期限提交年度报告；
（二）取得专利代理机构执业许可证或者提交年度报告时提供虚假信息；
（三）擅自变更名称、办公场所、执行事务合伙人或者法定代表人、合伙人或者股东；
（四）分支机构设立、变更、注销未按照规定办理备案手续；
（五）不再符合执业许可条件，省、自治区、直辖市人民政府管理专利工作的部门责令其整改，期限届满仍不符合条件；
（六）专利代理机构公示信息与其在市场监督管理部门或者司法行政部门的登记信息不一致；

（七）通过登记的经营场所无法联系。

根据《专利代理管理办法》第三十八条的规定，专利代理机构有下列情形之一的，按照国家有关规定列入严重违法失信名单：

（一）被列入经营异常名录满三年仍未履行相关义务；

（二）受到责令停止承接新的专利代理业务、吊销专利代理机构执业许可证的专利代理行政处罚。

3. 撤销专利代理机构执业许可证和专利代理师资格证的情形

根据《专利代理条例》第二十四条的规定，以隐瞒真实情况、弄虚作假手段取得专利代理机构执业许可证、专利代理师资格证的，由国务院专利行政部门撤销专利代理机构执业许可证、专利代理师资格证。

专利代理机构取得执业许可证后，因情况变化不再符合本条例规定的条件的，由国务院专利行政部门责令限期整改；逾期未改正或者整改不合格的，撤销执业许可证。

4. 对专利代理机构和专利代理师的行政处罚

（1）专利代理行政处罚的种类。根据《专利代理管理办法》第五十条的规定，案件调查终结后，省、自治区、直辖市人民政府管理专利工作的部门认为应当对专利代理机构作出责令停止承接新的专利代理业务、吊销执业许可证，或者对专利代理师作出责令停止承办新的专利代理业务、吊销专利代理师资格证行政处罚的，应当及时报送调查结果和处罚建议，提请国家知识产权局处理。

（2）专利代理机构违法行为及法律责任。根据《专利代理条例》第二十五条的规定，专利代理机构有下列行为之一的，由省、自治区、直辖市人民政府管理专利工作的部门责令限期改正，予以警告，可以处10万元以下的罚款；情节严重或者逾期未改正的，由国务院专利行政部门责令停止承接新的专利代理业务6个月至12个月，直至吊销专利代理机构执业许可证：

（一）合伙人、股东或者法定代表人等事项发生变化未办理变更手续；

（二）就同一专利申请或者专利权的事务接受有利益冲突的其他当事人的委托；

（三）指派专利代理师承办与其本人或者其近亲属有利益冲突的专利代理业务；

（四）泄露委托人的发明创造内容，或者以自己的名义申请专利或请求宣告专利权无效；

（五）疏于管理，造成严重后果。

专业代理机构在执业过程中泄露委托人的发明创造内容，涉及泄露国家秘密、侵犯商业秘密的，或者向有关行政、司法机关的工作人员行贿，提供虚假证据的，依照有关法律、行政法规的规定承担法律责任；由国务院专利行政部门吊销专利代理机构执业许可证。

（3）专利代理师违法行为及法律责任。根据《专利代理条例》第二十六条的规定，专利代理师有下列行为之一的，由省、自治区、直辖市人民政府管理专利工作的部门责令限期改正，予以警告，可以处5万元以下的罚款；情节严重或者逾期未改正的，由国务院专利行政部门责令停止承办新的专利代理业务6个月至12个月，直至吊销专利代理师资格证：

（一）未依照本条例规定进行备案；

（二）自行接受委托办理专利代理业务；

（三）同时在两个以上专利代理机构从事专利代理业务；

（四）违反本条例规定对其审查、审理或者处理过的专利申请或专利案件进行代理；

（五）泄露委托人的发明创造内容，或者以自己的名义申请专利或请求宣告专利权无效。

专利代理师在执业过程中泄露委托人的发明创造内容，涉及泄露国家秘密、侵犯商业秘密的，或者向有关行政、司法机关的工作人员行贿，提供虚假证据的，依照有关法律、行政法规的规定承担法律责任；由国务院专利行政部门吊销专利代理师资格证。

（4）专利代理师签名责任。根据《专利代理条例》第十六条第三款的规定，专利代理师对其签名办理的专利代理业务负责。

5. 擅自开展专利代理业务的法律责任

（1）擅自开展专利代理业务的情形

根据《专利代理管理办法》第五十二条的规定，有下列情形之一的，属于《专利代理条例》第二十七条规定的"擅自开展专利代理业务"的违法行为：

（一）通过租用、借用等方式利用他人资质开展专利代理业务；

（二）未取得专利代理机构执业许可证或者不符合专利代理师执业条件，擅自代理专利申请、宣告专利权无效等相关业务，或者以专利代理机构、专利代理师的名义招揽业务；

（三）专利代理机构执业许可证或者专利代理师资格证被撤销或者吊销后，擅自代理专利申请、宣告专利权无效等相关业务，或者以专利代理机构、专利代理师的名义招揽业务。

（2）擅自开展专利代理业务的法律责任

根据《专利代理条例》第二十七条的规定，违反本条例规定擅自开展专利代理业务的，由省、自治区、直辖市人民政府管理专利工作的部门责令停止违法行为，没收违法所得，并处违法所得1倍以上5倍以下的罚款。

6. 对知识产权（专利）领域严重失信主体联合惩戒

（1）联合惩戒对象。根据《专利代理管理办法》第五十四条的规定，国家知识产权局按照有关规定，对专利代理领域严重失信主体开展联合惩戒。

（2）知识产权（专利）领域严重失信行为类型。根据《专利代理管理办法》第三十八条的规定，专利代理机构有下列情形之一的，按照国家有关规定列入严重违法失信名单：

（一）被列入经营异常名录满三年仍未履行相关义务；

（二）受到责令停止承接新的专利代理业务、吊销专利代理机构执业许可证的专利代理行政处罚。

（五）专利代理行业组织

1. 专利代理行业组织

根据《专利代理管理办法》第四条第一款的规定，专利代理机构和专利代理师可以依法成立和参加全国性或者地方性专利代理行业组织。专利代理行业组织是社会团体，是专利代理师的自律性组织。

2. 专利代理行业组织的职责

根据《专利代理管理办法》第三十二条的规定，专利代理行业组织应当依法履行下列职责：

（一）维护专利代理机构和专利代理师的合法权益；

（二）制定行业自律规范，加强行业自律，对会员实施考核、奖励和惩戒，及时向社会公布其吸纳的会员信息和对会员的惩戒情况；

（三）组织专利代理机构、专利代理师开展专利代理援助服务；

（四）组织专利代理师实习培训和执业培训，以及职业道德、执业纪律教育；

（五）按照国家有关规定推荐专利代理师担任诉讼代理人；

（六）指导专利代理机构完善管理制度，提升专利代理服务质量；

（七）指导专利代理机构开展实习工作；

（八）开展专利代理行业国际交流；

（九）其他依法应当履行的职责。

3. 专利代理行业自律规范

根据《专利代理条例》第二十一条的规定，专利代理行业组织应当加强对会员的自律管理，组织开展专利代理师业务培训和职业道德、执业纪律教育，对违反行业自律规范的会员实行惩戒。

根据《专利代理管理办法》第四条第二款的规定，专利代理行业组织应当制定专利代理行业自律规范，行业自律规范不得与法律、行政法规、部门规章相抵触。专利代理机构、专利代理师应当遵守行业自律规范。

4. 对于专利代理行业组织的监管

根据《专利代理管理办法》第三十一条的规定，国家知识产权局和省、自治区、直辖市人民政府管理专利工作的部门根据国家有关规定对专利代理行业组织进行监督和管理。

三、真题分析

79.【2019年第2题】根据《专利代理条例》，下列哪个人或机构可以接受委托人的委托，以委托人的名义在代理权限范围内，办理专利申请或者其他专利事务？

　　A. 某产权交易所　　　　　　　　　　　　B. 某获得专利代理机构执业许可证的律师事务所

C. 刚刚取得专利代理师资格的甲　　　　　D. 具有专利代理师资格且执业多年的乙

【考点】专利代理

【分析】《专利代理条例》第二条规定，本条例所称专利代理，是指专利代理机构接受委托，以委托人的名义在代理权限范围内办理专利申请、宣告专利权无效等专利事务的行为。《专利代理条例》第三十条规定，律师事务所可以依据《中华人民共和国律师法》《中华人民共和国民事诉讼法》等法律、行政法规开展与专利有关的业务，但从事代理专利申请、宣告专利权无效业务应当遵守本条例规定，具体办法由国务院专利行政部门商国务院司法行政部门另行制定。因此，选项B正确。

【答案】B

80.【2019年第35题】以下哪些人员可以报名参加专利代理师资格考试？

A. 台湾地区居民甲，22岁，刚刚从北京某大学机械系本科毕业

B. 中国公民乙，18岁，在中国某大学新闻系读大一

C. 中国公民丙，30岁，中国某大学物理系毕业，在某律师事务所任职3年

D. 美籍华人丁，28岁，毕业于中国某大学化学系

【考点】专利代理师资格考试资格

【分析】根据《专利代理师资格考试办法》第二十一条的规定，符合以下条件的中国公民，可以报名参加考试：（一）18周岁以上，具有完全民事行为能力；（二）高等院校理工科专业毕业或者具有同等学力。香港特别行政区、澳门特别行政区永久性居民中的中国公民和台湾地区居民可以报名参加考试。高等院校理工科专业毕业是指取得国家承认的理工科大专以上学历，并获得毕业文凭或者学位证书。因此，选项AC正确，选项BD错误。

【答案】AC

81.【2019年第36题】专利代理机构有下列哪些情形，应按照国家有关规定列入严重违法失信名单？

A. 被列入经营异常名录满三年仍未履行相关义务

B. 三年内两次被列入经营异常名录

C. 受到责令停止承接新的专利代理业务的专利代理行政处罚

D. 受到吊销专利代理机构执业许可证的专利代理行政处罚

【考点】严重违法失信

【分析】根据《专利代理管理办法》第三十八条的规定，专利代理机构有下列情形之一的，按照国家有关规定列入严重违法失信名单：（一）被列入经营异常名录满三年仍未履行相关义务；（二）受到责令停止承接新的专利代理业务、吊销专利代理机构执业许可证的专利代理行政处罚。因此，选项ACD正确，选项B错误。

【答案】ACD

82.【2019年第37题】专利代理师在从事专利代理工作中应当遵守以下哪些规定？

A. 专利代理师必须承办专利代理机构委派的专利代理工作，不得自行接受委托

B. 专利代理师不得以自己的名义申请专利

C. 专利代理师对其在执业过程中了解的发明创造的内容，除专利申请已经公布或者公告的以外，负有保守秘密的义务

D. 专利代理师不得同时在两个以上专利代理机构从事专利代理业务

【考点】职业纪律

【分析】根据《专利代理条例》第十六条第一款的规定，专利代理师应当根据专利代理机构的指派承办专利代理业务，不得自行接受委托。因此，选项A正确。根据《专利代理条例》第十八条的规定，专利代理机构和专利代理师不得以自己的名义申请专利或者请求宣告专利权无效。因此，选项B正确。

根据《专利代理条例》第十七条的规定，专利代理机构和专利代理师对其在执业过程中了解的发明创造的内容，除专利申请已经公布或者公告的以外，负有保守秘密的义务。因此，选项C正确。根据《专利代理条例》第十六条第二款的规定，专利代理师不得同时在两个以上专利代理机构从事专利代理业务。因此，选项D正确。

【答案】ABCD

83.【2019年第90题】以下哪些是专利代理机构设立分支机构办理专利代理业务应具备的条件？

A. 办理专利代理业务时间满两年，且有五名以上专利代理师执业

B. 专利代理师不得同时在两个以上的分支机构担任负责人
C. 分支机构负责人应当具有专利代理师资格证
D. 设立分支机构前三年内未受过专利代理行政处罚

【考点】专利代理机构设立分支机构应该具备的条件

【分析】根据《专利代理管理办法》第二十条的规定，专利代理机构设立分支机构办理专利代理业务的，应当具备下列条件：（一）办理专利代理业务时间满两年；（二）有十名以上专利代理师执业，拟设分支机构应当有一名以上专利代理师执业，并且分支机构负责人应当具有专利代理师资格证；（三）专利代理师不得同时在两个以上的分支机构担任负责人；（四）设立分支机构前三年内未受过专利代理行政处罚；（五）设立分支机构时未被列入经营异常名录或者严重违法失信名单。因此，选项A错误，选项BCD正确。

【答案】BCD

84.【2019年第91题】针对专利代理机构的下列哪些行为，视情节严重程度，主管部门可以做出警告、罚款、责令停业、直至吊销执业许可证的行政处罚？
A. 合伙人、股东或者法定代表人等事项发生变化未办理变更手续
B. 就同一专利申请或者专利权的事务接受有利益冲突的其他当事人的委托
C. 指派专利代理师承办与其本人或者其近亲属有利益冲突的专利代理业务
D. 泄露委托人的发明创造内容，或者以自己的名义申请专利或请求宣告专利权无效

【考点】对专利代理机构的处罚

【分析】根据《专利代理条例》第二十五条第一款的规定，专利代理机构有下列行为之一，由省、自治区、直辖市人民政府管理专利工作的部门责令期限改正，予以警告，可以处10万元以下的罚款；情节严重或者逾期未改正的，由国务院专利行政部门责令停止承接新的专利代理业务6个月至12个月，直至吊销专利代理机构执业许可证：（一）合伙人、股东或者法定代表人等事项发生变化未办理变更手续；（二）就同一专利申请或者专利权的事务接受有利益冲突的其他当事人的委托；（三）指派专利代理师承办与其本人或者其近亲属有利益冲突的专利代理业务；（四）泄露委托人的发明创造内容，或者以自己的名义申请专利或请求宣告专利权无效；（五）疏于管理，造成严重后果。因此，选项ABCD正确。

【答案】ABCD

85.【2018年第24题】某专利代理人在代理专利申请过程中未履行职责，给委托人造成了经济损失，那么下列哪个说法是正确的？
A. 由该代理人所在的代理机构承担赔偿责任，该代理人无须承担赔偿责任
B. 该代理人所在的代理机构承担赔偿责任后，可以按一定比例向李某追偿
C. 由该代理人承担赔偿责任，其所在的代理机构无须承担赔偿责任
D. 该代理人的行为情节严重的，由其所在的专利代理机构给予批评教育

【考点】专利代理

【分析】本题考查旧《专利代理条例》第二十五条，该条规定，专利代理人有下列行为之一，情节轻微的，由其所在的专利代理机构给予批评教育。情节严重的，可以由其所在的专利代理机构解除聘任关系，并收回其《专利代理人工作证》；由省、自治区、直辖市专利管理机关给予警告或者由中国专利局给予吊销《专利代理人资格证书》处罚：（一）不履行职责或者不称职以致损害委托人利益的；（二）泄露或者剽窃委托人的发明创造内容的；（三）超越代理权限，损害委托人利益的；（四）私自接受委托，承办专利代理业务的，收取费用的；前款行为，给委托人造成经济损失的，专利代理机构承担经济赔偿责任后，可以按一定比例向该专利代理人追偿。本题中，应当由该专利代理人所在的代理机构承担赔偿责任。而该代理机构作为其所在的工作单位，可以按一定比例追偿。因此，选项ACD错误，选项B正确。

相对应的，新《专利代理条例》第二十六条规定：专利代理师有下列行为之一，由省、自治区、直辖市人民政府管理专利工作的部门责令期限改正，予以警告，可以处5万元以下的罚款；情节严重或者逾期未改正的，由国务院专利行政部门责令停止承办新的专利代理业务6个月至12个月，直至吊销专利代理师资格证：（一）未依照本条例规定进行备案；（二）自行接受委托办理专利代理业务；（三）同时在两个以上专利代理机构从事专利代理业务；（四）违反本条例规定对其审查、审理或者处理过的专利申请或专利案件进行代理；（五）泄露委

托人的发明创造内容，或者以自己的名义申请专利或请求宣告专利权无效。专利代理师在执业过程泄露委托人的发明创造内容，涉及泄露国家秘密、侵犯商业秘密的，或者向有关行政、司法机关的工作人员行贿，提供虚假证据的，依照有关法律、行政法规的规定承担法律责任；由国务院专利行政部门吊销专利代理师资格证。由此可知，现行规定已将"给委托人造成经济损失的，专利代理机构承担经济赔偿责任后，可以按一定比例向该专利代理人追偿"删除。

需要注意的是，根据现行规定，本题的答案选B不再合适，就备考而言，考生借助该考题复习新《专利代理条例》相应的法条内容即可。

【答案】 B

86.【2018年第34题】甲省某专利代理机构在乙省设有办事机构，对于该办事机构的管理，以下做法错误的是？

A. 为便于该办事机构开展业务活动，该专利代理机构许可该办事机构自行接受业务委托

B. 该办事机构的财务由该专利代理机构统一管理

C. 该专利代理机构拟撤销设该办事机构，应当在向甲省知识产权局提出申请并获得同意后，再向乙省知识产权局提出申请

D. 该办事机构的撤销报经国家知识产权局批准后生效

【考点】 办事机构

【分析】 本题考查旧《专利代理管理办法》。旧《专利代理管理办法》第十七条规定，专利代理机构的办事机构不得以其单独名义办理专利代理业务，其人事、财务、业务等由其所属专利代理机构统一管理。专利代理机构应当对其办事机构的业务活动承担民事责任。因此，选项A的做法错误，选项B的做法正确。相对应的，新《专利代理管理办法》第二十一条规定：专利代理机构的分支机构不得以自己的名义办理专利代理业务。专利代理机构应当对其分支机构的执业活动承担法律责任。

旧《专利代理管理办法》第十八条规定，办事机构停业或者撤销的，应当在妥善处理各种尚未办结的事项后，向办事机构所在地的省、自治区、直辖市知识产权局申请。经批准的，由该知识产权局报国家知识产权局备案，同时抄送专利代理机构所在地的省、自治区、直辖市知识产权局。因此，选项CD的做法错误。相对应的，新《专利代理管理办法》第二十二条规定：专利代理机构设立、变更或者注销分支机构的，应当自完成分支机构相关企业或者司法登记手续之日起三十日内，通过专利代理管理系统向分支机构所在地的省、自治区、直辖市人民政府管理专利工作的部门进行备案。备案应当填写备案表并上传下列材料：（一）设立分支机构的，上传分支机构营业执照或者律师事务所分所执业许可证扫描件；（二）变更分支机构注册事项的，上传变更以后的分支机构营业执照或者律师事务所分所执业许可证扫描件；（三）注销分支机构的，上传妥善处理完各种事项的说明。由此可知，现行关于办事机构的撤销程序与之前的规定不相同。

需要注意的是，根据现行规定，本题的答案选ACD不再合适，就备考而言，考生借助该考题复习新《专利代理管理办法》相应的法条内容即可。

【答案】 ACD

87.【2018年第35题】专利代理人违反有关法律、法规和规章规定的，对专利代理人给予的惩戒包括：

A. 警告　　　　　　　　　　　　　　　B. 通报批评

C. 收回专利代理人执业证书　　　　　　D. 吊销专利代理人资格

【考点】 专利代理人的惩戒

【分析】 本题考查《专利代理惩戒规则（试行）》第五条，该条规定，对专利代理人的惩戒分为：（一）警告；（二）通报批评；（三）收回专利代理人执业证书；（四）吊销专利代理人资格。因此，选项ABCD正确。

需要注意的是，《专利代理惩戒规则（试行）》目前已经作废，其部分内容整合到新《专利代理管理办法》第六章，本题考查的上述第五条内容未在新规定中体现。

【答案】 ABCD

88.【2017年第6题】专利代理人李某在代理过程中未履行职责，给委托人造成了经济损失，下列哪个说法是正确的？

A. 由李某所在的代理机构承担赔偿责任，李某无须承担赔偿责任

B. 由李某承担赔偿责任，其所在的代理机构无须承担赔偿责任
C. 李某所在的代理机构承担赔偿责任后，可以按一定比例向李某追偿
D. 李某的行为情节严重，由其所在的专利代理机构给予批评教育

【考点】专利代理

【分析】本题考查旧《专利代理条例》第二十五条，该条规定，专利代理人有下列行为之一，情节轻微的，由其所在的专利代理机构给予批评教育。情节严重的，可以由其所在的专利代理机构解除聘任关系，并收回其《专利代理人工作证》；由省、自治区、直辖市专利管理机关给予警告或者由中国专利局给予吊销《专利代理人资格证书》处罚：（一）不履行职责或者不称职以致损害委托人利益的；（二）泄露或者剽窃委托人的发明创造内容的；（三）超越代理权限，损害委托人利益的；（四）私自接受委托，承办专利代理业务的，收取费用的；前款行为，给委托人造成经济损失的，专利代理机构承担经济赔偿责任后，可以按一定比例向该专利代理人追偿。本题中，应当由李某所在的代理机构承担赔偿责任。而该代理机构作为李某所在的工作单位，可以按一定比例向李某追偿。因此，选项ABD错误，选项C正确。

相对应的，新《专利代理条例》第二十六条规定：专利代理师有下列行为之一的，由省、自治区、直辖市人民政府管理专利工作的部门责令限期改正，予以警告，可以处5万元以下的罚款；情节严重或者逾期未改正的，由国务院专利行政部门责令停止承办新的专利代理业务6个月至12个月，直至吊销专利代理师资格证：（一）未依照本条例规定进行备案；（二）自行接受委托办理专利代理业务；（三）同时在两个以上专利代理机构从事专利代理业务；（四）违反本条例规定对其审查、审理或者处理过的专利申请或专利案件进行代理；（五）泄露委托人的发明创造内容，或者以自己的名义申请专利或请求宣告专利权无效。专利代理师在执业过程泄露委托人的发明创造内容，涉及泄露国家秘密、侵犯商业秘密的，或者向有关行政、司法机关的工作人员行贿，提供虚假证据的，依照有关法律、行政法规的规定承担法律责任；由国务院专利行政部门吊销专利代理师资格证。由此可知，现行规定已将"给委托人造成经济损失的，专利代理机构承担经济赔偿责任后，可以按一定比例向该专利代理人追偿"删除。

需要注意的是，根据现行规定，本题的答案选C不再合适，就备考而言，考生借助该考题复习新《专利代理条例》相应的法条内容即可。

【答案】C

89.【2017年第5题】下列哪个说法是正确的？
A. 年满60周岁的专利代理人，不能作为合伙人或股东发起设立新专利代理机构
B. 从事过一年以上的科学技术工作或者法律工作的中国公民，可以申请专利代理人资格
C. 对年龄超过70周岁的人员，不能颁发专利代理人执业证
D. 未满18周岁的中国公民，可以申请专利代理人资格

【考点】专利代理机构 专利代理人

【分析】本题考查旧《专利代理管理办法》和旧《专利代理条例》。旧《专利代理管理办法》第五条规定，专利代理机构的合伙人或者股东应当符合下列条件：（一）具有专利代理人资格；（二）具有2年以上在专利代理机构执业的经历；（三）能够专职从事专利代理业务；（四）申请设立专利代理机构时的年龄不超过65周岁；（五）品行良好。因此，选项A错误。相对应的，新《专利代理管理办法》第十条规定，合伙企业形式的专利代理机构申请办理执业许可证的，应当具备下列条件：（一）有符合法律、行政法规和本办法第十四条规定的专利代理机构名称；（二）有书面合伙协议；（三）有独立的经营场所；（四）有两名以上合伙人；（五）合伙人具有专利代理师资格证，并有两年以上专利代理师执业经历。新《专利代理管理办法》第十一条规定，有限责任公司形式的专利代理机构申请办理执业许可证的，应当具备下列条件：（一）有符合法律、行政法规和本办法第十四条规定的专利代理机构名称；（二）有书面公司章程；（三）有独立的经营场所；（四）有五名以上股东；（五）五分之四以上股东以及公司法定代表人具有专利代理师资格证，并有两年以上专利代理师执业经历。由此可知，现行规定取消了合伙人或者股东的最高年龄限制。

根据旧《专利代理条例》第十五条的规定，拥护中华人民共和国宪法，并具备下列条件的中国公民，可以申请专利代理人资格：（一）十八周岁以上，具有完全的民事行为能力；（二）高等院校理工科专业毕业（或者具有同等学历），并掌握一门外语；（三）熟悉专利法和有关的法律知识；（四）从事过两年以上的科学技术工作或

者法律工作。因此，选项BD错误。相对应的，根据新《专利代理条例》第十条的规定，具有高等院校理工科专业专科以上学历的中国公民可以参加全国专利代理师资格考试；考试合格的，由国务院专利行政部门颁发专利代理师资格证。专利代理师资格考试办法由国务院专利行政部门制定。根据《专利代理师资格考试办法》第二十一条第一款的规定，符合以下条件的中国公民，可以报名参加考试：（一）18周岁以上，具有完全民事行为能力；（二）高等院校理工科专业毕业或者具有同等学力。由此可知，现行规定取消了对从事科学技术工作或者法律工作的要求。

根据旧《专利代理管理办法》第二十一条的规定，颁发专利代理人执业证应当符合下列条件：（一）具有专利代理人资格；（二）能够专职从事专利代理业务；（三）不具有专利代理或专利审查经历的人员在专利代理机构中连续实习满1年，并参加上岗培训；（四）由专利代理机构聘用；（五）颁发时的年龄不超过70周岁；（六）品行良好。因此，选项C正确。相对应的，根据新《专利代理管理办法》第二十六条的规定，专利代理师执业应当符合下列条件：（一）具有完全民事行为能力；（二）取得专利代理师资格证；（三）在专利代理机构实习满一年，但具有律师执业经历或者三年以上专利审查经历的人员除外；（四）在专利代理机构担任合伙人、股东，或者与专利代理机构签订劳动合同；（五）能专职从事专利代理业务。符合前款所列全部条件之日为执业之日。由此可知，现行规定取消了专利代理师的最高年龄限制。

需要注意的是，根据现行规定，本题的答案选C不再合适，就备考而言，考生借助该考题复习新《专利代理条例》、新《专利代理管理办法》相应的法条内容即可。

【答案】 C

90.【2017年第41题】刘某于2015年通过了全国专利代理人资格考试，于2016年7月到某代理公司工作，2017年9月申请获得了专利代理人执业证。刘某的下列哪些行为符合相关规定？

A. 刘某作为申请人于2016年6月向国家知识产权局提交了一件外观设计专利申请
B. 刘某在该代理公司任职期间，到另一家专利代理公司兼职从事有关专利事务方面的咨询工作
C. 刘某在该代理公司任职期间，在国家知识产权局将其代理的一件发明专利申请公布后，将该专利申请的内容告诉了其好友
D. 刘某在该代理公司任职期间，以自己的名义接受好友的委托，代理其提交了一件实用新型专利申请，并收取了代理费

【考点】 专利代理人职业纪律

【分析】 本题考查旧《专利代理条例》。根据旧《专利代理条例》第二十条的规定，专利代理人在从事专利代理业务期间和脱离专利代理业务后一年内，不得申请专利。本题选项A中2016年6月不在所规定的时间段内，因此，选项A正确。相对应的，新《专利代理条例》第十八条规定，专利代理机构和专利代理师不得以自己的名义申请专利或者请求宣告专利权无效。由此可知，现行规定取消了对专利代理师脱离专利代理业务后一年内不得申请专利的限制。

根据旧《专利代理条例》第十八条的规定，专利代理人不得同时在两个以上专利代理机构从事专利代理业务。根据旧《专利代理条例》第二条的规定，本条例所称专利代理是指专利代理机构以委托人的名义，在代理权限范围内，办理专利申请或者办理其他专利事务。因此，选项B错误。相对应的，新《专利代理条例》第十六条第二款规定，专利代理师不得同时在两个以上专利代理机构从事专利代理业务。新《专利代理条例》第二条规定，本条例所称专利代理，是指专利代理机构接受委托，以委托人的名义在代理权限范围内办理专利申请、宣告专利权无效等专利事务的行为。

根据旧《专利代理条例》第二十三条的规定，专利代理人对其在代理业务活动中了解的发明创造的内容，除专利申请已经公布或者公告的以外，负有保守秘密的责任。因此，选项C正确。相对应的，新《专利代理条例》第十七条规定，专利代理机构和专利代理师对其在执业过程中了解的发明创造的内容，除专利申请已经公布或者公告的以外，负有保守秘密的义务。

根据旧《专利代理条例》第十七条的规定，专利代理人必须承办专利代理机构委派的专利代理工作，不得自行接受委托。因此，选项D错误。相对应的，新《专利代理条例》第十六条第一款规定，专利代理师应当根据专利代理机构的指派承办专利代理业务，不得自行接受委托。

需要注意的是，根据现行规定，本题的答案选AC不再合适，就备考而言，考生借助该考题复习新《专利代

理条例》相应的法条内容即可。

【答案】AC

91.【2017年第42题】申请设立专利代理机构应当提交下列哪些材料？
A. 设立专利代理机构申请表
B. 专利代理机构的合伙协议书或者章程
C. 验资证明
D. 专利代理人资格证和身份证复印件

【考点】专利代理机构

【分析】本题考查旧《专利代理管理办法》第八条第一款，该款规定，设立专利代理机构应当提交下列申请材料：（一）设立专利代理机构申请表；（二）专利代理机构的合伙协议书或者章程；（三）专利代理人资格证和身份证的复印件；（四）人员简历及人事档案存放证明和离退休证件复印件；（五）办公场所和工作设施的证明；（六）其他必要的证明材料。因此，选项ABD正确，选项C错误。相对应的，根据新《专利代理管理办法》第十五条的规定，申请专利代理机构执业许可证的，应当通过专利代理管理系统向国家知识产权局提交申请书和下列申请材料：（一）合伙企业形式的专利代理机构应当提交营业执照、合伙协议和合伙人身份证件扫描件；（二）有限责任公司形式的专利代理机构应当提交营业执照、公司章程和股东身份证件扫描件；（三）律师事务所应当提交律师事务所执业许可证和具有专利代理师资格证的合伙人、专职律师身份证件扫描件。申请人应当对其申请材料实质内容的真实性负责。必要时，国家知识产权局可以要求申请人提供原件进行核实。法律、行政法规和国务院决定另有规定的除外。由此可知，现行规定简化了需要提交的申请材料。

需要注意的是，根据现行规定，本题的答案选ABD不再合适，就备考而言，考生借助该考题复习新《专利代理管理办法》相应的法条内容即可。

【答案】ABD

92.【2016年第3题】根据《专利代理条例》下列哪个人或机构可以接受委托人的委托，以委托人的名义在代理权限范围内，办理专利申请或者办理其他专利事务？
A. 专利代理人
B. 专利代理机构
C. 有专利代理资格证的人
D. 有民事行为能力的自然人

【考点】专利代理机构

【分析】本题考查旧《专利代理条例》第二条，该条规定，本条例所称专利代理是指专利代理机构以委托人的名义，在代理权限范围内，办理专利申请或者办理其他专利事务。因此，选项B正确，选项ACD错误。相对应的，新《专利代理条例》第二条规定，本条例所称专利代理，是指专利代理机构接受委托，以委托人的名义在代理权限范围内办理专利申请、宣告专利权无效等专利事务的行为。

【答案】B

93.【2016年第34题】专利代理人在从事专利代理工作中应当遵守以下哪些规定？
A. 专利代理人必须承办专利代理机构委派的专利代理工作，不得自行接受委托
B. 专利代理人在从事专利代理业务期间和脱离专利代理业务后一年内，不得申请专利
C. 专利代理人对其在代理业务活动中了解的发明创造的内容，除专利申请已经公布或者公告的以外，负有保守秘密的责任
D. 专利代理人不得同时在两个以上专利代理机构从事专利代理业务

【考点】专利代理人职业纪律

【分析】本题考查旧《专利代理条例》。根据旧《专利代理条例》第十七条的规定，专利代理人必须承办专利代理机构委派的专利代理工作，不得自行接受委托。因此，选项A正确。相对应的，新《专利代理条例》第十六条第一款规定，专利代理师应当根据专利代理机构的指派承办专利代理业务，不得自行接受委托。

根据旧《专利代理条例》第二十条的规定，专利代理人在从事专利代理业务期间和脱离专利代理业务后一年内，不得申请专利。因此，选项B正确。相对应的，新《专利代理条例》第十八条规定，专利代理机构和专利代理师不得以自己的名义申请专利或者请求宣告专利权无效。由此可知，现行规定取消了对专利代理师脱离代理业务后一年内不得申请专利的限制。

根据旧《专利代理条例》第二十三条的规定，专利代理人对其在代理业务活动中了解的发明创造的内容，除专利申请已经公布或者公告的以外，负有保守秘密的责任。因此，选项C正确。相对应的，新《专利代理条例》

第十七条规定，专利代理机构和专利代理师对其在执业过程中了解的发明创造的内容，除专利申请已经公布或者公告的以外，负有保守秘密的义务。

根据旧《专利代理条例》第十八条的规定，专利代理人不得同时在两个以上专利代理机构从事专利代理业务。专利代理人调离专利代理机构前，必须妥善处理尚未办理的专利代理案件。因此，选项 D 正确。相对应的，新《专利代理条例》第十六条第二款规定，专利代理师不得同时在两个以上专利代理机构从事专利代理业务。

需要注意的是，根据现行规定，本题的答案选 ABCD 不再合适，就备考而言，考生借助该考题复习新《专利代理条例》相应的法条内容即可。

【答案】ABCD

94.【2016 年第 35 题】专利代理人甲、乙和丙三人欲在北京设立一家专利代理机构，下列说法哪些是正确的？

A. 甲、乙、丙仅能申请设立合伙制专利代理机构
B. 甲、乙、丙三人申请设立时的年龄均不得超过 60 周岁
C. 甲、乙、丙提交的证明材料应当是在申请设立前 6 个月内出具的证明材料
D. 甲、乙、丙应当直接向国家知识产权局提出设立专利代理机构的申请

【考点】设立专利代理机构

【分析】本题考查旧《专利代理管理办法》。根据旧《专利代理管理办法》第三条的规定，专利代理机构的组织形式为合伙制专利代理机构或者有限责任制专利代理机构。合伙制专利代理机构应当由 3 名以上合伙人共同出资发起，有限责任制专利代理机构应当由 5 名以上股东共同出资发起。合伙制专利代理机构的合伙人对该专利代理机构的债务承担无限连带责任；有限责任制专利代理机构以该机构的全部资产对其债务承担责任。因此，选项 A 正确。相对应的，新《专利代理管理办法》第十条规定，合伙企业形式的专利代理机构申请办理执业许可证的，应当具备下列条件：（一）有符合法律、行政法规和本办法第十四条规定的专利代理机构名称；（二）有书面合伙协议；（三）有独立的经营场所；（四）有两名以上合伙人；（五）合伙人具有专利代理师资格证，并有两年以上专利代理师执业经历。新《专利代理管理办法》第十一条规定，有限责任公司形式的专利代理机构申请办理执业许可证的，应当具备下列条件：（一）有符合法律、行政法规和本办法第十四条规定的专利代理机构名称；（二）有书面公司章程；（三）有独立的经营场所；（四）有五名以上股东；（五）五分之四以上股东以及公司法定代表人具有专利代理师资格证，并有两年以上专利代理师执业经历。

根据旧《专利代理管理办法》第五条的规定：专利代理机构的合伙人或者股东应当符合下列条件：（一）具有专利代理人资格；（二）具有 2 年以上在专利代理机构执业的经历；（三）能够专职从事专利代理业务；（四）申请设立专利代理机构时的年龄不超过 65 周岁；（五）品行良好。因此，选项 B 错误。根据新《专利代理管理办法》第十条、第十一条的规定，现行规定取消了合伙人或者股东的最高年龄限制。

根据旧《专利代理管理办法》第八条第三款的规定，上述证明材料应当是在申请设立专利代理机构或开办专利代理业务之前的 6 个月内出具的证明材料。因此，选项 C 正确。相对应的，根据新《专利代理管理办法》第十五条第二款规定，申请人应当对其申请材料实质内容的真实性负责。必要时，国家知识产权局可以要求申请人提供原件进行核实。法律、行政法规和国务院决定另有规定的除外。由此可知，现行规定取消了对证明材料出具期限的限制。

根据旧《专利代理管理办法》第九条的规定，设立专利代理机构的审批程序如下：（一）申请设立专利代理机构的，应当向其所在地的省、自治区、直辖市知识产权局提出申请。经审查，省、自治区、直辖市知识产权局认为符合本办法规定条件的，应当自收到申请之日起 30 日内上报国家知识产权局批准；认为不符合本办法规定条件的，应当自收到申请之日起 30 日内书面通知申请人。因此，选项 D 错误。相对应的，根据新《专利代理管理办法》第十六条的规定，申请材料不符合本办法第十五条规定的，国家知识产权局应当自收到申请材料之日起五日内一次告知申请人需要补正的全部内容，逾期未告知的，自收到申请材料之日起视为受理；申请材料齐全、符合法定形式，或者申请人按照要求提交全部补正申请材料的，应当受理该申请。受理或者不予受理申请的，应当书面通知申请人并说明理由。国家知识产权局应当自受理之日起十日内予以审核，对符合规定条件的，予以批准，向申请人颁发专利代理机构执业许可证；对不符合规定条件的，不予批准，书面通知申请人并说明理由。由此可知，现行规定压缩了审批时限。

需要注意的是，根据现行规定，本题的答案选 AC 不再合适，就备考而言，考生借助该考题复习新《专利代理管理办法》相应的法条内容即可。

【答案】 AC

95.【2016年第36题】专利代理人有下列哪些情形的应当受到惩戒？
A. 同时在两个以上专利代理机构执业的
B. 妨碍、阻挠对方当事人合法取得证据的
C. 干扰专利审查工作或者专利行政执法工作的正常进行的
D. 因过错给当事人造成重大经济损失的

【考点】 专利代理人惩戒

【分析】 本题考查《专利代理惩戒规则》（试行）第七条，该条规定，专利代理人有下列情形之一的，应当责令其改正，并给予本规则第五条规定的惩戒：（一）同时在两个以上专利代理机构执业的；（二）诋毁其他专利代理人、专利代理机构的，或者以不正当方式损害其利益的；（三）私自接受委托、私自向委托人收取费用、收受委托人财物、利用提供专利代理服务的便利牟取当事人争议的权益，或者接受对方当事人财物的；（四）妨碍、阻挠对方当事人合法取得证据的；（五）干扰专利审查工作或者专利行政执法工作的正常进行的；（六）专利行政部门的工作人员退休、离职后从事专利代理业务，对本人审查、处理过的专利申请案件或专利案件进行代理的；（七）泄露委托人的商业秘密或者个人隐私的；（八）因过错给当事人造成重大损失的；（九）从事其他违法业务活动的。因此，选项 ABCD 正确。

需要注意的是，《专利代理惩戒规则（试行）》已经作废，其部分内容整合到新《专利代理管理办法》第六章，本题考查的上述第七条内容未在新规定中体现。

【答案】 ABCD

96.【2015年第15题】关于委托专利代理机构办理专利事务，下列说法哪个是正确的？
A. 在中国内地没有营业所的澳门公司在中国申请专利的，可以不委托专利代理机构
B. 上海某国有企业作为第一署名申请人与某英国公司共同在中国申请专利的，应当委托专利代理机构
C. 在中国内地没有经常居所的香港人在中国申请专利的，应当委托专利代理机构
D. 委托专利代理机构申请专利的，仅限委托一家专利代理机构且不可更换

【考点】 委托专利代理

【分析】 根据《专利审查指南2010》第一部分第一章第6.1.1节的规定，在中国内地没有经常居所或者营业所的香港、澳门或者台湾地区的申请人向专利局提出专利申请和办理其他专利事务，或者作为第一署名申请人与中国内地的申请人共同申请专利和办理其他专利事务的，应当委托专利代理机构办理。因此，选项 A 错误，选项 C 正确。选项 B 中由于"上海某国有企业作为第一署名申请人"，所以可以不委托专利代理机构，因此，选项 B 错误。

根据《专利审查指南2010》第一部分第一章第6.7.2.4节的规定，申请人（或专利权人）更换专利代理机构的，应当提交由全体申请人（或专利权人）签字或者盖章的对原专利代理机构的解除委托声明以及对新的专利代理机构的委托书。因此，选项 D 错误。

【答案】 C

97.【2015年第35题】关于合伙制专利代理机构的设立，下列说法哪些是正确的？
A. 应当由3名以上合伙人共同出资发起
B. 应当具有不低于5万元人民币的资金
C. 作为另一专利代理机构的合伙人不满2年的，不得为新设立的专利代理机构的合伙人
D. 合伙人应当能够专职从事专利代理业务

【考点】 专利代理机构的设立

【分析】 本题考查旧《专利代理管理办法》。根据旧《专利代理管理办法》第三条第二款的规定，合伙制专利代理机构应当由3名以上合伙人共同出资发起。因此，选项 A 正确，选项 B 错误。相对应的，新《专利代理管理办法》第十条规定，合伙企业形式的专利代理机构申请办理执业许可证的，应当具备下列条件：（一）有符合法律、行政法规和本办法第十四条规定的专利代理机构名称；（二）有书面合伙协议；（三）有独立的经营场

所；（四）有两名以上合伙人；（五）合伙人具有专利代理师资格证，并有两年以上专利代理师执业经历。由此可知，现行规定将合伙制专利代理机构的合伙人数量从之前规定的三名降低到两名。

根据旧《专利代理管理办法》第六条第一款的规定，有下列情形之一的，不得作为专利代理机构的合伙人或股东：其中，（三）作为另一专利代理机构的合伙人或者股东不满2年的。因此，选项C正确。根据旧《专利代理管理办法》第五条的规定，专利代理机构的合伙人或者股东应当符合下列条件：其中，（三）能够专职从事专利代理业务。因此，选项D正确。相对应的，新《专利代理管理办法》第十三条规定，有下列情形之一的，不得作为专利代理机构的合伙人、股东：（一）不具有完全民事行为能力；（二）因故意犯罪受过刑事处罚；（三）不能专职在专利代理机构工作；（四）所在专利代理机构解散或者被撤销、吊销执业许可证，未妥善处理各种尚未办结的专利代理业务。专利代理机构以欺骗、贿赂等不正当手段取得执业许可证，被依法撤销、吊销的，其合伙人、股东、法定代表人自处罚决定作出之日起三年内不得在专利代理机构新任合伙人或者股东、法定代表人。由此可知，现行规定取消了对合伙人或股东作为另一专利代理机构的合伙人或者股东不满2年的限制。同时也规定了"不能专职在专利代理机构工作"的，不得作为专利代理机构的合伙人、股东。

需要注意的是，根据现行规定，本题的答案选ACD不再合适，就备考而言，考生借助该考题复习新《专利代理管理办法》相应的法条内容即可。

【答案】ACD

98.【2015年第36题】李某是某专利代理公司聘用的专职专利代理人，其在任职期间的下列哪些行为不符合相关规定？

A. 受该代理公司的指派，到一家制药公司从事专利事务方面的咨询
B. 以个人名义对来该代理公司任职之前完成的一项研究成果提出专利申请
C. 在该代理公司不知情的情况下利用业余时间接受张某的委托，从事专利代理业务
D. 与朋友私下交谈时提及了所代理的他人案件的发明创造的内容

【考点】专利代理人职业道德

【分析】本题考查旧《专利代理条例》。根据旧《专利代理条例》第八条的规定，专利代理机构承办下列事务：其中，（一）提供专利事务方面的咨询。因此，选项A符合规定。相对应的，新《专利代理条例》第十三条规定，专利代理机构可以接受委托，代理专利申请、宣告专利权无效、转让专利申请权或者专利权以及订立专利实施许可合同等专利事务，也可以应当事人要求提供专利事务方面的咨询。

根据旧《专利代理条例》第二十条的规定，专利代理人在从事专利代理业务期间和脱离专利代理业务后一年内，不得申请专利。因此，选项B不符合规定。相对应的，新《专利代理条例》第十八条规定，专利代理机构和专利代理师不得以自己的名义申请专利或者请求宣告专利权无效。

根据旧《专利代理条例》第十七条的规定，专利代理人必须承办专利代理机构委派的专利代理工作，不得自行接受委托。因此，选项C不符合规定。相对应的，新《专利代理条例》第十六条第二款规定，专利代理师不得同时在两个以上专利代理机构从事专利代理业务。

根据旧《专利代理条例》第二十三条的规定，专利代理人对其在代理业务活动中了解的发明创造的内容，除专利申请已经公布或者公告的以外，负有保守秘密的责任。因此，选项D不符合规定。相对应的，新《专利代理条例》第十七条规定，专利代理机构和专利代理师对其在执业过程中了解的发明创造的内容，除专利申请已经公布或者公告的以外，负有保守秘密的义务。

需要注意的是，就备考而言，考生借助该考题复习新《专利代理条例》相应的法条内容即可。

【答案】BCD

第二十条【向外申请专利】

任何单位或者个人将在中国完成的发明或者实用新型向外国申请专利的，应当事先报经国务院专利行政部门进行保密审查。保密审查的程序、期限等按照国务院的规定执行。

中国单位或者个人可以根据中华人民共和国参加的有关国际条约提出专利国际申请。申请人提出专利国际申

请的，应当遵守前款规定。

国务院专利行政部门依照中华人民共和国参加的有关国际条约、本法和国务院有关规定处理专利国际申请。

对违反本条第一款规定向外国申请专利的发明或者实用新型，在中国申请专利的，不授予专利权。

一、本条含义

本条第一款规定向外申请专利的保密审查，需要保密审查的对象有三个限定条件：一是发明创造为发明或实用新型，二是该发明或者实用新型是在中国完成，三是申请人就该发明或者实用新型向外国申请专利。本条第二款规定我国单位或者个人可以根据《专利合作条约》（PCT）提出国际申请，且就其在国内完成的发明或者实用新型提交国际申请的，应当遵守第一款的规定。本条第三款规定国家知识产权局处理国际申请的依据，即《专利合作条约》《专利法》《专利法实施细则》。本条第四款规定违反第一款保密审查要求的法律后果。

二、重点讲解

（一）向外申请专利的保密审查

1. "在中国完成的发明或者实用新型"的含义

专利法实施细则第八条第一款规定：专利法第二十条所称在中国完成的发明或者实用新型，是指技术方案的实质性内容在中国境内完成的发明或者实用新型。该款中"实质性内容"与专利法实施细则第十三条中"实质性特点"具有基本相同的含义。

专利法实施细则第十三条规定：专利法所称发明人或者设计人，是指对发明创造的实质性特点作出创造性贡献的人。在完成发明创造过程中，只负责组织工作的人、为物质技术条件的利用提供方便的人或者从事其他辅助工作的人，不是发明人或者设计人。

2. 保密审查请求的提出

《专利审查指南2010》第五部分第五章第6节规定向外国申请专利的保密审查。

根据专利法实施细则第八条的规定，任何单位或者个人将在中国完成的发明或者实用新型向外国申请专利的，应当采用下列方式之一请求专利局进行保密审查：

（1）直接向外国申请专利或者向有关国外机构提交专利国际申请的，应当事先向专利局提出请求，并详细说明其技术方案；

（2）向专利局申请专利后拟向外国申请专利或者向有关国外机构提交专利国际申请的，应当在向外国申请专利或者向有关国外机构提交专利国际申请前向专利局提出请求。

向专利局提交专利国际申请的，视为同时提出了保密审查请求。

上述规定中所述的向外国申请专利是指向外国国家或外国政府间专利合作组织设立的专利主管机构提交专利申请，向有关国外机构提交专利国际申请是指向作为PCT受理局的外国国家或外国政府间专利合作组织设立的专利主管机构或世界知识产权组织国际局提交专利国际申请。

3. 保密审查的程序

《专利审查指南2010》第五部分第五章第6.1节规定了准备直接向外国申请专利的保密审查。

（1）保密审查请求的提出。向外国申请专利保密审查请求的文件应当包括向外国申请专利保密审查请求书和技术方案说明书。请求书和技术方案说明书应当使用中文，请求人可以同时提交相应的外文文本供审查员参考。技术方案说明书应当与向外国申请专利的内容一致。技术方案说明书可以参照专利法实施细则第十七条的规定撰写，并符合本部分第一章的其他规定。

（2）保密审查。审查员对向外国申请专利保密审查请求文件进行初步保密审查。请求文件形式不符合规定的，审查员应当通知请求人该向外国申请专利保密审查请求视为未提出，请求人可以重新提出符合规定的向外国申请专利保密审查请求。技术方案明显不需要保密的，审查员应当及时通知请求人可以就该技术方案向外国申请专利。技术方案可能需要保密的，审查员应当将需作进一步保密审查、暂缓向外国申请专利的审查意见通知请求人。审查员发出向外国申请专利保密审查意见通知书，将上述审查结论通知请求人。

请求人未在其请求递交日起四个月内收到向外国申请专利保密审查意见通知书的，可以就该技术方案向外国申请专利。

已通知请求人暂缓向外国申请专利的,审查员应当作进一步保密审查,必要时可以邀请相关领域的技术专家协助审查。审查员根据保密审查的结论发出向外国申请专利保密审查决定,将是否同意就该技术方案向外国申请专利的审查结果通知请求人。

请求人未在其请求递交日起六个月内收到向外国申请专利保密审查决定的,可以就该技术方案向外国申请专利。

专利法实施细则第九条所称申请人未在其请求递交日起四个月或六个月内收到相应通知或决定,是指专利局发出相应通知或决定的推定收到日未在规定期限内。

《专利审查指南2010》第五部分第五章第6.2节规定了在国内申请专利后拟向外国申请专利的保密审查。

(1)保密审查请求的提出。申请人拟在向专利局申请专利后又向外国申请专利的,应当在提交专利申请同时或之后提交向外国申请专利保密审查请求书。未按上述规定提出请求的,视为未提出请求。向外国申请专利的内容应当与该专利申请的内容一致。

(2)保密审查。对提出向外国申请专利保密审查请求的专利申请,审查员应当参见本章第6.1.2节中的规定进行保密审查。

《专利审查指南2010》第五部分第五章第6.3节规定了国际申请的保密审查。

(1)保密审查请求的提出。申请人向专利局提交国际申请的,视为同时提出向外国申请专利保密审查请求。

(2)保密审查。国际申请不需要保密的,审查员应当按照正常国际阶段程序进行处理。国际申请需要保密的,审查员应当自申请日起三个月内发出因国家安全原因不再传送登记本和检索本的通知书,通知申请人和国际局该申请将不再作为国际申请处理,终止国际阶段程序。申请人收到上述通知的,不得就该申请的内容向外国申请专利。

4. 擅自向外申请专利的法律后果

根据本条第四款的规定,"对违反本条第一款规定向外国申请专利的发明或者实用新型,在中国申请专利的,不授予专利权"。

该款所述"不授予专利权"包括三种情况:一是在初步审查中发现申请人有违反本条第一款的情况而驳回其申请;二是在实质审查中发现申请人有违反本条第一款的情况而驳回该申请;三是在无效程序中因发现申请人有违反本条第一款的情况而宣告被授予的专利权无效,即专利法第二十条第一款是无效宣告理由。

(二)专利合作条约

1. 基本知识

《专利合作条约》(PCT)于1970年6月19日在华盛顿签署,1978年1月24日生效。尽管《巴黎公约》规定了国民待遇原则、优先权原则等有利于申请人在世界各国申请获得专利的制度,但是由于《巴黎公约》同时也规定了专利独立原则,申请人要想就同一项发明创造在多个成员国获得专利保护,就必须逐一在各成员国提出专利申请。为此,申请人需要熟悉各国的专利制度,准备各种语言的申请文本,办理各种申请手续。通过上述方式向各国申请专利,对申请人而言,负担相当沉重且很不方便。对各国专利局而言,则需要进行大量重复劳动。为了改变这一状况,在1966年巴黎联盟执行委员会会议上,美国提议签订一个在专利申请的受理和初步审查方面进行国际合作的条约。根据这一提议,经充分协商准备,1970年5月在华盛顿召开的《巴黎公约》成员国外交会议上缔结了PCT。现在,PCT已经成为各国申请人向不同国家申请专利的主要途径。按照该条约提出的申请称为国际申请(又称PCT申请)。

PCT国际申请的职能机构包括受理局(RO)、国际检索单位(ISA)、国际初步审查单位(IPEA)、国际局(IB)、指定局(DO)、选定局(EO)。

我国于1993年加入PCT,自1994年1月1日起该条约在我国正式施行,原中国专利局同时成为该条约规定的国际申请受理局、国际检索单位和国际初步审查单位。

PCT是个"非开放性"的国际公约,只有《巴黎公约》的成员国才能申请加入该条约。

(1)条约所称专利的范围。《专利合作条约》第二条之(ii)规定:

述及"专利"应解释为述及发明专利、发明人证书、实用证书、实用新型、增补专利或增补证书、增补发明人证书和增补实用证书。

（2）条约规定申请人的范围。《专利合作条约》第九条对申请人作出了规定：

（1）缔约国的任何居民或国民均可提出国际申请。

（2）大会可以决定，允许保护工业产权巴黎公约缔约国但不是本条约缔约国的居民或国民提出国际申请。

（3）居所和国籍的概念，以及这些概念在有几个申请人或者这些申请人对所有指定国并不相同的情形的适用，由细则规定。

《专利合作条约实施细则》第十八条对申请人的概念作了细化：

18.1 居所和国籍

（a）除（b）和（c）另有规定外，关于申请人是否如其所声明的是某一缔约国的居民或国民的问题，应取决于该国的本国法，并应由受理局决定。

（b）在任何情况下，

（i）在缔约国内拥有实际有效的工商业营业所，应认为在该国有居所；

（ii）按照某一缔约国的本国法成立的法人，应认为是该国的国民。

（c）如果国际申请是向作为受理局的国际局递交的，国际局在行政规程指明的情况下，应要求有关缔约国的国家局或者代表该国的国家局决定（a）所述的问题。国际局应将这种要求告知申请人。申请人应有机会直接向国家局提出意见。该国家局应迅速对上述问题作出决定。

18.3 两个或者两个以上申请人

如果有两个或者两个以上申请人，只要其中至少有一人根据条约第9条有权提出国际申请，就应认为有权提出国际申请。

（3）条约规定的国际申请制度的基本特点。根据PCT的规定，一件国际申请只要被受理并获得国际申请日，从国际申请日起就等同于申请人在所有成员国提出了专利申请。也就是说，国际申请在各成员国均被视为本国的专利申请，国际申请日被视为在各成员国（包括区域性专利组织）的申请日。因此，我国申请人通过提交国际申请并指定有关国家就可以达到在这些国家申请专利的目的，不需要在优先权期限内一一向这些国家提交专利申请（但必须在条约规定的自国际申请日起的30个月内向成员国或者地区专利组织提交进入该国或者地区专利组织的文件并缴纳相应的费用）。

PCT各成员国的国民或者居民当然有权提交国际申请。此外，即使某国没有参加PCT，只要该国参加了《巴黎公约》，经PCT条约成员国大会特别批准，该国的国民或者居民也可以提出国际申请。

需要注意的是，在PCT体系中不存在授权程序，它仅仅是申请程序，不存在国际专利或PCT专利。

2. 国际申请

（1）申请的提出。

① 国际申请的受理局。受理国际申请的国家局或者政府间组织被称为受理局。多数国家加入PCT条约后，其国家局即成为接受本国国民或者居民提交的国际申请的受理局。国际局作为受理局可以接受任何PCT成员国的国民或者居民提交的国际申请。

《专利合作条约实施细则》第19条第1款规定，在哪里申请：

国际申请应按照申请人的选择，

（i）向申请人是其居民的缔约国的或者代表该国的国家局提出；或

（ii）向申请人是其国民的缔约国的或者代表该国的国家局提出；

（iii）向国际局提出，而与申请人是其居民或国民的缔约国无关。

例如，在日本长期居住的中国公民，他可以向我国国家知识产权局提出申请，也可以向日本特许厅提出申请，还可以向国际局提出申请。

中国的国民或者居民可以向国家知识产权局提出国际申请，也可以向国际局提出国际申请。需要注意的是，如果直接向国际局提出国际申请，根据专利法第二十条第一款的规定，申请人应当事先请求国家知识产权局进行保密审查。

② 国际申请的语言。申请人应当使用主管受理局接受的语言准备申请文件。国家知识产权局作为受理局接收的申请语言有两种，即中文和英文。

《专利合作条约实施细则》第12条第1款规定，所接受的提出国际申请的语言：

（a）提出国际申请应使用受理局为此目的所接受的任何一种语言。

（b）每一个受理局对国际申请的提出应至少接受一种符合以下两个条件的语言：

（i）是国际检索单位所接受的语言，或在适用的情况下，是对该受理局受理的国际申请有权进行国际检索的至少一个国际检索单位所接受的语言；

（ii）是公布使用的语言。

③ 指定国。申请人在国际申请中指明的、要求对其发明给予保护的那些成员国即为指定国，指定国的国家局称为指定局。申请人按照 PCT 条约第二章选择了国际初步审查程序，在国际审查要求书中所指明的预定使用国际初步审查结果的成员国被称为选定国，选定国的国家局即为选定居。

④ 国际申请的申请文件。根据 PCT 条约的规定，任何成员国的法律在国际申请的内容和形式方面不能提出与 PCT 条约不同或者额外的要求。申请文件的标准化是 PCT 申请程序的优点之一。

国际申请的申请文件包括请求书、说明书、权利要求、附图和摘要。

请求书由国际局统一制定，通常每半年更新一次。

说明书应当对发明作出清楚、完整的说明，足以使本领域技术人员能够实施该发明。说明书最好按照技术领域、背景技术、发明内容、附图概述、本发明的最佳实施方式（或本发明的实施方式）、工业实用性 6 个部分的方式和顺序撰写，并建议在每一部分前加上相应的标题。如果国际申请中包含核苷酸或者氨基酸系列的内容，说明书中应当包括序列表，并应作为说明书的单独部分提交。应当注意，多数国际检索单位还要求申请人提供计算机可读形式的序列表。

权利要求应当以说明书为依据，清楚、简要的限定要求要求保护的范围。权利要求的项数应当适当，并用阿拉伯数字连续编号，在说明发明的技术特征时，除非绝对必要，不得使用"如说明书第……部分所述"或者"如附图第……图所示"的用语；如果国际申请有附图，在权利要求描述的技术特征后面最好加上有关该特征的引用标记，请求保护的主题应当以发明的技术特征来确定。

对于理解发明必要时，国际申请应当包含附图。流程图和图表应当作为附图，化学式或者数学式可以作为说明书、权利要求书的内容，也可以作为附图提交。除了在绝对必要时附图中可以包含少量文字注释之外，一般情况下附图中不应当含有文字内容。

摘要应当是说明书、权利要求书及附图所包含的公开内容的概括。摘要应当在内容允许的情况下尽可能简明，使用英文书写或者译成英文时最好在 50～150 个词。

⑤ 国际申请的费用。申请人在提交国际申请时，需要缴纳的费用包括国际申请费（外加国际申请超出 30 页部分的附加费）、传送费和检索费。三种费用都向受理局缴纳，其中传送费由受理局留存，检索费转交检索局，国际申请费转交国际局。所有费用均应在国际申请日起 1 个月内缴纳。

向作为国际申请的受理局的国家知识产权局提交国际申请的，国际申请费的标准为 8858 元人民币（国际申请文件超过 30 页的，每页加收 100 元），传送费的标准为 500 元；检索费的标准为 2100 元。

此外，申请人还可能需要缴纳恢复优先权要求的费用、请求受理局准备和传送优先权文件的费用等。

关于国际申请费，根据《专利合作条约》和《关于国际申请（PCT 申请）费用减、退、免方面有关事项的公告》的有关规定，申请人可于享有以下减免：

（i）当国际申请的所有申请人都是自然人，并且都属于国民人均年收入低于 3000 美元的国家的国民或者居民，可于减免国际申请费（外加国际申请超出 30 页部分的附加费）的 90%。中国的国民或者居民满足该项减免标准，即申请人为居住在中国大陆以及香港、澳门、台湾地区的中国公民可于享受此项减免。

（ii）如果申请人使用 PCT–SAFE 软件提交申请，根据所提交的格式的不同，国际申请费（外加国际申请超出 30 页部分的附加费）可于减免 100～300 瑞士法郎不等。

⑥ 国际申请的撤回。《专利合作条约实施细则》第 90 条之二规定了撤回，包括国际申请的撤回、指定的撤回、优先权要求的撤回、补充检索请求的撤回、国际初步审查要求书或者选定的撤回。

申请人可以自优先权日起 30 个月内撤回国际申请、指定、国际初步审查要求书或选定，期限届满之后提交的撤回请求将被视为未提出。撤回请求自提交至相应的国际单位时生效。

撤回请求应当由所有申请人签字。如果该申请委托了代理人，当提交了所有申请人签字的委托书后，代理人可以代表所有申请人在撤回请求上签字。

若撤回优先权引起优先权日的改变，则任何自原优先权日起计算尚未届满的期限，以改变后的优先权日重新计算。

（2）优先权。

① 优先权的要求。《专利合作条约实施细则》第4条第10款规定了优先权要求：

条约第8条（1）所述的声明（"优先权要求"），可以要求一个或多个在先申请的优先权，该在先申请是在保护工业产权巴黎公约的任何成员国提出的或者为该条约的任何成员国申请的，或者在不是该公约成员国的任何世界贸易组织成员提出的，或者为不是该公约成员国的任何世界贸易组织成员申请的。

在先申请的申请日应当在国际申请日之前的12个月内。申请人应当在请求书中正确指明在先申请的申请日、申请号以及受理该在先申请的国家名称或者地区组织名称或者世界贸易组织成员名称。

② 优先权的文件。根据《专利合作条约实施细则》第17条第1款的规定，要求优先权的，除以下两种情形外，申请人应当自优先权日起16个月内向受理局或者国际局提交优先权文件。

（i）如果受理局或国际局可以从电子图书馆取得优先权文件，申请人可以不提交优先权文件。

（ii）如果优先权文件是由受理局出具，申请人不提交优先权文件，而是可以请求受理局准备优先权文件并将该文件送交国际局。并且受理局还可以要求申请人为此缴纳费用。

如果申请人在国际阶段没有履行向受理局或者国际局提交优先权文件的义务，在国家阶段，指定局在宣布优先权视为未要求前应当给予申请人补交优先权文件的机会。

（3）国际申请日。

① 确定国际申请日的条件。《专利合作条约》第11条（1）规定：

受理局应以收到国际申请之日作为国际申请日，但以该局在收到申请时认定该申请符合下列要求为限：

（i）申请人并不因为居所或国籍的原因而明显缺乏向该受理局提出国际申请的权利；

（ii）国际申请是用规定的语言撰写；

（iii）国际申请至少包括下列项目：

（a）说明是作为国际申请提出的；

（b）至少指定一个缔约国；

（c）按规定方式写明的申请人的姓名或者名称；

（d）有一部分表面上看像是说明书；

（e）有一部分表面上看像是一项或几项权利要求。

② 国际申请日的效力。《专利合作条约》第11条（3）规定：

国际申请符合本条的要求，并已被给予国际申请日的，在每个指定国内自国际申请日起具有正规的国家申请的效力。国际申请日应认为是在每个指定国的实际申请日。

我国《专利法实施细则》第一百零二条规定，按照专利合作条约已确定国际申请日并指定中国的国际申请，视为向国务院专利行政部门提出的专利申请，该国际申请日视为专利法第二十八条所称的申请日。

③ 申请中缺陷的改正。《专利合作条约》第11条（2）规定：

（a）如果受理局在收到国际申请时认定该申请不符合本条（1）列举的要求，该局应按细则的规定，要求申请人提供必要的改正。

（b）如果申请人按细则的规定履行了上述的要求，受理局应以收到必要的改正之日作为国际申请日。

3. 国际检索

（1）国际检索单位。

① 国际检索的目的。根据《专利合作条约》第15条的规定，国际检索的目的，在于目录发现相关的现有技术，并在原始申请文件基础上提供关于新颖性、创造性以及工业实用性的初步、无约束的意见。

② 国际检索单位应满足的条件。《专利合作条约实施细则》第36条第1款规定了对国际检索单位的最低要求的定义：

（i）国家局或者政府间组织至少必须拥有100名具有足以胜任检索工作的技术资格的专职人员；

（ii）该局或者该组织至少必须拥有或能够利用本细则34所述的最低限度文献，并且为检索目的而妥善整理的载于纸件、缩微品或储存在电子媒介上；

（iii）该局或者该组织必须拥有一批工作人员，能够对所要求的技术领域进行检索，并且具有至少能够理解用来撰写或者翻译本细则 34 所述最低限度文献的语言的语言能力；

（iv）该局或该组织必须根据国际检索共同规则，设置质量管理系统和内部复查措施；

（v）该局或该组织必须被指定为国际初步审查单位。

③ 主管的国际检索单位。主管的国际检索单位由受理局指定。目前国际检索单位包括澳大利亚知识产权局、奥地利专利局、中国国家知识产权局、日本特许厅、韩国知识产权局、俄罗斯联邦工业产权局、西班牙专利商标局、瑞典专利与注册局、美国专利商标局、欧洲专利局和加拿大专利局。

④ 国际检索单位的程序。受理局可以指定一个或者多个国家检索单位负责对该局的受理的国际申请进行国际检索，有多个单位时，申请人可以自由选择。国家知识产权局作为受理局仅指定本局为主管国际检索单位。

如果国际申请是向作为受理局的国际局提出的，按照有权受理该国际申请的受理局所指定的主管国际检索单位来确定主管国际检索单位。中国的国民或者居民向国际局提出的国际申请，其主管国际检索单位是指国家知识产权局。

（2）国际检索报告。

① 国际检索的期限。根据《专利合作条约实施细则》第 42 条第 1 款的规定，国际检索报告的完成期限为自国际检索单位收到检索本起 3 个月或自优先权日起 9 个月，以后届满的期限为准。

例如，某国际申请的国际申请日为 2009 年 10 月 26 日，该申请未要求优先权，国际检索单位收到检索本的日期为 2010 年 1 月 26 日，自收到检索本起 3 个月的日期为 2010 年 4 月 26 日，自优先权日起 9 个月的日期为 2010 年 7 月 26 日，则应在 2010 年 7 月 26 日前完成国际检索报告。

② 国际检索的领域。《专利合作条约实施细则》第 33 条第 2 款规定了国际检索应覆盖的领域。

（a）国际检索应覆盖可能包含与发明有关的材料的所有技术领域，并应在所有那些检索文档的基础上进行。

（b）因此，不仅应检索发明所属分类的技术领域，还应检索与该发明类似的技术领域，而不管该类似的技术领域分类在哪个领域。

（c）在任何特定的申请案中，对于什么领域应认为与发明类似，应根据看来是该发明的必要实质性功能或者用途来考虑，而不仅是根据该国际申请中明确写明的特定功能来考虑。

（d）国际检索应包括通常被认为与要求保护的发明主题的全部或者部分特征等同的所有主题，即使在其细节方面，国际申请中所描述的发明与上述主题并不相同。

③ 最低限度文献。根据《专利合作条约实施细则》第 34 条第 1 款的规定，最低限度文献包括：（i）国家专利文献，在 1920 年和该年以后由法国、前德国专利局、日本、前苏联、瑞士（只限于使用法语和德语）、英国和美国颁发的专利及公布的专利申请；德意志联邦共和国、韩国和俄罗斯联邦颁发的专利及在 1920 年和该年以后公布的专利申请；1920 年以后在任何其他国家用英语、法语、德语或者西班牙语颁发的专利或者公布的专利申请；（ii）公布的国际（PCT）申请，公布的地区专利申请和发明人证书申请，以及公布的地区专利和发明人证书；（iii）公布的其他非专利文献，这些非专利文献应经各国际检索单位同意，并由国际局在首次同意时以及在任何时候变化时以清单公布。

中国专利文献目前不属于最低限度文献，国家知识产权局作为国际检索单位进行国际检索时，除了检索最低限度文献外，还可以扩展到中国专利文献及其他文献。

④ 国际检索报告的格式。根据《专利合作条约实施细则》第 43 条的规定，国际检索报告的内容包括标明、日期、分类、语言、引证、检索的领域、明显错误更正 考虑、关于发明单一性的说明、授权官员、附加内容和格式，国际检索报告表格式的形式要求应由行政规程规定。

⑤ 国际检索单位的书面意见。《专利合作条约实施细则》第 43 条之二规定，国际检索单位应当在其作出国际检索报告（或宣布不作出国际检索报告）的同时就以下内容作出书面意见：（i）该要求保护的发明是否看起来是新的，包含创造性（非显而易见性），并且能在工业上应用；（ii）根据该国际检索单位的检查，该国际申请是否符合条约和本细则的要求。

应当注意的是，如果国际申请的申请人没有启动国际初步审查程序，国际局代表国际检索单位将书面意见转化为专利性国际初步报告，并按照规定传送给申请人和各指定局，供其参考；如果国际申请的申请人启动国际初步审查程序，国际检索单位的书面意见将被视为国际初步审查单位的首次书面意见，申请人应当在国际初步审查程序中就该意见向国际初步审查单位提交答复。

（3）权利要求书的修改。

① 允许提出修改的期限。《专利合作条约》第19条（1）规定：

申请人在收到国际检索报告后，有权享受一次机会，在规定的期限内对国际申请的权利要求向国际局提出修改。申请人可以按细则的规定同时提出一项简短声明，解释上述修改并指出其对说明书和附图可能产生的影响。《专利合作条约实施细则》第46条第1款规定：

条约第19条所述的期限应为自国际检索单位将国际检索报告传送给国际局和申请人之日起2个月，或者自优先权日起16个月，以后到期者为准，但国际局在适用的期限届满后收到根据条约第19条所作修改的，如果该修改在国际公布的技术准备工作完成之前到达国际局，应认为国际局已在上述期限的最后一日收到该修改。

② 修改的提交。《专利合作条约实施细则》第46条第2款规定：

根据条约第19条所作的修改应直接向国际局提出。

③ 修改的要求。《专利合作条约》第19条（2）、（3）规定：

（2）修改不应超出国际申请提出时对发明公开的范围。

（3）如果指定国的本国法准许修改超出上述公开范围，不遵守本条（2）的规定在该国不应产生任何后果。

4. 国际公布

（1）国际公布的期限。

《专利合作条约》第21条（2）规定：

（a）除本款（b）和第64条（3）❶规定的例外以外，国际申请的国际公布应在自该申请的优先权日起满18个月后迅速予以办理。

（b）申请人可以要求国际局在本款（a）所述的期限届满之前的任何时候公布其国际申请。国际局应按照细则的规定予以办理。

（2）国际公布的语言。《专利合作条约实施细则》第48条第3款规定了公布语言：

（a）如果国际申请是用阿拉伯语、中文、英语、法语、德语、日语、韩语、葡萄牙语、俄语或者西班牙语（"公布语言"）提出的，该申请应以其提出时使用的语言公布。

（b）如果国际申请未使用一种公布语言提出，并且已根据本细则12.3或者12.4提交了翻译成公布语言的译文，则该申请应以该译文的语言公布。

（c）如果国际申请是用英语以外的一种语言公布的，根据本细则48.2（a）（v）的规定公布的国际检索报告或者条约第17条（2）（a）所述的宣布，发明的名称、摘要以及摘要附图所附的文字都应使用这种语言和英语公布。如果申请人没有提交根据本细则12.3的译文，译文应由国际局负责准备。

（3）国际公布的要求。《专利合作条约》第21条（3）、（4）、（6）规定：

（3）国际检索报告或第17条（2）（a）❷所述的宣布应按细则的规定予以公布。

（4）国际公布所用的语言和格式以及其他细节，应按照细则的规定。

（6）如果国际局认为国际申请含有违反道德或公共秩序的词句或附图，或者国际局认为国际申请含有细则所规定的贬低性陈述，国际局在公布时可以删去这些词句、附图和陈述，同时指出删去的文字或附图的位置和字数或号数。根据请求，国际局提供删去部分的副本。

（4）不予公布和提前公布。国际申请不进行国际公布包括以下两种情况：第一，国际申请在其公布的技术准备完成以前被撤回或被视为撤回［《专利合作条约》第21条（5）］；第二，国际申请的指定仅仅包括美国的情况。

申请人可以选择有条件的撤回，即在不能确保撤回通告是否能及时到达国际局的情况下，可以在撤回通告上注明，只有在能够避免国际公布的情况下才撤回申请。

根据《专利合作条约》第21条（2）（b）的规定，申请人可以要求国际局在自该申请的优先权日起满18个月的届满之前的任何时候公布其国际申请。国际局应按照细则的规定予以办理。

---

❶ 《专利合作条约》第64条（3）就保留问题作了规定。
❷ 《专利合作条约》第17条（2）（a）规定了国际检索单位宣布不作出国际检索报告的情形。

根据《专利合作条约实施细则》第 48 条第 4 款的规定，如果申请人要求提前国际公布时国际局已经收到国际检索报告（或者宣告不作出国际检索报告），则不收取任何费用；否则，国际局收取特别公布费。

（5）公布文件的传送。国际申请经国际公布后，国际局将国际公布的内容传送给每一个指定局和申请人。

《专利合作条约》第 25 条（1）规定：

（a）如果受理局拒绝给予国际申请日，或者宣布国际申请已被视为撤回，或者如果国际局已经按第 12 条（3）作出认定，国际局应该根据申请人的请求，立即将档案中任何文件的副本送交申请人指明的任何指定局。

（b）如果受理局宣布对某一国家的指定已被视为撤回，国际局应该根据申请人的请求立即将档案中任何文件的副本送交该国的国家局。

（c）按照（a）或（b）的请求应在规定的期限内提出。

（6）国际公布的效力。国际公布的效力主要是指在国际公布之后在指定国可能享有临时保护的权利。但是，国际公布在指定国的这种效力从何产生，《专利合作条约》允许各国的本国法有不同的规定。

《专利合作条约》第 29 条规定了国际公布的效力。

（1）就申请人在指定国的任何权利的保护而言，国际申请的国际公布在该国的效力，除（2）至（4）另有规定外，应与指定国本国法对未经审查的本国申请所规定的强制国家公布的效力相同。

（2）如果国际公布所使用的语言和在指定国按本国法公布所使用的语言不同，该本国法可以规定本条（1）规定的效力仅从下列时间起才能产生：

（i）使用后一种语言的译本已经按本国法的规定予以公布；或者

（ii）使用后一种语言的译本已经按本国法的规定通过公开展示而向公众提供；或者

（iii）使用后一种语言的译本已经由申请人送达实际的或未来的未经授权而使用国际申请中请求保护的发明的人；或者

（iv）上列（i）和（iii）所述的行为，或（ii）和（iii）所述的行为已经发生。

（3）如果根据申请人的要求，在自优先权日起的 18 个月期限届满以前国际申请已经予以国际公布，任何指定国的本国法可以规定，本条（1）规定的效力只有自优先权日起 18 个月期限届满后才能产生。

（4）任何指定国的本国法可以规定，本条（1）规定的效力，只有自按第 21 条公布的国际申请的副本已为该国的或代表该国的国家局收到之日起才能产生。该局应将收到副本的日期尽快在其公报中予以公布。

5. 国际初步审查

国际初步审查是一个可选择的程序，不具有强制性。

（1）国际初步审查的提出。

① 国际初步审查要求书。根据《专利合作条约实施细则》第 53 条的规定，国际初步审查要求书包括请求、有关申请人和代理人（有代理人时）的记载、有关所涉及的国际申请的记载以及在适用的情况下，有关修改的声明。

② 提出的时间。根据《专利合作条约实施细则》第 54 条之二的规定，如果申请人要求进行国际初步审查，申请人应当自传送国际检索报告和书面意见之日起 3 个月内或者自优先权日起 22 个月内（以后届满的期限为准）向主管国际初步审查单位提出国际初步审查要求书。

如果错误的交到其他国际单位，该要求书将被转送到或通过国际局转送到主管国际初步审查单位。

③ 国际初步审查单位。国际初步审查单位由受理局指定。受理局可以指定一个或者多个国际初步审查单位，有多个单位时，申请人可以作出选择。国家知识产权局作为受理局仅指定本局作为主管国际初步审查单位。

国际初步审查单位与国际检索单位相同，目前国际初步审查单位包括澳大利亚知识产权局、奥地利专利局、中国国家知识产权局、日本特许厅、韩国知识产权局、俄罗斯联邦工业产权局、西班牙专利商标局、瑞典专利与注册局、美国专利商标局、欧洲专利局和加拿大专利局。

④ 费用。根据《专利合作条约实施细则》第 57 条的规定，国际申请的申请人要求进行国际初步审查的，应当在自优先权日起的 19 个月内向国际初步审查单位提出，而且必须按照规定的格式和语言提交，并缴纳初步审查费和手续费。手续费由国际初步审查单位收取后转交国际局。

国家知识产权局收取的国际初步审查费的标准为 1500 元，代收的手续费标准为 1332 元。申请人必须在请求中说明申请人准备在哪些指定国中使用国际初步审查的结果（这些国家被称为'选定国'），这些选定国必须是受 PCT 第 2 章约束的成员国。国际初步审查单位或者国际局应当将选定通知所有被选定的国家。

（2）国际初步审查。

① 国际初步审查的目的。国际初步审查的目的在于，对于国际申请中要求保护的发明看来是否具备新颖性、创造性和工业实用性提供初步的、无约束力的意见，并作出国际初步审查报告即专利性国际初步报告。所谓"初步""无约束力"是指该意见中不允许包含关于请求保护的发明按照某一国的本国法可否获得专利的说明，授予或者不授予专利的结论只能由国家阶段的国家或地区局作出。

国际初步审查的目的与国际检索的目的出现的部分重合，即都需要就国际申请是否具备新颖性、创造性和工业实用性提供初步的、无约束力的意见，但是，国际检索阶段作出的意见是基于原始申请作出，而国际初步审查阶段作出的意见是基于申请人提出的修改或者答复的基础上作出。

② 国际初步审查的标准。《专利合作条约》第 33 条（2）~（6）规定：

（2）为国际初步审查的目的，请求保护的发明如果是细则所规定的现有技术中所没有的，应认为具有新颖性。

（3）为国际初步审查的目的，如果按细则所规定的现有技术考虑，请求保护的发明在规定的相关日期对所属领域的技术人员不是显而易见的，它应被认为具有创造性。

（4）为国际初步审查的目的，请求保护的发明如果根据其性质可以在任何一种工业中制造或使用（从技术意义来说），应认为具有工业实用性。对"工业"一词应如同在保护工业产权巴黎公约中那样作最广义的理解。

（5）上述标准只供国际初步审查之用。任何缔约国为了决定请求保护的发明在该国是否可以获得专利，可以采用附加的或不同的标准。

（6）国际初步审查应考虑国际检索报告中引用的所有文件。该审查也可以考虑被认为与特定案件有关的任何附加文件。

③ 国际初步审查的期限。《专利合作条约实施细则》第 69 条第 2 款规定了国际初步审查的期限：

制定国际初步审查报告的期限应为以下最后到期期限届满之前：

（i）自优先权日起 28 个月；或

（ii）自本细则 69.1 规定的启动国际初步审查之时起 6 个月；或

（iii）自国际初步审查单位收到根据本细则 55.2 递交的译文之日起 6 个月。

④ 国际初步审查的程序。《专利合作条约实施细则》第 69 条第 1 款（a）规定了国际初步审查的启动。

除另有规定外，国际初步审查单位在得到以下全部文件后应启动国际初步审查：

（i）国际初步审查要求书；

（ii）应当缴纳的（全部）手续费和初步审查费，包括：在适用的情况下根据本细则 58 之二.2 所收取的滞纳金；和

（iii）国际检索报告或者国际检索单位根据条约第 17 条（2）（a）作出的关于将不制定国际检索报告的宣布，以及根据本细则 43 之二.1 所作出的书面意见。

根据《专利合作条约实施细则》第 68 条第 1~2 款的规定，如果国际初步审查单位认为国际申请不符合发明单一性要求，可以决定不通知申请人限制权利要求或者缴纳附加费，也可以决定通知申请人根据其自己选择限制权利要求或者缴纳附加费的。

（3）国际初步审查报告。

① 国际初步审查报告的内容。《专利合作条》第 35 条规定了国际初步审查报告：

（1）国际初步审查报告应在规定的期限内并按规定的格式写成。

（2）国际初步审查报告不应包括关于下列问题的说明，即请求保护的发明按照任何国家的本国法可以或看来可以取得专利或不可以取得专利。除（3）另有规定外，报告应就每项权利要求作出说明，即该权利要求看来是否符合第 33 条（1）至（4）为国际初步审查的目的所规定的新颖性、创造性（非显而易见性）和工业实用性的标准。说明中应附有据以认为能证明所述结论的引用文件的清单，以及根据案件的情况可能需要作出的解释。说明还应附有细则所规定的其他意见。

（3）（a）如果国际初步审查单位在作出国际初步审查报告时，认为存在着第 34 条（4）（a）所述的任何一种情况，该报告应说明这一意见及其理由。报告不应包括（2）所规定的任何说明。

（b）如果发现存在着第34条（4）（b）所述的情况，国际初步审查报告应对涉及的权利要求作出（a）所规定的说明，而对其他权利要求则应作出本条（2）规定的说明。

② 国际初步审查报告的传送。《专利合作条》第36条规定了国际初步审查报告的送交、翻译和送达。

（1）国际初步审查报告，连同规定的附件，应送交申请人和国际局。

（2）（a）国际初步审查报告及其附件应译成规定的语言。

（b）上述报告的译本应由国际局作出或在其承担责任的情况下作出，而上述附件的译本则应由申请人作出。

（3）（a）国际初步审查报告，连同其译本（按规定）以及其附件（用原来的语言），应由国际局送达每个选定局。

（b）附件的规定译本应由申请人在规定期限内送交各选定局。

（4）第20条（3）的规定比照适用于国际初步审查报告中引用而在国际检索报告中未引用的任何文件的副本。

完成国际初步审查报告的期限是自优先权日起28个月或者自启动审查之日起6个月内，以后届满的期限为准。国际初步审查单位完成国际初步审查报告后，应迅速分别将去传送给申请人和国际局，并由国际局将报告的副本传送给所有的选定局。

（4）国际初步审查阶段的修改。《专利合作条约》第34条（2）规定了国际初步审查阶段的修改：

（a）申请人有权口头和书面与国际初步审查单位进行联系。

（b）在国际初步审查报告作出之前，申请人有权依规定的方式，并在规定的期限内修改权利要求书、说明书和附图。这种修改不应超出国际申请提出时对发明公开的范围。

（c）除国际初步审查单位认为下列所有条件均已符合外，申请人应从该单位至少得到一份书面意见：

（i）发明符合第33条（1）所规定的标准；

（ii）经该单位检查，国际申请符合本条约和细则的各项要求；

（iii）该单位不准备按照第35条（2）最后一句提出任何意见。

（d）申请人可以对上述书面意见作出答复。

（三）国际申请进入中国国家阶段的特殊要求

申请人要想获得成员国的专利保护，仅仅是提交国际申请和要求国际初步审查是不够的，必须按照各成员国法律的规定进入该成员国的国家阶段，才可能在该成员国获得专利权。因此，目前仅仅存在"国际申请"，不存在"国际专利"。

申请人通过PCT途径提出国际申请后，希望获得中国的发明专利或者实用新型专利的，在完成国际阶段的程序后，应当根据专利法实施细则第一百零三条、专利法实施细则第一百零四条的规定，向国家知识产权局办理进入中国国家阶段（简称国家阶段）的手续，从而启动国家阶段的程序，才可能获得中国专利权。

1. 进入中国国家阶段的期限

专利法实施细则第一百零三条规定：

国际申请的申请人应当在专利合作条约第二条所称的优先权日（本章简称优先权日）起30个月内，向国务院专利行政部门办理进入中国国家阶段的手续；申请人未在该期限内办理该手续的，在缴纳宽限费后，可以在自优先权日起32个月内办理进入中国国家阶段的手续。

2. 进入中国国家阶段的手续

专利法实施细则第一百零四条规定，申请人依照本细则第一百零三条的规定办理进入中国国家阶段的手续的，应当符合下列要求：

（一）以中文提交进入中国国家阶段的书面声明，写明国际申请号和要求获得的专利权类型；

（二）缴纳本细则第九十三条第一款规定的申请费、公布印刷费，必要时缴纳本细则第一百零三条规定的宽限费；

（三）国际申请以外文提出的，提交原始国际申请的说明书和权利要求书的中文译文；

（四）在进入中国国家阶段的书面声明中写明发明创造的名称，申请人姓名或者名称、地址和发明人的姓名，上述内容应当与世界知识产权组织国际局（以下简称国际局）的记录一致；国际申请中未写明发明人的，在上述声明中写明发明人的姓名；

（五）国际申请以外文提出的，提交摘要的中文译文，有附图和摘要附图的，提交附图副本和摘要附图副本，附图中有文字的，将其替换为对应的中文文字；国际申请以中文提出的，提交国际公布文件中的摘要和摘要附图副本；

（六）在国际阶段向国际局已办理申请人变更手续的，提供变更后的申请人享有申请权的证明材料；

（七）必要时缴纳本细则第九十三条第一款规定的申请附加费。

符合本条第一款第（一）项至第（三）项要求的，国务院专利行政部门应当给予申请号，明确国际申请进入中国国家阶段的日期（以下简称进入日），并通知申请人其国际申请已进入中国国家阶段。

国际申请已进入中国国家阶段，但不符合本条第一款第（四）项至第（七）项要求的，国务院专利行政部门应当通知申请人在指定期限内补正；期满未补正的，其申请视为撤回。

（1）进入声明。根据专利法实施细则第一百零四条的规定，以中文提交进入中国国家阶段的书面声明，并且写明以下内容：发明创造的名称，以及申请人姓名或者名称、地址和发明人的姓名，上述内容应当与世界知识产权组织国际局（以下简称国际局）的记录一致；国际申请中未写明发明人的，在上述声明中写明发明人的姓名。

（2）缴纳费用。根据专利法实施细则第一百零四条的规定，进入中国国家阶段时需缴纳申请费、公布印刷费（要求获得发明专利的），必要时缴纳申请附加费、宽限费。

由国家知识产权局作为受理局受理的国际申请在进入国家阶段时免缴申请费及申请附加费。

（3）提交译文。根据专利法实施细则第一百零四条的规定，国际申请以外文提出的，提交原始国际申请的说明书和权利要求书的中文译文，以及摘要的中文译文，附图中有文字的，将其替换为对应的中文文字；国际申请以中文提出的，提交国际公布文件中的摘要和摘要附图副本。

《专利审查指南2010》第三部分第一章第3.2.1节规定，在国际阶段，国际申请说明书、权利要求书中包含有核苷酸和/或氨基酸序列，并且序列表是作为说明书单独部分提交的，在提交译文时，也应当将其作为说明书单独部分，并且单独编写页码。申请人还应当提交与该序列表一致的计算机可读形式的副本。如果提交的计算机可读形式的副本中记载的序列表与说明书中的序列表不一致，以说明书中的序列表为准。未提交计算机可读形式的副本，或者所提交的副本与说明书中的序列表明显不一致的，审查员应当发出补正通知书，通知申请人补正。期满未补正的，审查员应当发出视为撤回通知书。

序列表部分的自由文字内容已写入说明书的主要部分的，序列表部分的任何文字不需要翻译。

在国际阶段，国际申请说明书中包含纸页在400页以上的核苷酸和/或氨基酸序列表部分的，在进入国家阶段时可以只提交符合规定的计算机可读形式的序列表。

说明书中引用的计算机程序语言不需要翻译，引用的参考资料中的编者姓名、文献标题的翻译只要满足国家公布的要求即可。

（4）文件的形式要求。专利法实施细则第一百零六条规定：

国际申请在国际阶段作过修改，申请人要求以经修改的申请文件为基础进行审查的，应当自进入日起2个月内提交修改部分的中文译文。在该期间内未提交中文译文的，对申请人在国际阶段提出的修改，国务院专利行政部门不予考虑。

（5）提交日和缴费日的确定。国际申请在进入国家阶段时提交的各种文件和缴纳的费用以国家知识产权局收到日为提交日和缴费日。

（6）国际申请的效力。专利法实施细则第一百零五规定，

国际申请有下列情形之一的，其在中国的效力终止：

（一）在国际阶段，国际申请被撤回或者被视为撤回，或者国际申请对中国的指定被撤回的；

（二）申请人未在优先权日起32个月内按照本细则第一百零三条规定办理进入中国国家阶段手续的；

（三）申请人办理进入中国国家阶段的手续，但自优先权日起32个月期限届满仍不符合本细则第一百零四条第（一）项至第（三）项要求的。

依照前款第（一）项的规定，国际申请在中国的效力终止的，不适用本细则第六条的规定；依照前款第（二）项、第（三）项的规定，国际申请在中国的效力终止的，不适用本细则第六条第二款的规定。

（7）进入国家阶段后的主动修改。根据专利法实施细则第一百一十二条的规定，要求获得实用新型专利权的国际申请，申请人可以自进入日起2个月内对专利申请文件主动提出修改。要求获得发明专利权的国际申请，在

提出实质审查请求时以及在收到国务院专利行政部门发出的发明专利申请进入实质审查阶段通知书之日起的 3 个月内对申请文件主动提出修改。

需要注意的是，对于进入国家阶段的国际申请，虽然申请人在国际阶段和国家阶段有多次修改机会，但原始提交的国际申请文件具有法律效力，作为申请文件修改的法律依据，即专利法第三十三条中所说的"原说明书和权利要求书是指原始提交的国际申请的说明书、权利要求书和附图。"

（8）援引加入。《专利审查指南 2010》第三部分第一章第 5.3 节规定了援引加入。

专根据专利合作条约实施细则的规定，申请人在递交国际申请时遗漏了某些项目或部分，可以通过援引在先申请中相应部分的方式加入遗漏项目或部分，而保留原国际申请日。其中的"项目"是指全部说明书或者全部权利要求，"部分"是指部分说明书、部分权利要求或者全部或部分附图。

因中国对专利合作条约实施细则的上述规定作出保留，国际申请在进入国家阶段时，对于通过援引在先申请的方式加入遗漏项目或部分而保留原国际申请日的，专利局将不予认可。

对于申请文件中含有援引加入项目或部分的，如果申请人在办理进入国家阶段手续时在进入声明中予以指明并请求修改相对于中国的申请日，则允许申请文件中保留援引加入项目或部分。审查员应当以国际局传送的"确认援引项目或部分决定的通知书"（PCT/RO/114 表）中的记载为依据，重新确定该国际申请在中国的申请日，并发出重新确定申请日通知书。因重新确定申请日而导致申请日超出优先权日起十二个月的，审查员还应当针对该项优先权要求发出视为未要求优先权通知书。对于申请文件中含有援引加入项目或部分的，如果申请人在办理进入国家阶段手续时未予以指明或者未请求修改相对于中国的申请日，则不允许申请文件中保留援引加入项目或部分。审查员应当发出补正通知书，通知申请人删除援引加入项目或部分，期满未补正的，审查员应当发出视为撤回通知书。申请人在后续程序中不能再通过请求修改相对于中国的申请日的方式保留援引加入项目或部分。

（9）其他要求。专利法实施细则第一百零七条规定，

国际申请涉及的发明创造有专利法第二十四条第（一）项或者第（二）项所列情形之一，在提出国际申请时作过声明的，申请人应当在进入中国国家阶段的书面声明中予以说明，并自进入日起 2 个月内提交本细则第三十条第三款规定的有关证明文件；未予说明或者期满未提交证明文件的，其申请不适用专利法第二十四条的规定。

3. **生物材料样品的保藏**

（1）国际阶段保藏说明的效力。专利法实施细则第一百零八条第一款规定：

申请人按照专利合作条约的规定，对生物材料样品的保藏已作出说明的，视为已经满足了本细则第二十四条第（三）项的要求。申请人应当在进入中国国家阶段声明中指明记载生物材料样品保藏事项的文件以及在该文件中的具体记载位置。

（2）声明的补正。专利法实施细则第一百零八条第二款规定：

申请人在原始提交的国际申请的说明书中已记载生物材料样品保藏事项，但是没有在进入中国国家阶段声明中指明的，应当自进入日起 4 个月内补正。期满未补正的，该生物材料视为未提交保藏。

（3）提交保藏证明和存活证明。专利法实施细则第一百零八条第三款规定：

申请人自进入日起 4 个月内向国务院专利行政部门提交生物材料样品保藏证明和存活证明的，视为在本细则第二十四条第（一）项规定的期限内提交。

4. **涉及遗传资源的国际申请**

专利法实施细则第一百零九条规定：

国际申请涉及的发明创造依赖遗传资源完成的，申请人应当在国际申请进入中国国家阶段的书面声明中予以说明，并填写国务院专利行政部门制定的表格。

5. **优先权**

（1）国际阶段优先权要求的效力。专利法实施细则第一百一十条第一款规定：

申请人在国际阶段已要求一项或者多项优先权，在进入中国国家阶段时该优先权要求继续有效的，视为已经依照专利法第三十条的规定提出了书面声明。

需要注意的是，进入国家阶段不允许提出新的优先权要求。

（2）优先权要求的改正。专利法实施细则第三十一条规定：

申请人依照专利法第三十条的规定要求外国优先权的，申请人提交的在先申请文件副本应当经原受理机构证明。依照国务院专利行政部门与该受理机构签订的协议，国务院专利行政部门通过电子交换等途径获得在先申请文件副本的，视为申请人提交了经受理机构证明的在先申请文件副本。要求本国优先权，申请人在请求书中写明在先申请的申请日和申请号的，视为提交了在先申请文件副本。

要求优先权，但请求书中漏写或者错写在先申请的申请日、申请号和原受理机构名称中的一项或者两项内容的，国务院专利行政部门应当通知申请人在指定期限内补正；期满未补正的，视为未要求优先权。

要求优先权的申请人的姓名或者名称与在先申请文件副本中记载的申请人姓名或者名称不一致的，应当提交优先权转让证明材料，未提交该证明材料的，视为未要求优先权。

外观设计专利申请的申请人要求外国优先权，其在先申请未包括对外观设计的简要说明，申请人按照本细则第二十八条规定提交的简要说明未超出在先申请文件的图片或者照片表示的范围的，不影响其享有优先权。

（3）在先申请文件副本的提交。专利法实施细则第一百一十条第三款、第四款规定：

申请人在国际阶段已依照专利合作条约的规定，提交过在先申请文件副本的，办理进入中国国家阶段手续时不需要向国务院专利行政部门提交在先申请文件副本。

申请人在国际阶段未提交在先申请文件副本的，国务院专利行政部门认为必要时，可以通知申请人在指定期限内补交；申请人期满未补交的，其优先权要求视为未提出。

（4）国际阶段丧失优先权要求的恢复。《专利审查指南2010》第三部分第一章第5.2.5节规定优先权要求的恢复，国际申请在国际阶段发生过专利合作条约实施细则第26条之二.2的情形，由国际局或者受理局宣布过优先权要求视为未提出的，申请人在办理进入国家阶段手续的同时可以提出恢复优先权要求的请求，并且缴纳恢复费，对于申请人未向国际局提交过在先申请文件副本的，同时还应当附具在先申请文件副本作为恢复的依据。其条件是被视为未提出的优先权要求的有关信息连同国际申请一起公布过。进入国家阶段之后提出的恢复请求不予考虑。

国际申请在进入国家阶段后，由于下述情形之一导致视为未要求优先权的，可以根据专利法实施细则第六条的规定请求恢复要求优先权的权利：

① 申请人在国际阶段没有提供在先申请的申请号，进入声明中仍未写明在先申请的申请号。

② 要求优先权声明填写符合规定，申请人未在规定期限内提交在先申请文件副本或者优先权转让证明。

③ 要求优先权声明中在先申请的申请日、申请号和原受理机构名称中的一项或者两项内容与在先申请文件副本中记载的不一致。

④ 要求优先权声明填写符合规定，但未在规定期限内缴纳或者缴足优先权要求费。

有关恢复权利请求的处理，适用本指南第五部分第七章第6节的有关规定。

除以上情形外，其他原因造成被视为未要求优先权的，不予恢复。

（5）费用。专利法实施细则第一百一十条第二款规定：

申请人应当自进入日起2个月内缴纳优先权要求费；期满未缴纳或者未缴足的，视为未要求该优先权。

6. 国家公布

（1）公布的时间和文字。国家公布仅适用于进入中国的发明专利的国际申请。多数国际申请在自优先权日起满十八个月后进入国家阶段，不适用专利法第三十四条的规定。专利法实施细则第一百一十四条第一款规定：

对要求获得发明专利权的国际申请，国务院专利行政部门经初步审查认为符合专利法和本细则有关规定的，应当在专利公报上予以公布；国际申请以中文以外的文字提出的，应当公布申请文件的中文译文。

（2）国家公布的效力。专利法实施细则第一百一十四条第二款、第三款规定：

要求获得发明专利权的国际申请，由国际局以中文进行国际公布的，自国际公布日起适用专利法第十三条的规定；由国际局以中文以外的文字进行国际公布的，自国务院专利行政部门公布之日起适用专利法第十三条的规定。

对国际申请，专利法第二十一条和第二十二条中所称的公布是指本条第一款所规定的公布。

从上述两款可以得知，要求获得发明专利权的国际申请，获得专利法第十三条临时保护规定的时间起点是首次中文公布，可能是中文国际公布，也可能国家公布。然而，在专利法第二十一条保密责任和第二十二条抵触申请中的"公布"是指国家知识产权局所作的国家公布。

7. 分案

专利法实施细则第一百一十五条第一款规定：

国际申请包含两项以上发明或者实用新型的，申请人可以自进入日起，依照本细则第四十二条第一款的规定提出分案申请。

《专利审查指南2010》第三部分第二章第5.5节规定了单一性审查。

审查员应当注意，在申请人提出的作为审查基础的申请文件中，要求保护的发明是否存在缺乏单一性的多项发明。对于缺乏单一性的多项发明，需要核实以下内容：

（1）缺乏单一性的多项发明中是否包含了在国际阶段由于申请人没有应审查员要求缴纳因缺乏单一性所需的附加检索费或附加审查费，而导致未做国际检索或国际初步审查的发明。

（2）缺乏单一性的多项发明是否包含了申请人在国际阶段未缴纳附加检索费或附加审查费而表示放弃的发明（如申请人在国际阶段选择对某些权利要求加以限制而舍弃的发明）。

（3）对于存在上述（1）或（2）中的情形，国际单位作出的发明缺乏单一性的结论是否正确。

经审查认定国际单位所作出的结论是正确的，审查员应当发出缴纳单一性恢复费通知书，通知申请人在两个月内缴纳单一性恢复费。如果申请人在规定期限内未缴纳或未缴足单一性恢复费，并且也没有删除缺乏单一性的发明的，审查员应当发出审查意见通知书，通知申请人国际申请中上述未经国际检索的部分将被视为撤回，并要求申请人提交删除这部分内容的修改文本。审查员将以删除了该部分内容的文本继续审查。

对于申请人因未缴纳单一性恢复费而删除的发明，根据专利法实施细则第一百一十五条第二款、第四十二条第一款的规定，申请人不得提出分案申请。除此情形外，国际申请包含两项以上发明的，申请人可以依照专利法实施细则第一百一十五条第一款的规定提出分案申请。

经审查认定申请人提出的作为审查基础的申请文件中要求保护的主题不存在缺乏单一性问题，但是与国际单位所作出的结论不一致的，则应当对所有要求保护的主题进行审查。

在国际阶段的检索和审查中，国际单位未提出单一性问题，而实际上申请存在单一性缺陷的，参照本指南第二部分第六章的规定进行处理。

8. 中国国家阶段对国际阶段不予受理和视为撤回的复查

专利法实施细则第一百一十六条规定：

国际申请在国际阶段被有关国际单位拒绝给予国际申请日或者宣布视为撤回的，申请人在收到通知之日起2个月内，可以请求国际局将国际申请档案中任何文件的副本转交国务院专利行政部门，并在该期限内向国务院专利行政部门办理本细则第一百零三条规定的手续，国务院专利行政部门应当在接到国际局传送的文件后，对国际单位作出的决定是否正确进行复查。

《专利审查指南2010》第三部分第一章第5.11.1节规定：

根据专利合作条约的规定，允许申请人向作为指定局或选定局的专利局提出复查请求的情况是：

（1）受理局拒绝给予国际申请日，或者宣布国际申请已被认为撤回。

（2）国际局由于在规定期限内没有收到国际申请的登记本而宣布该申请被视为撤回。

复查请求应当自收到上述处理决定的通知之日起两个月内向专利局提出，请求中应当陈述要求复查的理由，同时附具要求进行复查处理决定的副本。国际局应申请人请求传送的有关档案文件的副本随后到达专利局。

9. 译文有误时专利权保护范围的确定

专利法实施细则第一百一十七条规定：

基于国际申请授予的专利权，由于译文错误，致使依照专利法第五十九条规定确定的保护范围超出国际申请的原文所表达的范围的，以依据原文限制后的保护范围为准；致使保护范围小于国际申请的原文所表达的范围的，以授权时的保护范围为准。

（四）相关专利国际条约

1. 国际承认用于专利程序的微生物保存布达佩斯条约

（1）中国参加条约的时间。《国际承认用于专利程序的微生物保存布达佩斯条约》，简称《微生物保存布达佩斯条约》或《布达佩斯条约》，是巴黎公约成员国缔结的专门协议之一。1977年4月28日，由布达佩斯外交会议通过，1980年9月26日修正。

1995年3月30日，中国政府向世界知识产权组织递交加入书。1995年7月1日，中国成为该条约国的成员国。

（2）签订条约的目的。《布达佩斯条约》第一条规定：

联盟的建立参加本条约的国家（以下称为"缔约国"）组成国际承认用于专利程序的微生物保存联盟。

（3）条约适用的范围。《布达佩斯条约》第二条：

在本条约和施行细则中，"专利"应解释为发明专利、发明人证书、实用证书、实用新型、增补专利或增补证书、增补发明人证书和增补实用证书。

（4）国际保藏单位。《布达佩斯条约》第六条规定了国际保存单位的资格。

（1）任何保存机构如要具备国际保存单位的资格，必须是设在缔约国领土上的，而且必须由该国做出该保存机构符合并将继续符合第（2）款所列各项要求条件的保证。上述保证也可由一政府间工业产权组织做出；在这种情况下，该保存机构必须设在该组织的成员国领土上。

（2）保存机构欲具有为国际保存单位的资格必须：

（i）连续存在；

（ii）拥有施行细则所规定的必要人员和设施，执行按照本条约承担的科学和管理的任务；

（iii）公正和客观；

（iv）对任何要求保存的交存人按照同样条件提供服务；

（v）按照施行细则的规定受理各种或某些类别的微生物的交存，审查其存活能力并予贮存；

（vi）按照施行细则的规定发给交存人存单，以及所要求的关于存活能力的声明；

（vii）按照施行细则的规定，遵守对所保存的微生物保密的规定；

（viii）按照施行细则规定的条件和手续提供所保存的任何微生物的样品。

（3）施行细则应规定在下述情况下采取的措施：

（i）如果一个国际保存单位对于所保存的微生物暂时或永久停止履行其职责，或者拒绝受理按照所作保证应受理的任何种类的微生物；

（ii）当终止或限制一个国际保存单位的国际保存单位资格时。

（5）微生物国际保存的承认与效力。《布达佩斯条约》第三条规定了微生物保存的承认与效力：

（1）（a）缔约国允许或要求保存用于专利程序的微生物的，应承认为此种目的而在任一国际保存单位所做的微生物保存。这种承认由该国际保存单位说明的保存事实和交存日期，以及承认提供的样品是所保存的微生物样品。

（b）任一缔约国均可索取由国际保存单位发出的（a）项所述保存的存单副本。

（2）就本条约和施行细则所规定的事务而言，任何缔约国均无须遵守和本条约及施行细则的规定不同的或另外的要求。

2. 国际专利分类斯特拉斯堡协定

（1）中国参加条约的时间。《国际专利分类斯特拉斯堡协定》简称《斯特拉斯堡协定》，是巴黎公约成员国间缔结的有关建立专利国际分类的专门协议之一。1971年3月24日在法国斯特拉斯签订，1979年10月2日修正。

1996年6月17日，中国政府向世界知识产权组织递交加入书。1997年6月19日，中国成为该协议的成员国。

（2）签订条约的目的。各缔约国，考虑到普遍采用一种统一的专利、发明人证书、实用新型和实用证书的分类系统，是符合全体的利益的，而且可能在工业产权领域建立较为密切的国际合作，有助于协调各国在该领域的立法工作。

（3）条约适用的范围。《国际专利分类斯特拉斯堡协定》第一条规定：

专门联盟的建立；国际分类法的采用适用本协定的国家组成专门联盟，对发明专利、发明人证书、实用新型和实用证书采用相同的分类法，即已知的"国际专利分类法"。

（4）国际专利分类法的语言。《国际专利分类斯特拉斯堡协定》第三条规定了本分类法的语言：

（1）本分类法应用英语和法语制定，两种文本均为同等的正本。

（2）本组织国际局（以下简称"国际局"）应与有关国家政府协商，或在各该政府提交的译文的基础上，或通过对本专门联盟或对本组织的预算不产生财政义务的其他任何方法，制定德语、日语、葡萄牙语、俄罗斯语、西班牙语以及本协定第七条所述大会指定的其他语言的正式文本。

（5）国际专利分类法的使用。《国际专利分类斯特拉斯堡协定》第四条规定了本分类法的使用：

（1）本分类法纯属行政管理性质。

（2）本专门联盟的每一国家有权将本分类法作为主要的分类系统或者作为辅助的分类系统使用。

（3）本专门联盟国家的主管机关应在以下文件上标明适用于第（Ⅰ）项所指文件涉及的发明的完整分类号：

（Ⅰ）该机关所颁发的专利证书、发明人证书、实用新型、实用证书及其有关的申请文件，不论是公布的或仅供公众查阅的，以及

（Ⅱ）官方期刊发表的关于第（Ⅰ）项所指文件的公布或供公众查阅的有关通知。

（4）在本协定签字时或在递交本协定批准书或加入书时：

（Ⅰ）任何国家都可以声明，在第（3）款所指仅供公众查阅的申请文件及其有关通知中，不承担标明组分类号或分组分类号，以及

（Ⅱ）任何国家不进行即时的或延迟的新颖性审查，以及在授予专利证书或其他保护形式的程序中没有规定现有技术检索的，可以声明在第（3）款所指文件和通知中不承担标明组分类号和分组分类号。如果上述情况仅在涉及某种保护形式或某些技术领域时才存在，有关国家可以在适用这些情况的范围内作出该项保留。

（5）分类号及其前面写明的"国际专利分类"或由第五条所述的专家委员会决定的缩写词，应用粗体字印刷，或以其他清晰可辨的方式，在包括这些符号的第（1）款（Ⅰ）项所述每一文件的上端标明。

（6）如本专门联盟的任何国家委托政府间机构授予专利的，应采取一切可能的措施，保证该机构依本条规定使用本分类法。

（6）专家委员会。《国际专利分类斯特拉斯堡协定》第五条规定了专家委员会：

（1）本专门联盟设立专家委员会，每一国家应派代表参加。

（2）（a）总干事应邀请以专利为其专业的、其成员至少有一国是本协定的缔约国的政府间组织，派观察员出席专家委员会的会议。

（b）总干事可以邀请，如经专家委员会请求，应该邀请其他政府间组织和非政府间国际组织派代表参加与其有关的讨论。

（3）专家委员会的职权如下：

（Ⅰ）修订本分类法；

（Ⅱ）向本专门联盟国家提出旨在便利本分类法的使用和促进本分类法的统一应用的建议；鮟鱇（Ⅲ）帮助促进对用于发明审查的文献进行重新分类的国际合作，特别要考虑发展中国家的需要；

（Ⅳ）在对本专门联盟或本组织的预算不产生财政义务的情况下，采取其他一切措施促进发展中国家应用本分类法；

（Ⅴ）有权设立小组委员会和工作组。

（4）专家委员会应制订自己的议事规程，该规程应允许第（2）款（a）项所指能在本分类法的发展中担任实质性工作的政府间组织参加小组委员会和工作组的会议。

（5）本专门联盟任何国家的主管机关、国际局、依第（2）款（a）项的规定有代表出席专家委员会会议的任何政府间组织，以及应专家委员会特别邀请对修订本分类法提出建议的任何其他组织，均可对本分类法提出修订建议。修订建议应递交国际局，国际局应在不迟于专家委员会开会审议上述建议前两个月提交专家委员会成员和观察员。

（6）（a）专家委员会的每个成员国应有一票表决权。

（b）专家委员会的决议需有出席并参加表决的国家的简单多数票。

（c）任何决议，如出席并参加表决的国家的五分之一国家认为会引起本分类法基本结构的改变，或需要进行大量重新分类工作的，应有出席并参加表决的国家的四分之三多数票。

（d）弃权不应视为投票。

3. 建立工业品外观设计国际分类洛迦诺协定

（1）中国参加条约的时间。《建立工业品外观设计国际分类洛迦诺协定》简称《洛迦诺协定》，是巴黎公约成员国间签订的专门协议之一，1968年10月4日在洛迦诺签订，1971年生效。

1996年6月17日，中国政府向世界知识产权组织递交加入书，1996年9月19日，中国成为该协定成员国。

（2）签订条约的目的。签订条约的目的在于建立统一的外观设计国际分类方法。

（3）条约适用的范围。本条约适用于工业品外观设计。

（4）工业品外观设计国际分类法的组成。《洛迦诺协定》第一条（3）规定，国际分类法应当包括：

(i) 大类和小类表；

(ii) 使用工业品外观设计的按字母顺序排列的商品目录，包括这些商品分成大类和小类的分类标记；

(iii) 用法说明。

（5）工业品外观设计国际分类法的语言。《洛迦诺协定》第一条（7）规定：

(a) 国际分类法应当使用英语和法语制定。

(b) 第五条所述大会可以指定的其他语言的国际分类法正式文本，应当由建立世界知识产权组织公约所述的知识产权国际局与有关国家政府协商后制定。

（6）工业品外观设计国际分类法的使用。《洛迦诺协定》第二条规定了国际分类法的使用和法定范围：

（1）除本协定规定的要求外，国际分类法纯属管理性质。然而，每个国家可以将其认为适当的法定范围归属于国际分类法。特别是本专门联盟各国对本国给予外观设计的保护性质和范围应当不受国际分类法的约束。

（2）本专门联盟的每一国家保留将国际分类法作为主要的分类系统或者作为辅助的分类系统使用的权利。

（3）本专门联盟国家的主管局应当在外观设计保存或注册的官方文件上以及在正式公布这些文件时在有关刊物上标明使用外观设计的商品所属国际分类法的大类和小类号

（4）在选择按字母顺序排列的商品目录中的用语时，专家委员会应相当谨慎，避免使用含有专有权的用语。但是按字母顺序排列的索引中所列的任何用语并不表示专家委员会对该用语是否含有专有权的意见。

（7）专家委员会。《洛迦诺协定》第三条规定了专家委员会：

（1）专家委员会应当承担第一条第（4）款、第（5）款和第（6）款所述的任务。本专门联盟的每一国家，在专家委员会都应当有代表，该委员会应当按照出席国家的简单多数所通过的议事规则进行组织。

（2）专家委员会应当依本专门联盟国家的简单多数票通过按字母顺序排列的商品目录和用法说明。

（3）对国际分类法的修正和补充的建议可以由本专门联盟的任何国家主管局或者由国际局提出。由主管局提出的任何建议应当由该局通知国际局。由主管局以及由国际局提出的建议应当由国际局在不迟于审议该建议的专家委员会会议开会前二个月送交专家委员会的每一成员。

（4）专家委员会关于国际分类法的修正和补充的决定应当由本专门联盟国家的简单多数通过。然而，如果决定涉及建立新的大类或者将一些商品由一个大类转移至另一个大类时，需要全体一致同意。

（5）每个专家应当有通过邮寄投票的权利。

（6）如果一个国家未指派代表参加专家委员会的一届会议，或者指派的专家在会议期间或者在专家委员会议事规则所规定的期间未参加投票，该有关国家应当认为已接受专家委员会的决定。

三、真题分析

99.【2019年第28题】某PCT国际申请有两个申请人，第一申请人的国籍和居所均为美国，第二申请人的国籍为韩国、居所为中国。下列说法错误的是？

A. 中国国家知识产权局不可以作为该国际申请的主管受理局

B. 美国专利商标局可以作为该国际申请的主管受理局

C. 申请人可以向国际局提交该国际申请

D. 韩国知识产权局可以作为该国际申请的主管受理局

【考点】受理局

【分析】根据《专利合作条约实施细则》第19条第1款的规定，在哪里申请：国际申请应按照申请人的选择，（i）向申请人是其居民的缔约国的或者代表该国的国家局提出；或（ii）向申请人是其国民的缔约国的或者代表该国的国家局提出；(iii) 向国际局提出，而与申请人是其居民或者国民的缔约国无关。根据《专利合作条约实施细则》第 19 条第 2 款的规定，如果有两个或者两个以上申请人，(i) 只要接受国际申请的国家局是一个缔约国的或者代表一缔约国的国家局，而且申请人中至少有一人是该缔约国的居民或国民，则应认为已经符合本细则 19.1 的要求；(ii) 只要申请人中至少有一人是某一缔约国的居民或国民，根据细则 19.1（a）(iii) 国际申请可以向国际局递交。因此，选项 A 的说法错误，选项 BCD 的说法正确。

【答案】A

100. 【2019 年第 29 题】由哪些国际检索单位作出国际检索报告的 PCT 国际申请，在进入中国国家阶段并提出实质审查请求时，只需要缴纳 80% 的实质审查费？

  A. 中国、美国、日本   B. 美国、日本、俄罗斯
  C. 日本、欧洲、瑞典   D. 日本、欧洲、瑞士

【考点】PCT 国际申请实质审查费减免

【分析】根据《国际申请（PCT 申请）费用减、退、免方面的规定》第二条（四）的规定，由欧洲专利局、日本特许厅和瑞典专利局三个国际检索单位作出国际检索报告的 PCT 申请，进入了中国国家阶段并提出实质审查请求的，减缴 20% 的实质审查费。因此，选项 C 正确。

【答案】C

101. 【2019 年第 40 题】关于专利申请的保密审查，下列说法正确的是？

  A. 就发明、实用新型、外观设计向外国申请专利或者证书的，应当事先报经国务院专利行政部门进行保密审查

  B. 任何中国单位或者个人完成的发明或者实用新型向外国申请专利的，应当事先报经国务院专利行政部门进行保密审查

  C. 申请人向国家知识产权局提出专利国际申请的，无须再提出保密审查请求

  D. 任何外国人或外国企业将在中国完成的发明或者实用新型向外国申请专利的，应当事先报经国务院专利行政部门进行保密审查

【考点】保密审查

【分析】专利法第二十条第一款规定，任何单位或者个人将在中国完成的发明或者实用新型向外国申请专利的，应当事先报经国务院专利行政部门进行保密审查。保密审查的程序、期限等按照国务院的规定执行。由此可知，保密审查的专利类型不包括外观设计，而且在中国完成的发明或者实用新型才需要进行保密审查，因此，选项 AB 错误，选项 D 正确。专利法实施细则第八条第二款规定，向国务院专利行政部门提交专利国际申请的，视为同时提出了保密审查请求。因此，选项 C 正确。

【答案】CD

102. 【2019 年第 96 题】如果申请人通过援引在先申请的方式在 PCT 国际申请中加入了递交申请时遗漏的部分，当该申请进入中国国家阶段时，下列说法正确的是？

  A. 申请人可以同时保留援引加入部分和原国际申请日

  B. 申请人希望保留援引加入部分的，应在办理进入国家阶段手续时在进入声明中予以指明并请求修改相对于中国的申请日

  C. 申请人希望保留原国际申请日的，不能保留援引加入部分

  D. 申请人可以在后续审查程序中，请求修改申请日以便保留援引加入的部分

【考点】援引加入

【分析】根据《专利审查指南 2010》第三部分第一章第 5.3 节的规定，对于申请文件中含有援引加入项目或部分的，如果申请人在办理进入国家阶段手续时在进入声明中予以指明并请求修改相对于中国的申请日，则允许申请文件中保留援引加入项目或部分。审查员应当以国际局传送的"确认援引项目或部分决定的通知书"（PCT/RO/114 表）中的记载为依据，重新确定该国际申请在中国的申请日，并发出重新确定申请日通知书。因重新确定申请日而导致申请日超出优先权日起十二个月的，审查员还应当针对该项优先权要求发出视为未要求优先权通知书。对于申请文件中含有援引加入项目或部分的，如果申请人在办理进入国家阶段手续时未予以指明或者未请求修改相对于中国的申请日，则不允许申请文件中保留援引加入项目或部分。审查员应当发出补正通知书，通知

申请人删除援引加入项目或部分，期满未补正的，审查员应当发出视为撤回通知书。申请人在后续程序中不能再通过请求修改相对于中国的申请日方式保留援引加入项目或部分。因此，选项 AD 错误，选项 BC 正确。

【答案】 BC

103.【2019 年第 97 题】关于 PCT 国际申请国际阶段的修改，下列说法正确的是？
A. 在国际检索报告传送给申请人之日起 2 个月内，申请人可依据专利合作条约第 19 条对权利要求书提出修改
B. 在国际公布的技术准备工作完成之前，申请人可依据专利合作条约第 19 条对说明书和附图提出修改
C. 在提出国际初步审查要求时，申请人可依据专利合作条约第 34 条对权利要求书提出修改
D. 在国际初步审查报告作出之前，申请人可依据专利合作条约第 34 条对说明书和附图提出修改

【考点】 PCT 国际申请国际阶段的修改

【分析】 根据《专利合作条约》第 19 条（1）的规定，申请人在收到国际检索报告后，有权享受一次机会，在规定的期限内对国际申请的权利要求向国际局提出修改。申请人可以按细则的规定同时提出一项简短声明，解释上述修改并指出其对说明书和附图可能产生的影响。根据《专利合作条约实施细则》第 46 条第 1 款的规定，条约第 19 条所述的期限应为自国际检索单位将国际检索报告传送给国际局和申请人之日起 2 个月，或者自优先权日起 16 个月，以后到期者为准，但国际局在适用的期限届满后收到根据条约第 19 条所作修改的，如果该修改在国际公布的技术准备工作完成之前到达国际局，应认为国际局已在上述期限的最后一日收到该修改。因此，选项 A 正确，选项 B 错误。

《专利合作条约》第 34 条（2）规定了国际初步审查阶段的修改：其中（b）在国际初步审查报告作出之前，申请人有权依规定的方式，并在规定的期限内修改权利要求书、说明书和附图。这种修改不应超出国际申请提出时对发明公开的范围。因此，选项 CD 正确。

【答案】 ACD

104.【2019 年第 98 题】某中国申请人于 2016 年 4 月 26 日就其在中国完成的一项发明创造用中文向国家知识产权局提交了一件 PCT 国际申请。下列说法哪些是正确的？
A. 该 PCT 国际申请是向国家知识产权局提出的，视为同时提出了保密审查请求
B. 国际公布应当以中文进行，并且发明的名称、摘要以及摘要附图所附的文字都应使用中文和英文公布
C. 申请人最迟应当在 2018 年 12 月 26 日前办理进入中国国家阶段的手续
D. 在办理进入中国国家阶段手续时，申请人可以暂不选择要求获得的专利类型

【考点】 PCT 国际申请

【分析】 根据专利法实施细则第八条第三款的规定，向国务院专利行政部门提交专利国际申请的，视为同时提出了保密审查请求。因此，选项 A 正确。

《专利合作条约实施细则》第 48 条第 3 款规定，（a）如果国际申请是用阿拉伯语、中文、英语、法语、德语、日语、韩语、葡萄牙语、俄语或者西班牙语（"公布语言"）提出的，该申请应以其提出时使用的语言公布。……（c）如果国际申请是用英语以外的一种语言公布的，根据本细则 48.2（a）（v）的规定公布的国际检索报告或者条约第 17 条（2）（a）所述的宣布，发明的名称、摘要以及摘要附图所附的文字都应使用这种语言和英语公布。因此，选项 B 正确。

根据专利法实施细则第一百零三条的规定，国际申请的申请人应当在专利合作条约第二条所称的优先权日起 30 个月内，向国务院专利行政部门办理进入中国国家阶段的手续；申请人未在该期限内办理该手续的，在缴纳宽限费后，可以自优先权日起 32 个月内办理进入中国国家阶段的手续。本题中，如果申请人缴纳宽限费，最迟应当在 2018 年 12 月 26 日之前，办理进入中国国家阶段的手续。因此，选项 C 正确。

根据《专利审查指南 2010》第三部分第一章第 3.1.2 节的规定，国际申请指定中国的，办理进入国家阶段手续时，应当选择要求获得的是"发明专利"或者"实用新型专利"，两者择其一。因此，选项 D 错误。

【答案】 ABC

105.【2019 年第 99 题】PCT 国际申请进入国家阶段时涉及单一性问题的，下列说法正确的是？
A. 在国际阶段的检索和审查中，国际单位未提出单一性问题的，国家知识产权局不能再提出存在单一性缺陷的问题

B. 在国际阶段的检索和审查中，国际单位未提出单一性问题，而实际上存在单一性缺陷的，国家知识产权局可以提出存在单一性缺陷的问题

C. 对于申请人因未缴纳单一性恢复费而删除的发明，申请人不得提出分案申请

D. 对于申请人因未缴纳单一性恢复费而删除的发明，申请人可以提出分案申请

【考点】单一性

【分析】根据《专利审查指南2010》第三部分第二章第5.5节的规定，对于申请人因未缴纳单一性恢复费而删除的发明，根据专利法实施细则第一百一十五条第二款、第四十二条第一款的规定，申请人不得提出分案申请。除此情形外，国际申请包含两项以上发明的，申请人可以依照专利法实施细则第一百一十五条第一款的规定提出分案申请。经审查认定申请人提出的作为审查基础的申请文件中要求保护的主题不存在缺乏单一性问题，但是与国际单位所作出的结论不一致的，则应当对所有要求保护的主题进行审查。在国际阶段的检索和审查中，国际单位未提出单一性问题，而实际上申请存在单一性缺陷的，参照本指南第二部分第六章的规定进行处理。根据《专利审查指南2010》第二部分第六章第3.1节的规定，一件申请有下列不符合单一性情况的，审查员应当要求申请人对申请文件进行修改（包括分案处理），使其符合单一性要求。因此，选项AD错误，选项BC正确。

【答案】BC

106.【2018年第17题】如果国际检索单位认为一件PCT国际申请没有满足发明单一性的要求，则下列说法错误的是：

A. 申请人未在规定期限内缴纳附加检索费的，则国际检索单位仅对该国际申请权利要求中首先提到的发明部分作出国际检索报告

B. 该申请提出国际初审的，国际初审单位对于没有作出国际检索报告的权利要求也需进行国际初步审查

C. 由于申请人未按国际单位的要求缴纳附加检索费或附加审查费，而导致该PCT申请部分权利要求未经国际检索或国际初步审查时，在进入中国国家阶段后，申请人要求将所述部分作为审查基础的，专利审查部门认为国际检索单位或者国际初步审查单位对发明单一性的判断正确的，应当通知申请人在指定期限内缴纳单一性恢复费

D. 在PCT申请进入中国国家阶段后，专利审查部门经审查认定申请人提出的作为审查基础的申请文件中要求保护的主题不存在缺乏单一性的问题，但是与国际单位所作出的结论不一致的，则应当对所有要求保护的主题进行审查

【考点】PCT国际申请

【分析】根据《专利合作条约》第17条的规定，(3)(a)如果国际检索单位认为国际申请不符合细则中规定的发明单一性的要求，该检索单位应要求申请人缴纳附加费。国际检索单位应对国际申请的权利要求中首先提到的发明（"主要发明"）部分作出国际检索报告；在规定期限内付清要求的附加费后，再对国际申请中已经缴纳该项费用的发明部分作出国际检索报告。因此，选项A的说法正确。

根据《专利合作条约》第34条的规定，(3)(a)如果国际初步审查单位认为国际申请不符合细则所规定的发明单一性要求，可以要求申请人选择对权利要求加以限制，以符合该要求，或缴纳附加费。(b)任何选定国的本国法可以规定，如果申请人按(a)规定选择对权利要求加以限制，国际申请中因限制的结果而不再是国际初步审查对象的那些部分，就其在该国的效力而言，应该认为已经撤回，除非申请人向该国的国家局缴纳特别的费用。(c)如果申请人在规定的期限内不履行本款(a)所述的要求，国际初步审查应就国际申请中看来是主要发明的那些部分作出国际初步审查报告，并在该报告中说明有关的事实。任何选定国的本国法可以规定，如果该国的国家局认为国际初步审查单位的要求是正当的，该国际申请中与主要发明无关的那些部分，就其在该国的效力来说，应认为已经撤回，除非申请人向该局缴纳特别的费用。根据《专利合作条约实施细则》第66.1条的规定，(e)对于没有作出过任何国际检索报告的发明的权利要求，不需进行国际初步审查。因此，选项B的说法错误。

根据专利法实施细则第一百一十五条第二款的规定，在国际阶段，国际检索单位或者国际初步审查单位认为国际申请不符合专利合作条约规定的单一性要求时，申请人未按照规定缴纳附加费，导致国际申请某些部分未经国际检索或者未经国际初步审查，在进入中国国家阶段时，申请人要求将所述部分作为审查基础，国务院专利行政部门认为国际检索单位或者国际初步审查单位对发明单一性的判断正确的，应当通知申请人在指定期限内缴纳单一性恢复费。期满未缴纳或者未足额缴纳的，国际申请中未经检索或者未经国际初步审查的部分视为撤回。因

此，选项C的说法正确。

根据《专利审查指南2010》第三部分第二章第5.5节的规定，经审查认定申请人提出的作为审查基础的申请文件中要求保护的主题不存在缺乏单一性问题，但是与国际单位所作出的结论不一致的，则应当对所有要求保护的主题进行审查。因此，选项D的说法正确。

【答案】B

107.【2018年第37题】某国内企业想就其最新研发的产品技术向中国及其在"一带一路"沿线的主要市场所在国申请专利，以下说法正确的有：

A. 该企业拟在向国家知识产权局申请专利后又向外国申请专利的，应当在提交专利申请同时或之后向国家知识产权局提交向外国申请专利保密审查请求书，向外国申请专利的内容应当与该专利申请的内容一致
B. 该企业未在其向外国申请专利保密审查请求书递交日起4个月内收到向外国申请专利保密审查通知的，可以就该技术方案向外国申请专利
C. 该企业未经国家知识产权局进行保密审查而直接向外国申请专利的，其在中国提出的专利申请不能被授予专利权
D. 该企业向国家知识产权局提交国际申请的，视为同时提出向外国申请专利保密审查请求，国际申请需要保密的，国家知识产权局审查部门应自申请日起3个月内向该企业发出因国家安全原因不再传送登记本和检索本的通知书

【考点】保密审查

【分析】《专利审查指南2010》第五部分第五章第6.2节规定，申请人拟在向专利局申请专利后又向外国申请专利的，应当在提交专利申请同时或之后提交向外国申请专利保密审查请求书。未按上述规定提出请求的，视为未提出请求。向外国申请专利的内容应当与该专利申请的内容一致。因此，选项A正确。

专利法实施细则第九条第一款规定，国务院专利行政部门收到依照本细则第八条规定递交的请求后，经过审查认为该发明或者实用新型可能涉及国家安全或者重大利益需要保密的，应当及时向申请人发出保密审查通知；申请人未在其请求递交日起4个月内收到保密审查通知的，可以就该发明或者实用新型向外国申请专利或者向有关国外机构提交专利国际申请。因此，选项B正确。

根据专利法第二十条第四款的规定，对违反本条第一款规定向外国申请专利的发明或者实用新型，在中国申请专利的，不授予专利权。因此，选项C正确。

《专利审查指南2010》第五部分第五章第6.3节规定，（1）保密审查请求的提出：申请人向专利局提交国际申请的，视为同时提出向外国申请专利保密审查请求。（2）保密审查：国际申请不需要保密的，审查员应当按照正常国际阶段程序进行处理。国际申请需要保密的，审查员应当自申请日起三个月内发出因国家安全原因不再传送登记本和检索本的通知书，通知申请人和国际局该申请将不再作为国际申请处理，终止国际阶段程序。申请人收到上述通知的，不得就该申请的内容向外国申请专利。因此，选项D正确。

【答案】ABCD

108.【2018年第47题】关于优先权的说法，哪些是错误的：

A. 申请人要求外国优先权的，必须在提出专利申请的同时在请求书中声明并同时提交在先申请文件副本
B. 申请人要求外国优先权的，其在先申请文件副本中记载的申请人与在后申请的申请人完全不一致的，应当在在后申请之日起3个月内提交优先权转让证明，否则优先权不成立
C. 申请人提出在后申请之前，其在先申请已被授予专利权的，本国优先权不能成立，申请人声明放弃已取得的在先申请专利权的情形除外
D. 申请人要求撤回优先权要求的，应当提交全体申请人或其代表人签字或者盖章的撤回优先权声明

【考点】优先权

【分析】根据专利法第三十条的规定，申请人要求优先权的，应当在申请的时候提出书面声明，并且在三个月内提交第一次提出的专利申请文件的副本；未提出书面声明或者逾期未提交专利申请文件副本的，视为未要求优先权。因此，选项A的说法错误。

根据《专利审查指南2010》第一部分第一章第6.2.1.4节的规定，要求优先权的在后申请的申请人与在先申请文件副本中记载的申请人应当一致，或者是在先申请文件副本中记载的申请人之一。申请人完全不一致，且

在先申请的申请人将优先权转让给在后申请的申请人的，应当在提出在后申请之日起三个月内提交由在先申请的全体申请人签字或者盖章的优先权转让证明文件。因此，选项 B 的说法正确。

根据专利法实施细则第三十二条第二款的规定，提出后一申请时，在先申请的主题有下列情形之一的，不得作为要求本国优先权的基础：（一）已经要求外国优先权或者本国优先权的；（二）已经被授予专利权的；（三）属于按照规定提出的分案申请的。《专利审查指南 2010》第一部分第一章第 6.2.2.1 节规定，在先申请和要求优先权的在后申请应当符合下列规定：……（3）该在先申请的主题，尚未授予专利权。……审查上述第（3）项时，以要求优先权的在后申请的申请日为时间判断基准。因此，选项 C 的说法错误。

根据《专利审查指南 2010》第一部分第一章第 6.2.3 节的规定，申请人要求撤回优先权要求的，应当提交全体申请人签字或者盖章的撤回优先权声明。因此，选项 D 的说法错误。

【答案】ACD

109.【2018 年第 63 题】对于 PCT 国际申请在国际申请阶段或进入中国国家阶段申请人所做的修改，以下哪些是允许的？

A. 申请人自国际检索单位向申请人和国际局传送国际检索报告之日起 2 个月、或者自优先权日起 16 个月向国际检索单位提交的权利要求书、说明书及附图的修改替换页

B. 申请人在提交国际初审请求书时，向国际初审单位提交的权利要求书、说明书及附图的修改替换页

C. 申请人在国际初审单位传送专利性国际初步报告制定之前，向国际初审单位提交的权利要求书、说明书及附图的修改替换页

D. 申请人在该 PCT 申请进入中国国家阶段时，提交的权利要求书、说明书及附图的修改替换页

【考点】专利申请文件的修改

【分析】根据《专利合作条约》第 19 条的规定，（1）申请人在收到国际检索报告后，有权享有一次机会，在规定的期限内对国际申请的权利要求向国际局提出修改。《专利合作条约实施细则》第 46 条第 1 款规定，条约第 19 条所述的期限应为自国际检索单位将国际检索报告传送给国际局和申请人之日起 2 个月，或者自优先权日起 16 个月，以后到期者为准，但国际局在适用的期限届满后收到根据条约第 19 条所作修改的，如果该修改在国际公布的技术准备工作完成之前到达国际局，应认为国际局已在上述期限的最后一日收到该修改。由此可知，根据《专利合作条约》第 19 条的修改，只能修改权利要求书，不能修改说明书及附图，因此，选项 A 错误。

《专利合作条约》第 34 条（2）（b）规定，在国际初步审查报告作出之前，申请人有权依规定的方式，并在规定的期限内修改权利要求书、说明书和附图。该修改最早可以随国际初步审查要求书一起提交，因此，选项 BC 正确。

根据《专利合作条约》第 28 条、第 41 条的规定，申请人应有机会在规定的期限内，向每个指定局/选定局提出对权利要求书、说明书和附图的修改。专利法实施细则第一百一十二条规定，要求获得实用新型专利权的国际申请，申请人可以自进入日起 2 个月内对专利申请文件主动提出修改。要求获得发明专利权的国际申请，适用本细则第五十一条第一款的规定。因此，选项 D 正确。

【答案】BCD

110.【2018 年第 64 题】国际申请进入中国国家阶段后被授予专利权，下列说法正确的是：

A. 由于译文错误，致使授权的权利要求书确定的保护范围超出国际申请原文所表达的范围的，应以授权时的保护范围为准

B. 由于译文错误，致使授权的权利要求书确定的保护范围超出国际申请原文所表达的范围的，应依据原文限制后的保护范围为准

C. 由于译文错误，致使授权的权利要求书确定的保护范围小于国际申请原文所表达的范围的，应以授权时的保护范围为准

D. 由于译文错误，致使授权的权利要求书确定的保护范围小于国际申请原文所表达的范围的，应以原文的保护范围为准

【考点】译文错误

【分析】专利法实施细则第一百一十七条规定，基于国际申请授予的专利权，由于译文错误，致使依照专利法第五十九条规定确定的保护范围超出国际申请的原文所表达的范围的，以依据原文限制后的保护范围为准；致

使保护范围小于国际申请的原文所表达的范围的，以授权时的保护范围为准。因此，选项 AD 错误，选项 BC 正确。

【答案】BC

111.【2018年第65题】一件国际申请日为 2016 年 3 月 23 日的 PCT 国际申请，在国际阶段提出了多项优先权要求，经审查合格后确定的优先权信息（优先权日为 2015 年 2 月 23 日）记载在该申请国际公布文本的扉页上，该 PCT 国际申请进入中国国家阶段后，以下说法正确的是：

A. 进入中国国家阶段的声明中写明的在先申请信息应当与该申请国际公布文本扉页中的记载一致，除非国际局曾向国家知识产权局传送通知书以表明其所涉及的优先权要求已经失去效力
B. 申请人认为国际阶段的优先权书面声明中某一事项存在书写错误的，可以在进入中国国家阶段的同时或自进入之日起两个月内提出改正请求
C. 在国际阶段中，要求优先权声明的填写符合规定，但由于未在规定期限内缴纳或缴足优先权要求费、而使其中要求的一项优先权被视为未要求，申请人可以在进入国家阶段后请求恢复该项优先权
D. 申请人在国际阶段没有提供在先申请的申请号的，应当在进入声明中写明

【考点】进入国家阶段的 PCT 国际申请的优先权要求

【分析】《专利审查指南 2010》第三部分第一章第 5.2.1 节规定，申请人应当在进入声明中准确地写明其在先申请的申请日、申请号及原受理机构名称。除下段所述情况外，写明的内容应当与国际公布文本扉页中的记载一致。审查员发现不一致时，可以以国际公布文本扉页中记载的内容为依据，依职权改正进入声明中的不符之处，并且及时通知申请人。国际局曾经向专利局传送的"撤回优先权要求通知书"（PCT/IB/317 表）或"优先权要求被认为未提出通知书"（PCT/IB/318 表）中所涉及的优先权要求应认为已经失去效力，不应写入进入声明中。不符合规定的，审查员应当针对该项优先权要求发出视为未要求优先权通知书。因此，选项 A 正确。

《专利审查指南 2010》第三部分第一章第 5.2.1 节规定，申请人在国际阶段没有提供在先申请的申请号的，应当在进入声明中写明。不符合规定的，审查员应当发出办理手续补正通知书，期满未答复或者补正后仍不符合规定的，审查员应当针对该项优先权要求发出视为未要求优先权通知书。申请人认为在国际阶段提出的优先权书面声明中某一事项有书写错误，可以在办理进入国家阶段手续的同时或者自进入日起两个月内提出改正请求。因此，选项 BD 正确。

《专利审查指南 2010》第三部分第一章第 5.2.5 节规定，国际申请在进入国家阶段后，由于下述情形之一导致视为未要求优先权的，可以根据专利法实施细则第六条的规定请求恢复要求优先权的权利：……（4）要求优先权声明填写符合规定，但未在规定期限内缴纳或者缴足优先权要求费。《专利审查指南 2010》第三部分第一章第 5.2.1 节规定，因中国对专利合作条约及其实施细则的有关规定作出保留，专利局对国际申请在国际阶段恢复的优先权（例如，国际申请日在该优先权日起十二个月之后、十四个月之内）不予认可，相应的优先权要求在中国不发生效力，审查员应当针对该项优先权要求发出视为未要求优先权通知书。本题中，申请日 2016 年 3 月 23 日在优先权日 2015 年 2 月 23 日起十二个月之后、十四个月之内，因此，选项 C 错误。

【答案】ABD

112.【2018年第66题】关于国际检索，下列说法正确的是：

A. 国际检索只能是在原始国际申请文件的基础上进行的
B. 如果在国际公布的技术准备工作完成前，国际局已得到国际检索报告，国际检索报告将随申请文件一起进行国际公布
C. 国际检索单位作出的书面意见随申请文件一起进行国际公布
D. 申请日为 2015 年 2 月 1 日的国际申请（未要求优先权），国际检索单位收到检索本的 2015 年 3 月 1 日，则完成国际检索报告及书面意见的期限为 2015 年 11 月 1 日

【考点】国际检索

【分析】根据《专利合作条约》第 14 条（3）的规定，国际检索应在权利要求书的基础上进行，并适当考虑到说明书和附图（如果有的话）。根据《专利合作条约》第 19 条的规定，（1）申请人在收到国际检索报告后，有权享有一次机会，在规定的期限内对国际申请的权利要求向国际局提出修改。由此可知，上述修改发生在国际检索之后，因此，选项 A 正确。

根据《专利合作条约实施细则》第48.2条（a）规定，国际申请的公布应包括：（v）除（g）另有规定外，国际检索报告或者条约第17条（2）（a）所述的宣布。《专利合作条约实施细则》第48.2条（g）的规定，如果在国际公布的技术准备工作完成时，尚不能得到国际检索报告，则扉页应当包括不能得到国际检索报告的说明，以及国际检索报告（在其可以得到时）将连同修订后的扉页另行公布的说明。因此，国际检索报告在国际公布的技术准备工作完成前已作出的，国际公布应当公布国际检索报告，选项B正确。

根据旧《专利合作条约实施细则》第44条之三关于有关书面意见保密性的规定，除非经申请人请求或许可，国际局和国际检索单位不应允许任何人或单位在自优先权日起30个月届满之前获得。但现行《专利合作条约实施细则》已经将该内容删除（2013年10月2日PCT联盟大会第44次修改），国际检索单位作出的书面意见随申请文件一起进行国际公布，自国际公布之日起国际检索单位作出的书面意见可为公众获得。因此，选项C正确。

根据《专利合作条约实施细则》第42条第1款的规定，国际检索报告的完成期限为自国际检索单位收到检索本起3个月或自优先权日起9个月，以后届满的期限为准。本题中，自申请日（2015年2月1日，没有优先权日，按照申请日）起9个月是申请日为2015年11月1日；自收到检索本日（2015年3月1日）起3个月是2015年6月1日，以后到期为准，则完成国际检索报告及书面意见的期限为2015年11月1日，因此，选项D正确。

【答案】ABCD

113.【2017年第9题】以下哪种情况不需要进行向外国申请专利的保密审查？
　　A. 外国公司将在中国完成的发明向外国申请专利
　　B. 外国个人将在中国完成的发明提交PCT国际申请
　　C. 中国公司将在中国完成的实用新型向外国申请专利
　　D. 中国个人将在中国完成的外观设计向外国申请专利

【考点】向外国申请专利的保密审查

【分析】根据专利法第二十条第一款的规定，任何单位或者个人将在中国完成的发明或者实用新型向外国申请专利的，应当事先报经国务院专利行政部门进行保密审查。保密审查的程序、期限等按照国务院的规定执行。根据专利法实施细则第八条第二款、第三款的规定，任何单位或者个人将在中国完成的发明或者实用新型向外国申请专利的，应当按照下列方式之一请求国务院专利行政部门进行保密审查：（一）直接向外国申请专利或者向有关国外机构提交专利国际申请的，应当事先向国务院专利行政部门提出请求，并详细说明其技术方案；（二）向国务院专利行政部门申请专利后拟向外国申请专利或者有关国外机构提交专利国际申请的，应当在向外国申请专利或者向有关国外机构提交专利国际申请前向国务院专利行政部门提出请求。向国务院专利行政部门提交专利国际申请的，视为同时提出了保密审查请求。

上述规定中的任何人单位或者个人包括中国单位、外国单位、中国个人和外国个人，其中发明创造类型仅限于发明和实用新型，并且直接向外国申请专利和提交PCT国际申请都需要保密审查。因此，选项ABC错误，选项D正确。

【答案】D

114.【2017年第10题】申请人于2017年6月1日通过邮局向国家知识产权局寄出一份PCT国际申请。国家知识产权局于2017年6月9日收到该申请。经审查发现，申请人提交了请求书、说明书和权利要求书，但未提交摘要，且未在请求书上签字。后申请人于2017年7月6日补交经申请人签字的请求书替换页，于2017年7月7日补交摘要，则该PCT申请的国际申请日是？
　　A. 2017年6月1日　　B. 2017年6月9日　　C. 2017年7月6日　　D. 2017年7月7日

【考点】国际申请日的确定

【分析】根据《专利合作条约》第11条（1）的规定，受理局应以收到国际申请之日作为国际申请日，但以该局在收到申请时认定该申请符合下列要求为限：（i）申请人并不因为居所或国籍的原因而明显缺乏向该受理局提出国际申请的权利；（ii）国际申请是用规定的语言撰写；（iii）国际申请至少包括下列项目：（a）说明是作为国际申请提出的；（b）至少指定一个缔约国；（c）按规定方式写明的申请人的姓名或者名称；（d）有一部分表面上看像是说明书；（e）有一部分表面上看像是一项或几项权利要求。

根据《专利合作条约》第14条（1）的规定，（a）受理局应检查国际申请是否有下列缺陷，即：（i）国际申请没有按细则的规定签字；（ii）国际申请没有按规定载明申请人的情况；（iii）国际申请没有发明名称；（iv）国际申请没有摘要；(v) 国际申请不符合细则规定的形式要求。(b) 如果受理局发现上述缺陷，应要求申请人在规定期限内改正该国际申请，期满不改正的，该国际申请即被认为撤回，并由受理局作相应的宣布。

本题中，申请人提交了请求书、说明书和权利要求书，根据《专利合作条约》第 11 条（1）的规定，即可确定国际申请日。根据《专利合作条约》第 14 条（1）的规定，补交摘要和经申请人签字的请求书替换页不会引起国际申请日的更改，因此，选项 ACD 错误，选项 B 正确。

【答案】B

115.【2017 年第 11 题】一件 PCT 国际申请，国际申请日是 2017 年 3 月 29 日，优先权日是 2016 年 4 月 11 日。国际检索单位于 2017 年 7 月 17 日将国际检索报告传送给国际局和申请人。根据专利合作条约第 19 条的规定，对权利要求书提出修改的最晚期限是？

A. 2017 年 8 月 11 日　　　B. 2017 年 9 月 17 日　　　C. 2017 年 10 月 15 日　　　D. 2018 年 2 月 11 日

【考点】权利要求书修改

【分析】根据《专利合作条约》第 19 条（1）的规定，申请人在收到国际检索报告后，有权享受一次机会，在规定的期限内对国际申请的权利要求向国际局提出修改。申请人可以按细则的规定同时提出一项简短声明，解释上述修改并指出其对说明书和附图可能产生的影响。根据《专利合作条约实施细则》第 46 条第 1 款的规定，条约第 19 条所述的期限应为自国际检索单位将国际检索报告传送给国际局和申请人之日起 2 个月，或者自优先权日起 16 个月，以后到期者为准，但国际局在适用的期限届满后收到根据条约第 19 条所作修改的，如果该修改在国际公布的技术准备工作完成之前到达国际局，应认为国际局已在上述期限的最后一日收到该修改。

本题中，优先权日即 2016 年 4 月 11 日起 16 个月为 2017 年 8 月 11 日，国际检索单位将国际检索报告传送给国际局和申请人之日即 2017 年 7 月 17 日起 2 个月为 2017 年 9 月 17 日，2017 年 9 月 17 日比 2017 年 8 月 11 日后到期，因此，选项 B 正确，选项 ACD 错误。

【答案】B

116.【2017 年第 12 题】PCT 国际申请在办理进入中国国家阶段手续时，如果核苷酸和/或氨基酸序列表部分纸页在（　　）以上，申请人可以只提交符合规定的计算机可读形式的序列表。

A. 100 页　　　B. 200 页　　　C. 300 页　　　D. 400 页

【考点】核苷酸和/或氨基酸序列表

【分析】根据《专利审查指南 2010》第三部分第一章第 3.2.1 节的规定，在国际阶段，国际申请说明书中包含纸页在 400 页以上的核苷酸和/或氨基酸序列表部分的，在进入国家阶段时可以只提交符合规定的计算机可读形式的序列表。因此，选项 ABC 错误，选项 D 正确。

【答案】D

117.【2017 年第 51 题】如果国际检索单位认为一件 PCT 国际申请没有满足发明单一性的要求，则下列说法哪些是正确的？

A. 申请人未在规定期限内缴纳检索附加费的，国际检索单位应当宣布不作出国际检索报告

B. 申请人在规定期限内缴纳检索附加费的，国际检索单位应当对国际申请的全部权利要求作出国际检索报告

C. 申请人在规定期限内缴纳检索附加费和异议费的，如果异议成立，检索附加费和异议费将被退回

D. 申请人未在规定期限内缴纳检索附加费的，且在进入中国国家阶段后，未按规定缴纳单一性恢复费的，申请人不得提出分案申请

【考点】分案申请

【分析】根据《专利合作条约》第 17 条的规定，(3)(a) 如果国际检索单位认为国际申请不符合细则中规定的发明单一性的要求，该检索单位应要求申请人缴纳附加费。国际检索单位应对国际申请的权利要求中首先提到的发明（"主要发明"）部分作出国际检索报告；在规定期限内付清要求的附加费后，再对国际申请中已经缴纳该项费用的发明部分作出国际检索报告。因此，选项 A 错误，选项 B 正确。

根据《专利合作条约实施细则》第 40.2 条的规定，(c) 任何申请人在缴纳附加费时可以提出异议，即附一说明理由的声明，说明该国际申请符合发明单一性的要求或者说明要求缴纳的附加费数额过高。该异议应由国际检索单位的一个三人委员会或者其他专门机构或者任何上级主管机关进行审查。并在其认为异议有理由的限度

内，命令将附加费的全部或者一部分退还申请人。……（e）如果申请人已根据（c）的规定在提出异议的情况下缴纳了附加费，国际检索单位可以在对通知缴纳附加费的理由进行了前置复查之后，要求申请人缴纳审查异议的费用（"异议费"）。异议费应在自通知申请人复查结果之日起一个月内缴纳。如果在该期限内没有缴纳异议费，该异议将被认为撤回。如果（c）所述的三人委员会、专门机构或者上级主管机关认为异议是完全有理由的，异议费应退还给申请人。因此，选项C正确。

根据《专利审查指南2010》第三部分第二章第5.5节的规定，对于申请人因未缴纳单一性恢复费而删除的发明，根据专利法实施细则第一百一十五条第二款、第四十二条第一款的规定，申请人不得提出分案申请。专利法实施细则第一百一十五条第二款规定，在国际阶段，国际检索单位或者国际初步审查单位认为国际申请不符合专利合作条约规定的单一性要求时，申请人未按照规定缴纳附加费，导致国际申请某些部分未经国际检索或者未经国际初步审查，在进入中国国家阶段时，申请人要求将所述部分作为审查基础，国务院专利行政部门认为国际检索单位或者国际初步审查单位对发明单一性的判断正确的，应当通知申请人在指定期限内缴纳单一性恢复费。期满未缴纳或者未足额缴纳的，国际申请中未经检索或者未经国际初步审查的部分视为撤回。因此，选项D正确。

【答案】 BCD

118.【2017年第52题】在PCT国际申请体系中，中国国家知识产权局承担以下哪些职能？

A. 受理PCT国际申请

B. 负责PCT国际申请的公布出版

C. 作为国际检索单位，制定国际检索报告

D. 作为国际初步审查单位，制定专利性国际初步报告

【考点】 国家知识产权局职能

【分析】 根据《关于中国实施专利合作条约的规定》第四条第一款的规定，专利局作为国际申请受理局，负责受理中国国民，或者在中国有经常居所或者营业所的外国人、外国企业或者外国其他组织提出的国际申请，并按照条约、条约实施细则和条约行政规程的规定对该国际申请进行检查和处理。因此，选项A正确。根据《专利合作条约》第21条（1）的规定，国际局应公布国际申请。因此，选项B错误。

根据《关于中国实施专利合作条约的规定》第九条第一款的规定，专利局作为国际申请的主管国际检索单位，应当按照条约、条约实施细则、条约行政规程以及专利局与国际局依照条约第十六条第三款签订的协议的规定对该申请进行国际检索。因此，选项C正确。根据《关于中国实施专利合作条约的规定》第十三条第一款的规定，专利局作为国际申请的主管国际初步审查单位，应当按照条约、条约实施细则、条约行政规程以及专利局与国际局根据条约第三十二条签订的协议的规定对国际申请进行国际初步审查。因此，选项D正确。

【答案】 ACD

119.【2017年第53题】根据《专利合作条约》的规定，允许申请人在国家阶段提出复查请求的情况包括？

A. 受理局拒绝给予国际申请日

B. 受理局宣布国际申请已被视为撤回

C. 国际检索单位宣布不作出国际检索报告

D. 国际局由于在规定期限内没有收到国际申请的登记本而宣布该申请被视为撤回

【考点】 国家阶段的复查请求

【分析】 根据《专利合作条约》第25条关于指定局复查的规定，（1）（a）如果受理局拒绝给予国际申请日，或者宣布国际申请已被视为撤回，或者如果国际局已经按照第12条（3）作出认定，国际局应该根据申请人的请求，立即将档案中任何文件的副本送交申请人指明的任何指定局。根据《专利合作条约》第12条的规定，（3）如果国际局在规定的期限内没有收到登记本，国际申请即视为撤回。因此，选项ABD正确，选项C错误。

【答案】 ABD

120.【2017年第54题】对于一件涉及生物材料的PCT国际申请，如果申请人请求进入中国国家阶段，则下列说法哪些是正确的？

A. 申请人应当在国际阶段对生物材料样品的保藏作出说明，包括保藏单位名称和地址、保藏日期、保藏编号

B. 申请人应当在进入声明中指明记载生物材料样品保藏事项的文件以及在该文件中的具体记载位置

C. 申请人未在进入声明中指明生物材料样品保藏事项的，应当自进入日起4个月内补正，期满未补正的，该申请视为撤回

D. 申请人应当自进入日起4个月内提交生物材料样品保藏证明和存活证明，期满未提交的，该申请视为撤回

【考点】生物材料

【分析】根据《专利合作条约实施细则》第13条之二3的规定，(a) 对保藏的生物材料的记载应说明下列事项：(i) 进行保藏的保藏单位的名称和地址；(ii) 在该单位保藏生物材料的日期；(iii) 该单位对保藏物给予的入藏号。因此，选项A正确。

根据专利法实施细则第一百零八条第一款的规定，申请人按照专利合作条约的规定，对生物材料样品的保藏已作出说明的，视为已经满足了本细则第二十四条第（三）项的要求。申请人应当在进入中国国家阶段声明中指明记载生物材料样品保藏事项的文件以及在该文件中的具体记载位置。因此，选项B正确。

根据专利法实施细则第一百零八条第二款的规定，申请人在原始提交的国际申请的说明书中已记载生物材料样品保藏事项，但是没有在进入中国国家阶段声明中指明的，应当自进入日起4个月内补正。期满未补正的，该生物材料视为未提交保藏。注意该款规定的不利后果是"该生物材料视为未提交保藏"，而不是"该申请视为撤回"。因此，选项C错误。

专利法实施细则第一百零八条第三款规定，申请人自进入日起4个月内向国务院专利行政部门提交生物材料样品保藏证明和存活证明的，视为在本细则第二十四条第（一）项规定的期限内提交。专利法实施细则第二十四条第（一）项规定，在申请日前或者最迟在申请日（有优先权的，指优先权日），将该生物材料的样品提交国务院专利行政部门认可的保藏单位保藏，并在申请时或者最迟自申请日起4个月内提交保藏单位出具的保藏证明和存活证明；期满未提交证明的，该样品视为未提交保藏。注意该规定的不利后果是"该样品视为未提交保藏"，而不是"该申请视为撤回"。因此，选项D错误。

【答案】AB

121.【2017年第55题】申请人在韩国提出了一件PCT国际申请，国际申请日是2015年3月2日。申请人在国际阶段办理了恢复优先权手续，经审查合格后确定的优先权日是2014年2月14日。该PCT国际申请于2016年8月14日进入中国国家阶段。下列说法哪些是正确的？

A. 如果该申请被授予专利权，则专利权的期限自2014年2月14日起计算

B. 进入中国国家阶段后，申请人可以要求增加一项新的优先权，该在先申请的申请日为2014年4月11日

C. 对于一项因在国际阶段未提供在先申请的申请号，进入声明中仍未写明在先申请的申请号而被视为未要求的优先权，申请人可以在进入中国国家阶段后请求恢复该项优先权

D. 如果作为优先权基础的在先申请是一件中国国家申请，应当看作是要求本国优先权

【考点】优先权

【分析】根据《专利法实施细则》第一百零二条的规定，按照专利合作条约已确定国际申请日并指定中国的国际申请，视为向国务院专利行政部门提出的专利申请，该国际申请日视为专利法第二十八条所称的申请日。根据专利法第四十二条的规定，发明专利权的期限为二十年，实用新型专利权和外观设计专利权的期限为十年，均自申请日起计算。专利法实施细则第十一条第一款规定，除专利法第二十八条和第四十二条规定的情形外，专利法所称申请日，有优先权的，指优先权日。本题中，专利权的期限自国际申请日2015年3月2日起计算，因此，选项A错误。根据《专利审查指南2010》第三部分第一章5.2.1节的规定，进入国家阶段不允许提出新的优先权要求。因此，选项B错误。

根据《专利审查指南2010》第三部分第一章5.2.5节的规定，国际申请在进入国家阶段后，由于下述情形之一导致视为未要求优先权的，可以根据专利法实施细则第六条的规定请求恢复要求优先权的权利：其中(1) 申请人在国际阶段没有提供在先申请的申请号，进入声明中仍未写明在先申请的申请号。因此，选项C正确。根据《专利审查指南2010》第三部分第一章5.2.6节的规定，在先申请是在中国提出的，要求优先权的国际申请进入国家阶段，应当看作是要求本国优先权。因此，选项D正确。

【答案】CD

122.【2017年第56题】关于PCT国际申请在中国国家阶段提交的译文，下列说法哪些是正确的？

A. 国际申请以外文提出的，在进入国家阶段时，应当提交原始国际申请的说明书、权利要求书、摘要和附图中的文字的译文

B. 审查基础文本声明中提及国际阶段的修改的，应当自进入日起2个月内提交该修改文件的译文

C. 申请人可以在国家知识产权局作好公布发明专利申请或者公告实用新型专利权的准备工作之前，或是在收到国家知识产权局发出的发明专利申请进入实质审查阶段通知书之日起3个月内主动提出改正译文错误

D. 基于国际申请授予的专利权，译文有误时，以国家知识产权局授权时的保护范围为准

【考点】译文

【分析】根据专利法实施细则第一百零四条第一款的规定，申请人依照本细则第一百零三条的规定办理进入中国国家阶段的手续的，应当符合下列要求：……（3）国际申请以外文提出的，提交原始国际申请的说明书和权利要求书的中文译文，以及摘要的中文译文，附图中有文字的，将其替换为对应的中文文字；……（5）国际申请以中文提出的，提交国际公布文件中的摘要和摘要附图副本。……因此，选项A正确。专利法实施细则第一百零六条规定，审查基础文本声明中提及国际阶段的修改的，应当自进入日起两个月内提交该修改文件的译文。因此，选项B正确。

根据专利法实施细则第一百一十三条第一款的规定，申请人发现提交的说明书、权利要求书或者附图中的文字的中文译文存在错误的，可以在下列规定期限内依照原始国际申请文本提出改正：（一）在国务院专利行政部门作好公布发明专利申请或者公告实用新型专利权的准备工作之前；（二）在收到国务院专利行政部门发出的发明专利申请进入实质审查阶段通知书之日起3个月内。因此，选项C正确。根据专利法实施细则第一百一十七条的规定，基于国际申请授予的专利权，由于译文错误，致使依照专利法第五十九条规定确定的保护范围超出国际申请的原文所表达的范围的，以依据原文限制后的保护范围为准；致使保护范围小于国际申请的原文所表达的范围的，以授权时的保护范围为准。因此，选项D错误。

【答案】ABC

123.【2017年第57题】下列关于PCT国际申请的说法哪些是正确的？

A. 申请人可以依据《专利合作条约》提交PCT国际申请，也可以依据《保护工业产权巴黎公约》直接向外国提交专利申请

B. 国际初步审查程序是PCT国际申请的必经程序

C. 国际检索单位书面意见和专利性国际初步报告是国际单位对作为国际申请主题的发明是否有新颖性、创造性和工业实用性提出的初步的、无约束力的意见

D. 有些PCT国际申请的主题，如原子核变换方法，即使国际单位经检索认为其具备新颖性和创造性，也无法在中国获得专利权

【考点】PCT国际申请

【分析】根据《专利合作条约》第3条（1）的规定，在任何缔约国，保护发明的申请都可以按照本条约作为国际申请提出。根据《保护工业产权巴黎公约》第2条关于国民待遇原则的规定，本联盟任何国家的国民，在保护工业产权方面，在本联盟所有其他国家内应享有各该国法律现在授予或今后可能授予国民的各种利益。根据《保护工业产权巴黎公约》第3条的规定，本联盟以外各国的国民，在本联盟一个国家的领土内设有住所或有真实和有效的工商业营业所的，应享有与本联盟国家国民同样的待遇。因此，选项A正确。

根据《专利合作条约》第31条（1）的规定，经申请人要求，对国际申请应按下列规定和细则进行国际初步审查。根据《专利合作条约实施细则》第54条之二的规定，如果申请人要求进行国际初步审查，申请人应当自传送国际检索报告和书面意见之日起3个月内或者自优先权日起22个月内（以后届满的期限为准）向主管国际初步审查单位提出国际初步审查要求书。由此可知，国际初步审查是一个可选择的程序，不具有强制性，申请人自行选择。因此，选项B错误。

根据《专利审查指南2010》第三部分第二章第5.1节的规定，国际申请的国际初步审查是根据专利合作条约第33条（1）的规定对请求保护的发明看起来是否有新颖性、是否有创造性（非显而易见性）和是否有工业实用性提出初步的无约束力的意见。因此，选项C正确。

根据《专利审查指南2010》第三部分第二章第5.2节的规定，对进入国家阶段的国际申请进行实质审查时，首先应当对该申请的主题是否属于专利法第五条和第二十五条规定的情形、是否符合专利法第二条第二款的规定进行审查。进入国家阶段的国际申请属于专利法第五条或专利法第二十五条规定不授予专利权的发明创造（如赌博工具、原子核变换方法）的，即使其申请主题不属于专利合作条约实施细则第39条规定所排除的内容，也不能被授予专利权。因此，选项D正确。

【答案】ACD

124.【2017年第58题】一件PCT国际申请，国际申请日是2017年6月1日。申请人在国际阶段办理了恢复优先权手续，经审查合格后确定的优先权日是2016年5月14日。下列说法哪些是正确的？

  A. 申请人最迟应当在2019年1月14日前办理进入中国国家阶段手续
  B. 申请人最迟应当在2020年2月1日前办理进入中国国家阶段手续
  C. 该PCT申请如果要求获得发明专利，申请人最迟应当在2019年5月14日前提出实质审查请求
  D. 该PCT申请如果要求获得发明专利，申请人最迟应当在2020年6月1日前提出实质审查请求

【考点】PCT国际申请

【分析】根据专利法实施细则第一百零三条的规定，国际申请的申请人应当在专利合作条约第二条所称的优先权日（本章简称优先权日）起30个月内，向国务院专利行政部门办理进入中国国家阶段的手续；申请人未在该期限内办理该手续的，在缴纳宽限费后，可以在自优先权日起32个月内办理进入中国国家阶段的手续。根据《专利审查指南2010》第三部分第一章第2节的规定，因中国对专利合作条约及其实施细则的有关规定作出保留，而使国际申请的优先权在国家阶段不成立的，办理进入国家阶段手续的期限仍按照原最早优先权日起算。本题中，申请人最迟应当在优先权日2016年5月14日起32个月内办理进入国家阶段手续，即最迟应当在2019年1月14日前办理进入国家阶段手续，因此，选项A正确，选项B错误。

根据《专利法实施细则》第一百零二条的规定，按照专利合作条约已确定国际申请日并指定中国的国际申请，视为向国务院专利行政部门提出的专利申请，该国际申请日视为专利法第二十八条所称的申请日。根据专利法实施细则第十一条第一款的规定，除专利法第二十八条和第四十二条规定的情形外，专利法所称申请日，有优先权的，指优先权日。根据专利法第三十五条第一款的规定，发明专利申请自申请日起三年内，国务院专利行政部门可以根据申请人随时提出的请求，对其申请进行实质审查。根据《专利审查指南2010》第三部分第一章第5.2.1节的规定，因中国对专利合作条约及其实施细则的有关规定作出保留，专利局对国际申请在国际阶段恢复的优先权（例如，国际申请日在该优先权日十二个月之后、十四个月之内）不予认可，相应的优先权要求在中国不发生效力，审查员应当针对该项优先权要求发出视为未要求优先权通知书。根据上述规定，本题中，该优先权要求不发生效力，该PCT申请如果要求获得中国发明专利，申请人最迟应当在申请日（国际申请日）2017年6月1日起3年内，即2019年5月14日之前提出实质审查请求。因此，选项C错误，选项D正确。

【答案】AD

125.【2016年第28题】某PCT国际申请的国际申请日是2012年2月5日，优先权日是2011年10月8日，该国际申请未要求国际初步审查，申请人应在下列哪一期限届满前办理进入中国国家阶段手续？

  A. 自2012年2月5日起30个月 B. 自2012年2月5日起20个月
  C. 自2011年10月8日起20个月 D. 自2011年10月8日起30个月

【考点】进入中国国家阶段的手续

【分析】根据专利法实施细则第一百零三条的规定，国际申请的申请人应当在专利合作条约第二条所称的优先权日（本章简称优先权日）起30个月内，向国务院专利行政部门办理进入中国国家阶段的手续；申请人未在该期限内办理该手续的，在缴纳宽限费后，可以在自优先权日起32个月内办理进入中国国家阶段的手续。本题中，优先权日是2011年10月8日，因此，选项D正确，选项ABC错误。

【答案】D

126.【2016年第97题】美籍华人张某长期居住在上海，就其在上海工作期间完成的发明创造提交PCT国际申请，下列说法哪些是正确的？

  A. 张某可以直接向美国专利商标局提交国际申请
  B. 张某可以直接向国家知识产权局提交国际申请

C. 张某可以直接向国际局提交国际申请
D. 该国际申请进入中国国家阶段时，申请人可以要求发明或实用新型专利保护

【考点】PCT 国际申请 受理局 保密审查 专利类型

【分析】根据《专利合作条约实施细则》第19.1节的规定，(a) 除 (b) 另有规定之外，国际申请应按照申请人的选择，(i) 向申请人是其居民的缔约国的或者代表该国的国家局提出；或 (ii) 向申请人是其国民的缔约国的或者代表该国的国家局提出；(iii) 向国际局提出，而与申请人是其居民或者国民的缔约国无关。(b) 任何缔约国可以与另一个缔约国或者任何政府间组织达成协议，规定为了所有或者某些目的，后一国的国家局或者该政府间组织代表前一国的国家局，作为前一国居民或者国民的申请人的受理局。

根据专利法第二十条第一款的规定，任何单位或者个人将在中国完成的发明或者实用新型向外国申请专利的，应当事先报经国务院专利行政部门进行保密审查。保密审查的程序、期限等按照国务院的规定执行。专利法实施细则第八条第二款、第三款规定，任何单位或者个人将在中国完成的发明或者实用新型向外国申请专利的，应当按照下列方式之一请求国务院专利行政部门进行保密审查：(一) 直接向外国申请专利或者向有关国外机构提交专利国际申请的，应当事先向国务院专利行政部门提出请求，并详细说明其技术方案；(二) 向国务院专利行政部门申请专利后拟向外国申请专利或者向有关国外机构提交专利国际申请的，应当在向外国申请专利或者向有关国外机构提交专利国际申请前向国务院专利行政部门提出请求。向国务院专利行政部门提交专利国际申请的，视为同时提出了保密审查请求。

本题中，美籍华人张某居住在上海，根据PCT实施细则，我国国家知识产权局、美国专利商标局和国际局都可以受理其提交的国际申请，但是根据我国专利法的规定，由于该发明创造是在中国上海完成，可以直接向我国国家知识产权局提交国际申请，然而如果要向外国申请专利，应当事先报经我国国家知识产权局进行保密审查，再向向国际局或者美国专利商标局提交国际申请，故美籍华人张某不可以直接向国际局或者美国专利商标局提交国际申请。因此，选项AC错误，选项B正确。

根据《专利审查指南2010》第三部分第一章第3.1.2节的规定，国际申请指定中国的，办理进入国家阶段手续时，应当选择要求获得的是"发明专利"或者"实用新型专利"，两者择其一，不允许同时要求获得"发明专利"和"实用新型专利"。因此，选项D正确。

【答案】BD

127.【2016年第98题】下列哪些情形的国际申请，不能以受理局收到国际申请文件之日作为国际申请日？
A. 申请中没有按规定写明发明人的姓名　　B. 申请中未指定任何缔约国
C. 没有缴纳国际申请费和手续费　　D. 国际申请没有用规定的语言撰写

【考点】国际申请日

【分析】根据《专利合作条约》第11条 (1) 的规定：受理局应以收到国际申请之日作为国际申请日，但以该局在收到申请时认定该申请符合下列要求为限：(i) 申请人并不因为居所或国籍的原因而明显缺乏向该受理局提出国际申请的权利；(ii) 国际申请是用规定的语言撰写；(iii) 国际申请至少包括下列项目：(a) 说明是作为国际申请提出的；(b) 至少指定一个缔约国；(c) 按规定方式写明的申请人的姓名或者名称；(d) 有一部分表面上看像是说明书；(e) 有一部分表面上看像是一项或几项权利要求。因此，选项AC错误，选项BD正确。

【答案】BD

128.【2016年第99题】王某以英文提交了PCT国际申请，其国际申请日为2011年1月18日，优先权日为2010年9月15日，进入中国国家阶段的日期为2013年3月1日。下列说法哪些是正确的？
A. 在进入中国国家阶段时，申请人应当提交该国际申请的原始说明书和权利要求书的中文译文
B. 申请人应当于2013年9月15日前提出实质审查请求
C. 该申请授权后，专利权期限的起算日为2011年1月18日
D. 该申请授权后，专利权期限的起算日为2013年3月1日

【考点】PCT 国际申请

【分析】根据专利法实施细则第一百零四条的规定，申请人依照本细则第一百零三条的规定办理进入中国国家阶段的手续的，应当符合下列要求：其中，(三) 国际申请以外文提出的，提交原始国际申请的说明书和权利要求书的中文译文。因此，选项A正确。

专利法第三十五条第一款规定，发明专利申请自申请日起三年内，国务院专利行政部门可以根据申请人随时提出的请求，对其申请进行实质审查；申请人无正当理由逾期不请求实质审查的，该申请即被视为撤回。根据专利法实施细则第十一条的规定，除专利法第二十八条和第四十二条规定的情形外，专利法所称申请日，有优先权的，指优先权日。本细则所称申请日，除另有规定的外，是指专利法第二十八条规定的申请日。根据专利法实施细则第一百零二条的规定，按照专利合作条约已确定国际申请日并指定中国的国际申请，视为向国务院专利行政部门提出的专利申请，该国际申请日视为专利法第二十八条所称的申请日。本题中，王某国际申请的优先权日为2010年9月15日，王某应当自优先权日即2010年9月15日起3年届满前提出实质审查请求，因此，选项B正确。

根据专利法第四十二条的规定，发明专利权的期限为二十年，实用新型专利权和外观设计专利权的期限为十年，均自申请日起计算。因此，选项C正确，选项D错误。

【答案】ABC

129.【2015年第65题】下列哪些发明创造向外国申请专利前，需要经过国家知识产权局的保密审查？
A. 某外资公司在深圳完成的发明
B. 李某在浙江完成的外观设计
C. 资料收集在天津完成，技术方案的实质性内容在纽约完成的某发明
D. 某中资企业在北京完成的实用新型

【考点】保密审查

【分析】根据专利法第二十条第一款的规定，任何单位或者个人将在中国完成的发明或者实用新型向外国申请专利的，应当事先报经国务院专利行政部门进行保密审查。由此可知，选项AD正确，选项B是外观设计不属于保密审查的专利类型，因此，选项B错误。

专利法实施细则第八条规定，专利法第二十条所称在中国完成的发明或者实用新型，是指技术方案的实质性内容在中国境内完成的发明或者实用新型。因此，选项C错误。

【答案】AD

130.【2015年第97题】某PCT申请的国际申请日为2009年10月26日，进入中国国家阶段的日期为2012年2月26日。下列说法哪些是正确的？
A. 该申请应当视为2012年2月26日向国家知识产权局提出的专利申请
B. 在进入中国国家阶段时，申请人可以选择外观设计作为保护类型
C. 申请人不能在该申请进入中国国家阶段后提出新的优先权要求
D. 如果该申请被授予专利权，则专利权的期限自2009年10月26日起计算

【考点】国际申请日 优先权

【分析】根据专利法实施细则第一百零二条的规定，按照专利合作条约已确定国际申请日并指定中国的国际申请，视为向国务院专利行政部门提出的专利申请，该国际申请日视为专利法第二十八条所称的申请日。本题中，国际申请日为2009年10月26日，因此，选项A错误，选项D正确。

根据《专利审查指南2010》第三部分第一章第3.1.2节的规定，国际申请指定中国的，办理进入国家阶段手续时，应当选择要求获得的是"发明专利"或者"实用新型专利"，两者择其一。因此，选项B错误。根据《专利审查指南2010》第三部分第一章第5.2.1节的规定，进入国家阶段不允许提出新的优先权要求。因此，选项C正确。

【答案】CD

131.【2015年第98题】某中国申请人于2012年2月26日就其在中国完成的一项发明创造向国家知识产权局提交了一件PCT国际申请。下列说法哪些是正确的？
A. 该PCT国际申请是向国家知识产权局提出的，因此视为同时提出了保密审查请求
B. 申请人应当委托依法设立的专利代理机构办理PCT国际申请的相关事务
C. 申请人应当在2014年2月26日前办理进入中国国家阶段的手续
D. 在办理进入中国国家阶段手续时，申请人可以选择要求获得发明专利或者实用新型专利

【考点】保密审查 委托

【分析】根据专利法实施细则第八条第三款的规定,向国务院专利行政部门提交专利国际申请的,视为同时提出了保密审查请求。因此,选项 A 正确。专利法第十九条第二款规定,中国单位或者个人在国内申请专利和办理其他专利事务的,可以委托依法设立的专利代理机构办理。因此,选项 B 错误。

根据专利法实施细则第一百零三条的规定,国际申请的申请人应当在专利合作条约第二条所称的优先权日起 30 个月内,向国务院专利行政部门办理进入中国国家阶段的手续;申请人未在该期限内办理该手续的,在缴纳宽限费后,可以在自优先权日起 32 个月内办理进入中国国家阶段的手续。本题中,申请人 2012 年 2 月 26 日提出 PCT 申请,应当在 2014 年 8 月 26 日之前,如果缴纳宽限费,应当在 2014 年 10 月 26 日之前,办理进入中国国家阶段的手续。因此,选项 C 错误。根据《专利审查指南 2010》第三部分第一章第 3.1.2 节的规定,国际申请指定中国的,办理进入国家阶段手续时,应当选择要求获得的是"发明专利"或者"实用新型专利",两者择其一。因此,选项 D 正确。

【答案】AD

132.【2015 年第 99 题】下列关于 PCT 国际申请的说法哪些是正确的?
A. 香港特别行政区的居民可以向国家知识产权局提交 PCT 国际申请,也可以向国际局提交 PCT 国际申请
B. 不能就外观设计提出 PCT 国际申请
C. 中国国民向国家知识产权局提交的 PCT 国际申请,可以指定欧洲专利局进行国际检索
D. PCT 国际申请在进入国家阶段之前必须经过国际初步审查

【考点】PCT 国际申请受理局 专利类型

【分析】根据《专利合作条约实施细则》第 19 条第 1 款的规定,在哪里申请:国际申请应按照申请人的选择,(i) 向申请人是其居民的缔约国的或者代表该国的国家局提出;或 (ii) 向申请人是其国民的缔约国的或者代表该国的国家局提出;(iii) 向国际局提出,而与申请人是其居民或者国民的缔约国无关。中国的国民或者居民可以向国家知识产权局提出国际申请,也可以向国际局提出国际申请。因此,选项 A 正确。根据《专利合作条约》第二条之 (ii) 的规定:述及"专利"应解释为述及发明专利、发明人证书、实用证书、实用新型、增补专利或增补证书、增补发明人证书和增补实用证书。由此可知,PCT 所称专利不包括外观设计,因此,不能就外观设计提出 PCT 国际申请,选项 B 正确。

根据《专利合作条约实施细则》第 35.1 条的规定,主管的国际检索单位只有一小时,每个受理局应当根据条约第 16 条 (3) (b) 所述的有关协议,将负责对该局受理的国际申请进行检索的国际检索单位通知国际局,国际局应迅速公布这一信息。由于我国未与其他国家或者政府间组织签订协议,我国国家知识产权局作为受理局仅指定本局为主管国际检索单位。因此,选项 C 错误。

根据《专利合作条约》第 31 (1) 的规定,经申请人要求,对国际申请应按下列规定和细则进行国际初步审查。根据《专利合作条约实施细则》第 54 条之二的规定,如果申请人要求进行国际初步审查,申请人应当自传送国际检索报告和书面意见之日起 3 个月内或者自优先权日起 22 个月内(以后届满的期限为准)向主管国际初步审查单位提出国际初步审查要求书。由此可知,国际初步审查是一个可选择的程序,不具有强制性。因此,选项 D 错误。

【答案】AB

第二十一条【处理专利申请和请求的原则和保密原则】

国务院专利行政部门及其专利复审委员会应当按照客观、公正、准确、及时的要求,依法处理有关专利的申请和请求。

国务院专利行政部门应当完整、准确、及时发布专利信息,定期出版专利公报。

在专利申请公布或者公告前,国务院专利行政部门的工作人员及有关人员对其内容负有保密责任。

一、本条含义

本条第一款规定国务院专利行政部门及其专利复审委员会专利审批工作的准则;本条第二款规定国家知识产

权局传播专利信息的职责，并在专利法实施细则第九十条规了定专利公报的内容；本条第三款规定了工作人员及有关人员负有保密责任。

二、重点讲解

（一）国务院专利行政部门及其专利复审委员会处理专利申请和请求的原则

所谓客观，是指国家知识产权局及其专利复审委员会的工作人员应当以事实为依据，而不能从自己的主观意志出发处理专利申请和有关请求。

所谓公正，是指国家知识产权局及其专利复审委员会的工作人员应当不偏不倚地处理专利申请和有关请求，在同样的情况下应当作出同样的处理，不能偏袒任何一方当事人，更不能有徇私舞弊的行为。

所谓准确，是指国家知识产权局及其专利复审委员会的工作人员应当贯彻"依法行政"的要求，严格按照《专利法》及《专利法实施细则》的规定处理专利申请和有关请求，工作严谨，不能随心所欲地进行处理。

所谓及时，是指国家知识产权局及其专利复审委员会的工作人员应当尽快地处理专利申请和有关请求，不能随意拖延。

这四项准则应当贯穿于国家知识产权局及其专利复审委员会专利审批工作的始终，是对国家知识产权局工作的永恒要求。

（二）专利公报

《专利审查指南2010》第五部分第八章第1节规定了专利公报。

专利局编辑出版的专利公报有发明专利公报、实用新型专利公报和外观设计专利公报。专利公报以期刊形式发行，同时以电子公报形式在国家知识产权局政府网站上公布，或者以专利局规定的其他形式公布。专利公报按照年度计划出版，三种专利公报每周各出版一期。

1. 发明专利公报

发明专利公报包括发明专利申请公布、国际专利申请公布、发明专利权授予、保密发明专利、发明专利事务、索引（申请公布索引、授权公告索引）。

2. 实用新型专利公报

实用新型专利公报包括实用新型专利权授予、保密实用新型专利、实用新型专利事务和授权公告索引。

3. 外观设计专利公报

外观设计专利公报包括外观设计专利权的授予、外观设计专利事务和授权公告索引。

4. "完整、准确、及时"的含义

本条第二款规定，"国务院专利行政部门应当完整、准确、及时发布专利信息，定期出版专利公报"。

所谓完整，是指国家知识产权局发布的我国专利信息应当含有依法公开的所有内容，不能有所缺失。

所谓准确，是指国家知识产权局发布的专利信息应该正确无误。

所谓及时，是指国家知识产权局发布的专利信息应当在相关信息产生后依法立即公布，不能拖延。

专利公报是记载依法应当公开的专利信息的法定载体。

专利法实施细则第九十条规定，国务院专利行政部门定期出版专利公报，公布或者公告下列内容：

（一）发明专利申请的著录事项和说明书摘要；

（二）发明专利申请的实质审查请求和国务院专利行政部门对发明专利申请自行进行实质审查的决定；

（三）发明专利申请公布后的驳回、撤回、视为撤回、视为放弃、恢复和转移；

（四）专利权的授予以及专利权的著录事项；

（五）发明或者实用新型专利的说明书摘要，外观设计专利的一幅图片或者照片；

（六）国防专利、保密专利的解密；

（七）专利权的无效宣告；

（八）专利权的终止、恢复；

（九）专利权的转移；

（十）专利实施许可合同的备案；

（十一）专利权的质押、保全及其解除；
（十二）专利实施的强制许可的给予；
（十三）专利权人的姓名或者名称、地址的变更；
（十四）文件的公告送达；
（十五）国务院专利行政部门作出的更正；
（十六）其他有关事项。

（三）"专利申请公布或者公告"的含义

"专利申请公布"，在按照我国专利法提出的专利申请的情形，是指发明专利申请依照专利法第三十四条经初步审查后的公布；在按照专利合作条约提出的国际申请的情形，是指国务院专利行政部门经初步审查认为符合我国专利法和专利法实施细则有关规定而在专利公报上的公布，根据专利法实施细则第一百一十四条第三款的规定，国际申请以中文以外的文字提出的，应当公布申请文件的译文。

"专利申请公告"，在按照我国专利法提出专利申请的情形，是指依照专利法第四十条对实用新型和外观设计专利申请授权后的公告。

顺便指出，专利法第二十二条第二款抵触申请中"公布"的含义与本条第三款保密责任中"公布"的含义相同，都是指国家知识产权局的公布。但是，根据专利法实施细则第一百一十四条第二款的规定，专利法第十三条发明专利申请获得临时保护的公布，则是指最先用中文进行的公布，即由国际局以中文进行国际公布的，自国际公布日起适用专利法第十三条的规定；由国际局以中文以外的文字进行国际公布的，自国务院专利行政部门公布之日起适用专利法第十三条的规定。

（四）"国务院专利行政部门的工作人员及有关人员"的含义

"国务院专利行政部门的工作人员"包括该部门的全体工作人员，特别是担任专利申请的受理、分类和对专利申请的初步审查人员。"有关人员"泛指所有能接触到专利申请的有关人员，特别是专利代理机构的专利代理人和其他工作人员，例如打字员、校对员。

根据本条第三款的规定，在专利申请的公布或者公告前，上述人员对专利申请的内容予以保密，即不得将该发明创造，告知无权得知该发明创造的人，更不得以书面或者口头方式向公众公开。如果申请人提出申请后由于种种原因在该申请依法公布或者公告前主动撤回，或者被视为撤回，或者被国家知识产权局驳回，国家知识产权局工作人员或者有关人员对该申请应当无限期保密，不得泄露。

第二章 授予专利权的条件

引　言

从广义上讲，授予专利权的条件是指申请人获得一项专利权所需满足的全部要求，包括专利申请的客体应当满足的条件、申请人提交的专利申请文件应当满足的条件，以及申请人办理专利申请手续应当满足的条件。

就专利申请的客体而言，专利法提出了如下三个层次的限制性要求：

第一，能够被授予专利权的客体必须是专利法意义上的发明创造。专利法第二条对发明、实用新型或者外观设计分别作了定义，专利申请的客体不符合该定义的，不能被授予专利权。专利法第二十五条第一款第（一）项和第（二）项规定科学发现以及智力活动的规则和方法不能被授予专利权，其原因也在于这些主题不属于专利法意义上的发明创造。

第二，即使专利申请的客体属于专利法意义上的发明创造，也并非都能被授予专利权，因为专利法还排除了一些不宜被授予专利权的发明创造，其中包括：专利法第五条规定违反法律、社会公德或者妨害公共利益的发明创造，以及违反法律或者行政法规的规定获取或者利用遗传资源并依赖该遗传资源完成的发明创造不授予专利权；专利法第二十五条规定其第一款第（三）项至第（六）项列举的发明创造也不授予专利权。

第三，即使专利申请的客体既属于专利法意义上的发明创造，也没有被专利法第五条和本章第二十五条的规定所排除，也并非都能被授予专利权，因为还必须符合本章第二十二条、第二十三条的规定，也就是发明和实用新型必须具备新颖性、创造性和实用性；外观设计必须不属于现有设计、与现有外观设计或者现有外观设计特征的组合有明显区别，并不得与他人在申请日以前已经取得的权利相冲突。

由此可知，在本章所规定的"授予专利权的条件"并非所有授予专利权的条件，也并非所有针对专利申请客体的条件都归入本章范围之内。

2015～2019年专利法律知识真题在本章的分布统计如下：

法条	2015年	2016年	2017年	2018年	2019年	合计
A22	10	6	9	4	7	36
A23	1	4	3	5	3	16
A24	2	2	2	3	3	12
A25	1	1	2	2	1	7
总计	14	13	16	14	14	71

第二十二条【授予发明、实用新型专利权的条件】

授予专利权的发明和实用新型，应当具备新颖性、创造性和实用性。

新颖性，是指该发明或者实用新型不属于现有技术；也没有任何单位或者个人就同样的发明或者实用新型在申请日以前向国务院专利行政部门提出过申请，并记载在申请日以后公布的专利申请文件或者公告的专利文件中。

创造性，是指与现有技术相比，该发明具有突出的实质性特点和显著的进步，该实用新型具有实质性特点和进步。

实用性，是指该发明或者实用新型能够制造或者使用，并且能够产生积极效果。

本法所称现有技术，是指申请日以前在国内外为公众所知的技术。

一、本条含义

本条规定发明和实用新型的实质性授权条件，即应当具备新颖性、创新性、实用性，并阐述了新颖性、创新性、实用性以及现有技术的含义。

规定新颖性的目的在于，防止将已经被公众所知的技术批准为专利和避免重复授权，通过是否是现有技术和是否存在抵触申请来判断新颖性；规定创造性的目的在于，防止将所属领域的技术人员能够很容易想到的技术方案授予专利权，通过与现有技术的对比来判断创造性；一项发明或实用新型应当能够在产业上应用，即应当具有实用性。

现有技术采用绝对标准，只要该技术在申请日前处于能够被公众所知的状态即属于现有技术，不论其以何种形式公开，也不论其是在国内公开，还是在国外公开，也不论其以何种语言公开。

二、重点讲解

（一）现有技术

1. 现有技术的定义

《专利审查指南2010》第二部分第三章第2.1节规定了现有技术的定义。

根据专利法第二十二条第五款的规定，现有技术是指申请日以前在国内外为公众所知的技术。现有技术包括在申请日（有优先权的，指优先权日）以前在国内外出版物上公开发表、在国内外公开使用或者以其他方式为公众所知的技术。

现有技术应当是在申请日以前公众能够得知的技术内容。换句话说，现有技术应当在申请日以前处于能够为公众获得的状态，并包含有能够使公众从中得知实质性技术知识的内容。应当注意，处于保密状态的技术内容不属于现有技术。所谓保密状态，不仅包括受保密规定或协议约束的情形，还包括社会观念或者商业习惯上被认为应当承担保密义务的情形，即默契保密的情形。

然而，如果负有保密义务的人违反规定、协议或者默契泄露秘密，导致技术内容公开，使公众能够得知这些技术，这些技术也就构成了现有技术的一部分。

2. 现有技术的时间界限

《专利审查指南2010》第二部分第三章第2.1.1节规定了现有技术的时间界限。

现有技术的时间界限是申请日，享有优先权的，则指优先权日。广义上说，申请日以前公开的技术内容都属于现有技术，但申请日当天公开的技术内容不包括在现有技术范围内。

3. 现有技术的地域界限

《专利审查指南2010》第二部分第三章第2.1.2节规定了现有技术的地域界限。

现有技术公开方式包括出版物公开、使用公开和以其他方式公开三种，均无地域限制。

4. "公众"的含义

公众是集体名词，专利法第二十二条第五款所述的公众是指公众中的任何成员，不论人数多少。具有以下特点：

首先，公众不限于具有专业知识的人，公众中既有普通人，也有本领域的专业人员，在法律上无法区分。但在新颖性审查时，对比文件只有具体、明白描述的内容，以及虽然没有明白描述，但所属领域技术人员在文件所说明的技术内容指引下能够必然、直接和唯一地想到的技术内容，也认为属于公开的内容，这里则以所属技术领域的专业人员为准。

其次，公众是指不负有保密义务的人。专利法上所说的公开，是指有关技术信息脱离了保密状态。只要有可能被一个不负有保密义务的人知道了，就足以使技术公开，因为他可以向别人传播。公众不包括与发明人、申请人有信任关系的人，例如研究开发的合作者、同事，对发明人、申请人依法有保密义务的人，或者依习惯有保密义务的人。所谓公众，不仅仅理解是指不知其姓名的街上的行人、公共图书馆中的读者和书店中的顾客，也包括报告会的听众、教室中的学生、一个小会议室中指名邀请来的、参与论证审核有关技术的少数专家，甚至与其交谈的个别人，只要对他们没有提出对公开、透露、宣讲、谈话内容保密的要求，都是这里所说的公众中的成员。

5. 技术内容"为公众所知"的含义

"为公众所知"是指一项技术通过某种方式已经处于使公众中的任何成员有可能得到或者利用的状态，相当于西方国家专利法中"能够为公众所得到或者利用"。为公众所知并不要求为许多人实际知道，只要有关技术内容已经处于向公众公开的状态，想了解该内容的人有可能了解就行。只有这种状态已经存在，就构成为公众所知。

6. 出版物公开

《专利审查指南2010》第二部分第三章第2.1.2.1节规定了出版物公开。

专利法意义上的出版物是指记载有技术或设计内容的独立存在的传播载体，并且应当表明或者有其他证据证明其公开发表或出版的时间。

符合上述含义的出版物可以是各种印刷的、打字的纸件，例如专利文献、科技杂志、科技书籍、学术论文、专业文献、教科书、技术手册、正式公布的会议记录或者技术报告、报纸、产品样本、产品目录、广告宣传册等，也可以是用电、光、磁、照相等方法制成的视听资料，例如缩微胶片、影片、照相底片、录像带、磁带、唱片、光盘等，还可以是以其他形式存在的资料，例如存于互联网或其他在线数据库中的资料等。

出版物不受地理位置、语言或者获得方式的限制，也不受年代的限制。出版物的出版发行量多少、是否有人阅读过、申请人是否知道是无关紧要的。

印有"内部资料""内部发行"等字样的出版物，确系在特定范围内发行并要求保密的，不属于公开出版物。

出版物的印刷日视为公开日，有其他证据证明其公开日的除外。印刷日只写明年月或者年份的，以所写月份的最后一日或者所写年份的12月31日为公开日。

审查员认为出版物的公开日期存在疑义的，可以要求该出版物的提交人提出证明。

7. 使用公开

《专利审查指南2010》第二部分第三章第2.1.2.2节规定了使用公开。

由于使用而导致技术方案的公开，或者导致技术方案处于公众可以得知的状态，这种公开方式称为使用公开。

使用公开的方式包括能够使公众得知其技术内容的制造、使用、销售、进口、交换、馈赠、演示、展出等方式。只要通过上述方式使有关技术内容处于公众想得知就能够得知的状态，就构成使用公开，而不取决于是否有公众得知。但是，未给出任何有关技术内容的说明，以致所属技术领域的技术人员无法得知其结构和功能或材料成分的产品展示，不属于使用公开。

如果使用公开的是一种产品，即使所使用的产品或者装置需要经过破坏才能够得知其结构和功能，也仍然属于使用公开。此外，使用公开还包括放置在展台上、橱窗内公众可以阅读的信息资料及直观资料，例如招贴画、图纸、照片、样本、样品等。

使用公开以公众能够得知该产品或者方法之日为公开日。

8. 其他方式公开

《专利审查指南2010》第二部分第三章第2.1.2.3节规定了其他方式公开。

为公众所知的其他方式，主要是指口头公开等。例如，口头交谈、报告、讨论会发言、广播、电视、电影等能够使公众得知技术内容的方式。口头交谈、报告、讨论会发言以其发生之日为公开日。公众可接收的广播、电视或电影的报道，以其播放日为公开日。

（二）新颖性

1. 新颖性的概念

（1）新颖性的定义。专利法第二十二条第二款规定，"新颖性，是指该发明或者实用新型不属于现有技术；也没有任何单位或者个人就同样的发明或者实用新型在申请日以前向专利局提出过申请，并记载在申请日以后

（含申请日）公布的专利申请文件或者公告的专利文件中"。

（2）同样的发明或者实用新型的含义。《专利审查指南 2010》第二部分第三章第 3.1 节规定了同样的发明或者实用新型。

被审查的发明或者实用新型专利申请与现有技术或者申请日前由任何单位或者个人向专利局提出申请并在申请日后（含申请日）公布或公告的（以下简称申请在先公布或公告在后的）发明或者实用新型的相关内容相比，如果其技术领域、所解决的技术问题、技术方案和预期效果实质上相同，则认为两者为同样的发明或者实用新型。需要注意的是，在进行新颖性判断时，审查员首先应当判断被审查专利申请的技术方案与对比文件的技术方案是否实质上相同，如果专利申请与对比文件公开的内容相比，其权利要求所限定的技术方案与对比文件公开的技术方案实质上相同，所属技术领域的技术人员根据两者的技术方案可以确定两者能够适用于相同的技术领域，解决相同的技术问题，并具有相同的预期效果，则认为两者为同样的发明或者实用新型。

2. 抵触申请

（1）抵触申请的定义。《专利审查指南 2010》第二部分第三章第 2.2 节规定了抵触申请的定义。

根据专利法第二十二条第二款的规定，在发明或者实用新型新颖性的判断中，由任何单位或者个人就同样的发明或者实用新型在申请日以前向专利局提出并且在申请日以后（含申请日）公布的专利申请文件或者公告的专利文件损害该申请日提出的专利申请的新颖性。为描述简便，在判断新颖性时，将这种损害新颖性的专利申请，称为抵触申请。

（2）构成抵触申请的条件。构成抵触申请的专利申请文件或者专利文件应当具备三个条件：①向国家知识产权局提出的申请；②在申请日前提出申请、且在申请日或者申请日之后公布或者公告；③披露了同样的发明或者实用新型。

抵触申请还包括满足以下条件的进入了中国国家阶段的国际专利申请，即申请日以前由任何单位或者个人提出、并在申请日之后（含申请日）由专利局作出公布或公告的且为同样的发明或者实用新型的国际专利申请。另外，根据专利法实施细则第一百一十四条第三款的规定，"对国际申请，专利法第二十一条和第二十二条中所称的公布是指本条第一款所规定的公布"，即国家知识产权局的国家公布。而根据专利法实施细则第一百一十四条第二款的规定，自中文公布日起（国际公布或者国家公布），国际专利申请享有临时保护。

需要说明的是，抵触申请不是现有技术。抵触申请仅指在申请日以前提出的，不包含在申请日提出的同样的发明或者实用新型专利申请。审查员在检索时应当注意，确定是否存在抵触申请，不仅要查阅在先专利或专利申请的权利要求书，而且要查阅其说明书（包括附图），应当以其全文内容为准。

（3）抵触申请的效力。根据专利法第二十二条第二款的规定，判断新颖性的标准是现有技术和抵触申请，判断创造性的标准只有现有技术，故抵触申请只能破坏新颖性，不能破坏创造性。

3. 判断新颖性的原则和基准

《专利审查指南 2010》第二部分第三章第 3.1 节、第 3.2 节分别规定了新颖性的审查原则、审查基准。《专利审查指南 2010》第二部分第十章第 5 节规定了化学发明的新颖性。

（1）单独对比原则。判断新颖性时，应当将发明或者实用新型专利申请的各项权利要求分别与每一项现有技术或申请在先公布或公告在后的发明或实用新型的相关技术内容单独地进行比较，不得将其与几项现有技术或者申请在先公布或公告在后的发明或者实用新型内容的组合，或者与一份对比文件中的多项技术方案的组合进行对比。即判断发明或者实用新型专利申请的新颖性适用单独对比的原则。这与发明或者实用新型专利申请创造性的判断方法有所不同。

（2）相同内容的发明或者实用新型。如果要求保护的发明或者实用新型与对比文件所公开的技术内容完全相同，或者仅仅是简单的文字变换，则该发明或者实用新型不具备新颖性。另外，上述相同的内容应该理解为包括可以从对比文件中直接地、毫无疑义地确定的技术内容。例如一件发明专利申请的权利要求是"一种电机转子铁心，所述铁心由钕铁硼永磁合金制成，所述钕铁硼永磁合金具有四方晶体结构并且主相是 $Nd_2Fe_{14}B$ 金属间化合物"，如果对比文件公开了"采用钕铁硼磁体制成的电机转子铁心"，就能够使上述权利要求丧失新颖性，因为该领域的技术人员熟知所谓的"钕铁硼磁体"即指主相是 $Nd_2Fe_{14}B$ 金属间化合物的钕铁硼永磁合金，并且具有四方晶体结构。

（3）具体（下位）概念与一般（上位）概念。如果要求保护的发明或者实用新型与对比文件相比，其区别仅在于前者采用一般（上位）概念，而后者采用具体（下位）概念限定同类性质的技术特征，则具体（下位）概念的公开使采用一般（上位）概念限定的发明或者实用新型丧失新颖性。例如，对比文件公开某产品是"用铜制成的"，就使"用金属制成的"同一产品的发明或者实用新型丧失新颖性。但是，该铜制品的公开并不使铜之外的其他具体金属制成的同一产品的发明或者实用新型丧失新颖性。

反之，一般（上位）概念的公开并不影响采用具体（下位）概念限定的发明或者实用新型的新颖性。例如，对比文件公开的某产品是"用金属制成的"，并不能使"用铜制成的"同一产品的发明或者实用新型丧失新颖性。又如，要求保护的发明或者实用新型与对比文件的区别仅在于发明或者实用新型中选用了"氯"来代替对比文件中的"卤素"或者另一种具体的卤素"氟"，则对比文件中"卤素"的公开或者"氟"的公开并不导致用氯对其作限定的发明或者实用新型丧失新颖性。

（4）惯用手段的直接置换。如果要求保护的发明或者实用新型与对比文件的区别仅仅是所属技术领域的惯用手段的直接置换，则该发明或者实用新型不具备新颖性。例如，对比文件公开了采用螺钉固定的装置，而要求保护的发明或实用新型仅将该装置的螺钉固定方式改换为螺栓固定方式，则该发明或者实用新型不具备新颖性。

（5）数值和数值范围。如果要求保护的发明或者实用新型中存在以数值或者连续变化的数值范围限定的技术特征，例如部件的尺寸、温度、压力以及组合物的组分含量，而其余技术特征与对比文件相同，则其新颖性的判断应当依照以下各项规定。

① 对比文件公开的数值或者数值范围落在上述限定的技术特征的数值范围内，将破坏要求保护的发明或者实用新型的新颖性。

② 对比文件公开的数值范围与上述限定的技术特征的数值范围部分重叠或者有一个共同的端点，将破坏要求保护的发明或者实用新型的新颖性。

③ 对比文件公开的数值范围的两个端点将破坏上述限定的技术特征为离散数值并且具有该两端点中任一个的发明或者实用新型的新颖性，但不破坏上述限定的技术特征为该两端点之间任一数值的发明或者实用新型的新颖性。

④ 上述限定的技术特征的数值或者数值范围落在对比文件公开的数值范围内，并且与对比文件公开的数值范围没有共同的端点，则对比文件不破坏要求保护的发明或者实用新型的新颖性。

（6）包含性能/参数/用途/制备方法等特征的产品权利要求的新颖性审查原则。对于包含性能、参数、用途、制备方法等特征的产品权利要求新颖性的审查，应当按照以下原则进行。

① 包含性能、参数特征的产品权利要求。对于这类权利要求，应当考虑权利要求中的性能、参数特征是否隐含了要求保护的产品具有某种特定结构和/或组成。如果该性能、参数隐含了要求保护的产品具有有别于对比文件产品的结构和/或组成，则该权利要求具备新颖性；相反，如果所属技术领域的技术人员根据该性能、参数无法将要求保护的产品与对比文件产品区分开，则可推定要求保护的产品与对比文件产品相同，因此申请的权利要求不具备新颖性，除非申请人能够根据申请文件或现有技术证明权利要求中包含性能、参数特征的产品与对比文件产品在结构和/或组成上不同。

② 包含用途特征的产品权利要求。对于这类权利要求，应当考虑权利要求中的用途特征是否隐含了要求保护的产品具有某种特定结构和/或组成。如果该用途由产品本身固有的特性决定，而且用途特征没有隐含产品在结构和/或组成上发生改变，则该用途特征限定的产品权利要求相对于对比文件的产品不具有新颖性。

③ 包含制备方法特征的产品权利要求。对于这类权利要求，应当考虑该制备方法是否导致产品具有某种特定的结构和/或组成。如果所属技术领域的技术人员可以断定该方法必然使产品具有不同于对比文件产品的特定结构和/或组成，则该权利要求具备新颖性；相反，如果申请的权利要求所限定的产品与对比文件产品相比，尽管所述方法不同，但产品的结构和组成相同，则该权利要求不具备新颖性，除非申请人能够根据申请文件或现有技术证明该方法导致产品在结构和/或组成上与对比文件产品不同，或者该方法给产品带来了不同于对比文件产品的性能从而表明其结构和/或组成已发生改变。

上述基准同样适用于创造性判断中对该类技术特征是否相同的对比判断。

（7）化学领域发明新颖性判断的其他若干规定。

第一，化合物的新颖性。

① 专利申请要求保护一种化合物的，如果在一份对比文件里已经提到该化合物，即推定该化合物不具备新

颖性，但申请人能提供证据证明在申请日之前无法获得该化合物的除外。这里所谓"提到"的含义是：明确定义或者说明了该化合物的化学名称、分子式（或结构式）、理化参数或制备方法（包括原料）。

② 通式不能破坏该通式中一个具体化合物的新颖性。一个具体化合物的公开使包括该具体化合物的通式权利要求丧失新颖性，但不影响该通式所包括的除该具体化合物以外的其他化合物的新颖性。一系列具体的化合物能破坏这系列中相应的化合物的新颖性。一个范围的化合物（如 C_{1-4}）能破坏该范围内两端具体化合物（C_1 和 C_4）的新颖性，但若 C_4 化合物有几种异构体，则 C_{1-4} 化合物不能破坏每个单独异构体的新颖性。

③ 天然物质的存在本身并不能破坏该发明物质的新颖性，只有对比文件中公开的与发明物质的结构和形态一致或者直接等同的天然物质，才能破坏该发明物质的新颖性。

第二，组合物的新颖性。

① 仅涉及组分时的新颖性判断。一份对比文件公开了由组分（A＋B＋C）组成的组合物甲，如果

（i）发明专利申请为组合物乙（组分：A＋B），并且权利要求采用封闭式撰写形式，如"由 A＋B 组成"，即使该发明与组合物甲所解决的技术问题相同，该权利要求仍有新颖性。

（ii）上述发明组合物乙的权利要求采用开放式撰写形式，如"含有 A＋B"，且该发明与组合物甲所解决的技术问题相同，则该权利要求无新颖性。

（iii）上述发明组合物乙的权利要求采取排除法撰写形式，即指明不含 C，则该权利要求仍有新颖性。

② 涉及组分含量时的新颖性判断。涉及组分含量时的新颖性判断适用本部分第三章第 3.2.4 节的规定。

第三，用物理化学参数或者用制备方法表征的化学产品的新颖性。

① 对于用物理化学参数表征的化学产品权利要求，如果无法依据所记载的参数对由该参数表征的产品与对比文件公开的产品进行比较，从而不能确定采用该参数表征的产品与对比文件产品的区别，则推定用该参数表征的产品权利要求不具备专利法第二十二条第二款所述的新颖性。

② 对于用制备方法表征的化学产品权利要求，其新颖性审查应针对该产品本身进行，而不是仅仅比较其中的制备方法是否与对比文件公开的方法相同。制备方法不同并不一定导致产品本身不同。

如果申请没有公开可与对比文件公开的产品进行比较的参数以证明该产品的不同之处，而仅仅是制备方法不同，也没有表明由于制备方法上的区别为产品带来任何功能、性质上的改变，则推定该方法表征的产品权利要求不具备专利法第二十二条第二款所述的新颖性。

第四，化学产品用途发明的新颖性。一种新产品的用途发明由于该产品是新的而自然具有新颖性。

一种已知产品不能因为提出了某一新的应用而被认为是一种新的产品。例如，产品 X 作为洗涤剂是已知的，那么一种用作增塑剂的产品 X 不具有新颖性。但是，如果一项已知产品的新用途本身是一项发明，则已知产品不能破坏该新用途的新颖性。这样的用途发明属于使用方法发明，因为发明的实质不在于产品本身，而在于如何去使用它。例如，上述原先作为洗涤剂的产品 X，后来有人研究发现将它配以某种添加剂后能作为增塑剂用。那么如何配制、选择什么添加剂、配比多少等就是使用方法的技术特征。这时，审查员应当评价该使用方法本身是否具备新颖性，而不能凭产品 X 是已知的认定该使用方法不具备新颖性。

对于涉及化学产品的医药用途发明，其新颖性审查应考虑以下方面：

① 新用途与原已知用途是否实质上不同。仅仅表述形式不同而实质上属于相同用途的发明不具备新颖性。

② 新用途是否被原已知用途的作用机理、药理作用所直接揭示。与原作用机理或者药理作用直接等同的用途不具有新颖性。

③ 新用途是否属于原已知用途的上位概念。已知下位用途可以破坏上位用途的新颖性。

④ 给药对象、给药方式、途径、用量及时间间隔等与使用有关的特征是否对制药过程具有限定作用。仅仅体现在用药过程中的区别特征不能使该用途具有新颖性。

4. 实用新型新颖性的判断

初步审查中，审查员对于实用新型专利申请是否明显不具备新颖性进行审查。审查员可以根据其获得的有关现有技术或者抵触申请的信息，审查实用新型专利申请是否明显不具备新颖性。

实用新型可能涉及非正常申请的，例如明显抄袭现有技术或者重复提交内容明显实质相同的专利申请，审查员应当根据检索获得的对比文件或者其他途径获得的信息，审查实用新型专利申请是否明显不具备新颖性。

(三) 创造性

1. 创造性的概念

(1) 创造性的定义。我国专利法中使用的"创造性",在其他国家的专利法中有不同的名称:创造性步骤(inventive step)、非显而易见性(non-obviousness)、先进性或者进步性等。

根据专利法第二十二条第三款的规定,创造性,是指与现有技术相比,该发明具有突出的实质性特点和显著的进步,该实用新型具有实质性特点和进步。从本款可以看出,对发明创造性的要求高于对实用新型创造性的要求。另外,判断新颖性的标准是现有技术和抵触申请,判断创造性的标准仅仅是现有技术。

(2) 所属技术领域的技术人员。《专利审查指南2010》第二部分第四章第2.4节规定了所属技术领域的技术人员。

发明是否具备创造性,应当基于所属技术领域的技术人员的知识和能力进行评价。所属技术领域的技术人员,也可称为本领域的技术人员,是指一种假设的"人",假定他知晓申请日或者优先权日之前发明所属技术领域所有的普通技术知识,能够获知该领域中所有的现有技术,并且具有应用该日期之前常规实验手段的能力,但他不具有创造能力。如果所要解决的技术问题能够促使本领域的技术人员在其他技术领域寻找技术手段,他也应具有从该其他技术领域中获知该申请日或优先权日之前的相关现有技术、普通技术知识和常规实验手段的能力。

设定这一概念的目的,在于统一审查标准,尽量避免审查员主观因素的影响。

(3) 突出的实质性特点。《专利审查指南2010》第二部分第四章第2.2节规定了突出的实质性特点。

发明有突出的实质性特点,是指对所属技术领域的技术人员来说,发明相对于现有技术是非显而易见的。如果发明是所属技术领域的技术人员在现有技术的基础上仅仅通过合乎逻辑的分析、推理或者有限的试验可以得到的,则该发明是显而易见的,也就不具备突出的实质性特点。

(4) 显著的进步。《专利审查指南2010》第二部分第四章第2.3节规定了显著的进步。

发明有显著的进步,是指发明与现有技术相比能够产生有益的技术效果。例如,发明克服了现有技术中存在的缺点和不足,或者为解决某一技术问题提供了一种不同构思的技术方案,或者代表某种新的技术发展趋势。

2. 判断创造性的原则和基准

《专利审查指南2010》第二部分第四章第3节规定了发明创造性的审查。

一件发明专利申请是否具备创造性,只有在该发明具备新颖性的条件下才予以考虑。

(1) 判断创造性的原则。《专利审查指南2010》第二部分第四章第3.1节规定了判断创造性的审查原则。

根据专利法第二十二条第三款的规定,审查发明是否具备创造性,应当审查发明是否具有突出的实质性特点,同时还应当审查发明是否具有显著的进步。

在评价发明是否具备创造性时,审查员不仅要考虑发明的技术方案本身,而且要考虑发明所属技术领域、所解决的技术问题和所产生的技术效果,将发明作为一个整体看待。

与新颖性"单独对比"的审查原则不同,审查创造性时,将一份或者多份现有技术中的不同的技术内容组合在一起对要求保护的发明进行评价。

如果一项独立权利要求具备创造性,则不再审查该独立权利要求的从属权利要求的创造性。

(2) 判断创造性的方法和步骤。《专利审查指南2010》第二部分第四章第3.2.1.1节规定了判断创造性的方法和步骤。

判断要求保护的发明相对于现有技术是否显而易见,通常可按照以下三个步骤进行。

首先,确定最接近的现有技术。最接近的现有技术,是指现有技术中与要求保护的发明最密切相关的一个技术方案,它是判断发明是否具有突出的实质性特点的基础。最接近的现有技术,例如可以是,与要求保护的发明技术领域相同,所要解决的技术问题、技术效果或者用途最接近和/或公开了发明的技术特征最多的现有技术,或者虽然与要求保护的发明技术领域不同,但能够实现发明的功能,并且公开发明的技术特征最多的现有技术。

应当注意的是,在确定最接近的现有技术时,应首先考虑技术领域相同或相近的现有技术。

其次,确定发明的区别特征和发明实际解决的技术问题。在审查中应当客观分析并确定发明实际解决的技术问题。为此,首先应当分析要求保护的发明与最接近的现有技术相比有哪些区别特征,然后根据该区别特征在要求保护的发明中所能达到的技术效果确定发明实际解决的技术问题。从这个意义上说,发明实际解决的技术问题,是指为获得更好的技术效果而需对最接近的现有技术进行改进的技术任务。

审查过程中，由于审查员所认定的最接近的现有技术可能不同于申请人在说明书中所描述的现有技术，因此，基于最接近的现有技术重新确定的该发明实际解决的技术问题，可能不同于说明书中所描述的技术问题；在这种情况下，应当根据审查员所认定的最接近的现有技术重新确定发明实际解决的技术问题。

重新确定的技术问题可能要依据每项发明的具体情况而定。作为一个原则，发明的任何技术效果都可以作为重新确定技术问题的基础，只要本领域的技术人员从该申请说明书中所记载的内容能够得知该技术效果即可。对于功能上彼此相互支持、存在相互作用关系的技术特征，应整体上考虑所述技术特征和它们之间的关系在要求保护的发明中所达到的技术效果。

最后，判断要求保护的发明对本领域的技术人员来说是否显而易见。

在该步骤中，要从最接近的现有技术和发明实际解决的技术问题出发，判断要求保护的发明对本领域的技术人员来说是否显而易见。判断过程中，要确定的是现有技术整体上是否存在某种技术启示，即现有技术中是否给出将上述区别特征应用到该最接近的现有技术以解决其存在的技术问题（发明实际解决的技术问题）的启示，这种启示会使本领域的技术人员在面对所述技术问题时，有动机改进该最接近的现有技术并获得要求保护的发明。如果现有技术存在这种技术启示，则发明是显而易见的，不具有突出的实质性特点。

下述情况，通常认为现有技术中存在上述技术启示：

（i）所述区别特征为公知常识，例如，本领域中解决该重新确定的技术问题的惯用手段，或教科书或者工具书等中披露的解决该重新确定的技术问题的技术手段。

（ii）所述区别特征为与最接近的现有技术相关的技术手段，例如，同一份对比文件其他部分披露的技术手段，该技术手段在该其他部分所起的作用与该区别特征在要求保护的发明中为解决该重新确定的技术问题所起的作用相同。

（iii）所述区别特征为另一份对比文件中披露的相关技术手段，该技术手段在该对比文件中所起的作用与该区别特征在要求保护的发明中为解决该重新确定的技术问题所起的作用相同。

（3）判断创造性的辅助因素。《专利审查指南2010》第二部分第四章第5节规定了判断发明创造性时需考虑的其他因素。

发明是否具备创造性，通常应当根据本章第3.2节所述的审查基准进行审查。应当强调的是，当申请属于以下情形时，审查员应当予以考虑，不应轻易作出发明不具备创造性的结论。

① 发明解决了人们一直渴望解决但始终未能获得成功的技术难题。如果发明解决了人们一直渴望解决但始终未能获得成功的技术难题，这种发明具有突出的实质性特点和显著的进步，具备创造性。

② 发明克服了技术偏见。技术偏见，是指在某段时间内、某个技术领域中，技术人员对某个技术问题普遍存在的、偏离客观事实的认识，它引导人们不去考虑其他方面的可能性，阻碍人们对该技术领域的研究和开发。如果发明克服了这种技术偏见，采用了人们由于技术偏见而舍弃的技术手段，从而解决了技术问题，则这种发明具有突出的实质性特点和显著的进步，具备创造性。

③ 发明取得了预料不到的技术效果。发明取得了预料不到的技术效果，是指发明同现有技术相比，其技术效果产生"质"的变化，具有新的性能；或者产生"量"的变化，超出人们预期的想象。这种"质"的或者"量"的变化，对所属技术领域的技术人员来说，事先无法预测或者推理出来。当发明产生了预料不到的技术效果时，说明发明具有显著的进步，同时也反映出发明的技术方案是非显而易见的，具有突出的实质性特点，该发明具备创造性。

④ 发明在商业上获得成功。当发明的产品在商业上获得成功时，如果这种成功是由于发明的技术特征直接导致的，则一方面反映了发明具有有益效果，另一方面也说明了发明是非显而易见的，因而这类发明具有突出的实质性特点和显著的进步，具备创造性。但是，如果商业上的成功是由于其他原因所致，例如由于销售技术的改进或者广告宣传造成的，则不能作为判断创造性的依据。

（4）技术效果对创造性判断的影响。《专利审查指南2010》第二部分第四章第3.2.2节规定了显著的进步的判断。

在评价发明是否具有显著的进步时，主要应当考虑发明是否具有有益的技术效果。以下情况，通常应当认为发明具有有益的技术效果，具有显著的进步：

① 发明与现有技术相比具有更好的技术效果，例如，质量改善、产量提高、节约能源、防治环境污染等；

② 发明提供了一种技术构思不同的技术方案，其技术效果能够基本上达到现有技术的水平；
③ 发明代表某种新技术发展趋势；
④ 尽管发明在某些方面有负面效果，但在其他方面具有明显积极的技术效果。

（5）开拓性发明的创造性判断。《专利审查指南2010》第二部分第四章第4.1节规定了开拓性发明。

开拓性发明，是指一种全新的技术方案，在技术史上未曾有过先例，它为人类科学技术在某个时期的发展开创了新纪元。

开拓性发明同现有技术相比，具有突出的实质性特点和显著的进步，具备创造性。例如，中国的四大发明——指南针、造纸术、活字印刷术和火药。此外，作为开拓性发明的例子还有：蒸汽机、白炽灯、收音机、雷达、激光器、利用计算机实现汉字输入等。

（6）组合发明的创造性判断。《专利审查指南2010》第二部分第四章第4.2节规定了组合发明。

组合发明，是指将某些技术方案进行组合，构成一项新的技术方案，以解决现有技术客观存在的技术问题。

在进行组合发明创造性的判断时通常需要考虑：组合后的各技术特征在功能上是否彼此相互支持、组合的难易程度、现有技术中是否存在组合的启示以及组合后的技术效果等。

① 显而易见的组合。如果要求保护的发明仅仅是将某些已知产品或方法组合或连接在一起，各自以其常规的方式工作，而且总的技术效果是各组合部分效果之总和，组合后的各技术特征之间在功能上无相互作用关系，仅仅是一种简单的叠加，则这种组合发明不具备创造性。

此外，如果组合仅仅是公知结构的变型，或者组合处于常规技术继续发展的范围之内，而没有取得预料不到的技术效果，则这样的组合发明不具备创造性。

② 非显而易见的组合。如果组合的各技术特征在功能上彼此支持，并取得了新的技术效果；或者说组合后的技术效果比每个技术特征效果的总和更优越，则这种组合具有突出的实质性特点和显著的进步，发明具备创造性。其中组合发明的每个单独的技术特征本身是否完全或部分已知并不影响对该发明创造性的评价。

（7）选择发明的创造性判断。《专利审查指南2010》第二部分第四章第4.3节规定了选择发明。

选择发明，是指从现有技术中公开的宽范围中，有目的地选出现有技术中未提到的窄范围或个体的发明。

在进行选择发明创造性的判断时，选择所带来的预料不到的技术效果是考虑的主要因素。

① 如果发明仅是从一些已知的可能性中进行选择，或者发明仅仅是从一些具有相同可能性的技术方案中选出一种，而选出的方案未能取得预料不到的技术效果，则该发明不具备创造性。

② 如果发明是在可能的、有限的范围内选择具体的尺寸、温度范围或者其他参数，而这些选择可以由本领域的技术人员通过常规手段得到并且没有产生预料不到的技术效果，则该发明不具备创造性。

③ 如果发明是可以从现有技术中直接推导出来的选择，则该发明不具备创造性。

④ 如果选择使得发明取得了预料不到的技术效果，则该发明具有突出的实质性特点和显著的进步，具备创造性。

（8）转用发明的创造性判断。《专利审查指南2010》第二部分第四章第4.4节规定了转用发明。

转用发明，是指将某一技术领域的现有技术转用到其他技术领域中的发明。

在进行转用发明的创造性判断时通常需要考虑：转用的技术领域的远近、是否存在相应的技术启示、转用的难易程度、是否需要克服技术上的困难、转用所带来的技术效果等。

① 如果转用是在类似的或者相近的技术领域之间进行的，并且未产生预料不到的技术效果，则这种转用发明不具备创造性。

② 如果这种转用能够产生预料不到的技术效果，或者克服了原技术领域中未曾遇到的困难，则这种转用发明具有突出的实质性特点和显著的进步，具备创造性。

（9）已知产品新用途发明的创造性判断。《专利审查指南2010》第二部分第四章第4.5节规定了已知产品的新用途发明。

已知产品的新用途发明，是指将已知产品用于新的目的的发明。

在进行已知产品新用途发明的创造性判断时通常需要考虑：新用途与现有用途技术领域的远近、新用途所带来的技术效果等。

① 如果新的用途仅仅是使用了已知材料的已知性质，则该用途发明不具备创造性。

② 如果新的用途是利用了已知产品新发现的性质，并且产生了预料不到的技术效果，则这种用途发明具有突出的实质性特点和显著的进步，具备创造性。

（10）要素变更发明的创造性判断。《专利审查指南2010》第二部分第四章第4.6节规定了要素变更的发明。要素变更的发明，包括要素关系改变的发明、要素替代的发明和要素省略的发明。

在进行要素变更发明的创造性判断时通常需要考虑：要素关系的改变、要素替代和省略是否存在技术启示、其技术效果是否可以预料等。

① 要素关系改变的发明。要素关系改变的发明，是指发明与现有技术相比，其形状、尺寸、比例、位置及作用关系等发生了变化。

第一，如果要素关系的改变没有导致发明效果、功能及用途的变化，或者发明效果、功能及用途的变化是可预料到的，则发明不具备创造性。

第二，如果要素关系的改变导致发明产生了预料不到的技术效果，则发明具有突出的实质性特点和显著的进步，具备创造性。

② 要素替代的发明。要素替代的发明，是指已知产品或方法的某一要素由其他已知要素替代的发明。

第一，如果发明是相同功能的已知手段的等效替代，或者是为解决同一技术问题，用已知最新研制出的具有相同功能的材料替代公知产品中的相应材料，或者是用某一公知材料替代公知产品中的某材料，而这种公知材料的类似应用是已知的，且没有产生预料不到的技术效果，则该发明不具备创造性。

第二，如果要素的替代能使发明产生预料不到的技术效果，则该发明具有突出的实质性特点和显著的进步，具备创造性。

③ 要素省略的发明。要素省略的发明，是指省去已知产品或者方法中的某一项或多项要素的发明。

第一，如果发明省去一项或多项要素后其功能也相应地消失，则该发明不具备创造性。

第二，如果发明与现有技术相比，发明省去一项或多项要素（例如，一项产品发明省去了一个或多个零、部件或者一项方法发明省去一步或多步工序）后，依然保持原有的全部功能，或者带来预料不到的技术效果，则具有突出的实质性特点和显著的进步，该发明具备创造性。

（11）化学领域发明创造性判断的其他若干规定。《专利审查指南2010》第二部分第十章第6.1节规定了化合物的创造性。

① 结构上与已知化合物不接近的、有新颖性的化合物，并有一定用途或者效果，审查员可以认为它有创造性而不必要求其具有预料不到的用途或者效果。

② 结构上与已知化合物接近的化合物，必须要有预料不到的用途或者效果。此预料不到的用途或者效果可以是与该已知化合物的已知用途不同的用途；或者是对已知化合物的某一已知效果有实质性的改进或提高；或者是在公知常识中没有明确的或不能由常识推论得到的用途或效果。

③ 两种化合物结构上是否接近，与所在的领域有关，审查员应当对不同的领域采用不同的判断标准。

④ 应当注意，不要简单地仅以结构接近为由否定一种化合物的创造性，还需要进一步说明它的用途或效果是可以预计的，或者说明本领域的技术人员在现有技术的基础上通过合乎逻辑的分析、推理或者有限的试验就能制造或使用此化合物。

⑤ 若一项技术方案的效果是已知的必然趋势所导致的，则该技术方案没有创造性。例如，现有技术的一种杀虫剂 AR，其中 R 为 C_{1-3} 的烷基，并且已经指出杀虫效果随着烷基 C 原子数的增加而提高。如果某一申请的杀虫剂是 $A-C_4H_9$，杀虫效果比现有技术的杀虫效果有明显提高。由于现有技术中指出了提高杀虫效果的必然趋势，因此该申请不具备创造性。

《专利审查指南2010》第二部分第十章第6.2节规定了化学产品用途发明的创造性。

① 新产品用途发明的创造性。对于新的化学产品，如果该用途不能从结构或者组成相似的已知产品预见到，可认为这种新产品的用途发明有创造性。

② 已知产品用途发明的创造性。对于已知产品的用途发明，如果该新用途不能从产品本身的结构、组成、分子量、已知的物理化学性质以及该产品的现有用途显而易见地得出或者预见到，而是利用了产品新发现的性质，并且产生了预料不到的技术效果，可认为这种已知产品的用途发明有创造性。

3. 实用新型创造性的判断

《专利审查指南2010》第四部分第六章无效宣告程序中实用新型专利审查的若干规定第4节规定了实用新型专利创造性的审查。

（1）判断实用新型创造性时应当考虑的技术特征。在实用新型专利创造性的审查中，应当考虑其技术方案中的所有技术特征，包括材料特征和方法特征。

实用新型专利创造性审查的有关内容，包括创造性的概念、创造性的审查原则、审查基准以及不同类型发明的创造性判断等内容，参照本指南第二部分第四章的规定。

（2）判断实用新型创造性的标准。根据专利法第二十二条第三款的规定，发明的创造性，是指与现有技术相比，该发明具有突出的实质性特点和显著的进步；实用新型的创造性，是指与现有技术相比，该实用新型具有实质性特点和进步。因此，实用新型专利创造性的标准应当低于发明专利创造性的标准。

两者在创造性判断标准上的不同，主要体现在现有技术中是否存在"技术启示"。在判断现有技术中是否存在技术启示时，发明专利与实用新型专利存在区别，这种区别体现在下述两个方面。

① 现有技术的领域。对于发明专利而言，不仅要考虑该发明专利所属的技术领域，还要考虑其相近或者相关的技术领域，以及该发明所要解决的技术问题能够促使本领域的技术人员到其中去寻找技术手段的其他技术领域。

对于实用新型专利而言，一般着重于考虑该实用新型专利所属的技术领域。但是现有技术中给出明确的启示，例如现有技术中有明确的记载，促使本领域的技术人员到相近或者相关的技术领域寻找有关技术手段的，可以考虑其相近或者相关的技术领域。

② 现有技术的数量。对于发明专利而言，可以引用一项、两项或者多项现有技术评价其创造性。

对于实用新型专利而言，一般情况下可以引用一项或者两项现有技术评价其创造性，对于由现有技术通过"简单的叠加"而成的实用新型专利，可以根据情况引用多项现有技术评价其创造性。

（四）实用性

1. 实用性的概念

《专利审查指南2010》第二部分第五章第2节规定了实用性的概念。

（1）实用性的定义。实用性，是指发明或者实用新型申请的主题必须能够在产业上制造或者使用，并且能够产生积极效果。

授予专利权的发明或者实用新型，必须是能够解决技术问题，并且能够应用的发明或者实用新型。换句话说，如果申请的是一种产品（包括发明和实用新型），那么该产品必须在产业中能够制造，并且能够解决技术问题；如果申请的是一种方法（仅限发明），那么这种方法必须在产业中能够使用，并且能够解决技术问题。只有满足上述条件的产品或者方法专利申请才可能被授予专利权。

（2）实用性涉及的产业范畴。所谓产业，它包括工业、农业、林业、水产业、畜牧业、交通运输业以及文化体育、生活用品和医疗器械等行业。

（3）"能够制造或者使用"的含义。在产业上能够制造或者使用的技术方案，是指符合自然规律、具有技术特征的任何可实施的技术方案。这些方案并不一定意味着使用机器设备，或者制造一种物品，还可以包括例如驱雾的方法，或者将能量由一种形式转换成另一种形式的方法。

（4）"积极效果"的含义。能够产生积极效果，是指发明或者实用新型专利申请在提出申请之日，其产生的经济、技术和社会的效果是所属技术领域的技术人员可以预料到的。这些效果应当是积极的和有益的。

2. 判断实用性的原则和基准

《专利审查指南2010》第二部分第五章第3节规定了判断实用性的原则和基准。发明或者实用新型专利申请是否具备实用性，应当在新颖性和创造性审查之前首先进行判断。

（1）判断实用性的原则。审查发明或者实用新型专利申请的实用性时，应当遵循下列原则：

① 以申请日提交的说明书（包括附图）和权利要求书所公开的整体技术内容为依据，而不仅仅局限于权利要求所记载的内容；

② 实用性与所申请的发明或者实用新型是怎样创造出来的或者是否已经实施无关。

（2）判断实用性的基准。专利法第二十二条第四款所说的"能够制造或者使用"是指发明或者实用新型的技术方案具有在产业中被制造或使用的可能性。满足实用性要求的技术方案不能违背自然规律并且应当具有再现性。因不能制造或者使用而不具备实用性是由技术方案本身固有的缺陷引起的,与说明书公开的程度无关。

(3) 无再现性。具有实用性的发明或者实用新型专利申请主题,应当具有再现性。反之,无再现性的发明或者实用新型专利申请主题不具备实用性。

再现性,是指所属技术领域的技术人员,根据公开的技术内容,能够重复实施专利申请中为解决技术问题所采用的技术方案。这种重复实施不得依赖任何随机的因素,并且实施结果应该是相同的。

但是,审查员应当注意,申请发明或者实用新型专利的产品的成品率低与不具有再现性是有本质区别的。前者是能够重复实施,只是由于实施过程中未能确保某些技术条件(如环境洁净度、温度等)而导致成品率低;后者则是在确保发明或者实用新型专利申请所需全部技术条件下,所属技术领域的技术人员仍不可能重复实现该技术方案所要求达到的结果。

(4) 违背自然规律。具有实用性的发明或者实用新型专利申请应当符合自然规律。违背自然规律的发明或者实用新型专利申请是不能实施的,因此,不具备实用性。

审查员应当特别注意,那些违背能量守恒定律的发明或者实用新型专利申请的主题,例如永动机,必然是不具备实用性的。

(5) 利用独一无二的自然条件的产品。具备实用性的发明或者实用新型专利申请不得是由自然条件限定的独一无二的产品。利用特定的自然条件建造的自始至终都是不可移动的唯一产品不具备实用性。应当注意的是,不能因为上述利用独一无二的自然条件的产品不具备实用性,而认为其构件本身也不具备实用性。

(6) 人体或者动物体的非治疗目的的外科手术方法。外科手术方法包括治疗目的和非治疗目的的手术方法。以治疗为目的的外科手术方法属于本部分第一章第4.3节中不授予专利权的客体;非治疗目的的外科手术方法,由于是以有生命的人或者动物为实施对象,无法在产业上使用,因此不具备实用性。例如,为美容而实施的外科手术方法,或者采用外科手术从活牛身上摘取牛黄的方法,以及为辅助诊断而采用的外科手术方法,例如实施冠状造影之前采用的外科手术方法等。

(7) 测量人体或者动物体在极限情况下的生理参数的方法测量人体或动物体在极限情况下的生理参数需要将被测对象置于极限环境中,这会对人或动物的生命构成威胁,不同的人或动物个体可以耐受的极限条件是不同的,需要有经验的测试人员根据被测对象的情况来确定其耐受的极限条件,因此这类方法无法在产业上使用,不具备实用性。

以下测量方法属于不具备实用性的情况:
① 通过逐渐降低人或动物的体温,以测量人或动物对寒冷耐受程度的测量方法;
② 利用降低吸入气体中氧气分压的方法逐级增加冠状动脉的负荷,并通过动脉血压的动态变化观察冠状动脉的代偿反应,以测量冠状动脉代谢机能的非侵入性的检查方法。

(8) 无积极效果。具备实用性的发明或者实用新型专利申请的技术方案应当能够产生预期的积极效果。明显无益、脱离社会需要的发明或者实用新型专利申请的技术方案不具备实用性。

三、真题分析

1.【2019年第8题】某发明专利申请的申请日为2019年3月20日。下列出版物均记载了与该申请请求保护的技术方案相同的技术内容,哪个会导致该申请丧失新颖性?

A. 2019年3月印刷并公开发行的某中文期刊

B. 在2019年3月20日召开的国际会议上发表的学术论文

C. 2019年2月出版的专业书籍,该书籍印刷后仅在某些地区的新华书店出售

D. 该发明申请人于2019年3月2日向国家知识产权局提出实用新型专利申请,该实用新型专利申请于2019年3月20日被申请人主动撤回

【考点】新颖性

【分析】专利法第二十二条第二款规定,新颖性,是指该发明或者实用新型不属于现有技术;也没有任何单位或者个人就同样的发明或者实用新型在申请日以前向国务院专利行政部门提出过申请,并记载在申请日以后公布的专利申请文件或者公告的专利文件中。《专利审查指南2010》第二部分第三章第2.1.2.1节规定,出版物不

受地理位置、语言或者获得方式的限制，也不受年代的限制。出版物的出版发行量多少、是否有人阅读过、申请人是否知道，这些都是无关紧要的。出版物的印刷日视为公开日，有其他证据证明其公开日的除外。印刷日只写明年月或者年份的，以所写月份的最后一日或者所写年份的 12 月 31 日为公开日。本题选项 A 中期刊的公开日视为 2019 年 3 月 31 日，选项 C 中专业书籍的公开日视为 2019 年 2 日 28 日，因此，选项 A 错误，选项 C 正确。

《专利审查指南 2010》第二部分第三章第 2.1.1 节规定，现有技术的时间界限是申请日，享有优先权的，则指优先权日。广义上说，申请日以前公开的技术内容都属于现有技术，但申请日当天公开的技术内容不包括在现有技术范围内。因此，选项 B 错误。专利法第四十条规定，实用新型和外观设计专利申请经初步审查没有发现驳回理由的，由国务院专利行政部门作出授予实用新型专利权或者外观设计专利权的决定，发给相应的专利证书，同时予以登记和公告。实用新型专利权和外观设计专利权自公告之日起生效。由此可知，实用新型是在初审合格后授权，并且公开，如果其在授权前主动撤回，则没有被公开，就不属于现有技术，因此，选项 D 错误。

【答案】C

2.【2019 年第 43 题】关于发明的创造性，下列说法正确的是？
A. 如果从现有技术公开的宽范围中选择未提到的窄范围或个体，产生预料不到的技术效果，则具有创造性
B. 判断创造性时，应当考虑申请日当天公布的专利文献中的技术内容
C. 发明在商业上获得成功，则应该认定其具有创造性
D. 发明提供了一种技术构思不同的技术方案，其技术效果能够基本上达到现有技术水平，则说明该发明具有显著的进步

【考点】创造性

【分析】根据《专利审查指南 2010》第二部分第四章第 4.3 节的规定，选择发明，是指从现有技术中公开的宽范围中，有目的地选出现有技术中未提到的窄范围或个体的发明。在进行选择发明创造性的判断时，选择所带来的预料不到的技术效果是考虑的主要因素。……如果选择使得发明取得了预料不到的技术效果，则该发明具有突出的实质性特点和显著的进步，具备创造性。因此，选项 A 正确。

根据专利法第二十二条第三款的规定，创造性，是指与现有技术相比，该发明具有突出的实质性特点和显著的进步，该实用新型具有实质性特点和进步。《专利审查指南 2010》第二部分第三章第 2.1.1 节规定，现有技术的时间界限是申请日，享有优先权的，则指优先权日。广义上说，申请日以前公开的技术内容都属于现有技术，但申请日当天公开的技术内容不包括在现有技术范围内。因此，选项 B 错误。

根据《专利审查指南 2010》第二部分第四章第 5 节的规定，当发明的产品在商业上获得成功时，如果这种成功是由于发明的技术特征直接导致的，则反映了发明具有有益效果，同时也说明了发明是非显而易见的，因而这类发明具有突出的实质性特点和显著的进步，具备创造性。但是，如果商业上的成功是由于其他原因所致，例如由于销售技术的改进或者广告宣传造成的，则不能作为判断创造性的依据。因此，选项 C 错误。

根据《专利审查指南 2010》第二部分第四章第 3.2.2 节的规定，在评价发明是否具有显著的进步时，主要应当考虑发明是否具有有益的技术效果。以下情况，通常应当认为发明具有有益的技术效果，具有显著的进步：（1）发明与现有技术相比具有更好的技术效果，例如，质量改善、产量提高、节约能源、防治环境污染等；（2）发明提供了一种技术构思不同的技术方案，其技术效果能够基本上达到现有技术的水平；（3）发明代表某种新技术发展趋势；（4）尽管发明在某些方面有负面效果，但在其他方面具有明显积极的技术效果。因此，选项 D 正确。

【答案】AD

3.【2019 年第 44 题】一件中国发明专利申请的申请日为 2019 年 5 月 5 日，优先权日为 2018 年 5 月 8 日。下列哪项记载了相同发明内容的专利文献不构成该申请的抵触申请？
A. 一件俄罗斯专利申请，其申请日为 2017 年 3 月 15 日，公开日为 2018 年 10 月 26 日
B. 一件在日本提出的 PCT 国际申请，其国际申请日为 2016 年 9 月 18 日，国际公布日为 2018 年 5 月 3 日，进入中国国家阶段的日期为 2019 年 5 月 18 日，中国国家公布日为 2019 年 9 月 18 日
C. 同一申请人于 2018 年 4 月 24 日向国家知识产权局提交的实用新型专利申请，授权公告日为 2018 年 9 月 16 日
D. 法国某公司在中国提出的发明专利申请，其申请日为 2018 年 3 月 11 日，公开日为 2018 年 8 月 21 日

【考点】抵触申请

【分析】《专利审查指南2010》第二部分第三章第2.2节规定，根据专利法第二十二条第二款的规定，在发明或者实用新型新颖性的判断中，由任何单位或者个人就同样的发明或者实用新型在申请日以前向专利局提出并且在申请日以后（含申请日）公布的专利申请文件或者公告的专利文件损害该申请日提出的专利申请的新颖性。为描述简便，在判断新颖性时，将这种损害新颖性的专利申请，称为抵触申请。抵触申请还包括满足以下条件的进入了中国国家阶段的国际专利申请，即申请日以前由任何单位或者个人提出、并在申请日之后（含申请日）由专利局作出公布或公告的且为同样的发明或者实用新型的国际专利申请。专利法实施细则第十一条第一款规定，除专利法第二十八条和第四十二条规定的情形外，专利法所称申请日，有优先权的，指优先权日。

本题中，选项A是"俄罗斯专利申请"，不是向我国专利局提出的专利申请，因此，选项A不构成抵触申请。选项B中，该PCT国际申请的国际公布日2018年5月3日早于优先权日2018年5月8日，构成现有技术，因此，选项A不构成抵触申请。选项CD中的专利申请符合抵触申请要求的条件，因此，选项CD构成抵触申请。

【答案】AB

4.【2019年第45题】某专利申请涉及一种塑料瓶，其申请日是2017年12月2日，优先权日是2017年6月9日。下列哪些属于该申请的现有技术？

A. 印刷日为2017年5月的一份出版物，内容涉及一种玻璃瓶

B. 2017年5月3日公开的一件日本专利申请，该申请涉及一种特殊色彩的塑料瓶

C. 2017年6月9日公开的一件中国专利申请，该申请涉及一种玻璃瓶

D. 2017年6月8日在韩国购买的一种装饰塑料瓶

【考点】现有技术

【分析】《专利审查指南2010》第二部分第三章第2.1节规定，现有技术包括在申请日（有优先权的，指优先权日）以前在国内外出版物上公开发表、在国内外公开使用或者以其他方式为公众所知的技术。现有技术应当是在申请日以前公众能够得知的技术内容。换句话说，现有技术应当是在申请日以前处于能够为公众获得的状态，并包含有能够使公众从中得知实质性技术知识的内容。《专利审查指南2010》第二部分第三章第2.1.2.1节规定，出版物的印刷日视为公开日，有其他证据证明其公开日的除外。印刷日只写明年月或者年份的，以所写月份的最后一日或者所写年份的12月31日为公开日。

本题中，选项A中出版物的公开日为2017年5月31日，在优先权日2017年6月9日之前，因此，其记载的技术构成本题中的专利申请的现有技术，选项A正确。选项B中，美国专利申请公开的日期是2017年5月3日，在优先权日2017年6月9日之前，因此，该美国专利申请公开的技术构成该申请的现有技术，选项B正确。选项D中购买时间是2017年6月8日，在优先权日2017年6月9日之前，构成现有技术，因此，选项D正确。

《专利审查指南2010》第二部分第三章第2.1.1节规定，现有技术的时间界限是申请日，享有优先权的，则指优先权日。广义上说，申请日以前公开的技术内容都属于现有技术，但申请日当天公开的技术内容不包括在现有技术范围内。选项C中，2017年6月9日公开的专利申请所记载的技术不构成本题中专利申请的现有技术，选项C错误。

【答案】ABD

5.【2019年第46题】下列哪些专利申请的技术方案不具备实用性？

A. 一种耐寒测量方法，其特征在于通过逐渐降低动物的体温，以测量动物对寒冷耐受程度

B. 一种测量冠状动脉代谢机能的非侵入性的检查方法，其特征在于利用降低吸入气体中氧气分压的方法逐级增加冠状动脉的负荷

C. 一种别墅，其特征在于依据地形地貌的特点进行建造

D. 一种打耳洞的方法，其特征在于将一次性无菌穿耳器在耳垂上固定后压下

【考点】实用性

【分析】《专利审查指南2010》第二部分第五章第3节规定，以下测量方法属于不具备实用性的情况：（1）通过逐渐降低人或动物的体温，以测量人或动物对寒冷耐受程度的测量方法；（2）利用降低吸入气体中氧气分压的方法逐级增加冠状动脉的负荷，并通过动脉血压的动态变化观察冠状动脉的代偿反应，以测量冠状动脉代谢机能的非侵入性的检查方法。因此，选项AB正确。

《专利审查指南2010》第二部分第五章第3.2.3节规定，具备实用性的发明或者实用新型专利申请不得是由自然条件限定的独一无二的产品。利用特定的自然条件建造的自始至终都是不可移动的唯一产品不具备实用性。因此，选项C正确。

《专利审查指南2010》第二部分第五章第3.2.4节规定，非治疗目的的外科手术方法，由于是以有生命的人或者动物为实施对象，无法在产业上使用，因此不具备实用性。例如，为美容而实施的外科手术方法。因此，选项D正确。

【答案】ABCD

6.【2019年第54题】一种关于涂料组合物的发明，与现有技术的区别仅在于不含防冻剂。在下列哪些情形下，该发明可能具备创造性？
A. 该涂料组合物不具有防冻效果，其余性能稍有下降
B. 该涂料组合物不具有防冻效果，其余性能不变
C. 该涂料组合物仍具有防冻效果，其余性能不变
D. 该涂料组合物不具有防冻效果，其余性能显著提高

【考点】创造性

【分析】《专利审查指南2010》第二部分第四章第4.6.3节规定，如果发明与现有技术相比，发明省去一项或多项要素（例如，一项产品发明省去了一个或多个零、部件或者一项方法发明省去一步或多步工序）后，依然保持原有的全部功能，或者带来预料不到的技术效果，则具有突出的实质性特点和显著的进步，该发明具备创造性。因此，选项AB错误，选项CD正确。

【答案】CD

7.【2019年第56题】下列关于创造性的说法正确的是？
A. 现有技术和抵触申请可以用来评价一项发明的创造性
B. 发明是否具备创造性，应当基于所属技术领域的技术人员的知识和能力进行评价
C. 如果发明取得了预料不到的技术效果，则该发明具备创造性
D. 如果独立权利要求具备创造性，则引用其的从属权利要求也具有创造性，反之亦然

【考点】创造性

【分析】根据专利法第二十二条第二、三款的规定，判断新颖性的标准是现有技术和抵触申请，判断创造性的标准只有现有技术，故抵触申请只能破坏新颖性，不能破坏创造性。因此，选项A错误。《专利审查指南2010》第二部分第四章第2.4节规定，发明是否具备创造性，应当基于所属技术领域的技术人员的知识和能力进行评价。因此，选项B正确。

根据《专利审查指南2010》第二部分第四章第5节的规定，发明取得了预料不到的技术效果，是指发明同现有技术相比，其技术效果产生"质"的变化，具有新的性能；或者产生"量"的变化，超出人们预期的想象。这种"质"的或者"量"的变化，对所属技术领域的技术人员来说，事先无法预测或者推理出来。当发明产生了预料不到的技术效果时，一方面说明发明具有显著的进步，同时也反映出发明的技术方案是非显而易见的，具有突出的实质性特点，该发明具备创造性。因此，选项C正确。

专利法实施细则第二十二条第一款规定，发明或者实用新型的从属权利要求应当包括引用部分和限定部分，按照下列规定撰写：（一）引用部分：写明引用的权利要求的编号及其主题名称；（二）限定部分：写明发明或者实用新型附加的技术特征。由此可知，每项从属权利要求都有其附加技术特征。如果从属权利要求具备的创造性是由其附加技术特征带来的，则其所引用的独立权利要求不具备创造性。因此，选项D错误。

【答案】BC

8.【2018年第14题】关于创造性，下列说法错误的是？
A. 如果一项发明与现有技术相比具有预料不到的技术效果，则该发明具备创造性
B. 如果发明解决了人们一直渴望解决但始终未能获得成功的技术难题，则该发明具备创造性
C. 如果发明不是历尽艰辛、而是偶然做出的，则该发明不具备创造性
D. 如果发明在商业上获得的成功是由于其技术特征直接导致的，则该发明具备创造性

【考点】创造性

【分析】《专利审查指南 2010》第二部分第四章第 5.3 节规定，发明取得了预料不到的技术效果，是指发明同现有技术相比，其技术效果产生"质"的变化，具有新的性能；或者产生"量"的变化，超出人们预期的想象。这种"质"的或者"量"的变化，对所属技术领域的技术人员来说，事先无法预测或者推理出来。当发明产生了预料不到的技术效果时，一方面说明发明具有显著的进步，另一方面也反映出发明的技术方案是非显而易见的，具有突出的实质性特点，该发明具备创造性。因此，选项 A 的说法正确。

《专利审查指南 2010》第二部分第四章第 5.1 节规定，如果发明解决了人们一直渴望解决但始终未能获得成功的技术难题，这种发明具有突出的实质性特点和显著的进步，具备创造性。因此，选项 B 的说法正确。《专利审查指南 2010》第二部分第四章第 6.1 节规定，不管发明者在创立发明的过程中是历尽艰辛，还是唾手而得，都不应当影响对该发明创造性的评价。绝大多数发明是发明者创造性劳动的结晶，是长期科学研究或者生产实践的总结。但是，也有一部分发明是偶然做出的。因此，选项 C 的说法错误。

《专利审查指南 2010》第二部分第四章第 5.4 节规定，当发明的产品在商业上获得成功时，如果这种成功是由于发明的技术特征直接导致的，则反映了发明具有有益效果，同时也说明了发明是非显而易见的，因而这类发明具有突出的实质性特点和显著的进步，具备创造性。但是，如果商业上的成功是由于其他原因所致，例如由于销售技术的改进或者广告宣传造成的，则不能作为判断创造性的依据。因此，选项 D 的说法正确。

【答案】C

9.【2018 年第 15 题】一件中国发明专利申请的申请日为 2016 年 3 月 18 日，优先权日为 2015 年 3 月 19 日。下列记载了相同发明内容的哪个专利文献构成该申请的抵触申请？

  A. 一件在 WIPO（世界知识产权组织）提出的 PCT 国际申请，国际申请日为 2016 年 6 月 15 日，优先权日为 2015 年 6 月 15 日，国际公布日为 2016 年 12 月 15 日，进入中国国家阶段的日期为 2017 年 12 月 15 日

  B. 同一申请人于 2015 年 3 月 19 日向国家知识产权局提交的实用新型专利申请，授权公告日为 2016 年 9 月 19 日

  C. 一件在欧洲专利局提出的发明专利申请，其申请日为 2015 年 6 月 15 日，优先权日为 2014 年 6 月 15 日，公开日为 2015 年 12 月 15 日

  D. 日本某公司在中国提出的发明专利申请，其申请日为 2014 年 12 月 15 日，优先权日为 2013 年 12 月 15 日，公开日为 2015 年 6 月 15 日

【考点】抵触申请

【分析】《专利审查指南 2010》第二部分第三章第 2.2 节规定，根据专利法第二十二条第二款的规定，在发明或者实用新型新颖性的判断中，由任何单位或者个人就同样的发明或者实用新型在申请日以前向专利局提出并且在申请日以后（含申请日）公布的专利申请文件或者公告的专利文件损害该申请日提出的专利申请的新颖性。为描述简便，在判断新颖性时，将这种损害新颖性的专利申请，称为抵触申请。审查员在检索时应当注意，确定是否存在抵触申请，不仅要查阅在先专利或专利申请的权利要求书，而且要查阅其说明书（包括附图），应当以其全文内容为准。抵触申请还包括满足以下条件的进入了中国国家阶段的国际专利申请，即申请日以前由任何单位或者个人提出、并在申请日之后（含申请日）由专利局作出公布或公告的且为同样的发明或者实用新型的国际专利申请。另外，抵触申请仅指在申请日以前提出的，不包括在申请日提出的同样的发明或者实用新型专利申请。

专利法实施细则第十一条第一款规定，除专利法第二十八条和第四十二条规定的情形外，专利法所称申请日，有优先权的，指优先权日。根据专利法实施细则第一百零二条的规定，按照专利合作条约已确定国际申请日并指定中国的国际申请，视为向国务院专利行政部门提出的专利申请，该国际申请日视为专利法第二十八条所称的申请日。

本题选项 A 中，PCT 国际申请的优先权日为 2015 年 6 月 15 日，该日期晚于题干中的中国发明专利申请的优先权日 2015 年 3 月 19 日，因此，该 PCT 国际申请不构成抵触申请，选项 A 错误。

本题选项 B 中，实用新型专利申请的申请日与题干中的中国发明专利申请的优先权日都是 2015 年 3 月 19 日，而抵触申请仅指在申请日以前提出的，不包括在申请日提出的同样的发明或者实用新型专利申请，因此，该实用新型专利申请不构成抵触申请，选项 B 错误。

本题选项 C 中，所提及的发明专利申请向欧洲专利局提出，而不是向我国专利局提出，因此，该发明专利申

请不构成抵触申请，选项 C 错误。

本题选项 D 中，日本某公司在中国提出的发明专利申请的优先权日为 2013 年 12 月 15 日，早于题干中的中国发明专利申请的优先权日 2015 年 3 月 19 日，且公开日为 2015 年 6 月 15 日，因此，该发明专利申请构成抵触申请，选项 D 正确。

【答案】D

10.【2018 年第 16 题】某发明专利申请的权利要求如下：

1. 一种复合材料的制备方法，其特征在于：……，混合时间为 10～75 分钟。
2. 根据权利要求 1 所述的复合材料制备方法，其特征在于混合时间为 30～45 分钟。

关于上述权利要求的新颖性，下列说法错误的是：

A. 对比文件公开的一种复合材料的制备方法，其中混合时间为 15～90 分钟（其余特征与权利要求 1 相同），则权利要求 1 相对于该对比文件不具备新颖性

B. 对比文件公开的一种复合材料的制备方法，其中混合时间为 20～60 分钟（其余特征与权利要求 1 相同），则权利要求 1 相对于该对比文件不具备新颖性

C. 对比文件公开的一种复合材料的制备方法，其中混合时间为 20～90 分钟（其余特征与权利要求 2 相同），则权利要求 2 相对于该对比文件不具备新颖性

D. 对比文件公开的一种复合材料的制备方法，其中混合时间为 45 分钟（其余特征与权利要求 2 相同），则权利要求 2 相对于该对比文件不具备新颖性

【考点】涉及数值范围的新颖性

【分析】《专利审查指南 2010》第二部分第三章第 3.2.4 节规定，如果要求保护的发明或者实用新型中存在以数值或者连续变化的数值范围限定的技术特征，例如部件的尺寸、温度、压力以及组合物的组分含量，而其余技术特征与对比文件相同，则其新颖性的判断应当依照以下各项规定。(1) 对比文件公开的数值或者数值范围落在上述限定的技术特征的数值范围内，将破坏要求保护的发明或者实用新型的新颖性。(2) 对比文件公开的数值范围与上述限定的技术特征的数值范围部分重叠或者有一个共同的端点，将破坏要求保护的发明或者实用新型的新颖性。(3) 对比文件公开的数值范围的两个端点将破坏上述限定的技术特征为离散数值并且具有该两端点中任一个的发明或者实用新型的新颖性，但不破坏上述限定的技术特征为该两端点之间任一数值的发明或者实用新型的新颖性。(4) 上述限定的技术特征的数值或者数值范围落在对比文件公开的数值范围内，并且与对比文件公开的数值范围没有共同的端点，则对比文件不破坏要求保护的发明或者实用新型的新颖性。

根据第 (2) 项的规定，本题选项 A 对比文件中混合时间为 15～90 分钟，其与权利要求 1 中混合时间 10～75 分钟的部分重叠，因此，权利要求 1 相对于该对比文件不具备新颖性，选项 A 的说法正确。

根据第 (1) 项的规定，本题选项 B 对比文件中混合时间为 20～60 分钟，其落在权利要求 1 中混合时间 10～75 分钟内，因此，权利要求 1 相对于该对比文件不具备新颖性，选项 B 的说法正确。

根据第 (4) 项的规定，权利要求 2 中混合时间为 30～45 分钟，落在本题选项 C 对比文件中混合时间 20～90 分钟内，因此，权利要求 2 相对于该对比文件具备新颖性，选项 C 的说法错误。

根据第 (3) 项的规定，本题选项 D 对比文件中混合时间为 45 分钟，权利要求 2 中混合时间为 30～45 分钟，两者具有相同的端点值 45 分钟，因此，权利要求 2 相对于该对比文件不具备新颖性，选项 D 的说法正确。

【答案】C

11.【2018 年第 57 题】某申请日为 2017 年 10 月 11 日的中国发明专利申请 X 中，要求保护技术方案 A1 和 A2，该申请优先权日为 2016 年 10 月 11 日，且优先权文本中仅记载了技术方案 A1。审查部门检索到一篇申请日 2016 年 9 月 23 日、公开日 2017 年 9 月 6 日的中国发明专利申请，其中公开了技术方案 A1 和 A2。则下列说法正确的是：

A. 该对比文件构成了申请 X 中技术方案 A1 的抵触申请
B. 该对比文件构成了申请 X 中技术方案 A2 的抵触申请
C. 该对比文件构成申请 X 中技术方案 A1 的现有技术
D. 该对比文件构成申请 X 中技术方案 A2 的现有技术

【考点】新颖性

【分析】《专利审查指南2010》第二部分第三章第2.1节规定，根据专利法第二十二条第五款的规定，现有技术是指申请日以前在国内外为公众所知的技术。现有技术包括在申请日（有优先权的，指优先权日）以前在国内外出版物上公开发表、在国内外公开使用或者以其他方式为公众所知的技术。

《专利审查指南2010》第二部分第三章第2.2节规定，根据专利法第二十二条第二款的规定，在发明或者实用新型新颖性的判断中，由任何单位或者个人就同样的发明或者实用新型在申请日以前向专利局提出并且在申请日以后（含申请日）公布的专利申请文件或者公告的专利文件损害该申请日提出的专利申请的新颖性。为描述简便，在判断新颖性时，将这种损害新颖性的专利申请，称为抵触申请。

专利法实施细则第十一条规定，除专利法第二十八条和第四十二条规定的情形外，专利法所称申请日，有优先权的，指优先权日。

《专利审查指南2010》第二部分第三章第4.2.4节规定了本国多项优先权和本国部分优先权。专利法实施细则第三十二条第一款的规定不仅适用于外国多项优先权，也适用于本国多项优先权。关于本国多项优先权和本国部分优先权的规定如下：（1）要求多项优先权的专利申请，应当符合专利法第三十一条及专利法实施细则第三十四条关于单一性的规定。（2）一件中国在后申请中记载了多个技术方案。例如，记载了A、B和C三个方案，它们分别在三件中国首次申请中记载过，则该中国在后申请可以要求多项优先权，即A、B、C分别以其中国首次申请的申请日为优先权日。（3）一件中国在后申请中记载了技术方案A和实施例A1、A2、A3，其中只有A1在中国首次申请中记载过，则该中国在后申请中A1可以享有本国优先权，其余则不能享有本国优先权。（4）一件中国在后申请中记载了技术方案A和实施例A1、A2。技术方案A和实施例A1已经记载在中国首次申请中，则在后申请中技术方案A和实施例A1可以享有本国优先权，实施例A2则不能享有本国优先权。

本题中，对比文件公开了技术方案A1和A2，属于中国发明专利申请，且申请日2016年9月23日在中国发明专利申请X的优先权日2016年10月11日之前，公开日2017年9月6日在中国发明专利申请X的优先权日2016年10月11日之后，但优先权文本中仅记载了技术方案A1，因此，该对比文件构成中国发明专利申请X中技术方案A1的抵触申请；同时，由于技术方案A2不享有优先权，其申请日为2017年10月11日，晚于对比文件的公开日2017年9月6日，因此，该对比文件构成中国发明专利申请X中技术方案A2的现有技术。综上所述，选项AD正确，选项BC错误。

【答案】AD

12.【2017年第20题】关于现有技术的说法，哪个是正确的？
A. 专利法意义上的出版物仅限于纸件出版物
B. 云南白药的保密配方一旦泄露，即属于现有技术
C. 能够使公众得知技术内容的馈赠和交换不属于使用公开
D. 印有"内部资料"字样的出版物一定不属于公开出版物

【考点】现有技术

【分析】根据《专利审查指南2010》第二部分第三章第2.1.2.1节的规定，专利法意义上的出版物是指记载有技术或设计内容的独立存在的传播载体，并且应当表明或者有其他证据证明其公开发表或出版的时间。符合上述含义的出版物可以是各种印刷的、打字的纸件，例如专利文献、科技杂志、科技书籍、学术论文、专业文献、教科书、技术手册、正式公布的会议记录或者技术报告、报纸、产品样本、产品目录、广告宣传册等，也可以是用电、光、磁、照相等方法制成的视听资料，例如缩微胶片、影片、照相底片、录像带、磁带、唱片、光盘等，还可以是以其他形式存在的资料，例如存在于互联网或其他在线数据库中的资料等。因此，选项A错误。

根据《专利审查指南2010》第二部分第三章第2.1节的规定，现有技术应当是在申请日以前公众能够得知的技术内容。应当注意，处于保密状态的技术内容不属于现有技术。所谓保密状态，不仅包括受保密规定或协议约束的情形，还包括社会观念或者商业习惯上被认为应当承担保密义务的情形，即默契保密的情形。然而，如果负有保密义务的人违反规定、协议或者默契泄露秘密，导致技术内容公开，使公众能够得知这些技术，这些技术也就构成了现有技术的一部分。因此，选项B正确。根据《专利审查指南2010》第二部分第三章第2.1.2.2节的规定，使用公开的方式包括能够使公众得知其技术内容的制造、使用、销售、进口、交换、馈赠、演示、展出等方式。因此，选项C错误。根据《专利审查指南2010》第二部分第三章第2.1.2.1节的规定，印有"内部资料""内部发行"等字样的出版物，确系在特定范围内发行并要求保密的，不属于公开出版物。因此，选项D

错误。

【答案】B

13.【2017年第21题】向国家知识产权局提出的两件发明专利申请甲、乙，如果甲申请构成了乙申请的抵触申请，以下哪个说法正确？

A. 甲申请只需摘要中记载了乙申请权利要求书内容即可构成乙申请的抵触申请
B. 甲申请可以是进入中国国家阶段的国际专利申请
C. 甲申请可作为评价乙申请创造性的对比文件
D. 甲申请的申请人必须与乙申请的申请人不同

【考点】抵触申请

【分析】根据《专利审查指南2010》第二部分第三章第2.2节的规定，根据专利法第二十二条第二款的规定，在发明或者实用新型新颖性的判断中，由任何单位或者个人就同样的发明或者实用新型在申请日以前向专利局提出并且在申请日以后（含申请日）公布的专利申请文件或者公告的专利文件损害该申请日提出的专利申请的新颖性。为描述简便，在判断新颖性时，将这种损害新颖性的专利申请，称为抵触申请。审查员在检索时应当注意，确定是否存在抵触申请，不仅要查阅在先专利或专利申请的权利要求书，而且要查阅其说明书（包括附图），应当以其全文内容为准。根据《专利审查指南2010》第二部分第二章第2.4节的规定，摘要是说明书记载内容的概述，它仅是一种技术信息，不具有法律效力。摘要的内容不属于发明或者实用新型原始记载的内容，不能作为以后修改说明书或者权利要求书的根据，也不能用来解释专利权的保护范围。由此可知，确定是否存在抵触申请，不需要查阅在先专利或专利申请的摘要。因此，选项A错误。而且根据上述规定，抵触申请可以由任何单位或者个人提出，包括申请人相同的情况，因此，选项D错误。而且

根据《专利审查指南2010》第二部分第三章第2.2节的规定，抵触申请还包括满足以下条件的进入了中国国家阶段的国际专利申请，即申请日以前由任何单位或者个人提出、并在申请日之后（含申请日）由专利局作出公布或公告的且为同样的发明或者实用新型的国际专利申请。因此，选项B正确。根据专利法第二十二条第三款、第五款的规定，创造性，是指与现有技术相比，该发明具有突出的实质性特点和显著的进步，该实用新型具有实质性特点和进步。本法所称现有技术，是指申请日以前在国内外为公众所知的技术。而抵触申请在申请日之前没有公开，不属于现有技术，评价创造性时不予考虑，因此，选项C错误。

【答案】B

14.【2017年第23题】以下说法正确的是？

A. 医生处方具有实用性
B. 一种烹调方法属于智力活动的规则和方法，不能授予专利权
C. 一种通过化学试剂诱导微生物随机突变产生新微生物菌株的方法，具有实用性
D. 从某县某地的土壤中分离筛选出一种具有特殊功能的微生物，具有实用性

【考点】实用性

【分析】根据专利法第二十二条第三款的规定，实用性，是指该发明或者实用新型能够制造或者使用，并且能够产生积极效果。根据《专利审查指南2010》第二部分第十章第7节的规定，依赖于厨师的技术、创作等不确定因素导致不能重复实施的烹调方法不适于在产业上应用，也不具备实用性，不能被授予专利权。医生处方，指医生根据具体病人的病情所开的药方。医生处方和医生对处方的调剂以及仅仅根据医生处方配药的过程，均没有工业实用性，不能被授予专利权。由此可知，"医生处方"和"烹调方法"都不具备实用性，不能授予专利权，因此，选项AB错误。

《专利审查指南2010》第二部分第十章第9.4.3.2节规定了通过物理、化学方法进行人工诱变生产新微生物的方法，这种类型的方法主要依赖于微生物在诱变条件下所产生的随机突变，这种突变实际上是DNA复制过程中的一个或者几个碱基的变化，然后从中筛选出具有某种特征的菌株。由于碱基变化是随机的，因此即使清楚记载了诱变条件，也很难通过重复诱变条件而得到完全相同的结果。这种方法在绝大多数情况下不符合专利法第二十二条第四款的规定，除非申请人能够给出足够的证据证明在一定的诱变条件下经过诱变必然得到具有所需特性的微生物，否则这种类型的方法不能被授予专利权。因此，选项C错误。

《专利审查指南2010》第二部分第一章第4.4节规定，所谓微生物发明是指利用各种细菌、真菌、病毒等微

生物去生产一种化学物质（如抗生素）或者分解一种物质等的发明。微生物和微生物方法可以获得专利保护。关于微生物发明专利申请的审查，适用本部分第十章的有关规定。《专利审查指南2010》第二部分第十章第9.1.2.1节规定，微生物包括：细菌、放线菌、真菌、病毒、原生动物、藻类等。由于微生物既不属于动物，也不属于植物的范畴，因而微生物不属于专利法第二十五条第一款第（四）项所列的情况。但是未经人类的任何技术处理而存在于自然界的微生物由于属于科学发现，所以不能被授予专利权。只有当微生物经过分离成为纯培养物，并且具有特定的工业用途时，微生物本身才属于可给予专利保护的客体。本题选项D中的微生物，从土壤中分离筛选出，且具有特殊功能，具有实用性，因此，选项D正确。

【答案】 D

15. **【2017年第62题】** 李某于2015年4月1日向国家知识产权局提交了一份关于塑料肥皂盒的实用新型申请，该肥皂盒底部具有用于排出积水的椭圆孔，该申请于2015年7月15日获得授权公告，在后续评价该实用新型专利创造性的过程中，下列哪些技术文献不适于作为判断该专利创造性的对比文件？

A. 由某企业于2015年3月23日提出申请，并于2015年9月28日公布的发明专利申请，该申请公开了一种具有长方孔的储物盒，长方孔用于排出积水

B. 于2014年3月公开的某美国专利文件，其公开了一种底部具有椭圆形开孔的齿轮箱，椭圆形开孔用于通风散热

C. 于1994年5月出版的某塑料行业期刊，其中一篇文章介绍了一种注塑成型设备，并公开了使用该设备制造底部具有排水槽的肥皂盒的工艺过程

D. 于2013年8月公开了中国专利文件，其公开了一种与洗手池固定在一起的陶瓷肥皂盒，该肥皂盒底部具有镂空的排水孔

【考点】 实用新型专利创造性

【分析】 根据专利法第二十二条第三款、第五款的规定，创造性，是指与现有技术相比，该发明具有突出的实质性特点和显著的进步，该实用新型具有实质性特点和进步。本法所称现有技术，是指申请日以前在国内外为公众所知的技术。由此可知，判断实用新型创造性的对比文件只能是现有技术，不能是抵触申请。本题选项A中的发明专利申请的申请日2015年3月23日早于李某实用新型的申请日2015年4月1日，但该发明的公开日2015年9月28日晚于李某实用新型的申请日2015年4月1日，因此，该发明专利申请不构成李某实用新型的现有技术，故该发明专利申请不能在李某实用新型的创造性判断中作为对比文件使用。因此，选项A正确。

《专利审查指南2010》第四部分第六章第4节规定了实用新型专利创造性的审查。对于实用新型专利而言，一般着重于考虑该实用新型专利所属的技术领域。但是现有技术中给出明确的启示，例如现有技术中有明确的记载，促使本领域的技术人员到相近或者相关的技术领域寻找有关技术手段的，可以考虑其相近或者相关的技术领域。本题选项B中齿轮箱与肥皂盒不属于相同的技术领域，也不属于相近或者相关的技术领域，因此，选项B正确。本题选项CD的技术领域和公开时间都符合上述规定，适于作为判断李某专利创造性的对比文件，因此，选项CD不正确。

【答案】 AB

16. **【2017年第75题】** 以下关于新颖性的判断，正确的是？

A. 一种抗拉强度为530MPa钢板相对于抗拉强度为350MPa的普通钢板具有新颖性

B. 一种用于抗病毒的化合物X与一种用作洗涤剂的化合物X相比具有新颖性

C. 一种使用X方法制备的玻璃杯与一种用Y方法制作的玻璃杯相比一定具有新颖性

D. 一种厚度为25～30mm的托板与一种厚度为30mm的托板相比不具有新颖性

【考点】 新颖性

【分析】《专利审查指南2010》第二部分第三章第3.2.5节规定，（1）包含性能、参数特征的产品权利要求：对于这类权利要求，应当考虑权利要求中的性能、参数特征是否隐含了要求保护的产品具有某种特定结构和/或组成。如果该性能、参数隐含了要求保护的产品具有区别于对比文件产品的结构和/或组成，则该权利要求具备新颖性；相反，如果所属技术领域的技术人员根据该性能、参数无法将要求保护的产品与对比文件产品区分开，则可推定要求保护的产品与对比文件产品相同，因此申请的权利要求不具备新颖性，除非申请人能够根据申请文件或现有技术证明权利要求中包含性能、参数特征的产品与对比文件产品在结构和/或组成上不同。（2）包含用

途特征的产品权利要求：对于这类权利要求，应当考虑权利要求中的用途特征是否隐含了要求保护的产品具有某种特定结构和/或组成。如果该用途由产品本身固有的特性决定，而且用途特征没有隐含产品在结构和/或组成上发生改变，则该用途特征限定的产品权利要求相对于对比文件的产品不具有新颖性。例如，用于抗病毒的化合物X的发明与用作催化剂的化合物X的对比文件相比，虽然化合物X用途改变，但决定其本质特性的化学结构式并没有任何变化，因此用于抗病毒的化合物X的发明不具备新颖性。（3）包含制备方法特征的产品权利要求：对于这类权利要求，应当考虑该制备方法是否导致产品具有某种特定的结构和/或组成。如果所属技术领域的技术人员可以断定该方法必然使产品具有不同于对比文件产品的特定结构和/或组成，则该权利要求具备新颖性；相反，如果申请的权利要求所限定的产品与对比文件产品相比，尽管所述方法不同，但产品的结构和组成相同，则该权利要求不具备新颖性，除非申请人能够根据申请文件或现有技术证明该方法导致产品在结构和/或组成上与对比文件产品不同，或者该方法给产品带来了不同于对比文件产品的性能从而表明其结构和/或组成已发生改变。例如，专利申请的权利要求为用X方法制得的玻璃杯，对比文件公开的是用Y方法制得的玻璃杯，如果两个方法制得的玻璃杯的结构、形状和构成材料相同，则申请的权利要求不具备新颖性。相反，如果上述X方法包含了对比文件中没有记载的在特定温度下退火的步骤，使得用该方法制得的玻璃杯在耐碎性上比对比文件的玻璃杯有明显的提高，则表明要求保护的玻璃杯因制备方法的不同而导致了微观结构的变化，具有了不同于对比文件产品的内部结构，该权利要求具备新颖性。

本题中，根据上述（1）项的规定，选项A中两种钢板采用不同的抗拉强度进行限定，隐含了具有不同的结构和组成，因此，选项A正确。根据上述（2）项的规定，选项B中，化合物X的化学结构没有改变，因此，选项B错误。根据上述（3）项的规定，选项C中所属技术领域的技术人员不能断定方法的不同必然导致产品具有不同的特定结构和/组成，因此，选项C错误。

《专利审查指南2010》第二部分第三章第3.2.4节规定，对比文件公开的数值或者数值范围落在上述限定的技术特征的数值范围内，将破坏要求保护的发明或者实用新型的新颖性。本题选项D中，厚度为30mm的托板破坏厚度为25~30mm的托板的新颖性，因此，选项D正确。

【答案】AD

17.【2017年第76题】下列对于创造性中有关突出的实质性特点的说法，正确的是？
A. 判断发明是否具有突出的实质性特点，需要站位本领域技术人员来判断发明相对于现有技术是否显而易见
B. 判断发明是否显而易见，需要本领域技术人员从最接近的现有技术和发明实际解决的技术问题出发进行判断
C. 对于转用发明而言，只有所述转用能够产生预料不到的技术效果，该转用发明才具有突出的实质性特点和显著的进步
D. 只要发明的产品在商业上获得成功时，则这类发明具有突出的实质性特点和显著的进步，具备创造性

【考点】创造性

【分析】根据《专利审查指南2010》第二部分第四章2.2节的规定，发明有突出的实质性特点，是指对所属技术领域的技术人员来说，发明相对于现有技术是非显而易见的。根据《专利审查指南2010》第二部分第四章第3.2.1节的规定，判断发明是否具有突出的实质性特点，就是要判断对本领域的技术人员来说，要求保护的发明相对于现有技术是否显而易见。因此，选项A正确。

根据《专利审查指南2010》第二部分第四章第3.2.1.1节的规定，要从最接近的现有技术和发明实际解决的技术问题出发，判断要求保护的发明对本领域的技术人员来说是否显而易见。因此，选项B正确。

根据《专利审查指南2010》第二部分第四章第4.4节的规定，在进行转用发明的创造性判断时通常需要考虑：转用的技术领域的远近、是否存在相应的技术启示、转用的难易程度、是否需要克服技术上的困难、转用所带来的技术效果等。（1）如果转用是在类似的或者相近的技术领域之间进行的，并且未产生预料不到的技术效果，则这种转用发明不具备创造性。（2）如果这种转用能够产生预料不到的技术效果，或者克服了原技术领域中未曾遇到的困难，则这种转用发明具有突出的实质性特点和显著的进步，具备创造性。因此，选项C错误。

根据《专利审查指南2010》第二部分第四章第5.4节的规定，当发明的产品在商业上获得成功时，如果这种成功是由于发明的技术特征直接导致的，则反映了发明具有有益效果，同时也说明了发明是非显而易见的，因

而这类发明具有突出的实质性特点和显著的进步，具备创造性。但是，如果商业上的成功是由于其他原因所致，例如由于销售技术的改进或者广告宣传造成的，则不能作为判断创造性的依据。因此，选项 D 错误。

【答案】AB

18.【2017 年第 78 题】关于专利申请实用性的判断，以下说法正确的是？

A. 实用性要求专利申请主题必须能够在产业上制造或使用，因此，专利申请主题为产品的，该产品都需要由机器设备来制造
B. 一种产品的生产方法，但其成品率极低，仅有 0.6%，因此属于发明无再现性，不具备实用性
C. 实用性的判断应当以申请日提交的说明书（包括附图）和权利要求书所公开的整体技术内容为依据，而不仅仅限于权利要求所记载的内容
D. 即使专利申请请求保护的产品已经投入生产和销售，也不可依此判断该申请符合有关实用性的规定

【考点】实用性

【分析】根据《专利审查指南 2010》第二部分第五章第 2 节的规定，在产业上能够制造或者使用的技术方案，是指符合自然规律、具有技术特征的任何可实施的技术方案。这些方案并不一定意味着使用机器设备，或者制造一种物品，还可以包括例如驱雾的方法，或者将能量由一种形式转换成另一种形式的方法。因此，选项 A 错误。

根据《专利审查指南 2010》第二部分第五章第 3.2.1 节的规定，申请发明或者实用新型专利的产品的成品率低与不具有再现性是有本质区别的。前者是能够重复实施，只是由于实施过程中未能确保某些技术条件（如环境洁净度、温度等）而导致成品率低；后者则是在确保发明或者实用新型专利申请所需全部技术条件下，所属技术领域的技术人员仍不可能重复实现该技术方案所要求达到的结果。因此，选项 B 错误。

根据《专利审查指南 2010》第二部分第五章第 3.1 节的规定，审查发明或者实用新型专利申请的实用性时，应当遵循下列原则：（1）以申请日提交的说明书（包括附图）和权利要求书所公开的整体技术内容为依据，而不仅仅局限于权利要求所记载的内容；（2）实用性与所申请的发明或者实用新型是怎样创造出来的或者是否已经实施无关。因此，选项 CD 正确。

【答案】CD

19.【2017 年第 79 题】甲公司向国家知识产权局提交了一件申请日为 2016 年 1 月 12 日，公开日为 2016 年 8 月 25 日的发明专利申请，该申请请求保护一种产品 A，以下哪几个选项构成该申请的抵触申请文件？

A. 乙公司向国家知识产权局提交的一件申请日为 2016 年 1 月 12 日，公开日为 2016 年 7 月 20 日的发明专利申请，该申请请求保护一种产品 A
B. 乙公司向国家知识产权局提交的一件申请日为 2015 年 7 月 20 日，公开日为 2016 年 1 月 12 日的发明专利申请，该申请请求保护一种产品 A
C. 甲公司向国家知识产权局提交的一件申请日为 2015 年 9 月 30 日，公开日为 2016 年 1 月 12 日的发明专利申请，该申请请求保护一种产品 A
D. 甲公司向国家知识产权局提交的一件申请日为 2015 年 9 月 30 日，公开日为 2016 年 2 月 20 日的发明专利申请，该申请在说明书实施例中公开了产品 A

【考点】抵触申请

【分析】根据《专利审查指南 2010》第二部分第三章第 2.2 节的规定，根据专利法第二十二条第二款的规定，在发明或者实用新型新颖性的判断中，由任何单位或者个人就同样的发明或者实用新型在申请日以前向专利局提出并且在申请日以后（含申请日）公布的专利申请文件或者公告的专利文件损害该申请日提出的专利申请的新颖性。为描述简便，在判断新颖性时，将这种损害新颖性的专利申请，称为抵触申请。审查员在检索时应当注意，确定是否存在抵触申请，不仅要查阅在先专利或专利申请的权利要求书，而且要查阅其说明书（包括附图），应当以其全文内容为准。

本题选项 A 中，乙公司发明专利申请的申请日为 2016 年 1 月 12 日，与甲公司发明专利申请的申请日相同，因此，不构成抵触申请，选项 A 错误。选项 B 中，乙公司发明专利申请的申请日为 2015 年 7 月 20 日，早于 2016 年 1 月 12 日，而公开日为 2016 年 1 月 12 日，因此，构成抵触申请，选项 B 正确。选项 C 中，甲公司发明专利申请的申请日为 2015 年 9 月 30 日，早于 2016 年 1 月 12 日，而公开日为 2016 年 1 月 12 日，因此，构成抵触申

请,选项C正确。选项D中,甲公司发明专利申请的申请日为2015年9月30日、公开日为2016年2月20日,其中,申请日早于2016年1月12日,而公开日晚于2016年1月12日,因此,构成抵触申请,选项D正确。

需要注意的是,在判断是否属于抵触申请时,在先申请的申请人可以是任何单位或者个人。

【答案】BCD

20. 【2017年第82题】以下关于所属技术领域的技术人员的说法,哪些是错误的?
A. 他应当是所属技术领域的本科以上学历的人员
B. 他应当知晓申请日或者优先权日之前所属技术领域所有的普通技术知识
C. 他也可以具有创造性能力
D. 他应当具有应用申请日或者优先权日之前常规实验手段的能力

【考点】所属技术领域的技术人员

【分析】《专利审查指南2010》第二部分第四章第2.4节规定,发明是否具备创造性,应当基于所属技术领域的技术人员的知识和能力进行评价。所属技术领域的技术人员,也可称为本领域的技术人员,是指一种假设的"人",假定他知晓申请日或者优先权日之前发明所属技术领域所有的普通技术知识,能够获知该领域中所有的现有技术,并且具有应用该日期之前常规实验手段的能力,但他不具有创造能力。如果所要解决的技术问题能够促使本领域的技术人员在其他技术领域寻找技术手段,他也应具有从该其他技术领域中获知该申请日或优先权日之前的相关现有技术、普通技术知识和常规实验手段的能力。因此,选项AC的说法错误,选项BD的说法正确。

【答案】AC

21. 【2016年第7题】某发明专利申请的申请日为2012年12月25日。下列出版物均记载了与该申请请求保护的技术方案相同的技术内容,哪个会导致该申请丧失新颖性?
A. 2012年12月印刷并公开发行的某中文期刊
B. 在2012年12月25日召开的国际会议上发表的学术论文
C. 2012年11月出版的专业书籍,该书籍印刷后仅在某些地区的新华书店出售
D. 该发明申请人于2012年11月2日向国家知识产权局提出的实用新型专利申请,该实用新型专利申请于2013年2月5日被申请人主动撤回

【考点】新颖性

【分析】专利法第二十二条第二款规定,新颖性,是指该发明或者实用新型不属于现有技术;也没有任何单位或个人就同样的发明或者实用新型在申请日以前向国务院专利行政部门提出过申请,并记载在申请日以后公布的专利申请文件或者公告的专利文件中。《专利审查指南2010》第二部分第三章第2.1.2.1节规定,出版物不受地理位置、语言或者获得方式的限制,也不受年代的限制。出版物的出版发行量多少、是否有人阅读过、申请人是否知道,这些都是无关紧要的。出版物的印刷日视为公开日,有其他证据证明其公开日的除外。印刷日只写明年月或者年份的,以所写月份的最后一日或者所写年份的12月31日为公开日。本题选项A中期刊的公开日视为2012年12月31日,该日期在申请日2012年12月25日之后,不构成发明专利申请的现有技术,因此,选项A错误。选项C中专业书籍的公开日视为2012年11月30日,该日期在申请日2012年12月25日之前,构成发明专利申请的现有技术,因此,选项C正确。

《专利审查指南2010》第二部分第三章第2.1.1节规定,现有技术的时间界限是申请日,享有优先权的,则指优先权日。广义上说,申请日以前公开的技术内容都属于现有技术,但申请日当天公开的技术内容不包括在现有技术范围内。本题中选项B中学术论文的公开时间2012年12月25日是申请日当天,因此,选项B错误。

专利法第四十条规定,实用新型和外观设计专利申请经初步审查没有发现驳回理由的,由国务院专利行政部门作出授予实用新型专利权或者外观设计专利权的决定,发给相应的专利证书,同时予以登记和公告。实用新型专利权和外观设计专利权自公告之日起生效。由此可知,实用新型是在初审合格后授权,并且公开,但是如果实用新型在授权前主动撤回,则由于没有被公开,就不构成现有技术或抵触申请,因此,选项D错误。

【答案】C

22. 【2016年第8题】某发明专利申请要求保护一种光催化剂的制备方法,其中采用A工艺,并对干燥温度进行了限定。某现有技术记载了采用A工艺制备同种光催化剂的方法,其中干燥温度为50~100℃。相对于该现有技术,该发明专利申请的哪个权利要求不具备新颖性?

A. 一种光催化剂的制备方法，采用A工艺，其特征在于干燥温度为40~90℃
B. 一种光催化剂的制备方法，采用A工艺，其特征在于干燥温度为58℃
C. 一种光催化剂的制备方法，采用A工艺，其特征在于干燥温度为60~75℃
D. 一种光催化剂的制备方法，采用A工艺，其特征在于干燥温度为40~45℃

【考点】新颖性

【分析】《专利审查指南2010》第二部分第三章第3.2.4节规定了数值和数值范围，如果要求保护的发明或者实用新型中存在以数值或者连续变化的数值范围限定的技术特征，例如部件的尺寸、温度、压力以及组合物的组分含量，而其余技术特征与对比文件相同，则其新颖性的判断应当依照以下各项规定。（1）对比文件公开的数值或者数值范围落在上述限定的技术特征的数值范围内，将破坏要求保护的发明或者实用新型的新颖性。（2）对比文件公开的数值范围与上述限定的技术特征的数值范围部分重叠或者有一个共同的端点，将破坏要求保护的发明或者实用新型的新颖性。

本题选项A中，现有技术干燥温度50~100℃与发明专利申请干燥温度40~90℃部分重叠，因此，选项A的权利要求不具备新颖性，选项A正确，而选项BCD的权利要求具备新颖性，因此，选项BCD错误。

【答案】A

23.【2016年第9题】关于发明的创造性，下列说法哪个是正确的？
A. 发明具有显著的进步，就是要求发明不能有负面的技术效果
B. 判断创造性时，应当考虑申请日当天公布的专利文献中的技术内容
C. 发明在商业上获得成功，则应该认定其具有创造性
D. 如果发明是所属技术领域的技术人员在现有技术的基础上仅仅通过合乎逻辑的分析、推理即可得到，则该发明是显而易见的，也就不具备突出的实质性特点

【考点】创造性

【分析】专利法第二十二条第三款规定，创造性，是指与现有技术相比，该发明具有突出的实质性特点和显著的进步，该实用新型具有实质性特点和进步。《专利审查指南2010》第二部分第四章第3.2.2节规定，在评价发明是否具有显著的进步时，主要应当考虑发明是否具有有益的技术效果。以下情况，通常应当认为发明具有有益的技术效果，具有显著的进步：其中（4）尽管发明在某些方面有负面效果，但在其他方面具有明显积极的技术效果。因此，选项A错误。

《专利审查指南2010》第二部分第三章第2.1.1节规定，现有技术的时间界限是申请日，享有优先权的，则指优先权日。广义上说，申请日以前公开的技术内容都属于现有技术，但申请日当天公开的技术内容不包括在现有技术范围内。因此，选项B错误。

《专利审查指南2010》第二部分第四章第5.4节规定，当发明的产品在商业上获得成功时，如果这种成功是由于发明的技术特征直接导致的，则反映了发明具有有益效果，同时也说明了发明是非显而易见的，因而这类发明具有突出的实质性特点和显著的进步，具备创造性。但是，如果商业上的成功是由于其他原因所致，例如由于销售技术的改进或者广告宣传造成的，则不能作为判断创造性的依据。因此，选项C错误。

《专利审查指南2010》第二部分第四章第2.2节规定，发明有突出的实质性特点，是指对所属技术领域的技术人员来说，发明相对于现有技术是非显而易见的。如果发明是所属技术领域的技术人员在现有技术的基础上仅仅通过合乎逻辑的分析、推理或者有限的试验可以得到的，则该发明是显而易见的，也就不具备突出的实质性特点。因此，选项D正确。

【答案】D

24.【2016年第38题】甲拥有一件发明专利申请，其申请日为2010年5月16日，下列专利文献均记载了与该申请中所请求保护的技术方案相同的技术内容，哪些专利文献使得该申请不具备新颖性？
A. 申请人为乙的国际申请，国际申请日为2010年1月15日，国际公布日为2011年7月15日，进入中国国家阶段的日期为2011年8月5日
B. 申请人为甲本人的中国实用新型专利申请，申请日为2010年1月4日，公告日为2010年5月16日
C. 申请人为丙的欧洲专利申请，申请日为2010年2月1日，公布日为2010年11月1日
D. 申请人为丁的中国实用新型专利申请，申请日为2010年6月14日，优先权日为2010年2月4日，授权

公告日为2010年10月16日

【考点】新颖性 抵触申请

【分析】《专利审查指南2010》第二部分第三章第2.2节规定，根据专利法第二十二条第二款的规定，在发明或者实用新型新颖性的判断中，由任何单位或者个人就同样的发明或者实用新型在申请日以前向专利局提出并且在申请日以后（含申请日）公布的专利申请文件或者公告的专利文件损害该申请日提出的专利申请的新颖性。为描述简便，在判断新颖性时，将这种损害新颖性的专利申请，称为抵触申请。审查员在检索时应当注意，确定是否存在抵触申请，不仅要查阅在先专利或专利申请的权利要求书，而且要查阅其说明书（包括附图），应当以其全文内容为准。抵触申请还包括满足以下条件的进入了中国国家阶段的国际专利申请，即申请日以前由任何单位或者个人提出，并在申请日之后（含申请日）由专利局作出公布或公告的且为同样的发明或者实用新型的国际专利申请。另外，抵触申请仅指在申请日以前提出的，不包含在申请日提出的同样的发明或者实用新型专利申请。

本题选项A中国际申请的申请日在甲发明专利申请日之前，并在甲发明专利申请日之后公开，故其构成抵触申请，破坏甲发明专利申请的新颖性，因此，选项A正确，同理，选项B也正确，注意抵触申请的申请人范围是任何单位或个人。选项C中欧洲专利申请不是直接向我国国家知识产权局提出的专利申请，也不是进入中国国家阶段的国际申请，因此，该欧洲专利申请不属于抵触申请，并且该欧洲专利申请公开日为2010年11月1日，在甲发明专利申请日2010年5月16日之后，故其不能破坏甲发明专利申请的新颖性，因此，选项C错误。选项D中丁的中国实用新型专利申请享有2010年6月14日的优先权，满足抵触申请的条件，其构成了抵触申请，破坏甲发明专利申请的新颖性，因此，选项D正确。

【答案】ABD

25.【2016年第41题】下列哪些发明不具备创造性？

A. 将油漆组合物中的防腐蚀剂去掉，得到不具有防腐蚀功能的油漆，节约了成本
B. 将用于衣柜的自动闭合门结构用到书柜中
C. 将电子表粘贴在鱼缸上，得到一种带有电子表的鱼缸
D. 将已知的杀菌剂X用作抛光剂，实现了抛光效果

【考点】创造性

【分析】《专利审查指南2010》第二部分第四章第4.6.3节规定，要素省略的发明，是指省去已知产品或者方法中的某一项或多项要素的发明。(1) 如果发明省去一项或多项要素后其功能也相应地消失，则该发明不具备创造性。(2) 如果发明与现有技术相比，发明省去一项或多项要素（例如，一项产品发明省去了一个或多个零、部件或者一项方法发明省去一步或多步工序）后，依然保持原有的全部功能，或者带来预料不到的技术效果，则具有突出的实质性特点和显著的进步，该发明具备创造性。因此，选项A正确。

《专利审查指南2010》第2部分第4章第4.4节规定，在进行转用发明的创造性判断时通常需要考虑：转用的技术领域的远近、是否存在相应的技术启示、转用的难易程度、是否需要克服技术上的困难、转用所带来的技术效果等。(1) 如果转用是在类似的或者相近的技术领域之间进行的，并且未产生预料不到的技术效果，则这种转用发明不具备创造性。例如将用于柜子的支撑结构转用到桌子的支撑，这种转用发明不具备创造性。(2) 如果这种转用能够产生预料不到的技术效果，或者克服了原技术领域中未曾遇到的困难，则这种转用发明具有突出的实质性特点和显著的进步，具备创造性。因此，选项B正确。

《专利审查指南2010》第二部分第四章第4.2节规定，如果要求保护的发明仅仅是将某些已知产品或方法组合或连接在一起，各自以其常规的方式工作，而且总的技术效果是各组合部分效果之总和，组合后的各技术特征之间在功能上无相互作用关系，仅仅是一种简单的叠加，则这种组合发明不具备创造性。因此，选项C正确。

《专利审查指南2010》第二部分第四章第4.5节规定，在进行已知产品新用途发明的创造性判断时通常需要考虑：新用途与现有用途技术领域的远近、新用途所带来的技术效果等。(1) 如果新的用途仅仅是使用了已知材料的已知的性质，则该用途发明不具备创造性。(2) 如果新的用途是利用了已知产品新发现的性质，并且产生了预料不到的技术效果，则这种用途发明具有突出的实质性特点和显著的进步，具备创造性。因此，选项D错误。

【答案】ABC

26.【2016年第42题】下列有关实用性的说法哪些是正确的？

A. 判断实用性应当以申请日提交的说明书（包括附图）和权利要求书所公开的整体技术内容为依据，而不仅仅局限于权利要求所记载的内容
B. 某产品的制备方法，其对环境清洁度有苛刻要求，导致实施时成品率极低，所以该制备方法不具备实用性
C. 具备实用性的发明或者实用新型应该能够制造或使用，并且应当已经实施
D. 满足实用性要求的技术方案应当符合自然规律并且具有再现性

【考点】实用性

【分析】《专利审查指南2010》第二部分第五章第3.1节规定，审查发明或者实用新型专利申请的实用性时，应当遵循下列原则：（1）以申请日提交的说明书（包括附图）和权利要求书所公开的整体技术内容为依据，而不仅仅局限于权利要求所记载的内容；（2）实用性与所申请的发明或者实用新型是怎样创造出来的或者是否已经实施无关。因此，选项A正确，选项C错误。

《专利审查指南2010》第二部分第五章第3.2.1节规定，具有实用性的发明或者实用新型专利申请主题，应当具有再现性。反之，无再现性的发明或者实用新型专利申请主题不具备实用性。再现性，是指所属技术领域的技术人员，根据公开的技术内容，能够重复实施专利申请中为解决技术问题所采用的技术方案。这种重复实施不得依赖任何随机的因素，并且实施结果应该是相同的。但是，审查员应当注意，申请发明或者实用新型专利的产品的成品率低与不具有再现性是有本质区别的。前者是能够重复实施，只是由于实施过程中未能确保某些技术条件（如环境洁净度、温度等）而导致成品率低；后者则是在确保发明或者实用新型专利申请所需全部技术条件下，所属技术领域的技术人员仍不可能重复实现该技术方案所要求达到的结果。因此，选项B错误。

《专利审查指南2010》第二部分第五章第3.2节规定，专利法第二十二条第四款所说的"能够制造或者使用"是指发明或者实用新型的技术方案具有在产业中被制造或使用的可能性。满足实用性要求的技术方案不能违背自然规律并且应当具有再现性。因此，选项D正确。

【答案】AD

27.【2015年第7题】下列说法哪个是错误的？
A. 如果一项发明与现有技术相比具有预料不到的技术效果，则该发明具备创造性
B. 如果一项发明与现有技术相比不具有预料不到的技术效果，则该发明一定不具备创造性
C. 对发明创造性的评价应当针对权利要求限定的技术方案进行，未写入权利要求中的技术特征不予考虑
D. 如果发明仅是从一些已知的可能性中进行选择，而选出的方案未能取得预料不到的技术效果，则该发明不具备创造性

【考点】创造性

【分析】《专利审查指南2010》第二部分第四章第5.3节规定，当发明产生了预料不到的技术效果时，一方面说明发明具有显著的进步，另一方面也反映出发明的技术方案是非显而易见的，具有突出的实质性特点，该发明具备创造性。《专利审查指南2010》第二部分第四章第6.3节规定，按照本章第5.3节中所述，如果发明与现有技术相比具有预料不到的技术效果，则不必再怀疑其技术方案是否具有突出的实质性特点，可以确定发明具备创造性。但是，应当注意的是，如果通过本章第3.2节中所述的方法，可以判断出发明的技术方案对本领域的技术人员来说是非显而易见的，且能够产生有益的技术效果，则发明具有突出的实质性特点和显著的进步，具备创造性，此种情况不应强调发明是否具有预料不到的技术效果。因此，选项A的说法正确，选项B的说法错误。

《专利审查指南2010》第二部分第四章第6.4节规定，对发明创造性的评价应当针对权利要求限定的技术方案进行。发明对现有技术作出贡献的技术特征，例如，使发明产生预料不到的技术效果的技术特征，或者体现发明克服技术偏见的技术特征，应当写入权利要求中；否则，即使说明书中有记载，评价发明的创造性时也不予考虑。因此，选项C的说法正确。

《专利审查指南2010》第二部分第四章第4.3节规定，如果发明仅是从一些已知的可能性中进行选择，或者发明仅仅是从一些具有相同可能性的技术方案中选出一种，而选出的方案未能取得预料不到的技术效果，则该发明不具备创造性。因此，选项D的说法正确。

【答案】B

28.【2015年第9题】以下关于实用性的观点哪个是正确的？

A. 发明的实用性,是指其申请的主题必须能够在产业上制造或者使用,并能够产生积极效果
B. 发明必须相对于现有技术产生了更好的技术效果才具备实用性
C. 一项发明的市场销售状况不好,可以确定该发明不具备实用性
D. 一项发明在实施过程中成品率低,可以确定该发明不具备实用性

【考点】实用性

【分析】专利法第二十二条第四款规定,实用性,是指该发明或者实用新型能够制造或者使用,并且能够产生积极效果。《专利审查指南2010》第二部分第五章第2节规定,实用性,是指发明或者实用新型申请的主题必须能够在产业上制造或者使用,并且能够产生积极效果。……能够产生积极效果,是指发明或者实用新型专利申请在提出申请之日,其产生的经济、技术和社会的效果是所属技术领域的技术人员可以预料到的。这些效果应当是积极的和有益的。因此,选项A正确;上述规定没有限定发明的技术效果必须优于现有技术的技术效果,因此,选项B错误。上述规定从"制造或者使用"和"积极效果"的角度来限定实用性,市场销售状况与实用性没有必然关系。因此,选项C错误。

《专利审查指南2010》第二部分第五章第3.2.1节规定,申请发明或者实用新型专利的产品的成品率低与不具有再现性是有本质区别的。前者是能够重复实施,只是由于实施过程中未能确保某些技术条件(如环境洁净度、温度等)而导致成品率低;后者则是在确保发明或者实用新型专利申请所需全部技术条件下,所属技术领域的技术人员仍不可能重复实现该技术方案所要求达到的结果。因此,选项D错误。

【答案】A

29.【2015年第38题】某发明专利申请的申请日为2014年2月5日,优先权日为2013年3月6日。下列哪些技术构成了该申请的现有技术?
A. 2013年3月出版的国外某科技专著上公开的与该申请相关的技术
B. 2013年2月在欧洲公开使用的与该申请相关的技术
C. 2013年3月6日在国内某期刊上公开的与该申请相关的技术
D. 2013年2月5日在国内某展览会上公开的与该申请相关的技术

【考点】现有技术

【分析】《专利审查指南2010》第二部分第三章第2.1节规定,现有技术包括在申请日(有优先权的,指优先权日)以前在国内外出版物上公开发表、在国内外公开使用或者以其他方式为公众所知的技术。《专利审查指南2010》第二部分第三章第2.1.2.1节规定,出版物的印刷日视为公开日,有其他证据证明其公开日的除外。印刷日只写明年月或者年份的,以所写月份的最后一日或者所写年份的12月31日为公开日。

本题中,选项A中科技专著的公开日视为2013年3月31日,该日期在申请日2013年3月6日之后,不构成该申请的现有技术,因此,选项A错误。选项B中使用公开日视为2013年2月28日,该日期在申请日2013年3月6日之前,构成该申请的现有技术,因此,选项B正确。选项D中展览会的时间2013年2月5日在申请日2013年3月6日之前,构成该申请的现有技术,因此,选项D正确。

《专利审查指南2010》第二部分第三章第2.1.1节规定,现有技术的时间界限是申请日,享有优先权的,则指优先权日。广义上说,申请日以前公开的技术内容都属于现有技术,但申请日当天公开的技术内容不包括在现有技术范围内。本题选项C中期刊的公开时间是2013年3月6日,该日期是申请的优先权日,因此,选项C错误。

【答案】BD

30.【2015年第39题】一件中国发明专利申请的申请日为2014年2月1日,优先权日为2013年3月5日。下列记载了相同发明内容的专利文献哪些构成该申请的抵触申请?
A. 一件西班牙专利申请,其申请日为2011年10月15日,公开日为2013年5月6日
B. 一件在韩国提出的PCT国际申请,其国际申请日为2011年9月8日,国际公布日为2013年3月8日,进入中国国家阶段的日期为2014年4月8日,中国国家公布日为2014年8月8日
C. 同一申请人于2013年1月4日向国家知识产权局提交的实用新型专利申请,授权公告日为2013年3月6日
D. 美国某公司在中国提出的发明专利申请,其申请日为2013年3月1日,公开日为2014年9月1日

【考点】抵触申请

【分析】《专利审查指南2010》第二部分第三章第2.2节规定，根据专利法第二十二条第二款的规定，在发明或者实用新型新颖性的判断中，由任何单位或者个人就同样的发明或者实用新型在申请日以前向专利局提出并且在申请日以后（含申请日）公布的专利申请文件或者公告的专利文件损害该申请日提出的专利申请的新颖性。为描述简便，在判断新颖性时，将这种损害新颖性的专利申请，称为抵触申请。抵触申请还包括满足以下条件的进入了中国国家阶段的国际专利申请，即申请日以前由任何单位或者个人提出、并在申请日之后（含申请日）由专利局作出公布或公告的且为同样的发明或者实用新型的国际专利申请。专利法实施细则第十一条第一款规定，除专利法第二十八条和第四十二条规定的情形外，专利法所称申请日，有优先权的，指优先权日。

本题中，选项A是"西班牙专利申请"，不是向我国专利局提出的专利申请，因此，选项A错误。选项B中的PCT国际申请的申请日为2011年9月8日，该日期在发明专利申请的优先权日2013年3月5日之前，且中国国家公布日2014年8月8日在优先权日2013年3月5日之后，符合构成抵触申请的条件；同理，选项CD中的专利申请也符合构成抵触申请的条件，因此，选项BCD正确。需要注意的是，抵触申请的申请人包括任何单位或者个人，当然包括在后申请的申请人。

【答案】BCD

31.【2015年第40题】一件发明专利申请的权利要求书如下：

"1. 一种设备，其特征在于包括部件a，b和c。

2. 根据权利要求1所述的设备，其特征在于还包括部件d。

3. 根据权利要求1或2所述的设备，其特征在于还包括部件e。

4. 根据权利要求3所述的设备，其特征在于还包括部件f。"

审查员检索到构成本申请现有技术的一篇对比文件，其技术方案公开了由部件a、b、c、d、f组成的设备。上述a、b、c、d、e、f为实质不同、且不能相互置换的部件。下列哪些选项是正确的？

A. 权利要求1不具备新颖性　　　　　　　　B. 权利要求2不具备新颖性

C. 权利要求3不具备新颖性　　　　　　　　D. 权利要求4不具备新颖性

【考点】新颖性

【分析】根据专利法第二十二条第二款的规定，新颖性，是指该发明或者实用新型不属于现有技术；也没有任何单位或者个人就同样的发明或者实用新型在申请日以前向专利局提出过申请，并记载在申请日以后（含申请日）公布的专利申请文件或者公告的专利文件中。《专利审查指南2010》第二部分第三章第3.1节规定，被审查的发明或者实用新型专利申请与现有技术或者申请日前由任何单位或者个人向专利局提出申请并在申请日后（含申请日）公布或公告的（以下简称申请在先公布或公告在后的）发明或者实用新型的相关内容相比，如果其技术领域、所解决的技术问题、技术方案和预期效果实质上相同，则认为两者为同样的发明或者实用新型。

本题中，权利要求1的技术方案包括部件a，b和c，权利要求2的技术方案包括部件a，b，c和d，权利要求3的技术方案包括部件a，b，c和e，或者部件a，b，c，d和e，权利要求4的技术方案包括部件a，b，c，e和f，或者部件a，b，c，d，e和f，而对比文件的技术方案公开了由部件a、b、c、d、f组成的设备。因此，对比文件公开的设备落入了权利要求1~2的保护范围，权利要求1~2不具备新颖性；而权利要求3~4包括部件e，对比文件公开的设备不包括部件e，故权利要求3~4具备新颖性。因此，选项AB正确，选项CD错误。

【答案】AB

32.【2015年第42题】某建材公司发明了一种仿古瓷砖，在国内市场上销售一段时间后，该公司就该瓷砖的相关内容提出专利申请。上述销售行为在下列哪些情形下不会影响该专利申请的新颖性？

A. 公司提出的是该仿古瓷砖的外观设计专利申请

B. 公司提出的是关于该仿古瓷砖外部构造的实用新型专利申请

C. 公司提出的是关于该仿古瓷砖原料的发明专利申请，其原料配方无法从瓷砖中分析得出

D. 公司提出的是关于该仿古瓷砖的制备方法专利申请

【考点】新颖性

【分析】根据专利法第二十二条第二款、第五款的规定，新颖性，是指该发明或者实用新型不属于现有技术。本法所称现有技术，是指申请日以前在国内外为公众所知的技术。根据专利法第二十三条第一款、第四款的规定

定，授予专利权的外观设计，应当不属于现有设计；也没有任何单位或者个人就同样的外观设计在申请日以前向国务院专利行政部门提出过申请，并记载在申请日以后公告的专利文件中。本法所称现有设计，是指申请日以前在国内外为公众所知的设计。《专利审查指南2010》第二部分第三章第2.1.2.2节规定了使用公开，使用公开的方式包括能够使公众得知其技术内容的制造、使用、销售、进口、交换、馈赠、演示、展出等方式。只要通过上述方式使有关技术内容处于公众想得知就能够得知的状态，就构成使用公开，而不取决于是否有公众得知。但是，未给出任何有关技术内容的说明，以致所属技术领域的技术人员无法得知其结构和功能或材料成分的产品展示，不属于使用公开。

本题中，由于该仿古瓷砖销售了一段时间，其外观和外部构造已经属于为公众所知的技术，因此，选项AB错误。而公众却无法知晓该仿古瓷砖原料和制备方法，该公司可以就该仿古瓷砖原料和制备方法提出专利申请，因此，选项CD正确。

【答案】CD

33.【2015年第43题】一件发明专利申请，涉及将已知的解热镇痛药阿司匹林用于预防心脑血管疾病，取得了预料不到的疗效，其权利要求书如下：

"1. 阿司匹林在制备预防心脑血管疾病的药物中的用途。

2. 用于预防心脑血管疾病的阿司匹林。"

一份现有技术文献公开了阿司匹林用作解热镇痛药物的用途。下列哪些说法是正确的？

A. 阿司匹林属于现有技术中已知的药物，权利要求2不具备新颖性

B. 用于预防心脑血管疾病的阿司匹林具有预料不到的疗效，权利要求2具备创造性

C. 阿司匹林在预防心脑血管疾病方面的新用途并未改变阿司匹林的成分结构，权利要求1不具备新颖性

D. 权利要求1的用途发明相对于现有技术是非显而易见的，因此具备创造性

【考点】包含已知产品新用途的发明的创造性判断

【分析】《专利审查指南2010》第二部分第三章第3.2.5规定，对于这类权利要求（包含用途特征的产品权利要求），应当考虑权利要求中的用途特征是否隐含了要求保护的产品具有某种特定结构和/或组成。如果该用途由产品本身固有的特性决定，而且用途特征没有隐含产品在结构和/或组成上发生改变，则该用途特征限定的产品权利要求相对于对比文件的产品不具有新颖性。例如，用于抗病毒的化合物X的发明与用作催化剂的化合物X的对比文件相比，虽然化合物X用途改变，但决定其本质特性的化学结构式并没有任何变化，因此用于抗病毒的化合物X的发明不具备新颖性。本题中，权利要求2是新用途限定的已知产品权利要求，该产品没有结构和/或组成上的改变，因此，权利要求2没有新颖性，更没有创造性。因此，选项A正确，选项B错误。

《专利审查指南2010》第二部分第十章第5.4节规定，一种已知产品不能因为提出了某一新的应用而被认为是一种新的产品。例如，产品X作为洗涤剂是已知的，那么一种用作增塑剂的产品X不具有新颖性。如果一项已知产品的新用途本身是一项发明，则已知产品不能破坏该新用途的新颖性。这样的用途发明属于使用方法发明，因为发明的实质不在于产品本身，而在于如何去使用它。因此，选项C错误。

根据《专利审查指南2010》第二部分第十章第6.2节关于化学产品用途发明的创造性的规定，对于已知产品的用途发明，如果该新用途不能从产品本身的结构、组成、分子量、已知的物理化学性质以及该产品的现有用途显而易见地得出或者预见到，而是利用了产品新发现的性质，并且产生了预料不到的技术效果，可认为这种已知产品的用途发明有创造性。因此，选项D正确。

【答案】AD

34.【2015年第44题】下列哪些专利申请的技术方案不具备实用性？

A. 一种南水北调的方法，其特征在于依照地形地貌的特点，由丹江口水库引水，自流供水给黄淮平原地区

B. 一种手工编织地毯的方法，其特征在于以旧毛线和粗帆布为原料经手工编制而成

C. 一种微型机器人，其特征在于用于外科手术中

D. 一种文眉的方法，其特征在于用文眉针刺入皮肤，注入文眉液

【考点】实用性

【分析】《专利审查指南2010》第二部分第五章第3.2.3节规定，具备实用性的发明或者实用新型专利申请不得是由自然条件限定的独一无二的产品。利用特定的自然条件建造的自始至终都是不可移动的唯一产品不具备

实用性。因此，选项A正确。《专利审查指南2010》第二部分第五章第3.2.4节规定，非治疗目的的外科手术方法，由于是以有生命的人或者动物为实施对象，无法在产业上使用，因此不具备实用性。例如，为美容而实施的外科手术方法。因此，选项D正确。选项BC具有实用性，不符合题干要求。

【答案】AD

35.【2015年第45题】某发明专利申请的权利要求如下：

"1. 一种铝钛合金的生产方法，其特征在于加热温度为200～500℃。

2. 一种根据权利要求1的铝钛合金生产方法，其特征在于加热温度为350℃。"

下列说法哪些是正确的？

A. 对比文件1公开的铝钛合金的生产方法中加热温度为400～700℃，则权利要求1相对于对比文件1不具备新颖性

B. 对比文件2公开的铝钛合金的生产方法中加热温度为500～700℃，则权利要求1相对于对比文件2不具备新颖性

C. 对比文件3公开的铝钛合金的生产方法中加热温度为200～500℃，则权利要求2相对于对比文件3不具备新颖性

D. 对比文件4公开的铝钛合金的生产方法中加热温度为450℃，则权利要求1和权利要求2相对于对比文件4均不具备新颖性

【考点】新颖性

【分析】《专利审查指南2010》第二部分第三章第3.2.4节规定，（1）对比文件公开的数值或者数值范围落在上述限定的技术特征的数值范围内，将破坏要求保护的发明或者实用新型的新颖性。（2）对比文件公开的数值范围与上述限定的技术特征的数值范围部分重叠或者有一个共同的端点，将破坏要求保护的发明或者实用新型的新颖性。（3）对比文件公开的数值范围的两个端点将破坏上述限定的技术特征为离散数值并具有该两端点中任一个的发明或者实用新型的新颖性，但不破坏上述限定的技术特征为该两端点之间任一数值的发明或者实用新型的新颖性。（4）上述限定的技术特征的数值或者数值范围落在对比文件公开的数值范围内，并且与对比文件公开的数值范围没有共同的端点，则对比文件不破坏要求保护的发明或者实用新型的新颖性。

本题选项A中，权利要求1中200～500℃与对比文件1中400～700℃部分重叠，根据上述第（2）项，权利要求1相对于对比文件1不具备新颖性，因此，选项A正确。选项B中，权利要求1中200～500℃与对比文件2中500～700℃有一个共同的端点，根据上述第（2）项，权利要求1相对于对比文件2不具备新颖性，因此，选项B正确。选项C中，权利要求2中的350℃为对比文件3中200～500℃之间的数值，根据上述第（4）项，权利要求2相对于对比文件3具备新颖性，因此，选项C错误。选项D中，对比文件4中450℃为权利要求1中200～500℃之间的数值，根据上述第（1）项，权利要求1相对于对比文件4不具备新颖性，而对比文件4中450℃与权利要求2中350℃是不同的数值，因此，权利要求2相对于对比文件4具备新颖性，故选项D错误。

【答案】AB

36.【2015年第46题】以下关于新颖性、创造性、实用性的说法哪些是正确的？

A. 一项发明只有在具备新颖性的前提下，才判断其是否具备创造性和实用性

B. 授予专利权的发明应当具备新颖性、创造性和实用性

C. 具备创造性的发明一定具备新颖性

D. 从属权利要求具备创造性，则其引用的独立权利要求也具备创造性

【考点】新颖性 创造性 实用性

【分析】《专利审查指南2010》第二部分第五章第3节规定，发明或者实用新型专利申请是否具备实用性，应当在新颖性和创造性审查之前首先进行判断。因此，选项A错误。专利法第二十二条第一款规定，授予专利权的发明和实用新型，应当具备新颖性、创造性和实用性。因此，选项B正确。

《专利审查指南2010》第二部分第四章第3节规定，一件发明专利申请是否具备创造性，只有在该发明具备新颖性的条件下才予以考虑。因此，选项C正确。

《专利审查指南2010》第二部分第八章第4.7.1节规定，如果经审查认为独立权利要求不具备新颖性或创造性，则应当进一步审查从属权利要求是否具备新颖性和创造性。专利法实施细则第二十二条第一款规定，发明或

者实用新型的从属权利要求应当包括引用部分和限定部分，按照下列规定撰写：（一）引用部分：写明引用的权利要求的编号及其主题名称；（二）限定部分：写明发明或者实用新型附加的技术特征。由此可知，每项从属权利要求都有其附加技术特征。如果从属权利要求具备的创造性是由其附加技术特征带来的，则其所引用的独立权利要求不具备创造性。因此，选项D错误。

【答案】BC

第二十三条【授予外观设计专利权的条件】

授予专利权的外观设计，应当不属于现有设计；也没有任何单位或者个人就同样的外观设计在申请日以前向国务院专利行政部门提出过申请，并记载在申请日以后公告的专利文件中。

授予专利权的外观设计与现有设计或者现有设计特征的组合相比，应当具有明显区别。

授予专利权的外观设计不得与他人在申请日以前已经取得的合法权利相冲突。

本法所称现有设计，是指申请日以前在国内外为公众所知的设计。

一、本条含义

本条是关于授予专利权的外观设计应当具备的条件的规定。

二、重点讲解

（一）相关概念

1. 现有设计

《专利审查指南2010》第四部分第五章第2节规定了现有设计含义。

根据专利法第二十三条第四款的规定，现有设计是指申请日（有优先权的，指优先权日）以前在国内外为公众所知的设计。

现有设计包括申请日以前在国内外出版物上公开发表过、公开使用过或者以其他方式为公众所知的设计。关于现有设计的时间界限、公开方式等参照第二部分第三章第2.1节的规定。

现有设计中一般消费者所熟知的、只要提到产品名称就能想到的相应设计，称为惯常设计。例如，提到包装盒就能想到其有长方体、正方体形状的设计。

2. 判断客体

《专利审查指南2010》第四部分第五章第3节规定了判断客体。

在对外观设计专利进行审查时，将进行比较的对象称为判断客体。其中被请求宣告无效的外观设计专利简称涉案专利，与涉案专利进行比较的判断客体简称对比设计。

在确定判断客体时，对于涉案专利，除应当根据外观设计专利的图片或者照片进行确定外，还应当根据简要说明中是否写明请求保护色彩、"平面产品单元图案两方连续或者四方连续等无限定边界的情况"（简称为不限定边界）等内容加以确定。

涉案专利有下列六种类型：

（1）单纯形状的外观设计。单纯形状的外观设计是指无图案且未请求保护色彩的产品的形状设计。

（2）单纯图案的外观设计。单纯图案的外观设计是指未请求保护色彩并且不限定边界的平面产品的图案设计。

（3）形状和图案结合的外观设计。形状和图案结合的外观设计是指未请求保护色彩的产品的形状和图案设计。

（4）形状和色彩结合的外观设计。形状和色彩结合的外观设计是指请求保护色彩的无图案产品的形状和色彩设计。

（5）图案和色彩结合的外观设计。图案和色彩结合的外观设计是指请求保护色彩的并且不限定边界的平面产品的图案和色彩设计。

（6）形状、图案和色彩结合的外观设计。形状、图案和色彩结合的外观设计是指请求保护色彩的产品的形状、图案和色彩设计。

3. 判断主体

《专利审查指南2010》第四部分第五章第4节规定了判断主体。

在判断外观设计是否符合专利法第二十三条第一款、第二款规定时，应当基于涉案专利产品的一般消费者的知识水平和认知能力进行评价。

不同种类的产品具有不同的消费者群体。作为某种类外观设计产品的一般消费者应当具备下列特点：

（1）对涉案专利申请日之前相同种类或者相近种类产品的外观设计及其常用设计手法具有常识性的了解。例如，对于汽车，其一般消费者应当对市场上销售的汽车以及诸如大众媒体中常见的汽车广告中所披露的信息等有所了解。

常用设计手法包括设计的转用、拼合、替换等类型。

（2）对外观设计产品之间在形状、图案以及色彩上的区别具有一定的分辨力，但不会注意到产品的形状、图案以及色彩的微小变化。

（二）外观设计专利申请的授权条件

1. 不属于现有设计

根据专利法第二十三条第一款的规定，授予专利权的外观设计，应当不属于现有设计；也没有任何单位或者个人就同样的外观设计在申请日以前向国务院专利行政部门提出过申请，并记载在申请日以后公告的专利文件中。

（1）判断基准。《专利审查指南2010》第四部分第五章第5节规定了判断基准。

① 外观设计相同。外观设计相同，是指涉案专利与对比设计是相同种类产品的外观设计，并且涉案专利的全部外观设计要素与对比设计的相应设计要素相同，其中外观设计要素是指形状、图案以及色彩。

如果涉案专利与对比设计仅属于常用材料的替换，或者仅存在产品功能、内部结构、技术性能或者尺寸的不同，而未导致产品外观设计的变化，二者仍属于相同的外观设计。

在确定产品的种类时，可以参考产品的名称、国际外观设计分类以及产品销售时的货架分类位置，但是应当以产品的用途是否相同为准。相同种类产品是指用途完全相同的产品。例如机械表和电子表尽管内部结构不同，但是它们的用途是相同的，所以属于相同种类的产品。

② 外观设计实质相同。外观设计实质相同的判断仅限于相同或者相近种类的产品外观设计。对于产品种类不相同也不相近的外观设计，不进行涉案专利与对比设计是否实质相同的比较和判断，即可认定涉案专利与对比设计不构成实质相同，例如，毛巾和地毯的外观设计。

相近种类的产品是指用途相近的产品。例如，玩具和小摆设的用途是相近的，两者属于相近种类的产品。应当注意的是，当产品具有多种用途时，如果其中部分用途相同，而其他用途不同，则二者应属于相近种类的产品。如带 MP3 的手表与手表都具有计时的用途，二者属于相近种类的产品。

如果一般消费者经过对涉案专利与对比设计的整体观察可以看出，二者的区别仅属于下列情形，则涉案专利与对比设计实质相同：

① 其区别在于施以一般注意力不能察觉到的局部的细微差异，例如，百叶窗的外观设计仅有具体叶片数不同；

② 其区别在于使用时不容易看到或者看不到的部位，但有证据表明不容易看到部位的特定设计对于一般消费者能够产生引人注目的视觉效果的情况除外；

③ 其区别在于将某一设计要素整体置换为该类产品的惯常设计的相应设计要素，例如，将带有图案和色彩的饼干桶的形状由正方体置换为长方体；

④ 其区别在于将对比设计作为设计单元按照该种类产品的常规排列方式作重复排列或者将其排列的数量作增减变化，例如，将影院座椅成排重复排列或者将其成排座椅的数量作增减；

⑤ 其区别在于互为镜像对称。

（2）判断方式。《专利审查指南2010》第四部分第五章第5.2节规定了判断方式。对外观设计进行比较判断时应当从一般消费者的角度进行判断。

第一，单独对比，一般应当用一项对比设计与涉案专利进行单独对比，而不能将两项或者两项以上对比设计结合起来与涉案专利进行对比。

第二，直接观察，在对比时应当通过视觉进行直接观察，不能借助放大镜、显微镜、化学分析等其他工具或者手段进行比较，不能由视觉直接分辨的部分或者要素不能作为判断的依据。

第三，仅以产品的外观作为判断的对象，在对比时应当仅以产品的外观作为判断的对象，考虑产品的形状、图案、色彩这三个要素产生的视觉效果。

对于外表使用透明材料的产品而言，通过人的视觉能观察到的其透明部分以内的形状、图案和色彩，应当视为该产品的外观设计的一部分。

第四，整体观察、综合判断，对比时应当采用整体观察、综合判断的方式。所谓整体观察、综合判断是指由涉案专利与对比设计的整体来判断，而不从外观设计的部分或者局部出发得出判断结论。

《专利审查指南2010》第四部分第五章第5.2.5节规定了组件产品和变化状态产品的判断。

i）组件产品。组件产品，是指由多个构件相结合构成的一件产品。对于组装关系唯一的组件产品，例如，由水壶和加热底座组成的电热开水壶组件产品，在购买和使用这类产品时，一般消费者会对各构件组合后的电热开水壶的整体外观设计留下印象；由榨汁杯、刨冰杯与底座组成的榨汁刨冰机，在购买和使用这类产品时，一般消费者会对榨汁杯与底座组合后的榨汁机、刨冰杯与底座组合后的刨冰机的整体外观设计留下印象，所以，应当以上述组合状态下的整体外观设计为对象，而不是以所有单个构件的外观为对象进行判断。

对于组装关系不唯一的组件产品，例如插接组件玩具产品，在购买和插接这类产品的过程中，一般消费者会对单个构件的外观留下印象，所以，应当以插接组件的所有单个构件的外观为对象，而不是以插接后的整体的外观设计为对象进行判断。

对于各构件之间无组装关系的组件产品，例如扑克牌、象棋棋子等组件产品，在购买和使用这类产品的过程中，一般消费者会对单个构件的外观留下印象，所以，应当以所有单个构件的外观为对象进行判断。

ii）变化状态产品。变化状态产品，是指在销售和使用时呈现不同状态的产品。对于对比设计而言，所述产品在不同状态下的外观设计均可用作与涉案专利进行比较的对象。对于涉案专利而言，应当以其使用状态所示的外观设计作为与对比设计进行比较的对象，其判断结论取决于对产品各种使用状态的外观设计的综合考虑。

在《专利审查指南2010》第四部分第五章第5.2.6.3节色彩的判断中规定，单一色彩的外观设计仅作色彩改变，两者仍属于实质相同的外观设计。

2. 不存在抵触申请

《专利审查指南2010》第四部分第五章第5节规定了抵触申请。

（1）抵触申请的定义。在涉案专利申请日以前任何单位或者个人向专利局提出并且在申请日以后（含申请日）公告的同样的外观设计专利申请，称为抵触申请。其中，同样的外观设计是指外观设计相同或者实质相同。

（2）构成抵触申请的条件。判断对比设计是否构成涉案专利的抵触申请时，应当以对比设计所公告的专利文件全部内容为判断依据。与涉案专利要求保护的产品的外观设计进行比较时，判断对比设计中是否包含有与涉案专利相同或者实质相同的外观设计。例如，涉案专利请求保护色彩，对比设计所公告的为带有色彩的外观设计，即使对比设计未请求保护色彩，也可以将对比设计中包含有该色彩要素的外观设计与涉案专利进行比较；又如，对比设计所公告的专利文件含有使用状态参考图，即使该使用状态参考图中包含有不要求保护的外观设计，也可以将其与涉案专利进行比较，判断是否为相同或者实质相同的外观设计。

（3）抵触申请的效力。根据专利法第二十三条第一款的规定，授予专利权的外观设计，应当不属于现有设计；也没有任何单位或者个人就同样的外观设计在申请日以前向国务院专利行政部门提出过申请，并记载在申请日以后公告的专利文件中。判断外观设计新颖性的标准是现有设计和抵触申请，因此，现有设计和抵触申请都能破坏外观设计专利申请的新颖性。

3. 与现有设计或者现有设计特征的组合相比具有明显的区别

（1）不具有明显区别的情形。《专利审查指南2010》第四部分第五章第6节规定了不具有明显区别的情形。

根据专利法第二十三条第二款的规定，授予专利权的外观设计与现有设计或者现有设计特征的组合相比，应当具有明显区别。涉案专利与现有设计或者现有设计特征的组合相比不具有明显区别是指如下几种情形：

① 涉案专利与相同或者相近种类产品现有设计相比不具有明显区别；

② 涉案专利是由现有设计转用得到的，二者的设计特征相同或者仅有细微差别，且该具体的转用手法在相同或者相近种类产品的现有设计中存在启示；

③ 涉案专利是由现有设计或者现有设计特征组合得到的，所述现有设计与涉案专利的相应设计部分相同或者仅有细微差别，且该具体的组合手法在相同或者相近种类产品的现有设计中存在启示。

对于涉案专利是由现有设计通过转用和组合之后得到的，应当依照（2）、（3）所述规定综合考虑。

应当注意的是，上述转用和/或组合后产生独特视觉效果的除外。

现有设计特征，是指现有设计的部分设计要素或者其结合，如现有设计的形状、图案、色彩要素或者其结合，或者现有设计的某组成部分的设计，如整体外观设计产品中的零部件的设计。

（2）与相同或者相近种类产品现有设计对比。《专利审查指南2010》第四部分第五章第6.1节规定了与相同或者相近种类产品现有设计对比。

如果一般消费者经过对涉案专利与现有设计的整体观察可以看出，二者的差别对于产品外观设计的整体视觉效果不具有显著影响，则涉案专利与现有设计相比不具有明显区别。显著影响的判断仅限于相同或者相近种类的产品外观设计。

在确定涉案专利与相同或者相近种类产品现有设计相比是否具有明显区别时，一般还应当综合考虑如下因素：

① 对涉案专利与现有设计进行整体观察时，应当更关注使用时容易看到的部位，使用时容易看到部位的设计变化相对于不容易看到或者看不到部位的设计变化，通常对整体视觉效果更具有显著影响。例如，电视机的背面和底面在使用过程中不被一般消费者关注，因而在使用过程中容易看到部位设计的变化相对于不容易看到的背面和看不到的底面设计的变化对整体视觉效果通常更具有显著的影响。但有证据表明在不容易看到部位的特定设计对于一般消费者能够产生引人注目的视觉效果的除外。

② 当产品上某些设计被证明是该类产品的惯常设计（如易拉罐产品的圆柱形状设计）时，其余设计的变化通常对整体视觉效果更具有显著的影响。例如，在型材的横断面周边构成惯常的矩形的情况下，型材横断面其余部分的变化通常更具有显著的影响。

③ 由产品的功能唯一限定的特定形状对整体视觉效果通常不具有显著的影响。例如，凸轮曲面形状是由所需要的特定运动行程唯一限定的，其区别对整体视觉效果通常不具有显著影响；汽车轮胎的圆形形状是由功能唯一限定的，其胎面上的花纹对整体视觉效果更具有显著影响。

④ 若区别点仅在于局部细微变化，则其对整体视觉效果不足以产生显著影响，二者不具有明显区别。例如，涉案专利与对比设计均为电饭煲，区别点仅在于二者控制按钮的形状不同，且控制按钮在电饭煲中仅为一个局部细微的设计，在整体设计中所占比例很小，其变化不足以对整体视觉效果产生显著影响。

应当注意的是，外观设计简要说明中设计要点所指设计并不必然对外观设计整体视觉效果具有显著影响，不必然导致涉案专利与现有设计相比具有明显区别。例如，对于汽车的外观设计，简要说明中指出其设计要点在于汽车底面，但汽车底面的设计对汽车的整体视觉效果并不具有显著影响。

显著影响的判断方式参照本章第5.2节的规定。

（3）现有设计的转用/现有设计及其特征的组合。《专利审查指南2010》第四部分第五章第6.2节规定了现有设计的转用、现有设计及其特征的组合。

第一，判断方法。在判断现有设计的转用以及现有设计及其特征的组合时，通常可以按照以下步骤进行判断：

① 确定现有设计的内容，包括形状、图案、色彩或者其结合；

② 将现有设计或者现有设计特征与涉案专利对应部分的设计进行对比；

③ 在现有设计或者现有设计特征与涉案专利对应部分的设计相同或者仅存在细微差别的情况下，判断在与涉案专利相同或者相近种类产品的现有设计中是否存在具体的转用和/或组合手法的启示。

如果存在上述启示，则二者不具有明显区别。产生独特视觉效果的除外。

第二，现有设计的转用。转用，是指将产品的外观设计应用于其他种类的产品。模仿自然物、自然景象以及将无产品载体的单纯形状、图案、色彩或者其结合应用到产品的外观设计中，也属于转用。

以下几种类型的转用属于明显存在转用手法的启示的情形，由此得到的外观设计与现有设计相比不具有明显区别：

① 单纯采用基本几何形状或者对其仅作细微变化得到的外观设计；
② 单纯模仿自然物、自然景象的原有形态得到的外观设计；
③ 单纯模仿著名建筑物、著名作品的全部或者部分形状、图案、色彩得到的外观设计；
④ 由其他种类产品的外观设计转用得到的玩具、装饰品、食品类产品的外观设计。

上述情形中产生独特视觉效果的除外。

第三，现有设计及其特征的组合。组合包括拼合和替换，是指将两项或者两项以上设计或者设计特征拼合成一项外观设计，或者将一项外观设计中的设计特征用其他设计特征替换。以一项设计或者设计特征为单元重复排列而得到的外观设计属于组合设计。上述组合也包括采用自然物、自然景象以及无产品载体的单纯形状、图案、色彩或者其结合进行的拼合和替换。

以下几种类型的组合属于明显存在组合手法的启示的情形，由此得到的外观设计属于与现有设计或者现有设计特征的组合相比没有明显区别的外观设计：

① 将相同或者相近种类产品的多项现有设计原样或者作、细微变化后进行直接拼合得到的外观设计。例如，将多个零部件产品的设计直接拼合为一体形成的外观设计。
② 将产品外观设计的设计特征用另一项相同或者相近种类产品的设计特征原样或者作细微变化后替换得到的外观设计。
③ 将产品现有的形状设计与现有的图案、色彩或者其结合通过直接拼合得到该产品的外观设计；或者将现有设计中的图案、色彩或者其结合替换成其他现有设计的图案、色彩或者其结合得到的外观设计。

上述情形中产生独特视觉效果的除外。

第四，独特视觉效果。独特视觉效果，是指涉案专利相对于现有设计产生了预料不到的视觉效果。在组合后的外观设计中，如果各项现有设计或者设计特征在视觉效果上并未产生呼应关系，而是各自独立存在、简单叠加，通常不会形成独特视觉效果。

外观设计如果具有独特视觉效果，则与现有设计或者现有设计特征的组合相比具有明显区别。

4. 不与在先权利相冲突

（1）与他人在先取得的合法权利相冲突的含义。《专利审查指南2010》第四部分第五章第7节规定了与他人在先取得的合法权利相冲突的含义。

一项外观设计专利权被认定与他人在申请日（有优先权的，指优先权日）之前已经取得的合法权利相冲突的，应当宣告该项外观设计专利权无效。

他人，是指专利权人以外的民事主体，包括自然人、法人或者其他组织。

合法权利，是指依照中华人民共和国法律享有并且在涉案专利申请日仍然有效的权利或者权益。包括商标权、著作权、企业名称权（包括商号权）、肖像权以及知名商品特有包装或者装潢使用权等。

在申请日以前已经取得（以下简称在先取得），是指在先合法权利的取得日在涉案专利申请日之前。

相冲突，是指未经权利人许可，外观设计专利使用了在先合法权利的客体，从而导致专利权的实施将会损害在先权利人的相关合法权利或者权益。

（2）"合法权利"的主要类型。合法权利，包括商标权、著作权、企业名称权（包括商号权）、肖像权以及知名商品特有包装或者装潢使用权等。

（3）与在先权利相冲突的判断。在无效宣告程序中请求人应就其主张进行举证，包括证明其是在先权利的权利人或者利害关系人以及在先权利有效。

（4）涉案专利权与在先商标权相冲突。在先商标权是指在涉案专利申请日之前，他人在中华人民共和国法域内依法受到保护的商标权。未经商标所有人许可，在涉案专利中使用了与在先商标相同或者相似的设计，专利的实施将会误导相关公众或者导致相关公众产生混淆，损害商标所有人的相关合法权利或者权益的，应当判定涉案专利权与在先商标权相冲突。

在先商标与涉案专利中含有的相关设计的相同或者相似的认定，原则上适用商标相同、相似的判断标准。

对于在中国境内为相关公众广为知晓的注册商标，在判定权利冲突时可以适当放宽产品种类。

(5) 涉案专利权与在先著作权相冲突。在先著作权,是指在涉案专利申请日之前,他人通过独立创作完成作品或者通过继承、转让等方式合法享有的著作权。其中作品是指受中华人民共和国著作权法及其实施条例保护的客体。

在接触或者可能接触他人享有著作权的作品的情况下,未经著作权人许可,在涉案专利中使用了与该作品相同或者实质性相似的设计,从而导致涉案专利的实施将会损害在先著作权人的相关合法权利或者权益的,应当判定涉案专利权与在先著作权相冲突。

三、真题分析

37.【2019年第7题】下列属于相近种类的外观设计产品的是?
   A. 机械表和电子表　　　　　　　　　　B. 玩具汽车和汽车
   C. 带MP3的手表和普通手表　　　　　　D. 毛巾和地毯

【考点】相近种类的外观设计产品

【分析】根据《专利审查指南2010》第四部分第五章第5节的规定,相同种类产品是指用途完全相同的产品。例如机械表和电子表尽管内部结构不同,但是它们的用途是相同的,所以属于相同种类的产品。相近种类的产品是指用途相近的产品。例如,玩具和小摆设的用途是相近的,两者属于相近种类的产品。应当注意的是,当产品具有多种用途时,如果其中部分用途相同,而其他用途不同,则二者应属于相近种类的产品。如带MP3的手表与手表都具有计时的用途,二者属于相近种类的产品。

本题中,选项A机械表和电子表属于相同种类的产品,选项C属于相近种类的产品,选项BD不属于相同或相近种类的产品,因此,选项C正确。

【答案】C

38.【2019年第41题】下列哪些情形可以将两件产品的外观设计认定为实质相同的外观设计?
   A. 图案和色彩完全相同的毛巾和地毯
   B. 互为镜像对称的手表
   C. 仅有具体叶片数不同的百叶窗
   D. 仅将形状由正方体改为长方体的带有图案和色彩的饼干桶

【考点】实质相同

【分析】根据《专利审查指南2010》第四部分第五章第5.1.2节的规定,外观设计实质相同的判断仅限于相同或者相近种类的产品外观设计。对于产品种类不相同也不相近的外观设计,不进行涉案专利与对比设计是否实质相同的比较和判断,即可认定涉案专利与对比设计不构成实质相同,例如,毛巾和地毯的外观设计。因此,选项A错误。

根据《专利审查指南2010》第四部分第五章第5.1.2节的规定,如果一般消费者经过对涉案专利与对比设计的整体观察可以看出,二者的区别仅属于下列情形,则涉案专利与对比设计实质相同:(1) 其区别在于施以一般注意力不能察觉到的局部的细微差异,例如,百叶窗的外观设计仅有具体叶片数不同;(2) 其区别在于使用时不容易看到或者看不到的部位,但有证据表明在不容易看到部位的特定设计对于一般消费者能够产生引人注目的视觉效果的情况除外;(3) 其区别在于将某一设计要素整体置换为该类产品的惯常设计的相应设计要素,例如,将带有图案和色彩的饼干桶的形状由正方体置换为长方体;(4) 其区别在于将对比设计作为设计单元按照该种类产品的常规排列方式作重复排列或者将其排列的数量作增减变化,例如,将影院座椅成重复排列或者将其成排座椅的数量作增减;(5) 其区别在于互为镜像对称。因此,选项BCD正确。

【答案】BCD

39.【2019年第42题】在确定外观设计产品种类时,可以参考以下哪些内容?
   A. 产品的名称　　　　　　　　　　　　B. 国际外观设计分类
   C. 产品销售时的货架分类位置　　　　　D. 国际商品和服务分类

【考点】外观设计产品种类

【分析】根据《专利审查指南2010》第四部分第五章第5节的规定,在确定产品的种类时,可以参考产品的名称、国际外观设计分类以及产品销售时的货架分类位置,但是应当以产品的用途是否相同为准。相同种类产品是指用途完全相同的产品。例如机械表和电子表尽管内部结构不同，但是它们的用途是相同的，所以属于相同种类的产品。因此，选项 ABC 正确，选项 D 错误。

【答案】ABC

40. 【2018 年第 7 题】判断外观设计是否符合专利法第二十三条第一款、第二款授权条件的判断主体是：
A. 所属技术领域的技术人员　　　　　　　　B. 一般消费者
C. 普通设计人员　　　　　　　　　　　　　D. 实际消费者

【考点】判断外观设计的判断主体

【分析】《专利审查指南 2010》第四部分第五章第 4 节规定了判断主体。在判断外观设计是否符合专利法第二十三条第一款、第二款规定时，应当基于涉案专利产品的一般消费者的知识水平和认知能力进行评价。因此，选项 B 正确。

【答案】B

41. 【2018 年第 8 题】授予专利权的外观设计不得与他人在申请日以前已经取得的著作权相冲突。判定外观设计专利权与在先著作权相冲突的标准是：
A. 外观设计与作品中的设计相同或者实质相同
B. 外观设计与作品中的设计相同或者实质性相似
C. 外观设计与作品中的设计相同或者相近似
D. 外观设计与作品中的设计相同或者无明显区别

【考点】授予外观设计专利权的条件

【分析】专利法第二十三条第三款规定，授予专利权的外观设计不得与他人在申请日以前已经取得的合法权利相冲突。《专利审查指南 2010》第四部分第五章第 7 节规定，合法权利，是指依照中华人民共和国法律享有并且在涉案专利申请日仍然有效的权利或者权益。包括商标权、著作权、企业名称权（包括商号权）、肖像权以及知名商品特有包装或者装潢使用权等。

《专利审查指南 2010》第四部分第五章第 7.2 节规定，在接触或者可能接触他人享有著作权的作品的情况下，未经著作权人许可，在涉案专利中使用了与该作品相同或者实质性相似的设计，从而导致涉案专利的实施将会损害在先著作权人的相关合法权利或者权益的，应当判定涉案专利权与在先著作权相冲突。因此，选项 B 正确。

【答案】B

42. 【2018 年第 43 题】下列哪些情形构成相同或实质相同的外观设计：
A. 形状、图案均相同的红色书包和绿色书包
B. 形状、图案均相同的白色透明塑料杯与白色透明玻璃杯
C. 图案、色彩均相同的长方体饼干桶和正方体饼干桶
D. 形状、图案、色彩均相同的电话机与玩具电话，二者的内部结构不同

【考点】相同或实质相同的外观设计

【分析】《专利审查指南 2010》第四部分第五章第 5.2.6.3 节规定，单一色彩的外观设计仅作色彩改变，两者仍属于实质相同的外观设计。因此，选项 A 正确。

《专利审查指南 2010》第四部分第五章第 5.1.1 节规定，外观设计相同，是指涉案专利与对比设计是相同种类产品的外观设计，并且涉案专利的全部外观设计要素与对比设计的相应设计要素相同，其中外观设计要素是指形状、图案以及色彩。如果涉案专利与对比设计仅属于常用材料的替换，或者仅存在产品功能、内部结构、技术性能或者尺寸的不同，而未导致产品外观设计的变化，二者仍属于相同的外观设计。本题选项 B 中，白色透明塑料杯与白色透明玻璃杯属于常用材料的替换，构成相同的外观设计，因此，选项 B 正确。

《专利审查指南 2010》第四部分第五章第 5.1.2 节规定，如果一般消费者经过对涉案专利与对比设计的整体观察可以看出，二者的区别仅属于下列情形，则涉案专利与对比设计实质相同：其中（3）其区别在于将某一设计要素整体置换为该类产品的惯常设计的相应设计要素，例如，将带有图案和色彩的饼干桶的形状由正方体置换为长方体。因此，选项 C 正确。

《专利审查指南 2010》第四部分第五章第 5.1.2 节规定，外观设计实质相同的判断仅限于相同或者相近种类

的产品外观设计。对于产品种类不相同也不相近的外观设计，不进行涉案专利与对比设计是否实质相同的比较和判断，即可认定涉案专利与对比设计不构成实质相同，例如，毛巾和地毯的外观设计。本题选项D中，电话机与玩具电话的产品种类不相同且不相近，不构成实质相同或相同，因此，选项D错误。

【答案】ABC

43.【2018年第44题】下列哪些情形属于涉案专利与现有设计或者现有设计特征的组合相比不具有明显区别：

A. 涉案专利为蛋糕的外观设计，其设计模仿的是自然界青椒的原有形态
B. 涉案专利为玩具汽车的外观设计，其形状、图案、色彩与现有甲壳虫汽车的形状、图案、色彩仅有细微差别
C. 涉案专利为电饭煲的外观设计，其与申请日前已经公开销售的一款电饭煲仅在开盖按钮的形状设计上不同
D. 涉案专利为盘子的外观设计，其形状与现有的一款盘子的形状相同，其边缘一圈图案与一款布料上的圆环形图案相同，图片显示盘子底色为浅黄色，图案为金色，但简要说明未声明请求保护的外观设计包含有色彩

【考点】不具有明显区别的情形

【分析】《专利审查指南2010》第四部分第五章第6节规定，根据专利法第二十三条第二款的规定，授予专利权的外观设计与现有设计或者现有设计特征的组合相比，应当具有明显区别。涉案专利与现有设计或者现有设计特征的组合相比不具有明显区别是指如下几种情形：（1）涉案专利与相同或者相近种类产品现有设计相比不具有明显区别；（2）涉案专利是由现有设计转用得到的，二者的设计特征相同或者仅有细微差别，且该具体的转用手法在相同或者相近种类产品的现有设计中存在启示；（3）涉案专利是由现有设计或者现有设计特征组合得到的，所述现有设计与涉案专利的相应设计部分相同或者仅有细微差别，且该具体的组合手法在相同或者相近种类产品的现有设计中存在启示。

《专利审查指南2010》第四部分第五章第6.2.2节规定，以下几种类型的转用属于明显存在转用手法的启示的情形，由此得到的外观设计与现有设计相比不具有明显区别：（1）单纯采用基本几何形状或者对其仅作细微变化得到的外观设计；（2）单纯模仿自然物、自然景象的原有形态得到的外观设计；（3）单纯模仿著名建筑物、著名作品的全部或者部分形状、图案、色彩得到的外观设计；（4）由其他种类产品的外观设计转用得到的玩具、装饰品、食品类产品的外观设计。本题中，选项A中涉案专利属于单纯模仿自然物（青椒）的原有形态得到外观设计，明显存在转用手法的启示，与现有技术相比不具有明显区别，因此，选项A正确。选项B将其他种类产品甲壳虫汽车的外观设计转用得到的玩具的外观设计，且设计特征仅有细微差别，明显存在转用手法的启示，与现有技术相比不具有明显区别，因此，选项B正确。

《专利审查指南2010》第四部分第五章第6.1节规定，在确定涉案专利与相同或者相近种类产品现有设计相比是否具有明显区别时，一般还应当综合考虑如下因素：……（4）若区别点仅在于局部细微变化，则其对整体视觉效果不足以产生显著影响，二者不具有明显区别。例如，涉案专利与对比设计均为电饭煲，区别点仅在于二者控制按钮的形状不同，且控制按钮在电饭煲中仅为一个局部细微的设计，在整体设计中所占比例很小，其变化不足以对整体视觉效果产生显著影响。本题中，选项C中涉案专利与现有设计产品种类相同，区别仅为开盖按钮的形状不同，涉案专利属于在现有设计基础上仅作细微变化得到的外观设计，二者不具有明显区别，因此，选项C正确。

《专利审查指南2010》第四部分第五章第6.2.3节规定，以下几种类型的组合属于明显存在组合手法的启示的情形，由此得到的外观设计属于与现有设计或者现有设计特征的组合相比没有明显区别的外观设计：……（3）将产品现有的形状设计与现有的图案、色彩或者其结合通过直接拼合得到该产品的外观设计；或者将现有设计中的图案、色彩或者其结合替换成其他现有设计的图案、色彩或者其结合得到的外观设计。本题中，选项D中涉案专利未请求保护色彩，因此对比涉案专利和现有设计的形状、图案即可，涉案专利形状与现有设计的形状相同，涉案专利图案与现有设计的图案相同，涉案专利属于将产品现有的形状设计与现有的图案通过直接拼合得到，两者不具有明显区别，因此，选项D正确。

【答案】ABCD

44.【2018年第98题】关于外观设计专利，以下说法正确的是：
A. 对于各构件之间无组装关系或者组装关系不唯一的组件产品的外观设计专利，如果被控侵权设计与其全部单个构件的外观设计相同或近似时，则应当认为构成专利侵权
B. 对于组装关系唯一的组件产品的外观设计专利，如果被控侵权设计与其组合状态下的外观设计相同或近似时，则应当认为构成专利侵权
C. 对于成套产品的外观设计专利，如果被诉侵权设计与其一项外观设计相同或者近似的，应当认为构成专利侵权
D. 对于成套产品的外观设计专利，只有被诉侵权设计与其整套外观设计相同或者近似的，才可认为构成专利侵权

【考点】外观设计专利
【分析】《最高人民法院关于审理侵犯专利权纠纷案件应用法律若干问题的解释（二）》第十六条规定，对于组装关系唯一的组件产品的外观设计专利，被诉侵权设计与其组合状态下的外观设计相同或者近似的，人民法院应当认定被诉侵权设计落入专利权的保护范围。对于各构件之间无组装关系或者组装关系不唯一的组件产品的外观设计专利，被诉侵权设计与其全部单个构件的外观设计均相同或者近似的，人民法院应当认定被诉侵权设计落入专利权的保护范围；被诉侵权设计缺少其单个构件的外观设计或者与之不相同也不近似的，人民法院应当认定被诉侵权设计未落入专利权的保护范围。因此，选项AB正确。

《最高人民法院关于审理侵犯专利权纠纷案件应用法律若干问题的解释（二）》第十五条规定，对于成套产品的外观设计专利，被诉侵权设计与其一项外观设计相同或近似的，人民法院应当认定被诉侵权设计落入专利权的保护范围。因此，选项C正确，选项D错误。
【答案】ABC

45.【2017年第17题】下列哪个情形不属于专利法第二十三条第二款所述的"现有设计特征"？
A. 现有设计的形状、图案、色彩要素或者其结合
B. 现有设计的产品名称
C. 现有设计的某组成部分的设计
D. 现有设计整体外观设计产品中的零部件的设计

【考点】现有设计特征
【分析】根据《专利审查指南2010》第四部分第五章第6节的规定，现有设计特征，是指现有设计的部分设计要素或者其结合，如现有设计的形状、图案、色彩要素或者其结合，或者现有设计的某组成部分的设计，如整体外观设计产品中的零部件的设计。因此，选项B不属于专利法第二十三条第二款所述的"现有设计特征"。
【答案】B

46.【2017年第67题】下列哪些情况属于涉案专利与对比设计相比是实质相同的外观设计？
A. 仅在于具体的叶片数不同的两个百叶窗
B. 仅在于底部的支脚设计不同的两个冰箱
C. 一个正方形包装盒和带有相同图案和色彩的圆形包装盒
D. 电影院中五连排座椅和十五连排座椅

【考点】实质相同的外观设计
【分析】根据《专利审查指南2010》第四部分第五章第5.1.2节的规定，如果一般消费者经过对涉案专利与对比设计的整体观察可以看出，二者的区别仅属于下列情形，则涉案专利与对比设计实质相同：（1）其区别在于施以一般注意力不能察觉到的局部的细微差异，例如，百叶窗的外观设计仅有具体叶片数不同；（2）其区别在于使用时不容易看到或者看不到的部位，但有证据表明在不容易看到部位的特定设计对于一般消费者能够产生引人注目的视觉效果的情况除外；（3）其区别在于将某一设计要素整体置换为该类产品的惯常设计的相应设计要素，例如，将带有图案和色彩的饼干桶的形状由正方体置换为长方体；（4）其区别在于将对比设计作为设计单元按照该种类产品的常规排列方式作重复排列或者将其排列的数量作增减变化，例如，将影院座椅成排重复排列或者将其成排座椅的数量作增减；（5）其区别在于互为镜像对称。因此，选项ABCD正确。
【答案】ABCD

47.【2017年第68题】专利法第二十三条第三款中授予专利权的外观设计不得与他人在申请日前取得的合法权利相冲突中的合法权利的类型是包括以下哪些？

A. 商号权　　　　　　B. 在先专利权　　　　　　C. 肖像权　　　　　　D. 著作权

【考点】合法权利

【分析】根据《专利审查指南2010》第四部分第五章第7节的规定，一项外观设计专利权被认定与他人在申请日（有优先权的，指优先权日）之前已经取得的合法权利相冲突的，应当宣告该项外观设计专利权无效。合法权利，是指依照中华人民共和国法律享有并且在涉案专利申请日仍然有效的权利或者权益。包括商标权、著作权、企业名称权（包括商号权）、肖像权以及知名商品特有包装或者装潢使用权等。因此，选项ACD正确，选项B错误。

【答案】ACD

48.【2016年第1题】下列说法哪个是正确的？
A. 发明专利申请经初步审查合格，自申请日起满18个月公告授权
B. 专利申请涉及国防利益需要保密的，经国防专利机构审查没有发现驳回理由的，由国防专利机构作出授予国防专利权的决定
C. 授予专利权的外观设计与现有设计或者现有设计特征的组合相比，应当具有明显区别
D. 实用新型专利申请经实质审查没有发现驳回理由的，由国家知识产权局作出授予实用新型专利权的决定

【考点】专利权的授予　国防专利

【分析】根据专利法第三十四条的规定，国务院专利行政部门收到发明专利申请后，经初步审查认为符合本法要求的，自申请日起满十八个月，即行公布。国务院专利行政部门可以根据申请人的请求早日公布其申请。根据专利法第三十九条的规定，发明专利申请经实质审查没有发现驳回理由的，由国务院专利行政部门作出授予发明专利权的决定，发给发明专利证书，同时予以登记和公告。发明专利权自公告之日起生效。由此可知，发明专利申请经过初步审查、公布、实质审查才能公告授权，因此，选项A错误。

根据专利法实施细则第七条第一款规定，专利申请涉及国防利益需要保密的，由国防专利机构受理并进行审查；国务院专利行政部门受理的专利申请涉及国防利益需要保密的，应当及时移交国防专利机构进行审查。经国防专利机构审查没有发现驳回理由的，由国务院专利行政部门作出授予国防专利权的决定。根据《国防专利条例》第三条的规定，国家国防专利机构（以下简称国防专利机构）负责受理和审查国防专利申请。经国防专利机构审查认为符合本条例规定的，由国务院专利行政部门授予国防专利权。由此可知，由国务院专利行政部门作出授予国防专利权的决定，因此，选项B错误。

根据专利法第二十三条第二款的规定，授予专利权的外观设计与现有设计或者现有设计特征的组合相比，应当具有明显区别。因此，选项C正确。根据专利法第四十条的规定，实用新型和外观设计专利申请经初步审查没有发现驳回理由的，由国务院专利行政部门作出授予实用新型专利权或者外观设计专利权的决定，发给相应的专利证书，同时予以登记和公告。实用新型专利权和外观设计专利权自公告之日起生效。由此可知，我国对实用新型专利申请实施初步审查制度，因此，选项D错误。

【答案】C

49.【2016年第10题】下列哪个选项中的外观设计不属于相同或实质相同的外观设计？
A. 一款座椅的外观设计和与该款座椅外观相同的手机支架外观设计
B. 一款圆珠笔和一款自动铅笔的外观设计，二者除笔尖设计不同外其余设计均相同
C. 一款具有电子时钟和收音机双功能产品的外观设计，与一款纯电子时钟功能的产品外观设计，二者形状、图案和色彩设计相同
D. 一件珠宝盒的专利外观设计，与一件包装盒的专利外观设计，二者形状、图案和色彩设计相同

【考点】相同或实质相同的外观设计

【分析】根据《专利审查指南2010》第四部分第五章第5.1.1节的规定，外观设计相同，是指涉案专利与对比设计是相同种类产品的外观设计，并且涉案专利的全部外观设计要素与对比设计的相应设计要素相同，其中外观设计要素是指形状、图案以及色彩。如果涉案专利与对比设计仅属于常用材料的替换，或者仅存在产品功能、内部结构、技术性能或者尺寸的不同，而未导致产品外观设计的变化，二者仍属于相同的外观设计。在确定产品的种类时，可以参考产品的名称、国际外观设计分类以及产品销售时的货架分类位置，但是应当以产品的用途是否相同为准。相同种类产品是指用途完全相同的产品。例如机械表和电子表尽管内部结构不同，但是它们的用途

是相同的，所以属于相同种类的产品。根据《专利审查指南2010》第四部分第五章第5.1.2节的规定，外观设计实质相同的判断仅限于相同或者相近种类的产品外观设计。对于产品种类不相同也不相近的外观设计，不进行涉案专利与对比设计是否实质相同的比较和判断，即可认定涉案专利与对比设计不构成实质相同，例如，毛巾和地毯的外观设计。相近种类的产品是指用途相近的产品。例如，玩具和小摆设的用途是相近的，两者属于相近种类的产品。应当注意的是，当产品具有多种用途时，如果其中部分用途相同，而其他用途不同，则二者应属于相近种类的产品。如带MP3的手表与手表都具有计时的用途，二者属于相近种类的产品。

本题选项A中，座椅和手机支架的用途不同，不属于相同或者相近种类的产品，不属于相同或实质相同的外观设计，因此，选项A正确。选项C中具有电子时钟和收音机双功能产品与纯电子时钟功能的产品属于相近种类的产品，且二者存在部分相同用途，构成实质相同的外观设计，因此，选项C错误。选项D中珠宝盒和包装盒用途相同，属于近似种类产品，构成实质相同的外观设计，因此，选项D错误。

《专利审查指南2010》第四部分第五章第5.1.2节规定，如果一般消费者通过对涉案专利与对比设计的整体观察可以看出，二者的区别仅属于下列情形，则涉案专利与对比设计实质相同：（1）其区别在于施以一般注意力不能察觉到的局部的细微差异，例如，百叶窗的外观设计仅有具体叶片数不同。由此可知，选项B中，圆珠笔和自动铅笔都是用于书写，且二者在外观设计上的区别属于施以一般注意力不能察觉到的局部的细微差异，构成实质相同的外观设计，因此，选项B错误。

【答案】A

50.【2016年第43题】某外观设计专利申请的申请日为2010年9月30日，下列哪些设计构成了该申请的现有设计？

A. 2010年6月1日申请人本人在中国政府主办的展览会上展出了该外观设计产品

B. 2010年7月7日在法国某商场橱窗中陈列的设计

C. 2010年9月30日公开在某杂志中的设计

D. 2010年8月12日提出申请、2010年12月20日授权公告的中国外观设计专利申请中的设计

【考点】现有设计　抵触申请

【分析】根据专利法第二十三条第一款的规定，授予专利权的外观设计，应当不属于现有设计；也没有任何单位或者个人就同样的外观设计在申请日以前向国务院专利行政部门提出过申请，并记载在申请日以后公告的专利文件中。《专利审查指南2010》第四部分第五章第2节规定，根据专利法第二十三条第四款的规定，现有设计是指申请日（有优先权的，指优先权日）以前在国内外为公众所知的设计。现有设计包括申请日以前在国内外出版物上公开发表过、公开使用过或者以其他方式为公众所知的设计。关于现有设计的时间界限、公开方式等参照第二部分第三章第2.1节的规定。根据《专利审查指南2010》第二部分第三章第2.1.1节的规定，申请日以前公开的技术内容都属于现有技术，但申请日当天公开的技术内容不包括在现有技术范围内。

本题选项AB中的设计在该专利申请的申请日之前，构成该专利申请的现有设计，选项C中的设计与该专利申请的申请日相同，不构成该专利申请的现有设计，选项D中外观设计没有在申请日2010年9月30日前公开，其不属于该专利申请的现有设计，但构成该专利申请的抵触申请，即属于在申请日以前向国务院专利行政部门提出申请，并记载在申请日以后公告的专利文件中，因此，选项AB正确，选项CD错误。

需要注意的是，根据专利法第二十四条和专利法实施细则第三十条的规定，申请人在办理相关手续后，享有宽限期，该外观设计专利申请不会因为展出行为而丧失新颖性。但是选项A中的产品展出行为已经使产品的设计成为现有设计。

【答案】AB

51.【2016年第44题】专利法第二十三条第三款规定，授予专利权的外观设计不得与他人在申请日以前已经取得的合法权利相冲突，下列哪些属于该规定所指的合法权利？

A. 发明、实用新型专利权　　　　　　B. 商标权、著作权

C. 企业名称权　　　　　　　　　　　D. 知名商品特有包装或者装潢使用权

【考点】合法权利

【分析】根据《专利审查指南2010》第四部分第五章第7节的规定，一项外观设计专利权被认定与他人在申请日（有优先权的，指优先权日）之前已经取得的合法权利相冲突的，应当宣告该项外观设计专利权无效。合法

权利，是指依照中华人民共和国法律享有并且在涉案专利申请日仍然有效的权利或者权益。包括商标权、著作权、企业名称权（包括商号权）、肖像权以及知名商品特有包装或者装潢使用权等。因此，选项 A 错误，选项 BCD 正确。

【答案】 BCD

52. **【2015 年第 47 题】** 下列哪些情形可以将两件产品的外观设计认定为实质相同的外观设计？
A. 互为镜像对称的两张电脑桌
B. 难以察觉细微差异的两扇百叶窗，其差异仅在于具体叶片数不同
C. 形状、图案和色彩均相同的两个玻璃杯子，其区别仅在于一个是钢化玻璃的，一个是普通玻璃的
D. 形状、图案和色彩均相同的浴巾和地毯

【考点】 实质相同

【分析】 根据《专利审查指南 2010》第四部分第五章第 5.1.2 节的规定，如果一般消费者经过对涉案专利与对比设计的整体观察可以看出，二者的区别仅属于下列情形，则涉案专利与对比设计实质相同：（1）其区别在于施以一般注意力不能察觉的局部的细微差异，例如，百叶窗的外观设计仅有具体叶片数不同；……（5）其区别在于互为镜像对称。因此，选项 AB 正确。

根据《专利审查指南 2010》第四部分第五章第 5.1.1 节的规定，如果涉案专利与对比设计仅属于常用材料的替换，或者仅存在产品功能、内部结构、技术性能或者尺寸的不同，而未导致产品外观设计的变化，二者仍属于相同的外观设计。因此，选项 C 错误。根据《专利审查指南 2010》第四部分第五章第 5.1.2 节的规定，对于产品种类不相同也不相近的外观设计，不进行涉案专利与对比设计是否实质相同的比较和判断，即可认定涉案专利与对比设计不构成实质相同，例如，毛巾和地毯的外观设计。因此，选项 D 错误。

【答案】 AB

第二十四条【新颖性的宽限期】

申请专利的发明创造在申请日以前六个月内，有下列情形之一的，不丧失新颖性：
（一）在中国政府主办或者承认的国际展览会上首次展出的；
（二）在规定的学术会议或者技术会议上首次发表的；
（三）他人未经申请人同意而泄露其内容的。

一、本条含义

本条是关于发明创造的公开不丧失新颖性的例外情形的规定，即申请专利的发明创造在其申请日前六个月内以本条规定的方式公开的，享有新颖性的宽限期，不认为该专利申请丧失了新颖性。

需要注意的是，以本条规定的三种方式公开的发明创造不仅不影响随后在六个月之内提出的专利申请的新颖性，也不影响其创造性，在我国专利实践中一直如此实行。

二、重点讲解

（一）宽限期的定义

授予专利权的发明创造需要具有的新颖性是以申请日（在要求优先权的情形，是优先权日）为判断的标准。凡是在申请日（或者优先权日）以前（申请日不包括在内）发明创造已经公开的，就构成了现有技术的一部分，丧失了新颖性，不能取得专利权。这是专利法上的一条基本原则。但是发明人、设计人或者发明创造的其他所有人由于在国际展览会上展出、在科技会议上发表等正当原因，在申请日（或者优先权日）以前将其发明创造公开，或者第三人以合法手段从发明人、设计人或者发明创造的其他所有人那里得到的发明创造，不经其同意而在申请日（或者优先权日）以前公开，或者第三人在申请日以前以不合法手段从这些人那里取得发明创造而造成公开，如果也按照上述原则认为已经丧失了新颖性，那么对发明人、设计人或者发明创造的其他所有人是不公正

的，同时对科技交流会产生消极的影响。所以，许多国家的专利法都规定，申请日（或者优先权日）以前的某些正当理由的公开在一定条件下可以不影响就发明创造申请专利所应具有的新颖性。

《专利审查指南2010》第二部分第三章第5节不丧失新颖性的宽限期规定，申请专利的发明创造在申请日以前六个月内，发生专利法第二十四条规定的三种情形之一的，该申请不丧失新颖性。即这三种情况不构成影响该申请的现有技术。所说的六个月期限，称为宽限期，或者称为优惠期。

（二）宽限期的效力

根据《专利审查指南2010》第二部分第三章第5节的规定，宽限期和优先权的效力是不同的。它仅仅是把申请人（包括发明人）的某些公开，或者第三人从申请人或发明人那里以合法手段或者不合法手段得来的发明创造的某些公开，认为是不损害该专利申请新颖性和创造性的公开。实际上，发明创造公开以后已经成为现有技术，只是这种公开在一定期限内对申请人的专利申请来说不视为影响其新颖性和创造性的现有技术，并不是把发明创造的公开日看作是专利申请的申请日。所以，从公开之日至提出申请的期间，如果第三人独立地作出了同样的发明创造，而且在申请人提出专利申请以前提出了专利申请，那么根据先申请原则，申请人就不能取得专利权。当然，由于申请人（包括发明人）的公开，使该发明创造成为现有技术，故第三人的申请没有新颖性，也不能取得专利权。

发生专利法第二十四条规定的任何一种情形之日起六个月内，申请人提出申请之前，发明创造再次被公开的，只要该公开不属于上述三种情况，则该申请将由于此在后公开而丧失新颖性。再次公开属于上述三种情况的，该申请不会因此而丧失新颖性，但是，宽限期自发明创造的第一次公开之日起计算。

优先权的效力，一般来说，是使随后提出的专利申请如同在首次申请的申请人提出的一样，因此在优先权日至实际申请日之间的时间期间内发生的各种公开行为，不论是申请人所为，还是他人所为，也不论以何种方式予以公开，均不影响申请人随后提出的专利申请的新颖性和创造性。

（三）宽限期的期限

根据专利法第二十四条的规定，宽限期的期限是6个月。

（四）适用宽限期的情形

根据专利法第二十四条的规定，申请专利的发明创造在申请日（享有优先权的指优先权日）之前六个月内有下列情况之一的，不丧失新颖性：

(1) 在中国政府主办或者承认的国际展览会上首次展出的；
(2) 在规定的学术会议或者技术会议上首次发表的；
(3) 他人未经申请人同意而泄露其内容的。

（五）主张适用宽限期的时间限制

专利法实施细则第三十条第三款、第四款规定，"申请专利的发明创造有专利法第二十四条第（一）项或者第（二）项所列情形的，申请人应当在提出专利申请时声明，并自申请日起2个月内提交有关国际展览会或者学术会议、技术会议的组织单位出具的有关发明创造已经展出或者发表，以及展出或者发表日期的证明文件。申请专利的发明创造有专利法第二十四条第（三）项所列情形的，国务院专利行政部门认为必要时，可以要求申请人在指定期限内提交证明文件"。

（六）有权主张适用宽限期的人

有权主张适用宽限期的人是申请人。

（七）主张适用宽限期的条件

专利法实施细则第三十条第五款规定，"申请人未依照本条第三款的规定提出声明和提交证明文件的，或者未依照本条第四款的规定在指定期限内提交证明文件的，其申请不适用专利法第二十四条的规定"。

（八）二次公开适用宽限期的条件

如果发明人、设计人或者发明创造的其他所有人在该发明创造在国际展览会首次展出、或者在学术会议或者技术会议首次发表以后，又在出版物上发表该发明创造或者制成产品销售的，应当认为该发明创造丧失了新颖性，因为本条只对首次展出或者首次发表给予宽限期，对后来发表文章或者出售产品并没有给予宽限期。需要注意的是，如果在宽限期内再次发生法定宽限期的情形，则该申请不丧失新颖性，当然，宽限期的期限仍以首次发生法定宽限期的情形开始计算。

（九）适用宽限期的国际展览会

《专利审查指南2010》第一部分第一章第6.3.1节规定了在中国政府主办或者承认的国际展览会上首次展出。

中国政府主办的国际展览会，包括国务院、各部委主办或者国务院批准由其他机关或者地方政府举办的国际展览会。中国政府承认的国际展览会，是指国际展览会公约规定的由国际展览局注册或者认可的国际展览会。所谓国际展览会，即展出的展品除了举办国的产品以外，还应当有来自外国的展品。

（十）适用宽限期的学术会议或技术会议

《专利审查指南2010》第一部分第一章第6.3.2节规定了在规定的学术会议或者技术会议上首次发表。

规定的学术会议或者技术会议，是指国务院有关主管部门或者全国性学术团体组织召开的学术会议或者技术会议，不包括省以下或者受国务院各部委或者全国性学术团体委托或者以其名义组织召开的学术会议或者技术会议。在后者所述的会议上的公开将导致丧失新颖性，除非这些会议本身有保密约定。

（十一）首次发表的含义

所谓"发表"，是仅指口头报告，还是也包括书面论文，条文没有明确规定，按现在一般实践，除即兴发言外，正式的、事先准备的报告多已印成书面在会上散发。有的人没有机会在会上发言，只散发了书面报告。所有应当说，"发表"包括口头报告和书面论文二者在内。

（十二）首次展出的含义

所谓"展出"，当然是指在物品展览会上陈列，供公众观看。但是，在现代，随着物品展出的同时，常有关于物品的书面说明。书面说明属于出版物，其随同展物享受不丧失新颖性的宽限期，以助于观众对展物了解，并有利于技术交流。

（十三）他人未经申请人同意而泄露其发明创造内容的含义

《专利审查指南2010》第一部分第一章第6.3.3节规定了他人未经申请人同意而泄露其内容的含义。

他人未经申请人同意而泄露其内容所造成的公开，包括他人未遵守明示或者默示的保密信约而将发明创造的内容公开，也包括他人用威胁、欺诈或者间谍活动等手段从发明人或者申请人那里得知发明创造的内容而后造成的公开。

申请专利的发明创造在申请日以前六个月内他人未经申请人同意而泄露了其内容，若申请人在申请日前已获知，应当在提出专利申请时在请求书中声明，并在自申请日起两个月内提交证明材料。若申请人在申请日以后得知的，应当在得知情况后两个月内提出要求不丧失新颖性宽限期的声明，并附具证明材料。审查员认为必要时，可以要求申请人在指定期限内提交证明材料。

（十四）证明材料

《专利审查指南2010》第一部分第一章第6.3.3节的规定：

（1）国际展览会的证明材料，应当由展览会主办单位出具。证明材料中应当注明展览会展出日期、地点、展览会的名称以及该发明创造展出的日期、形式和内容，并加盖公章。

（2）学术会议和技术会议的证明材料，应当由国务院有关主管部门或者组织会议的全国性学术团体出具。证明材料中应当注明会议召开的日期、地点、会议的名称以及该发明创造发表的日期、形式和内容，并加盖公章。

（3）申请人提交的关于他人泄露申请内容的证明材料，应当注明泄露日期、泄露方式、泄露的内容，并由证明人签字或者盖章。

（十五）权利恢复的例外情形

根据专利法实施细则第六条第四款的规定，"本条第一款和第二款的规定不适用专利法第二十四条、第二十九条、第四十二条、第六十八条规定的期限"，即因不可抗拒的事由或者其他正当理由请求恢复权利不适用专利法第二十四条（新颖性的宽限期）、第二十九条（优先权期限）、第四十二条（专利权期限）、第六十八条（诉讼时效）规定的期限。

三、真题分析

53.【2019年第4题】甲于2019年2月10日在我国政府主办的一个国际展览会上首次展出了其研制的新产品。乙于2019年7月11日独立作出了与甲完全相同的新产品，并于2019年7月16日提出了专利申请。甲于2019年8月2日也提出了专利申请，并提出了不丧失新颖性宽限期声明且附有证据。下列说法中正确的是？

A. 甲的发明在其申请日前已经被公开，因此不能被授予专利权
B. 甲于2019年2月10日将其新产品进行展出的行为不影响其获得专利权
C. 乙的发明是独立作出的，因此可以被授予专利权
D. 甲的发明享有6个月的不丧失新颖性宽限期，因此可以被授予专利权

【考点】宽限期

【分析】根据专利法第二十四条的规定，申请专利的发明创造在申请日以前六个月内，有下列情形之一的，不丧失新颖性：（一）在中国政府主办或者承认的国际展览会上首次展出的；（二）在规定的学术会议或者技术会议上首次发表的；（三）他人未经申请人同意而泄露其内容的。本题中，2019年2月10日甲展出该产品的行为不影响其获得专利权，因此，选项A错误，选项B正确。

根据《专利审查指南2010》第二部分第三章第5节的规定，宽限期和优先权的效力是不同的。它仅仅是把申请人（包括发明人）的某些公开，或者第三人从申请人或发明人那里以合法手段或者不合法手段得来的发明创造的某些公开，认为是不损害该专利申请新颖性和创造性的公开。实际上，发明创造公开以后已经成为现有技术，只是这种公开在一定期限内对申请人的专利申请来说不视为影响其新颖性和创造性的现有技术，并不是把发明创造的公开日看作是专利申请的申请日。所以，从公开之日至提出申请的期间，如果第三人独立地作出了同样的发明创造，而且在申请人提出专利申请以前提出了专利申请，那么根据先申请原则，申请人就不能取得专利权。当然，由于申请人（包括发明人）的公开，使该发明创造成为现有技术，故第三人的申请没有新颖性，也不能取得专利权。

本题中，2019年2月10日甲展出了该产品，影响2019年7月16日乙提出的专利申请的新颖性，因此，选项C错误。同时，由于乙申请专利的时间早于甲申请专利的时间，即乙的专利申请影响甲的专利申请的新颖性，因此，选项D错误。

【答案】B

54.【2019年第14题】国家知识产权局于2018年2月13日向申请人孙某发出视为放弃取得专利权通知书，但该通知书由于地址不清被退回。国家知识产权局通过公告方式通知申请人孙某，公告日为2018年4月18日，孙某于2018年5月10日得知此公告。孙某最迟应当在哪天办理恢复权利手续？

A. 2018年6月18日　　B. 2018年7月10日　　C. 2018年7月18日　　D. 2018年6月3日

【考点】公告送达　请求权利恢复

【分析】《专利审查指南2010》第五部分第六章第2.1.4节规定，专利局发出的通知和决定被退回的，审查员应当与文档核对；如果确定文件因送交地址不清或者存在其他原因无法再次邮寄，应当在专利公报上通过公告方式通知当事人。自公告之日起满一个月，该文件视为已经送达。根据专利法实施细则第六条第二款的规定，除前款规定的情形外，当事人因其他正当理由延误专利法或者本细则规定的期限或者国务院专利行政部门指定的期限，导致其权利丧失的，可以自收到国务院专利行政部门的通知之日起2个月内向国务院专利行政部门请求恢复权利。

本题中，自公告之日2018年4月18日起满一个月，该通知书视为已经送达，即视为孙某2018年5月18日收到该通知书，其最迟应当在2018年7月18日办理恢复权利手续，因此，选项C正确。

【答案】C

55.【2019年第70题】当事人因不可抗拒的事由延误规定期限并导致权利丧失的，可以在规定的期限内请求恢复权利。下列哪些期限不适用这一规定？

A. 专利权期限　　　　　　　　　　B. 优先权期限
C. 请求实质审查的期限　　　　　　D. 不丧失新颖性的宽限期

【考点】权利恢复程序的例外

【分析】根据专利法实施细则第六条第一款、第二款的规定，当事人因不可抗拒的事由而延误专利法或者本细则规定的期限或者国务院专利行政部门指定的期限，导致其权利丧失的，自障碍消除之日起2个月内，最迟自期限届满之日起2年内，可以向国务院专利行政部门请求恢复权利。除前款规定的情形外，当事人因其他正当理由延误专利法或者本细则规定的期限或者国务院专利行政部门指定的期限，导致其权利丧失的，可以自收到国务院专利行政部门的通知之日起2个月内向国务院专利行政部门请求恢复权利。根据专利法实施细则第六条第五款的规定，本条第一款和第二款的规定不适用专利法第二十四条（不丧失新颖性的宽限期）、第二十九条（优先权）、第四十二条（专利保护期限）、第六十八条（诉讼时效）规定的期限。因此，选项ABD正确，选项C错误。

【答案】ABD

56.【2018年第11题】下列情形，不可以在提出专利申请时要求不丧失新颖性宽限期的是：
A. 在中国政府主办或者承认的国际展览会上首次展出的
B. 在学术期刊公开发表或者规定的技术会议上首次发表的
C. 他人未经申请人同意而泄露其内容的
D. 在有明确保密要求的省以下学术会议上首次发表的

【考点】不丧失新颖性宽限期

【分析】根据专利法第二十四条的规定，申请专利的发明创造在申请日以前六个月内，有下列情形之一的，不丧失新颖性：（一）在中国政府主办或者承认的国际展览会上首次展出的；（二）在规定的学术会议或者技术会议上首次发表的；（三）他人未经申请人同意而泄露其内容的。《专利审查指南2010》第一部分第一章第6.3.2节规定，规定的学术会议或者技术会议，是指国务院有关主管部门或者全国性学术团体组织召开的学术会议或者技术会议，不包括省以下或者受国务院各部委或者全国性学术团体委托或者以其名义组织召开的学术会议或者技术会议。在后者所述的会议上的公开将导致丧失新颖性，除非这些会议本身有保密约定。因此，选项ACD错误。

《专利审查指南2010》第二部分第三章第2.1节规定，根据专利法第二十二条第五款的规定，现有技术是指申请日以前在国内外为公众所知的技术。现有技术包括在申请日（有优先权的，指优先权日）以前在国内外出版物上公开发表、在国内外公开使用或者以其他方式为公众所知的技术。由此可知，在学术期刊公开发表的技术属于现有技术，因此，选项B正确。

【答案】B

57.【2018年第58题】关于不丧失新颖性的宽限期，下列说法错误的是：
A. 如果申请人在中国政府主办的国际展览会上首次展出其发明创造后6个月内在中国提出首次专利申请，之后又希望基于该首次专利申请作为国内优先权基础提出一份在后中国专利申请，则该在后中国专利申请的申请日应不晚于其首次展出后12个月
B. 专利法第二十四条有关宽限期规定中所述的"首次展出"、"首次发表"是指申请日以前的6个月内仅允许申请人将其发明创造以专利法第24条所规定的方式展出或发表一次，不允许申请人在上述期限内多次发表或展出的情形
C. 申请人将其发明创造在中国政府主办的国际展览会上首次展出后，他人在该展会获得了该发明创造的信息，进而在宽限期内在出版物上公开发表了该发明创造的，将导致该申请丧失新颖性
D. 申请人作出的专利法第24条中规定的不丧失新颖性的公开行为，不能作为现有技术评价该申请人在宽限期内所提交专利申请请求保护的相似技术方案的创造性

【考点】宽限期

【分析】根据专利法第二十四条的规定，申请专利的发明创造在申请日以前六个月内，有下列情形之一的，不丧失新颖性：（一）在中国政府主办或者承认的国际展览会上首次展出的；（二）在规定的学术会议或者技术会议上首次发表的；（三）他人未经申请人同意而泄露其内容的。根据专利法第二十九条第二款的规定，申请人自发明或者实用新型在中国第一次提出专利申请之日起十二个月内，又向国务院专利行政部门就相同主题提出专利申请的，可以享有优先权。

根据《专利审查指南2010》第二部分第三章第5节的规定，宽限期和优先权的效力是不同的。它仅仅是把申请人（包括发明人）的某些公开，或者第三人从申请人或发明人那里以合法手段或者不合法手段得来的发明创

造的某些公开，认为是不损害该专利申请新颖性和创造性的公开。实际上，发明创造公开以后已经成为现有技术，只是这种公开在一定期限内对申请人的专利申请来说不视为影响其新颖性和创造性的现有技术，并不是把发明创造的公开日看作是专利申请的申请日。因此，选项A的说法错误，选项D的说法正确。

根据《专利审查指南2010》第二部分第三章第5节的规定，发生专利法第二十四条规定的任何一种情形之日起六个月内，申请人提出申请之前，发明创造再次被公开的，只要该公开不属于上述三种情况，则该申请将由于此在后公开而丧失新颖性。再次公开属于上述三种情况的，该申请不会因此而丧失新颖性，但是，宽限期自发明创造的第一次公开之日起计算。因此，选项B的说法错误，选项C的说法正确。

【答案】AB

58.【2018年第78题】因当事人延误了下列哪些期限而导致其权利丧失的，不能予以恢复？
A. 优先权期限
B. 提出复审请求的期限
C. 提出实质审查请求的期限
D. 不丧失新颖性的宽限期

【考点】权利恢复程序

【分析】根据专利法实施细则第六条第一款、第二款的规定，当事人因不可抗拒的事由而延误专利法或者本细则规定的期限或者国务院专利行政部门指定的期限，导致其权利丧失的，自障碍消除之日起2个月内，最迟自期限届满之日起2年内，可以向国务院专利行政部门请求恢复权利。除前款规定的情形外，当事人因其他正当理由延误专利法或者本细则规定的期限或者国务院专利行政部门指定的期限，导致其权利丧失的，可以自收到国务院专利行政部门的通知之日起2个月内向国务院专利行政部门请求恢复权利。根据专利法实施细则第六条第五款的规定，本条第一款和第二款的规定不适用专利法第二十四条（不丧失新颖性的宽限期）、第二十九条（优先权）、第四十二条（专利保护期限）、第六十八条（诉讼时效）规定的期限。因此，选项AD正确，选项BC错误。

【答案】AD

59.【2017年第22题】甲向国家知识产权局提出发明专利申请，要求保护一种智能手表，申请日为2016年7月18日，以下关于宽限期的说法正确的是？
A. 乙于2016年5月1日未经申请人甲的同意泄露其专利申请的内容，申请人甲于2016年7月28日得知此事，其应当在2016年10月28日之前提出要求不丧失新颖性宽限期的声明，并附具证明材料
B. 甲于2016年1月1日在第×届全国电子学术会议上首次发表了该智能手表的技术方案，并于2016年2月1日在广交会上公开展出了其智能手表，则该申请仍可以享有宽限期
C. 甲于2016年2月1日在第×届全国电子学术会议上首次发表了该智能手表的技术方案，乙独立做出了同样的智能手表，并在2016年3月1日提出了专利申请，但由于甲提出宽限期声明，甲仍可以取得专利权
D. 甲于2016年2月1日在第×届全国电子学术会议上首次发表了该智能手表的技术方案，乙独立做出了同样的智能手表，并在2016年3月1日提出专利申请，但2016年2月1日智能手表技术方案的公开破坏了乙的申请的新颖性，乙的申请不能被授予专利权

【考点】宽限期

【分析】根据专利法第二十四条的规定，申请专利的发明创造在申请日以前六个月内，有下列情形之一的，不丧失新颖性：（一）在中国政府主办或者承认的国际展览会上首次展出的；（二）在规定的学术会议或者技术会议上首次发表的；（三）他人未经申请人同意而泄露其内容的。根据《专利审查指南2010》第一部分第一章第6.3.3节的规定，申请专利的发明创造在申请日以前六个月内他人未经申请人同意而泄露了其内容，若申请人在申请日前已获知，应当在提出专利申请时在请求书中声明，并在自申请日起两个月内提交证明材料。若申请人在申请日以后得知的，应当在得知情况后两个月内提出要求不丧失新颖性宽限期的声明，并附具证明材料。本题选项A中，申请人甲于2016年7月28日（申请日2016年7月18日之后）得知此事，其应当在2016年9月28日之前提出要求不丧失新颖性宽限期的声明，并附具证明材料，而选项A中2016年10月28日在2016年9月28日之后，即超过了2个月，因此，选项A错误。

根据《专利审查指南2010》第二部分第三章第5节的规定，发生专利法第二十四条规定的任何一种情形之日起六个月内，申请人提出申请之前，发明创造再次被公开的，只要公开不属于上述三种情况，则该申请将由于此在后公开而丧失新颖性。再次公开属于上述三种情况的，该申请不会因此而丧失新颖性，但是，宽限期自发

明创造的第一次公开之日起计算。本题选项B中，从技术方案第一次公开日2016年1月1日到申请日2016年7月18日已经超过了6个月，则该申请不可以享有宽限期，因此，选项B错误。

根据《专利审查指南2010》第二部分第三章第5节的规定，宽限期和优先权的效力是不同的。它仅仅是把申请人（包括发明人）的某些公开，或者第三人从申请人或发明人那里以合法手段或者不合法手段得来的发明创造的某些公开，认为是不损害该专利申请新颖性和创造性的公开。实际上，发明创造公开以后已经成为现有技术，只是这种公开在一定期限内对申请人的专利申请来说不视为影响其新颖性和创造性的现有技术，并不是把发明创造的公开日看作是专利申请的申请日。所以，从公开之日至提出申请的期间，如果第三人独立地作出了同样的发明创造，而且在申请人提出专利申请以前提出了专利申请，那么根据先申请原则，申请人就不能取得专利权。当然，由于申请人（包括发明人）的公开，使发明创造成为现有技术，故第三人的申请没有新颖性，也不能取得专利权。本题选项CD中，甲的发明专利申请虽然可以享有宽限期，但由于乙在2016年3月1日（在2016年7月18日之前）提出了专利申请，破坏了甲的发明专利申请的新颖性，甲不会取得专利权，同时，2016年2月1日智能手表技术方案的公开也破坏了乙的申请的新颖性，因此，选项C错误，选项D正确。

【答案】D

60.【2017年第43题】以下哪些情况可以请求恢复权利？
A. 未在期限内答复补正通知书而造成视为撤回的
B. 未在期限内提交不丧失新颖性宽限期的证明文件而造成视为未要求不丧失新颖性宽限期的
C. 分案申请的原申请要求了优先权，而分案申请在提出时未填写优先权声明的
D. 作为本国优先权的在先申请已经被视为撤回的

【考点】请求恢复权利

【分析】根据专利法实施细则第六条第一款、第二款的规定，当事人因不可抗拒的事由而延误专利法或者本细则规定的期限或者国务院专利行政部门指定的期限，导致其权利丧失的，自障碍消除之日起2个月内，最迟自期限届满之日起2年内，可以向国务院专利行政部门请求恢复权利。除前款规定的情形外，当事人因其他正当理由延误专利法或者本细则规定的期限或者国务院专利行政部门指定的期限，导致其权利丧失的，可以自收到国务院专利行政部门的通知之日起2个月内向国务院专利行政部门请求恢复权利。专利法实施细则第六条第五款规定，本条第一款和第二款的规定不适用专利法第二十四条（不丧失新颖性的宽限期）、第二十九条（要求优先权期限）、第四十二条（专利权期限）、第六十八条（诉讼时效）规定的期限。本题中，选项A延误了审查员指定的答复补正通知书的期限，因此，选项A正确。选项B延误了专利法实施细则第三十条第三款规定的申请人提交证明文件的期限（2个月），而不是专利法第二十四条规定的宽限期（6个月），因此，选项B正确。

根据《专利审查指南2010》第一部分第一章第6.2.5节的规定，视为未要求优先权并属于下列情形之一的，申请人可以根据专利法实施细则第六条的规定请求恢复要求优先权的权利：其中，（4）分案申请的原申请要求了优先权。……除以上情形外，其他原因造成视为未要求优先权的，不予恢复。例如，由于提出专利申请时未在请求书中提出声明而视为未要求优先权的，不予恢复要求优先权的权利。因此，选项C正确。需要注意的是，专利法实施细则第六条第一款和第二款的规定不适用专利法第二十九条（要求优先权期限）是指：申请人没有在规定期限（自优先权日起6或12个月）内提出专利申请时，不得请求恢复要求优先权的权利。

根据《专利审查指南2010》第一部分第一章第6.2.2.5节的规定，申请人要求本国优先权的，其在先申请自在后申请提出之日起即视为撤回。申请人要求本国优先权，经初步审查认为符合规定的，审查员应当对在先申请发出视为撤回通知书。申请人要求两项以上本国优先权，经初步审查认为符合规定的，审查员应当针对相应的在先申请，发出视为撤回通知书。被视为撤回的在先申请不得请求恢复。因此，选项D错误。

【答案】ABC

61.【2016年第39题】甲、乙分别独立研发出了技术方案A。甲于2010年6月1日在中国政府主办的一个国际展览会上首次展出了技术A，并于2010年11月1日向国家知识产权局递交了关于技术方案A的发明专利申请X，同时声明要求享有不丧失新颖性宽限期，并按期提交了相关证明文件。乙于2010年8月2日递交了关于技术方案A的发明专利申请Y，并于2010年10月10日公开发表了详细介绍技术方案A的论文。以下说法哪些是正确的？
A. 甲的专利申请X享受6个月的宽限期，因此甲的展出行为及乙发表的论文均不影响该申请X的新颖性

B. 甲在展览会上的展出行为不影响专利申请 X 的新颖性，但影响申请 Y 的新颖性

C. 乙独立完成发明并且在甲之前提出了专利申请，因此乙的申请具备新颖性

D. 甲和乙的专利申请都不具备新颖性

【考点】 宽限期　新颖性

【分析】 根据专利法第二十二条第二款的规定，新颖性，是指该发明或者实用新型不属于现有技术；也没有任何单位或者个人就同样的发明或者实用新型在申请日以前向国务院专利行政部门提出过申请，并记载在申请日以后公布的专利申请文件或者公告的专利文件中。根据专利法第二十四条规定，申请专利的发明创造在申请日以前六个月内，有下列情形之一的，不丧失新颖性：（一）在中国政府主办或者承认的国际展览会上首次展出的；（二）在规定的学术会议或者技术会议上首次发表的；（三）他人未经申请人同意而泄露其内容的。

根据《专利审查指南 2010》第二部分第三章第 5 节的规定，宽限期与优先权的效力是不同的。它仅仅是把申请人（包括发明人）的某些公开，或者第三人从申请人或发明人那里以合法手段或者不合法手段得来的发明创造的某些公开，认为是不损害该专利申请新颖性和创造性的公开。实际上，发明创造公开以后已经成为现有技术，只是这种公开在一定期限内对申请人的专利申请来说不视为影响其新颖性和创造性的现有技术，并不是把发明创造的公开日看作是专利申请的申请日。所以，从公开之日至提出申请的期间，如果第三人独立地作出了同样的发明创造，而且在申请人提出专利申请以前提出了专利申请，那么根据先申请原则，申请人就不能取得专利权。当然，由于申请人（包括发明人）的公开，使该发明创造成为现有技术，故第三人的申请没有新颖性，也不能取得专利权。

本题中，由于宽限期仅是针对甲的专利申请 X 而言，即在宽限期内该公开的技术不视为影响甲的专利申请 X 的新颖性和创造性的现有技术，且新颖性宽限期的存在并没有使甲的专利申请 X 的申请日改变，因此，甲的展出行为破坏乙专利申请 Y 的新颖性，而不破坏甲专利申请 X 的新颖性；乙的发表论文行为在甲的专利申请 X 的申请日之前，将破坏甲的专利申请 X 的新颖性，由此可知，选项 AC 错误，选项 BD 正确。

【答案】 BD

62.【2016 年第 56 题】根据专利法实施细则的规定，当事人因不可抗拒的事由延误规定期限并导致权利丧失的，可以在规定的期限内请求恢复权利。以下哪些期限不适用这一规定？

A. 优先权期限　　　　　　　　　　B. 缴纳年费的期限

C. 专利权的期限　　　　　　　　　D. 请求实质审查的期限

【考点】 请求恢复权利

【分析】 根据专利法实施细则第六条第一款的规定，当事人因不可抗拒的事由而延误专利法或者本细则规定的期限或者国务院专利行政部门指定的期限，导致其权利丧失的，自障碍消除之日起 2 个月内，最迟自期限届满之日起 2 年内，可以向国务院专利行政部门请求恢复权利。根据专利法实施细则第六条第五款的规定，本条第一款和第二款的规定不适用专利法第二十四条（不丧失新颖性的宽限期）、第二十九条（要求优先权期限）、第四十二条（专利权期限）、第六十八条（诉讼时效）规定的期限。因此，选项 AC 正确，选项 BD 错误。

【答案】 AC

63.【2015 年第 41 题】下列哪些情形一定会导致申请专利的发明创造丧失新颖性？

A. 该发明创造于申请日前 5 个月在我国政府主办的某国际展览会上首次公开展出

B. 该发明创造于申请日前 4 个月被独立作出同样发明创造的他人在科技部组织召开的科技会议上首次公开

C. 该发明创造于申请日前 7 个月被他人未经申请人同意发布在互联网上

D. 该发明创造于申请日前 2 个月在国务院有关主管部门主办的核心期刊上首次公开发表

【考点】 不丧失新颖性的宽限期

【分析】 根据专利法第二十四条的规定，申请专利的发明创造在申请日以前六个月内，有下列情形之一的，不丧失新颖性：（一）在中国政府主办或者承认的国际展览会上首次展出的；（二）在规定的学术会议或者技术会议上首次发表的；（三）他人未经申请人同意而泄露其内容的。

本题中，选项 A 中的展出是在申请日前 5 个月的行为，没有超出 6 个月的宽限期，如果该展出行为是申请人本人的行为，则在宽限期内不会导致申请专利的发明创造丧失新颖性，因此，选项 A 错误。选项 B 中在科技部组织召开的科技会议上的首次公开是他人的行为，一定会导致申请专利的发明创造丧失新颖性，因此，选项 B 正

确。选项C中他人的行为超出了6个月的宽限期，一定会导致申请专利的发明创造丧失新颖性，因此，选项C正确。选项D中在刊物上发表的行为不属于专利法第二十四条规定的三种行为之一，一定导致申请专利的发明创造丧失新颖性，因此，选项D正确。

【答案】BCD

64.【2015年第62题】因当事人延误了下列哪些期限而导致其权利丧失的，不能予以恢复？
A. 优先权期限
B. 不丧失新颖性的宽限期
C. 提出实质审查请求的期限
D. 提出复审请求的期限

【考点】权利恢复程序

【分析】根据专利法实施细则第六条的规定，当事人因不可抗拒的事由而延误专利法或者本细则规定的期限或者国务院专利行政部门指定的期限，导致其权利丧失的，自障碍消除之日起2个月内，最迟自期限届满之日起2年内，可以向国务院专利行政部门请求恢复权利。除前款规定的情形外，当事人因其他正当理由延误专利法或者本细则规定的期限或者国务院专利行政部门指定的期限，导致其权利丧失的，可以自收到国务院专利行政部门的通知之日起2个月内向国务院专利行政部门请求恢复权利。本条第一款和第二款的规定不适用专利法第二十四条（不丧失新颖性的宽限期）、第二十九条（优先权）、第四十二条（专利保护期限）、第六十八条（诉讼时效）规定的期限。因此，选项AB正确，选项CD错误。

【答案】AB

第二十五条【不授予专利权的主题】

对下列各项，不授予专利权：
（一）科学发现；
（二）智力活动的规则和方法；
（三）疾病的诊断和治疗方法；
（四）动物和植物品种；
（五）用原子核变换方法获得的物质；
（六）对平面印刷品的图案、色彩或者二者的结合作出的主要起标识作用的设计。
对前款第（四）项所列产品的生产方法，可以依照本法规定授予专利权。

一、本条含义

本条从反面规定授予专利权的条件，规定了六种不授予专利权的主题。

二、重点讲解

并非由人创造出来的任何东西都可以获得专利保护，就可以获得专利权的主题而言，被排除的有以下三种类型：第一种类型是一些主题本身就不属于专利法所说的发明创造的范畴，因而不能授予专利权，规定在专利法第二条以及本条第一款第（一）项、第（二）项；第二种类型是一些主题虽然属于发明创造的范畴，却出于某种原因或者政策考虑不宜给予保护或者不宜以专利方式给予保护，因而不能授予专利权，规定在本条第一款第（二）项至第（六）项；第三种类型是有关一些主题的实施会违反社会道德、妨害公共利益，授予专利权会对社会公众造成危害，因而不能授予专利权，规定在专利法第五条。

（一）科学发现

《专利审查指南2010》第二部分第一章第4.1节规定了科学发现。

1. 科学发现的定义

科学发现，是指对自然界中客观存在的物质、现象、变化过程及其特性和规律的揭示。这些被认识的物质、现象、过程、特性和规律不同于改造客观世界的技术方案。

2. 科学理论的定义

科学理论是对自然界认识的总结，是更为广义的发现。

3. 科学发现/科学理论与发明的区别

科学发现和科学理论都属于人们认识的延伸。这些被认识的物质、现象、过程、特性和规律不同于改造客观世界的技术方案，不是专利法意义上的发明创造，因此不能被授予专利权。例如，发现卤化银在光照下有感光特性，这种发现不能被授予专利权，但是根据这种发现制造出的感光胶片以及此感光胶片的制造方法则可以被授予专利权。又如，从自然界找到一种以前未知的以天然形态存在的物质，仅仅是一种发现，不能被授予专利权（关于首次从自然界分离或提取出来的物质的审查，适用本部分第十章第2.1节的规定）。

应当注意，发明和发现虽有本质不同，但两者关系密切。通常，很多发明是建立在发现的基础之上的，进而发明又促进了发现。发明与发现的这种密切关系在化学物质的"用途发明"上表现最为突出，当发现某种化学物质的特殊性质之后，利用这种性质的"用途发明"则应运而生。

4. 首次从自然界分离或提取出来的物质

《专利审查指南2010》第二部分第十章第2.1节规定了首次从自然界分离或提取出来的物质。

人们从自然界找到以天然形态存在的物质，仅仅是一种发现，属于专利法第二十五条第一款第（一）项规定的"科学发现"，不能被授予专利权。但是，如果是首次从自然界分离或提取出来的物质，其结构、形态或者其他物理化学参数是现有技术中不曾认识的，并能被确切地表征，且在产业上有利用价值，则该物质本身以及取得该物质的方法均可依法被授予专利权。

（二）智力活动的规则和方法

《专利审查指南2010》第二部分第一章第4.2节规定了智力活动的规则和方法。

1. 智力活动的定义

智力活动，是指人的思维运动，它源于人的思维，经过推理、分析和判断产生出抽象的结果，或者必须经过人的思维运动作为媒介，间接地作用于自然产生结果。

2. 智力活动的规则和方法

智力活动的规则和方法是指导人们进行思维、表述、判断和记忆的规则和方法。由于其没有采用技术手段或者利用自然规律，也未解决技术问题和产生技术效果，因而不构成技术方案。它既不符合专利法第二条第二款的规定，又不属于专利法第二十五条第一款第（二）项规定的情形。因此，指导人们进行这类活动的规则和方法不能被授予专利权。

3. 判断涉及智力活动的规则和方法的申请主题能否授予专利权的原则

在判断涉及智力活动的规则和方法的专利申请要求保护的主题是否属于可授予专利权的客体时，应当遵循以下原则：

（1）如果一项权利要求仅仅涉及智力活动的规则和方法，则不应当被授予专利权。如果一项权利要求，除其主题名称以外，对其进行限定的全部内容均为智力活动的规则和方法，则该权利要求实质上仅仅涉及智力活动的规则和方法，也不应当被授予专利权。

【例如】

审查专利申请的方法；

组织、生产、商业实施和经济等方面的管理方法及制度；

交通行车规则、时间调度表、比赛规则；

演绎、推理和运筹的方法；

图书分类规则、字典的编排方法、情报检索的方法、专利分类法；

日历的编排规则和方法；

仪器和设备的操作说明；

各种语言的语法、汉字编码方法；

计算机的语言及计算规则；

速算法或口诀；

数学理论和换算方法；

心理测验方法；

教学、授课、训练和驯兽的方法；

各种游戏、娱乐的规则和方法；

统计、会计和记账的方法；

乐谱、食谱、棋谱；

锻炼身体的方法；

疾病普查的方法和人口统计的方法；

信息表述方法；

计算机程序本身。

（2）除了上述（1）所描述的情形之外，如果一项权利要求在对其进行限定的全部内容中既包含智力活动的规则和方法的内容，又包含技术特征，则该权利要求就整体而言并不是一种智力活动的规则和方法，不应当依据专利法第二十五条排除其获得专利权的可能性。

【例如】涉及商业模式的权利要求，如果既包含商业规则和方法的内容，又包含技术特征，则不应当依据专利法第二十五条排除其获得专利权的可能性。

（三）疾病的诊断和治疗方法

《专利审查指南2010》第二部分第一章第4.3节规定了疾病的诊断和治疗方法。

疾病的诊断和治疗方法，是指以有生命的人体或者动物体为直接实施对象，进行识别、确定或消除病因或病灶的过程。

出于人道主义的考虑和社会伦理的原因，医生在诊断和治疗过程中应当有选择各种方法和条件的自由。另外，这类方法直接以有生命的人体或动物体为实施对象，无法在产业上利用，不属于专利法意义上的发明创造。因此疾病的诊断和治疗方法不能被授予专利权。

但是，用于实施疾病诊断和治疗方法的仪器或装置，以及在疾病诊断和治疗方法中使用的物质或材料属于可被授予专利权的客体。

1. 疾病诊断方法的定义

诊断方法，是指为识别、研究和确定有生命的人体或动物体病因或病灶状态的过程。

2. 属于诊断方法的判断规则

一项与疾病诊断有关的方法如果同时满足以下两个条件，则属于疾病的诊断方法，不能被授予专利权：

（1）以有生命的人体或动物体为对象；

（2）以获得疾病诊断结果或健康状况为直接目的。

如果一项发明从表述形式上看是以离体样品为对象的，但该发明是以获得同一主体疾病诊断结果或健康状况为直接目的，则该发明仍然不能被授予专利权。

如果请求专利保护的方法中包括了诊断步骤或者虽未包括诊断步骤但包括检测步骤，而根据现有技术中的医学知识和该专利申请公开的内容，只要知晓所说的诊断或检测信息，就能够直接获得疾病的诊断结果或健康状况，则该方法满足上述条件（2）。

以下方法是不能被授予专利权的例子：

血压测量法、诊脉法、足诊法、X光诊断法、超声诊断法、胃肠造影诊断法、内窥镜诊断法、同位素示踪影像诊断法、红外光无损诊断法、患病风险度评估方法、疾病治疗效果预测方法、基因筛查诊断法。

3. 不属于诊断方法的判断规则

以下几类方法是不属于诊断方法的例子：

（1）在已经死亡的人体或动物体上实施的病理解剖方法；

（2）直接目的不是获得诊断结果或健康状况，而只是从活的人体或动物体获取作为中间结果的信息的方法，或处理该信息（形体参数、生理参数或其他参数）的方法；

（3）直接目的不是获得诊断结果或健康状况，而只是对已经脱离人体或动物体的组织、体液或排泄物进行处理或检测以获取作为中间结果的信息的方法，或处理该信息的方法。

对上述第（2）项和第（3）项需要说明的是，只有当根据现有技术中的医学知识和该专利申请公开的内容从所获得的信息本身不能够直接得出疾病的诊断结果或健康状况时，这些信息才能被认为是中间结果。

4. 疾病治疗方法的定义

治疗方法，是指为使有生命的人体或者动物体恢复或获得健康或减少痛苦，进行阻断、缓解或者消除病因或病灶的过程。

治疗方法包括以治疗为目的或者具有治疗性质的各种方法。预防疾病或者免疫的方法视为治疗方法。

对于既可能包含治疗目的，又可能包含非治疗目的的方法，应当明确说明该方法用于非治疗目的，否则不能被授予专利权。

5. 属于治疗方法的判断规则

以下几类方法是属于或者应当视为治疗方法的例子，不能被授予专利权。

（1）外科手术治疗方法、药物治疗方法、心理疗法。

（2）以治疗为目的的针灸、麻醉、推拿、按摩、刮痧、气功、催眠、药浴、空气浴、阳光浴、森林浴和护理方法。

（3）以治疗为目的利用电、磁、声、光、热等种类的辐射刺激或照射人体或者动物体的方法。

（4）以治疗为目的采用涂覆、冷冻、透热等方式的治疗方法。

（5）为预防疾病而实施的各种免疫方法。

（6）为实施外科手术治疗方法和/或药物治疗方法采用的辅助方法，例如返回同一主体的细胞、组织或器官的处理方法、血液透析方法、麻醉深度监控方法、药物内服方法、药物注射方法、药物外敷方法等。

（7）以治疗为目的的受孕、避孕、增加精子数量、体外受精、胚胎转移等方法。

（8）以治疗为目的的整容、肢体拉伸、减肥、增高方法。

（9）处置人体或动物体伤口的方法，例如伤口消毒方法、包扎方法。

（10）以治疗为目的的其他方法，例如人工呼吸方法、输氧方法。

需要指出的是，虽然使用药物治疗疾病的方法是不能被授予专利权的，但是，药物本身是可以被授予专利权的。有关物质的医药用途的专利申请的审查，适用本部分第十章第2.2节和第4.5.2节的规定。

6. 不属于治疗方法的判断规则

以下几类方法是不属于治疗方法的例子，不得依据专利法第二十五条第一款第（三）项拒绝授予其专利权。

（1）制造假肢或者假体的方法，以及为制造该假肢或者假体而实施的测量方法。例如一种制造假牙的方法，该方法包括在病人口腔中制作牙齿模具，而在体外制造假牙。虽然其最终目的是治疗，但是该方法本身的目的是制造出合适的假牙。

（2）通过非外科手术方式处置动物体以改变其生长特性的畜牧业生产方法。例如，通过对活羊施加一定的电磁刺激促进其增长、提高羊肉质量或增加羊毛产量的方法。

（3）动物屠宰方法。

（4）对于已经死亡的人体或动物体采取的处置方法。例如解剖、整理遗容、尸体防腐、制作标本的方法。

（5）单纯的美容方法，即不介入人体或不产生创伤的美容方法，包括在皮肤、毛发、指甲、牙齿外部可为人们所视的部位局部实施的、非治疗目的的身体除臭、保护、装饰或者修饰方法。

（6）为使处于非病态的人或者动物感觉舒适、愉快或者在诸如潜水、防毒等特殊情况下输送氧气、负氧离子、水分的方法。

（7）杀灭人体或者动物体外部（皮肤或毛发上，但不包括伤口和感染部位）的细菌、病毒、虱子、跳蚤的方法。

7. 外科手术方法的定义

外科手术方法，是指使用器械对有生命的人体或者动物体实施的剖开、切除、缝合、纹刺等创伤性或者介入性治疗或处置的方法，这种外科手术方法不能被授予专利权。但是，对于已经死亡的人体或者动物体实施的剖开、切除、缝合、纹刺等处置方法，只要该方法不违反专利法第五条第一款，则属于可被授予专利权的客体。

8. 以治疗为目的的外科手术方法

外科手术方法分为治疗目的和非治疗目的的外科手术方法。

以治疗为目的的外科手术方法，属于治疗方法，根据专利法第二十五条第一款第（三）项的规定不授予其专利权。

非治疗目的的外科手术方法的审查，适用本部分第五章第 3.2.4 节的规定。

（四）动物和植物品种

《专利审查指南 2010》第二部分第一章第 4.4 节规定了动物和植物品种。

动物和植物是有生命的物体。根据专利法第二十五条第一款第（四）项的规定，动物和植物品种不能被授予专利权。

1. 动物的定义

专利法所称的动物不包括人，所述动物是指不能自己合成，而只能靠摄取自然的碳水化合物及蛋白质来维系其生命的生物。

2. 植物的定义

专利法所称的植物，是指可以借助光合作用，以水、二氧化碳和无机盐等无机物合成碳水化合物、蛋白质来维系生存，并通常不发生移动的生物。

3. 植物新品种的法律保护方式

动物和植物品种可以通过专利法以外的其他法律法规保护，例如，植物新品种可以通过《植物新品种保护条例》给予保护。

4. 动物和植物品种的生产方法

根据专利法第二十五条第二款的规定，对动物和植物品种的生产方法，可以授予专利权。但这里所说的生产方法是指非生物学的方法，不包括生产动物和植物主要是生物学的方法。

5. 生物学方法、非生物学方法

一种方法是否属于"主要是生物学的方法"，取决于在该方法中人的技术介入程度。如果人的技术介入对该方法所要达到的目的或者效果起了主要的控制作用或者决定性作用，则这种方法不属于"主要是生物学的方法"。

6. 可授予专利权的动物和植物生产方法

采用辐照饲养法生产高产牛奶的乳牛的方法；改进饲养方法生产瘦肉型猪的方法等属于可被授予发明专利权的客体。

（五）原子核变换方法和用该方法获得的物质

《专利审查指南 2010》第二部分第一章第 4.5 节规定了原子核变换方法和用该方法获得的物质。

原子核变换方法以及用该方法所获得的物质关系到国家的经济、国防、科研和公共生活的重大利益，不宜为单位或私人垄断，因此不能被授予专利权。

1. 原子核变换方法的定义

原子核变换方法，是指使一个或几个原子核经分裂或者聚合，形成一个或几个新原子核的过程，例如：完成核聚变反应的磁镜阱法、封闭阱法以及实现核裂变的各种方法等，这些变换方法是不能被授予专利权的。

2. 用原子核变换方法所获得的物质

用原子核变换方法所获得的物质，主要是指用加速器、反应堆以及其他核反应装置生产、制造的各种放射性同位素，这些同位素不能被授予发明专利权。

但是这些同位素的用途以及使用的仪器、设备属于可被授予专利权的客体。

3. 可以授予专利权的原子核技术发明

为实现原子核变换而增加粒子能量的粒子加速方法（如电子行波加速法、电子驻波加速法、电子对撞法、电子环形加速法等），不属于原子核变换方法，而属于可被授予发明专利权的客体。

为实现核变换方法的各种设备、仪器及其零部件等，均属于可被授予专利权的客体。

（六）对平面印刷品的图案/色彩或者二者的结合作出的主要起标识作用的设计

《专利审查指南 2010》第一部分第三章第 6.2 节规定了对平面印刷品的图案/色彩或者二者的结合作出的主要起标识作用的设计的审查。

专利法第二十五条第一款第（六）项规定，对平面印刷品的图案、色彩或者二者的结合作出的主要起标识作用的设计，不授予专利权。根据专利法实施细则第四十四条第一款第（三）项的规定，在外观设计专利申请的初步审查中，应当对外观设计专利申请是否明显属于专利法第二十五条第一款第（六）项的情形进行审查。

如果一件外观设计专利申请同时满足下列三个条件，则认为所述申请属于专利法第二十五条第一款第（六）项规定的不授予专利权的情形：

（1）使用外观设计的产品属于平面印刷品；

（2）该外观设计是针对图案、色彩或者二者的结合而作出的；

（3）该外观设计主要起标识作用。

在依据上述规定对外观设计专利申请进行审查时，审查员首先根据申请的图片或者照片以及简要说明，审查使用外观设计的产品是否属于平面印刷品。其次，审查所述外观设计是否是针对图案、色彩或者二者的结合而作出的。由于不考虑形状要素，所以任何二维产品的外观设计均可认为是针对图案、色彩或者二者的结合而作出的。最后，审查所述外观设计对于所使用的产品来说是否主要起标识作用。主要起标识作用是指所述外观设计的主要用途在于使公众识别所涉及的产品、服务的来源等。

壁纸、纺织品不属于本条款规定的对象。

三、真题分析

65.【2019年第5题】甲公司发明了一种新的为实现原子核变换而增加粒子能量的粒子加速方法X。同时甲公司发明了一种设备Y，设备Y能以方法X对粒子加速来完成原子核变换。假设方法X和设备Y满足其他授予专利权的条件，下列说法正确的是？

A. 只有方法X能被授予专利权　　　　　　　B. 只有设备Y能被授予专利权

C. 方法X和设备Y都不能被授予专利权　　　D. 方法X和设备Y都能被授予专利权

【考点】不授予专利权的主题

【分析】根据《专利审查指南2010》第二部分第一章第4.5节的规定，为实现原子核变换而增加粒子能量的粒子加速方法（如电子行波加速法、电子驻波加速法、电子对撞法、电子环形加速法等），不属于原子核变换方法，而属于可被授予发明专利权的客体。为实现核变换方法的各种设备、仪器及其零部件等，均属于可被授予专利权的客体。因此，选项D正确。

【答案】D

66.【2018年第6题】下列选项属于不授予专利权的主题的是？

A. 一种快速检测人类尿液中尿蛋白含量的方法。

B. 一种利用辐照饲养法生产高产牛奶的乳牛的方法。

C. 一种为实现原子核变换而增加粒子能量的粒子加速装置。

D. 上述都属于不授予专利权的主题。

【考点】不授予专利权的主题

【分析】《专利审查指南2010》第二部分第一章第4.3.1.1节规定，一项与疾病诊断有关的方法如果同时满足以下两个条件，则属于疾病的诊断方法，不能被授予专利权：（1）以有生命的人体或动物体为对象；（2）以获得疾病诊断结果或健康状况为直接目的。如果一项发明从表述形式上看是以离体样品为对象的，但该发明是以获得同一主体疾病诊断结果或健康状况为直接目的，则该发明仍然不能被授予专利权。如果请求专利保护的方法中包括了诊断步骤或者虽未包括诊断步骤但包括检测步骤，而根据现有技术中的医学知识和该专利申请公开的内容，只要知晓所说的诊断或检测信息，就能够直接获得疾病的诊断结果或健康状况，则该方法满足上述条件（2）。本题选项A中检测尿蛋白含量的直接目的是获得人体诊断结果或健康状况，属于疾病的诊断方法，因此，选项A不属于授予专利权的主题。

《专利审查指南2010》第二部分第一章第4.4节规定，根据专利法第二十五条第二款的规定，对动物和植物品种的生产方法，可以授予专利权。但这里所说的生产方法是指非生物学的方法，不包括生产动物和植物主要是生物学的方法。一种方法是否属于"主要是生物学的方法"，取决于在该方法中人的技术介入程度。如果人的技术介入对该方法所要达到的目的或者效果起了主要的控制作用或者决定性作用，则这种方法不属于"主要是生物学的方法"。例如，采用辐照饲养法生产高产牛奶的乳牛的方法；改进饲养方法生产瘦肉型猪的方法等属于可被授予发明专利权的客体。本题选项B中"辐照饲养法"这一人的技术介入对该方法所要达到的目的起到决定性作用，属于非生物学的方法，因此，选项 B 属于授予专利权的主题。

《专利审查指南 2010》第二部分第一章第 4.5.1 节规定，为实现原子核变换而增加粒子能量的粒子加速方法（如电子行波加速法、电子驻波加速法、电子对撞法、电子环形加速法等），不属于原子核变换方法，而属于可被授予发明专利权的客体。为实现核变换方法的各种设备、仪器及其零部件等，均属于可被授予专利权的客体。因此，选项 C 属于授予专利权的主题。综上所述，选项 D 错误。

【答案】A

67.【2018 年第 38 题】下列选项哪些属于不授予专利权的主题：
A. 一种由稳频单频激光器发出的稳频单频激光，其特征在于所述稳频单频激光器具有激光管和稳频器。
B. 一种治疗妇科炎症的胶囊制剂的质量控制方法，其特征在于：质量控制方法由性状、鉴别、检查和含量测定组成，其中鉴别是对地毯、头花蓼、黄柏、五指毛桃和延胡索的鉴别，含量测定是用高效液相色谱法对胶囊制剂中没食子酸的含量测定。
C. 一种测定唾液中酒精含量的方法，该方法通过检测被测人唾液酒精含量，以反映出其血液中酒精含量。
D. 一种检测患者患癌症风险的方法，包括如下步骤：(i) 分离患者基因组样本；(ii) 检测是否存在或表达 SEQ ID NO：1 序列所包含的基因，其中存在或表达所述基因表明患者有患癌症的风险。

【考点】不授予专利权的主题

【分析】根据《专利审查指南 2010》第二部分第一章第 2 节的规定，气味或者诸如声、光、电、磁、波等信号或者能量也不属于专利法第二条第二款规定的客体。本题选项 A 请求保护的主题是激光本身，因此，选项 A 属于不授予专利权的主题。

根据《专利审查指南 2010》第二部分第一章第 4.2 节的规定，如果一项权利要求仅仅涉及智力活动的规则和方法，则不应当被授予专利权。如果一项权利要求，除其主题名称以外，对其进行限定的全部内容均为智力活动的规则和方法，则该权利要求实质上仅仅涉及智力活动的规则和方法，也不应当被授予专利权。本题选项 B 中，质量控制方法属于人为的规定，鉴别、含量测定都是根据产品的特点制定的，属于智力活动的方法。因此，选项 B 属于不授予专利权的主题。

根据《专利审查指南 2010》第二部分第一章第 4.3.1.2 节的规定，以下几类方法是不属于诊断方法的例子：其中（3）直接目的不是获得诊断结果或健康状况，而只是对已经脱离人体或动物体的组织、体液或排泄物进行处理或检测以获取作为中间结果的信息的方法，或处理该信息的方法。本题选项 C 中，检测唾液酒精含量的直接目的是检测血液中的酒精含量，而不是为了获得疾病的诊断结果。因此，选项 C 属于授予专利权的主题。

根据《专利审查指南 2010》第二部分第一章第 4.3.1.1 节的规定，一项与疾病诊断有关的方法如果同时满足以下两个条件，则属于疾病的诊断方法，不能被授予专利权：（1）以有生命的人体或动物体为对象；（2）以获得疾病诊断结果或健康状况为直接目的。以下方法是不能被授予专利权的例子：血压测量法、诊脉法、足诊法、X 光诊断法、超声诊断法、胃肠造影诊断法、内窥镜诊断法、同位素示踪影像诊断法、红外光无损诊断法、患病风险度评估方法、疾病治疗效果预测方法、基因筛查诊断法。本题选项 D 检测患者患癌症风险的方法的直接目的是获得样本主体患有癌症的风险度，即以获得健康状况为直接目的，属于疾病的诊断方法。因此，选项 D 属于不授予专利权的主题。

【答案】ABD

68.【2017 年第 74 题】钟某的下列有关肺病的预防与治疗方面研究成果中，哪些属于不授予专利权的申请？
A. 雾霾导致肺癌发生率明显上升的发现
B. 发明了一套促进肺气肿患者康复的理疗仪器
C. 发明了一种精确诊断早期肺癌的方法
D. 发明了一种治疗肺结核的中成药

【考点】不能授予专利权的主题　治疗方法

【分析】根据《专利审查指南 2010》第二部分第一章第 4.1 节的规定，科学发现，是指对自然界中客观存在的物质、现象、变化过程及其特性和规律的揭示。科学理论是对自然界认识的总结，是更为广义的发现。它们都属于人们认识的延伸。这些被认识的物质、现象、过程、特性和规律不同于改造客观世界的技术方案，不是专利法意义上的发明创造，因此不能被授予专利权。因此，选项 A 正确。根据《专利审查指南 2010》第二部分第一章第 4.3 节的规定，用于实施疾病诊断和治疗方法的仪器或装置，以及在疾病诊断和治疗方法中使用的物质或材料属于可被授予专利权的客体。因此，选项 B 错误。

根据《专利审查指南2010》第二部分第一章第4.3.1.1节的规定，一项与疾病诊断有关的方法如果同时满足以下两个条件，则属于疾病的诊断方法，不能被授予专利权：（1）以有生命的人体或动物体为对象；（2）以获得疾病诊断结果或健康状况为直接目的。因此，选项C正确。根据《专利审查指南2010》第二部分第一章第4.3.2.1节的规定，虽然使用药物治疗疾病的方法是不能被授予专利权的，但是，药物本身是可以被授予专利权的。因此，选项D错误。

【答案】AC

69.【2017年第85题】以下涉及计算机程序的发明专利的权利要求，哪些是专利法第二十五条规定的不授予专利权的情形？

A. 一种机器识别算法本身
B. 一种用源代码限定的计算机程序
C. 一种U盘，其上存储有计算机程序，其特征在于，该程序被处理器执行时实现数据获取和数据处理的步骤
D. 一种狼人杀的游戏规则

【考点】不能授予专利权的主题

【分析】根据《专利审查指南2010》第二部分第九章第2节的规定：（1）如果一项权利要求仅仅涉及一种算法或数学计算规则，或者计算机程序本身或仅仅记录在载体（如磁带、磁盘、光盘、磁光盘、ROM、PROM、VCD、DVD或者其他的计算机可读介质）上的计算机程序本身，或者游戏的规则和方法等，则该权利要求属于智力活动的规则和方法，不属于专利保护的客体。如果一项权利要求除其主题名称之外，对其进行限定的全部内容仅仅涉及一种算法或者数学计算规则，或者程序本身，或者游戏的规则和方法等，则该权利要求实质上仅仅涉及智力活动的规则和方法，不属于专利保护的客体。本题中，选项A仅仅涉及算法本身，选项D仅仅涉及游戏规则，因此，选项AD正确。

根据《专利审查指南2010》第二部分第九章第1节的规定，计算机程序本身是指为了能够得到某种结果而可以由计算机等具有信息处理能力的装置执行的代码化指令序列，或者可被自动转换成代码化指令序列的符号化指令序列或符号化语句序列。计算机程序本身包括源程序和目标程序。本题选项B属于计算机程序本身，而选项C采用计算机流程步骤限定计算机可读存储介质（U盘），不属于计算机程序本身，因此，选项B正确，选项C错误。

【答案】ABD

70.【2016年第37题】外科医生张某发明了一种用于清洗伤口的药水，按照其独特的方法涂抹该药水可促进伤口的愈合，下列说法哪些是正确的？

A. 该药水以及该药水的制备方法均属于可授予专利权的主题
B. 该药水以及使用该药水促进伤口愈合的方法都属于可授予专利权的主题
C. 该药水以及使用该药水促进伤口愈合的方法都不属于可授予专利权的主题
D. 该药水属于可授予专利权的主题，使用该药水促进伤口愈合的方法不属于可授予专利权的主题

【考点】不能授予专利权的主题 治疗方法

【分析】根据《专利审查指南2010》第二部分第一章第4.3.2.1节的规定，以下几类方法是属于或者应当视为治疗方法的例子，不能被授予专利权：（9）处置人体或动物体伤口的方法，如伤口消毒方法、包扎方法。本题中，该药水促进伤口愈合的方法不能授予专利权，但是，该药水本身及其制造方案可以被授予专利权，因此，选项AD正确，选项BC错误。

【答案】AD

71.【2015年第4题】下列哪个属于可以授予专利权的主题？

A. 伪造人民币的设备
B. 快速记忆德语动词规则的方法
C. 促进种子发芽的红外光
D. 原子核裂变的反应器

【考点】可以授予专利权的主题

【分析】根据《专利审查指南2010》第二部分第一章第3.1.1节的规定，发明创造与法律相违背的，不能被授予专利权。例如，伪造国家货币、票据、公文、证件、印章、文物的设备等都属于违反法律的发明创造，不能被授予专利权。因此，选项A错误。根据专利法第二十五条的规定，智力活动的规则和方法不授予专利权，因

此，选项 B 错误。

根据《专利审查指南 2010》第二部分第一章第 2 节的规定，气味或者诸如声、光、电、磁、波等信号或者能量也不属于专利法第二条第二款规定的客体。因此，选项 C 错误。根据《专利审查指南 2010》第二部分第一章第 4.5 节的规定，为实现核变换方法的各种设备、仪器及其零部件等，均属于可被授予专利权的客体。因此，选项 D 正确。

【答案】 D

第三章 专利的申请

引　　言

本章内容涉及申请专利应当提交的文件以及有关要求。

一项发明创造完成后，并不能自然地获得专利权。要想获得专利权，必须向国家知识产权局提出申请，经国家知识产权局审查后认为符合规定的，才能被授予专利权。

本章首先确定了对专利申请的基本要求，包括申请文件的种类及其内容、申请日的确定、优先权（包括外国优先权和本国优先权）的要求、专利申请的单一性及合案申请、申请的撤回和申请的修改。

本法和实施细则对专利申请的要求涉及四个方面：

一是关于专利申请文件的实质性要求，这是指申请文件中记载的信息。

二是关于申请文件的形式性要求，这是指文件中记载的信息如何表达的问题。

三是关于要求优先权的问题。

四是关于缴纳与申请有关的各种费用的问题。

只有有了专利申请，才会被授予专利权；只有有了专利权，才谈得上行使专利权以及获得保护；只有有了对专利权的保护，才能实现专利法的立法宗旨。由此可见，提出专利申请是应用专利制度的最初环节。

2015～2019 年专利法律知识真题在本章的分布统计如下：

法条	2015 年	2016 年	2017 年	2018 年	2019 年	合计
A26	11	15	12	7	12	57
A27	2	2	4	1	2	11
A28	2	1	1	0	0	4
A29	1	2	0	1	2	6
A30	2	0	1	0	2	5
A31	4	3	1	0	2	10
A32	0	0	0	1	0	1
A33	3	3	3	4	2	15
总计	25	26	22	14	22	109

第二十六条【发明和实用新型专利的申请文件】

申请发明或者实用新型专利的，应当提交请求书、说明书及其摘要和权利要求书等文件。

请求书应当写明发明或者实用新型的名称，发明人的姓名，申请人姓名或者名称、地址，以及其他事项。

说明书应当对发明或者实用新型作出清楚、完整的说明，以所属技术领域的技术人员能够实现为准；必要的

时候，应当有附图。摘要应当简要说明发明或者实用新型的技术要点。

权利要求书应当以说明书为依据，清楚、简要地限定要求专利保护的范围。

依赖遗传资源完成的发明创造，申请人应当在专利申请文件中说明该遗传资源的直接来源和原始来源；申请人无法说明原始来源的，应当陈述理由。

一、本条含义

本条规定发明和实用新型专利申请文件的组成部分以及对申请文件各组成部分的基本要求。

申请发明和实用新型专利应当提交的申请文件包括请求书、说明书、说明书摘要、权利要求书。由于附图是说明书的一部分，而且并非所有的发明专利申请都必须有附图（但是实用新型专利申请必须有附图），所以本条第一款没有将附图作为申请文件的一个单独组成部分列出。

二、重点讲解

（一）请求书

1. 发明和实用新型专利申请请求书的法律效力

请求书，是申请人向国家知识产权局表示请求授予专利权的愿望的文件。在我国，请求书是国家知识产权局设计的统一表格，申请人需要根据其希望获得的专利权类型，按照规定填写"发明专利请求书"或者"实用新型专利请求书"表格。

2. 请求书应当包含的主要内容及其应当满足的要求

本条第二款列举了发明和实用新型专利申请的请求书中应当写明主要事项，即（1）发明或者实用新型的名称（是什么）；（2）发明人的姓名（谁发明）；（3）申请人姓名或者名称、地址（谁申请）；（4）其他事项。

专利法实施细则第十六条统一规定了三种专利申请的请求书应当写明的事项。

发明、实用新型或者外观设计专利申请的请求书应当写明下列事项：

（一）发明、实用新型或者外观设计的名称；

（二）申请人是中国单位或者个人的，其名称或者姓名、地址、邮政编码、组织机构代码或者居民身份证件号码；申请人是外国人、外国企业或者外国其他组织的，其姓名或者名称、国籍或者注册的国家或者地区；

（三）发明人或者设计人的姓名；

（四）申请人委托专利代理机构的，受托机构的名称、机构代码以及该机构指定的专利代理人的姓名、执业证号码、联系电话；

（五）要求优先权的，申请人第一次提出专利申请（以下简称在先申请）的申请日、申请号以及原受理机构的名称；

（六）申请人或者专利代理机构的签字或者盖章；

（七）申请文件清单；

（八）附加文件清单；

（九）其他需要写明的有关事项。

《专利审查指南2010》第一部分第一章第4.1节规定了请求书的内容要求。

（1）发明名称。请求书中的发明名称和说明书中的发明名称应当一致。发明名称应当简短、准确地表明发明专利申请要求保护的主题和类型。发明名称中不得含有非技术词语，例如人名、单位名称、商标、代号、型号等；也不得含有含糊的词语，例如"及其他"、"及其类似物"等；也不得仅使用笼统的词语，致使未给出任何发明信息，例如仅用"方法"、"装置"、"组合物"、"化合物"等词作为发明名称。

发明名称一般不得超过25个字，在特殊情况下，例如，化学领域的某些发明，可以允许最多到40个字。

字数要求小结如下：

规定	内　容	字数
R23.2	摘要文字部分（包括标点符号）不超过300个字。	≤300个
《专利审查指南2010》第1部分第一章第4.1.1节	发明名称一般不得超过25个字，特殊情况下，例如，化学领域的某些发明，可以允许最多到40个字。	≤40个
《专利审查指南2010》第1部分第三章第4.1.1节	使用外观设计的产品名称一般不得超过20个字。	≤20个

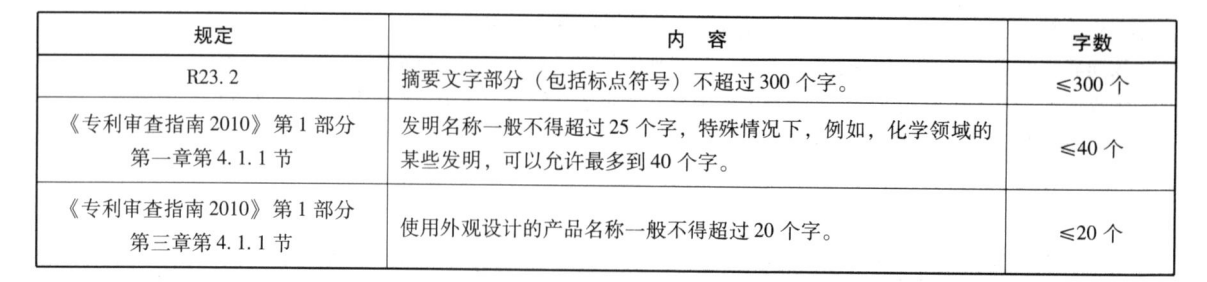

（2）发明人。专利法实施细则第十三条规定，发明人是指对发明创造的实质性特点作出创造性贡献的人。在专利局的审查程序中，审查员对请求书中填写的发明人是否符合该规定不作审查。

发明人应当是个人，请求书中不得填写单位或者集体，例如不得写成"××课题组"等。发明人应当使用本人真实姓名，不得使用笔名或者其他非正式的姓名。多个发明人的，应当自左向右顺序填写。不符合规定的，审查员应当发出补正通知书。申请人改正请求书中所填写的发明人姓名的，应当提交补正书、当事人的声明及相应的证明文件。

发明人可以请求专利局不公布其姓名。提出专利申请时请求不公布发明人姓名的，应当在请求书"发明人"一栏所填写的相应发明人后面注明"（不公布姓名）"。不公布姓名的请求提出之后，经审查认为符合规定的，专利局在专利公报、专利申请单行本、专利单行本以及专利证书中均不公布其姓名，并在相应位置注明"请求不公布姓名"字样，发明人也不得再请求重新公布其姓名。提出专利申请后请求不公布发明人姓名的，应当提交由发明人签字或者盖章的书面声明，但是专利申请进入公布准备后才提出该请求的，视为未提出请求，审查员应当发出视为未提出通知书。外国发明人中文译名中可以使用外文缩写字母，姓和名之间用圆点分开，圆点置于中间位置，例如 M·琼斯。

（3）申请人。

第一，申请人是本国人。职务发明，申请专利的权利属于单位；非职务发明，申请专利的权利属于发明人。

在专利局的审查程序中，审查员对请求书中填写的申请人一般情况下不作资格审查。申请人是个人的，可以推定该发明为非职务发明，该个人有权提出专利申请，除非根据专利申请的内容判断申请人的资格明显有疑义的，才需要通知申请人提供所在单位出具的非职务发明证明。申请人是单位的，可以推定该发明是职务发明，该单位有权提出专利申请，除非该单位的申请人资格明显有疑义的，例如填写的单位是××大学科研处或者××研究所××课题组，才需要发出补正通知书，通知申请人提供能表明其具有申请人资格的证明文件。

申请人声明自己具有资格并提交证明文件的，可视为申请人具备资格。上级主管部门出具的证明、加盖本单位公章的法人证书或者有效营业执照的复印件，均视为有效的证明文件。填写的申请人不具备申请人资格，需要更换申请人的，应当由更换后的申请人办理补正手续，提交补正书及更换前、后申请人签字或者盖章的更换申请人声明。

申请人是中国单位或者个人的，应当填写其名称或者姓名、地址、邮政编码、组织机构代码或者居民身份证件号码。申请人是个人的，应当使用本人真实姓名，不得使用笔名或者其他非正式的姓名。申请人是单位的，应当使用正式全称，不得使用缩写或者简称。请求书中填写的单位名称应当与所使用的公章上的单位名称一致。不符合规定的，审查员应当发出补正通知书。申请人改正请求书中所填写的姓名或者名称的，应当提交补正书、当事人的声明及相应的证明文件。

第二，申请人是外国人、外国企业或者外国其他组织。专利法第十八条规定：在中国没有经常居所或者营业所的外国人、外国企业或者外国其他组织在中国申请专利的，依照其所属国同中国签订的协议或者共同参加的国际条约，或者依照互惠原则，根据本法办理。

申请人是外国人、外国企业或者外国其他组织的，应当填写其姓名或者名称、国籍或者注册的国家或者地区。审查员认为请求书中填写的申请人的国籍、注册地有疑义时，可以根据专利法实施细则第三十三条第（一）项或者第（二）项的规定，通知申请人提供国籍证明或注册的国家或者地区的证明文件。申请人在请求书中表明在中国有营业所的，审查员应当要求申请人提供当地工商行政管理部门出具的证明文件。申请人在请求书中表明在中国有经常居所的，审查员应当要求申请人提交公安部门出具的可在中国居住一年以上的证明文件。

在确认申请人是在中国没有经常居所或者营业所的外国人、外国企业或者外国其他组织后，应当审查请求书中填写的申请人国籍、注册地是否符合下列三个条件之一：

① 申请人所属国同我国签订有相互给予对方国民以专利保护的协议；
② 申请人所属国是保护工业产权巴黎公约（以下简称巴黎公约）成员国或者世界贸易组织成员；
③ 申请人所属国依互惠原则给外国人以专利保护。

审查员应当从申请人所属国（申请人是个人的，以国籍或者经常居所来确定；申请人是企业或者其他组织的，以注册地来确定）是否是巴黎公约成员国或者世界贸易组织成员开始审查，一般不必审查该国是否与我国签订有互相给予对方国民以专利保护的协议，因为与我国已签订上述协议的所有国家都是巴黎公约成员国或者世界贸易组织成员。只有申请人所属国不是巴黎公约成员国或者世界贸易组织成员时，才需审查该国法律中是否订有依互惠原则给外国人以专利保护的条款。申请人所属国法律中没有明文规定依互惠原则给外国人以专利保护的条款的，审查员应当要求申请人提交其所属国承认中国公民和单位可以按照该国国民的同等条件，在该国享有专利权和其他有关权利的证明文件。申请人不能提供证明文件的，根据专利法实施细则第四十四条的规定，以不符合专利法第十八条为理由，驳回该专利申请。

对于来自某巴黎公约成员国领地或者属地的申请人，应当审查该国是否声明巴黎公约适用于该地区。

申请人是个人的，其中文译名中可以使用外文缩写字母，姓和名之间用圆点分开，圆点置于中间位置，例如M·琼斯。姓名中不应当含有学位、职务等称号，例如××博士、××教授等。申请人是企业或者其他组织的，其名称应当使用中文正式译文的全称。对于申请人所属国法律规定具有独立法人地位的某些称谓允许使用。

第三，本国申请人与外国申请人共同申请。本国申请人与外国申请人共同申请专利的，本国申请人适用本章第4.1.3.1节申请人是本国人的规定，外国申请人适用本章第4.1.3.2节申请人是外国人、外国企业或者外国其他组织的规定。

（4）联系人。申请人是单位且未委托专利代理机构的，应当填写联系人，联系人是代替该单位接收专利局所发信函的收件人。联系人应当是本单位的工作人员，必要时审查员可以要求申请人出具证明。申请人为个人且需由他人代收专利局所发信函的，也可以填写联系人。联系人只能填写一人。填写联系人的，还需要同时填写联系人的通信地址、邮政编码和电话号码。

（5）代表人。申请人有两人以上且未委托专利代理机构的，除本指南另有规定或请求书中另有声明外，以第一署名申请人为代表人。请求书中另有声明的，所声明的代表人应当是申请人之一。除直接涉及共有权利的手续外，代表人可以代表全体申请人办理在专利局的其他手续。直接涉及共有权利的手续包括：提出专利申请，委托专利代理，转让专利申请权、优先权或者专利权，撤回专利申请，撤回优先权要求，放弃专利权等。直接涉及共有权利的手续应当由全体权利人签字或者盖章。

（6）专利代理机构、专利代理人。专利代理机构应当依照专利代理条例的规定经国家知识产权局批准成立。

专利代理机构的名称应当使用其在国家知识产权局登记的全称，并且要与加盖在申请文件中的专利代理机构公章上的名称一致，不得使用简称或者缩写。请求书中还应当填写国家知识产权局给予该专利代理机构的机构代码。

专利代理人，是指获得专利代理人资格证书、在合法的专利代理机构执业，并且在国家知识产权局办理了专利代理人执业证的人员。在请求书中，专利代理人应当使用其真实姓名，同时填写专利代理人执业证号码和联系电话。一件专利申请的专利代理人不得超过两人。

（7）地址。请求书中的地址（包括申请人、专利代理机构、联系人的地址）应当符合邮件能够迅速、准确投递的要求。本国的地址应当包括所在地区的邮政编码，以及省（自治区）、市（自治州）、区、街道门牌号码和电话号码，或者省（自治区）、县（自治县）、镇（乡）、街道门牌号码和电话号码，或者直辖市、区、街道门牌号码和电话号码。有邮政信箱的，可以按照规定使用邮政信箱。地址中可以包含单位名称，但单位名称不得代替地址，例如不得仅填写××省××大学。外国的地址应当注明国别、市（县、州），并附具外文详细地址。

3. 应当随同请求书提交的各类证明文件及其主要内容

《专利审查指南2010》第五部分第一章第6节规定了证明文件。

专利申请审批程序中常用的证明文件有非职务发明证明、国籍证明、经常居所证明、注册地或经常营业所所在地证明、申请人资格证明、优先权证明（在先申请文件副本）、优先权转让证明、生物材料样品保藏证明、申请人（或专利权人）名称变更或者权利转移证明、文件寄发日期证明等。

各种证明文件应当由有关主管部门出具或者由当事人签署。各种证明文件应当提供原件；证明文件是复印件的，应当经公证或者由主管部门加盖公章予以确认（原件在专利局备案确认的除外）。

（二）权利要求书

1. 权利要求书

（1）权利要求书的法律效力。专利法第五十九条第一款规定，"发明或者实用新型专利权的保护范围以其权利要求的内容为准"，表明权利要求书的作用是确定专利申请和专利权的保护范围，一方面，申请人在申请发明或者实用新型专利时应当提交权利要求书，以表明申请人希望获得多大范围的法律保护；另一方面，在专利申请被授予专利权之后，专利文件的权利要求书是确定该专利权保护范围的依据。

（2）权利要求的类型。按照发明或者实用新型保护对象性质的不同，可以将权利要求划分为产品（设备）权利要求和方法（用途）权利要求。另外，从撰写形式上划分，权利要求还可以划分为独立权利要求和从属权利要求两种类型，对权利要求进行形式上的划分，目的在于构建一个多层次的专利保护体系，防护在具有可授权内容的情况下，发明或者实用新型专利权不能得到有效保护或者被全部宣告无效。

《专利审查指南2010》第二部分第二章第3.1.1节根据保护对象性质的不同，规定了权利要求的类型。

按照性质划分，权利要求有两种基本类型，即物的权利要求和活动的权利要求，或者简单地称为产品权利要求和方法权利要求。第一种基本类型的权利要求包括人类技术生产的物（产品、设备）；第二种基本类型的权利要求包括有时间过程要素的活动（方法、用途）。属于物的权利要求有物品、物质、材料、工具、装置、设备等权利要求；属于活动的权利要求有制造方法、使用方法、通信方法、处理方法以及将产品用于特定用途的方法等权利要求。

在类型上区分权利要求的目的是为了确定权利要求的保护范围。通常情况下，在确定权利要求的保护范围时，权利要求中的所有特征均应当予以考虑，而每一个特征的实际限定作用应当最终体现在该权利要求所要求保护的主题上。例如，当产品权利要求中的一个或多个技术特征无法用结构特征并且也不能用参数特征予以清楚地表征时，允许借助于方法特征表征。但是，方法特征表征的产品权利要求的保护主题仍然是产品，其实际的限定作用取决于对所要求保护的产品本身带来何种影响。

对于主题名称中含有用途限定的产品权利要求，其中的用途限定在确定该产品权利要求的保护范围时应当予以考虑，但其实际的限定作用取决于对所要求保护的产品本身带来何种影响。例如，主题名称为"用于钢水浇铸的模具"的权利要求，其中"用于钢水浇铸"的用途对主题"模具"具有限定作用；对于"一种用于冰块成型的塑料模盒"，因其熔点远低于"用于钢水浇铸的模具"的熔点，不可能用于钢水浇铸，故不在上述权利要求的保护范围内。然而，如果"用于……"的限定对所要求保护的产品或设备本身没有带来影响，只是对产品或设备的用途或使用方式的描述，则其对产品或设备例如是否具有新颖性、创造性的判断不起作用。例如，"用于……的化合物X"，如果其中"用于……"对化合物X本身没有带来任何影响，则在判断该化合物X是否具有新颖性、创造性时，其中的用途限定不起作用。

需要注意的是，权利要求的类型是根据其主题名称来确定的，而不是根据权利要求中记载的技术特征的性质来确定。要求权利要求的类型明确，并不意味着产品权利要求的技术特征都必须是关于产品结构的技术特征。方法权利要求的技术特征都必须是关于方法步骤的技术特征。许多方法权利要求中都包括关于实施方法所采用的物质、材料、工具、设备的技术特征。在某些情况下，也允许使用方法特征来限定一种产品。

《专利审查指南2010》第二部分第二章第3.1.2节根据撰写形式的不同，规定了独立权利要求和从属权利要求。

独立权利要求应当从整体上反映发明或者实用新型的技术方案，记载解决技术问题的必要技术特征。

必要技术特征是指，发明或者实用新型为解决其技术问题所不可缺少的技术特征，其总和足以构成发明或者实用新型的技术方案，使之区别于背景技术中所述的其他技术方案。

判断某一技术特征是否为必要技术特征，应当从所要解决的技术问题出发并考虑说明书描述的整体内容，不应简单地将实施例中的技术特征直接认定为必要技术特征。

在一件专利申请的权利要求书中，独立权利要求所限定的一项发明或者实用新型的保护范围最宽。

如果一项权利要求包含了另一项同类型权利要求中的所有技术特征，且对该另一项权利要求的技术方案作了进一步的限定，则该权利要求为从属权利要求。由于从属权利要求用附加的技术特征对所引用的权利要求作了进一步的限定，所以其保护范围落在其所引用的权利要求的保护范围之内。

从属权利要求中的附加技术特征，可以是对所引用的权利要求的技术特征作进一步限定的技术特征，也可以是增加的技术特征。

一件专利申请的权利要求书中，应当至少有一项独立权利要求。当有两项或者两项以上独立权利要求时，写在最前面的独立权利要求被称为第一独立权利要求，其他独立权利要求称为并列独立权利要求。审查员应当注意，有时并列独立权利要求也引用在前的独立权利要求，例如，"一种实施权利要求1的方法的装置，……"；"一种制造权利要求1的产品的方法，……"；"一种包含权利要求1的部件的设备，……"；"与权利要求1的插座相配合的插头，……"等。这种引用其他独立权利要求的权利要求是并列的独立权利要求，而不能被看作是从属权利要求。对于这种引用另一权利要求的独立权利要求，在确定其保护范围时，被引用的权利要求的特征均应予以考虑，而其实际的限定作用应当最终体现在对该独立权利要求的保护主题产生了何种影响。

在某些情况下，形式上的从属权利要求（其包含有从属权利要求的引用部分），实质上不一定是从属权利要求。例如，独立权利要求1为："包括特征X的机床"。在后的另一项权利要求为："根据权利要求1所述的机床，其特征在于用特征Y代替特征X"。在这种情况下，后一权利要求也是独立权利要求。审查员不得仅从撰写的形式上判定在后的权利要求为从属权利要求。

(3) "权利要求书应当以说明书为依据"的含义。《专利审查指南2010》第二部分第二章第3.2.1节规定了以说明书为依据的含义。

权利要求书应当以说明书为依据，是指权利要求应当得到说明书的支持。权利要求书中的每一项权利要求所要求保护的技术方案应当是所属技术领域的技术人员能够从说明书充分公开的内容中得到或概括得出的技术方案，并且不得超出说明书公开的范围。

权利要求通常由说明书记载的一个或者多个实施方式或实施例概括而成。权利要求的概括应当不超出说明书公开的范围。如果所属技术领域的技术人员可以合理预测说明书给出的实施方式的所有等同替代方式或明显变型方式都具备相同的性能或用途，则应当允许申请人将权利要求的保护范围概括至覆盖其所有的等同替代或明显变型的方式。对于权利要求概括得是否恰当，审查员应当参照与之相关的现有技术进行判断。开拓性发明可以比改进性发明有更宽的概括范围。

(4) 权利要求书没有得到说明书支持的主要情形。《专利审查指南2010》第二部分第二章第3.2.1节规定了权利要求书没有得到说明书支持的主要情形。

① 对用上位概念概括或用并列选择方式概括的权利要求，应当审查这种概括是否得到说明书的支持。如果权利要求的概括包含申请人推测的内容，而其效果又难于预先确定和评价，应当认为这种概括超出了说明书公开的范围。如果权利要求的概括使所属技术领域的技术人员有理由怀疑该上位概括或并列概括所包含的一种或多种下位概念或选择方式不能解决发明或者实用新型所要解决的技术问题，并达到相同的技术效果，则应当认为该权利要求没有得到说明书的支持。对于这些情况，审查员应当根据专利法第二十六条第四款的规定，以权利要求得不到说明书的支持为理由，要求申请人修改权利要求。

例如，对于"用高频电能影响物质的方法"这样一个概括较宽的权利要求，如果说明书中只给出一个"用高频电能从气体中除尘"的实施方式，对高频电能影响其他物质的方法未作说明，而且所属技术领域的技术人员也难以预先确定或评价高频电能影响其他物质的效果，则该权利要求被认为未得到说明书的支持。

再如，对于"控制冷冻时间和冷冻程度来处理植物种子的方法"这样一个概括较宽的权利要求，如果说明书中仅记载了适用于处理一种植物种子的方法，未涉及其他种类植物种子的处理方法，而且园艺技术人员也难以预先确定或评价处理其他种类植物种子的效果，则该权利要求也被认为未得到说明书的支持。除非说明书中还指出了这种植物种子和其他植物种子的一般关系，或者记载了足够多的实施例，使园艺技术人员能够明了如何使用这种方法处理植物种子，才可以认为该权利要求得到了说明书的支持。

② 对于一个概括较宽又与整类产品或者整类机械有关的权利要求，如果说明书中有较好的支持，并且也没有理由怀疑发明或者实用新型在权利要求范围内不可以实施，那么，即使这个权利要求范围较宽也是可以接受的。但是当说明书中给出的信息不充分，所属技术领域的技术人员用常规的实验或者分析方法不足以把说明书记载的内容扩展到权利要求所述的保护范围时，审查员应当要求申请人作出解释，说明所属技术领域的技术人员在

说明书给出信息的基础上，能够容易地将发明或者实用新型扩展到权利要求的保护范围；否则，应当要求申请人限制权利要求。例如，对于"一种处理合成树脂成型物来改变其性质的方法"的权利要求，如果说明书中只涉及热塑性树脂的实施例，而且申请人又不能证明该方法也适用于热固性树脂，那么申请人就应当把权利要求限制在热塑性树脂的范围内。

通常，对产品权利要求来说，应当尽量避免使用功能或者效果特征来限定发明。只有在某一技术特征无法用结构特征来限定，或者技术特征用结构特征限定不如用功能或效果特征来限定更为恰当，而且该功能或者效果能通过说明书中规定的实验或者操作或者所属技术领域的惯用手段直接和肯定地验证的情况下，使用功能或者效果特征来限定发明才可能是允许的。

③对于权利要求中所包含的功能性限定的技术特征，应当理解为覆盖了所有能够实现所述功能的实施方式。对于含有功能性限定的特征的权利要求，应当审查该功能性限定是否得到说明书的支持。如果权利要求中限定的功能是以说明书实施例中记载的特定方式完成的，并且所属技术领域的技术人员不能明了此功能还可以采用说明书中未提到的其他替代方式来完成，或者所属技术领域的技术人员有理由怀疑该功能性限定所包含的一种或几种方式不能解决发明或者实用新型所要解决的技术问题，并达到相同的技术效果，则权利要求中不得采用覆盖了上述其他替代方式或者不能解决发明或实用新型技术问题的方式的功能性限定。

此外，如果说明书中仅以含糊的方式描述了其他替代方式也可能适用，但对所属技术领域的技术人员来说，并不清楚这些替代方式是什么或者怎样应用这些替代方式，则权利要求中的功能性限定也是不允许的。另外，纯功能性的权利要求得不到说明书的支持，因而也是不允许的。

在判断权利要求是否得到说明书的支持时，应当考虑说明书的全部内容，而不是仅限于具体实施方式部分的内容。如果说明书的其他部分也记载了有关具体实施方式或实施例的内容，从说明书的全部内容来看，能说明权利要求的概括是适当的，则应当认为权利要求得到了说明书的支持。

④对于包括独立权利要求和从属权利要求或者不同类型权利要求的权利要求书，需要逐一判断各项权利要求是否都得到了说明书的支持。独立权利要求得到说明书支持并不意味着从属权利要求也必然得到支持；方法权利要求得到说明书支持也并不意味着产品权利要求必然得到支持。

当要求保护的技术方案的部分或全部内容在原始申请的权利要求书中已经记载而在说明书中没有记载时，允许申请人将其补入说明书。但是权利要求的技术方案在说明书中存在一致性的表述，并不意味着权利要求必然得到说明书的支持。只有当所属技术领域的技术人员能够从说明书充分公开的内容中得到或概括得出该项权利要求所要求保护的技术方案时，记载该技术方案的权利要求才被认为得到了说明书的支持。

（5）"权利要求书应当清楚/简明地表述要求保护范围"的含义。《专利审查指南2010》第二部分第二章第3.2.2节规定了清楚的含义。

权利要求书是否清楚，对于确定发明或者实用新型要求保护的范围是极为重要的。

权利要求书应当清楚，一是指每一项权利要求应当清楚，二是指构成权利要求书的所有权利要求作为一个整体也应当清楚。

首先，每项权利要求的类型应当清楚。权利要求的主题名称应当能够清楚地表明该权利要求的类型是产品权利要求还是方法权利要求。不允许采用模糊不清的主题名称，例如，"一种……技术"，或者在一项权利要求的主题名称中既包含有产品又包含有方法，例如，"一种……产品及其制造方法"。

另外，权利要求的主题名称还应当与权利要求的技术内容相适应。

产品权利要求适用于产品发明或者实用新型，通常应当用产品的结构特征来描述。在特殊情况下，当产品权利要求中的一个或多个技术特征无法用结构特征予以清楚地表征时，允许借助物理或化学参数表征；当无法用结构特征并且也不能用参数特征予以清楚地表征时，允许借助于方法特征表征。使用参数表征时，所使用的参数必须是所属技术领域的技术人员根据说明书的教导或通过所属技术领域的惯用手段可以清楚而可靠地加以确定的。

方法权利要求适用于方法发明，通常应当用工艺过程、操作条件、步骤或者流程等技术特征来描述。

用途权利要求属于方法权利要求。但应注意从权利要求的撰写措词上区分用途权利要求和产品权利要求。例如，"用化合物X作为杀虫剂"或者"化合物X作为杀虫剂的应用"是用途权利要求，属于方法权利要求，而"用化合物X制成的杀虫剂"或者"含化合物X的杀虫剂"，则不是用途权利要求，而是产品权利要求。

其次，每项权利要求所确定的保护范围应当清楚。权利要求的保护范围应当根据其所用词语的含义来理解。

一般情况下，权利要求中的用词应当理解为相关技术领域通常具有的含义。在特定情况下，如果说明书中指明了某词具有特定的含义，并且使用了该词的权利要求的保护范围由于说明书中对该词的说明而被限定得足够清楚，这种情况也是允许的。但此时也应要求申请人尽可能修改权利要求，使得根据权利要求的表述即可明确其含义。

权利要求中不得使用含义不确定的用语，如"厚""薄""强""弱""高温""高压""很宽范围"等，除非这种用语在特定技术领域中具有公认的确切含义，如放大器中的"高频"。对没有公认含义的用语，如果可能，应选择说明书中记载的更为精确的措词替换上述不确定的用语。

《专利审查指南2010》第二部分第二章第3.2.3节规定了简要的含义。

权利要求书应当简要，一是指每一项权利要求应当简要，二是指构成权利要求书的所有权利要求作为一个整体也应当简要。例如，一件专利申请中不得出现两项或两项以上保护范围实质上相同的同类权利要求。

权利要求的数目应当合理。在权利要求书中，允许有合理数量的限定发明或者实用新型优选技术方案的从属权利要求。

权利要求的表述应当简要，除记载技术特征外，不得对原因或者理由作不必要的描述，也不得使用商业性宣传用语。

为避免权利要求之间相同内容的不必要重复，在可能的情况下，权利要求应尽量采取引用在前权利要求的方式撰写。

（6）权利要求书中不得采用的用语。《专利审查指南2010》第二部分第二章第3.2.2节规定了权利要求书中不得采用的用语。

权利要求中不得出现"例如"、"最好是"、"尤其是"、"必要时"等类似用语。因为这类用语会在一项权利要求中限定出不同的保护范围，导致保护范围不清楚。当权利要求中出现某一上位概念后面跟一由上述用语引出的下位概念时，应当要求申请人修改权利要求，允许其在该权利要求中保留其中之一，或将两者分别在两项权利要求中予以限定。

在一般情况下，权利要求中不得使用"约"、"接近"、"等"、"或类似物"等类似的用语，因为这类用语通常会使权利要求的范围不清楚。当权利要求中出现了这类用语时，审查员应当针对具体情况判断使用该用语是否会导致权利要求不清楚，如果不会，则允许。

除附图标记或者化学式及数学式中使用的括号之外，权利要求中应尽量避免使用括号，以免造成权利要求不清楚，例如"（混凝土）模制砖"。然而，具有通常可接受含义的括号是允许的，例如"（甲基）丙烯酸酯"，"含有10%～60%（重量）的A"。

最后，构成权利要求书的所有权利要求作为一个整体也应当清楚，这是指权利要求之间的引用关系应当清楚（见本章第3.1.2节关于独立权利要求和从属权利要求的规定第2节关于权利要求的撰写规定）。

（7）权利要求书的编号规则。《专利审查指南2010》第二部分第二章第3.3节规定了权利要求的撰写规定。

权利要求的保护范围是由权利要求中记载的全部内容作为一个整体限定的，因此每一项权利要求只允许在其结尾处使用句号。

权利要求书有几项权利要求的，应当用阿拉伯数字顺序编号。

（8）对权利要求书中使用的科技术语的要求。《专利审查指南2010》第二部分第二章第3.3节规定了对权利要求书中使用的科技术语的要求。

权利要求中使用的科技术语应当与说明书中使用的科技术语一致。权利要求中可以有化学式或者数学式，但是不得有插图。除绝对必要外，权利要求中不得使用"如说明书……部分所述"或者"如图……所示"等类似用语。绝对必要的情况是指当发明或者实用新型涉及的某特定形状仅能用图形限定而无法用语言表达时，权利要求可以使用"如图……所示"等类似用语。

权利要求中通常不允许使用表格，除非使用表格能够更清楚地说明发明或者实用新型要求保护的主题。

（9）权利要求书中采用附图标记的规则。《专利审查指南2010》第二部分第二章第3.3节规定了权利要求书中采用附图标记的规则。

权利要求中的技术特征可以引用说明书附图中相应的标记，以帮助理解权利要求所记载的技术方案。但是，这些标记应当用括号括起来，放在相应的技术特征后面。附图标记不得解释为对权利要求保护范围的限制。

通常，一项权利要求用一个自然段表述。但是当技术特征较多，内容和相互关系较复杂，借助于标点符号难以将其关系表达清楚时，一项权利要求也可以用分行或者分小段的方式描述。

通常，开放式的权利要求宜采用"包含"、"包括"、"主要由……组成"的表达方式，其解释为还可以含有该权利要求中没有述及的结构组成部分或方法步骤。封闭式的权利要求宜采用"由……组成"的表达方式，其一般解释为不含有该权利要求所述以外的结构组成部分或方法步骤。

一般情况下，权利要求中包含有数值范围的，其数值范围尽量以数学方式表达，例如，"≥30℃"、"＞5"等。通常，"大于"、"小于"、"超过"等理解为不包括本数；"以上"、"以下"、"以内"等理解为包括本数。

在得到说明书支持的情况下，允许权利要求对发明或者实用新型作概括性的限定。通常，概括的方式有以下两种：

① 用上位概念概括。例如，用"气体激光器"概括氦氖激光器、氩离子激光器、一氧化碳激光器、二氧化碳激光器等。又如用"C_1-C_4烷基"概括甲基、乙基、丙基和丁基。再如，用"皮带传动"概括平皮带、三角皮带和齿形皮带传动等。

② 用并列选择法概括，即用"或者"或"和"并列几个必择其一的具体特征。例如，"特征 A、B、C 或者 D"。又如，"由 A、B、C 和 D 组成的物质组中选择的一种物质"等。

采用并列选择法概括时，被并列选择概括的具体内容应当是等效的，不得将上位概念概括的内容，用"或者"与其下位概念并列。另外，被并列选择概括的概念，应含义清楚。例如在"A、B、C、D 或者类似物（设备、方法、物质）"这一描述中，"类似物"这一概念含义是不清楚的，因而不能与具体的物或者方法（A、B、C、D）并列。

2. 独立权利要求

《专利审查指南2010》第二部分第二章第3.3.1节规定了独立权利要求的撰写规定。

（1）独立权利要求的撰写要求。根据专利法实施细则第二十条第二款的规定，独立权利要求应当从整体上反映发明或者实用新型的技术方案，记载解决技术问题的必要技术特征。

根据专利法实施细则第二十一条第一款的规定，发明或者实用新型的独立权利要求应当包括前序部分和特征部分。

（2）"记载解决技术问题的必要技术特征"的含义。必要技术特征是指，发明或者实用新型为解决其技术问题所不可缺少的技术特征，其总和足以构成发明或者实用新型的技术方案，使之区别于背景技术中所述的其他技术方案。

判断某一技术特征是否为必要技术特征，应当从所要解决的技术问题出发并考虑说明书描述的整体内容，不应简单地将实施例中的技术特征直接认定为必要技术特征。

（3）独立权利要求的前序部分应当记载的内容。独立权利要求的前序部分应当写明要求保护的发明或者实用新型技术方案的主题名称和发明或者实用新型主题与最接近的现有技术共有的必要技术特征。

（4）独立权利要求的特征部分应当记载的内容。独立权利要求的特征部分应当使用"其特征是……"或者类似的用语，写明发明或者实用新型区别于最接近的现有技术的技术特征，这些特征和前序部分写明的特征合在一起，限定发明或者实用新型要求保护的范围。

（5）划分独立权利要求的前序部分和特征部分的原则和方式。专利法实施细则第二十一条第三款规定一项发明或者实用新型应当只有一项独立权利要求，并且写在同一发明或者实用新型的从属权利要求之前。这一规定的本意是为了使权利要求书从整体上更清楚、简要。

独立权利要求的前序部分中，发明或者实用新型主题与最接近的现有技术共有的必要技术特征，是指要求保护的发明或者实用新型技术方案与最接近的一份现有技术文件中所共有的技术特征。在合适的情况下，选用一份与发明或者实用新型要求保护的主题最接近的现有技术文件进行"划界"。

独立权利要求的前序部分中，除写明要求保护的发明或者实用新型技术方案的主题名称外，仅需写明那些与发明或实用新型技术方案密切相关的、共有的必要技术特征。例如，一项涉及照相机的发明，该发明的实质在于照相机布帘式快门的改进，其权利要求的前序部分只要写出"一种照相机，包括布帘式快门……"就可以了，不需要将其他共有特征，例如透镜和取景窗等照相机零部件都写在前序部分中。独立权利要求的特征部分，应当记载发明或者实用新型的必要技术特征中与最接近的现有技术不同的区别技术特征，这些区别技术特征与前序部分中的技术特征一起，构成发明或者实用新型的全部必要技术特征，限定独立权利要求的保护范围。

独立权利要求分两部分撰写的目的，在于使公众更清楚地看出独立权利要求的全部技术特征中哪些是发明或者实用新型与最接近的现有技术所共有的技术特征，哪些是发明或者实用新型区别于最接近的现有技术的特征。

（6）允许不采用两部分方式撰写独立权利要求的情形。根据专利法实施细则第二十一条第二款的规定，发明或者实用新型的性质不适于用上述方式撰写的，独立权利要求也可以不分前序部分和特征部分。例如下列情况：

① 开拓性发明；

② 由几个状态等同的已知技术整体组合而成的发明，其发明实质在组合本身；

③ 已知方法的改进发明，其改进之处在于省去某种物质或者材料，或者是用一种物质或材料代替另一种物质或材料，或者是省去某个步骤；

④ 已知发明的改进在于系统中部件的更换或者其相互关系上的变化。

3. 从属权利要求

《专利审查指南2010》第二部分第二章第3.3.2节规定了从属权利要求的撰写规定。

（1）从属权利要求的撰写要求。根据专利法实施细则第二十二条第一款的规定，发明或者实用新型的从属权利要求应当包括引用部分和限定部分，按照下列规定撰写：

① 引用部分：写明引用的权利要求的编号及其主题名称；

② 限定部分：写明发明或者实用新型附加的技术特征。

从属权利要求只能引用在前的权利要求。引用两项以上权利要求的多项从属权利要求只能以择一方式引用在前的权利要求，并不得作为被另一项多项从属权利要求引用的基础，即在后的多项从属权利要求不得引用在前的多项从属权利要求。

直接或间接从属于某一项独立权利要求的所有从属权利要求都应当写在该独立权利要求之后，另一项独立权利要求之前。

（2）从属权利要求的引用部分应当记载的内容。从属权利要求的引用部分应当写明引用的权利要求的编号，其后应当重述引用的权利要求的主题名称。例如，一项从属权利要求的引用部分应当写成："根据权利要求1所述的金属纤维拉拔装置，……"。

（3）从属权利要求的限定部分应当记载的内容。从属权利要求的限定部分可以对在前的权利要求（独立权利要求或者从属权利要求）中的技术特征进行限定。在前的独立权利要求采用两部分撰写方式的，其后的从属权利要求不仅可以进一步限定该独立权利要求特征部分中的特征，也可以进一步限定前序部分中的特征。

（4）多项从属权利要求的含义。多项从属权利要求是指引用两项以上权利要求的从属权利要求，多项从属权利要求的引用方式，包括引用在前的独立权利要求和从属权利要求，以及引用在前的几项从属权利要求。

当从属权利要求是多项从属权利要求时，其引用的权利要求的编号应当用"或"或者其他与"或"同义的择一引用方式表达。例如，从属权利要求的引用部分写成下列方式："根据权利要求1或2所述的……"；"根据权利要求2、4、6或8所述的……"；或者"根据权利要求4至9中任一权利要求所述的……"。

（5）对多项从属权利要求的引用关系的限制。一项引用两项以上权利要求的多项从属权利要求不得作为另一项多项从属权利要求的引用基础。例如，权利要求3为"根据权利要求1或2所述的摄像机调焦装置，……"，如果多项从属权利要求4写成"根据权利要求1、2或3所述的摄像机调焦装置，……"，则是不允许的，因为被引用的权利要求3是一项多项从属权利要求。

（三）说明书及说明书附图

1. 说明书

（1）说明书的法律效力。说明书，是申请人公开其发明或者实用新型的文件，其作用主要包括以下三方面：

一是将发明或者实用新型的技术方案清楚、完整地公开出来，使所属领域的技术人员能够理解和实施该发明或者实用新型，从而为社会公众提供了新的技术信息；

二是说明书提供了有关发明创造所属技术领域、背景技术、要解决的技术问题、解决其技术问题所采取的技术方案、技术方案所能产生的有益效果等各方面的详细信息，是国家知识产权局对专利申请进行审查，判断是否授予专利权的基础；

三是说明书是权利要求书的基础和依据，在专利权被授予后，特别是在发生专利侵权纠纷时，说明书及其附图可以用来解释权利要求书，确定专利权的保护范围。

(2) 说明书应当充分公开发明/实用新型的含义。《专利审查指南2010》第二部分第二章第2.1节规定了说明书应当满足的要求。

专利法第二十六条第三款规定，说明书应当对发明或者实用新型作出清楚、完整的说明，以所属技术领域的技术人员能够实现为准。

说明书对发明或者实用新型作出的清楚、完整的说明，应当达到所属技术领域的技术人员能够实现的程度。也就是说，说明书应当满足充分公开发明或者实用新型的要求。

① 说明书的内容应当清楚，具体应当满足下述要求：

第一，主题明确。说明书应当从现有技术出发，明确地反映出发明或者实用新型想要做什么和如何去做，使所属技术领域的技术人员能够确切地理解该发明或者实用新型要求保护的主题。换句话说，说明书应当写明发明或者实用新型所要解决的技术问题以及解决其技术问题采用的技术方案，并对照现有技术写明发明或者实用新型的有益效果。上述技术问题、技术方案和有益效果应当相互适应，不得出现相互矛盾或不相关联的情形。

第二，表述准确。说明书应当使用发明或者实用新型所属技术领域的技术术语。说明书的表述应当准确地表达发明或者实用新型的技术内容，不得含混不清或者模棱两可，以致所属技术领域的技术人员不能清楚、正确地理解该发明或者实用新型。

② 完整的说明书应当包括有关理解、实现发明或者实用新型所需的全部技术内容。

一份完整的说明书应当包含下列各项内容：

第一，帮助理解发明或者实用新型不可缺少的内容。例如，有关所属技术领域、背景技术状况的描述以及说明书有附图时的附图说明等。

第二，确定发明或者实用新型具有新颖性、创造性和实用性所需的内容。例如，发明或者实用新型所要解决的技术问题，解决其技术问题采用的技术方案和发明或者实用新型的有益效果。

第三，实现发明或者实用新型所需的内容。例如，为解决发明或者实用新型的技术问题而采用的技术方案的具体实施方式。

对于克服了技术偏见的发明或者实用新型，说明书中还应当解释为什么说该发明或者实用新型克服了技术偏见，新的技术方案与技术偏见之间的差别以及为克服技术偏见所采用的技术手段。

应当指出，凡是所属技术领域的技术人员不能从现有技术中直接、唯一地得出的有关内容，均应当在说明书中描述。

③ 所属技术领域的技术人员能够实现，是指所属技术领域的技术人员按照说明书记载的内容，就能够实现该发明或者实用新型的技术方案，解决其技术问题，并且产生预期的技术效果。

说明书应当清楚地记载发明或者实用新型的技术方案，详细地描述实现发明或者实用新型的具体实施方式，完整地公开对于理解和实现发明或者实用新型必不可少的技术内容，达到所属技术领域的技术人员能够实现该发明或者实用新型的程度。审查员如果有合理的理由质疑发明或者实用新型没有达到充分公开的要求，则应当要求申请人予以澄清。

以下各种情况由于缺乏解决技术问题的技术手段而被认为无法实现：

第一，说明书中只给出任务和/或设想，或者只表明一种愿望和/或结果，而未给出任何使所属技术领域的技术人员能够实施的技术手段；

第二，说明书中给出了技术手段，但对所属技术领域的技术人员来说，该手段是含混不清的，根据说明书记载的内容无法具体实施；

第三，说明书中给出了技术手段，但所属技术领域的技术人员采用该手段并不能解决发明或者实用新型所要解决的技术问题；

第四，申请的主题为由多个技术手段构成的技术方案，对于其中一个技术手段，所属技术领域的技术人员按照说明书记载的内容并不能实现；

第五，说明书中给出了具体的技术方案，但未给出实验证据，而该方案又必须依赖实验结果加以证实才能成立。例如，对于已知化合物的新用途发明，通常情况下，需要在说明书中给出实验证据来证实其所述的用途以及效果，否则将无法达到能够实现的要求。

《专利审查指南2010》第二部分第十章第3节规定了化学发明的充分公开。

① 化学产品发明的充分公开。这里所称的化学产品包括化合物、组合物以及用结构和/或组成不能够清楚描述的化学产品。要求保护的发明为化学产品本身的，说明书中应当记载化学产品的确认、化学产品的制备以及化学产品的用途。

第一，化学产品的确认。对于化合物发明，说明书中应当说明该化合物的化学名称及结构式（包括各种官能基团、分子立体构型等）或者分子式，对化学结构的说明应当明确到使本领域的技术人员能确认该化合物的程度；并应当记载与发明要解决的技术问题相关的化学、物理性能参数（如各种定性或者定量数据和谱图等），使要求保护的化合物能被清楚地确认。此外，对于高分子化合物，除了应当对其重复单元的名称、结构式或者分子式按照对上述化合物的相同要求进行记载之外，还应当对其分子量及分子量分布、重复单元排列状态（如均聚、共聚、嵌段、接枝等）等要素作适当的说明；如果这些结构要素未能完全确认该高分子化合物，则还应当记载其结晶度、密度、二次转变点等性能参数。

对于组合物发明，说明书中除了应当记载组合物的组分外，还应当记载各组分的化学和/或物理状态、各组分可选择的范围、各组分的含量范围及其对组合物性能的影响等。

对于仅用结构和/或组成不能够清楚描述的化学产品，说明书中应当进一步使用适当的化学、物理参数和/或制备方法对其进行说明，使要求保护的化学产品能被清楚地确认。

第二，化学产品的制备。对于化学产品发明，说明书中应当记载至少一种制备方法，说明实施所述方法所用的原料物质、工艺步骤和条件、专用设备等，使本领域的技术人员能够实施。对于化合物发明，通常需要有制备实施例。

第三，化学产品的用途和/或使用效果。对于化学产品发明，应当完整地公开该产品的用途和/或使用效果，即使是结构首创的化合物，也应当至少记载一种用途。

如果所属技术领域的技术人员无法根据现有技术预测发明能够实现所述用途和/或使用效果，则说明书中还应当记载对于本领域技术人员来说，足以证明发明的技术方案可以实现所述用途和/或达到预期效果的定性或者定量实验数据。

对于新的药物化合物或者药物组合物，应当记载其具体医药用途或者药理作用，同时还应当记载其有效量及使用方法。如果本领域技术人员无法根据现有技术预测发明能够实现所述医药用途、药理作用，则应当记载对于本领域技术人员来说，足以证明发明的技术方案可以解决预期要解决的技术问题或者达到预期的技术效果的实验室试验（包括动物试验）或者临床试验的定性或者定量数据。说明书对有效量和使用方法或者制剂方法等应当记载至所属技术领域的技术人员能够实施的程度。

对于表示发明效果的性能数据，如果现有技术中存在导致不同结果的多种测定方法，则应当说明测定它的方法，若为特殊方法，应当详细加以说明，使所属技术领域的技术人员能实施该方法。

② 化学方法发明的充分公开。第一，对于化学方法发明，无论是物质的制备方法还是其他方法，均应当记载方法所用的原料物质、工艺步骤和工艺条件，必要时还应当记载方法对目的物质性能的影响，使所属技术领域的技术人员按照说明书中记载的方法去实施时能够解决该发明要解决的技术问题。

第二，对于方法所用的原料物质，应当说明其成分、性能、制备方法或者来源，使得本领域技术人员能够得到。

③ 化学产品用途发明的充分公开。对于化学产品用途发明，在说明书中应当记载所使用的化学产品、使用方法及所取得的效果，使得本领域技术人员能够实施该用途发明。如果所使用的产品是新的化学产品，则说明书对于该产品的记载应当满足本章第 3.1 节的相关要求。如果本领域的技术人员无法根据现有技术预测该用途，则应当记载对于本领域技术人员来说，足以证明该物质可以用于所述用途并能解决所要解决的技术问题或者达到所述效果的实验数据。

④ 关于实施例。由于化学领域属于实验性学科，多数发明需要经过实验证明，因此说明书中通常应当包括实施例，例如产品的制备和应用实施例。

说明书中实施例的数目，取决于权利要求的技术特征的概括程度，例如并列选择要素的概括程度和数据的取值范围；在化学发明中，根据发明的性质不同，具体技术领域不同，对实施例数目的要求也不完全相同。一般的原则是，应当能足以理解发明如何实施，并足以判断在权利要求所限定的范围内都可以实施并取得所述的效果。

⑤ 关于补交的实验数据。判断说明书是否充分公开，以原说明书和权利要求书记载的内容为准。

对于申请日之后补交的实验数据，审查员应当予以审查。补交实验数据所证明的技术效果应当是所属技术领域的技术人员能够从专利申请公开的内容中得到的。

（3）说明书应当包含的主要内容。《专利审查指南2010》第二部分第二章第2.2节规定了说明书应当包含的内容。

根据专利法实施细则第十七条的规定，发明或者实用新型专利申请的说明书应当写明发明或者实用新型的名称，该名称应当与请求书中的名称一致。说明书应当包括以下组成部分：

① 技术领域：写明要求保护的技术方案所属的技术领域；

② 背景技术：写明对发明或者实用新型的理解、检索、审查有用的背景技术；有可能的，并引证反映这些背景技术的文件；

③ 发明或者实用新型内容：写明发明或者实用新型所要解决的技术问题以及解决其技术问题采用的技术方案，并对照现有技术写明发明或者实用新型的有益效果；

④ 附图说明：说明书有附图的，对各幅附图作简略说明；

⑤ 具体实施方式：详细写明申请人认为实现发明或者实用新型的优选方式；必要时，举例说明；有附图的，对照附图说明。

发明或者实用新型的说明书应当按照上述方式和顺序撰写，并在每一部分前面写明标题，除非其发明或者实用新型的性质用其他方式或者顺序撰写能够节约说明书的篇幅并使他人能够准确理解其发明或者实用新型。

发明或者实用新型说明书应当用词规范、语句清楚，并且不得使用"如权利要求……所述的……"一类的引用语，也不得使用商业性宣传用语。

发明专利申请包含一个或者多个核苷酸或者氨基酸序列的，说明书应当包括符合规定的序列表。

（4）说明书的整体撰写要求。《专利审查指南2010》第二部分第二章第2.2.7节规定了对于说明书撰写的其他要求。

说明书应当用词规范，语句清楚。即说明书的内容应当明确，无含混不清或者前后矛盾之处，使所属技术领域的技术人员容易理解。

说明书应当使用发明或者实用新型所属技术领域的技术术语。对于自然科学名词，国家有规定的，应当采用统一的术语，国家没有规定的，可以采用所属技术领域约定俗成的术语，也可以采用鲜为人知或者最新出现的科技术语，或者直接使用外来语（中文音译或意译词），但是其含义对所属技术领域的技术人员来说必须是清楚的，不会造成理解错误；必要时可以采用自定义词，在这种情况下，应当给出明确的定义或者说明。一般来说，不应当使用在所属技术领域中具有基本含义的词汇来表示其本意之外的其他含义，以免造成误解和语义混乱。说明书中使用的技术术语与符号应当前后一致。

说明书应当使用中文，但是在不产生歧义的前提下，个别词语可以使用中文以外的其他文字。在说明书中第一次使用非中文技术名词时，应当用中文译文加以注释或者使用中文给予说明。

例如，在下述情况下可以使用非中文表述形式：

① 本领域技术人员熟知的技术名词可以使用非中文形式表述，例如用"EPROM"表示可擦除可编程只读存储器，用"CPU"表示中央处理器；但在同一语句中连续使用非中文技术名词可能造成该语句难以理解的，则不允许。

② 计量单位、数学符号、数学公式、各种编程语言、计算机程序、特定意义的表示符号（如中国国家标准缩写GB）等可以使用非中文形式。

此外，所引用的外国专利文献、专利申请、非专利文献的出处和名称应当使用原文，必要时给出中文译文，并将译文放置在括号内。

说明书中的计量单位应当使用国家法定计量单位，包括国际单位制计量单位和国家选定的其他计量单位。必要时可以在括号内同时标注本领域公知的其他计量单位。

说明书中无法避免使用商品名称时，其后应当注明其型号、规格、性能及制造单位。

说明书中应当避免使用注册商标来确定物质或者产品。

（5）说明书各部分应当满足的撰写要求。《专利审查指南2010》第二部分第二章第2.2.1～2.2.6节规定了说明书各部分应当满足的撰写要求。

① 名称。发明或者实用新型的名称应当清楚、简要,写在说明书首页正文部分的上方居中位置。

发明或者实用新型的名称应当按照以下各项要求撰写:

第一,说明书中的发明或者实用新型的名称与请求书中的名称应当一致,一般不得超过25个字,特殊情况下,例如,化学领域的某些申请,可以允许最多到40个字;

第二,采用所属技术领域通用的技术术语,最好采用国际专利分类表中的技术术语,不得采用非技术术语;

第三,清楚、简要、全面地反映要求保护的发明或者实用新型的主题和类型(产品或者方法),以利于专利申请的分类,例如一件包含拉链产品和该拉链制造方法两项发明的申请,其名称应当写成"拉链及其制造方法";

第四,不得使用人名、地名、商标、型号或者商品名称等,也不得使用商业性宣传用语。

② 技术领域。发明或者实用新型的技术领域应当是要求保护的发明或者实用新型技术方案所属或者直接应用的具体技术领域,而不是上位的或者相邻的技术领域,也不是发明或者实用新型本身。该具体的技术领域往往与发明或者实用新型在国际专利分类表中可能分入的最低位置有关。例如,一项关于挖掘机悬臂的发明,其改进之处是将背景技术中的长方形悬臂截面改为椭圆形截面。其所属技术领域可以写成"本发明涉及一种挖掘机,特别是涉及一种挖掘机悬臂"(具体的技术领域),而不宜写成"本发明涉及一种建筑机械"(上位的技术领域),也不宜写成"本发明涉及挖掘机悬臂的椭圆形截面"或者"本发明涉及一种截面为椭圆形的挖掘机悬臂"(发明本身)。

③ 背景技术。发明或者实用新型说明书的背景技术部分应当写明对发明或者实用新型的理解、检索、审查有用的背景技术,并且尽可能引证反映这些背景技术的文件。尤其要引证包含发明或者实用新型权利要求书中的独立权利要求前序部分技术特征的现有技术文件,即引证与发明或者实用新型专利申请最接近的现有技术文件。说明书中引证的文件可以是专利文件,也可以是非专利文件,例如期刊、杂志、手册和书籍等。引证专利文件的,至少要写明专利文件的国别、公开号,最好包括公开日期;引证非专利文件的,要写明这些文件的标题和详细出处。

此外,在说明书背景技术部分中,还要客观地指出背景技术中存在的问题和缺点,但是,仅限于涉及由发明或者实用新型的技术方案所解决的问题和缺点。在可能的情况下,说明存在这种问题和缺点的原因以及解决这些问题时曾经遇到的困难。

引证文件还应当满足以下要求:

第一,引证文件应当是公开出版物,除纸件形式外,还包括电子出版物等形式。

第二,所引证的非专利文件和外国专利文件的公开日应当在本申请的申请日之前;所引证的中国专利文件的公开日不能晚于本申请的公开日。

第三,引证外国专利或非专利文件的,应当以所引证文件公布或发表时的原文所使用的文字写明引证文件的出处以及相关信息,必要时给出中文译文,并将译文放置在括号内。

如果引证文件满足上述要求,则认为本申请说明书中记载了所引证文件中的内容。但是这样的引证方式是否达到充分公开发明或者实用新型的要求,参见本章第2.2.6节。

④ 发明或者实用新型内容。本部分应当清楚、客观地写明以下内容:

第一,要解决的技术问题。发明或者实用新型所要解决的技术问题,是指发明或者实用新型要解决的现有技术中存在的技术问题。发明或者实用新型专利申请记载的技术方案应当能够解决这些技术问题。

发明或者实用新型所要解决的技术问题应当按照下列要求撰写:

(i)针对现有技术中存在的缺陷或不足;

(ii)用正面的、尽可能简洁的语言客观而有根据地反映发明或者实用新型要解决的技术问题,也可以进一步说明其技术效果。

对发明或者实用新型所要解决的技术问题的描述不得采用广告式宣传用语。

一件专利申请的说明书可以列出发明或者实用新型所要解决的一个或者多个技术问题,但是同时应当在说明书中描述解决这些技术问题的技术方案。当一件申请包含多项发明或者实用新型时,说明书中列出的多个要解决的技术问题应当都与一个总的发明构思相关。

第二,技术方案。一件发明或者实用新型专利申请的核心是其在说明书中记载的技术方案。

专利法实施细则第十七条第一款第(三)项所说的写明发明或者实用新型解决其技术问题所采用的技术方案

是指清楚、完整地描述发明或者实用新型解决其技术问题所采取的技术方案的技术特征。在技术方案这一部分，至少应反映包含全部必要技术特征的独立权利要求的技术方案，还可以给出包含其他附加技术特征的进一步改进的技术方案。

说明书中记载的这些技术方案应当与权利要求所限定的相应技术方案的表述相一致。

一般情况下，说明书技术方案部分首先应当写明独立权利要求的技术方案，其用语应当与独立权利要求的用语相应或者相同，以发明或者实用新型必要技术特征总和的形式阐明其实质，必要时，说明必要技术特征总和与发明或者实用新型效果之间的关系。

然后，可以通过对该发明或者实用新型的附加技术特征的描述，反映对其作进一步改进的从属权利要求的技术方案。

如果一件申请中有几项发明或者几项实用新型，应当说明每项发明或者实用新型的技术方案。

第三，有益效果。说明书应当清楚、客观地写明发明或者实用新型与现有技术相比所具有的有益效果。

有益效果是指由构成发明或者实用新型的技术特征直接带来的，或者是由所述的技术特征必然产生的技术效果。

有益效果是确定发明是否具有"显著的进步"，实用新型是否具有"进步"的重要依据。

通常，有益效果可以由产率、质量、精度和效率的提高，能耗、原材料、工序的节省，加工、操作、控制、使用的简便，环境污染的治理或者根治，以及有用性能的出现等方面反映出来。

有益效果可以通过对发明或者实用新型结构特点的分析和理论说明相结合，或者通过列出实验数据的方式予以说明，不得只断言发明或者实用新型具有有益的效果。

但是，无论用哪种方式说明有益效果，都应当与现有技术进行比较，指出发明或者实用新型与现有技术的区别。

机械、电气领域中的发明或者实用新型的有益效果，在某些情况下，可以结合发明或者实用新型的结构特征和作用方式进行说明。但是，化学领域中的发明，在大多数情况下，不适于用这种方式说明发明的有益效果，而是借助实验数据来说明。

对于目前尚无可取的测量方法而不得不依赖于人的感官判断的，例如味道、气味等，可以采用统计方法表示的实验结果来说明有益效果。

在引用实验数据说明有益效果时，应当给出必要的实验条件和方法。

⑤附图说明。说明书有附图的，应当写明各幅附图的图名，并且对图示的内容作简要说明。在零部件较多的情况下，允许用列表的方式对附图中具体零部件名称列表说明。

附图不止一幅的，应当对所有附图作出图面说明。

例如，一件发明名称为"燃煤锅炉节能装置"的专利申请，其说明书包括四幅附图，这些附图的图面说明如下：

图1是燃煤锅炉节能装置的主视图；

图2是图1所示节能装置的侧视图；

图3是图2中的A向视图；

图4是沿图1中B－B线的剖视图。

⑥具体实施方式。实现发明或者实用新型的优选的具体实施方式是说明书的重要组成部分，它对于充分公开、理解和实现发明或者实用新型，支持和解释权利要求都是极为重要的。因此，说明书应当详细描述申请人认为实现发明或者实用新型的优选的具体实施方式。在适当情况下，应当举例说明；有附图的，应当对照附图进行说明。

优选的具体实施方式应当体现申请中解决技术问题所采用的技术方案，并应当对权利要求的技术特征给予详细说明，以支持权利要求。

对优选的具体实施方式的描述应当详细，使发明或者实用新型所属技术领域的技术人员能够实现该发明或者实用新型。

实施例是对发明或者实用新型的优选的具体实施方式的举例说明。实施例的数量应当根据发明或者实用新型的性质、所属技术领域、现有技术状况以及要求保护的范围来确定。

当一个实施例足以支持权利要求所概括的技术方案时，说明书中可以只给出一个实施例。当权利要求（尤其是独立权利要求）覆盖的保护范围较宽，其概括不能从一个实施例中找到依据时，应当给出至少两个不同实施例，以支持要求保护的范围。当权利要求相对于背景技术的改进涉及数值范围时，通常应给出两端值附近（最好是两端值）的实施例，当数值范围较宽时，还应当给出至少一个中间值的实施例。

在发明或者实用新型技术方案比较简单的情况下，如果说明书涉及技术方案的部分已经就发明或者实用新型专利申请所要求保护的主题作出了清楚、完整的说明，说明书就不必在涉及具体实施方式部分再作重复说明。

对于产品的发明或者实用新型，实施方式或者实施例应当描述产品的机械构成、电路构成或者化学成分，说明组成产品的各部分之间的相互关系。对于可动作的产品，只描述其构成不能使所属技术领域的技术人员理解和实现发明或者实用新型时，还应当说明其动作过程或者操作步骤。

对于方法的发明，应当写明其步骤，包括可以用不同的参数或者参数范围表示的工艺条件。

在具体实施方式部分，对最接近的现有技术或者发明或实用新型与最接近的现有技术共有的技术特征，一般来说可以不作详细的描述，但对发明或者实用新型区别于现有技术的技术特征以及从属权利要求中的附加技术特征应当足够详细地描述，以所属技术领域的技术人员能够实现该技术方案为准。应当注意的是，为了方便专利审查，也为了帮助公众更直接地理解发明或者实用新型，对于那些就满足专利法第二十六条第三款的要求而言必不可少的内容，不能采用引证其他文件的方式撰写，而应当将其具体内容写入说明书。

对照附图描述发明或者实用新型的优选的具体实施方式时，使用的附图标记或者符号应当与附图中所示的一致，并放在相应的技术名称的后面，不加括号。例如，对涉及电路连接的说明，可以写成"电阻3通过三极管4的集电极与电容5相连接"，不得写成"3通过4与5连接"。

2. 说明书附图

《专利审查指南2010》第二部分第二章第2.3节规定了说明书附图。

（1）说明书附图的法律效力。附图是说明书的一个组成部分。专利法第五十九条第一款规定，"发明或者实用新型专利权的保护范围以其权利要求的内容为准，说明书及附图可以用于解释权利要求的内容"。

（2）说明书附图与说明书文字部分的关系。附图的作用在于用图形补充说明书文字部分的描述，使人能够直观地、形象化地理解发明或者实用新型的每个技术特征和整体技术方案。对于机械和电学技术领域中的专利申请，说明书附图的作用尤其明显。因此，说明书附图应该清楚地反映发明或者实用新型的内容。

（3）实用新型说明书的附图。对发明专利申请，用文字足以清楚、完整地描述其技术方案的，可以没有附图。

实用新型专利申请的说明书必须有附图。

一件专利申请有多幅附图时，在用于表示同一实施方式的各幅图中，表示同一组成部分（同一技术特征或者同一对象）的附图标记应当一致。说明书中与附图中使用的相同的附图标记应当表示同一组成部分。说明书文字部分中未提及的附图标记不得在附图中出现，附图中未出现的附图标记也不得在说明书文字部分中提及。

附图中除了必需的词语外，不应当含有其他的注释；但对于流程图、框图一类的附图，应当在其框内给出必要的文字或符号。

（四）说明书摘要及摘要附图

1. 说明书摘要的法律效力

《专利审查指南2010》第二部分第二章第2.4节规定了说明书摘要。

摘要是说明书记载内容的概述，它仅是一种技术信息，不具有法律效力。

摘要的内容不属于发明或者实用新型原始记载的内容，不能作为以后修改说明书或者权利要求书的根据，也不能用来解释专利权的保护范围。

2. 说明书摘要文字部分的撰写要求

根据《专利审查指南2010》第二部分第二章第2.4节的规定，说明书摘要文字部分应当满足以下要求：

（1）摘要应当写明发明或者实用新型的名称和所属技术领域，并清楚地反映所要解决的技术问题、解决该问题的技术方案的要点以及主要用途，其中以技术方案为主；摘要可以包含最能说明发明的化学式；

（2）摘要文字部分（包括标点符号）不得超过300个字，并且不得使用商业性宣传用语。

此外，摘要文字部分出现的附图标记应当加括号。

另外，根据《专利审查指南2010》第一部分第一章第4.5.1节的规定，对摘要文字部分还有以下要求：

未写明发明名称或者不能反映技术方案要点的，应当通知申请人补正；使用了商业性宣传用语的，可以通知申请人删除或者由审查员删除，审查员删除的，应当通知申请人。

摘要文字部分不得使用标题。摘要超过300个字的，可以通知申请人删节或者由审查员删节；审查员删节的，应当通知申请人。

3. 说明书摘要附图的选择

根据《专利审查指南2010》第二部分第二章第2.4节的规定，说明书摘要附图应当满足以下要求：

（1）有附图的专利申请，应当提供或者由审查员指定一幅最能反映该发明或者实用新型技术方案的主要技术特征的附图作为摘要附图，该摘要附图应当是说明书附图中的一幅；

（2）摘要附图的大小及清晰度应当保证在该图缩小到4厘米×6厘米时，仍能清楚地分辨出图中的各个细节。

另外，根据《专利审查指南2010》第一部分第一章第4.5.1节的规定，对摘要附图还有以下要求：

申请人未提交摘要附图的，审查员可以通知申请人补正，或者依职权指定一幅，并通知申请人。审查员确认没有合适的摘要附图可以指定的，可以不要求申请人补正。

申请人提交的摘要附图明显不能说明发明技术方案主要技术特征的，或者提交的摘要附图不是说明书附图之一的，审查员可以通知申请人补正，或者依职权指定一幅，并通知申请人。

摘要中可以包含最能说明发明的化学式，该化学式可被视为摘要附图。

（五）申请文件的书写规则及附图绘制要求

1. 适用文字

《专利审查指南2010》第五部分第一章第3节规定了适用文字。

（1）中文。专利申请文件以及其他文件，除由外国政府部门出具的或者在外国形成的证明或者证据材料外，应当使用中文。

审查员以申请人提交的中文专利申请文本为审查的依据。申请人在提出专利申请的同时提交的外文申请文本，供审查员在审查程序中参考，不具有法律效力。

（2）汉字。本章第3.1节中的"中文"一词是指汉字。专利申请文件及其他文件应当使用汉字，词、句应当符合现代汉语规范。

汉字应当以国家公布的简化字为准。申请文件中的异体字、繁体字、非规范简化字，审查员可以依职权予以改正或者通知申请人补正。

（3）外文的翻译。专利申请文件是外文的，应当翻译成中文，其中外文科技术语应当按照规定译成中文，并采用规范用语。外文科技术语没有统一中文译法的，可按照一般惯例译成中文，并在译文后的括号内注明原文。计量单位应当使用国家法定计量单位，包括国际单位制计量单位和国家选定的其他计量单位，必要时可以在括号内同时标注本领域公知的其他计量单位。

当事人在提交外文证明文件、证据材料时（如优先权证明文本、转让证明等），应当同时附具中文题录译文，审查员认为必要时，可以要求当事人在规定的期限内提交全文中文译文或者摘要中文译文；期满未提交译文的，视为未提交该文件。

2. 打字或印刷

《专利审查指南2010》第五部分第一章第5.1节规定了打字或印刷。

请求书、权利要求书、说明书、说明书摘要、说明书附图和摘要附图中文字部分以及简要说明应当打字或者印刷。上述文件中的数学式和化学式可以按照制图方式手工书写。

其他文件除另有规定外，可以手工书写，但字体应当工整，不得涂改。

3. 字体及规格

《专利审查指南2010》第五部分第一章第5.2节规定了字体及规格。

各种文件应当使用宋体、仿宋体或者楷体，不得使用草体或者其他字体。

字高应当在3.5毫米至4.5毫米，行距应当在2.5毫米至3.5毫米。

4. 书写方式

《专利审查指南2010》第五部分第一章第5.3节规定了书写方式。

各种文件除另有规定外，应当单面、纵向使用。自左至右横向书写，不得分栏书写。

一份文件不得涉及两件以上专利申请（或专利），一页纸上不得包含两种以上文件（如一页纸不得同时包含说明书和权利要求书）。

5. 字体颜色

《专利审查指南2010》第五部分第一章第5.5节规定了字体颜色。

字体颜色应当为黑色，字迹应当清晰、牢固、不易擦、不褪色，以能够满足复印、扫描的要求为准。

6. 编号

《专利审查指南2010》第五部分第一章第5.6节规定了编写页码。

各种文件应当分别用阿拉伯数字顺序编写页码。页码应当置于每页下部页边的上沿，并左右居中。

7. 制图规则、图的大小、布置和编号以及附图标记和图中文字

(1)《专利审查指南2010》第一部分第一章第4.3节规定了（发明专利申请）说明书附图。

说明书附图应当使用包括计算机在内的制图工具和黑色墨水绘制，线条应当均匀清晰、足够深，不得着色和涂改，不得使用工程蓝图。

剖面图中的剖面线不得妨碍附图标记线和主线条的清楚识别。

几幅附图可以绘制在一张图纸上。一幅总体图可以绘制在几张图纸上，但应当保证每一张上的图都是独立的，而且当全部图纸组合起来构成一幅完整总体图时又不互相影响其清晰程度。附图的周围不得有与图无关的框线。

附图的大小及清晰度，应当保证在该图缩小到三分之二时仍能清晰地分辨出图中各个细节，以能够满足复印、扫描的要求为准。

附图总数在两幅以上的，应当使用阿拉伯数字顺序编号，并在编号前冠以"图"字，例如图1、图2。该编号应当标注在相应附图的正下方。

附图应当尽量竖向绘制在图纸上，彼此明显分开。当零件横向尺寸明显大于竖向尺寸必须水平布置时，应当将附图的顶部置于图纸的左边。一页图纸上有两幅以上的附图，且有一幅已经水平布置时，该页上其他附图也应当水平布置。

附图标记应当使用阿拉伯数字编号。说明书文字部分中未提及的附图标记不得在附图中出现，附图中未出现的附图标记不得在说明书文字部分中提及。申请文件中表示同一组成部分的附图标记应当一致。

说明书附图应当用阿拉伯数字顺序编写页码。

同一附图中应当采用相同比例绘制，为使其中某一组成部分清楚显示，可以另外增加一幅局部放大图。附图中除必需的词语外，不得含有其他注释。附图中的词语应当使用中文，必要时，可以在其后的括号里注明原文。

流程图、框图应当作为附图，并应当在其框内给出必要的文字和符号。一般不得使用照片作为附图，但特殊情况下，例如，显示金相结构、组织细胞或者电泳图谱时，可以使用照片贴在图纸上作为附图。

(2)《专利审查指南2010》第一部分第二章第7.3节规定了（实用新型专利申请）说明书附图。

附图是说明书的一个组成部分。附图的作用在于用图形补充说明书文字部分的描述，使人能够直观地、形象地理解实用新型的每个技术特征和整体技术方案。因此，说明书附图应该清楚地反映实用新型的内容。

根据专利法实施细则第十七条第五款和第十八条的规定对说明书附图进行审查。说明书附图的审查包括下述内容：

① 附图不得使用工程蓝图、照片。

② 附图应当使用包括计算机在内的制图工具和黑色墨水绘制，线条应当均匀清晰，并不得着色和涂改；附图的周围不得有与图无关的框线。

③ 附图应当用阿拉伯数字顺序编号，用图1、图2等表示，并应当标注在相应附图的正下方。

④ 附图应当尽量竖向绘制在图纸上，彼此明显分开。当零件横向尺寸明显大于竖向尺寸必须水平布置时，应当将附图的顶部置于图纸的左边。一页图纸上有两幅以上的附图，且有一幅已经水平布置时，该页上其他附图也应当水平布置。

⑤ 附图的大小及清晰度，应当保证在该图缩小到三分之二时仍能清晰地分辨出图中的各个细节，以能够满足复印、扫描的要求为准。

⑥ 一件专利申请有多幅附图时，在用于表示同一实施方式的各附图中，表示同一组成部分（同一技术特征或者同一对象）的附图标记应当一致。说明书中与附图中使用的相同的附图标记应当表示同一组成部分。说明书文字部分中未提及的附图标记不得在附图中出现，附图中未出现的附图标记也不得在说明书文字部分中提及。

⑦ 附图中除必需的词语外，不得含有其他的注释；词语应当使用中文，必要时，可以在其后的括号里注明原文。

⑧ 结构框图、逻辑框图、工艺流程图应当在其框内给出必要的文字和符号。

⑨ 同一幅附图中应当采用相同比例绘制，为清楚显示其中某一组成部分时可增加一幅局部放大图。

⑩ 说明书附图中应当有表示要求保护的产品的形状、构造或者其结合的附图，不得仅有表示现有技术的附图，也不得仅有表示产品效果、性能的附图，例如温度变化曲线图等。

⑪ 说明书附图应当用阿拉伯数字顺序编写页码。

需要注意的是，发明专利申请、实用新型专利申请对说明书附图的要求不完全相同，比如，对于发明专利申请的说明书附图，在特殊情况下，例如，显示金相结构、组织细胞或者电泳图谱时，可以使用照片贴在图纸上作为附图，但是这种特殊情况不适用于实用新型专利申请的说明书附图。

（六）对于涉及生物材料申请的特殊要求

1. 涉及生物材料申请的请求书应当满足的要求

《专利审查指南2010》第一部分第一章第5.2.1节规定了涉及生物材料的申请的核实。

对于涉及生物材料的申请，申请人除应当使申请符合专利法及其实施细则的有关规定外，还应当办理下列手续：

① 在申请日前或者最迟在申请日（有优先权的，指优先权日），将该生物材料样品提交至国家知识产权局认可的生物材料样品国际保藏单位保藏。

② 在请求书和说明书中注明保藏该生物材料样品的单位名称、地址、保藏日期和编号，以及该生物材料的分类命名（注明拉丁文名称）。

③ 在申请文件中提供有关生物材料特征的资料。

④ 自申请日起四个月内提交保藏单位出具的保藏证明和存活证明。

初步审查中，对于已在规定期限内提交保藏证明的，审查员应当根据保藏证明核实下列各项内容：

（1）保藏单位。保藏单位应当是国家知识产权局认可的生物材料样品国际保藏单位，不符合规定的，审查员应当发出生物材料样品视为未保藏通知书。

（2）保藏日期。保藏日期应当在申请日之前或者在申请日（有优先权的，指优先权日）当天。不符合规定的，审查员应当发出生物材料样品视为未保藏通知书。

但是，保藏证明写明的保藏日期在所要求的优先权日之后，并且在申请日之前的，审查员应当发出办理手续补正通知书，要求申请人在指定的期限内撤回优先权要求或者声明该保藏证明涉及的生物材料的内容不要求享受优先权，期满未答复或者补正后仍不符合规定的，审查员应当发出生物材料样品视为未保藏通知书。

（3）保藏及存活证明和请求书的一致性。保藏及存活证明与请求书中所填写的项目应当一致，不一致的，审查员应当发出补正通知书，通知申请人在规定期限内补正。期满未补正的，审查员应当发出生物材料样品视为未保藏通知书。

初步审查中，对于未在规定期限内提交保藏证明的，该生物材料样品视为未提交保藏，审查员应当发出生物材料样品视为未保藏通知书。在自申请日起四个月内，申请人未提交生物材料存活证明，又没有说明未能提交该证明的正当理由的，该生物材料样品视为未提交保藏，审查员应当发出生物材料样品视为未保藏通知书。

提交生物材料样品保藏过程中发生样品死亡的，除申请人能够提供证据证明造成生物材料样品死亡并非申请人责任外，该生物材料样品视为未提交保藏，审查员应当发出生物材料样品视为未保藏通知书。申请人提供证明的，可以在自申请日起四个月内重新提供与原样品相同的新样品重新保藏，并以原提交保藏日为保藏日。

涉及生物材料的专利申请，申请人应当在请求书和说明书中分别写明生物材料的分类命名，保藏该生物材料样品的单位名称、地址、保藏日期和保藏编号，并且一致。申请时请求书和说明书都未写明的，申请人应当自申请日起四个月内补正，期满未补正的，视为未提交保藏。请求书和说明书填写不一致的，申请人可以在收到专利局通知书后，在指定的期限内补正，期满未补正的，视为未提交保藏。

2. 涉及生物材料申请的说明书应当满足的要求

《专利审查指南2010》第二部分第十章第9.2.1节生物材料的保藏（1）作了以下规定：

对于涉及公众不能得到的生物材料的专利申请，应当在请求书和说明书中均写明生物材料的分类命名、拉丁文学名、保藏该生物材料样品的单位名称、地址、保藏日期和保藏编号。在说明书中第一次提及该生物材料时，除描述该生物材料的分类命名、拉丁文学名以外，还应当写明其保藏日期、保藏该生物材料样品的保藏单位全称及简称和保藏编号；此外，还应当将该生物材料的保藏日期、保藏单位全称及简称和保藏编号作为说明书的一个部分集中写在相当于附图说明的位置。如果申请人按时提交了符合专利法实施细则第二十四条规定的请求书、保藏证明和存活证明，但未在说明书中写明与保藏有关的信息，允许申请人在实质审查阶段根据请求书的内容将相关信息补充到说明书中。

3. 生物材料样品国际保藏单位

国家知识产权局认可的保藏单位是指布达佩斯条约承认的生物材料样品国际保藏单位，其中包括位于我国北京的中国微生物菌种保藏管理委员会普通微生物中心（CGMCC）和位于武汉的中国典型培养物保藏中心（CCTCC）。

4. 保藏证明

《中国微生物菌种保藏管理委员会普通微生物中心用于专利程序的微生物保藏办法》第五条规定：保藏中心在收到保藏请求和微生物培养物时，应当给请求人书面证明，其内容包括：（1）保藏单位的名称和地址；（2）请求人的姓名或者单位名称和地址；（3）收到微生物培养物的日期；（4）保藏中心给予该带保藏微生物的保藏号；（5）保藏中心盖章或者负责人签字。

5. 存活证明

《中国微生物菌种保藏管理委员会普通微生物中心用于专利程序的微生物保藏办法》第八条规定：保藏中心应当自收到微生物培养物之日起一个月内，对请求保藏微生物进行存活性试验。上述试验结果除应当在保藏单位登记外，还应当通知请求人和专利局。

6. 提供保藏要求的法律意义

《专利审查指南2010》第二部分第十章第9.2.1节生物材料的保藏（1）作了以下规定：

专利法第二十六条第三款规定，说明书应当对发明或者实用新型作出清楚、完整的说明，以所属技术领域的技术人员能够实现为准。

通常情况下，说明书应当通过文字记载充分公开申请专利保护的发明。在生物技术这一特定的领域中，有时由于文字记载很难描述生物材料的具体特征，即使有了这些描述也得不到生物材料本身，所属技术领域的技术人员仍然不能实施发明。在这种情况下，为了满足专利法第二十六条第三款的要求，应按规定将所涉及的生物材料到国家知识产权局认可的保藏单位进行保藏。

如果申请涉及的完成发明必须使用的生物材料是公众不能得到的，而申请人却没有按专利法实施细则第二十四条的规定进行保藏，或者虽然按规定进行了保藏，但是未在申请日或者最迟自申请日起四个月内提交保藏单位出具的保藏证明和存活证明的，审查员应当以申请不符合专利法第二十六条第三款的规定驳回该申请。

7. 保藏的恢复

《专利审查指南2010》第一部分第一章第5.2.2节规定了保藏的恢复。

审查员发出生物材料样品视为未保藏通知书后，申请人有正当理由的，可以根据专利法实施细则第六条第二款的规定启动恢复程序。除其他方面正当理由外，属于生物材料样品未提交保藏或未存活方面的正当理由如下：

（1）保藏单位未能在自申请日起四个月内作出保藏证明或者存活证明，并出具了证明文件；

（2）提交生物材料样品过程中发生生物材料样品死亡，申请人能够提供证据证明生物材料样品死亡并非申请人的责任。

8. 提交生物材料样品保藏的期限

根据专利法实施细则第二十四条第（一）项的规定，在申请日前或者最迟申请日（有优先权的，指优先权日），将该生物材料的样品提交国务院专利行政部门认可的保藏单位保藏。

9. 提交保藏证明和存活证明的期限

根据专利法实施细则第二十四条第（一）项的规定，在申请时或者最迟自申请日起 4 个月内提交保藏单位出具的保藏证明和存活证明；期满未提交证明的，该样品视为未提交保藏。

（七）对涉及遗传资源申请的特殊要求

1. 遗传资源的直接来源

《专利审查指南 2010》第二部分第十章第 9.5.1 节术语的解释作了以下规定：

专利法所称遗传资源的直接来源，是指获取遗传资源的直接渠道。申请人说明遗传资源的直接来源，应当提供获取该遗传资源的时间、地点、方式、提供者等信息。

2. 遗传资源的原始来源

《专利审查指南 2010》第二部分第十章第 9.5.1 节术语的解释作了以下规定：

专利法所称遗传资源的原始来源，是指遗传资源所属的生物体在原生环境中的采集地。遗传资源所属的生物体为自然生长的生物体的，原生环境是指该生物体的自然生长环境；遗传资源所属的生物体为培植或者驯化的生物体的，原生环境是指该生物体形成其特定性状或者特征的环境。申请人说明遗传资源的原始来源，应当提供采集该遗传资源所属的生物体的时间、地点、采集者等信息。

3. 遗传资源来源披露登记表的填写

《专利审查指南 2010》第一部分第一章第 5.3 节对涉及遗传资源的申请作了以下规定：

就依赖遗传资源完成的发明创造申请专利，申请人应当在请求书中对于遗传资源的来源予以说明，并填写遗传资源来源披露登记表，写明该遗传资源的直接来源和原始来源。申请人无法说明原始来源的，应当陈述理由。对于不符合规定的，审查员应当发出补正通知书，通知申请人补正。期满未补正的，审查员应当发出视为撤回通知书。补正后仍不符合规定的，该专利申请应当被驳回。

（八）专利的申请及受理

1. 申请发明、实用新型和外观设计专利应提交的文件及形式

《专利审查指南 2010》第五部分第一章第 2 节规定了办理专利申请的形式。

专利申请手续应当以书面形式（纸件形式）或者电子文件形式办理。

（1）书面形式。《专利审查指南 2010》第五部分第一章第 2.1 节规定了书面形式。

申请人以书面形式提出专利申请并被受理的，在审批程序中应当以纸件形式提交相关文件。除另有规定外，申请人以电子文件形式提交的相关文件视为未提交。

以口头、电话、实物等非书面形式办理各种手续的，或者以电报、电传、传真、电子邮件等通信手段办理各种手续的，均视为未提出，不产生法律效力。

（2）电子文件形式。《专利审查指南 2010》第五部分第一章第 2.2 节规定了电子文件形式。

申请人以电子文件形式提出专利申请并被受理的，在审批程序中应当通过电子专利申请系统以电子文件形式提交相关文件，另有规定的除外。不符合规定的，该文件视为未提交。

（3）标准表格。《专利审查指南 2010》第五部分第一章第 4 节规定了标准表格。

办理专利申请（或专利）手续时应当使用专利局制定的标准表格。标准表格由专利局按照一定的格式和样式统一制定、修订和公布。

办理专利申请（或专利）手续时以非标准表格提交的文件，审查员可以根据有关规定发出补正通知书或者针对该手续发出视为未提出通知书。

但是，申请人在答复补正通知书或者审查意见通知书时，提交的补正书或者意见陈述书为非标准格式的，只要写明申请号，表明是对申请文件的补正，并且签字或者盖章符合规定的，可视为文件格式符合要求。

（4）证明文件。《专利审查指南 2010》第五部分第一章第 6 节规定了证明文件。

专利申请审批程序中常用的证明文件有非职务发明证明、国籍证明、经常居所证明、注册地或经常营业所所在地证明、申请人资格证明、优先权证明（在先申请文件副本）、优先权转让证明、生物材料样品保藏证明、申请人（或专利权人）名称变更或者权利转移证明、文件寄发日期证明等。

各种证明文件应当由有关主管部门出具或者由当事人签署。各种证明文件应当提供原件；证明文件是复印件

的，应当经公证或者由主管部门加盖公章予以确认（原件在专利局备案确认的除外）。

（5）文件份数。《专利审查指南2010》第五部分第一章第7节规定了文件份数。

申请人提交的专利申请文件应当一式两份，原本和副本各一份，其中发明或者实用新型专利申请的请求书、说明书、说明书附图、权利要求书、说明书摘要、摘要附图应当提交一式两份，外观设计专利申请的请求书、图片或者照片、简要说明应当提交一式两份，并应当注明其中的原本。申请人未注明原本的，专利局指定一份作为原本。两份文件的内容不同时，以原本为准。

除专利法实施细则和审查指南另有规定以及申请文件的替换页外，向专利局提交的其他文件（如专利代理委托书、实质审查请求书、著录项目变更申报书、转让合同等）为一份。文件需要转送其他有关方的，专利局可以根据需要在通知书中规定文件的份数。

（6）签字或者盖章。《专利审查指南2010》第五部分第一章第8节规定了签字或者盖章。

向专利局提交的专利申请文件或者其他文件，应当按照规定签字或者盖章。其中未委托专利代理机构的申请，应当由申请人（或专利权人）、其他利害关系人或者其代表人签字或者盖章，办理直接涉及共有权利的手续，应当由全体权利人签字或者盖章；委托了专利代理机构的，应当由专利代理机构盖章，必要时还应当由申请人（或专利权人）、其他利害关系人或者其代表人签字或者盖章。

2. 专利申请的受理

（1）专利局代办处。《专利审查指南2010》第五部分第三章第1节规定了专利局代办处。

专利局的受理部门包括专利局受理处和专利局各代办处。专利局受理处负责受理专利申请及其他有关文件，代办处按照相关规定受理专利申请及其他有关文件。专利复审委员会可以受理与复审和无效宣告请求有关的文件。

（2）受理地点。《专利审查指南2010》第五部分第三章第1节规定了受理地点。

专利局受理处和代办处应当开设受理窗口。未经过受理登记的文件，不得进入审批程序。

专利局受理处和代办处的地址由专利局以公告形式公布。邮寄或者直接交给专利局的任何个人或者非受理部门的申请文件和其他有关文件，其邮寄文件的邮戳日或者提交文件的提交日都不具有确定申请日和递交日的效力。

（3）专利申请的受理。

第一，受理条件。《专利审查指南2010》第五部分第三章第2.1节规定了受理条件。

专利申请符合下列条件的，专利局应当受理：

① 申请文件中有请求书。该请求书中申请专利的类别明确；写明了申请人姓名或者名称及其地址。

② 发明专利申请文件中有说明书和权利要求书；实用新型专利申请文件中有说明书、说明书附图和权利要求书；外观设计专利申请文件中有图片或者照片和简要说明。

③ 申请文件是使用中文打字或者印刷的。全部申请文件的字迹和线条清晰可辨，没有涂改，能够分辨其内容。发明或者实用新型专利申请的说明书附图和外观设计专利申请的图片是用不易擦去的笔迹绘制，并且没有涂改。

④ 申请人是外国人、外国企业或者外国其他组织的，符合专利法第十九条第一款的有关规定，其所属国符合专利法第十八条的有关规定。

⑤ 申请人是中国香港、澳门或者台湾地区的个人、企业或者其他组织的，符合本指南第一部分第一章第6.1.1节的有关规定。

第二，不受理情形。《专利审查指南2010》第五部分第三章第2.2节规定了不受理的情形。

专利申请有下列情形之一的，专利局不予受理：

① 发明专利申请缺少请求书、说明书或者权利要求书的；实用新型专利申请缺少请求书、说明书、说明书附图或者权利要求书的；外观设计专利申请缺少请求书、图片或照片或者简要说明的。

② 未使用中文的。

③ 不符合本章第2.1节（3）中规定的受理条件的。

④ 请求书中缺少申请人姓名或者名称，或者缺少地址的。

⑤ 外国申请人因国籍或者居所原因，明显不具有提出专利申请的资格的。

⑥ 在中国内地没有经常居所或者营业所的外国人、外国企业或者外国其他组织作为第一署名申请人，没有委托专利代理机构的。

⑦ 在中国内地没有经常居所或者营业所的香港、澳门或者台湾地区的个人、企业或者其他组织作为第一署名申请人，没有委托专利代理机构的。

⑧ 直接从外国向专利局邮寄的。

⑨ 直接从香港、澳门或者台湾地区向专利局邮寄的。

⑩ 专利申请类别（发明、实用新型或者外观设计）不明确或者难以确定的。

⑪ 分案申请改变申请类别的。

第三，受理程序。专利局受理处及代办处收到专利申请后，应当检查和核对全部文件，作出受理或者不受理决定。

《专利审查指南2010》第五部分第三章第2.3.1节规定了受理程序。

专利申请符合受理条件的，受理程序如下：

① 确定收到日：根据文件收到日期，在文件上注明受理部门收到日，以记载受理部门收到该申请文件的日期。

② 核实文件数量：清点全部文件数量，核对请求书上注明的申请文件和其他文件名称与数量，并记录核实情况。对于涉及核苷酸或者氨基酸序列的发明专利申请，还应当核实是否提交了包含相应序列表的计算机可读形式的副本，例如光盘或者软盘等。

③ 确定申请日：向专利局受理处或者代办处窗口直接递交的专利申请，以收到日为申请日；通过邮局邮寄递交到专利局受理处或者代办处的专利申请，以信封上的寄出邮戳日为申请日；寄出的邮戳日不清晰无法辨认的，以专利局受理处或者代办处收到日为申请日，并将信封存档。通过速递公司递交到专利局受理处或者代办处的专利申请，以收到日为申请日。邮寄或者递交到专利局非受理部门或者个人的专利申请，其邮寄日或者递交日不具有确定申请日的效力，如果该专利申请被转送到专利局受理处或者代办处，以受理处或者代办处实际收到日为申请日。分案申请以原申请的申请日为申请日，并在请求书上记载分案申请递交日。

④ 给出申请号：按照专利申请的类别和专利申请的先后顺序给出相应的专利申请号，号条贴在请求书和案卷夹上。

⑤ 记录邮件挂号号码：通过邮局挂号邮寄递交的专利申请，在请求书上记录邮寄该文件的挂号号码。

⑥ 审查费用减缓请求书：根据专利费用减缓办法，对与专利申请同时提交的费用减缓请求书进行审查，作出费用减缓审批决定，并在请求书上注明相应标记。

⑦ 采集与核实数据：依据请求书中的内容，采集并核实数据，打印出数据校对单，对错录数据进行更正。

⑧ 发出通知书：作出专利申请受理通知书、缴纳申请费通知书或者费用减缓审批通知书送交申请人。专利申请受理通知书至少应当写明申请号、申请日、申请人姓名或者名称和文件核实情况，加盖专利局受理处或者代办处印章，并有审查员的签名和发文日期。

缴纳申请费通知书应当写明申请人应当缴纳的申请费、申请附加费和在申请时应当缴纳的其他费用，以及缴费期限；同时写明缴纳费用须知。费用减缓审批通知书应当包括费用减缓比例、应缴纳的金额和缴费的期限以及相关的缴费须知。

⑨ 扫描文件：对符合受理条件的专利申请的文件应当进行扫描，并存入数据库。电子扫描的内容包括申请时提交的申请文件和其他文件。此外，专利局发出的各种通知书（如专利申请受理通知书、缴纳申请费通知书或者费用减缓审批通知书）的电子数据，也应当保存在数据库中。

（4）其他文件的接收。《专利审查指南2010》第五部分第三章第2.3.2.1节规定了国家申请的分案申请的受理程序。

对于国家申请的分案申请除按照一般专利申请的受理条件对分案申请进行受理审查外，还应当对分案申请请求书中是否填写了原申请的申请号和原申请的申请日进行审查。分案申请请求书中原申请的申请号填写正确，但未填写原申请的申请日的，以原申请号所对应的申请日为申请日。分案申请请求书中未填写原申请的申请号或者填写的原申请的申请号有误的，按照一般专利申请受理。

对符合受理条件的分案申请，专利局应当受理，给出专利申请号，以原申请的申请日为申请日，并记载分案申请递交日。

《专利审查指南2010》第五部分第三章第2.3.2.2节规定了进入国家阶段的国际申请的分案申请的受理程序。

国际申请进入国家阶段之后提出的分案申请，审查员除了按照一般专利申请的受理条件对分案申请进行受理审查外，还应当核实分案申请请求书中是否填写了原申请的申请日和原申请的申请号，该原申请的申请日应当是其国际申请日，原申请的申请号是进入国家阶段时专利局给予的申请号，并应当在其后的括号内注明原申请的国际申请号。

（5）受理程序中错误的更正。《专利审查指南2010》第五部分第三章第5节规定了受理程序中错误的更正。

专利局受理处或者代办处在受理工作中出现的错误一经发现，应当及时更正，并发出修改更正通知书，同时修改有关数据。对专利局内部错投到各审查部门的文件应当及时退回受理处，并注明退回原因。

（6）查询。《专利审查指南2010》第五部分第三章第6节规定了查询。

专利局受理处设置收文登记簿。当事人除能提供专利局或者专利局代办处的收文回执或者受理通知书外，以收文登记簿的记载为准。

查询时效为一年，自提交该文件之日起算。

3. 文件的递交和送达

（1）递交日的确定。《专利审查指南2010》第五部分第三章第2.3.1节规定了受理程序（3）确定申请日的规定：

向专利局受理处或者代办处窗口直接递交的专利申请，以收到日为申请日；通过邮局邮寄递交到专利局受理处或者代办处的专利申请，以信封上的寄出邮戳日为申请日；寄出的邮戳日不清晰无法辨认的，以专利局受理处或者代办处收到日为申请日，并将信封存档。通过速递公司递交到专利局受理处或者代办处的专利申请，以收到日为申请日。邮寄或者递交到专利局非受理部门或者个人的专利申请，其邮寄日或者递交日不具有确定申请日的效力，如果该专利申请被转送到专利局受理处或者代办处，以受理处或者代办处实际收到日为申请日。分案申请以原申请的申请日为申请日，并在请求书上记载分案申请递交日。

（2）文件递交的方式。申请人可以向专利局受理处或者代办处窗口直接递交专利申请，也可以将申请文件通过邮局邮寄递交到专利局受理处或者代办处。

专利法实施细则第一百二十条规定：

向国务院专利行政部门邮寄有关申请或者专利权的文件，应当使用挂号信函，不得使用包裹。

除首次提交专利申请文件外，向国务院专利行政部门提交各种文件、办理各种手续的，应当标明申请号或者专利号、发明创造名称和申请人或者专利权人姓名或者名称。

一件信函中应当只包含同一申请的文件。

（3）其他有关文件的提交。《专利审查指南2010》第五部分第三章第3.1节规定了其他文件的受理条件。

申请后当事人提交的其他文件符合下列条件的，专利局应当受理：

① 各文件中注明了该文件所涉及专利申请的申请号（或专利号），并且仅涉及一件专利申请（或专利）。

② 各文件用中文书写，字迹清晰、字体工整，并且用不易擦去的笔迹完成；外文证明材料附有中文清单。

专利局受理处、代办处、专利复审委员会收到申请人（或专利权人）或者其他相关当事人递交的与专利申请有关的其他文件时，应当检查和核对全部文件。

《专利审查指南2010》第五部分第三章第3.2节规定了其他文件的受理程序。

其他文件符合受理条件的，受理程序如下：

① 确定收到日：根据文件收到日期，在文件上注明受理部门接收日，以记载受理部门收到该文件的日期。

② 核实文件数量：清点全部文件数量。核对清单上当事人注明的文件名称与数量，将核实情况记录在清单上；申请人未提供清单的，核对主文件上注明的附件情况，将核实情况记录在主文件上。递交文件的申请号是错号的，若受理处依据其他信息能正确判定其正确申请号的，可以依职权予以确定；若不能予以判定的，则不予受理。

③ 确定递交日：其他文件递交日的确定参照本章第2.3.1节第（3）项的规定。文件递交日应当记录在主文件上。

④ 给出收到文件回执：当事人在受理窗口递交文件的同时附具了文件清单一式两份的，应当在清单副本上注明受理部门接收日，注明文件核实情况后送交当事人作为回执，清单正本上应当加盖审查员名章和发文日期后存入案卷。当事人在递交文件同时未附具文件清单，或者附送了文件清单但不足两份的，不出具收到文件的回执。当事人以寄交方式递交文件的，专利局不再出具收到文件回执。

专利代理机构批量递交文件并且提供了文件清单的，其文件清单经受理部门确认签章后一份交专利代理机构作为回执，另一份存档备查。

⑤ 数据采集与文件扫描：采集文件的类型、份数、页数和文件代码等所有相关数据，对文件进行扫描，并存入数据库中。

（4）文件统一格式。专利法实施细则第三条第一款规定，"依照专利法和本细则规定提交的各种文件应当使用中文"。

专利法实施细则第十五条第一款规定，"以书面形式申请专利的，应当向国务院专利行政部门提交申请文件一式两份"。

专利法实施细则第一百二十一条第一款规定，"各类申请文件应当打字或者印刷，字迹呈黑色，整齐清晰，并不得涂改。附图应当用制图工具和黑色墨水绘制，线条应当均匀清晰，并不得涂改"。

（5）文件送达方式。《专利审查指南2010》第五部分第六章第2.1节规定了送达方式。

① 邮寄。邮寄送达文件是指通过邮局把通知和决定送交当事人。除另有规定外，邮寄的文件应当挂号，并应当在计算机中登记挂号的号码、收件人地址和姓名、文件类别、所涉及的专利申请号、发文日期、发文部门。邮寄被退回的函件要登记退函日期。

② 直接送交。经专利局同意，专利代理机构可以在专利局指定的时间和地点，按时接收通知和决定。特殊情况下经专利局同意，当事人本人也可以在专利局指定的时间和地点接收通知和决定。

除受理窗口当面交付受理通知书和文件回执外，当面交付其他文件时应当办理登记签收手续。特殊情况下，应当由当事人在申请案卷上签字或者盖章，并记录当事人身份证件的名称、号码和签发单位。

③ 电子方式送达。对于以电子文件形式提交的专利申请，专利局以电子文件形式向申请人发出各种通知书、决定和其他文件的，申请人应当按照电子专利申请系统用户注册协议规定的方式接收。

④ 公告送达。专利局发出的通知和决定被退回的，审查员应当与文档核对；如果确定文件因送达地址不清或者存在其他原因无法再次邮寄的，应当在专利公报上通过公告方式通知当事人。自公告之日起满一个月，该文件视为已经送达。

（6）文件送达的确定。《专利审查指南2010》第五部分第六章第2.2节规定了收件人。

① 当事人未委托专利代理机构。当事人未委托专利代理机构的，通知和决定的收件人为请求书中填写的联系人。若请求书中未填写联系人的，收件人为当事人；当事人有两个以上时，请求书中另有声明指定非第一署名当事人为代表人的，收件人为该代表人；除此之外，收件人为请求书中第一署名当事人。

② 当事人已委托专利代理机构。当事人委托了专利代理机构的，通知和决定的收件人为该专利代理机构指定的专利代理人。专利代理人有两个的，收件人为该两名专利代理人。

③ 其他情况。当事人无民事行为能力的，在专利局已被告知的情况下，通知和决定的收件人是法定监护人或者法定代理人。

（7）送达日的确定。《专利审查指南2010》第五部分第六章第2.3节规定了送达日。

① 邮寄、直接送交和电子方式送达。通过邮寄、直接送交和电子方式送达的通知和决定，自发文日起满十五日推定为当事人收到通知和决定之日。对于通过邮寄的通知和决定，当事人提供证据，证明实际收到日在推定收到日之后的，以实际收到日为送达日。

② 公告送达。通知和决定是通过在专利公报上公告方式通知当事人的，以公告之日起满一个月推定为送达日。当事人见到公告后可以向专利局提供详细地址，要求重新邮寄有关文件，但仍以自公告之日起满一个月为送达日。

4. 申请在香港特别行政区获得专利保护

根据《关于香港回归后中国内地和香港专利申请若干问题的说明》的规定，中国政府对香港恢复行使主权后，香港特别行政区设有单独的专利制度，施行香港《专利条例》和《注册外观设计条例》。关于申请在香港特别行政区获得专利保护的规定如下：

（1）关于国际申请在香港特别行政区获得专利保护的问题。申请人在提出的国际申请中指定中国并希望其申请在香港获得专利保护的，除应向中国专利局办理有关手续外，还应当按照香港《专利条例》的有关规定办理标准专利的请求注册批予手续或短期专利的请求批予手续。

要求获得中国发明专利的国际申请在进入中国国家阶段后，申请人为获得香港标准专利的保护，应当向香港知识产权署办理标准专利的注册手续，即自该申请由中国专利局以中文公布之日起六个月内，或者该申请已由国际局以中文公布的、自中国专利局国家申请号通知书发文日起六个月内，向香港知识产权署办理记录请求手续；并自该申请由中国专利局授予专利权之日起六个月内向香港知识产权署办理注册与批予请求手续。

以上程序适用于公布日或国家申请号通知书发文日是在 1997 年 6 月 27 日或之后的申请。

要求获得中国实用新型专利的国际申请人为使其国际申请也获得香港短期专利的保护，应当在进入中国国家阶段之日起六个月内，或自中国专利局国家申请号通知书发文日起六个月内，向香港知识产权署办理短期专利的批予请求手续。

以上程序适用于国家申请号通知书发文日是在 1997 年 7 月 1 日或之后的申请。

（2）关于中国发明专利申请在香港特别行政区获得专利保护的问题。向中国专利局提出发明专利申请的申请人，为获得香港标准专利的保护，应当按照香港《专利条例》的有关规定，向香港知识产权署办理标准专利的注册手续，即自该申请由中国专利局公布之日起六个月内向香港知识产权署办理记录请求手续；并自该申请由中国专利局授予专利权之日起六个月内向香港知识产权署办理注册与批予请求手续。

以上程序适用于公布日是在 1997 年 6 月 27 日或之后的申请。

（3）关于要求获得香港短期专利或注册外观设计保护的问题。要求获得香港短期专利（除前述通过国际申请途径外）或注册外观设计保护的，应当按照香港《专利条例》或《注册外观设计条例》的规定，向香港知识产权署办理有关手续。

根据香港《专利条例规则》的规定，要求获得香港短期专利保护的，还应提交包括中国专利局在内的国际检索单位或香港知识产权署指定的专利当局所作的检索报告。

5. 委托专利代理

（1）委托专利代理机构。《专利审查指南 2010》第一部分第一章第 6.1.1 节规定了委托。

根据专利法第十九条第一款的规定，在中国内地没有经常居所或者营业所的外国人、外国企业或者外国其他组织在中国申请专利和办理其他专利事务，或者作为第一署名申请人与中国内地的申请人共同申请专利和办理其他专利事务的，应当委托专利代理机构办理。审查中发现上述申请人申请专利和办理其他专利事务时，未委托专利代理机构的，审查员应当发出审查意见通知书，通知申请人在指定期限内答复。申请人在指定期限内未答复的，其申请被视为撤回；申请人陈述意见或者补正后，仍然不符合专利法第十九条第一款规定的，该专利申请应当被驳回。

中国内地的单位或者个人可以委托专利代理机构在国内申请专利和办理其他专利事务。委托不符合规定的，审查员应当发出补正通知书，通知专利代理机构在指定期限内补正。期满未答复或者补正后仍不符合规定的，应当向申请人和被委托的专利代理机构发出视为未委托专利代理机构通知书。

在中国内地没有经常居所或者营业所的香港、澳门或者台湾地区的申请人向专利局提出专利申请和办理其他专利事务，或者作为第一署名申请人与中国内地的申请人共同申请专利和办理其他专利事务的，应当委托专利代理机构办理。未委托专利代理机构的，审查员应当发出审查意见通知书，通知申请人在指定期限内答复。申请人在指定期限内未答复的，审查员应当发出视为撤回通知书；申请人陈述意见或者补正后仍不符合规定的，该专利申请应当被驳回。

委托的双方当事人是申请人和被委托的专利代理机构。申请人有两个以上的，委托的双方当事人是全体申请人和被委托的专利代理机构。被委托的专利代理机构仅限一家，本指南另有规定的除外。专利代理机构接受委托后，应当指定该专利代理机构的专利代理人办理有关事务，被指定的专利代理人不得超过两名。

（2）委托书。《专利审查指南 2010》第一部分第一章第 6.1.2 节规定了委托书。

申请人委托专利代理机构向专利局申请专利和办理其他专利事务的，应当提交委托书。委托书应当使用专利局制定的标准表格，写明委托权限、发明创造名称、专利代理机构名称、专利代理人姓名，并应当与请求书中填写的内容相一致。在专利申请确定申请号后提交委托书的，还应当注明专利申请号。

申请人是个人的，委托书应当由申请人签字或者盖章；申请人是单位的，应当加盖单位公章，同时也可以附有其法定代表人的签字或者盖章；申请人有两个以上的，应当由全体申请人签字或者盖章。此外，委托书还应当由专利代理机构加盖公章。

申请人委托专利代理机构的，可以向专利局交存总委托书；专利局收到符合规定的总委托书后，应当给出总委托书编号，并通知该专利代理机构。已交存总委托书的，在提出专利申请时可以不再提交专利代理委托书原件，而提交总委托书复印件，同时写明发明创造名称、专利代理机构名称、专利代理人姓名和专利局给出的总委托书编号，并加盖专利代理机构公章。

委托书不符合规定的，审查员应当发出补正通知书，通知专利代理机构在指定期限内补正。第一署名申请人是中国内地单位或者个人的，期满未答复或者补正后仍不符合规定的，审查员应当向双方当事人发出视为未委托专利代理机构通知书。第一署名申请人为外国人、外国企业或者外国其他组织的，期满未答复的，审查员应当发出视为撤回通知书；补正后仍不符合规定的，该专利申请应当被驳回。第一署名申请人是香港、澳门或者台湾地区的个人、企业或者其他组织的，期满未答复的，审查员应当发出视为撤回通知书；补正后仍不符合规定的，该专利申请应当被驳回。

（3）解除委托和辞去委托。根据《专利审查指南2010》第一部分第一章第6.1.3节和第6.7.2.4节（2）的规定：

申请人（或专利权人）委托专利代理机构后，可以解除委托；专利代理机构接受申请人（或专利权人）委托后，可以辞去委托。

办理解除委托或者辞去委托手续的，应当事先通知对方当事人。

解除委托时，申请人（或专利权人）应当提交著录项目变更申报书，并附具全体申请人（或专利权人）签字或者盖章的解聘书，或者仅提交由全体申请人（或专利权人）签字或者盖章的著录项目变更申报书。

辞去委托时，专利代理机构应当提交著录项目变更申报书，并附具申请人（或专利权人）或者其代表人签字或者盖章的同意辞去委托声明，或者附具由专利代理机构盖章的表明已通知申请人（或专利权人）的声明。

变更手续生效（发出手续合格通知书）之前，原专利代理委托关系依然有效，且专利代理机构已为申请人（或专利权人）办理的各种事务在变更手续生效之后继续有效。变更手续不符合规定的，审查员应当向办理变更手续的当事人发出视为未提出通知书；变更手续符合规定的，审查员应当向当事人发出手续合格通知书。

对于第一署名申请人是在中国内地没有经常居所或者营业所的外国申请人的专利申请，在办理解除委托或者辞去委托手续时，申请人（或专利权人）应当同时委托新的专利代理机构，否则不予办理解除委托或者辞去委托手续，审查员应当发出视为未提出通知书。

对于第一署名申请人是在中国内地没有经常居所或者营业所的香港、澳门或者台湾地区申请人的专利申请，在办理解除委托或者辞去委托手续时，申请人（或专利权人）应当同时委托新的专利代理机构，否则不予办理解除委托或者辞去委托手续，审查员应当发出视为未提出通知书。

6. 指定代表人

《专利审查指南2010》第一部分第一章第4.1.5节规定了代表人。

（1）代表人的指定。申请人有两人以上且未委托专利代理机构的，除本指南另有规定或请求书中另有声明外，以第一署名申请人为代表人。请求书中另有声明的，所声明的代表人应当是申请人之一。

（2）代表人的权利。除直接涉及共有权利的手续外，代表人可以代表全体申请人办理在专利局的其他手续。直接涉及共有权利的手续包括：提出专利申请，委托专利代理，转让专利申请权、优先权或者专利权，撤回专利申请，撤回优先权要求，放弃专利权等。直接涉及共有权利的手续应当由全体权利人签字或者盖章。

7. 著录项目变更

《专利审查指南2010》第一部分第一章第6.7节规定了著录项目变更。

著录项目（著录事项）包括：申请号、申请日、发明创造名称、分类号、优先权事项（包括在先申请的申请号、申请日和原受理机构的名称）、申请人或者专利权人事项（包括申请人或者专利权人的姓名或者名称、国籍或者注册的国家或地区、地址、邮政编码、组织机构代码或者居民身份证件号码）、发明人姓名、专利代理事项（包括专利代理机构的名称、机构代码、地址、邮政编码、专利代理人姓名、执业证号码、联系电话）、联系人事项（包括姓名、地址、邮政编码、联系电话）以及代表人等。

其中有关人事的著录项目（指申请人或者专利权人事项、发明人姓名、专利代理事项、联系人事项、代表人）发生变化的，应当由当事人按照规定办理著录项目变更手续；其他著录项目发生变化的，可以由专利局根据情况依职权进行变更。

专利申请权（或专利权）转让或者因其他事由发生转移的，申请人（或专利权人）应当以著录项目变更的形式向专利局登记。

（1）著录项目变更申报书。《专利审查指南2010》第一部分第一章第6.7.1.1节规定了著录项目变更申报书。

办理著录项目变更手续应当提交著录项目变更申报书。一件专利申请的多个著录项目同时发生变更的，只需提交一份著录项目变更申报书；一件专利申请同一著录项目发生连续变更的，应当分别提交著录项目变更申报书；多件专利申请的同一著录项目发生变更的，即使变更的内容完全相同，也应当分别提交著录项目变更申报书。

（2）著录项目变更手续费。《专利审查指南2010》第一部分第一章第6.7.1.2节规定了著录项目变更手续费。

办理著录项目变更手续应当按照规定缴纳著录项目变更手续费（著录事项变更费）。专利局公布的专利收费标准中的著录项目变更手续费是指，一件专利申请每次每项申报著录项目变更的费用。针对一项专利申请（或专利），申请人在一次著录项目变更申报手续中对同一著录项目提出连续变更，视为一次变更。申请人请求变更发明人和/或申请人（或专利权人）的，应当缴纳著录项目变更手续费200元，请求变更专利代理机构和/或专利代理人的，应当缴纳著录项目变更手续费50元。

例如，在一次著录项目变更申报手续中申请人请求将一件专利申请的申请人从甲变更为乙，再从乙变更为丙，视为一次申请人变更，应当缴纳著录项目变更手续费200元。若同时变更发明人姓名，申请人也只需缴纳一项著录项目变更手续费200元。

又如，在一次著录项目变更申报手续中申请人请求将一件专利申请的申请人从甲变更为乙，同时变更专利代理机构和代理人，申请人应当缴纳著录项目变更手续费200元和代理机构、代理人变更手续费50元。

（3）著录项目变更手续费缴纳期限。《专利审查指南2010》第一部分第一章第6.7.1.3节规定了著录项目变更手续费缴纳期限。

著录项目变更手续费应当自提出请求之日起一个月内缴纳，另有规定的除外；期满未缴纳或者未缴足的，视为未提出著录项目变更申报。

（4）办理著录项目变更手续的人。《专利审查指南2010》第一部分第一章第6.7.1.4节规定了办理著录项目变更手续的人。

未委托专利代理机构的，著录项目变更手续应当由申请人（或专利权人）或者其代表人办理；已委托专利代理机构的，应当由专利代理机构办理。因权利转移引起的变更，也可以由新的权利人或者其委托的专利代理机构办理。

（5）著录项目变更证明文件。《专利审查指南2010》第一部分第一章第6.7.2节规定了著录项目变更证明文件。

第一，申请人（或专利权人）姓名或者名称变更。

① 个人因更改姓名提出变更请求的，应当提交户籍管理部门出具的证明文件。

② 个人因填写错误提出变更请求的，应当提交本人签字或者盖章的声明及本人的身份证明文件。

③ 企业法人因更名提出变更请求的，应当提交工商行政管理部门出具的证明文件。

④ 事业单位法人、社会团体法人因更名提出变更请求的，应当提交登记管理部门出具的证明文件。

⑤ 机关法人因更名提出变更请求的，应当提交上级主管部门签发的证明文件。

⑥ 其他组织因更名提出变更请求的，应当提交登记管理部门出具的证明文件。

⑦ 外国人、外国企业或者外国其他组织因更名提出变更请求的，应当参照以上各项规定提交相应的证明文件。

⑧ 外国人、外国企业或者外国其他组织因更改中文译名提出变更请求的，应当提交申请人（或专利权人）

的声明。

第二，专利申请权（或专利权）转移。

① 申请人（或专利权人）因权属纠纷发生权利转移提出变更请求的，如果纠纷是通过协商解决的，应当提交全体当事人签字或者盖章的权利转移协议书。如果纠纷是由地方知识产权管理部门调解解决的，应当提交该部门出具的调解书；如果纠纷是由人民法院调解或者判决确定的，应当提交生效的人民法院调解书或者判决书，对一审法院的判决，收到判决书后，审查员应当通知其他当事人，确认是否提起上诉，在指定的期限内未答复或者明确不上诉的，应当依据此判决书予以变更；提起上诉的，当事人应当提交上级人民法院出具的证明文件，原人民法院判决书不发生法律效力；如果纠纷是由仲裁机构调解或者裁决确定的，应当提交仲裁调解书或者仲裁裁决书。

② 申请人（或专利权人）因权利的转让或者赠与发生权利转移提出变更请求的，应当提交双方签字或者盖章的转让或者赠与合同。必要时还应当提交主体资格证明，例如：有当事人对专利申请权（或专利权）转让或者赠与有异议的；当事人办理专利申请权（或专利权）转移手续，多次提交的证明文件相互矛盾的；转让或者赠与协议中申请人或专利权人的签字或者盖章与案件中记载的签字或者盖章不一致的。该合同是由单位订立的，应当加盖单位公章或者合同专用章。公民订立合同的，由本人签字或者盖章。有多个申请人（或专利权人）的，应当提交全体权利人同意转让或者赠与的证明材料。

③ 专利申请权（或专利权）转让（或赠与）涉及外国人、外国企业或者外国其他组织的，应当符合下列规定：

（i）转让方、受让方均是外国人、外国企业或者外国其他组织的，应当提交双方签字或者盖章的转让合同。

（ii）对于发明或者实用新型专利申请（或专利），转让方是中国内地的个人或者单位，受让方是外国人、外国企业或者外国其他组织的，应当出具国务院商务主管部门颁发的《技术出口许可证》或者《自由出口技术合同登记证书》，或者地方商务主管部门颁发的《自由出口技术合同登记证书》，以及双方签字或者盖章的转让合同。

（iii）转让方是外国人、外国企业或者外国其他组织，受让方是中国内地个人或者单位的，应当提交双方签字或者盖章的转让合同。

中国内地的个人或者单位与外国人、外国企业或者外国其他组织作为共同转让方，受让方是外国人、外国企业或者外国其他组织的，适用本项（ii）的规定处理；中国内地的个人或者单位与外国人、外国企业或者外国其他组织作为共同受让方，转让方是外国人、外国企业或者外国其他组织的，适用本项（iii）的规定处理。

中国内地的个人或者单位与香港、澳门或者台湾地区的个人、企业或者其他组织作为共同转让方，受让方是外国人、外国企业或者外国其他组织的，参照本项（ii）的规定处理；中国内地的个人或者单位与香港、澳门或者台湾地区的个人、企业或者其他组织作为共同受让方，转让方是外国人、外国企业或者外国其他组织的，参照本项（iii）的规定处理。

转让方是中国内地的个人或者单位，受让方是香港、澳门或者台湾地区的个人、企业或者其他组织的，参照本项（ii）的规定处理。

④ 申请人（或专利权人）是单位，因其合并、分立、注销或者改变组织形式提出变更请求的，应当提交登记管理部门出具的证明文件。

⑤ 申请人（或专利权人）因继承提出变更请求的，应当提交经公证的当事人是唯一合法继承人或者当事人已包括全部法定继承人的证明文件。除另有明文规定外，共同继承人应当共同继承专利申请权（或专利权）。

⑥ 专利申请权（或专利权）因拍卖提出变更请求的，应当提交有法律效力的证明文件。

⑦ 专利权质押期间的专利权转移，除应当提交变更所需的证明文件外，还应当提交质押双方当事人同意变更的证明文件。

第三，发明人变更。

① 因发明人更改姓名提出变更请求的，参照本章第6.7.2.1节第（1）项的规定。

② 因漏填或者错填发明人提出变更请求的，应当提交由全体申请人（或专利权人）和变更前全体发明人签字或者盖章的证明文件。

③ 因发明人资格纠纷提出变更请求的，参照本章第6.7.2.2节第（1）项的规定。

④ 因更改中文译名提出变更请求的，应当提交发明人声明。

第四，专利代理机构及代理人变更。

① 专利代理机构更名、迁址的，应当首先在国家知识产权局主管部门办理备案的注册变更手续，注册变更手续生效后，由专利局统一对其代理的全部有效专利申请及专利进行变更处理。专利代理人的变更应当由专利代理机构办理个案变更手续。

② 办理解除委托或者辞去委托手续的，应当事先通知对方当事人。

解除委托时，申请人（或专利权人）应当提交著录项目变更申报书，并附具全体申请人（或专利权人）签字或者盖章的解聘书，或者仅提交由全体申请人（或专利权人）签字或者盖章的著录项目变更申报书。

辞去委托时，专利代理机构应当提交著录项目变更申报书，并附具申请人（或专利权人）或者其代表人签字或者盖章的同意辞去委托声明，或者附具由专利代理机构盖章的表明已通知申请人（或专利权人）的声明。

变更手续生效（发出手续合格通知书）之前，原专利代理委托关系依然有效，且专利代理机构已为申请人（或专利权人）办理的各种事务在变更手续生效之后继续有效。变更手续不符合规定的，审查员应当向办理变更手续的当事人发出视为未提出通知书；变更手续符合规定的，审查员应当向当事人发出手续合格通知书。

对于第一署名申请人是在中国内地没有经常居所或者营业所的外国申请人的专利申请，在办理解除委托或者辞去委托手续时，申请人（或专利权人）应当同时委托新的专利代理机构，否则不予办理解除委托或者辞去委托手续，审查员应当发出视为未提出通知书。

对于第一署名申请人是在中国内地没有经常居所或者营业所的香港、澳门或者台湾地区申请人的专利申请，在办理解除委托或者辞去委托手续时，申请人（或专利权人）应当同时委托新的专利代理机构，否则不予办理解除委托或者辞去委托手续，审查员应当发出视为未提出通知书。

③ 申请人（或专利权人）更换专利代理机构的，应当提交由全体申请人（或专利权人）签字或者盖章的对原专利代理机构的解除委托声明以及对新的专利代理机构的委托书。

④ 专利申请权（或专利权）转移的，变更后的申请人（或专利权人）委托新专利代理机构的，应当提交变更后的全体申请人（或专利权人）签字或者盖章的委托书；变更后的申请人（或专利权人）委托原专利代理机构的，只需提交新增申请人（或专利权人）签字或者盖章的委托书。

第五，申请人（或专利权人）国籍变更。申请人（或专利权人）变更国籍的，应当提交身份证明文件。

第六，证明文件的形式要求。

① 提交的各种证明文件中，应当写明申请号（或专利号）、发明创造名称和申请人（或专利权人）姓名或者名称。

② 一份证明文件仅对应一次著录项目变更请求，同一著录项目发生连续变更的，应当分别提交证明文件。

③ 各种证明文件应当是原件。证明文件是复印件的，应当经过公证或者由出具证明文件的主管部门加盖公章（原件在专利局备案确认的除外）；在外国形成的证明文件是复印件的，应当经过公证。

(6) 著录项目变更手续的审批。《专利审查指南2010》第一部分第一章第6.7.3节规定了著录项目变更手续的审批。

审查员应当依据当事人提交的著录项目变更申报书和附具的证明文件进行审查。著录项目变更申报手续不符合规定的，应当向办理变更手续的当事人发出视为未提出通知书；著录项目变更申报手续符合规定的，应当向有关当事人发出手续合格通知书，通知著录项目变更前后的情况，应当予以公告，还应当同时通知准备公告的卷期号。

著录项目变更涉及权利转移的，手续合格通知书应当发给双方当事人。同一次提出的申请人（或专利权人）涉及多次变更的，手续合格通知书应当发给变更前的申请人（或专利权人）和变更最后的申请人（或专利权人）。手续合格通知书中的申请人（或专利权人）应当填写变更后的申请人（或专利权人）。涉及专利代理机构更换的，手续合格通知书应当发给变更前和变更后的专利代理机构。与此同时，审查员还应当作如下处理：

① 涉及享有费用减缓的：

（i）申请人（或专利权人）全部变更的，变更后的申请人（或专利权人）未提出费用减缓请求的，不再予以费用减缓，审查员应当修改数据库中的费用减缓标记，并通知申请人（或专利权人）。

（ii）变更后申请人（或专利权人）增加的，新增的申请人（或专利权人）未提出费用减缓请求的，不再予以费用减缓，审查员应当修改数据库中的费用减缓标记，并通知申请人（或专利权人）。

（iii）变更后申请人（或专利权人）减少的，申请人（或专利权人）未再提出费用减缓请求的，费用减缓标准不变。

变更后的申请人（或专利权人）可以根据专利费用减缓办法重新办理请求费用减缓的手续。

② 变更前申请人（或专利权人）填写了联系人的，变更后的申请人（或专利权人）未指定原联系人为其联系人的，审查员应当删除数据库中变更前的申请人（或专利权人）指定的联系人信息。

③ 涉及委托专利代理机构的，变更后的申请人（或专利权人）未委托专利代理机构的，审查员应当删除数据库中变更前的申请人（或专利权人）委托的专利代理机构信息。

④ 按规定应当在专利公报上公告变更情况的，例如专利权人的变更等，应当公告著录项目变更前后的情况。

⑤ 专利代理机构名称、地址变更以及按照专利代理条例撤销专利代理机构的，应当作如下处理：

（i）对于因专利代理机构的集体著录项目变更和专利代理机构被撤销需要统一处理的，统一修改数据库中有关著录项目。

（ii）被撤销专利代理机构的专利申请（或专利）的申请人（或专利权人）是中国内地个人或者单位的，自撤销公告之日起，第一署名申请人（或专利权人）视为专利申请的代表人，另有声明的除外。申请人（或专利权人）也可以重新委托其他专利代理机构。

（7）著录项目变更的生效。《专利审查指南2010》第一部分第一章第6.7.4节规定了著录项目变更的生效。

① 著录项目变更手续自专利局发出变更手续合格通知书之日起生效。专利申请权（或专利权）的转移自登记日起生效，登记日即上述的手续合格通知书的发文日。

② 著录项目变更手续生效前，专利局发出的通知书以及已进入专利公布或公告准备的有关事项，仍以变更前为准。

8. 关于电子申请的若干规定

《关于专利电子申请的规定》第一条规定，"为了规范与通过互联网传输并以电子文件形式提出的专利申请（以下简称专利电子申请）有关的程序和要求，方便申请人提交专利申请，提高专利审批效率，推进电子政务建设，依照《中华人民共和国专利法实施细则》（以下简称专利法实施细则）第二条和第十五条第二款，制定本规定"。

（1）电子申请用户。《专利审查指南2010》第五部分第十一章第2节规定了电子申请用户。

电子申请用户是指已经与国家知识产权局签订电子专利申请系统用户注册协议（以下简称用户注册协议），办理了有关注册手续，获得用户代码和密码的申请人和专利代理机构。

（2）电子申请用户注册。《专利审查指南2010》第五部分第十一章第3节规定了电子申请用户注册。

电子申请用户注册方式包括：当面注册、邮寄注册和网上注册。

办理电子申请用户注册手续应当提交电子申请用户注册请求书、签字或者盖章的用户注册协议一式两份以及用户注册证明文件。

（3）电子申请的接收和受理。《专利审查指南2010》第五部分第十一章第4节规定了电子申请的接收和受理。

电子申请受理范围包括：
① 发明、实用新型和外观设计专利申请。
② 进入国家阶段的国际申请。
③ 复审和无效宣告请求。

（4）电子申请的特殊审查规定。《专利审查指南2010》第五部分第十一章第5节规定了电子申请的特殊审查规定。

① 专利代理委托书。申请人委托专利代理机构使用电子文件形式申请专利和办理其他专利事务的，应当提交电子文件形式的专利代理委托书和专利代理委托书纸件原件。申请人委托专利代理机构办理费用减缓手续的，应当在电子文件形式的专利代理委托书中声明。

已在专利局交存总委托书，提出专利申请时在请求书中写明总委托书编号的，或者办理著录项目变更时在申报书中写明总委托书编号的，不需要提交电子文件形式的总委托书和总委托书复印件。

② 解除委托和辞去委托。电子申请的申请人已委托专利代理机构的，在办理解除委托或者辞去委托手续时，应当至少有一名申请人是电子申请用户。全体申请人均不是电子申请用户的，不予办理解除委托或者辞去委托手续，审查员应当发出视为未提出通知书，并告知当事人应当办理电子申请用户注册手续。

解除委托手续合格的，以办理解除委托手续的已成为电子申请用户的申请人为该专利申请的代表人。

辞去委托手续合格的，以指定的已成为电子申请用户的申请人为该专利申请的代表人。未指定代表人的，以第一署名并成为电子申请用户的申请人为该专利申请的代表人。

③ 撤销专利代理机构引起的变更。申请人委托的专利代理机构被国家知识产权局撤销，而申请人重新委托其他专利代理机构的，该专利代理机构应当是电子申请用户。

申请人委托的专利代理机构被撤销，而申请人未重新委托其他专利代理机构的，如果申请人是中国内地的个人或者单位，且为电子申请用户的，以第一署名并成为电子申请用户的申请人为代表人；全体申请人都不是电子申请用户的，审查员应当以纸件形式通知申请人办理电子申请用户注册手续；根据专利法第十九条第一款的规定，申请人应当委托专利代理机构的，审查员应当通知申请人重新委托其他已成为电子申请用户的专利代理机构。

④ 专利申请权（或专利权）转移引起的变更。专利申请权（或专利权）转移引起的申请人（或专利权人）姓名或者名称的变更，变更后的权利人未委托专利代理机构的，该权利人应当是电子申请用户。变更后的权利人委托专利代理机构的，该专利代理机构应当是电子申请用户。

著录项目变更手续应当以电子文件形式办理。以纸件形式提出著录项目变更请求的，审查员应当向当事人发出视为未提出通知书。

⑤ 需要提交纸件原件的文件。申请人提出电子申请并被受理的，办理专利申请的各种手续应当以电子文件形式提交。对专利法及其实施细则和本指南中规定的必须以原件形式提交的文件，例如，费用减缓证明、专利代理委托书、著录项目变更证明和复审及无效程序中的证据等，应当在专利法及其实施细则和本指南中规定的期限内提交纸件原件。

其中，申请专利时提交费用减缓证明的，申请人还应当同时提交费用减缓证明纸件原件的扫描文件。

⑥ 纸件申请和电子申请的转换。申请人或专利代理机构可以请求将纸件申请转换为电子申请，涉及国家安全或者重大利益需要保密的专利申请除外。

提出请求的申请人或专利代理机构应当是电子申请用户，并且应当通过电子文件形式提出请求。经审查符合要求的，该专利申请后续手续均应当以电子文件形式提交。使用纸件形式提出请求的，审查员应当发出纸件形式的视为未提出通知书。

（5）电子发文。《专利审查指南2010》第五部分第十一章第6节规定了电子发文。

专利局以电子文件形式通过电子专利申请系统向电子申请用户发送各种通知书和决定。电子申请用户应当及时接收专利局电子文件形式的通知书和决定。电子申请用户未及时接收的，不作公告送达。

自发文日起十五日内申请人未接收电子文件形式的通知书和决定的，专利局可以发出纸件形式的该通知书和决定的副本。

三、真题分析

1.【2019年第9题】下列权利要求表述清楚的是?
A. 一种组合物，其包括A和B，其中，A是C等
B. 一种燃烧器，其特征在于混合燃烧室有正切方向的燃料进料口
C. 一种储气罐，其由金属例如钢制成
D. 一种醇，其链长约为3个碳原子

【考点】权利要求清楚

【分析】根据《专利审查指南2010》第二部分第二章第3.2.3节的规定，权利要求中不得出现"例如"、"最好是"、"尤其是"、"必要时"等类似用语。因为这类用语会在一项权利要求中限定出不同的保护范围，导致保护范围不清楚。……在一般情况下，权利要求中不得使用"约"、"接近"、"等"、"或类似物"等类似的用语，因为这类用语通常会使权利要求的范围不清楚。因此，选项ACD错误，选项B正确。

【答案】 B

2.【2019年第10题】下列权利要求的主题名称清楚的是？
   A. 一种双向气缸的密封技术
   B. 一种高聚合塑料及其制造方法
   C. 一种气悬浮柔性物质的输送及定位
   D. 一种使用砖坯回转窑传输装置生产保温砖的方法

【考点】 权利要求的主题名称清楚

【分析】 根据《专利审查指南2010》第二部分第二章第3.2.2节的规定，权利要求的主题名称应当能够清楚地表明该权利要求的类型是产品权利要求还是方法权利要求。不允许采用模糊不清的主题名称，例如，"一种……技术"，或者在一项权利要求的主题名称中既包含有产品又包含有方法，例如，"一种……产品及其制造方法"。因此，选项ABC错误，选项D正确。

【答案】 D

3.【2019年第11题】下列哪个情形符合生物材料保藏要求？
   A. 申请人自申请日起第4个月在国家知识产权局认可的保藏单位进行了生物保藏，并提交了保藏及存活证明
   B. 申请人于申请日前4个月在国家知识产权局认可的保藏单位进行了生物保藏，在申请日后的第5个月提交了保藏及存活证明
   C. 申请人于申请日前1个月在国家知识产权局认可的保藏单位进行了生物保藏，在申请日后的第2个月提交了保藏及存活证明
   D. 申请人于申请日当天在其学校的国家重点生物实验室自行进行了生物保藏，在申请日后的第2个月提交了保藏及存活证明

【考点】 生物材料保藏

【分析】 专利法实施细则第二十四条规定，在申请日前或者最迟在申请日（有优先权的，指优先权日），将该生物材料的样品提交国务院专利行政部门认可的保藏单位保藏，并在申请时或者最迟自申请日起4个月内提交保藏单位出具的保藏证明和存活证明；期满未提交证明的，该样品视为未提交保藏。因此，选项ABD错误，选项C正确。

【答案】 C

4.【2019年第15题】关于委托专利代理机构办理专利事务，下列说法正确的是？
   A. 在苏州设立的某日本独资企业在中国申请专利，必须委托专利代理机构
   B. 某英国公司作为第一署名申请人与北京某国有企业共同在中国申请专利，必须委托专利代理机构
   C. 香港、澳门或者台湾地区的申请人向国家知识产权局提交专利申请，必须委托专利代理机构
   D. 委托专利代理机构申请专利的，解除委托时必须征得专利代理机构的同意

【考点】 委托专利代理机构

【分析】 根据《专利审查指南2010》第一部分第一章第6.1.1节的规定，根据专利法第十九条第一款的规定，在中国内地没有经常居所或者营业所的外国人、外国企业或者外国其他组织在中国申请专利和办理其他专利事务，或者作为第一署名申请人与中国内地的申请人共同申请专利和办理其他专利事务的，应当委托专利代理机构办理。……在中国内地没有经常居所或者营业所的香港、澳门或者台湾地区的申请人向专利局提出专利申请和办理其他专利事务，或者作为第一署名申请人与中国内地的申请人共同申请专利和办理其他专利事务的，应当委托专利代理机构办理。根据专利法第十九条第二款的规定，中国单位或者个人在国内申请专利和办理其他专利事务的，可以委托依法设立的专利代理机构办理。

本题选项A中"日本独资企业"的营业地在中国，该企业属于中国企业，申请专利可以不委托专利代理机构，因此，选项A错误。而选项BC没有明确申请人在中国内地是否有经常居所或者营业所，因此，选项BC错误。

根据《专利审查指南2010》第一部分第一章第6.1.3节和第6.7.2.4节的规定，申请人（或专利权人）委托专利代理机构后，可以解除委托；专利代理机构接受申请人（或专利权人）委托后，可以辞去委托。办理解除

委托或者辞去委托手续的，应当事先通知对方当事人。因此，选项 D 错误。

需要注意的是，2019 年 11 月 5 日，国家知识产权局运用促进司公布的该题答案为选项 B。

【答案】无

5.【2019 年第 51 题】下列关于权利要求的说法正确的是?
A. 独立权利要求应当记载解决发明所有技术问题的必要技术特征
B. 从属权利要求可以增加新的技术特征
C. 如果一项权利要求引用了在前的其他权利要求，则该权利要求为从属权利要求
D. 不论是独立权利要求，还是从属权利要求，所限定的技术方案都应当是完整的

【考点】权利要求

【分析】根据《专利审查指南 2010》第二部分第二章第 3.1.2 节的规定，独立权利要求应当从整体上反映发明或者实用新型的技术方案，记载解决技术问题的必要技术特征。……从属权利要求中的附加技术特征，可以是对所引用的权利要求的技术特征作进一步限定的技术特征，也可以是增加的技术特征。……在某些情况下，形式上的从属权利要求（其包含有从属权利要求的引用部分），实质上不一定是从属权利要求。例如，独立权利要求 1 为："包括特征 X 的机床"。在后的另一项权利要求为："根据权利要求 1 所述的机床，其特征在于用特征 Y 代替特征 X"。在这种情况下，后一权利要求也是独立权利要求。审查员不得仅从撰写的形式上判定在后的权利要求为从属权利要求。本题选项 A 错在"所有"，因此，选项 A 错误；选项 BD 正确；而根据所述形式从属权利要求的规定，选项 C 错误。

【答案】BD

6.【2019 年第 52 题】下列关于说明书的说法正确的是?
A. 当一个实施例足以支持权利要求所概括的技术方案时，说明书中可以只给出一个实施例
B. 说明书技术领域部分应当是要求保护的发明或者实用新型技术方案所属具体技术领域的上位技术领域
C. 背景技术中所引证的非专利文献和专利文件的公开日应当在本申请的申请日之前
D. 说明书摘要所记载的内容不能作为权利要求的修改依据

【考点】说明书

【分析】根据《专利审查指南 2010》第一部分第二章第 2.2.6 节的规定，当一个实施例足以支持权利要求所概括的技术方案时，说明书中可以只给出一个实施例。因此，选项 A 正确。

根据专利法实施细则第十七条的规定，发明或者实用新型专利申请的说明书应当写明发明或者实用新型的名称，该名称应当与请求书中的名称一致。说明书应当包括以下组成部分：其中（一）技术领域：写明要求保护的技术方案所属的技术领域。根据《专利审查指南 2010》第二部分第二章第 2.2.2 节的规定，发明或者实用新型的技术领域应当是要求保护的发明或者实用新型技术方案所属或者直接应用的具体技术领域，而不是上位的或者相邻的技术领域，也不是发明或者实用新型本身。因此，选项 B 错误。

根据《专利审查指南 2010》第二部分第二章第 2.2.3 节的规定，引证文件还应当满足以下要求：（1）引证文件应当是公开出版物，除纸件形式外，还包括电子出版物等形式。（2）所引证的非专利文件和外国专利文件的公开日应当在本申请的申请日之前；所引证的中国专利文件的公开日不能晚于本申请的公开日。（3）引证外国专利或非专利文件的，应当以所引证文件公布或发表时的原文所使用的文字写明引证文件的出处以及相关信息，必要时给出中文译文，并将译文放置在括号内。因此，选项 C 错误。

根据《专利审查指南 2010》第二部分第二章第 2.4 节的规定，摘要的内容不属于发明或者实用新型原始记载的内容，不能作为以后修改说明书或者权利要求书的根据，也不能用来解释专利权的保护范围。因此，选项 D 正确。

【答案】AD

7.【2019 年第 53 题】实用新型专利申请的说明书附图可以包括?
A. 工艺流程图　　　B. 工程蓝图　　　C. 曲线图　　　D. 照片

【考点】说明书附图

【分析】根据《专利审查指南 2010》第一部分第二章第 7.3 节的规定，根据专利法实施细则第十七条第五款和第十八条的规定对（实用新型）说明书附图进行审查。说明书附图的审查包括下述内容：（1）附图不得使用

工程蓝图、照片。……（8）结构框图、逻辑框图、工艺流程图应当在其框内给出必要的文字和符号。……（10）说明书附图中应当有表示要求保护的产品的形状、构造或者其结合的附图，不得仅有表示现有技术的附图，也不得仅有表示产品效果、性能的附图，例如温度变化曲线图等。因此，选项 AC 正确，选项 BD 错误。

【答案】 AC

8.【2019 年第 55 题】下列关于权利要求是否得到说明书支持的说法正确的是？
A. 在判断权利要求是否得到说明书的支持时，仅限于考虑具体实施方式部分的内容
B. 权利要求通常由说明书记载的一个或者多个实施方式概括而成
C. 权利要求的技术方案在说明书中存在一致性的表述，并不意味着权利要求必然得到说明书的支持
D. 纯功能性的权利要求得不到说明书的支持

【考点】 权利要求得到说明书支持

【分析】 根据《专利审查指南 2010》第二部分第二章第 3.2.1 节的规定，在判断权利要求是否得到说明书的支持时，应当考虑说明书的全部内容，而不是仅限于具体实施方式部分的内容。因此，选项 A 错误。根据《专利审查指南 2010》第二部分第二章第 3.2.1 节的规定，权利要求通常由说明书记载的一个或者多个实施方式或实施例概括而成。权利要求的概括应当不超出说明书公开的范围。因此，选项 B 正确。

根据《专利审查指南 2010》第二部分第二章第 3.2.1 节的规定，纯功能性的权利要求得不到说明书的支持，因此也是不允许的。对于包括独立权利要求和从属权利要求或者不同类型权利要求的权利要求书，需要逐一判断各项权利要求是否都得到了说明书的支持。独立权利要求得到说明书支持并不意味着从属权利要求也必然得到支持；方法权利要求得到说明书支持也并不意味着产品权利要求必然得到支持。当要求保护的技术方案的部分或全部内容在原始申请的权利要求书中已经记载而在说明书中没有记载时，允许申请人将其补入说明书。但是权利要求的技术方案在说明书中存在一致性的表述，并不意味着权利要求必然得到说明书的支持。因此，选项 CD 正确。

【答案】 BCD

9.【2019 年第 58 题】下列关于电子申请的说法正确的是？
A. 国家知识产权局电子专利申请系统收到电子文件的日期为递交日
B. 申请人提交电子申请文件的日期为递交日
C. 通过电子方式发送的通知书，以实际下载日为当事人收到通知书之日
D. 通过电子方式发送的通知书，自发文日起满 15 日推定为当事人收到通知书之日

【考点】 电子申请

【分析】 根据《关于专利电子申请的规定》第九条第一款的规定，采用电子文件形式向国家知识产权局提交的各种文件，以国家知识产权局专利电子申请系统收到电子文件之日为递交日。因此，选项 A 正确，选项 B 错误。

根据《专利审查指南 2010》第五部分第六章第 2.3.1 节的规定，通过邮寄、直接送交和电子方式送达的通知和决定，自发文日起满十五日推定为当事人收到通知和决定之日。对于通过邮寄的通知和决定，当事人提供证据，证明实际收到日在推定收到日之后的，以实际收到日为送达日。因此，选项 C 错误，选项 D 正确。

【答案】 AD

10.【2019 年第 64 题】下列专利申请文件不予受理的是？
A. 直接从台湾地区向国家知识产权局邮寄的申请文件
B. 提交分案申请时从原案的实用新型专利申请改变为发明专利申请
C. 涉及核苷酸序列的发明专利申请，未提交相应序列表的计算机可读形式的副本
D. 请求书中没有申请人或代理机构签章

【考点】 专利申请受理

【分析】 根据《专利审查指南 2010》第五部分第三章第 2.2 节的规定，专利申请有下列情形之一的，专利局不予受理：（1）发明专利申请缺少请求书、说明书或者权利要求书的；实用新型专利申请缺少请求书、说明书、说明书附图或者权利要求书的；外观设计专利申请缺少请求书、图片或照片或者简要说明的。（2）未使用中文的。（3）不符合本章第 2.1 节（3）中规定的受理条件的。（4）请求书中缺少申请人姓名或者名称，或者缺少地

址的。(5) 外国申请人因国籍或者居所原因，明显不具有提出专利申请的资格的。(6) 在中国内地没有经常居所或者营业所的外国人、外国企业或外国其他组织作为第一署名申请人，没有委托专利代理机构的。(7) 在中国内地没有经常居所或者营业所的香港、澳门或者台湾地区的个人、企业或者其他组织作为第一署名申请人，没有委托专利代理机构的。(8) 直接从外国向专利局邮寄的。(9) 直接从香港、澳门或者台湾地区向专利局邮寄的。(10) 专利申请类别（发明、实用新型或者外观设计）不明确或者难以确定的。(11) 分案申请改变申请类别的。因此，选项 AB 正确，选项 CD 错误。

【答案】AB

11. 【2019年第66题】下列关于权利要求的说法正确的是？
    A. 权利要求中不允许使用表格
    B. 权利要求除记载技术特征外，可以对原因或者理由作少量的描述，以便使得权利要求简要，但不得使用商业性宣传用语
    C. 附图标记不得解释为对权利要求保护范围的限制
    D. 权利要求中可以使用数学式或者化学式

【考点】权利要求

【分析】根据《专利审查指南2010》第二部分第二章第3.3节的规定，权利要求中通常不允许使用表格，除非使用表格能够更清楚地说明发明或者实用新型要求保护的主题。因此，选项 A 错误。根据《专利审查指南2010》第二部分第二章第3.2.3节的规定，权利要求的表述应当简要，除记载技术特征外，不得对原因或者理由作不必要的描述，也不得使用商业性宣传用语。因此，选项 B 错误。

根据《专利审查指南2010》第二部分第二章第3.3节的规定，权利要求中可以有化学式或者数学式，但是不得有插图。因此，选项 D 正确。根据《专利审查指南2010》第二部分第二章第3.3节的规定，附图标记不得解释为对权利要求保护范围的限制。因此，选项 C 正确。

【答案】CD

12. 【2019年第68题】专利权质押期间的专利权转移，应当提交下列哪些文件？
    A. 转让人和受让人签章的转让合同
    B. 质权人和出质人同意变更的证明文件
    C. 如果受让人继续委托同一代理机构，应当重新提交专利代理委托书
    D. 如果受让人不再委托代理机构，应当提交解聘代理机构的解聘书

【考点】专利权

【分析】根据专利法第十条第三款的规定，转让专利申请权或者专利权的，当事人应当订立书面合同，并向国务院专利行政部门登记，由国务院专利行政部门予以公告。专利申请权或者专利权的转让自登记之日起生效。因此，选项 A 正确。

根据《专利权质押登记办法》第十六条第一款的规定，专利权质押期间，出质人未提交质权人同意转让或者许可实施该专利权的证明材料的，国家知识产权局不予办理专利权转让登记手续或者专利实施合同备案手续。根据《专利审查指南2010》第一部分第一章第6.7.2.2节的规定，专利权质押期间的专利权转移，除应当提交变更所需的证明文件外，还应当提交质押双方当事人同意变更的证明文件。因此，选项 B 正确。

根据《专利审查指南2010》第一部分第一章第6.7.2.4节的规定，专利申请权（或专利权）转移的，变更后的申请人（或专利权人）委托新专利代理机构的，应当提交变更后的全体申请人（或专利权人）签字或者盖章的委托书；变更后的申请人（或专利权人）委托原专利代理机构的，只需提交新增申请人（或专利权人）签字或者盖章的委托书。因此，选项 C 正确；而选项 D 中，如果受让人不再委托代理机构，受让人自行办理专利权转移手续，而该手续并没有委托其原代理机构，因此，无须提交解聘代理机构的解聘书。所以，选项 D 错误。

【答案】ABC

13. 【2018年第32题】关于申请人，下列说法正确的是：
    A. 中国内地申请人是个人的，在提交专利申请时应当填写其姓名、地址、居民身份证件号码等信息
    B. 申请人是外国企业的，如果其在中国有营业所的，应当提供当地工商行政管理部门（市场监督管理部门）出具的证明文件

C. 申请人是外国人的，如果其在中国有经常居所，应当提交公安部门出具的已在中国居住一年以上的证明文件

D. 申请人是外国人的，如果其所属国不是巴黎公约成员国或者世界贸易组织成员，其所属国法律也没有明文规定依互惠原则给外国人以专利保护的条款的，申请人也不能提供相关文件证明其所属国承认中国公民和单位可以按照该国国民的同等条件，在该国享有专利权及其他相关权利的，则其在中国的申请应当被驳回

【考点】申请人

【分析】《专利审查指南2010》第一部分第一章第4.1.3.1节规定，申请人是中国单位或者个人的，应当填写其名称或者姓名、地址、邮政编码、组织机构代码或居民身份证件号码。因此，选项A正确。

《专利审查指南2010》第一部分第一章第4.1.3.2节规定，申请人是外国人、外国企业或者外国其他组织的，应当填写其姓名或者名称、国籍或者注册的国家或者地区。审查员认为请求书中填写的申请人的国籍、注册地有疑义时，可以根据专利法实施细则第三十三条第（一）项或者第（二）项的规定，通知申请人提供国籍证明或注册的国家或者地区的证明文件。申请人在请求书中表明在中国有营业所的，审查员应当要求申请人提供当地工商行政管理部门出具的证明文件。申请人在请求书中表明在中国有经常居所的，审查员应当要求申请人提交公安部门出具的可在中国居住一年以上的证明文件。因此，选项B正确，选项C错误。

《专利审查指南2010》第一部分第一章第4.1.3.2节规定，审查员应当从申请人所属国（申请人是个人的，以国籍或者经常居所来确定；申请人是企业或者其他组织的，以注册地来确定）是否是巴黎公约成员国或者世界贸易组织成员开始审查，一般不必审查该国是否与我国签订有互相给予对方国民以专利保护的协议，因为与我国已签订上述协议的所有国家都是巴黎公约成员国或者世界贸易组织成员。只有当申请人所属国不是巴黎公约成员国或者世界贸易组织成员时，才需审查该国法律中是否订有依互惠原则给外国人以专利保护的条款。申请人所属国法律中没有明文规定依互惠原则给外国人以专利保护的条款的，审查员应当要求申请人提交其所属国承认中国公民和单位可以按照该国国民的同等条件，在该国享有专利权和其他有关权利的证明文件。申请人不能提供证明文件的，根据专利法实施细则第四十四条的规定，以不符合专利法第十八条为理由，驳回该专利申请。因此，选项D正确。

【答案】ABD

14.【2018年第40题】下列发明专利申请的权利要求，哪些请求保护的范围是不清楚的（不考虑选项中的省略号部分的内容）：

A. 一种非易失性存储器的操作方法，包括……执行-抹除过程，其中井电压远大于基底电压。

B. 一种装饰照明装置，包括照明灯及连接的导线，该导线的电阻很小。

C. 一种含三水合氧化铝的牙膏，其中三水合氧化铝的平均粒度小于30微米，优选5～20微米。

D. 一种制备产品A的方法，其特征在于……将混合物最高加热到不低于80℃的温度。

【考点】保护范围清楚

【分析】根据专利法第二十六条第四款的规定可知，权利要求书应当以说明书为依据，清楚、简要地限定要求专利保护的范围。《专利审查指南2010》第二部分第二章第3.2.2节规定，权利要求中不得使用含义不确定的用语，如"厚"、"薄"、"强"、"弱"、"高温"、"高压"、"很宽范围"等，除非这种用语在特定技术领域中具有公认的确切含义，如放大器中的"高频"。本题选项A中"远大于"、选项B中"很小"属于含义不确定的用语，因此，请求保护的范围不清楚。在选项D中"最高加热到不低于80℃的温度"是一种不清楚的表达，无法确定所要限定的温度是最高为80℃，还是最低为80℃，因此，请求保护的范围不清楚。类似的，【2014年专利法第11题】下列哪项从属权利要求的撰写符合相关规定？选项C. 根据权利要求1所述的冷水机，其特征是所述蒸发器最长不短于100厘米。

《专利审查指南2010》第二部分第二章第3.2.3节规定，权利要求中不得出现"例如"、"最好是"、"尤其是"、"必要时"等类似用语。因为这类用语会在一项权利要求中限定出不同的保护范围，导致保护范围不清楚。因此，选项C中"优选5～20微米"造成请求保护的范围不清楚。

【答案】ABCD

15.【2018年第41题】关于权利要求保护范围的理解，以下说法正确的有：

A. "一种中药组合物,包括山药、枸杞、西洋参、栀子。"该权利要求解释为该组合物还可以含有除山药、枸杞、西洋参、栀子以外的其他组分。
B. 权利要求中可以使用附图标记,附图标记可以解释为对权利要求的限制。
C. "根据权利要求 1-5 所述的制造方法,其特征在于……",这样的引用关系是不允许的,会导致权利要求的保护范围不清楚。
D. 权利要求中如果使用了"如图……所示"的用语,就会导致保护范围的不清楚。

【考点】专利权的保护范围

【分析】《专利审查指南 2010》第二部分第二章第 3.3 节规定,通常,开放式的权利要求宜采用"包含"、"包括"、"主要由……组成"的表达方式,其解释为还可以含有该权利要求中没有述及的结构组成部分或方法步骤。封闭式的权利要求宜采用"由……组成"的表达方式,其一般解释为不含有该权利要求所述以外的结构组成部分或方法步骤。因此,选项 A 正确。

《专利审查指南 2010》第二部分第二章第 3.3 节规定,权利要求中的技术特征可以引用说明书附图中相应的标记,以帮助理解权利要求所记载的技术方案。但是,这些标记应当用括号括起来,放在相应的技术特征后面。附图标记不得解释为对权利要求保护范围的限制。因此,选项 B 错误。

根据专利法实施细则第二十二条第二款的规定,从属权利要求只能引用在前的权利要求。引用两项以上权利要求的多项从属权利要求,只能以择一方式引用在前的权利要求,并不得作为另一项多项从属权利要求的基础。因此,选项 C 正确。

《专利审查指南 2010》第二部分第二章第 3.3 节规定了对权利要求书中使用的科技术语的要求。除绝对必要外,权利要求中不得使用"如说明书……部分所述"或者"如图……所示"等类似用语。绝对必要的情况是指当发明或者实用新型涉及的某特定形状仅能用图形限定而无法用语言表达时,权利要求可以使用"如图……所示"等类似用语。因此,选项 D 错误。

【答案】AC

16.【2018 年第 42 题】下列哪些情况视为未保藏生物材料?
A. 申请日为 2017 年 6 月 1 日,优先权日为 2016 年 9 月 1 日,保藏日期为 2017 年 1 月 1 日,提交保藏证明和存活证明的日期为 2017 年 6 月 1 日
B. 申请日为 2017 年 6 月 1 日,优先权日为 2016 年 9 月 1 日,保藏日期为 2016 年 9 月 1 日,提交保藏证明和存活证明的日期为 2017 年 12 月 1 日
C. 申请日为 2017 年 6 月 1 日,优先权日为 2016 年 9 月 1 日,保藏日期为 2017 年 3 月 1 日,提交保藏证明和存活证明的日期为 2017 年 7 月 1 日,同日提交了放弃优先权声明
D. 申请日为 2017 年 6 月 1 日,优先权日为 2016 年 9 月 1 日,保藏日期为 2016 年 9 月 1 日,提交保藏证明和存活证明的日期为 2017 年 8 月 1 日,后发现请求书和申请文件均没有记载保藏信息,于 2017 年 12 月 1 日提交了补正

【考点】生物材料保藏

【分析】专利法实施细则第二十四条规定,申请专利的发明涉及新的生物材料,该生物材料公众不能得到,并且对该生物材料的说明不足以使所属领域的技术人员实施其发明的,除应当符合专利法和本细则的有关规定外,申请人还应当办理下列手续:(一)在申请日前或者最迟在申请日(有优先权的,指优先权日),将该生物材料的样品提交国务院专利行政部门认可的保藏单位保藏,并在申请时或者最迟自申请日起 4 个月内提交保藏单位出具的保藏证明和存活证明;期满未提交证明的,该样品视为未提交保藏;(二)在申请文件中,提供有关该生物材料特征的资料;(三)涉及生物材料样品保藏的专利申请应当在请求书和说明书中写明该生物材料的分类命名(注明拉丁文名称)、保藏该生物材料样品的单位名称、地址、保藏日期和保藏编号;申请时未写明的,应当自申请日起 4 个月内补正;期满未补正的,视为未提交保藏。

本题选项 A 中,保藏日期 2017 年 1 月 1 日在优先权日 2016 年 9 月 1 日之后,因此,视为未保藏生物材料。选项 B 中,保藏日期和优先权日都是 2016 年 9 月 1 日,但提交保藏证明和存活证明的日期为 2017 年 12 月 1 日,该日期与申请日 2017 年 6 月 1 日的间隔超过了 4 个月,因此,视为未保藏生物材料。本题选项 C 中,保藏日期 2017 年 3 月 1 日在优先权日 2016 年 9 月 1 日之后,且提交保藏证明和存活证明的日期为 2017 年 7 月 1 日,该日

期与申请日2017年3月1日的间隔没有超过4个月，符合上述规定。本题选项D中，补正日期2017年12月1日与申请日2017年6月1日的间隔超过了4个月，因此，视为未保藏生物材料。综上所述，选项ABD正确。

【答案】ABD

17. 【2018年第49题】江苏某企业作为第一署名的申请人与国外某公司共同申请专利，由这家江苏企业通过其电子申请注册用户的权限以电子申请的方式提出专利申请，并指定其常驻上海的员工叶某为联系人，以下说法错误的是：

A. 由于共同申请人之一为国外公司，所以应当委托依法设立的专利代理机构提交专利申请
B. 由于该江苏企业为提交电子申请的电子申请用户，所以该江苏企业应当为共同专利申请的代表人
C. 代表人可以代表全体申请人办理涉及共有权利之外的其他手续，例如提出提前公开声明、提出实质审查请求、提交意见陈述书
D. 如果该国外公司在南京设有办事机构，则可以同时指定其办事机构的工作人员为第二联系人

【考点】电子申请 共同申请人 代表人 联系人

【分析】根据《专利审查指南2010》第一部分第一章第6.1.1节的规定，在中国内地没有经常居所或者营业所的外国人、外国企业或者外国其他组织在中国申请专利和办理其他专利事务，或者作为第一署名申请人与中国内地的申请人共同申请专利和办理其他专利事务的，应当委托专利代理机构办理。本题中，该外国公司为第二申请人，因此，选项A的说法错误。

《专利审查指南2010》第五部分第十一章第2.1节规定，申请人有两人以上且未委托专利代理机构的，以提交电子申请的电子申请用户为代表人。因此，选项B的说法正确。

根据《专利审查指南2010》第一部分第一章第4.1.5节规定，除直接涉及共有权利的手续外，代表人可以代表全体申请人办理在专利局的其他手续。直接涉及共有权利的手续包括：提出专利申请，委托专利代理，转让专利申请权、优先权或者专利权，撤回专利申请，撤回优先权要求，放弃专利权等。直接涉及共有权利的手续应当由全体权利人签字或者盖章。因此，选项C的说法正确。

《专利审查指南2010》第一部分第一章第4.1.4节规定，联系人应当是本单位的工作人员，必要时审查员可以要求申请人出具证明。申请人为个人且需由他人代收专利局所发信函的，也可以填写联系人。联系人只能填写一人。填写联系人的，还需同时填写联系人的通信地址、邮政编码和电话号码。因此，选项D的说法错误。

【答案】AD

18. 【2018年第53题】关于发明人变更，以下说法错误的是：

A. 甲公司员工张某、李某和赵某共同做出一项职务发明创造并由甲公司提出发明专利申请，该申请公布2个月后赵某通过国家知识产权局网站查询到其未记载在发明人之中，甲公司可以以漏填发明人赵某为由向国家知识产权局提出著录项目变更请求
B. 乙公司员工王某、刘某共同做出一项职务发明创造并由乙公司提出专利申请，该申请进入办理授权登记手续阶段时，乙公司与王某、刘某共同商议拟通过著录项目变更的方式在专利证书上增加仅负责组织工作的孙某为共同发明人
C. 丙公司在提交专利申请时因经办人书写错误，将发明人傅某的名字写错，拟通过著录项目变更的方式对发明人进行更正
D. 甲某在将其所拥有的一项发明专利申请转让给乙某时，除提出变更专利申请人的请求之外，还可以请求将该专利申请的发明人变更为从未参与本发明创造的乙某

【考点】发明人变更 发明人

【分析】《专利审查指南2010》第一部分第一章第6.7.2.3节规定了发明人变更，（1）因发明人更改姓名提出变更请求的，参照本章第6.7.2.1节第（1）项的规定。（2）因漏填或者错填发明人提出变更请求的，应当提交由全体申请人（或专利权人）和变更前全体发明人签字或者盖章的证明文件。（3）因发明人资格纠纷提出变更请求的，参照本章第6.7.2.2节第（1）项的规定。（4）因更改中文译名提出变更请求的，应当提交发明人声明。根据上述（2）项的规定，选项AC的说法正确。

专利法实施细则第十三条规定，专利法所称发明人或者设计人，是指对发明创造的实质性特点作出创造性贡献的人。在完成发明创造过程中，只负责组织工作的人、为物质技术条件的利用提供方便的人或者从事其他辅助

工作的人，不是发明人或者设计人。因此，选项 BD 的说法错误。

【答案】BD

19.【2018年第56题】关于非正常申请专利行为的说法，正确的是：
A. 同一单位或者个人提交多件不同材料、组分、配比、部件等简单替换或者拼凑的专利申请，属于非正常申请专利的行为
B. 同一单位或者个人提交多件实验数据或者技术效果明显编造的专利申请，属于非正常申请专利的行为
C. 对于非正常申请专利的行为情节严重的，自本年度起五年内不予资助或者奖励
D. 通过非正常申请专利的行为骗取资助和奖励，情节严重构成犯罪的，依法移送有关机关追究刑事责任

【考点】非正常申请专利行为

【分析】《关于规范专利申请行为的若干规定》第三条规定，本规定所称非正常申请专利的行为是指：其中（三）同一单位或者个人提交多件不同材料、组分、配比、部件等简单替换或者拼凑的专利申请；（四）同一单位或者个人提交多件实验数据或者技术效果明显编造的专利申请。因此，选项 AB 正确。

《关于规范专利申请行为的若干规定》第四条规定，对非正常申请专利的行为，除依据专利法及其实施细则的规定对提交的专利申请进行处理之外，可以视情节采取下列处理措施：其中（四）各级知识产权局不予资助或者奖励；已经资助或者奖励的，全部或者部分追还；情节严重的，自本年度起五年内不予资助或者奖励；（六）通过非正常申请专利的行为骗取资助和奖励，情节严重构成犯罪的，依法移送有关机关追究刑事责任。因此，选项 CD 正确。

【答案】ABCD

20.【2017年第7题】代表人可以代表全体申请人在国家知识产权局办理下列哪种手续？
A. 提出专利申请 B. 委托专利代理
C. 转让专利申请权 D. 答复补正通知书

【考点】代表人

【分析】根据《专利审查指南2010》第一部分第一章第4.1.5节的规定，除直接涉及共有权利的手续外，代表人可以代表全体申请人办理在专利局的其他手续。直接涉及共有权利的手续包括：提出专利申请，委托专利代理，转让专利申请权、优先权或者专利权，撤回专利申请，撤回优先权要求，放弃专利权等。直接涉及共有权利的手续应当由全体权利人签字或者盖章。因此，选项 ABC 错误，选项 D 正确。

【答案】D

21.【2017年第13题】提出实用新型专利申请时，如果没有附图，国家知识产权局将如何处理？
A. 发出补正通知书要求申请人补交附图 B. 发出审查意见通知书要求申请人补交附图
C. 不予受理，并发出不予受理通知书 D. 予以处理，并发出受理通知书

【考点】不予受理

【分析】专利法实施细则第三十九条规定，专利申请文件有下列情形之一的，国务院专利行政部门不予受理，并通知申请人：（一）发明或者实用新型专利申请缺少请求书、说明书（实用新型无附图）或者权利要求书的，或者外观设计专利申请缺少请求书、图片或者照片、简要说明的；……。根据《专利审查指南2010》第一部分第二章第3.2节的规定，初步审查中，对申请文件存在可以通过补正克服的缺陷的专利申请，审查员应当进行全面审查，并发出补正通知书。根据《专利审查指南2010》第一部分第二章第3.3节的规定，初步审查中，如果审查员认为申请文件存在不可能通过补正方式克服的明显实质性缺陷，应当发出审查意见通知书。由此可知，提出实用新型专利申请时，如果没有附图，国家知识产权局不予受理，并发出不予受理通知书，而补正通知书和审查意见通知书是在专利申请之后才会发出的通知。因此，选项 ABD 错误，选项 C 正确。

【答案】C

22.【2017年第24题】以下哪种撰写方式不会导致所在的权利要求保护范围不清楚？
A. 组合物中含有20%~35%（重量）组分A B. 传动器由金属制成，最好是铜
C. 化合物A和化合物B在高温下反应 D. 操作温度为30~60摄氏度，例如45摄氏度

【考点】权利要求的撰写

【分析】根据《专利审查指南2010》第二部分第二章第3.2.2节的规定，除附图标记或者化学式及数学式中

使用的括号之外，权利要求中应尽量避免使用括号，以免造成权利要求不清楚，例如"（混凝土）模制砖"。然而，具有通常可接受含义的括号是允许的，例如"（甲基）丙烯酸酯"，"含有10%～60%（重量）的A"。因此，选项A正确。

根据《专利审查指南2010》第二部分第二章第3.2.2节的规定，权利要求中不得使用含义不确定的用语，如"厚"、"薄"、"强"、"弱"、"高温"、"高压"、"很宽范围"等，除非这种用语在特定技术领域中具有公认的确切含义，如放大器中的"高频"。对没有公认含义的用语，如果可能，应选择说明书中记载的更为精确的措词替换上述不确定的用语。权利要求中不得出现"例如"、"最好是"、"尤其是"、"必要时"等类似用语。因为这类用语会在一项权利要求中限定出不同的保护范围，导致保护范围不清楚。当权利要求中出现某一上位概念后面跟一个由上述用语引出的下位概念时，应当要求申请人修改权利要求，允许其在该权利要求中保留其中之一，或将两者分别在两项权利要求中予以限定。因此，选项BCD错误。

【答案】A

23.【2017年第33题】下列哪些情形中专利申请人的填写不符合规定？
A. 正式全称为北京某电子科技股份有限公司的企业在提交的专利申请中，专利申请人一栏填写的是"北京某电子公司"
B. 某大学提交的专利申请中，专利申请人一栏填写的是"某大学科研处"
C. 外国某大学教授约翰·史密斯提交的专利申请中，专利申请人一栏填写的是"约翰·史密斯教授"
D. 张某在其提交的专利申请中，专利申请人一栏填写的是其笔名"风行"

【考点】专利申请人

【分析】《专利审查指南2010》第一部分第一章第4.1.3.1节规定，申请人是个人的，应当使用本人真实姓名，不得使用笔名或者其他非正式的姓名。申请人是单位的，应当使用正式全称，不得使用缩写或者简称。请求书中填写的单位名称应当与所使用的公章上的单位名称一致。因此，选项AD不符合规定。

《专利审查指南2010》第一部分第一章第4.1.3.1节还规定，申请人是单位的，可以推定该发明是职务发明，该单位有权提出专利申请，除非该单位的申请人资格明显有疑义的，例如填写的单位是××大学科研处或者××研究所××课题组，才需要发出补正通知书，通知申请人提供能表明其具有申请人资格的证明文件。因此，选项B不符合规定。

《专利审查指南2010》第一部分第一章第4.1.3.2节规定，申请人是个人的，其中文译名中可以使用外文缩写字母，姓和名之间用圆点分开，圆点置于中间位置，例如M·琼斯。姓名中不应当含有学位、职务等称号，例如××博士、××教授等。因此，选项C不符合规定。

【答案】ABCD

24.【2017年第34题】下列哪些人可以在中国申请专利？
A. 在法国境内设有营业所的泰国人
B. 在我国境内只设有代表处的英国公司
C. 在我国境内有经常居所的无国籍人
D. 营业所设在德国的企业

【考点】专利申请人

【分析】专利法第十八条规定，在中国没有经常居所或者营业所的外国人、外国企业或者外国其他组织在中国申请专利的，依照其所属国同中国签订的协议或者共同参加的国际条约，或者依照互惠原则，根据本法办理。《专利审查指南2010》第一部分第一章第4.1.3.2节规定，在确认申请人是在中国没有经常居所或者营业所的外国人、外国企业或者外国其他组织后，应当审查请求书中填写的申请人国籍、注册地是否符合下列三个条件之一：（1）申请人所属国同我国签订有相互给予对方国民以专利保护的协议；（2）申请人所属国是保护工业产权巴黎公约（以下简称《巴黎公约》）成员国或者世界贸易组织成员；（3）申请人所属国依互惠原则给外国人以专利保护。由此可知，申请人是个人的，以国籍或经常居所来确定；申请人是企业或其他组织的，以注册地来确定。根据《巴黎公约》规定的国民待遇原则，该公约成员国的国民（自然人、法人和其他组织）都有权在我国申请专利，非公约成员国的国民，如果在任一公约成员国内有住所或者营业所，同样有权在我国申请专利。中国、英国、法国、德国都是《巴黎公约》成员国，因此，选项ABD正确。而在中国有经常居所或者营业所的外国申请人（包括无国籍申请人），根据国民待遇原则，其与我国国民一样享有在我国申请专利的权利，且自行决定是否委托代理机构办理。因此，选项C正确。

【答案】ABCD

25.【2017年第46题】申请人甲提交了一份专利申请，后欲将该申请转让给乙，乙想委托代理机构办理专利相关事务。这种情况下应当如何办理著录项目变更手续，以下说法正确的是？

　　A. 办理手续时，应当提交两份著录项目变更申报书
　　B. 办理手续时，应当提交申请权由甲转让给乙的转让证明以及乙与代理机构签订的专利代理委托书
　　C. 申请人应当自提出著录项目变更申报书后2个月内缴纳变更费250元
　　D. 该手续可以由乙委托的专利代理机构办理

【考点】著录项目变更

【分析】《专利审查指南2010》第一部分第一章第6.7.1.1节规定，办理著录项目变更手续应当提交著录项目变更申报书。一件专利申请的多个著录项目同时发生变更的，只需提交一份著录项目变更申报书；一件专利申请同一著录项目发生连续变更的，应当分别提交著录项目变更申报书；多件专利申请的同一著录项目发生变更的，即使变更的内容完全相同，也应当分别提交著录项目变更申报书。本题一件专利申请中，申请人由甲变更成申请人乙，乙委托代理机构，只需提交一份著录项目变更申报书，因此，选项A错误。

《专利审查指南2010》第一部分第一章第6.7.2.2节关于专利申请权（或专利权）转移的规定，……（2）申请人（或专利权人）因权利的转让或者赠与发生权利转移提出变更请求的，应当提交双方签字或者盖章的转让或者赠与合同。《专利审查指南2010》第一部分第一章第6.7.2.4节关于专利代理机构及代理人变更的规定，……（4）专利申请权（或专利权）转移的，变更后的申请人（或专利权人）委托新专利代理机构的，应当提交变更后的全体申请人（或专利权人）签字或者盖章的委托书；变更后的申请人（或专利权人）委托原专利代理机构的，只需提交新增申请人（或专利权人）签字或者盖章的委托书。因此，选项B正确。

《专利审查指南2010》第一部分第一章第6.7.1.2节规定，申请人请求变更发明人和/或申请人（或专利权人）的，应当缴纳著录项目变更手续费200元，请求变更专利代理机构和/或专利代理人的，应当缴纳著录项目变更手续费50元。《专利审查指南2010》第一部分第一章第6.7.1.3节规定，著录项目变更手续费应当自提出请求之日起一个月内缴纳，另有规定的除外；期满未缴纳或者未缴足的，视为未提出著录项目变更申报。因此，选项C错误。

《专利审查指南2010》第一部分第一章第6.7.1.4节规定，未委托专利代理机构的，著录项目变更手续应当由申请人（或专利权人）或者其代表人办理；已委托专利代理机构的，应当由专利代理机构办理。因权利转移引起的变更，也可以由新的权利人或者其委托的专利代理机构办理。因此，选项D正确。

【答案】BD

26.【2017年第47题】申请人甲于2017年2月20日提交了一项发明专利申请，该申请要求了两项外国优先权，优先权日分别是2016年4月5日和2016年6月10日，该申请被受理后，申请人发现在申请时忘记在请求书和说明书中写明生物材料的样品信息，保藏日是2016年5月20日，如果申请人想补入该生物材料样品信息，应当如何办理手续？

　　A. 申请人应当于2017年6月20日前办理补正手续
　　B. 办理该手续时应当提交修改后的请求书以及该生物材料的样品保藏证明和存活证明
　　C. 该申请中，保藏日期晚于最早优先权日，因此生物材料的内容不能享有任何优先权
　　D. 申请人可以声明撤回部分优先权要求或者声明该保藏证明涉及的生物材料的内容不要求享有优先权，以满足保藏日的要求

【考点】生物材料

【分析】根据专利法实施细则第二十四条的规定，申请专利的发明涉及新的生物材料，该生物材料公众不能得到，并且对该生物材料的说明不足以使所属领域的技术人员实施其发明的，除应当符合专利法和本细则的有关规定外，申请人还应当办理下列手续：（一）在申请日前或者最迟在申请日（有优先权的，指优先权日），将该生物材料的样品提交国务院专利行政部门认可的保藏单位保藏，并在申请时或者最迟自申请日起4个月内提交保藏单位出具的保藏证明和存活证明；期满未提交证明的，该样品视为未提交保藏；（二）在申请文件中，提供有关该生物材料特征的资料；（三）涉及生物材料样品保藏的专利申请应当在请求书和说明书中写明该生物材料的分类命名（注明拉丁文名称）、保藏该生物材料样品的单位名称、地址、保藏日期和保藏编号；申请时未写明的，

应当自申请起4个月内补正；期满未补正的，视为未提交保藏。本题中，申请人应当自申请日2017年2月20日起四个月内办理补正手续，提交修改后的请求书以及该生物材料的样品保藏证明和存活证明，因此，选项AB正确。

《专利审查指南2010》第一部分第一章第5.2.1节规定，保藏证明写明的保藏日期在所要求的优先权日之后，并且在申请日之前的，审查员应当发出办理手续补正通知书，要求申请人在指定的期限内撤回优先权要求或者声明该保藏证明涉及的生物材料的内容不要求享受优先权，期满未答复或者补正后仍不符合规定的，审查员应当发出生物材料样品视为未保藏通知书。本题中，保藏日2016年5月20日早于其中一个优先权日2016年6月10日，享有该优先权，因此，选项C错误。由于保藏日2016年5月20日晚于另一个优先权日2016年4月5日，申请人可以声明撤回部分优先权要求或者声明该保藏证明涉及的生物材料的内容不要求享有优先权，以满足保藏日的要求，因此，选项D正确。

【答案】ABD

27.【2017年第50题】以下关于电子申请的特殊规定正确的是？
A. 电子申请的代表人应当是电子申请的注册用户
B. 电子申请的各种手续应当以电子形式提交，必要时应当在规定的期限内提交纸件原件
C. 电子申请受理范围包括：发明、实用新型和外观设计专利申请、进入国家阶段的国际申请以及复审和无效宣告请求
D. 国家知识产权局电子专利申请系统收到符合专利法及其实施细则规定的专利申请文件之日为申请日

【考点】电子申请

【分析】《专利审查指南2010》第五部分第十一章第2.1节规定，申请人有两人以上且未委托专利代理机构的，以提交电子申请的电子申请用户为代表人。因此，选项A正确。《专利审查指南2010》第五部分第十一章第5.5节规定，申请人提出电子申请并被受理的，办理专利申请的各种手续应当以电子文件形式提交。对专利法及其实施细则和本指南中规定的必须以原件形式提交的文件，例如，费用减缓证明、专利代理委托书、著录项目变更证明和复审及无效程序中的证据等，应当在专利法及其实施细则和本指南中规定的期限内提交纸件原件。因此，选项B正确。

《专利审查指南2010》第五部分第十一章第4节规定，电子申请受理范围包括：（1）发明、实用新型和外观设计专利申请。（2）进入国家阶段的国际申请。（3）复审和无效宣告请求。因此，选项C正确。《专利审查指南2010》第五部分第十一章第4.2节规定，专利局电子专利申请系统收到符合专利法及其实施细则规定的专利申请文件之日为申请日。因此，选项D正确。

【答案】ABCD

28.【2017年第70题】下列有关说明书摘要的说法哪些是正确的？
A. 说明书摘要仅是一种技术情报，不具有法律效力
B. 说明书摘要属于发明或者实用新型原始记载的内容
C. 说明书摘要不能用来解释专利权的保护范围
D. 有附图的专利申请，申请人还应当提供一幅最能说明该发明或者实用新型技术特征的附图作为摘要附图

【考点】说明书摘要

【分析】根据《专利审查指南2010》第二部分第二章第2.4节的规定，摘要是说明书记载内容的概述，它仅是一种技术信息，不具有法律效力。摘要的内容不属于发明或者实用新型原始记载的内容，不能作为以后修改说明书或者权利要求书的根据，也不能用来解释专利权的保护范围。因此，选项AC正确，选项B错误。

《专利审查指南2010》第二部分第二章第2.4节还规定，有附图的专利申请，应当提供或者由审查员指定一幅最能反映该发明或者实用新型技术方案的主要技术特征的附图作为摘要附图，该摘要附图应当是说明书附图中的一幅。因此，选项D正确。

【答案】ACD

29.【2017年第71题】下列权利要求的主题名称中，不能清楚表明其类型的是？
A. 用于钢水浇铸的模具　　　　　　　　B. 空调作为空气净化机的应用
C. 一种电话机及其制造方法　　　　　　D. 一种改进的除草技术

【考点】权利要求的主题名称

【分析】《专利审查指南2010》第二部分第二章第3.2.2节规定，每项权利要求的类型应当清楚。权利要求的主题名称应当能够清楚地表明该权利要求的类型是产品权利要求还是方法权利要求。不允许采用模糊不清的主题名称，例如，"一种……技术"，或者在一项权利要求的主题名称中既包含有产品又包含有方法，例如，"一种……产品及其制造方法"。本题中，选项A属于产品权利要求，选项B属于方法权利要求，因此，选项AB能清楚表明其类型；而选项CD不能清楚表明其类型。

【答案】CD

30. 【2017年第72题】以下关于说明书的说法正确的是？
A. 说明书中不得使用商品名称
B. 说明书中不得使用"如权利要求……所述的……"一类的引用语
C. 说明书中不得使用商业性宣传用语
D. 说明书中不得采用自定义词

【考点】说明书

【分析】《专利审查指南2010》第二部分第二章第2.2.7节规定，说明书中无法避免使用商品名称时，其后应当注明其型号、规格、性能及制造单位。因此，选项A错误。《专利审查指南2010》第二部分第二章第2.2.7节规定，发明或实用新型说明书应当用词规范、语句清楚，并且不得使用"如权利要求……所述的……"一类的引用语，也不得使用商业性宣传用语。因此，选项BC正确。

《专利审查指南2010》第二部分第二章第2.2.7节规定，说明书应当使用发明或者实用新型所属技术领域的技术术语。必要时可以采用自定义词，在这种情况下，应当给出明确的定义或者说明。因此，选项D错误。

【答案】BC

31. 【2017年第81题】以下说法哪些是正确的？
A. 对于申请人在申请日之后补交的实验数据，因不是原说明书和权利要求书记载的内容，审查员不应予以考虑
B. 判断说明书是否充分公开，应当以原说明书和权利要求书记载的内容为准
C. 对于申请人在申请日之后补交的实验数据，只有在申请人证明了其是在申请日前完成的情况下，审查员才应予以考虑
D. 申请人在申请日之后补交的实验数据所证明的技术效果应当是所属技术领域的技术人员能够从专利申请公开的内容中得到的

【考点】补交的实验数据

【分析】《专利审查指南2010》第二部分第十章第3.5节规定了关于补交的实验数据，判断说明书是否充分公开，以原说明书和权利要求书记载的内容为准。对于申请日之后补交的实验数据，审查员应当予以审查。补交实验数据所证明的技术效果应当是所属技术领域的技术人员能够从专利申请公开的内容中得到的。因此，选项AC错误，选项BD正确。

【答案】BD

32. 【2016年第11题】下列各项所示实用新型的名称，哪个是正确的？
A. 一种苹果牌手机　　　　　　　　B. 一种轮胎及包含该轮胎的汽车
C. 一种遥控技术　　　　　　　　　D. 一种睡袋及其使用方法

【考点】实用新型的名称

【分析】根据《专利审查指南2010》第一部分第一章第4.1.1节的规定，请求书中的发明名称和说明书中的发明名称应当一致。发明名称应当简短、准确地表明发明专利申请要求保护的主题和类型。发明名称中不得含有非技术词语，例如人名、单位名称、商标、代号、型号等；也不得含有含糊的词语，如"及其他"、"及其类似物"等；也不得仅使用笼统的词语，致使未给出任何发明信息，如仅用"方法"、"装置"、"组合物"、"化合物"等词作为发明名称。本题选项A含有商号"苹果牌"、选项C中的"技术"导致该名称要求保护的类型不明确，因此，选项AC错误。选项B符合规定。

根据《专利审查指南2010》第一部分第二章第6.1节的规定，根据专利法第二条第三款的规定，实用新型

专利只保护产品。所述产品应当是经过产业方法制造的，有确定形状、构造且占据一定空间的实体。一切方法以及未经人工制造的自然存在的物品不属于实用新型专利保护的客体。因此，选项D错误。

【答案】B

33.【2016年第12题】下列说法哪个是正确的？

A. 某项权利要求中记载"温度超过100℃"，是指温度大于100℃，不包括100℃本数在内

B. 某项组合物权利要求中记载了某组份含量的数值范围"10-20重量份"，为了支持该数值范围，说明书实施例中必须相应给出10重量份和20重量份的实施例

C. 一项制备方法权利要求可以撰写如下：一种生产薄膜的技术，其特征在于将树脂A、填料B、抗氧剂C加入混合机中混合，然后将混合物热成型为薄膜

D. 一项使用方法权利要求可以撰写如下：一种化合物K，该化合物用作杀虫剂

【考点】权利要求的撰写

【分析】根据《专利审查指南2010》第二部分第二章第3.3节的规定，一般情况下，权利要求中包含有数值范围的，其数值范围尽量以数学方式表达，例如，"≥30℃"、">5"等。通常，"大于"、"小于"、"超过"等理解为不包括本数；"以上"、"以下"、"以内"等理解为包括本数。因此，选项A正确。

根据《专利审查指南2010》第二部分第二章第2.2.6节的规定，当权利要求相对于背景技术的改进涉及数值范围时，通常应给出两端值附近（最好是两端值）的实施例，当数值范围较宽时，还应当给出至少一个中间值的实施例。根据《专利审查指南2010》第二部分第十章第3.4节的规定，说明书中实施例的数目，取决于权利要求的技术特征的概括程度，例如并列选择要素的概括程度和数据的取值范围；在化学发明中，根据发明的性质不同，具体技术领域不同，对实施例数目的要求也不完全相同。一般的原则是，应当能足以理解发明如何实施，并足以判断在权利要求所限定的范围内都可以实施并取得所述的效果。本题选项B中，是否需要给出10重量份和20重量份的实施例，取决于所属技术领域的技术人员能否理解发明如何实施，而不是必须给出相应的实施例。因此，选项B错误。

根据《专利审查指南2010》第二部分第二章第3.2.2节的规定，首先，每项权利要求的类型应当清楚。一方面，权利要求的主题名称应当能够清楚地表明该权利要求的类型是产品权利要求还是方法权利要求。不允许采用模糊不清的主题名称，例如，"一种……技术"，或者在一项权利要求的主题名称中既包含有产品又包含有方法，例如，"一种……产品及其制造方法"。另一方面，权利要求的主题名称还应当与权利要求的技术内容相适应。本题选项C中"一种生产薄膜的技术"没有清楚地表明其权利要求的类型，因此，选项C错误；

根据《专利审查指南2010》第二部分第十章第4.5.1节的规定，化学产品的用途发明是基于发现产品新的性能，并利用此性能而作出的发明。无论是新产品还是已知产品，其性能是产品本身所固有的，用途发明的本质不在于产品本身，而在于产品性能的应用。因此，用途发明是一种方法发明，其权利要求属于方法类型。而选项D中主题名称是"一种化合物K"，该权利要求属于产品权利要求，即选项D将使用方法权利要求的主题表述为产品，因此，选项D错误。

【答案】A

34.【2016年第13题】某专利申请的权利要求书如下：

"1. 一种枕头，其特征在于：由枕套和枕芯组成。

2. 根据权利要求1所述的枕套，其特征在于：枕套中间设置为凹面。

3. 根据权利要求1所述的枕头，其特征在于：凹面深度为8cm。

4. 根据权利要求1和3所述的枕头，其特征在于：枕套两端设置两个如附图所示的不同高度的平面。"

上述从属权利要求有几处错误？

A. 2　　　　　　　　B. 3　　　　　　　　C. 4　　　　　　　　D. 5

【考点】从属权利要求的撰写

【分析】《专利审查指南2010》第二部分第二章第3.3节规定，权利要求中可以有化学式或者数学式，但是不得有插图。除绝对必要外，权利要求中不得使用"如说明书……部分所述"或者"如图……所示"等类似用语。绝对必要的情况是指当发明或者实用新型涉及的某特定形状仅能用图形限定而无法用语言表达时，权利要求可以使用"如图……所示"等类似用语。

《专利审查指南2010》第二部分第二章第3.3.2节规定，从属权利要求只能引用在前的权利要求。引用两项以上权利要求的多项从属权利要求只能以择一方式引用在前权利要求，并不得作为被另一项多项从属权利要求引用的基础，即在后的多项从属权利要求不得引用在前的多项从属权利要求。从属权利要求的引用部分应当写明引用的权利要求的编号，其后应当重述引用的权利要求的主题名称。例如，一项从属权利要求的引用部分应当写成："根据权利要求1所述的金属纤维拉拔装置，……。当从属权利要求是多项从属权利要求时，其引用的权利要求的编号应当用"或"或者其他与"或"同义的择一引用方式表达。例如从属权利要求的引用部分写成下列方式："根据权利要求1或2所述的……""根据权利要求2、4、6或8所述的……"或者"根据权利要求4至9中任一权利要求所述的……"。

本题权利要求2中"根据权利要求1所述的枕套"与权利要求1的主题枕头不一致，该处存在错误；权利要求3中"凹面"在权利要求1中没有出现，因此，该处存在错误。权利要求4中"根据权利要求1和3所述的枕头"不是择一引用，该处存在错误。本题权利要求4中"如附图所示"不属于所述绝对必要的情况，因此，该处存在错误。综上所述，本题从属权利要求存在4处错误，因此，选项C正确。

需要说明的是，权利要求4中"不同高度的平面"，该特征意为枕套两端的平面高度不同，这是清楚的，而所述的平面高度具体是多少，可以限定，也可以不限定。类似的，【2014年专利法第11题】下列哪项从属权利要求的撰写符合相关规定？选项A.蒸发器包括一大一小两个导管。

【答案】C

35.【2016年第14题】关于权利要求是否得到说明书的支持，下列说法哪个是正确的？
 A. 纯功能性的权利要求必然得不到说明书的支持
 B. 独立权利要求得到说明书的支持，其从属权利要求必然得到说明书的支持
 C. 权利要求的技术方案在说明书中存在一致性的表述，则该权利要求必然得到说明书的支持
 D. 产品权利要求得到说明书的支持，则制备该产品的方法权利要求也必然得到说明书的支持

【考点】权利要求得到说明书的支持

【分析】《专利审查指南2010》第二部分第二章第3.2.1节规定，纯功能性的权利要求得不到说明书的支持，因此也是不允许的。……对于包括独立权利要求和从属权利要求或者不同类型权利要求的权利要求书，需要逐一判断各项权利要求是否都得到了说明书的支持。独立权利要求得到说明书支持并不意味着从属权利要求也必然得到支持；方法权利要求得到说明书支持也并不意味着产品权利要求必然得到支持。当要求保护的技术方案的部分或全部内容在原始申请的权利要求书中已经记载而在说明书中没有记载时，允许申请人将其补入说明书。但是权利要求的技术方案在说明书中存在一致性的表述，并不意味着权利要求必然得到说明书的支持。只有当所属技术领域的技术人员能够从说明书充分公开的内容中得到或概括得出该项权利要求所要求保护的技术方案时，记载该技术方案的权利要求才被认为得到了说明书的支持。因此，选项A正确，选项BCD错误。

【答案】A

36.【2016年第15题】关于实用新型专利申请，下列说法哪个是正确的？
 A. 说明书摘要可以作为修改说明书的依据
 B. 说明书附图不得仅有表示产品效果、性能的附图
 C. 说明书文字部分可以有表格，必要时也可以有插图，例如流程图
 D. 原始说明书附图不清晰，可以通过重新确定申请日方式补入清晰附图

【考点】实用新型说明书 说明书附图 说明书摘要

【分析】《专利审查指南2010》第二部分第二章第2.4节规定，摘要是说明书记载内容的概述，它仅是一种技术信息，不具有法律效力。摘要的内容不属于发明或者实用新型原始记载的内容，不能作为以后修改说明书或者权利要求书的根据，也不能用来解释专利权的保护范围。因此，选项A错误。《专利审查指南2010》第一部分第二章第7.3节规定，说明书附图的审查包括下述内容：(10) 说明书附图中应当有表示要求保护的产品的形状、构造或者其结合的附图，不得仅有表示现有技术的附图，也不得仅有表示产品效果、性能的附图，例如温度变化曲线图等。因此，选项B正确。

《专利审查指南2010》第一部分第二章第7.2节规定，说明书的审查包括下述内容：……(8) 说明书文字部分可以有化学式、数学式或者表格，但不得有插图，包括流程图、方框图、曲线图、相图等，它们只可以作为

说明书的附图。因此，选项 C 错误。

根据专利法实施细则第四十条的规定，说明书中写有对附图的说明但无附图或者缺少部分附图的，申请人应当在国务院专利行政部门指定的期限内补交附图或者声明取消对附图的说明。申请人补交附图的，以向国务院专利行政部门提交或者邮寄附图之日为申请日；取消对附图的说明的，保留原申请日。在该条规定中，专利局让申请人补交附图或声明取消对附图的说明的目的在于使申请文件完备，只有申请文件完备时，才能被受理并确定申请日、给以申请号。但该规定仅限于"说明书中写有对附图的说明但无附图或者缺少部分附图"，并不适用于"附图不清楚"的情形，即原始说明书附图不清楚，不能通过重新确定申请日的方式补入清晰附图。因此，选项 D 错误。

【答案】B

37.【2016 年第 17 题】申请人通过 EMS 给专利局审查员王某邮寄了一份答复文件，寄出的邮戳日为 2016 年 7 月 3 日，收到地邮局的邮戳日为 2016 年 7 月 7 日，审查员王某于 2016 年 7 月 9 日收到了该答复文件，并于 2016 年 7 月 10 日转交到专利局受理处，该答复文件的递交日应被认定为哪一天？

A. 2016 年 7 月 3 日
B. 2016 年 7 月 7 日
C. 2016 年 7 月 9 日
D. 2016 年 7 月 10 日

【考点】递交日

【分析】《专利审查指南 2010》第五部分第三章第 2.3.1 节规定了确定申请日：向专利局受理处或者代办处窗口直接递交的专利申请，以收到日为申请日；通过邮局邮寄递交到专利局受理处或者代办处的专利申请，以信封上的寄出邮戳日为申请日；寄出的邮戳日不清晰无法辨认的，以专利局受理处或者代办处收到日为申请日，并将信封存档。通过速递公司递交到专利局受理处或者代办处的专利申请，以收到日为申请日。邮寄或者递交到专利局非受理部门或者个人的专利申请，其邮寄日或者递交日不具有确定申请日的效力，如果该专利申请被转送到专利局受理处或者代办处，以受理处或者代办处实际收到日为申请日。分案申请以原申请的申请日为申请日，并在请求书上记载分案申请递交日。因此，本题中的递交日为审查员王某转交至受理处的时间，即 2016 年 7 月 10 日，因此，选项 D 正确，选项 ABC 错误。

【答案】D

38.【2016 年第 18 题】在满足其他受理条件的情况下，下列哪个专利申请应当予以受理？

A. 某台湾地区的个人作为第一署名申请人，其经常居住地和详细地址均位于台湾地区，未委托专利代理机构
B. 某在中国内地没有营业所的香港企业作为第一署名申请人与深圳某企业共同申请专利，未委托专利代理机构
C. 某澳门居民作为第一署名申请人，其经常居住地和详细地址均位于澳门，未委托专利代理机构，指定居住于中国内地的亲友作为联系人
D. 某营业所位于上海的外国独资企业申请专利，未委托专利代理机构

【考点】受理

【分析】专利法第十九条第一款规定，在中国没有经常居所或者营业所的外国人、外国企业或者外国其他组织在中国申请专利和办理其他专利事务的，应当委托依法设立的专利代理机构办理。专利法实施细则第三十九条规定，专利申请文件有下列情形之一的，国务院专利行政部门不予受理，并通知申请人：……（五）明显不符合专利法第十八条或者第十九条第一款的规定的。《专利审查指南 2010》第五部分第三章第 2.2 节规定，专利申请有下列情形之一的，专利局不予受理：……（6）在中国内地没有经常居所或者营业所的外国人、外国企业或者外国其他组织作为第一署名申请人，没有委托专利代理机构的。（7）在中国内地没有经常居所或者营业所的香港、澳门或者台湾地区的个人、企业或者其他组织作为第一署名申请人，没有委托专利代理机构的。因此，选项 ABC 错误。而选项 D 中"外国独资企业"的营业地在中国，该企业属于中国企业，申请专利可以不委托专利代理机构。因此，选项 D 正确。

【答案】D

39.【2016 年第 29 题】涉及生物材料的国际申请进入中国国家阶段时，申请人应当在下列哪个期限内提交生物材料样品的保藏证明和存活证明？

A. 进入实质审查程序之前　　　　　　　　B. 国家公布技术准备工作完成之前
C. 办理进入国家阶段手续之日起 6 个月内　　D. 办理进入国家阶段手续之日起 4 个月内

【考点】涉及生物材料的国际申请

【分析】专利法实施细则第一百零八条第三款规定，申请人自进入日起 4 个月内向国务院专利行政部门提交生物材料样品保藏证明和存活证明的，视为在本细则第二十四条第（一）项规定的期限内提交。因此，选项 D 正确，选项 ABC 错误。

【答案】D

40.【2016 年第 45 题】发明专利申请请求书中出现的下列哪些情形不符合相关规定？
A. 申请人一栏填写为"李力　高级工程师"　　B. 发明人一栏填写为"王明　赵伟（不公开姓名）"
C. 联系人一栏填写为"张宇，王量"　　　　　D. 发明名称一栏填写为"一种发电装置"

【考点】发明专利申请请求书

【分析】《专利审查指南 2010》第一部分第一章第 4.1.3.2 节规定，申请人是个人的，其中文译名中可以使用外文缩写字母，姓和名之间用圆点分开，圆点置于中间位置，如"M·琼斯"。姓名中不应当含有学位、职务等称号，如"××博士、××教授"等。因此，选项 A 不符合规定。《专利审查指南 2010》第一部分第一章第 4.1.2 节规定，发明人可以请求专利局不公布其姓名。提出专利申请时请求不公布发明人姓名的，应当在请求书"发明人"一栏所填写的相应发明人后面注明"（不公开姓名）"。因此，选项 B 符合规定。

《专利审查指南 2010》第一部分第一章第 4.1.4 节规定，联系人只能填写一人。填写联系人的，还需要同时填写联系人的通信地址、邮政编码和电话号码。因此，选项 C 不符合规定。《专利审查指南 2010》第一部分第一章第 4.1.1 节规定，请求书中的发明名称和说明书中的发明名称应当一致。发明名称应当简短、准确地表明发明专利申请要求保护的主题和类型。发明名称中不得含有非技术词语，例如人名、单位名称、商标、代号、型号等；也不得含有含糊的词语，例如"及其他"、"及其类似物"等；也不得仅使用笼统的词语，致使未给出任何发明信息，例如仅用"方法"、"装置"、"组合物"、"化合物"等词作为发明名称。因此，选项 D 符合规定。

【答案】AC

41.【2016 年第 46 题】一件发明专利申请的权利要求书撰写如下：
"1. 一种方便面的制作方法，包括：将处理干净的蔬菜用沸水烫制成菜糊，用菜糊和水将杂粮粉和匀，制成面条，蒸熟，切块、分排，微波炉加热熟化烘干，最后经风冷干燥即可。

2. 根据权利要求 1 所述的制作方法，其特征在于：所述的杂粮是大豆、绿豆或豆类。

3. 根据权利要求 1 和 2 所述的制作方法，其特征在于：所述的蔬菜是菠菜、西红柿或胡萝卜。

4. 根据权利要求 1 所述的制作方法，其特征在于：菠菜在烫前要切除根部。"

在上述权利要求均得到说明书支持的情况下，哪些权利要求撰写上存在错误？
A. 权利要求 1　　B. 权利要求 2　　C. 权利要求 3　　D. 权利要求 4

【考点】权利要求撰写

【分析】专利法实施细则第二十一条第一款、第二款规定，发明或者实用新型的独立权利要求应当包括前序部分和特征部分，按照下列规定撰写：（一）前序部分：写明要求保护的发明或者实用新型技术方案的主题名称和发明或者实用新型主题与最接近的现有技术共有的必要技术特征；（二）特征部分：使用"其特征是……"或者类似的用语，写明发明或者实用新型区别于最接近的现有技术的技术特征。这些特征和前序部分写明的特征合在一起，限定发明或者实用新型要求保护的范围。发明或者实用新型的性质不适用前款方式表达的，独立权利要求可以用其他方式撰写。《专利审查指南 2010》第二部分第二章第 3.2.1 节规定，根据专利法实施细则第二十一条第二款的规定，发明或者实用新型的性质不适于用上述方式撰写的，独立权利要求也可以不分前序部分和特征部分。例如以下情况：（1）开拓性发明；（2）由几个状态等同的已知技术整体组合而成的发明，其发明实质在组合本身；（3）已知方法的改进发明，其改进之处在于省去某物质或者材料，或者是用一种物质或材料代替另一种物质或材料，或者是省去某个步骤；（4）已知发明的改进在于系统中部件的更换或者其相互关系上的变化。本题权利要求 1 符合规定，因此，选项 A 错误。

《专利审查指南 2010》第二部分第二章第 3.3 节规定，采用并列选择法概括时，被并列选择概括的具体内容应当是等效的，不得用上位概念概括的内容，用"或者"与其下位概念并列。本题权利要求 2 中，豆类是大豆和绿豆的上位概念，不能并列。因此，选项B正确。《专利审查指南2010》第二部分第二章第3.3.2节规定，引用两项以权利要求的多项从属权利要求只能以择一方式引用在前的权利要求，并不得作为被另一项多项从属权利要求引用的基础，即在后的多项从属权利要求不得引用在前的多项从属权利要求。本题权利要求3中，权利要求3引用了权利要求1和2，但没有择一引用。因此，选项C正确。《专利审查指南2010》第二部分第二章第3.3.2节规定，从属权利要求的限定部分可以对在前的权利要求（独立权利要求或者从属权利要求）中的技术特征进行限定。本题权利要求4引用权利要求1，但其进一步限定的菠菜没有在权利要求1中出现。因此，选项D正确。

【答案】BCD

42.【2016年第47题】关于发明专利申请权利要求的撰写，下列哪些说法是正确的？
A. 权利要求书中使用的科技术语应当与说明书中的一致，权利要求书中可以有数学式
B. 如果一项权利要求包含了另一项权利要求中的所有技术特征，且对该另一项权利要求的技术方案作进一步限定，则该权利要求为从属权利要求
C. 某独立权利要求为："1. 一种茶杯，包括部件A和B，其特征在于：还包括部件C"。其从属权利要求可以对部件C进行限定，但不能再对部件A进行限定
D. 引用两项以上权利要求的多项从属权利要求，可以以择一方式引用在前的权利要求，并不得作为另一项多项从属权利要求的基础

【考点】权利要求的撰写

【分析】《专利审查指南2010》第二部分第二章第3.3节规定，权利要求中使用的科技术语应当与说明书中使用的科技术语一致。权利要求中可以有化学式或者数学式，但是不得有插图。因此，选项A正确。

《专利审查指南2010》第二部分第二章3.1.2节规定，如果一项权利要求包含了另一项同类型权利要求中的所有技术特征，且对该另一项权利要求的技术方案作了进一步的限定，则该权利要求为从属权利要求。……一件专利申请的权利要求书中，应当至少有一项独立权利要求。当有两项或者两项以上独立权利要求时，写在最前面的独立权利要求被称为第一独立权利要求，其他独立权利要求称为并列独立权利要求。审查员应当注意，有时并列独立权利要求也引用在前的独立权利要求，例如，"一种实施权利要求1的方法的装置，……"；"一种制造权利要求1的产品的方法，……"；"一种包含权利要求1的部件的设备，……"；"与权利要求1的插座相配合的插头，……"等。这种引用其他独立权利要求的权利要求是并列的独立权利要求，而不能被看作是从属权利要求。因此，选项B错误。

《专利审查指南2010》第二部分第二章第3.3.2节规定，从属权利要求只能引用在前的权利要求。引用两项以上权利要求的多项从属权利要求只能以择一方式引用在前的权利要求，并不得作为被另一项多项从属权利要求引用的基础，即在后的多项从属权利要求不得引用在前的多项从属权利要求。从属权利要求的限定部分可以对在前的权利要求（独立权利要求或者从属权利要求）中的技术特征进行限定。在前的独立权利要求采用两部分撰写方式的，其后的从属权利要求不仅可以进一步限定该独立权利要求特征部分中的特征，也可以进一步限定前序部分中的特征。因此，本题选项D正确，而选项C中"不能再对部件A进行限定"的表述是不对的，因此，选项C错误。

【答案】AD

43.【2016年第48题】某涉及生物材料的发明专利申请，申请日为2015年5月1日，优先权日为2014年6月1日，申请人将该生物材料的样品提交到国家知识产权局认可的保藏单位进行保藏，下列手续哪些符合要求？
A. 提交保藏的日期：2015年5月1日，提交保藏证明及存活证明的日期：2015年8月1日
B. 提交保藏的日期：2014年6月1日，提交保藏证明及存活证明的日期：2015年9月1日
C. 提交保藏的日期：2014年10月1日，提交保藏证明及存活证明的日期：2015年8月1日
D. 提交保藏的日期：2014年10月1日，提交保藏证明及存活证明的日期：2015年8月1日，同时申请人提交声明表示放弃优先权

【考点】涉及生物材料的发明专利申请

【分析】专利法实施细则第二十四条规定，申请专利的发明涉及新的生物材料，该生物材料公众不能得到，并且对该生物材料的说明不足以使所属领域的技术人员实施其发明的，除应当符合专利法和本细则的有关规定外，申请人还应当办理下列手续：（一）在申请日前或者最迟在申请日（有优先权的，指优先权日），将该生物

材料的样品提交国务院专利行政部门认可的保藏单位保藏，并在申请时或者最迟自申请日起 4 个月内提交保藏单位出具的保藏证明和存活证明；期满未提交证明的，该样品视为未提交保藏；（二）在申请文件中，提供有关该生物材料特征的资料；（三）涉及生物材料样品保藏的专利申请应当在请求书和说明书中写明该生物材料的分类命名（注明拉丁文名称）、保藏该生物材料样品的单位名称、地址、保藏日期和保藏编号；申请时未写明的，应当自申请日起 4 个月内补正；期满未补正的，视为未提交保藏。

本题中优先权日为 2014 年 6 月 1 日，提交保藏的日期应当不晚于该日期，因此，选项 AC 错误；选项 B 中，提交保藏的日期 2014 年 6 月 1 日是优先权日，且由于提交保藏证明及存活证明的日期是 2015 年 9 月 1 日，满足在申请时或者最迟自申请日（2015 年 5 月 1 日）起 4 个月内提交保藏单位出具的保藏证明和存活证明的要求，因此，选项 B 正确。而选项 D 中由于申请人放弃优先权，因此，提交保藏的日期应当不晚于申请日（2015 年 5 月 1 日），并且应当在申请时或者最迟自申请日起 4 个月内提交保藏单位出具的保藏证明和存活证明，因此，选项 D 正确。

【答案】 BD

44. **【2016 年第 49 题】** 下列涉及遗传资源发明专利申请的说法，哪些是正确的？
    A. 对违反法律的规定获取遗传资源，并依赖该遗传资源完成的发明创造，不授予专利权
    B. 专利法所称依赖遗传资源完成的发明创造，是指利用遗传资源完成的发明创造
    C. 依赖遗传资源完成的发明创造，申请人应当在专利申请文件中说明遗传资源的直接来源和原始来源
    D. 依赖遗传资源完成的发明创造，申请人无法说明直接来源的，可以在申请文件中陈述理由

【考点】 涉及遗传资源发明专利申请

【分析】 专利法第五条第二款规定，对违反法律、行政法规的规定获取或者利用遗传资源，并依赖该遗传资源完成的发明创造，不授予专利权。因此，选项 A 正确。根据专利法实施细则第二十六条的规定，专利法所称遗传资源，是指取自人体、动物、植物或者微生物等含有遗传功能单位并具有实际或者潜在价值的材料；专利法所称依赖遗传资源完成的发明创造，是指利用了遗传资源的遗传功能完成的发明创造。根据专利法第二十六条第五款的规定，依赖遗传资源完成的发明创造，申请人应当在专利申请文件中说明该遗传资源的直接来源和原始来源；申请人无法说明原始来源的，应当陈述理由。因此，选项 BD 错误，选项 C 正确。

【答案】 AC

45. **【2016 年第 58 题】** 专利申请人为多人且未委托专利代理机构的，其代表人可以代表全体申请人办理下列哪些手续？
    A. 委托专利代理
    B. 答复审查意见通知书
    C. 办理延长期限请求
    D. 撤回优先权要求

【考点】 代表人

【分析】《专利审查指南 2010》第一部分第一章第 4.1.5 节规定，除直接涉及共有权利的手续外，代表人可以代表全体申请人办理在专利局的其他手续。直接涉及共有权利的手续包括：提出专利申请，委托专利代理，转让专利申请权、优先权或者专利权，撤回专利申请，撤回优先权要求，放弃专利权等。直接涉及共有权利的手续应当由全体权利人签字或者盖章。因此，选项 AD 错误，选项 BC 正确。

【答案】 BC

46. **【2016 年第 67 题】** 下列关于电子申请的说法哪些是正确的？
    A. 一般情况下，专利局以电子文件形式通过电子专利申请系统向电子申请用户发送各种通知书和决定
    B. 电子申请用户未及时接收电子文件形式的通知书的，专利局将作出公告送达
    C. 自发文日起十五日内申请人未接收电子文件形式的通知书和决定的，专利局可以发出纸件形式的该通知书和决定的副本
    D. 电子方式送达的通知和决定，自发文日起满十五日推定为当事人收到日

【考点】 电子申请

【分析】《专利审查指南 2010》第五部分第十一章第 6 节规定，专利局以电子文件形式通过电子专利申请系统向电子申请用户发送各种通知书和决定。电子申请用户应当及时接收专利局电子文件形式的通知书和决定。电子申请用户未及时接收的，不作公告送达。自发文日起 15 日内申请人未接收电子文件形式的通知书和决定的，

专利局可以发出纸件形式的该通知书和决定的副本。因此，选项 AC 正确，选项 B 错误。

《专利审查指南 2010》第五部分第六章第 2.3.1 节规定，通过邮寄、直接送交和电子方式送达的通知和决定，自发文日起满十五日推定为当事人收到通知和决定之日。对于通过邮寄的通知和决定，当事人提供证据，证明实际收到日在推定收到日之后的，以实际收到日为送达日。因此，选项 D 正确。

【答案】ACD

47.【2015 年第 8 题】下列哪个发明名称符合相关规定？
A. 一种苹果牌手机
B. 一种治疗乙型肝炎的药物及其制备方法
C. 一种 F–2 痤疮治疗仪
D. 一种降低能耗的技术

【考点】发明名称

【分析】《专利审查指南 2010》第二部分第二章第 2.2.1 节规定，发明或者实用新型的名称应当按照以下各项要求撰写：(1) 说明书中的发明或者实用新型的名称与请求书中的名称应当一致，一般不得超过 25 个字，特殊情况下，例如，化学领域的某些申请，可以允许最多到 40 个字；(2) 采用所属技术领域通用的技术术语，最好采用国际专利分类表中的技术术语，不得采用非技术术语；(3) 清楚、简要、全面地反映要求保护的发明或者实用新型的主题和类型（产品或者方法），以利于专利申请的分类，例如一件包含拉链产品和该拉链制造方法两项发明的申请，其名称应当写成"拉链及其制造方法"；(4) 不得使用人名、地名、商标、型号或者商品名称等，也不得使用商业性宣传用语。

本题中，选项 A、C 中分别含有商号"苹果牌"、型号"F–2"，因此，选项 AC 错误。选项 D 中"技术"不能表明该申请要求保护的主题和类型，因此，选项 D 错误。而选项 B 符合规定，因此，选项 B 正确。

【答案】B

48.【2015 年第 11 题】关于涉及生物材料的专利申请，下列哪个情形是符合生物材料保藏要求的？
A. 申请人自申请日起第 2 个月在国家知识产权局认可的保藏单位进行了生物保藏，并提交了保藏及存活证明
B. 申请人于申请日前 2 个月在国家知识产权局认可的保藏单位进行了生物保藏，自申请日起第 6 个月提交了保藏及存活证明
C. 申请人于申请日前半个月在国家知识产权局认可的保藏单位进行了生物保藏，自申请日起第 2 个月提交了保藏及存活证明
D. 为防止泄密，申请人于申请日前 2 个月在其学校的国家重点生物实验室自行进行了生物保藏，自申请日起第 2 个月提交了保藏及存活证明

【考点】生物材料保藏

【分析】专利法实施细则第二十四条规定，申请专利的发明涉及新的生物材料，该生物材料公众不能得到，并且对该生物材料的说明不足以使所属领域的技术人员实施其发明的，除应当符合专利法和本细则的有关规定外，申请人还应当办理下列手续：(一) 在申请日前或者最迟在申请日（有优先权的，指优先权日），将该生物材料的样品提交国务院专利行政部门认可的保藏单位保藏，并在申请时或者最迟自申请日起 4 个月内提交保藏单位出具的保藏证明和存活证明；期满未提交证明的，该样品视为未提交保藏；(二) 在申请文件中，提供有关该生物材料特征的资料；(三) 涉及生物材料样品保藏的专利申请应当在请求书和说明书中写明该生物材料的分类命名（注明拉丁文名称）、保藏该生物材料样品的单位名称、地址、保藏日期和保藏编号；申请时未写明的，应当自申请日起 4 个月内补正；期满未补正的，视为未提交保藏。

本题中，选项 A 申请人提交生物保藏的时间晚于申请日，因此，选项 A 错误。选项 B 申请人提交保藏及存活证明的时间为自自申请日起第 6 个月，超过了 4 个月的期限，因此，选项 B 错误。选项 D 申请人在学校的国家重点生物实验室进行生物保藏，而不是在国务院专利行政部门认可的保藏单位进行生物保藏，因此选项 D 错误。选项 C 符合上述规定，因此，选项 C 正确。

【答案】C

49.【2015 年第 48 题】专利申请请求书中的下列哪些内容不符合相关规定？
A. 发明名称：一种离心分解装置
B. 发明人：××大学
C. 专利代理机构名称：美国××专利代理事务所
D. 申请人：××大学科研处

【考点】专利申请请求书

【分析】《专利审查指南2010》第一部分第一章第4.1.1节规定，请求书中的发明名称和说明书中的发明名称应当一致。发明名称应当简短、准确地表明发明专利申请要求保护的主题和类型。因此，选项A符合相关规定。专利法实施细则第十三条规定，发明人是指对发明创造的实质性特点作出创造性贡献的人。《专利审查指南2010》第一部分第一章第4.1.2节规定，发明人应当是个人，请求书中不得填写单位或者集体，例如不得写成"××课题组"等。因此，选项B不符合相关规定。

旧《专利代理管理办法》第七条第二款规定，专利代理机构的名称应当由该机构所在城市名称、字号、"专利代理事务所"、"专利代理有限公司"或者"知识产权代理事务所"、"知识产权代理有限公司"组成。因此，选项C不符合相关规定。相对应的，现行《专利代理管理办法》第十四条第一款规定，专利代理机构只能使用一个名称。除律师事务所外，专利代理机构的名称中应当含有"专利代理"或者"知识产权代理"等字样。专利代理机构分支机构的名称由专利代理机构全称、分支机构所在城市名称或者所在地区名称和"分公司"或者"分所"等组成。

《专利审查指南2010》第一部分第一章第4.1.3.1节规定，申请人是单位的，可以推定该发明是职务发明，该单位有权提出专利申请，除非该单位的申请人资格明显有疑义的，例如填写的单位是××大学科研处或者××研究所××课题组，才需要发出补正通知书，通知申请人提供能表明其具有申请人资格的证明文件。因此，选项D不符合相关规定。

【答案】BCD

50.【2015年第49题】在满足其他条件的情况下，下列哪些文件可以作为说明书"背景技术"部分的引证文件？

  A. 公开日在本申请的申请日与公开日之间的外国专利文件
  B. 公开日在本申请的申请日与公开日之间的中国专利文件
  C. 公开日在本申请的申请日与公开日之间的非专利文件
  D. 公开日在本申请的申请日之前的非专利文件

【考点】引证文件

【分析】《专利审查指南2010》第二部分第二章第2.2.3节规定，引证文件还应当满足以下要求：（1）引证文件应当是公开出版物，除纸件形式外，还包括电子出版物等形式。（2）所引证的非专利文件和外国专利文件的公开日应当在本申请的申请日之前；所引证的中国专利文件的公开日不能晚于本申请的公开日。（3）引证外国专利或非专利文件的，应当以所引证文件公布或发表时的原文所使用的文字写明引证文件的出处以及相关信息，必要时给出中文译文，并将译文放置在括号内。本题中，选项A"外国专利文件"和选项C"非专利文件"的公开日不在本申请的申请日，不能做引证文件；选项B"中国专利文件"公开日早于本申请的公开日，能做引证文件；选项D"非专利文件"公开日在本申请的申请日之前，能做引证文件，因此，选项BD正确，选项AC错误。

【答案】BD

51.【2015年第50题】下列权利要求的主题名称中，哪些不能清楚表明权利要求的类型？

  A. 根据权利要求1，所述装置包括圆筒   B. 一种空气净化机作为空气加湿器的应用
  C. 用二氯丙酸作为除草剂   D. 一种自动修复计算机系统元件的技术

【考点】主题名称

【分析】《专利审查指南2010》第二部分第二章第3.2.2节规定，权利要求的主题名称应当能够清楚地表明该权利要求的类型是产品权利要求还是方法权利要求。不允许采用模糊不清的主题名称，例如，"一种……技术"，或者在一项权利要求的主题名称中既包含有产品又包含有方法，例如，"一种……产品及其制造方法"。用途权利要求属于方法权利要求。但应当注意从权利要求的撰写措词上区分用途权利要求和产品权利要求。例如，"用化合物X作为杀虫剂"或者"化合物X作为杀虫剂的应用"是用途权利要求，属于方法权利要求，而"用化合物X制成的杀虫剂"或者"含化合物X的杀虫剂"，则不是用途权利要求，而是产品权利要求。

本题中，选项AD不能清楚表明权利要求的类型；而选项BC都是用途权利要求，属于方法权利要求，因此，都能清楚表明权利要求的类型。

【答案】AD

52. 【2015年第51题】某专利申请的权利要求书如下：
"1. 一种钢笔，包括笔杆、笔帽和笔尖。
2. 根据权利要求1所述的钢笔，其特征在于，所述笔帽上设有帽夹。
3. 根据权利要求1或2所述的笔帽，其特征在于，该笔帽是塑料的。
4. 根据权利要求1和2所述的钢笔，其特征在于，所述笔尖是铜合金材料。
5. 根据权利要求1或3所述的钢笔，其特征在于，所述帽夹是塑料的。"
上述从属权利要求的撰写哪些是不正确的？
A. 权利要求2　　　　B. 权利要求3　　　　C. 权利要求4　　　　D. 权利要求5

【考点】权利要求的撰写要求

【分析】专利法实施细则第二十二条规定，发明或者实用新型的从属权利要求应当包括引用部分和限定部分，按照下列规定撰写：（一）引用部分：写明引用的权利要求的编号及其主题名称；（二）限定部分：写明发明或者实用新型附加的技术特征。从属权利要求只能引用在前的权利要求。引用两项以上权利要求的多项从属权利要求，只能以择一方式引用在前的权利要求，并不得作为另一项多项从属权利要求的基础。

本题中，权利要求2符合撰写规定；权利要求3的引用部分没有写明引用的权利要求1或2的主题名称"钢笔"；权利要求4没有以择一方式引用在前的权利要求；权利要求5引用了两项权利要求，而所引用的权利要求3是多项从属权利要求，并且权利要求5进一步限定的"帽夹"在其所引用的权利要求1中没有出现，因此，权利要求5的撰写不正确，由此可知，选项A正确，选项BCD错误。

【答案】BCD

53. 【2015年第52题】一件专利申请的权利要求书如下：
"1. 一种散热装置，包括进气管、出气管和散热箔。
2. 根据权利要求1所述的散热装置，其特征在于，所述散热箔为金属（铝）箔。
3. 根据权利要求1所述的散热装置，其特征在于，所述出气管的形状如附图1所示。
4. 根据权利要求1所述的散热装置，其特征在于，所述散热箔为金属箔，最好为铜箔。
5. 根据权利要求1所述的散热装置，其特征在于，所述进气管的形状为螺旋状。"
上述权利要求中哪些存在撰写错误？
A. 权利要求2　　　　B. 权利要求3　　　　C. 权利要求4　　　　D. 权利要求5

【考点】权利要求的撰写要求

【分析】《专利审查指南2010》第二部分第二章第3.2.2节规定，除附图标记或者化学式及数学式中使用的括号之外，权利要求中应尽量避免使用括号，以免造成权利要求不清楚，例如"（混凝土）模制砖"。《专利审查指南2010》第二部分第二章第3.2.2节还规定，权利要求中不得出现"例如"、"最好是"、"尤其是"、"必要时"等类似用语。因为这类用语会在一项权利要求中限定出不同的保护范围，导致保护范围不清楚。当权利要求中出现某一上位概念后面跟一个由上述用语引出的下位概念时，应当要求申请人修改权利要求，允许其在该权利要求中保留其中之一，或将两者分别在两项权利要求中予以限定。本题中，权利要求2、4存在撰写错误，选项AC正确。

《专利审查指南2010》第二部分第二章第3.3节规定，除绝对必要外，权利要求中不得使用"如说明书……部分所述"或者"如图……所示"等类似用语。本题选项B中的出气管形状不属于绝对必要的情形，因此，权利要求3存在撰写错误，选项B正确。

根据专利法第二十六条第四款的规定可知，权利要求书应当以说明书为依据，清楚、简要地限定要求专利保护的范围。本题选项D中的权利要求清楚、简要地限定了要求专利保护的范围，权利要求5符合相关规定，因此，选项D错误。

【答案】ABC

54. 【2015年第53题】下列关于权利要求得到说明书的支持的说法哪些是正确的？
A. 权利要求概括的技术方案不得超出说明书公开的范围
B. 如果独立权利要求得到说明书的支持，从属权利要求也必然能得到支持
C. 只要将权利要求的技术方案拷贝到说明书中，就可以克服权利要求得不到说明书支持的缺陷

D. 判断权利要求是否得到说明书的支持，应当考虑说明书的全部内容

【考点】权利要求

【分析】《专利审查指南 2010》第二部分第二章第 3.2.1 节规定，权利要求通常由说明书记载的一个或者多个实施方式或实施例概括而成。权利要求的概括应当不超出说明书公开的范围。因此，选项 A 正确。该节还规定，独立权利要求得到说明书支持并不意味着从属权利要求也必然得到支持。因此，选项 B 错误。该节还规定，权利要求的技术方案在说明书中存在一致性的表述，并不意味着权利要求必然得到说明书的支持。因此，选项 C 错误。该节还规定，在判断权利要求是否得到说明书的支持时，应当考虑说明书的全部内容，而不是仅限于具体实施方式部分的内容。因此，选项 D 正确。

【答案】AD

55.【2015 年第 54 题】关于实用新型专利申请的附图，下列说法哪些是错误的？
A. 摘要附图应是从说明书附图中选出的能够反映技术方案的附图
B. 如果说明书文字足以清楚的描述所要求保护的产品的形状，可以没有附图
C. 说明书附图可以是彩色照片
D. 结构复杂的实用新型专利申请允许有两幅摘要附图

【考点】实用新型专利申请的附图

【分析】根据《专利审查指南 2010》第二部分第二章第 2.4 节的规定，说明书摘要附图应当满足以下要求：其中，(1) 有附图的专利申请，应当提供或者由审查员指定一幅最能反映发明或者实用新型技术方案的主要技术特征的附图作为摘要附图。因此，选项 A 正确，选项 D 错误。

《专利审查指南 2010》第二部分第二章第 2.3 节规定，实用新型专利申请的说明书必须有附图。因此，选项 B 错误。《专利审查指南 2010》第一部分第二章第 7.3 节规定了实用新型专利申请的附图要求，说明书附图的审查包括下述内容：其中，(1) 附图不得使用工程蓝图、照片。因此，选项 C 错误。

【答案】BCD

56.【2015 年第 66 题】专利申请文件有下列哪些情形时，国家知识产权局不予受理？
A. 发明专利申请文件缺少说明书摘要
B. 实用新型专利申请文件没有说明书附图
C. 外观设计专利申请文件缺少简要说明
D. 说明书正文未使用中文

【考点】不予受理

【分析】《专利审查指南 2010》第五部分第三章第 2.2 节规定，专利申请有下列情形之一的，专利局不予受理：其中，(1) 发明专利申请缺少请求书、说明书或者权利要求书的；实用新型专利申请缺少请求书、说明书、说明书附图或者权利要求书的；外观设计专利申请缺少请求书、图片或照片或者简要说明的。(2) 未使用中文的。因此，选项 A 错误，选项 BCD 正确。

【答案】BCD

57.【2015 年第 68 题】下列有关代表人的说法哪些是正确的？
A. 多个申请人以书面形式提出专利申请且未委托专利代理机构的，除请求书中另有声明的外，以请求书中指明的第一申请人为代表人
B. 多个申请人提出电子申请且未委托专利代理机构的，以提交电子申请的电子申请用户为代表人
C. 申请人为单位的，其联系人为代表人
D. 代表人可以代表全体申请人办理撤回专利申请的手续

【考点】代表人

【分析】专利法实施细则第十五条第四款规定，申请人有 2 人以上且未委托专利代理机构的，除请求书中另有声明的外，以请求书中指明的第一申请人为代表人。《专利审查指南 2010》第一部分第一章第 4.1.5 节规定，申请人有两人以上且未委托专利代理机构的，除本指南另有规定或请求书中另有声明外，以第一署名申请人为代表人。除直接涉及共有权利的手续外，代表人可以代表全体申请人办理在专利局的其他手续。直接涉及共有权利的手续包括：提出专利申请，委托专利代理，转让专利申请权、优先权或者专利权，撤回专利申请，撤回优先权要求，放弃专利权等。直接涉及共有权利的手续应当由全体权利人签字或者盖章。因此，选项 A 正确，选项 D 错误。

《关于专利电子申请的规定》第三条规定，申请人有两人以上且未委托专利代理机构的，以提交电子申请的申请人为代表人。因此，选项 B 正确。《专利审查指南 2010》第一部分第一章第 4.1.4 节规定，申请人是单位且未委托专利代理机构的，应当填写联系人，联系人是代替该单位接收专利局所发信函的收件人。由此可知，联系人仅有权代替该单位接收专利局所发信函，而代表人可以代表全体申请人在专利局办理部分手续。因此，选项 C 错误。

【答案】AB

第二十七条【外观设计专利的申请文件】

申请外观设计专利的，应当提交请求书、该外观设计的图片或者照片以及对该外观设计的简要说明等文件。申请人提交的有关图片或者照片应当清楚地显示要求专利保护的产品的外观设计。

一、本条含义

本条是与专利法第二十六条相平行的条文，规定了申请外观设计专利应当提交的申请文件，并在第二款规定了对图片或者照片的实质性要求。

二、重点讲解

（一）外观设计专利申请请求书

1. 外观设计专利申请请求书的法律效力

外观设计专利申请请求书，是申请人向国家知识产权局表示请求授予外观设计专利权的愿望的文件。外观设计专利申请与发明、实用新型专利申请一样，其请求书也采用国家知识产权局统一制定的标准表格。

2. 请求书应当包含的主要内容及其应当满足的要求

外观设计专利申请请求书应当写明的内容绝大部分与申请发明或者实用新型专利的请求书相同，并在专利法实施细则第十六条规定了三种专利申请的请求书应当写明的事项。所不同的是，外观设计专利申请请求书应当写明使用外观设计的产品名称，主要是用于对于图片或者照片中表示的外观设计所应用的产品种类进行说明，以确定产品的用途，也便于专利文献的查询和检索。

《专利审查指南 2010》第一部分第三章第 4.1.1 节规定了使用外观设计的产品名称。

使用外观设计的产品名称对图片或者照片中表示的外观设计所应用的产品种类具有说明作用。使用外观设计的产品名称应当与外观设计图片或者照片中表示的外观设计相符合，准确、简明地表明要求保护的产品的外观设计。产品名称一般应当符合国际外观设计分类表中小类列举的名称。产品名称一般不得超过 20 个字。

产品名称通常还应当避免下列情形：

（1）含有人名、地名、国名、单位名称、商标、代号、型号或以历史时代命名的产品名称；

（2）概括不当、过于抽象的名称，例如"文具"、"炊具"、"乐器"、"建筑用物品"等；

（3）描述技术效果、内部构造的名称，例如"节油发动机"、"人体增高鞋垫"、"装有新型发动机的汽车"等；

（4）附有产品规格、大小、规模、数量单位的名称，例如"21 英寸电视机"、"中型书柜"、"一副手套"等；

（5）以外国文字或无确定的中文意义的文字命名的名称，例如"克莱斯酒瓶"，但已经众所周知并且含义确定的文字可以使用，例如"DVD 播放机"、"LED 灯"、"USB 集线器"等。

3. 应当随同请求书提交的各类证明文件及其主要内容

《专利审查指南 2010》第五部分第一章第 6 节规定了证明文件。

专利申请审批程序中常用的证明文件有非职务发明证明、国籍证明、经常居所证明、注册地或经常营业所所在地证明、申请人资格证明、优先权证明（在先申请文件副本）、优先权转让证明、生物材料样品保藏证明、申请人（或专利权人）名称变更或者权利转移证明、文件寄发日期证明等。

各种证明文件应当由有关主管部门出具或者由当事人签署。各种证明文件应当提供原件；证明文件是复印件的，应当经公证或者由主管部门加盖公章予以确认（原件在专利局备案确认的除外）。

（二）图片或照片

1. 外观设计图片或者照片的法律效力

外观设计很难仅仅通过文字准确予以表达，因此本条规定申请外观设计专利应当提交图片或者照片。

专利法第五十九条规定"外观设计专利权的保护范围以表示在图片或者照片中的该产品的外观设计为准"。与发明和实用新型专利相比，外观设计专利的图片或者照片既起到了"说明书"的作用，又起到了"权利要求书"的作用，这是外观设计专利与发明、实用新型专利之间的明显区别，同时也使得图片或者照片成为外观设计专利申请文件和专利文件中最为重要的部分。

2. "图片或者照片应当清楚地显示要求专利保护的产品的外观设计"的含义

《专利审查指南2010》第一部分第三章第4.2节规定了外观设计图片或者照片。

专利法第五十九条第二款规定，外观设计专利权的保护范围以表示在图片或者照片中的该产品的外观设计为准，简要说明可以用于解释图片或者照片所表示的该产品的外观设计。专利法第二十七条第二款规定，申请人提交的有关图片或者照片应当清楚地显示要求专利保护的产品的外观设计。

就立体产品的外观设计而言，产品设计要点涉及六个面的，应当提交六面正投影视图；产品设计要点仅涉及一个或几个面的，应当至少提交所涉及面的正投影视图和立体图，并应当在简要说明中写明省略视图的原因。

就平面产品的外观设计而言，产品设计要点涉及一个面的，可以仅提交该面正投影视图；产品设计要点涉及两个面的，应当提交两面正投影视图。

必要时，申请人还应当提交该外观设计产品的展开图、剖视图、剖面图、放大图以及变化状态图。

此外，申请人可以提交参考图，参考图通常用于表明使用外观设计的产品的用途、使用方法或者使用场所等。

色彩包括黑白灰系列和彩色系列。对于简要说明中声明请求保护色彩的外观设计专利申请，图片的颜色应当着色牢固、不易褪色。

3. 视图名称及其标注

《专利审查指南2010》第一部分第三章第4.2.1节规定了视图名称及其标注。

六面正投影视图的视图名称，是指主视图、后视图、左视图、右视图、俯视图和仰视图。其中主视图所对应的面应当是使用时通常朝向消费者的面或者最大限度反映产品的整体设计的面。例如，带杯把的杯子的主视图应是杯把在侧边的视图。

各视图的视图名称应当标注在相应视图的正下方。

对于成套产品，应当在其中每件产品的视图名称前以阿拉伯数字顺序编号标注，并在编号前加"套件"字样。例如，对于成套产品中的第4套件的主视图，其视图名称为：套件4主视图。

对于同一产品的相似外观设计，应当在每个设计的视图名称前以阿拉伯数字顺序编号标注，并在编号前加"设计"字样。例如，设计1主视图。

组件产品，是指由多个构件相结合构成的一件产品。分为无组装关系、组装关系唯一或者组装关系不唯一的组件产品。对于组装关系唯一的组件产品，应当提交组合状态的产品视图；对于无组装关系或者组装关系不唯一的组件产品，应当提交各构件的视图，并在每个构件的视图名称前以阿拉伯数字顺序编号标注，并在编号前加"组件"字样。例如，对于组件产品中的第3组件的左视图，其视图名称为：组件3左视图。对于有多种变化状态的产品的外观设计，应当在其显示变化状态的视图名称后，以阿拉伯数字顺序编号标注。

4. 图片的绘制

《专利审查指南2010》第一部分第三章第4.2.2节规定了图片的绘制。

图片应当参照我国技术制图和机械制图国家标准中有关正投影关系、线条宽度以及剖切标记的规定绘制，并应当以粗细均匀的实线表达外观设计的形状。不得以阴影线、指示线、虚线、中心线、尺寸线、点划线等线条表达外观设计的形状。可以用两条平行的双点划线或自然断裂线表示细长物品的省略部分。图面上可以用指示线表示剖切位置和方向、放大部位、透明部位等，但不得有不必要的线条或标记。图片应当清楚地表达外观设计。

图片可以使用包括计算机在内的制图工具绘制，但不得使用铅笔、蜡笔、圆珠笔绘制，也不得使用蓝图、草图、油印件。对于使用计算机绘制的外观设计图片，图面分辨率应当满足清晰的要求。

5. 照片的拍摄

《专利审查指南2010》第一部分第三章第4.2.3节规定了照片的拍摄。

（1）照片应当清晰，避免因对焦等原因导致产品的外观设计无法清楚地显示。

（2）照片背景应当单一，避免出现该外观设计产品以外的其他内容。产品和背景应有适当的明度差，以清楚地显示产品的外观设计。

（3）照片的拍摄通常应当遵循正投影规则，避免因透视产生的变形影响产品的外观设计的表达。

（4）照片应当避免因强光、反光、阴影、倒影等影响产品的外观设计的表达。

（5）照片中的产品通常应当避免包含内装物或者衬托物，但对于必须依靠内装物或者衬托物才能清楚地显示产品的外观设计时，则允许保留内装物或者衬托物。

6. 图片或者照片的缺陷

《专利审查指南2010》第一部分第三章第4.2.4节规定了图片或者照片的缺陷。

对于图片或者照片中的内容存在缺陷的专利申请，审查员应当向申请人发出补正通知书或者审查意见通知书。根据专利法第三十三条的规定，申请人对专利申请文件的修改不得超出原图片或者照片表示的范围。所述缺陷主要是指下列各项：

（1）视图投影关系有错误，例如投影关系不符合正投影规则、视图之间的投影关系不对应或者视图方向颠倒等。

（2）外观设计图片或者照片不清晰，图片或者照片中显示的产品图形尺寸过小；或者虽然图形清晰，但因存在强光、反光、阴影、倒影、内装物或者衬托物等而影响产品外观设计的正确表达。

（3）外观设计图片中的产品绘制线条包含有应删除或修改的线条，例如视图中的阴影线、指示线、虚线、中心线、尺寸线、点划线等。

（4）表示立体产品的视图有下述情况的：

（i）各视图比例不一致；

（ii）产品设计要点涉及六个面，而六面正投影视图不足，但下述情况除外：

后视图与主视图相同或对称时可以省略后视图；

左视图与右视图相同或对称时可以省略左视图（或右视图）；

俯视图与仰视图相同或对称时可以省略俯视图（或仰视图）；

大型或位置固定的设备和底面不常见的物品可以省略仰视图。

（5）表示平面产品的视图有下述情况的：

（i）各视图比例不一致；

（ii）产品设计要点涉及两个面，而两面正投影视图不足，但后视图与主视图相同或对称的情况以及后视图无图案的情况除外。

（6）细长物品例如量尺、型材等，绘图时省略了中间一段长度，但没有使用两条平行的双点划线或自然断裂线断开的画法。

（7）剖视图或剖面图的剖面及剖切处的表示有下述情况的：

（i）缺少剖面线或剖面线不完全；

（ii）表示剖切位置的剖切位置线、符号及方向不全或缺少上述内容（但可不给出表示从中心位置处剖切的标记）。

（8）有局部放大图，但在有关视图中没有标出放大部位的。

（9）组装关系唯一的组件产品缺少组合状态的视图；无组装关系或者组装关系不唯一的组件产品缺少必要的单个构件的视图。

（10）透明产品的外观设计，外层与内层有两种以上形状、图案和色彩时，没有分别表示出来。

（三）简要说明

1. 简要说明的法律效力

简要说明是外观设计专利申请的必要文件。专利法第五十九条第二款规定，简要说明可以用于解释图片或者照片所表示的该产品的外观设计。

2. 简要说明应当包括的内容

《专利审查指南 2010》第一部分第三章第 4.3 节规定了简要说明。

专利法第五十九条第二款规定，外观设计专利权的保护范围以表示在图片或者照片中的该产品的外观设计为准，简要说明可以用于解释图片或者照片所表示的该产品的外观设计。

根据专利法实施细则第二十八条的规定，简要说明应当包括下列内容：

（1）外观设计产品的名称。简要说明中的产品名称应当与请求书中的产品名称一致。

（2）外观设计产品的用途。简要说明中应当写明有助于确定产品类别的用途。对于具有多种用途的产品，简要说明应当写明所述产品的多种用途。

（3）外观设计的设计要点。设计要点是指与现有设计相区别的产品的形状、图案及其结合，或者色彩与形状、图案的结合，或者部位。对设计要点的描述应当简明扼要。

（4）指定一幅最能表明设计要点的图片或者照片。指定的图片或者照片用于出版专利公报。

3. 简要说明的撰写要求

《专利审查指南 2010》第一部分第三章第 4.3 节规定了在下列情形时应当在简要说明中写明：

（1）请求保护色彩或者省略视图的情况。

如果外观设计专利申请请求保护色彩，应当在简要说明中声明。

如果外观设计专利申请省略了视图，申请人通常应当写明省略视图的具体原因，例如因对称或者相同而省略；如果难以写明的，也可仅写明省略某视图，例如大型设备缺少仰视图，可以写为"省略仰视图"。

（2）对同一产品的多项相似外观设计提出一件外观设计专利申请的，应当在简要说明中指定其中一项作为基本设计。

（3）对于花布、壁纸等平面产品，必要时应当描述平面产品中的单元图案两方连续或者四方连续等无限定边界的情况。

（4）对于细长物品，必要时应当写明细长物品的长度采用省略画法。

（5）如果产品的外观设计由透明材料或者具有特殊视觉效果的新材料制成，必要时应当在简要说明中写明。

（6）如果外观设计产品属于成套产品，必要时应当写明各套件所对应的产品名称。

简要说明不得使用商业性宣传用语，也不能用来说明产品的性能和内部结构。

（四）涉及图形用户界面的产品外观设计

涉及图形用户界面的产品外观设计是指产品设计要点包括图形用户界面的设计。

1. 产品名称

《专利审查指南 2010》第一部分第三章第 4.4.1 节规定了产品名称。

外观设计包括图形用户界面的产品外观设计名称，应表明图形用户界面的主要用途和其所应用的产品，一般要有"图形用户界面"字样的关键词，动态图形用户界面的产品名称要有"动态"字样的关键词。如："带有温控图形用户界面的冰箱"、"手机的天气预报动态图形用户界面"、"带视频点播图形用户界面的显示屏幕面板"。

不应笼统仅以"图形用户界面"名称作为产品名称，如："软件图形用户界面"、"操作图形用户界面"。

2. 外观设计图片或照片

《专利审查指南 2010》第一部分第三章第 4.4.2 节规定了外观设计图片或照片。

包括图形用户界面的产品外观设计应当满足本部分第三章第 4.2 节的规定。对于设计要点仅在于图形用户界面的，应当至少提交一幅包含该图形用户界面的显示屏幕面板的正投影视图。

如果需要清楚地显示图形用户界面设计在最终产品中的大小、位置和比例关系，需要提交图形用户界面所涉及面的一幅正投影最终产品视图。

图形用户界面为动态图案的，申请人应当至少提交一个状态的图形用户界面所涉及面的正投影视图作为主视图；其余状态可仅提交图形用户界面关键帧的视图作为变化状态图，所提交的视图应能唯一确定动态图案中动画完整的变化过程。标注变化状态图时，应根据动态变化过程的先后顺序标注。

对于用于操作投影设备的图形用户界面，除提交图形用户界面的视图之外，还应当提交至少一幅清楚显示投影设备的视图。

3. 简要说明

《专利审查指南 2010》第一部分第三章第 4.4.3 节规定了简要说明。

包括图形用户界面的产品外观设计应在简要说明中清楚说明图形用户界面的用途，并与产品名称中体现的用途相对应。如果仅提交了包含该图形用户界面的显示屏幕面板的正投影视图，应当穷举该图形用户界面显示屏幕面板所应用的最终产品，例如，"该显示屏幕面板用于手机、电脑"。必要时说明图形用户界面在产品中的区域、人机交互方式以及变化过程等。

三、真题分析

58.【2019 年第 49 题】提交外观设计申请的视图时，下列说法正确的是？
A. 对于立体产品的外观设计，产品设计要点涉及六个面的，应当提交六面正投影视图
B. 对于组装关系唯一的组件产品的外观设计，应当提交组合状态的视图
C. 对于平面产品的外观设计，产品设计要点涉及一个面的，可以仅提交该面正投影视图
D. 对于图形用户界面的产品外观设计，应当提交整体产品外观设计视图

【考点】外观设计申请的视图

【分析】根据《专利审查指南 2010》第一部分第三章第 4.2 节的规定，就立体产品的外观设计而言，产品设计要点涉及六个面的，应当提交六面正投影视图；产品设计要点仅涉及一个或几个面的，应当至少提交所涉及面的正投影视图和立体图，并应当在简要说明中写明省略视图的原因。就平面产品的外观设计而言，产品设计要点涉及一个面的，可以仅提交该面正投影视图；产品设计要点涉及两个面的，应当提交两面正投影视图。因此，选项 AC 正确。

根据《专利审查指南 2010》第一部分第三章第 4.2 节（国家知识产权局令第六十八号）的规定，就包括图形用户界面的产品外观设计而言，应当提交整体产品外观设计视图。因此，选项 D 正确。需要注意的是，国家知识产权局第三二八号公告已经将上述内容删除。

根据《专利审查指南 2010》第一部分第三章第 4.2.1 节的规定，组件产品，是指由多个构件相结合构成的一件产品。分为无组装关系、组装关系唯一或者组装关系不唯一的组件产品。对于组装关系唯一的组件产品，应当提交组合状态的产品视图。因此，选项 B 正确。

【答案】ABCD

59.【2019 年第 50 题】以下哪些内容可以在外观设计简要说明中写明？
A. 外观设计产品的技术效果
B. 外观设计产品的底部是透明的
C. 外观设计产品的内部结构
D. 请求保护的外观设计包含有色彩

【考点】简要说明

【分析】根据《专利审查指南 2010》第一部分第三章第 4.3 节的规定，在下列情形时应当在简要说明中写明：（1）请求保护色彩或省略视图的情况。……（5）如果产品的外观设计由透明材料或者具有特殊视觉效果的新材料制成，必要时应当在简要说明中写明。……简要说明不得使用商业性宣传用语，也不能用来说明产品的性能和内部结构。因此，选项 AC 错误，选项 BD 正确。

【答案】BD

60.【2018 年第 45 题】下列各图是一款电饭煲的外观设计专利申请的视图，已知主视图和立体图正确，下列哪些视图明显错误？
A. 左视图
B. 右视图
C. 俯视图
D. 仰视图

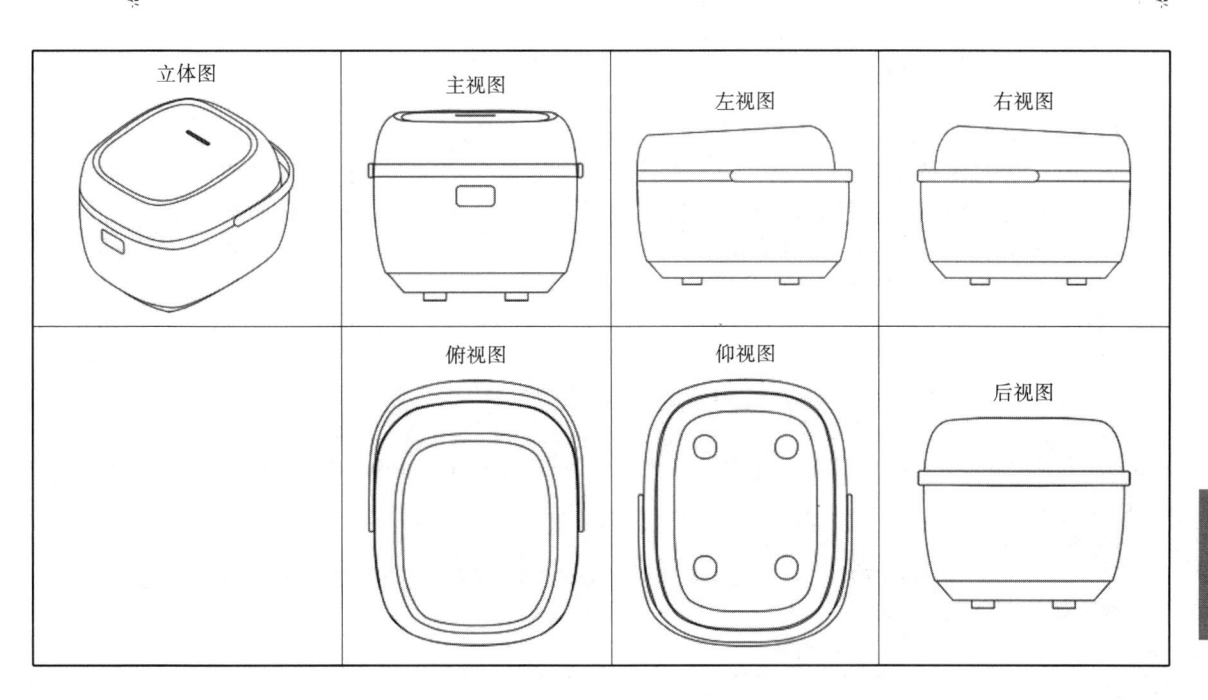

立体图	主视图	左视图	右视图
	俯视图	仰视图	后视图

【考点】 外观设计专利申请的视图

【分析】《专利审查指南2010》第一部分第三章第4.2.4节规定，对于图片或者照片中的内容存在缺陷的专利申请，审查员应当向申请人发出补正通知书或者审查意见通知书。根据专利法第三十三条的规定，申请人对专利申请文件的修改不得超出原图片或者照片表示的范围。所述缺陷主要是指下列各项：（1）视图投影关系有错误，例如投影关系不符合正投影规则、视图之间的投影关系不对应或者视图方向颠倒等。专利法第二十七条第二款规定，申请人提交的有关图片或者照片应当清楚地显示要求专利保护的产品的外观设计。

本题中，已知主视图和立体图正确，根据电饭煲盖子顶部的高低及提手的方向可知，左视图和右视图颠倒，即左视图和右视图的视图名称应该交换，因此，选项AB中视图明显错误。选项C中俯视图未示意出中立体图和主视图中盖子顶部横条状开口，因此，选项C中视图明显错误。选项D中仰视图正确。

【答案】 ABC

61.【2017年第16题】 下列关于外观设计专利申请中提交的图片或照片，不符合规定的是？

A. 图片的绘制使用双点划线来表示细长物品的省略部分
B. 在图片中用指示线表示剖切位置和剖切方向
C. 对需要依靠衬托物来清楚显示产品外观设计的申请，拍摄照片时保留了衬托物
D. 对产品设计中不要求进行专利保护的结构采用虚线绘制

【考点】 外观设计的图片或照片

【分析】《专利审查指南2010》第一部分第三章第4.2.2节规定了图片的绘制。图片应当参照我国技术制图和机械制图国家标准中有关正投影关系、线条宽度以及剖切标记的规定绘制，并应当以粗细均匀的实线表达外观设计的形状。不得以阴影线、指示线、虚线、中心线、尺寸线、点划线等线条表达外观设计的形状。可以用两条平行的双点划线或自然断裂线表示细长物品的省略部分。图面上可以用指示线表示剖切位置和方向、放大部位、透明部位等，但不得有不必要的线条或标记。因此，选项AB符合规定，选项D不符合规定。

《专利审查指南2010》第一部分第三章第4.2.3节规定了照片的拍摄。照片中的产品通常应当避免包含内装物或者衬托物，但对于必须依靠内装物或者衬托物才能清楚地显示产品的外观设计时，则允许保留内装物或者衬托物。因此，选项C符合规定。

【答案】 D

62.【2017年第63题】 下列在请求书中写明的使用外观设计的产品名称哪些不正确？

A. 带有图形用户界面的手机　　　　　　　　B. 手动工具

C. 祛皱美白精华素包装瓶　　　　　　　　D. 小米运动手环

【考点】外观设计的产品名称

【分析】《专利审查指南2010》第一部分第三章第4.1.1节规定，使用外观设计的产品名称应当与外观设计图片或者照片中表示的外观设计相符合，准确、简明地表明要求保护的产品的外观设计。产品名称一般不得超过20个字。产品名称通常还应当避免下列情形：（1）含有人名、地名、国名、单位名称、商标、代号、型号或以历史时代命名的产品名称；（2）概括不当、过于抽象的名称，例如"文具"、"炊具"、"乐器"、"建筑用物品"等；（3）描述技术效果、内部构造的名称，例如"节油发动机"、"人体增高鞋垫"、"装有新型发动机的汽车"等；（4）附有产品规格、大小、规模、数量单位的名称，例如"21英寸电视机"、"中型书柜"、"一副手套"等；（5）以外国文字或无确定的中文意义的文字命名的名称，例如"克莱斯酒瓶"，但已经众所周知并且含义确定的文字可以使用，例如"DVD播放机"、"LED灯"、"USB集线器"等。

本题选项B中手动工具属于概括不当、过于抽象的名称。选项C中祛皱美白精华素包装瓶属于描述技术效果的名称。选项D中小米运动手环属于含有商品商标的产品名称。而选项A符合规定，因此，选项A的产品名称正确，选项BCD的产品名称不正确。

【答案】BCD

63.【2017年第64题】下列各图是一款食物料理机的外观设计专利申请的视图，已知主视图和立体图正确，下列哪些视图明显错误？

A. 左视图　　　　　　B. 右视图　　　　　　C. 俯视图　　　　　　D. 仰视图

主视图	后视图	左视图	右视图
俯视图	仰视图	立体图	

【考点】外观设计专利申请的视图

【分析】《专利审查指南2010》第一部分第三章第4.2.4节规定，对于图片或者照片中的内容存在缺陷的专利申请，审查员应当向申请人发出补正通知书或者审查意见通知书。根据专利法第三十三条的规定，申请人对专利申请文件的修改不得超出原图片或者照片表示的范围。所述缺陷主要是指下列各项：（1）视图投影关系有错误，例如投影关系不符合正投影规则、视图之间的投影关系不对应或者视图方向颠倒等。专利法第二十七条第二款规定，申请人提交的有关图片或者照片应当清楚地显示要求专利保护的产品的外观设计。

本题中，已知主视图和立体图正确，根据主视图的壶把手位置可知，左视图和右视图颠倒，即左视图和右视图的视图名称应该交换,因此,选项 AB 明显错误。俯视图中食物料理机顶盖结构与立体图中食物料理机顶盖结构不同,俯视图缺少 6 个小圆形结构,因此,选项 C 明显错误。仰视图中产品左右颠倒,应该旋转 180°,因此,选项 D 明显错误。

【答案】ABCD

64.【2017 年第 65 题】下列哪些内容可以在外观设计简要说明中写明?
A. 一个玻璃水杯,写明该产品由透明材料制成
B. 一套茶具,写明套件 1 为茶壶,套件 2 为茶杯,套件 3 为茶碟
C. 一款汽车,写明其为新能源动力驱动
D. 一幅花布,写明其单元图案为四方连续无限定边界并请求保护色彩

【考点】简要说明

【分析】《专利审查指南 2010》第一部分第三章第 4.3 节规定了在下列情形时应当在简要说明中写明:(1)请求保护色彩或者省略视图的情况。如果外观设计专利申请请求保护色彩,应当在简要说明中声明。如果外观设计专利申请省略了视图,申请人通常应当写明省略视图的具体原因,例如因对称或者相同而省略;如果难以写明的,也可仅写明省略某视图,例如大型设备缺少仰视图,可以写为"省略仰视图"。(2)对同一产品的多项相似外观设计提出一件外观设计专利申请的,应当在简要说明中指定其中一项作为基本设计。(3)对于花布、壁纸等平面产品,必要时应当描述平面产品中的单元图案两方连续或者四方连续等无限定边界的情况。(4)对于细长物品,必要时应当写明细长物品的长度采用省略画法。(5)如果产品的外观设计由透明材料或者具有特殊视觉效果的新材料制成,必要时应当在简要说明中写明。(6)如果外观设计产品属于成套产品,必要时应当写明各套件所对应的产品名称。简要说明不得使用商业性宣传用语,也不能用来说明产品的性能和内部结构。根据上述第(5)、(6)、(3)项的规定,选项 ABD 正确,而选项 C 中"其为新能源动力驱动"说明了产品的性能,因此,选项 C 错误。

【答案】ABD

65.【2016 年第 50 题】下列在外观设计请求书中填写的使用外观设计的产品名称哪些是正确的?
A. LED 灯　　　　　　B. 办公用品　　　　　　C. 图形用户界面　　　　　　D. 成套沙发

【考点】外观设计请求书 产品名称

【分析】《专利审查指南 2010》第一部分第三章第 4.1.1 节规定,使用外观设计的产品名称应当与外观设计图片或者照片中表示的外观设计相符合,准确、简明地表明要求保护的产品的外观设计。产品名称一般不得超过 20 个字。产品名称通常还应当避免下列情形:(1)含有人名、地名、国名、单位名称、商标、代号、型号或以历史时代命名的产品名称;(2)概括不当、过于抽象的名称,例如"文具"、"炊具"、"乐器"、"建筑用物品"等;(3)描述技术效果、内部构造的名称,例如"节油发动机"、"人体增高鞋垫"、"装有新型发动机的汽车"等;(4)附有产品规格、大小、规模、数量单位的名称,例如"21 英寸电视机"、"中型书柜"、"一副手套"等;(5)以外国文字或无确定的中文意义的文字命名的名称,例如"克莱斯酒瓶",但已经众所周知并且含义确定的文字可以使用,例如"DVD 播放机"、"LED 灯"、"USB 集线器"等。因此,选项 AD 正确。而选项 B"办公用品"概括不当、过于抽象,选项 C"图形用户界面"不属于产品名称,因此,选项 BC 错误。

【答案】AD

66.【2016 年第 51 题】某外观设计专利在其简要说明中说明请求保护色彩,下列哪些说法是正确的?
A. 该专利要求保护的外观设计为图片或照片所示包含有色彩的外观设计
B. 该专利要求保护的外观设计为以色彩设计为设计要点的外观设计
C. 在判断被诉设计是否落入该专利的保护范围时,应重点考虑色彩对整体视觉效果的影响
D. 在判断被诉设计是否落入授权专利的保护范围时,应将该专利中的色彩设计以及图片或照片所示其他设计作整体观察、综合判断

【考点】简要说明

【分析】《专利审查指南 2010》第一部分第三章第 4.3 节规定了简要说明,专利法第五十九条第二款规定,外观设计专利权的保护范围以表示在图片或者照片中的该产品的外观设计为准,简要说明可以用于解释图片或者照片所表示的该产品的外观设计。根据专利法实施细则第二十八条的规定,简要说明应当包括下列内容:……3. 外观

设计的设计要点。设计要点是指与现有设计相区别的产品的形状、图案及其结合，或者色彩与形状、图案的结合，或者部位。对设计要点的描述应当简明扼要。……此外，下列情形应当在简要说明中写明：1. 请求保护色彩或者省略视图的情况。如果外观设计专利申请请求保护色彩，应当在简要说明中声明。……本题中，由于在简要说明中要求保护色彩，故该专利保护的就是图片或照片所示包含有色彩的外观设计，因此，选项 A 正确。而色彩设计不单独构成设计要点，选项 B 错误。

《专利审查指南 2010》第四部分第五章第 5.2 节规定了判断方式。对外观设计进行比较判断时应当从一般消费者的角度进行判断。……第四，整体观察、综合判断，对比时应当采用整体观察、综合判断的方式。所谓整体观察、综合判断是指由涉案专利与对比设计的整体来判断，而不从外观设计的部分或者局部出发得出判断结论。因此，选项 C 错误，选项 D 正确。

【答案】AD

67.【2015 年第 12 题】 下列写入外观设计专利申请简要说明中的内容，哪个是错误的？
A. 外观设计产品名称是沙发　　　　　　B. 产品内部设有加热装置
C. 省略仰视图　　　　　　　　　　　　D. 本外观设计的形状是设计要点

【考点】简要说明

【分析】专利法实施细则第二十八条第一款规定，外观设计的简要说明应当写明外观设计产品的名称、用途，外观设计的设计要点，并指定一幅最能表明设计要点的图片或者照片。省略视图或者请求保护色彩的，应当在简要说明中写明。《专利审查指南 2010》第一部分第三章第 4.3 节规定了简要说明，根据专利法实施细则第二十八条的规定，简要说明应当包括下列内容：……3. 外观设计的设计要点。设计要点是指与现有设计相区别的产品的形状、图案及其结合，或者色彩与形状、图案的结合，或者部位。因此，选项 ACD 的说法正确。

《专利审查指南 2010》第一部分第三章第 4.3 节规定，简要说明不得使用商业性宣传用语，也不能用来说明产品的性能和内部结构。选项 B 中"产品内部设有加热装置"说明了产品的内部结构，因此，选项 B 的说法错误。

【答案】B

68.【2015 年第 55 题】 下列在请求书中写明的使用外观设计的产品名称哪些是正确的？
A. 方凳　　　　　　B. MP3　　　　　　C. 小型书桌　　　　　　D. 地、空两用飞行汽车

【考点】产品名称

【分析】《专利审查指南 2010》第一部分第三章第 4.1.1 节规定，使用外观设计的产品名称应当与外观设计图片或者照片中表示的外观设计相符合，准确、简明地表明要求保护的产品的外观设计。产品名称一般不得超过 20 个字。产品名称通常还应当避免下列情形：(1) 含有人名、地名、国名、单位名称、商标、代号、型号或以历史时代命名的产品名称；(2) 概括不当、过于抽象的名称，例如"文具"、"炊具"、"乐器"、"建筑用物品"等；(3) 描述技术效果、内部构造的名称，例如"节油发动机"、"人体增高鞋垫"、"装有新型发动机的汽车"等；(4) 附有产品规格、大小、规模、数量单位的名称，例如"21 英寸电视机"、"中型书柜"、"一副手套"等；(5) 以外国文字或无确定的中文意义的文字命名的名称，例如"克莱斯酒瓶"，但已经众所周知并且含义确定的文字可以使用，例如"DVD 播放机"、"LED 灯"、"USB 集线器"等。

本题中，选项 AD 符合规定，因此，选项 AD 正确。选项 C 中"小型书桌"是附有产品大小的名称，因此，选项 C 错误。一些缩略语并不能代替产品名称，例如"MP3 播放器"不能写为"MP3"，"MP3"为文件格式而非产品名称。因此，选项 B 错误。

【答案】AD

第二十八条【专利申请日】

国务院专利行政部门收到专利申请文件之日为申请日。如果申请文件是邮寄的，以寄出的邮戳日为申请日。

一、本条含义

本条规定了确定申请日,即提出专利申请之日的两种方式,以国家知识产权局收到专利申请文件之日或者以寄出的邮戳日为申请日。

二、重点讲解

(一) 申请日

1. 申请日的确定

《专利审查指南2010》第五部分第三章第2.3.1节受理程序(3)规定了确定申请日。

向专利局受理处或者代办处窗口直接递交的专利申请,以收到日为申请日;通过邮局邮寄递交到专利局受理处或者代办处的专利申请,以信封上的寄出邮戳日为申请日;寄出的邮戳日不清晰无法辨认的,以专利局受理处或者代办处收到日为申请日,并将信封存档。通过速递公司递交到专利局受理处或者代办处的专利申请,以收到日为申请日。邮寄或者递交到专利局非受理部门或者个人的专利申请,其邮寄日或者递交日不具有确定申请日的效力,如果该专利申请被转送到专利局受理处或者代办处,以受理处或者代办处实际收到日为申请日。分案申请以原申请的申请日为申请日,并在请求书上记载分案申请递交日。

《关于专利电子申请的规定》第九条第一款规定,采用电子文件形式向国家知识产权局提交的各种文件,以国家知识产权局专利电子申请系统收到电子文件之日为递交日。

另外,发明专利申请不一定有说明书附图,因此附图不是发明专利申请被受理的必要申请文件之一。但是,如果发明专利申请的说明书写有对附图的说明,根据专利法实施细则第四十条规定,申请人可以在国家知识产权局规定的期限内任选两种补救措施之一,即补交附图或者取消附图说明,申请人补交附图的,则以申请人提交或者邮寄附图之日为申请日;申请人取消附图说明的,保留原申请日。

需要特别注意的是,专利法实施细则第十一条规定,除专利法第二十八条和第四十二条规定的情形外,专利法所称申请日,有优先权的,指优先权日。本细则所称申请日,除另有规定的外,是指专利法第二十八条规定的申请日。

2. 申请日的作用

申请日的确定无论是对于专利申请,还是被授予的专利权来说都非常重要。

(1) 根据专利法第九条第二款的规定,我国专利制度采取先申请原则,即当两个以上的申请人分别就相同的发明创造申请专利时,在各件专利申请都符合专利法及其细则规定的其他条件的情况下,专利权将授予最先申请的人。

(2) 根据专利法第二十二条、第二十三条的规定,现有技术和现有设计是指在一件专利申请的申请日(有优先权的,是指优先权日)之前在任何地方为公众所知的技术和设计,该时间判断标准是申请日。

(3) 根据专利法第二十九条的规定,申请日可能构成《巴黎公约》意义上的优先权日。

(4) 根据专利法第三十四条的规定,发明专利申请的申请日是公布该申请的时间期限起算日,即在申请日(有优先权的,是指优先权日)起满18个月,国家知识产权局将公布该发明专利申请。

(5) 根据专利法第三十五条的规定,申请日(有优先权的,是指优先权日)是对发明专利申请提出实质审查请求的3年期限的起算日。

(6) 根据专利法第四十二条的规定,申请日是专利权保护期限的起算日,而不是以专利权的授权日作为专利权保护期限的起算日。

(7) 根据专利法第四十八条的规定,申请日(有优先权的,是指优先权日)是依据该条第(一)项的规定请求给予实施发明或者实用新型专利的强制许可的时间期限的起算日。

(8) 根据专利法实施细则第九十八条的规定,在授予专利权之后,申请日是确定所需缴纳专利年费数额的依据。

3. 申请日的更正

《专利审查指南2010》第五部分第三章第4节规定了申请日的更正。

申请人收到专利申请受理通知书之后认为该通知书上记载的申请日与邮寄该申请文件日期不一致的,可以请求专利局更正申请日。

专利局受理处收到申请人的申请日更正请求后,应当检查更正请求是否符合下列规定:

(1)在递交专利申请文件之日起两个月内或者申请人收到专利申请受理通知书一个月内提出。

(2)附有收寄专利申请文件的邮局出具的寄出日期的有效证明,该证明中注明的寄出挂号号码与请求书中记录的挂号号码一致。

符合上述规定的,应予更正申请日;否则,不予更正申请日。

准予更正申请日的,应当作出重新确定申请日通知书,送交申请人,并修改有关数据;不予更正申请日的,应当对此更正申请日的请求发出视为未提出通知书,并说明理由。

当事人对专利局确定的其他文件递交日有异议的,应当提供专利局出具的收到文件回执、收寄邮局出具的证明或者其他有效证明材料。证明材料符合规定的,专利局应当重新确定递交日并修改有关数据。

(二)申请号

国家知识产权局制定的《专利申请号标准》规定了专利申请号的编号规则。

1. 申请号的组成

专利申请号是指国家知识产权局受理一件专利申请时给予该专利申请的一个标识号码。专利申请号用12位阿拉伯数字表示,包括申请年号、申请种类号和申请流水号三个部分。

2. 申请号的含义

按照由左向右的次序,专利申请号中的第1~4位数字表示受理专利申请的年号,第5位数字表示专利申请的种类,第6~12位数字(共7位)为申请流水号,表示受理专利申请的相对顺序。

专利申请号中的申请种类号用1位数字表示,所使用数字的含义规定如下:1表示发明专利申请;2表示实用新型专利申请;3表示外观设计专利申请;8表示进入中国国家阶段的PCT发明专利申请;9表示进入中国国家阶段的PCT实用新型专利申请。

上述申请种类号中未包含的其他阿拉伯数字在作为种类号使用时的含义由国家知识产权局另行规定。

专利申请号中的申请流水号用7位连续数字表示,一般按照升序使用,例如从0000001开始,顺序递增,直至9999999。

每一自然年度的专利申请号中的申请流水号重新编排,即从每年1月1日起,新发放的专利申请号中的申请流水号不延续上一年度所使用的申请流水号,而是从0000001重新开始编排。

专利申请号编号规则图示:

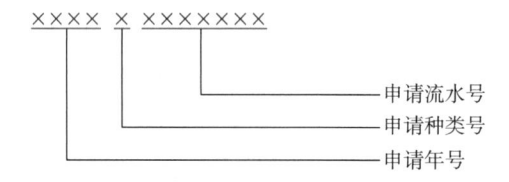

```
XXXX X XXXXXXX
          │ │ └── 申请流水号
          │ └──── 申请种类号
          └────── 申请年号
```

3. 申请号的给出

《专利审查指南2010》第五部分第三章第2.3.1节受理程序(4)规定,给出申请号,即按照专利申请的类别和专利申请的先后顺序给出相应的专利申请号,号条贴在请求书和案卷夹上。

《专利审查指南2010》第五部分第三章第2.3.2节分案申请的受理程序规定:

对符合受理条件的(国家申请)分案申请,专利局应当受理,给出专利申请号,以原申请的申请日为申请日,并记载分案申请递交日。

国际申请进入国家阶段之后提出的分案申请,审查员除了按照一般专利申请的受理条件对分案申请进行受理审查外,还应当核实分案申请请求书中是否填写了原申请的申请日和原申请的申请号,该原申请的申请日应当是其国际申请日,原申请的申请号是进入国家阶段时专利局给予的申请号,并应当在其后的括号内注明原申请的国际申请号。

通常,大多数专利申请都会存在一些不符合专利法及其细则、审查指南的规定的缺陷,但是作为专利申请被受理的条件，不可求专利申请完美无缺，只要不存在 R39 所列的缺陷之一，就应当予以受理并明确申请号，申请人对其他缺陷可以随后自行予以补正或者在初步审查和实质审查过程中经审查员指出后予以补正。

4. 申请号的作用

申请号能够使一件专利申请在受理、审查及其他与专利有关的法定程序中能够明确地区别于任何其他专利申请。

在一件专利申请的审查程序及其他相关法定程序中，以及在由该专利申请所取得的专利权存续期间，国家知识产权局仅给予该专利申请一个专利申请号。这个专利申请号不会由于专利申请文件内容的修改、专利申请法律状态的变化以及发明人/设计人、专利申请人或专利权人的变更而发生变化。专利申请号也不会因分案而发生改变，在依据一件专利申请（母案）提出分案申请的情况下，分案申请将具有新的专利申请号，而母案申请仍然保留原专利申请号不变。

一个专利申请号只可能用于一件专利申请，即使在一件专利申请或由此取得的专利权灭失之后，任何其他专利申请也不再可能使用该专利申请号。

（三）日期/期限的确定与变更

1. 日期/期限的确定

法条	内容
A28	确定申请日，以收到专利申请文件之日或者寄出的邮戳日为申请日
A42	专利权期限，自申请日起计算，与优先权日无关
A43	年费的缴纳，专利年度从申请日起算，与优先权日、授权日无关，与自然年度也没有必然联系
R102	按照专利合作条约已确定国际申请日并指定中国的国际申请，视为向国务院专利行政部门提出的专利申请，该国际申请日视为专利法第二十八条所称的申请日

2. 日期（申请日、缴费日）的变更

法条	内容		日期
R40	说明书中写有对附图的说明但无附图或者缺少部分附图的，申请人应当在国务院专利行政部门指定的期限内补交附图或者声明取消对附图的说明	申请人补交附图的，以向国务院专利行政部门提交或者邮寄附图之日为申请日	变更
		取消对附图的说明的，保留原申请日	不变
《专利审查指南2010》第5部分第2章第7节	费用通过邮局或者银行汇付时遗漏必要缴费信息的，应当在汇款当日通过专利局规定的方式及要求补充	补充完整缴费信息的，以汇款日为缴费日	不变
		当日补充不完整而再次补充的，以专利局收到完整缴费信息之日为缴费日	变更

三、真题分析

69. 【2017 年第 8 题】关于申请日的确定，以下说法正确的是？
A. 向国家知识产权局受理处窗口直接递交的分案申请，以收到日为申请日
B. 通过邮局邮寄递交到国家知识产权局受理处的专利申请，以寄出的邮戳日为申请日
C. 通过速递公司递交到国家知识产权局受理处的专利申请，以寄出的邮戳日为申请日
D. 通过邮局邮寄到国家知识产权局收发室的专利申请，以收发室收到日为申请日

【考点】申请日的确定

【分析】《专利审查指南2010》第五部分第三章第2.3.1节规定，向专利局受理处或者代办处窗口直接递交的专利申请，以收到日为申请日；通过邮局邮寄递交到专利局受理处或者代办处的专利申请，以信封上的寄出邮戳日为申请日；寄出的邮戳日不清晰无法辨认的，以专利局受理处或者代办处收到日为申请日，并将信封存档。

通过速递公司递交到专利局受理处或者代办处的专利申请,以收到日为申请日。邮寄或者递交到专利局非受理部门或者个人的专利申请,其邮寄日或者递交日不具有确定申请日的效力,如果该专利申请被转送到专利局受理处或者代办处,以受理处或者代办处实际收到日为申请日。分案申请以原申请的申请日为申请日,并在请求书上记载分案申请递交日。因此,选项ACD错误,选项B正确。

【答案】B

70.【2016年第2题】甲于2013年7月7日完成一项发明创造,并于2013年7月8日下午到当地的专利代办处面交了专利申请;乙于2013年7月4日独立完成相同发明创造,并于2013年7月7日通过快递公司提交申请文件,专利局受理处次日上午收到该申请文件。如果两件申请均符合其他授权条件,则专利权应当授予谁?

A. 甲　　　　　　B. 乙　　　　　　C. 甲和乙　　　　　　D. 甲和乙协商确定的人

【考点】先申请制　申请日

【分析】专利法第九条第二款规定,两个以上的申请人分别就同样的发明创造申请专利的,专利权授予最先申请的人。《专利审查指南2010》第五部分第三章第2.3.1节规定,向专利局受理处或者代办处窗口直接递交的专利申请,以收到日为申请日;通过邮局邮寄递交到专利局受理处或者代办处的专利申请,以信封上的寄出邮戳日为申请日;寄出的邮戳日不清晰无法辨认的,以专利局受理处或者代办处收到日为申请日,并将信封存档。通过速递公司递交到专利局受理处或者代办处的专利申请,以收到日为申请日。邮寄或者递交到专利局非受理部门或者个人的专利申请,其邮寄日或者递交日不具有确定申请日的效力,如果该专利申请被转送到专利局受理处或者代办处,以受理处或者代办处实际收到日为申请日。分案申请以原申请的申请日为申请日,并在请求书上记载分案申请递交日。

本题中,甲的专利申请的申请日是2013年7月8日,乙的专利申请的申请日也是2013年7月8日,根据专利法实施细则第四十一条第一款的规定,两个以上的申请人同日(指申请日;有优先权的,指优先权日)分别就同样的发明创造申请专利的,应当在收到国务院专利行政部门的通知后自行协商确定申请人。因此,选项D正确,选项ABC错误。

【答案】D

71.【2015年第13题】在下列哪个情形下,国家知识产权局将重新确定申请日?

A. 甲通过邮局寄交的专利申请,因邮戳不清,国家知识产权局以收到日作为申请日,甲于收到受理通知书一个月后提交了邮局出具的寄出日期有效证明

B. 乙的实用新型专利申请的说明书中写有对附图3的说明,但缺少相关附图,接到审查员发出的补正通知后,乙删除了该附图说明

C. 丙提交的发明专利申请文件中缺少说明书摘要,一个月后丙补交了说明书摘要

D. 丁提出的分案申请请求书中原案申请日填写错误,三天后经补正符合规定

【考点】申请日

【分析】根据《专利审查指南2010》第五部分第三章第4节的规定,专利局受理处收到申请人的申请日更正请求后,应当检查更正请求是否符合下列规定:(1)在递交专利申请文件之日起两个月内或者申请人收到专利申请受理通知书一个月内提出。(2)附有收寄专利申请文件的邮局出具的寄出日期的有效证明,该证明中注明的寄出挂号号码与请求书中记录的挂号号码一致。符合上述规定的,应予更正申请日;否则,不予更正申请日。本题选项A中"甲于收到受理通知书一个月后提交了邮局出具的寄出日期有效证明",因此,不予更正申请日,选项A错误。

专利法实施细则第四十条规定,说明书中写有对附图的说明但无附图或者缺少部分附图的,申请人应当在国务院专利行政部门指定的期限内补交附图或者声明取消对附图的说明。申请人补交附图的,以向国务院专利行政部门提交或者邮寄附图之日为申请日;取消对附图的说明的,保留原申请日。本题选项B中"乙删除了该附图说明",因此,保留原申请日,选项B错误。

根据《专利审查指南2010》第二部分第二章第2.4节的规定,摘要是说明书记载内容的概述,它仅是一种技术信息,不具有法律效力。根据《专利审查指南2010》第五部分第三章第2.1节的规定,申请符合下列条件的,专利局应当受理:……(2)发明专利申请文件中有说明书和权利要求书;实用新型专利申请文件中有说明书、说明书附图和权利要求书;外观设计专利申请文件中有图片或者照片和简要说明。由此可知,专利申请文件

中没有摘要时，不影响其受理以及确定申请日，因此，选项C中补交说明书摘要不影响申请日的确定，选项C错误。

根据《专利审查指南2010》第一部分第一章第5.1.1节的规定，请求书中应当正确填写原申请的申请日，申请日填写有误的，审查员应当发出补正通知书，通知申请人补正。期满未补正的，审查员应当发出视为撤回通知书；补正符合规定的，审查员应当发出重新确定申请日通知书。因此，选项D正确。

【答案】D

72.【2015年第71题】张某于2014年3月2日就同样的发明创造同时提交了实用新型专利申请和发明专利申请。张某发现该实用新型的说明书附图缺少图2，并于2014年3月20日补交了附图2。该发明专利申请于2014年10月25日公开。下列哪些说法是正确的？
A. 该实用新型专利申请可以保留原申请日2014年3月2日
B. 应重新确定该实用新型专利申请的申请日为2014年3月20日
C. 该发明专利申请破坏该实用新型专利申请的新颖性
D. 该发明专利申请构成该实用新型专利申请的抵触申请

【考点】申请日　新颖性　抵触申请

【分析】专利法实施细则第四十条规定，说明书中写有对附图的说明但无附图或者缺少部分附图的，申请人应当在国务院专利行政部门指定的期限内补交附图或者声明取消对附图的说明。申请人补交附图的，以向国务院专利行政部门提交或者邮寄附图之日为申请日；取消对附图的说明的，保留原申请日。

在本题中，张某于2014年3月20日补交了附图2，则实用新型专利申请的申请日为2014年3月20日，因此，选项A错误，选项B正确。

根据专利法第二十二条第二款的规定，新颖性，是指该发明或者实用新型不属于现有技术；也没有任何单位或者个人就同样的发明或者实用新型在申请日以前向国务院专利行政部门提出过申请，并记载在申请日以后公布的专利申请文件或者公告的专利文件中。根据《专利审查指南2010》第二部分第三章第2.2节的规定，根据专利法第二十二条第二款的规定，在发明或者实用新型新颖性的判断中，由任何单位或者个人就同样的发明或者实用新型在申请日以前向专利局提出并且在申请日以后（含申请日）公布的专利申请文件或者公告的专利文件损害该申请日提出的专利申请的新颖性。为描述简便，在判断新颖性时，将这种损害新颖性的专利申请，称为抵触申请。本题中，发明专利申请构成实用新型专利申请的抵触申请，破坏其新颖性，因此，选项CD正确。

【答案】BCD

第二十九条【优先权】

申请人自发明或者实用新型在外国第一次提出专利申请之日起十二个月内，或者自外观设计在外国第一次提出专利申请之日起六个月内，又在中国就相同主题提出专利申请的，依照该外国同中国签订的协议或者共同参加的国际条约，或者依照相互承认优先权的原则，可以享有优先权。

申请人自发明或者实用新型在中国第一次提出专利申请之日起十二个月内，又向国务院专利行政部门就相同主题提出专利申请的，可以享有优先权。

一、本条含义

本条规定了优先权原则。

二、重点讲解

（一）优先权

1. 优先权的定义

优先权原则源自1883年签订的《巴黎公约》，其目的是方便成员国国民就其发明创造或者商标标识在其本国提出专利申请或者商标注册申请后，在其他成员国申请获得专利权或者注册商标权。所谓"优先权"是指申请人在一个成员国首次提出申请后，在一定期限内就同一主题在其他成员国提出申请的，其在后申请在某些方面被视为是在首次申请的申请日提出。换句话说，申请人提出的在后申请与其他人在其首次申请的申请日之后、在后申请的申请日之前就同一主题所提出的申请相比享有优先的地位。这是"优先权"一词的由来。

《巴黎公约》之所以确立优先权原则，是因为绝大多数国家的专利法都采用先申请原则。同时，各国专利法都规定授予专利权的发明创造应当具备新颖性和创造性，而绝大多数国家的专利法都规定判断新颖性和创造性的时间标准是申请日。因此，如果申请人希望其发明创造在其他国家获得专利保护，就必须尽可能同时在这些国家提出申请。但是，要求申请人对其同一发明创造同时在本国和其他国家提出专利申请是难以办到的。有了《巴黎公约》关于优先权原则的规定，各国申请人就可以首先在本国提出专利申请，然后从从容容地在12个月或者6个月的时间内向其他国家提出专利申请。

随着专利制度的发展，优先权原则的适用范围后来有了扩大，不再仅仅适用于首次在外国提出申请、然后在本国提出申请的情形，而是也适用于首次在本国提出申请、然后在本国再次提出申请的情形。为了便于区别，将以在外国提出的首次申请为基础的优先权被称为"外国优先权"，以在本国提出的首次申请为基础的优先权被称为"本国优先权"。无论享受的是外国优先权还是本国优先权，在后申请都能以其首次申请的申请日为优先权日。

2. 优先权日

根据本条的规定，优先权日是在外国或者国内首次申请的申请日。

需要注意的是，作为优先权基础的在先申请需要满足以下条件：

首先，作为优先权基础的在先申请必须是正规的国家申请。所谓"正规的国家申请"，是指该申请按照受理国专利法的规定提交，被正式受理并给予了申请日的申请。

其次，作为优先权基础的在先申请必须是针对相同主题的首次申请。如果申请人在提出申请之前，已经就相同主题向其他国家提出了多份申请，则只能要求以首次提出的申请为基础要求享受优先权。

3. 优先权的期限

根据本条的规定，优先权的起算日是首次申请的申请日，其中，发明和实用新型的优先权期限是12个月，外观设计的优先权期限是6个月。

4. 优先权的种类

优先权可以分为外国优先权和本国优先权。

《专利审查指南2010》第二部分第三章第4.1.1节规定了享有外国优先权的条件。

享有外国优先权的专利申请应当满足以下条件：

（1）申请人就相同主题的发明创造在外国第一次提出专利申请（以下简称外国首次申请）后又在中国提出专利申请（以下简称中国在后申请）。

（2）就发明和实用新型而言，中国在后申请之日不得迟于外国首次申请之日起十二个月。

（3）申请人提出首次申请的国家或政府间组织应当是同中国签有协议或者共同参加国际条约，或者相互承认优先权原则的国家或政府间组织。

享有外国优先权的发明创造与外国首次申请审批的最终结果无关，只要该首次申请在有关国家或政府间组织中获得了确定的申请日，就可作为要求外国优先权的基础。

《专利审查指南2010》第二部分第三章第4.2.1节规定了享有本国优先权的条件。

享有本国优先权的专利申请应当满足以下条件：

（1）只适用于发明或者实用新型专利申请；

（2）申请人就相同主题的发明或者实用新型在中国第一次提出专利申请（以下简称中国首次申请）后又向专利局提出专利申请（以下简称中国在后申请）；

（3）中国在后申请之日不得迟于中国首次申请之日起十二个月。

被要求优先权的中国在先申请的主题有下列情形之一的，不得作为要求本国优先权的基础：

（1）已经要求外国优先权或者本国优先权的，但要求过外国优先权或者本国优先权而未享有优先权的除外；

（2）已经被授予专利权的；

（3）属于按照专利法实施细则第四十二条规定提出的分案申请。

应当注意，当申请人要求本国优先权时，作为本国优先权基础的中国首次申请，自中国在后申请提出之日起即被视为撤回。

5. 优先权的效力

《专利审查指南2010》第二部分第三章第4.1.3节规定了外国优先权的效力。

申请人在外国首次申请后，就相同主题的发明创造在优先权期限内向中国提出的专利申请，都看作是在该外国首次申请的申请日提出的，不会因为在优先权期间内，即首次申请的申请日与在后申请的申请日之间任何单位和个人提出了相同主题的申请或者公布、利用这种发明创造而失去效力。

此外，在优先权期间内，任何单位和个人可能会就相同主题的发明创造提出专利申请。由于优先权的效力，任何单位和个人提出的相同主题发明创造的专利申请不能被授予专利权。就是说，由于有作为优先权基础的外国首次申请的存在，使得从外国首次申请的申请日起至中国在后申请的申请日中间由任何单位和个人提出的相同主题的发明创造专利申请因失去新颖性而不能被授予专利权。

本国优先权的效力参照上述外国优先权的效力的相应规定。

6. 多项优先权

《专利审查指南2010》第二部分第三章第4.1.4节规定了外国多项优先权和外国部分优先权。

根据专利法实施细则第三十二条第一款的规定，申请人在一件专利申请中，可以要求一项或者多项优先权；要求多项优先权的，该申请的优先权期限从最早的优先权日起计算。

关于外国多项优先权和外国部分优先权的规定如下。

（1）要求多项优先权的专利申请，应当符合专利法第三十一条及专利法实施细则第三十四条关于单一性的规定。

（2）作为多项优先权基础的外国首次申请可以是在不同的国家或政府间组织提出的。例如，中国在后申请中，记载了两个技术方案A和B，其中，A是在法国首次申请中记载的，B是在德国首次申请中记载的，两者都是在中国在后申请之日以前十二个月内分别在法国和德国提出的，在这种情况下，中国在后申请就可以享有多项优先权，即A享有法国的优先权日，B享有德国的优先权日。如果上述的A和B是两个可供选择的技术方案，申请人用"或"结构将A和B记载在中国在后申请的一项权利要求中，则中国在后申请同样可以享有多项优先权，即有不同的优先权日。但是，如果中国在后申请记载的一项技术方案是由两件或者两件以上外国首次申请中分别记载的不同技术特征组合成的，则不能享有优先权。例如，中国在后申请中记载的一项技术方案是由一件外国首次申请中记载的特征C和另一件外国首次申请中记载的特征D组合而成的，而包含特征C和D的技术方案未在上述两件外国首次申请中记载，则中国在后申请就不能享有以此两件外国首次申请为基础的外国优先权。

（3）要求外国优先权的申请中，除包括作为外国优先权基础的申请中记载的技术方案外，还可以包括一个或多个新的技术方案。例如中国在后申请中除记载了外国首次申请的技术方案外，还记载了对该技术方案进一步改进或者完善的新技术方案，如增加了反映说明书中新增实施方式或实施例的从属权利要求，或者增加了符合单一性的独立权利要求，在这种情况下，审查员不得以中国在后申请的权利要求书中增加的技术方案未在外国首次申请中记载为理由，拒绝给予优先权，或者将其驳回，而应当对于该中国在后申请中所要求的与外国首次申请中相同主题的发明创造给予优先权，有效日期为外国首次申请的申请日，即优先权日，其余的则以中国在后申请之日为申请日。该中国在后申请中有部分技术方案享有外国优先权，故称为外国部分优先权。

《专利审查指南2010》第二部分第三章第4.2.4节规定了本国多项优先权和本国部分优先权。

专利法实施细则第三十二条第一款的规定不仅适用于外国多项优先权，也适用于本国多项优先权。关于本国多项优先权和本国部分优先权的规定如下：

（1）要求多项优先权的专利申请，应当符合专利法第三十一条及专利法实施细则第三十四条关于单一性的规定。

（2）一件中国在后申请中记载了多个技术方案。例如，记载了A、B和C三个方案，它们分别在三件中国首次申请中记载过，则该中国在后申请可以要求多项优先权，即A、B、C分别以其中国首次申请的申请日为优先权日。

（3）一件中国在后申请中记载了技术方案A和实施例A1、A2、A3，其中只有A1在中国首次申请中记载过，则该中国在后申请中A1可以享有本国优先权，其余则不能享有本国优先权。

(4) 一件中国在后申请中记载了技术方案 A 和实施例 A1、A2。技术方案 A 和实施例 A1 已经记载在中国首次申请中，则在后申请中技术方案 A 和实施例 A1 可以享有本国优先权，实施例 A2 则不能享有本国优先权。

应当指出，本款情形在技术方案 A 要求保护的范围仅靠实施例 A1 支持是不够的时候，申请人为了使方案 A 得到支持，可以补充实施例 A2。但是，如果 A2 在中国在后申请提出时已经是现有技术，则应当删除 A2，并将 A 限制在由 A1 支持的范围内。

(5) 继中国首次申请和在后申请之后，申请人又提出第二件在后申请。中国首次申请中仅记载了技术方案 A1；第一件在后申请中记载了技术方案 A1 和 A2，其中 A1 已享有中国首次申请的优先权；第二件在后申请记载了技术方案 A1、A2 和 A3。对第二件在后申请来说，其中方案 A2 可以要求第一件在后申请的优先权；对于方案 A1，由于该第一件在后申请中方案 A1 已享有优先权，因而不能再要求第一件在后申请的优先权，但还可要求中国首次申请的优先权。

三、真题分析

73.【2019 年第 13 题】甲 2001 年 10 月向美国提出首次申请，其中权利要求请求保护技术方案 A1，说明书还描述了技术方案 A2。甲后于 2001 年 12 月向德国也提出一份申请，其中权利要求请求保护技术方案 A1 和 A3。2002 年 5 月，甲又向中国国家知识产权局提出申请，请求保护技术方案 A1、A2 和 A3，并要求享有美国和德国的优先权。下列说法正确的是？

A. 方案 A1、A3 能享有优先权，A2 不能享有优先权　　B. 方案 A1、A2 能享有优先权，A3 不能享有优先权
C. 方案 A3 能享有优先权，A1、A2 不能享有优先权　　D. A1、A2 和 A3 都能享有优先权

【考点】外国多项优先权

【分析】根据专利法第二十九条第一款的规定，申请人自发明或者实用新型在外国第一次提出专利申请之日起十二个月内，或者自外观设计在外国第一次提出专利申请之日起六个月内，又在中国就相同主题提出专利申请的，依照该外国同中国签订的协议或者共同参加的国际条约，或者依照相互承认优先权的原则，可以享有优先权。根据《专利审查指南 2010》第二部分第三章第 4.1.4 节的规定，作为多项优先权基础的外国首次申请可以是在不同的国家或政府间组织提出的。例如，中国在后申请中，记载了两个技术方案 A 和 B，其中，A 是法国首次申请中记载的，B 是德国首次申请中记载的，两者都是在中国在后申请之日以前十二个月内分别在法国和德国提出的，在这种情况下，中国在后申请就可以享有多项优先权，即 A 享有法国的优先权日，B 享有德国的优先权日。因此，选项 ABC 错误，选项 D 正确。

【答案】D

74.【2019 年第 69 题】下列关于优先权的说法正确的是？
A. 要求外国优先权的发明专利申请，其在先申请只能是发明申请
B. 要求本国优先权的发明专利申请，其在先申请可以是发明专利申请，也可以是实用新型专利申请
C. 要求外国优先权的实用新型专利申请，其在先申请可以是发明专利申请，也可以是实用新型专利申请
D. 外观设计专利申请不能作为本国优先权的基础

【考点】优先权

【分析】根据专利法第二十九条的规定，申请人自发明或者实用新型在外国第一次提出专利申请之日起十二个月内，或者自外观设计在外国第一次提出专利申请之日起六个月内，又在中国就相同主题提出专利申请的，依照该外国同中国签订的协议或者共同参加的国际条约，或者依照相互承认优先权的原则，可以享有优先权。申请人自发明或者实用新型在中国第一次提出专利申请之日起十二个月内，又向国务院专利行政部门就相同主题提出专利申请的，可以享有优先权。因此，选项 A 错误，选项 BCD 正确。

【答案】BCD

75.【2018 年第 59 题】某申请人在 12 个月内向国家知识产权局先后提交了 2 份申请请求保护一种可燃气体，其中两份申请的区别仅在于记载的可燃气体中的氧气体积含量不同、其他特征相同，且该在先申请是申请人在中国的首次申请。则以下情况中，在后申请可以要求享有在先申请的优先权的是：
A. 在先申请权利要求的氧气体积含量为 20%～50%，在后申请权利要求的氧气体积含量为 30%～60%，但在先申请既没有记载氧含量范围为 50%～60%、也没明确记载氧气含量为 30%。

B. 在先申请权利要求的氧气体积含量为20%～50%并在说明书记载了氧气体积含量可以为30%，在后申请权利要求的氧气体积含量为30%～50%。

C. 在先申请权利要求的氧气体积含量为20%～50%并在说明书记载了氧气体积含量可以为30%、35%，在后申请权利要求的氧气体积含量分别为30%、35%、50%。

D. 在先申请权利要求的氧气体积含量分别为20%、50%，但在该在先申请的说明书中没有记载氧气含量为20%～50%的范围内的技术方案，在后申请权利要求的氧气体积含量为20%～50%。

【考点】优先权

【分析】专利法第二十九条第二款规定，申请人自发明或者实用新型在中国第一次提出专利申请之日起十二个月内，又向国务院专利行政部门就相同主题提出专利申请的，可以享有优先权。

《专利审查指南2010》第二部分第八章第4.6.2节规定了优先权核实的一般原则。一般来说，核实优先权是指核查申请人要求的优先权是否能依照专利法第二十九条的规定成立。为此，审查员应当在初步审查部门审查的基础上核实：（1）作为要求优先权的基础的在先申请是否涉及与要求优先权的在后申请相同的主题；（2）该在先申请是否是记载了同一主题的首次申请；（3）在后申请的申请日是否在在先申请的申请日起十二个月内。进行上述第（1）项核实，即判断在后申请中各项权利要求所述的技术方案是否清楚地记载在上述在先申请的文件（说明书和权利要求书，不包括摘要）中。为此，审查员应当把在先申请作为一个整体进行分析研究，只要在先申请文件清楚地记载了在后申请权利要求所述的技术方案，就应当认定该在先申请与在后申请涉及相同的主题。审查员不得以在先申请的权利要求书中没有包含该技术方案为理由，而拒绝给予优先权。

本题选项A中，在先申请记载了氧气体积含量为20%～50%，但既没有记载氧气含量为50%～60%、也没有明确记载氧气含量为30%，因此，对于在后申请而言，当其氧气体积含量为20%、20%～50%以及50%时，都可以享有在先申请的优先权。但是对于在后申请氧气体积含量为30%～60%的技术方案，在先申请没有记载，不能享有优先权。因此，选项A错误。

本题选项B中，在先申请记载了氧气体积含量为20%～50%，还记载了氧气含量为30%，且30%在20%～50%范围内，因此，对于在后申请而言，当其氧气体积含量为20%、20%～50%、50%、20%～30%、30%以及30%～50%时，都可以享有在先申请的优先权。由此可知，对于在后申请氧气体积含量为30%～50%的技术方案，能享有在先申请的优先权。因此，选项B错误。

本题选项C中，在先申请记载了氧气体积含量为20%～50%，还记载了氧气含量为30%、35%，且30%、35%都在20%～50%范围内，因此，对于在后申请而言，当其氧气体积含量为20%、20%～50%、50%、20%～30%、30%、30%～35%、35%以及35%～50%时，都可以享有在先申请的优先权。因此，选项C中在后申请能享有优先权，选项C正确。

本题选项D中，在先申请记载了氧气体积含量为离散数值20%和50%，因此，对于在后申请而言，当其氧气体积含量为20%、50%（注意：没有数值范围）时，都可以享有在先申请的优先权。但是对于在后申请氧气体积含量为20～%50%的技术方案，在先申请没有记载，不能享有优先权。因此，选项D错误。

【答案】BC

76.【2016年第59题】关于本国优先权，下列哪些说法是正确的？

A. 发明专利申请要求本国优先权的，在先申请既可以是发明专利申请也可以是实用新型专利申请

B. 在后申请的申请人与在先申请中记载的申请人应当一致，不一致的应当在规定期限内提交优先权转让证明

C. 已经授予专利权但尚处于优先权期限内的申请可以作为在后申请的本国优先权基础

D. 因未缴纳申请费被视为撤回但尚处于优先权期限内的申请可以作为在后申请的本国优先权基础

【考点】本国优先权

【分析】《专利审查指南2010》第一部分第一章6.2.2.1节规定了要求本国优先权，在先申请和要求优先权的在后申请应当符合下列规定：（1）在先申请应当是发明或者实用新型专利申请，不应当是外观设计专利申请，也不应当是分案申请。（2）在先申请的主题没有要求过外国优先权或者本国优先权，或者虽然要求过外国优先权或者本国优先权，但未享有优先权。（3）该在先申请的主题，尚未授予专利权。（4）要求优先权的在后申请是在其在先申请的申请日起十二个月内提出的。因此，选项AD正确，选项C错误。

《专利审查指南2010》第一部分第一章第6.2.2.4节规定，要求（本国）优先权的在后申请的申请人与在先申请中记载的申请人应当一致；不一致的，在后申请的申请人应当在提出在后申请之日起3个月内提交由在先申请的全体申请人签字或者盖章的优先权转让证明文件。因此，选项B正确。

【答案】ABD

77.【2016年第60题】申请X是申请Y所要求优先权的在先申请。申请X在说明书中记载了由技术特征a、b构成的技术方案，在权利要求书中记载了技术特征b、c构成的技术方案，在说明书摘要中记载了技术特征a、c构成的技术方案。申请Y要求保护的下列哪些技术方案可以要求申请X的优先权？

A. 技术特征b、c构成的技术方案　　B. 技术特征a、b构成的技术方案
C. 技术特征a、c构成的技术方案　　D. 技术特征a、b、c构成的技术方案

【考点】优先权核实

【分析】《专利审查指南2010》第二部分第八章第4.6.2节规定，一般来说，核实优先权是指核查申请人要求的优先权是否能依照专利法第二十九条的规定成立。为此，审查员应当在初步审查部门审查的基础上（参见本指南第一部分第一章第6.2节）核实：（1）作为要求优先权的基础的在先申请是否涉及与要求优先权的在后申请相同的主题；（2）该在先申请是否记载了同一主题的首次申请；（3）在后申请的申请日是否在在先申请的申请日起十二个月内。进行上述第（1）项核实，即判断在后申请中各项权利要求所述的技术方案是否清楚地记载在上述在先申请的文件（说明书和权利要求书，不包括摘要）中。为此，审查员应当把在先申请作为一个整体进行分析研究，只要在先申请文件清楚地记载了在后申请权利要求所述的技术方案，就应当认定该在先申请与在后申请涉及相同的主题。审查员不得以在先申请的权利要求书中没有包含该技术方案为理由，而拒绝给予优先权。

本题中，选项AB的技术方案分别记载在在先申请的权利要求书（技术特征b、c构成的技术方案）、说明书（技术特征a、b构成的技术方案）中，因此，选项AB正确。选项C的技术方案记载在在先申请的摘要（技术特征a、c构成的技术方案）中，因此，选项C错误。选项D技术方案中的各个技术特征（技术特征a、b、c）虽然记载在在先申请的权利要求书及说明书中，但由于这些技术特征（技术特征a、b、c）构成的技术方案并没有记载在在先申请的权利要求书或说明书中，因此，选项D错误。

【答案】AB

78.【2015年第32题】下列哪些专利申请不能作为就相同主题提出的实用新型专利申请的优先权基础？

A. 在中国提出的外观设计专利申请　　B. 已享受过本国优先权的专利申请
C. 不是第一次在外国提出的专利申请　　D. 已被授予专利权的专利申请

【考点】享有本国优先权的条件

【分析】根据专利法第二十九条的规定，申请人自发明或者实用新型在外国第一次提出专利申请之日起十二个月内，或者自外观设计在外国第一次提出专利申请之日起六个月内，又在中国就相同主题提出专利申请的，依照该外国同中国签订的协议或者共同参加的国际条约，或者依照相互承认优先权的原则，可以享有优先权。申请人自发明或者实用新型在中国第一次提出专利申请之日起十二个月内，又向国务院专利行政部门就相同主题提出专利申请的，可以享有优先权。由此可知，就相同主题提出的实用新型专利申请的优选权基础只能是发明或者实用新型专利申请，不能是外观设计专利申请，并且，作为优选权基础的应当是首次申请，因此，选项AC不能作为就相同主题提出的实用新型专利申请的优先权基础。

专利法实施细则第三十二条第二款规定，申请人要求本国优先权，在先申请是发明专利申请的，可以就相同主题提出发明或者实用新型专利申请；在先申请是实用新型专利申请的，可以就相同主题提出实用新型或者发明专利申请。但是，提出后一申请时，在先申请的主题有下列情形之一的，不得作为要求本国优先权的基础：（一）已经要求外国优先权或者本国优先权的；（二）已经被授予专利权的；（三）属于按照规定提出的分案申请的。因此，选项B不能作为就相同主题提出的实用新型专利申请的优先权基础。

《专利审查指南2010》第二部分第三章第4.1.1节规定，享有外国优先权的发明创造与外国首次申请审批的最终结果无关，只要该首次申请在有关国家或政府间组织中获得了确定的申请日，就可作为要求外国优先权的基础。由此可知，对于已经授权的专利申请，如果该申请是外国申请，其仍然可以作为就相同主题提出的实用新型专利申请的优选权基础，但如果该申请是本国申请，则无法作为就相同主题提出的实用新型专利申请的优选权基础，因此，对于已经授权的专利申请，如果该申请是外国申请，选项D能作为就相同主题提出的实用新型专利

申请的优先权基础。

【答案】ABC

第三十条【优先权的手续】

申请人要求优先权的，应当在申请的时候提出书面声明，并且在三个月内提交第一次提出的专利申请文件的副本；未提出书面声明或者逾期未提交专利申请文件副本的，视为未要求优先权。

一、本条含义

本条规定了要求优先权的主要手续以及未办理有关手续的后果。

在我国提出的专利申请要求优先权的，无论是外国优先权还是本国优先权，都应当由申请人在申请的时候提出书面声明，以表明其希望享受优先权的意思。其中，书面说明，是指在专利申请请求书中所设的"要求优先权的声明"一栏中填写有关内容。

二、重点讲解

（一）优先权请求

《专利审查指南2010》第一部分第一章第6.2节规定了要求优先权。

要求优先权，是指申请人根据专利法第二十九条规定向专利局要求以其在先提出的专利申请为基础享有优先权。申请人要求优先权应当符合专利法第二十九条、第三十条、专利法实施细则第三十一条、第三十二条以及巴黎公约的有关规定。

申请人就相同主题的发明或者实用新型在外国第一次提出专利申请之日起十二个月内，或者就相同主题的外观设计在外国第一次提出专利申请之日起六个月内，又在中国提出申请的，依照该国同中国签订的协议或者共同参加的国际条约，或者依照相互承认优先权的原则，可以享有优先权。这种优先权称为外国优先权。

申请人就相同主题的发明或者实用新型在中国第一次提出专利申请之日起十二个月内，又以该发明专利申请为基础向专利局提出发明专利申请或者实用新型专利申请的，或者又以该实用新型专利申请为基础向专利局提出实用新型专利申请或者发明专利申请的，可以享有优先权。这种优先权称为本国优先权。

1. 要求外国优先权

《专利审查指南2010》第一部分第一章第6.2.1节规定了要求外国优先权。

（1）在先申请和要求优先权的在后申请。申请人向专利局提出一件专利申请并要求外国优先权的，审查员应当审查作为要求优先权基础的在先申请是否是在巴黎公约成员国内提出的，或者是对该成员国有效的地区申请或者国际申请；对于来自非巴黎公约成员国的要求优先权的申请，应当审查该国是否是承认我国优先权的国家；还应当审查要求优先权的申请人是否有权享受巴黎公约给予的权利，即申请人是否是巴黎公约成员国的国民或者居民，或者申请人是否是承认我国优先权的国家的国民或者居民。

审查员还应当审查要求优先权的在后申请是否是在规定的期限内提出的；不符合规定的，审查员应当发出视为未要求优先权通知书。在先申请有两项以上的，其期限从最早的在先申请的申请日起算，对于超过规定期限的，针对那项超出期限的要求优先权声明，审查员应当发出视为未要求优先权通知书。

初步审查中，对于在先申请是否是巴黎公约定义的第一次申请以及在先申请和在后申请的主题的实质内容是否相同均不予审查，除非第一次申请明显不符合巴黎公约的有关规定或者在先申请与在后申请的主题明显不相关。

在先申请可以是巴黎公约第四条定义的要求发明人证书的申请。

（2）要求优先权声明。申请人要求优先权的，应当在提出专利申请的同时在请求书中声明；未在请求书中提出声明的，视为未要求优先权。

申请人在要求优先权声明中应当写明作为优先权基础的在先申请的申请日、申请号和原受理机构名称；未写明或者错写在先申请日、申请号和原受理机构名称中的一项或者两项内容，而申请人已在规定的期限内提交了在先申请文件副本的，审查员应当发出办理手续补正通知书，期满未答复或者补正后仍不符合规定的，审查员应当发出视为未要求优先权通知书。

要求多项优先权而在声明中未写明或者错写某个在先申请的申请日、申请号和原受理机构名称中的一项或者两项内容，而申请人已在规定的期限内提交了该在先申请文件副本的，审查员应当发出办理手续补正通知书，期满未答复或者补正后仍不符合规定的，视为未要求该项优先权，审查员应当发出视为未要求优先权通知书。

（3）在先申请文件副本。作为优先权基础的在先申请文件的副本应当由该在先申请的原受理机构出具。在先申请文件副本的格式应当符合国际惯例，至少应当表明原受理机构、申请人、申请日、申请号；不符合规定的，审查员应当发出办理手续补正通知书，期满未答复或者补正后仍不符合规定的，视为未提交在先申请文件副本，审查员应当发出视为未要求优先权通知书。

要求多项优先权的，应当提交全部在先申请文件副本，其中某份不符合规定的，审查员应当发出办理手续补正通知书，期满未答复或者补正后仍不符合规定的，视为未提交该在先申请文件副本，针对该在先申请文件副本对应的那项要求优先权声明，审查员应当发出视为未要求优先权通知书。

在先申请文件副本应当在提出在后申请之日起三个月内提交；期满未提交的，审查员应当发出视为未要求优先权通知书。

依照国家知识产权局与在先申请的受理机构签订的协议，专利局通过电子交换等途径从该受理机构获得在先申请文件副本的，视为申请人提交了经该受理机构证明的在先申请文件副本。

已向专利局提交过的在先申请文件副本，需要再次提交的，可以仅提交该副本的中文题录译文，但应当注明在先申请文件副本的原件所在案卷的申请号。

（4）在后申请的申请人。要求优先权的在后申请的申请人与在先申请文件副本中记载的申请人应当一致，或者是在先申请文件副本中记载的申请人之一。

申请人完全不一致，且在先申请的申请人将优先权转让给在后申请的申请人的，应当在提出在后申请之日起三个月内提交由在先申请的全体申请人签字或者盖章的优先权转让证明文件。在先申请具有多个申请人，且在后申请具有多个与之不同的申请人的，可以提交由在先申请的所有申请人共同签字或者盖章的转让给在后申请的所有申请人的优先权转让证明文件；也可以提交由在先申请的所有申请人分别签字或者盖章的转让给在后申请的申请人的优先权转让证明文件。

申请人期满未提交优先权转让证明文件或者提交的优先权转让证明文件不符合规定的，审查员应当发出视为未要求优先权通知书。

2. 要求本国优先权

《专利审查指南2010》第一部分第一章第6.2.2节规定了要求本国优先权。

（1）在先申请和要求优先权的在后申请。在先申请和要求优先权的在后申请应当符合下列规定：

① 在先申请应当是发明或者实用新型专利申请，不应当是外观设计专利申请，也不应当是分案申请。

② 在先申请的主题没有要求过外国优先权或者本国优先权，或者虽然要求过外国优先权或者本国优先权，但未享有优先权。

③ 该在先申请的主题，尚未授予专利权。

④ 要求优先权的在后申请是在其在先申请的申请日起十二个月内提出的。

审查上述第③项时，以要求优先权的在后申请的申请日为时间判断基准。审查上述第④项时，对于要求多项优先权的，以最早的在先申请的申请日为时间判断基准，即要求优先权的在后申请的申请日是在最早的在先申请的申请日起十二个月内提出的。

在先申请不符合上述规定情形之一的，针对不符合规定的那项要求优先权声明，审查员应当发出视为未要求优先权通知书。

审查优先权时，如果发现专利局已经对在先申请发出授予专利权通知书和办理登记手续通知书，并且申请人已经办理了登记手续的，审查员应当针对在后申请发出视为未要求优先权通知书。初步审查中，审查员只审查在后申请与在先申请的主题是否明显不相关，不审查在后申请与在先申请的实质内容是否一致。当其申请的主题明显不相关时，审查员应当发出视为未要求优先权通知书。

（2）要求优先权声明。申请人要求优先权的，应当在提出专利申请的同时在请求书中声明；未在请求书中提出声明的，视为未要求优先权。

申请人在要求优先权声明中应当写明作为优先权基础的在先申请的申请日、申请号和原受理机构名称（中国）。未写明或者错写上述各项中的一项或者两项内容的，审查员应当发出办理手续补正通知书，期满未答复或者补正后仍不符合规定的，审查员应当发出视为未要求优先权通知书。

要求多项优先权而在声明中未写明或者错写某个在先申请的申请日、申请号和原受理机构名称中的一项或者两项内容的，审查员应当发出办理手续补正通知书，期满未答复或者补正后仍不符合规定的，视为未要求该项优先权，审查员应当发出视为未要求优先权通知书。

（3）在先申请文件副本。在先申请文件的副本，由专利局根据规定制作。申请人要求本国优先权并且在请求书中写明了在先申请的申请日和申请号的，视为提交了在先申请文件副本。

（4）在后申请的申请人。要求优先权的在后申请的申请人与在先申请中记载的申请人应当一致；不一致的，在后申请的申请人应当在提出在后申请之日起三个月内提交由在先申请的全体申请人签字或者盖章的优先权转让证明文件。在后申请的申请人期满未提交优先权转让证明文件，或者提交的优先权转让证明文件不符合规定的，审查员应当发出视为未要求优先权通知书。

（5）视为撤回在先申请的程序。申请人要求本国优先权的，其在先申请自在后申请提出之日起即视为撤回。

申请人要求本国优先权，经初步审查认为符合规定的，审查员应当对在先申请发出视为撤回通知书。申请人要求两项以上本国优先权，经初步审查认为符合规定的，审查员应当针对相应的在先申请，发出视为撤回通知书。

被视为撤回的在先申请不得请求恢复。

3. 优先权要求的撤回

《专利审查指南2010》第一部分第一章第6.2.3节规定了优先权要求的撤回。

申请人要求优先权之后，可以撤回优先权要求。申请人要求多项优先权之后，可以撤回全部优先权要求，也可以撤回其中某一项或者几项优先权要求。

申请人要求撤回优先权要求的，应当提交全体申请人签字或者盖章的撤回优先权声明。符合规定的，审查员应当发出手续合格通知书。不符合规定的，审查员应当发出视为未提出通知书。

优先权要求撤回后，导致该专利申请的最早优先权日变更时，自该优先权日起算的各种期限尚未届满的，该期限应当自变更后的最早优先权日或者申请日起算，撤回优先权的请求是在原最早优先权日起十五个月之后到达专利局的，则在后专利申请的公布期限仍按照原最早优先权日起算。

要求本国优先权的，撤回优先权后，已按照专利法实施细则第三十二条第三款规定被视为撤回的在先申请不得因优先权要求的撤回而请求恢复。

4. 优先权要求费

《专利审查指南2010》第一部分第一章第6.2.4节规定了优先权要求费。

要求优先权的，应当在缴纳申请费的同时缴纳优先权要求费；期满未缴纳或者未缴足的，审查员应当发出视为未要求优先权通知书。

视为未要求优先权或者撤回优先权要求的，已缴纳的优先权要求费不予退回。

5. 优先权要求的恢复

《专利审查指南2010》第一部分第一章第6.2.5节规定了优先权要求的恢复。

视为未要求优先权并属于下列情形之一的，申请人可以根据专利法实施细则第六条的规定请求恢复要求优先权的权利：

① 由于未在指定期限内答复办理手续补正通知书导致视为未要求优先权。

② 要求优先权声明中至少一项内容填写正确，但未在规定的期限内提交在先申请文件副本或者优先权转让证明。

③ 要求优先权声明中至少一项内容填写正确，但未在规定期限内缴纳或者缴足优先权要求费。

④ 分案申请的原申请要求了优先权。

有关恢复权利请求的处理规定，适用本指南第五部分第七章第6节的规定。

除以上情形外，其他原因造成被视为未要求优先权的，不予恢复。例如，由于提出专利申请时未在请求书中提出声明而视为未要求优先权的，不予恢复要求优先权的权利。

三、真题分析

79.【2019 年第 63 题】申请人甲于 2015 年 3 月 1 日向国家知识产权局提出一件发明专利申请，并要求两项外国优先权，优先权日分别为 2014 年 3 月 1 日和 2014 年 6 月 1 日。2015 年 8 月 1 日其请求撤回优先权日为 2014 年 3 月 1 日的优先权。下列期限计算正确的是？

A. 该申请经初步审查符合要求的，自 2014 年 3 月 1 日起满十八个月即行公布
B. 该申请人提出实质审查请求的期限届满日为 2017 年 3 月 1 日
C. 该申请经初步审查符合要求的，自 2014 年 6 月 1 日起满十八个月即行公布
D. 该申请人提出实质审查请求的期限届满日为 2017 年 6 月 1 日

【考点】撤回优先权

【分析】根据《专利审查指南 2010》第一部分第一章第 6.2.3 节的规定，优先权要求撤回后，导致该专利申请的最早优先权日变更时，自该优先权日起算的各种期限尚未届满的，该期限应当自变更后的最早优先权日或者申请日起算，撤回优先权的请求是在原最早优先权日起十五个月之后到达专利局的，则在后专利申请的公布期限仍按照原最早优先权日起算。

专利法第三十四条规定，国务院专利行政部门收到发明专利申请后，经初步审查认为符合本法要求的，自申请日起满十八个月，即行公布。国务院专利行政部门可以根据申请人的请求早日公布其申请。专利法实施细则第十一条第一款规定，除专利法第二十八条和第四十二条规定的情形外，专利法所称申请日，有优先权的，指优先权日。

本题中，2015 年 8 月 1 日请求撤回优先权，该请求时间距离最早的优先权日 2014 年 3 月 1 日已经超过十五个月，因此，该专利申请的公布时间仍为自最早的优先权日 2014 年 3 月 1 日起满十八个月即行公布，因此，选项 A 正确，选项 C 错误。

专利法第三十五条第一款规定，发明专利申请自申请日起三年内，国务院专利行政部门可以根据申请人随时提出的请求，对其申请进行实质审查；申请人无正当理由逾期不请求实质审查的，该申请即被视为撤回。本题中，该专利申请自优先权日 2014 年 6 月 1 日起三年内（届满日为 2017 年 6 月 1 日），申请人随时提出实质审查请求。因此，选项 B 错误，选项 D 正确。

【答案】AD

80.【2019 年第 67 题】下列关于优先权的说法正确的是？

A. 申请人要求本国优先权的，其在先申请自在后申请提出之日即视为撤回
B. 申请人要求外国优先权的，应当自在后申请日起两个月内提交在先申请文件副本
C. 申请人要求优先权的，应当在缴纳申请费的同时缴纳优先权要求费
D. 申请人要求优先权的，应当在申请的时候提出书面声明

【考点】优先权

【分析】根据专利法实施细则第三十二条第三款的规定，申请人要求本国优先权的，其在先申请自后一申请提出之日起即视为撤回。因此，选项 A 正确。

根据专利法第三十条的规定，申请人要求优先权的，应当在申请的时候提出书面声明，并且在三个月内提交第一次提出的专利申请文件的副本；未提出书面声明或者逾期未提交专利申请文件副本的，视为未要求优先权。根据《专利审查指南 2010》第一部分第一章第 6.2.1.3 节的规定，(申请人要求外国优先权) 在先申请文件副本应当在提出在后申请之日起三个月内提交；期满未提交的，审查员应当发出视为未要求优先权通知书。因此，选项 B 错误，选项 D 正确。

根据专利法实施细则第九十五条的规定，申请人应当自申请日起 2 个月内或者在收到受理通知书之日起 15 日内缴纳申请费、公布印刷费和必要的申请附加费；期满未缴纳或者未缴足的，其申请视为撤回。申请人要求优先权的，应当在缴纳申请费的同时缴纳优先权要求费；期满未缴纳或者未缴足的，视为未要求优先权。因此，选项 C 正确。

【答案】ACD

81.【2017年第45题】申请人于2017年5月15日提交一件发明专利申请，并于2017年5月22日收到受理通知书。该申请要求了一项美国优先权，优先权日为2016年6月3日，则以下关于在先申请文件副本的说法正确的是？

A. 应当在2017年8月15日前提交在先申请文件副本
B. 应当在2017年8月22日前提交在先申请文件副本
C. 应当提交在先申请文件副本的中文题录译文
D. 国家知识产权局通过电子交换等途径从该受理机构获得在先申请文件副本的，可以视为申请人提交了经该受理机构证明的在先申请文件副本

【考点】要求外国优先权

【分析】根据专利法第三十条的规定，申请人要求优先权的，应当在申请的时候提出书面声明，并且在三个月内提交第一次提出的专利申请文件的副本；未提出书面声明或者逾期未提交专利申请文件副本的，视为未要求优先权。本题中，申请日是2017年5月15日，应当在2017年8月15日前提交在先申请文件副本，因此，选项A正确，选项B错误。

根据《专利审查指南2010》第五部分第一章第3.3节的规定，当事人在提交外文证明文件、证据材料时（例如优先权证明文本、转让证明等），应当同时附具中文题录译文，审查员认为必要时，可以要求当事人在规定的期限内提交全文中文译文或者摘要中文译文；期满未提交译文的，视为未提交该文件。因此，选项C正确。

根据第三十一条第一款的规定，申请人依照专利法第三十条的规定要求外国优先权的，申请人提交的在先申请文件副本应当经原受理机构证明。依照国务院专利行政部门与该受理机构签订的协议，国务院专利行政部门通过电子交换等途径获得在先申请文件副本的，视为申请人提交了经该受理机构证明的在先申请文件副本。要求本国优先权，申请人在请求书中写明在先申请的申请日和申请号的，视为提交了在先申请文件副本。因此，选项D正确。

【答案】ACD

82.【2015年第59题】下列关于优先权的说法哪些是正确的？

A. 申请人要求本国优先权的，其在先申请自在后申请提出之日即视为撤回
B. 申请人要求外国优先权的，应当自在后申请日起两个月内提交在先申请文件副本
C. 申请人要求优先权的，应当在缴纳申请费的同时缴纳优先权要求费
D. 申请人要求优先权的，应当在申请的时候提出书面声明

【考点】优先权

【分析】《专利审查指南2010》第二部分第三章第4.2.1节规定，当申请人要求本国优先权时，作为本国优先权基础的中国首次申请，自中国在后申请提出之日起即被视为撤回。因此，选项A正确。专利法第三十条规定，申请人要求优先权的，应当在申请的时候提出书面声明，并且在三个月内提交第一次提出的专利申请文件的副本。因此，选项B错误，选项D正确。《专利审查指南2010》第一部分第一章第6.2.4节规定，要求优先权的，应当在缴纳申请费的同时缴纳优先权要求费。因此，选项C正确。

【答案】ACD

83.【2015年第60题】某外国公司向国家知识产权局递交了一件发明专利申请，如果其要求享有一项外国优先权，则应当满足下列哪些条件？

A. 该申请应当自在先申请的申请日起十二个月内提出
B. 该申请的权利要求应当与在先申请的权利要求相同
C. 在先申请的申请人不是该外国公司的，应当提供优先权转让证明
D. 该外国公司应当在法定的期限内提交在先申请文件的副本

【考点】外国优先权

【分析】根据专利法第二十九条第一款的规定，申请人自发明或者实用新型在外国第一次提出专利申请之日起十二个月内，又在中国就相同主题提出专利申请的，依照外国同中国签订的协议或者共同参加的国际条约，或者依照相互承认优先权的原则，可以享有优先权。选项A正确。《专利审查指南2010》第二部分第三章第

4.1.2节规定，对于中国在后申请权利要求中限定的技术方案，只要已记载在外国首次申请中就可享有该首次申请的优先权，而不必要求其包含在该首次申请的权利要求书中。《专利审查指南2010》第二部分第三章第4.1.4节规定，要求外国优先权的申请中，除包括作为外国优先权基础的申请中记载的技术方案外，还可以包括一个或多个新的技术方案。因此，选项B错误。

《专利审查指南2010》第一部分第一章第6.2.1.4节规定，申请人完全不一致，且在先申请的申请人将优先权转让给在后申请的申请人的，应当在提出在后申请之日起三个月内提交由在先申请的全体申请人签字或者盖章的优先权转让证明文件。因此，选项C正确。专利法第三十条规定，申请人要求优先权的，应当在申请的时候提出书面声明，并且在三个月内提交第一次提出的专利申请文件的副本。因此，选项D正确。

【答案】ACD

第三十一条【专利申请的单一性和合案申请】

一件发明或者实用新型专利申请应当限于一项发明或者实用新型。属于一个总的发明构思的两项以上的发明或者实用新型，可以作为一件申请提出。

一件外观设计专利申请应当限于一项外观设计。同一产品两项以上的相似外观设计，或者用于同一类别并且成套出售或者使用的产品的两项以上外观设计，可以作为一件申请提出。

一、本条含义

本条规定一件专利申请应当限于一项发明创造，这就是所谓专利申请的单一性原则。在某些情况下，将两项或者两项以上密切相关的发明创造合案申请一件专利更便于审查和保护，因此，本条还规定了单一性原则的例外情况，即在符合本条规定的条件下，一件专利申请中即使包含两项或者两项以上的发明创造，也被认为符合单一性要求。

从性质上看，单一性要求是授予专利权的形式条件，而不是授予专利权的实质性条件。因此，在授予专利权之前是国家知识产权局驳回专利申请的依据；在授予专利权之后，即使认为一项专利权不符合本条规定，也不能以不具备单一性为理由请求宣告该专利权无效。

二、重点讲解

（一）发明和实用新型专利申请的单一性

1. 单一性的概念

（1）单一性要求。《专利审查指南2010》第二部分第六章第2.1.1节规定了单一性要求。

单一性，是指一件发明或者实用新型专利申请应当限于一项发明或者实用新型，属于一个总的发明构思的两项以上发明或者实用新型，可以作为一件申请提出。也就是说，如果一件申请包括几项发明或者实用新型，则只有在所有这几项发明或者实用新型之间有一个总的发明构思使之相互关联的情况下才被允许。这是专利申请的单一性要求。

专利申请应当符合单一性要求的主要原因是：

① 经济上的原因：为了防止申请人只支付一件专利的费用而获得几项不同发明或者实用新型专利的保护。

② 技术上的原因：为了便于专利申请的分类、检索和审查。

缺乏单一性不影响专利的有效性，因此缺乏单一性不应当作为专利无效的理由。

（2）总的发明构思的含义。《专利审查指南2010》第二部分第六章第2.1.2节规定了总的发明构思。

专利法实施细则第三十四条规定，可以作为一件专利申请提出的属于一个总的发明构思的两项以上的发明或者实用新型，应当在技术上相互关联，包含一个或者多个相同或者相应的特定技术特征，其中特定技术特征是指每一项发明或者实用新型作为整体，对现有技术作出贡献的技术特征。

上述条款定义了一种判断一件申请中要求保护两项以上的发明是否属于一个总的发明构思的方法。也就是说，属于一个总的发明构思的两项以上的发明在技术上必须相互关联，这种相互关联是以相同或者相应的特定技术特征表示在它们的权利要求中的。

上述条款还对特定技术特征作了定义。特定技术特征是专门为评定专利申请单一性而提出的一个概念，应当把它理解为体现发明对现有技术作出贡献的技术特征，也就是使发明相对于现有技术具有新颖性和创造性的技术特征，并且应当从每一项要求保护的发明的整体上考虑后加以确定。

因此，专利法第三十一条第一款所称的"属于一个总的发明构思"是指具有相同或者相应的特定技术特征。

（3）特定技术特征的含义

在《专利审查指南2010》第二部分第六章第2.1.2节规定，特定技术特征是专门为评定专利申请单一性而提出的一个概念，应当把它理解为体现发明对现有技术作出贡献的技术特征，也就是使发明相对于现有技术具有新颖性和创造性的技术特征，并且应当从每一项要求保护的发明的整体上考虑后加以确定。

2. 判断单一性的原则和方法

《专利审查指南2010》第二部分第六章第2.2.1节规定了审查原则。

审查员在审查发明专利申请的单一性时，应当遵循以下基本原则：

① 根据专利法第三十一条第一款及其实施细则第三十四条所规定的内容，判断一件专利申请中要求保护的两项以上发明是否满足发明单一性的要求，就是要看权利要求中记载的技术方案的实质性内容是否属于一个总的发明构思，即判断这些权利要求中是否包含使它们在技术上相互关联的一个或者多个相同或者相应的特定技术特征。这一判断是根据权利要求的内容来进行的，必要时可以参照说明书和附图的内容。

② 属于一个总的发明构思的两项以上发明的权利要求可以按照以下六种方式之一撰写；但是，不属于一个总的发明构思的两项以上独立权利要求，即使按照所列举的六种方式中的某一种方式撰写，也不能允许在一件申请中请求保护：

（ⅰ）不能包括在一项权利要求内的两项以上产品或者方法的同类独立权利要求；

（ⅱ）产品和专用于制造该产品的方法的独立权利要求；

（ⅲ）产品和该产品的用途的独立权利要求；

（ⅳ）产品、专用于制造该产品的方法和该产品的用途的独立权利要求；

（ⅴ）产品、专用于制造该产品的方法和为实施该方法而专门设计的设备的独立权利要求；

（ⅵ）方法和为实施该方法而专门设计的设备的独立权利要求。

其中，第（ⅰ）种方式中所述的"同类"是指独立权利要求的类型相同，即一件专利申请中所要求保护的两项以上发明仅涉及产品发明，或者仅涉及方法发明。只要有一个或者多个相同或者相应的特定技术特征使多项产品类独立权利要求之间或者多项方法类独立权利要求之间在技术上相关联，则允许在一件专利申请中包含多项同类独立权利要求。

第（ⅱ）种至第（ⅵ）种方式涉及的是两项以上不同类独立权利要求的组合。

对于产品与专用于生产该产品的方法独立权利要求的组合，该"专用"方法使用的结果就是获得该产品，两者之间在技术上相关联。但"专用"并不意味该产品不能用其他方法制造。

对于产品与该产品用途独立权利要求的组合，该用途必须是由该产品的特定性能决定的，它们在技术上相关联。

对于方法与为实施该方法而专门设计的设备独立权利要求的组合，除了该"专门设计"的设备能够实施该方法外，该设备对现有技术作出的贡献还必须与该方法对现有技术作出的贡献相对应。但是，"专门设计"的含义并不是指该设备不能用来实施其他方法，或者该方法不能用其他设备来实施。

不同类独立权利要求之间是否按照引用关系撰写，只是形式上的不同，不影响它们的单一性。例如，与一项产品A独立权利要求相并列的一项专用于制造该产品A的方法独立权利要求，可以写成"权利要求1的产品A的制造方法，……"也可以写成"产品A的制造方法，……"

③ 以上列举了六种可允许包括在一件申请中的两项以上同类或不同类独立权利要求的组合方式及适当的排列次序，但是，所列六种方式并非穷举，也就是说，在属于一个总的发明构思的前提下，除上述排列组合方式外，还允许有其他的方式。

④ 评定两项以上发明是否属于一个总的发明构思，无须考虑这些发明是分别在各自的独立权利要求中要求保护，还是在同一项权利要求中作为并列选择的技术方案要求保护。对于上述两种情况，均应当按照相同的标准判断其单一性。后一种情况经常出现在马库什权利要求中，关于马库什权利要求单一性的审查，适用本部分第十章第8.1节的规定。此外，权利要求的排列次序也不应当影响发明单一性的判断。

⑤ 一般情况下，审查员只需要考虑独立权利要求之间的单一性，从属权利要求与其所从属的独立权利要求之间不存在缺乏单一性的问题。但是，在遇有形式上为从属权利要求而实质上是独立权利要求的情况时，应当审查其是否符合单一性规定。

如果一项独立权利要求由于缺乏新颖性、创造性等理由而不能被授予专利权，则需要考虑其从属权利要求之间是否符合单一性的规定。

⑥ 某些申请的单一性可以在检索现有技术之前确定，而某些申请的单一性则只有在考虑了现有技术之后才能确定。当一件申请中不同的发明明显不具有一个总的发明构思时，则在检索之前即可判断其缺乏单一性。例如一件申请中包括了除草剂和割草机两项独立权利要求，由于两者之间没有相同或者相应的技术特征，更不可能有相同或者相应的特定技术特征，因而明显不具有单一性，检索前即可得出结论。然而，由于特定技术特征是体现发明对现有技术作出贡献的技术特征，是相对于现有技术而言的，只有在考虑了现有技术之后才能确定，因此，不少申请的单一性问题常常要在检索之后才能作出判断。

当申请与现有技术比较后，在否定了第一独立权利要求的新颖性或创造性的情形下，与其并列的其余独立权利要求之间是否还属于一个总的发明构思，应当重新确定。

（1）检索前单一性的判断。《专利审查指南2010》第二部分第六章第2.2.1节规定了检索前单一性的判断：

在对包含在一件申请中的两项以上发明进行检索之前，应当首先判断它们之间是否明显不具有单一性。如果这几项发明没有包含相同或相应的技术特征，或所包含的相同或相应的技术特征均属于本领域惯用的技术手段，则它们不可能包含相同或相应的体现发明对现有技术作出贡献的特定技术特征，因而明显不具有单一性。

（2）检索后单一性的判断。《专利审查指南2010》第二部分第六章第2.2.1节规定了检索后单一性的判断：

对于不明显缺乏单一性的两项以上发明，即需要通过检索之后才能判断单一性的情形，通常采用以下的分析方法：

① 将第一项发明的主题与相关的现有技术进行比较，确定体现发明对现有技术作出贡献的特定技术特征。

② 判断第二项发明中是否存在一个或者多个与第一项发明相同或者相应的特定技术特征，从而确定这两项发明是否在技术上相关联。

③ 如果在发明之间存在一个或者多个相同或者相应的特定技术特征，即存在技术上的关联，则可以得出它们属于一个总的发明构思的结论。相反，如果各项发明之间不存在技术上的关联，则可以作出它们不属于一个总的发明构思的结论，进而确定它们不具有单一性。

（3）同类独立权利要求的单一性判断。《专利审查指南2010》第二部分第六章第2.2.2.1节规定了同类独立权利要求的单一性。

【例1】

权利要求1：一种传送带X，特征为A。

权利要求2：一种传送带Y，特征为B。

权利要求3：一种传送带Z，特征为A和B。

现有技术中没有公开具有特征A或B的传送带，从现有技术来看，具有特征A或B的传送带不是显而易见的，且A与B不相关。

说明：权利要求1和权利要求2没有记载相同或相应的技术特征，也就不可能存在相同或者相应的特定技术特征，因此，它们在技术上没有相互关联，不具有单一性。权利要求1中的特征A是体现发明对现有技术作出贡献的特定技术特征，权利要求3中包括了该特定技术特征A，两者之间存在相同的特定技术特征，具有单一性。类似地，权利要求2和权利要求3之间存在相同的特定技术特征B，具有单一性。

【例2】

权利要求1：一种发射器，特征在于视频信号的时轴扩展器。

权利要求2：一种接收器，特征在于视频信号的时轴压缩器。

权利要求3：一种传送视频信号的设备，包括权利要求1的发射器和权利要求2的接收器。

现有技术中既没有公开也没有暗示在本领域中使用时轴扩展器和时轴压缩器，这种使用不是显而易见的。

说明：权利要求1的特定技术特征是视频信号时轴扩展器，权利要求2的特定技术特征是视频信号时轴压缩器，它们之间相互关联不能分开使用，两者是彼此相应的特定技术特征，权利要求1与2有单一性；权利要求3包含了权利要求1和2两者的特定技术特征，因此它与权利要求1或与权利要求2均有单一性。

【例3】

权利要求1：一种插头，特征为A。

权利要求2：一种插座，特征与A相应。

现有技术中没有公开和暗示具有特征A的插头及相应的插座，这种插头和插座不是显而易见的。

说明：权利要求1与权利要求2具有相应的特定技术特征，其要求保护的插头和插座是相互关联且必须同时使用的两种产品，因此有单一性。

【例4】

权利要求1：一种用于直流电动机的控制电路，所说的电路具有特征A。

权利要求2：一种用于直流电动机的控制电路，所说的电路具有特征B。

权利要求3：一种设备，包括一台具有特征A的控制电路的直流电机。

权利要求4：一种设备，包括一台具有特征B的控制电路的直流电机。

从现有技术来看，特征A和B分别是体现发明对现有技术作出贡献的技术特征，而且特征A和B完全不相关。

说明：特征A是权利要求1和3的特定技术特征，特征B是权利要求2和4的特定技术特征，但A与B不相关。因此，权利要求1与3之间或者权利要求2与4之间有相同的特定技术特征，因而有单一性；而权利要求1与2或4之间，或者权利要求3与2或4之间没有相同或相应的特定技术特征，因而无单一性。

【例5】

权利要求1：一种灯丝A。

权利要求2：一种用灯丝A制成的灯泡B。

权利要求3：一种探照灯，装有用灯丝A制成的灯泡B和旋转装置C。

与现有技术公开的用于灯泡的灯丝相比，灯丝A是新的并具有创造性。

说明：该三项权利要求具有相同的特定技术特征灯丝A，因此它们之间有单一性。

【例6】

权利要求1：一种制造产品A的方法B。

权利要求2：一种制造产品A的方法C。

权利要求3：一种制造产品A的方法D。

与现有技术相比，产品A是新的并具有创造性。

说明：产品A是上述三项方法权利要求的相同的特定技术特征，这三项方法B、C、D之间有单一性。当然，产品A本身还可以有一项产品权利要求。如果产品A是已知的，则其不能作为特定技术特征，这时应重新判断这三项方法的单一性。

【例7】

权利要求1：一种树脂组合物，包括树脂A、填料B及阻燃剂C。

权利要求2：一种树脂组合物，包括树脂A、填料B及抗静电剂D。

本领域中树脂A、填料B、阻燃剂C及抗静电剂D分别都是已知的，且AB组合不体现发明对现有技术的贡献，而ABC的组合形成了一种性能良好的不易燃树脂组合物，ABD的组合也形成了一种性能良好的防静电树脂组合物，它们分别具有新颖性和创造性。

说明：尽管这两项权利要求都包括相同的特征A和B，但是，A、B及AB组合都不体现发明对现有技术的贡献，权利要求1的特定技术特征是ABC组合，权利要求2的特定技术特征是ABD组合，两者不相同也不相应，因此，权利要求2与权利要求1没有单一性。

（4）不同类独立权利要求的单一性判断。《专利审查指南2010》第二部分第六章第2.2.2.2节规定了不同类独立权利要求的单一性。

【例8】

权利要求1：一种化合物X。

权利要求2：一种制备化合物X的方法。

权利要求3：化合物X作为杀虫剂的应用。

第一种情况：化合物X具有新颖性和创造性。

说明：化合物X是这三项权利要求相同的技术特征。由于它是体现发明对现有技术作出贡献的技术特征，即特定技术特征，因此，权利要求1至3存在相同的特定技术特征，权利要求1、2和3有单一性。

第二种情况：通过检索发现化合物X与现有技术相比不具有新颖性或创造性。

说明：权利要求1不具有新颖性或创造性，不能被授予专利权。权利要求2和3之间的相同技术特征仍为化合物X，但是，由于化合物X对现有技术没有作出贡献，故不是相同的特定技术特征，而且，权利要求2和3之间也没有相应的特定技术特征。因此，权利要求2和3之间不存在相同或相应的特定技术特征，缺乏单一性。

【例9】

权利要求1：一种高强度、耐腐蚀的不锈钢带，主要成分为（按%重量计）Ni＝2.0～5.0，Cr＝15～19，Mo＝1～2及平衡量的Fe，带的厚度为0.5～2.0mm，其伸长率为0.2%时屈服强度超过$50kg/mm^2$。

权利要求2：一种生产高强度、耐腐蚀不锈钢带的方法，该带的主要成分为（按%重量计）Ni＝2.0～5.0，Cr＝15～19，Mo＝1～2及平衡量的Fe，该方法包括以下次序的工艺步骤：

（1）热轧至2.0～5.0mm的厚度；

（2）退火该经热轧后的带子，退火温度为800～1000℃；

（3）冷轧该带子至0.5～2.0mm的厚度；

（4）退火：温度为1120～1200℃，时间为2～5分钟。

与现有技术相比，伸长率为0.2%时屈服强度超过$50kg/mm^2$的不锈钢带具有新颖性和创造性。

说明：权利要求1与2之间有单一性。该产品权利要求1的特定技术特征是伸长率为0.2%时屈服强度超过$50kg/mm^2$。方法权利要求2中的工艺步骤正是为生产出具有这样的屈服强度的不锈钢带而采用的加工方法，虽然在权利要求2的措词中没有体现出这一点，但是从说明书中可以清楚地看出，因此，这些工艺步骤就是与产品权利要求1所限定的强度特征相应的特定技术特征。

本例的权利要求2也可以写成引用权利要求1的形式，而不影响它们之间的单一性，如：

权利要求2：一种生产权利要求1的不锈钢带的方法，包括以下工艺步骤：

（步骤（1）至（4）同前所述，此处省略。）

【例10】

权利要求1：一种含有防尘物质X的涂料。

权利要求2：应用权利要求1所述的涂料涂布制品的方法，包括以下步骤：（1）用压缩空气将涂料喷成雾状；（2）将雾状的涂料通过一个电极装置A使之带电后再喷涂到制品上。

权利要求3：一种喷涂设备，包括一个电极装置A。

与现有技术相比，含有物质X的涂料是新的并具有创造性，电极装置A也是新的并具有创造性。但是，用压缩空气使涂料雾化以及使雾化涂料带电后再直接喷涂到制品上的方法是已知的。

说明：权利要求1与2有单一性，其中含X的涂料是它们相同的特定技术特征；权利要求2与3也有单一性，其中电极装置A是它们相同的特定技术特征。但权利要求1与3缺乏单一性，因为它们之间缺乏相同或者相应的特定技术特征。

【例11】

权利要求1：一种处理纺织材料的方法，其特征在于用涂料A在工艺条件B下喷涂该纺织材料。

权利要求2：根据权利要求1的方法喷涂得到的一种纺织材料。

权利要求3：权利要求1方法中用的一种喷涂机，其特征在于有一喷嘴C能使涂料均匀分布在纺织材料上。

现有技术中公开了用涂料处理纺织品的方法，但是，没有公开权利要求1的用一种特殊的涂料A在特定的工艺条件B下（如温度、辐照度等）喷涂的方法，而且，权利要求2的纺织材料具有预想不到的特性。喷嘴C是新的并具有创造性。

说明：权利要求1的特定技术特征是由于选用了特殊的涂料而必须相应地采用的特定的工艺条件；而在采用该特殊涂料和特定工艺条件处理之后得到了权利要求2所述的纺织材料，因此，权利要求1与权利要求2具有相应的特定技术特征，有单一性。权利要求3的喷涂机与权利要求1或2无相应的特定技术特征，因此权利要求3与权利要求1或2均无单一性。

【例12】

权利要求1：一种制造方法，包括步骤A和B。

权利要求2：为实施步骤A而专门设计的设备。

权利要求3：为实施步骤B而专门设计的设备。

没有检索到任何与权利要求1方法相关的现有技术文献。

说明：步骤A和B分别为两个体现发明对现有技术作出贡献的特定技术特征，权利要求1与2或者权利要求1与3之间有单一性。权利要求2与3之间由于不存在相同的或相应的特定技术特征，因而没有单一性。

【例13】

权利要求1：一种燃烧器，其特征在于混合燃烧室有正切方向的燃料进料口。

权利要求2：一种制造燃烧器的方法，其特征在于其中包括使混合燃烧室形成具有正切方向燃料进料口的步骤。

权利要求3：一种制造燃烧器的方法，其特征在于浇铸工序。

权利要求4：一种制造燃烧器的设备，其特征在于该设备有一个装置X，该装置使燃料进料口按正切方向设置在混合燃烧室上。

权利要求5：一种制造燃烧器的设备，其特征在于有一个自动控制装置D。

权利要求6：一种用权利要求1的燃烧器制造碳黑的方法，其特征在于其中包括使燃料从正切方向进入燃烧室的步骤。

现有技术公开了具有非切向的燃料进料口和混合室的燃烧器，从现有技术来看，带有正切方向的燃料进料口的燃烧器既不是已知的，也不是显而易见的。

说明：权利要求1、2、4与6有单一性，它们的特定技术特征都涉及正切方向的进料口。而权利要求3或5与权利要求1、2、4或6之间不存在相同或相应的特定技术特征，所以权利要求3或5与权利要求1、2、4或6之间无单一性。此外，权利要求3与5之间也无单一性。

（5）从属权利要求的单一性判断。《专利审查指南2010》第二部分第六章第2.2.2.3节规定了从属权利要求的单一性。

根据本章第2.2.1节（5）所述的原则，凡符合规定的从属权利要求，与其所引用的独立权利要求之间不存在缺乏单一性的问题，即使该从属权利要求还包含着另外的发明。

例如，一项独立权利要求是一种生产铸铁的新方法。在一个具体的实施例中，提出了在某一温度范围内按所说的方法生产铸铁。在此情况下，对该温度范围可撰写一项从属权利要求，即使在独立权利要求中没有提到温度，也不应当对该从属权利要求提出缺乏单一性的意见。

又如，权利要求1是制造产品A的方法，其特征是使用B为原料；权利要求2是按照权利要求1制造产品A的方法，其特征是所述的原料B是由C制备的。由于权利要求2包含了权利要求1的全部特征，所以，无论由C制造B的方法本身是否是一项发明，均不能认为权利要求1与2之间缺乏单一性。

再如，权利要求1是一种汽轮机的叶片，其特征在于该叶片有某种特定的形状；权利要求2是按照权利要求1所述的汽轮机叶片，其特征是该叶片是由合金A制造的。在该例中，即使合金A是新的，它本身可构成一项独立的发明，且它在汽轮机叶片中的应用是有创造性的，也不应当对权利要求2与权利要求1之间的单一性提出意见。

应当注意，在某些情况下，形式上的从属权利要求，实际上是独立权利要求，有可能存在缺乏单一性的问题。例如，权利要求1是一种接触器，具有特征A、B和C；权利要求2是一种权利要求1的接触器，而其中特征C由特征D代替。由于权利要求2并没有包括权利要求1的全部特征，因此不是从属权利要求，而是独立权利要求。应当按照同类的独立权利要求的单一性审查原则来判断它们的单一性。

在一项独立权利要求因缺乏新颖性、创造性等原因不能被授予专利权的情况下，其从属权利要求之间有可能存在缺乏单一性的问题。

【例14】

权利要求1：一种显示器，具有特征A和B。

权利要求2：权利要求1所述的显示器，具有另一特征C。

权利要求3：权利要求1所述的显示器，具有另一特征D。

第一种情况：与现有技术公开的显示器相比，权利要求1所述的具有特征A和B的显示器具有新颖性和创造性。

说明：权利要求2和3是进一步限定权利要求1保护范围的从属权利要求，因此，权利要求1、2和3具有单一性。

第二种情况：从两份现有技术文献的结合来看，权利要求1所述的显示器不具有创造性。而特征C和D分别是对现有技术作出贡献的技术特征，并且两者完全不相关。

说明：由于权利要求1不具有创造性而不能被授予专利权，剩下的权利要求2和3实际上应视为独立权利要求来确定其是否具有单一性。而权利要求2中的特定技术特征C与权利要求3中的特定技术特征D不相同也不相应，因此，权利要求2和3无单一性。

（二）外观设计专利申请的单一性

1. 同一产品的相似外观设计

《专利审查指南2010》第一部分第三章第9.1节规定了同一产品的两项以上的相似外观设计。

根据专利法第三十一条第二款的规定，同一产品两项以上的相似外观设计可以作为一件申请提出。

一件外观设计专利申请中的相似外观设计不得超过10项。超过10项的，审查员应发出审查意见通知书，申请人修改后未克服缺陷的，驳回该专利申请。

（1）同一产品。根据专利法第三十一条第二款的规定，一件申请中的各项外观设计应当为同一产品的外观设计，例如，均为餐用盘的外观设计。如果各项外观设计分别为餐用盘、碟、杯、碗的外观设计，虽然各产品同属于国际外观设计分类表中的同一大类，但并不属于同一产品。

（2）相似外观设计。根据专利法实施细则第三十五条第一款的规定，同一产品的其他外观设计应当与简要说明中指定的基本外观设计相似。

判断相似外观设计时，应当将其他外观设计与基本外观设计单独进行对比。

初步审查时，对涉及相似外观设计的申请，应当审查其是否明显不符合专利法第三十一条第二款的规定。一般情况下，经整体观察，如果其他外观设计和基本外观设计具有相同或者相似的设计特征，并且二者之间的区别点在于局部细微变化、该类产品的惯常设计、设计单元重复排列或者仅色彩要素的变化等情形，则通常认为二者属于相似的外观设计。

2. 成套产品的外观设计

《专利审查指南2010》第一部分第三章第9.2节规定了成套产品的外观设计。

专利法实施细则第三十五条第二款规定，用于同一类别并且成套出售或者使用的产品并且具有相同设计构思的两项以上外观设计，可以作为一件申请提出。

成套产品是指由两件以上（含两件）属于同一大类、各自独立的产品组成，各产品的设计构思相同，其中每一件产品具有独立的使用价值，而各件产品组合在一起又能体现出其组合使用价值的产品，例如由咖啡杯、咖啡壶、牛奶壶和糖罐组成的咖啡器具。

（1）同一类别。根据专利法第三十一条第二款以及专利法实施细则第三十五条第二款的规定，两项以上（含两项）外观设计可以作为一件申请提出的条件之一是该两项以上外观设计的产品属于同一类别，即该两项以上外观设计的产品属于国际外观设计分类表中的同一大类。

需要说明的是，产品属于同一大类并非是合案申请的充分条件，其还应当满足专利法第三十一条第二款有关成套出售或者使用以及属于相同设计构思的要求。

（2）成套出售或者使用。专利法实施细则第三十五条第二款所述的成套出售或者使用，指习惯上同时出售或者同时使用并具有组合使用价值。

① 同时出售。同时出售，是指外观设计产品习惯上同时出售，例如由床罩、床单和枕套等组成的多套件床

上用品。为促销而随意搭配出售的产品，例如书包和铅笔盒，虽然在销售书包时赠送铅笔盒，但是这不应认为是习惯上同时出售，不能作为成套产品提出申请。

② 同时使用。同时使用，是指产品习惯上同时使用，也就是说，使用其中一件产品时，会产生使用联想，从而想到另一件或另几件产品的存在，而不是指在同一时刻同时使用这几件产品。例如咖啡器具中的咖啡杯、咖啡壶、糖罐、牛奶壶等。

（3）各产品的设计构思相同。设计构思相同，是指各产品的设计风格是统一的，即对各产品的形状、图案或者其结合以及色彩与形状、图案的结合所作出的设计是统一的。

形状的统一，是指各个构成产品都以同一种特定的造型为特征，或者各构成产品之间以特定的造型构成组合关系，即认为符合形状统一。

图案的统一，是指各产品上图案设计的题材、构图、表现形式等方面应当统一。若其中有一方面不同，则认为图案不统一，例如咖啡壶上的设计以兰花图案为设计题材，而咖啡杯上的设计图案为熊猫，由于图案所选设计题材不同，则认为图案不统一，不符合统一和谐的原则，因此不能作为成套产品合案申请。

对于色彩的统一，不能单独考虑，应当与各产品的形状、图案综合考虑。当各产品的形状、图案符合统一协调的原则时，在简要说明中没有写明请求保护色彩的情况下，设计构思相同；在简要说明中写明请求保护色彩的情况下，如果产品的色彩风格一致则设计构思相同；如果各产品的色彩变换较大，破坏了整体的和谐，则不能作为成套产品合案申请。

（4）成套产品中不应包含相似外观设计。成套产品外观设计专利申请中不应包含某一件或者几件产品的相似外观设计。例如，一项包含餐用杯和碟的成套产品外观设计专利申请中，不应再包括所述杯和碟的两项以上的相似外观设计。

对不符合上述规定的申请，审查员应当发出审查意见通知书要求申请人修改。

（三）分案申请

在对专利申请的初步审查和实质审查过程中，当国家知识产权局认为专利申请不符合单一性要求时，将通知申请人在指定期限内对其申请进行修改，即对一件专利申请中要求保护的发明创造的数量进行限制，限制的方式既可以是删除发明或者实用新型专利申请的一项或者多项权利要求，也可以是删除外观设计专利申请的一幅或多幅图片、整篇照片。

考虑到合案提出专利申请的申请人实际上已经向国家知识产权局披露了多项发明创造，并表达了希望就这些发明创造均获得专利保护的意愿，尽管审查的结果认为该申请不符合单一性要求，也就是认为申请人不能在一件申请中要求保护其希望获得保护的几项发明创造，但是如果仅仅因为这一原因就迫使申请人仅仅保留其中一项发明创造，对其他发明创造只能随后以一般方式另行提出专利申请，以随后的提交日作为其申请日，则申请人的利益就会受到损害。基于这一理由，专利法实施细则规定申请人可以随后针对上述其他的发明创造提出一件特殊的专利申请，这就是所谓"分案申请"。这样就保证了专利申请人的正当利益不至于受到损害。

分案申请可以保留原申请日，原申请享有优先权的，分案申请还可以保留优先权日，申请人除了按照国家知识产权局审查通知书的要求提出分案申请之外，也可以主动提出分案申请。

1. 分案的情形

《专利审查指南2010》第二部分第六章第3.1节规定了分案的几种情况。

一件申请有下列不符合单一性情况的，审查员应当要求申请人对申请文件进行修改（包括分案处理），使其符合单一性要求。

（1）原权利要求书中包含不符合单一性规定的两项以上发明。原始提交的权利要求书中包含不属于一个总的发明构思的两项以上发明的，应当要求申请人将该权利要求书限制至其中一项发明（一般情况是权利要求1所对应的发明）或者属于一个总的发明构思的两项以上的发明，对于其余的发明，申请人可以提交分案申请。

（2）在修改的申请文件中所增加或替换的独立权利要求与原权利要求书中的发明之间不具有单一性。在审查过程中，申请人在修改权利要求时，将原来仅在说明书中描述的发明作为独立权利要求增加到原权利要求书中，或者在答复审查意见通知书时修改权利要求，将原来仅在说明书中描述的发明作为独立权利要求替换原独立权利要求，而该发明与原权利要求书中的发明之间缺乏单一性。在此情况下，审查员一般应当要求申请人将后增加或替换的发明从权利要求书中删除。申请人可以对该删除的发明提交分案申请。

（3）独立权利要求之一缺乏新颖性或创造性，其余的权利要求之间缺乏单一性。某一独立权利要求（通常是权利要求1）缺乏新颖性或创造性，导致与其并列的其余独立权利要求之间，甚至其从属权利要求之间失去相同或者相应的特定技术特征，即缺乏单一性，因此需要修改，对于因修改而删除的主题，申请人可以提交分案申请。例如，一件包括产品、制造方法及用途的申请，经检索和审查发现，产品是已知的，其余的该产品制造方法独立权利要求与该产品用途独立权利要求之间显然不可能有相同或者相应的特定技术特征，因此它们需要修改。

上述情况的分案，可以是申请人主动要求分案，也可以是申请人按照审查员要求而分案。应当指出，由于提出分案申请是申请人自愿的行为，所以审查员只需要求申请人将不符合单一性要求的两项以上发明改为一项发明，或者改为属于一个总的发明构思的两项以上发明，至于修改后对其余的发明是否提出分案申请，完全由申请人自己决定。

另外，针对一件申请，可以提出一件或者一件以上的分案申请，针对一件分案申请还可以以原申请为依据再提出一件或者一件以上的分案申请。针对一件分案申请再提出分案申请的，若其递交日不符合本指南第一部分第一章第5.1.1节（3）的规定，则不能被允许，除非审查员指出了单一性的缺陷。

2. **分案申请请求书**

在《专利审查指南2010》第一部分第一章第5.1.1节分案申请的核实（1）和（2）规定了请求书的相关要求。

（1）请求书中填写的原申请的申请日。请求书中应当正确填写原申请的申请日，申请日填写有误的，审查员应当发出补正通知书，通知申请人补正。期满未补正的，审查员应当发出视为撤回通知书；补正符合规定的，审查员应当发出重新确定申请日通知书。

（2）请求书中填写的原申请的申请号。请求书中应当正确填写原申请的申请号，原申请是国际申请的，申请人还应当在所填写的原申请的申请号后的括号内注明国际申请号。不符合规定的，审查员应当发出补正通知书，通知申请人补正。期满未补正的，审查员应当发出视为撤回通知书。

3. **分案申请的申请人和发明人**

《专利审查指南2010》第一部分第一章第5.1.1节分案申请的核实（4）规定了分案申请的申请人和发明人。

分案申请的申请人应当与提出分案申请时原申请的申请人相同。针对分案申请提出再次分案申请的申请人应当与该分案申请的申请人相同。不符合规定的，审查员应当发出分案申请视为未提出通知书。

分案申请的发明人应当是原申请的发明人或者是其中的部分成员。针对分案申请提出的再次分案申请的发明人应当是该分案申请的发明人或者是其中的部分成员。对于不符合规定的，审查员应当发出补正通知书，通知申请人补正。期满未补正的，审查员应当发出视为撤回通知书。

4. **分案申请的时间**

《专利审查指南2010》第一部分第一章第5.1.1节分案申请的核实（3）规定了分案申请的递交时间。

申请人最迟应当在收到专利局对原申请作出授予专利权通知书之日起两个月期限（办理登记手续的期限）届满之前提出分案申请。上述期限届满后，或者原申请已被驳回，或者原申请已撤回，或者原申请被视为撤回且未被恢复权利的，一般不得再提出分案申请。

对于审查员已发出驳回决定的原申请，自申请人收到驳回决定之日起三个月内，不论申请人是否提出复审请求，均可以提出分案申请；在提出复审请求以后以及对复审决定不服提起行政诉讼期间，申请人也可以提出分案申请。

初步审查中，对于分案申请递交日不符合上述规定的，审查员应当发出分案申请视为未提出通知书，并作结案处理。

对于已提出过分案申请，申请人需要针对该分案申请再次提出分案申请的，再次提出的分案申请的递交时间仍应当根据原申请审核。再次分案的递交日不符合上述规定的，不得分案。

但是，因审查员发出分案通知书或审查意见通知书中指出分案申请存在单一性的缺陷，申请人按照审查员的审查意见再次提出分案申请的，再次提出分案申请的递交时间应当以该存在单一性缺陷的分案申请为基础审核。不符合规定的，不得以该分案申请为基础进行分案，审查员应当发出分案申请视为未提出通知书，并作结案处理。

5. 分案申请的类别

《专利审查指南2010》第一部分第一章第5.1.1节规定了分案申请的类别。

一件专利申请包括两项以上发明的，申请人可以主动提出或者依据审查员的审查意见提出分案申请。分案申请应当以原申请（第一次提出的申请）为基础提出。分案申请的类别应当与原申请的类别一致。分案申请应当在请求书中填写原申请的申请号和申请日；对于已提出过分案申请，申请人需要针对该分案申请再次提出分案申请的，还应当在原申请的申请号后的括号内填写该分案申请的申请号。

6. 分案申请的文本

《专利审查指南2010》第二部分第六章第3.2节（1）规定了分案申请的文本。

分案申请应当在其说明书的起始部分，即发明所属技术领域之前，说明本申请是哪一件申请的分案申请，并写明原申请的申请日、申请号和发明创造名称。

在提交分案申请时，应当提交原申请文件的副本；要求优先权的，还应当提交原申请的优先权文件副本。

7. 分案申请的内容

《专利审查指南2010》第二部分第六章第3.2节（2）规定了分案申请的内容。

分案申请的内容不得超出原申请记载的范围。否则，应当以不符合专利法实施细则第四十三条第一款或者专利法第三十三条规定为理由驳回该分案申请。

8. 发明和实用新型分案申请的说明书和权利要求书

《专利审查指南2010》第二部分第六章第3.2节（3）规定了分案申请的说明书和权利要求书。

分案以后的原申请与分案申请的权利要求书应当分别要求保护不同的发明；而它们的说明书可以允许有不同的情况。例如，分案前原申请有 A、B 两项发明；分案之后，原申请的权利要求书若要求保护 A，其说明书可以仍然是 A 和 B，也可以只保留 A；分案申请的权利要求书若要求保护 B，其说明书可以仍然是 A 和 B，也可以只是 B。

9. 外观设计分案申请的特殊规定

《专利审查指南2010》第一部分第三章第9.4.2节规定了分案申请的其他要求。

（1）原申请中包含两项以上外观设计的，分案申请应当是原申请中的一项或几项外观设计，并且不得超出原申请表示的范围。

（2）原申请为产品整体外观设计的，不允许将其中的一部分作为分案申请提出，例如一件专利申请请求保护的是摩托车的外观设计，摩托车的零部件不能作为分案申请提出。

分案申请不符合上述第（1）项规定的，审查员应当发出审查意见通知书，通知申请人修改；期满未答复的，应当发出视为撤回通知书；申请人无充足理由而又坚持不作修改的，对该分案申请作出驳回决定。分案申请不符合上述第（2）项规定的，审查员应当发出审查意见通知书；期满未答复的，应当发出视为撤回通知书；申请人无充足理由而又坚持作为分案申请提出的，则对该分案申请作出驳回决定。

三、真题分析

84.【2019年第12题】某发明专利申请已经被视为撤回且未恢复权利，针对该申请提出的分案申请，下列说法正确的是？

A. 分案申请视为未提出，该分案申请作新申请处理
B. 分案申请视为未提出，该分案申请作结案处理
C. 分案申请成立与否取决于其内容是否超出原申请公开的范围
D. 分案申请不成立，该分案申请将被驳回

【考点】分案申请的递交时间

【分析】根据《专利审查指南2010》第一部分第一章第5.1.1节的规定，申请人最迟应当在收到专利局对原申请作出授予专利权通知书之日起两个月期限（办理登记手续的期限）届满之前提出分案申请。上述期限届满后，或者原申请已被驳回，或者原申请已撤回，或者原申请被视为撤回且未被恢复权利的，一般不得再提出分案申请。……初步审查中，对于分案申请递交日不符合上述规定的，审查员应当发出分案申请视为未提出通知书，并作结案处理。因此，选项 B 正确。

【答案】B

85.【2019年第48题】某发明专利申请的权利要求书如下：

"1. 一种复合材料A。

2. 一种用复合材料A制成的调温装置B。

3. 一种鱼缸D，装有用复合材料A制成的调温装置B和照明装置C。

4. 一种制造照明装置C的方法。"

与现有技术相比，复合材料A具有创造性，照明装置C是现有技术。下列说法正确的是？

A. 权利要求1和2之间具有单一性　　　B. 权利要求1和3之间具有单一性

C. 权利要求1和4之间具有单一性　　　D. 权利要求3和4之间具有单一性

【考点】单一性

【分析】专利法实施细则第三十四条规定，依照专利法第三十一条第一款的规定，可以作为一件专利申请提出的属于一个总的发明构思的两项以上的发明或者实用新型，应当在技术上相互关联，包含一个或者多个相同或者相应的特定技术特征。

本题中，权利要求1、2和3都具有特定技术特征复合材料A，因此，选项AB正确。权利要求4仅有照明装置C，而照明装置C是现有技术，不属于特定技术特征，权利要求4和1、权利要求4和3之间都不具有单一性，因此，选项CD错误。

【答案】AB

86.【2017年第73题】关于分案申请，以下说法正确的是？

A. 分案申请的内容不得超出原申请记载的范围

B. 分案申请的权利要求书与分案以后的原申请的权利要求书应当分别要求保护不同的发明

C. 分案申请的说明书与分案以后的原申请的说明书必须相同

D. 分案申请应当在其说明书的起始部分说明本申请是哪一件申请的分案申请

【考点】分案申请

【分析】根据《专利审查指南2010》第二部分第六章第3.2节的规定，分案申请应当满足如下要求。（1）分案申请的文本：分案申请应当在其说明书的起始部分，即发明所属技术领域之前，说明本申请是哪一件申请的分案申请，并写明原申请的申请日、申请号和发明创造名称。在提交分案申请时，应当提交原申请文件的副本；要求优先权的，还应当提交原申请的优先权文件副本。（2）分案申请的内容：分案申请的内容不得超出原申请记载的范围。否则，应当以不符合专利法实施细则第四十三条第一款或者专利法第三十三条规定为理由驳回该分案申请。（3）分案申请的说明书和权利要求书：分案以后的原申请与分案申请的权利要求书应当分别要求保护不同的发明；而它们的说明书可以允许有不同的情况。例如，分案前原申请有A、B两项发明；分案之后，原申请的权利要求书若要求保护A，其说明书可以仍然是A和B，也可以只保留A；分案申请的权利要求书若要求保护B，其说明书可以仍然是A和B，也可以只是B。因此，选项ABD正确，选项C错误。

【答案】ABD

87.【2016年第52题】某发明专利申请的权利要求如下：

"1. 一种混合器，其特征在于：包括由材料A制成的搅拌器、形状为B形的混合室。

2. 一种制造混合器的方法，所述的混合器包括搅拌器和混合室，其特征在于：搅拌器由材料A制成。

3. 根据权利要求2所述的方法，其特征在于：包括步骤C，将混合室形状制成B形。

4. 一种用权利要求1的混合器制造混凝土的方法，其特征在于：包括将原料送入混合室并进行搅拌的步骤。"

现有技术公开的混合器包括搅拌器及混合室，其中搅拌器由材料A制成。经审查，本发明权利要求1因包括B形混合器而具备创造性，下列说法哪些是正确的？

A. 权利要求1、2之间具有单一性　　　B. 权利要求1、3之间具有单一性

C. 权利要求3、4之间具有单一性　　　D. 权利要求1、4之间具有单一性

【考点】单一性

【分析】专利法实施细则第三十四条规定，依照专利法第三十一条第一款的规定，可以作为一件专利申请提

出的属于一个总的发明构思的两项以上的发明或者实用新型，应当在技术上相互关联，包含一个或者多个相同或者相应的特定技术特征，其中特定技术特征是指每一项发明或者实用新型作为整体，对现有技术作出贡献的技术特征。《专利审查指南2010》第二部分第六章第2.1.2节规定，属于一个总的发明构思的两项以上的发明在技术上必须相互关联，这种相互关联是以相同或者相应的特定技术特征表示在它们的权利要求中的。……特定技术特征是专门为评定专利申请单一性而提出的一个概念，应当把它理解为体现发明对现有技术作出贡献的技术特征，也就是使发明相对于现有技术具有新颖性和创造性的技术特征，并且应当从每一项要求保护的发明的整体上考虑后加以确定。因此，专利法第三十一条第一款所称的"属于一个总的发明构思"是指具有相同或者相应的特定技术特征。

本题中，特定技术特征为B形混合器，权利要求1、3和4都包含B形混合器，因此，上述权利要求之间具有单一性。而权利要求2不包括B形混合器，其与权利要求1的共同技术特征为搅拌器由材料A制成，该技术特征不属于特定技术特征，因此，权利要求1和2之间不存在单一性。综上所述，选项A错误，选项BCD正确。

【答案】BCD

88.【2016年第53题】下列哪些选项所示外观设计可以作为一件外观设计专利申请提出？
A. 轿车和轿车车模的相似外观设计
B. 设计构思相同的床、床头柜的外观设计
C. 咖啡杯和咖啡壶的成套产品外观设计，以及与其中的咖啡杯相似的另一款咖啡杯外观设计
D. 仅有色彩差别的产品包装盒的两项外观设计

【考点】外观设计 合案申请

【分析】专利法第三十一条第二款规定，一件外观设计专利申请应当限于一项外观设计。同一产品两项以上的相似外观设计，或者用于同一类别并且成套出售或者使用的产品的两项以上外观设计，可以作为一件申请提出。本题选项B中"床、床头柜"属于同一类别并且成套出售或者使用，因此，选项B正确，而选项A中轿车和轿车车模属于不同类别的产品，且不是成套出售的产品，因此，选项A错误。

《专利审查指南2010》第一部分第三章第9.2.4节规定，成套产品外观设计专利申请中不应包含某一件或者几件产品的相似外观设计。例如，一项包含餐用杯和碟的成套产品外观设计专利申请中，不应再包括所述杯和碟的两项以上的相似外观设计。因此，选项C错误。《专利审查指南2010》第一部分第三章第9.1.2节规定，初步审查时，对涉及相似外观设计的申请，应当审查其是否明显不符合专利法第三十一条第二款的规定。一般情况下，经整体观察，如果其他外观设计和基本外观设计具有相同或者相似的设计特征，并且二者之间的区别点在于局部细微变化、该类产品的惯常设计、设计单元重复排列或者仅色彩要素的变化等情形，则通常认为二者属于相似的外观设计。因此，选项D正确。

【答案】BD

89.【2016年第65题】关于分案申请，下列说法正确的是？
A. 分案申请的类别应当与原申请的类别一致
B. 收到原申请的驳回决定后提出的分案申请均应被视为未提出
C. 分案申请与原申请的权利要求书应当分别保护不同的技术方案
D. 分案申请所要求保护的技术方案不得超出原申请记载的范围

【考点】分案申请

【分析】专利法实施细则第四十二条第三款规定，分案的申请不得改变原申请的类别。因此，选项A正确；《专利审查指南2010》第一部分第一章第5.1节规定，申请人最迟应当在收到专利局对原申请作出授予专利权通知书之日起两个月期限（办理登记手续的期限）届满之前提出分案申请。上述期限届满后，或者原申请已被驳回，或者原申请已撤回，或者原申请被视为撤回且未被恢复权利的，一般不得再提出分案申请。对于审查员已发出驳回决定的原申请，自申请人收到驳回决定之日起三个月内，不论申请人是否提出复审请求，均可以提出分案申请。由此可知，如果收到专利申请的驳回通知书，但还未生效，依然可以提起分案申请，因此，选项B错误。

《专利审查指南2010》第二部分第六章第3.2节规定，分案以后的原申请与分案申请的权利要求书应当分别

要求保护不同的发明；而它们的说明书可以允许有不同的情况。例如，分案前原申请有A、B两项发明；分案之后，原申请的权利要求书若要求保护A，其说明书可以仍然是A和B，也可以只保留A；分案申请的权利要求书若要求保护B，其说明书可以仍然是A和B，也可以只是B。因此，选项C正确。专利法实施细则第四十三条第一款规定，依照本细则第四十二条规定提出的分案申请，可以保留原申请日，享有优先权的，可以保留优先权日，但是不得超出原申请记载的范围。因此，选项D正确。

【答案】ACD

90.【2015年第18题】下列说法哪个是正确的？
A. 分案申请不能作为要求本国优先权的基础
B. 申请人可以以发明专利申请为基础，提出实用新型专利分案申请
C. 要求本国优先权的在后申请的发明人应当与在先申请的发明人一致或者部分一致
D. 申请人应当在其分案申请递交日起三个月内提交原申请的申请文件副本，期满未提交的，分案申请将被视为未提出

【考点】分案申请 优先权

【分析】专利法实施细则第三十二条第二款规定，提出后一申请时，在先申请的主题有下列情形之一的，不得作为要求本国优先权的基础：（一）已经要求外国优先权或者本国优先权的；（二）已经被授予专利权的；（三）属于按照规定提出的分案申请的。因此，选项A正确。《专利审查指南2010》第一部分第一章第5.1.1节规定，分案申请应当以原申请（第一次提出的申请）为基础提出。分案申请的类别应当与原申请的类别一致。因此，选项B错误。

《专利审查指南2010》第一部分第一章第6.2.2.4节规定，要求优先权的在后申请的申请人与在先申请中记载的申请人应当一致；不一致的，在后申请的申请人应当在提出在后申请之日起三个月内提交由在先申请的全体申请人签字或者盖章的优先权转让证明文件。因此，选项C错误。专利法实施细则第四十三条第三款规定，提交分案申请时，申请人应当提交原申请文件副本。因此，选项D错误。

【答案】A

91.【2015年第56题】下列选项中的发明哪些一定具有单一性？
A. 具有相同的技术特征的多项发明
B. 具有相应的技术特征的多项发明
C. 属于一个总的发明构思的多项发明
D. 具有相应的特定技术特征的多项发明

【考点】单一性

【分析】专利法实施细则第三十四条规定，依照专利法第三十一条第一款的规定，可以作为一件专利申请提出的属于一个总的发明构思的两项以上的发明或者实用新型，应当在技术上相互关联，包含一个或者多个相同或者相应的特定技术特征。因此，选项AB错误。选项CD正确。

【答案】CD

92.【2015年第57题】某发明专利申请的权利要求书如下：
"1. 一种灯丝A。
2. 一种用灯丝A制成的灯泡B。
3. 一种探照灯D，装有用灯丝A制成的灯泡B和旋转装置C。
4. 一种制造旋转装置C的方法。"
与现有技术相比灯丝A具有创造性，旋转装置C是现有技术。下列说法哪些是正确的？
A. 权利要求1和2之间具有单一性
B. 权利要求1和3之间具有单一性
C. 权利要求1和4之间具有单一性
D. 权利要求3和4之间具有单一性

【考点】单一性

【分析】专利法实施细则第三十四条规定，依照专利法第三十一条第一款的规定，可以作为一件专利申请提出的属于一个总的发明构思的两项以上的发明或者实用新型，应当在技术上相互关联，包含一个或者多个相同或者相应的特定技术特征，其中特定技术特征是指每一项发明或者实用新型作为整体，对现有技术作出贡献的技术

特征。

本题中，权利要求 1、2 和 3 都具有特定技术特征灯丝 A，因此，选项 AB 正确。权利要求 4 仅具有旋转装置 C，而旋转装置 C 是现有技术，不属于特定技术特征，权利要求 4 和 1、权利要求 4 和 3 之间都不具有单一性，因此，选项 CD 错误。

【答案】AB

93.【2015 年第 58 题】在设计构思相同的情况下，下列哪组产品的外观设计可以合案申请？
    A. 彼此相似的两个电饭锅   B. 材质相同的餐桌和餐椅
    C. 同一商家出售的浴缸和沐浴房   D. 沙发和可放在沙发上使用的靠垫

【考点】合案申请

【分析】专利法第三十一条第二款规定，一件外观设计专利申请应当限于一项外观设计。同一产品两项以上的相似外观设计，或者用于同一类别并且成套出售或者使用的产品的两项以上外观设计，可以作为一件申请提出。专利法实施细则第三十五条第二款规定，专利法第三十一条第二款所称同一类别并且成套出售或者使用的产品的两项以上外观设计，是指各产品属于分类表中同一大类，习惯上同时出售或者同时使用，而且各产品的外观设计具有相同的设计构思。《专利审查指南 2010》第一部分第三章第 9.2.2 节规定，专利法实施细则第三十五条第二款所述的成套出售或者使用，指习惯上同时出售或者同时使用并具有组合使用价值。（1）同时出售，是指外观设计产品习惯上同时出售，例如由床罩、床单和枕套等组成的多套件床上用品。为促销而随意搭配出售的产品，例如书包和铅笔盒，虽然在销售书包时赠送铅笔盒，但是不应认为是习惯上同时出售，不能作为成套产品提出申请。（2）同时使用，是指产品习惯上同时使用，也就是说，使用其中一件产品时，会产生使用联想，从而想到另一件或另几件产品的存在，而不是指在同一时刻同时使用这几件产品。例如咖啡器具中的咖啡杯、咖啡壶、糖罐、牛奶壶等。

本题中，选项 A 属于同一产品两项以上的相似外观设计，可以合案申请，因此，选项 A 正确。选项 B 中餐桌和餐椅习惯上同时出售或者同时使用，且属于同一类别《国际外观设计分别表》第 06 大类（家具和家居用品），选项 D 中沙发和靠垫习惯上同时出售或者同时使用，且属于同一类别《国际外观设计分别表》第 06 大类（家具和家居用品），因此，选项 BD 正确。而选项 C 中同一商家出售的浴缸和沐浴房虽然属于同一类别《国际外观设计分别表》第 23 大类（流体分配设备、卫生设备、供暖设备、通风和空调设备、固体燃料），但是习惯上不是同时出售或者同时使用，因此，选项 C 错误。

【答案】ABD

第三十二条【专利申请的撤回】

申请人可以在被授予专利权之前随时撤回其专利申请。

一、本条含义

申请专利的权利是一种民事权利，依据该权利提出的专利申请，其权利人即申请人有权进行处分，撤回专利申请是申请人对其专利申请进行处分的方式之一。

申请人撤回专利申请，既可以采取作为的方式，也可以采取不作为的方式。其中，申请人采取不作为的方式撤回其专利申请的，是指不按照专利法及其细则有关规定或者不按照国家知识产权局的有关要求办理必要的手续。

二、重点讲解

（一）撤回专利申请声明

《专利审查指南 2010》第一部分第一章第 6.6 节规定了撤回专利申请声明。

1. 撤回专利申请的时间

授予专利权之前，申请人随时可以主动要求撤回其专利申请。

2. 撤回专利申请的程序

申请人撤回专利申请的，应当提交撤回专利申请声明，并附具全体申请人签字或者盖章同意撤回专利申请的证明材料，或者仅提交由全体申请人签字或者盖章的撤回专利申请声明。委托专利代理机构的，撤回专利申请的手续应当由专利代理机构办理，并附具全体申请人签字或者盖章同意撤回专利申请的证明材料，或者仅提交由专利代理机构和全体申请人签字或者盖章的撤回专利申请声明。

撤回专利申请不得附有任何条件。

另外，撤回专利申请不需要说明理由，不需要缴纳费用。

3. 提出撤回专利申请声明后的效力

撤回专利申请声明不符合规定的，审查员应当发出视为未提出通知书；符合规定的，审查员应当发出手续合格通知书。撤回专利申请的生效日为手续合格通知书的发文日。对于已经公布的发明专利申请，还应当在专利公报上予以公告。申请人无正当理由不得要求撤销撤回专利申请的声明；但在申请权非真正拥有人恶意撤回专利申请后，申请权真正拥有人（应当提交生效的法律文书来证明）可要求撤销撤回专利申请的声明。

撤回专利申请的声明是在专利申请进入公布准备后提出的，申请文件照常公布或者公告，但审查程序终止。

需要注意的是，申请人撤回专利申请并不意味着他完全放弃或者丧失对其发明创造申请获得专利的权利，仅是表明他终止了该专利申请的审查程序。申请人撤回专利申请之后，可以就其发明创造在我国重新提出专利申请或者向外国提出专利申请，并且以其撤回的专利申请做基础，就其在我国重新提出的专利申请或者在外国提出的相关申请要求享受优先权。

三、真题分析

94.【2018年第52题】某申请人于2017年8月25日针对其所提发明专利申请提出撤回专利申请声明，2017年8月30日国家知识产权局公布该申请，国家知识产权局于2017年9月6日针对该撤回专利申请声明发出手续合格通知书，并于2017年10月18日对撤回专利申请声明进行公告，以下说法哪些是错误的？

A. 撤回专利申请的生效日为2017年9月6日
B. 撤回专利申请的生效日为2017年10月18日
C. 撤回专利申请的声明是在专利申请公布前提出的，所以国家知识产权局不应当公布该申请
D. 国家知识产权局对该撤回专利申请的声明做出审查结论前，该公司有权随时撤回该声明

【考点】撤回专利申请声明

【分析】《专利审查指南2010》第一部分第一章第6.6节规定，撤回专利申请声明不符合规定的，审查员应当发出视为未提出通知书；符合规定的，审查员应当发出手续合格通知书。撤回专利申请的生效日为手续合格通知书的发文日。对于已经公布的发明专利申请，还应当在专利公报上予以公告。申请人无正当理由不得要求撤销撤回专利申请的声明；但在申请权非真正拥有人恶意撤回专利申请后，申请权真正拥有人（应当提交生效的法律文书来证明）可要求撤销撤回专利申请的声明。撤回专利申请的声明是在专利申请进入公布准备后提出的，申请文件照常公布或者公告，但审查程序终止。因此，选项A错误，选项BCD正确。

【答案】BCD

第三十三条【修改专利申请文件的原则】

申请人可以对其专利申请文件进行修改，但是，对发明和实用新型专利申请文件的修改不得超出原说明书和权利要求书记载的范围，对外观设计专利申请文件的修改不得超出原图片或者照片表示的范围。

一、本条含义

本条规定专利申请人可以对其专利申请文件进行修改，以及对专利申请文件修改应当遵循的原则。

二、重点讲解

（一）涉及发明专利申请的答复和修改

1. 答复的期限

《专利审查指南2010》第二部分第八章第5.1节规定了答复。

对专利局发出的审查意见通知书，申请人应当在通知书指定的期限内作出答复。

申请人的答复可以仅仅是意见陈述书，也可以进一步包括经修改的申请文件（替换页和/或补正书）。申请人在其答复中对审查意见通知书中的审查意见提出反对意见或者对申请文件进行修改时，应当在其意见陈述书中详细陈述其具体意见，或者对修改内容是否符合相关规定以及如何克服原申请文件存在的缺陷予以说明。例如当申请人在修改后的权利要求中引入新的技术特征以克服审查意见通知书中指出的该权利要求不具有创造性的缺陷时，应当在其意见陈述书中具体指出该技术特征可以从说明书的哪些部分得到，并说明修改后的权利要求具有创造性的理由。

申请人可以请求专利局延长指定的答复期限。但是，延长期限的请求应当在期限届满前提出。有关延长期限请求的处理适用本指南第五部分第七章第4节的规定。专利局收到申请人的答复之后即可以开始后续的审查程序，如果后续审查程序的通知书或者决定已经发出，对于此后在原答复期限内申请人再次提交的答复，审查员不予考虑。

根据《专利审查指南2010》第二部分第八章第4.10.3节的规定，答复第一次审查意见通知书的期限为四个月。

2. 答复的方式

《专利审查指南2010》第二部分第八章第5.1.1节规定了答复的方式。

对于审查意见通知书，申请人应当采用专利局规定的意见陈述书或补正书的方式（参见本指南第五部分第一章第4节），在指定的期限内作出答复。申请人提交的无具体答复内容的意见陈述书或补正书，也是申请人的正式答复，对此审查员可理解为申请人未对审查意见通知书中的审查意见提出具体反对意见，也未克服审查意见通知书所指出的申请文件中存在的缺陷。

申请人的答复应当提交给专利局受理部门。直接提交给审查员的答复文件或征询意见的信件不视为正式答复，不具备法律效力。

3. 答复的签署

《专利审查指南2010》第二部分第八章第5.1.2节规定了答复的签署。

申请人未委托专利代理机构的，其提交的意见陈述书或者补正书，应当有申请人的签字或者盖章；申请人是单位的，应当加盖公章；申请人有两个以上的，可以由其代表人签字或者盖章。

申请人委托了专利代理机构的，其答复应当由其所委托的专利代理机构盖章，并由委托书中指定的专利代理人签字或者盖章。专利代理人变更之后，由变更后的专利代理人签字或者盖章。

申请人未委托专利代理机构的，如果其答复没有申请人的签字或者盖章（当申请人有两个以上时，应当有全部申请人的签字或盖章，或者至少有其代表人的签字或盖章），审查员应当将该答复退回初步审查部门处理。

申请人委托了专利代理机构的，如果其答复没有专利代理机构盖章，或者由申请人本人作出了答复，审查员应当将该答复退回初步审查部门处理。

如果申请人或者委托的专利代理人发生变更，则审查员应当核查案卷中是否有相应的著录项目变更通知单；没有该通知单的，审查员应当将答复退回初步审查部门处理。

4. 修改的时机

《专利审查指南2010》第二部分第八章第5.2节规定了修改。

根据专利法第三十三条的规定，申请人可以对其专利申请文件进行修改，但是，对发明和实用新型专利申请文件的修改不得超出原说明书和权利要求书记载的范围。国际申请的申请人根据专利合作条约规定所提交的修改文件，同样应当符合专利法第三十三条的规定。

根据专利法实施细则第五十一条第一款的规定，发明专利申请人在提出实质审查请求时以及在收到专利局发出的发明专利申请进入实质审查阶段通知书之日起的三个月内，可以对发明专利申请主动提出修改。

根据专利法实施细则第五十一条第三款的规定，申请人在收到专利局发出的审查意见通知书后修改专利申请文件，应当针对通知书指出的缺陷进行修改。

5. 修改的要求

《专利审查指南2010》第二部分第八章第5.2.1节规定了修改的要求。

专利法第三十三条对修改的内容与范围作出了规定。专利法实施细则第五十一条第一款对主动修改的时机作出了规定，专利法实施细则第五十一条第三款对答复审查意见通知书时的修改方式作出了规定。

（1）修改的内容与范围。在实质审查程序中，为了使申请符合专利法及其实施细则的规定，对申请文件的修改可能会进行多次。审查员对申请人提交的修改文件进行审查时，要严格掌握专利法第三十三条的规定。不论申请人对申请文件的修改属于主动修改还是针对通知书指出的缺陷进行的修改，都不得超出原说明书和权利要求书记载的范围。原说明书和权利要求书记载的范围包括原说明书和权利要求书文字记载的内容和根据原说明书和权利要求书文字记载的内容以及说明书附图能直接地、毫无疑义地确定的内容。申请人在申请日提交的原说明书和权利要求书记载的范围，是审查上述修改是否符合专利法第三十三条规定的依据，申请人向专利局提交的申请文件的外文文本和优先权文件的内容，不能作为判断申请文件的修改是否符合专利法第三十三条规定的依据。但进入国家阶段的国际申请的原始提交的外文文本除外，其法律效力参见本指南第三部分第二章第3.3节。

如果修改的内容与范围不符合专利法第三十三条的规定，则这样的修改不能被允许。

（2）主动修改的时机。申请人仅在下述两种情形下可对其发明专利申请文件进行主动修改：

① 在提出实质审查请求时；

② 在收到专利局发出的发明专利申请进入实质审查阶段通知书之日起的三个月内。

在答复专利局发出的审查意见通知书时，不得再进行主动修改。

（3）答复审查意见通知书时的修改方式

根据专利法实施细则第五十一条第三款的规定，在答复审查意见通知书时，对申请文件进行修改的，应当针对通知书指出的缺陷进行修改，如果修改的方式不符合专利法实施细则第五十一条第三款的规定，则这样的修改文本一般不予接受。

然而，对于虽然修改的方式不符合专利法实施细则第五十一条第三款的规定，但其内容与范围满足专利法第三十三条要求的修改，只要经修改的文件消除了原申请文件存在的缺陷，并且具有被授权的前景，这种修改就可以被视为是针对通知书指出的缺陷进行的修改，因而经此修改的申请文件可以接受。这样处理有利于节约审查程序。但是，当出现下列情况时，即使修改的内容没有超出原说明书和权利要求书记载的范围，也不能被视为是针对通知书指出的缺陷进行的修改，因而不予接受。

（1）主动删除独立权利要求中的技术特征，扩大了该权利要求请求保护的范围。例如，申请人从独立权利要求中主动删除技术特征，或者主动删除一个相关的技术术语，或者主动删除限定具体应用范围的技术特征，即使该主动修改的内容没有超出原说明书和权利要求书记载的范围，只要修改导致权利要求请求保护的范围扩大，则这种修改不予接受。

（2）主动改变独立权利要求中的技术特征，导致扩大了请求保护的范围。例如，申请人主动将原权利要求中的技术特征"螺旋弹簧"修改为"弹性部件"，尽管原说明书中记载了"弹性部件"这一技术特征，但由于这种修改扩大了请求保护的范围，因而不予接受。

又如，本章5.2.3.2节（1）的例1至例4中，即使这四种改变后的内容在原说明书中有记载，也不予接受，因为这样的修改扩大了其请求保护的范围。

（3）主动将仅在说明书中记载的与原来要求保护的主题缺乏单一性的技术内容作为修改后权利要求的主题。例如，一件有关自行车新式把手的发明专利申请，申请人在说明书中不仅描述了新式把手，而且还描述了其他部件，例如，自行车的车座等。经实质审查，权利要求限定的新式把手不具备创造性。在这种情况下，申请人作出主动修改，将权利要求限定为自行车车座。由于修改后的主题与原来要求保护的主题之间缺乏单一性，这种修改不予接受。

（4）主动增加新的独立权利要求，该独立权利要求限定的技术方案在原权利要求书中未出现过。

（5）主动增加新的从属权利要求，该从属权利要求限定的技术方案在原权利要求书中未出现过。如果申请人答复审查意见通知书时提交的修改文本不是针对通知书指出的缺陷作出的，而是属于上述不予接受的情况，则审查员应当发出审查意见通知书，说明不接受该修改文本的理由，要求申请人在指定期限内提交符合专利法实施细则第五十一条第三款规定的修改文本。同时应当指出，到指定期限届满日为止，申请人所提交的修改文本如果仍然不符合专利法实施细则第五十一条第三款规定或者出现其他不符合专利法实施细则第五十一条第三款规定的内容，审查员将针对修改前的文本继续审查，如作出授权或驳回决定。

如果审查员对当前修改文本中符合要求的部分文本有新的审查意见，可以在本次通知书中一并指出。

6. 允许的修改

《专利审查指南2010》第二部分第八章第5.2.2节规定了允许的修改。

这里所说的"允许的修改"，主要指符合专利法第三十三条规定的修改。

第一，对权利要求书的修改。对权利要求书的修改主要包括：通过增加或变更独立权利要求的技术特征，或者通过变更独立权利要求的主题类型或主题名称以及其相应的技术特征，来改变该独立权利要求请求保护的范围；增加或者删除一项或多项权利要求；修改独立权利要求，使其相对于最接近的现有技术重新划界；修改从属权利要求的引用部分，改正其引用关系，或者修改从属权利要求的限定部分，以清楚地限定该从属权利要求请求保护的范围。对于上述修改，只要经修改后的权利要求的技术方案已清楚地记载在原说明书和权利要求书中，就应该允许。

允许的对权利要求书的修改，包括下述各种情形：

（1）在独立权利要求中增加技术特征，对独立权利要求作进一步的限定，以克服原独立权利要求无新颖性或创造性、缺少解决技术问题的必要技术特征、未以说明书为依据或者未清楚地限定要求专利保护的范围等缺陷。只要增加了技术特征的独立权利要求所述的技术方案未超出原说明书和权利要求书记载的范围，这样的修改就应当被允许。

（2）变更独立权利要求中的技术特征，以克服原独立权利要求未以说明书为依据、未清楚地限定要求专利保护的范围或者无新颖性或创造性等缺陷。只要变更了技术特征的独立权利要求所述的技术方案未超出原说明书和权利要求书记载的范围，这种修改就应当被允许。

对于含有数值范围技术特征的权利要求中数值范围的修改，只有在修改后数值范围的两个端值在原说明书和/或权利要求书中已确实记载且修改后的数值范围在原数值范围之内的前提下，才是允许的。例如，权利要求的技术方案中，某温度为20～90℃，对比文件公开的技术内容与该技术方案的区别是其所公开的相应的温度范围为0～100℃，该文件还公开了该范围内的一个特定值40℃，因此，审查员在审查意见通知书中指出该权利要求无新颖性。如果发明专利申请的说明书或者权利要求书还记载了20～90℃范围内的特定值40℃、60℃和80℃，则允许申请人将权利要求中该温度范围修改成60～80℃或者60～90℃。

（3）变更独立权利要求的类型、主题名称及相应的技术特征，以克服原独立权利要求类型错误或者缺乏新颖性或创造性等缺陷。只要变更后的独立权利要求所述的技术方案未超出原说明书和权利要求书记载的范围，就可允许这种修改。

（4）删除一项或多项权利要求，以克服原第一独立权利要求和并列的独立权利要求之间缺乏单一性，或者两项权利要求具有相同的保护范围而使权利要求书不简要，或者权利要求未以说明书为依据等缺陷，这样的修改不会超出原权利要求书和说明书记载的范围，因此是允许的。

（5）将独立权利要求相对于最接近的现有技术正确划界。这样的修改不会超出原权利要求书和说明书记载的范围，因此是允许的。

（6）修改从属权利要求的引用部分，改正引用关系上的错误，使其准确地反映原说明书中所记载的实施方式或实施例。这样的修改不会超出原权利要求书和说明书记载的范围，因此是允许的。

（7）修改从属权利要求的限定部分，清楚地限定该从属权利要求的保护范围，使其准确地反映原说明书中所记载的实施方式或实施例，这样的修改不会超出原说明书和权利要求书记载的范围，因此是允许的。

上面对权利要求书允许修改的几种情况作了说明，由于这些修改符合专利法第三十三条的规定，因而是允许的。但经过上述修改后的权利要求书是否符合专利法及其实施细则的其他所有规定，还有待审查员对其进行继续审查。对于答复审查意见通知书时所作的修改，审查员要判断修改后的权利要求书是否已克服了审查意见通知书所指出的缺陷，这样的修改是否造成了新出现的其他缺陷；对于申请人所作出的主动修改，审查员应当判断该修改后的权利要求书是否存在不符合专利法及其实施细则规定的其他缺陷。

第二，对说明书及其摘要的修改。对于说明书的修改，主要有两种情况，一种是针对说明书中本身存在的不符合专利法及其实施细则规定的缺陷作出的修改，另一种是根据修改后的权利要求书作出的适应性修改，上述两种修改只要不超出原说明书和权利要求书记载的范围，则都是允许的。

允许的说明书及其摘要的修改包括下述各种情形。

（1）修改发明名称，使其准确、简要地反映要求保护的主题的名称。如果独立权利要求的类型包括产品、方法和用途，则这些请求保护的主题都应当在发明名称中反映出来。发明名称应当尽可能简短，一般不得超过25个字，特殊情况下，例如，化学领域的某些专利申请，可以允许最多到40个字。

（2）修改发明所属技术领域。该技术领域是指该发明在国际专利分类表中的分类位置所反映的技术领域。为便于公众和审查员清楚地理解发明和其相应的现有技术，应当允许修改发明所属技术领域，使其与国际专利分类表中最低分类位置涉及的领域相关。

（3）修改背景技术部分，使其与要求保护的主题相适应。独立权利要求按照专利法实施细则第二十一条的规定撰写的，说明书背景技术部分应当记载与该独立权利要求前序部分所述的现有技术相关的内容，并引证反映这些背景技术的文件。如果审查员通过检索发现了比申请人在原说明书中引用的现有技术更接近所要求保护的主题的对比文件，则应当允许申请人修改说明书，将该文件的内容补入这部分，并引证该文件，同时删除描述不相关的现有技术的内容。应当指出，这种修改实际上使说明书增加了原申请的权利要求书和说明书未曾记载的内容，但由于修改仅涉及背景技术而不涉及发明本身，且增加的内容是申请日前已经公知的现有技术，因此是允许的。

（4）修改发明内容部分中与该发明所解决的技术问题有关的内容，使其与要求保护的主题相适应，即反映该发明的技术方案相对于最接近的现有技术所解决的技术问题。当然，修改后的内容不应超出原说明书和权利要求书记载的范围。

（5）修改发明内容部分中与该发明技术方案有关的内容，使其与独立权利要求请求保护的主题相适应。如果独立权利要求进行了符合专利法及其实施细则规定的修改，则允许该部分作相应的修改；如果独立权利要求未作修改，则允许在不改变原技术方案的基础上，对该部分进行理顺文字、改正不规范用词、统一技术术语等修改。

（6）修改发明内容部分中与该发明的有益效果有关的内容。只有在某（些）技术特征在原始申请文件中已清楚地记载，而其有益效果没有被清楚地提及，但所属技术领域的技术人员可以直接地、毫无疑义地从原始申请文件中推断出这种效果的情况下，才允许对发明的有益效果作合适的修改。

（7）修改附图说明。申请文件中有附图，但缺少附图说明的，允许补充所缺的附图说明；附图说明不清楚的，允许根据上下文作出合适的修改。

（8）修改最佳实施方式或者实施例。这种修改中允许增加的内容一般限于补入原实施方式或者实施例中具体内容的出处以及已记载的反映发明的有益效果数据的标准测量方法（包括所使用的标准设备、器具）。如果由检索结果得知原申请要求保护的部分主题已成为现有技术的一部分，则申请人应当将反映这部分主题的内容删除，或者明确写明其为现有技术。

（9）修改附图。删除附图中不必要的词语和注释，可将其补入说明书文字部分之中；修改附图中的标记使之与说明书文字部分相一致；在文字说明清楚的情况下，为使局部结构清楚起见，允许增加局部放大图；修改附图的阿拉伯数字编号，使每幅图使用一个编号。

（10）修改摘要。通过修改使摘要写明发明的名称和所属技术领域，清楚地反映所要解决的技术问题、解决该问题的技术方案的要点以及主要用途；删除商业性宣传用语；更换摘要附图，使其最能反映发明技术方案的主要技术特征。

（11）修改由所属技术领域的技术人员能够识别出的明显错误，即语法错误、文字错误和打印错误。对这些错误的修改必须是所属技术领域的技术人员能从说明书的整体及上下文看出的唯一的正确答案。

7. 不允许的修改

《专利审查指南2010》第二部分第八章第5.2.3节规定了不允许的修改。

作为一个原则，凡是对说明书（及其附图）和权利要求书作出不符合专利法第三十三条规定的修改，均是不允许的。

具体地说，如果申请的内容通过增加、改变和/或删除其中的一部分，致使所属技术领域的技术人员看到的信息与原申请记载的信息不同，而且又不能从原申请记载的信息中直接地、毫无疑义地确定，那么，这种修改就是不允许的。

这里所说的申请内容，是指原说明书（及其附图）和权利要求书记载的内容，不包括任何优先权文件的内容。

第一，不允许的增加。不能允许的增加内容的修改，包括下述几种：

（1）将某些不能从原说明书（包括附图）和/或权利要求书中直接明确认定的技术特征写入权利要求和/或说明书。

（2）为使公开的发明清楚或者使权利要求完整而补入不能从原说明书（包括附图）和/或权利要求书中直接地、毫无疑义地确定的信息。

（3）增加的内容是通过测量附图得出的尺寸参数技术特征。

（4）引入原申请文件中未提及的附加组分，导致出现原申请没有的特殊效果。

（5）补入了所属技术领域的技术人员不能直接从原始申请中导出的有益效果。

（6）补入实验数据以说明发明的有益效果，和/或补入实施方式和实施例以说明在权利要求请求保护的范围内发明能够实施。

（7）增补原说明书中未提及的附图，一般是不允许的；如果增补背景技术的附图，或者将原附图中的公知技术附图更换为最接近现有技术的附图，则应当允许。

第二，不允许的改变。不能允许的改变内容的修改，包括下述几种。

（1）改变权利要求中的技术特征，超出了原权利要求书和说明书记载的范围。

【例1】原权利要求限定了一种在一边开口的唱片套。附图中也只给出了一幅三边胶接在一起、一边开口的套子视图。如果申请人后来把权利要求修改成"至少在一边开口的套子"，而原说明书中又没有任何地方提到过"一个以上的边可以开口"，那么，这种改变超出了原权利要求书和说明书记载的范围。

【例2】原权利要求涉及制造橡胶的成分，不能将其改成制造弹性材料的成分，除非原说明书已经清楚地指明。

【例3】原权利要求请求保护一种自行车闸，后来申请人把权利要求修改成一种车辆的闸，而从原权利要求书和说明书不能直接得到修改后的技术方案。这种修改也超出了原权利要求书和说明书记载的范围。

【例4】用不能从原申请文件中直接得出的"功能性术语＋装置"的方式，来代替具有具体结构特征的零件或者部件。这种修改超出了原权利要求书和说明书记载的范围。

（2）由不明确的内容改成明确具体的内容而引入原申请文件中没有的新的内容。

【例如】一件有关合成高分子化合物的发明专利申请，原申请文件中只记载在"较高的温度"下进行聚合反应。当申请人看到审查员引证的一份对比文件中记载了在40℃下进行同样的聚合反应后，将原说明书中"较高的温度"改成"高于40℃的温度"。虽然"高于40℃的温度"的提法包括在"较高的温度"范围内，但是，所属技术领域的技术人员，并不能从原申请文件中理解到"较高的温度"是指"高于40℃的温度"。因此，这种修改引入了新内容。

（3）将原申请文件中的几个分离的特征，改变成一种新的组合，而原申请文件没有明确提及这些分离的特征彼此间的关联。

（4）改变说明书中的某些特征，使得改变后反映的技术内容不同于原申请文件记载的内容，超出了原说明书和权利要求书记载的范围。

【例1】一件有关多层层压板的发明专利申请，其原申请文件中描述了几种不同的层状安排的实施方式，其中一种结构是外层为聚乙烯。如果申请人修改说明书，将外层的聚乙烯改变为聚丙烯，那么，这种修改是不允许的。因为修改后的层压板完全不同于原来记载的层压板。

【例2】原申请文件中记载了"例如螺旋弹簧支持物"的内容，说明书经修改后改变为"弹性支持物"，导致将一个具体的螺旋弹簧支持方式，扩大到一切可能的弹性支持方式，使所反映的技术内容超出了原说明书和权利要求书记载的范围。

【例3】原申请文件中限定温度条件为10℃或者300℃，后来说明书中修改为10～300℃，如果根据原申请文件记载的内容不能直接地、毫无疑义地得到该温度范围，则该修改超出了原说明书和权利要求书记载的范围。

【例4】原申请文件中限定组合物的某成分的含量为5%或者45%～60%，后来说明书中修改为5%～60%，如果根据原申请文件记载的内容不能直接地、毫无疑义地得到含量范围，则该修改超出了原说明书和权利要求书记载的范围。

第三，不允许的删除。不能允许删除某些内容的修改，包括下述几种。

（1）从独立权利要求中删除在原申请中明确认定为发明的必要技术特征的那些技术特征，即删除在原说明书中始终作为发明的必要技术特征加以描述的那些技术特征；或者从权利要求中删除一个与说明书记载的技术方案有关的技术术语；或者从权利要求中删除在说明书中明确认定的关于具体应用范围的技术特征。

例如，将"有肋条的侧壁"改成"侧壁"。又例如，原权利要求是"用于泵的旋转轴密封……"，修改后的权利要求是"旋转轴密封"。上述修改都是不允许的，因为在原说明书中找不到依据。

（2）从说明书中删除某些内容而导致修改后的说明书超出了原说明书和权利要求书记载的范围。例如，一件有关多层层压板的发明专利申请，其说明书中描述了几种不同的层状安排的实施方式，其中一种结构是外层为聚乙烯。如果申请人修改说明书，将外层的聚乙烯这一层去掉，那么，这种修改是不允许的。因为修改后的层压板完全不同于原来记载的层压板。

（3）如果在原说明书和权利要求书中没有记载某特征的原数值范围的其他中间数值，而鉴于对比文件公开的内容影响发明的新颖性和创造性，或者鉴于当该特征取原数值范围的某部分时发明不可能实施，申请人采用具体"放弃"的方式，从上述原数值范围中排除该部分，使得要求保护的技术方案中的数值范围从整体上看来明显不包括该部分，由于这样的修改超出了原说明书和权利要求书记载的范围，因此除非申请人能够根据申请原始记载的内容证明该特征取被"放弃"的数值时，本发明不可能实施，或者该特征取经"放弃"后的数值时，本发明具有新颖性和创造性，否则这样的修改不能被允许。例如，要求保护的技术方案中某一数值范围为 $X_1 = 600 \sim 10000$，对比文件公开的技术内容与该技术方案的区别仅在于其所述的数值范围为 $X_2 = 240 \sim 1500$，因为 X_1 与 X_2 部分重叠，故该权利要求无新颖性。申请人采用具体"放弃"的方式对 X_1 进行修改，排除 X_1 中与 X_2 相重叠的部分，即600～1500，将要求保护的技术方案中该数值范围修改为 $X_1 > 1500$ 至 $X_1 = 10000$。如果申请人不能根据原始记载的内容和现有技术证明本发明在 $X_1 > 1500$ 至 $X_1 = 10000$ 的数值范围相对于对比文件公开的 $X_2 = 240 \sim 1500$ 具有创造性，也不能证明 X_1 取600～1500时，本发明不可能实施，则这样的修改不能被允许。

8. 修改的方式

《专利审查指南2010》第二部分第八章第5.2.4节规定了修改的具体形式。

第一，提交替换页。根据专利法实施细则第五十二条的规定，说明书或者权利要求书的修改部分，应当按照规定格式提交替换页。替换页的提交有两种方式。

（1）提交重新打印的替换页和修改对照表。这种方式适用于修改内容较多的说明书、权利要求书以及所有作了修改的附图。申请人在提交替换页的同时，要提交一份修改前后的对照明细表。

（2）提交重新打印的替换页和在原文复制件上作出修改的对照页。这种方式适用于修改内容较少的说明书和权利要求书。申请人在提交重新打印的替换页的同时提交直接在原文复制件上修改的对照页，使审查员更容易察觉修改的内容。

第二，审查员依职权修改。通常，对申请的修改必须由申请人以正式文件的形式提出。对于申请文件中个别文字、标记的修改或者增删及对发明名称或者摘要的明显错误［参见本章第5.2.2.2节（11）和第6.2.2节］的修改，审查员可以依职权进行，并通知申请人。此时，应当使用钢笔、签字笔或者圆珠笔作出清楚明显的修改，而不得使用铅笔进行修改。

（二）涉及实用新型专利申请的答复和修改

1. 通知书的答复

《专利审查指南2010》第一部分第二章第3.4节规定了通知书的答复。

申请人在收到补正通知书或者审查意见通知书后，应当在指定的期限内补正或者陈述意见。申请人对专利申请进行补正的，应当提交补正书和相应修改文件替换页。申请文件的修改替换页应当一式两份，其他文件只需提交一份。对申请文件的修改，应当针对通知书指出的缺陷进行修改。修改的内容不得超出申请日提交的说明书和权利要求书记载的范围。

申请人期满未答复的，审查员应当根据情况发出视为撤回通知书或者其他通知书。申请人因正当理由难以在指定的期限内作出答复的，可以提出延长期限请求。有关延长期限请求的处理，适用本指南第五部分第七章第4节的规定。

对于因不可抗拒事由或者因其他正当理由耽误期限而导致专利申请被视为撤回的，申请人可以在规定的期限内向专利局提出恢复权利的请求。有关恢复权利请求的处理，适用本指南第五部分第七章第6节的规定。

2. 允许的修改

《专利审查指南2010》第一部分第二章第8节规定了根据专利法第三十三条的审查。

根据专利法第三十三条的规定，申请人可以对其实用新型专利申请文件进行修改，但是，对申请文件的修改不得超出原说明书和权利要求书记载的范围。

应当注意的是：

（1）对明显错误的更正，不能被认为超出了原说明书和权利要求书记载的范围。所谓明显错误，是指不正确的内容可以从原说明书、权利要求书的上下文中清楚地判断出来，没有作其他解释或者修改的可能。

（2）对于附图中明显可见并有唯一解释的结构，允许补入说明书并写入权利要求书中。

根据专利法实施细则第五十一条的规定，申请人可以自申请日起两个月内对实用新型专利申请文件主动提出修改。此外，申请人在收到专利局的审查意见通知书或者补正通知书后，应当针对通知书指出的缺陷进行修改。

3. 不允许的修改

《专利审查指南2010》第一部分第二章第8节规定了根据专利法第三十三条的审查。

根据专利法第三十三条的规定，申请人可以对其实用新型专利申请文件进行修改，但是，对申请文件的修改不得超出原说明书和权利要求书记载的范围。

如果申请人对申请文件进行修改时，加入了所属技术领域的技术人员不能从原说明书和权利要求书中直接地、毫无疑义地确定的内容，这样的修改被认为是超出了原说明书和权利要求书记载的范围。

申请人从申请中删除某个或者某些特征，也有可能导致超出原说明书和权利要求书记载的范围。

说明书中补入原权利要求书中记载而原说明书中没有描述过的技术特征，并作了扩大其内容的描述的，被认为修改超出了原说明书和权利要求书记载的范围。

说明书中补入原说明书和权利要求书中没有记载的技术特征并且借助原说明书附图表示的内容不能毫无疑义地确定的，被认为修改超出了原说明书和权利要求书记载的范围。

4. 申请人主动修改

《专利审查指南2010》第一部分第二章第8.1节规定了申请人主动修改。

对于申请人的主动修改，审查员应当首先核对提出修改的日期是否在自申请日起两个月内。对于超过两个月的修改，如果修改的文件消除了原申请文件存在的缺陷，并且具有被授权的前景，则该修改文件可以接受。对于不予接受的修改文件，审查员应当发出视为未提出通知书。

对于在两个月内提出的主动修改，审查员应当审查其修改是否超出原说明书和权利要求书记载的范围。修改超出原说明书和权利要求书记载的范围的，审查员应当发出审查意见通知书，通知申请人该修改不符合专利法第三十三条的规定。申请人陈述意见或补正后仍然不符合规定的，审查员可以根据专利法第三十三条和专利法实施细则第四十四条的规定作出驳回决定。

5. 针对通知书指出的缺陷进行修改

《专利审查指南2010》第一部分第二章第8.2节规定了针对通知书指出的缺陷进行修改。

对于申请人答复通知书时所作的修改，审查员应当审查该修改是否超出原说明书和权利要求书记载的范围以及是否针对通知书指出的缺陷进行修改。对于申请人提交的包含有并非针对通知书所指出的缺陷进行修改的修改文件，如果其修改符合专利法第三十三条的规定，并消除了原申请文件存在的缺陷，且具有授权的前景，则该修改可以被视为是针对通知书指出的缺陷进行的修改，经此修改的申请文件应当予以接受。对于不符合专利法实施细则第五十一条第三款规定的修改文本，审查员可以发出通知书，通知申请人该修改文本不予接受，并说明理由，要求申请人在指定期限内提交符合专利法实施细则第五十一条第三款规定的修改文本，同时应当指出，如果申请人再次提交的修改文本仍然不符合专利法实施细则第五十一条第三款的规定，审查员将针对修改前的文本继续审查，例如作出授权或驳回决定。

如果申请人提交的修改文件超出了原说明书和权利要求书记载的范围，审查员应当发出审查意见通知书，通知申请人该修改不符合专利法第三十三条的规定。申请人陈述意见或补正后仍然不符合规定的，审查员可以根据专利法第三十三条和专利法实施细则第四十四条的规定作出驳回决定。

6. 审查员依职权修改的内容

《专利审查指南2010》第一部分第二章第8.3节规定了审查员依职权修改。

审查员在作出授予实用新型专利权通知前，可以对申请文件中文字和符号的明显错误依职权进行修改。依职权修改的内容如下：

（1）请求书：修改申请人地址或联系人地址中漏写、错写或者重复填写的省（自治区、直辖市）、市、邮政编码等信息。

（2）说明书：修改明显不适当的实用新型名称和/或所属技术领域；改正错别字、错误的符号、标记等；修改明显不规范的用语；增补说明书各部分所遗漏的标题；删除附图中不必要的文字说明等。

（3）权利要求书：改正错别字、错误的标点符号、错误的附图标记、附图标记增加括号。但是，可能引起保护范围变化的修改，不属于依职权修改的范围。

（4）摘要：修改摘要中不适当的内容及明显的错误，指定摘要附图。

审查员依职权修改的内容，应当在文档中记载并通知申请人。

（三）涉及外观设计专利申请的答复和修改

1. 通知书的答复

《专利审查指南2010》第一部分第三章第3.4节规定了通知书的答复。

申请人在收到补正通知书或者审查意见通知书后，应当在指定的期限内补正或者陈述意见。申请人对专利申请进行补正的，应当提交补正书和相应修改文件替换页。申请文件的修改替换页应当一式两份，其他文件只需提交一份。对申请文件的修改，应当针对通知书指出的缺陷进行。修改的内容不得超出申请日提交的图片或者照片表示的范围。

申请人期满未答复的，审查员应当根据情况发出视为撤回通知书或者其他通知书。申请人因正当理由难以在指定的期限内作出答复的，可以提出延长期限请求。

对于因不可抗拒事由或者因其他正当理由耽误期限而导致专利申请被视为撤回的，申请人可以在规定的期限内向专利局提出恢复权利的请求。

2. 图片或照片的缺陷

《专利审查指南2010》第一部分第三章第4.2.4节规定了图片或者照片的缺陷。

对于图片或者照片中的内容存在缺陷的专利申请，审查员应当向申请人发出补正通知书或者审查意见通知书。根据专利法第三十三条的规定，申请人对专利申请文件的修改不得超出原图片或者照片表示的范围。所述缺陷主要是指下列各项：

（1）视图投影关系有错误，例如投影关系不符合正投影规则、视图之间的投影关系不对应或者视图方向颠倒等。

（2）外观设计图片或者照片不清晰，图片或者照片中显示的产品图形尺寸过小；或者虽然图形清晰，但因存在强光、反光、阴影、倒影、内装物或者衬托物等而影响产品外观设计的正确表达。

（3）外观设计图片中的产品绘制线条包含有应删除或修改的线条，例如视图中的阴影线、指示线、虚线、中心线、尺寸线、点划线等。

（4）表示立体产品的视图有下述情况的：

（i）各视图比例不一致；

（ii）产品设计要点涉及六个面，而六面正投影视图不足，但下述情况除外：

后视图与主视图相同或对称时可以省略后视图；

左视图与右视图相同或对称时可以省略左视图（或右视图）；

俯视图与仰视图相同或对称时可以省略俯视图（或仰视图）；

大型或位置固定的设备和底面不常见的物品可以省略仰视图。

（5）表示平面产品的视图有下述情况的：

（i）各视图比例不一致；

（ii）产品设计要点涉及两个面，而两面正投影视图不足，但后视图与主视图相同或对称的情况以及后视图无图案的情况除外。

（6）细长物品例如量尺、型材等，绘图时省略了中间一段长度，但没有使用两条平行的双点划线或自然断裂线断开的画法。

（7）剖视图或剖面图的剖面及剖切处的表示有下述情况的：

（i）缺少剖面线或剖面线不完全；

（ii）表示剖切位置的剖切位置线、符号及方向不全或缺少上述内容（但可不给出表示从中心位置处剖切的标记）。

（8）有局部放大图，但在有关视图中没有标出放大部位的。

（9）组装关系唯一的组件产品缺少组合状态的视图；无组装关系或者组装关系不唯一的组件产品缺少必要的单个构件的视图。

（10）透明产品的外观设计，外层与内层有两种以上形状、图案和色彩时，没有分别表示出来。

3. 申请人主动修改

《专利审查指南2010》第一部分第三章第10.1节规定了申请人主动修改。

对于申请人的主动修改，审查员应当首先核对提出修改的日期是否在自申请日起两个月内。对于超过两个月的修改，如果修改的文件消除了原申请文件存在的缺陷，并且具有被授权的前景，则该修改文件可以接受。对于不接受的修改文件，审查员应当发出视为未提出通知书。

对于在两个月内提出的主动修改，审查员应当审查其修改是否超出原图片或者照片表示的范围。修改超出原图片或者照片表示的范围的，审查员应当发出审查意见通知书，通知申请人该修改不符合专利法第三十三条的规定。申请人陈述意见或补正后仍然不符合规定的，审查员可以根据专利法第三十三条和专利法实施细则第四十四条第二款的规定作出驳回决定。

4. 针对通知书指出的缺陷进行修改

《专利审查指南2010》第一部分第三章第10.2节规定了针对通知书指出的缺陷进行修改。

对于针对通知书指出的缺陷进行的修改，审查员应当审查该修改是否超出原图片或者照片表示的范围以及是否是针对通知书指出的缺陷进行的修改。对于申请人提交的包含有并非针对通知书所指出的缺陷进行修改的修改文件，如果其修改符合专利法第三十三条的规定，并消除了原申请文件存在的缺陷，且具有授权的前景，则该修改可以被视为是针对通知书指出的缺陷进行的修改，经此修改的申请文件应当予以接受。申请人提交的修改文件超出了原图片或者照片表示的范围的，审查员应当发出审查意见通知书，通知申请人该修改不符合专利法第三十三条的规定，申请人陈述意见或补正后仍然不符合规定的，审查员可以根据专利法第三十三条和专利法实施细则第四十四条第二款的规定作出驳回决定。

5. 审查员依职权修改的内容

《专利审查指南2010》第一部分第三章第10.3节规定了审查员依职权修改。

初步审查中，审查员可以对本章第4.1节、第4.2节和第4.3节规定的申请文件中出现的明显错误依职权进行修改，并通知申请人。依职权修改的内容主要指以下几个方面：

（1）明显的产品名称错误；

（2）明显的视图名称错误；

（3）明显的视图方向错误；

（4）外观设计图片中的产品绘制线条包含有应删除的线条，例如阴影线、指示线、中心线、尺寸线、点划线等；

（5）简要说明中写有明显不属于简要说明可以写明的内容，例如关于产品内部结构、技术效果的描述、产品推广宣传等用语；

（6）申请人在简要说明中指定的最能表明设计要点的图片或者照片明显不恰当；

（7）请求书中，申请人地址或联系人地址漏写、错写或者重复填写的省（自治区、直辖市）、市、邮政编码等信息。

审查员依职权修改的内容，应当在文档中记载并通知申请人。

三、真题分析

95.【2019年第59题】下列关于发明专利申请说明书的修改，说法正确的是？
   A. 申请人在进行修改时，不可以在申请文件中补入实施方式和实施例以说明在权利要求请求保护的范围内发明能够实施
   B. 申请人在进行修改时，不可以在申请文件中补入已记载的反映发明的有益效果数据的标准测量方法
   C. 申请人在进行修改时，在文字说明清楚的情况下，为使局部结构清楚可见，允许增加局部放大图
   D. 申请人在进行修改时，在不超出原说明书和权利要求书记载的范围的前提下，可以修改发明内容部分中与该发明所解决的技术问题有关的内容，使其与要求保护的主题相适应

【考点】说明书的修改

【分析】根据《专利审查指南2010》第二部分第八章第5.2.3节的规定，不能允许的增加内容的修改，包括下述几种：（6）补入实验数据以说明发明的有益效果，和/或补入实施方式和实施例以说明在权利要求请求保护的范围内发明能够实施。因此，选项A正确。

根据《专利审查指南2010》第二部分第八章第5.2.2节的规定，允许的说明书及其摘要的修改包括下述各种情形：其中（4）修改发明内容部分中与该发明所解决的技术问题有关的内容，使其要求保护的主题相适应，即反映该发明的技术方案相对于最接近的现有技术所解决的技术问题。当然，修改后的内容不应超出原说明书和权利要求书记载的范围。（8）修改最佳实施方式或者实施例。这种修改中允许增加的内容一般限于补入原实施方式或者实施例中具体内容的出处以及已记载的反映发明的有益效果数据的标准测量方法（包括所使用的标准设备、器具）。如果由检索结果得知原申请要求保护的部分主题已成为现有技术的一部分，则申请人应当将反映这部分主题的内容删除，或者明确写明其为现有技术。（9）修改附图。删除附图中不必要的词语和注释，可将其补入说明书文字部分之中；修改附图中的标记使之与说明书文字部分相一致；在文字说明清楚的情况下，为使局部结构清楚起见，允许增加局部放大图；修改附图的阿拉伯数字编号，使每幅图使用一个编号。因此，选项B错误，选项CD正确。

【答案】ACD

96.【2019年第65题】一件发明专利申请的说明书记载了数值范围40mm～120mm，说明书附图记载了特定值80mm、130mm，并且在摘要中公开了特定值50mm。下列哪些修改是允许的？
   A. 将权利要求中的数值范围修改成40mm～80mm
   B. 将权利要求中的数值范围修改成50mm～80mm
   C. 将权利要求中的数值范围修改成80mm～120mm
   D. 将权利要求中的数值范围修改成40mm～130mm

【考点】允许的修改

【分析】《专利审查指南2010》第二部分第八章第5.2.2.1节规定，对于含有数值范围技术特征的权利要求中数值范围的修改，只有在修改后数值范围的两个端值在原说明书和/或权利要求书中已确实记载且修改后的数值范围在原数值范围之内的前提下，才是允许的。《专利审查指南2010》第二部分第二章第2.4节规定，摘要的内容不属于发明或者实用新型原始记载的内容，不能作为以后修改说明书或者权利要求书的根据，也不能用来解释专利权的保护范围。

本题中，由于原说明书（包括附图）记载了数值范围40mm～120mm和特定值80mm、130mm，因此，选项AC的修改是被允许的，选项AC正确。选项B中50mm这个端值仅记载在摘要中，而在原说明书（包括附图）中没有记载，因此，这种修改不被允许，选项B错误。选项D是数值范围不在原数值范围内，因此，这种修改不被允许，选项D错误。

【答案】AC

97.【2018年第9题】对于外观设计专利申请，下列哪项不属于审查员可以依职权修改的内容：
   A. 明显的产品名称错误

B. 申请人在简要说明中指定的最能表明设计要点的图片或者照片明显不恰当
C. 简要说明中有宣传用语
D. 相似外观设计申请，申请人在简要说明中未指定基本设计

【考点】审查员依职权修改

【分析】《专利审查指南2010》第一部分第三章第10.3节规定了审查员依职权修改。初步审查中，审查员可以对本章第4.1节、第4.2节和第4.3节规定的申请文件中出现的明显错误依职权进行修改，并通知申请人。依职权修改的内容主要指以下几个方面：（1）明显的产品名称错误；（2）明显的视图名称错误；（3）明显的视图方向错误；（4）外观设计图片中的产品绘制线条包含有应删除的线条，例如阴影线、指示线、中心线、尺寸线、点划线等；（5）简要说明中写有明显不属于简要说明可以写明的内容，例如关于产品内部结构、技术效果的描述、产品推广宣传等用语；（6）申请人在简要说明中指定的最能表明设计要点的图片或者照片明显不恰当；（7）请求书中，申请人地址或联系人地址漏写、错写或者重复填写的省（自治区、直辖市）、市、邮政编码等信息。审查员依职权修改的内容，应当在文档中记载并通知申请人。根据上述第（1）、（6）和（5）项的规定，选项ABC属于审查员可以依职权修改的内容。

《专利审查指南2010》第一部分第三章第4.3节规定了在下列情形时应当在简要说明中写明：……（2）对同一产品的多项相似外观设计提出一件外观设计专利申请的，应当在简要说明中指定其中一项作为基本设计。由此可知，申请人应当在简要说明中指定基本设计，这关系到相似外观设计是否符合合案申请的条件。因此，选项D不属于审查员可以依职权修改的内容。综上所述，选项D正确。

【答案】D

98. 【2018年第46题】申请人对外观设计专利申请文件的下列哪些修改符合专利法第三十三条的规定：
A. 将左视图与右视图的视图名称交换
B. 将回转体的中心线删除
C. 将T恤衫胸前的文字图案与后背的卡通图案交换
D. 将仰视图镜像对称变换，使其与其他视图投影关系对应

【考点】外观设计专利申请文件修改

【分析】《专利审查指南2010》第一部分第三章第4.2.4节规定，对于图片或者照片中的内容存在缺陷的专利申请，审查员应当向申请人发出补正通知书或者审查意见通知书。根据专利法第三十三条的规定，申请人对专利申请文件的修改不得超出原图片或者照片表示的范围。所述缺陷主要是指下列各项：（1）视图投影关系有错误，例如投影关系不符合正投影规则、视图之间的投影关系不对应或者视图方向颠倒等。（2）外观设计图片或者照片不清晰，图片或者照片中显示的产品图形尺寸过小；或者虽然图形清晰，但因存在强光、反光、阴影、倒影、内装物或者衬托物等而影响产品外观设计的正确表达。（3）外观设计图片中的产品绘制线条包含有应删除或修改的线条，例如视图中的阴影线、指示线、虚线、中心线、尺寸线、点划线等。……。由此可知，根据上述第（1）项的规定，选项AD正确。根据上述第（3）项的规定，选项B正确。而选项C中文字图案与卡通图案交换，即两种图案的位置发生的变化，导致修改后的申请文件超出原图片或者照片表示的范围，不符合上述规定，因此，选项C错误。

【答案】ABD

99. 【2018年第61题】以下哪些情况属于不允许的修改：
A. 原申请文件仅记载了弹簧，将其修改为原申请说明书或权利要求书中未记载的"弹性部件"
B. 原申请文件仅记载了较高的温度，将其修改为原申请说明书或权利要求书中未记载的"大于200℃"
C. 将说明书中对某一技术特征的具体描述补充到权利要求对应的技术特征部分中
D. 将不同实施例的内容进行组合得到没有记载在原申请文件的新技术方案

【考点】不允许的修改

【分析】专利法第三十三条规定，申请人可以对其专利申请文件进行修改，但是，对发明和实用新型专利申请文件的修改不得超出原说明书和权利要求书记载的范围，对外观设计专利申请文件的修改不得超出原图片或者照片表示的范围。

《专利审查指南2010》第二部分第八章第5.2.3.2节规定，不能允许的改变内容的修改，包括下述几种。

（1）改变权利要求中的技术特征，超出了原权利要求书和说明书记载的范围。……【例2】原权利要求涉及制造橡胶的成分，不能将其改成制造弹性材料的成分，除非原说明书已经清楚地指明。……（2）由不明确的内容改成明确具体的内容而引入原申请文件中没有的新内容。【例如】一件有关合成高分子化合物的发明专利申请，原申请文件中只记载在"较高的温度"下进行聚合反应。当申请人看到审查员引证的一份对比文件中记载了在40℃下进行同样的聚合反应后，将原说明书中"较高的温度"改成"高于40℃的温度"。虽然"高于40℃的温度"的提法包括在"较高的温度"范围内，但是，所属技术领域的技术人员，并不能从原申请文件中理解到"较高的温度"是指"高于40℃的温度"。因此，这种修改引入了新内容。（3）将原申请文件中的几个分离的特征，改变成一种新的组合，而原申请文件没有明确提及这些分离的特征彼此间的关联。（4）改变说明书中的某些特征，使得改变后反映的技术内容不同于原申请文件记载的内容，超出了原说明书和权利要求书记载的范围。

根据上述第（1）项的规定，本题选项A中，将"弹簧"修改成"弹性部件"属于不允许的修改。根据上述第（2）项的规定，本题选项A中，将"较高的温度"改成"大于200℃"属于不允许的修改。根据上述第（3）项的规定，本题选项D中的修改属于不允许的修改。而选项C的修改未超出原说明书和权利要求书记载的范围，符合规定。

【答案】ABD

100.【2018年第62题】实审程序中，关于申请文件中数值范围的修改，以下说法错误的是：

A. 原权利要求中的数值范围是20~90，原说明书中还记载了特定数值40、60、80，可以允许申请人将其修改为20~40或者60~80的数值范围

B. 原权利要求中的数值范围是40~90，原说明书中还记载了特定数值20、60、80，可以允许申请人将其修改为20~60或者80~90的数值范围

C. 原始文本中记载了数值为20和60的点值，允许申请人将其修改为20~60的数值范围

D. 原权利要求中记载了60~90的数值范围，原说明书中还记载了特定数值30，可以允许申请人将其修改成为30~90这一数值范围

【考点】数值范围的修改

【分析】《专利审查指南2010》第二部分第八章第5.2.2.1规定，对于含有数值范围技术特征的权利要求中数值范围的修改，只有在修改后数值范围的两个端点在原说明书和/或权利要求书中已确实记载且修改后的数值范围在原数值范围之内的前提下，才是允许的。例如，权利要求的技术方案中，某温度为20℃~90℃，对比文件公开的技术内容与该技术方案的区别是其所公开的相应的温度范围为0℃~100℃，该文件还公开了该范围内的一个特定值40℃，因此，审查员在审查意见通知书中指出该权利要求无新颖性。如果发明专利申请的说明书或者权利要求书还记载了20℃~90℃范围内的特定值40℃、60℃和80℃，则允许申请人将权利要求中该温度范围修改成60℃~80℃或者60℃~90℃。

本题选项A中，特定数值40、60、80都在数值范围是40~90内，因此，允许申请人修改为20~40或者60~80的数值范围，选项A的说法正确。选项B中，特定数值20不在数值范围是40~90内，因此，不可以允许申请人将其修改为20~60的数值范围，选项B的说法错误。选项C中，原始文本记载了20和60的点值，不是数值范围，因此，不允许申请人修改为20~60的数值范围，选项C的说法错误。选项D中，特定数值30不在60~90的数值范围内，因此，选项D的说法错误。

【答案】BCD

101.【2017年第60题】涉及实用新型的说法，以下哪些是不正确的？

A. 自申请日起3个月内，实用新型专利申请人对申请文件提出的修改属于主动修改，专利局应予以接受

B. 相同主题的外观设计专利申请可以作为实用新型专利申请的本国优先权基础

C. 分案申请可以作为实用新型专利申请的本国优先权基础

D. 申请人在修改实用新型的申请文件时，即使是对明显错误的更正，这样的修改也将超出原说明书和权利要求书记载的范围

【考点】实用新型专利申请

【分析】专利法实施细则第五十一条第二款规定，实用新型或者外观设计专利申请人自申请日起2个月内，可以对实用新型或者外观设计专利申请主动提出修改。因此，选项A的说法不正确。专利法实施细则第三十二条

第二款规定，申请人要求本国优先权，在先申请是发明专利申请的，可以就相同主题提出发明或者实用新型专利申请；在先申请是实用新型专利申请的，可以就相同主题提出实用新型或者发明专利申请。但是，提出后一申请时，在先申请的主题有下列情形之一的，不得作为要求本国优先权的基础：（一）已经要求外国优先权或者本国优先权的；（二）已经被授予专利权的；（三）属于按照规定提出的分案申请的。因此，选项BC的说法不正确。

《专利审查指南2010》第一部分第二章第8节规定了根据专利法第三十三条的审查。根据专利法第三十三条的规定，申请人可以对其实用新型专利申请文件进行修改，但是，对申请文件的修改不得超出原说明书和权利要求书记载的范围。应当注意的是：（1）对明显错误的更正，不能被认为超出了原说明书和权利要求书记载的范围。所谓明显错误，是指不正确的内容可以从原说明书、权利要求书的上下文中清楚地判断出来，没有作其他解释或者修改的可能。因此，选项D的说法不正确。

【答案】ABCD

102.【2017年第77题】关于实质审查程序中主动修改时机，以下说法错误的是？
A. 申请人在提出实质审查请求时，可以对发明专利申请进行主动修改
B. 申请人在收到国务院专利行政部门发出的发明专利申请进入实质审查阶段通知书之日起的4个月内，可以对发明专利申请进行主动修改
C. 申请人在发明专利申请授权前，都可以对发明专利申请进行主动修改
D. 申请人在收到国务院专利行政部门发出的第一次审查意见通知书后，可以对发明专利申请进行主动修改

【考点】主动修改时机
【分析】根据《专利审查指南2010》第二部分第八章第5.2.1.2节的规定，申请人仅在下述两种情形下可对其发明专利申请文件进行主动修改：（1）在提出实质审查请求时；（2）在收到专利局发出的发明专利申请进入实质审查阶段通知书之日起的三个月内。在答复专利局发出的审查意见通知书时，不得再进行主动修改。因此，选项A的说法正确，选项BCD的说法错误。

【答案】BCD

103.【2017年第83题】申请人在提出实质审查请求时对申请文件作出的以下哪些修改是不被允许的？
A. 在说明书中补入所属技术领域的技术人员不能直接从原始申请中导出的有益效果
B. 在说明书中补入原权利要求书和说明书未记载的实验数据以说明发明的有益效果
C. 将仅在摘要中记载的技术方案补入到说明书中
D. 将原附图中的公知技术附图更换为最接近现有技术的附图

【考点】主动修改时机
【分析】《专利审查指南2010》第二部分第八章第5.2.3.1节规定，不能允许的增加内容的修改，包括下述几种。（1）将某些不能从原说明书（包括附图）和/或权利要求书中直接明确认定的技术特征写入权利要求和/或说明书。（2）为使公开的发明清楚或者使权利要求完整而补入不能从原说明书（包括附图）和/或权利要求书中直接地、毫无疑义地确定的信息。（3）增加的内容是通过测量附图得出的尺寸参数技术特征。（4）引入原申请文件中未提及的附加组分，导致出现原申请没有的特殊效果。（5）补入了所属技术领域的技术人员不能直接从原始申请中导出的有益效果。（6）补入实验数据以说明发明的有益效果，和/或补入实施方式和实施例以说明在权利要求请求保护的范围内发明能够实施。（7）增补原说明书中未提及的附图，一般是不允许的；如果增补背景技术的附图，或者将原附图中的公知技术附图更换为最接近现有技术的附图，则应当允许。因此，选项AB的修改是不被允许的，选项D的修改是允许的。

《专利审查指南2010》第二部分第二章第2.4节规定，摘要的内容不属于发明或者实用新型原始记载的内容，不能作为以后修改说明书或者权利要求书的根据，也不能用来解释专利权的保护范围。因此，选项C的修改是不被允许的。

【答案】ABC

104.【2016年第61题】关于申请人对发明专利申请的修改，以下说法哪些是正确的？
A. 在提出实质审查请求时，以及收到发明申请进入实质审查阶段通知书之日起3个月内，申请人可以对发明专利申请主动提出修改
B. 主动修改时，可以扩大原权利要求请求保护的范围，但不能超出原说明书及权利要求书的记载范围

C. 在答复审查意见通知书时对申请文件进行修改的，通常只能针对通知书指出的缺陷进行修改

D. 答复审查意见通知书时对申请文件进行修改的，只要修改文本未超出原说明书及权利要求书的记载范围均应当被接受

【考点】发明专利申请的修改

【分析】专利法第三十三条规定，申请人可以对其专利申请文件进行修改，但是，对发明和实用新型专利申请文件的修改不得超出原说明书和权利要求书记载的范围，对外观设计专利申请文件的修改不得超出原图片或者照片表示的范围。专利法实施细则第五十一条第一款、第三款规定，发明专利申请人在提出实质审查请求时以及在收到国务院专利行政部门发出的发明专利申请进入实质审查阶段通知书之日起的 3 个月内，可以对发明专利申请主动提出修改。申请人在收到国务院专利行政部门发出的审查意见通知书后对专利申请文件进行修改的，应当针对通知书指出的缺陷进行修改。《专利审查指南 2010》第二部分第八章第 5.2.1.3 节规定，根据专利法实施细则第五十一条第三款的规定，在答复审查意见通知书时，对申请文件进行修改的，应当针对通知书指出的缺陷进行修改，如果修改的方式不符合专利法实施细则第五十一条第三款的规定，则这样的修改文本一般不予接受。

综上所述，发明专利申请的申请人对申请文件的修改方式包括两种：一是进行主动修改，该修改需要满足专利法第三十三条的规定；二是针对通知书指出的缺陷进行修改，该修改需要同时满足专利法第三十三条的规定和专利法实施细则第五十一条第三款的规定，因此，选项 ABC 正确，选项 D 错误。

【答案】ABC

105.【2016年第63题】关于针对审查意见通知书的答复，下列说法正确的是？

A. 电子申请的申请人仍可以采用纸件形式提交答复意见

B. 申请人因正当理由难以在指定期限内做出答复的，可以在期限届满前提出不超过 2 个月的延期请求

C. 直接提交给审查员的答复文件不视为正式答复，不具备法律效力

D. 申请人有两个以上且委托了专利代理机构的，提交答复意见时可以仅由代表人签字

【考点】审查意见通知书的答复

【分析】《专利审查指南 2010》第五部分第十一章第 5.5 节规定，申请人提出电子申请并被受理的，办理专利申请的各种手续应当以电子文件形式提交。对专利法及其实施细则和本指南中规定的必须以原件形式提交的文件，例如，费用减缓证明、专利代理委托书、著录项目变更证明和复审及无效程序中的证据等，应当在专利法及其实施细则和本指南中规定的期限内提交纸件原件。因此，选项 A 错误。

《专利审查指南 2010》第一部分第一章第 3.4 节规定，申请人因正当理由难以在指定的期限内作出答复的，可以提出延长期限请求。《专利审查指南 2010》第五部分第七章第 4.1 节规定，当事人因正当理由不能在期限内进行或者完成某一行为或者程序时，可以请求延长期限。可以请求延长的期限仅限于指定期限。但在无效宣告程序中，专利复审委员会指定的期限不得延长。《专利审查指南 2010》第五部分第七章第 4.2 节规定，延长期限请求由作出相应通知和决定的部门或者流程管理部门进行审批。延长的期限不足一个月的，以一个月计算。延长的期限不得超过两个月。对同一通知或者决定中指定的期限一般只允许延长一次。因此，选项 B 正确。

《专利审查指南 2010》第五部分第八章第 5.1.1 节规定，申请人的答复应当提交给专利局受理部门。直接提交给审查员的答复文件或征询意见的信件不视为正式答复，不具备法律效力。因此，选项 C 正确。

《专利审查指南 2010》第五部分第八章第 5.1.2 节规定，申请人未委托专利代理机构的，其提交的意见陈述书或者补正书，应当有申请人的签字或者盖章；申请人是单位的，应当加盖公章；申请人有两个以上的，可以由其代表人签字或者盖章。申请人委托了专利代理机构的，其答复应当由其所委托的专利代理机构盖章，并由委托书中指定的专利代理人签字或者盖章。专利代理人变更之后，由变更后的专利代理人签字或者盖章。因此，选项 D 错误。

【答案】BC

106.【2016年第64题】下列关于实用新型专利申请文件的修改，哪些未超出原说明书和权利要求书记载的范围？

A. 修改从属权利要求的引用部分，改正引用关系上的错误

B. 在从属权利要求中增加通过测量说明书附图得出的尺寸参数技术特征

C. 根据最接近的现有技术，对独立权利要求重新划分前序部分与特征部分

D. 将手绘说明书附图改为内容一致的机械制图

【考点】实用新型专利申请文件的修改

【分析】专利法第三十三条规定，申请人可以对其专利申请文件进行修改，但是，对发明和实用新型专利申请文件的修改不得超出原说明书和权利要求书记载的范围，对外观设计专利申请文件的修改不得超出原图片或者照片表示的范围。《专利审查指南2010》第二部分第八章第5.2.2.1节规定，允许的对权利要求书的修改，包括下述各种情形：……（5）将独立权利要求相对于最接近的现有技术正确划界。这样的修改不会超出原权利要求书和说明书记载的范围，因此是允许的。（6）修改从属权利要求的引用部分，改正引用关系上的错误，使其准确地反映说明书中所记载的实施方式或实施例。这样的修改不会超出原权利要求书和说明书记载的范围，因此是允许的。本题选项ACD中的修改没有超出原权利要求书和说明书记载的范围，因此，选项ACD正确。

《专利审查指南2010》第二部分第八章第5.2.3.1节规定，不能允许的增加内容的修改，包括下述几种：……（3）增加的内容是通过测量附图得出的尺寸参数技术特征。因此，选项B错误。

【答案】ACD

107.【2015年第21题】下列关于实用新型专利申请的主动修改，哪个说法是正确的？
  A. 申请人可以自申请日起2个月内提出主动修改
  B. 申请人可以自收到受理通知书之日起3个月内提出主动修改
  C. 超出修改期限的修改文件，国家知识产权局一律不予接受
  D. 对权利要求书的修改仅限于权利要求的删除、合并和技术方案的删除

【考点】主动修改

【分析】根据专利法实施细则第五十一条的规定，申请人可以自申请日起两个月内对实用新型专利申请文件主动提出修改。《专利审查指南2010》第一部分第二章第8.1节规定，对于申请人的主动修改，审查员应当首先核对提出修改的日期是否在自申请日起两个月内。对于超过两个月的修改，如果修改的文件消除了原申请文件存在的缺陷，并且具有被授权的前景，则该修改文件可以接受。对于不予接受的修改文件，审查员应当发出视为未提出通知书。因此，选项A正确，选项BC错误。

根据上述规定，主动修改应当满足不超范围和时机正确两方面的要求，但并没有限定对权利要求的修改方式。因此，选项D错误。

【答案】A

108.【2015年第72题】下列关于说明书附图的修改，哪些未超出原说明书和权利要求书记载的范围？
  A. 增加的内容是通过测量附图得出的尺寸参数技术特征
  B. 将记载于优先权文件中、但未记载在本申请中的附图追加至本申请中
  C. 将说明书附图中的文字注释删除，并增补到说明书中
  D. 在文字说明清楚的情况下，为使局部结构清楚起见，增加局部放大图

【考点】附图的修改

【分析】专利法第三十三条规定，申请人可以对其专利申请文件进行修改，但是，对发明和实用新型专利申请文件的修改不得超出原说明书和权利要求书记载的范围，对外观设计专利申请文件的修改不得超出原图片或者照片表示的范围。《专利审查指南2010》第二部分第八章第5.2.3.1节规定，不能允许的增加内容的修改，包括：增加的内容是通过测量附图得出的尺寸参数技术特征。因此，选项A错误。

《专利审查指南2010》第二部分第八章第5.2.3节规定，如果申请的内容通过增加、改变和/或删除其中的一部分，致使所属技术领域的技术人员看到的信息与原申请记载的信息不同，而且又不能从原申请记载的信息中直接地、毫无疑义地确定，那么，这种修改就是不允许的。这里所说的申请内容，是指原说明书（及其附图）和权利要求书记载的内容，不包括任何优先权文件的内容。因此，选项B错误。

《专利审查指南2010》第二部分第八章第5.2.2.2节规定，删除附图中不必要的词语和注释，可将其补入说明书文字部分之中；修改附图中的标记使之与说明书文字部分相一致；在文字说明清楚的情况下，为使局部结构清楚起见，允许增加局部放大图；修改附图的阿拉伯数字编号，使每幅图使用一个编号。因此，选项CD正确。

【答案】CD

109.【2015年第73题】下列关于申请人答复审查意见通知书的说法哪些是正确的？

A. 申请人可以仅仅陈述意见，也可以修改申请文件
B. 申请人可以在答复期限届满后提出延长答复期限的请求
C. 申请人直接提交给审查员的答复文件不具备法律效力
D. 答复第一次审查意见通知书的期限是四个月

【考点】答复审查意见通知书

【分析】《专利审查指南2010》第二部分第八章第5.1节规定，申请人的答复可以仅仅是意见陈述书，也可以进一步包括经修改的申请文件（替换页和/或补正书）。申请人可以请求专利局延长指定的答复期限。但是，延长期限的请求应当在期限届满前提出。因此，选项A正确，选项B错误。

《专利审查指南2010》第二部分第八章第5.1.1节规定，申请人的答复应当提交给专利局受理部门。直接提交给审查员的答复文件或征询意见的信件不视为正式答复，不具备法律效力。因此，选项C正确。《专利审查指南2010》第五部分第七章第1.2节规定，指定期限一般为两个月。发明专利申请的实质审查程序中，申请人答复第一次审查意见通知书的期限为四个月。因此，选项D正确。

【答案】ACD

第四章 专利申请的审查和批准

引 言

本章规定专利申请的审批程序,其内容分为三部分:一是对发明专利申请的审查和授权的规定(第三十四条至第三十九条);二是对实用新型和外观设计专利申请的审查和授权的规定(第四十条);三是对复审的规定(第四十一条)。

我国专利法对发明、实用新型和外观设计规定了不同的审批程序。其中,对发明采用实质审查制,对实用新型和外观设计则采用初步审查制。

各国对发明的实质审查,有的实行即时审查制,有的实行延迟审查制。我国采取"早期公开、延迟审查"的制度,由此带来另一个问题,即在发明专利申请公布后,由于该发明还没有经过实质审查,还不能确定其是否能够被授予专利权,因此,他人实施早期公开的申请中的发明在法律上是不禁止的,不能认为是侵权。为了弥补这种不足,保护申请人的利益,我国专利法对发明专利申请实行临时保护,规定在专利法第十三条。

由于对实用新型和外观设计专利申请只进行初步审查而不进行实质审查,因此,实用新型和外观设计专利权的法律稳定性较差,为减少因不作实质审查而产生的问题,专利法第六十一条第二款规定,专利权人或者利害关系人请求处理侵权纠纷的,受理机关可以要求其提供国家知识产权局作出的专利权评价报告。

对于国家知识产权局所作出驳回决定不服的,本法规定申请人可以向专利复审委员会请求复审。并且对国家知识产权局授予的专利权,任何人可以向专利复审委员会请求宣告无效。

2015～2019 年专利法律知识真题在本章的分布统计如下:

法条	2015 年	2016 年	2017 年	2018 年	2019 年	合计
A34	1	1	0	2	0	4
A35	0	0	1	0	0	1
A36	0	0	0	0	0	0
A37	0	0	1	2	4	7
A38	0	0	0	0	0	0
A39	0	1	2	2	1	6
A40	0	1	0	0	0	1
A41	5	5	10	7	8	35
总计	6	8	14	13	13	54

第三十四条【发明专利申请的公布】

国务院专利行政部门收到发明专利申请后,经初步审查认为符合本法要求的,自申请日起满十八个月,即行公布。国务院专利行政部门可以根据申请人的请求早日公布其申请。

一、本条含义

本条是关于发明专利申请的初步审查和对申请予以公布的规定。

发明专利申请的公布，是指国家知识产权局将发明专利申请请求书记载的事项和说明书摘要刊登在专利公报上，并另行全文出版发明专利申请单行本。

规定期满18个月即行公布的原因：申请人首次在外国提出专利申请的，可以享有12个月的优先权期限，有可能直到该期限届满前才向中国提出专利申请，而向中国提出专利申请后，国家知识产权局对申请进行初步审查和公布前的准备工作还需要一定的时间，所以规定18个月予以公布较为现实可行。

发明专利申请的申请人出于各种考虑可能希望能够早日公布其专利申请，而不是等到期满18个月，因此，本条以及专利法实施细则第四十六条规定申请人可以请求早日公布其专利申请。

《专利审查指南2010》第5部分第8章第1.2.1.1节规定，发明专利申请自申请日（有优先权的，为优先权日）起满15个月，因各种原因初步审查尚未合格的发明专利申请将延迟公布。

二、重点讲解

（一）发明专利申请的初步审查程序

1. 发明专利申请初步审查的范围

《专利审查指南2010》第一部分第一章第1节规定了发明专利申请初步审查的范围。

（1）申请文件的形式审查；（2）申请文件的明显实质性缺陷审查；（3）其他文件的形式审查；（4）有关费用的审查。

2. 发明专利申请初步审查的原则

《专利审查指南2010》第一部分第一章第2节规定了初步审查的原则。

初步审查程序中，审查员应当遵循以下审查原则。

（1）保密原则。审查员在专利申请的审批程序中，根据有关保密规定，对于尚未公布、公告的专利申请文件和与专利申请有关的其他内容，以及其他不适宜公开的信息负有保密责任。

（2）书面审查原则。审查员应当以申请人提交的书面文件为基础进行审查，审查意见（包括补正通知）和审查结果应当以书面形式通知申请人。初步审查程序中，原则上不进行会晤。

（3）听证原则。审查员在作出驳回决定之前，应当将驳回所依据的事实、理由和证据通知申请人，至少给申请人一次陈述意见和/或修改申请文件的机会。审查员作出驳回决定时，驳回决定所依据的事实、理由和证据，应当是已经通知过申请人的，不得包含新的事实、理由和/或证据。

（4）程序节约原则。在符合规定的情况下，审查员应当尽可能提高审查效率，缩短审查过程。对于存在可以通过补正克服的缺陷的申请，审查员应当进行全面审查，并尽可能在一次补正通知书中指出全部缺陷。对于申请文件中文字和符号的明显错误，审查员可以依职权自行修改，并通知申请人。对于存在不可能通过补正克服的实质性缺陷的申请，审查员可以不对申请文件和其他文件的形式缺陷进行审查，在审查意见通知书中可以仅指出实质性缺陷。

除遵循以上原则外，审查员在作出视为未提出、视为撤回、驳回等处分决定的同时，应当告知申请人可以启动的后续程序。

3. 文件的形式审查

根据《专利审查指南2010》第一部分第一章第1节的规定，申请文件的形式审查，包括专利申请是否包含专利法第二十六条规定的申请文件，以及这些文件格式上是否明显不符合专利法实施细则第十六条至第十九条、第二十三条的规定，是否符合专利法实施细则第二条、第三条、第二十六条第二款、第一百一十九条、第一百二十一条的规定。

4. 手续合法性审查

根据《专利审查指南2010》第一部分第一章第1节的规定，其他文件的形式审查，包括与专利申请有关的其他手续和文件是否符合专利法第十条、第二十四条、第二十九条、第三十条以及专利法实施细则第二条、第三条、第六条、第七条、第十五条第三款和第四款、第二十四条、第三十条、第三十一条第一款至第三款、第三十二条、第三十三条、第三十六条、第四十条、第四十二条、第四十三条、第四十五条、第四十六条、第八十六条、第八十七条、第一百条的规定。

5. 明显实质性缺陷审查

根据《专利审查指南2010》第一部分第一章第1节的规定，申请文件的明显实质性缺陷审查，包括专利申请是否明显属于专利法第五条、第二十五条规定的情形，是否不符合专利法第十八条、第十九条第一款、第二十条第一款的规定，是否明显不符合专利法第二条第二款、第二十六条第五款、第三十一条第一款、第三十三条或者专利法实施细则第十七条、第十九条的规定。

6. 涉及生物材料申请的审查

《专利审查指南2010》第一部分第一章第5.2.1节规定了涉及生物材料的申请的核实。

对于涉及生物材料的申请，申请人除应当使申请符合专利法及其实施细则的有关规定外，还应当办理下列手续：

① 在申请日前或者最迟在申请日（有优先权的，指优先权日），将该生物材料样品提交至国家知识产权局认可的生物材料样品国际保藏单位保藏。

② 在请求书和说明书中注明保藏该生物材料样品的单位名称、地址、保藏日期和编号，以及该生物材料的分类命名（注明拉丁文名称）。

③ 在申请文件中提供有关生物材料特征的资料。

④ 自申请日起四个月内提交保藏单位出具的保藏证明和存活证明。

初步审查中，对于已在规定期限内提交保藏证明的，审查员应当根据保藏证明核实下列各项内容：

（1）保藏单位。保藏单位应当是国家知识产权局认可的生物材料样品国际保藏单位，不符合规定的，审查员应当发出生物材料样品视为未保藏通知书。

（2）保藏日期。保藏日期应当在申请日之前或者在申请日（有优先权的，指优先权日）当天。不符合规定的，审查员应当发出生物材料样品视为未保藏通知书。

但是，保藏证明写明的保藏日期在所要求的优先权日之后，并且在申请日之前的，审查员应当发出办理手续补正通知书，要求申请人在指定的期限内撤回优先权要求或者声明该保藏证明涉及的生物材料的内容不要求享受优先权，期满未答复或者补正后仍不符合规定的，审查员应当发出生物材料样品视为未保藏通知书。

（3）保藏及存活证明和请求书的一致性。保藏及存活证明与请求书中所填写的项目应当一致，不一致的，审查员应当发出补正通知书，通知申请人在规定期限内补正。期满未补正的，审查员应当发出生物材料样品视为未保藏通知书。

初步审查中，对于未在规定期限内提交保藏证明的，该生物材料样品视为未提交保藏，审查员应当发出生物材料样品视为未保藏通知书。在自申请日起四个月内，申请人未提交生物材料存活证明，又没有说明未能提交该证明的正当理由的，该生物材料样品视为未提交保藏，审查员应当发出生物材料样品视为未保藏通知书。

提交生物材料样品保藏过程中发生样品死亡的，除申请人能够提供证据证明造成生物材料样品死亡并非申请人责任外，该生物材料样品视为未提交保藏，审查员应当发出生物材料样品视为未保藏通知书。申请人提供证明的，可以在自申请日起四个月内重新提供与原样品相同的新样品重新保藏，并以原提交保藏日为保藏日。

涉及生物材料的专利申请，申请人应当在请求书和说明书中分别写明生物材料的分类命名，保藏该生物材料样品的单位名称、地址、保藏日期和保藏编号，并且相一致。申请时请求书和说明书都未写明的，申请人应当自申请日起四个月内补正，期满未补正的，视为未提交保藏。请求书和说明书填写不一致的，申请人可以在收到专利局通知书后，在指定的期限内补正，期满未补正的，视为未提交保藏。

7. 提前公布声明

《专利审查指南2010》第一部分第一章第6.5节规定了提前公布声明。

提前公布声明只适用于发明专利申请。

申请人提出提前公布声明不能附有任何条件。

提前公布声明不符合规定的，审查员应当发出视为未提出通知书；符合规定的，在专利申请初步审查合格后立即进入公布准备。进入公布准备后，申请人要求撤销提前公布声明的，该要求视为未提出，申请文件照常公布。

申请人提出提前公布声明不需要缴纳费用。

在发明专利申请公布后，直到授权之前，不同主体的行为汇总如下：

行为主体	法条	内容简述
申请人	A13	发明专利申请公布后，申请人可以要求实施其发明的单位或者个人支付适当的费用
管理专利工作的部门	R85.1	除专利法第六十条规定的外，管理专利工作的部门应当事人请求，可以对下列专利纠纷进行调解：……（四）在发明专利申请公布后专利权授予前使用发明而未支付适当费用的纠纷；……
公众	R48	自发明专利申请公布之日起至公告授予专利权之日止，任何人均可以对不符合专利法规定的专利申请向国务院专利行政部门提出意见，并说明理由
公众	R25	发明专利申请人依照本细则第二十四条的规定保藏生物材料样品的，在发明专利申请公布后，任何单位或者个人需要将该专利申请所涉及的生物材料作为实验目的使用的，应当向国务院专利行政部门提出请求……
国家知识产权局	R90	国务院专利行政部门定期出版专利公报，公布或者公告下列内容：（一）发明专利申请的著录事项和说明书摘要；（二）发明专利申请的实质审查请求和国务院专利行政部门对发明专利申请自行进行实质审查的决定；（三）发明专利申请公布后的驳回、撤回、视为撤回、视为放弃、恢复和转移；（四）专利权的授予以及专利权的著录事项；……

另外，不能附有条件的情形主要有以下三种：

《专利审查指南2010》	内容	专利（申请）类型
第一部分第一章第6.5节	申请人提出提前公布声明不能附有任何条件	发明
第一部分第一章第6.6节、第二章第4.4节和第三章第5.4节	撤回专利申请不得附有任何条件	发明、实用新型、外观设计
第五部分第九章第2.3节	主动放弃专利权的声明不得附有任何条件	发明、实用新型、外观设计

三、真题分析

1.【2018年第39题】下列专利申请，存在可能导致该申请被驳回的实质性缺陷的有：

A. 请求保护的发明是一种固体燃料。该燃料包含助燃剂"神威9号"。但说明书中并未对该助燃剂"神威9号"做任何具体说明，仅在背景技术部分指出某国防专利具体记载了该助燃剂，并提供了具体的国防专利的申请号、授权公告日。

B. 请求保护的发明是一种使用交流电的点烟器，其无须将交流电转换为直流电，而是直接使用交流电驱动点烟器。说明书中只记载了该点烟器可使用交流电，而没有记载该点烟器的具体结构。

C. 请求保护的发明是一种有机化合物，但申请说明书中记载的该化合物结构鉴定图谱信息与其化学分子结构明显矛盾，且说明书记载的其他信息不足以澄清该矛盾的。

D. 请求保护的发明是一种抗癌组合物，但说明书中记载的该组合物的全部成分均选自绿豆、淀粉、蔗糖、食用胶。

【考点】说明书公开充分

【分析】专利法实施细则第五十三条规定，依照专利法第三十八条的规定，发明专利申请经实质审查应当予以驳回的情形是指：……（二）申请不符合专利法第二条第二款、第二十条第一款、第二十二条、第二十六条第三款、第四款、第五款、第三十一条第一款或者本细则第二十条第二款规定的。专利法第二十六条第三款，说明书应当对发明或者实用新型作出清楚、完整的说明，以所属技术领域的技术人员能够实现为准；必要的时候，应当有附图。摘要应当简要说明发明或者实用新型的技术要点。

根据《专利审查指南2010》第二部分第二章第2.1.3节的规定，说明书应当清楚地记载发明或者实用新型的技术方案，详细地描述实现发明或者实用新型的具体实施方式，完整地公开对于理解和实现发明或者实用新型必不可少的技术内容，达到所属技术领域的技术人员能够实现该发明或者实用新型的程度。审查员如果有合理的理由质疑发明或者实用新型没有达到充分公开的要求，则应当要求申请人予以澄清。以下各种情况由于缺乏解决技术问题的技术手段而被认为无法实现：（1）说明书中只给出任务和/或设想，或者只表明一种愿望和/或结果，而未给出任何使所属技术领域的技术人员能够实施的技术手段；（2）说明书中给出了技术手段，但对所属技术领域的技术人员来说，该手段是含糊不清的，根据说明书记载的内容无法具体实施；（3）说明书中给出了技术手段，但所属技术领域的技术人员采用该手段并不能解决发明或者实用新型所要解决的技术问题；（4）申请的主题为由多个技术手段构成的技术方案，对于其中一个技术手段，所属技术领域的技术人员按照说明书记载的内容并不能实现；（5）说明书中给出了具体的技术方案，但未给出实验证据，而该方案又必须依赖实验结果加以证实才能成立。例如，对于已知化合物的新用途发明，通常情况下，需要在说明书中给出实验证据来证实其所述的用途以及效果，否则将无法达到能够实现的要求。

本题选项A中，说明书对助燃剂"神威9号"的说明是含混不清的，仅在背景技术部分指出某国防专利具体记载了该助燃剂，虽然提供了申请号、授权公告日，但国防专利不属于公开出版物，而属于保密材料，据此不能知晓该助燃剂的结构等特点，因此，选项A公开不充分，可能导致该申请被驳回，因此，选项A正确。

本题选项B中，说明书中没有记载该点烟器的具体结构，无法制造出该点烟器，仅仅是申请人的一种设想，并未给出实现其设想的技术手段，因此，选项B公开不充分，可能导致该申请被驳回，因此，选项B正确。

本题选项C中，说明书中记载的该化合物结构鉴定图谱信息与其化学分子结构明显矛盾，且说明书记载的其他信息不足以澄清该矛盾，由此可知，该技术手段是含混不清的，根据该技术内容无法具体实施，因此，选项C公开不充分，可能导致该申请被驳回，因此，选项C正确。

本题选项D中，说明书中记载的该组合物的全部成分均选自绿豆、淀粉、蔗糖、食用胶，所属技术领域的技术人员采用该手段不能解决该专利申请所要解决的技术问题，因此，选项D公开不充分，可能导致该申请被驳回，因此，选项D正确。

【答案】ABCD

2.【2018年第50题】某申请人于2017年4月19日向国家知识产权局提出一项发明专利申请A，并要求了其在2017年1月6日就相同主题提出的发明专利申请B作为该申请A的优先权，2017年7月12日该申请A经初步审查合格，以下说法正确的是：

A. 申请人未针对该发明专利申请A提出提前公开声明的，国家知识产权局应当于2018年7月6日公布该发明专利申请

B. 申请人在发明专利申请A的请求书中一并提出提前公开声明的，在2017年7月12日起进入公布准备阶段

C. 申请人提出提前公开声明的，只要该申请未公布，随时可以要求撤销提前公布声明

D. 发明专利申请公布的著录事项主要包括国际专利分类号、申请号、公布号（出版号）、申请日、优先权日、申请人事项、发明人、专利代理等事项

【考点】提前公布声明

【分析】专利法第三十四条规定，国务院专利行政部门收到发明专利申请后，经初步审查认为符合本法要求的，自申请日起满十八个月，即行公布。国务院专利行政部门可以根据申请人的请求早日公布其申请。专利法实施细则第十一条规定，除专利法第二十八条和第四十二条规定的情形外，专利法所称申请日，有优先权的，指优先权日。本题中，自优先权日2017年1月6日起满十八个月为2018年7月6日，因此，选项A正确。

《专利审查指南2010》第一部分第一章第6.5节规定，提前公布声明不符合规定的，审查员应当发出视为未提出通知书；符合规定的，在专利申请初步审查合格后立即进入公布准备。进入公布准备后，申请人要求撤销提前公布声明的，该要求视为未提出，申请文件照常公布。因此，选项B正确，选项C错误。

《专利审查指南2010》第五部分第八章第1.2.1.1节规定，发明专利申请公布的内容包括：著录事项、摘要和摘要附图，但说明书没有附图的，可以没有摘要附图。著录事项主要包括：国际专利分类号、申请号、公布号（出版号）、公布日、申请日、优先权事项、申请人事项、发明人事项、专利代理事项、发明名称等。因此，选项D正确。

【答案】ABD

3. 【2016年第55题】对于经初步审查符合相关规定的下列发明专利申请，有关公布的说法哪些是正确的？
   A. 申请人请求早日公布的，应当在初审合格后立即予以公布
   B. 申请人未要求提前公布的，则自申请日起满十八个月即行公布，与优先权日无关
   C. 申请人未要求提前公布的，则自优先权日起满十八个月即行公布
   D. 分案申请自提出分案请求之日起满十八个月即行公布

【考点】发明专利申请公布

【分析】专利法第三十四条规定，国务院专利行政部门收到发明专利申请后，经初步审查认为符合本法要求的，自申请日起满十八个月，即行公布。国务院专利行政部门可以根据申请人的请求早日公布其申请。《专利审查指南2010》第五部分第八章第1.2.1.1节规定，发明专利申请经初步审查合格后，自申请日（有优先权的，为优先权日）起满十五个月进行公布准备，并于十八个月期满时公布。《专利审查指南2010》第一部分第一章第6.5节规定，提前公布声明只适用于发明专利申请。申请人提出提前公布声明不能附有任何条件。提前公布声明不符合规定的，审查员应当发出视为未提出通知书；符合规定的，在专利申请初步审查合格后立即进入公布准备。专利法实施细则第十一条规定，除专利法第二十八条和第四十二条规定的情形外，专利法所称申请日，有优先权的，指优先权日。本细则所称申请日，除另有规定的外，是指专利法第二十八条规定的申请日。由此可知，享有优先权的发明专利申请初审合格后的公布日应自优先权日起满18个月；如果申请人要求提前公布，则应在初审合格后及时公布，因此，选项AC正确，选项B错误。

专利法实施细则第四十三条第一款规定，依照本细则第四十二条规定提出的分案申请，可以保留原申请日，享有优先权的，可以保留优先权日，但是不得超出原申请记载的范围。由此可知，分案申请的申请日是原申请的申请日，而不是分案申请的提出日。因此，根据专利法第三十四条规定，分案申请自申请日起满十八个月即行公布。如果分案申请的提出日距离申请日已经超过18个月，则在初步审查合格后及时予以公布。因此，选项D错误。

【答案】AC

4. 【2015年第16题】一件享有外国优先权的发明专利申请，优先权日为2011年2月20日，申请日为2012年2月7日。下列说法哪个是错误的？
   A. 该申请自2012年2月7日起满十八个月即行公布
   B. 申请人提出实质审查请求的期限为自2011年2月20日起三年
   C. 如果该项专利申请被授予专利权，则其保护期限自2012年2月7日起算
   D. 2011年2月20日以前公开的相关技术属于该发明专利申请的现有技术

【考点】公布 实质审查请求期限 专利权保护期限 现有技术

【分析】专利法实施细则第十一条第一款规定，除专利法第二十八条和第四十二条规定的情形外，专利法所称申请日，有优先权的，指优先权日。专利法第三十四条规定，国务院专利行政部门收到发明专利申请后，经初步审查认为符合本法要求的，自申请日起满十八个月，即行公布。《专利审查指南2010》第五部分第八章第1.2.1.1节规定，发明专利申请经初步审查合格后，自申请日（有优先权的，为优先权日）起满十五个月进行公布准备，并于十八个月期满时公布。本题中，该发明专利申请自优先权日2011年2月20日起满十八个月即行公布，因此，选项A的说法错误。

专利法第三十五条规定，发明专利申请自申请日起三年内，国务院专利行政部门可以根据申请人随时提出的请求，对其申请进行实质审查。本题中，申请人提出实质审查请求的期限为自优先权日2011年2月20日起三年。因此，选项B的说法正确。专利法第四十二条规定，发明专利权的期限为二十年，实用新型专利权和外观设计专利权的期限为十年，均自申请日起计算。本题中，该发明专利申请的保护期限自申请日2012年2月7日起算。因此，选项C的说法正确。专利法第二十二条第五款规定，本法所称现有技术，是指申请日以前在国内外为

公众所知的技术。本题中，优先权日 2011 年 2 月 20 日以前公开的相关技术属于该发明专利申请的现有技术。因此，选项 D 的说法正确。

【答案】A

第三十五条【发明专利申请的实质审查请求】

发明专利申请自申请日起三年内，国务院专利行政部门可以根据申请人随时提出的请求，对其申请进行实质审查；申请人无正当理由逾期不请求实质审查的，该申请即被视为撤回。

国务院专利行政部门认为必要的时候，可以自行对发明专利申请进行实质审查。

一、本条含义

我国对发明专利申请实行实质审查制，即对发明专利申请要进行初步审查、实质审查，而且是请求审查制，即在自申请日起三年内由申请人决定是否进行实质审查，期满不请求的，该发明专利申请被视为撤回。本条第二款规定在国家知识产权局认为必要的时候可以主动对发明专利申请进行实质审查。

实质审查是指国家知识产权局在初步审查的基础上，对发明专利申请的申请文件进行更为深入和全面的审查，特别是就申请要求保护的发明进行现有技术检索，并审查要求保护的发明是否具备新颖性、创造性和实用性，最终作出是否授予专利权的决定。

二、重点讲解

（一）发明专利申请的实质审查请求

1. 实质审查请求的期限

《专利审查指南2010》第一部分第一章第6.4.1节规定了实质审查请求的相关要求。

实质审查请求应当在自申请日（有优先权的，指优先权日）起三年内提出，并在此期限内缴纳实质审查费。

发明专利申请人请求实质审查时，应当提交在申请日（有优先权的，指优先权日）前与其发明有关的参考资料。

2. 请求实质审查的人

原则上，实质审查应当根据申请人的请求进行。然而，本条第二款规定，申请人虽然没有提出请求，如果国务院专利行政部门认为必要，也可以自行决定对发明专利申请进行实质审查。这主要是指，申请人虽然没有提出审查的请求，然而该申请的主题对国民经济的发展具有重要性，国家急需决定是否实施该发明，所以需要及早进行审查，以便对其价值进行评估。不过，实践中很少出现这种情况，到目前为止，国家知识产权局尚未行使过这一权力。

国务院专利行政部门根据本条规定虽然可以自行启动审查程序，但是审查工作仍须得到申请人的合作才能进行，根据专利法实施细则第五十条的规定，应当通知申请人。

3. 实质审查请求手续

《专利审查指南2010》第一部分第一章第6.4.2节规定了实质审查请求的审查及处理。

对实质审查请求的审查按照下述要求进行：

（1）在实质审查请求的提出期限届满前三个月时，申请人尚未提出实质审查请求的，审查员应当发出期限届满前通知书。

（2）申请人已在规定期限内提交了实质审查请求书并缴纳了实质审查费，但实质审查请求书的形式仍不符合规定的，审查员可以发出视为未提出通知书；如果期限届满前通知书已经发出，则审查员应当发出办理手续补正通知书，通知申请人在规定期限内补正；期满未补正或者补正后仍不符合规定的，审查员应当发出视为未提出通知书。

（3）申请人未在规定的期限内提交实质审查请求书，或者未在规定的期限内缴纳或者缴足实质审查费的，审查员应当发出视为撤回通知书。

（4）实质审查请求符合规定的，在进入实质审查程序时，审查员应当发出发明专利申请进入实质审查阶段通知书。

三、真题分析

5.【2017年第44题】一件发明专利申请，申请日是2017年3月3日，优先权日是2016年4月5日，申请人欲提交实质审查请求，以下说法正确的是？
    A. 申请人应当最晚于2019年4月5日前提出实质审查请求
    B. 申请人应当最晚于2020年3月3日前提出实质审查请求
    C. 申请人可以在提出实质审查请求时时提交对申请的主动修改文件
    D. 申请人成功办理费用减缴手续的，实质审查请求费可以减缴

【考点】实质审查请求的提出

【分析】专利法第三十五条第一款规定，发明专利申请自申请日起三年内，国务院专利行政部门可以根据申请人随时提出的请求，对其申请进行实质审查；申请人无正当理由逾期不请求实质审查的，该申请即被视为撤回。专利法实施细则第十一条第一款规定，除专利法第二十八条和第四十二条规定的情形外，专利法所称申请日，有优先权的，指优先权日。本题中，优先权日是2016年4月5日，申请人应当最晚于2019年4月5日前提出实质审查请求，因此，选项A正确，选项B错误。

专利法实施细则第五十一条第一款规定，发明专利申请人在提出实质审查请求时以及在收到国务院专利行政部门发出的发明专利申请进入实质审查阶段通知书之日起的3个月内，可以对发明专利申请主动提出修改。因此，选项C正确。《专利审查指南2010》第五部分第二章第3.1节规定了可以减缓的费用种类，（1）申请费（不包括公布印刷费、申请附加费）；（2）发明专利申请实审查费；（3）复审费；（4）年费（自授予专利权当年起三年的年费❶）。因此，选项D正确。

【答案】ACD

第三十六条【发明专利申请有关资料的提交】

发明专利的申请人请求实质审查的时候，应当提交在申请日前与其发明有关的参考资料。

发明专利已经在外国提出过申请的，国务院专利行政部门可以要求申请人在指定期限内提交该国为审查其申请进行检索的资料或者审查结果的资料；无正当理由逾期不提交的，该申请即被视为撤回。

一、本条含义

本条第一款规定发明专利申请人应当提交在申请日前与其发明有关的专利文献、科技书籍、专利技术报刊等参考资料。

第二款规定申请人已经在外国就同一发明提出过专利申请，国家知识产权局可以要求其提交有关外国对该申请进行检索的资料或者审查结果的资料，且无正当理由逾期不提交的，该申请即被视为撤回。

二、重点讲解

（一）"有关的参考资料"的性质

申请人提交的参考资料与说明书的背景技术部分记载的现有技术具有不同的性质，前者不属于专利法第三十

---

❶ 国家知识产权局《关于停征和调整部分专利收费的公告（第272号）》第二条规定，专利年费的减缴期限由自授权当年起6年内，延长至10年内。

三条所述的"原说明书和权利要求书记载的范围",申请人不能将仅仅记载在参考资料中的内容加入到说明书和权利要求书中,参考资料的主要作用是提供国家知识产权局在审查过程中参考。

(二)"检索的资料或者审查结果的资料"的内容

检索的资料,指有关国家的专利局和地区的专利局(例如欧洲专利局)对该申请进行检索所作出的检索报告,以及PCT条约国际局公布的对国际申请作出的国际检索报告。审查结果的资料,指有关国家和地区的专利局对该申请所作的结论性意见,比如外国专利局作出的审查通知书、授予专利权的决定、驳回该专利申请的决定等。

上述两种资料对我国国家知识产权局的审查仅仅起到参考作用,一件专利申请能否被授权,由我国国家知识产权局在全面检索、审查的基础上独立作出判断。

专利法实施细则第四十九条规定,发明专利申请人因有正当理由无法提交专利法第三十六条规定的检索资料或者审查结果资料的,应当向国务院专利行政部门声明,并在得到有关资料后补交。其中,正当理由主要是指在国家知识产权局指定的期限内,有关国家的专利局还未对该申请作出检索报告或者其他结论性意见,因而申请人无法按照要求提交有关资料。

需要注意的是,本条第二款规定"无正当理由逾期不提交的,该申请即被视为撤回",这一规定仅适用于本条第二款的情况,不适用于本条第一款。

第三十七条【发明专利申请的实质审查】

国务院专利行政部门对发明专利申请进行实质审查后,认为不符合本法规定的,应当通知申请人,要求其在指定的期限内陈述意见,或者对其申请进行修改;无正当理由逾期不答复的,该申请即被视为撤回。

一、本条含义

本条是关于国家知识产权局对经过实质审查认为不符合本法规定的发明专利申请应如何处理的规定。

在实质审查的过程中,如果国家知识产权局认为一项发明专利申请不符合专利法及其细则有关规定,不能在现有申请文本的基础上授予专利权的,不能直接作出驳回该发明专利申请的决定,而是必须首先通知申请人,为其提供一个陈述意见、进行修改的机会。申请人无正当理由逾期不答复的,其专利申请便被视为撤回。

二、重点讲解

(一)实质审查程序中的基本原则

《专利审查指南2010》第二部分第八章第2.2节规定了实质审查程序中的基本原则。

1. 请求原则

除专利法及其实施细则另有规定外,实质审查程序只有在申请人提出实质审查请求的前提下才能启动。审查员只能根据申请人依法正式呈请审查(包括提出申请时、依法提出修改时或者答复审查意见通知书时)的申请文件进行审查。

2. 听证原则

在实质审查过程中,审查员在作出驳回决定之前,应当给申请人提供至少一次针对驳回所依据的事实、理由和证据陈述意见和/或修改申请文件的机会,即审查员作出驳回决定时,驳回所依据的事实、理由和证据应当在之前的审查意见通知书中已经告知过申请人。

3. 程序节约原则

在对发明专利申请进行实质审查时,审查员应当尽可能地缩短审查过程。换言之,审查员要设法尽早地结案。因此,除非确认申请根本没有被授权的前景,审查员应当在第一次审查意见通知书中,将申请中不符合专利法及其实施细则规定的所有问题通知申请人,要求其在指定期限内对所有问题给予答复,尽量地减少与申请人通信的次数,以节约程序。

但是，审查员应当注意，不得以节约程序为理由而违反请求原则和听证原则。

（二）实质审查

1. 审查的文本

《专利审查指南2010》第二部分第八章第4.1节规定了审查的文本。

审查员首次审查所针对的文本通常是申请人按照专利法及其实施细则规定提交的原始申请文件或者应专利局初步审查部门要求补正后的文件。

申请人在提出实质审查请求时，或者在收到专利局发出的发明专利申请进入实质审查阶段通知书之日起的三个月内，对发明专利申请进行了主动修改的，无论修改的内容是否超出原说明书和权利要求书记载的范围，均应当以申请人提交的经过该主动修改的申请文件作为审查文本。

申请人在上述规定期间内多次对申请文件进行了主动修改的，应当以最后一次提交的申请文件为审查文本。申请人在上述规定以外的时间对申请文件进行的主动修改，一般不予接受，其提交的经修改的申请文件，不应作为审查文本。审查员应当在审查意见通知书中告知此修改文本不作为审查文本的理由，并以之前的能够接受的文本作为审查文本。如果申请人进行的修改不符合专利法实施细则第五十一条第一款的规定，但审查员在阅读该经修改的文件后认为其消除了原申请文件存在的应当消除的缺陷，又符合专利法第三十三条的规定，且在该修改文本的基础上进行审查将有利于节约审查程序，则可以接受该经修改的申请文件作为审查文本。

2. 检索

每一件发明专利申请在被授予专利权前都应当进行检索。检索是发明专利申请实质审查程序中的一个关键步骤，其目的在于找出与申请的主题密切相关或者相关的现有技术中的对比文件，或者找出抵触申请文件和防止重复授权的文件，以确定申请的主题是否具备专利法第二十二条第二款和第三款规定的新颖性和创造性，或者是否符合专利法第九条第一款的规定。

检索依据的申请文本，通常是申请人在申请日提交的原权利要求书和说明书（有附图的，包括附图）。申请人按照专利法实施细则第四十四条应审查员的要求对权利要求书和/或说明书进行了修改，或者按照专利法实施细则第五十一条第一款规定对权利要求书和/或说明书提出了主动修改的，检索依据的申请文本应当是申请人最后提交的、并且符合专利法第三十三条规定的权利要求书和/或说明书。

（1）审查用检索资源。《专利审查指南2010》第二部分第七章第2节规定了审查用检索资源，包括专利文献和非专利文献。

发明专利申请实质审查程序中应当检索专利文献，其包括：中文专利文献和外文专利文献。审查员主要使用计算机检索系统对专利文献数据库进行检索，专利文献数据库主要包括：专利文摘数据库、专利全文数据库、专利分类数据库等。

审查员除在专利文献中进行检索外，还应当检索非专利文献。在计算机检索系统和互联网中可获取的非专利文献主要包括：国内外科技图书、期刊、学位论文、标准/协议、索引工具及手册等。

（2）确定检索的技术领域。通常，审查员在申请的主题所属的技术领域中进行检索，必要时应当把检索扩展到功能类似或应用类似的的技术领域。所属技术领域是根据权利要求书中限定的内容来确定的，特别是根据明确指出的那些特定的功能和用途以及相应的具体实施例来确定的。审查员确定的表示发明信息的分类号，就是申请的主题所属的技术领域。功能类似或应用类似的的技术领域是根据申请文件中揭示出的申请的主题所必须具备的本质功能或者用途来确定，而不是只根据申请的主题的名称，或者申请文件中明确指出的特定功能来确定。

（3）中止检索。《专利审查指南2010》第二部分第七章第8.1节规定了检索的限度。

从理论上说，任何完善的检索都应当是既全面又彻底的检索。但是从成本的合理性角度考虑，检索要有一定的限度。审查员要随时根据已经检索出的对比文件的数量和质量决定是否应当中止检索。考虑的原则是用于检索的时间、精力和成本与预期可能获得的结果要相称。

在这一原则下，审查员在没有获得对比文件而决定中止检索时，应当至少在最低限度数据库内进行了检索。最低限度数据库一般情况下应当包括中国专利文摘类数据库、中国专利全文类数据库、外文专利文摘类数据库、英文专利全文类数据库以及中国期刊全文数据库。对于一些特定领域的申请，还应当包括该领域专用数据库（例如，化学结构数据库）。必要时可根据领域特点，调整英文全文数据库的范围，或增加其他非专利文献数据库，如标准/协议等。

《专利审查指南 2010》第二部分第七章第 8.2 节规定了可中止检索的几种情况。

检索过程中，出现下列情况之一时，审查员可以中止检索：

（i）审查员已经找到一份与申请的全部主题密切相关的对比文件，并且认为它清楚地公开了申请的全部主题的全部技术特征，或者由它所公开的内容使所属技术领域的技术人员能够得出权利要求书中的全部技术方案，即审查员认为该对比文件单独影响申请的全部主题的新颖性或创造性，构成检索报告中所规定的 X 类文件或 E 类文件；

（ii）审查员已经找到两份或者多份与申请的全部主题密切相关的对比文件，并且认为，申请所属技术领域的技术人员能够容易地把它们结合起来，得出权利要求书中的全部技术方案，即审查员认为这些对比文件结合起来影响申请的全部主题的创造性，构成检索报告中所规定的 Y 类文件；

（iii）审查员根据其知识和工作经验，认为不可能找到密切相关的对比文件，或者认为预期的结果与需要花费的时间、精力和成本相比十分不相称，不值得继续检索；

（iv）审查员从公众提供的材料中，或者从申请人提交的外国为其申请进行检索的资料或者审查结果的资料中，发现了上述（i）或（ii）所述的密切相关的对比文件（通常为检索报告中所规定的 X 或 Y 类文件）。

（4）不必检索的情况

《专利审查指南 2010》第二部分第八章第 4.3 节规定了不必检索即可发出审查意见通知书的情况。

专利申请的全部主题明显属于本部分第七章第 10 节情形的，审查员不必检索即可发出第一次审查意见通知书。

应当指出的是，如果申请中只有部分主题属于上述情形，而其他主题不属于上述情形，则应当对不属于上述情形的其他主题进行检索后再发出第一次审查意见通知书。

《专利审查指南 2010》第二部分第七章第 10 节规定了不必检索的情况。

一件申请的全部主题属于下列情形之一的，审查员对该申请不必进行检索：

（1）属于专利法第五条或者第二十五条规定的不授予专利权的情形；

（2）不符合专利法第二条第二款的规定；

（3）不具备实用性；

（4）说明书和权利要求书未对该申请的主题作出清楚、完整的说明，以至于所属技术领域的技术人员不能实现。

需要注意的是，对于申请的全部主题是否属于上述情形，必要时审查员仍需通过恰当方式了解相关背景技术，以站位于本领域的技术人员做出判断。

3. 对缺乏单一性申请的处理

《专利审查指南 2010》第二部分第八章第 4.4 节规定了对缺乏单一性申请的处理。

专利申请缺乏单一性的缺陷有时是明显的，有时要通过检索与审查后才能确定。缺乏单一性的缺陷既可能存在于相互并列的独立权利要求之间，也可能因所引用的独立权利要求不具备新颖性或创造性而存在于相互并列的从属权利要求之间，还可能存在于一项权利要求的多个并列技术方案之间。

对于缺乏单一性的申请，审查员可以采用下述之一的方法进行处理。

（1）先通知申请人修改。审查员在阅读申请文件时，立即能判断出申请的主题之间明显缺乏单一性的，可以暂缓进行检索，先向申请人发出分案通知书，通知申请人在指定的两个月期限内对其申请进行修改。

（2）检索后再通知申请人修改。检索后才能确定申请的主题之间缺乏单一性的，审查员可以视情况决定是暂缓进一步检索和审查还是继续进一步检索和审查：

如果经检索和审查后认为第一独立权利要求或者其从属权利要求具有被授权的前景，而其他独立权利要求与该有授权前景的权利要求之间缺乏单一性，则审查员可以暂缓对其他独立权利要求的检索和审查，并且在第一次审查意见通知书中只针对第一独立权利要求或者其从属权利要求提出审查意见，同时要求申请人删除或者修改缺乏单一性的其他权利要求，以克服申请缺乏单一性的缺陷。

如果经检索和审查后确认第一独立权利要求和其从属权利要求没有授权前景，而其他的独立权利要求之间缺乏单一性，审查员可以暂缓对其他独立权利要求的检索和审查，在第一次审查意见通知书中指出第一独立权利要求和其从属权利要求没有授权前景的同时，指出该专利申请缺乏单一性的缺陷；也可以继续检索和审查其他独立权利要求，尤其是当检索领域非常接近或者在很大程度上重叠时，并在第一次审查意见通知书中，同时指出单一性缺陷和其他缺陷。

如果申请人按照第一次审查意见通知书的要求，对申请进行了符合本章第5.2节规定的修改，且权利要求书已不存在缺乏单一性的缺陷，审查员应当对该权利要求书继续进行审查。

对于因独立权利要求不具备新颖性或创造性而导致其相互并列的从属权利要求之间缺乏单一性的情况，参照上述（1）或（2）的方式处理。

应当注意的是，有时申请的主题之间虽然缺乏单一性，特别是因独立权利要求不具备新颖性或创造性而导致其相互并列的从属权利要求之间缺乏单一性，但是它们所对应的检索领域非常接近，或者在很大程度上是重叠的，在这种情况下，审查员最好一并检索和审查这些权利要求，在审查意见通知书中指出这些权利要求不符合专利法及其实施细则的其他规定的缺陷，同时指出申请缺乏单一性的缺陷，以利于节约审查程序。

无论申请属于上述第（1）、（2）项中的哪一种情形，申请人都应当在指定的期限内，对其申请进行修改，例如对权利要求书进行限制，以克服单一性缺陷。申请人期满不答复的，该申请被视为撤回。

申请人在答复中对审查员关于申请缺乏单一性的论点提出了反对意见，审查员认为反对意见成立，或者申请人修改了权利要求书并克服了单一性缺陷的，申请的审查程序应当继续进行；反对意见不成立，或者未消除单一性缺陷的，审查员可以根据专利法第三十八条的有关规定驳回该申请。

4. 优先权的核实

《专利审查指南2010》第二部分第八章第4.6节规定了优先权的核实。

第一，需要核实优先权的情况。审查员应当在检索后确定是否需要核实优先权。当检索得到的所有对比文件的公开日都早于申请人所要求的优先权日时，不必核实优先权。出现下列情形之一时，需要核实优先权：

（1）对比文件公开了与申请的主题相同或密切相关的内容，而且对比文件的公开日在申请日和所要求的优先权日之间，即该对比文件构成PX或PY类文件；

（2）任何单位或者个人在专利局的申请所公开的内容与申请的全部主题相同，或者与部分主题相同，前者的申请日在后者的申请日和所要求的优先权日之间，而前者的公布或公告日在后者的申请日或申请日之后，即任何单位或者个人在专利局的申请构成PE类文件；

（3）任何单位或者个人在专利局的申请所公开的内容与申请的全部主题相同，或者与部分主题相同，前者所要求的优先权日在后者的申请日和所要求的优先权日之间，而前者的公布或公告日在后者的申请日或申请日之后，即任何单位或者个人在专利局的申请构成PE类文件。

对于第（3）种情形，应当首先核实所审查的申请的优先权；当所审查的申请不能享有优先权时，还应当核实作为对比文件的任何单位或个人在专利局的申请的优先权。

第二，优先权核实的一般原则。一般来说，核实优先权是指核查申请人要求的优先权是否能依照专利法第二十九条的规定成立。为此，审查员应当在初步审查部门审查的基础上（参见本指南第一部分第一章第6.2节）核实：

（1）作为要求优先权的基础的在先申请是否涉及与要求优先权的在后申请相同的主题；

（2）该在先申请是否是记载了同一主题的首次申请；

（3）在后申请的申请日是否在在先申请的申请日起十二个月内。

进行上述第（1）项核实，即判断在后申请中各项权利要求所述的技术方案是否清楚地记载在上述在先申请的文件（说明书和权利要求书，不包括摘要）中。为此，审查员应当把在先申请作为一个整体进行分析研究，只要在先申请文件清楚地记载了在后申请权利要求所述的技术方案，就应当认定该在先申请与在后申请涉及相同的主题。审查员不得以在先申请的权利要求书中没有包含该技术方案为理由，而拒绝给予优先权。

所谓清楚地记载，并不要求在叙述方式上完全一致，只要阐明了申请的权利要求所述的技术方案即可。但是，如果在先申请对上述技术方案中某一或者某些技术特征只作了笼统或者含糊的阐述，甚至仅仅有暗示，而要求优先权的申请增加了对这一或者这些技术特征的详细叙述，以至于所属技术领域的技术人员认为该技术方案不能从在先申请中直接和毫无疑义地得出，则该在先申请不能作为在后申请要求优先权的基础。

在某些情况下，应当对上述第（2）项进行核实。例如，一件申请A以申请人的另一件在先申请B为基础要求优先权，在对申请A进行检索时审查员找到了该申请人的又一件在申请A的申请日和优先权日之间公布的专利申请文件或公告的专利文件C，文件C中已公开了申请A的主题，且文件C的申请日早于申请A的优先权日，即早于申请B的申请日，因此可以确定在先申请B并不是该申请人提出的记载了申请A的相同主题的首次申请，因此申请A不能要求以在先申请B的申请日为优先权日。

① 部分优先权的核实。由于对在先申请中的发明作进一步的改进或者完善，申请人在其在后申请中，可能会增加在先申请中没有的技术方案。在这种情况下，审查员在核实优先权时，不能以在后申请增加内容为理由断定优先权要求不成立，而应当对在后申请中被在先申请清楚记载过的相同主题给予优先权，即给予部分优先权。具体地说，在在后申请中，其技术方案已在在先申请中清楚记载的权利要求可以享有优先权；而其技术方案未在在先申请中记载的权利要求则不能享有优先权，应当视为是在在后申请的申请日提出的。就整个申请而言，这种情况称为部分优先权，即该申请的部分主题享有优先权，也就是说部分权利要求所限定的技术方案享有优先权。

② 多项优先权的核实。如果一件具有单一性的专利申请要求了多项优先权，审查员在核实优先权时，应当检查该申请的权利要求书中所反映的各种技术方案，是否分别在作为优先权基础的多件外国或者本国的专利申请中已清楚的记载。此外，审查员还要核实所有的在先申请的申请日是否都在在后申请的优先权期限之内。满足上述两个条件的，在后申请的多项优先权成立，并且其记载上述各种技术方案的各项权利要求具有不同的优先权日。如果某些权利要求不满足上述条件，但其他权利要求满足上述条件，则不满足上述条件的那些权利要求的优先权不能成立，而满足上述条件的其他权利要求的优先权成立。

如果作为优先权基础的多件外国或者本国的专利申请，分别记载了不同的技术特征，而在后申请的权利要求是这些特征的组合，则多项优先权不能成立。

第三，优先权核实后的处理程序。经核实，申请的优先权不成立的，审查员应当在审查意见通知书中说明优先权不成立的理由，并以新确定的优先权日（在没有其他优先权时，以申请日）为基础，进行后续审查。在该申请被授予专利权时，审查员应当在著录项目变更通知单中对其优先权作出变更。

5. 全面审查

《专利审查指南2010》第二部分第八章第4.7节规定了全面审查。

为节约程序，审查员通常应当在发出第一次审查意见通知书之前对专利申请进行全面审查，即审查申请是否符合专利法及其实施细则有关实质方面和形式方面的所有规定。

审查的重点是说明书和全部权利要求是否存在专利法实施细则第五十三条所列的情形。一般情况下，首先审查申请的主题是否属于专利法第五条、第二十五条规定的不授予专利权的情形；是否符合专利法第二条第二款的规定；是否具有专利法第二十二条第四款所规定的实用性；说明书是否按照专利法第二十六条第三款的要求充分公开了请求保护的主题。然后审查权利要求所限定的技术方案是否具备专利法第二十二条第二款和第三款规定的新颖性和创造性；权利要求书是否按照专利法第二十六条第四款的规定，以说明书为依据，清楚、简要地限定要求专利保护的范围；独立权利要求是否表述了一个解决技术问题的完整的技术方案。在进行上述审查的过程中，还应当审查权利要求书是否存在缺乏单一性的缺陷；申请的修改是否符合专利法第三十三条及实施细则第五十一条的规定；分案申请是否符合专利法实施细则第四十三条第一款的规定；对于依赖遗传资源完成的发明创造，还需审查申请文件是否符合专利法第二十六条第五款的规定。

如果审查员有理由认为申请所涉及的发明是在中国完成，且向外国申请专利之前未报经专利局进行保密审查，应当审查申请是否符合专利法第二十条的规定。

申请不存在专利法实施细则第五十三条所列情形，或者虽然存在专利法实施细则第五十三条所列情形的实质性缺陷但经修改后仍有授权前景的，为节约程序，审查员应当一并审查其是否符合专利法及其实施细则的其他所有规定。

审查员在检索之后已经确切地理解了请求保护的主题及其对现有技术作出的贡献的，这一阶段的主要工作是根据检索结果对上述审查重点作出肯定或者否定的判断。

6. 不全面审查的情况

《专利审查指南2010》第二部分第八章第4.8节规定了不全面审查的情况。

对于一件发明专利申请，通常应当按照本章第4.7节的要求进行全面审查，以节约程序。

但是，申请文件存在严重不符合专利法及其实施细则规定的缺陷的，即存在专利法实施细则第五十三条所列情形的缺陷，并且该申请不可能被授予专利权的，审查员可以对该申请不作全面审查，在审查意见通知书中仅指出对审查结论起主导作用的实质缺陷即可,此时指出其次要的缺陷和/或形式方面的缺陷是没有实际意义的。

7. 对公众意见的处理

《专利审查指南2010》第二部分第八章第4.9节规定了对公众意见的处理。

任何人对不符合专利法规定的发明专利申请向专利局提出的意见,应当存入该申请文档中供审查员在实质审查时考虑。如果公众的意见是在审查员发出授予专利权的通知之后收到的,就不必考虑。专利局对公众意见的处理情况,不必通知提出意见的公众。

8. 审查意见通知书

《专利审查指南2010》第二部分第八章第4.10.1节规定了总的要求。

审查员对申请进行实质审查后,通常以审查意见通知书的形式,将审查的意见和倾向性结论通知申请人。

在审查意见通知书正文中,审查员必须根据专利法及其实施细则具体阐述审查的意见。审查的意见应当明确、具体,使申请人能够清楚地了解其申请存在的问题。

在任何情况下,审查的意见都应当说明理由,明确结论,并引用专利法或专利法实施细则的相关条款,但不应当写入带有个人感情色彩的词语。为了使申请人尽快地作出符合要求的修改,必要时审查员可以提出修改的建议供申请人修改时参考。如果申请人接受审查员的建议,应当正式提交经过修改的文件,审查员在通知书中提出的修改建议不能作为进一步审查的文本。

为了加快审查程序,应当尽可能减少审查意见通知书的次数。因此,除该申请因存在严重实质性缺陷而无授权前景(如本章第4.3节、第4.8节的情况)或者审查员因申请缺乏单一性而暂缓继续审查之外,第一次审查意见通知书应当写明审查员对申请的实质方面和形式方面的全部意见。此外,在审查文本不符合专利法第三十三条规定的情况下,审查员也可以针对审查文本之外的其他文本提出审查意见,供申请人参考。

《专利审查指南2010》第二部分第八章第4.10.2节规定了组成部分和要求。

第一次审查意见通知书应当包括标准表格和通知书正文。审查意见通知书中引用对比文件的,视情况,还应当包括对比文件的复制件。

(1)标准表格。审查员应当按照要求完整地填写标准表格中的各项内容,尤其要注意确认和填写审查依据的文本,该审查依据的文本应当是依据本章第4.1节的规定确认的审查文本,在审查意见通知书正文中对其提出参考性的审查意见的文本不在该表格中填写。申请人有两个以上的,应当写明全部申请人或其代表人。

在标准表格的引用对比文件一项中,审查员应当按照下列要求填写。

① 对比文件为专利文献(指专利说明书或者专利申请公开说明书)的,应当按照"巴黎联盟专利局间情报检索国际合作委员会"(ICIREPAT)的规定,写明国别代码、文号和文献类别;此外,还应注明这些文献的公开日期;对于抵触申请还应注明其申请日。

例如:文献名称　　　　　公开日
　　　CN1161293A　　　1997.10.8
　　　US4243128A　　　1981.1.6
　　　JP昭59-144825(A)　1984.8.20

② 对比文件为期刊中的文章的,应当写明文章的名称、作者姓名、期刊名称、期刊卷号、相关内容的起止页数、出版日期等。

例如:"激光两坐标测量仪",中国计量科学研究院激光两坐标测量仪研制小组,计量学报,第1卷第2期,第84~85页,1980年4月。

③ 对比文件为书籍的,应当写明书名、作者姓名、相关内容的起止页数、出版社名称及出版日期。

例如:"气体放电",杨津基,第258~260页,科学出版社,1983年10月。

(2)审查意见通知书正文。根据申请的具体情况和检索结果,通知书正文可以按照如下几种方式撰写。

① 申请属于本章第4.3节所述的不必检索即可发出审查意见通知书的情形的,通知书正文只需指出主要问题并说明理由,而不必指出任何其他缺陷,最后指出因申请属于专利法实施细则第五十三条所列的某种驳回情形,将根据专利法第三十八条驳回申请。

② 申请虽然可以被授予专利权,但还存在某些不重要的缺陷的,为了加快审查程序,审查员可以在通知书中提出具体的修改建议,或者直接在作为通知书附件的申请文件复制件上进行建议性修改,并在通知书正文中说

明建议的理由，然后指出，如果申请人同意审查员建议的修改，应当正式提交修改的文件或者替换页。

③ 申请虽然可以被授予专利权，但还存在较严重的缺陷，而且这些缺陷既涉及权利要求书，又涉及说明书的，通知书正文应当按照审查意见的重要性的顺序来撰写。通常，首先阐述对独立权利要求的审查意见；其次是对从属权利要求的审查意见；再次是对说明书（及其附图）和说明书摘要的审查意见。对说明书的审查意见，可以按照专利法实施细则第十七条规定的顺序加以陈述。

独立权利要求必须进行修改的，通常应当要求申请人对说明书的有关部分作相应的修改。此外，如果审查员检索到比申请人在说明书中引证的对比文件更相关的对比文件，则在通知书正文中，应当要求申请人对说明书背景技术部分和其他相关部分作相应的修改。

对于改进型发明，审查员如果检索到一份与发明最接近的对比文件，使原先用作独立权利要求划界所依据的对比文件显然不适合，则应当要求申请人对独立权利要求重新划界。在这种情况下，通知书正文还应当详细说明根据引用的这份对比文件如何划界，并要求申请人对说明书进行相应的修改，例如在说明书的背景技术部分对该对比文件公开的内容作客观的评述。

如果说明书中没有明确记载或者仅仅笼统地记载了发明所要解决的技术问题，但审查员通过阅读整个说明书的内容，能够理解出发明所要解决的技术问题，并据此进行了检索和实质审查，那么审查员应当在通知书正文一开始就明确指出其认定的发明所要解决的技术问题。

④ 申请由于不具备新颖性或创造性而不可能被授予专利权的，审查员在通知书正文中，必须对每项权利要求的新颖性或者创造性提出反对意见，首先对独立权利要求进行评述，然后对从属权利要求一一评述。但是，在权利要求较多或者反对意见的理由相同的情况下，也可以将从属权利要求分组加以评述；最后还应当指出说明书中也没有可以取得专利权的实质内容。

在此种情况下，审查员在通知书正文中不必指出次要的缺陷和形式方面的缺陷，也不必要求申请人作任何修改。

审查员在审查意见通知书中依据所引用的对比文件的某部分提出意见的，应当指出对比文件中相关的具体段落或者附图的图号及附图中零部件的标记。

如何根据专利法第二十二条有关新颖性和创造性的规定，对权利要求及说明书的内容提出审查意见并说明理由，请参见本部分第三章和第四章的有关内容。

审查员在审查意见通知书中引用的本领域的公知常识应当是确凿的，如果申请人对审查员引用的公知常识提出异议，审查员应当能够提供相应的证据予以证明或说明理由。在审查意见通知书中，审查员将权利要求中对技术问题的解决作出贡献的技术特征认定为公知常识时，通常应当提供证据予以证明。

⑤ 申请属于本章第4.4节（1）中所述的明显缺乏单一性的情形的，审查员可发出分案通知书，要求申请人修改申请文件，并明确告之待申请克服单一性缺陷后再进行审查；申请属于本章第4.4节（2）中所述的情形的，审查员在审查意见通知书正文中阐述具体审查意见的同时，还应当指出申请包含的几项发明不符合专利法第三十一条第一款有关单一性的规定。审查员检索后发现独立权利要求不具备新颖性或创造性，从而导致发明专利申请缺乏单一性的，应当根据本章第4.4节的规定，决定是否继续审查。

（3）对比文件的复制件。审查意见通知书中引用的对比文件，应复制一份放入申请案卷中。当引用的对比文件篇幅较长时，只需复制其中与审查意见通知书正文相关的部分。此外，对比文件的复制件上应当有清楚的标记，表明其来源及公开日，尤其是对比文件引自期刊或者书籍的，更需要包含上述标记。

《专利审查指南2010》第二部分第八章第4.10.3节规定了答复期限。

在审查意见通知书中，审查员应当指定答复期限。该期限由审查员考虑与申请有关的因素后确定。这些因素包括：审查意见的数量和性质；申请可能进行修改的工作量和复杂程度等。答复第一次审查意见通知书的期限为四个月。

《专利审查指南2010》第二部分第八章第4.10.4节规定了签署。

审查意见通知书应当由负责审查的审查员盖章。如果审查意见通知书是由实习审查员起草的，应当由实习审查员和负责指导其审查的审查员共同盖章。

9. 继续审查

《专利审查指南2010》第二部分第八章第4.11节规定了继续审查。

在申请人答复第一次审查意见通知书之后，审查员应当对申请继续进行审查，考虑申请人陈述的意见和/或对申请文件作出的修改。审查员应当在审查程序的各阶段，使用相同的审查标准。

在继续审查前，审查员应当核实答复文件中的申请号、申请人、专利代理机构及代理人、发明名称等事项，以避免差错。

如果审查员在撰写第一次审查意见通知书之前，已对申请进行了全面审查，则在继续审查阶段应当把注意力集中在申请人对通知书正文中提出的各审查意见的反应上，特别应当注意申请人针对全部或者部分审查意见进行争辩时所陈述的理由和提交的证据。如果申请人同时提交了经修改的说明书和/或权利要求书，审查员首先应当按照专利法第三十三条和专利法实施细则第五十一条第三款的规定，分别审查修改是否超出原说明书和权利要求书记载的范围以及修改是否按照审查意见通知书要求进行（参见本章第5.2节）；如果修改符合上述规定，再进一步审查经过修改的申请是否克服了审查意见通知书中所指出的缺陷，是否出现了新的不符合专利法及其实施细则有关规定的缺陷，尤其是审查新修改的独立权利要求是否符合专利法第二十二条的规定，从而确定该经修改的申请是否可以被授予专利权。

10. 会晤与电话讨论

《专利审查指南2010》第二部分第八章第4.12节规定了会晤。

在实质审查过程中，审查员可以约请申请人会晤，以加快审查程序。申请人亦可以要求会晤，此时，只要通过会晤能达到有益的目的，有利于澄清问题、消除分歧、促进理解，审查员就应当同意申请人提出的会晤要求。某些情况下，审查员可以拒绝会晤要求，例如，通过书面方式、电话讨论等，双方意见已经表达充分、相关事实认定清楚的。

第一，会晤启动的条件。《专利审查指南2010》第二部分第八章第4.12.1节规定了会晤启动的条件。

不管是审查员约请的，还是申请人要求的会晤，都应当预先约定。可采用会晤通知书或通过电话来约定，会晤通知书的副本和约定会晤的电话记录应当存放在申请案卷中。在会晤通知书或约定会晤的电话记录中，应当写明经审查员确认的会晤内容、时间和地点。如果审查员或者申请人准备在会晤中提出新的文件，应当事先提交给对方。

会晤日期确定后一般不得变动；必须变动时，应当提前通知对方。申请人无正当理由不参加会晤的，审查员可以不再安排会晤，而通过书面方式继续审查。

第二，会晤地点和参加人。会晤应当在专利局指定的地点进行，审查员不得在其他地点同申请人就有关申请的问题进行会晤。

会晤由负责审查该申请的审查员主持。必要时，可以邀请有经验的其他审查员协助。实习审查员主持的会晤，应当有负责指导的审查员参加。

申请人委托了专利代理机构的，会晤必须有代理人参加。参加会晤的代理人应当出示代理人执业证。申请人更换代理人的，应当办理著录项目变更手续，并在著录项目变更手续合格后由变更后的代理人参加会晤。在委托代理机构的情况下，申请人可以与代理人一起参加会晤。

申请人没有委托专利代理机构的，申请人应当参加会晤；申请人是单位的，由该单位指定的人员参加，该参加会晤的人员应当出示证明其身份的证件和单位出具的介绍信。

上述规定也适用于共同申请人。除非另有声明或者委托了代理机构，共有专利申请的单位或者个人都应当参加会晤。

必要时，发明人受申请人的指定或委托，可以同代理人一起参加会晤，或者在申请人未委托代理机构的情况下受申请人的委托代表申请人参加会晤。

参加会晤的申请人或代理人等的总数，一般不得超过两名；两个以上单位或者个人共有一项专利申请，又未委托代理机构的，可以按共同申请的单位或个人的数目确定参加会晤的人数。

第三，会晤记录。会晤结束后，审查员应当填写会晤记录。会晤记录采用专利局统一制定的标准表格，一式两份，经审查员和参加会晤的申请人（或者代理人）签字或盖章后，一份交申请人，一份留在申请案卷中。

通常，在会晤记录中应当写明讨论的问题、结论或者同意修改的内容。如果会晤时讨论的问题很多，例如涉及有关新颖性、创造性、修改是否引入了新的内容等诸方面的问题，审查员应当详尽记录讨论的情况和取得一致的意见。

会晤记录不能代替申请人的正式书面答复或者修改。即使在会晤中，双方就如何修改申请达成了一致的意见，申请人也必须重新提交正式的修改文件，审查员不能代为修改。

如果在会晤中，对申请文件的修改没有取得一致意见，审查工作将通过书面方式继续进行。

会晤后，需要申请人重新提交修改文件或者作出书面意见陈述的，如果对原定答复期限的监视还继续存在，则该答复期限可以不因会晤而改变，或者视情况延长一个月；如果对原定答复期限的监视已不再存在，则审查员应当在会晤记录中另行指定提交修改文件或意见陈述书的期限。此提交的修改文件或意见陈述书视为对审查意见通知书的答复，申请人未按期答复的，该申请将被视为撤回。

如果会晤时，申请人提出了新的文件，而会晤前审查员没有收到这些文件，审查员可以决定中止会晤。

《专利审查指南2010》第二部分第八章第4.13节规定了电话讨论及其他方式。

实质审查过程中，审查员与申请人可以就发明和现有技术的理解、申请文件中存在的问题等进行电话讨论，也可以通过视频会议、电子邮件等其他方式与申请人进行讨论。必要时，审查员应当记录讨论的内容，并将其存入申请案卷。

对于讨论中审查员同意的修改内容，属于本章第5.2.4.2节和第6.2.2节所述的情况的，审查员可以对这些明显错误依职权进行修改。除审查员可依职权修改的内容以外，对审查员同意的修改内容均需要申请人正式提交经过该修改的书面文件，审查员应当根据该书面修改文件作出审查结论。

11. 取证和现场调查

《专利审查指南2010》第二部分第八章第4.14节规定了的了取证和现场调查。

一般来说，在实质审查程序中审查员不必要求申请人提供证据，因为审查员的主要职责是向申请人指出申请不符合专利法及其实施细则规定的问题。如果申请人不同意审查员的意见，那么，由申请人决定是否提供证据来支持其主张。如果申请人决定提供证据，审查员应当给予申请人一个适当的机会，使其能提供任何可能有关的证据，除非审查员确信提供证据也达不到有益的目的。

申请人提供的证据可以是书面文件或者实物模型。例如，申请人提供有关发明的技术优点方面的资料，以证明其申请具有创造性；又如，申请人提供实物模型进行演示，以证明其申请具有实用性等。

如果某些申请中的问题，需要审查员到现场调查方能得到解决，则应当由申请人提出要求，经负责审查该申请的实质审查部的部长批准后，审查员方可去现场调查。调查所需的费用由专利局承担。

（三）授权通知

1. 发出授权通知的条件

《专利审查指南2010》第二部分第八章第6.2.1节规定了发出授予专利权的通知书的条件。

发明专利申请经实质审查没有发现驳回理由的，专利局应当作出授予专利权的决定。在作出授予专利权的决定之前，应当发出授予发明专利权的通知书。授权的文本，必须是经申请人以书面形式最后确认的文本。

（四）实审程序的终止、中止和恢复

《专利审查指南2010》第二部分第八章第7节规定了实质审查程序的终止、中止和恢复。

1. 程序的终止

发明专利申请的实质审查程序，因审查员作出驳回决定且决定生效，或者发出授予专利权的通知书，或者因申请人主动撤回申请，或者因申请被视为撤回而终止。

对于驳回或者授权的申请，审查员应当在其案卷封面上的"实审"一栏内写明"驳回"或者"授权"字样，并且盖章。

对于每件申请，审查员应当建立个人审查档案，便于今后的查询、统计（参见本章第3.3节）。

2. 程序的中止

实质审查程序可能因专利申请权归属纠纷的当事人根据专利法实施细则第八十六条第一款的规定提出请求而中止或因财产保全而中止。一旦审查员接到程序中止调回案卷的通知，应当在规定的期限内将案卷返还流程管理部门。

3. 程序的恢复

专利申请因不可抗拒的事由或正当理由耽误专利法或其实施细则规定的期限或者专利局指定的期限造成被视

为撤回而导致程序终止的，根据专利法实施细则第六条第一款和第二款的规定，申请人可以向专利局请求恢复被终止的实质审查程序，权利被恢复的，专利局恢复实质审查程序。

对于因专利申请权归属纠纷当事人的请求而中止的实质审查程序，在专利局收到发生法律效力的调解书或判决书后，凡不涉及权利人变动的，应及时予以恢复；涉及权利人变动的，在办理相应的著录项目变更手续后予以恢复。若自上述请求中止之日起一年内，专利申请权归属纠纷未能结案，请求人又未请求延长中止的，专利局将自行恢复被中止的实质审查程序。

审查员在接到流程管理部门送达的有关恢复审查程序的书面通知和专利申请案卷后，应当重新启动实质审查程序。

三、真题分析

6.【2019年第20题】有关发明专利申请实质审查程序，下列说法正确的是？
A. 实质审查程序所遵循的原则有程序节约原则、公平原则、听证原则、请求原则
B. 实质审查程序中不会接受申请人主动提交的不符合有关修改时机规定的修改文本
C. 实质审查程序只有在申请人提出实质审查请求后才能启动
D. 在实质审查程序中可以采用会晤、电话讨论和现场调查等辅助手段

【考点】实质审查程序

【分析】根据《专利审查指南2010》第二部分第八章第2.2节的规定，实质审查程序中的基本原则包括请求原则、听证原则和程序节约原则。因此，选项A错误。根据《专利审查指南2010》第二部分第八章第4.1节的规定，申请人在上述规定期间内多次对申请文件进行了主动修改的，应当以最后一次提交的申请文件为审查文本。申请人在上述规定以外的时间对申请文件进行的主动修改，一般不予接受，其提交的经修改的申请文件，不应作为审查文本。审查员应当在审查意见通知书中告知此修改文本不作为审查文本的理由，并以之前的能够接受的文本作为审查文本。如果申请人进行的修改不符合专利法实施细则第五十一条第一款的规定，但审查员在阅读该经修改的文件后认为其消除了原申请文件存在的应当消除的缺陷，又符合专利法第三十三条的规定，且在该修改文本的基础上进行审查将有利于节约审查程序，则可以接受该经修改的申请文件作为审查文本。因此，选项B错误。

根据专利法第三十五条第二款的规定，国务院专利行政部门认为必要的时候，可以自行对发明专利申请进行实质审查。因此，选项C错误。根据《专利审查指南2010》第二部分第八章第2.1节的规定，根据需要，审查员还可以按照本指南的规定在实质审查程序中采用会晤、电话讨论和现场调查等辅助手段。因此，选项D正确。

【答案】D

7.【2019年第60题】发明专利申请的实质审查程序中，国家知识产权局对公众意见的处理，下列说法正确的是？
A. 在审查过程中，不必考虑公众提出的意见
B. 任何人对不符合专利法规定的发明专利申请提出的意见，应当存入该申请文档中供在实质审查时考虑
C. 如果公众的意见是在发出授予专利权的通知之后收到的，就不必考虑
D. 对公众意见的处理情况，需要通知提出意见的公众

【考点】公众意见

【分析】根据《专利审查指南2010》第二部分第八章第4.9节的规定，任何人对不符合专利法规定的发明专利申请向专利局提出的意见，应当存入该申请文档中供审查员在实质审查时考虑。如果公众的意见是在审查员发出授予专利权的通知之后收到的，就不必考虑。专利局对公众意见的处理情况，不必通知提出意见的公众。因此，选项AD错误，选项BC正确。

【答案】BC

8.【2019年第61题】根据国家知识产权局令第七十六号《专利优先审查管理办法》，下列哪些情形的专利申请或者专利复审案件，可以请求优先审查？
A. 涉及节能环保、新一代信息技术、生物、高端装备制造、新能源、新材料、新能源汽车、智能制造等国家重点发展产业
B. 涉及互联网、大数据、云计算等领域且技术或者产品更新速度快

C. 专利申请人或者复审请求人已经做好实施准备或者已经开始实施，或者有证据证明他人正在实施其发明创造

D. 就相同主题首次在中国提出专利申请又向其他国家或者地区提出申请的该中国首次申请

【考点】优先审查

【分析】根据《专利优先审查管理办法》第三条的规定，有下列情形之一的专利申请或者专利复审案件，可以请求优先审查：（一）涉及节能环保、新一代信息技术、生物、高端装备制造、新能源、新材料、新能源汽车、智能制造等国家重点发展产业；（二）涉及各省级和设区的市级人民政府重点鼓励的产业；（三）涉及互联网、大数据、云计算等领域且技术或者产品更新速度快；（四）专利申请人或者复审请求人已经做好实施准备或者已经开始实施，或者有证据证明他人正在实施其发明创造；（五）就相同主题首次在中国提出专利申请又向其他国家或者地区提出申请的该中国首次申请；（六）其他对国家利益或者公共利益具有重大意义需要优先审查。因此，选项ABCD正确。

【答案】ABCD

9.【2019年第71题】下列哪些修改文本可以作为发明专利申请的审查文本？

A. 申请人在提出实质审查请求时提交的经主动修改的文本

B. 申请人在收到国家知识产权局发出的发明专利申请进入实质审查阶段通知书之日起三个月内提交的经主动修改，但内容超出了原申请文件记载的范围的文本

C. 申请人提交的修改不符合实施细则第51条第1款的规定，但国家知识产权局审查员认为其消除了原申请文件存在的应当消除的缺陷，并且符合专利法第33条的规定

D. 申请人在收到国家知识产权局发出的发明专利申请进入实质审查阶段通知书之日起三个月内多次对申请文件进行了主动修改，其最后一次提交的修改文本

【考点】审查文本

【分析】根据《专利审查指南2010》第二部分第八章第4.1节的规定，申请人在提出实质审查请求时，或者在收到专利局发出的发明专利申请进入实质审查阶段通知书之日起的三个月内，对发明专利申请进行了主动修改的，无论修改的内容是否超出原说明书和权利要求书记载的范围，均应当以申请人提交的经过该主动修改的申请文件作为审查文本。申请人在上述规定期间内多次对申请文件进行了主动修改的，应当以最后一次提交的申请文件为审查文本。申请人在上述规定以外的时间对申请文件进行的主动修改，一般不予接受，其提交的经修改的申请文件，不应作为审查文本。审查员应当在审查意见通知书中告知此修改文本不作为审查文本的理由，并以之前的能够接受的文本作为审查文本。如果申请人进行的修改不符合专利法实施细则第五十一条第一款的规定，但审查员在阅读该经修改的文件后认为其消除了原申请文件存在的应当消除的缺陷，又符合专利法第三十三条的规定，且在该修改文本的基础上进行审查将有利于节约审查程序，则可以接受该经修改的申请文件作为审查文本。因此，选项ABCD正确。

【答案】ABCD

10.【2018年第55题】关于优先审查，以下说法错误的是：

A. 专利申请人或者复审请求人已经做好实施准备或者已经开始实施，或者有证据证明他人正在实施其发明创造的，属于可以请求优先审查的情形之一

B. 处理、审理涉案专利侵权纠纷的地方知识产权局、人民法院或者仲裁调解组织可以对无效宣告案件提出优先审查请求

C. 申请人提出发明或者实用新型专利申请优先审查的，必须提交由国务院相关部门或者省级知识产权局签署推荐意见的优先审查请求书和现有技术材料

D. 对于优先审查的发明或者实用新型专利申请，申请人应当在审查意见通知书发文日起2个月内进行答复，否则将停止优先审查并按普通程序处理

【考点】专利优先审查

【分析】《专利优先审查管理办法》第三条规定，有下列情形之一的专利申请或者专利复审案件，可以请求优先审查：（一）涉及节能环保、新一代信息技术、生物、高端装备制造、新能源、新材料、新能源汽车、智能制造等国家重点发展产业；（二）涉及各省级和设区的市级人民政府重点鼓励的产业；（三）涉及互联网、大数

据、云计算等领域且技术或者产品更新速度快；（四）专利申请人或者复审请求人已经做好实施准备或者已经开始实施，或者有证据证明他人正在实施其发明创造；（五）就相同主题首次在中国提出专利申请又向其他国家或者地区提出申请的该中国首次申请；（六）其他对国家利益或者公共利益具有重大意义需要优先审查。因此，选项A的说法正确。

《专利优先审查管理办法》第五条第二款规定，处理、审理涉案专利侵权纠纷的地方知识产权局、人民法院或者仲裁调解组织可以对无效宣告案件提出优先审查请求。因此，选项B的说法正确。

《专利优先审查管理办法》第八条第一款规定，申请人提出发明、实用新型、外观设计专利申请优先审查请求的，应当提交优先审查请求书、现有技术或者现有设计信息材料和相关证明文件；除本办法第三条第五项的情形外，优先审查请求书应当由国务院相关部门或者省级知识产权局签署推荐意见。因此，选项C的说法错误。

《专利优先审查管理办法》第十一条规定，对于优先审查的专利申请，申请人应当尽快作出答复或者补正。申请人答复发明专利审查意见通知书的期限为通知书发文日起两个月，申请人答复实用新型和外观设计专利审查意见通知书的期限为通知书发文日起十五日。因此，选项D的说法错误。

【答案】CD

11.【2018年第60题】有关会晤，下列说法正确的是：

A. 会晤应当是在审查员已发出第一次审查意见通知书之后进行

B. 审查员可以根据案情需要约请申请人会晤，申请人也可以要求会晤

C. 除非另有声明或者委托了代理机构，共有专利申请的单位或者个人都应当参加会晤

D. 申请人委托了专利代理机构的，会晤必须有代理人参加

【考点】会晤

【分析】《专利审查指南2010》第二部分第八章第4.12.1节，举行会晤的条件是：（1）审查员已发出第一次审查意见通知书；并且（2）申请人在答复审查意见通知书的同时或者之后提出了会晤要求，或者审查员根据案情的需要向申请人发出了约请。因此，选项A正确。需要注意的是，国家知识产权局第三二八号公告（2019）已经将上述内容删除。

《专利审查指南2010》第二部分第八章第4.12节规定，在实质审查过程中，审查员可以约请申请人会晤，以加快审查程序。申请人亦可以要求会晤，此时，只要通过会晤能达到有益的目的，有利于澄清问题、消除分歧、促进理解，审查员就应当同意申请人提出的会晤要求。因此，选项B正确。

《专利审查指南2010》第二部分第八章第4.12.2节，申请人委托了专利代理机构的，会晤必须有代理人参加。参加会晤的代理人应当出示代理人执业证。申请人更换代理人的，应当办理著录项目变更手续，并在著录项目变更手续合格后由变更后的代理人参加会晤。在委托代理机构的情况下，申请人可以与代理人一起参加会晤。申请人没有委托专利代理机构的，申请人应当参加会晤；申请人是单位的，由该单位指定的人员参加，该参加会晤的人员应当出示证明其身份的证件和单位出具的介绍信。上述规定也适用于共同申请人。除非另有声明或者委托了代理机构，共有专利申请的单位或者个人都应当参加会晤。因此，选项CD正确。

【答案】ABCD

12.【2017年第84题】申请人王某的发明专利申请公布后，另一家企业提交了多篇与该专利申请相关的文献，并提出了该申请不应当被授予专利权的意见。以下说法正确的是？

A. 只有申请人王某或者利害关系人有权就该申请向国务院专利行政部门提出意见

B. 该企业提交的文献和意见应当存入该申请文档中，供审查员在实质审查时考虑

C. 如果该企业提交的相关文献和意见是在审查员发出授予专利权的通知之后收到的，可以不必考虑

D. 专利局应当将该意见的处理情况通知该企业

【考点】公众意见

【分析】《专利审查指南2010》第二部分第八章第4.9节规定了对公众意见的处理。任何人对不符合专利法规定的发明专利申请向专利局提出的意见，应当存入该申请文档中供审查员在实质审查时考虑。如果公众的意见是在审查员发出授予专利权的通知之后收到的，就不必考虑。专利局对公众意见的处理情况，不必通知提出意见的公众。因此，选项AD错误，选项BC正确。

【答案】BC

第三十八条【发明专利申请的经质审查后的驳回】

发明专利申请经申请人陈述意见或者进行修改后，国务院专利行政部门仍然认为不符合本法规定的，应当予以驳回。

一、本条含义

在实质审查过程中，申请人针对国家知识产权局作出的审查意见通知书陈述意见或者对其申请文件修改后，国家知识产权局认为该专利申请仍不符合本法规定的，应当作出驳回该申请的决定。

二、重点讲解

（一）驳回决定

《专利审查指南2010》第二部分第八章第6.1节规定了驳回决定。

1. 驳回申请的条件

审查员在作出驳回决定之前，应当将其经实质审查认定申请属于专利法实施细则第五十三条规定的应予驳回情形的事实、理由和证据通知申请人，并给申请人至少一次陈述意见和/或修改申请文件的机会。

驳回决定一般应当在第二次审查意见通知书之后才能作出。但是，如果申请人在第一次审查意见通知书指定的期限内未针对通知书指出的可驳回缺陷提出有说服力的意见陈述和/或证据，也未针对该缺陷对申请文件进行修改或者修改仅是改正了错别字或更换了表述方式而技术方案没有实质上的改变，则审查员可以直接作出驳回决定。

如果申请人对申请文件进行了修改，即使修改后的申请文件仍然存在用已通知过申请人的理由和证据予以驳回的缺陷，但只要驳回所针对的事实改变，就应当给申请人再一次陈述意见和/或修改申请文件的机会。但对于此后再次修改涉及同类缺陷的，如果修改后的申请文件仍然存在足以用已通知过申请人的理由和证据予以驳回的缺陷，则审查员可以直接作出驳回决定，无须再次发出审查意见通知书，以兼顾听证原则与程序节约原则。

2. 驳回的种类

专利法实施细则第五十三条规定的驳回发明专利申请的情形如下：

（1）专利申请的主题违反法律、社会公德或者妨害公共利益，或者申请的主题是违反法律、行政法规的规定获取或者利用遗传资源，并依赖该遗传资源完成的，或者申请的主题属于专利法第二十五条规定的不授予发明专利权的客体；

（2）专利申请不是对产品、方法或者其改进所提出的新的技术方案；

（3）专利申请所涉及的发明在中国完成，且向外国申请专利前未报经专利局进行保密审查的；

（4）专利申请的发明不具备新颖性、创造性或实用性；

（5）专利申请没有充分公开请求保护的主题，或者权利要求未以说明书为依据，或者权利要求未清楚、简要地限定要求专利保护的范围；

（6）专利申请是依赖遗传资源完成的发明创造，申请人在专利申请文件中没有说明该遗传资源的直接来源和原始来源；对于无法说明原始来源的，也没有陈述理由；

（7）专利申请不符合专利法关于发明专利申请单一性的规定；

（8）专利申请的发明是依照专利法第九条规定不能取得专利权的；

（9）独立权利要求缺少解决技术问题的必要技术特征；

（10）申请的修改或者分案的申请超出原说明书和权利要求书记载的范围。

3. 驳回决定的组成

驳回决定应当包括如下两部分。

（1）标准表格。标准表格中各项应当按照要求填写完整；申请人有两个以上的，应当填写所有申请人的姓名或者名称（参见本指南第五部分第六章第1.2节）。

（2）驳回决定正文。驳回决定正文包括案由、驳回的理由以及决定三个部分。

（二）发明专利申请实审驳回理由与宣告专利无效理由对比表

法条	A2	A5、A9、A25	A20.1	A22	A26.3	A26.4	A33	R20.2	R43.1	A26.5	A31.1	A23	A27.2
内容	三种定义	不授权的主题、禁止重复授权	向外申请保密审查	三性	说明书公开充分	权利要求得到支持	修改原则	独立权利要求	分案申请	遗传资源披露	单一性	授权条件	图片或照片
实审驳回理由	√	√	√	√	√	√	√	√	√	√	√	×	×
无效宣告理由	√	√	√	√	√	√	√	√	√	×	×	√	√

注：发明专利申请实审驳回理由规定在专利法第三十八条和专利法实施细则第五十三条；宣告专利无效理由规定在专利法第四十五条和专利法实施细则第六十五条第二款。

第三十九条【发明专利权的授予】

发明专利申请经实质审查没有发现驳回理由的，由国务院专利行部门作出授予发明专利权的决定，发给发明专利证书，同时予以登记和公告。发明专利权自公告之日起生效。

一、本条含义

本条是关于批准授予发明专利权的规定。

二、重点讲解

（一）授权程序

1. 授予专利权通知

《专利审查指南2010》第五部分第九章第1.1.1节规定了授予专利权通知。

发明专利申请经实质审查、实用新型和外观设计专利申请经初步审查，没有发现驳回理由的，专利局应当作出授予专利权的决定，颁发专利证书，并同时在专利登记簿和专利公报上予以登记和公告。专利权自公告之日起生效。

在授予专利权之前，专利局应当发出授予专利权的通知书。

2. 办理登记手续通知

《专利审查指南2010》第五部分第九章第1.1.2节规定了办理登记手续通知。

专利局发出授予专利权通知书的同时，应当发出办理登记手续通知书，申请人应当在收到该通知之日起两个月内办理登记手续。

3. 登记手续

《专利审查指南2010》第五部分第九章第1.1.3节规定了登记手续。

申请人在办理登记手续时，应当按照办理登记手续通知书中写明的费用金额缴纳专利登记费、授权当年（办理登记手续通知书中指明的年度）的年费、公告印刷费，同时还应当缴纳专利证书印花税。

4. 颁发专利证书、登记和公告授权决定

《专利审查指南 2010》第五部分第九章第 1.1.4 规定了颁发专利证书、登记和公告授予专利权。

申请人在规定期限之内办理登记手续的，专利局应当颁发专利证书，并同时予以登记和公告，专利权自公告之日起生效。

申请人办理登记手续后，专利局应当制作专利证书，进行专利权授予登记和公告授予专利权决定的准备。专利证书制作完成后即可送交专利权人。在特殊情况下，也可直接送交专利权人。

5. 视为放弃取得专利权的权利

《专利审查指南 2010》第五部分第九章第 1.1.5 节规定了视为放弃取得专利权的权利。

专利局发出授予专利权的通知书和办理登记手续通知书后，申请人在规定期限内未按照规定办理登记手续的，应当发出视为放弃取得专利权通知书。该通知书应当在办理登记手续期满一个月后作出，并指明恢复权利的法律程序。自该通知书发出之日起四个月期满，未办理恢复手续的，或者专利局作出不予恢复权利决定的，将专利申请进行失效处理。对于发明专利申请，视为放弃取得专利权的，还应当在专利公报上予以公告。

6. 避免重复授权的处理

《专利审查指南 2010》第三部分第二章第 5.6 节规定了避免重复授权的审查。

如果进入国家阶段的国际申请要求的是在中国提出的在先申请的优先权，或者要求的是已经进入中国国家阶段的在先国际申请的优先权，则可能造成重复授权。为避免重复授权，对此两件专利申请的审查，适用本指南第二部分第三章第 6 节的规定。

需要注意的是，在上述两种情形中，如果出现了视为未要求优先权或优先权不成立的情况，则在先申请可能成为破坏该国际申请新颖性的现有技术或抵触申请。

（二）专利证书

1. 专利证书的格式

《专利审查指南 2010》第五部分第九章第 1.2.1 节规定了专利证书的构成。

专利证书由证书首页和专利单行本构成。

专利证书应当记载与专利权有关的重要著录事项、国家知识产权局印记、局长签字和授权公告日等。

著录事项包括：专利证书号（顺序号）、发明创造名称、专利号（申请号）、专利申请日、发明人或者设计人姓名和专利权人姓名或者名称。当一件专利的著录事项过长，在一页纸上记载有困难的，可以增加附页；证书中的专利单行本的总页数超过 110 页，则自第 101 页起以续本形式制作。

2. 专利证书副本

《专利审查指南 2010》第五部分第九章第 1.2.2 节规定了专利证书副本。

一件专利有两名以上专利权人的，根据共同权利人的请求，专利局可以颁发专利证书副本。对同一专利权颁发的专利证书副本数目不能超过共同权利人的总数。专利权终止后，专利局不再颁发专利证书副本。

颁发专利证书后，因专利权转移发生专利权人变更的，专利局不再向新专利权人或者新增专利权人颁发专利证书副本。

专利证书副本标有"副本"字样。专利证书副本与专利证书正本格式、内容应当一致。颁发专利证书副本应当收取专利证书副本费和印花税。

3. 专利证书的更换

《专利审查指南 2010》第五部分第九章第 1.2.3 节规定了专利证书的更换。

专利权权属纠纷经地方知识产权管理部门调解或者人民法院调解或者判决后，专利权归还请求人的，在该调解或者判决发生法律效力后，当事人可以在办理变更专利权人手续合格后，请求专利局更换专利证书。专利证书损坏的，专利权人可以请求更换专利证书。专利权终止后，专利局不再更换专利证书。因专利权的转移、专利权人更名发生专利权人姓名或者名称变更的，均不予更换专利证书。

请求更换专利证书应当交回原专利证书，并缴纳手续费。专利局收到更换专利证书请求后，应当核实专利申请文档，符合规定的，可以重新制作专利证书发送给当事人，更换后的证书应当与原专利证书的格式、内容一致。原证书记载"已更换"字样后存入专利申请案卷。

4. 专利证书打印错误的更正

《专利审查指南 2010》第五部分第九章第 1.2.4 节规定了专利证书打印错误的更正。

专利证书中存在打印错误时，专利权人可以退回该证书，请求专利局更正。专利局经核实为打印错误的，应予更正，并应当将更换的证书发给专利权人。原证书记载"已更换"字样后存入专利申请案卷。

专利证书遗失的，除专利局的原因造成的以外，不予补发。

（三）专利登记簿

1. 专利登记簿的格式

《专利审查指南 2010》第五部分第九章第 1.3.1 节规定了专利登记簿的格式。

专利局授予专利权时应当建立专利登记簿。专利登记簿登记的内容包括：专利权的授予，专利申请权、专利权的转移，保密专利的解密，专利权的无效宣告，专利权的终止，专利权的恢复，专利权的质押、保全及其解除，专利实施许可合同的备案，专利实施的强制许可以及专利权人姓名或者名称、国籍、地址的变更。

上述事项一经作出即在专利登记簿中记载，专利登记簿登记的事项以数据形式储存于数据库中，制作专利登记簿副本时，按照规定的格式打印而成，加盖证件专用章后生效。

2. 专利登记簿的效力

《专利审查指南 2010》第五部分第九章第 1.3.2 节规定了专利登记簿的效力。

授予专利权时，专利登记簿与专利证书上记载的内容是一致的，在法律上具有同等效力；专利权授予之后，专利的法律状态的变更仅在专利登记簿上记载，由此导致专利登记簿与专利证书上记载的内容不一致的，以专利登记簿上记载的法律状态为准。

3. 专利登记簿副本

《专利审查指南 2010》第五部分第九章第 1.3.3 节规定了专利登记簿副本。

专利登记簿副本依据专利登记簿制作。专利权授予公告之后，任何人都可以向专利局请求出具专利登记簿副本。请求出具专利登记簿副本的，应当提交办理文件副本请求书并缴纳相关费用。

专利局收到有关请求和费用后，应当制作专利登记簿副本，经与专利申请文档核对无误后，加盖证件专用章后发送请求人。

（四）案卷及登记簿的查阅、复制和保存

1. 查阅和复制的原则

《专利审查指南 2010》第五部分第四章第 5.1 节规定了查阅和复制的原则。

（1）专利局对公布前的发明专利申请、授权公告前的实用新型和外观设计专利申请负有保密责任。在此期间，查阅和复制请求人仅限于该案申请人及其专利代理人。

（2）任何人均可向专利局请求查阅和复制公布后的发明专利申请案卷和授权后的实用新型和外观设计专利申请案卷。

（3）对于已经审结的复审案件和无效宣告案件的案卷，原则上可以查阅和复制。

（4）专利局、专利复审委员会对尚未审结的复审和无效案卷负有保密责任。对于复审和无效宣告程序中的文件，查阅和复制请求人仅限于该案当事人。

（5）案件结论为视为未提出、不予受理、主动撤回、视为撤回的复审和无效案卷，对于复审和无效宣告程序中的文件，查阅和复制请求人仅限于该案当事人。

（6）专利局、专利复审委员会根据审查需要要求当事人提供的各种文件，原则上可以查阅和复制。但查阅和复制行为可能存在损害当事人合法权益，或者涉及个人隐私或者商业秘密等情形的除外。

（7）涉及国家利益或者因专利局、专利复审委员会内部业务及管理需要在案卷中留存的有关文件，不予查阅和复制。

2. 允许查阅和复制的内容

《专利审查指南 2010》第五部分第四章第 5.2 节规定了允许查阅和复制的内容

（1）对于公布前的发明专利申请、授权公告前的实用新型和外观设计专利申请，该案申请人或者代理人可以查阅和复制该专利申请案卷中的有关内容，包括：申请文件，与申请直接有关的手续文件，以及在初步审查程序

中向申请人发出的通知书和决定书、申请人对通知书的答复意见正文。

（2）对于已经公布但尚未公告授予专利权的发明专利申请案卷，可以查阅和复制该专利申请案卷中直到公布日为止的有关内容，包括：申请文件，与申请直接有关的手续文件，公布文件，以及在初步审查程序中向申请人发出的通知书和决定书、申请人对通知书的答复意见正文，以及在实质审查程序中向申请人发出的通知书、检索报告和决定书。

（3）对于已经公告授予专利权的专利申请案卷，可以查阅和复制的内容包括：申请文件，优先权文件，与申请直接有关的手续文件，发明专利申请单行本，发明专利、实用新型专利和外观设计专利单行本，专利登记簿，专利权评价报告，以及在各已审结的审查程序（包括初步审查、实质审查、复审和无效宣告等）中专利局、专利复审委员会向申请人或者有关当事人发出的通知书、检索报告和决定书、申请人或者有关当事人对通知书的答复意见正文。

（4）对于处在复审程序、无效宣告程序之中尚未结案的专利申请案卷，因特殊情况需要查阅和复制的，经有关方面同意后，参照上述第（1）和（2）项的有关规定查阅和复制专利申请案卷中进入当前审查程序以前的内容。

3. 查阅和复制程序

《专利审查指南2010》第五部分第四章第5.3节规定了查阅和复制程序。

查阅和复制专利申请案卷中的文件，应当按照下列顺序进行：

（1）请求人提出书面请求并缴纳规定费用。

（2）专利局工作人员在审核请求人出具的有关证明或者证件后，到案卷所在的部门提取案卷，根据本章第5.2节的规定对案卷进行整理，取出不允许查阅和复制的文件。

（3）与请求人约定查阅时间并发出查阅通知书。

（4）查阅人凭查阅通知书到指定地点查阅文件，对需要复制的文件进行复制。

（5）专利局工作人员对查阅完毕的专利申请案卷重新整理，并将请求阅档的证明原件和证件复印件存入案卷后，将该案卷退回所在部门。

4. 保存期限

《专利审查指南2010》第五部分第四章第6.1节规定了保存期限。

已结案的案卷可分成：未授权结案（视为撤回、撤回和驳回等）的案卷和授权后结案（视为放弃取得专利权、主动放弃专利权、未缴年费专利权终止、专利权期限届满和专利权被宣告全部无效等）的案卷两种。

未授权结案的案卷的保存期限不少于二年，一般为三年；授权后结案的案卷的保存期限不少于三年，一般为五年。保存期限自结案日起算。

有分案申请的原申请的案卷的保存期从最后结案的分案的结案日起算。

作出不受理决定的专利申请文件保存期限为一年。保存期限自不受理通知书发出之日起算。

5. 销毁

《专利审查指南2010》第五部分第四章第6.2节规定了销毁。

销毁前通过计算机作出案卷销毁清册，该清册记载被销毁的案卷的案卷号、基本著录项目、销毁日期。清册经主管局长签署同意销毁后，由主管案卷部门实施销毁工作。

三、真题分析

13.【2019年第17题】专利权授予之后，专利的法律状态以下列哪项记载的法律状态为准？

A. 专利证书　　　　B. 专利登记簿　　　　C. 专利公告　　　　D. 手续合格通知书

【考点】专利登记簿

【分析】《专利审查指南2010》第五部分第九章第1.3.2节规定，授予专利权时，专利登记簿与专利证书上记载的内容是一致的，在法律上具有同等效力；专利权授予之后，专利的法律状态的变更仅在专利登记簿上记载，由此导致专利登记簿与专利证书上记载的内容不一致的，以专利登记簿上记载的法律状态为准。因此，选项ACD错误，选项B正确。

【答案】B

14.【2018年第12题】以下关于专利登记簿的说法,哪一个是错误的:
  A. 专利权授予之后,专利登记簿与专利证书上记载的内容不一致的,以专利登记簿上记载的法律状态为准
  B. 专利权授予公告之后,任何人都可以向国家知识产权局请求出具专利登记簿副本,专利权失效的除外
  C. 请求出具专利登记簿副本的,应当提交办理文件副本请求书并缴纳相关费用
  D. 国家知识产权局授予专利权时建立专利登记簿,授予专利权以前发生的专利申请权转移、专利申请实施许可合同备案等事项均属于专利登记簿登记的内容

【考点】专利登记簿

【分析】《专利审查指南2010》第五部分第九章第1.3.2节规定,授予专利权时,专利登记簿与专利证书上记载的内容是一致的,在法律上具有同等效力;专利权授予之后,专利的法律状态的变更仅在专利登记簿上记载,由此导致专利登记簿与专利证书上记载的内容不一致的,以专利登记簿上记载的法律状态为准。因此,选项A的说法正确。

《专利审查指南2010》第五部分第九章第1.3.3节规定,专利登记簿副本依据专利登记簿制作。专利权授予公告之后,任何人都可以向专利局请求出具专利登记簿副本。由此可知,任何人在专利权授予公告之后都可以向专利局请求出具专利登记簿副本,且与专利权是否失效无关,因此,选项B的说法错误。

《专利审查指南2010》第五部分第九章第1.3.3节还规定,请求出具专利登记簿副本的,应当提交办理文件副本请求书并缴纳相关费用。因此,选项C的说法正确。

专利法实施细则第八十九条规定,国务院专利行政部门设置专利登记簿,登记下列与专利申请和专利权有关的事项:(一)专利权的授予;(二)专利申请权、专利权的转移;(三)专利权的质押、保全及其解除;(四)专利实施许可合同的备案;(五)专利权的无效宣告;(六)专利权的终止;(七)专利权的恢复;(八)专利实施的强制许可;(九)专利权人的姓名或者名称、国籍和地址的变更。根据《专利实施许可合同备案办法》第十四条的规定,专利实施许可合同备案的有关内容由国家知识产权局在专利登记簿上登记,并在专利公报上公告以下内容:许可人、被许可人、主分类号、专利号、申请日、授权公告日、实施许可的种类和期限、备案日期。专利实施许可合同备案后变更、注销以及撤销的,国家知识产权局予以相应登记和公告。根据《专利实施许可合同备案办法》第二十条的规定,当事人以专利申请实施许可合同申请备案的,参照本办法执行。申请备案时,专利申请被驳回、撤回或者视为撤回的,不予备案。因此,选项D的说法正确。

【答案】B

15.【2018年第51题】关于专利证书,以下说法正确的是:
  A. 授予专利权时,专利证书上记载的内容与专利登记簿是一致的,在法律上具有同等效力
  B. 一件专利有两名以上专利权人的,根据共同权利人的请求,国家知识产权局可以颁发专利证书副本,但颁发的专利证书副本数目不能超过共同权利人的总数
  C. 专利证书损坏的,专利权人可以请求重新制作专利证书,专利权终止的除外
  D. 因专利权的转移、专利权人更名发生专利权人姓名或者名称变更的,可以请求更换专利证书

【考点】专利证书

【分析】《专利审查指南2010》第五部分第九章第1.3.2节规定,授予专利权时,专利登记簿与专利证书上记载的内容是一致的,在法律上具有同等效力;专利权授予之后,专利的法律状态的变更仅在专利登记簿上记载,由此导致专利登记簿与专利证书上记载的内容不一致的,以专利登记簿上记载的法律状态为准。因此,选项A正确。

《专利审查指南2010》第五部分第九章第1.2.2节规定,一件专利有两名以上专利权人的,根据共同权利人的请求,专利局可以颁发专利证书副本。对同一专利权颁发的专利证书副本数目不能超过共同权利人的总数。因此,选项B正确。

《专利审查指南2010》第五部分第九章第1.2.3节规定,专利证书损坏的,专利权人可以请求更换专利证书。专利权终止后,专利局不再更换专利证书。因专利权的转移、专利权人更名发生专利权人姓名或者名称变更的,均不予更换专利证书。因此,选项C正确,选项D错误。

【答案】ABC

16.【2017年第4题】张某向国家知识产权局提交了一项发明专利申请,2017年7月4日,国家知识产权局向张某发出了授予发明专利权通知书,2017年8月4日,张某到国家知识产权局办理了登记手续,同日国家知识

产权局对其专利权进行了登记,并于 2017 年 8 月 17 日进行了公告,2017 年 8 月 24 日,张某收到了国家知识产权局颁发的专利证书。那么,张某的专利权应当自何时生效?

  A. 2017 年 7 月 4 日 B. 2017 年 8 月 4 日 C. 2017 年 8 月 17 日 D. 2017 年 8 月 24 日

【考点】专利权生效

【分析】专利法第三十九条规定,发明专利申请经实质审查没有发现驳回理由的,由国务院专利行政部门作出授予发明专利权的决定,发给发明专利证书,同时予以登记和公告。发明专利权自公告之日起生效。《专利审查指南 2010》第五部分第九章第 1.1.2 节规定,专利局发出授予专利权通知书的同时,应当发出办理登记手续通知书,申请人应当在收到该通知之日起两个月内办理登记手续。《专利审查指南 2010》第五部分第九章第 1.1.4 规定,申请人在规定期限之内办理登记手续的,专利局应当颁发专利证书,并同时予以登记和公告,专利权自公告之日起生效。申请人办理登记手续后,专利局应当制作专利证书,进行专利权授予登记和公告授予专利权决定的准备。本题中,发明专利自公告之日,即 2017 年 8 月 17 日起生效,因此,选项 C 正确。

  需要指出的是,根据上述规定,国家知识产权局应当同时完成颁发专利证书、登记和公告,如果出现本题中登记日和公告日不是同一天的情形,根据专利法第三十九条的规定,发明专利权自公告之日起生效。

【答案】C

17.【2017 年第 49 题】2017 年 4 月 1 日之后,对于已经公布但尚未公告授予专利权的发明专利申请案卷,可以查阅和复制的案卷内容包括?

  A. 申请文件以及与申请直接有关的手续文件

  B. 公布文件

  C. 在初步审查程序中向申请人发出的通知书和决定书、申请人对通知书的答复意见正文

  D. 在实质审查程序中向申请人发出的通知书、检索报告和决定书

【考点】发明专利申请案卷

【分析】《专利审查指南 2010》第五部分第四章第 5.2 节规定,对于已经公布但尚未公告授予专利权的发明专利申请案卷,可以查阅和复制该专利申请案卷中的有关内容,包括:申请文件,与申请直接有关的手续文件,公布文件,在初步审查程序中向申请人发出的通知书和决定书、申请人对通知书的答复意见正文,以及在实质审查程序中向申请人发出的通知书、检索报告和决定书。因此,选项 ABCD 正确。

【答案】ABCD

18.【2016 年第 66 题】下列哪些情况下可以更换专利证书?

  A. 专利证书损坏的

  B. 因专利权的转让发生专利权人名称变更的

  C. 因专利权人更名发生专利权人名称变更的

  D. 依据人民法院关于专利权权属纠纷的生效判决办理变更专利权人手续的

【考点】专利证书

【分析】《专利审查指南 2010》第五部分第九章第 1.2.3 节规定,专利权权属纠纷经地方知识产权管理部门调解或者人民法院调解或判决后,专利权归还请求人的,在该调解或者判决发生法律效力后,当事人可以在办理变更专利权人手续合格后,请求专利局更换专利证书。专利证书损坏的,专利权人可以请求更换专利证书。专利权终止后,专利局不再更换专利证书。因专利权的转移、专利权人更名发生专利权人姓名或者名称变更的,均不予更换专利证书。因此,选项 AD 正确,选项 BC 错误。

【答案】AD

第四十条【实用新型、外观设计专利权的授予】

  实用新型和外观设计专利申请经初步审查没有发现驳回理由的,由国务院专利行政部门作出授予实用新型专利权或者外观设计专利权的决定,发给相应的专利证书,同时予以登记和公告。实用新型专利权和外观设计专利权自公告之日起生效。

一、本条含义

本条是关于实用新型和外观设计专利申请审查和授权的规定。

根据专利法第三十四条和本条的规定，对发明、实用新型和外观设计专利申请均要进行初步审查。不同之处在于：发明专利申请经初步审查合格之后将予以公布，但不立即授予发明专利权，能否授予发明专利权还需经过随后进行的实质审查才能确定；实用新型和外观设计专利申请经初步审查合格之后，将直接授予实用新型或者外观设计专利权。由此可见，初步审查同为三种专利申请的必经程序。

二、重点讲解

（一）实用新型专利申请的初步审查

实用新型专利申请的初步审查是受理实用新型专利申请之后、授予专利权之前的一个必要程序。

1. 实用新型专利申请初步审查的范围

根据《专利审查指南2010》第一部分第二章第1节的规定，实用新型专利申请初步审查的范围是：（1）申请文件的形式审查；（2）申请文件的明显实质性缺陷审查；（3）其他文件的形式审查；（4）有关费用的审查。

2. 实用新型专利申请初步审查的审查原则

《专利审查指南2010》第一部分第二章第2节规定了实用新型专利申请初步审查的审查原则，其与发明专利申请初步审查的审查原则相同，即在初步审查程序中，审查员应当遵循 保密原则、书面审查原则、听证原则、程序节约原则。

3. 文件的形式审查

《专利审查指南2010》第一部分第二章第1节（1）规定了申请文件的形式审查，包括专利申请是否包含专利法第二十六条规定的申请文件，以及这些文件是否符合专利法实施细则第二条、第三条、第十六条至第二十三条、第四十条、第四十二条、第四十三条第二款和第三款、第五十一条、第五十二条、第一百一十九条、第一百二十一条的规定。

4. 手续合法性审查

《专利审查指南2010》第一部分第二章第1节（3）规定了其他文件的形式审查，包括与专利申请有关的其他手续和文件是否符合专利法第十条第二款、第二十四条、第二十九条、第三十条以及专利法实施细则第二条、第三条、第六条、第十五条、第三十条、第三十一条第一款至第三款、第三十二条、第三十三条、第三十六条、第四十五条、第八十六条、第一百条、第一百一十九条的规定。

5. 明显实质性缺陷审查

《专利审查指南2010》第一部分第二章第1节（2）规定了申请文件的明显实质性缺陷审查，包括专利申请是否明显属于专利法第五条、第二十五条规定的情形，是否不符合专利法第十八条、第十九条第一款、第二十条第一款的规定，是否明显不符合专利法第二条第三款、第二十二条第二款或第四款、第二十六条第三款或第四款、第三十一条第一款、第三十三条或专利法实施细则第十七条至第二十二条、第四十三条第一款的规定，是否依照专利法第九条规定不能取得专利权。

6. 授权通知或驳回决定

（1）《专利审查指南2010》第一部分第二章第3.1节规定了授予专利权通知。实用新型专利申请经初步审查没有发现驳回理由的，审查员应当作出授予实用新型专利权通知。能够授予专利权的实用新型专利申请包括不需要补正就符合初步审查要求的专利申请，以及经过补正符合初步审查要求的专利申请。

授予专利权通知书除收件人信息、著录项外，还应指明授权所依据的文本和实用新型名称。审查员依职权修改的，还应当写明依职权修改的内容。

（2）《专利审查指南2010》第一部分第二章第3.5.1节规定了驳回条件。申请文件存在审查员认为不可能通过补正方式克服的明显实质性缺陷，审查员发出审查意见通知书后，在指定的期限内申请人未提出有说服力的意见陈述和/或证据，也未针对通知书指出的缺陷进行修改，例如仅改变了错别字或改变了表述方式，审查员可以作出驳回决定。如果是针对通知书指出的缺陷进行了修改，即使所指出的缺陷仍然存在，也应当给申请人再次陈述和/或修改文件的机会。对于此后再次修改涉及同类缺陷的，如果修改后的申请文件仍然存在已通知过申请人的缺陷，审查员可以作出驳回决定。

申请文件存在可以通过补正方式克服的缺陷，审查员针对该缺陷已发出过两次补正通知书，并且在指定的期限内经申请人陈述意见或者补正后仍然没有消除的，审查员可以作出驳回决定。

（二）外观设计专利申请的初步审查

外观设计专利申请的初步审查是受理外观设计专利申请之后、授予专利权之前的一个必要程序。

1. 外观设计专利申请初步审查的范围

根据《专利审查指南2010》第一部分第三章第1节的规定，外观设计专利申请初步审查的范围包括（1）申请文件的形式审查；（2）申请文件的明显实质性缺陷审查；（3）其他文件的形式审；（4）有关费用的审查。

2. 文件的形式审查

根据《专利审查指南2010》第一部分第三章第1节（1）的规定，申请文件的形式审查，包括专利申请是否具备专利法第二十七条第一款规定的申请文件，以及这些文件是否符合专利法实施细则第二条、第三条第一款、第十六条、第二十七条、第二十八条、第二十九条、第三十五条第三款、第五十一条、第五十二条、第一百一十九条、第一百二十一条的规定。

3. 手续合法性审查

根据《专利审查指南2010》第一部分第三章第1节（3）的规定，其他文件的形式审查，包括与专利申请有关的其他手续和文件是否符合专利法第二十四条、第二十九条第一款、第三十条，以及专利法实施细则第六条、第十五条第三款和第四款、第三十条、第三十一条、第三十二条第一款、第三十三条、第三十六条、第四十二条、第四十三条第二款和第三款、第四十五条、第八十六条、第一百条的规定。

4. 明显实质性缺陷的审查

根据《专利审查指南2010》第一部分第三章第1节（2）的规定，申请文件的明显实质性缺陷审查，包括专利申请是否明显属于专利法第五条第一款、第二十五条第一款第（六）项规定的情形，或者不符合专利法第十八条、第十九条第一款的规定，或者明显不符合专利法第二条第四款、第二十三条第一款、第二十七条第二款、第三十一条第二款、第三十三条，以及专利法实施细则第四十三条第一款的规定，或者依照专利法第九条规定不能取得专利权。

5. 授权通知或驳回决定

（1）《专利审查指南2010》第一部分第三章第3.1节规定了授予专利权通知。外观设计专利申请经初步审查没有发现驳回理由的，审查员应当作出授予外观设计专利权通知。能够授予专利权的外观设计专利申请包括不需要补正就符合初步审查要求的专利申请，以及经过补正符合初步审查要求的专利申请。

（2）《专利审查指南2010》第一部分第三章第3.5节规定了申请的驳回。申请文件存在明显实质性缺陷，在审查员发出审查意见通知书后，经申请人陈述意见或者修改后仍然没有消除的，或者申请文件存在形式缺陷，审查员针对该缺陷已发出过两次补正通知书，经申请人陈述意见或者补正后仍然没有消除的，审查员可以作出驳回决定。

驳回决定正文应当包括案由、驳回的理由和决定三部分内容。

案由部分应当简述被驳回申请的审查过程，即历次的审查意见和申请人的答复概要、申请所存在的导致被驳回的缺陷以及驳回决定所针对的申请文本。

驳回的理由部分应当说明驳回的事实、理由和证据，并符合下列要求：

① 正确选用法律条款。当可以同时根据专利法及其实施细则的不同条款驳回专利申请时，应当选择其中最适合、占主导地位的条款作为驳回的主要法律依据，同时简要地指出专利申请中存在的其他缺陷。

② 以令人信服的事实、理由和证据作为驳回的依据，而且对于这些事实、理由和证据，应当已经通知过申请人，并已给申请人至少一次陈述意见和/或修改申请文件的机会。

审查员在驳回理由部分还应当对申请人的争辩意见进行简要的评述。

决定部分应当明确指出该专利申请不符合专利法及其实施细则的相应条款，并说明根据专利法实施细则第四十四条第二款的规定驳回该专利申请。

三、真题分析

19.【2016年第62题】对于实用新型专利申请，下列哪些情况可能在初步审查程序中被驳回？
A. 权利要求得不到说明书支持
B. 权利要求所要求保护的技术方案不具备新颖性
C. 权利要求所保护的技术方案不具备单一性
D. 说明书缺少要求保护的产品的形状或构造图

【考点】实用新型专利申请　初步审查程序

【分析】专利法实施细则第四十四条第一款规定，专利法第三十四条和第四十条所称初步审查，是指审查专利申请是否具备专利法第二十六条或者第二十七条规定的文件和其他必要的文件，这些文件是否符合规定的格式，并审查下列各项：其中（二）实用新型专利申请是否明显属于专利法第五条、第二十五条规定的情形，是否不符合专利法第十八条、第十九条第一款、第二十条第一款或者本细则第十六条至第十九条、第二十一条至第二十三条的规定，是否明显不符合专利法第二条第三款、第二十二条第二款、第四款、第二十六条第三款、第四款、第三十一条第一款、第三十三条或者本细则第二十条、第四十三条第一款的规定，是否依照专利法第九条规定不能取得专利权。

本题中，选项A涉及专利法第二十六条第四款、选项B涉及第二十二条第二款、选项C涉及第三十一条第一款、选项D涉及专利法实施细则第十七条第五款，都属于实用新型初步审查的内容。如果存在不符合上述规定的问题，可能在初步审查程序中被驳回。因此，选项ABCD正确。

【答案】ABCD

第四十一条【专利申请的复审】

国务院专利行政部门设立专利复审委员会。专利申请人对国务院专利行政部门驳回申请的决定不服的，可以自收到通知之日起三个月内，向专利复审委员会请求复审。专利复审委员会复审后，作出决定，并通知专利申请人。

专利申请人对专利复审委员会的复审决定不服的，可以自收到通知之日起三个月内向人民法院起诉。

一、本条含义

本条是关于对专利申请的复审以及对专利申请人的司法救济的规定。

二、重点讲解

第一部分　概要

（一）专利复审委员会

《专利审查指南2010》第四部分第一章第1节规定了专利复审委员会的组成和任务。

1985年4月5日，中国专利局专利复审委员会成立，为中国专利局内设机构。1998年，更名为国家知识产权局专利局专利复审委员会。2001年，更名为国家知识产权局专利复审委员会。2003年底，经批准成为具有独立法人资格的国家知识产权局直属事业单位。2019年，知识产权机构改革，更名为国家知识产权局专利局复审和无效审理部（简称"复审和无效审理部"），为国家知识产权局专利局内设机构。

需要注意的是：由于目前《专利法》和《专利审查指南2010》仍沿用"专利复审委员会"的说法，因此，本教材暂未将"专利复审委员会"改成"复审和无效审理部"。

1. 专利复审委员会的组成

根据专利法第四十一条第一款的规定，国家知识产权局设立专利复审委员会。

专利复审委员会设主任委员、副主任委员、复审委员、兼职复审委员、复审员和兼职复审员。专利复审委员会主任委员由国家知识产权局局长兼任，副主任委员、复审委员和兼职复审委员由局长从局内有经验的技术和法律专家中任命，复审员和兼职复审员由局长从局内有经验的审查员和法律人员中聘任。

２．专利复审委员会的任务

根据专利法第四十一条的规定，专利复审委员会对复审请求进行受理和审查，并作出决定。复审请求案件包括对初步审查和实质审查程序中驳回专利申请的决定不服而请求复审的案件。

根据专利法第四十五条和第四十六条第一款的规定，专利复审委员会对专利权无效宣告请求进行受理和审查，并作出决定。

当事人对专利复审委员会的决定不服，依法向人民法院起诉的，专利复审委员会可出庭应诉。

（二）审查原则

《专利审查指南2010》第四部分第一章第2节规定了审查原则。

复审请求审查程序（简称复审程序）和无效宣告请求审查程序（简称无效宣告程序）中普遍适用的原则包括：合法原则、公正执法原则、请求原则、依职权审查原则、听证原则和公开原则。

１．合法原则

专利复审委员会应当依法行政，复审请求案件（简称复审案件）和无效宣告请求案件（简称无效宣告案件）的审查程序和审查决定应当符合法律、法规、规章等有关规定。

２．公正执法原则

专利复审委员会以客观、公正、准确、及时为原则，坚持以事实为根据，以法律为准绳，独立地履行审查职责，不徇私情，全面、客观、科学地分析判断，作出公正的决定。

３．请求原则

复审程序和无效宣告程序均应当基于当事人的请求启动。

请求人在专利复审委员会作出复审请求或者无效宣告请求审查决定前撤回其请求的，其启动的审查程序终止；但对于无效宣告请求，专利复审委员会认为根据已进行的审查工作能够作出宣告专利权无效或者部分无效的决定的除外。

请求人在审查决定的结论已宣布或者书面决定已经发出之后撤回请求的，不影响审查决定的有效性。

４．依职权审查原则

专利复审委员会可以对所审查的案件依职权进行审查，而不受当事人请求的范围和提出的理由、证据的限制。

５．听证原则

在作出审查决定之前，应当给予审查决定对其不利的当事人针对审查决定所依据的理由、证据和认定的事实陈述意见的机会，即审查决定对其不利的当事人已经通过通知书、转送文件或者口头审理被告知过审查决定所依据的理由、证据和认定的事实，并且具有陈述意见的机会。

在作出审查决定之前，在已经根据人民法院或者地方知识产权管理部门作出的生效的判决或者调解决定变更专利申请人或者专利权人的情况下，应当给予变更后的当事人陈述意见的机会。

６．公开原则

除了根据国家法律、法规等规定需要保密的案件（包括专利申请人不服初审驳回提出复审请求的案件）以外，其他各种案件的口头审理应当公开举行，审查决定应当公开出版发行。

（三）合议审查

《专利审查指南2010》第四部分第一章第3节规定了合议审查。

专利复审委员会合议审查的案件，应当由三或五人组成的合议组负责审查，其中包括组长一人、主审员一人、参审员一或三人。

专利复审委员会根据专业分工、案源情况以及参加同一专利申请或者专利案件在先程序审查人员的情况，按照规定的程序确定、变更复审和无效宣告案件的合议组成员。

１．合议组的组成

专利复审委员会根据专业分工、案源情况以及参加同一专利申请或者专利案件在先程序审查人员的情况，按照规定的程序确定、变更复审和无效宣告案件的合议组成员。

专利复审委员会各申诉处负责人和复审委员具有合议组组长资格；其他人员经主任委员或者副主任委员批准后获得合议组组长资格。

复审委员、复审员、兼职复审委员或者兼职复审员可以担任主审员或者参审员。

从审查部依个案聘请的审查员可以担任参审员。

专利复审委员会作出维持专利权有效或者宣告专利权部分无效的审查决定以后，同一请求人针对该审查决定涉及的专利权以不同理由或者证据提出新的无效宣告请求的，作出原审查决定的主审员不再参加该无效宣告案件的审查工作。

对于审查决定被人民法院的判决撤销后重新审查的案件，一般应当重新成立合议组。

2. 关于组成五人合议组的规定

对下列案件，应当组成五人合议组：

（1）在国内或者国外有重大影响的案件。

（2）涉及重要疑难法律问题的案件。

（3）涉及重大经济利益的案件。

需要组成五人合议组的，由主任委员或者副主任委员决定，或者由有关处室负责人或者合议组成员提出后按照规定的程序报主任委员或者副主任委员审批。

由五人组成合议组审查的案件，在组成五人合议组之前没有进行过口头审理的，应当进行口头审理。

3. 合议组成员的职责分工

组长负责主持复审或者无效宣告程序的全面审查，主持口头审理，主持合议会议及其表决，确定合议组的审查决定是否需要报主任委员或者副主任委员审批。

主审员负责案件的全面审查和案卷的保管，起草审查通知书和审查决定，负责合议组与当事人之间的事务性联系；在无效宣告请求审查结论为宣告专利权部分无效时，准备需要出版的公告文本。

参审员参与审查并协助组长和主审员工作。

4. 合议组审查意见的形成

合议组依照少数服从多数的原则对复审或者无效宣告案件的审查所涉及的证据是否采信、事实是否认定以及理由是否成立等进行表决，作出审查决定。

（四）独任审查

《专利审查指南2010》第四部分第一章第4节规定了独任审查。

对于简单的案件，可以由一人独任审查。

（五）回避制度

《专利审查指南2010》第四部分第一章第5节规定了回避制度和从业禁止。

1. 应当自行回避的情形

复审或者无效宣告案件合议组成员有专利法实施细则第三十七条规定情形之一的，应当自行回避；合议组成员应当自行回避而没有回避的，当事人有权请求其回避。

专利法实施细则第三十七条规定，在初步审查、实质审查、复审和无效宣告程序中，实施审查和审理的人员有下列情形之一的，应当自行回避，当事人或者其他利害关系人可以要求其回避：（一）是当事人或者其代理人的近亲属的；（二）与专利申请或者专利权有利害关系的；（三）与当事人或者其代理人有其他关系，可能影响公正审查和审理的；（四）专利复审委员会成员曾参与原申请的审查的。

专利复审委员会主任委员或者副主任委员任职期间，其近亲属不得代理复审或者无效宣告案件；处室负责人任职期间，其近亲属不得代理该处室负责审理的复审或者无效宣告案件。其中近亲属包括配偶、父母、子女、兄弟姐妹、祖父母、外祖父母、孙子女、外孙子女和其他具有扶养、赡养关系的亲属。

专利复审委员会主任委员或者副主任委员离职后三年内，其他人员离职后两年内，不得代理复审或者无效宣告案件。

2. 回避请求的提出

当事人请求合议组成员回避的或者认为代理人不符合上述规定的，应当以书面方式提出，并且说明理由，必要时附具有关证据。

3. 回避请求的处理

专利复审委员会对当事人提出的请求，应当以书面方式作出决定，并通知当事人。

（六）审查决定

1. 审查决定的构成

《专利审查指南 2010》第四部分第一章第 6.2 节规定了审查决定的构成。

审查决定包括下列部分。

（1）审查决定的著录项目。复审请求审查决定的著录项目应当包括决定号、决定日、发明创造名称、国际分类号（或者外观设计分类号）、复审请求人、申请号、申请日、发明专利申请的公开日和合议组成员。

无效宣告请求审查决定的著录项目应当包括决定号、决定日、发明创造名称、国际分类号（或者外观设计分类号）、无效宣告请求人、专利权人、专利号、申请日、授权公告日和合议组成员。

（2）法律依据。审查决定的法律依据是指审查决定的理由所涉及的法律、法规条款。

（3）决定要点。决定要点是决定正文中理由部分的实质性概括和核心论述。它是针对该案争论点或者难点所采用的判断性标准。决定要点应当对所适用的专利法、专利法实施细则有关条款作进一步解释，并尽可能地根据该案的特定情况得出具有指导意义的结论。

决定要点在形式上应当满足下列要求：

（i）以简明、扼要的文字表述；

（ii）表述应当合乎逻辑、准确、严密和有根据，并与决定结论相适应；

（iii）既不是简单地引用根据专利法或者专利法实施细则有关条款所得出的结论，也不是具体案由及结论的简述；可以从决定正文中摘出符合上述要求的关键语句。

（4）案由。案由部分应当按照时间顺序叙述复审或者无效宣告请求的提出、范围、理由、证据、受理，文件的提交、转送，审查过程以及主要争议等情况。这部分内容应当客观、真实，与案件中的相应记载相一致，能够正确地、概括性地反映案件的审查过程和争议的主要问题。

案由部分应当用简明、扼要的语言，对当事人陈述的意见进行归纳和概括，清楚、准确地反映当事人的观点，并且应当写明决定的结论对其不利的当事人的全部理由和证据。

在针对发明或者实用新型专利申请或者专利的复审或者无效宣告请求的审查决定中，应当写明审查决定所涉及的权利要求的内容。

（5）决定的理由。决定的理由部分应当阐明审查决定所依据的法律、法规条款的规定，得出审查结论所依据的事实，并且具体说明所述条款对该案件的适用。这部分内容的论述应当详细到足以根据所述规定和事实得出审查结论的程度。对于决定的结论对其不利的当事人的全部理由、证据和主要观点应当进行具体分析，阐明其理由不成立、观点不被采纳的原因。

对于涉及外观设计的审查决定，应当根据需要使用文字对所涉及外观设计的主要内容进行客观的描述。

（6）结论。结论部分应当给出具体的审查结论，并且应当对后续程序的启动、时限和受理单位等给出明确、具体的指示。

（7）附图。对于涉及外观设计的审查决定，应当根据需要使用外观设计的图片或者照片作为审查决定的附图。

2. 审查决定的出版

《专利审查指南 2010》第四部分第一章第 6.3 节规定了审查决定的出版。

专利复审委员会对其所作的复审和无效宣告请求审查决定的正文，除所针对的专利申请未公开的情况以外，应当全部公开出版。对于应当公开出版的审查决定，当事人对审查决定不服向法院起诉并已被受理的，在人民法院判决生效后，审查决定与判决书一起公开。

（七）更正及驳回请求

《专利审查指南 2010》第四部分第一章第 7 节规定了更正及驳回请求。

1. 受理的更正

复审或者无效宣告请求属于应当受理而不予受理的，或者已经受理而属于不予受理的，经主任委员或者副主任委员批准后进行更正，并且通知当事人。

2. 通知书的更正

专利复审委员会对发出的各种通知书中存在的错误，发现后需要更正的，经主任委员或者副主任委员批准后进行更正，并且通知当事人。

3. 审查决定的更正

对于复审或者无效宣告请求审查决定中的明显文字错误，发现后需要更正的，经主任委员或者副主任委员批准后进行更正，并以通知书随附替换页的形式通知当事人。

4. 视为撤回的更正

对于已经按照视为撤回处理的复审请求或者无效宣告请求，一旦发现不应被视为撤回的，经主任委员或者副主任委员批准后进行更正，复审或者无效宣告程序继续进行，并且通知当事人。

5. 其他处理决定的更正

专利复审委员会作出的其他处理决定需要更正的，经主任委员或者副主任委员批准后进行更正。

6. 驳回请求

对于已经受理的复审或者无效宣告案件，经审查认定不符合受理条件的，经主任委员或者副主任委员批准后，作出驳回复审请求或者驳回无效宣告请求的决定。

（八）对专利复审委员会的决定不服的司法救济

1. 可以请求司法救济的情形

专利法第四十一条第二款规定，专利申请人对专利复审委员会的复审决定不服的，可以自收到通知之日起三个月内向人民法院起诉。

根据《最高人民法院关于审理专利纠纷案件适用法律问题的若干规定》第一条的规定，人民法院受理的专利纠纷案件包括不服专利复审委员会维持驳回申请复审决定案件。

2. 诉讼时效

根据专利法第四十一条第二款的规定，专利申请人对专利复审委员会的复审决定不服的，诉讼时效为三个月。

3. 管辖法院

《最高人民法院关于审理专利纠纷案件适用法律问题的若干规定》第二条规定：

专利纠纷第一审案件，由各省、自治区、直辖市人民政府所在地的中级人民法院和最高人民法院指定的中级人民法院管辖。

最高人民法院根据实际情况，可以指定基层人民法院管辖第一审专利纠纷案件。

4. 对法院生效判决的执行

《专利审查指南2010》第四部分第一章第8节规定了关于审查决定被法院生效判决撤销后的审查程序。

（1）复审请求或者无效宣告请求审查决定被人民法院的生效判决撤销后，专利复审委员会应当重新作出审查决定。

（2）因主要证据不足或者法律适用错误导致审查决定被撤销的，不得以相同的理由和证据作出与原决定相同的决定。

（3）因违反法定程序导致审查决定被撤销的，根据人民法院的判决，在纠正程序错误的基础上，重新作出审查决定。

第二部分 专利申请的复审

（一）复审程序的性质

《专利审查指南2010》第四部分第二章第1节规定了复审程序的性质。

复审程序是因申请人对驳回决定不服而启动的救济程序，同时也是专利审批程序的延续。因此，一方面，专利复审委员会一般仅针对驳回决定所依据的理由和证据进行审查，不承担对专利申请全面审查的义务；另一方面，为了提高专利授权的质量，避免不合理地延长审批程序，专利复审委员会可以依职权对驳回决定未提及的明显实质性缺陷进行审查。

（二）复审请求的形式审查

《专利审查指南2010》第四部分第二章第2节规定了复审请求的形式审查。

专利复审委员会收到复审请求书后，应当进行形式审查。

1. 形式审查的内容

（1）复审请求客体。《专利审查指南2010》第四部分第二章第2.1节规定了复审请求客体。

对专利局作出的驳回决定不服的，专利申请人可以向专利复审委员会提出复审请求。复审请求不是针对专利局作出的驳回决定的，不予受理。

（2）复审请求人资格。《专利审查指南2010》第四部分第二章第2.2节规定了复审请求人的资格。

被驳回申请的申请人可以向专利复审委员会提出复审请求。复审请求人不是被驳回申请的申请人的，其复审请求不予受理。

被驳回申请的申请人属于共同申请人的，如果复审请求人不是全部申请人，专利复审委员会应当通知复审请求人在指定期限内补正；期满未补正的，其复审请求视为未提出。

（3）期限。《专利审查指南2010》第四部分第二章第2.3节规定了复审请求的期限。

① 在收到专利局作出的驳回决定之日起三个月内，专利申请人可以向专利复审委员会提出复审请求；提出复审请求的期限不符合上述规定的，复审请求不予受理。

② 提出复审请求的期限不符合上述规定、但在专利复审委员会作出不予受理的决定后复审请求人提出恢复权利请求的，如果该恢复权利请求符合专利法实施细则第六条和第九十九条第一款有关恢复权利的规定，则允许恢复，且复审请求应当予以受理；不符合该有关规定的，不予恢复。

③ 提出复审请求的期限不符合上述规定、但在专利复审委员会作出不予受理的决定前复审请求人提出恢复权利请求的，可对上述两请求合并处理；该恢复权利请求符合专利法实施细则第六条和第九十九条第一款有关恢复权利的规定的，复审请求应当予以受理；不符合该有关规定的，复审请求不予受理。

（4）文件形式。《专利审查指南2010》第四部分第二章第2.4节规定了复审请求的文件形式。

① 复审请求人应当提交复审请求书，说明理由，必要时还应当附具有关证据。

② 复审请求书应当符合规定的格式，不符合规定格式的，专利复审委员会应当通知复审请求人在指定期限内补正；期满未补正或者在指定期限内补正但经两次补正后仍存在同样缺陷的，复审请求视为未提出。

（5）费用。《专利审查指南2010》第四部分第二章第2.5节规定了复审请求的费用。

① 复审请求人在收到驳回决定之日起三个月内提出了复审请求，但在此期限内未缴纳或者未缴足复审费的，其复审请求视为未提出。

② 在专利复审委员会作出视为未提出决定后复审请求人提出恢复权利请求的，如果恢复权利请求符合专利法实施细则第六条和第九十九条第一款有关恢复权利的规定，则允许恢复，且复审请求应当予以受理；不符合上述规定的，不予恢复。

③ 在收到驳回决定之日起三个月后才缴足复审费、且在作出视为未提出决定前提出恢复权利请求的，可对上述两请求合并处理；该恢复权利请求符合专利法实施细则第六条和第九十九条第一款有关恢复权利的规定的，复审请求应当予以受理；不符合该有关规定的，复审请求视为未提出。

（6）委托手续。《专利审查指南2010》第四部分第二章第2.6节规定了复审请求的委托手续。

① 复审请求人委托专利代理机构请求复审或者解除、辞去委托的，应当参照本指南第一部分第一章第6.1节的规定在专利局办理手续。但是，复审请求人在复审程序中委托专利代理机构，且委托书中写明其委托权限仅限于办理复审程序有关事务的，其委托手续或者解除、辞去委托的手续应当参照上述规定在专利复审委员会办理，无须办理著录项目变更手续。

复审请求人在专利复审委员会办理委托手续，但提交的委托书中未写明委托权限仅限于办理复审程序有关事务的，应当在指定期限内补正；期满未补正的，视为未委托。

② 复审请求人与多个专利代理机构同时存在委托关系的，应当以书面方式指定其中一个专利代理机构作为收件人；未指定的，专利复审委员会将在复审程序中最先委托的专利代理机构视为收件人；最先委托的专利代理机构有多个的，专利复审委员会将署名在先的视为收件人；署名无先后（同日分别委托）的，专利复审委员会应

当通知复审请求人在指定期限内指定；未在指定期限内指定的，视为未委托。

③ 对于根据专利法第十九条第一款的规定应当委托专利代理机构的复审请求人，未按规定委托的，其复审请求不予受理。

2. 形式审查通知书

《专利审查指南 2010》第四部分第二章第 2.7 节规定了专利复审的形式审查通知书。

（1）复审请求经形式审查不符合专利法及其实施细则和审查指南有关规定需要补正的，专利复审委员会应当发出补正通知书，要求复审请求人在收到通知书之日起十五日内补正。

（2）复审请求视为未提出或者不予受理的，专利复审委员会应当发出复审请求视为未提出通知书或者复审请求不予受理通知书，通知复审请求人。

（3）复审请求经形式审查符合专利法及其实施细则和审查指南有关规定的，专利复审委员会应当发出复审请求受理通知书，通知复审请求人。

（三）复审请求的前置审查

《专利审查指南 2010》第四部分第二章第 3 节规定了复审请求的前置审查。

1. 前置审查的程序

根据专利法实施细则第六十二条的规定，专利复审委员会应当将经形式审查合格的复审请求书（包括附具的证明文件和修改后的申请文件）连同案卷一并转交作出驳回决定的原审查部门进行前置审查。

原审查部门应当提出前置审查意见，作出前置审查意见书。除特殊情况外，前置审查应当在收到案卷后一个月内完成。

2. 前置审查意见的类型

前置审查意见分为下列三种类型：

（1）复审请求成立，同意撤销驳回决定。

（2）复审请求人提交的申请文件修改文本克服了申请中存在的缺陷，同意在修改文本的基础上撤销驳回决定。

（3）复审请求人陈述的意见和提交的申请文件修改文本不足以使驳回决定被撤销，因而坚持驳回决定。

3. 前置审查意见

（1）原审查部门应当说明其前置审查意见属于上述何种类型。坚持驳回决定的，应当对所坚持的各驳回理由及其涉及的各缺陷详细说明意见；所述意见和驳回决定相同的，可以简要说明，不必重复。

（2）复审请求人提交修改文本的，原审查部门应当按照本章第 4.2 节的规定进行审查。经审查，原审查部门认为修改符合本章第 4.2 节规定的，应当以修改文本为基础进行前置审查。原审查部门认为修改不符合本章第 4.2 节规定的，应当坚持驳回决定，并且在详细说明修改不符合规定的意见的同时，说明驳回决定所针对的申请文件中未克服的各驳回理由所涉及的缺陷。

（3）复审请求人提交新证据或者陈述新理由的，原审查部门应当对该证据或者理由进行审查。

（4）原审查部门在前置审查意见中不得补充驳回理由和证据，但下列情形除外：

（i）对驳回决定和前置审查意见中主张的公知常识补充相应的技术词典、技术手册、教科书等所属技术领域中的公知常识性证据；

（ii）认为审查文本中存在驳回决定未指出，但足以用已告知过申请人的事实、理由和证据予以驳回的缺陷的，应当在前置审查意见中指出该缺陷；

（iii）认为驳回决定指出的缺陷仍然存在的，如果发现审查文本中还存在其他明显实质性缺陷或者与驳回决定所指出缺陷性质相同的缺陷，可以一并指出。

例如，原审查部门在审查意见通知书中曾指出原权利要求 1 不符合专利法第二十二条第三款的规定，但最终以修改不符合专利法第三十三条的规定为由作出驳回决定。在复审请求人将申请文件修改为原申请文件的情况下，如果原审查部门认为上述不符合专利法第二十二条第三款规定的缺陷依然存在，则属于第（ii）种情形，此时原审查部门应当在前置审查意见中指出该缺陷。

（5）前置审查意见属于本章第 3.2 节规定的第（1）种或者第（2）种类型的，专利复审委员会不再进行合议审查，应当根据前置审查意见作出复审决定，通知复审请求人，并且由原审查部门继续进行审批程序。原审查部门不得未经专利复审委员会作出复审决定而直接进行审批程序。

（四）复审请求的合议审查

1. 理由和证据的审查

《专利审查指南2010》第四部分第二章第4.1节规定了理由和证据的审查。

在复审程序中，合议组一般仅针对驳回决定所依据的理由和证据进行审查。

除驳回决定所依据的理由和证据外，合议组发现审查文本中存在下列缺陷的，可以对与之相关的理由及其证据进行审查，并且经审查认定后，应当依据该理由及其证据作出维持驳回决定的审查决定：

（1）足以用在驳回决定作出前已告知过申请人的其他理由及其证据予以驳回的缺陷。

（2）驳回决定未指出的明显实质性缺陷或者与驳回决定所指出缺陷性质相同的缺陷。

例如，驳回决定指出权利要求1不具备创造性，经审查认定该权利要求请求保护的明显是永动机时，合议组应当以该权利要求不符合专利法第二十二条第四款的规定为由作出维持驳回决定的复审决定。

又如，驳回决定指出权利要求1因存在含义不确定的用语，导致保护范围不清楚，合议组发现权利要求2同样因存在此类用语而导致保护范围不清楚时，应当在复审程序中一并告知复审请求人；复审请求人的答复未使权利要求2的缺陷被克服的，合议组应当以不符合专利法第二十六条第四款的规定为由作出维持驳回决定的复审决定。

在合议审查中，合议组可以引入所属技术领域的公知常识，或者补充相应的技术词典、技术手册、教科书等所属技术领域中的公知常识性证据。

2. 修改文本的审查

《专利审查指南2010》第四部分第二章第4.2节规定了修改文本的审查。

在提出复审请求、答复复审通知书（包括复审请求口头审理通知书）或者参加口头审理时，复审请求人可以对申请文件进行修改。但是，所作修改应当符合专利法第三十三条和专利法实施细则第六十一条第一款的规定。

根据专利法实施细则第六十一条第一款的规定，复审请求人对申请文件的修改应当仅限于消除驳回决定或者合议组指出的缺陷。下列情形通常不符合上述规定：

（1）修改后的权利要求相对于驳回决定针对的权利要求扩大了保护范围。

（2）将与驳回决定针对的权利要求所限定的技术方案缺乏单一性的技术方案作为修改后的权利要求。

（3）改变权利要求的类型或者增加权利要求。

（4）针对驳回决定指出的缺陷未涉及的权利要求或者说明书进行修改。但修改明显文字错误，或者修改与驳回决定所指出缺陷性质相同的缺陷的情形除外。

在复审程序中，复审请求人提交的申请文件不符合专利法实施细则第六十一条第一款规定的，合议组一般不予接受，并应当在复审通知书中说明该修改文本不能被接受的理由，同时对之前可接受的文本进行审查。如果修改文本中的部分内容符合专利法实施细则第六十一条第一款的规定，合议组可以对该部分内容提出审查意见，并告知复审请求人应当对该文本中不符合专利法实施细则第六十一条第一款规定的部分进行修改，并提交符合规定的文本，否则合议组将以之前可接受的文本为基础进行审查。

3. 审查方式

《专利审查指南2010》第四部分第二章第4.3节规定了审查方式。

针对一项复审请求，合议组可以采取书面审理、口头审理或者书面审理与口头审理相结合的方式进行审查。

根据专利法实施细则第六十三条第一款的规定，有下列情形之一的，合议组应当发出复审通知书（包括复审请求口头审理通知书）或者进行口头审理：

（1）复审决定将维持驳回决定。

（2）需要复审请求人依照专利法及其实施细则和审查指南有关规定修改申请文件，才有可能撤销驳回决定。

（3）需要复审请求人进一步提供证据或者对有关问题予以说明。

（4）需要引入驳回决定未提出的理由或者证据。

针对合议组发出的复审通知书，复审请求人应当在收到该通知书之日起一个月内针对通知书指出的缺陷进行书面答复；期满未进行书面答复的，其复审请求视为撤回。复审请求人提交无具体答复内容的意见陈述书的，视为对复审通知书中的审查意见无反对意见。

针对合议组发出的复审请求口头审理通知书，复审请求人应当参加口头审理或者在收到该通知书之日起一个月内针对通知书指出的缺陷进行书面答复；如果该通知书已指出申请不符合专利法及其实施细则和审查指南有关规定的事实、理由和证据，复审请求人未参加口头审理且期满未进行书面答复的，其复审请求视为撤回。

复审程序中口头审理的相关规定参见本书第四十六条。

（五）复审决定

1. 复审决定的类型

《专利审查指南 2010》第四部分第二章第 5 节规定了复审审查决定的类型。

复审请求审查决定（简称复审决定）分为下列三种类型：

（1）复审请求不成立，维持驳回决定。
（2）复审请求成立，撤销驳回决定。
（3）专利申请文件经复审请求人修改，克服了驳回决定所指出的缺陷，在修改文本的基础上撤销驳回决定。

上述第（2）种类型包括下列情形：

（i）驳回决定适用法律错误的；
（ii）驳回理由缺少必要的证据支持的；
（iii）审查违反法定程序的，例如，驳回决定以申请人放弃的申请文本或者不要求保护的技术方案为依据；在审查程序中没有给予申请人针对驳回决定所依据的事实、理由和证据陈述意见的机会；驳回决定没有评价申请人提交的与驳回理由有关的证据，以至可能影响公正审理的；
（iv）驳回理由不成立的其他情形。

2. 复审决定的送交

《专利审查指南 2010》第四部分第二章第 6 节规定了复审决定的送交。

根据专利法第四十一条第一款的规定，专利复审委员会应当将复审决定送达复审请求人。

3. 复审决定的效力

《专利审查指南 2010》第四部分第二章第 7 节规定了复审决定的效力。

复审决定撤销原审查部门作出的决定的，专利复审委员会应当将有关的案卷返回原审查部门，由原审查部门继续审批程序。

原审查部门应当执行专利复审委员会的决定，不得以同样的事实、理由和证据作出与该复审决定意见相反的决定。

（六）复审程序中止

复审程序的中止适用《专利审查指南 2010》第五部分第七章第 7 节的规定。具体内容参见本书专利法第八条第二部分重点讲解（四）请求中止。

（七）复审程序的终止

《专利审查指南 2010》第四部分第二章第 9 节规定了复审程序的终止。

复审请求因期满未答复而被视为撤回的，复审程序终止。

在作出复审决定前，复审请求人撤回其复审请求的，复审程序终止。

已受理的复审请求因不符合受理条件而被驳回请求的，复审程序终止。

复审决定作出后复审请求人不服该决定的，可以根据专利法第四十一条第二款的规定在收到复审决定之日起三个月内向人民法院起诉；在规定的期限内未起诉或者人民法院的生效判决维持该复审决定的，复审程序终止。

第三部分 国家知识产权局的行政复议

（一）国家知识产权局行政复议基本概念与手续

1. 复议参加人

《国家知识产权局行政复议规程》第二条规定，公民、法人或者其他组织认为国家知识产权局的具体行政行为侵犯其合法权益的，可以依照本规程向国家知识产权局申请行政复议。

《国家知识产权局行政复议规程》第六条规定，依照本规程申请行政复议的公民、法人或者其他组织是复议申请人。在具体行政行为作出时其权利或者利益受到损害的其他利害关系人可以申请行政复议，也可以作为第三人参加行政复议。

《国家知识产权局行政复议规程》第七条规定，复议申请人、第三人可以委托代理人代为参加行政复议。

2. 复议机构及其职责

《国家知识产权局行政复议规程》第三条规定，国家知识产权局负责法制工作的机构（以下称"行政复议机构"）具体办理行政复议事项，履行下列职责：

（一）受理行政复议申请；
（二）向有关部门及人员调查取证，调阅有关文档和资料；
（三）审查具体行政行为是否合法与适当；
（四）办理一并请求的行政赔偿事项；
（五）拟订、制作和发送行政复议法律文书；
（六）办理因不服行政复议决定提起行政诉讼的应诉事项；
（七）督促行政复议决定的履行；
（八）办理行政复议、行政应诉案件统计和重大行政复议决定备案事项；
（九）研究行政复议工作中发现的问题，及时向有关部门提出行政复议意见或者建议。

3. 申请与受理

《国家知识产权局行政复议规程》第八条规定，公民、法人或者其他组织认为国家知识产权局的具体行政行为侵犯其合法权益的，可以自知道该具体行政行为之日起60日内提出行政复议申请。因不可抗力或者其他正当理由耽误前款所述期限的，该期限自障碍消除之日起继续计算。

《国家知识产权局行政复议规程》第九条规定，有权申请行政复议的公民、法人或者其他组织向人民法院提起行政诉讼，人民法院已经依法受理的，不得向国家知识产权局申请行政复议。向国家知识产权局申请行政复议，行政复议机构已经依法受理的，在法定行政复议期限内不得向人民法院提起行政诉讼。国家知识产权局受理行政复议申请后，发现在受理前或者受理后当事人向人民法院提起行政诉讼并且人民法院已经依法受理的，驳回行政复议申请。

《国家知识产权局行政复议规程》第十条规定，行政复议申请应当符合下列条件：

（一）复议申请人是认为具体行政行为侵犯其合法权益的专利申请人、专利权人、集成电路布图设计登记申请人、集成电路布图设计权利人或者其他利害关系人；
（二）有具体的行政复议请求和理由；
（三）属于行政复议的范围；
（四）在法定申请期限内提出。

《国家知识产权局行政复议规程》第十一条规定，申请行政复议应当提交行政复议申请书一式两份，并附具必要的证据材料。被申请复议的具体行政行为以书面形式作出的，应当附具该文书或者其复印件。委托代理人的，应当附具授权委托书。

《国家知识产权局行政复议规程》第十二条规定，行政复议申请书应当载明下列内容：

（一）复议申请人的姓名或者名称、通信地址、联系电话；
（二）具体的行政复议请求；
（三）申请行政复议的主要事实和理由；
（四）复议申请人的签名或者盖章；
（五）申请行政复议的日期。

《国家知识产权局行政复议规程》第十三条规定，行政复议申请书可以使用国家知识产权局制作的标准表格。行政复议申请书可以手写或者打印。

《国家知识产权局行政复议规程》第十四条规定，行政复议申请书应当以邮寄、传真或者当面递交等方式向行政复议机构提交。

《国家知识产权局行政复议规程》第十五条规定，行政复议机构自收到行政复议申请书之日起5日内，根据情况分别作出如下处理：

（一）行政复议申请符合本规程规定的，予以受理，并向复议申请人发送受理通知书；

（二）行政复议申请不符合本规程规定的，决定不予受理并书面告知理由；

（三）行政复议申请书不符合本规程第十一条、第十二条规定的，通知复议申请人在指定期限内补正；期满未补正的，视为放弃行政复议申请。

4. 审理与决定

《国家知识产权局行政复议规程》第十六条规定，在审理行政复议案件过程中，行政复议机构可以向有关部门和人员调查情况，也可应请求听取复议申请人或者第三人的口头意见。

《国家知识产权局行政复议规程》第十七条规定，行政复议机构应当自受理行政复议申请之日起 7 日内将行政复议申请书副本转交有关部门。该部门应当自收到行政复议申请书副本之日起 10 日内提出维持、撤销或者变更原具体行政行为的书面答复意见，并提交当时作出具体行政行为的证据、依据和其他有关材料。期满未提出答复意见的，不影响行政复议决定的作出。复议申请人、第三人可以查阅前款所述书面答复意见以及作出具体行政行为所依据的证据、依据和其他有关材料，但涉及保密内容的除外。

《国家知识产权局行政复议规程》第十八条规定，行政复议决定作出之前，复议申请人可以要求撤回行政复议申请。准予撤回的，行政复议程序终止。

《国家知识产权局行政复议规程》第十九条规定，行政复议期间，具体行政行为原则上不停止执行。行政复议机构认为需要停止执行的，应当向有关部门发出停止执行通知书，并通知复议申请人及第三人。

《国家知识产权局行政复议规程》第二十条规定，审理行政复议案件，以法律、行政法规、部门规章为依据。

《国家知识产权局行政复议规程》第二十一条规定，具体行政行为认定事实清楚，证据确凿，适用依据正确，程序合法，内容适当的，应当决定维持。

《国家知识产权局行政复议规程》第二十二条规定，被申请人不履行法定职责的，应当决定其在一定期限内履行法定职责。

《国家知识产权局行政复议规程》第二十三条规定，具体行政行为有下列情形之一的，应当决定撤销、变更该具体行政行为或者确认该具体行政行为违法，并可以决定由被申请人重新作出具体行政行为：

（一）主要事实不清，证据不足的；

（二）适用依据错误的；

（三）违反法定程序的；

（四）超越或者滥用职权的；

（五）具体行政行为明显不当的；

（六）出现新证据，撤销或者变更原具体行政行为更为合理的。

《国家知识产权局行政复议规程》第二十四条规定，具体行政行为有下列情形之一的，可以决定变更该具体行政行为：

（一）认定事实清楚，证据确凿，程序合法，但是明显不当或者适用依据错误的；

（二）认定事实不清，证据不足，经行政复议程序审理查明事实清楚，证据确凿的。

《国家知识产权局行政复议规程》第二十五条规定，有下列情形之一的，应当驳回行政复议申请并书面告知理由：

（一）复议申请人认为被申请人不履行法定职责而申请行政复议，行政复议机构受理后发现被申请人没有相应法定职责或者在受理前已经履行法定职责的；

（二）行政复议机构受理行政复议申请后，发现该行政复议申请不符合受理条件的。

《国家知识产权局行政复议规程》第二十六条规定，复议申请人申请行政复议时可以一并提出行政赔偿请求。行政复议机构依据国家赔偿法的规定对行政赔偿请求进行审理，在行政复议决定中对赔偿请求一并作出决定。

《国家知识产权局行政复议规程》第二十七条规定，行政复议决定应当自受理行政复议申请之日起 60 日内作出，但是情况复杂不能在规定期限内作出的，经审批后可以延长期限，并通知复议申请人和第三人。延长的期限最多不得超过 30 日。

《国家知识产权局行政复议规程》第二十八条规定，行政复议决定以国家知识产权局的名义作出。行政复议决定书应当加盖国家知识产权局行政复议专用章。

《国家知识产权局行政复议规程》第二十九条规定，行政复议期间，行政复议机构发现相关行政行为违法或者需要做好善后工作的，可以制作行政复议意见书。有关部门应当自收到行政复议意见书之日起60日内将纠正相关行政违法行为或者做好善后工作的情况通报行政复议机构。行政复议期间，行政复议机构发现法律、法规、规章实施中带有普遍性的问题，可以制作行政复议建议书，向有关部门提出完善制度和改进行政执法的建议。

5. 期间与送达

《国家知识产权局行政复议规程》第三十条规定，期间开始之日不计算在期间内。期间届满的最后一日是节假日的，以节假日后的第一日为期间届满的日期。本规程中有关"5日"、"7日"、"10日"的规定是指工作日，不含节假日。

《国家知识产权局行政复议规程》第三十一条规定，行政复议决定书直接送达的，复议申请人在送达回证上的签收日期为送达日期。行政复议决定书邮寄送达的，自交付邮寄之日起满15日视为送达。行政复议决定书一经送达，即发生法律效力。

《国家知识产权局行政复议规程》第三十二条规定，复议申请人或者第三人委托代理人的，行政复议决定书除送交代理人外，还应当按国内的通讯地址送交复议申请人和第三人。

（二）申请复议的范围

1. 可以申请复议的情形

《国家知识产权局行政复议规程》第四条规定，除本规程第五条另有规定外，有下列情形之一的，可以依法申请行政复议：

（一）对国家知识产权局作出的有关专利申请、专利权的具体行政行为不服的；

（二）对国家知识产权局作出的有关集成电路布图设计登记申请、布图设计专有权的具体行政行为不服的；

（三）对国家知识产权局专利复审委员会作出的有关专利复审、无效的程序性决定不服的；

（四）对国家知识产权局作出的有关专利代理管理的具体行政行为不服的；

（五）认为国家知识产权局作出的其他具体行政行为侵犯其合法权益的。

2. 不能申请复议的情形

《国家知识产权局行政复议规程》第五条规定，对下列情形之一，不能申请行政复议：

（一）专利申请人对驳回专利申请的决定不服的；

（二）复审请求人对复审请求审查决定不服的；

（三）专利权人或者无效宣告请求人对无效宣告请求审查决定不服的；

（四）专利权人或者专利实施强制许可的被许可人对强制许可使用费的裁决不服的；

（五）国际申请的申请人对国家知识产权局作为国际申请的受理单位、国际检索单位和国际初步审查单位所作决定不服的；

（六）集成电路布图设计登记申请人对驳回登记申请的决定不服的；

（七）集成电路布图设计登记申请人对复审决定不服的；

（八）集成电路布图设计权利人对撤销布图设计登记的决定不服的；

（九）集成电路布图设计权利人、非自愿许可取得人对非自愿许可报酬的裁决不服的；

（十）集成电路布图设计权利人、被控侵权人对集成电路布图设计专有权侵权纠纷处理决定不服的；

（十一）法律、法规规定的其他不能申请行政复议的情形。

《国家知识产权局行政复议规程》第六条规定，依照本规程申请行政复议的公民、法人或者其他组织是复议申请人。在具体行政行为作出时其权利或者利益受到损害的其他利害关系人可以申请行政复议，也可以作为第三人参加行政复议。

三、真题分析

20. 【2019年第21题】甲提出一项发明专利申请，其权利要求书包括独立权利要求1及其从属权利要求2~6。国家知识产权局以独立权利要求1相对于对比文件1和2的结合缺乏创造性为由驳回了该专利申请。甲不服，就此提出复审请求，下列做法不能被允许的是？

A. 删除独立权利要求1

B. 用从属权利要求2的部分特征进一步限定独立权利要求1，并在从属权利要求2中删除相应的特征

C. 将独立权利要求1由产品权利要求改为专用于制造该产品的方法权利要求

D. 只陈述独立权利要求1相对于对比文件1和2的结合具备创造性的理由

【考点】复审程序中权利要求的修改

【分析】根据《专利审查指南2010》第四部分第二章第4.2节的规定，根据专利法实施细则第六十一条第一款的规定，复审请求人对申请文件的修改应当仅限于消除驳回决定或者合议组指出的缺陷。下列情形通常不符合上述规定：(1) 修改后的权利要求相对于驳回决定针对的权利要求扩大了保护范围。(2) 将与驳回决定针对的权利要求所限定的技术方案缺乏单一性的技术方案作为修改后的权利要求。(3) 改变权利要求的类型或者增加权利要求。(4) 针对驳回决定指出的缺陷未涉及的权利要求或者说明书进行修改。但修改明显文字错误，或者修改与驳回决定所指出缺陷性质相同的缺陷的情形除外。因此，选项C正确。

【答案】C

21.【2019年第24题】申请人对国家知识产权局作出的下列哪个决定不服可以请求复审？

A. 不予受理实用新型专利申请的决定
B. 视为未要求优先权的决定
C. 发明专利申请视为撤回的决定
D. 驳回外观设计专利申请的决定

【考点】专利申请的复审

【分析】根据专利法第四十一条第一款的规定，国务院专利行政部门设立专利复审委员会。专利申请人对国务院专利行政部门驳回申请的决定不服的，可以自收到通知之日起三个月内，向专利复审委员会请求复审。专利复审委员会复审后，作出决定，并通知专利申请人。根据《专利审查指南2010》第四部分第二章第2.1节的规定，对专利局作出的驳回决定不服的，专利申请人可以向专利复审委员会提出复审请求。复审请求不是针对专利局作出的驳回决定的，不予受理。因此，选项D正确。

【答案】D

22.【2019年第25题】在满足其他受理条件的情况下，下列哪个复审请求应当予以受理？

A. 甲和乙共有的发明专利申请被驳回后，甲独自提出复审请求

B. 某公司的发明专利申请被驳回，该申请的发明人作为复审请求人提出复审请求

C. 申请人自收到驳回决定之日起二个月内提出复审请求

D. 申请人对国家知识产权局做出的专利申请视为撤回通知书不服提出复审请求

【考点】复审请求受理

【分析】根据《专利审查指南2010》第四部分第二章第2.2节的规定，被驳回申请的申请人可以向专利复审委员会提出复审请求。复审请求人不是被驳回申请的申请人的，其复审请求不予受理。被驳回申请的申请人属于共同申请人的，如果复审请求人不是全部申请人，专利复审委员会应当通知复审请求人在指定期限内补正；期满未补正的，其复审请求视为未提出。因此，选项AB错误。

根据专利法第四十一条第一款的规定，国务院专利行政部门设立专利复审委员会。专利申请人对国务院专利行政部门驳回申请的决定不服的，可以自收到通知之日起三个月内，向专利复审委员会请求复审。专利复审委员会复审后，作出决定，并通知专利申请人。因此，选项C正确。根据《专利审查指南2010》第四部分第二章第2.1节的规定，对专利局作出的驳回决定不服的，专利申请人可以向专利复审委员会提出复审请求。复审请求不是针对专利局作出的驳回决定的，不予受理。因此，选项D错误。

【答案】C

23.【2019年第62题】下列哪些情形不能申请行政复议？

A. 专利申请人对驳回专利申请的决定不服的

B. 复审请求人对复审请求审查决定不服的

C. 集成电路布图设计登记申请人对驳回登记申请的决定不服的

D. 专利权人或者专利实施强制许可的被许可人对强制许可使用费的裁决不服的

【考点】行政复议

【分析】《国家知识产权局行政复议规程》第五条规定，对下列情形之一的，不能申请行政复议：其中（一）专利申请人对驳回专利申请的决定不服的；（二）复审请求人对复审请求审查决定不服的；（四）专利权人或者专利实施强制许可的被许可人对强制许可使用费的裁决不服的；（六）集成电路布图设计登记申请人对驳回登记申请的决定不服的。因此，选项ABCD正确。

【答案】ABCD

24.【2019年第74题】关于复审和无效宣告请求审查决定的出版，下列说法正确的是？
A. 复审请求审查决定的正文，应当全部公开出版
B. 外观设计无效宣告请求审查决定的正文，应当全部公开出版
C. 只有生效的复审和无效宣告请求审查决定的正文公开出版
D. 对于应当公开出版的审查决定，当事人对审查决定不服向法院起诉并已被受理的，在人民法院判决生效后，审查决定与判决书一起公开

【考点】公开出版

【分析】根据《专利审查指南2010》第四部分第一章第6.3节的规定，专利复审委员会对其所作的复审和无效宣告请求审查决定的正文，除所针对的专利申请未公开的情况以外，应当全部公开出版。对于应当公开出版的审查决定，当事人对审查决定不服向法院起诉并已被受理的，在人民法院判决生效后，审查决定与判决书一起公开。因此，选项AC错误，选项BD正确。

【答案】BD

25.【2019年第75题】复审请求的合议审查中，下列说法正确的是？
A. 在复审程序中，除驳回决定所依据的理由和证据外，合议组发现审查文本中存在其他明显实质性缺陷的，可以依职权对与之相关的理由及其证据进行审查
B. 在复审程序中，合议组只能针对驳回决定所依据的理由和证据进行审查
C. 在合议审查中，合议组可以补充相应的技术词典、技术手册、教科书等所属技术领域中的公知常识性证据
D. 为了保证授权专利的质量，合议组可以引入新的对比文件，并告知申请人对此陈述意见

【考点】合议审查

【分析】根据《专利审查指南2010》第四部分第二章第4.1节的规定，在复审程序中，合议组一般仅针对驳回决定所依据的理由和证据进行审查。除驳回决定所依据的理由和证据外，合议组发现审查文本中存在下列缺陷的，可以对与之相关的理由及其证据进行审查，并且经审查认定后，应当依据该理由及其证据作出维持驳回决定的审查决定：（1）足以用在驳回决定作出前已告知过申请人的其他理由及其证据予以驳回的缺陷。（2）驳回决定未指出的明显实质性缺陷或者与驳回决定所指出缺陷性质相同的缺陷。例如，驳回决定指出权利要求1不具备创造性，经审查认定该权利要求请求保护的明显是永动机时，合议组应当以该权利要求不符合专利法第二十二条第四款的规定为由作出维持驳回决定的复审决定。……在合议审查中，合议组可以引入所属技术领域的公知常识，或者补充相应的技术词典、技术手册、教科书等所属技术领域中的公知常识性证据。因此，选项AC正确，选项BD错误。

【答案】AC

26.【2019年第76题】下列关于复审通知书的说法正确的是？
A. 针对合议组发出的复审通知书，复审请求人应当在收到该通知书之日起三个月内进行书面答复
B. 针对合议组发出的复审通知书，复审请求人应当在收到该通知书之日起一个月内进行书面答复
C. 复审决定将维持驳回决定的，合议组应当发出复审通知书
D. 复审请求人提交无具体答复内容的意见陈述书的，视为对复审通知书中的审查意见无反对意见

【考点】复审通知书

【分析】根据《专利审查指南2010》第四部分第二章第4.3节的规定，根据专利法实施细则第六十三条第一款的规定，有下列情形之一的，合议组应当发出复审通知书（包括复审请求口头审理通知书）或者进行口头审理：（1）复审决定将维持驳回决定。（2）需要复审请求人依照专利法及其实施细则和审查指南有关规定修改申请文件，才有可能撤销驳回决定。（3）需要复审请求人进一步提供证据或者对有关问题予以说明。（4）需要引

入驳回决定未提出的理由或者证据。针对合议组发出的复审通知书,复审请求人应当在收到该通知书之日起一个月内针对通知书指出的缺陷进行书面答复;期满未进行书面答复的,其复审请求视为撤回。复审请求人提交无具体答复内容的意见陈述书的,视为对复审通知书中的审查意见无反对意见。因此,选项A错误,选项BCD正确。

【答案】BCD

27. 【2019年第77题】王某对国家知识产权局驳回其发明专利申请的决定不服,请求复审。下列说法正确的是?
   A. 王某的复审请求应当在收到驳回决定之日起三个月内提出
   B. 王某可以请求延长提出复审请求的期限
   C. 在复审程序中,王某不得请求延长答复审查意见的期限
   D. 王某在收到驳回决定之日起三个月内未缴纳或者未缴足复审费的,其复审请求视为未提出

【考点】复审请求

【分析】根据专利法第四十一条第一款的规定,专利申请人对国务院专利行政部门驳回申请的决定不服的,可以自收到通知之日起三个月内,向专利复审委员会请求复审。因此,选项A正确。根据《专利审查指南2010》第五部分第七章第4.1节的规定,可以请求延长的期限仅限于指定期限。但在无效宣告程序中,专利复审委员会指定的期限不得延长。本题选项B中的期限是法定期限,选项C中的期限是指定期限,因此,选项BC错误。

根据《专利审查指南2010》第四部分第二章第2.5节的规定,复审请求人在收到驳回决定之日起三个月内提出了复审请求,但在此期限内未缴纳或者未缴足复审费的,其复审请求视为未提出。因此,选项D正确。

【答案】AD

28. 【2018年第18题】当事人对专利复审委员会作出的审查决定不服而向人民法院起诉,以下说法正确的是:
   A. 当事人应当自收到通知之日起六个月内向人民法院起诉
   B. 对于撤销原驳回决定的复审决定,复审请求人不得向人民法院起诉
   C. 对于专利复审委员会维持专利权有效的审查决定,专利权人不得向人民法院起诉
   D. 因主要证据不足或者法律适用错误导致审查决定被人民法院撤销的,专利复审委员会不得以相同的理由和证据作出与原决定相同的决定

【考点】对专利复审委员会的决定不服的司法救济

【分析】专利法第四十一条第二款规定,专利申请人对专利复审委员会的复审决定不服的,可以自收到通知之日起三个月内向人民法院起诉。专利法第四十六条第二款规定,对专利复审委员会宣告专利权无效或者维持专利权的决定不服的,可以自收到通知之日起三个月内向人民法院起诉。人民法院应当通知无效宣告请求程序的对方当事人作为第三人参加诉讼。因此,选项ABC的说法错误。

《专利审查指南2010》第四部分第一章第8节规定了关于审查决定被法院生效判决撤销后的审查程序。其中(2)因主要证据不足或者法律适用错误导致审查决定被撤销的,不得以相同的理由和证据作出与原决定相同的决定。因此,选项D的说法正确。

【答案】D

29. 【2018年第19题】关于复审程序中的委托手续,以下说法错误的是:
   A. 复审请求人在复审程序中委托专利代理机构,且委托书中写明其委托权限仅限于办理复审程序有关事务的,其委托手续应当在专利复审委员会办理
   B. 复审请求人在专利复审委员会办理委托手续,但提交的委托书中未写明委托权限仅限于办理复审程序有关事务的,应当在指定期限内补正;期满未补正的,视为未委托
   C. 对于根据专利法第十九条第一款规定应当委托专利代理机构的复审请求人,未按规定委托的,其复审请求不予受理
   D. 复审请求人与多个专利代理机构同时存在委托关系的,其复审请求不予受理

【考点】复审程序中的委托手续

【分析】《专利审查指南2010》第四部分第二章第2.6节规定,(1)复审请求人委托专利代理机构请求复审或者解除、辞去委托的,应当参照本指南第一部分第一章第6.1节的规定在专利局办理手续。但是,复审请求人

在复审程序中委托专利代理机构，且委托书中写明其委托权限仅限于办理复审程序有关事务的，其委托手续或者解除、辞去委托的手续应当参照上述规定在专利复审委员会办理，无须办理著录项目变更手续。复审请求人在专利复审委员会办理委托手续，但提交的委托书中未写明委托权限仅限于办理复审程序有关事务的，应当在指定期限内补正；期满未补正的，视为未委托。（2）复审请求人与多个专利代理机构同时存在委托关系的，应当以书面方式指定其中一个专利代理机构作为收件人；未指定的，专利复审委员会将在复审程序中最先委托的专利代理机构视为收件人；最先委托的专利代理机构有多个的，专利复审委员会将署名在先的视为收件人；署名无先后（同日分别委托）的，专利复审委员会应当通知复审请求人在指定期限内指定；未在指定期限内指定的，视为未委托。（3）对于根据专利法第十九条第一款规定应当委托专利代理机构的复审请求人，未按规定委托的，其复审请求不予受理。由此可知，选项ABC的说法正确，选项D的说法错误。

【答案】D

30.【2018年第20题】关于复审程序的终止，以下说法错误的是：
　　A. 复审请求因期满未答复而被视为撤回的，复审程序终止
　　B. 在作出复审决定前，复审请求人撤回其复审请求的，复审程序终止
　　C. 已受理的复审请求因不符合受理条件而被驳回请求的，复审程序终止
　　D. 复审决定撤销原驳回决定的，复审请求人收到复审决定之日起，复审程序终止

【考点】复审程序的终止

【分析】专利法实施细则第六十四条规定，复审请求人在专利复审委员会作出决定前，可以撤回其复审请求。复审请求人在专利复审委员会作出决定前撤回其复审请求的，复审程序终止。《专利审查指南2010》第四部分第二章9节规定了复审程序的终止。复审请求因期满未答复而被视为撤回的，复审程序终止。在作出复审决定前，复审请求人撤回其复审请求的，复审程序终止。已受理的复审请求因不符合受理条件而被驳回请求的，复审程序终止。复审决定作出后复审请求人不服该决定的，可以根据专利法第四十一条第二款的规定在收到复审决定之日起三个月内向人民法院起诉；在规定的期限内未起诉或者人民法院的生效判决维持该复审决定的，复审程序终止。因此，选项ABC错误，选项D正确。

【答案】D

31.【2018年第25题】国家知识产权局负责法制工作的机构作为行政复议机构，不具备下列哪一职能？
　　A. 向有关部门及人员调查取证，调阅有关文档和资料
　　B. 办理与行政复议申请一并请求的行政赔偿
　　C. 办理重大行政复议决定备案事项
　　D. 确定具体行政行为违法，直接重新作出具体行政行为

【考点】行政复议机构

【分析】《国家知识产权局行政复议规程》第三条规定，国家知识产权局负责法制工作的机构（以下称"行政复议机构"）具体办理行政复议事项，履行下列职责：（一）受理行政复议申请；（二）向有关部门及人员调查取证，调阅有关文档和资料；（三）审查具体行政行为是否合法与适当；（四）办理一并请求的行政赔偿事项；（五）拟订、制作和发送行政复议法律文书；（六）办理因不服行政复议决定提起行政诉讼的应诉事项；（七）督促行政复议决定的履行；（八）办理行政复议、行政应诉案件统计和重大行政复议决定备案事项；（九）研究行政复议工作中发现的问题，及时向有关部门提出行政复议意见或者建议。由此可知，该行政复议机构具备选项ABC的职能，因此，选项ABC错误。

《国家知识产权局行政复议规程》第二十三条规定，具体行政行为有下列情形之一的，应当决定撤销、变更该具体行政行为或者确认该具体行政行为违法，并可以决定由被申请人重新作出具体行政行为：……由此可知，该行政复议机构不具备选项D的职能。因此，选项D正确。

【答案】D

32.【2018年第36题】甲对国家知识产权局针对其恢复权利请求的审批通知的意见不服而申请行政复议的，以下说法正确的是？
　　A. 甲某应当自收到恢复权利请求审批通知之日起60日内提出行政复议申请
　　B. 甲某可以委托代理人代为参加行政复议

C. 行政复议申请受理后，发现甲某又向人民法院提起行政诉讼并被受理的，驳回行政复议申请

D. 行政复议申请受理后，行政复议决定作出之前，复议申请人不得撤回行政复议申请

【考点】行政复议

【分析】《国家知识产权局行政复议规程》第八条规定，公民、法人或者其他组织认为国家知识产权局的具体行政行为侵犯其合法权益的，可以自知道该具体行政行为之日起60日内提出行政复议申请。因此，选项A正确。《国家知识产权局行政复议规程》第七条规定，复议申请人、第三人可以委托代理人代为参加行政复议。因此，选项B正确。

《国家知识产权局行政复议规程》第九条规定，有权申请行政复议的公民、法人或者其他组织向人民法院提起行政诉讼，人民法院已经依法受理的，不得向国家知识产权局申请行政复议。向国家知识产权局申请行政复议，行政复议机构已经依法受理的，在法定行政复议期限内不得向人民法院提起行政诉讼。国家知识产权局受理行政复议申请后，发现在受理前或者受理后当事人向人民法院提起行政诉讼并且人民法院已经依法受理的，驳回行政复议申请。因此，选项C正确。《国家知识产权局行政复议规程》第十八条规定，行政复议决定作出之前，复议申请人可以要求撤回行政复议申请。因此，选项D错误。

【答案】ABC

33.【2018年第54题】以下哪些情形，行政复议机构应当决定撤销该具体行政行为？

A. 超越职权
B. 主要事实不清，证据不足
C. 行政复议申请人死亡
D. 申请人与被申请人经行政复议机构批准达成和解

【考点】行政复议的审理和决定

【分析】《国家知识产权局行政复议规程》第二十三条规定，具体行政行为有下列情形之一的，应当决定撤销、变更该具体行政行为或者确认该具体行政行为违法，并可以决定由被申请人重新作出具体行政行为：（一）主要事实不清，证据不足的；（二）适用依据错误的；（三）违反法定程序的；（四）超越或者滥用职权的；（五）具体行政行为明显不当的；（六）出现新证据，撤销或者变更原具体行政行为更为合理的。因此，选项AB正确。

《行政复议法实施条例》第四十一条第一款、第二款的规定，行政复议期间有下列情形之一，影响行政复议案件审理的，行政复议中止：（一）作为申请人的自然人死亡，其近亲属尚未确定是否参加行政复议的；……行政复议中止的原因消除后，应当及时恢复行政复议案件的审理。因此，选项C错误。《行政复议法实施条例》第四十二条第一款的规定，行政复议期间有下列情形之一的，行政复议终止：……（四）申请人与被申请人依照本条例第四十条的规定，经行政复议机构准许达成和解的。因此，选项D错误。

【答案】AB

34.【2018年第67题】关于复审请求审查决定，以下说法中正确的是：

A. 驳回决定适用法律错误的，合议组将作出撤销原驳回决定的复审决定

B. 驳回理由缺少必要的证据支持的，合议组将作出撤销原驳回决定的复审决定

C. 驳回决定以申请人放弃的申请文本或者不要求保护的技术方案为依据的，合议组将作出撤销原驳回决定的复审决定

D. 驳回决定没有评价申请人提交的与驳回理由有关的证据，以至可能影响公正审理的，合议组将作出撤销原驳回决定的复审决定

【考点】复审请求审查决定

【分析】《专利审查指南2010》第四部分第二章第5节规定，复审请求审查决定（简称复审决定）分为下列三种类型：（1）复审请求不成立，维持驳回决定。（2）复审请求成立，撤销驳回决定。（3）专利申请文件经复审请求人修改，克服了驳回决定所指出的缺陷，在修改文本的基础上撤销驳回决定。上述第（2）种类型包括下列情形：（i）驳回决定适用法律错误的；（ii）驳回理由缺少必要的证据支持的；（iii）审查违反法定程序的，例如，驳回决定以申请人放弃的申请文本或者不要求保护的技术方案为依据；在审查程序中没有给予申请人针对驳回决定所依据的事实、理由和证据陈述意见的机会；驳回决定没有评价申请人提交的与驳回理由有关的证据，以至可能影响公正审理的；（iv）驳回理由不成立的其他情形。因此，选项ABCD正确。

【答案】ABCD

35.【2017年第25题】一项被驳回申请有多个申请人和多个发明人，关于其复审请求的下述哪种说法是正

确的?
A. 任何一个或几个申请人提出复审请求都应当被受理
B. 任何一个或几个发明人提出复审请求都应当被受理
C. 只有所有的申请人共同提出复审请求才应当被受理
D. 只有所有的申请人和发明人共同提出复审请求才应当被受理

【考点】复审请求人的资格

【分析】《专利审查指南2010》第四部分第二章第2.2节规定,被驳回申请的申请人可以向专利复审委员会提出复审请求。复审请求人不是被驳回申请的申请人的,其复审请求不予受理。被驳回申请的申请人属于共同申请人的,如果复审请求人不是全部申请人,专利复审委员会应当通知复审请求人在指定期限内补正;期满未补正的,其复审请求视为未提出。因此,选项C正确,选项ABD错误。

【答案】C

36.【2017年第26题】专利申请人对驳回决定不服的,可以通过下列哪种程序进行救济?
A. 复议程序　　　B. 复审程序　　　C. 申诉程序　　　D. 异议程序

【考点】驳回决定的救济

【分析】专利法第四十一条第一款规定,国务院专利行政部门设立专利复审委员会。专利申请人对国务院专利行政部门驳回申请的决定不服的,可以自收到通知之日起三个月内,向专利复审委员会请求复审。专利复审委员会复审后,作出决定,并通知专利申请人。因此,选项B正确,选项ACD错误。

【答案】B

37.【2017年第27题】某专利申请由于权利要求1不具备创造性而被驳回,且该申请仅有一项权利要求,申请人提出复审请求时欲对权利要求书进行修改。下列哪种修改方式可被接受?
A. 权利要求1不变,增加从属权利要求2,权利要求2未超出原权利要求书和说明书记载的范围
B. 对权利要求1进行了修改,修改后的权利要求1相对于驳回决定针对的权利要求1扩大了保护范围,但并未超出原说明书记载的范围
C. 对权利要求1进行进一步限定,新增加了说明书的某一技术特征,未超出原说明书记载的范围
D. 为消除不具备创造性的缺陷,将原产品类权利要求1修改为方法类权利要求,修改内容未超出原说明书记载的范围

【考点】复审请求　修改方式

【分析】《专利审查指南2010》第四部分第二章第4.2节规定,在提出复审请求、答复复审通知书(包括复审请求口头审理通知书)或者参加口头审理时,复审请求人可以对申请文件进行修改。但是,所作修改应当符合专利法第三十三条和专利法实施细则第六十一条第一款的规定。根据专利法实施细则第六十一条第一款的规定,复审请求人对申请文件的修改应当仅限于消除驳回决定或者合议组指出的缺陷。下列情形通常不符合上述规定:(1)修改后的权利要求相对于驳回决定针对的权利要求扩大了保护范围;(2)将与驳回决定针对的权利要求所限定的技术方案缺乏单一性的技术方案作为修改后的权利要求;(3)改变权利要求的类型或者增加权利要求;(4)针对驳回决定指出的缺陷未涉及的权利要求或者说明书进行修改。但修改明显文字错误,或者修改与驳回决定所指出缺陷性质相同的缺陷的情形除外。

本题中,选项A增加权利要求2且未针对权利要求1进行修改,属于第(3)、(4)种情况,选项B扩大了保护范围,属于第(1)种情况,选项D改变了权利要求类型,属于第(3)种情况,选项C消除了驳回决定指出的缺陷。因此,选项C正确,选项ABD错误。

【答案】C

38.【2017年第86题】针对本案,合议组于2012年12月10日发出撤销驳回决定的复审决定,复审请求人于2012年12月22日收到该决定,下列说法中哪些是不正确的?
A. 复审请求人可以在2013年3月22日之前向人民法院起诉
B. 由于2013年3月10日是星期日,因此,复审请求人最晚可以在2013年3月11日之前向人民法院起诉
C. 复审请求人可以向国家知识产权局提出行政复议
D. 复审请求人不能向人民法院起诉

【考点】复审决定的救济

【分析】专利法第四十一条第二款规定，专利申请人对专利复审委员会的复审决定不服的，可以自收到通知之日起三个月内向人民法院起诉。专利法实施细则第四条第三款规定，国务院专利行政部门邮寄的各种文件，自文件发出之日起满15日，推定为当事人收到文件之日。本题中，复审决定于2012年12月10日发出，则该复审决定的推定收到日为2013年12月25日，据此，复审请求人最晚在2013年3月25日向人民法院起诉，因此，选项A的说法正确，选项BD的说法是不正确的。

《国家知识产权局行政复议规程》第五条规定，对下列情形之一，不能申请行政复议：其中（二）复审请求人对复审请求审查决定不服的。因此，选项C的说法不正确。

【答案】BCD

39.【2017年第87题】关于复审请求的形式审查，以下说法正确的是？

A. 复审请求人应当提交复审请求书，说明理由，必要时还应当附具有关证据

B. 复审请求人在收到驳回决定之日起三个月内提出了复审请求，但在此期限内未缴纳或者未缴足复审费的，其复审请求视为未提出

C. 复审请求人在专利复审委员会办理委托手续，但提交的委托书中未写明委托权限仅限于办理复审程序有关事务的，应当在指定期限内补正，期满未补正的，视为未委托

D. 复审请求视为未提出或者不予受理的，专利复审委员会应当发出复审请求视为未提出通知书或者复审请求不予受理通知书，通知复审请求人

【考点】复审请求的形式审查

【分析】《专利审查指南2010》第四部分第二章第2.4节规定，复审请求人应当提交复审请求书，说明理由，必要时还应当附具有关证据。因此，选项A正确。《专利审查指南2010》第四部分第二章第2.5节规定，复审请求人在收到驳回决定之日起三个月内提出了复审请求，但在此期限内未缴纳或者未缴足复审费的，其复审请求视为未提出。因此，选项B正确。

《专利审查指南2010》第四部分第二章第2.6节规定，复审请求人在专利复审委员会办理委托手续，但提交的委托书中未写明委托权限仅限于办理复审程序有关事务的，应当在指定期限内补正；期满未补正的，视为未委托。因此，选项C正确。《专利审查指南2010》第四部分第二章第2.7节规定，复审请求视为未提出或者不予受理的，专利复审委员会应当发出复审请求视为未提出通知书或者复审请求不予受理通知书，通知复审请求人。因此，选项D正确。

【答案】ABCD

40.【2017年第88题】关于复审程序中的请求原则，下列说法正确的是？

A. 复审程序应基于当事人的请求启动

B. 请求人在专利复审委员会作出复审请求审查决定前撤回其请求的，复审程序终止

C. 请求人撤回其请求的，复审程序终止，但是专利复审委员会认为根据已进行的审查工作能够作出撤销驳回决定的除外

D. 请求人在审查决定已经发出后撤回请求的，不影响审查决定的有效性

【考点】请求原则

【分析】《专利审查指南2010》第四部分第一章第2.3节规定，复审程序和无效宣告程序均应当基于当事人的请求启动。请求人在专利复审委员会作出复审请求或者无效宣告请求审查决定前撤回其请求的，其启动的审查程序终止；但对于无效宣告请求，专利复审委员会认为根据已进行的审查工作能够作出宣告专利权无效或者部分无效的决定的除外。请求人在审查决定的结论已宣布或者书面决定已经发出之后撤回请求的，不影响审查决定的有效性。因此，选项ABD正确，选项C错误。

【答案】ABD

41.【2017年第89题】复审请求人在复审程序中何时可以对申请文件进行修改？

A. 提出复审请求   B. 答复复审通知书

C. 参加口头审理   D. 在复审程序中的任意时间

【考点】文件修改

【分析】《专利审查指南2010》第四部分第二章第4.2节规定，在提出复审请求、答复复审通知书（包括复审请求口头审理通知书）或者参加口头审理时，复审请求人可以对申请文件进行修改。因此，选项ABC正确，选项D错误。

【答案】ABC

42.【2017年第90题】复审案件合议组成员有下列哪几种情形的，应当自行回避或当事人有权请求其回避？
A. 曾参与原申请的审查的
B. 与专利申请有利害关系的
C. 是当事人或者其代理人近亲属的
D. 与当事人或者其代理人有其他关系，可能影响公正审查和审理的

【考点】回避

【分析】专利法实施细则第三十七条规定，在初步审查、实质审查、复审和无效宣告程序中，实施审查和审理的人员有下列情形之一的，应当自行回避，当事人或者其他利害关系人可以要求其回避：（一）是当事人或者其代理人的近亲属的；（二）与专利申请或者专利权有利害关系的；（三）与当事人或者其代理人有其他关系，可能影响公正审查和审理的；（四）专利复审委员会成员曾参与原申请的审查。因此，选项ABCD正确。

【答案】ABCD

43.【2017年第91题】在复审请求审查过程中，在下列哪些情形下，合议组应当发出复审通知书或进行口头审理？
A. 复审决定将维持原驳回决定的
B. 需要引入驳回决定未提出的理由或者证据的
C. 复审请求的理由成立，将撤销原驳回决定的
D. 需要复审请求人进一步提供证据或者对有关问题予以阐明的

【考点】审查方式

【分析】《专利审查指南2010》第四部分第二章第4.3节规定，针对一项复审请求，合议组可以采取书面审理、口头审理或者书面审理与口头审理相结合的方式进行审查。根据专利法实施细则第六十一三条第一款的规定，有下列情形之一的，合议组应当发出复审通知书（包括复审请求口头审理通知书）或者进行口头审理：（1）复审决定将维持驳回决定。（2）需要复审请求人依照专利法及其实施细则和审查指南有关规定修改申请文件，才有可能撤销驳回决定。（3）需要复审请求人进一步提供证据或者对有关问题予以说明。（4）需要引入驳回决定未提出的理由或者证据。因此，选项ABD正确。上述规定中的4种情形不利于复审请求人，应当满足听证原则，因此需要发出复审通知书（包括复审请求口头审理通知书）或者进行口头审理，而选项C是有利于复审请求人的，可以直接作出复审决定，因此，选项C错误。

【答案】ABD

44.【2017年第92题】关于复审请求案件的范围，下列说法正确的是？
A. 对发明初步审查程序中驳回专利申请的决定不服而请求复审的案件
B. 对实用新型初步审查程序中驳回专利申请的决定不服而请求复审的案件
C. 对外观设计初步审查程序中驳回专利申请的决定不服而请求复审的案件
D. 对发明实质审查程序中驳回专利申请的决定不服而请求复审的案件

【考点】复审请求案件的范围

【分析】根据专利法第四十一条第一款的规定，专利申请人对国务院专利行政部门驳回申请的决定不服的，可以自收到通知之日起三个月内，向专利复审委员会请求复审。《专利审查指南2010》第四部分第一章第1节规定，根据专利法第四十一条的规定，专利复审委员会对复审请求进行受理和审查，并作出决定。复审请求案件包括对初步审查和实质审查程序中驳回专利申请的决定不服而请求复审的案件。因此，选项ABCD正确。

【答案】ABCD

45.【2016年第21题】以下哪个情形可以申请行政复议？
A. 专利申请人对驳回专利申请决定不服的
B. 复审请求人对复审请求不予受理通知书不服的

C. 复审请求人对复审请求审查决定不服的

D. 集成电路布图设计登记申请人对驳回登记申请的决定不服的

【考点】行政复议

【分析】《国家知识产权局行政复议规程》第五条规定，对下列情形之一，不能申请行政复议：（一）专利申请人对驳回专利申请的决定不服的；（二）复审请求人对复审请求审查决定不服的；（三）专利权人或者无效宣告请求人对无效宣告请求审查决定不服的；（四）专利权人或者专利实施强制许可的被许可人对强制许可使用费的裁决不服的；（五）国际申请的申请人对国家知识产权局作为国际申请的受理单位、国际检索单位和国际初步审查单位所作决定不服的；（六）集成电路布图设计登记申请人对驳回登记申请的决定不服的；（七）集成电路布图设计登记申请人对复审决定不服的；（八）集成电路布图设计权利人对撤销布图设计登记的决定不服的；（九）集成电路布图设计权利人、非自愿许可取得人对非自愿许可报酬的裁决不服的；（十）集成电路布图设计权利人、被控侵权人对集成电路布图设计专有权侵权纠纷处理决定不服的；（十一）法律、法规规定的其他不能申请行政复议的情形。因此，选项ACD错误。

《国家知识产权局行政复议规程》第四条规定，除本规程第五条另有规定外，有下列情形之一的，可以依法申请行政复议：（一）对国家知识产权局作出的有关专利申请、专利权的具体行政行为不服的；（二）对国家知识产权局作出的有关集成电路布图设计登记申请、布图设计专有权的具体行政行为不服的；（三）对国家知识产权局专利复审委员会作出的有关专利复审、无效的程序性决定不服的；（四）对国家知识产权局作出的有关专利代理管理的具体行政行为不服的；（五）认为国家知识产权局作出的其他具体行政行为侵犯其合法权益的。本题选项B中"复审请求不予受理通知书"属于专利复审委员会作出的有关专利复审、无效的程序性决定，故该情形可以申请行政复议，因此，选项B正确。

【答案】B

46. 【2016年第22题】下列向专利复审委员会提出的复审请求，在满足其他受理条件的情况下，哪个应当予以受理？

A. 甲和乙共有的发明专利申请被驳回，甲独自提出复审请求

B. 某公司的发明专利申请被驳回，该申请的发明人提出复审请求

C. 申请人李某自收到驳回决定之日起二个月内提出复审请求

D. 申请人赵某对国家知识产权局做出的专利申请视为撤回通知书不服提出的复审请求

【考点】复审请求的受理

【分析】《专利审查指南2010》第四部分第二章第2.2节规定，被驳回申请的申请人可以向专利复审委员会提出复审请求。复审请求人不是被驳回申请的申请人的，其复审请求不予受理。被驳回申请的申请人属于共同申请人的，如果复审请求人不是全部申请人，专利复审委员会应当通知复审请求人在指定期限内补正；期满未补正的，其复审请求视为未提出。本题选项A中的甲不是全部申请人，选项B中的发明人不是申请人。因此，选项AB错误。

《专利审查指南2010》第四部分第二章第2.3节规定，在收到专利局作出的驳回决定之日起3个月内，专利申请人可以向专利复审委员会提出复审请求；提出复审请求的期限不符合上述规定的，复审请求不予受理。因此，选项C正确。《专利审查指南2010》第四部分第二章第2.1节规定，对专利局作出的驳回决定不服的，专利申请人可以向专利复审委员会提出复审请求。复审请求不是针对专利局作出的驳回决定的，不予受理。本题选项D中的"专利申请视为撤回通知书"不是驳回决定。因此，选项D错误。

【答案】C

47. 【2016年第68题】关于当事人向国家知识产权局申请行政复议，以下说法正确的是？

A. 当事人可以自知道相关具体行政行为之日起60日内提出行政复议申请

B. 当事人提起行政复议后，应当在规定的期限内缴纳行政复议费

C. 行政复议期间，具体行政行为原则上不停止执行

D. 针对国家知识产权局作出的具体行政行为，当事人在提起行政复议的同时可以向人民法院提起行政诉讼

【考点】行政复议

【分析】《国家知识产权局行政复议规程》第八条第一款规定，公民、法人或者其他组织认为国家知识产权

局的具体行政行为侵犯其合法权益的，可以自知道该具体行政行为之日起60日内提出行政复议申请。因此，选项A正确。《国家知识产权局行政复议规程》第三十四条规定，行政复议不收取费用。因此，选项B错误。《国家知识产权局行政复议规程》第十九条规定，行政复议期间，具体行政行为原则上不停止执行。行政复议机构认为需要停止执行的，应当向有关部门发出停止执行通知书，并通知复议申请人及第三人。因此，选项C正确。

《国家知识产权局行政复议规程》第九条规定，有权申请行政复议的公民、法人或者其他组织向人民法院提起行政诉讼，人民法院已经依法受理的，不得向国家知识产权局申请行政复议。向国家知识产权局申请行政复议，行政复议机构已经依法受理的，在法定行政复议期限内不得向人民法院提起行政诉讼。国家知识产权局受理行政复议申请后，发现在受理前或者受理后当事人向人民法院提起行政诉讼并且人民法院已经依法受理的，驳回行政复议申请。因此，选项D错误。

【答案】AC

48.【2016年第71题】申请人李某的发明专利申请因不具备创造性被驳回，李某不服该驳回决定向专利复审委员会提出了复审请求，关于复审合议审查下列哪些说法是正确的？

A. 如果李某提出复审请求时未修改专利申请文件，专利复审委员会经审查后认为该发明不具备创造性，则可以直接做出维持驳回决定的复审决定

B. 如果李某提出复审请求时提交的申请文件修改内容超出了原始说明书和权利要求书的记载范围，则专利复审委员会可以依职权对该缺陷进行审查并向李某发出复审通知书

C. 如果专利复审委员会经审查认定该发明明显是永动机，专利复审委员会最终可以以发明不具备实用性为由维持驳回决定

D. 如果专利复审委员会经审查认定该发明明显是永动机，专利复审委员会将直接撤销驳回决定，发回原审查部门重新审理

【考点】复审合议审查

【分析】《专利审查指南2010》第四部分第一章第2.5节规定，在作出审查决定之前，应当给审查决定对其不利的当事人针对审查决定所依据的理由、证据和认定的事实陈述意见的机会，即审查决定对其不利的当事人已经通过通知书、转送文件或者口头审理被告过审查决定所依据的理由、证据和认定的事实，并且具有陈述意见的机会。本题选项A中"维持驳回决定"不利复审请求人，根据听证原则，应该给予复审请求人进行意见陈述的机会。因此，选项A错误。

《专利审查指南2010》第四部分第二章第4.2节规定，在提出复审请求、答复复审通知书（包括复审请求口头审理通知书）或者参加口头审理时，复审请求人可以对申请文件进行修改。但是，所作修改应当符合专利法第三十三条和专利法实施细则第六十一条第一款的规定。本题选项B中的修改不符合专利法第三十三条的规定，合议组应当对缺陷进行审理，并通知复审请求人。因此，选项B正确。

《专利审查指南2010》第四部分第二章第4.1节规定，在复审程序中，合议组一般仅针对驳回决定所依据的理由和证据进行审查。除驳回决定所依据的理由和证据外，合议组发现审查文本中存在下列缺陷的，可以对与之相关的理由及其证据进行审查，并且经审查认定后，应当依据该理由及其证据作出维持驳回决定的审查决定：（1）足以用在驳回决定作出前已告知过申请人的其他理由及其证据予以驳回的缺陷。（2）驳回决定未指出的明显实质性缺陷或者与驳回决定所指出缺陷性质相同的缺陷。例如，驳回决定指出权利要求1不具备创造性，经审查认定该权利要求请求保护的明显是永动机时，合议组应当以该权利要求不符合专利法第二十二条第四款的规定为由作出维持驳回决定的复审决定。本题选项CD"该发明明显是永动机"是驳回决定未指出的明显实质性缺陷，因此，选项C正确，选项D错误。

【答案】BC

49.【2016年第72题】陈某拥有一项发明专利申请，其中权利要求1及其从属权利要求2涉及一种转笔刀，权利要求3为另一项产品独立权利要求，涉及一种铅笔。实质审查过程中，审查员指出独立权利要求1和3之间缺乏单一性，陈某在答复时删除了权利要求3。最终该申请因权利要求1不具备创造性被驳回。陈某在提出复审请求时对权利要求书进行了修改。下列哪些修改方式符合相关规定？

A. 根据说明书中的实施例进一步限定权利要求1，即将说明书中记载的某技术特征补入权利要求1

B. 删除权利要求1，将从属权利要求2作为新的权利要求1

C. 将权利要求1~2修改为制作转笔刀方法的权利要求

D. 删除权利要求1~2，将原权利要求3作为新的权利要求1

【考点】复审请求　修改方式

【分析】《专利审查指南2010》第四部分第二章第4.2节规定，在提出复审请求、答复复审通知书（包括复审请求口头审理通知书）或者参加口头审理时，复审请求人可以对申请文件进行修改。但是，所作修改应当符合专利法第三十三条和专利法实施细则第六十一条第一款的规定。根据专利法实施细则第六十一条第一款的规定，复审请求人对申请文件的修改应当仅限于消除驳回决定或者合议组指出的缺陷。下列情形通常不符合上述规定：（1）修改后的权利要求相对于驳回决定针对的权利要求扩大了保护范围；（2）将与驳回决定针对的权利要求所限定的技术方案缺乏单一性的技术方案作为修改后的权利要求；（3）改变权利要求的类型或者增加权利要求；（4）针对驳回决定指出的缺陷未涉及的权利要求或者说明书进行修改。但修改明显文字错误，或者修改与驳回决定所指出缺陷性质相同的缺陷的情形除外。因此，选项AB正确，选项CD错误，其中选项AB的修改是为克服发明不具备创造性而采用的进一步缩小权利要求保护范围的修改，这是允许的。选项CD分别属于上述第（3）、（2）种的情形，不符合规定。

【答案】AB

50.【2015年第22题】申请人对国家知识产权局作出的下列哪个决定不服的，可以向专利复审委员会请求复审？

A. 专利申请视为撤回的决定　　　　　　B. 驳回专利申请的决定

C. 不予受理专利申请的决定　　　　　　D. 视为未要求优先权的决定

【考点】复审请求的客体

【分析】专利法第四十一条第一款规定，专利申请人对国务院专利行政部门驳回申请的决定不服的，可以自收到通知之日起三个月内，向专利复审委员会请求复审。因此，选项B正确，选项ACD错误。

【答案】B

51.【2015年第23题】某件被驳回的发明专利申请，申请人为甲、乙，发明人为丙、丁。下列哪个复审请求应当被受理？

A. 甲和乙中任何一人或者其二者共同提出的复审请求

B. 丙和丁中任何一个或者其二者共同提出的复审请求

C. 甲和乙共同提出的复审请求

D. 甲、乙、丙、丁共同提出的复审请求

【考点】复审请求人

【分析】《专利审查指南2010》第四部分第二章第2.2节规定，被驳回申请的申请人属于共同申请人的，如果复审请求人不是全部申请人，专利复审委员会应当通知复审请求人在指定期限内补正；期满未补正的，其复审请求视为未提出。本题中，由于专利申请是甲、乙共同提出的，因此，复审请求也应当由甲、乙共同提出，选项C正确，选项ABD错误。

【答案】C

52.【2015年第24题】复审请求人甲某在复审程序中对申请文件进行了修改，下列哪个修改符合相关规定？

A. 驳回理由是权利要求1不具备创造性，甲某对权利要求进行修改时将权利要求1的类型由方法修改为产品

B. 驳回理由是权利要求1得不到说明书支持，甲某对权利要求进行修改时增加了一项从属权利要求

C. 驳回理由是权利要求1不具备创造性，甲某对权利要求进行修改时将权利要求1中的一个技术特征删除

D. 驳回理由是权利要求1缺少必要技术特征，甲某对权利要求进行修改时将说明书中相应技术方案的特征补入到权利要求1中

【考点】复审程序中申请文件的修改

【分析】《专利审查指南2010》第四部分第二章第4.2节规定，根据专利法实施细则第六十一条第一款的规定，复审请求人对申请文件的修改应当仅限于消除驳回决定或者合议组指出的缺陷。下列情形通常不符合上述规定：（1）修改后的权利要求相对于驳回决定针对的权利要求扩大了保护范围。（2）将与驳回决定针对的权利要

求所限定的技术方案缺乏单一性的技术方案作为修改后的权利要求。(3) 改变权利要求的类型或者增加权利要求。(4) 针对驳回决定指出的缺陷未涉及的权利要求或者说明书进行修改。但修改明显文字错误，或者修改与驳回决定所指出缺陷性质相同的缺陷的情形除外。

本题中，选项AB属于上述第(3)项规定的情形，选项C中"将权利要求1中的一个技术特征删除"与原权利要求1相比，扩大了权利要求的保护范围，属于上述第(1)项规定的情形，因此，选项ABC错误。而选项D符合规定，因此，选项D正确。

【答案】 D

53.【2015年第26题】 复审请求人丁某收到专利复审委员会发出的口头审理通知书后，其下列哪个做法不符合相关规定？

A. 丁某不参加口头审理，委托两名专利代理人参加
B. 丁某在指定的期限内进行书面意见陈述，不参加口头审理
C. 丁某未进行书面意见陈述，在指定日期参加口头审理
D. 丁某与其委托的四名专利代理人在指定的日期参加口头审理

【考点】 口头审理通知书

【分析】《专利审查指南2010》第四部分第四章第3节规定，当事人不能在指定日期参加口头审理的，可以委托其专利代理人或者其他人代表出庭。因此，选项A的做法正确。《专利审查指南2010》第四部分第四章第3节规定，合议组应当在口头审理通知书中告知复审请求人，可以选择参加口头审理进行口头答辩，或者在指定的期限内进行书面意见陈述。因此，选项BC的做法正确。《专利审查指南2010》第四部分第四章第3节规定，参加口头审理的每方当事人及其代理人的数量不得超过四人。因此，选项D的做法错误。

【答案】 D

54.【2015年第74题】 王某向专利复审委员会提出了复审请求，下列哪些情况下会导致其复审程序终止？

A. 王某未在复审通知书指定的期限内进行答复，其复审请求被视为撤回
B. 在作出复审决定之前，王某主动撤回其复审请求
C. 王某的复审请求被受理后因不符合受理条件而被驳回
D. 王某在收到维持原驳回决定的复审决定之后，于法定期限内向人民法院起诉

【考点】 复审程序终止

【分析】《专利审查指南2010》第四部分第二章第9节规定，复审请求因期满未答复而被视为撤回的，复审程序终止。在作出复审决定前，复审请求人撤回其复审请求的，复审程序终止。已受理的复审请求因不符合受理条件而被驳回请求的，复审程序终止。复审决定作出后复审请求人不服该决定的，可以根据专利法第四十一条第二款的规定在收到复审决定之日起三个月内向人民法院起诉；在规定的期限内未起诉或者人民法院的生效判决维持该复审决定的，复审程序终止。因此，选项ABC正确；选项D中，王某在法定期限内向人民法院起诉，因此，复审程序尚未终止，选项D错误。

【答案】 ABC

第五章 专利权的期限、终止和无效

引 言

前面第三章和第四章规定专利的申请、审查和批准，是关于专利权的产生的，本章是关于专利权的消灭的。本章包括第四十二条至第四十七条，分别对专利权的期限、专利权期满前的终止，以及专利权的无效宣告等事项作了规定。

专利权是一种无形财产，其客体是发明创造，更具体地说是技术方案和设计方案，它们是永存的，不会消灭。但是，如果允许专利权无限期地存在，随着专利权的不断增多就会对公众的正常生产经营行为产生严重的限制和妨碍，这是社会公众所不能容忍的，所以必须规定专利权的期限。

尽管专利权都是经国家知识产权局审查之后才授予的，其中，对发明专利申请还进行了实质审查，但是还不能排除被授予的专利权不符合专利法及其实施细则有关规定的可能性。专利法第二十二条和第二十三条分别对发明、实用新型的新颖性、创造性以及外观设计的新颖性和创造性作了规定，其判断方式是将申请专利的发明创造与现有技术、现有设计进行比较。现有技术和现有设计的内容可以用"无边无际"一词来形容，而且随着人类社会的发展不断增多，这使确保授予专利权的发明创造在绝对意义上符合专利法的规定成为一件十分困难的事情。事实上，世界上没有任何国家或者地区的专利局能够向社会公众保证，其授予的专利权全都符合其专利法的规定。这种状况使得在专利法中对专利权的无效宣告作出规定成为绝对必要。确保公众有权参与对专利权的审核，是专利制度的基本特征和运作机制之一。

专利法规定的专利权期限是专利权人所能享受的最长保护期限，规定这一期限并不意味着所有专利权人都有义务将其专利权维持到法定期限的最后一天。专利权人维持其专利权也是要付出代价的，这就是必须按期缴纳专利年费。世界各国的专利制度普遍采取了一种做法，即专利权人需要缴纳的专利年费随着时间的推移而逐渐增高，这起到了敦促专利权人权衡利弊，及时放弃其不再具有保护价值的专利权的作用。

专利权一旦被宣告无效，就不再受到法律保护。专利权被宣告无效与专利权在期限届满前终止的效力不同。专利权终止仅仅缩短了专利权的期限，而被宣告无效的专利权视为自始即不存在。

2015～2019年专利法律知识真题在本章的分布统计如下：

法条	2015年	2016年	2017年	2018年	2019年	合计
A42	3	1	3	1	0	8
A43	0	0	0	0	0	0
A44	1	1	0	1	2	5
A45	3	6	3	1	2	15
A46	7	7	8	12	7	41
A47	0	0	0	1	1	2
总计	14	15	14	16	12	71

第四十二条【专利权的期限】

发明专利权的期限为二十年，实用新型专利权和外观设计专利权的期限为十年，均自申请日起计算。

一、本条含义

本条是关于各类发明创造专利权的期限的规定。

专利法实施细则第十一条第一款规定，除专利法第二十八条和第四十二条规定的情形外，专利法所称申请日，有优先权的，指优先权日。由此可知，本条所提及的"申请日"是指在我国的实际申请日。

本条规定专利权的期限自申请日开始计算，只是表明专利权期限的计算起点，它丝毫不表明专利权的效力从申请日就开始了。根据专利法第三十九条、第四十条的规定，三种专利权均自授权公告之日起生效。无论是哪种类型的专利申请，从提出申请到获得专利权都需要经过一定时间的审查，因此，发明专利权人所能实际获得法律保护的期间一定短于20年，实用新型和外观设计专利权人所能实际获得法律保护的期间一定短于10年。

二、重点讲解

（一）期限的种类

1. 法定期限

《专利审查指南2010》第五部分第七章第1.1节规定了法定期限。

法定期限是指专利法及其实施细则规定的各种期限。例如，发明专利申请的实质审查请求期限（专利法第三十五条第一款的规定）、申请人办理登记手续的期限（专利法实施细则第五十四条第一款的规定）。

2. 指定期限

《专利审查指南2010》第五部分第七章第1.2节规定了指定期限。

指定期限是指审查员在根据专利法及其实施细则作出的各种通知中，规定申请人（或专利权人）、其他当事人作出答复或者进行某种行为的期限。例如，根据专利法第三十七条的规定，专利局对发明专利申请进行实质审查后，认为不符合专利法规定的，应当通知申请人，要求其在指定的期限内陈述意见，或者对其申请进行修改，该期限由审查员指定。又如，根据专利法实施细则第三条第二款的规定，当事人根据专利法及其实施细则规定提交的各种证件和证明文件是外文的，专利局认为必要时，可以要求当事人在指定期限内提交中文译文，该期限也由审查员指定。

指定期限一般为两个月。发明专利申请的实质审查程序中，申请人答复第一次审查意见通知书的期限为四个月。对于较为简单的行为，也可以给予一个月或更短的期限。上述指定期限自推定当事人收到通知之日起计算。

（二）期限的计算

1. 期限的起算日

《专利审查指南2010》第五部分第七章第2.1节规定了期限的起算日。

（1）自申请日、优先权日、授权公告日等固定日期起计算。大部分法定期限是自申请日、优先权日、授权公告日等固定日期起计算的。例如，专利法第四十二条规定的专利权的期限均自申请日起计算。专利法第二十九条第一款规定要求外国优先权的发明或者实用新型专利申请应当在十二个月内提出，该期限的起算日为在外国第一次提出专利申请之日（优先权日）。

（2）自通知和决定的推定收到日起计算。全部指定期限和部分法定期限自通知和决定的推定收到日起计算。例如，审查员根据专利法第三十七条的规定指定申请人陈述意见或者修改其申请的期限（指定期限）是自推定申请人收到审查意见通知书之日起计算；专利法实施细则第五十四条第一款规定的申请人办理登记手续的期限（法定期限）是自推定申请人收到授予专利权通知之日起计算。

推定收到日为自专利局发出文件之日（该日期记载在通知和决定上）起满十五日。例如，专利局于2001年7月4日发出的通知书，其推定收到日为2001年7月19日。

2. 期限的届满日

《专利审查指南 2010》第五部分第七章第 2.2 节规定了期限的届满日。

期限起算日加上法定或者指定的期限即为期限的届满日。相应的行为应当在期限届满日之前、最迟在届满日当天完成。

3. 期限的计算

《专利审查指南 2010》第五部分第七章第 2.3 节规定了期限的计算。

期限的第一日（起算日）不计算在期限内。期限以年或者月计算的，以其最后一月的相应日（与起算日相对应的日期）为期限届满日；该月无相应日的，以该月最后一日为期限届满日。例如，一件发明专利申请的申请日为 1998 年 6 月 1 日，其实质审查请求期限的届满日应当是 2001 年 6 月 1 日。又如，专利局于 2008 年 6 月 6 日发出审查意见通知书，指定期限两个月，其推定收到日是 2008 年 6 月 21 日（遇休假日不顺延），则期限届满日应当是 2008 年 8 月 21 日。再如，专利局于 1999 年 12 月 16 日发出的通知书，其推定收到日是 1999 年 12 月 31 日，如果该通知书的指定期限为两个月，则期限届满日应当是 2000 年 2 月 29 日。

期限届满日是法定休假日或者移用周休息日的，以法定休假日或者移用周休息日后的第一个工作日为期限届满日，该第一个工作日为周休息日的，期限届满日顺延至周一。法定休假日包括国务院发布的《全国年节及纪念日放假办法》第二条规定的全体公民放假的节日和《国务院关于职工工作时间的规定》第七条第一款规定的周休息日。

（三）期限的延长

1. 允许延长的期限种类

《专利审查指南 2010》第五部分第七章第 4.1 节延长期限请求规定：可以请求延长的期限仅限于指定期限。但在无效宣告程序中，专利复审委员会指定的期限不得延长。

2. 请求延长期限的理由

《专利审查指南 2010》第五部分第七章第 4.1 节延长期限请求规定：当事人因正当理由不能在期限内进行或者完成某一行为或者程序时，可以请求延长期限。

3. 请求延长期限的手续

《专利审查指南 2010》第五部分第七章第 4.1 节延长期限请求规定：请求延长期限的，应当在期限届满前提交延长期限请求书，说明理由，并缴纳延长期限请求费。延长期限请求费以月计算。

《专利审查指南 2010》第五部分第七章第 4.2 节规定了延长期限请求的批准。

延长期限请求由作出相应通知和决定的部门或者流程管理部门进行审批。

延长的期限不足一个月的，以一个月计算。延长的期限不得超过两个月。对同一通知或者决定中指定的期限一般只允许延长一次。

延长期限请求不符合规定的，审查员应当发出延长期限审批通知书，并说明不予延长期限的理由；符合规定的，审查员应当发出延长期限审批通知书，在计算机系统中更改该期限的届满日，继续监视该期限。

（四）耽误期限的处分

1. 处分的种类

《专利审查指南 2010》第五部分第七章第 5.2 节规定了处分决定。

因耽误期限作出的处分决定主要包括：视为撤回专利申请权、视为放弃取得专利权的权利、专利权终止、不予受理、视为未提出请求和视为未要求优先权等。

处分决定的撰写应当符合本部分第六章第 1.2 节的规定，并自期限届满日起满一个月后作出。

2. 补救措施

《专利审查指南 2010》第五部分第七章第 6 节规定了权利的恢复。

（1）请求恢复权利的条件。《专利审查指南 2010》第五部分第七章第 6.1 节规定了请求权利恢复的适用范围。专利法实施细则第六条第一款和第二款规定了当事人因耽误期限而丧失权利之后，请求恢复其权利的条件。该条第五款又规定，不丧失新颖性的宽限期、优先权期限、专利权期限和侵权诉讼时效这四种期限被耽误而造成的权利丧失，不能请求恢复权利。

（2）请求恢复权利的手续。《专利审查指南2010》第五部分第七章第6.2节规定了请求权利恢复的手续。

当事人在请求恢复权利的同时，应当办理权利丧失前应当办理的相应手续，消除造成权利丧失的原因。例如，申请人因未缴纳申请费，其专利申请被视为撤回后，在请求恢复其申请权的同时，还应当补缴规定的申请费。

（3）请求恢复权利的期限。《专利审查指南2010》第五部分第七章第6.2节规定了请求权利恢复的期限。

根据专利法实施细则第六条第二款规定请求恢复权利的，应当自收到专利局或者专利复审委员会的处分决定之日起两个月内提交恢复权利请求书，说明理由，并同时缴纳恢复权利请求费；根据专利法实施细则第六条第一款规定请求恢复权利的，应当自障碍消除之日起两个月内，最迟自期限届满之日起两年内提交恢复权利请求书，说明理由，必要时还应当附具有关证明文件。

（4）恢复权利请求的审批。《专利审查指南2010》第五部分第七章第6.3节规定了请求权利恢复的审批。

审查员应当按照本章第6.1节和第6.2节的规定对恢复权利的请求进行审查。

① 恢复权利的请求符合规定的，应当准予恢复权利，并发出恢复权利请求审批通知书。申请人提交信函表明请求恢复权利的意愿，只要写明申请号（或专利号）并且签字或者盖章符合要求的，可视为合格的恢复权利请求书。

② 已在规定期限内提交了书面请求或缴足恢复权利请求费，但仍不符合规定的，审查员应当发出办理恢复权利手续补正通知书，要求当事人在指定期限之内补正或者补办有关手续，补正或者补办的手续符合规定的，应当准予恢复权利，并发出恢复权利请求审批通知书。期满未补正或者经补正仍不符合规定的，不予恢复，发出恢复权利请求审批通知书，并说明不予恢复的理由。

经专利局同意恢复专利申请权（或专利权）的，继续专利审批程序。对于已公告过处分决定的，还应当在专利公报上公告恢复权利的决定。

三、真题分析

1.【2018年第79题】下列哪些是国家知识产权局因申请人或专利权人耽误期限而可能作出的处分决定？
A. 视为未提出请求　　　　　　　　　　B. 视为未要求优先权
C. 视为放弃取得专利权的权利　　　　　D. 专利权终止

【考点】处分决定

【分析】《专利审查指南2010》第五部分第七章第5.2节规定，因耽误期限作出的处分决定主要包括：视为撤回专利申请权、视为放弃取得专利权的权利、专利权终止、不予受理、视为未提出请求和视为未要求优先权等。因此，选项ABCD正确。

【答案】ABCD

2.【2017年第40题】下列关于专利权的期限计算的哪些说法是正确的？
A. 分案申请获得专利权后，其专利权的期限自分案申请递交日起算
B. 国际申请进入中国国家阶段获得授权后，其专利权的期限自国际申请日起算
C. 享有外国优先权的专利申请获得授权后，其专利权的期限自优先权日起算
D. 享有国内优先权的专利申请获得授权后，其专利权的期限自提出申请之日起算

【考点】专利权保护期限

【分析】专利法第四十二条规定，发明专利权的期限为二十年，实用新型专利权和外观设计专利权的期限为十年，均自申请日起计算。专利法实施细则第十一条第一款规定，除专利法第二十八条和第四十二条规定的情形外，专利法所称申请日，有优先权的，指优先权日。《专利审查指南2010》第五部分第三章第2.3.1节规定，分案申请以原申请的申请日为申请日，并在请求书上记载分案申请递交日。由此可知，专利权的期限自提出申请之日（申请日）起算，因此，选项AC错误，选项D正确。

专利法实施细则第一百零二条规定，按照专利合作条约已确定国际申请日并指定中国的国际申请，视为向国务院专利行政部门提出的专利申请，该国际申请日视为专利法第二十八条所称的申请日。因此，选项B正确。

【答案】BD

3.【2017年第48题】以下哪些期限是以申请日起算的？

A. 发明专利申请的公布时间　　B. 专利权的期限
C. 专利年度的计算　　D. 提交实质审查请求书的期限

【考点】期限的起算

【分析】专利法第三十四条规定，国务院专利行政部门收到发明专利申请后，经初步审查认为符合本法要求的，自申请日起满十八个月，即行公布。国务院专利行政部门可以根据申请人的请求早日公布其申请。专利法实施细则第十一条第一款规定，除专利法第二十八条和第四十二条规定的情形外，专利法所称申请日，有优先权的，指优先权日。《专利审查指南2010》第五部分第八章第1.2.1.1节规定，发明专利申请经初步审查合格后，自申请日（有优先权的，为优先权日）起满十五个月进行公布准备，并于十八个月期满时公布。由此可知，发明专利申请的公布时间自申请日起算，有优先权的，指优先权日。因此，选项A错误。

专利法第四十二条规定，发明专利权的期限为二十年，实用新型专利权和外观设计专利权的期限为十年，均自申请日起计算。因此，选项B正确。《专利审查指南2010》第五部分第九章第2.2.1.1节规定，专利年度从申请日起算，与优先权日、授权日无关，与自然年度也没有必然联系。例如，一件专利申请的申请日是1999年6月1日，该专利申请的第一年度是1999年6月1日至2000年5月31日，第二年度是2000年6月1日至2001年5月31日，以此类推。因此，选项C正确。

专利法第三十五条第一款规定，发明专利申请自申请日起三年内，国务院专利行政部门可以根据申请人随时提出的请求，对其申请进行实质审查；申请人无正当理由逾期不请求实质审查的，该申请即被视为撤回。《专利审查指南2010》第一部分第一章第6.4.1节规定，实质审查请求应当在自申请日（有优先权的，指优先权日）起三年内提出，并在此期限内缴纳实质审查费。由此可知，发明专利申请提交实质审查请求书的期限是自申请日起三年内，有优先权的，指优先权日，因此，选项D错误。

【答案】BC

4. 【2017年第59题】下列有关实用新型专利申请的说法，哪些是正确的？
A. 实用新型专利权的期限为10年，自授权公告之日起计算
B. 在初步审查中，国家知识产权局应当对实用新型是否明显不具备新颖性进行审查
C. 属于一个总的发明构思的两项以上的实用新型，可以作为一件实用新型专利申请提出
D. 对于不需要补正就符合初步审查要求的实用新型专利申请，国家知识产权局可以直接作出授予实用新型专利权的决定

【考点】实用新型专利申请

【分析】专利法第四十二条规定，发明专利权的期限为二十年，实用新型专利权和外观设计专利权的期限为十年，均自申请日起计算。因此，选项A错误。《专利审查指南2010》第一部分第二章第11节规定，初步审查中，审查员对于实用新型专利申请是否明显不具备新颖性进行审查。审查员可以根据其获得的有关现有技术或者抵触申请的信息，审查实用新型专利申请是否明显不具备新颖性。因此，选项B正确。

专利法第三十一条规定，一件发明或者实用新型专利申请应当限于一项发明或者实用新型。属于一个总的发明构思的两项以上的发明或者实用新型，可以作为一件申请提出。因此，选项C正确。《专利审查指南2010》第一部分第二章第3.1节规定，实用新型专利申请经初步审查没有发现驳回理由的，审查员应当作出授予实用新型专利权通知。能够授予专利权的实用新型专利申请包括不需要补正就符合初步审查要求的专利申请，以及经过补正符合初步审查要求的专利申请。因此，选项D正确。

【答案】BCD

5. 【2016年第16题】常某于2015年1月18日向国家知识产权局提交了一件实用新型专利申请，该申请享有2014年8月20日的优先权日，后发现所提交申请遗留了附图2，而说明书中写有对该附图2的说明，常某于2015年3月18日补交了附图2，经审查国家知识产权局接受了该附图2，该申请于2015年5月19日被公告授予专利权。该实用新型专利于下列哪个日期届满？

A. 2024年8月20日　　B. 2025年1月18日
C. 2025年3月18日　　D. 2025年5月19日

【考点】补交附图　专利权保护期限

【分析】专利法第四十二条规定，发明专利权的期限为二十年，实用新型专利权和外观设计专利权的期限为

十年，均自申请日起计算。专利法实施细则第十一条第一款规定，除专利法第二十八条和第四十二条规定的情形外，专利法所称申请日，有优先权的，指优先权日。专利法实施细则第四十条规定，说明书中写有对附图的说明但无附图或者缺少部分附图的，申请人应当在国务院专利行政部门指定的期限内补交附图或者声明取消对附图的说明。申请人补交附图的，以向国务院专利行政部门提交或者邮寄附图之日为申请日；取消对附图的说明的，保留原申请日。

本题中，常某于2015年3月18日补交了附图2，该专利申请的申请日重新确定为2015年3月18日。因此，选项C正确，选项ABD错误。

【答案】C

6.【2015年第27题】某发明专利，申请日为2008年8月1日，优先权日为2007年9月1日，公布日为2009年1月10日，授权公告日为2012年3月1日。该专利权的期限届满日是哪一天？

  A. 2027年9月1日 B. 2028年8月1日 C. 2029年1月10日 D. 2032年3月1日

【考点】申请日 专利权的保护期限

【分析】专利法第四十二条规定，发明专利权的期限为二十年，实用新型专利权和外观设计专利权的期限为十年，均自申请日起计算。专利法实施细则第十一条第一款规定，除专利法第二十八条和第四十二条规定的情形外，专利法所称申请日，有优先权的，指优先权日。由此可知，发明专利权的期限应当自实际申请日起20年。

本题中，由于该发明专利申请的申请日为2008年8月1日，因此，该专利权的保护期限应当在2028年8月1日届满，选项B正确，选项ACD错误。

【答案】B

7.【2015年第63题】下列哪些期限经请求可以延长？

  A. 复审请求补正通知书中指定的补正期限

  B. 提交作为优先权基础的在先申请文件副本的期限

  C. 无效宣告请求补正通知书中指定的补正期限

  D. 第一次审查意见通知书中指定的答复期限

【考点】期限的延长

【分析】《专利审查指南2010》第五部分第七章第4.1节规定，当事人因正当理由不能在期限内进行或者完成某一行为或者程序时，可以请求延长期限。可以请求延长的期限仅限于指定期限。但在无效宣告程序中，专利复审委员会指定的期限不得延长。根据专利法第三十条的规定，在先申请文件副本应当在提出在后申请之日起三个月内提交。

本题中，选项B属于法定期限，不可以延长，选项C中的期限属于无效宣告程序中指定的期限，不得延长，而选项AD中的期限属于非无效宣告程序中指定的期限，可以延长，因此，选项AD正确，选项BC错误。

【答案】AD

8.【2015年第64题】下列哪些是国家知识产权局因申请人或专利权人耽误期限而可能作出的处分决定？

  A. 视为放弃取得专利权的权利   B. 专利权终止

  C. 视为未提出请求   D. 视为未要求优先权

【考点】耽误期限的处分决定

【分析】《专利审查指南2010》第五部分第七章第5.2节规定，因耽误期限作出的处分决定主要包括：视为撤回专利申请权、视为放弃取得专利权的权利、专利权终止、不予受理、视为未提出请求和视为未要求优先权等。因此，选项ABCD正确。

【答案】ABCD

第四十三条【专利年费】

专利权人应当自被授予专利权的当年开始缴纳年费。

一、本条含义

本条是关于专利权人应当依法按期缴纳年费的规定。

二、重点讲解

（一）年费

缴纳年费是专利法规定的专利权人维持其专利权有效所应当承担的义务。年费是针对专利权而言，没有被授权，则无须缴纳年费，即专利权人只需从授予专利权的那一年开始缴纳年费，从申请日到授权日之间的时间是无需缴纳年费的。需要指出是，从申请日到授权日之间的时间虽然不需要缴纳年费，但是在授权之后，计算应当缴纳年费的所属年度时，这段时间需要计算在内。

年费的数额与发明创造本身的经济社会价值大小无关，而与专利种类有关，也与缴纳年费的年度有关。在三种专利中，发明专利的年费较高，实用和外观设计专利较低；对同一类别的专利权来说，应当缴纳的年费数额相同，但是年费的数额随时间的推移而分阶段递增。

《专利审查指南 2010》第五部分第九章第 2.2.1 节规定了年费。

授予专利权当年的年费应当在办理登记手续的同时缴纳，以后的年费应当在上一年度期满前缴纳。缴费期限届满日是申请日在该年的相应日。

专利年度从申请日起算，与优先权日、授权日无关，与自然年度也没有必然联系。例如，一件专利申请的申请日是 1999 年 6 月 1 日，该专利申请的第一年度是 1999 年 6 月 1 日至 2000 年 5 月 31 日，第二年度是 2000 年 6 月 1 日至 2001 年 5 月 31 日，以此类推。

（二）"自被授予专利权的当年开始缴纳"的含义

本条中"当年"二字的含义，从字面意义出发容易被人理解为以授予专利权的那一年作为第一年来确定年费的数额。这种理解是不正确的。专利法第四十二条规定三种专利权的期限均从申请日起计算。国家知识产权局审批专利需要一定的时间，不一定能够在提交申请的当年就授予专利权，尤其是对于发明专利申请来说，更是不可能在申请的当年授予专利权。因此，按照本条的规定，专利权人应当从授予专利权的当年起开始缴纳年费，但是缴纳年费的数额，应当根据授予专利权的"当年"是整个专利权期限的第几年来确定。

缴纳的年费数额应当按照国家知识产权局 2001 年 1 月 15 日第 75 号公告的《专利收费标准及减缓比例》来确定，例如，一份发明专利申请是 2000 年提交并被受理的，2003 年被授予发明专利权，则专利权人首次应当缴纳的年费为 1200 元，因为授予专利权的那一年是专利权期限的第 4 年。人们容易对这一点产生误解，以为应当按照上述收费标准规定的第 1 年至第 3 年的年费标准缴纳 900 元，这是不正确的。

第四十四条【专利权在期限届满前的终止】

有下列情形之一的，专利权在期限届满前终止：
（一）没有按照规定缴纳年费的；
（二）专利权人以书面声明放弃其专利权的。
专利权在期限届满前终止的，由国务院专利行政部门登记和公告。

一、本条含义

本条规定专利权人在期限届满前终止其专利权的两种方式：不按规定缴纳年费、以书面声明放弃其专利权。

二、重点讲解

（一）专利权的终止

专利权的终止包括专利权期限届满的终止，还包括专利权在期限届满前的终止。

1. 滞纳金

《专利审查指南2010》第五部分第九章第2.2.1.3节规定了滞纳金。

专利权人未按时缴纳年费（不包括授予专利权当年的年费）或者缴纳的数额不足的，可以在年费期满之日起六个月内补缴，补缴时间超过规定期限但不足一个月时，不缴纳滞纳金。补缴时间超过规定时间一个月或以上的，缴纳按照下述计算方法算出的相应数额的滞纳金：

（1）超过规定期限一个月（不含一整月）至两个月（含两个整月）的，缴纳数额为全额年费的5%。

（2）超过规定期限两个月至三个月（含三个整月）的，缴纳数额为全额年费的10%。

（3）超过规定期限三个月至四个月（含四个整月）的，缴纳数额为全额年费的15%。

（4）超过规定期限四个月至五个月（含五个整月）的，缴纳数额为全额年费的20%。

（5）超过规定期限五个月至六个月的，缴纳数额为全额年费的25%。

凡在六个月的滞纳期内补缴年费或者滞纳金不足需要再次补缴的，应当依照再次补缴年费或者滞纳金时所在滞纳金时段内的滞纳金标准，补足应当缴纳的全部年费和滞纳金。例如，年费滞纳金5%的缴纳时段为5月10日至6月10日，滞纳金为45元，但缴费人仅交了25元。缴费人在6月15日补缴滞纳金时，应当依照再次缴费日所对应的滞纳期时段的标准10%缴纳。该时段滞纳金金额为90元，还应当补缴65元。

凡因年费和/或滞纳金缴纳逾期或者不足而造成专利权终止的，在恢复程序中，除补缴年费之外，还应当缴纳或者补足全额年费25%的滞纳金。

2. 期满终止

《专利审查指南2010》第五部分第九章第2.1节规定了专利权期满终止。

发明专利权的期限为二十年，实用新型专利权和外观设计专利权期限为十年，均自申请日起计算。例如，一件实用新型专利的申请日是1999年9月6日，该专利的期限为1999年9月6日至2009年9月5日，专利权期满终止日为2009年9月6日（遇节假日不顺延）。

专利权期满时应当及时在专利登记簿和专利公报上分别予以登记和公告，并进行失效处理。

3. 欠费终止

《专利审查指南2010》第五部分第九章第2.2.2规定了专利权人没有按照规定缴纳年费的终止。

专利年费滞纳期满仍未缴纳或者缴足专利年费或者滞纳金的，自滞纳期满之日起两个月后审查员应当发出专利权终止通知书。专利权人未启动恢复程序或者恢复权利请求未被批准的，专利局应当在终止通知书发出四个月后，进行失效处理，并在专利公报上公告。

专利权自应当缴纳年费期满之日起终止。

4. 主动放弃专利权

《专利审查指南2010》第五部分第九章第2.3节规定了专利权人放弃专利权。

授予专利权后，专利权人随时可以主动要求放弃专利权，专利权人放弃专利权的，应当提交放弃专利权声明，并附具全体专利权人签字或者盖章同意放弃专利权的证明材料，或者仅提交由全体专利权人签字或者盖章的放弃专利权声明。委托专利代理机构的，放弃专利权的手续应当由专利代理机构办理，并附具全体申请人签字或者盖章的同意放弃专利权声明。主动放弃专利权的声明不得附有任何条件。放弃专利权只能放弃一件专利的全部，放弃部分专利权的声明视为未提出。

放弃专利权声明经审查，不符合规定的，审查员应当发出视为未提出通知书；符合规定的，审查员应当发出手续合格通知书，并将有关事项分别在专利登记簿和专利公报上登记和公告。放弃专利权声明的生效日为手续合格通知书的发文日，放弃的专利权自该日起终止。专利权人无正当理由不得要求撤销放弃专利权的声明。除非在专利权非真正拥有人恶意要求放弃专利权后，专利权真正拥有人（应当提供生效的法律文书来证明）可要求撤销放弃专利权声明。

申请人依据专利法第九条第一款和专利法实施细则第四十一条第四款声明放弃实用新型专利权的，专利局在公告授予发明专利权时对放弃实用新型专利权的声明予以登记和公告。在无效宣告程序中声明放弃实用新型专利权的，专利局及时登记和公告该声明。放弃实用新型专利权声明的生效日为发明专利权的授权公告日，放弃的实用新型专利权自该日起终止。

三、真题分析

9.【2019年第18题】一件实用新型专利的申请日为2000年5月15日，授权公告日为2001年6月20日，关于专利权期限，下列说法正确的是？

　　A. 该专利的期限为2000年5月15日至2020年5月14日（周四）
　　B. 该专利的期限为2000年5月16日至2010年5月15日
　　C. 该专利期满终止日为2010年5月15日（周六）
　　D. 该专利期满终止日为2010年5月17日（周一）

【考点】专利权期限

【分析】根据《专利审查指南2010》第五部分第九章第2.1节的规定，发明专利权的期限为二十年，实用新型专利权和外观设计专利权期限为十年，均自申请日起计算。例如，一件实用新型专利的申请日是1999年9月6日，该专利的期限为1999年9月6日至2009年9月5日，专利权期满终止日为2009年9月6日（遇节假日不顺延）。因此，选项C正确，选项ABD错误。

【答案】C

10.【2019年第94题】甲委托某专利代理机构申请了一项发明专利。下列有关甲放弃该项权利的说法正确的是？

　　A. 甲随时可以主动要求放弃该项专利权
　　B. 甲可以要求放弃该项专利权中的某个特定部分
　　C. 放弃专利权的手续应当由该专利代理机构办理
　　D. 甲放弃专利权后，该专利权视为自始即不存在

【考点】放弃专利权

【分析】《专利审查指南2010》第五部分第九章第2.3节规定，授予专利权后，专利权人随时可以主动要求放弃专利权，专利权人放弃专利权的，应当提交放弃专利权声明，并附具全体专利权人签字或者盖章同意放弃专利权的证明材料，或者仅提交由全体专利权人签字或者盖章的放弃专利权声明。委托专利代理机构的，放弃专利权的手续应当由专利代理机构办理，并附具全体申请人签字或者盖章的同意放弃专利权声明。主动放弃专利权的声明不得附有任何条件。放弃专利权只能放弃一件专利的全部，放弃部分专利权的声明视为未提出。放弃的专利权声明的生效日为手续合格通知书的发文日，放弃的专利权自该日起终止。因此，选项AC正确，选项BD错误。

【答案】AC

11.【2018年第13题】关于放弃专利权声明的说法，以下说法错误的是：

　　A. 一项专利权包含多项发明创造的，专利权人可以放弃全部专利权，也可以放弃部分专利权
　　B. 申请人在办理授予专利权登记手续程序中，未缴纳年费的，视为放弃取得专利权
　　C. 对于同一申请人同日（仅指申请日）对同样的发明创造既申请实用新型又申请发明专利的，在先获得授权的实用新型专利权尚未终止的，申请人若不愿修改发明专利申请避免重复授权，则应当提交放弃实用新型专利权的声明
　　D. 专利权处于质押状态的，未经质权人同意，专利权人无权放弃专利权

【考点】放弃专利权声明

【分析】《专利审查指南2010》第五部分第九章第2.3节规定，放弃专利权只能放弃一件专利的全部，放弃部分专利权的声明视为未提出。因此，选项A的说法错误。《专利审查指南2010》第五部分第九章第1.1.5节规定，专利局发出授予专利权的通知书和办理登记手续通知书后，申请人在规定期限内未按照规定办理登记手续的，应当发出视为放弃取得专利权通知书。因此，选项B的说法正确。

《专利审查指南2010》第二部分第三章第6.2.2节规定，对于同一申请人同日（仅指申请日）对同样的发明创造既申请实用新型又申请发明专利的，在先获得的实用新型专利权尚未终止，并且申请人在申请时分别做出说明的，除通过修改发明专利申请外，还可以通过放弃实用新型专利权避免重复授权。因此，在对上述发明专利申

请进行审查的过程中，如果该发明专利申请符合授予专利权的其他条件，应当通知申请人进行选择或者修改，申请人选择放弃已经授予的实用新型专利权的，应当在答复审查意见通知书时附交放弃实用新型专利权的书面声明。因此，选项C的说法正确。《专利权质押登记办法》第十五条规定，专利权质押期间，出质人未提交质权人同意其放弃该专利权的证明材料的，国家知识产权局不予办理专利权放弃手续。因此，选项D的说法正确。

【答案】A

12. 【2016年第19题】一件发明专利申请的优先权日为2012年7月18日，申请日为2013年6月30日，国家知识产权局于2016年1月20日发出授予发明专利权通知书，告知申请人自收到通知书之日起两个月内办理登记手续，申请人在办理登记手续时，应缴纳第几年度的年费？

A. 第一年度　　　　B. 第二年度　　　　C. 第三年度　　　　D. 第四年度

【考点】年费　专利年度

【分析】《专利审查指南2010》第五部分第九章第2.2.1.1节规定，专利年度从申请日起算，与优先权日、授权日无关，与自然年度也没有必然联系。例如，一件专利申请的申请日是1999年6月1日，该专利申请的第一年度是1999年6月1日至2000年5月31日，第二年度是2000年6月1日至2001年5月31日，以此类推。专利法实施细则第四条第三款规定，国务院专利行政部门邮寄的各种文件，自文件发出之日起满15日，推定为当事人收到文件之日。

本题中，授予发明专利权通知书的推定收到日为2016年2月4日，则申请人应当自2016年2月4日起两个月（即2016年4月4日）内办理登记手续，而该专利的第一年度是2013年6月30日至2014年6月29日，第二年度是2014年6月30日至2015年6月29日，第三年度是2015年6月30日至2016年6月29日。由此可知，办理登记手续的时间（2016年2月4日至4月4日）落在第三年度，因此，选项C正确，选项ABD错误。

【答案】C

13. 【2015年第86题】林某委托某专利代理机构申请了一项发明专利。下列有关林某放弃该项权利的说法哪些是正确的？

A. 林某随时可以主动要求放弃该项专利权
B. 林某可以要求放弃该项专利权中的某个特定部分
C. 放弃专利权的手续应当由该专利代理机构办理
D. 林某放弃专利权后，该专利权视为自始即不存在

【考点】放弃专利权

【分析】专利法第四十四条规定，有下列情形之一的，专利权在期限届满前终止：（一）没有按照规定缴纳年费的；（二）专利权人以书面声明放弃其专利权的。专利权在期限届满前终止的，由国务院专利行政部门登记和公告。《专利审查指南2010》第五部分第九章第2.3节规定，授予专利权后，专利权人随时可以主动要求放弃专利权，专利权人放弃专利权的，应当提交放弃专利权声明，并附具全体专利权人签字或者盖章同意放弃专利权的证明材料，或者仅提交由全体专利权人签字或者盖章的放弃专利权声明。委托专利代理机构的，放弃专利权的手续应当由专利代理机构办理，并附具全体申请人签字或者盖章的同意放弃专利权声明。主动放弃专利权的声明不得附有任何条件。放弃专利权只能放弃一件专利的全部，放弃部分专利权的声明视为未提出。放弃专利权声明的生效日为手续合格通知书的发文日，放弃的专利权自该日起终止。因此，选项AC正确，选项BD错误。

【答案】AC

第四十五条【宣告专利权无效的请求】

自国务院专利行政部门公告授予专利权之日起，任何单位或者个人认为该专利权的授予不符合本法有关规定的，可以请求专利复审委员会宣告该专利权无效。

一、本条含义

本条是关于请求宣告专利权无效的规定。

从时间条件来看，本条仅仅规定了可以提出无效宣告请求的时间起点，即授予专利权之后；但是却没有规定其时间终点，因此即使专利权因期限届满而终止或者在期限届满之前就被终止，仍然可以提出无效宣告请求。从

请求主体条件来看，本条所述"任何单位或者个人"不仅包括中国单位和个人，也包括外国人、外国企业和外国其他组织。

二、重点讲解

（一）无效宣告请求的性质

《专利审查指南2010》第四部分第三章第1节规定了无效宣告请求的性质。

根据专利法第四十五条、第四十六条、第四十七条、第五十九条和专利法实施细则第六十五条至第七十二条的规定制定本章。

无效宣告程序是专利公告授权后依当事人请求而启动的、通常为双方当事人参加的程序。

（二）无效宣告请求应当遵循的其他审查原则

《专利审查指南2010》第四部分第三章第2节规定了无效宣告请求的审查原则。

在无效宣告程序中，除总则规定的原则外，专利复审委员会还应当遵循一事不再理原则、当事人处置原则和保密原则。

1. 一事不再理原则

对已作出审查决定的无效宣告案件涉及的专利权，以同样的理由和证据再次提出无效宣告请求的，不予受理和审理。

如果再次提出的无效宣告请求的理由（简称无效宣告理由）或者证据因时限等原因未被在先的无效宣告请求审查决定所考虑，则该请求不属于上述不予受理和审理的情形。

2. 当事人处置原则

请求人可以放弃全部或者部分无效宣告请求的范围、理由及证据。对于请求人放弃的无效宣告请求的范围、理由和证据，专利复审委员会通常不再审查。

在无效宣告程序中，当事人有权自行与对方和解。对于请求人和专利权人均向专利复审委员会表示有和解愿望的，专利复审委员会可以给予双方当事人一定的期限进行和解，并暂缓作出审查决定，直至任何一方当事人要求专利复审委员会作出审查决定，或者专利复审委员会指定的期限已届满。

在无效宣告程序中，专利权人针对请求人提出的无效宣告请求主动缩小专利权保护范围且相应的修改文本已被专利复审委员会接受的，视为专利权人承认大于该保护范围的权利要求自始不符合专利法及其实施细则的有关规定，并且承认请求人对该权利要求的无效宣告请求，从而免去请求人对宣告该权利要求无效这一主张的举证责任。

在无效宣告程序中，专利权人声明放弃部分权利要求或者多项外观设计中的部分项的，视为专利权人承认该项权利要求或者外观设计自始不符合专利法及其实施细则的有关规定，并且承认请求人对该项权利要求或者外观设计的无效宣告请求，从而免去请求人对宣告该项权利要求或者外观设计无效这一主张的举证责任。

3. 保密原则

在作出审查决定之前，合议组的成员不得私自将自己、其他合议组成员、负责审批的主任委员或者副主任委员对该案件的观点明示或者暗示给任何一方当事人。

为了保证公正执法和保密，合议组成员原则上不得与一方当事人会晤。

（三）无效宣告请求范围以及理由和证据

《专利审查指南2010》第四部分第三章第3.3节规定了无效宣告请求的范围以及理由和证据。

1. 无效宣告请求范围

无效宣告请求书中应当明确无效宣告请求范围，未明确的，专利复审委员会应当通知请求人在指定期限内补正；期满未补正的，无效宣告请求视为未提出。

2. 无效宣告请求理由

无效宣告理由仅限于专利法实施细则第六十五条第二款规定的理由，并且应当以专利法及其实施细则中有关的条、款、项作为独立的理由提出。无效宣告理由不属于专利法实施细则第六十五条第二款规定的理由的，不予受理。

专利法实施细则第六十五条第二款规定，前款所称无效宣告请求的理由，是指被授予专利的发明创造不符合专利法第二条（发明、实用新型和外观设计的定义）、第二十条第一款（向外国申请专利的保密审查）、第二十二条（实用性、新颖性和创造性）、第二十三条（外观设计的实质性授权条件）、第二十六条第三款（说明书公开充分）、第四款（权利要求书应当得到说明书支持）、第二十七条第二款（外观设计图片或者照片的实质性要求）、第三十三条（修改原则）或者本细则第二十条第二款（独立权利要求的实质性要求）、第四十三条第一款（分案申请）的规定，或者属于专利法第五条（违反法律、社会公德或者妨害公共利益的主题）、第二十五条（不授予专利权的主题）的规定，或者依照专利法第九条（禁止重复授权原则）规定不能取得专利权。

在专利复审委员会就一项专利权已作出无效宣告请求审查决定后，又以同样的理由和证据提出无效宣告请求的，不予受理，但所述理由或者证据因时限等原因未被所述决定考虑的情形除外。

以授予专利权的外观设计与他人在申请日以前已经取得的合法权利相冲突为理由请求宣告外观设计专利权无效，但是未提交证明权利冲突的证据的，不予受理。

3. 无效宣告请求范围以及理由和证据

请求人应当具体说明无效宣告理由，提交有证据的，应当结合提交的所有证据具体说明。对于发明或者实用新型专利需要进行技术方案对比的，应当具体描述涉案专利和对比文件中相关的技术方案，并进行比较分析；对于外观设计专利需要进行对比的，应当具体描述涉案专利和对比文件中相关的图片或者照片表示的产品外观设计，并进行比较分析。例如，请求人针对专利法第二十二条第三款的无效宣告理由提交多篇对比文件的，应当指明与请求宣告无效的专利最接近的对比文件以及单独对比还是结合对比的对比方式，具体描述涉案专利和对比文件的技术方案，并进行比较分析。如果是结合对比，存在两种或者两种以上结合方式的，应当首先将最主要的结合方式进行比较分析。未明确最主要结合方式的，则默认第一组对比文件的结合方式为最主要结合方式。对于不同的独立权利要求，可以分别指明最接近的对比文件。

请求人未具体说明无效宣告理由的，或者提交有证据但未结合提交的所有证据具体说明无效宣告理由的，或者未指明每项理由所依据的证据的，其无效宣告请求不予受理。

三、真题分析

14.【2019 年第 78 题】下列哪些是无效宣告程序中应当遵循的审查原则？
A. 公正执法原则、一事不再理原则
B. 请求原则、当事人处置原则
C. 程序节约原则、保密原则
D. 合法原则、禁反言原则

【考点】无效宣告程序中的审查原则

【分析】根据《专利审查指南 2010》第四部分第一章第 2 节的规定，复审请求审查程序（简称复审程序）和无效宣告请求审查程序（简称无效宣告程序）中普遍适用的原则包括：合法原则、公正执法原则、请求原则、依职权审查原则、听证原则和公开原则。根据《专利审查指南 2010》第四部分第三章第 2 节的规定，在无效宣告程序中，除总则规定的原则外，专利复审委员会还应当遵循一事不再理原则、当事人处置原则和保密原则。因此，选项 AB 正确，选项 CD 错误。

【答案】AB

15.【2019 年第 80 题】下列哪些不能作为宣告专利权无效的理由？
A. 与他人在先取得的合法权利相冲突
B. 权利要求之间缺乏单一性
C. 说明书公开不充分
D. 独立权利要求相对于最接近的现有技术的划界不正确

【考点】无效宣告的理由

【分析】专利法实施细则第六十五条第二款规定，前款所称无效宣告请求的理由，是指被授予专利的发明创造不符合专利法第二条（发明、实用新型和外观设计的定义）、第二十条第一款（向外国申请专利的保密审查）、第二十二条（实用性、新颖性和创造性）、第二十三条（外观设计的实质性授权条件）、第二十六条第三款（说明书公开充分）、第四款（权利要求书应当得到说明书支持）、第二十七条第二款（外观设计图片或者照片的实质性要求）、第三十三条（修改原则）或者本细则第二十条第二款（独立权利要求的实质性要求）、第四十三条第一款（分案申请）的规定，或者属于专利法第五条（违反法律、社会公德或者妨害公共利益的主题）、第二十五条（不授予专利权的主题）的规定，或者依照专利法第九条（禁止重复授权原则）规定不能取得专利权。

本题中，选项AC中的理由分别属于上述列出的请求宣告该专利权无效的理由专利法第二十三条（外观设计的实质性授权条件）、第二十六条第三款（说明书公开充分），选项BD中的理由并不在上述规定的范围之内，不能作为请求宣告该专利权无效的理由，因此，选项BD正确，选项AC错误。

需要注意的是，无效宣告理由仅限于专利法实施细则第六十五条第二款规定的理由，并且应当以专利法及其实施细则中有关的条、款、项作为独立的理由提出。无效宣告理由不属于专利法实施细则第六十五条第二款规定的理由的，不予受理。

【答案】BD

16.【2018年第21题】关于无效宣告程序，以下说法错误的是：
A. 无效宣告程序是专利公告授权之后方可请求启动的程序
B. 无效宣告程序是依当事人请求而启动的程序
C. 无效宣告程序必须是双方当事人参加的程序
D. 宣告专利权无效的决定，由国家知识产权局登记和公告

【考点】无效宣告程序

【分析】专利法第四十五条规定，自国务院专利行政部门公告授予专利权之日起，任何单位或者个人认为该专利权的授予不符合本法有关规定的，可以请求专利复审委员会宣告该专利权无效。《专利审查指南2010》第四部分第三章第1节规定，无效宣告程序是专利公告授权后依当事人请求而启动的、通常为双方当事人参加的程序。由此可知，专利无效请求人可能是专利权人，这种情况下，不存在双方当事人。因此，选项AB的说法正确，选项C的说法错误。

专利法第四十六条第一款规定，专利复审委员会对宣告专利权无效的请求应当及时审查和作出决定，并通知请求人和专利权人。宣告专利权无效的决定，由国务院专利行政部门登记和公告。因此，选项D的说法正确。

【答案】C

17.【2017年第28题】无效宣告程序是专利（　　），依（　　）而启动的程序。
A. 申请提交之后　申请人的请求
B. 申请审查中　专利局的职权
C. 公告授权后　专利复审委员会的职权
D. 公告授权后　任何单位或个人的请求

【考点】无效宣告请求的性质

【分析】专利法第四十五条规定，自国务院专利行政部门公告授予专利权之日起，任何单位或者个人认为该专利权的授予不符合本法有关规定的，可以请求专利复审委员会宣告该专利权无效。《专利审查指南2010》第四部分第三章第1节规定了无效宣告请求的性质，无效宣告程序是专利公告授权后依当事人请求而启动的、通常为双方当事人参加的程序。由此可知，无效宣告程序仅针对已授权专利且依任何单位或个人的请求而启动，因此，选项ABC错误，选项D正确。

【答案】D

18.【2017年第29题】无效宣告理由仅限于以下哪项规定的理由？
A. 专利法实施细则第四十四条第一款
B. 专利法实施细则第六十五条第二款
C. 专利法实施细则第六十条第一款
D. 专利法实施细则第六十三条第二款

【考点】无效宣告请求的理由

【分析】《专利审查指南2010》第四部分第三章第3.3节规定，无效宣告理由仅限于专利法实施细则第六十五条第二款规定的理由，并且应当以专利法及其实施细则中有关的条、款、项作为独立的理由提出。无效宣告理由不属于专利法实施细则第六十五条第二款规定的理由的，不予受理。因此，选项B正确。

【答案】B

19.【2017年第97题】下列哪些理由不能作为宣告专利权无效的理由？
A. 专利权人未在规定期限内缴纳年费
B. 权利要求之间不具备单一性
C. 权利要求书未以说明书为依据
D. 专利申请委托手续不符合相关规定

【考点】无效宣告请求的理由

【分析】专利法实施细则第六十五条第二款规定，前款所称无效宣告请求的理由，是指被授予专利的发明创造不符合专利法第二条（发明、实用新型和外观设计的定义）、第二十条第一款（向外国申请专利的保密审查）、第二十二条（实用性、新颖性和创造性）、第二十三条（外观设计的实质性授权条件）、第二十六条第三款（说明书公开充分）、第四款（权利要求书应当得到说明书支持）、第二十七条第二款（外观设计图片或者照片的实质性要求）、第三十三条（修改原则）或者本细则第二十条第二款（独立权利要求的实质性要求）、第四十三条第一款（分案申请）的规定，或者属于专利法第五条（违反法律、社会公德或者妨害公共利益的主题）、第二十五条（不授予专利权的主题）的规定，或者依照专利法第九条（禁止重复授权原则）规定不能取得专利权。本题中，选项C不符合上述专利法第二十六条第四款（权利要求书应当得到说明书支持），因此，选项ABD正确，选项C错误。

【答案】ABD

20.【2016年第23题】对于实用新型专利权，下列哪个不属于无效宣告请求的理由？
A. 权利要求书没有清楚地说明要求保护的范围
B. PCT国际申请经修改后被授权，其授权的权利要求所要求保护的技术方案超出了原始提交的国际申请文件所记载的范围
C. 说明书及附图存在错误，导致说明书没有对所要求保护的实用新型作出清楚、完整的说明
D. 授权的多项独立权利要求之间缺乏单一性

【考点】无效宣告请求的理由

【分析】专利法实施细则第六十五条第二款规定，前款所称无效宣告请求的理由，是指被授予专利的发明创造不符合专利法第二条（发明、实用新型和外观设计的定义）、第二十条第一款（向外国申请专利的保密审查）、第二十二条（实用性、新颖性和创造性）、第二十三条（外观设计的实质性授权条件）、第二十六条第三款（说明书公开充分）、第四款（权利要求书应当得到说明书支持）、第二十七条第二款（外观设计图片或者照片的实质性要求）、第三十三条（修改原则）或者本细则第二十条第二款（独立权利要求的实质性要求）、第四十三条第一款（分案申请）的规定，或者属于专利法第五条（违反法律、社会公德或者妨害公共利益的主题）、第二十五条（不授予专利权的主题）的规定，或者依照专利法第九条（禁止重复授权原则）规定不能取得专利权。本题中，根据上述专利法第二十六条第四款、第三十三条和第二十六条第三款，选项ABC属于无效宣告请求的理由。而选项D中"缺乏单一性"不属于无效宣告请求的理由，因此，选项ABC错误，选项D正确。

【答案】D

21.【2016年第70题】甲针对乙的发明专利权A提出无效宣告请求，专利复审委员会经审查做出维持专利权A有效的审查决定，在此情况下，甲采取的下列哪些措施符合相关规定？
A. 依据同样的理由和证据再次提起针对发明专利权A的无效宣告请求，要求专利复审委员会重新成立合议组、重新做出审查决定
B. 依据新的证据或理由向专利复审委员会针对发明专利权A提起新的无效宣告请求
C. 针对已经做出的审查决定向北京市知识产权法院起诉
D. 针对已经做出的审查决定向国家知识产权局申请行政复议

【考点】无效宣告请求一事不再理原则 救济途径

【分析】专利法实施细则第六十六条第二款规定，在专利复审委员会就无效宣告请求作出决定之后，又以同样的理由和证据请求无效宣告的，专利复审委员会不予受理。《专利审查指南2010》第四部分第三章第2.1节规定了一事不再理原则，对已作出审查决定的无效宣告案件涉及的专利权，以同样的理由和证据再次提出无效宣告请求的，不予受理和审理。如果再次提出的无效宣告请求的理由（简称无效宣告理由）或者证据因时限等原因未被在先的无效宣告请求审查决定所考虑，则该请求不属于上述不予受理和审理的情形。因此，选项A错误，选项B正确。注意选项B中虽然无效宣告请求针对的是同一专利权，但所依据的证据或理由是新的，不属于上述"一事不再理"的情形。

专利法第四十六条第二款规定，对专利复审委员会宣告专利权无效或者维持专利权的决定不服的，可以自收到通知之日起三个月内向人民法院起诉。人民法院应当通知无效宣告请求程序的对方当事人作为第三人参加诉讼。《国家知识产权局行政复议规程》第五条规定，对下列情形之一，不能申请行政复议：其中，（三）专利权

人或者无效宣告请求人对无效宣告请求审查决定不服的。《最高人民法院关于审理专利纠纷案件适用法律问题的若干规定》第二条第一款规定，专利纠纷第一审案件，由各省、自治区、直辖市人民政府所在地的中级人民法院和最高人民法院指定的中级人民法院管辖。因此，选项 C 正确，选项 D 错误。

【答案】BC

22.【2016 年第 73 题】甲针对某发明专利提出了无效宣告请求，主张（1）依据产品销售发票 A1 及产品使用说明书 A2 证明该专利不具备新颖性，（2）依据对比文件 D1 和 D2 的结合证明该专利不具备创造性。专利复审委员会经审查认定：（1）由于请求人未能提供 A1 的原件，其真实性不能被确认，故不能证明该专利不具备新颖性；（2）D1、D2 的结合不能证明该专利不具备创造性，故作出维持专利权有效的审查决定。在满足其他受理条件的情况下，针对该发明专利再次提出的下列无效宣告请求哪些应当予以受理？

A. 甲以产品销售发票 A1 原件及产品使用说明书 A2 相结合证明该专利不具备新颖性
B. 乙以对比文件 D1、D2 作为证据证明该专利不具备创造性
C. 丙以对比文件 D1 和对比文件 D3 相结合证明该专利不具备创造性
D. 甲以对比文件 D2 和对比文件 D3 相结合证明该专利不具备创造性

【考点】无效宣告请求受理

【分析】《专利审查指南 2010》第四部分第三章第 2.1 节规定了一事不再理原则，对已作出审查决定的无效宣告案件涉及的专利权，以同样的理由和证据再次提出无效宣告请求的，不予受理和审理。如果再次提出的无效宣告请求的理由（简称无效宣告理由）或者证据因时限等原因未被在先的无效宣告请求审查决定所考虑，则该请求不属于上述不予受理和审理的情形。

本题中，选项 A 中，发票 A1 因为真实性问题没有在第一次无效宣告程序中接受，合议组没有对发票 A1 和产品说明书 A2 的组合能否破坏新颖性进行审查，因此，在第二次无效宣告程序中，对发票 A1 和产品说明书 A2 的组合进行审查并不违背一事不再理原则，应当予以受理。选项 B 中，对比文件 D1、D2 的结合能否破坏创造性在第一次无效宣告程序中已经审查过，因此，第二次无效宣告请求不应当予以受理；选项 CD 中，对比文件 D3 是新证据，对比文件 D1 和 D3 的结合，以及对比文件 D2 和 D3 的结合都在第一次无效宣告程序中没有审查过，因此，在第二次无效宣告程序中应当予以受理。综上所述，选项 ACD 正确，选项 B 错误。

【答案】ACD

23.【2016 年第 74 题】专利权人刘某针对企业甲和乙向法院提起专利侵权民事诉讼，向企业丙发出专利侵权警告律师函。下列说法哪些是正确的？

A. 企业甲和乙可以共同作为请求人，针对刘某的专利权提出一件无效宣告请求
B. 企业甲和乙可以委托同一专利代理机构，为甲、乙分别办理无效宣告程序有关事务
C. 企业丙可以针对刘某的专利权提出无效宣告请求
D. 企业丁由于未被专利权人刘某提起专利侵权民事诉讼或发出专利侵权警告律师函，故企业丁不能针对刘某的专利权提出无效宣告请求

【考点】专利侵权 无效宣告请求人资格

【分析】专利法第四十五条规定，自国务院专利行政部门公告授予专利权之日起，任何单位或者个人认为该专利权的授予不符合本法有关规定的，可以请求专利复审委员会宣告该专利权无效。《专利审查指南 2010》第四部分第三章第 3.2 节规定了无效宣告请求人资格，请求人属于下列情形之一的，其无效宣告请求不予受理：（1）请求人不具备民事诉讼主体资格的。(2) 以授予专利权的外观设计与他人在申请日以前已经取得的合法权利相冲突为理由请求宣告外观设计专利权无效，但请求人不能证明是在先权利人或者利害关系人的。其中，利害关系人是指有权根据相关法律规定就侵犯在先权利的纠纷向人民法院起诉或者请求相关行政管理部门处理的人。（3）专利权人针对其专利权提出无效宣告请求且请求宣告专利权全部无效、所提交的证据不是公开出版物或者请求人不是共有专利权的所有专利权人的。（4）多个请求人共同提出一件无效宣告请求的，但属于所有专利权人针对其共有的专利权提出的除外。

本题中，甲和乙共同作为申请人提出一件无效宣告请求，不符合上述规定。甲和乙应当分别提出无效宣告请求，如果甲和乙委托同一专利代理机构，该机构为甲、乙分别办理无效宣告程序有关事务即可。因此，选项 A 错误，选项 B 正确。根据上述规定，专利权授予后，任何单位或者个人都可以提出无效宣告请求，因此，甲乙丙丁

都可以针对刘某的专利权提出无效宣告请求。因此，选项 C 正确，选项 D 错误。

需要注意的是，本题选项 B 中，甲和乙可以委托同一代理机构办理无效宣告程序有关事务。但是，根据《专利代理条例》第十四条第一款的规定，专利代理机构接受委托后，不得就同一专利申请或者专利权的事务接受有利益冲突的其他当事人的委托。本题中，专利权人刘某与甲、乙有利益冲突，因此，该代理机构不得接受专利权人刘某的委托。

【答案】BC

24.【2016 年第 75 题】郑某 2010 年 3 月 1 日就同样的发明创造提交了一项实用新型专利申请和一项发明专利申请，并就存在同日申请做了说明，该实用新型专利申请于 2010 年 9 月 1 日获得授权；其发明专利申请于 2011 年 9 月 1 日被公开，并且经过实质审查在郑某于 2012 年 2 月 1 日放弃了上述实用新型专利权后，于 2012 年 6 月 1 日获得授权。2015 年 3 月 1 日该发明专利因未交纳年费而终止。在满足其他受理条件的情况下，下列哪些无效宣告请求应当予以受理？

A. 2010 年 12 月 2 日李某针对上述实用新型专利权提出无效宣告请求

B. 2011 年 11 月 9 日李某针对上述发明专利申请提出无效宣告请求

C. 2013 年 1 月 10 日陈某针对上述实用新型专利权提出无效宣告请求

D. 2015 年 10 月 8 日刘某针对该发明专利权提出无效宣告请求

【考点】无效宣告请求客体

【分析】《专利审查指南 2010》第二部分第三章第 6.2.2 节规定了对一件专利申请和一项专利权的处理：对于同一申请人同日（仅指申请日）对同样的发明创造既申请实用新型又申请发明专利的，在先获得的实用新型专利权尚未终止，并且申请人在申请时分别作出说明的，除通过修改发明专利申请外，还可以通过放弃实用新型专利权避免重复授权。因此，在对上述发明专利申请进行审查的过程中，如果该发明专利申请符合授予专利权的其他条件，应当通知申请人进行选择或者修改，申请人选择放弃已经授予的实用新型专利权的，应当在答复审查意见通知书时附交放弃实用新型专利权的书面声明。此时，对那件符合授权条件、尚未授权的发明专利申请，应当发出授权通知书，并将放弃上述实用新型专利权的书面声明转至有关审查部门，由专利局予以登记和公告，公告上注明上述实用新型专利权自公告授予发明专利权之日起终止。《专利审查指南 2010》第四部分第三章第 3.1 节规定，无效宣告请求的客体应当是已经公告授权的专利，包括已经终止或者放弃（自申请日起放弃的除外）的专利。无效宣告请求不是针对已经公告授权的专利的，不予受理。专利复审委员会作出宣告专利权全部或者部分无效的审查决定后，当事人未在收到该审查决定之日起 3 个月内向人民法院起诉或者人民法院生效判决维持该审查决定的，针对已被该决定宣告无效的专利权提出的无效宣告请求不予受理。

本题中，实用新型的专利权保护期限始于其授权日 2010 年 9 月 1 日，并且终止于发明专利获得授权之日 2012 年 6 月 1 日。选项 A 中 2010 年 12 月 2 日，该实用新型处于授权状态，可以提出无效宣告请求，因此，选项 A 正确。选项 B 中 2011 年 11 月 9 日，该发明专利申请刚被公开尚未授权，不能对其提起无效宣告请求，因此，选项 B 错误。而选项 CD 中，在 2013 年 1 月 10 日 2015 年 10 月 8 日两个时间点，实用新型专利和发明专利都已分别终止，但是这两项专利权并不是自始不存在，故可以提起无效宣告请求，因此，选项 CD 正确。

【答案】ACD

25.【2016 年第 76 题】关于无效宣告程序中的委托手续，下列说法哪些是正确的？

A. 专利权人在专利申请阶段委托的代为办理专利申请以及专利权有效期内全部专利事务的专利代理机构，可以直接代表专利权人在无效宣告程序中办理相关事务，专利权人无须再提交无效宣告程序授权委托书

B. 专利权人与多个专利代理机构同时存在委托关系，且未指定收件人的，则在无效宣告程序中最后接受委托的专利代理机构被视为收件人

C. 请求人委托专利代理机构的，其委托手续应当在专利复审委员会办理

D. 请求人先后委托了多个代理机构，可以指定其最先委托的专利代理机构作为收件人

【考点】无效宣告程序　委托手续

【分析】《专利审查指南 2010》第四部分第三章第 3.6 节规定了委托手续，其中（1）请求人或者专利权人在无效宣告程序中委托专利代理机构的，应当提交无效宣告程序授权委托书，且专利权人应当在委托书中写明委托权限仅限于办理无效宣告程序有关事务。在无效宣告程序中，即使专利权人此前已就其专利委托了在专利权有效

期内的全程代理并继续委托该全程代理的机构的,也应当提交无效宣告程序授权委托书。(2) 在无效宣告程序中,请求人委托专利代理机构的,或者专利权人委托专利代理机构且委托书中写明其委托权限仅限于办理无效宣告程序有关事务的,其委托手续或者解除、辞去委托的手续应当在专利复审委员会办理,无须办理著录项目变更手续。请求人或者专利权人委托专利代理机构而未向专利复审委员会提交委托书或者委托书中未写明委托权限的,专利权人未在委托书中写明其委托权限仅限于办理无效宣告程序有关事务的,专利复审委员会应当通知请求人或者专利权人在指定期限内补正;期满未补正的,视为未委托。(5) 同一当事人与多个专利代理机构同时存在委托关系的,当事人应当以书面方式指定其中一个专利代理机构作为收件人;未指定的,专利复审委员会将在无效宣告程序中最先委托的专利代理机构视为收件人;最先委托的代理机构有多个的,专利复审委员会将署名在先的专利代理机构视为收件人;署名无先后(同日分别委托)的,专利复审委员会应当通知当事人在指定期限内指定;未在指定期限内指定的,视为未委托。因此,选项AB错误,选项CD正确。

【答案】CD

26.【2015年第75题】下列哪些人可以提出宣告发明专利权全部无效的请求?
A. 专利许可合同的被许可人
B. 专利侵权诉讼中的被告
C. 职务发明的发明人
D. 专利权人

【考点】宣告专利权全部无效

【分析】根据专利法第四十五条的规定,自国务院专利行政部门公告授予专利权之日起,任何单位或者个人认为该专利权的授予不符合本法有关规定的,可以请求专利复审委员会宣告该专利权无效。因此,选项ABC正确。

《专利审查指南2010》第四部分第三章第3.2节规定,请求人属于下列情形之一的,其无效宣告请求不予受理:其中,(3) 专利权人针对其专利权提出无效宣告请求且请求宣告专利权全部无效、所提交的证据不是公开出版物或者请求人不是共有专利权的所有专利权人的。因此,选项D错误。

【答案】ABC

27.【2015年第76题】张某的专利包括权利要求1-3,李某对张某的专利提出无效宣告请求,其理由是权利要求1-3相对于对比文件1和对比文件2的结合不具备创造性。专利复审委员会作出宣告权利要求1、2无效、在权利要求3的基础上维持该专利权有效的决定。该无效决定生效后,下列哪些无效宣告请求专利复审委员会不予受理?
A. 王某以权利要求1、2不具备创造性为由提出无效宣告请求
B. 李某以权利要求3相对于对比文件1和对比文件2的结合不具备创造性为由提出无效宣告请求
C. 李某以权利要求3相对于对比文件1和对比文件3的结合不具备创造性为由提出无效宣告请求
D. 王某以权利要求3相对于对比文件3不具备新颖性为由提出无效宣告请求

【考点】无效宣告请求

【分析】《专利审查指南2010》第四部分第三章第3.1节规定,专利复审委员会作出宣告专利权全部或者部分无效的审查决定后,当事人未在收到该审查决定之日起三个月内向人民法院起诉或者人民法院生效判决维持该审查决定的,针对已被该决定宣告无效的专利权提出的无效宣告请求不予受理。本题中,权利要求1-2已经被宣告无效,王某再以权利要求1、2不具备创造性为由提出无效宣告请求,专利复审委员会不予受理,因此,选项A正确。

《专利审查指南2010》第四部分第三章第2节规定,对已作出审查决定的无效宣告案件涉及的专利权,以同样的理由和证据再次提出无效宣告请求的,不予受理和审理。如果再次提出的无效宣告请求的理由(简称无效宣告理由)或者证据因时限等原因未被在先的无效宣告请求审查决定所考虑,则该请求不属于上述不予受理和审理的情形。

本题中,选项B李某再次以权利要求3相对于对比文件1和对比文件2的结合不具备创造性为由提出无效宣告请求,属于以同样的理由和证据再次提出无效宣告请求。因此,选项B中的无效宣告请求专利复审委员会不予受理,选项B正确。选项CD中引入新证据对比文件3,其中选项C中李某以权利要求3相对于对比文件1和对比文件3的结合不具备创造性为由提出无效宣告请求、选项D中王某以权利要求3相对于对比文件3不具备新颖性为由提出无效宣告请求,二者均不属于以同样的理由和证据再次提出无效宣告请求的情形。因此,选项CD

错误。

【答案】AB

28.【2015年第78题】下列哪些属于无效宣告请求的理由？

A. 权利要求书没有清楚地说明要求保护的范围
B. PCT申请经修改后的授权文本，其要求保护的范围超出了原始提交的国际申请文件所记载的范围
C. 独立权利要求缺乏必要技术特征
D. 授权的多项独立权利要求之间缺乏单一性

【考点】无效宣告请求的理由

【分析】专利法实施细则第六十五条第二款规定，前款所称无效宣告请求的理由，是指被授予专利的发明创造不符合专利法第二条（发明、实用新型和外观设计的定义）、第二十条第一款（向外国申请专利的保密审查）、第二十二条（实用性、新颖性和创造性）、第二十三条（外观设计的实质性授权条件）、第二十六条第三款（说明书公开充分）、第四款（权利要求书应当得到说明书支持）、第二十七条第二款（外观设计图片或者照片的实质性要求）、第三十三条（修改原则）或者本细则第二十条第二款（独立权利要求的实质性要求）、第四十三条第一款（分案申请）的规定，或者属于专利法第五条（违反法律、社会公德或者妨害公共利益的主题）、第二十五条（不授予专利权的主题）的规定，或者依照专利法第九条（禁止重复授权原则）规定不能取得专利权。

本题中，选项A不符合专利法第二十六条第四款的规定，选项B不符合专利法第三十三条的规定，选项C不符合专利法实施细则第二十条第二款的规定，而选项D"缺乏单一性"不属于无效宣告请求的理由。因此，选项ABC正确，选项D错误。

【答案】ABC

第四十六条【宣告专利权无效请求的审查】

专利复审委员会对宣告专利权无效的请求应当及时审查和作出决定，并通知请求人和专利权人。宣告专利权无效的决定，由国务院专利行政部门登记和公告。

对专利复审委员会宣告专利权无效或者维持专利权的决定不服的，可以自收到通知之日起三个月内向人民法院起诉。人民法院应当通知无效宣告请求程序的对方当事人作为第三人参加诉讼。

一、本条含义

本条是关于专利复审委员会对宣告专利权无效的请求作出处理决定的程序以及对专利复审委员会的决定不服的司法救济规定。

二、重点讲解

（一）无效宣告请求的审查

1. 无效宣告请求的形式审查

（1）形式审查的内容。

第一，无效宣告请求客体。《专利审查指南2010》第四部分第三章第3.1节规定了无效宣告请求的客体。无效宣告请求的客体应当是已经公告授权的专利，包括已经终止或者放弃（自申请日起放弃的除外）的专利。无效宣告请求不是针对已经公告授权的专利的，不予受理。

专利复审委员会作出宣告专利权全部或者部分无效的审查决定后，当事人未在收到该审查决定之日起三个月内向人民法院起诉或者人民法院生效判决维持该审查决定的，针对已被该决定宣告无效的专利权提出的无效宣告请求不予受理。

第二，无效宣告请求人资格。《专利审查指南2010》第四部分第三章第3.2节规定了无效宣告请求的资格。

请求人属于下列情形之一的，其无效宣告请求不予受理：

① 请求人不具备民事诉讼主体资格的。

② 以授予专利权的外观设计与他人在申请日以前已经取得的合法权利相冲突为理由请求宣告外观设计专利权无效，但请求人不能证明是在先权利人或者利害关系人的。其中，利害关系人是指有权根据相关法律规定就侵犯在先权利的纠纷向人民法院起诉或者请求相关行政管理部门处理的人。

③ 专利权人针对其专利权提出无效宣告请求且请求宣告专利权全部无效、所提交的证据不是公开出版物或者请求人不是共有专利权的所有专利权人的。

④ 多个请求人共同提出一件无效宣告请求的，但属于所有专利权人针对其共有的专利权提出的除外。

第三，无效宣告请求范围以及理由和证据（参见本书专利法第四十五条）。

第四，文件形式。《专利审查指南2010》第四部分第三章第3.4节规定了无效宣告请求的文件形式。

无效宣告请求书及其附件应当一式两份，并符合规定的格式，不符合规定格式的，专利复审委员会应当通知请求人在指定期限内补正；期满未补正或者在指定期限内补正但经两次补正后仍存在同样缺陷的，无效宣告请求视为未提出。

第五，费用。《专利审查指南2010》第四部分第三章第3.5节规定了无效宣告请求的费用。

请求人自提出无效宣告请求之日起一个月内未缴纳或者未缴足无效宣告请求费的，其无效宣告请求视为未提出。

第六，委托手续。《专利审查指南2010》第四部分第三章第3.6节规定了专利无效宣告请求的委托手续。

① 请求人或者专利权人在无效宣告程序中委托专利代理机构的，应当提交无效宣告程序授权委托书，且专利权人应当在委托书中写明委托权限仅限于办理无效宣告程序有关事务。在无效宣告程序中，即使专利权人此前已就其专利委托了在专利权有效期内的全程代理并继续委托该全程代理的机构的，也应当提交无效宣告程序授权委托书。

② 在无效宣告程序中，请求人委托专利代理机构的，或者专利权人委托专利代理机构且委托书中写明其委托权限仅限于办理无效宣告程序有关事务的，其委托手续或者解除、辞去委托的手续应当在专利复审委员会办理，无须办理著录项目变更手续。

请求人或者专利权人委托专利代理机构而未向专利复审委员会提交委托书或者委托书中未写明委托权限的，专利权人未在委托书中写明其委托权限仅限于办理无效宣告程序有关事务的，专利复审委员会应当通知请求人或者专利权人在指定期限内补正；期满未补正的，视为未委托。

③ 请求人和专利权人委托了相同的专利代理机构的，专利复审委员会应当通知双方当事人在指定期限内变更委托；未在指定期限内变更委托的，后委托的视为未委托，同一日委托的，视为双方均未委托。

④ 对于根据专利法第十九条第一款规定应当委托专利代理机构的请求人，未按规定委托的，其无效宣告请求不予受理。

⑤ 同一当事人与多个专利代理机构同时存在委托关系的，当事人应当以书面方式指定其中一个专利代理机构作为收件人；未指定的，专利复审委员会将在无效宣告程序中最先委托的专利代理机构视为收件人；最先委托的代理机构有多个的，专利复审委员会将署名在先的专利代理机构视为收件人；署名无先后（同日分别委托）的，专利复审委员会应当通知当事人在指定期限内指定；未在指定期限内指定的，视为未委托。

⑥ 当事人委托公民代理的，参照有关委托专利代理机构的规定办理。公民代理的权限仅限于在口头审理中陈述意见和接收当庭转送的文件。

⑦ 对于下列事项，代理人需要具有特别授权的委托书：

（i）专利权人的代理人代为承认请求人的无效宣告请求；

（ii）专利权人的代理人代为修改权利要求书；

（iii）代理人代为和解；

（iv）请求人的代理人代为撤回无效宣告请求。

⑧ 上述规定未涵盖事宜参照本指南第一部分第一章第6.1节的规定办理。

（2）形式审查通知书。《专利审查指南2010》第四部分第三章第3.7节规定了无效请求形式审查通知书。

① 无效宣告请求经形式审查不符合专利法及其实施细则和审查指南有关规定需要补正的，专利复审委员会应当发出补正通知书，要求请求人在收到通知书之日起十五日内补正。

② 无效宣告请求视为未提出或者不予受理的，专利复审委员会应当发出无效宣告请求视为未提出通知书或者无效宣告请求不予受理通知书，通知请求人。

③ 无效宣告请求经形式审查符合专利法及其实施细则和审查指南有关规定的，专利复审委员会应当向请求人和专利权人发出无效宣告请求受理通知书，并将无效宣告请求书和有关文件副本转送专利权人，要求其在收到该通知书之日起一个月内答复。专利权人就其专利委托了在专利权有效期内的全程代理的，所述无效宣告请求书和有关文件副本转送该全程代理的机构。

④ 受理的无效宣告请求需等待在先作出的专利权无效或部分无效的审查决定生效而暂时无法审查的，专利复审委员会应当发出通知书通知请求人和专利权人；在先审查决定生效或者被人民法院生效判决予以撤销后，专利复审委员会应当及时恢复审查。

⑤ 受理的无效宣告请求涉及专利侵权案件的，专利复审委员会可以应人民法院、地方知识产权管理部门或者当事人的请求，向处理该专利侵权案件的人民法院或者地方知识产权管理部门发出无效宣告请求案件审查状态通知书。

2. 无效宣告请求的合议审查

（1）审查范围。《专利审查指南2010》第四部分第三章第4.1节规定了无效宣告请求合议审查的范围。

在无效宣告程序中，专利复审委员会通常仅针对当事人提出的无效宣告请求的范围、理由和提交的证据进行审查，不承担全面审查专利有效性的义务。

专利复审委员会作出宣告专利权部分无效的审查决定后，当事人未在收到该审查决定之日起三个月内向人民法院起诉或者人民法院生效判决维持该审查决定的，针对该专利权的其他无效宣告请求的审查以维持有效的专利权为基础。

请求人在提出无效宣告请求时没有具体说明的无效宣告理由以及没有用于具体说明相关无效宣告理由的证据，且在提出无效宣告请求之日起一个月内也未补充具体说明的，专利复审委员会不予考虑。

请求人增加无效宣告理由不符合本章第4.2节或者补充证据不符合本章第4.3节规定的，专利权人提交或者补充证据不符合本章第4.3节规定的，专利复审委员会不予考虑。

专利复审委员会在下列情形可以依职权进行审查：

① 请求人提出的无效宣告理由明显与其提交的证据不相对应的，专利复审委员会可以告知其有关法律规定的含义，允许其变更或者依职权变更为相对应的无效宣告理由。例如，请求人提交的证据为同一专利权人在专利申请日前申请并在专利申请日后公开的中国发明专利文件，而无效宣告理由为不符合专利法第九条第一款的，专利复审委员会可以告知请求人专利法第九条第一款和第二十二条第二款的含义，允许其将无效宣告理由变更为该专利不符合专利法第二十二条第二款，或者依职权将无效宣告理由变更为该专利不符合专利法第二十二条第二款。

② 专利权存在请求人未提及的明显不属于专利保护客体的缺陷，专利复审委员会可以引入相关的无效宣告理由进行审查。

③ 专利权存在请求人未提及的缺陷而导致无法针对请求人提出的无效宣告理由进行审查的，专利复审委员会可以依职权针对专利权的上述缺陷引入相关无效宣告理由并进行审查。例如，无效宣告理由为独立权利要求1不具备创造性，但该权利要求因不清楚而无法确定其保护范围，从而不存在审查创造性的基础的情形下，专利复审委员会可以引入涉及专利法第二十六条第四款的无效宣告理由并进行审查。

④ 请求人请求宣告权利要求之间存在引用关系的某些权利要求无效，而未以同样的理由请求宣告其他权利要求无效，不引入该无效宣告理由将会得出不合理的审查结论的，专利复审委员会可以依职权引入该无效宣告理由对其他权利要求进行审查。例如，请求人以权利要求1不具备新颖性、从属权利要求2不具备创造性为由请求宣告专利权无效，如果专利复审委员会认定权利要求1具有新颖性，而从属权利要求2不具备创造性，则可以依职权对权利要求1的创造性进行审查。

⑤ 请求人以权利要求之间存在引用关系的某些权利要求存在缺陷为由请求宣告其无效，而未指出其他权利要求也存在相同性质的缺陷，专利复审委员会可以引入与该缺陷相对应的无效宣告理由对其他权利要求进行审查。例如，请求人以权利要求1增加了技术特征而导致其不符合专利法第三十三条的规定为由请求宣告权利要求1无效，而未指出从属权利要求2也存在同样的缺陷，专利复审委员会可以引入专利法第三十三条的无效宣告理

由对从属权利要求2进行审查。

⑥ 请求人以不符合专利法第三十三条或者专利法实施细则第四十三条第一款的规定为由请求宣告专利权无效，且对修改超出原申请文件记载范围的事实进行了具体的分析和说明，但未提交原申请文件的，专利复审委员会可以引入该专利的原申请文件作为证据。

⑦ 专利复审委员会可以依职权认定技术手段是否为公知常识，并可以引入技术词典、技术手册、教科书等所属技术领域中的公知常识性证据。

（2）无效宣告理由的增加。《专利审查指南2010》第四部分第三章第4.2节规定了无效宣告理由的增加。

① 请求人在提出无效宣告请求之日起一个月内增加无效宣告理由的，应当在该期限内对所增加的无效宣告理由具体说明；否则，专利复审委员会不予考虑。

② 请求人在提出无效宣告请求之日起一个月后增加无效宣告理由的，专利复审委员会一般不予考虑，但下列情形除外：

（i）针对专利权人以删除以外的方式修改的权利要求，在专利复审委员会指定期限内针对修改内容增加无效宣告理由，并在该期限内对所增加的无效宣告理由具体说明的；

（ii）对明显与提交的证据不相对应的无效宣告理由进行变更的。

（3）举证期限。《专利审查指南2010》第四部分第三章第4.3节规定了无效宣告请求的举证期限。

第一，请求人举证。

① 请求人在提出无效宣告请求之日起一个月内补充证据的，应当在该期限内结合该证据具体说明相关的无效宣告理由，否则，专利复审委员会不予考虑。

② 请求人在提出无效宣告请求之日起一个月后补充证据的，专利复审委员会一般不予考虑，但下列情形除外：

（i）针对专利权人提交的反证，请求人在专利复审委员会指定的期限内补充证据，并在该期限内结合该证据具体说明相关无效宣告理由的；

（ii）在口头审理辩论终结前提交技术词典、技术手册和教科书等所属技术领域中的公知常识性证据或者用于完善证据法定形式的公证文书、原件等证据，并在该期限内结合该证据具体说明相关无效宣告理由的。

③ 请求人提交的证据是外文的，提交其中文译文的期限适用该证据的举证期限。

第二，专利权人举证。

专利权人应当在专利复审委员会指定的答复期限内提交证据，但对于技术词典、技术手册和教科书等所属技术领域中的公知常识性证据或者用于完善证据法定形式的公证文书、原件等证据，可以在口头审理辩论终结前补充。

专利权人提交或者补充证据的，应当在上述期限内对提交或者补充的证据具体说明。

专利权人提交的证据是外文的，提交其中文译文的期限适用该证据的举证期限。

专利权人提交或者补充证据不符合上述期限规定或者未在上述期限内对所提交或者补充的证据具体说明的，专利复审委员会不予考虑。

第三，延期举证。

对于有证据表明因无法克服的困难在本章第4.3.1节和第4.3.2节所述期限内不能提交的证据，当事人可以在所述期限内书面请求延期提交。不允许延期提交明显不公平的，专利复审委员会应当允许延期提交。

（4）审查方式。《专利审查指南2010》第四部分第三章第4.4节规定了无效宣告的审查方式。

第一，文件的转送。专利复审委员会根据案件审查需要将有关文件转送有关当事人。需要指定答复期限的，指定答复期限为一个月。当事人期满未答复，视为当事人已得知转送文件中所涉及的事实、理由和证据，并且未提出反对意见。

当事人提交的意见陈述书及其附件应当一式两份。

第二，口头审理。专利复审委员会根据当事人的请求或者案情需要可以决定对无效宣告请求进行口头审理。口头审理的具体规定参见本部分第四章。

第三，无效宣告请求审查通知书。在无效宣告程序中，有下列情形之一的，专利复审委员会可以向双方当事人发出无效宣告请求审查通知书：

① 当事人主张的事实或者提交的证据不清楚或者有疑问的。
② 专利权人对其权利要求书主动提出修改，但修改不符合专利法及其实施细则和审查指南有关规定的。
③ 需要依职权引入当事人未提及的理由或者证据的。
④ 需要发出无效宣告请求审查通知书的其他情形。

审查通知书的内容所针对的有关当事人应当在收到该通知书之日起一个月内答复。期满未答复的，视为当事人已得知通知书中所涉及的事实、理由和证据，并且未提出反对意见。

第四，审查方式的选择。在无效宣告程序中，针对不同的情形，采用下列方式进行审查。

① 专利复审委员会已将无效宣告请求文件转送专利权人，并且指定答复期限届满后，无论专利权人是否答复，专利权人未要求进行口头审理，专利复审委员会认为请求人提交的证据充分，其请求宣告专利权全部无效的理由成立的，可以直接作出宣告专利权全部无效的审查决定；在这种情况下，请求人请求宣告无效的范围是宣告专利权部分无效的，专利复审委员会也可以针对该范围直接作出宣告专利权部分无效的决定。专利权人提交答复意见的，将答复意见随直接作出的审查决定一并送请求人。

② 专利复审委员会已将无效宣告请求文件转送专利权人，并且指定答复期限届满后，无论专利权人是否答复，专利复审委员会认为请求人请求宣告无效的范围部分成立，可能会作出宣告专利权部分无效的决定的，专利复审委员会应当发出口头审理通知书，通过口头审理结案。专利权人提交答复意见的，将答复意见随口头审理通知书一并送达请求人。

③ 专利复审委员会已将无效宣告请求文件转送专利权人，在指定答复期限内专利权人已经答复，专利复审委员会认为专利权人提交的意见陈述理由充分，将会作出维持专利权的决定的，专利复审委员会应当根据案情，选择发出转送文件通知书或者无效宣告请求审查通知书进行书面审查，或者发出口头审理通知书随附转送文件通知书，通过口头审理结案。

④ 专利复审委员会已将无效宣告请求文件转送专利权人，在指定答复期限内专利权人没有答复，专利复审委员会认为请求人提交的证据不充分，其请求宣告专利权无效的理由不成立，将会作出维持专利权的决定的，专利复审委员会应当根据案情，选择发出无效宣告请求审查通知书进行书面审查，或者发出口头审理通知书，通过口头审理结案。

在发出口头审理通知书后，由于当事人原因未按期举行口头审理的，专利复审委员会可以直接作出审查决定。

（5）案件的合并审理。《专利审查指南2010》第四部分第三章第4.5节规定了案件的合并审理。

为了提高审查效率和减少当事人负担，专利复审委员会可以对案件合并审理。合并审理的情形通常包括：

① 针对一项专利权的多个无效宣告案件，尽可能合并口头审理。

② 针对不同专利权的无效宣告案件，部分或者全部当事人相同且案件事实相互关联的，专利复审委员会可以依据当事人书面请求或者自行决定合并口头审理。

合并审理的各无效宣告案件的证据不得相互组合使用。

（6）无效宣告程序中专利文件的修改。《专利审查指南2010》第四部分第三章第4.6节规定了无效宣告程序中专利文件的修改。

第一，修改原则。发明或者实用新型专利文件的修改仅限于权利要求书，其原则是：
① 不得改变原权利要求的主题名称。
② 与授权的权利要求相比，不得扩大原专利的保护范围。
③ 不得超出原说明书和权利要求书记载的范围。
④ 一般不得增加未包含在授权的权利要求书中的技术特征。

外观设计专利的专利权人不得修改其专利文件。

第二，修改方式。在满足上述修改原则的前提下，修改权利要求书的具体方式一般限于权利要求的删除、技术方案的删除、权利要求的进一步限定、明显错误的修正。

权利要求的删除是指从权利要求书中去掉某项或者某些项权利要求，例如独立权利要求或者从属权利要求。

技术方案的删除是指从同一权利要求中并列的两种以上技术方案中删除一种或者一种以上技术方案。

权利要求的进一步限定是指在权利要求中补入其他权利要求中记载的一个或者多个技术特征，以缩小保护范围。

第三，修改方式的限制。在专利复审委员会作出审查决定之前，专利权人可以删除权利要求或者权利要求中包括的技术方案。

仅在下列三种情形的答复期限内，专利权人可以以删除以外的方式修改权利要求书：

① 针对无效宣告请求书。

② 针对请求人增加的无效宣告理由或者补充的证据。

③ 针对专利复审委员会引入的请求人未提及的无效宣告理由或者证据。

3. 无效宣告请求程序的中止

复审程序的中止适用《专利审查指南2010》第五部分第七章第7节的规定。参见本书专利法第八条第二部分重点讲解（四）请求中止。

4. 无效宣告请求审查决定

（1）无效宣告请求审查决定的类型。《专利审查指南2010》第四部分第三章第5节规定了无效宣告请求决定的类型。

无效宣告请求审查决定分为下列三种类型：

① 宣告专利权全部无效。

② 宣告专利权部分无效。

③ 维持专利权有效。

宣告专利权无效包括宣告专利权全部无效和部分无效两种情形。根据专利法第四十七条的规定，宣告无效的专利权视为自始即不存在。

（2）无效宣告请求审查决定的效力。《专利审查指南2010》第四部分第三章第5节规定了无效宣告请求决定的效力。

在无效宣告程序中，如果请求人针对一件发明或者实用新型专利的部分权利要求的无效宣告理由成立，针对其余权利要求（包括以合并方式修改后的权利要求）的无效宣告理由不成立，则无效宣告请求审查决定应当宣告上述无效宣告理由成立的部分权利要求无效，并且维持其余的权利要求有效。对于包含有若干个具有独立使用价值的产品的外观设计专利，如果请求人针对其中一部分产品的外观设计专利的无效宣告理由成立，针对其余产品的外观设计专利的无效宣告理由不成立，则无效宣告请求审查决定应当宣告无效宣告理由成立的该部分产品外观设计专利无效，并且维持其余产品的外观设计专利有效。例如，对于包含有同一产品两项以上的相似外观设计的一件外观设计专利，如果请求人针对其中部分项外观设计的无效宣告理由成立，针对其余外观设计的无效宣告理由不成立，则无效宣告请求审查决定应当宣告无效宣告理由成立的该部分项外观设计无效，并且维持其余外观设计有效。上述审查决定均属于宣告专利权部分无效的审查决定。

一项专利被宣告部分无效后，被宣告无效的部分应视为自始即不存在。但是被维持的部分（包括修改后的权利要求）也同时应视为自始即存在。

（3）无效宣告请求审查决定的送交、登记和公告。《专利审查指南2010》第四部分第三章第6节规定了无效宣告请求审查决定的送交、登记和公告。

① 决定的送达。根据专利法第四十六条第一款的规定，专利复审委员会应当将无效宣告请求审查决定送达双方当事人。

对于涉及侵权案件的无效宣告请求，在无效宣告请求审理开始之前曾通知有关人民法院或者地方知识产权管理部门的，专利复审委员会作出决定后，应当将审查决定和无效宣告审查结案通知书送达有关人民法院或者地方知识产权管理部门。

② 决定的登记和公告。根据专利法第四十六条第一款的规定，专利复审委员会作出宣告专利权无效（包括全部无效和部分无效）的审查决定后，当事人未在收到该审查决定之日起三个月内向人民法院起诉或者人民法院生效判决维持该审查决定的，由专利局予以登记和公告。

5. 无效宣告程序中对于同样发明创造的处理

（1）专利权人相同。《专利审查指南2010》第四部分第七章第2节规定了专利权人相同时，对同样的发明创造的处理。

① 授权公告日不同。任何单位或者个人认为属于同一专利权人的具有相同申请日（有优先权的，指优先权

日）的两项专利权不符合专利法第九条第一款的规定而请求专利复审委员会宣告其中授权在前的专利权无效的，在不存在其他无效宣告理由或者其他理由不成立的情况下，专利复审委员会应当维持该项专利权有效。

任何单位或者个人认为属于同一专利权人的具有相同申请日（有优先权的，指优先权日）的两项专利权不符合专利法第九条第一款的规定而请求专利复审委员会宣告其中授权在后的专利权无效的，专利复审委员会经审查后认为构成同样的发明创造的，应当宣告该项专利权无效。

如果上述两项专利权为同一专利权人同日（仅指申请日）申请的一项实用新型专利权和一项发明专利权，专利权人在申请时根据专利法实施细则第四十一条第二款的规定作出过说明，且发明专利权授予时实用新型专利权尚未终止，在此情形下，专利权人可以通过放弃授权在前的实用新型专利权以保留被请求宣告无效的发明专利权。

② 授权公告日相同。任何单位或者个人认为属于同一专利权人的具有相同申请日（有优先权的，指优先权日）和相同授权公告日的两项专利权不符合专利法第九条第一款规定的，可以请求专利复审委员会宣告其中一项专利权无效。

无效宣告请求人仅针对其中一项专利权提出无效宣告请求的，专利复审委员会经审查后认为构成同样的发明创造的，应当宣告被请求宣告无效的专利权无效。

两项专利权均被提出无效宣告请求的，专利复审委员会一般应合并审理。经审查认为构成同样的发明创造的，专利复审委员会应当告知专利权人上述两项专利权构成同样的发明创造，并要求其选择仅保留其中一项专利权。专利权人选择仅保留其中一项专利权的，在不存在其他无效宣告理由或者其他理由不成立的情况下，专利复审委员会应当维持该项专利权有效，宣告另一项专利权无效。专利权人未进行选择的，专利复审委员会应当宣告两项专利权无效。

(2) 专利权人不同。《专利审查指南2010》第四部分第七章第3节规定了专利权人不同时，对同样的发明创造的处理。

任何单位或者个人认为属于不同专利权人的两项具有相同申请日（有优先权的，指优先权日）的专利权不符合专利法第九条第一款规定的，可以分别请求专利复审委员会宣告这两项专利权无效。

两项专利权均被提出无效宣告请求的，专利复审委员会一般应合并审理。经审查认为构成同样的发明创造的，专利复审委员会应当告知两专利权人上述两项专利权构成同样的发明创造，并要求其协商选择仅保留其中一项专利权。两专利权人经协商共同书面声明仅保留其中一项专利权的，在不存在其他无效宣告理由或者其他理由不成立的情况下，专利复审委员会应当维持该项专利权有效，宣告另一项专利权无效。专利权人协商不成未进行选择的，专利复审委员会应当宣告两项专利权无效。

无效宣告请求人仅针对其中一项专利权提出无效宣告请求，专利复审委员会经审查认为构成同样的发明创造的，应当告知双方当事人。专利权人可以请求宣告另外一项专利权无效，并与另一专利权人协商选择仅保留其中一项专利权。专利权人请求宣告另外一项专利权无效的，按照本节前述规定处理；专利权人未请求宣告另一项专利权无效的，专利复审委员会应当宣告被请求宣告无效的专利权无效。

6. 无效宣告程序的终止

(1) 无效宣告程序终止的情形。《专利审查指南2010》第四部分第三章第7节规定了无效宣告程序的终止。

请求人在专利复审委员会对无效宣告请求作出审查决定之前，撤回其无效宣告请求的，无效宣告程序终止，但专利复审委员会认为根据已进行的审查工作能够作出宣告专利权无效或者部分无效的决定的除外。

请求人未在指定的期限内答复口头审理通知书，并且不参加口头审理，其无效宣告请求被视为撤回的，无效宣告程序终止，但专利复审委员会认为根据已进行的审查工作能够作出宣告专利权无效或者部分无效的决定的除外。

已受理的无效宣告请求因不符合受理条件而被驳回请求的，无效宣告程序终止。

在专利复审委员会对无效宣告请求作出审查决定之后，当事人未在收到该审查决定之日起三个月内向人民法院起诉，或者人民法院生效判决维持该审查决定的，无效宣告程序终止。

在专利复审委员会作出宣告专利权全部无效的审查决定后，当事人未在收到该审查决定之日起三个月内向人民法院起诉，或者人民法院生效判决维持该审查决定的，针对该专利权的所有其他无效宣告程序终止。

(2) 无效宣告程序不终止的情形。专利法实施细则第七十二条第二款规定，专利复审委员会作出决定之前，无效宣告请求人撤回其请求或者其无效宣告请求被视为撤回的，无效宣告请求审查程序终止。但是，专利复审委员会认为根据已进行的审查工作能够作出宣告专利权无效或者部分无效的决定的，不终止审查程序。

（二）口头审理

1. 口头审理的性质

《专利审查指南2010》第四部分第四章第1节规定了口头审理的性质。

口头审理是根据专利法实施细则第六十三条、第七十条的规定而设置的行政听证程序，其目的在于查清事实，给当事人当庭陈述意见的机会。

2. 口头审理的确定

《专利审查指南2010》第四部分第四章第2节规定了口头审理的确定。

（1）请求口头审理的理由。无效宣告程序的当事人可以依据下列理由请求进行口头审理：

① 当事人一方要求同对方当面质证和辩论。

② 需要当面向合议组说明事实。

③ 需要实物演示。

④ 需要请出具过证言的证人出庭作证。

复审请求人可以依据下列理由请求进行口头审理：

① 需要当面向合议组说明事实或者陈述理由。

② 需要实物演示。

（2）口头审理请求的提出。在无效宣告程序中，有关当事人可以向专利复审委员会提出进行口头审理的请求，并且说明理由。请求应当以书面方式提出。

对于尚未进行口头审理的无效宣告案件，专利复审委员会在审查决定作出前收到当事人依据上述理由以书面方式提出口头审理请求的，合议组应当同意进行口头审理。

在复审程序中，复审请求人可以向专利复审委员会提出进行口头审理的请求，并且说明理由。请求应当以书面方式提出。

复审请求人提出口头审理请求的，合议组根据案件的具体情况决定是否进行口头审理。

（3）合议组依职权确定。在无效宣告程序或者复审程序中，合议组可以根据案情需要自行决定进行口头审理。

（4）再次口头审理的确定。针对同一案件已经进行过口头审理的，必要时可以再次进行口头审理。

（5）巡回口头审理的确定。经主任委员或者副主任委员批准，专利复审委员会可以进行巡回口头审理，就地审理办案，并承担所需费用。

3. 口头审理的通知

《专利审查指南2010》第四部分第四章第3节规定了口头审理的通知。

（1）口头审理通知书。在无效宣告程序中，确定需要进行口头审理的，合议组应当向当事人发出口头审理通知书，通知进行口头审理的日期和地点等事项。口头审理的日期和地点一经确定一般不再改动，遇特殊情况需要改动的，需经双方当事人同意或者经主任委员或者副主任委员批准。当事人应当在收到口头审理通知之日起七日内向专利复审委员会提交口头审理通知书回执。无效宣告请求人期满未提交回执，并且不参加口头审理的，其无效宣告请求视为撤回，无效宣告请求审查程序终止。但专利复审委员会认为根据已进行的审查工作能够作出宣告专利权无效或者部分无效的决定的除外。专利权人不参加口头审理的，可以缺席审理。

在复审程序中，确定需要进行口头审理的，合议组应当向复审请求人发出口头审理通知书，通知进行口头审理的日期、地点以及口头审理拟调查的事项。合议组认为专利申请不符合专利法及其实施细则有关规定的，可以随口头审理通知书将专利申请不符合专利法及其实施细则有关规定的具体事实、理由和证据告知复审请求人。

（2）口头审理通知书回执。合议组应当在口头审理通知书中告知复审请求人，可以选择参加口头审理进行口头答辩，或者在指定的期限内进行书面意见陈述。复审请求人应当在收到口头审理通知书之日起七日内向专利复审委员会提交口头审理通知书回执，并在回执中明确表示是否参加口头审理；逾期未提交回执的，视为不参加口头审理。

无效宣告程序或者复审程序的口头审理通知书回执中应当有当事人的签名或者盖章。表示参加口头审理的，应当写明参加口头审理人员的姓名。要求委派出具过证言的证人就其证言出庭作证的，应当在口头审理通知书回执中声明，并且写明该证人的姓名、工作单位（或者职业）和要证明的事实。

（3）当事人不参加口头审理的法律后果。口头审理通知书中已经告知该专利申请不符合专利法及其实施细则和审查指南有关规定的具体事实、理由和证据的，如果复审请求人既未出席口头审理，也未在指定的期限内进行书面意见陈述，其复审请求视为撤回。

专利法实施细则第七十条第二款规定，无效宣告请求人对专利复审委员会发出的口头审理通知书在指定的期限内未作答复，并且不参加口头审理的，其无效宣告请求视为撤回；专利权人不参加口头审理的，可以缺席审理。

（4）口头审理参加人。参加口头审理的每方当事人及其代理人的数量不得超过四人。回执中写明的参加口头审理人员不足四人的，可以在口头审理开始前指定其他人参加口头审理。一方有多人参加口头审理的，应当指定其中之一作为第一发言人进行主要发言。

当事人不能在指定日期参加口头审理的，可以委托其专利代理人或者其他人代表出庭。

当事人依照专利法第十九条规定委托专利代理机构代理的，该机构应当指派专利代理人参加口头审理。

4. 口头审理前的准备

《专利审查指南2010》第四部分第四章第4节规定了口头审理的准备。

在口头审理开始前，合议组应当完成下列工作：

（1）将无效宣告程序中当事人提交的有关文件转送对方。

（2）阅读和研究案卷，了解案情，掌握争议的焦点和需要调查、辩论的主要问题。

（3）举行口头审理前的合议组会议，研究确定合议组成员在口头审理中的分工，调查的顺序和内容，应当重点查清的问题，以及口头审理中可能出现的各种情况及处置方案。

（4）准备必要的文件。

（5）口头审理两天前应当公告进行该口头审理的有关信息（口头审理不公开进行的除外）。

（6）口头审理其他事务性工作的准备。

5. 口头审理的进行

《专利审查指南2010》第四部分第四章第5节规定了口头审理的进行。

口头审理按照通知书指定的日期进行。

口头审理应当公开进行，但根据国家法律、法规等规定需要保密的除外。

（1）口头审理的第一阶段。《专利审查指南2010》第四部分第四章第5.1节规定了口头审理的第一阶段。

在口头审理开始前，合议组应当核对参加口头审理人员的身份证件，并确认其是否有参加口头审理的资格。

口头审理由合议组组长主持。合议组组长宣布口头审理开始后，介绍合议组成员；由当事人介绍出席口头审理的人员，有双方当事人出庭的，还应当询问双方当事人对于对方出席人员资格有无异议；合议组组长宣读当事人的权利和义务；询问当事人是否请求审案人员回避，是否请证人作证和请求演示物证。

在有双方当事人参加的口头审理中，还应当询问当事人是否有和解的愿望。双方当事人均有和解愿望并欲当庭协商的，暂停口头审理；双方和解条件差别较小的，可以中止口头审理；双方和解条件差别较大，难以短时间内达成和解协议的，或者任何一方当事人没有和解愿望的，口头审理继续进行。

（2）口头审理的第二阶段。《专利审查指南2010》第四部分第四章第5.2节规定了口头审理的第二阶段。

在进行口头审理调查之前，必要时，由合议组成员简要介绍案情。然后，开始进行口头审理调查。

在无效宣告程序的口头审理中，先由无效宣告请求人陈述无效宣告请求的范围及其理由，并简要陈述有关事实和证据，再由专利权人进行答辩。其后，由合议组就案件的无效宣告请求的范围、理由和各方当事人提交的证据进行核对，确定口头审理的审理范围。当事人当庭增加理由或者补充证据的，合议组应当根据有关规定判断所述理由或者证据是否予以考虑。决定予以考虑的，合议组应当给予首次得知所述理由或者收到所述证据的对方当事人选择当庭口头答辩或者以后进行书面答辩的权利。接着，由无效宣告请求人就无效宣告理由以及所依据的事实和证据进行举证，然后由专利权人进行质证，需要时专利权人可以提出反证，由对方当事人进行质证。案件存在多个无效宣告理由、待证事实或者证据的，可以要求当事人按照无效宣告理由和待证事实逐个举证和质证。

在复审程序的口头审理中，在合议组告知复审请求人口头审理调查的事项后，由复审请求人进行陈述。复审请求人当庭提交修改文本的，合议组应当审查该修改文本是否符合专利法及其实施细则和审查指南的有关规定。

在口头审理调查过程中，为了全面、客观地查清案件事实，合议组成员可以就有关事实和证据向当事人或者证人提问，也可以要求当事人或者证人作出解释。提问应当公正、客观、具体、明确。

(3) 口头审理的第三阶段。《专利审查指南2010》第四部分第四章第5.3节规定了口头审理的第三阶段。

在无效宣告程序的口头审理调查后，进行口头审理辩论。在双方当事人对案件证据和事实无争议的情况下，可以在双方当事人对证据和事实予以确认的基础上，直接进行口头审理辩论。由当事人就证据所表明的事实、争议的问题和适用的法律、法规各自陈述其意见，并进行辩论。在口头审理辩论时，合议组成员可以提问，但不得发表自己的倾向性意见，也不得与任何一方当事人辩论。在口头审理辩论过程中，当事人又提出事先已提交过、但未经调查的事实或者证据的，合议组组长可以宣布中止辩论，恢复口头审理调查。调查结束后，继续进行口头审理辩论。

在双方当事人的辩论意见表达完毕后，合议组组长宣布辩论终结，由双方当事人作最后意见陈述。在进行最后意见陈述时，无效宣告请求人可以坚持原无效宣告请求，也可以请求撤回无效宣告请求，还可以放弃无效宣告请求的部分理由及相应证据，或者缩小无效宣告请求的范围；专利权人可以坚持要求驳回无效宣告请求人的无效宣告请求，也可以声明缩小专利保护范围或者放弃部分权利要求。此后，再次以前述方式处理和解事宜。

在复审程序的口头审理调查后，合议组可以就有关问题发表倾向性意见，必要时将其认为专利申请不符合专利法及其实施细则和审查指南有关规定的具体事实、理由和证据告知复审请求人，并听取复审请求人的意见。

(4) 口头审理的第四阶段。《专利审查指南2010》第四部分第四章第5.4节规定了口头审理的第四阶段。

在口头审理过程中，合议组可以根据案情需要休庭合议。

合议组组长宣布暂时休庭，合议组进行合议。然后，重新开始口头审理，合议组组长宣布口头审理结论。口头审理结论可以是审查决定的结论，也可以是其他结论，例如，案件事实已经查清，可以作出审查决定等结论。至此，口头审理结束。

6. 口头审理的中止

《专利审查指南2010》第四部分第四章第6节规定了口头审理的中止。

有下列情形之一的，合议组组长可以宣布中止口头审理，并在必要时确定继续进行口头审理的日期：

(1) 当事人请求审案人员回避的。
(2) 因和解需要协商的。
(3) 需要对发明创造进一步演示的。
(4) 合议组认为必要的其他情形。

7. 口头审理的终止

《专利审查指南2010》第四部分第四章第7节规定了口头审理的终止。

对于事实已经调查清楚、可以作出审查决定并且不属于需要经过主任委员或者副主任委员审核批准的案件，合议组可以当场宣布审查决定的结论。

对于经口头审理拟当场宣布审查决定结论的案件，需要经主任委员或者副主任委员审核批准的，应当在批准后宣布审查决定的结论。

合议组不当场宣布审查决定结论的，由合议组组长作简要说明。

在上述三种情况下，均由合议组组长宣布口头审理终止。此后，在一定期限内，将决定的全文以书面形式送达当事人。

8. 口头审理的其他事项

(1) 当事人的缺席。《专利审查指南2010》第四部分第四章第8节规定了当事人的缺席。

有当事人未出席口头审理的，只要一方当事人的出庭符合规定，合议组按照规定的程序进行口头审理。

(2) 当事人中途退庭。《专利审查指南2010》第四部分第四章第9节规定了当事人中途退庭。

在无效宣告程序或者复审程序的口头审理过程中，未经合议组许可，当事人不得中途退庭。当事人未经合议组许可而中途退庭的，或者因妨碍口头审理进行而被合议组责令退庭的，合议组可以缺席审理。但是，应当就该当事人已经陈述的内容及其中途退庭或者被责令退庭的事实进行记录，并由当事人或者合议组签字确认。

(3) 证人出庭作证。《专利审查指南2010》第四部分第四章第10节规定了证人出庭作证。

出具过证言并在口头审理通知书回执中写明的证人可以就其证言出庭作证。当事人在口头审理中提出证人出庭作证请求的，合议组可根据案件的具体情况决定是否准许。

证人出庭作证时，应当出示证明其身份的证件。合议组应当告知其诚实作证的法律义务和作伪证的法律责任。出庭作证的证人不得旁听案件的审理。询问证人时，其他证人不得在场，但需要证人对质的除外。

合议组可以对证人进行提问。在双方当事人参加的口头审理中，双方当事人可以对证人进行交叉提问。证人应当对合议组提出的问题作出明确回答，对于当事人提出的与案件无关的问题可以不回答。

（4）记录。《专利审查指南2010》第四部分第四章第11节规定了记录。

在口头审理中，由书记员或者合议组组长指定的合议组成员进行记录。担任记录的人员应当将重要的审理事项记入口头审理笔录。除笔录外，合议组还可以使用录音、录像设备进行记录。

在重要的审理事项记录完毕后或者在口头审理终止时，合议组应当将笔录交当事人阅读。对笔录的差错，当事人有权请求记录人更正。笔录核实无误后，应当由当事人签字并存入案卷。当事人拒绝签字的，由合议组组长在口头审理笔录中注明。

上述重要的审理事项包括：

① 在无效宣告程序的口头审理中，当事人声明放弃的权利要求、无效宣告请求的范围、理由或者证据。

② 在无效宣告程序的口头审理中，双方当事人均认定的重要事实。

③ 在复审程序的口头审理中，合议组当庭告知复审请求人其专利申请不符合专利法及其实施细则和审查指南有关规定的具体事实、理由和证据以及复审请求人陈述的主要内容。

④ 其他需要记录的重要事项。

（5）旁听。《专利审查指南2010》第四部分第四章第12节规定了旁听。

在口头审理中允许旁听，旁听者无发言权；未经批准，不得拍照、录音和录像，也不得向参加口头审理的当事人传递有关信息。

必要时，专利复审委员会可以要求旁听者办理旁听手续。

（6）当事人的权利和义务。《专利审查指南2010》第四部分第四章第13节规定了当事人的权利和义务。

合议组组长应当在口头审理开始阶段告知当事人在口头审理中的权利和义务。

① 当事人的权利。当事人有权请求审案人员回避；无效宣告程序中的当事人有权与对方当事人和解；有权在口头审理中请出具过证言的证人就其证言出庭作证和请求演示物证；有权进行辩论。无效宣告请求人有权请求撤回无效宣告请求，放弃无效宣告请求的部分理由及相应证据，以及缩小无效宣告请求的范围。专利权人有权放弃部分权利要求及其提交的有关证据。复审请求人有权撤回复审请求；有权提交修改文件。

② 当事人的义务。当事人应当遵守口头审理规则，维护口头审理的秩序；发言时应当征得合议组组长同意，任何一方当事人不得打断另一方当事人的发言；辩论中应当摆事实、讲道理；发言和辩论仅限于合议组指定的与审理案件有关的范围；当事人对自己提出的主张有举证责任，反驳对方主张的，应当说明理由；口头审理期间，未经合议组许可不得中途退庭。

（三）无效宣告程序中有关证据问题的规定

1. 无效宣告程序中有关证据问题的法律适用

《专利审查指南2010》第四部分第八章第1节规定了无效宣告程序中有关证据问题的法律适用。

根据专利法及其实施细则的有关规定，结合无效宣告案件审查实践，制定本章。

无效宣告程序中有关证据的各种问题，适用本指南的规定，本指南没有规定的，可参照人民法院民事诉讼中的相关规定。

2. 当事人举证

（1）举证责任的分配。《专利审查指南2010》第四部分第八章第2.1节规定了当事人举证责任的分配。

当事人对自己提出的无效宣告请求所依据的事实或者反驳对方无效宣告请求所依据的事实有责任提供证据加以证明。

在依据前述规定无法确定举证责任承担时，专利复审委员会可以根据公平原则和诚实信用原则，综合当事人的举证能力以及待证事实发生的盖然性等因素确定举证责任的承担。

没有证据或者证据不足以证明当事人的事实主张的，由负有举证责任的当事人承担不利后果。

(2) 证据的提交。《专利审查指南2010》第四部分第八章第2.2节规定，证据的提交除本章规定之外，应当符合本部分第三章第4.3节的规定。

第一，外文证据的提交。当事人提交外文证据的，应当提交中文译文，未在举证期限内提交中文译文的，该外文证据视为未提交。

当事人应当以书面方式提交中文译文，未以书面方式提交中文译文的，该中文译文视为未提交。

当事人可以仅提交外文证据的部分中文译文。该外文证据中没有提交中文译文的部分，不作为证据使用。但当事人应专利复审委员会的要求补充提交该外文证据其他部分的中文译文的除外。

对方当事人对中文译文内容有异议的，应当在指定的期限内对有异议的部分提交中文译文。没有提交中文译文的，视为无异议。

对中文译文出现异议时，双方当事人就异议部分达成一致意见的，以双方最终认可的中文译文为准。双方当事人未能就异议部分达成一致意见的，必要时，专利复审委员会可以委托翻译。双方当事人就委托翻译达成协议的，专利复审委员会可以委托双方当事人认可的翻译单位进行全文、所使用部分或者有异议部分的翻译。双方当事人就委托翻译达不成协议的，专利复审委员会可以自行委托专业翻译单位进行翻译。委托翻译所需翻译费用由双方当事人各承担50%；拒绝支付翻译费用的，视为其承认对方当事人提交的中文译文正确。

第二，域外证据及香港、澳门、台湾地区形成的证据的证明手续。域外证据是指在中华人民共和国领域外形成的证据，该证据应当经所在国公证机关予以证明，并经中华人民共和国驻该国使领馆予以认证，或者履行中华人民共和国与该所在国订立的有关条约中规定的证明手续。

当事人向专利复审委员会提供的证据是在香港、澳门、台湾地区形成的，应当履行相关的证明手续。

但是在以下三种情况下，对上述两类证据，当事人可以在无效宣告程序中不办理相关的证明手续：

① 该证据是能够从除香港、澳门、台湾地区外的国内公共渠道获得的，如从专利局获得的国外专利文件，或者从公共图书馆获得的国外文献资料。

② 有其他证据足以证明该证据真实性的。

③ 对方当事人认可该证据的真实性的。

第三，物证的提交。当事人应当在本部分第三章第4.3节规定的举证期限内向专利复审委员会提交物证。当事人提交物证的，应当在举证期限内提交足以反映该物证客观情况的照片和文字说明，具体说明依据该物证所要证明的事实。

当事人确有正当理由不能在举证期限内提交物证的，应当在举证期限内书面请求延期提交，但仍应当在上述期限内提交足以反映该物证客观情况的照片和文字说明，具体说明依据该物证所要证明的事实。当事人最迟在口头审理辩论终结前提交该物证。

对于经公证机关公证封存的物证，当事人在举证期限内可以仅提交公证文书而不提交该物证，但最迟在口头审理辩论终结前提交该物证。

3. 专复审委员会对证据的调查收集

《专利审查指南2010》第四部分第八章第3节规定了专复审委员会对证据的调查收集。

专利复审委员会一般不主动调查收集审查案件需要的证据。对当事人及其代理人确因客观原因不能自行收集的证据，应当事人在举证期限内提出的申请，专利复审委员会认为确有必要时，可以调查收集。

专利复审委员会可以实地调查收集有关证据，也可以委托地方知识产权管理部门或者其他有关职能部门调查收集有关证据。

应当事人的申请对证据进行调查收集的，所需费用由提出申请的当事人或者专利复审委员会承担。专利复审委员会自行决定调查收集证据的，所需费用由专利复审委员会承担。

4. 证据的质证和审核认定

(1) 证据的质证。《专利审查指南2010》第四部分第八章第4.1节规定了证据的质证。

证据应当由当事人质证，未经质证的证据，不能作为认定案件事实的依据。质证时，当事人应当围绕证据的关联性、合法性、真实性，针对证据证明力有无以及证明力大小，进行质疑、说明和辩驳。

(2) 证据的审核。《专利审查指南2010》第四部分第八章第4.2节规定了证据的审核。

合议组对于当事人提交的证据应当逐一进行审查和对全部证据综合进行审查。

合议组应当明确证据与案件事实之间的证明关系，排除不具有关联性的证据。

合议组应当根据案件的具体情况，从以下方面审查证据的合法性：

① 证据是否符合法定形式；
② 证据的取得是否符合法律、法规的规定；
③ 是否有影响证据效力的其他违法情形。

合议组应当根据案件的具体情况，从以下方面审查证据的真实性：

① 证据是否为原件、原物，复印件、复制品与原件、原物是否相符；
② 提供证据的人与当事人是否有利害关系；
③ 发现证据时的客观环境；
④ 证据形成的原因和方式；
⑤ 证据的内容；
⑥ 影响证据真实性的其他因素。

（3）证据的认定。《专利审查指南2010》第四部分第八章第4.3节规定了证据的认定。

对于一方当事人提出的证据，另一方当事人认可或者提出的相反证据不足以反驳的，专利复审委员会可以确认其证明力。

对于一方当事人提出的证据，另一方当事人有异议并提出反驳证据，对方当事人对反驳证据认可的，可以确认反驳证据的证明力。

双方当事人对同一事实分别举出相反的证据，但都没有足够的依据否定对方证据的，专利复审委员会应当结合案件情况，判断一方提供证据的证明力是否明显大于另一方提供证据的证明力，并对证明力较大的证据予以确认。

因证据的证明力无法判断导致争议事实难以认定的，专利复审委员会应当依据举证责任分配的规则作出判定。

（4）证人证言。《专利审查指南2010》第四部分第八章第4.3.1节规定了证人证言。

证人应当陈述其亲历的具体事实。证人根据其经历所作的判断、推测或者评论，不能作为认定案件事实的依据。

专利复审委员会认定证人证言，可以通过对证人与案件的利害关系以及证人的智力状况、品德、知识、经验、法律意识和专业技能等的综合分析作出判断。

证人应当出席口头审理作证，接受质询。未能出席口头审理作证的证人所出具的书面证言不能单独作为认定案件事实的依据，但证人确有困难不能出席口头审理作证的除外。证人确有困难不能出席口头审理作证的，专利复审委员会根据前款的规定对其书面证言进行认定。

（5）认可和承认。《专利审查指南2010》第四部分第八章第4.3.2节规定了事实的认可和承认。

在无效宣告程序中，一方当事人明确认可的另一方当事人提交的证据，专利复审委员会应当予以确认。但其与事实明显不符，或者有损国家利益、社会公共利益，或者当事人反悔并有相反证据足以推翻的除外。

在无效宣告程序中，对一方当事人陈述的案件事实，另一方当事人明确表示承认的，专利复审委员会应当予以确认。但其与事实明显不符，或者有损国家利益、社会公共利益，或者当事人反悔并有相反证据足以推翻的除外；另一方当事人既未承认也未否认，经合议组充分说明并询问后，其仍不明确表示肯定或者否定的，视为对该项事实的承认。

当事人委托代理人参加无效宣告程序的，代理人的承认视为当事人的承认。但是，未经特别授权的代理人对事实的承认直接导致承认对方无效宣告请求的除外；当事人在场但对其代理人的承认不作否认表示的，视为当事人的承认。

进行口头审理的案件当事人在口头审理辩论终结前，没有进行口头审理的案件当事人在无效宣告决定作出前撤回承认并经对方当事人同意，或者有充分证据证明其承认行为是在受胁迫或者重大误解情况下作出且与事实不符的，专利复审委员会不予确认该承认的法律效力。

在无效宣告程序中，当事人为达成调解协议或者和解的目的作出妥协所涉及的对案件事实的认可，不得在其后的无效宣告程序中作为对其不利的证据。

（6）公知常识。《专利审查指南2010》第四部分第八章第4.3.3节规定了公知常识。

主张某技术手段是本领域公知常识的当事人，对其主张承担举证责任。该当事人未能举证证明或者未能充分说明该技术手段是本领域公知常识，并且对方当事人不予认可的，合议组对该技术手段是本领域公知常识的主张不予支持。

当事人可以通过教科书或者技术词典、技术手册等工具书记载的技术内容来证明某项技术手段是本领域的公知常识。

（7）公证文书。《专利审查指南2010》第四部分第八章第4.3.4节规定了公证文书。

一方当事人将公证文书作为证据提交时，有效公证文书所证明的事实，应当作为认定事实的依据，但有相反证据足以推翻公证证明的除外。

如果公证文书在形式上存在严重缺陷，例如缺少公证人员签章，则该公证文书不能作为认定案件事实的依据。

如果公证文书的结论明显缺乏依据或者公证文书的内容存在自相矛盾之处，则相应部分的内容不能作为认定案件事实的依据。例如，公证文书仅根据证人的陈述而得出证人陈述内容具有真实性的结论，则该公证文书的结论不能作为认定案件事实的依据。

5. 其他

（1）互联网证据的公开时间。《专利审查指南2010》第四部分第八章第5.1节规定了互联网证据的公开时间。

公众能够浏览互联网信息的最早时间为该互联网信息的公开时间，一般以互联网信息的发布时间为准。

（2）申请日后记载的使用公开或者口头公开。《专利审查指南2010》第四部分第八章第5.2节规定了申请日后记载的使用公开或者口头公开。

申请日后（含申请日）形成的记载有使用公开或者口头公开内容的书证，或者其他形式的证据可以用来证明专利在申请日前使用公开或者口头公开。

在判断上述证据的证明力时，形成于专利公开前（含公开日）的证据的证明力一般大于形成于专利公开后的证据的证明力。

（3）技术内容和问题的咨询、鉴定。《专利审查指南2010》第四部分第八章第5.3节规定了技术内容和问题的咨询、鉴定。

专利复审委员会可以根据需要邀请有关单位或者专家对案件中涉及的技术内容和问题提供咨询性意见，必要时可以委托有关单位进行鉴定，所需的费用根据案件的具体情况由专利复审委员会或者当事人承担。

（4）当事人提交的不作为证据的物品的处理。《专利审查指南2010》第四部分第八章第5.4节规定了当事人提交的不作为证据的物品的处理。

在无效宣告程序中，当事人在提交样品等不作为证据的物品时，有权以书面方式请求在其案件审结后取走该物品。

对于当事人提出的取走物品的请求，合议组应当根据案件审查以及后续程序的需要决定何时允许取走。允许当事人取走物品时，专利复审委员会应当通知提交该物品的当事人，当事人应当在收到该通知之日起三个月内取走该物品。期满未取走的，或者在提交物品时未提出取走请求的，专利复审委员会有权处置该物品。

三、真题分析

29.【2019年第22题】针对一项有效的中国专利，王某提出无效宣告请求，其中使用了一件在美国形成的域外证据，下列说法错误的是？

A. 该证据需经美国公证机关予以证明，并经中国驻美国使领馆予以认证

B. 该证据需经中国公证机关予以证明，并经美国驻中国使领馆予以认证

C. 如果该证据可以从国内公共图书馆获得，无须办理有关公证和认证手续

D. 如果对方当事人认可该证据的真实性，无须办理有关公证和认证手续

【考点】域外证据

【分析】根据《专利审查指南2010》第四部分第八章第2.2节的规定，域外证据是指在中华人民共和国领域

外形成的证据，该证据应当经所在国公证机关予以证明，并经中华人民共和国驻该国使领馆予以认证，或者履行中华人民共和国与该所在国订立的有关条约中规定的证明手续。当事人向专利复审委员会提供的证据是在香港、澳门、台湾地区形成的，应当履行相关的证明手续。但是在以下三种情况下，对上述两类证据，当事人可以在无效宣告程序中不办理相关的证明手续：（1）该证据是能够从除香港、澳门、台湾地区外的国内公共渠道获得的，如从专利局获得的国外专利文件，或者从公共图书馆获得的国外文献资料。（2）有其他证据足以证明该证据真实性的。（3）对方当事人认可该证据的真实性的。因此，选项ACD的说法正确，选项B的说法错误。

【答案】B

30.【2019年第23题】关于专利无效宣告程序，下列说法错误的是？
A. 无效宣告程序是专利公告授权后的程序
B. 无效宣告程序是依当事人请求而启动的程序
C. 无效宣告程序中，专利权人可以修改专利说明书和附图
D. 宣告专利权无效的决定，由国务院专利行政部门登记和公告

【考点】专利无效宣告程序

【分析】根据专利法第四十五条的规定，自国务院专利行政部门公告授予专利权之日起，任何单位或者个人认为该专利权的授予不符合本法有关规定的，可以请求专利复审委员会宣告该专利权无效。根据《专利审查指南2010》第四部分第三章第1节的规定，无效宣告程序是专利公告授权后依当事人请求而启动的、通常为双方当事人参加的程序。因此，选项AB的说法正确。

《专利审查指南2010》第四部分第三章第4.6节规定了无效宣告程序中专利文件的修改，发明或者实用新型专利文件的修改仅限于权利要求书，其原则是：（1）不得改变原权利要求的主题名称。（2）与授权的权利要求相比，不得扩大原专利的保护范围。（3）不得超出原说明书和权利要求书记载的范围。（4）一般不得增加未包含在授权的权利要求书中的技术特征。外观设计专利的专利权人不得修改其专利文件。因此，选项C的说法错误。

根据专利法第四十六条第一款的规定，专利复审委员会作出宣告专利权无效（包括全部无效和部分无效）的审查决定后，当事人未在收到该审查决定之日起三个月内向人民法院起诉或者人民法院生效判决维持该审查决定的，由专利局予以登记和公告。因此，选项D的说法正确。

【答案】C

31.【2019年第72题】王某提出一项无效宣告请求，理由是权利要求1与对比文件1的区别特征A是所属技术领域的公知常识，因此权利要求1不具备创造性。下列说法正确的是？
A. 王某主张区别特征A是所属技术领域的公知常识，对其主张承担举证责任
B. 王某可以在口审辩论终结前提交公知常识性证据，证明区别特征A是所属领域的公知常识
C. 王某可以通过教科书或者技术词典、技术手册等工具书记载的技术内容证明A是本领域的公知常识
D. 王某必须在提出无效宣告请求之日起一个月内提交公知常识性证据，证明区别特征A是所属领域的公知常识

【考点】公知常识性证据

【分析】根据《专利审查指南2010》第四部分第八章第4.3.3节的规定，主张某技术手段是本领域公知常识的当事人，对其主张承担举证责任。因此，选项A正确。根据《专利审查指南2010》第四部分第三章第4.3节的规定，请求人在提出无效宣告请求之日起一个月后补充证据的，专利复审委员会一般不予考虑，但下列情形除外：其中，（ii）在口头审理辩论终结前提交技术词典、技术手册和教科书等所属技术领域中的公知常识性证据或者用于完善证据法定形式的公证文书、原件等证据，并在该期限内结合该证据具体说明相关无效宣告理由的。因此，选项BC正确，选项D错误。

【答案】ABC

32.【2019年第73题】在下列哪些情形下，审理无效宣告请求案件的合议组成员应当回避？
A. 曾参与过该案件申请阶段的初审审查
B. 曾参与过该案件申请阶段的实质审查
C. 是无效宣告请求人所委托的代理人的弟弟

D. 曾作为合议组长审理过同一请求人针对同一专利权提出的其他无效宣告请求案件

【考点】回避

【分析】专利法实施细则第三十七条规定，在初步审查、实质审查、复审和无效宣告程序中，实施审查和审理的人员有下列情形之一的，应当自行回避，当事人或者其他利害关系人可以要求其回避：（一）是当事人或者其代理人的近亲属的；（二）与专利申请或者专利权有利害关系的；（三）与当事人或者其代理人有其他关系，可能影响公正审查和审理的；（四）专利复审委员会成员曾参与原申请的审查的。因此，选项ABC正确。

根据《专利审查指南2010》第四部分第一章第3.1节的规定，专利复审委员会作出维持专利权有效或者宣告专利权部分无效的审查决定以后，同一请求人针对该审查决定涉及的专利权以不同理由或者证据提出新的无效宣告请求的，作出原审决定的主审员不再参加该无效宣告案件的审查工作。因此，选项D错误。

【答案】ABC

33.【2019年第79题】无效宣告程序中，关于专利权人对权利要求进行修改的时机，下列说法正确的是？

A. 任何方式的修改都可以在收到受理通知书之日起一个月内提交

B. 任何方式的修改都可以在收到合议组转送的无效宣告请求补充意见一个月内提交

C. 任何方式的修改都可以在口审当庭提交

D. 删除式修改最迟可以在口头审理辩论终结前提交

【考点】无效宣告程序中的修改

【分析】根据专利法实施细则第六十八条的规定，专利复审委员会应当将专利权无效宣告请求书和有关文件的副本送交专利权人，要求其在指定的期限内陈述意见。专利权人和无效宣告请求人应当在指定期限内答复专利复审委员会发出的转送文件通知书或者无效宣告请求审查通知书；期满未答复的，不影响专利复审委员会审理。根据《专利审查指南2010》第四部分第三章第4.4.1节的规定，专利复审委员会根据案件审查需要将有关文件转送有关当事人。需要指定答复期限的，指定答复期限为一个月。当事人期满未答复的，视为当事人已得知转送文件中所涉及的事实、理由和证据，并且未提出反对意见。当事人提交的意见陈述书及其附件应当一式两份。因此，选项AB正确。

根据《专利审查指南2010》第四部分第三章第4.6.2节的规定，在满足上述修改原则的前提下，修改权利要求书的具体方式一般限于权利要求的删除、技术方案的删除、权利要求的进一步限定、明显错误的修正。根据《专利审查指南2010》第四部分第三章第4.6.3节的规定，在专利复审委员会作出审查决定之前，专利权人可以删除权利要求或者权利要求中包括的技术方案。仅在下列三种情形的答复期限内，专利权人可以以删除以外的方式修改权利要求书：（1）针对无效宣告请求书。（2）针对请求人增加的无效宣告理由或者补充的证据。（3）针对专利复审委员会引入的请求人未提及的无效宣告理由或者证据。因此，选项CD错误。

【答案】AB

34.【2019年第81题】以下关于无效宣告程序的说法正确的是？

A. 只有共同专利权人可以针对其共有的专利权共同提出一件无效宣告请求

B. 无效宣告请求的对象可以是已经终止的专利

C. 任何单位和个人均可以请求宣告专利权全部无效

D. 无效宣告请求人是某研究机构的科技处，不予受理

【考点】无效宣告请求受理 客体

【分析】根据《专利审查指南2010》第四部分第三章第3.2节的规定，请求人属于下列情形之一的，其无效宣告请求不予受理：（1）请求人不具备民事诉讼主体资格的。……（3）专利权人针对其专利权提出无效宣告请求且请求宣告专利权全部无效、所提交的证据不是公开出版物或者请求人不是共有专利权的所有专利权人的。（4）多个请求人共同提出一件无效宣告请求的，但属于所有专利权人针对其共有的专利权提出的除外。本题中，根据上述第（4）项的规定，选项A正确。根据上述第（3）项的规定，专利权人不能针对其专利提出无效宣告请求且请求宣告专利权全部无效，因此，选项C错误。根据上述第（1）项，选项D中"某研究机构的科技处"不具备民事诉讼主体资格，因此，选项D正确。

根据《专利审查指南2010》第四部分第三章第3.1节的规定，无效宣告请求的客体应当是已经公告授权的专利，包括已经终止或者放弃（自申请日起放弃的除外）的专利。无效宣告请求不是针对已经公告授权的专利

的，不予受理。因此，选项 B 正确。

【答案】 ABD

35.【2019 年第 83 题】 在无效宣告程序口头审理中，当事人有哪些权利和义务？
A. 有权请求审案人员回避
B. 发言和辩论仅限于合议组指定的与审理案件有关的范围
C. 对另一方当事人提出的问题应该予以正面回答
D. 当事人对自己提出的主张有举证责任，反驳对方主张的，应当说明理由

【考点】 当事人的权利和义务

【分析】 根据《专利审查指南 2010》第四部分第四章第 13 节的规定，合议组组长应当在口头审理开始阶段告知当事人在口头审理中的权利和义务。(1) 当事人的权利：当事人有权请求审案人员回避；无效宣告程序中的当事人有权与对方当事人和解；有权在口头审理中请出具过证言的证人就其证言出庭作证和请求演示物证；有权进行辩论。无效宣告请求人有权请求撤回无效宣告请求，放弃无效宣告请求的部分理由及相应证据，以及缩小无效宣告请求的范围。专利权人有权放弃部分权利要求及其提交的有关证据。复审请求人有权撤回复审请求；有权提交修改文件。(2) 当事人的义务：当事人应当遵守口头审理规则，维护口头审理的秩序；发言时应当征得合议组组长同意，任何一方当事人不得打断另一方当事人的发言；辩论中应当摆事实、讲道理；发言和辩论仅限于合议组指定的与审理案件有关的范围；当事人对自己提出的主张有举证责任，反驳对方主张的，应当说明理由；口头审理期间，未经合议许可不得中途退庭。因此，选项 ABD 正确，选项 C 错误。

【答案】 ABD

36.【2018 年第 23 题】 无效宣告程序中，当事人提交的以下哪种证据无须办理公证、认证等相关的证明手续：
A. 在美国出版、纸质发行的专业期刊
B. 在德国举办的某展览会的会议图册
C. 某产品在中国台湾地区公开制造、销售的有关合同和票据
D. 从中国国家图书馆获得的英国专利文件

【考点】 无效宣告程序中的域外证据

【分析】《专利审查指南 2010》第四部分第八章第 2.2.2 节规定，域外证据是指在中华人民共和国领域外形成的证据，该证据应当经所在国公证机关予以证明，并经中华人民共和国驻该国使领馆予以认证，或者履行中华人民共和国与该所在国订立的有关条约中规定的证明手续。当事人向专利复审委员会提供的证据是在香港、澳门、台湾地区形成的，应当履行相关的证明手续。但是在以下三种情况下，对上述两类证据，当事人可以在无效宣告程序中不办理相关的证明手续：(1) 该证据是能够从除香港、澳门、台湾地区外的国内公共渠道获得的，如从专利局获得的国外专利文件，或者从公共图书馆获得的国外文献资料。(2) 有其他证据足以证明该证据真实性的。(3) 对方当事人认可该证据的真实性。因此，选项 ABC 错误，选项 D 正确。

【答案】 D

37.【2018 年第 68 题】 甲于 2018 年 7 月 24 日针对乙的某项发明专利权向专利复审委员会提出无效宣告请求。乙对其专利文件进行修改的下列情形，哪些是正确的？
A. 甲于 2018 年 8 月 28 日向专利复审委员会提交了新的日本专利文献，乙应当在收到该文献后，对独立权利要求作出进一步限缩性修改
B. 针对甲的无效宣告请求，乙在答复期限内对说明书作出修改
C. 针对甲于 2018 年 8 月 22 日补充提交的无效理由和证据，乙在答复期限内对该无效理由和证据涉及的独立权利要求作出进一步限缩性修改
D. 口头审理进行中，乙首次提出删除两项权利要求

【考点】 无效宣告请求

【分析】 专利法实施细则第六十七条规定，在专利复审委员会受理无效宣告请求后，请求人可以在提出无效宣告请求之日起 1 个月内增加理由或者补充证据。逾期增加理由或者补充证据的，专利复审委员会可以不予考虑。本题选项 A 中，甲提交日本专利文献的时间已经超过 1 个月，专利复审委员会不予受理，乙也就无须对独立

权利要求作出进一步限缩性修改，因此，选项 A 错误。《专利审查指南 2010》第四部分第三章第 4.6.1 节规定，发明或者实用新型专利文件的修改仅限于权利要求书。因此，选项 B 错误。

《专利审查指南 2010》第四部分第三章第 4.6.3 节规定，在专利复审委员会作出审查决定之前，专利权人可以删除权利要求或者权利要求中包括的技术方案。仅在下列三种情形的答复期限内，专利权人可以以删除以外的方式修改权利要求书：(1) 针对无效宣告请求书。(2) 针对请求人增加的无效宣告理由或者补充的证据。(3) 针对专利复审委员会引入的请求人未提及的无效宣告理由或者证据。《专利审查指南 2010》第四部分第三章第 4.6.2 节规定，修改权利要求书的具体方式一般限于权利要求的删除、技术方案的删除、权利要求的进一步限定、明显错误的修正。本题选项 C 中，甲补充提交的无效理由和证据的时间在 1 个月之内，乙的进一步限缩性修改符合上述规定，选项 C 正确。选项 D 中，乙删除两项权利要求在专利复审委员会作出审查决定之前。因此，选项 D 正确。

【答案】CD

38. 【2018 年第 69 题】无效宣告请求人在提出无效宣告请求时提交了买卖合同和产品使用说明书，在之后的 1 个月内补充提交了日本出版的专业期刊文献的复印件及其中文译文。两个月后的口头审理中，请求人当庭提交了机械工业出版社出版的《机械设计制造大辞典》、日本出版的专业期刊原件及其公证认证文书、美国专利文献及其中文译文。专利复审委员会对请求人提交的下列哪些证据会予以考虑？
  A. 请求人口头审理之前提交的买卖合同和产品使用说明书
  B. 请求人口头审理中提交的机械工业出版社出版的《机械设计制造大辞典》
  C. 请求人口头审理中提交的日本出版的专业期刊原件及其公证认证文书
  D. 请求人口头审理中提交的美国专利文献及其中文译文

【考点】无效宣告请求

【分析】《专利审查指南 2010》第四部分第三章第 4.3.1 节规定了请求人举证。(1) 请求人在提出无效宣告请求之日起一个月内补充证据的，应当在该期限内结合该证据具体说明相关的无效宣告理由，否则，专利复审委员会不予考虑。(2) 请求人在提出无效宣告请求之日起一个月后补充证据的，专利复审委员会一般不予考虑，但下列情形除外：(i) 针对专利权人提交的反证，请求人在专利复审委员会指定的期限内补充证据，并在该期限内结合该证据具体说明相关无效宣告理由的；(ii) 在口头审理辩论终结前提交技术词典、技术手册和教科书等所属技术领域中的公知常识性证据或用于完善证据法定形式的公证文书、原件等证据，并在该期限内结合该证据具体说明相关无效宣告理由的。(3) 请求人提交的证据是外文的，提交其中文译文的期限适用该证据的举证期限。

本题中，买卖合同和产品使用说明书是在提出无效宣告请求时提交的，专利复审委员会会予以考虑，因此，选项 A 正确。根据上述第 (2) 项 (ii) 的规定，《机械设计制造大辞典》属于公知常识性证据；而日本出版的专业期刊原件及其公证认证文书属于用于完善证据法定形式的公证文书、原件，因此，即使是请求人当庭提交的，专利复审委员会也会予以考虑，因此，选项 BC 正确。根据上述第 (3) 项的规定，美国专利文献及其中文译文应当在提出无效宣告请求之日起一个月内提交，但请求人 2 个月后提交该证据，超过了举证期限，因此，选项 D 错误。

【答案】ABC

39. 【2018 年第 70 题】以下哪些情形的无效宣告请求不予受理：
  A. 请求人不具备民事诉讼主体资格
  B. 请求人甲和乙针对丙的专利共同提出一件无效宣告请求
  C. 请求人未结合其提交的所有证据具体说明无效宣告理由
  D. 专利权人丙请求宣告其本人的某项专利权全部无效

【考点】无效宣告请求

【分析】《专利审查指南 2010》第四部分第三章第 3.2 节规定，请求人属于下列情形之一的，其无效宣告请求不予受理：(1) 请求人不具备民事诉讼主体资格的。(2) 以授予专利权的外观设计与他人在申请日以前已经取得的合法权利相冲突为理由请求宣告外观设计专利权无效，但请求人不能证明是在先权利人或者利害关系人的。其中，利害关系人是指有权根据相关法律规定就侵犯在先权利的纠纷向人民法院起诉或者请求相关行政管理部门处理的人。(3) 专利权人针对其专利权提出无效宣告请求且请求宣告专利权全部无效、所提交的证据不是公开出版物或者请求人不是共有专利权的所有专利权人的。(4) 多个请求人共同提出一件无效宣告请求的，但属于所有专利权人针对其共有的专利权提出的除外。根据上述第（1）、(4)、(3) 项的规定，选项 ABD 正确。

《专利审查指南 2010》第四部分第三章第 3.3 节规定，请求人应当具体说明无效宣告理由，提交有证据的，应当结合提交的所有证据具体说明。……请求人未具体说明无效宣告理由的，或者提交有证据但未结合提交的所有证据具体说明无效宣告理由的，或者未指明每项理由所依据的证据的，其无效宣告请求不予受理。因此，选项 C 正确。

【答案】 ABCD

40.【2018 年第 71 题】 无效宣告程序中，以下哪些事项，代理人需要具有特别授权的委托书：
A. 专利权人的代理人赵某在口头审理中删除两项权利要求
B. 专利权人的代理人钱某书面答复无效宣告请求时，对权利要求作出进一步限缩性的修改
C. 口头审理中，请求人的代理人与专利权人商谈和解有关事宜
D. 专利复审委员会作出审查决定之前，请求人的代理人撤回无效宣告请求

【考点】 无效宣告程序

【分析】《专利审查指南 2010》第四部分第三章第 3.6 节规定，对于下列事项，代理人需要具有特别授权的委托书：(i) 专利权人的代理人代为承认请求人的无效宣告请求；(ii) 专利权人的代理人代为修改权利要求书；(iii) 代理人代为和解；(iv) 请求人的代理人代为撤回无效宣告请求。因此，选项 ABCD 正确。

【答案】 ABCD

41.【2018 年第 72 题】 无效宣告程序中，下列关于专利复审委员会可以依职权进行审查的说法，正确的是：
A. 无效宣告理由为全部的权利要求不具备创造性，合议组认为涉案专利权保护的主题明显是一种智力活动的规则，属于专利法第二十五条第一款规定的不授予专利权的客体，合议组可以依职权对该缺陷进行审查
B. 无效宣告理由为独立权利要求 1 不具备创造性，合议组认为该权利要求因不清楚而无法确定其保护范围，不符合专利法第二十六条第四款的规定，合议组可以依职权对该缺陷进行审查
C. 请求人以权利要求 1 不具备新颖性、从属权利要求 2 不具备创造性为由请求宣告专利权无效，合议组审查后认定权利要求 1 具有新颖性但不具备创造性、从属权利要求 2 不具备创造性，合议组可以依职权对权利要求 1 的创造性进行审查
D. 请求人以权利要求 1 增加了技术特征而导致其不符合专利法第三十三条的规定为由请求宣告权利要求 1 无效，而未指出从属权利要求 2 也存在同样的缺陷，专利复审委员会可以引入专利法第三十三条的无效宣告理由对从属权利要求 2 进行审查

【考点】 无效宣告程序　依职权审查

【分析】《专利审查指南 2010》第四部分第三章第 4.1 节规定，专利复审委员会在下列情形可以依职权进行审查：……（2）专利权存在请求人未提及的明显不属于专利保护客体的缺陷，专利复审委员会可以引入相关的无效宣告理由进行审查。（3）专利权存在请求人未提及的缺陷而导致无法针对请求人提出的无效宣告理由进行审查的，专利复审委员会可以依职权针对专利权的上述缺陷引入相关无效宣告理由并进行审查。例如，无效宣告理由为独立权利要求 1 不具备创造性，但该权利要求因不清楚而无法确定其保护范围，从而不存在审查创造性的基础的情形下，专利复审委员会可以引入涉及专利法第二十六条第四款的无效宣告理由并进行审查。（4）请求人请求宣告权利要求之间存在引用关系的某些权利要求无效，而未以同样的理由请求宣告其他权利要求无效，不引入该无效宣告理由将会得出不合理的审查结论的，专利复审委员会可以依职权引入该无效宣告理由对其他权利要求进行审查。例如，请求人以权利要求 1 不具备新颖性、从属权利要求 2 不具备创造性为由请求宣告专利权无效，如果专利复审委员会认定权利要求 1 具有新颖性，而从属权利要求 2 不具备创造性，则可以依职权对权利要求 1 的创造性进行审查。（5）请求人以权利要求之间存在引用关系的某些权利要求存在缺陷为由请求宣告其无效，而未指出其他权利要求也存在相同性质的缺陷，专利复审委员会可以引入与该缺陷相对应的无效宣告理由对其他权利要求进行审查。例如，请求人以权利要求 1 增加了技术特征而导致其不符合专利法第三十三条的规定为由请求宣告权利要求 1 无效，而未指出从属权利要求 2 也存在同样的缺陷，专利复审委员会可以引入专利法第三十三条

的无效宣告理由对从属权利要求2进行审查。

根据上述第（2）、（3）、（4）和（5）项的规定可知，选项ABCD正确。

【答案】ABCD

42.【2018年第73题】请求人赵某于2018年3月15日提出无效宣告请求并被专利复审委员会受理。赵某的无效理由是涉案专利权的全部权利要求均不具备创造性，其提交的现有技术证据包括其从日本获得的某日文期刊出版物A及其中文译文、美国专利公开文献B（英文，但未提交中文译文）等。以下赵某在无效宣告程序中增加的无效理由或补充的证据，专利复审委员会应当予以考虑的有：

A. 赵某于2018年4月16日（工作日）通过中国邮政EMS向专利复审委员会寄交意见陈述书，增加了无效宣告的理由和证据
B. 针对专利权人随后对权利要求作出的进一步限缩性修改，在专利复审委员会指定的期限内，赵某于2018年5月18日提交意见陈述书，但未提交新的证据，仅增加理由具体说明修改后的权利要求相对于出版物A结合本领域公知常识仍不具备创造性
C. 口头审理于2018年6月20日举行，赵某在口头审理辩论终结前提交的上述日文期刊出版物A的公证文书
D. 口头审理于2018年6月20日举行，赵某在口头审理辩论终结前提交的上述美国专利文献B的中文译文

【考点】无效宣告请求

【分析】专利法实施细则第六十七条规定，在专利复审委员会受理无效宣告请求后，请求人可以在提出无效宣告请求之日起1个月内增加理由或者补充证据。逾期增加理由或者补充证据的，专利复审委员会可以不予考虑。专利法实施细则第五条规定，专利法和本细则规定的各种期限的第一日不计算在期限内。期限以年或者月计算的，以其最后一月的相应日为期限届满日；该月无相应日的，以该月最后一日为期限届满日；期限届满日是法定休假日的，以休假日后的第一个工作日为期限届满日。本题中，由于2018年4月15日是星期日，因此，一个月的期限届满日顺延至2018年4月16日，所以，选项A正确。

《专利审查指南2010》第四部分第三章第4.2节规定，请求人在提出无效宣告请求之日起一个月后增加无效宣告理由的，专利复审委员会一般不予考虑，但下列情形除外：（i）针对专利权人以删除以外的方式修改的权利要求，在专利复审委员会指定期限内针对修改内容增加无效宣告理由，并在该期限内对所增加的无效宣告理由具体说明的；（ii）对明显与提交的证据不相对应的无效宣告理由进行变更的。《专利审查指南2010》第四部分第三章第4.6.2节规定，修改权利要求书的具体方式一般限于权利要求的删除、技术方案的删除、权利要求的进一步限定、明显错误的修正。本题选项B中，专利权人对权利要求作出限缩性修改，即删除以外的方式，在专利复审委员会指定的期限内，赵某提交意见陈述书，增加理由具体说明符合上述规定，因此，选项B正确。

《专利审查指南2010》第四部分第三章第4.3.1节规定了请求人举证：（1）请求人在提出无效宣告请求之日起一个月内补充证据的，应当在该期限内结合该证据具体说明相关的无效宣告理由，否则，专利复审委员会不予考虑。（2）请求人在提出无效宣告请求之日起一个月后补充证据的，专利复审委员会一般不予考虑，但下列情形除外：（i）针对专利权人提交的反证，请求人在专利复审委员会指定的期限内补充证据，并在该期限内结合该证据具体说明相关无效宣告理由的；（ii）在口头审理辩论终结前提交技术词典、技术手册和教科书等所属技术领域中的公知常识性证据或者用于完善证据法定形式的公证文书、原件等证据，并在该期限内结合该证据具体说明相关无效宣告理由的。（3）请求人提交的证据是外文的，提交其中文译文的期限适用该证据的举证期限。本题选项C属于上述第（2）项（ii）在口头审理辩论终结前提交用于完善证据法定形式的公证文书的情况，因此，选项C正确。根据上述第（3）项的规定，选项D中"赵某在口头审理辩论终结前提交中文译文"超过了一个月的举证期限，因此，选项D错误。

【答案】ABC

43.【2018年第74题】请求人赵某认为，专利权人钱某所拥有的具有相同申请日（有优先权的，指优先权日）、不同授权日的两项专利权不符合专利法第九条第一款的规定，向专利复审委员会提出无效宣告请求。针对赵某的无效宣告请求，下列说法正确的是：

A. 赵某请求宣告其中授权在前的专利权无效，在不存在其他无效宣告理由或者其他理由不成立的情况下，专利复审委员会应当维持该项专利权有效

B. 赵某请求宣告其中授权在后的专利权无效，专利复审委员会经审查后认为构成同样的发明创造的，应当宣告该项专利权无效

C. 赵某请求宣告其中任一专利权无效，专利复审委员会经审查后认为两者构成同样的发明创造的，专利复审委员会可以自行决定选择其中一项专利权宣告无效

D. 如果上述两项专利权为钱某同日（仅指申请日）申请的一项实用新型专利权和一项发明专利权，钱某在申请时根据专利法实施细则第四十一条第二款的规定作出过说明，且发明专利权授予时实用新型专利权尚未终止，在此情形下，钱某可以通过放弃授权在前的实用新型专利权以保留被请求宣告无效的发明专利权

【考点】专利无效宣告请求 同样的发明创造

【分析】《专利审查指南2010》第四部分第七章第2.1节规定，在授权公告日不同的情况下，任何单位或者个人认为属于同一专利权人的具有相同申请日（有优先权的，指优先权日）的两项专利权不符合专利法第九条第一款的规定而请求专利复审委员会宣告其中授权在前的专利权无效的，在不存在其他无效宣告理由或者其他理由不成立的情况下，专利复审委员会应当维持该项专利权有效。任何单位或者个人认为属于同一专利权人的具有相同申请日（有优先权的，指优先权日）的两项专利权不符合专利法第九条第一款的规定而请求专利复审委员会宣告其中授权在后的专利权无效的，专利复审委员会经审查后认为构成同样的发明创造的，应当宣告该项专利权无效。如果上述两项专利权为同一专利权人同日（仅指申请日）申请的一项实用新型专利权和一项发明专利权，专利权人在申请时根据专利法实施细则第四十一条第二款的规定作出过说明，且发明专利权授予时实用新型专利权尚未终止，在此情形下，专利权人可以通过放弃授权在前的实用新型专利权以保留被请求宣告无效的发明专利权。因此，选项ABD正确，选项C错误。

【答案】ABD

44.【2018年第75题】在复审程序和无效宣告程序的口头审理中，以下说法正确的是：

A. 合议组应当询问当事人是否请求审案人员回避，对于当事人请求审案人员回避的，合议组组长可以宣布中止口头审理

B. 在无效宣告程序的口头审理中，当事人当庭增加理由或者补充证据的，合议组应当根据有关规定判断所述理由或者证据是否予以考虑

C. 在复审程序的口头审理调查后，合议组可以就有关问题发表倾向性意见，必要时将其认为专利申请不符合专利法及其实施细则和审查指南有关规定的具体事实、理由和证据告知复审请求人，并听取复审请求人的意见

D. 在无效宣告程序的口头审理辩论时，合议组成员不得发表自己的倾向性意见，也不得与任何一方当事人辩论

【考点】口头审理

【分析】《专利审查指南2010》第四部分第四章第5.1节规定，合议组组长宣读当事人的权利和义务；询问当事人是否请求审案人员回避，是否请证人作证和请求演示物证。《专利审查指南2010》第四部分第四章第6节规定，有下列情形之一的，合议组组长可以宣布中止口头审理，并在必要时确定继续进行口头审理的日期：（1）当事人请求审案人员回避的；（2）因和解需要协商的；（3）需要对发明创造进一步演示的；（4）合议组认为必要的其他情形。因此，选项A正确。

《专利审查指南2010》第四部分第四章第5.2节规定，在无效宣告程序的口头审理中，先由无效宣告请求人陈述无效宣告请求的范围及其理由，并简要陈述有关事实和证据，再由专利权人进行答辩。其后，由合议组就案件的无效宣告请求的范围、理由和各方当事人提交的证据进行核对，确定口头审理的审理范围。当事人当庭增加理由或者补充证据的，合议组应当根据有关规定判断所述理由或者证据是否予以考虑。因此，选项B正确。

《专利审查指南2010》第四部分第四章第5.3节规定，在复审程序的口头审理调查后，合议组可以就有关问题发表倾向性意见，必要时将其认为专利申请不符合专利法及其实施细则和审查指南有关规定的具体事实、理由和证据告知复审请求人，并听取复审请求人的意见。因此，选项C正确。

《专利审查指南2010》第四部分第四章第5.3节规定，在无效宣告程序的口头审理调查后，进行口头审理辩论。在双方当事人对案件证据和事实无争议的情况下，可以在双方当事人对证据和事实予以确认的基础上，直接

进行口头审理辩论。由当事人就证据所表明的事实、争议的问题和适用的法律、法规各自陈述其意见，并进行辩论。在口头审理辩论时，合议组成员可以提问，但不得发表自己的倾向性意见，也不得与任何一方当事人辩论。因此，选项 D 正确。

【答案】ABCD

45.【2018 年第 76 题】某无效宣告案件的口头审理，关于证人赵某和钱某出庭作证，以下说法正确的是：
A. 赵某是出具过证言并在口头审理通知书回执中写明的证人，可以就其证言出庭作证
B. 钱某是专利权人在口头审理中向合议组提出出庭作证请求的证人，合议组可根据案件的具体情况决定是否准许
C. 赵某和钱某不得旁听案件的审理
D. 合议组询问赵某时，钱某不得在场，但需要钱某与赵某对质的除外

【考点】证人

【分析】《专利审查指南 2010》第四部分第四章第 10 节规定，出具过证言并在口头审理通知书回执中写明的证人可以就其证言出庭作证。当事人在口头审理中提出证人出庭作证请求的，合议组可根据案件的具体情况决定是否准许。证人出庭作证时，应当出示证明其身份的证件。合议组应当告知其诚实作证的法律义务和作伪证的法律责任。出庭作证的证人不得旁听案件的审理。询问证人时，其他证人不得在场，但需要证人对质的除外。因此，选项 ABCD 正确。

【答案】ABCD

46.【2018 年第 77 题】请求人赵某认为专利权人钱某拥有的一项实用新型专利权不具备专利法规定的创造性，向专利复审委员会提出无效宣告请求，并提交了日文专利文献作为现有技术证据之一。以下说法正确的是：
A. 赵某应当提交该日文专利文献的中文译文，如果赵某未在举证期限内提交中文译文的，视为未提交
B. 钱某对该日文专利文献的中文译文内容有异议的，应当在指定的期限内对有异议的部分提交中文译文。没有提交中文译文的，视为无异议
C. 赵某和钱某就中文译文的异议部分达成一致意见的，以双方最终认可的中文译文为准
D. 赵某和钱某未能就该日文专利文献的中文译文内容的异议部分达成一致意见，必要时专利复审委员会可以委托翻译，委托翻译所需翻译费用应由赵某和钱某各自承担 50%

【考点】外文证据

【分析】《专利审查指南 2010》第四部分第八章第 2.2.1 节规定，当事人提交外文证据的，应当提交中文译文，未在举证期限内提交中文译文的，该外文证据视为未提交。当事人应以书面方式提交中文译文，未以书面方式提交中文译文的，该中文译文视为未提交。当事人可以仅提交外文证据的部分中文译文。该外文证据中没有提交中文译文的部分，不作为证据使用。但当事人应专利复审委员会的要求补充提交该外文证据其他部分的中文译文的除外。对方当事人对中文译文内容有异议的，应当在指定的期限内对有异议的部分提交中文译文。没有提交中文译文的，视为无异议。对中文译文出现异议时，双方当事人就异议部分达成一致意见的，以双方最终认可的中文译文为准。双方当事人未能就异议部分达成一致意见的，必要时，专利复审委员会可以委托翻译。双方当事人就委托翻译达成协议的，专利复审委员会可以委托双方当事人认可的翻译单位进行全文、所使用部分或者有异议部分的翻译。双方当事人就委托翻译达不成协议的，专利复审委员会可以自行委托专业翻译单位进行翻译。委托翻译所需翻译费用由双方当事人各承担 50%；拒绝支付翻译费用的，视为其承认对方当事人提交的中文译文正确。因此，选项 ABCD 正确。

【答案】ABCD

47.【2018 年第 80 题】甲对乙的实用新型专利权提出无效宣告请求，甲提供的证据仅为证人丙在公证人员面前作出书面证言的公证书原件，内容为丙在涉案专利申请日前购买了与涉案专利相同的空调。在口头审理中丙未出庭作证，专利复审委员会当庭调查发现丙不属于确有困难不能出席口头审理作证的情形。下列说法正确的是？
A. 甲提供了该公证书原件，在没有其他证据推翻的情况下，一般应当认定该公证书的真实性
B. 该公证书是由公证人员作出，因此该公证书能证明丙在涉案专利申请日前确实购买过空调
C. 该公证书是由公证人员作出，因此该公证书能证明丙在涉案专利申请日前确实购买了与涉案专利相同的

空调

D. 丙未出席口头审理进行作证,其书面证言不能单独作为认定案件事实的依据

【考点】证人证言

【分析】《专利审查指南2010》第四部分第八章第4.2节规定,合议组应当根据案件的具体情况,从以下方面审查证据的真实性:(1) 证据是否为原件、原物,复印件、复制品与原件、原物是否相符;……《专利审查指南2010》第四部分第八章第4.3.4节规定,一方当事人将公证文书作为证据提交时,有效公证文书所证明的事实,应当作为认定事实的依据,但有相反证据足以推翻公证证明的除外。因此,选项A正确。

《专利审查指南2010》第四部分第八章第4.3.1节规定,证人应当陈述其亲历的具体事实。证人根据其经历所作的判断、推测或者评论,不能作为认定案件事实的依据。专利复审委员会认定证人证言,可以通过对证人与案件的利害关系以及证人的智力状况、品德、知识、经验、法律意识和专业技能等的综合分析作出判断。证人应当出席口头审理作证,接受质询。未能出席口头审理作证的证人所出具的书面证言不能单独作为认定案件事实的依据,但证人确有困难不能出席口头审理作证的除外。由此可知,公证书的真实性得到认可,并不意味着公证书中证人证言得到认可,仍需要专利复审委员会进一步认定,本题中,丙不属于确有困难不能出席口头审理作证的情形,对证人证言的质证无法进行,故该书面证言不能单独作为认定案件事实的依据。因此,选项BC错误,选项D正确。

【答案】AD

48. 【2017年第30题】无效宣告请求人在提出无效宣告请求时提交的证据有技术设计图纸,在一个月内补充的证据有日本专利文献及其中文译文,并在口头审理时提交了硕士论文、《光电技术手册》和技术人员的书面证言作为证据,请求人结合上述证据详细阐述了被请求专利不具有新颖性和创造性的理由。以下说法哪项是正确的?

A. 专利复审委员会应对请求人提交的所有证据均予以考虑
B. 专利复审委员会应对请求人在口头审理时提交的证据均不予考虑
C. 专利复审委员会应对请求人在口头审理时提交的硕士论文和《光电技术手册》予以考虑
D. 专利复审委员会应对请求人在口头审理时提交的书面证言不予考虑

【考点】举证期限

【分析】《专利审查指南2010》第四部分第三章第4.3.1节规定,请求人在提出无效宣告请求之日起一个月后补充证据的,专利复审委员会一般不予考虑,但下列情形除外:(i) 针对专利权人以合并方式修改的权利要求或者提交的反证,请求人在专利复审委员会指定的期限内补充证据,并在该期限内结合该证据具体说明相关无效宣告理由的;(ii) 在口头审理辩论终结前提交技术词典、技术手册和教科书等所属技术领域中的公知常识性证据或者用于完善证据法定形式的公证文书、原件等证据,并在该期限内结合该证据具体说明相关无效宣告理由的。

本题中,《光电技术手册》作为公知常识性证据,可以在口头审理辩论终结前提交,因此,专利复审委员会予以考虑;而硕士论文和技术人员的书面证言在口头审理时提交超出了自请求日起一个月内补充证据的举证期限,专利复审委员会不予考虑,因此,选项ABC错误,选项D正确。

【答案】D

49. 【2017年第93题】无效宣告程序中关于证据的质证,以下哪些说法是正确的?

A. 证据应当具有新颖性、合法性和真实性,合议组在确定证据具有以上三性之后可以将其作为认定事实的依据
B. 证据应当具有新颖性、合法性、真实性和公开性,合议组在确定证据具有以上性质之后可以将其作为认定事实的依据
C. 质证时当事人应当针对证据的证明力有无以及证明力的大小,进行质疑、说明和辩驳
D. 质证的过程应当围绕证据的关联性、合法性、真实性进行

【考点】证据的质证

【分析】《专利审查指南2010》第四部分第八章第4.1节规定了证据的质证。证据应当由当事人质证,未经质证的证据,不能作为认定案件事实的依据。质证时,当事人应当围绕证据的关联性、合法性、真实性,针对证

据证明力有无以及证明力大小，进行质疑、说明和辩驳。因此，选项AB错误，选项CD正确。

【答案】CD

50.【2017年第94题】无效宣告程序中关于公知常识，以下哪些说法是正确的？

A. 无效程序中一方当事人甲主张某技术手段是本领域公知常识，另一方当事人乙不予认可，则甲对其主张承担举证责任
B. 教科书记载的技术内容可用来证明某项技术手段是本领域的公知常识
C. 技术手册记载的技术内容可用来证明某项技术手段是本领域的公知常识
D. 技术词典记载的技术内容不能用来证明某项技术手段是本领域的公知常识

【考点】公知常识

【分析】《专利审查指南2010》第四部分第八章第4.3.3节规定，主张某技术手段是本领域公知常识的当事人，对其主张承担举证责任。该当事人未能举证证明或者未能充分说明该技术手段是本领域公知常识，并且对方当事人不予认可的，合议组对该技术手段是本领域公知常识的主张不予支持。当事人可以通过教科书或者技术词典、技术手册等工具书记载的技术内容来证明某技术手段是本领域的公知常识。因此，选项ABC正确，选项D错误。

【答案】ABC

51.【2017年第95题】无效宣告程序中关于证据，以下哪些说法是正确的？

A. 对于互联网证据，公众能够浏览互联网信息的最早时间为该互联网信息的公开时间，一般以互联网信息的发布时间为准
B. 申请日后形成或公开的证据，不能作为现有技术的证据使用
C. 专利复审委员会在案件审查中不需要有关单位或者专家对案件中涉及的技术内容和问题提供咨询性意见
D. 在无效宣告程序中，当事人在提交样品等不作为证据的物品时，有权以书面方式请求在其案件审结后取走该物品

【考点】证据

【分析】《专利审查指南2010》第四部分第八章第5.1节规定，公众能够浏览互联网信息的最早时间为该互联网信息的公开时间，一般以互联网信息的发布时间为准。因此，选项A正确。《专利审查指南2010》第四部分第八章第5.2节规定，申请日后（含申请日）形成的记载有使用公开或者口头公开内容的书证，或者其他形式的证据可以用来证明专利在申请日前使用公开或者口头公开。因此，选项B错误。

《专利审查指南2010》第四部分第八章第5.3节规定，专利复审委员会可以根据需要邀请有关单位或者专家对案件中涉及的技术内容和问题提供咨询性意见，必要时可以委托有关单位进行鉴定，所需的费用根据案件的具体情况由专利复审委员会或者当事人承担。因此，选项C错误。《专利审查指南2010》第四部分第八章第5.4节规定，在无效宣告程序中，当事人在提交样品等不作为证据的物品时，有权以书面方式请求在其案件审结后取走该物品。因此，选项D正确。

【答案】AD

52.【2017年第96题】以下不属于无效宣告请求客体的是哪几项？

A. 经过实审审查，被专利局驳回的专利申请
B. 已经被人民法院生效判决维持的无效宣告请求审查决定宣告全部无效的专利权
C. 因未缴纳年费已被终止的专利权
D. 同一申请人于同日就同样的发明创造既申请了实用新型又申请了发明专利，在发明专利申请授权之前申请人声明自发明专利申请授权公告之日起放弃的实用新型专利权

【考点】无效宣告请求 证据

【分析】《专利审查指南2010》第四部分第三章第3.1节规定，无效宣告请求的客体应当是已经公告授权的专利，包括已经终止或者放弃（自申请日起放弃的除外）的专利。无效宣告请求不是针对已经公告授权的专利的，不予受理。专利复审委员会作出宣告专利权全部或者部分无效的审查决定后，当事人未在收到该审查决定之日起三个月内向人民法院起诉或者人民法院生效判决维持该审查决定的，针对已被该决定宣告无效的专利权提出的无效宣告请求不予受理。

本题中，选项 A 属于未被授权的专利申请，选项 B 属于已经被全部无效的专利权，因此，选项 AB 不属于无效宣告请求客体。选项 CD 中的专利权已经终止或者放弃，但专利权并不是自始不存在，而是都存续过一段时间，因此，选项 CD 属于无效宣告请求客体。

【答案】AB

53.【2017 年第 98 题】在无效宣告程序中，专利代理人处理下列哪些事项时，需要具有特别授权的委托书？
A. 专利权人的代理人代为承认请求人的无效宣告请求
B. 专利权人的代理人代为修改权利要求书
C. 代理人代为和解
D. 请求人的代理人代为撤回无效宣告请求

【考点】代理人的权限

【分析】《专利审查指南 2010》第四部分第三章第 3.6 节规定，当事人委托公民代理的，参照有关委托专利代理机构的规定办理。公民代理的权限仅限于在口头审理中陈述意见和接收当庭转送的文件。对于下列事项，代理人需要具有特别授权的委托书：（i）专利权人的代理人代为承认请求人的无效宣告请求；（ii）专利权人的代理人代为修改权利要求书；（iii）代理人代为和解；（iv）请求人的代理人代为撤回无效宣告请求。因此，选项 ABCD 正确。

【答案】ABCD

54.【2017 年第 99 题】在无效宣告程序中，专利权人可以通过以下哪些方式对权利要求书进行修改？
A. 删除权利要求
B. 删除技术方案
C. 明显错误的修正
D. 在权利要求中补入其他权利要求中记载的一个或多个技术特征

【考点】修改方式

【分析】专利法实施细则第六十九条第一款规定，在无效宣告请求的审查过程中，发明或者实用新型专利的专利权人可以修改其权利要求书，但是不得扩大原专利的保护范围。《专利审查指南 2010》第四部分第三章第 4.6.2 节规定，修改权利要求书的具体方式一般限于权利要求的删除、技术方案的删除、权利要求的进一步限定、明显错误的修正。权利要求的删除是指从权利要求书中去掉某项或者某些项权利要求，例如独立权利要求或者从属权利要求。技术方案的删除是指从同一权利要求中并列的两种以上技术方案中删除一种或者一种以上技术方案。权利要求的进一步限定是指在权利要求中补入其他权利要求中记载的一个或者多个技术特征，以缩小保护范围。因此，选项 ABCD 正确。

【答案】ABCD

55.【2017 年第 100 题】在无效宣告程序中，专利权人可在何时以删除以外的方式修改权利要求书？
A. 在专利复审委员会作出审查决定之前的任何时候
B. 针对无效宣告请求书的答复期限内
C. 针对请求人增加的无效宣告理由的答复期限内
D. 针对专利复审委员会引入的请求人未提及的无效宣告理由或者证据的答复期限内

【考点】修改方式的限制

【分析】《专利审查指南 2010》第四部分第三章第 4.6.3 节规定，在专利复审委员会作出审查决定之前，专利权人可以删除权利要求或者权利要求中包括的技术方案。仅在下列三种情形的答复期限内，专利权人可以以删除以外的方式修改权利要求书：（1）针对无效宣告请求书。（2）针对请求人增加的无效宣告理由或者补充的证据。（3）针对专利复审委员会引入的请求人未提及的无效宣告理由或者证据。因此，选项 A 错误，选项 BCD 正确。

【答案】BCD

56.【2016 年第 24 题】陈某于 2010 年 3 月 4 日以某日本专利文献为证据就某专利权提出无效宣告请求，其提交了该专利文献的原文，但未提交其中文译文。专利复审委员会受理了该无效宣告请求，并于 2010 年 3 月 6 日向双方发出受理通知书。下列说法哪个是正确的？

A. 陈某应当在 2010 年 4 月 4 日前提交该日本专利文献的译文
B. 陈某应当在 2010 年 4 月 6 日前提交该日本专利文献的译文
C. 陈某应当在 2010 年 4 月 21 日前提交该日本专利文献的译文
D. 陈某可以在 2010 年 6 月 2 日举行口头审理的当天提交该日本专利文献的译文

【考点】 无效宣告请求 证据

【分析】《专利审查指南 2010》第四部分第三章第 4.3.1 节规定了请求人举证：(1) 请求人在提出无效宣告请求之日起 1 个月内补充证据的，应当在该期限内结合该证据具体说明相关的无效宣告理由；否则，专利复审委员会不予考虑。(2) 请求人在提出无效宣告请求之日起 1 个月后补充证据的，专利复审委员会一般不予考虑，但下列情形除外：(i) 针对专利权人提交的反证，请求人在专利复审委员会指定的期限内补充证据，并在该期限内结合该证据具体说明相关无效宣告理由的；(ii) 在口头审理辩论终结前提交技术词典、技术手册和教科书等所属技术领域中的公知常识性证据或者用于完善证据法定形式的公证文书、原件等证据，并在该期限内结合该证据具体说明相关无效宣告理由的。(3) 请求人提交的证据是外文的，提交其中文译文的期限适用该证据的举证期限。由此可知，外文证据的中文译文提交期限是无效宣告请求之日之后的一个月，本题中的无效宣告请求是在 2010 年 3 月 4 日提出，日本专利文献的中文译文需要在 4 月 4 日前提交。因此，选项 A 正确，选项 BCD 错误。

【答案】 A

57.【2016 年第 69 题】针对甲的发明专利权 A，乙提出无效宣告请求，下列哪些情形合议组成员应当自行回避或者当事人有权利请求其回避？
A. 合议组主审员是乙的近亲属
B. 合议组参审员是该发明专利权 A 在实质审查阶段的审查员
C. 合议组组长在乙请求宣告甲的另一项发明专利权 B 无效的案件中担任主审员，且该案审查结论是维持专利权 B 有效
D. 合议组组长在乙针对该发明专利权 A 的第一次无效宣告请求案中担任主审员，且该第一次无效宣告案件的审查结论是维持专利权 A 有效

【考点】 回避

【分析】专利法实施细则第三十七条规定，在初步审查、实质审查、复审和无效宣告程序中，实施审查和审理的人员有下列情形之一的，应当自行回避，当事人或者其他利害关系人可以要求其回避：（一）是当事人或者其代理人的近亲属的；（二）与专利申请或者专利权有利害关系的；（三）与当事人或者其代理人有其他关系，可能影响公正审查和审理的；（四）专利复审委员会成员曾参与原申请的审查的。本题选项 A、B 分别属于上述第（一）、（四）项，因此，选项 AB 正确。

《专利审查指南 2010》第四部分第一章第 3.1 节规定，专利复审委员会作出维持专利权有效或者宣告专利权部分无效的审查决定以后，同一请求人针对该审查决定涉及的专利权以不同理由或者证据提出新的无效宣告请求的，作出原审查决定的主审员不再参加该无效宣告案件的审查工作。本题选项 C 中，合议组组长曾参与审查甲的另一项发明专利权 B 无效宣告案件，不属于应该回避的情形。因此，选项 C 错误。根据上述规定，选项 D 正确。

【答案】 ABD

58.【2016 年第 77 题】在无效宣告程序中，专利代理人的哪些行为需要当事人的特别授权？
A. 代为修改权利要求书
B. 代为放弃无效宣告请求所依据的部分证据
C. 代为接收口头审理中当庭转送的文件
D. 代为撤回无效宣告请求

【考点】 无效宣告程序 特别授权

【分析】《专利审查指南 2010》第四部分第三章第 3.6 节规定，当事人委托公民代理的，参照有关委托专利代理机构的规定办理。公民代理的权限仅限于在口头审理中陈述意见和接收当庭转送的文件。对于下列事项，代理人需要具有特别授权的委托书：(i) 专利权人的代理人代为承认请求人的无效宣告请求；(ii) 专利权人的代理人代为修改权利要求书；(iii) 代理人代为和解；(iv) 请求人的代理人代为撤回无效宣告请求。因此，选项 AD 正确，选项 BC 错误。

【答案】 AD

59.【2016 年第 78 题】在无效宣告程序中，实用新型专利权人在答复无效宣告请求受理通知书时对其专利

文件进行修改，下列哪些方式是允许的？

A. 删除原独立权利要求，将并列从属于原独立权利要求的三项从属权利要求修改为三项并列的独立权利要求
B. 根据请求人提出的现有技术证据，对独立权利要求重新划分前序部分与特征部分
C. 删除独立权利要求，将从属权利要求作为新的独立权利要求书
D. 删除独立权利要求，将两项并列从属权利要求合并作为新的独立权利要求书，并对说明书做适应性修改

【考点】无效宣告程序 修改

【分析】《专利审查指南2010》第四部分第三章第4.6.1节规定，发明或者实用新型专利文件的修改仅限于权利要求书，其原则是：（1）不得改变原权利要求的主题名称；（2）与授权的权利要求相比，不得扩大原专利的保护范围；（3）不得超出原说明书和权利要求书记载的范围；（4）一般不得增加未包含在授权的权利要求书中的技术特征。《专利审查指南2010》第四部分第三章第4.6.2节规定，在满足上述修改原则的前提下，修改权利要求书的具体方式一般限于权利要求的删除、技术方案的删除、权利要求的进一步限定、明显错误的修正。权利要求的删除是指从权利要求书中去掉某项或者某些项权利要求，如独立权利要求或者从属权利要求。技术方案的删除是指从同一权利要求中并列的两种以上技术方案中删除一种或者一种以上技术方案。权利要求的进一步限定是指在权利要求中补入其他权利要求中记载的一个或者多个技术特征，以缩小保护范围。

本题中，选项AC采用删除权利要求的修改方式，符合上述规定；而选项B的修改方式不符合上述规定；选项D在修改权利要求的同时，也修改了说明书，不符合上述规定，因此，选项AC正确，选项BD错误。

【答案】AC

60.【2016年第79题】甲于2011年7月1日提交了一项实用新型专利申请，该申请于2011年11月15日被授予专利权，其授权公告的权利要求书包括独立权利要求1及并列从属权利要求2、3，在无效宣告程序中，专利权人删除了原权利要求1～3，将从属权利要求2、3合并形成修改后的独立权利要求1，专利复审委员会于2013年7月30日作出审查决定：在修改后的权利要求1的基础上维持该专利权有效，且双方均未起诉，下列说法正确的是？

A. 原权利要求1～3视为自2011年7月1日即不存在
B. 原权利要求1～3视为自2013年7月30日起不存在
C. 修改后的权利要求1自2011年7月1日起即存在
D. 修改后的权利要求1自2013年7月30日起生效

【考点】无效宣告决定

【分析】《专利审查指南2010》第四部分第三章第2.2节规定，在无效宣告程序中，专利权人针对请求人提出的无效宣告请求主动缩小专利权保护范围且相应的修改文本已被专利复审委员会接受的，视为专利权人承认大于该保护范围的权利要求自始不符合专利法及其实施细则的有关规定，并且承认请求人对该权利要求的无效宣告请求，从而免去请求人对宣告该权利要求无效这一主张的举证责任。《专利审查指南2010》第四部分第三章第5节规定，一项专利被宣告部分无效后，被宣告无效的部分应视为自始即不存在。但是被维持的部分（包括修改后的权利要求）也同时应视为自始即存在。

本题中，专利权人删除了原权利要求1～3，视为专利权人承认请求人对原权利要求1～3的无效宣告请求，因此，选项AC正确，选项BD错误。

【答案】AC

61.【2016年第80题】下列有关口头审理的说法哪些是正确的？

A. 无效宣告请求人可以以需要当面向合议组说明事实为由，请求进行口头审理
B. 参加口头审理的每方当事人及其代理人的数量不得超过三人
C. 当事人请求审案人员回避的，合议组组长可以宣布中止口头审理
D. 若请求人未出席口头审理，则其无效宣告请求视为撤回，该案件的审理结束

【考点】口头审理

【分析】《专利审查指南2010》第四部分第四章第2节规定，无效宣告程序的当事人可以依据下列理由请求进行口头审理：（1）当事人一方要求同对方当面质证和辩论；（2）需要当面向合议组说明事实；（3）需要实物

演示;(4)需要请出具过证言的证人出庭作证。因此,选项 A 正确。《专利审查指南 2010》第四部分第四章第 3 节规定,参加口头审理的每方当事人及其代理人的数量不得超过四人。因此,选项 B 错误。

《专利审查指南 2010》第四部分第四章第 6 节规定,有下列情形之一的,合议组组长可以宣布中止口头审理,并在必要时确定继续进行口头审理的日期:(1)当事人请求审案人员回避;(2)因和解需要协商;(3)需要对发明创造进一步演示的;(4)合议组认为必要的其他情形。因此,选项 C 正确。

专利法实施细则第七十条第三款规定,无效宣告请求人对专利复审委员会发出的口头审理通知书在指定的期限内未作答复,并且不参加口头审理的,其无效宣告请求视为撤回;专利权人不参加口头审理的,可以缺席审理。专利法实施细则第七十二条第二款规定,专利复审委员会作出决定之前,无效宣告请求人撤回其请求或者其无效宣告请求被视为撤回的,无效宣告请求审查程序终止。但是,专利复审委员会认为根据已进行的审查工作能够作出宣告专利权无效或者部分无效的决定的,不终止审查程序。由此可知,首先无效宣告请求人没有在规定的期限内答复口头审理通知书,且不参加口头审理,无效宣告请求才视为撤回;其次即使无效宣告请求被视为撤回,无效宣告请求的审理程序也不一定终止,因此,选项 D 错误。

【答案】AC

62.【2016 年第 81 题】甲对乙的实用新型专利权提出无效宣告请求,甲提供的证据仅为证人张某在公证人员面前作出书面证言的公证书原件,内容为张某在涉案专利申请日前购买了与涉案专利相同的空调。在口头审理中张某未出庭作证,专利复审委员会当庭调查发现张某不属于确有困难不能出席口头审理作证的情形。下列说法正确的是?

A. 甲提供了该公证书原件,在没有其他证据推翻的情况下,一般应当认定该公证书的真实性
B. 该公证书是由公证人员作出,因此该公证书能证明张某在涉案专利申请日前确实购买过空调
C. 该公证书是由公证人员作出,因此该公证书能证明张某在涉案专利申请日前确实购买了与涉案专利相同的空调
D. 张某未出席口头审理进行作证,其书面证言不能单独作为认定案件事实的依据

【考点】证人证言

【分析】《专利审查指南 2010》第四部分第八章第 4.2 节规定,合议组应当根据案件的具体情况,从以下方面审查证据的真实性:(1)证据是否为原件、原物,复印件、复制品与原件、原物是否相符;……《专利审查指南 2010》第四部分第八章第 4.3.4 节规定,一方当事人将公证文书作为证据提交时,有效公证文书所证明的事实,应当作为认定事实的依据,但有相反证据足以推翻公证证明的除外。因此,选项 A 正确。

《专利审查指南 2010》第四部分第八章第 4.3.1 节规定,证人应当陈述其亲历的具体事实。证人根据其经历所作的判断、推测或者评论,不能作为认定案件事实的依据。专利复审委员会认定证人证言,可以通过对证人与案件的利害关系以及证人的智力状况、品德、知识、经验、法律意识和专业技能等的综合分析作出判断。证人应当出席口头审理作证,接受质询。未能出席口头审理作证的证人所出具的书面证言不能单独作为认定案件事实的依据,但证人确有困难不能出席口头审理作证的除外。由此可知,公证书的真实性得到认可,并不意味着公证书中证人证言得到认可,仍需要专利复审委员会进一步认定,本题中,证人张某不属于确有困难不能出席口头审理作证的情形,对证人证言的质证无法进行,故该书面证言不能单独作为认定案件事实的依据。因此,选项 BC 错误,选项 D 正确。

【答案】AD

63.【2015 年第 25 题】在下列哪个情形下无效宣告程序终止?

A. 请求人请求撤回其无效宣告请求,但专利复审委员会认为根据已进行的审查工作能够作出宣告专利权无效的决定
B. 专利权人未提交口头审理回执,也未参加口头审理
C. 当事人在收到无效宣告请求审查决定之日起三个月内未向人民法院起诉
D. 专利复审委员会对无效宣告请求作出维持专利权有效的审查决定

【考点】无效宣告程序终止

【分析】专利法实施细则第七十条第三款规定,无效宣告请求人对专利复审委员会发出的口头审理通知书在指定的期限内未作答复,并且不参加口头审理的,其无效宣告请求视为撤回;专利权人不参加口头审理的,可以

缺席审理。专利法实施细则第七十二条规定，专利复审委员会对无效宣告的请求作出决定前，无效宣告请求人可以撤回其请求。专利复审委员会作出决定之前，无效宣告请求人撤回其请求或者其无效宣告请求被视为撤回的，无效宣告请求审查程序终止。但是，专利复审委员会认为根据已进行的审查工作能够作出宣告专利权无效或者部分无效的决定的，不终止审查程序。

《专利审查指南2010》第四部分第三章第7节规定，请求人在专利复审委员会对无效宣告请求作出审查决定之前，撤回其无效宣告请求的，无效宣告程序终止，但专利复审委员会认为根据已进行的审查工作能够作出宣告专利权无效或者部分无效的决定的除外。请求人未在指定的期限内答复口头审理通知书，并且不参加口头审理，其无效宣告请求被视为撤回的，无效宣告程序终止，但专利复审委员会认为根据已进行的审查工作能够作出宣告专利权无效或者部分无效的决定的除外。在专利复审委员会对无效宣告请求作出审查决定之后，当事人未在收到该审查决定之日起三个月内向人民法院起诉，或者人民法院生效判决维持审查决定的，无效宣告程序终止。根据上述规定，选项ABD错误，选项C正确。

【答案】C

64.【2015年第77题】张某针对李某的发明专利提出无效宣告请求，李某在收到无效宣告请求书后，在专利复审委员会指定的答复期限内，采取下列哪些做法是符合相关规定的？

　　A. 以合并方式修改权利要求
　　B. 提交外文期刊及其中文译文作为反证
　　C. 与张某接触，商谈和解事宜
　　D. 委托专利代理机构，在专利复审委员会指定的答复期限内陈述专利权应维持有效的意见

【考点】无效宣告请求

【分析】《专利审查指南2010》第四部分第三章第4.6.2节规定，修改权利要求书的具体方式一般限于权利要求的删除、技术方案的删除、权利要求的进一步限定、明显错误的修正。……权利要求的进一步限定是指在权利要求中补入其他权利要求中记载的一个或者多个技术特征，以缩小保护范围。《专利审查指南2010》第四部分第三章第4.6.3节规定，在专利复审委员会作出审查决定之前，专利权人可以删除权利要求或者权利要求中包括的技术方案。仅在下列三种情形的答复期限内，专利权人可以以删除以外的方式修改权利要求书：(1) 针对无效宣告请求书。(2) 针对请求人增加的无效宣告理由或者补充的证据。(3) 针对专利复审委员会引入的请求人未提及的无效宣告理由或者证据。本题中，李某在专利复审委员会指定的答复期限内修改权利要求书的方式限于删除以外的方式，即权利要求的进一步限定、明显错误的修正，而选项A"以合并方式修改权利要求"属于权利要求的进一步限定。因此，选项A正确。

《专利审查指南2010》第四部分第三章第4.3.2节规定，专利权人应当在专利复审委员会指定的答复期限内提交证据，但对于技术词典、技术手册和教科书等所属技术领域中的公知常识性证据或者用于完善证据法定形式的公证文书、原件等证据，可以在口头审理辩论终结前补充。……专利权人提交的证据是外文的，提交其中文译文的期限适用该证据的举证期限。因此，选项B正确。

《专利审查指南2010》第四部分第三章第2.2节规定，在无效宣告程序中，当事人有权自行与对方和解。因此，选项C正确。《专利审查指南2010》第四部分第三章第3.6节规定，请求人或者专利权人在无效宣告程序中委托专利代理机构的，应当提交无效宣告程序授权委托书，且专利权人应当在委托书中写明委托权限仅限于办理无效宣告程序有关事务。因此，选项D正确。

【答案】ABCD

65.【2015年第79题】甲于2013年3月5日针对乙的某项发明专利权向专利复审委员会提出无效宣告请求。在以下哪些情形下，乙可以在答复期限内对权利要求作出合并式修改？

　　A. 针对甲于2013年4月7日补充提交的美国专利文献
　　B. 针对甲于2013年4月2日补充提交的意见陈述书，其中增加了权利要求1缺必要技术特征的理由但没有补充证据
　　C. 针对甲的无效宣告请求书
　　D. 针对专利复审委员会依职权引入的理由

【考点】合并式修改

【分析】《专利审查指南2010》第四部分第三章第4.6.2节规定，修改权利要求书的具体方式一般限于权利要求的删除、技术方案的删除、权利要求的进一步限定、明显错误的修正。……权利要求的进一步限定是指在权利要求中补入其他权利要求中记载的一个或者多个技术特征，以缩小保护范围。《专利审查指南2010》第四部分第三章第4.6.3节规定，在专利复审委员会作出审查决定之前，专利权人可以删除权利要求或者权利要求中包括的技术方案。仅在下列三种情形的答复期限内，专利权人可以以删除以外的方式修改权利要求书：(1) 针对无效宣告请求书。(2) 针对请求人增加的无效宣告理由或者补充的证据。(3) 针对专利复审委员会引入的请求人未提及的无效宣告理由或者证据。由此可知，权利要求的进一步限定包括权利要求的合并。本题选项C属于上述第(1)种情形，选项D属于上述第(3)种情形，因此，选项CD正确。

《专利审查指南2010》第四部分第三章第4.2节规定，请求人在提出无效宣告请求之日起一个月内增加无效宣告理由的，应当在该期限内对所增加的无效宣告理由具体说明；否则，专利复审委员会不予考虑。本题选项B中，甲在提出无效宣告请求之日起一个月内增加了权利要求1缺必要技术特征的理由，并提交了意见陈述书，故乙可以针对甲增加的无效宣告理由，对权利要求作出合并式修改，属于上述第(2)种情形，因此，选项B正确。

《专利审查指南2010》第四部分第三章第4.3.1节规定，请求人在提出无效宣告请求之日起一个月后补充证据的，专利复审委员会一般不予考虑。选项A中，甲在提出无效宣告请求之日起一个月后增加了美国专利文献，超出了举证期限，专利复审委员会不予考虑，因此，乙无须对权利要求作出合并式修改，选项A错误。

需要注意的是，国家知识产权局第74号令修改了《专利审查指南2010》的部分内容，其中，在第四部分第三章第4.6.2节：将"在满足上述修改原则的前提下，修改权利要求书的具体方式一般限于权利要求的删除、合并和技术方案的删除"修改为"在满足上述修改原则的前提下，修改权利要求书的具体方式一般限于权利要求的删除、技术方案的删除、权利要求的进一步限定、明显错误的修正"，并进一步进行了定义：权利要求的进一步限定是指在权利要求中补入其他权利要求中记载的一个或者多个技术特征，以缩小保护范围。此次修改通过将"权利要求的合并"扩大至权利要求特征的补入，并增加了"明显错误的修正"作为第四种修改方式，客观上是对原来严格的修改方式的放宽。

【答案】BCD

66.【2015年第80题】关于无效宣告程序中专利权人对专利文件的修改，下列说法哪些是正确的？
A. 外观设计专利的专利权人不得对简要说明进行修改
B. 实用新型专利的专利权人不得对专利说明书进行修改
C. 发明专利的专利权人不得对专利说明书进行修改
D. 发明专利的专利权人不得对权利要求书进行修改

【考点】无效宣告程序中专利文件的修改

【分析】《专利审查指南2010》第四部分第三章第4.6.1节规定，发明或者实用新型专利文件的修改仅限于权利要求书。外观设计专利的专利权人不得修改其专利文件。因此，选项ABC正确，选项D错误。

【答案】ABC

67.【2015年第81题】甲针对乙的某项专利权提出了无效宣告请求，当事人可以依据下列哪些理由请求进行口头审理？
A. 乙要求同甲当面质证和辩论
B. 甲需要当面向合议组说明事实
C. 甲需要实物演示
D. 乙需要请出具过证言的证人作证

【考点】口头审理的理由

【分析】《专利审查指南2010》第四部分第四章第2节规定，无效宣告程序的当事人可以依据下列理由请求进行口头审理：(1) 当事人一方要求同对方当面质证和辩论。(2) 需要当面向合议组说明事实。(3) 需要实物演示。(4) 需要请出具过证言的证人出庭作证。因此，选项ABCD正确。

【答案】ABCD

68.【2015年第82题】无效宣告请求人在提出无效宣告请求时提交了施工合同和设计图纸，在之后的1个月内补充提交了台湾专利文献。两个月后，请求人在口头审理时提交了《化工原料手册》、台湾专利文献公证书和韩国出版的专业杂志文献及其译文。专利复审委员会对请求人提交的下列哪些证据会予以考虑？

A. 请求人口头审理之前提交的上述台湾专利文献
B. 请求人口头审理时提交的上述韩国出版的专业杂志文献及其译文
C. 请求人口头审理时提交的上述《化工原料手册》和台湾专利文献公证书
D. 请求人提交的上述施工合同和设计图纸

【考点】证据

【分析】《专利审查指南2010》第四部分第三章第4.3.1节规定，(1) 请求人在提出无效宣告请求之日起一个月内补充证据的，应当在该期限内结合该证据具体说明相关的无效宣告理由，否则，专利复审委员会不予考虑。(2) 请求人在提出无效宣告请求之日起一个月后补充证据的，专利复审委员会一般不予考虑，但下列情形除外：(i) 针对专利权人以合并方式修改的权利要求或者提交的反证，请求人在专利复审委员会指定的期限内补充证据，并在该期限内结合该证据具体说明相关无效宣告理由的；(ii) 在口头审理辩论终结前提交技术词典、技术手册和教科书等所属技术领域中的公知常识性证据或者用于完善证据法定形式的公证文书、原件等证据，并在该期限内结合该证据具体说明相关无效宣告理由的。(3) 请求人提交的证据是外文的，提交其中文译文的期限适用该证据的举证期限。

本题选项A中，请求人在提出无效宣告请求之日起一个月内提交台湾专利文献，因此，选项A正确。选项B中，请求人在提出无效宣告请求之日起一个月后提交韩国出版的专业杂志文献及其译文，因此，选项B错误。选项C符合上述(2)(ii) 的规定，因此，选项C正确。选项D中，请求人在提出无效宣告请求时提交了施工合同和设计图纸，因此，选项D正确。

【答案】ACD

69.【2015年第83题】李某对张某的专利权提出无效宣告请求，理由是权利要求1与对比文件1的区别特征X是所属领域的公知常识，权利要求1不具备创造性。下列说法哪些是正确的？
A. 李某必须提交证据证明区别特征X是所属领域的公知常识
B. 李某可以在口审时提交公知常识性证据，证明区别特征X是所属领域的公知常识
C. 李某可以在口审结束后复审委员会作出无效决定之前，提交公知常识性证据，证明区别特征X是所属领域的公知常识
D. 张某认可李某提交的公知常识性证据，复审委员会可以确认其证明力

【考点】所属领域的公知常识

【分析】《专利审查指南2010》第四部分第八章第4.3.3节规定，主张某技术手段是本领域公知常识的当事人，对其主张承担举证责任。该当事人未能举证证明或者未能充分说明该技术手段是本领域公知常识，并且对方当事人不予认可的，合议组对该技术手段是本领域公知常识的主张不予支持。由此可见，对于区别特征X是所属领域的公知常识这一事实，李某既可以举证说明，也可以充分说明，因此，李某可以不提交证据证明，选项A错误。

《专利审查指南2010》第四部分第三章第4.3.1节规定，请求人在提出无效宣告请求之日起一个月后补充证据的，专利复审委员会一般不予考虑，但下列情形除外：其中，(ii) 在口头审理辩论终结前提交技术词典、技术手册和教科书等所属技术领域中的公知常识性证据或者用于完善证据法定形式的公证文书、原件等证据，并在该期限内结合该证据具体说明相关无效宣告理由的。因此，选项B正确，选项C错误。

《专利审查指南2010》第四部分第八章第4.3节规定，对于一方当事人提出的证据，另一方当事人认可或者提出的相反证据不足以反驳的，专利复审委员会可以确认其证明力。因此，选项D正确。

【答案】BD

第四十七条【宣告专利权无效的效力】

宣告无效的专利权视为自始即不存在。

宣告专利权无效的决定，对在宣告专利权无效前人民法院作出并已执行的专利侵权的判决、调解书，已经履行或者强制执行的专利侵权纠纷处理决定，以及已经履行的专利实施许可合同和专利权转让合同，不具有追溯

力。但是因专利权人的恶意给他人造成的损失，应当给予赔偿。

依照前款规定不返还专利侵权赔偿金、专利使用费、专利权转让费，明显违反公平原则的，应当全部或者部分返还。

一、本条含义

本条是关于专利权无效宣告的法律效力的规定。

二、重点讲解

（一）"自始即不存在"的含义

本条第一款中"自始即不存在"是指自授权日起就不存在，任何人都有权自由实施该专利要求保护的发明创造，无需获得专利权人的许可，也无须支付任何使用费用。但是，专利申请本身作为母案、优先权基础的权利有效。

专利权被宣告无效后，所有以该专利权有效为前提的有关司法判决、行政决定和交易行为都失去基础。对于原专利权人指控他人侵犯其专利权的行为而言，尚未执行或者正在执行的法院作出的认定专利侵权行为成立的判决或者管理专利工作的部门作出的认定专利侵权行为成立的处理决定应当立即停止。对于原专利权人转让专利权或者许可他人实施其专利的行为而言，尚未执行和正在履行的专利实施合同和专利权转让合同应当立即停止履行，受让人或者被许可人可以停止支付有关费用。

需要注意的是，本条第二款前半部分规定了"不具有追溯力"的一般性原则，同时在本条第二款后半部分和第三款对"不具有追溯力"作出了两种限制，一是专利权人恶意给他人造成损失的，应当给予赔偿；二是不予返还专利侵权赔偿金、专利使用费、专利权转让费明显违反公平原则的，应当全部返还或者部分返还。

三、真题分析

70.【2019年第82题】一件申请日为2008年2月10日的发明专利于2019年3月20日被宣告部分无效。专利权人在收到该无效审查决定之日起三个月内未向人民法院起诉。下列说法正确的是？

A. 维持有效的权利要求视为自2019年3月20日起有效

B. 被宣告无效的权利要求视为自2008年2月10日起即不存在

C. 该无效审查决定对2015年已经履行完毕的与被无效专利权有关的专利实施许可合同不具有追溯力

D. 该无效审查决定对人民法院2017年针对该专利权作出并已执行的专利侵权的判决具有追溯力

【考点】宣告无效的专利权

【分析】根据专利法第四十七条第一款的规定，宣告无效的专利权视为自始即不存在。根据专利法第三十九条的规定，发明专利权自公告之日起生效。因此，选项A错误，选项B正确。

根据专利法第四十七条第二款的规定，宣告专利权无效的决定，对在宣告专利权无效前人民法院作出并已执行的专利侵权的判决、调解书，已经履行或者强制执行的专利侵权纠纷处理决定，以及已经履行的专利实施许可合同和专利权转让合同，不具有追溯力。但是因专利权人的恶意给他人造成的损失，应当给予赔偿。因此，选项C正确，选项D错误。

【答案】BC

71.【2018年第22题】某发明专利申请于2015年11月20日获得公告授权，专利权人为甲。针对该专利权，乙于2016年5月20日向专利复审委员会提出无效宣告请求，甲随后删除了部分权利要求。专利复审委员会于2016年11月20日作出审查决定，宣告修改后的权利要求维持有效。2017年1月20日，甲将丙公司诉至人民法院，主张丙公司于2016年1月至4月的销售行为侵犯了该专利权。请问：在甲与丙公司的侵权纠纷中，应当以哪份权利要求书作为审理的基础？

A. 2015年11月20日该专利授权公告时的权利要求书

B. 2016年11月20日专利复审委员会审查决定宣告维持有效的权利要求书

C. 2016年5月20日乙请求专利复审委员会宣告无效的权利要求书

D. 2016年1月至4月丙公司能够查阅到的权利要求书

【考点】专利宣告无效

【分析】专利法第四十七条第一款规定，宣告无效的专利权视为自始即不存在。《专利审查指南2010》第四部分第三章第5节规定，一项专利被宣告部分无效后，被宣告无效的部分应视为自始即不存在。但是被维持的部分（包括修改后的权利要求）也同时应视为自始即存在。本题中，甲删除的部分权利要求视为自始即不存在，因此，在甲与丙公司的侵权纠纷中，应当以2016年11月20日专利复审委员会审查决定宣告维持有效的权利要求书作为审理的基础，选项B正确。

【答案】B

第六章 专利实施的强制许可

引　言

本章集中了关于专利实施强制许可的有关规定，包括请求手续、授予条件、授予强制许可的机构、程序以及强制许可使用费等。

所谓实施专利的强制许可制度，是指在未经专利权人同意的情况下，政府依法授权他人实施其专利的制度。这一制度是防止专利权人滥用权利、保障公共利益的重要法律制度，对实现专利法的立法宗旨、促进专利技术的推广应用、维护国家和公众的利益，都具有非常重要的意义。目前世界上绝大多数国家的专利法中都明确规定了这一制度。

实施专利的强制许可制度除了涉及给予强制许可的理由这一最为重要的问题之外，还涉及诸多其他问题，例如给予强制许可之前被许可人是否需要与专利权人进行协商，对给予或者拒绝给予强制许可的决定不服的是否可以向法院起诉，依据给予的强制许可实施专利的是否还需要支付使用费，给予的强制许可是否可以转让，被许可人依据强制许可制造的专利产品是否可以出口到其他国家等。对这些问题，《巴黎公约》没有作出明确规定，因此世界各国专利法关于强制许可制度的规定差异很大，有的国家有明确和详细的规定，有的国家则没有这样的规定。

本章规定的强制许可，只适用于发明和实用新型专利权，不适用于外观设计专利权。因为发明和实用新型不容易找到同类的可以替代的技术方案，所以专利权人不愿给予实施许可时，不得不诉诸于强制手段。而对于外观设计，专利权人不愿给予实施许可时，其他人不难设计出其他的式样，所以没有必要采取强制手段。

我国自1985年4月1日起施行《专利法》以来，迄今尚未给予任何一项实施专利的强制许可。这一事实只能表明我国在给予实施专利的强制许可方面持高度慎重立场，丝毫不表明第六章的规定不重要。从三次修改《专利法》的情况来看，对第六章的修改都是人们（尤其是其他国家）关注的重点问题之一，这足以证明第六章规定的重要意义。

2015~2019年专利法律知识真题在本章的分布统计如下：

法条	2015年	2016年	2017年	2018年	2019年	合计
A48	1	0	0	1	0	2
A49	0	0	0	0	0	0
A50	0	0	0	0	0	0
A51	0	0	0	0	0	0
A52	0	0	0	1	0	1
A53	0	0	0	0	0	0
A54	0	0	0	0	0	0
A55	0	1	0	0	0	1
A56	0	0	0	0	0	0
A57	0	0	0	0	0	0
A58	0	0	0	0	0	0
总计	1	1	0	2	0	4

第四十八条【给予强制许可的一般理由】

有下列情形之一的，国务院专利行政部门根据具备实施条件的单位或者个人的申请，可以给予实施发明专利或者实用新型专利的强制许可：

（一）专利权人自专利权被授予之日起满三年，且自提出专利申请之日起满四年，无正当理由未实施或者未充分实施其专利的；

（二）专利权人行使专利权的行为被依法认定为垄断行为，为消除或者减少该行为对竞争产生的不利影响的。

一、本条含义

本条是关于依申请给予专利实施强制许可的规定。

二、重点讲解

给予强制许可的专利类型限于发明和实用新型，而外观设计仅仅涉及产品的外观，使人产生美感享受，而不涉及技术功能，因此，没必要对外观设计专利给予强制许可。

（一）因专利权人未实施或者未充分实施专利而给予的强制许可

以未实施或者未充分实施专利作为给予专利强制许可的理由，是世界各国专利制度中采取的普遍做法。

《巴黎公约》第5条第A部分第（4）款对其第（2）款所述的"不实施"作了进一步的限定：

自提出专利申请之日起4年届满之前，或者自授予专利权之日起满3年之前，以后到期的期间为准，不得以未实施或者未充分实施为理由申请强制许可；如果专利权人证明其不作为是有正当理由的，应当拒绝强制许可的申请。这种许可应当是非排他性的，而且除非与实施该许可的那一部分企业或者商誉一并转让外，不得予以转让，包括以授予分许可的形式予以转让在内。

本条第（一）项的规定对应于上述规定中第一句的要求；专利法第五十六条的规定对应于上述规定中第二句的要求。

1. "未充分实施"以及"正当理由"的含义

专利法实施细则第七十三条第一款规定，"专利法第四十八条第（一）项所称未充分实施其专利，是指专利权人及其被许可人实施其专利的方式或者规模不能满足国内对专利产品或者专利方法的需求"。

所谓方式，主要是指制造、进口专利产品，使用专利方法，或者进口依照专利方法直接获得的产品等具体的实施行为；所谓"规模"，是指制造、进口专利产品的数量，使用专利方法的范围和规模；所谓"不能满足国内对专利产品或者专利方法的需求"，是指例如专利权人虽然在我国制造其专利产品或者从国外将专利产品进口到我国，但是由于数量较少或者产品销售价格过高。不能满足国内对该专利产品的需求，或者专利权人虽然在我国使用其专使用其专利方法，但使用的范围和规模较小，不能满足国内对该专利方法的需求。

根据本条第（一）项的规定，并不是只要证明专利权人未实施或者未充分实施其专利就可以给予强制许可。如果专利权人能够证明未实施或者未充分实施其专利有正当理由，就应当拒绝给予强制许可。例如，专利权人证明我国限制有关产品的制造、进口或者流通，必须经过有关政府主管部门批准以后才能制造、进口并投放市场，而有关部门尚未批准或者根本不予以批准。

2. 时间限制

以未实施或者未充分实施专利为理由申请给予强制许可的，在时间上有一个限制，即只能自专利权被授予之日起满3年，且自提出专利申请之日起满4年。

之所以规定这一期限限制，主要目的在于保障专利权人的正当权益。因为在授予专利权之后，无论是专利权人自己，还是其被许可人制造专利产品并将其投放市场，都需要进行购置厂房、设备、原材料、招聘职工等各项相关工作，需要较长时间。

3. 强制许可的请求人资格

根据本条规定，申请强制许可的主体既可以是单位，也可以是个人，只要其具备实施发明专利或者实用新型专利的条件。所谓实施发明专利或者实用新型专利的条件，主要是指制造专利产品、使用专利方法的条件或者进口专利产品的条件，而不仅仅是销售、使用专利产品或者依照专利方法直接获得的产品的条件。

（二）为消除或者减少垄断行为对竞争产生的不利影响而给予的强制许可

2008年实施的《反垄断法》第五十五条规定：

经营者依照有关知识产权的法律、行政法规规定行使知识产权的行为，不适用本法；但是，经营者滥用知识产权，排除、限制竞争的行为，适用本法。

前述规定首先从原则上肯定依法行使知识产权的行为不适用《反垄断法》，其次明确表明滥用知识产权排除或者限制竞争的，可能构成垄断行为，需要适用《反垄断法》。

根据本条规定，申请强制许可的主体与第（一）项一样，既可以是单位，也可以是个人。但是，对垄断行为没有时间限制。

（三）强制许可的申请和审批

1. 强制许可请求

（1）强制许可请求的提出。专利法实施细则第七十四条规定：

请求给予强制许可的，应当向国务院专利行政部门提交强制许可请求书，说明理由并附具有关证明文件。

国务院专利行政部门应当将强制许可请求书的副本送交专利权人，专利权人应当在国务院专利行政部门指定的期限内陈述意见；期满未答复的，不影响国务院专利行政部门作出决定。

国务院专利行政部门在作出驳回强制许可请求的决定或者给予强制许可的决定前，应当通知请求人和专利权人拟作出的决定及其理由。

国务院专利行政部门依照专利法第五十条的规定作出给予强制许可的决定，应当同时符合中国缔结或者参加的有关国际条约关于为了解决公共健康问题而给予强制许可的规定，但中国作出保留的除外。

专利法第五十四条规定：

依照本法第四十八条第（一）项、第五十一条规定申请强制许可的单位或者个人应当提供证据，证明其以合理的条件请求专利权人许可其实施专利，但未能在合理的时间内获得许可。

（2）强制许可请求不予受理的情形。《专利实施强制许可办法》第十四条规定：

强制许可请求有下列情形之一的，不予受理并通知请求人：

（一）请求给予强制许可的发明专利或者实用新型专利的专利号不明确或者难以确定；

（二）请求文件未使用中文；

（三）明显不具备请求强制许可的理由；

（四）请求给予强制许可的专利权已经终止或者被宣告无效。

（3）强制许可请求的补正、视为未提出。《专利实施强制许可办法》第十五条规定：

请求文件不符合本办法第四条、第九条、第十条规定的，请求人应当自收到通知之日起15日内进行补正。期满未补正的，该请求视为未提出。

（4）强制许可请求的撤回。《专利实施强制许可办法》第十九条规定：

请求人在国家知识产权局作出决定前撤回其请求的，强制许可请求的审查程序终止。

在国家知识产权局作出决定前，请求人与专利权人订立了专利实施许可合同的，应当及时通知国家知识产权局，并撤回其强制许可请求。

2. 强制许可请求的审批

（1）强制许可请求的听证。《专利实施强制许可办法》第十八条规定：

请求人或者专利权人要求听证的，由国家知识产权局组织听证。

国家知识产权局应当在举行听证7日前通知请求人、专利权人和其他利害关系人。

除涉及国家秘密、商业秘密或者个人隐私外，听证公开进行。

举行听证时，请求人、专利权人和其他利害关系人可以进行申辩和质证。

举行听证时应当制作听证笔录，交听证参加人员确认无误后签字或者盖章。

根据专利法第四十九条或者第五十条的规定建议或者请求给予强制许可的，不适用听证程序。

（2）给予强制许可的决定。《专利实施强制许可办法》第二十一条规定：

经审查认为请求给予强制许可的理由成立的，国家知识产权局应当作出给予强制许可的决定。在作出给予强制许可的决定前，应当通知请求人和专利权人拟作出的决定及其理由。除另有指定的外，双方当事人可以自收到通知之日起15日内陈述意见。

国家知识产权局根据专利法第四十九条作出给予强制许可的决定前，应当通知专利权人拟作出的决定及其理由。

《专利实施强制许可办法》第二十二条规定：

给予强制许可的决定应当写明下列各项：

（一）取得强制许可的单位或者个人的名称或者姓名、地址；

（二）被给予强制许可的发明专利或者实用新型专利的名称、专利号、申请日及授权公告日；

（三）给予强制许可的范围和期限；

（四）决定的理由、事实和法律依据；

（五）国家知识产权局的印章及负责人签字；

（六）决定的日期；

（七）其他有关事项。

给予强制许可的决定应当自作出之日起5日内通知请求人和专利权人。

（3）强制许可请求的驳回。《专利实施强制许可办法》第二十条规定：

经审查认为强制许可请求有下列情形之一的，国家知识产权局应当作出驳回强制许可请求的决定：

（一）请求人不符合本办法第四条、第五条、第七条或者第八条的规定；

（二）请求给予强制许可的理由不符合专利法第四十八条、第五十条或者第五十一条的规定；

（三）强制许可请求涉及的发明创造是半导体技术的，其理由不符合专利法第五十二条的规定；

（四）强制许可请求不符合本办法第十一条或者第十三条的规定；

（五）请求人陈述的理由、提供的信息或者提交的有关证明文件不充分或者不真实。

国家知识产权局在作出驳回强制许可请求的决定前，应当通知请求人拟作出的决定及其理由。除另有指定的外，请求人可以自收到通知之日起15日内陈述意见。

（4）对给予强制许可的决定不服的救济（参见本书专利法第五十八条）。

三、真题分析

1.【2018年第28题】关于专利实施强制许可，以下说法正确的是：

A. 根据"国家出现紧急状态或非常情况、或为了公共利益的目的"或"为公共健康目的，对取得专利权的药品"请求给予强制许可的，不适用听证程序

B. 在国家知识产权局作出驳回强制许可申请的决定的情况下，强制许可的请求人可以向法院起诉

C. 专利权人与取得强制许可的单位或个人不能就强制许可的使用费达成协议的，可以直接向法院提起诉讼、无须先经过国家知识产权局裁决

D. 对专利强制许可的使用费裁决不服的，可以向国家知识产权局提起行政复议

【考点】专利实施强制许可

【分析】《专利实施强制许可办法》第十八条规定，请求人或者专利权人要求听证的，由国家知识产权局组织听证。根据专利法第四十九条或者第五十条的规定建议或者请求给予强制许可的，不适用听证程序。因此，选项A正确。

专利法第五十八条规定，专利权人对国务院专利行政部门关于实施强制许可的决定不服的，专利权人和取得实施强制许可的单位或者个人对国务院专利行政部门关于实施强制许可的使用费的裁决不服的，可以自收到通知之日起三个月内向人民法院起诉。由此可知，专利权人可以对强制许可决定向法院起诉，而强制许可的请求人不可以向法院起诉。因此，选项B错误。根据《国家知识产权局行政复议规程》第五条第（四）项的规定，专利

权人或者专利实施强制许可的被许可人对强制许可使用费的裁决不服的，不能申请行政复议。由此可知，对许可使用费的裁决不服的，应当向法院起诉，而不是申请行政复议。因此，选项D错误。

专利法第五十七条规定，取得实施强制许可的单位或者个人应当付给专利权人合理的使用费，或者依照中华人民共和国参加的有关国际条约的规定处理使用费问题。付给使用费的，其数额由双方协商；双方不能达成协议的，由国务院专利行政部门裁决。因此，选项C错误。

【答案】A

2.【2015年第96题】世界贸易组织成员国X国暴发了一场流行疾病，甲公司在中国拥有治疗该疾病药品的专利权。乙公司向国家知识产权局提出申请，请求对甲公司的药品专利给予强制许可。下列说法哪些是正确的？

A. 国家知识产权局在作出给予强制许可的决定前应当组织听证
B. 给予强制许可的决定应当写明给予强制许可的范围和期限
C. 乙公司获得强制许可后，无须向甲公司交纳专利使用费
D. 乙公司获得强制许可后，应当将制造的药品全部出口到X国

【考点】药品专利强制许可

【分析】《专利实施强制许可办法》第十八条规定，请求人或者专利权人要求听证的，由国家知识产权局组织听证。根据专利法第四十九条或者第五十条的规定建议或者请求给予强制许可的，不适用听证程序。专利法第五十条规定，为了公共健康目的，对取得专利权的药品，国务院专利行政部门可以给予制造并将其出口到符合中华人民共和国参加的有关国际条约规定的国家或者地区的强制许可。本题中，根据专利法第五十条的规定对甲公司的药品专利给予强制许可，不适用听证程序，并且国家知识产权局组织听证是应请求人或者专利权人的请求而启动，并非应当组织听证。因此，选项A错误。根据专利法第五十条的上述规定，选项D正确。

《专利实施强制许可办法》第二十二条规定，给予强制许可的决定应当写明下列各项：其中，（三）给予强制许可的范围和期限。因此，选项B正确。根据专利法第五十七条的规定，取得实施强制许可的单位或者个人应当付给专利权人合理的使用费，或者依照中华人民共和国参加的有关国际条约的规定处理使用费问题。因此，选项C错误。

【答案】BD

第四十九条【给予强制许可的特别理由】

在国家出现紧急状态或者非常情况时，或者为了公共利益的目的，国务院专利行政部门可以给予实施发明专利或者实用新型专利的强制许可。

一、本条含义

本条规定国家知识产权局依职权给予强制许可的两种情况：一是在国家出现紧急状态或者非常情况时；二是为了公共利益的目的，主要是指为了公共卫生、环境保护等情况需要给予强制许可。

二、重点讲解

（一）为公共利益目的而给予的强制许可

专利制度发展至今，强制许可制度不仅仅是限制一专利权人滥用其专利权的一种措施，更重要的是作为一种维护国家利益和公共利益的措施。

1. "国家出现紧急状态或者非常情况及公共利益"的含义

国家出现紧急状态或者非常情况，主要是指出现战争、暴乱等危及国家安全的紧急情况，以及出现自然灾害或者疾病流行等其他影响社会稳定的特别严重的情况。

公共利益，一般是指在一定地域范围内涉及不特定多数人的利益。对于受专利保护的技术而言，如果该技术的实施不仅使直接实施者受益，也会使不特定多数人受益，则可为公共利益的需要而对该专利授予强制许可。

2. 本条所述强制许可的启动机构、给予机构和被许可人

《专利实施强制许可办法》第六条规定：

在国家出现紧急状态或者非常情况时，或者为了公共利益的目的，国务院有关主管部门可以根据专利法第四十九条的规定，建议国家知识产权局给予其指定的具备实施条件的单位强制许可。

根据该规定，国务院有关主管部门启动强制许可程序，国家知识产权局决定给予强制许可，被许可人是国务院有关主管部门或者其指定的生产企业。

第五十条【出口专利药品的强制许可】

为了公共健康目的，对取得专利权的药品，国务院专利行政部门可以给予制造并将其出口到符合中华人民共和国参加的有关国际条约规定的国家或者地区的强制许可。

一、本条含义

本条是关于为了公共健康目的而授予专利药品的强制许可的规定。

本条是 2008 年第三次修改专利法时增加的条款，其主要目的是落实《关于修改 TRIPS 的议定书》的相关规定，在必要时帮助那些不具备制造专利药品能力或者能力不足的国家解决其遇到的公共健康问题。

二、重点讲解

（一）为公共健康目的而给予的强制许可

1. "公共健康"和"药品"的含义

公共健康，这一措辞来源于《多哈宣言》，其第一段提到"承认困扰许多发展中国家和不发达国家的公共健康的问题的严重性，尤其是源于艾滋病、结核病、疟疾和其他流行病带来的公共健康问题"，表明艾滋病、结核病、疟疾和其他流行病是导致公共健康问题的原因。将"公共健康"问题与流行病联系起来。

药品，专利法实施细则第七十三条第二款规定，"专利法第五十条所称取得专利权的药品，是指解决公共健康问题所需的医药领域中的任何专利产品或者依照专利方法直接获得的产品，包括取得专利权的制造该产品所需的活性成分以及使用该产品所需的诊断用品"。

2. 本条所述强制许可的被许可人

《专利实施强制许可办法》第七条规定：

为了公共健康目的，具备实施条件的单位可以根据专利法第五十条的规定，请求给予制造取得专利权的药品并将其出口到下列国家或者地区的强制许可：

（一）最不发达国家或者地区；

（二）依照有关国际条约通知世界贸易组织表明希望作为进口方的该组织的发达成员或者发展中成员。

《专利实施强制许可办法》第十三条规定：

根据专利法第五十条的规定请求给予强制许可的，请求人应当提供进口方及其所需药品和给予强制许可的有关信息。

根据上述规定，被许可人为具备实施条件的单位，并且在其定请求给予强制许可的，请求人应当提供进口方及其所需药品和给予强制许可的有关信息。

另外，由国务院有关主管部门将有关信息向世界贸易组织通报。

《专利实施强制许可办法》第二十四条规定：

国家知识产权局根据专利法第五十条作出给予强制许可的决定的，由国务院有关主管部门将下列信息通报世界贸易组织：

（一）取得强制许可的单位的名称和地址；

（二）出口药品的名称和数量；

（三）进口方；
（四）强制许可的期限；
（五）本办法第二十三条第三项所述网址。

第五十一条【从属专利的强制许可】

一项取得专利权的发明或者实用新型比前已经取得专利权的发明或者实用新型具有显著经济意义的重大技术进步，其实施又有赖于前一发明或者实用新型的实施的，国务院专利行政部门根据后一专利权人的申请，可以给予实施前一发明或者实用新型的强制许可。

在依照前款规定给予实施强制许可的情形下，国务院专利行政部门根据前一专利权人的申请，也可以给予实施后一发明或者实用新型的强制许可。

一、本条含义

本条规定对具有从属关系的两个专利的强制许可。

二、重点讲解

（一）从属专利的强制许可

1. 从属权利的含义

从属专利，是指在后发明或者实用新型是对在先发明或者实用新型的改进，在后专利的某项权利要求记载了在先专利的某项权利要求中记载的全部技术特征，除此之外又增加了另外的技术特征。由于这些另外的技术特征的存在，在后专利的该项权利要求保护的技术方案与在先专利的该项权利要求保护的技术方案相比不仅具有新颖性，也完全可能具备创造性，因而符合授予专利权的条件。

在后专利的专利权人虽然获得了专利权，但是却不能随意实施其专利技术，因为该技术尚处于另一项有效专利的保护范围之内，要实施就必须获得在先专利的专利权人的许可。

另外，由于在后专利一般是在技术上的进一步改进，比在先专利在技术上先进，因此在先专利的专利权人往往也希望能够实施在后专利。然而，尽管在后专利的技术方案落入在先专利的保护范围之内，在先专利的专利权人也不能予以实施，因为这种特定的技术方案已经由他人申请并获得了专利权，要实施就必须获得在后专利的专利权人的许可。

本条所谓前后两个专利，按照专利法的一般原则，应当根据授予专利的所根据的申请的申请日（要求享有优先权的，指优先权日）的先后来确定，而不是按照授予专利权的日期来确定。

2. 给予从属专利强制许可的条件

本条第一款规定了给予从属专利强制许可的两个条件：一是有两个发明或者实用新型，后一项发明或者实用新型的实施有赖于前一项发明或者实用新型的实施；二是后一项发明或者实用新型比前一项具有显著经济意义的重大技术进步。

为解决使前后专利权人都能实施从属专利的问题，前后专利权人往往订立一种被称为"交叉许可"的许可合同，相互给予方便，让双方都能实施经过改进的从属专利。

需要说明的是，第三人要实施经过改进的从属专利，就必须获得前后专利权人的许可。

第五十二条【半导体技术的强制许可】

强制许可涉及的发明创造为半导体技术的，其实施限于公共利益的目的和本法第四十八条第（二）项规定的情形。

一、本条含义

本条是关于涉及发明创造为半导体技术的强制许可的限制性规定。

二、重点讲解

（一）对涉及半导体技术的强制许可的给予和实施的限制

半导体技术是以半导体为材料，制作成组件及集成电路的技术。半导体材料在集成电路中广泛应用，半导体技术在电子信息技术中具有重要的地位。由于半导体技术的重要性和特殊性。TRIPS 第 31 条第（c）项规定：

这种使用的范围和期限应受许可使用的目的的限制，并且在半导体技术的情形，只能限于为公共的非商业性使用，或者用于经司法或行政程序确定为反竞争行为而给予的补救。

根据本条规定，强制许可涉及的发明创造为半导体技术的，其实施限于以下两种情形：一是为了公共利益的目的；二是专利法第四十八条第（二）项的规定，即专利权人行使专利权的行为被依法认定为垄断行为，为消除或者减少该行为对竞争产生的不利影响的。

三、真题分析

3.【2018 年第 87 题】关于专利实施的强制许可，以下说法错误的是：

A. 具备实施条件的单位或个人可以"未实施或未充分实施其专利"的理由，请求给予实施某项芯片发明专利的强制许可

B. 可以给予强制许可实施"某型具体产品所涉及的全部的专利"，而不必逐一列明所涉及的专利号

C. 除出口专利药品的强制许可之外，强制许可的实施应主要为了供应国内市场

D. 某公司的某型产品因为采用特殊的专利外观设计大获市场好评、一货难求、价格高昂，具备实施条件的单位或个人可以"未实施或未充分实施其专利"的理由，针对该外观设计专利提出强制许可请求

【考点】专利实施的强制许可

【分析】专利法第五十二条规定，强制许可涉及的发明创造为半导体技术的，其实施限于公共利益的目的和本法第四十八条第（二）项规定的情形。专利法第四十八条规定，有下列情形之一的，国务院专利行政部门根据具备实施条件的单位或者个人的申请，可以给予实施发明专利或者实用新型专利的强制许可：（一）专利权人自专利权被授予之日起满三年，且自提出专利申请之日起满四年，无正当理由未实施或者未充分实施其专利的；（二）专利权人行使专利权的行为被依法认定为垄断行为，为消除或者减少该行为对竞争产生的不利影响的。本题选项 A 中芯片属于半导体技术，仅限于公共利益的目的和构成垄断行为提出强制许可，不能以未实施或未充分实施其专利为由提出强制许可。因此，选项 A 的说法错误。

《专利实施强制许可办法》第十四条规定，强制许可请求有下列情形之一的，不予受理并通知请求人：（一）请求给予强制许可的发明专利或者实用新型专利的专利号不明确或者难以确定；（二）请求文件未使用中文；（三）明显不具备请求强制许可的理由；（四）请求给予强制许可的专利权已经终止或者被宣告无效。因此，选项 B 的说法错误。

专利法第五十三条规定，除依照本法第四十八条第（二）项、第五十条规定给予的强制许可外，强制许可的实施应当主要为了供应国内市场。专利法第五十条规定，为了公共健康目的，对取得专利权的药品，国务院专利行政部门可以给予制造并将其出口到符合中华人民共和国参加的有关国际条约规定的国家或者地区的强制许可。专利法第四十八条规定，有下列情形之一的，国务院专利行政部门根据具备实施条件的单位或者个人的申请，可以给予实施发明专利或者实用新型专利的强制许可：……（二）专利权人行使专利权的行为被依法认定为垄断行为，为消除或者减少该行为对竞争产生的不利影响的。因此，选项 C 是说法错误。专利实施的强制许可只适用于发明和实用新型专利权，不适用于外观设计专利权。因此，选项 D 的说法错误。

【答案】ABCD

第五十三条【强制许可的实施限制】

除依照本法第四十八条第（二）项、第五十条规定给予的强制许可外，强制许可的实施应当主要为了供应国内市场。

一、本条含义

本条是关于有关专利强制许可的实施应当主要为了供应国内市场的规定。

二、重点讲解

（一）"主要为了供应国内市场"的限制性条件

TRIPS 第 31 条第（f）款规定："这种使用的许可应当主要是为了供应给予许可的成员的本国市场"。

该协定之所以作出这种限制，一方面是为了保障专利权人的利益，另一方面也是由于专利具有地域性特点。通过给予强制许可而制造的专利产品通常比专利权人或者其被许可人制造的专利产品在价格上低廉一些，如果一个国家通过给予强制许可而制造的专利产品大量流入其他国家。就会对专利权人在其他国家获得的专利权带来冲击。

（二）例外情形

1. 为制止垄断行为而给予强制许可的例外

虽然 TRIPS 第 31 条第（f）款明确要求各成员给予的强制许可应当主要是满足国内市场的需要，但是在该协定第 31 条第（k）款规定了这一要求的一种例外情况，即如果给予强制许可是对经过司法或行政程序确定为限制竞争行为而提供的补救，则不受"主要为满足国内市场需求"的限制。这一例外规定的原因是考虑到滥用专利权形成垄断行为所产生的影响或者后果往往并不限于一个国家境内，有可能会影响到所有就同一发明授予专利权的国家。因此不应当规定强制许可的实施应当主要为供应给予强制许可的国家的国内市场。

2. 为帮助他国解决公共健康问题而给予强制许可的例外

WTO《总理事会决议》和《关于修改 TRIPS 的议定书》豁免了具有制药能力的成员在前述情况下遵守第 31 条第（f）款规定的义务。专利法第五十条就是为了落实前述决议或者议定书而专门制定的，因此根据该条给予的强制许可的实施可以不受"应当主要为了供应国内市场"这一要求的限制。

第五十四条【申请强制许可的有关证据】

依照本法第四十八条第（一）项、第五十一条规定申请强制许可的单位或者个人应当提供证据，证明其以合理的条件请求专利权人许可其实施专利，但未能在合理的时间内获得许可。

一、本条含义

本条是关于申请强制许可的申请人负有提供有关证据的义务的规定。

二、重点讲解

本条规定事先协商的目的在于促使双方通过协商订立专利实施许可合同，其结果能够促进被许可人与专利权人之间的合作，由专利权人提供有关实施专利的技术秘密或者技术帮助，从而有利于专利技术的更好实施。

（一）本条规定的适用范围

本条规定给予强制许可的程序条件仅仅适用于依照专利法第四十八条第（一）项和第五十一条规定的申请给

予强制许可的单位或者个人。

在申请给予强制许可的5种类型中，根据专利法第四十八条第（一）项、专利法第五十一条申请给予强制许可的，主要涉及申请人与专利权人之间的利益关系，而不直接涉及公众利益。而根据专利法第四十八条第（二）项、专利法第四十九条、专利法第五十条申请给予强制许可的，主要是为了制止垄断行为、维护国家和公众的利益或者公共健康目的，不仅仅涉及请求人与专利权人之间的利益关系。因此，专利法第四十八条第（一）项、专利法第五十一条申请给予强制许可的，应当提供事先与专利权人协商未果的证明。

申请强制许可的单位或者个人提供的证明不仅包括以合理的条件请求专利权人许可其实施专利，而且还包括未能在合理长的时间内获得许可。

第五十五条【给予强制许可的决定及其登记、公告和终止】

国务院专利行政部门作出的给予实施强制许可的决定，应当及时通知专利权人，并予以登记和公告。

给予实施强制许可的决定，应当根据强制许可的理由规定实施的范围和时间。强制许可的理由消除并不再发生时，国务院专利行政部门应当根据专利权人的请求，经审查后作出终止实施强制许可的决定。

一、本条含义

本条是关于强制许可决定的通知、登记、公告和终止的规定。

二、重点讲解

（一）强制许可的终止

1. 强制许可自动终止

《专利实施强制许可办法》第三十一条规定：

有下列情形之一的，强制许可自动终止：

（一）给予强制许可的决定规定的强制许可期限届满；

（二）被给予强制许可的发明专利或者实用新型专利终止或者被宣告无效。

2. 终止强制许可请求的提出

《专利实施强制许可办法》第三十二条规定：

给予强制许可的决定中规定的强制许可期限届满前，强制许可的理由消除并不再发生的，专利权人可以请求国家知识产权局作出终止强制许可的决定。

请求终止强制许可的，应当提交终止强制许可请求书，写明下列各项：

（一）专利权人的姓名或者名称、地址；

（二）专利权人的国籍或者注册的国家或者地区；

（三）请求终止的给予强制许可决定的文号；

（四）请求终止强制许可的理由和事实；

（五）专利权人委托专利代理机构的，受托机构的名称、机构代码以及该机构指定的代理人的姓名、执业证号码、联系电话；

（六）专利权人的签字或者盖章；委托专利代理机构的，还应当有该机构的盖章；

（七）附加文件清单；

（八）其他需要注明的事项。

请求书及其附加文件应当一式两份。

3. 终止强制许可请求的不予受理情形

《专利实施强制许可办法》第三十三条规定：

终止强制许可的请求有下列情形之一的，不予受理并通知请求人：

（一）请求人不是被给予强制许可的发明专利或者实用新型专利的专利权人；
（二）未写明请求终止的给予强制许可决定的文号；
（三）请求文件未使用中文；
（四）明显不具备终止强制许可的理由。

4. 终止强制许可请求的审批

《专利实施强制许可办法》第三十五条规定：

国家知识产权局受理终止强制许可请求的，应当及时将请求书副本送交取得强制许可的单位或者个人。除另有指定的外，取得强制许可的单位或者个人应当自收到通知之日起 15 日内陈述意见；期满未答复的，不影响国家知识产权局作出决定。

《专利实施强制许可办法》第三十六条规定：

国家知识产权局应当对专利权人陈述的理由和提交的有关证明文件以及取得强制许可的单位或者个人陈述的意见进行审查；需要实地核查的，应当指派两名以上工作人员实地核查。

5. 终止强制许可决定

《专利实施强制许可办法》第三十九条规定：

经审查认为请求终止强制许可的理由成立的，国家知识产权局应当作出终止强制许可的决定。在作出终止强制许可的决定前，应当通知取得强制许可的单位或者个人拟作出的决定及其理由。除另有指定的外，取得强制许可的单位或者个人可以自收到通知之日起 15 日内陈述意见。

终止强制许可的决定应当写明下列各项：
（一）专利权人的姓名或者名称、地址；
（二）取得强制许可的单位或者个人的名称或者姓名、地址；
（三）被给予强制许可的发明专利或者实用新型专利的名称、专利号、申请日及授权公告日；
（四）给予强制许可的决定的文号；
（五）决定的事实和法律依据；
（六）国家知识产权局的印章及负责人签字；
（七）决定的日期；
（八）其他有关事项。

终止强制许可的决定应当自作出之日起 5 日内通知专利权人和取得强制许可的单位或者个人。

6. 对终止强制许可决定不服的救济

本部分内容参见本书专利法第五十八条。

三、真题分析

4.【2016 年第 96 题】甲在乙的发明专利基础上开发了一项具有显著经济意义并有着重大技术进步的技术方案，就该技术方案甲申请了发明专利并获得授权，甲实施其发明专利时有赖于乙的发明专利的实施。下列说法哪些是正确的？

A. 甲可以向国务院专利行政部门申请强制许可，说明理由并附具有关证明文件
B. 如果甲与乙就强制许可使用费不能达成协议，可以请求国务院专利行政部门裁决
C. 甲或乙对强制许可使用费的行政裁决不服的，可以提起行政复议
D. 如果甲获得了实施乙专利的强制许可，则乙自动获得实施甲专利的强制许可

【考点】专利强制许可

【分析】专利法第五十一条规定，一项取得专利权的发明或者实用新型比前已经取得专利权的发明或者实用新型具有显著经济意义的重大技术进步，其实施又有赖于前一发明或者实用新型的实施的，国务院专利行政部门根据后一专利权人的申请，可以给予实施前一发明或者实用新型的强制许可。在依照前款规定给予实施强制许可的情形下，国务院专利行政部门根据前一专利权人的申请，也可以给予实施后一发明或者实用新型的强制许可。专利法第五十四条规定，依照本法第四十八条第（一）项、第五十一条规定的申请强制许可的单位或者个人应当提供证据，证明其以合理的条件请求专利权人许可其实施专利，但未能在合理的时间内获得许可。专利法实施细

则第七十四条第一款规定，请求给予强制许可的，应当向国务院专利行政部门提交强制许可请求书，说明理由并附具有关证明文件。由此可知，甲可以申请强制许可，说明理由并附具有关证明文件。因此，选项 A 正确。而且后一专利的专利权人获得前一专利的强制许可，在先专利的专利权人并不自动获得后一专利的强制许可，而是应当提交强制许可请求书，说明理由并附具有关证明文件，因此，选项 D 错误。

专利法第五十七条规定，取得实施强制许可的单位或者个人应当付给专利权人合理的使用费，或者依照中华人民共和国参加的有关国际条约的规定处理使用费问题。付给使用费的，其数额由双方协商；双方不能达成协议的，由国务院专利行政部门裁决。因此，选项 B 正确。

专利法第五十八条规定，专利权人对国务院专利行政部门关于实施强制许可的决定不服的，专利权人和取得实施强制许可的单位或者个人对国务院专利行政部门关于实施强制许可的使用费的裁决不服的，可以自收到通知之日起三个月内向人民法院起诉。《国家知识产权局行政复议规程》第五条规定，对下列情形之一，不能申请行政复议：其中，（四）专利权人或者专利实施强制许可的被许可人对强制许可使用费的裁决不服的。因此，选项 C 错误。

【答案】AB

第五十六条【强制许可的实施权】

取得实施强制许可的单位或者个人不享有独占的实施权，并且无权允许他人实施。

一、本条含义

本条是对依强制许可取得专利实施权的单位或个人权利限制的规定。

二、重点讲解

（一）对强制许可被许可方的实施权利的限制

1. "不享有独占的实施权"的含义

强制许可制度是防止专利权人滥用其专利权或者维护公共利益而授予他人实施专利的制度，只有使更多的人获得实施该专利的权利，才能达到这一目的。因此，被许可人仅获得实施发明或者实用新型专利的普通实施权，专利权人照样有权自己实施和许可他人实施其专利，国家知识产权局还可以继续就该专利颁发其他强制许可。

2. "无权允许他人实施"的含义

获得强制许可的单位或者个人"无权允许他人实施"，是指不得许可他人实施该专利，即不得进行分许可。原因在于如果允许强制许可的被许可人进行分许可，那么法律规定的授予强制许可的严格程序就可以利用分许可的方式绕过，而无须向国家知识产权局提出请求。

专利法及其细则没有对强制许可能否转让作出规定，根据 TRIPS 第 31 条第（e）项规定，除与获得强制许可的那部分企业或者信誉一起转让外，强制许可不得转让。因此，如果强制许可的被许可人因为并购等原因导致企业发生转移或者与强制许可相关的商誉发生转让，强制许可可以转让。

第五十七条【强制许可的使用费】

取得实施强制许可的单位或者个人应当付给专利权人合理的使用费，或者依照中华人民共和国参加的有关国际条约的规定处理使用费问题。付给使用费的，其数额由双方协商；双方不能达成协议的，由国务院专利行政部门裁决。

一、本条含义

本条是关于强制许可使用费的规定。

二、重点讲解

根据TRIPS第32条第（h）项的规定，无论基于何种原因给予的强制许可，被许可人都应当向专利权人支付使用费。专利权人的权利主要体现在两个方面，一是禁止他人未经其许可实施其专利的权利；二是对经其许可实施其专利的人收取使用费的权利。强制许可制度实际上剥夺了专利权人的第一种权利，如果规定在给予强制许可的情况下被许可人可以不向专利权人支付任何费用，实际上就剥夺了专利权人的第二种权利，导致专利权人无法获得任何利益和回报，不符合建立专利制度的根本目的。

（一）强制许可使用费的裁决

1. 强制许可使用费裁决请求的提出

《专利实施强制许可办法》第二十五条规定：

请求裁决强制许可使用费的，应当提交强制许可使用费裁决请求书，写明下列各项：

（一）请求人的姓名或者名称、地址；
（二）请求人的国籍或者注册的国家或者地区；
（三）给予强制许可的决定的文号；
（四）被请求人的姓名或者名称、地址；
（五）请求裁决强制许可使用费的理由；
（六）请求人委托专利代理机构的，受托机构的名称、机构代码以及该机构指定的代理人的姓名、执业证号码、联系电话；
（七）请求人的签字或者盖章；委托专利代理机构的，还应当有该机构的盖章；
（八）附加文件清单；
（九）其他需要注明的事项。

请求书及其附加文件应当一式两份。

2. 强制许可使用费裁决请求的不予受理

《专利实施强制许可办法》第二十六条规定：

强制许可使用费裁决请求有下列情形之一的，不予受理并通知请求人：

（一）给予强制许可的决定尚未作出；
（二）请求人不是专利权人或者取得强制许可的单位或者个人；
（三）双方尚未进行协商或者经协商已经达成协议。

3. 强制许可使用费裁决决定

《专利实施强制许可办法》第二十七条规定：

国家知识产权局受理强制许可使用费裁决请求的，应当及时将请求书副本送交对方当事人。除另有指定的外，对方当事人应当自收到通知之日起15日内陈述意见；期满未答复的，不影响国家知识产权局作出决定。

强制许可使用费裁决过程中，双方当事人可以提交书面意见。国家知识产权局可以根据案情需要听取双方当事人的口头意见。

《专利实施强制许可办法》第二十八条规定：

请求人在国家知识产权局作出决定前撤回其裁决请求的，裁决程序终止。

《专利实施强制许可办法》规定：

第二十九条国家知识产权局应当自收到请求书之日起3个月内作出强制许可使用费的裁决决定。

第五十八条【给予强制许可决定和使用费的司法救济】

专利权人对国务院专利行政部门关于实施强制许可的决定不服的，专利权人和取得实施强制许可的单位或者个人对国务院专利行政部门关于实施强制许可的使用费的裁决不服的，可以自收到通知之日起三个月内向人民法院起诉。

一、本条含义

本条规定了对国家知识产权局给予强制许可的决定以及使用费裁决的司法救济。

二、重点讲解

(一) 对给予强制许可的决定不服的救济

根据本条的规定，专利权人对国务院专利行政部门关于实施强制许可的决定不服的，可以自收到通知之日起三个月内向人民法院起诉。

《专利实施强制许可办法》第四十一条规定，"当事人对国家知识产权局关于强制许可的决定不服的，可以依法申请行政复议或者提起行政诉讼"。

(二) 对强制许可使用费的裁决不服的救济

根据本条的规定，专利权人和取得实施强制许可的单位或者个人对国务院专利行政部门关于实施强制许可的使用费的裁决不服的，可以自收到通知之日起三个月内向人民法院起诉。

《专利实施强制许可办法》第二条规定，国家知识产权局负责受理和审查强制许可请求、强制许可使用费裁决请求和终止强制许可请求并作出决定。

《专利实施强制许可办法》第二十八条规定，请求人在国家知识产权局作出决定前撤回其裁决请求的，裁决程序终止。

根据《国家知识产权局行政复议规程》第五条第（四）项的规定，专利权人或者专利实施强制许可的被许可人对强制许可使用费的裁决不服的，不能申请行政复议。

第七章 专利权的保护

引　言

本章规定对发明、实用新型和外观设计专利权的保护。

专利权作为一种民事财产权，权利保护应当适用民事权利保护的一般原则。但是，专利权作为知识产权是一种无形财产权，与物权、债权等民事财产权相比具有其本身的特点。作为专利权客体的发明创造是无形的，是专利权人不能实际占有的，而且它的保护范围也不是一望而知的，所以专利权更容易受到侵犯。专利权被他人侵犯后，不容易发现，发现了要确定权利的保护范围也有一定的困难。需要对权利保护中的法律责任及免责条款、救济途径、诉讼时效、举证责任等作出特别的规定。因此，本章没有采用一般民事法律采用的"法律责任"或者"罚则"的结构形式。而是采用了"专利权的保护"的结构形式来综合规定权利保护是比较合理的。

各国专利法有一个比较常见的现象，这就是关于授予专利权的条件和程序的规定相对较为详细，而关于保护专利权的规定较为原则。这并不是由于前者更为重要，而是因为：第一，授予专利权的条件和程序是专门的条件和程序，除了由专利法予以规定之外，不可能在其他法律中予以规定；而保护专利权、制止专利违法行为的一些程序可以适用其他上位性法律，例如关于侵权专利权纠纷的诉讼程序可以适用我国《民事诉讼法》的规定，关于查处假冒专利行为的程序在我国可以适用《行政诉讼法》的规定，不必在《专利法》中作专门规定；第二，关于保护专利权的有些规定涉及比较复杂的问题，各国都难以用简单的法律条文清楚地予以规定。因此在对本章有关规定进行说明时，需要结合最高人民法院的司法解释进行讨论。

2015～2019年专利法律知识真题在本章的分布统计如下：

法条	2015年	2016年	2017年	2018年	2019年	合计
A59	1	4	0	2	1	8
A60	2	1	0	4	3	10
A61	1	1	3	1	1	7
A62	0	1	0	1	0	2
A63	1	2	0	2	1	6
A64	0	0	0	0	0	0
A65	0	2	0	0	1	3
A66	1	2	0	1	1	5
A67	0	0	0	0	0	0
A68	0	0	1	0	0	1
A69	1	0	0	2	1	4
A70	0	0	0	0	0	0
A71	0	0	0	0	0	0
A72	0	0	0	0	0	0
A73	0	0	0	0	0	0
A74	0	0	0	0	0	0
总计	7	13	4	13	9	46

第五十九条【专利权的保护范围】

发明或者实用新型专利权的保护范围以其权利要求的内容为准，说明书及附图可以用于解释权利要求的内容。

外观设计专利权的保护范围以表示在图片或者照片中的该产品的外观设计为准，简要说明可以用于解释图片或者照片所表示的该产品的外观设计。

一、本条含义

本条是关于专利权保护范围的规定。

民事权利由权利主体、权利客体和权利内容诸要素构成。专利权作为一种民事权利，权利主体是依法取得专利权的自然人、法人或者其他民事组织；权利客体是发明创造，包括发明、实用新型和外观设计；权利内容是专利法规定的相关权利，包括自己实施、许可他人实施其发明创造、制止他人未经许可为生产经营目的实施其发明创造以及其他权利。

专利权与其他民事权利相比，尤其是与有形财产权相比，具有其特殊性。有形财产权的权利客体是实实在在的财产，其范围是确定的；专利权的客体是发明创造，属于智力成果，具有无形性，看不见、摸不着，需要在法律上对其范围进行界定。

英文中将一般民事侵权行为称为"tort"，而将专利侵权行为称为"infringement"，在一定程度上体现了这种区别。"tort"一词的本意是"扭曲"、"伤害"，其法律含义是因故意或者过失而造成损害，主要是从行为造成的后果出发的；"fringe"一词的本意是"边界"或者"圈子"，"infringe"则意味着"进入边界"、"落入圈子"，主要是从行为客体的性质出发的，它形象地表达了构成专利侵权行为的条件。

二、重点讲解

（一）专利权的保护范围

1. 发明和实用新型专利的保护范围

根据本条第一款的规定，"发明或者实用新型专利权的保护范围以其权利要求的内容为准，说明书及附图可以用于解释权利要求的内容"。

《最高人民法院关于审理侵犯专利权纠纷案件应用法律若干问题的解释》第二条规定：

人民法院应当根据权利要求的记载，结合本领域普通技术人员阅读说明书及附图后对权利要求的理解，确定专利法第五十九条第一款规定的权利要求的内容。

《最高人民法院关于审理侵犯专利权纠纷案件应用法律若干问题的解释（二）》第五条规定：

在人民法院确定专利权的保护范围时，独立权利要求的前序部分、特征部分以及从属权利要求的引用部分、限定部分记载的技术特征均有限定作用。

从理论上看，确定专利权的保护范围有以下两种较为极端的学说：

一是周边限定论，指专利权的保护范围完全按照权利要求书的文字确定，对权利要求书的文字要作严格、忠实的解释，其文字表达的范围就是专利权保护的最大范围，专利权人行使其权利必须受该范围的限制，不得越雷池一步。

二是中心限定论，指权利要求的文字所表达的范围仅仅是专利权保护的最小范围，可以以权利要求书记载的技术方案为中心，通过说明书及其附图的内容全面理解发明创造的整体构思，将保护范围扩大到四周的一定范围。

两种学说的优点和缺点是互补的：前者有利于确保专利权保护范围对社会公众的确定性，但是过于刻板，使权利要求的撰写变得过于重要，略有疏忽就无法弥补，不利于为专利权人提供有效的法律保护；后者的优点是其保护范围的延展性较大，较为灵活，有利于专利权人，但是过于灵活则不利于保障必要的法律确定性，不利于建立稳定的经济秩序，对公众来说不够公平。

在实行专利制度的过程中，不同国家在不同历史时期的确尝试过不同的做法，有的比较偏向于周边限定论，有的比较偏向于中心限定论，但是从发展的趋势来看，都多多少少走向了两者的折中。《欧洲专利公约》第七十六条规定："一份欧洲专利或者欧洲专利申请的保护范围由权利要求书的内容确定，说明书和附图可以用以解释权利要求"。为了更为明确地阐述该条规定的含义，纠正过于偏颇的解释立场，该公约附加了一个关于第七十六条的议定书，规定："第七十六条不应当被理解为一份欧洲专利所提供的保护由权利要求的措辞的严格字面含义来确定，而说明书和附图仅仅用于解释权利要求中的含糊不清之处；也不应当被理解为权利要求仅仅起到一种指导作用，而提供的实际保护可以从所属技术领域的普通技术人员对说明书和附图的理解出发，扩展到专利权人所期望达到的范围。这一条款应当被理解为定义了上述两种极端之间的一种中间立场，从这一立场出发，既能够为专利权人提供良好的保护，同时对他人来说又具有良好的法律确定性"。《欧洲专利公约》第七十六条的规定后来成为各国专利法相关规定的立法样本，也被认为是我国专利法本条规定的立法渊源。

2. 外观设计专利的保护范围

根据本条第二款的规定，"外观设计专利权的保护范围以表示在图片或者照片中的该产品的外观设计为准，简要说明可以用于解释图片或者照片所表示的该产品的外观设计"。

《最高人民法院关于审理侵犯专利权纠纷案件应用法律若干问题的解释》第八条至第十一条分别规定：

第八条　在与外观设计专利产品相同或者相近种类产品上，采用与授权外观设计相同或者近似的外观设计的，人民法院应当认定被诉侵权设计落入专利法第五十九条第二款规定的外观设计专利权的保护范围。

第九条　人民法院应当根据外观设计产品的用途，认定产品种类是否相同或者相近。确定产品的用途，可以参考外观设计的简要说明、国际外观设计分类表、产品的功能以及产品销售、实际使用的情况等因素。

第十条　人民法院应当以外观设计专利产品的一般消费者的知识水平和认知能力，判断外观设计是否相同或者近似。

第十一条　人民法院认定外观设计是否相同或者近似时，应当根据授权外观设计、被诉侵权设计的设计特征，以外观设计的整体视觉效果进行综合判断；对于主要由技术功能决定的设计特征以及对整体视觉效果不产生影响的产品的材料、内部结构等特征，应当不予考虑。

下列情形，通常对外观设计的整体视觉效果更具有影响：

（一）产品正常使用时容易被直接观察到的部位相对于其他部位；

（二）授权外观设计区别于现有设计的设计特征相对于授权外观设计的其他设计特征。

被诉侵权设计与授权外观设计在整体视觉效果上无差异的，人民法院应当认定两者相同；在整体视觉效果上无实质性差异的，应当认定两者近似。

3. 权利要求书的作用

根据本条第一款的规定，"发明或者实用新型专利权的保护范围以其权利要求的内容为准"，权利要求书能够起到如下两方面的作用：

第一，它是衡量专利权是否囊括已知技术，即是否具备新颖性和创造性的基础。既然权利要求书确定专利权的保护范围，判断新颖性和创造性当然也要以权利要求表达的技术方案为准，而不是以说明书记载的内容为准。说明书的内容很庞大，以它为基础很难对新颖性、创造性进行判断；而权利要求书以简洁明了的方式定义要求保护的技术方案，表明该方案由哪些要素构成，从而为新颖性和创造性的判断提供了切实可行的途径。

第二，它为社会公众和司法机关判断什么是受到专利保护的技术方案提供了很大的方便，通过阅读权利要求，就能够从其简明的文字较为容易地得知专利权的保护范围。

由此可知，权利要求书在专利制度中占有十分重要的地位，它与说明书的功能明显不同，说明书用于向公众传播技术信息；权利要求书用于确定专利权的保护范围。

4. 说明书及其附图的作用

无论是较为复杂的技术方案，还是相对简单的技术方案，现实中几乎没有人仅仅通过阅读权利要求书就能够明了所要保护的技术方案的准确含义。所以，对权利要求书进行解释非常必要。根据专利法第二十六条的规定，"说明书应当对发明或者实用新型作出清楚、完整的说明，以所属技术领域的技术人员能够实现为准；必要的时候，应当有附图"。

《最高人民法院关于审理侵犯专利权纠纷案件应用法律若干问题的解释》第三条、第四条规定：

第三条 人民法院对于权利要求，可以运用说明书及附图、权利要求书中的相关权利要求、专利审查档案进行解释。说明书对权利要求用语有特别界定的，从其特别界定。

以上述方法仍不能明确权利要求含义的，可以结合工具书、教科书等公知文献以及本领域普通技术人员的通常理解进行解释。

第四条 对于权利要求中以功能或者效果表述的技术特征，人民法院应当结合说明书和附图描述的该功能或者效果的具体实施方式及其等同的实施方式，确定该技术特征的内容。

5. 外观设计专利产品照片或图片的作用

外观设计专利权的保护客体决定了其不适合采用权利要求的方式来确定其保护范围，因此外观设计专利制度只能在没有权利要求书的情况下运作。根据本条第二款的规定，"外观设计专利权的保护范围以表示在图片或者照片中的该产品的外观设计为准"。

6. 外观设计简要说明的作用

根据本条第二款的规定，"简要说明可以用于解释图片或者照片所表示的该产品的外观设计"。

外观设计专利的简要说明记载了对确定外观设计的保护范围可能产生影响的一些因素，例如产品名称、产品用途、产品的设计要点等，必要时还可以写明请求保护色彩、省略视图等情况。因此，规定简要说明可以用于解释图片或者照片所表示的该产品的外观设计，可以使外观设计专利权保护范围的确定更为合理。

（二）专利侵权的判定原则

1. 相同侵权的含义

相同侵权，即文字含义上的侵权，是指在被控侵权的产品或者方法中能找到与权利要求记载的每一个技术特征相同的对应技术特征。

判断相同侵权可以借用新颖性的概念，可以将被控侵权的产品或者方法看成是一份对比文件，以此来判断专利权要求是否具备新颖性。如果判断的结论是具备新颖性，则相同侵权不成立，反之，则构成相同侵权。

需要注意的是，不具备新颖性的情况包括惯用手段的直接置换，在专利侵权判断中，最好不要将这种情况列入相同侵权的范畴，用等同原则进行判断更为合适。

2. 等同侵权的含义

等同侵权，简单地说，是指被控侵权行为客体与权利要求中记载的技术方案"基本相似""差别不大""实质相同"时，应当认定仍然构成了侵犯专利权的行为。《最高人民法院关于审理专利纠纷案件适用法律问题的若干规定》第十七条规定：

专利法第五十九条第一款所称的"发明或者实用新型专利权的保护范围以其权利要求的内容为准，说明书及附图可以用于解释权利要求的内容"，是指专利权的保护范围应当以权利要求记载的全部技术特征所确定的范围为准，也包括与该技术特征相等同的特征所确定的范围。

"等同特征"，是指与所记载的技术特征以基本相同的手段，实现基本相同的功能，达到基本相同的效果，并且本领域普通技术人员在被诉侵权行为发生时无需经过创造性劳动就能够联想到的特征。

其中，"等同"是指各对应技术特征之间的等同，而不是指专利技术方案与被控侵权行为之间的"整体等同"。

等同原则只有在被控侵权产品或者方法与权利要求的文字记载存在某个或者某些区别的情况下才有必要予以适用。

权利要求以简单明了的文字，明确了要求保护的发明或者实用新型技术方案的"要点"，保护范围首先必须以这些"要点"的集合为准；为了有效保护发明和实用新型专利权，有必要对权利要求的文字作出适度灵活解释，为此创立了等同原则，该原则的适用建立在权利要求的基础之上，所谓"等同"是指被控侵权行为客体的有关技术特征与权利要求记载的相应"要点"之间的等同。

3. 以权利要求的内容为准的含义

（1）专利权人有选择以哪一项权利要求为准的权利。《最高人民法院关于审理侵犯专利权纠纷案件应用法律若干问题的解释》第一条规定：

人民法院应当根据权利人主张的权利要求，依据专利法第五十九条第一款的规定确定专利权的保护范围。权利人在一审法庭辩论终结前变更其主张的权利要求的，人民法院应当准许。

权利人主张以从属权利要求确定专利权保护范围的，人民法院应当以该从属权利要求记载的附加技术特征及其引用的权利要求记载的技术特征，确定专利权的保护范围。

上述规定表明，专利权人提出专利侵权指控的，有选择以权利要求书中的某一项权利要求为准来确定其保护范围的权利，法院和管理专利工作的部门应当尊重专利权人的选择，不应强迫专利权人只能以其独立权利要求为准主张其权利。

需要注意的是，权利要求的撰写分为开放式和封闭式，其中，"封闭式"解释方式仅仅适用于组合物和化合物，其原因在于，在一些情况下，增加其他的组分所形成的组合物或者化合物有可能具有完全不同的性质，变成另一种不同的产品。

对于一般的机械产品或者电子产品等产品权利要求而言，即使权利要求采用了"由……组成"、"基本上由……组成"的表达方式，也不适用"封闭式"解释方式。

（2）专利权的保护类型由权利要求确定。从专利法的意义出发，所有专利权只分成产品专利权和方法专利权两种类型。产品专利权的保护客体是物或者物的组合体，不仅包括常规概念之下的产品，还包括物质、机器、装置、系统等。方法专利权的保护客体是由一系列步骤组成的操作过程，尽管在执行这些步骤时也会涉及物，例如材料、设备、工具等，但是其核心不在于对物本身的创新，而是在于加工、操作、使用方式，通过方法步骤的组合和操作顺序来实现方法发明所要产生的效果。

根据专利法第十一条的规定，对于产品专利权来说，其法律效力是未经许可不得制造、使用、许诺销售、销售或者进口该专利产品；对于产品制造方法专利权来说，其法律效力是未经许可不得使用该专利方法，以及使用、许诺销售、销售或者进口用该专利方法所直接获得的产品；对于其余方法专利权来说，其法律效力仅仅是未经许可不得使用专利方法。不同类型专利权的法律效力有很大差别，因此在审理或者处理专利侵权纠纷案件时，执法机关首先应当认定专利权的类型。

根据专利法实施细则第二十条和第二十一条的规定，一项权利要求必须在开头部分写明要求保护的技术方案的主题名称。主题名称必须要么是一种产品，要么是一种方法，两者只能选择其一，不允许采取模棱两可的表达方式，例如，一种××技术、一种××方案，也不允许采用混合的主题名称，例如，一种××产品及其制造方法。

需要注意的是，产品的用途发明属于方法发明，如何确定用途发明所获得的专利权的类型，《专利审查指明2010》第二部分第十章第4.5.1节规定了在化学领域中用途权利要求的类型。

化学产品的用途发明是基于发现产品新的性能，并利用此性能而作出的发明。无论是新产品还是已知产品，其性能是产品本身所固有的，用途发明的本质不在于产品本身，而在于产品性能的应用。因此，用途发明是一种方法发明，其权利要求属于方法类型。

如果利用一种产品A而发明了一种产品B，那么自然应当以产品B本身申请专利，其权利要求属于产品类型，不作为用途权利要求。

审查员应当注意从权利要求的撰写措词上区分用途权利要求和产品权利要求。例如，"用化合物X作为杀虫剂"或者"化合物X作为杀虫剂的应用"是用途权利要求，属于方法类型，而"用化合物X制成的杀虫剂"或者"含化合物X的杀虫剂"，则不是用途权利要求，而是产品权利要求。

还应当明确的是，不应当把"化合物X作为杀虫剂的应用"理解为与"作杀虫剂用的化合物X"相等同。后者是限定用途的产品权利要求，不是用途权利要求。

（3）确定专利权的保护范围不能忽略权利要求中记载的技术特征。《最高人民法院关于审理侵犯专利权纠纷案件应用法律若干问题的解释》第七条规定：

人民法院判定被诉侵权技术方案是否落入专利权的保护范围，应当审查权利人主张的权利要求所记载的全部技术特征。

被诉侵权技术方案包含与权利要求记载的全部技术特征相同或者等同的技术特征的，人民法院应当认定其落入专利权的保护范围；被诉侵权技术方案的技术特征与权利要求记载的全部技术特征相比，缺少权利要求记载的一个以上的技术特征，或者有一个以上技术特征不相同也不等同的，人民法院应当认定其没有落入专利权的保护范围。

应当指出，不仅判断是否构成侵犯发明和实用新型专利权的行为应当以权利要求的内容为准，而且判断是否符合发明或者实用新型专利权的条件也以应当以权利要求为准。由此可见，发明和实用新型专利权的确权和侵权判断规则都是围绕权利要求建立起来的。

4. 等同特征的概念

《最高人民法院关于审理专利纠纷案件适用法律问题的若干规定》第十七条第二款规定：

专利法第五十九条第一款所称的"发明或者实用新型专利权的保护范围以其权利要求的内容为准，说明书及附图可以用于解释权利要求的内容"，是指专利权的保护范围应当以权利要求记载的全部技术特征所确定的范围为准，也包括与该技术特征相等同的特征所确定的范围。

"等同特征"，是指与所记载的技术特征以基本相同的手段，实现基本相同的功能，达到基本相同的效果，并且本领域普通技术人员在被诉侵权行为发生时无须经过创造性劳动就能够联想到的特征。

三、真题分析

1. **【2019年第87题】** 一项专利的独立权利要求包含N、O两个技术特征，从属权利要求还包括特征P。下列哪些技术方案落入了该专利的保护范围？

   A. 一项由N、O、P三个技术特征构成的技术方案
   B. 一项由N、O、P、Q四个技术特征构成的技术方案
   C. 一项由N、O'、Q三个技术特征构成的技术方案，其中O'是O的等同特征
   D. 一项由N、O、Q三个技术特征的技术方案，其中Q不等同于P

   【考点】 侵犯专利权判定

   【分析】 专利法第五十九条第一款规定，发明或者实用新型专利权的保护范围以其权利要求的内容为准，说明书及附图可以用于解释权利要求的内容。《最高人民法院关于审理侵犯专利权纠纷案件应用法律若干问题的解释》第七条规定，人民法院判定被诉侵权技术方案是否落入专利权的保护范围，应当审查权利人主张的权利要求所记载的全部技术特征。被诉侵权技术方案包含与权利要求记载的全部技术特征相同或者等同的技术特征的，人民法院应当认定其落入专利权的保护范围；被诉侵权技术方案的技术特征与权利要求记载的全部技术特征相比，缺少权利要求记载的一个以上的技术特征，或者有一个以上技术特征不相同也不等同的，人民法院应当认定其没有落入专利权的保护范围。

   本题选项ABCD中的技术方案都包含技术特征N和O，都落入该专利独立权利要求的保护范围，因此，选项ABCD正确。

   【答案】 ABCD

2. **【2018年第84题】** 甲获得一项方法专利，该专利方法包括3个步骤：①由产品a制得产品b；②由产品b制得产品c；③由产品c制得产品d。但甲未获得产品d的产品专利。

   乙在制造产品X时，未经甲的许可采用包括如下反应步骤的方法：①由产品b制得产品c；②由产品c制得产品d；③由产品d制得产品X，并向市场大量出口产品X。

   则以下说法正确的是：

   A. 乙的行为构成"使用专利方法"的行为，侵犯甲的专利权
   B. 乙的行为不构成"使用专利方法"的行为，未侵犯甲的专利权
   C. 乙的行为构成"使用依照该专利方法直接获得的产品d"的行为，侵犯甲的专利权
   D. 乙的行为不构成"使用依照该专利方法直接获得的产品d"的行为，未侵犯甲的专利权

   【考点】 专利侵权行为

   【分析】 专利法第五十九条第一款规定，发明或者实用新型专利权的保护范围以其权利要求的内容为准，说明书及附图可以用于解释权利要求的内容。《最高人民法院关于审理侵犯专利权纠纷案件应用法律若干问题的解释》第七条规定，人民法院判定被诉侵权技术方案是否落入专利权的保护范围，应当审查权利人主张的权利要求所记载的全部技术特征。被诉侵权技术方案包含与权利要求记载的全部技术特征相同或者等同的技术特征的，人民法院应当认定其落入专利权的保护范围；被诉侵权技术方案的技术特征与权利要求记载的全部技术特征相比，缺少权利要求记载的一个以上的技术特征，或者有一个以上技术特征不相同也不等同的，人民法院应当认定其没

有落入专利权的保护范围。

专利法第十一条第一款规定，发明和实用新型专利权被授予后，除本法另有规定的以外，任何单位或者个人未经专利权人许可，都不得实施其专利，即不得为生产经营目的制造、使用、许诺销售、销售、进口其专利产品，或者使用其专利方法以及使用、许诺销售、销售、进口依照该专利方法直接获得的产品。

本题中，根据上述全覆盖原则，由于乙的技术方案不包括甲的专利方法第一步骤，即①由产品a制得产品b，因此，乙的行为不构成"使用专利方法"的行为，未侵犯甲的专利权，所以，选项A错误，选项B正确。

《最高人民法院关于审理侵犯专利权纠纷案件应用法律若干问题的解释》第十三条规定，对于使用专利方法获得的原始产品，人民法院应当认定为专利法第十一条规定的依照专利方法直接获得的产品。对于将上述原始产品进一步加工、处理而获得后续产品的行为，人民法院应当认定属于专利法第十一条规定的使用依照该专利方法直接获得的产品。《最高人民法院关于审理侵犯专利权纠纷案件应用法律若干问题的解释（二）》第十条规定，对于权利要求中以制备方法界定产品的技术特征，被诉侵权产品的制备方法与其不相同也不等同的，人民法院应当认定被诉侵权技术方案未落入专利权的保护范围。

本题中，乙制造产品X的方法是：①由产品b制得产品c；②由产品c制得产品d；③由产品d制得产品X，其中产品d的获得没有采用甲的专利方法，即乙的制造方法中所使用的产品d并不是"使用依照该专利方法（甲）直接获得的产品"，因此，乙的行为未侵犯甲的专利权。所以，选项C错误，选项D正确。

【答案】 BD

3. **【2018年第85题】** 某公司拥有1项组合物专利，该专利仅1项权利要求："一种组合物，由A部分与B部分组成，其中：所述A部分选自化合物a1；所述B部分由结构各不相似、功能各不相同的3种化合物x、y、z组成"。

并且，该专利说明书中还提到了，其中所述组合物的A部分还可以选自a2、a3、a4等结构不同、但功能相似的化合物。

下述选项的组合物，未落入上述专利保护范围的有：

A. 一种组合物，由A部分与B部分组成，其中：所述A部分选自化合物a1；所述B部分由结构各不相似、功能各不相同的4种化合物x、y、z、m组成

B. 一种组合物，由A部分与B部分组成，其中：所述A部分选自化合物a1；所述B部分由结构各不相似、功能各不相同的3种化合物x、y、m组成，其中的化合物m与前述化合物z结构不相似、实现不同功能

C. 一种组合物，由A部分与B部分组成，其中：所述A部分选自化合物a2；所述B部分由结构各不相似、功能各不相同的3种化合物x、y、z组成

D. 一种组合物，由A部分与B部分组成，其中：所述A部分选自化合物a1；所述B部分由结构各不相似、功能各不相同的3种化合物x、y、z'组成，其中的化合物z'与前述化合物z结构基本相同、能够实现基本相同的功能、达到基本相同的效果

【考点】 专利保护范围

【分析】《最高人民法院关于审理侵犯专利权纠纷案件应用法律若干问题的解释（二）》第七条第一款规定，被诉侵权技术方案在包含封闭式组合物权利要求全部技术特征的基础上增加其他技术特征的，人民法院应当认定被诉侵权技术方案未落入专利权的保护范围，但增加的技术特征属于不可避免的常规数量杂质的除外。本题选项A的组合物在该公司组合物全部技术特征的基础上增加了特征m，因此，选项A的组合物没有落入该公司组合物专利权的保护范围，选项A正确。

专利法第五十九条第一款规定，发明或者实用新型专利权的保护范围以其权利要求的内容为准，说明书及附图可以用于解释权利要求的内容。《最高人民法院关于审理侵犯专利权纠纷案件应用法律若干问题的解释》第七条规定，人民法院判定被诉侵权技术方案是否落入专利权的保护范围，应当审查权利人主张的权利要求所记载的全部技术特征。被诉侵权技术方案包含与权利要求记载的全部技术特征相同或者等同的技术特征的，人民法院应当认定其落入专利权的保护范围；被诉侵权技术方案的技术特征与权利要求记载的全部技术特征相比，缺少权利要求记载的一个以上的技术特征，或者有一个以上技术特征不相同也不等同的，人民法院应当认定其没有落入专利权的保护范围。

根据上述规定，本题选项B的组合物中的技术特征m与该公司组合物中的技术特征z不相同，也不等同。因

此，选项 B 的组合物没有落入该公司组合物专利权的保护范围，选项 B 正确。本题选项 D 的组合物与该公司的组合物相比，仅仅是化合物 z' 与化合物 z 的替换，但两者结构基本相同、能够实现基本相同的功能、达到基本相同的效果，属于技术特征的等同替换，因此，选项 D 的组合物落入了该公司组合物专利权的保护范围，选项 D 错误。

《最高人民法院关于审理侵犯专利权纠纷案件应用法律若干问题的解释》第五条规定，第五条 对于仅在说明书或者附图中描述而在权利要求中未记载的技术方案，权利人在侵犯专利权纠纷案件中将其纳入专利权保护范围的，人民法院不予支持。本题选项 C 的组合物 a2、x、y、z 仅在专利说明书中提及，因此，选项 C 的组合物没有落入该公司组合物专利权的保护范围，选项 C 正确。

【答案】ABC

4.【2016年第86题】甲公司拥有一项推荐性行业标准中明示的必要专利技术，乙公司未经甲公司同意，在其制造的产品中使用了该项专利技术，以下说法正确的是？
    A. 由于该专利已被列入推荐性行业标准，因此乙公司使用该项技术无需支付许可费
    B. 虽然该专利已被列入推荐性行业标准，但是乙公司使用该项技术应当支付许可费
    C. 由于该专利已被列入推荐性行业标准，因此乙公司使用该项技术不侵犯甲公司专利权
    D. 虽然该专利已被列入推荐性行业标准，但乙公司未经同意使用该技术仍然属于侵权行为

【考点】专利侵权 必要专利

【分析】专利法第六十条规定，未经专利权人许可，实施其专利，即侵犯其专利权，引起纠纷的，由当事人协商解决；不愿协商或者协商不成的，专利权人或者利害关系人可以向人民法院起诉，也可以请求管理专利工作的部门处理。《最高人民法院关于审理侵犯专利权纠纷案件应用法律若干问题的解释（二）》第二十四条第一款规定，推荐性国家、行业或者地方标准明示所涉必要专利的信息，被诉侵权人以实施该标准无需专利权人许可为由抗辩不侵犯该专利权的，人民法院一般不予支持。因此，选项 AC 错误，选项 BD 正确。

【答案】BD

5.【2016年第87题】甲就研磨机获得了一项实用新型专利权，其授权公告的独立权利要求 1 包括 a、b、c、d 四个技术特征，以下哪些产品落入该实用新型专利权的保护范围？
    A. 乙制造的研磨机，包括 a、b、c、e 四个技术特征，其中特征 e 为记载在甲的授权专利说明书中的特征，并与 d 不相同也不等同
    B. 丙制造的研磨机，包括 a、b、c、d' 四个技术特征，其中特征 d' 与甲授权专利中的特征 d 等同
    C. 丁制造的研磨机，包括 a、b、c、d、e 五个技术特征，其中特征 e 为记载在甲的授权专利说明书中的特征
    D. 戊制造的研磨机，仅包括 a、b、c 三个技术特征

【考点】侵权判断 全覆盖原则

【分析】《最高人民法院关于审理侵犯专利权纠纷案件应用法律若干问题的解释》第七条：人民法院判定被诉侵权技术方案是否落入专利权的保护范围，应当审查权利人主张的权利要求所记载的全部技术特征。被诉侵权技术方案包含与权利要求记载的全部技术特征相同或者等同的技术特征的，人民法院应当认定其落入专利权的保护范围；被诉侵权技术方案的技术特征与权利要求记载的全部技术特征相比，缺少权利要求记载的一个以上的技术特征，或者有一个以上技术特征不相同也不等同的，人民法院应当认定其没有落入专利权的保护范围。本题中，选项 AD 缺少授权专利权利要求中的技术特征 d，而选项 BC 包含授权专利权利要求中的全部技术特征或者等同技术特征，因此，选项 AD 错误，选项 BC 正确。

【答案】BC

6.【2016年第88题】甲有一项名称为"茶具"的外观设计专利，其包括茶壶和茶杯两件产品；乙在某网购平台上销售茶壶，其销售的茶壶与甲的外观设计专利中的茶壶属于相同的设计，丙从该网购平台购买了乙销售的茶壶供自己使用。以下说法哪些是正确的？
    A. 乙销售的茶壶落入甲的专利权保护范围
    B. 乙销售的茶壶未落入甲的专利权保护范围
    C. 丙购买并使用该茶壶侵犯了甲的专利权
    D. 丙购买并使用该茶壶不侵犯甲的专利权

【考点】外观设计专利侵权判断

【分析】专利法第十一条第二款规定，外观设计专利权被授予后，任何单位或者个人未经专利权人许可，都

不得实施其专利，即不得为生产经营目的制造、许诺销售、销售、进口其外观设计专利产品。《最高人民法院关于审理侵犯专利权纠纷案件应用法律若干问题的解释（二）》第十五条规定，对于成套产品的外观设计专利，被诉侵权设计与其一项外观设计相同或者近似的，人民法院应当认定被诉侵权设计落入专利权的保护范围。

本题中，甲的外观设计专利是由茶壶和茶杯两项外观设计构成的成套产品，乙销售的茶壶与甲的外观设计专利中的茶壶具有相同的设计，落入了甲的外观设计专利的保护范围，因此，选项 A 正确，选项 B 错误。由于外观设计专利的保护并不包括使用，丙的使用行为不构成侵权，因此，选项 C 错误，选项 D 正确。

【答案】 AD

7．**【2016 年第 89 题】** 某沙发床的外观设计专利，其授权图片所示该沙发具有沙发和床两个变化状态，下列说法哪些是正确的？

A. 被诉侵权产品为沙发，不能变化为床，该沙发与授权专利中沙发使用状态下的外观设计相同，则落入该外观设计专利权的保护范围

B. 被诉侵权产品为沙发，不能变化为床，尽管该沙发与授权专利中沙发使用状态下的外观设计相同，也不会落入该外观设计专利权的保护范围

C. 被诉侵权产品为沙发床，有三个变化状态，且其中两个变化状态分别与授权专利对应的两个变化状态外观设计近似，尽管其第三个变化状态与授权专利任一状态下的外观设计均不近似，其仍然落入该外观设计专利权的保护范围

D. 被诉侵权产品为沙发床，有三个变化状态，且其中两个变化状态分别与授权专利对应的两个变化状态外观设计近似，第三个变化状态与授权专利任一状态下的外观设计均不近似，则不会落入该外观设计专利权的保护范围

【考点】 外观设计专利侵权判断

【分析】 《最高人民法院关于审理侵犯专利权纠纷案件应用法律若干问题的解释（二）》第十七条规定，对于变化状态产品的外观设计专利，被诉侵权设计与变化状态图所示各种使用状态下的外观设计均相同或者近似的，人民法院应当认定被诉侵权设计落入专利权的保护范围；被诉侵权设计缺少其一种使用状态下的外观设计或者与之不相同也不近似的，人民法院应当认定被诉侵权设计未落入专利权的保护范围。

本题中，某沙发床的外观设计专利，其授权图片所示该沙发具有沙发和床两个变化状态，而选项 AB 中"被诉侵权产品沙发"只有沙发一种状态，不能变化成床，因此，选项 A 错误，选项 B 正确。选项 CD 中"被诉侵权产品沙发床"有三个变化状态，且其中两个变化状态分别与授权专利对应的两个变化状态外观设计近似，因此，选项 C 正确，选项 D 错误。

【答案】 BC

8．**【2015 年第 29 题】** 甲公司拥有一项产品发明专利，其权利要求包括 a、b、c、d 四个特征，其中 a、b、c 三个特征属于必要技术特征。未经甲公司许可，乙公司制造的下列哪个产品侵犯甲公司的专利权？

A. 产品包括特征 a、b、c、f，其中特征 f 是记载在甲公司专利说明书中的特征

B. 产品包括特征 b、c、d、e

C. 产品包括特征 a、b'、c，其中 b' 与 b 是等同的技术特征

D. 产品包括特征 a、b、c、d、g，其中特征 g 是没有记载在甲公司专利说明书中的特征

【考点】 专利侵权的判定原则

【分析】 专利法第五十九条第一款规定，发明或者实用新型专利权的保护范围以其权利要求的内容为准，说明书及附图可以用于解释权利要求的内容。《最高人民法院关于审理专利纠纷案件适用法律问题的若干规定》第十七条规定，专利法第五十九条第一款所称的'发明或者实用新型专利权的保护范围以其权利要求的内容为准，说明书及附图可以用于解释权利要求的内容'，是指专利权的保护范围应当以权利要求记载的全部技术特征所确定的范围为准，也包括与该技术特征相等同的特征所确定的范围。等同特征，是指与所记载的技术特征以基本相同的手段，实现基本相同的功能，达到基本相同的效果，并且本领域普通技术人员在被诉侵权行为发生时无需经过创造性劳动就能够联想到的特征。

本题中，选项 AC 中的产品不包括 d 特征，选项 B 中的产品不包括 a 特征，都没有落入甲公司该专利权的保护范围。而选项 D 中的产品包含与甲公司该专利的权利要求记载的全部技术特征（a、b、c、d），落入该专利权

的保护范围，因此，选项 D 正确。选项 ABC 错误。
【答案】D

第六十条【侵犯专利权的处理、审理及民事责任】

未经专利权人许可，实施其专利，即侵犯其专利权，引起纠纷的，由当事人协商解决；不愿协商或者协商不成的，专利权人或者利害关系人可以向人民法院起诉，也可以请求管理专利工作的部门处理。管理专利工作的部门处理时，认定侵权行为成立的，可以责令侵权人立即停止侵权行为，当事人不服的，可以自收到处理通知之日起十五日内依照《中华人民共和国行政诉讼法》向人民法院起诉；侵权人期满不起诉又不停止侵权行为的，管理专利工作的部门可以申请人民法院强制执行。进行处理的管理专利工作的部门应当事人的请求，可以就侵犯专利权的赔偿数额进行调解；调解不成的，当事人可以依照《中华人民共和国民事诉讼法》向人民法院起诉。

一、本条含义

本条是关于侵犯专利权纠纷的解决途径以及侵权人应当承当的民事责任的规定。

本条将"侵犯专利权纠纷"定义为"未经专利权人许可，实施其专利"而引起的纠纷。其中，"专利权人"是指依法在我国取得专利权的权利主体，既包括我国的单位或者个人，也包括外国人、外国企业或者外国其他组织。"未经专利权人许可"是指没有得到专利权人的授权，也不存在强制许可以及予以推广应用的理由。

二、重点讲解

本条中"未经许可"和"实施专利"分别对应于专利法第十一条所述的"未经专利权人许可"和"实施其专利"，应当理解为具有相同的含义。

本条所述"侵犯专利权纠纷"具有特定含义，所涉及的范围较为狭窄。有些行为，例如被许可人未经专利权人同意而擅自许可第三人实施专利、在非专利产品上标注专利权人的专利号所构成的假冒专利行为等，也可以认为是侵犯专利权人的权利或者利益的行为，但是不属于本条所称侵犯专利权行为的范围，由此而产生的纠纷不属于侵犯专利权的纠纷，不能适用本条的规定。

（一）专利侵权行为的类型

1. 侵犯产品发明或实用新型专利权的行为

根据专利法第十一条第一款的规定，"侵犯产品发明或实用新型专利权的行为，是指在发明和实用新型专利权被授予后，除本法另有规定的以外，任何单位或者个人未经专利权人许可，实施其专利，即为生产经营目的制造、使用、许诺销售、销售、进口其专利产品的行为"。

《最高人民法院关于审理侵犯专利权纠纷案件应用法律若干问题的解释》第十二条第一款规定：

将侵犯发明或者实用新型专利权的产品作为零部件，制造另一产品的，人民法院应当认定属于专利法第十一条规定的使用行为；销售该另一产品的，人民法院应当认定属于专利法第十一条规定的销售行为。

2. 侵犯方法发明专利权的行为

根据专利法第十一条第一款的规定，侵犯方法发明专利权的行为，是指方法发明专利权被授予后，除本法另有规定的以外，任何单位或者个人未经专利权人许可，实施其专利，即为生产经营目的使用其专利方法以及使用、许诺销售、销售、进口依照该专利方法直接获得的产品的行为。

3. 侵犯外观设计专利权的行为

根据专利法第十一条第二款的规定，侵犯外观设计专利权的行为，是指在外观设计专利权被授予后，任何单位或者个人未经专利权人许可，实施其专利，即为生产经营目的制造、许诺销售、销售、进口其外观设计专利产品的行为。

《最高人民法院关于审理侵犯专利权纠纷案件应用法律若干问题的解释》第十二条第二款规定：

将侵犯外观设计专利权的产品作为零部件，制造另一产品并销售的，人民法院应当认定属于专利法第十一条

规定的销售行为，但侵犯外观设计专利权的产品在该另一产品中仅具有技术功能的除外。

（二）侵犯专利权的法律责任

侵犯专利权行为是一种民事侵权行为，行为人应当承担相关民事责任。《民法通则》第一百一十八条规定：

公民、法人的著作权（版权）、专利权、商标专用权、发现权、发明权和其他科技成果权受到剽窃、篡改、假冒等侵害的，有权要求停止侵害，消除影响，赔偿损失。

1. 停止侵权

根据本条的规定，"管理专利工作的部门处理时，认定侵权行为成立的，可以责令侵权人立即停止侵权行为"。

2. 制止侵权的措施

《专利行政执法办法》第四十三条规定：

管理专利工作的部门认定专利侵权行为成立，作出处理决定，责令侵权人立即停止侵权行为的，应当采取下列制止侵权行为的措施：

（一）侵权人制造专利侵权产品的，责令其立即停止制造行为，销毁制造侵权产品的专用设备、模具，并且不得销售、使用尚未售出的侵权产品或者以任何其他形式将其投放市场；侵权产品难以保存的，责令侵权人销毁该产品；

（二）侵权人未经专利权人许可使用专利方法的，责令侵权人立即停止使用行为，销毁实施专利方法的专用设备、模具，并且不得销售、使用尚未售出的依照专利方法所直接获得的侵权产品或者以任何其他形式将其投放市场；侵权产品难以保存的，责令侵权人销毁该产品；

（三）侵权人销售专利侵权产品或者依照专利方法直接获得的侵权产品的，责令其立即停止销售行为，并且不得使用尚未售出的侵权产品或者以任何其他形式将其投放市场；尚未售出的侵权产品难以保存的，责令侵权人销毁该产品；

（四）侵权人许诺销售专利侵权产品或者依照专利方法直接获得的侵权产品的，责令其立即停止许诺销售行为，消除影响，并且不得进行任何实际销售行为；

（五）侵权人进口专利侵权产品或者依照专利方法直接获得的侵权产品的，责令侵权人立即停止进口行为；侵权产品已经入境的，不得销售、使用该侵权产品或者以任何其他形式将其投放市场；侵权产品难以保存的，责令侵权人销毁该产品；侵权产品尚未入境的，可以将处理决定通知有关海关；

（六）通知电子商务平台对涉嫌侵权商品相关网页采取删除或屏蔽等措施；

（七）停止侵权行为的其他必要措施。

管理专利工作的部门认定电子商务平台上的专利侵权行为成立，作出处理决定的，应当通知电子商务平台提供者及时对专利侵权产品或者依照专利方法直接获得的侵权产品相关网页采取删除、屏蔽或者断开链接等措施。

3. 赔偿损失

本部分内容参见本书专利法第六十五条。

4. 赔偿责任的免除情形

本部分内容参见本书专利法第七十条。

5. 赔偿数额的计算

本部分内容参见本书专利法第六十五条。

（三）救济方法

1. 协商

专利权是一种民事财产权，侵犯专利权纠纷是一种民事纠纷，可以由当事人来协商解决，并不一定需要通过公力救济途径来解决。

2. 请求专利行政部门调解和处理

我国在建立专利制度的时候，考虑到当时知识产权审判力量比较薄弱，大量专利侵权案件全部由法院处理有一定困难；专利侵权案件的处理需要一定的技术背景，由专利管理机关处理比较合适；行政处理可以迅速解决一些简单的专利侵权案件,使当事人免予诉累。就在我国建立起了专利行政保护和司法保护的双重体系,即所谓"双轨制"。专利行政保护是我国专利制度的特色之一。

(1)处理。

① 处理的事项。《专利行政执法办法》第二条规定:

管理专利工作的部门开展专利行政执法,即处理专利侵权纠纷、调解专利纠纷以及查处假冒专利行为,适用本办法。

② 请求处理的条件。《专利行政执法办法》第十条规定:

请求管理专利工作的部门处理专利侵权纠纷的,应当符合下列条件:

(一)请求人是专利权人或者利害关系人;

(二)有明确的被请求人;

(三)有明确的请求事项和具体事实、理由;

(四)属于受案管理专利工作的部门的受案和管辖范围;

(五)当事人没有就该专利侵权纠纷向人民法院起诉。

第一项所称利害关系人包括专利实施许可合同的被许可人、专利权人的合法继承人。专利实施许可合同的被许可人中,独占实施许可合同的被许可人可以单独提出请求;排他实施许可合同的被许可人在专利权人不请求的情况下,可以单独提出请求;除合同另有约定外,普通实施许可合同的被许可人不能单独提出请求。

③ 处理的管辖。专利法实施细则第七十九条规定:

专利法和本细则所称管理专利工作的部门,是指由省、自治区、直辖市人民政府以及专利管理工作量大又有实际处理能力的设区的市人民政府设立的管理专利工作的部门。

《专利行政执法办法》第五条规定:

对有重大影响的专利侵权纠纷案件、假冒专利案件,国家知识产权局在必要时可以组织有关管理专利工作的部门处理、查处。

对于行为发生地涉及两个以上省、自治区、直辖市的重大案件,有关省、自治区、直辖市管理专利工作的部门可以报请国家知识产权局协调处理或者查处。

管理专利工作的部门开展专利行政执法遇到疑难问题的,国家知识产权局应当给予必要的指导和支持。

④ 处理请求的提出。《专利行政执法办法》第十一条、第十二条分别规定:

第十一条 请求管理专利工作的部门处理专利侵权纠纷的,应当提交请求书及下列证明材料:

(一)主体资格证明,即个人应当提交居民身份证或者其他有效身份证件,单位应当提交有效的营业执照或者其他主体资格证明文件副本及法定代表人或者主要负责人的身份证明;

(二)专利权有效的证明,即专利登记簿副本,或者专利证书和当年缴纳专利年费的收据。

专利侵权纠纷涉及实用新型或者外观设计专利的,管理专利工作的部门可以要求请求人出具由国家知识产权局作出的专利权评价报告(实用新型专利检索报告)。

请求人应当按照被请求人的数量提供请求书副本及有关证据。

第十二条 请求书应当记载以下内容:

(一)请求人的姓名或者名称、地址,法定代表人或者主要负责人的姓名、职务,委托代理人的,代理人的姓名和代理机构的名称、地址;

(二)被请求人的姓名或者名称、地址;

(三)请求处理的事项以及事实和理由。

有关证据和证明材料可以以请求书附件的形式提交。

请求书应当由请求人签名或者盖章。

⑤ 处理的程序。《专利行政执法办法》第十三条、第十四条、第十五条分别规定:

第十三条 请求符合本办法第八条规定条件的,管理专利工作的部门应当在收到请求书之日起5个工作日内立案并通知请求人,同时指定3名或者3名以上单数执法人员处理该专利侵权纠纷;请求不符合本办法第八条规定条件的,管理专利工作的部门应当在收到请求书之日起5个工作日内通知请求人不予受理,并说明理由。

第十四条 管理专利工作的部门应当在立案之日起5个工作日内将请求书及其附件的副本送达被请求人,要求其在收到之日起 15 日内提交答辩书并按照请求人的数量提供答辩书副本。被请求人逾期不提交答辩书的，不影响管理专利工作的部门进行处理。

被请求人提交答辩书的，管理专利工作的部门应当在收到之日起 5 个工作日内将答辩书副本送达请求人。

第十五条　管理专利工作的部门处理专利侵权纠纷案件时，可以根据当事人的意愿进行调解。双方当事人达成一致的，由管理专利工作的部门制作调解协议书，加盖其公章，并由双方当事人签名或者盖章。调解不成的，应当及时作出处理决定。

⑥ 处理的口头审理。《专利行政执法办法》第十六条、第十七条分别规定：

第十六条　管理专利工作的部门处理专利侵权纠纷，可以根据案情需要决定是否进行口头审理。管理专利工作的部门决定进行口头审理的，应当至少在口头审理 3 个工作日前将口头审理的时间、地点通知当事人。当事人无正当理由拒不参加的，或者未经允许中途退出的，对请求人按撤回请求处理，对被请求人按缺席处理。

第十七条　管理专利工作的部门举行口头审理的，应当将口头审理的参加人和审理要点记入笔录，经核对无误后，由执法人员和参加人签名或者盖章。

⑦ 处理决定的执行。根据专利法第六十条的规定，管理专利工作的部门处理时，认定侵权行为成立的，可以责令侵权人立即停止侵权行为。

《专利行政执法办法》第十九条、第二十条分别规定：

第十九条　除达成调解协议或者请求人撤回请求之外，管理专利工作的部门处理专利侵权纠纷应当制作处理决定书，写明以下内容：

（一）当事人的姓名或者名称、地址；

（二）当事人陈述的事实和理由；

（三）认定侵权行为是否成立的理由和依据；

（四）处理决定认定侵权行为成立并需要责令侵权人立即停止侵权行为的，应当明确写明责令被请求人立即停止的侵权行为的类型、对象和范围；认定侵权行为不成立的，应当驳回请求人的请求；

（五）不服处理决定提起行政诉讼的途径和期限。

处理决定书应当加盖管理专利工作的部门的公章。

第二十条　管理专利工作的部门或者人民法院作出认定侵权成立并责令侵权人立即停止侵权行为的处理决定或者判决之后，被请求人就同一专利权再次作出相同类型的侵权行为，专利权人或者利害关系人请求处理的，管理专利工作的部门可以直接作出责令立即停止侵权行为的处理决定。

⑧ 对处理决定不服的法律救济途径。根据专利法第六十条的规定，当事人不服的，可以自收到处理通知之日起十五日内依照《中华人民共和国行政诉讼法》向人民法院起诉；侵权人期满不起诉又不停止侵权行为的，管理专利工作的部门可以申请人民法院强制执行。

（2）赔偿数额的调解。根据专利法第六十条的规定，进行处理的管理专利工作的部门应当事人的请求，可以就侵犯专利权的赔偿数额进行调解；调解不成的，当事人可以依照《中华人民共和国民事诉讼法》向人民法院起诉。

《专利行政执法办法》第二十二条至第二十七条分别规定：

第二十二条　请求管理专利工作的部门调解专利纠纷的，应当提交请求书。

请求书应当记载以下内容：

（一）请求人的姓名或者名称、地址，法定代表人或者主要负责人的姓名、职务，委托代理人的，代理人的姓名和代理机构的名称、地址；

（二）被请求人的姓名或者名称、地址；

（三）请求调解的具体事项和理由。

单独请求调解侵犯专利权赔偿数额的，应当提交有关管理专利工作的部门作出的认定侵权行为成立的处理决定书副本。

第二十三条　管理专利工作的部门收到调解请求书后，应当及时将请求书副本通过寄交、直接送交或者其他方式送达被请求人，要求其在收到之日起 15 日内提交意见陈述书。

第二十四条　被请求人提交意见陈述书并同意进行调解的，管理专利工作的部门应当在收到意见陈述书之日起 5 个工作日内立案，并通知请求人和被请求人进行调解的时间和地点。

被请求人逾期未提交意见陈述书，或者在意见陈述书中表示不接受调解的，管理专利工作的部门不予立案，并通知请求人。

第二十五条　管理专利工作的部门调解专利纠纷可以邀请有关单位或者个人协助，被邀请的单位或者个人应当协助进行调解。

第二十六条　当事人经调解达成协议的，由管理专利工作的部门制作调解协议书，加盖其公章，并由双方当事人签名或者盖章；未能达成协议的，管理专利工作的部门以撤销案件的方式结案，并通知双方当事人。

第二十七条　因专利申请权或者专利权的归属纠纷请求调解的，当事人可以持管理专利工作的部门的受理通知书请求国家知识产权局中止该专利申请或者专利权的有关程序。

经调解达成协议的，当事人应当持调解协议书向国家知识产权局办理恢复手续；达不成协议的，当事人应当持管理专利工作的部门出具的撤销案件通知书向国家知识产权局办理恢复手续。自请求中止之日起满 1 年未请求延长中止的，国家知识产权局自行恢复有关程序。

（3）调查取证。

① 证据收集。《专利行政执法办法》第三十七条、第三十八条分别规定：

第三十七条　在专利侵权纠纷处理过程中，当事人因客观原因不能自行收集部分证据的，可以书面请求管理专利工作的部门调查取证。管理专利工作的部门根据情况决定是否调查收集有关证据。

在处理专利侵权纠纷、查处假冒专利行为过程中，管理专利工作的部门可以根据需要依职权调查收集有关证据。

执法人员调查收集有关证据时，应当向当事人或者有关人员出示其行政执法证件。当事人和有关人员应当协助、配合，如实反映情况，不得拒绝、阻挠。

第三十八条　管理专利工作的部门调查收集证据可以查阅、复制与案件有关的合同、账册等有关文件；询问当事人和证人；采用测量、拍照、摄像等方式进行现场勘验。涉嫌侵犯制造方法专利权的，管理专利工作的部门可以要求被调查人进行现场演示。

管理专利工作的部门调查收集证据应当制作笔录。笔录应当由执法人员、被调查的单位或者个人签名或者盖章。被调查的单位或者个人拒绝签名或者盖章的，由执法人员在笔录上注明。

② 抽样取证。《专利行政执法办法》第三十九条规定：

管理专利工作的部门调查收集证据可以采取抽样取证的方式。

涉及产品专利的，可以从涉嫌侵权的产品中抽取一部分作为样品；涉及方法专利的，可以从涉嫌依照该方法直接获得的产品中抽取一部分作为样品。被抽取样品的数量应当以能够证明事实为限。

管理专利工作的部门进行抽样取证应当制作笔录和清单，写明被抽取样品的名称、特征、数量以及保存地点，由执法人员、被调查的单位或者个人签字或者盖章。被调查的单位或者个人拒绝签名或者盖章的，由执法人员在笔录上注明。清单应当交被调查人一份。

③ 证据的登记保存。《专利行政执法办法》第四十条规定：

在证据可能灭失或者以后难以取得，又无法进行抽样取证的情况下，管理专利工作的部门可以进行登记保存，并在 7 日内作出决定。

经登记保存的证据，被调查的单位或者个人不得销毁或者转移。

管理专利工作的部门进行登记保存应当制作笔录和清单，写明被登记保存证据的名称、特征、数量以及保存地点，由执法人员、被调查的单位或者个人签名或者盖章。被调查的单位或者个人拒绝签名或者盖章的，由执法人员在笔录上注明。清单应当交被调查人一份。

3. 诉讼

（1）诉讼时效（参见本书专利法第六十八条）。

（2）诉前证据保全（参见本书专利法第六十七条）。

（3）专利侵权行为的诉前停止（参见本书专利法第六十六条）。

（4）诉讼管辖。从理论上讲专利侵权诉讼作为民事诉讼的一种，应当遵循民事诉讼的一般管辖规则。但是，与普通的民事诉讼相比，专利侵权诉讼具有自己的特点：一是争议的实体问题往往涉及技术问题，较为复杂；二是对同一专利权，可能存在若干有联系的侵权行为，如甲地制造、乙地销售、丙地使用等。因此，最高人民法院对专利侵权诉讼规定了专门的管辖规则。

① 级别管辖。《最高人民法院关于审理专利纠纷案件适用法律问题的若干规定》第二条规定：

专利纠纷第一审案件，由各省、自治区、直辖市人民政府所在地的中级人民法院和最高人民法院指定的中级人民法院管辖。

最高人民法院根据实际情况，可以指定基层人民法院管辖第一审专利纠纷案件。

《最高人民法院关于知识产权法庭若干问题的规定》第一条规定：

最高人民法院设立知识产权法庭，主要审理专利等专业技术性较强的知识产权上诉案件。

知识产权法庭是最高人民法院派出的常设审判机构，设在北京市。

知识产权法庭作出的判决、裁定、调解书和决定，是最高人民法院的判决、裁定、调解书和决定。

② 地域管辖。《最高人民法院关于审理专利纠纷案件适用法律问题的若干规定》第五条、第六条分别规定：

第五条　因侵犯专利权行为提起的诉讼，由侵权行为地或者被告住所地人民法院管辖。

侵权行为地包括：被控侵犯发明、实用新型专利权的产品的制造、使用、许诺销售、销售、进口等行为的实施地；专利方法使用行为的实施地，依照该专利方法直接获得的产品的使用、许诺销售、销售、进口等行为的实施地；外观设计专利产品的制造、许诺销售、销售、进口等行为的实施地；假冒他人专利的行为实施地。上述侵权行为的侵权结果发生地。

第六条　原告仅对侵权产品制造者提起诉讼，未起诉销售者，侵权产品制造地与销售地不一致的，制造地人民法院有管辖权；以制造者与销售者为共同被告起诉的，销售地人民法院有管辖权。

销售者是制造者分支机构，原告在销售地起诉侵权产品制造者制造、销售行为的，销售地人民法院有管辖权。

（5）侵权纠纷的审理。

① 方法发明专利侵权的举证责任（参见本书专利法第六十一条）。

② 诉讼中止。

诉讼中止是在在诉讼过程中，由于出现法律规定的特殊情况，使得诉讼难以继续进行下去，人民法院裁定暂时停止诉讼程序的制度。中止诉讼的原因消除后，应当恢复诉讼。

《最高人民法院关于审理专利纠纷案件适用法律问题的若干规定》第九条至第十二条规定：

第九条　人民法院受理的侵犯实用新型、外观设计专利权纠纷案件，被告在答辩期间内请求宣告该项专利权无效的，人民法院应当中止诉讼，但具备下列情形之一的，可以不中止诉讼：

（一）原告出具的检索报告或者专利权评价报告未发现导致实用新型或者外观设计专利权无效的事由的；

（二）被告提供的证据足以证明其使用的技术已经公知的；

（三）被告请求宣告该项专利权无效所提供的证据或者依据的理由明显不充分的；

（四）人民法院认为不应当中止诉讼的其他情形。

第十条　人民法院受理的侵犯实用新型、外观设计专利权纠纷案件，被告在答辩期间届满后请求宣告该项专利权无效的，人民法院不应当中止诉讼，但经审查认为有必要中止诉讼的除外。

第十一条　人民法院受理的侵犯发明专利权纠纷案件或者经专利复审委员会审查维持专利权的侵犯实用新型、外观设计专利权纠纷案件，被告在答辩期间内请求宣告该项专利权无效的，人民法院可以不中止诉讼。

第十二条　人民法院决定中止诉讼，专利权人或者利害关系人请求责令被告停止有关行为或者采取其他制止侵权损害继续扩大的措施，并提供了担保，人民法院经审查符合有关法律规定的，可以在裁定中止诉讼的同时一并作出有关裁定。

（四）其他专利纠纷

1. 专利申请权纠纷

专利申请权纠纷是指一项发明创造在向国家知识产权局申请专利之后，授予专利之前，当事人之间就该专利申请所享有的权利应当由谁享有而发生的纠纷。

专利申请权纠纷是专利纠纷的一种，主要包括（1）关于是职务发明创造，还是非职务发明创造的纠纷；（2）关于谁是发明人或者设计人的纠纷；（3）关于协作完成或者委托完成的发明创造，谁有权申请专利的纠纷。

2. 专利权权属纠纷

专利权权属纠纷是指一项发明创造被授予专利权后，当事人之间就谁应当是发明创造真正的权利人而发生的纠纷。

3. 发明人或设计人资格纠纷

发明人或设计人资格纠纷是指一项发明创造在向国家知识产权局申请专利之后，关于谁是对该发明创造作出了实质性贡献的人而产生的纠纷。

4. 职务发明创造的发明人或设计人奖励/报酬纠纷

申请专利的发明创造是职务发明创造时，发明人和设计人有权获得奖励和报酬。在单位支付奖励或报酬不及时或者不足时，将会产生关于职务发明创造的发明人或设计人奖励或报酬的纠纷。

5. 各类纠纷的解决途径

专利纠纷的解决途径包括当事人协商、请求管理专利工作的部门进行调解、向人民法院提出诉讼。

专利法实施细则第八十五条规定：

除专利法第六十条规定的外，管理专利工作的部门应当事人请求，可以对下列专利纠纷进行调解：

（一）专利申请权和专利权归属纠纷；

（二）发明人、设计人资格纠纷；

（三）职务发明创造的发明人、设计人的奖励和报酬纠纷；

（四）在发明专利申请公布后专利权授予前使用发明而未支付适当费用的纠纷；

（五）其他专利纠纷。

对于前款第（四）项所列的纠纷，当事人请求管理专利工作的部门调解的，应当在专利权被授予之后提出。

《最高人民法院关于审理专利纠纷案件适用法律问题的若干规定》第一条规定：

人民法院受理下列专利纠纷案件：

1. 专利申请权纠纷案件；

2. 专利权权属纠纷案件；

3. 专利权、专利申请权转让合同纠纷案件；

4. 侵犯专利权纠纷案件；

5. 假冒他人专利纠纷案件；

6. 发明专利申请公布后、专利权授予前使用费纠纷案件；

7. 职务发明创造发明人、设计人奖励、报酬纠纷案件；

8. 诉前申请停止侵权、财产保全案件；

9. 发明人、设计人资格纠纷案件；

10. 不服专利复审委员会维持驳回申请复审决定案件；

11. 不服专利复审委员会专利权无效宣告请求决定案件；

12. 不服国务院专利行政部门实施强制许可决定案件；

13. 不服国务院专利行政部门实施强制许可使用费裁决案件；

14. 不服国务院专利行政部门行政复议决定案件；

15. 不服管理专利工作的部门行政决定案件；

16. 其他专利纠纷案件。

三、真题分析

9.【2019年第86题】下列有关最高人民法院知识产权法庭的说法正确的是？

A. 知识产权法庭是最高人民法院派出的常设审判机构，设在北京市

B. 知识产权法庭可以通过电子诉讼平台或者采取在线视频等方式组织证据交换、召集庭前会议

C. 知识产权法庭主要审理专利等专业技术性较强的知识产权上诉案件

D. 知识产权法庭作出的判决、裁定、调解书和决定，是最高人民法院的判决、裁定、调解书和决定

【考点】最高人民法院知识产权法庭

【分析】《最高人民法院关于知识产权法庭若干问题的规定》第一条规定，最高人民法院设立知识产权法庭，主要审理专利等专业技术性较强的知识产权上诉案件。知识产权法庭是最高人民法院派出的常设审判机构，设在北京市。知识产权法庭作出的判决、裁定、调解书和决定，是最高人民法院的判决、裁定、调解书和决定。因此，选项 ACD 正确。

《最高人民法院关于知识产权法庭若干问题的规定》第五条规定，知识产权法庭可以通过电子诉讼平台或者采取在线视频等方式组织证据交换、召集庭前会议等。因此，选项 B 正确。

【答案】 ABCD

10.【2019 年第 88 题】甲未经专利权人许可在 A 市制造了一批专利产品，并由乙运往 B 市销售。A 市、B 市中级人民法院都具有专利纠纷案件的管辖权。下列说法正确的是？

A. 如果专利权人仅起诉甲、未起诉乙，可向 A 市中级人民法院起诉

B. 如果专利权人同时起诉甲和乙，可向 A 市中级人民法院起诉

C. 如果专利权人同时起诉甲和乙，可向 B 市中级人民法院起诉

D. 如果专利权人同时起诉甲和乙，专利权人可以选择 A 市、B 市中级人民法院的其中一个起诉

【考点】 地域管辖

【分析】 根据《最高人民法院关于审理专利纠纷案件适用法律问题的若干规定》第六条第一款的规定，原告仅对侵权产品制造者提起诉讼，未起诉销售者，侵权产品制造地与销售地不一致的，制造地人民法院有管辖权；以制造者与销售者为共同被告起诉的，销售地人民法院有管辖权。因此，选项 AC 正确，选项 BD 错误。

【答案】 AC

11.【2019 年第 93 题】下列哪些纠纷当事人既可以请求管理专利工作的部门调解，也可以直接向人民法院起诉？

A. 专利申请权和专利权归属纠纷

B. 职务发明创造的发明人、设计人的奖励和报酬纠纷

C. 发明人或设计人资格纠纷

D. 在发明专利申请公布后专利权授予前使用发明而未支付适当费用的纠纷

【考点】 专利纠纷的解决途径

【分析】 根据专利法实施细则第八十五条第一款的规定，除专利法第六十条规定的外，管理专利工作的部门应当事人请求，可以对下列专利纠纷进行调解：（一）专利申请权和专利权归属纠纷；（二）发明人、设计人资格纠纷；（三）职务发明创造的发明人、设计人的奖励和报酬纠纷；（四）在发明专利申请公布后专利权授予前使用发明而未支付适当费用的纠纷；（五）其他专利纠纷。根据《最高人民法院关于审理专利纠纷案件适用法律问题的若干规定》第一条的规定：人民法院受理下列专利纠纷案件：其中，1. 专利申请权纠纷案件；2. 专利权权属纠纷案件；6. 发明专利申请公布后、专利权授予前使用费纠纷案件；7. 职务发明创造发明人、设计人奖励、报酬纠纷案件；9. 发明人、设计人资格纠纷案件。因此，选项 ABCD 正确。

【答案】 ABCD

12.【2018 年第 29 题】住所地位于 A 市的甲获得一项产品专利，乙未经甲的许可在 B 市制造该专利产品、丙从乙处大量购置该专利产品并在 C 市销售。A、B、C 市中级人民法院都具有专利纠纷案件的管辖权。甲欲以乙和丙为共同被告提起专利侵权诉讼。则以下说法正确的是：

A. A 市中级人民法院有管辖权

B. B 市中级人民法院有管辖权

C. C 市中级人民法院有管辖权

D. A、B、C 市中级人民法院均具有管辖权

【考点】 地域管辖

【分析】《最高人民法院关于审理专利纠纷案件适用法律问题的若干规定》第五条第一款规定，因侵犯专利权行为提起的诉讼，由侵权行为地或者被告住所地人民法院管辖。因此，选项 AD 错误。

《最高人民法院关于审理专利纠纷案件适用法律问题的若干规定》第六条规定，原告仅对侵权产品制造者提起诉讼，未起诉销售者，侵权产品制造地与销售地不一致的，制造地人民法院有管辖权；以制造者与销售者为共同被告起诉的，销售地人民法院有管辖权。因此，选项 B 错误，选项 C 正确。

【答案】 C

13.【2018年第81题】以下说法正确的是：
A. 侵犯专利权的，不仅应承担民事责任，还可能被追究刑事责任
B. 假冒专利的，不仅应承担民事责任，还可能被追究刑事责任
C. 侵犯专利权的，应承担民事责任，但不涉及刑事责任
D. 假冒专利的，应承担民事责任，但不涉及刑事责任

【考点】侵权专利行为 假冒专利行为

【分析】专利法第六十条规定，未经专利权人许可，实施其专利，即侵犯其专利权，引起纠纷的，由当事人协商解决；不愿协商或者协商不成的，专利权人或者利害关系人可以向人民法院起诉，也可以请求管理专利工作的部门处理。管理专利工作的部门处理时，认定侵权行为成立的，可以责令侵权人立即停止侵权行为，当事人不服的，可以自收到处理通知之日起十五日内依照《中华人民共和国行政诉讼法》向人民法院起诉；侵权人期满不起诉又不停止侵权行为的，管理专利工作的部门可以申请人民法院强制执行。进行处理的管理专利工作的部门应当事人的请求，可以就侵犯专利权的赔偿数额进行调解；调解不成的，当事人可以依照《中华人民共和国民事诉讼法》向人民法院起诉。由此可知，侵犯专利权的行为应承担民事责任，但不涉及刑事责任。因此，选项A错误，选项C正确。

专利法第六十三条规定，假冒专利的，除依法承担民事责任外，由管理专利工作的部门责令改正并予公告，没收违法所得，可以并处违法所得四倍以下的罚款；没有违法所得的，可以处二十万元以下的罚款；构成犯罪的，依法追究刑事责任。由此可知，假冒专利的行为应承担民事责任，还可以追究刑事责任。因此，选项B正确，选项D错误。

【答案】BC

14.【2018年第92题】专利权人发现侵犯其专利权的行为时，可以采取如下措施有：
A. 向人民法院起诉
B. 请求管理专利工作的部门处理
C. 向人民法院申请采取责令停止有关行为的措施
D. 向人民法院申请保全证据

【考点】专利侵权

【分析】专利法第六十条规定，未经专利权人许可，实施其专利，即侵犯其专利权，引起纠纷的，由当事人协商解决；不愿协商或者协商不成的，专利权人或者利害关系人可以向人民法院起诉，也可以请求管理专利工作的部门处理。管理专利工作的部门处理时，认定侵权行为成立的，可以责令侵权人立即停止侵权行为，当事人不服的，可以自收到处理通知之日起十五日内依照《中华人民共和国行政诉讼法》向人民法院起诉；侵权人期满不起诉又不停止侵权行为的，管理专利工作的部门可以申请人民法院强制执行。进行处理的管理专利工作的部门应当事人的请求，可以就侵犯专利权的赔偿数额进行调解；调解不成的，当事人可以依照《中华人民共和国民事诉讼法》向人民法院起诉。因此，选项AB正确。

专利法第六十六条第一款规定，专利权人或者利害关系人有证据证明他人正在实施或者即将实施侵犯专利权的行为，如不及时制止将会使其合法权益受到难以弥补的损害，可以在起诉前向人民法院申请采取责令停止有关行为的措施。因此，选项C正确。

专利法第六十七条第一款规定，为了制止专利侵权行为，在证据可能灭失或者以后难以取得的情况下，专利权人或者利害关系人可以在起诉前向人民法院申请保全证据。因此，选项D正确。

【答案】ABCD

15.【2018年第95题】甲向国家知识产权局提交了一份发明专利申请，权利要求限定为"一种产品，其包含技术特征a、b。"

在授权审查程序中，甲陈述意见时强调其中特征b的特定选择是实现发明技术效果的关键。但国家知识产权局专利审查部门明确否定该意见，认为特征b属于本领域公知常识。

随后甲将特征c补充到权利要求中，并强调特征c克服了技术偏见。该申请随后获得授权，授权权利要求为"一种产品，其包含技术特征a、b和c。"

乙未经甲许可制造并销售一种产品，其包含技术特征a、b'和c。其中，特征b'与特征b以基本相同的手段，实现基本相同的功能，达到基本相同的效果。甲向乙发出专利侵权警告。

乙随后向专利复审委员会请求宣告甲的专利无效。

甲在无效程序意见陈述中关于特征b、c的观点与授权审查阶段的意见一致。专利复审委员会作出决定维持该专利权有效，其理由是特征c的选择克服了技术偏见。但专利复审委员会的决定对特征b没有发表意见。甲随后向法院起诉乙侵犯其专利权。

则以下说法正确的是：

A. 乙被控侵权的产品包含了与专利权利要求记载的全部技术特征相同或等同的技术特征，应当认定其落入甲的该专利权的保护范围

B. 甲在授权和确权阶段对技术特征b做了限缩性陈述，因此，在侵权纠纷诉讼中应适用"禁止反悔"原则，不能主张技术特征b与技术特征b'构成等同替换

C. 甲对技术特征b所做的陈述已经在授权审查程序被国家知识产权局专利审查部门"明确否定"，因此，在侵权纠纷诉讼中不适用"禁止反悔原则"，可以主张技术特征b与技术特征b'构成等同替换

D. 在无效确权程序中，专利复审委员会作出的维持专利有效的决定未对甲有关技术特征b的限缩性陈述发表意见，相当于专利审查部门在授权审查程序中针对甲有关特征b的限缩性陈述的"明确否定"意见被专利复审委员会推翻，因此，在侵权纠纷诉讼中应适用"禁止反悔"原则，不能主张技术特征b与技术特征b'构成等同替换

【考点】专利侵权判定 禁止反悔原则

【分析】《最高人民法院关于审理侵犯专利权纠纷案件应用法律若干问题的解释》第七条规定，人民法院判定被诉侵权技术方案是否落入专利权的保护范围，应当审查权利人主张的权利要求所记载的全部技术特征。被诉侵权技术方案包含与权利要求记载的全部技术特征相同或者等同的技术特征的，人民法院应当认定其落入专利权的保护范围；被诉侵权技术方案的技术特征与权利要求记载的全部技术特征相比，缺少权利要求记载的一个以上的技术特征，或者有一个以上技术特征不相同也不等同的，人民法院应当认定其没有落入专利权的保护范围。因此，选项A正确。

《最高人民法院关于审理侵犯专利权纠纷案件应用法律若干问题的解释》第六条规定，专利申请人、专利权人在专利授权或者无效宣告程序中，通过对权利要求、说明书的修改或者意见陈述而放弃的技术方案，权利人在侵犯专利权纠纷案件中又将其纳入专利权保护范围的，人民法院不予支持。《最高人民法院关于审理侵犯专利权纠纷案件应用法律若干问题的解释（二）》第十三条规定，权利人证明专利申请人、专利权人在专利授权确权程序中对权利要求书、说明书及附图的限缩性修改或者陈述被明确否定的，人民法院应当认定该修改或者陈述未导致技术方案的放弃。本题授权程序中，专利审查部门对甲关于技术特征b的限缩性陈述持"明确反对"意见。在后续无效程序中，专利复审委员会没有对甲关于技术特征b的限缩性陈述发表意见。此时，应当认为甲关于技术特征b的限缩性陈述已经被明确否定，不适用禁止反悔原则。因此，选项BD错误，选项C正确。

【答案】AC

16.【2016年第90题】北京市的甲公司拥有一项发明专利权，深圳市的乙公司未经甲公司的许可，制造了该专利产品，并在上海市进行公开销售，以下说法正确的是？

A. 甲公司可以请求北京市知识产权局进行处理
B. 甲公司可以请求深圳市知识产权局进行处理
C. 甲公司可以请求上海市知识产权局进行处理
D. 甲公司可以请求国家知识产权局进行处理

【考点】管理专利工作的部门 专利侵权纠纷处理

【分析】专利法实施细则第八十一条第一款规定，当事人请求处理专利侵权纠纷或者调解专利纠纷的，由被请求人所在地或者侵权行为地的管理专利工作的部门管辖。本题中，深圳为被请求人乙公司所在地，上海为销售侵权行为地，因此，深圳和上海的知识产权局都有管辖权，因此，选项BC正确，选项AD错误。

【答案】BC

17.【2015年第90题】甲公司拥有一项雨伞的外观设计专利权。未经甲公司许可，重庆的乙公司生产了该专利雨伞，并将该雨伞在成都销售给当地的丙酒店使用，甲公司遂向人民法院起诉。下列哪些说法是正确的？

A. 甲公司可以向重庆的基层人民法院起诉乙公司
B. 甲公司可以向成都市的中级人民法院起诉丙酒店
C. 甲公司可以向成都市的中级人民法院起诉乙公司
D. 甲公司提起诉讼时可以向受理法院提交专利权评价报告

【考点】 专利侵权纠纷的管辖

【分析】 专利法第十一条第二款规定，外观设计专利权被授予后，任何单位或者个人未经专利权人许可，都不得实施其专利，即不得为生产经营目的制造、许诺销售、销售、进口其外观设计专利产品。《最高人民法院关于审理专利纠纷案件适用法律问题的若干规定》第二条第一款规定，专利纠纷第一审案件，由各省、自治区、直辖市人民政府所在地的中级人民法院和最高人民法院指定的中级人民法院管辖。因此，选项A错误。

《最高人民法院关于审理专利纠纷案件适用法律问题的若干规定》第五条规定，因侵犯专利权行为提起的诉讼，由侵权行为地或者被告住所地人民法院管辖。侵权行为地包括：被控侵犯发明、实用新型专利权的产品的制造、使用、许诺销售、销售、进口等行为的实施地；专利方法使用行为的实施地，依照该专利方法直接获得的产品的使用、许诺销售、销售、进口等行为的实施地；外观设计专利产品的制造、许诺销售、销售、进口等行为的实施地；假冒他人专利的行为实施地。上述侵权行为的侵权结果发生地。本题中，丙酒店的使用行为不构成侵权，丙公司在成都的销售行为构成侵权，因此，选项B错误，选项C正确。

专利法第六十一条第二款规定，专利侵权纠纷涉及实用新型专利或者外观设计专利的，人民法院或者管理专利工作的部门可以要求专利权人或者利害关系人出具由国务院专利行政部门对相关实用新型或者外观设计进行检索、分析和评价后作出的专利权评价报告，作为审理、处理专利侵权纠纷的证据。因此，选项D正确。

【答案】 CD

18. **【2015年第93题】** 甲未经专利权人乙的许可而实施了其专利，引起了专利侵权纠纷。乙可以通过下列哪些途径解决该纠纷？

A. 与甲协商解决
B. 直接向人民法院提起诉讼
C. 请求地方人民政府管理专利工作的部门处理
D. 请求国务院专利行政部门处理

【考点】 专利侵权纠纷解决途径

【分析】 根据专利法第六十条的规定，未经专利权人许可，实施其专利，即侵犯其专利权，引起纠纷的，由当事人协商解决；不愿协商或者协商不成的，专利权人或者利害关系人可以向人民法院起诉，也可以请求管理专利工作的部门处理。管理专利工作的部门处理时，认定侵权行为成立的，可以责令侵权人立即停止侵权行为，当事人不服的，可以自收到处理通知之日起十五日内依照《中华人民共和国行政诉讼法》向人民法院起诉；侵权人期满不起诉又不停止侵权行为的，管理专利工作的部门可以申请人民法院强制执行。进行处理的管理专利工作的部门应当事人的请求，可以就侵犯专利权的赔偿数额进行调解；调解不成的，当事人可以依照《中华人民共和国民事诉讼法》向人民法院起诉。因此，选项ABC正确，选项D错误。

【答案】 ABC

第六十一条【举证责任的特殊规定及专利权评价报告】

专利侵权纠纷涉及新产品制造方法的发明专利的，制造同样产品的单位或者个人应当提供其产品制造方法不同于专利方法的证明。

专利侵权纠纷涉及实用新型专利或者外观设计专利的，人民法院或者管理专利工作的部门可以要求专利权人或者利害关系人出具由国务院专利行政部门对相关实用新型或者外观设计进行检索、分析和评价后作出的专利权评价报告，作为审理、处理专利侵权纠纷的证据。

一、本条含义

本条是关于专利侵权纠纷中证据提供问题的规定。

二、重点讲解

（一）方法发明专利侵权的举证责任

《民事诉讼法》第六十四条规定：

当事人对自己提出的主张，有责任提供证据。

这就是人们常说的"谁主张，谁举证"，是民事诉讼的基本原则之一。

然而，由于方法专利权仅仅保护该方法的使用，而对于制造方法专利权来说，专利方法的使用总是在产品的制造过程中进行的，专利权人一般很难进入对方的制造现场，因此要求专利权人提供证据，证明被控侵权人采用的制造方法与专利方法相同常常是一件相当困难的事情。考虑到这一点，对专利侵权纠纷涉及新产品制造方法的发明专利的，我国《专利法》规定了举证责任的倒置。

本条第一款针对制造方法专利权规定了举证责任的倒置，并不意味着当发生专利侵权纠纷时，产品制造方法专利的专利权人只需提出被控侵权人侵犯了其专利权的主张，就可以从此以逸待劳。坐等被控侵权人提供证据。《专利法》规定的举证责任倒置只是在特定情况下的例外，它是有条件的。要让被控侵权人承担举证责任，一项制造方法专利权的专利权人在提起专利侵权诉讼时首先需要提供证据证明：第一，依照获得专利权的制造方法直接获得的产品是一种新产品；第二，被控侵权人制造的产品与依照专利方法直接获得的产品相同。

《最高人民法院关于审理侵犯专利权纠纷案件应用法律若干问题的解释》第十七条规定：

产品或者制造产品的技术方案在专利申请日以前为国内外公众所知的，人民法院应当认定该产品不属于专利法第六十一条第一款规定的新产品。

依照上述规定，判断采用享有专利权的产品制造方法所获得的产品是否为新产品有两种途径：一是判断产品的技术方案在申请日之前是否为国内外公众所知；二是判断制造产品的技术方案在申请日之前是否为国内外公众所知。

（二）请求作出实用新型和外观设计专利权评价报告

1. 请求的受理条件

《专利审查指南2010》第五部分第十章第2节规定了专利权评价报告请求的形式审查。

国家知识产权局收到专利权人或者利害关系人提交的专利权评价报告请求书后，应当进行形式审查。

（1）专利权评价报告请求的客体。专利权评价报告请求的客体应当是已经授权公告的实用新型专利或者外观设计专利，包括已经终止或者放弃的实用新型专利或者外观设计专利。针对下列情形提出的专利权评价报告请求视为未提出：

① 未授权公告的实用新型专利申请或者外观设计专利申请；
② 已被专利复审委员会宣告全部无效的实用新型专利或者外观设计专利；
③ 国家知识产权局已作出专利权评价报告的实用新型专利或者外观设计专利。

（2）请求人资格。根据专利法实施细则第五十六条第一款的规定，专利权人或者利害关系人可以请求国家知识产权局作出专利权评价报告。其中，利害关系人是指有权根据专利法第六十条的规定就专利侵权纠纷向人民法院起诉或者请求管理专利工作的部门处理的人，例如专利实施独占许可合同的被许可人和由专利权人授予起诉权的专利实施普通许可合同的被许可人。

请求人不是专利权人或者利害关系人的，其专利权评价报告请求视为未提出。实用新型或者外观设计专利权属于多个专利权人共有的，请求人可以是部分专利权人。

根据专利法实施细则第五十六条第一款的规定：

授予实用新型或者外观设计专利权的决定公告后，专利法第六十条规定的专利权人或者利害关系人可以请求国务院专利行政部门作出专利权评价报告。

根据上述规定，在授予实用新型或者外观设计专利权的决定公告后，专利权人或者利害关系人就可以请求国家知识产权局作出专利权评价报告，并不是仅限于专利法第六十一条第二款规定的情况。

（3）专利权评价报告请求书。在请求作出专利权评价报告时，请求人应当提交专利权评价报告请求书及相关的文件。

① 专利权评价报告请求书应当采用国家知识产权局规定的表格。请求书中应当写明实用新型专利或者外观设计专利的专利号、发明创造名称、请求人和/或专利权人名称或者姓名。

每一请求应当限于一件实用新型或者外观设计专利。

② 请求书中应当指明专利权评价报告所针对的文本。所述文本应当是与授权公告一并公布的实用新型专利文件或者外观设计专利文件，或者是由生效的无效宣告请求审查决定维持有效的实用新型专利文件或者外观设计专利文件。如果请求作出专利权评价报告的文本是由生效的无效宣告请求审查决定维持部分有效的实用新型专利

文件或者外观设计专利文件，请求人应当在请求书中指明相关的无效宣告请求审查决定的决定号。

③ 请求人是利害关系人的，在提出专利权评价报告请求的同时应当提交相关证明文件。例如，请求人是专利实施独占许可合同的被许可人的，应当提交与专利权人订立的专利实施独占许可合同或其复印件；请求人是专利权人授予起诉权的专利实施普通许可合同的被许可人的，应当提交与专利权人订立的专利实施普通许可合同或其复印件，以及专利权人授予起诉权的证明文件。如果所述专利实施许可合同已在国家知识产权局备案，请求人可以不提交专利实施许可合同，但应在请求书中注明。

专利权评价报告请求书不符合上述规定的，国家知识产权局应当通知请求人在指定期限内补正。

（4）费用。请求人自提出专利权评价报告请求之日起一个月内未缴纳或者未缴足专利权评价报告请求费的，专利权评价报告请求视为未提出。

（5）委托手续。专利权评价报告请求的相关事务可以由请求人或者其委托的专利代理机构办理。对于根据专利法第十九条第一款规定应当委托专利代理机构的请求人，未按规定委托的，国家知识产权局应当通知请求人在指定期限内补正。

请求人是专利权人且已委托专利代理机构作全程代理，而在提出专利权评价报告请求时另行委托专利代理机构办理有关手续的，应当另行提交委托书，并在委托书中写明其委托权限仅限于办理专利权评价报告相关事务；委托手续不符合规定的，国家知识产权局应当要求请求人在指定期限内补正；期满未补正或者在指定期限内补正不符合规定的，视为未委托；本人办理的，应当说明本人仅办理专利权评价报告相关事务。

请求人是利害关系人且委托专利代理机构办理的，应当提交委托书，并在委托书中写明委托权限为办理专利权评价报告相关事务；委托手续不符合规定的，国家知识产权局应当要求请求人在指定期限内补正；期满未补正或者在指定期限内补正不符合规定的，视为未委托。

（6）形式审查后的处理。

① 专利权评价报告请求经形式审查不符合规定需要补正的，国家知识产权局应当发出补正通知书，要求请求人在收到通知书之日起十五日内补正；期满未补正或者在指定期限内补正但经两次补正后仍存在同样缺陷的，其请求视为未提出。

② 专利权评价报告请求视为未提出的，国家知识产权局应当发出视为未提出通知书，通知请求人。

③ 专利权评价报告请求经形式审查合格的，应当及时转送给指定的作出专利权评价报告的部门。

根据专利法实施细则第五十七条的规定，作出专利权评价报告前，多个请求人分别请求对同一件实用新型专利或者外观设计专利作出专利权评价报告的，国家知识产权局均予以受理，但仅作出一份专利权评价报告。

2. 作出评价报告的部门

根据本条规定，作出评价报告的部门为国务院专利行政部门，即国家知识产权局。

3. 评价报告的作出

《专利审查指南2010》第五部分第十章第4节规定了专利权评价报告。

国家知识产权局应当自收到合格的专利权评价报告请求书和请求费后两个月内作出专利权评价报告。

未发现被评价专利存在不符合专利法及其实施细则规定的授予专利权条件的，审查员应当在专利权评价报告中给出明确结论。

对于被评价专利存在不符合专利法及其实施细则规定的授予专利权条件的，审查员应当在专利权评价报告中根据专利法及其实施细则具体阐述评价意见，并给出该专利不符合专利法及其实施细则规定的授予专利权条件的明确结论。

专利权评价报告使用国家知识产权局统一制定的标准表格，作出后由审查员与审核员共同签章，并加盖"中华人民共和国国家知识产权局专利权评价报告专用章"。

4. 评价报告的内容

《专利审查指南2010》第五部分第十章第4.1节规定了专利权评价报告的内容。

专利权评价报告包括反映对比文件与被评价专利相关程度的表格部分，以及该专利是否符合专利法及其实施细则规定的授予专利权的条件的说明部分。

（1）表格部分。对于实用新型专利权评价报告，其表格部分的填写要求参见本指南第二部分第七章第12节的规定。

对于外观设计专利权评价报告，其表格部分应当清楚地记载检索的领域、数据库、由检索获得的对比文件以及对比文件与外观设计专利的相关程度等内容。通常，采用下列符号表示对比文件与外观设计专利的关系：

X：单独导致外观设计专利不符合专利法第二十三条第一款或第二款规定的文件；

Y：与报告中其他文件结合导致外观设计专利不符合专利法第二十三条第二款规定的文件；

A：背景文件，即反映外观设计的部分设计特征或者有关的文件；

P：中间文件，其公开日在外观设计专利的申请日与所要求的优先权日之间的文件，或者会导致需要核实外观设计专利优先权的文件；

E：与外观设计专利相同或者实质相同的抵触申请文件；

R：任何单位或个人在申请日向专利局提交的、属于同样的发明创造的外观设计专利文件。

上述类型的文件中，符号 X、Y 和 A 表示对比文件与外观设计专利在内容上的相关程度；符号 R 和 E 同时表示对比文件与外观设计专利在时间上的关系和在内容上的相关程度；符号 P 表示对比文件与外观设计专利在时间上的关系，其后应附带标明文件内容相关程度的符号 X、Y、E 或 A，它属于在未核实优先权的情况下所作的标记。

（2）说明部分。说明部分应当记载和反映专利权评价的结论。对于不符合专利法及其实施细则规定的授予专利权条件的被评价专利，还应当给出明确、具体的评价意见。

① 对于不符合专利法及其实施细则规定的授予专利权条件的实用新型专利，应当给出具体的评价说明，并明确结论，必要时应当引证对比文件。例如，对于不具备新颖性和/或创造性的权利要求，审查员应当逐一进行评述；对于多项从属权利要求，应当对其引用不同的权利要求时的技术方案分别进行评述；对于具有并列选择方案的权利要求，应当对各选择方案分别进行评述。

② 对于不符合专利法及其实施细则规定的授予专利权条件的外观设计专利的每项外观设计，均须给出具体的评价说明，并明确结论，必要时应当引证对比文件。

《专利审查指南 2010》第五部分第十章第 3.2.1 节、第 3.2.2 节分别详细规定了实用新型和外观设计专利权评价所涉及的内容，其内容几乎涉及所有的无效条款。

需要注意的是，实用新型专利权评价报告所涉及的内容不包括专利法第二十条第一款关于向外申请专利保密审查的评价，因为审查员无法获得相关证据从而进行评价；外观设计专利权评价所涉及的内容不包括专利法第二十三条第三款关于权利冲突的评价，因为权利冲突的无效理由需要在先权利人提出，审查员很难掌握证据和资料。

5. 评价报告的更正

《专利审查指南 2010》第五部分第十章第 6 节规定了专利权评价报告的更正。

作出专利权评价报告的部门在发现专利权评价报告中存在错误后，可以自行更正。请求人认为专利权评价报告存在需要更正的错误的，可以请求更正。

更正后的专利权评价报告应当及时发送给请求人。

6. 评价报告的法律效力

根据《专利审查指南 2010》第五部分第十章第 1 节的规定，专利权评价报告是人民法院或者管理专利工作的部门审理、处理专利侵权纠纷的证据，主要用于人民法院或者管理专利工作的部门确定是否需要中止相关程序。专利权评价报告不是行政决定，因此专利权人或者利害关系人不能就此提起行政复议和行政诉讼。

（1）专利权评价报告是证据，而不是行政决定。这是因为专利权评价报告虽然是依专利权人或者利害关系请求而作出，但是从程序上看基本上是国家知识产权局单方作出的，在形成结论的过程中实际上并没有请求人的参与，使其获得陈述其意见的机会；即使请求人不同意专利权评价报告给出的结论，也不能提出复审请求乃至向人民法院起诉，以获得行政和司法救济。正因为如此，专利权评价报告不同于国家知识产权局经过实质审查程序作出的授予专利权的决定或者驳回专利申请的决定，而只能作为一种证据来看待。

（2）该证据应当是审理或者处理专利侵权纠纷的证据，而不是判断专利权有效性的证据。按照我国采用的专利制度，任何人质疑专利权有效性的，只能向专利复审委员会提出宣告专利权无效的请求，对专利复审委员会作出的审查决定不服的，只能向北京市中级人民法院起诉，进而向北京市高级人民法院上诉，受理专利侵权纠纷案件的各地法院和管理专利工作的部门都不得涉及专利权有效性问题。

(3) 该证据是普通证据，而不是初步证据。在人民法院或者管理专利工作的部门审理或者处理专利侵权纠纷时，专利权评价报告最为主要的作用是帮助人民法院或者管理专利工作的部门在被控侵权人于答辩期间请求宣告专利权无效的情况下，判断是否应当中止侵权纠纷的审理或者审查。

《最高人民法院关于审理专利纠纷案件适用法律问题的若干规定》第九条规定：

人民法院受理的侵犯实用新型、外观设计专利权纠纷案件，被告在答辩期间内请求宣告该项专利权无效的，人民法院应当中止诉讼，但具备下列情形之一的，可以不中止诉讼：

（一）原告出具的检索报告或者专利权评价报告未发现导致实用新型或者外观设计专利无效的事由的；

（二）被告提供的证据足以证明其使用的技术已经公知的；

（三）被告请求宣告该项专利权无效所提供的证据或者依据的理由明显不充分的；

（四）人民法院认为不应当中止诉讼的其他情形。

当专利权评价报告没有给出对专利权人不利的评价意见时，依照最高人民法院的上述规定，审理专利侵权纠纷的人民法院可以不按照惯例中止诉讼。这意味着能够缩短专利侵权纠纷的审理，减少当事人的诉累。

三、真题分析

19.【2019年第57题】关于专利权评价报告，下列说法错误的是？

A. 国家知识产权局根据专利权人或者利害关系人的请求，对相关发明专利、实用新型专利或者外观设计专利进行检索，作出专利权评价报告

B. 专利权评价报告可以作为人民法院或者管理专利工作的部门审理、处理专利侵权纠纷的证据

C. 专利权人或者利害关系人对专利权评价报告有异议的，可以提起行政复议

D. 已经终止或者放弃的实用新型或者外观设计专利不可以作为专利权评价报告请求的客体

【考点】专利权评价报告

【分析】专利法实施细则第五十六条第一款规定，授予实用新型或者外观设计专利权的决定公告后，专利法第六十条规定的专利权人或者利害关系人可以请求国务院专利行政部门作出专利权评价报告。因此，选项A的说法错误。

《专利审查指南2010》第五部分第十章第1节规定，专利权评价报告是人民法院或者管理专利工作的部门审理、处理专利侵权纠纷的证据，主要用于人民法院或者管理专利工作的部门确定是否需要中止相关程序。专利权评价报告不是行政决定，因此专利权人或者利害关系人不能就此提起行政复议和行政诉讼。因此，选项B的说法正确，选项C的说法错误。

《专利审查指南2010》第五部分第十章第2.1节规定，专利权评价报告请求的客体应当是已经授权公告的实用新型专利或者外观设计专利，包括已经终止或者放弃的实用新型或者外观设计专利。因此，选项D的说法错误。

【答案】ACD

20.【2018年第89题】关于实用新型和外观设计的专利权评价报告，以下说法错误的是：

A. 实用新型和外观设计专利侵权纠纷的专利权人和被控侵权人都可以请求国家知识产权局作出专利权评价报告

B. 多个请求人请求作出专利权评价报告的，国家知识产权局分别单独作出评价报告

C. 被告在实用新型或外观设计专利侵权诉讼的答辩期间请求宣告该专利权无效的，当原告出具的专利权评价报告未发现导致该实用新型或外观设计专利权无效的理由时，审理该案的人民法院可以不中止诉讼

D. 专利权评价报告属于国家知识产权局作出的行政决定

【考点】专利权评价报告

【分析】《专利审查指南2010》第五部分第十章第2.2节规定，根据专利法实施细则第五十六条第一款的规定，专利权人或者利害关系人可以请求国家知识产权局作出专利权评价报告。其中，利害关系人是指有权根据专利法第六十条的规定就专利侵权纠纷向人民法院起诉或者请求管理专利工作的部门处理的人，例如专利实施独占许可合同的被许可人和由专利权人授予起诉权的专利实施普通许可合同的被许可人。因此，选项A的说法错误。

根据专利法实施细则第五十七条的规定，国务院专利行政部门应当自收到专利权评价报告请求书后2个月内

作出专利权评价报告。对同一项实用新型或者外观设计专利权，有多个请求人请求作出专利权评价报告的，国务院专利行政部门仅作出一份专利权评价报告。任何单位或者个人可以查阅或者复制该专利权评价报告。因此，选项B的说法错误。

《最高人民法院关于审理专利纠纷案件适用法律问题的若干规定》第九条规定，人民法院受理的侵犯实用新型、外观设计专利权纠纷案件，被告在答辩期间内请求宣告该项专利权无效的，人民法院应当中止诉讼，但具备下列情形之一的，可以不中止诉讼：其中（一）原告出具的检索报告或者专利权评价报告未发现导致实用新型或者外观设计专利权无效的事由的。因此，选项C的说法正确。

根据《专利审查指南2010》第五部分第十章第1节的规定，专利权评价报告是人民法院或者管理专利工作的部门审理、处理专利侵权纠纷的证据，主要用于人民法院或者管理专利工作的部门确定是否需要中止相关程序。专利权评价报告不是行政决定，因此专利权人或者利害关系人不能就此提起行政复议和行政诉讼。因此，选项D的说法错误。

【答案】ABD

21.【2017年第15题】关于实用新型专利权评价报告，下列说法哪个是正确的？
A. 实用新型专利申请人可以在答复审查意见通知书期间请求对该专利申请作出专利权评价报告，国家知识产权局可应此请求作出评价报告
B. 对于被专利复审委员会宣告全部无效的实用新型专利，专利权人或者利害关系人可以请求国家知识产权局对该专利权作出评价报告
C. 专利权人对于应其请求作出的评价报告结论不服的，由利害关系人再次向国家知识产权局提出评价请求后，国家知识产权局可再次作出专利权评价报告
D. 专利权评价报告作出后，对该专利提出无效宣告请求的请求人可以查阅并复制该评价报告

【考点】实用新型专利权评价报告

【分析】《专利审查指南2010》第五部分第十章第2.1节规定，专利权评价报告请求的客体应当是已经授权公告的实用新型专利或者外观设计专利，包括已经终止或者放弃的实用新型或者外观设计专利。针对下列情形提出的专利权评价报告请求视为未提出：（1）未授权公告的实用新型专利申请或者外观设计专利申请；（2）已被专利复审委员会宣告全部无效的实用新型专利或者外观设计专利；（3）国家知识产权局已作出专利权评价报告的实用新型专利或者外观设计专利。因此，选项AB错误。

专利法实施细则第五十七条规定，对同一项实用新型或者外观设计专利权，有多个请求人请求作出专利权评价报告的，国务院专利行政部门仅作出一份专利权评价报告。任何单位或者个人可以查阅或者复制该专利权评价报告。因此，选项C错误，选项D正确。

【答案】D

22.【2017年第18题】下列不属于外观设计专利权评价报告所涉及内容的是？
A. 外观设计是否属于专利法第五条或者第二十五条规定的不授予专利权的情形
B. 外观设计是否属于专利法第二条第四款规定的客体
C. 外观设计是否符合专利法第二十三条第三款的规定
D. 外观设计专利文件的修改是否符合专利法第三十三条的规定

【考点】外观设计专利权评价报告

【分析】《专利审查指南2010》第五部分第十章第3.2.2节规定，外观设计专利权评价所涉及的内容包括：（1）外观设计是否属于专利法第五条或者第二十五条规定的不授予专利权的情形，……（2）外观设计是否属于专利法第二条第四款规定的客体，……（3）外观设计是否符合专利法第二十三条第一款的规定，……（4）外观设计是否符合专利法第二十三条第二款的规定，……（5）外观设计专利的图片或者照片是否符合专利法第二十七条第二款的规定，……（6）外观设计专利文件的修改是否符合专利法第三十三条的规定，……（7）分案的外观设计专利是否符合专利法实施细则第四十三条第一款的规定，……（8）外观设计是否符合专利法第九条的规定，……由此可知，选项ABD的内容为外观设计专利权评价报告涉及的内容；而外观设计专利权评价所涉及的内容不包括专利法第二十三条第三款关于权利冲突的评价，因为权利冲突的评价需要在先权利人提出，审查员很难掌握证据和资料。因此，选项ACD错误，选项C正确。

【答案】C

23.【2017年第69题】根据专利法实施细则第56条第1款的规定，专利权人或者利害关系人可以请求国家知识产权局作出专利权评价报告，下列哪些属于利害关系人？
  A. 专利实施独占许可合同的被许可人
  B. 专利权人授予起诉权的专利实施普通许可合同的被许可人
  C. 无效宣告请求人
  D. 被控侵权人

【考点】利害关系人

【分析】《专利审查指南2010》第五部分第十章第2.2节规定，根据专利法实施细则第五十六条第一款的规定，专利权人或者利害关系人可以请求国家知识产权局作出专利权评价报告。其中，利害关系人是指有权根据专利法第六十条的规定就专利侵权纠纷向人民法院起诉或者请求管理专利工作的部门处理的人，例如专利实施独占许可合同的被许可人和由专利权人授予起诉权的专利实施普通许可合同的被许可人。因此，选项AB正确，选项CD错误。

【答案】AB

24.【2016年第20题】关于实用新型专利权评价报告，下列说法哪个是正确的？
  A. 评价报告可以作为审理、处理专利侵权纠纷的证据
  B. 只有专利权人有资格作为专利权评价报告的请求人
  C. 专利权评价报告仅涉及对新颖性和创造性的评价
  D. 请求人对评价报告结论不服的，可以提起行政复议

【考点】实用新型专利权评价报告

【分析】《专利审查指南2010》第五部分第十章第1节规定，专利权评价报告是人民法院或者管理专利工作的部门审理、处理专利侵权纠纷的证据，主要用于人民法院或者管理专利工作的部门确定是否需要中止相关程序。专利权评价报告不是行政决定，因此专利权人或者利害关系人不能就此提起行政复议和行政诉讼。因此，选项A正确，选项D错误。

《专利审查指南2010》第五部分第十章第2.2节规定，根据专利法实施细则第五十六条第一款的规定，专利权人或者利害关系人可以请求国家知识产权局作出专利权评价报告。其中，利害关系人是指有权根据专利法第六十条的规定就专利侵权纠纷向人民法院起诉或者请求管理专利工作的部门处理的人，例如专利实施独占许可合同的被许可人和由专利权人授予起诉权的专利实施普通许可合同的被许可人。因此，选项B错误。

根据《专利审查指南2010》第五部分第十章第3.2.1节的规定，实用新型专利权评价所涉及的内容包括：（1）实用新型是否属于专利法第5条或者第25条规定的不授予专利权的情形，……（2）实用新型是否属于专利法第2条第3款规定的客体，……（3）实用新型是否具备专利法第22条第4款规定的实用性，……（4）实用新型专利的说明书是否按照专利法第26条第3款的要求充分公开了专利保护的主题，……（5）实用新型是否具备专利法第22条第2款规定的新颖性，……（6）实用新型是否具备专利法第22条第3款规定的创造性，……因此，选项C错误。

【答案】A

25.【2015年第67题】下列关于专利权评价报告的说法哪些是正确的？
  A. 专利权人针对专利权评价报告可以提请行政复议
  B. 专利权人认为专利权评价报告的结论存在需要更正的错误的，可以请求更正
  C. 已经终止的实用新型专利不属于专利权评价报告请求的客体
  D. 专利权评价报告可以作为人民法院审理、处理专利侵权纠纷的证据

【考点】专利权评价报告

【分析】《专利审查指南2010》第五部分第十章第1节规定，专利权评价报告是人民法院或者管理专利工作的部门审理、处理专利侵权纠纷的证据，主要用于人民法院或者管理专利工作的部门确定是否需要中止相关程序。专利权评价报告不是行政决定，因此专利权人或者利害关系人不能就此提起行政复议和行政诉讼。因此，选项A错误，选项D正确。

《专利审查指南2010》第五部分第十章第6节的规定，作出专利权评价报告的部门在发现专利权评价报告中存在错误后，可以自行更正。请求人认为专利权评价报告存在需要更正的错误的，可以请求更正。因此，选项B正确。《专利审查指南2010》第五部分第十章第2.1节规定，专利权评价报告请求的客体应当是已经授权公告的实用新型专利或者外观设计专利，包括已经终止或者放弃的实用新型专利或者外观设计专利。因此，选项C错误。

【答案】BD

第六十二条【现有技术和现有设计抗辩】

在专利侵权纠纷中，被控侵权人有证据证明其实施的技术或者设计属于现有技术或者现有设计的，不构成侵犯专利权。

一、本条含义

本条是关于专利侵权纠纷中现有技术或者现有设计抗辩权的规定。

二、重点讲解

（一）实施现有技术或者现有设计的行为不构成专利侵权

根据本条的规定，只要被控侵权人能够举证证明其实施的技术方案或者设计方案属于现有技术或者现有设计，就能够被执法部门直接判定为不侵犯专利权，无须顾及所涉及的专利权是有效还是无效的问题。

《最高人民法院关于审理侵犯专利权纠纷案件应用法律若干问题的解释》第十四条规定：

被诉落入专利权保护范围的全部技术特征，与一项现有技术方案中的相应技术特征相同或者无实质性差异的，人民法院应当认定被诉侵权人实施的技术属于专利法第六十二条规定的现有技术。

被诉侵权设计与一个现有设计相同或者无实质性差异的，人民法院应当认定被诉侵权人实施的设计属于专利法第六十二条规定的现有设计。

主张现有技术抗辩的人只能通过证明其实施的技术方案属于涉案专利的申请日之前的现有技术来摆脱侵权责任。当专利权存在其他瑕疵，例如授权专利的保护主题不属于能够授予专利权的主题、说明书未充分公开要求保护的技术方案、权利要求书没有获得说明书的支持、修改超出原申请文件记载的范围等，不应当被授权时，被控侵权人均不能通过抗辩方式来摆脱承担侵犯专利权的民事责任。提出这些问题并质疑专利权的有效性的，只能通过启动无效宣告请求程序来解决。

需要注意的是，根据专利法二十四条的规定，在六个月的新颖性宽限期内，发明创造在中国政府主办或者承认的国际展览会上首次展出或者在规定的学术会议或者技术会议上首次发表，而成为现有技术或者现有设计的，被控侵权人不能依据这样的现有技术或者现有设计进行抗辩。被控侵权人在申请日之前已经开始实施通过上述方式公开的发明创造或者已经做好实施的准备的，只能依据专利法第六十九条第（二）项的规定进行先用权抗辩。

三、真题分析

26.【2018年第90题】关于现有技术抗辩，以下说法错误的是：
A. 用于不侵权抗辩的现有技术，必须是可以自由使用的现有技术，不包括仍在有效保护期内的专利技术
B. 可以使用抵触申请作为不侵权抗辩的现有技术
C. 仅当被控侵权物的全部技术特征与一份现有技术方案的相应技术特征完全相同时，才可以认为不侵权抗辩成立
D. 如果被控侵权人主张被控侵权物相对于两份现有技术的结合显而易见，则该抗辩理由不成立

【考点】现有技术抗辩

【分析】专利法第六十二条规定，在专利侵权纠纷中，被控侵权人有证据证明其实施的技术或者设计属于现有技术或者现有设计的，不构成侵犯专利权。专利法第二十二条第五款规定，本法所称现有技术，是指申请日以前在国内外为公众所知的技术。由此可知，主张现有技术抗辩的人是通过证明其实施的技术方案属于涉案专利的申请日之前的现有技术来摆脱侵权责任，该现有技术包括可以自由使用的现有技术和仍在有效保护期内的专利技术。因此，选项 A 的说法错误。

根据专利法第二十二条第二款的规定，在发明或者实用新型新颖性的判断中，由任何单位或者个人就同样的发明或者实用新型在申请日以前向专利局提出并且在申请日以后（含申请日）公布的专利申请文件或者公告的专利文件损害该申请日提出的专利申请的新颖性。为描述简便，在判断新颖性时，将这种损害新颖性的专利申请，称为抵触申请。由此可知，抵触申请不是现有技术，选项 B 的说法错误。

《最高人民法院关于审理侵犯专利权纠纷案件应用法律若干问题的解释》第十四条规定，被诉落入专利权保护范围的全部技术特征，与一项现有技术方案中的相应技术特征相同或者无实质性差异的，人民法院应当认定被诉侵权人实施的技术属于专利法第六十二条规定的现有技术。由此可知，抗辩成立的情形包括"技术特征相同"和"技术特征无实质性差异"两种情形，因此，选项 C 错误。现有技术抗辩只能与单独一项现有技术对比，而不能使用多项现有技术结合，因此，选项 D 的说法正确。

【答案】ABC

27.【2016 年第 94 题】甲拥有一项 X 产品实用新型专利权，其向法院起诉乙制造的产品侵犯自己的专利权，以下哪些可以作为乙不侵权抗辩的理由？

A. 乙用于制造 X 产品的设备是以合理价格从他人手中购买的
B. 乙在甲申请专利之前自行完成了研发并开始制造 X 产品
C. 乙就其所制造的产品拥有自己的专利权
D. 乙有证据表明其生产的 X 产品属于现有技术

【考点】不侵权抗辩理由

【分析】专利法第十一条第一款规定，发明和实用新型专利权被授予后，除本法另有规定的以外，任何单位或者个人未经专利权人许可，都不得实施其专利，即不得为生产经营目的制造、使用、许诺销售、销售、进口其专利产品。本题中，甲拥有一项 X 产品实用新型专利权，因此，不管乙用于制造 X 产品的设备是否以合理价格从他人手中购买的，乙均不得制造 X 产品。因此，选项 A 错误。

专利法第六十九条规定，有下列情形之一的，不视为侵犯专利权：（二）在专利申请日前已经制造相同产品、使用相同方法或者已经作好制造、使用的必要准备，并且仅在原有范围内继续制造、使用的。因此，选项 B 正确。

《最高人民法院关于审理侵犯专利权纠纷案件应用法律若干问题的解释（二）》第二十三条规定，被诉侵权技术方案或者外观设计落入在先的涉案专利权的保护范围，被诉侵权人以其技术方案或者外观设计被授予专利权为由抗辩不侵犯涉案专利权的，人民法院不予支持。因此，选项 C 错误。专利法第六十二条规定，在专利侵权纠纷中，被控侵权人有证据证明其实施的技术或者设计属于现有技术或者现有设计的，不构成侵犯专利权。因此，选项 D 正确。

【答案】BD

第六十三条【假冒专利的法律责任】

假冒专利的，除依法承担民事责任外，由管理专利工作的部门责令改正并予公告，没收违法所得，可以并处违法所得四倍以下的罚款；没有违法所得的，可以处二十万元以下的罚款；构成犯罪的，依法追究刑事责任。

一、本条含义

本条是关于假冒专利应承担的法律责任的规定。

二、重点讲解

（一）假冒专利的行为

1. 属于假冒专利的行为

专利法实施细则第八十四条第一款规定了假冒专利的行为：

下列行为属于专利法第六十三条规定的假冒专利的行为：

（一）在未被授予专利权的产品或者其包装上标注专利标识，专利权被宣告无效后或者终止后继续在产品或者其包装上标注专利标识，或者未经许可在产品或者产品包装上标注他人的专利号；

（二）销售第（一）项所述产品；

（三）在产品说明书等材料中将未被授予专利权的技术或者设计称为专利技术或者专利设计，将专利申请称为专利，或者未经许可使用他人的专利号，使公众将所涉及的技术或者设计误认为是专利技术或者专利设计；

（四）伪造或者变造专利证书、专利文件或者专利申请文件；

（五）其他使公众混淆，将未被授予专利权的技术或者设计误认为是专利技术或者专利设计的行为。

2. 不属于假冒专利的行为

专利法实施细则第八十四条第二款规定了不属于假冒专利的行为：

专利权终止前依法在专利产品、依照专利方法直接获得的产品或者其包装上标注专利标识，在专利权终止后许诺销售、销售该产品的，不属于假冒专利行为。

3. 假冒专利行为的法律责任

本条规定了假冒他人专利行为的法律责任，包括民事责任、行政责任和刑事责任。

（1）民事责任。根据专利法实施细则第八十四条对假冒专利行为的定义，假冒专利行为有可能同时构成侵犯他人民事权利的行为，因而要承担相应的民事侵权责任。

（2）行政责任。假冒专利的行为或者以假乱真，以次充好，或者无中生有，都具有欺骗公众的性质，损害了公众的利益，破坏了专利行政管理秩序，应当受到行政处罚。本条规定，所述行政处罚包括由管理专利工作的部门责令改正并予以公告，没收违法所得，同时可以并处违法所得4倍以下的罚款，没有违法所得的，可以处20万元以下的罚款。

《专利行政执法办法》第二十九条规定了管辖部门的确定：

查处假冒专利行为由行为发生地的管理专利工作的部门管辖。

管理专利工作的部门对管辖权发生争议的，由其共同的上级人民政府管理专利工作的部门指定管辖；无共同上级人民政府管理专利工作的部门的，由国家知识产权局指定管辖。

《专利行政执法办法》第四十七条规定了违法所得的确定：

管理专利工作的部门认定假冒专利行为成立的，可以按照下列方式确定行为人的违法所得：

（一）销售假冒专利的产品的，以产品销售价格乘以所销售产品的数量作为其违法所得；

（二）订立假冒专利的合同的，以收取的费用作为其违法所得。

（3）刑事责任。《刑法》第二百一十六条规定："假冒他人专利，情节严重的，处二年以下有期徒刑或者拘役，并处或者单处罚金。"

由于2008年第三次修改的《专利法》本条不再出现"假冒他人专利"的措辞，因此在今后修改《刑法》时，还有必要对上述规定作相应调整。在《刑法》修改之前，还只能按照其现行规定追究假冒他人专利行为人的刑事责任。

需要注意区分，在专利法第六十条的规定中，侵犯专利权的法律责任不包括刑事责任。

三、真题分析

28.【2019年第92题】下列哪些属于假冒专利的行为？

A. 专利权被宣告无效后继续在产品或者其包装上标注专利标识

B. 专利权终止前依法在专利产品上标注专利标识，在专利权终止后许诺销售该产品

C. 在产品说明书等材料中将未被授予专利权的技术称为专利技术
D. 未经许可在产品包装上标注他人的专利号

【考点】假冒专利行为

【分析】根据专利法实施细则第八十四条的规定，下列行为属于专利法第六十三条规定的假冒专利的行为：（一）在未被授予专利权的产品或者其包装上标注专利标识，专利权被宣告无效后或者终止后继续在产品或者其包装上标注专利标识，或者未经许可在产品或者产品包装上标注他人的专利号；（二）销售第（一）项所述产品；（三）在产品说明书等材料中将未被授予专利权的技术或者设计称为专利技术或者专利设计，将专利申请称为专利，或者未经许可使用他人的专利号，使公众将所涉及的技术或者设计误认为是专利技术或者专利设计；（四）伪造或者变造专利证书、专利文件或者专利申请文件；（五）其他使公众混淆，将未被授予专利权的技术或者设计误认为是专利技术或者专利设计的行为。专利权终止前依法在专利产品、依照专利方法直接获得的产品或者其包装上标注专利标识，在专利权终止后许诺销售、销售该产品的，不属于假冒专利行为。因此，选项ACD正确，选项B错误。

【答案】ACD

29.【2018年第91题】以下属于假冒专利行为的有：
A. 在未被授予专利权的产品或包装上标注专利标识的
B. 在专利权被宣告无效后或终止后，继续在产品或包装上标注专利标识的
C. 专利权终止前依法在专利产品或者其包装上标注专利标识，在专利权终止后许诺销售、销售标注专利标识的该产品的
D. 未经许可在产品或者产品包装上标注他人的专利号

【考点】假冒专利行为

【分析】专利法实施细则第八十四条规定，下列行为属于专利法第六十三条规定的假冒专利的行为：（一）在未被授予专利权的产品或者其包装上标注专利标识，专利权被宣告无效后或者终止后继续在产品或者其包装上标注专利标识，或者未经许可在产品或者产品包装上标注他人的专利号；……专利权终止前依法在专利产品、依照专利方法直接获得的产品或者其包装上标注专利标识，在专利权终止后许诺销售、销售该产品的，不属于假冒专利行为。因此，选项ABD正确，选项C错误。

【答案】ABD

30.【2018年第97题】甲获得了一项产品发明专利。甲与乙签订《专利使用协议》，该协议约定，甲允许乙对该专利产品进一步开发、并在产品中标注甲的专利号。该协议同时约定，"双方在开发的产品正式投产之前再行签订正式详尽的合同"。

乙在开发过程中，试制了一批甲的专利产品，并进行研发，研发制得新的产品相对于甲的专利权利要求的范围删除了一些不必要的部件、增加了一些具有实质性区别的新的功能部件，相对于原专利产品实现了明显的技术效果改进。但乙未申请该新产品的专利。随后，乙在未与甲进一步签订正式详尽合同的情况下批量制造其研发的新产品、并向市场销售该新产品，所销售新产品上标注有甲的专利号。

则以下说法正确的是：
A. 因为乙与甲没有按照协议约定签订正式详尽的合同，所以乙在产品开发中制造、使用甲的专利产品的行为属于侵犯甲的专利权的行为
B. 即便乙与甲没有按照协议约定签订正式详尽的合同，乙在产品开发中制造、使用甲的专利产品的行为也不属于侵犯甲的专利权的行为
C. 乙在所销售新产品上标注甲的专利号的行为构成假冒专利的行为
D. 乙与甲签订的《专利使用协议》中明确约定"乙可以在产品中标注甲的专利号"，因此乙在所销售新产品上标注甲的专利号的行为不构成假冒专利的行为

【考点】专利侵权行为 专利假冒行为

【分析】专利法第十一条第一款规定，发明和实用新型专利权被授予后，除本法另有规定的以外，任何单位或者个人未经专利权人许可，都不得实施其专利，即不得为生产经营目的制造、使用、许诺销售、销售、进口其专利产品，或者使用其专利方法以及使用、许诺销售、销售、进口依照该专利方法直接获得的产品。

专利法实施细则第八十四条第一款规定，下列行为属于专利法第六十三条规定的假冒专利的行为：（一）在未被授予专利权的产品或者其包装上标注专利标识，专利权被宣告无效后或者终止后继续在产品或者其包装上标注专利标识，或者未经许可在产品或者产品包装上标注他人的专利号；（二）销售第（一）项所述产品；（三）在产品说明书等材料中将未被授予专利权的技术或者设计称为专利技术或者专利设计，将专利申请称为专利，或者未经许可使用他人的专利号，使公众将所涉及的技术或者设计误认为是专利技术或者专利设计；（四）伪造或者变造专利证书、专利文件或者专利申请文件；（五）其他使公众混淆，将未被授予专利权的技术或者设计误认为是专利技术或者专利设计的行为。

本题中，由于甲允许乙对该专利产品进一步开发，所以乙在产品开发中制造、使用甲的专利产品的行为不属于侵犯甲的专利权的行为，因此，选项A错误，选项B正确。

本题中，乙与甲约定"乙可以在产品中标注甲的专利号"，该产品指甲的专利产品，而在乙研制的新产品上不得标注甲的专利产品的专利号，否则，构成假冒专利的行为，因此，选项C正确，选项D错误。

【答案】BC

31.【2016年第27题】下列哪个行为不属于假冒专利的行为？

A. 未经许可在产品包装上标注他人的专利号
B. 销售不知道是假冒专利的产品，并且能够证明该产品合法来源
C. 在产品说明书中将专利申请称为专利
D. 专利权终止前依法在专利产品上标注专利标识，在专利权终止后销售该产品

【考点】假冒专利的行为

【分析】专利法实施细则第八十四条规定，下列行为属于专利法第六十三条规定的假冒专利的行为：（一）在未被授予专利权的产品或者其包装上标注专利标识，专利权被宣告无效后或者终止后继续在产品或者其包装上标注专利标识，或者未经许可在产品或者产品包装上标注他人的专利号；（二）销售第（一）项所述产品；（三）在产品说明书等材料中将未被授予专利权的技术或者设计称为专利技术或者专利设计，将专利申请称为专利，或者未经许可使用他人的专利号，使公众将所涉及的技术或者设计误认为是专利技术或者专利设计；（四）伪造或者变造专利证书、专利文件或者专利申请文件；（五）其他使公众混淆，将未被授予专利权的技术或者设计误认为是专利技术或者专利设计的行为。专利权终止前依法在专利产品、依照专利方法直接获得的产品或者其包装上标注专利标识，在专利权终止后许诺销售、销售该产品的，不属于假冒专利行为。销售不知道是假冒专利的产品，并且能够证明该产品合法来源的，由管理专利工作的部门责令停止销售，但免除罚款的处罚。因此，选项D正确，选项ABC错误。其中选项B"销售不知道是假冒专利的产品"，由于能够证明该产品合法来源，因此可以免除罚款的处罚，但该销售行为仍是假冒专利的行为。

【答案】D

32.【2016年第95题】甲公司拥有一项产品发明专利权，乙公司未经甲公司许可制造了该专利产品，并在产品上标注了甲公司的专利号；丙公司从乙公司处采购该产品并对外销售。下列哪些说法是正确的？

A. 乙公司和丙公司的行为构成了假冒专利行为
B. 乙公司和丙公司的行为构成了专利侵权行为
C. 管理专利工作的部门查封、扣押乙公司和丙公司产品的，应当经人民法院批准
D. 丙公司若能证明其不知道所销售产品为侵权产品，并且是通过合法途径、以合理价格采购了该产品，则不承担赔偿责任，但应停止销售

【考点】假冒专利行为 专利侵权行为

【分析】专利法实施细则第八十四条第一款规定，下列行为属于专利法第六十三条规定的假冒专利的行为：（一）在未被授予专利权的产品或者其包装上标注专利标识，专利权被宣告无效后或者终止后继续在产品或者其包装上标注专利标识，或者未经许可在产品或者产品包装上标注他人的专利号；（二）销售第（一）项所述产品；……由此可知，乙的标注行为和丙的销售行为构成假冒专利的行为。因此，选项A正确。

专利法第十一条第一款规定，发明和实用新型专利权被授予后，除本法另有规定的以外，任何单位或者个人未经专利权人许可，都不得实施其专利，即不得为生产经营目的制造、使用、许诺销售、销售、进口其专利产品。由此可知，乙的制造行为和丙的销售行为构成专利侵权行为。因此，选项B正确。

专利法第六十四条第一款规定，管理专利工作的部门根据已经取得的证据，对涉嫌假冒专利行为进行查处时，可以询问有关当事人，调查与涉嫌违法行为有关的情况；……检查与涉嫌违法行为有关的产品，对有证据证明是假冒专利的产品，可以查封或者扣押。《专利行政执法办法》第三十条第一款规定，管理专利工作的部门查封、扣押涉嫌假冒专利产品的，应当经其负责人批准。查封、扣押时，应当向当事人出具有关通知书。因此，选项C错误。

专利法实施细则八十四第三款规定，销售不知道是假冒专利的产品，并且能够证明该产品合法来源的，由管理专利工作的部门责令停止销售，但免除罚款的处罚。因此，选项D正确。

【答案】 ABD

33.**【2015年第94题】** 下列哪些行为属于假冒专利的行为？
A. 专利权终止后继续在产品上标注专利标识
B. 未经许可在产品包装上标注他人的专利号
C. 将拥有的实用新型专利证书变造成发明专利证书
D. 伪造专利文件

【考点】 假冒专利的行为

【分析】 专利法实施细则第八十四条第一款的规定，下列行为属于专利法第六十三条规定的假冒专利的行为：（一）在未被授予专利权的产品或者其包装上标注专利标识，专利权被宣告无效后或者终止后继续在产品或者其包装上标注专利标识，或者未经许可在产品或者产品包装上标注他人的专利号；（二）销售第（一）项所述产品；（三）在产品说明书等材料中将未被授予专利权的技术或者设计称为专利技术或者专利设计，将专利申请称为专利，或者未经许可使用他人的专利号，使公众将所涉及的技术或者设计误认为是专利技术或者专利设计；（四）伪造或者变造专利证书、专利文件或者专利申请文件；（五）其他使公众混淆，将未被授予专利权的技术或者设计误认为是专利技术或者专利设计的行为。本题中，选项AB属于上述第（一）项规定情形，选项CD属于上述第（四）项规定的情形。因此，选项ABCD正确。

【答案】 ABCD

第六十四条【假冒专利行为的查处】

管理专利工作的部门根据已经取得的证据，对涉嫌假冒专利行为进行查处时，可以询问有关当事人，调查与涉嫌违法行为有关的情况；对当事人涉嫌违法行为的场所实施现场检查；查阅、复制与涉嫌违法行为有关的合同、发票、账簿以及其他有关资料；检查与涉嫌违法行为有关的产品，对有证据证明是假冒专利的产品，可以查封或者扣押。

管理专利工作的部门依法行使前款规定的职权时，当事人应当予以协助、配合，不得拒绝、阻挠。

一、本条含义

本条是关于管理专利工作的部门对涉嫌假冒专利行为进行查处时，可采取的检查、调查措施的规定。

本条是2008年修改《专利法》时增加的条款，为管理专利工作的部门查处假冒专利行为提供了必要的行政执法手段。

二、重点讲解

（一）假冒专利行为的查处

1. 查处的管辖

《专利行政执法办法》第二十九条规定：

查处假冒专利行为由行为发生地的管理专利工作的部门管辖。

管理专利工作的部门对管辖权发生争议的，由其共同的上级人民政府管理专利工作的部门指定管辖；无共同上级人民政府管理专利工作的部门的，由国家知识产权局指定管辖。

2. 调查取证的手段

本条第一款规定了调查取证的手段，可以分解为以下职权：

（1）可以询问有关当事人，调查与涉嫌违法行为有关的情况；

（2）对当事人涉嫌违法行为的场所实施现场检查；

（3）查阅、复制与涉嫌违法行为有关的合同、发票、账簿以及其他有关资料；

（4）检查与涉嫌违法行为有关的产品，对有证据证明是假冒专利的产品，可以查封或者扣押

对于第（4）项职权，应当注意两点，一是按照本条条文，查封或者扣押是在检查与涉嫌违法行为有关的产品过程中可能需要采用的调查取证措施，而不是认定假冒专利行为成立之后采用的行政处罚措施，行政处罚措施只能是专利法第六十三条规定的措施；二是并非只要有证据证明是构成假冒专利行为的产品，就一定要查封或者扣押，只有在有关产品存在转移的可能性，而且当事人对管理专利工作的部门的调查取证工作采取拒绝、阻挠态度的情况下，才有必要查封或者扣押。

应当指出的是，本条规定的行政执法手段仅适用于对假冒专利行为的查处。管理专利工作的部门依照专利法第六十条的规定对侵犯专利权的纠纷进行处理的，不能适用本条规定。

3. 当事人的权利的义务

根据本条第二款的规定，管理专利工作的部门依法行使前款规定的职权时，当事人应当予以协助、配合，不得拒绝、阻挠。

《专利行政执法办法》第三十二条规定：

管理专利工作的部门作出行政处罚决定前，应当告知当事人作出处罚决定的事实、理由和依据，并告知当事人依法享有的权利。

管理专利工作的部门作出较大数额罚款的决定之前，应当告知当事人有要求举行听证的权利。当事人提出听证要求的，应当依法组织听证。

4. 查处的程序

《专利行政执法办法》第二十八条、第三十条至第三十二条、第三十四条至第三十五条分别规定：

第二十八条　管理专利工作的部门发现或者接受举报、投诉发现涉嫌假冒专利行为的，应当自发现之日起5个工作日内或者收到举报、投诉之日起10个工作日内立案，并指定两名或者两名以上执法人员进行调查。

第三十条　管理专利工作的部门查封、扣押涉嫌假冒专利产品的，应当经其负责人批准。查封、扣押时，应当向当事人出具有关通知书。

管理专利工作的部门查封、扣押涉嫌假冒专利产品，应当当场清点，制作笔录和清单，由当事人和执法人员签名或者盖章。当事人拒绝签名或者盖章的，由执法人员在笔录上注明。清单应当交当事人一份。

第三十一条　案件调查终结，经管理专利工作的部门负责人批准，根据案件情况分别作如下处理：

（一）假冒专利行为成立应当予以处罚的，依法给予行政处罚；

（二）假冒专利行为轻微并已及时改正的，免予处罚；

（三）假冒专利行为不成立的，依法撤销案件；

（四）涉嫌犯罪的，依法移送公安机关。

第三十二条　管理专利工作的部门作出行政处罚决定前，应当告知当事人作出处罚决定的事实、理由和依据，并告知当事人依法享有的权利。

管理专利工作的部门作出较大数额罚款的决定之前，应当告知当事人有要求举行听证的权利。当事人提出听证要求的，应当依法组织听证。

第三十四条　对情节复杂或者重大违法行为给予较重的行政处罚的，应当由管理专利工作的部门负责人集体讨论决定。

第三十五条　经调查，假冒专利行为成立应当予以处罚的，管理专利工作的部门应当制作处罚决定书，写明以下内容：

（一）当事人的姓名或者名称、地址；

（二）认定假冒专利行为成立的证据、理由和依据；

（三）处罚的内容以及履行方式；
（四）不服处罚决定申请行政复议和提起行政诉讼的途径和期限。
处罚决定书应当加盖管理专利工作的部门的公章。

5. 处罚决定的执行

《专利行政执法办法》第四十五条、第四十九条规定：

第四十五条　管理专利工作的部门认定假冒专利行为成立的，应当责令行为人采取下列改正措施：

（一）在未被授予专利权的产品或者其包装上标注专利标识、专利权被宣告无效后或者终止后继续在产品或者其包装上标注专利标识或者未经许可在产品或者产品包装上标注他人的专利号的，立即停止标注行为，消除尚未售出的产品或者其包装上的专利标识；产品上的专利标识难以消除的，销毁该产品或者包装；

（二）销售第（一）项所述产品的，立即停止销售行为；

（三）在产品说明书等材料中将未被授予专利权的技术或者设计称为专利技术或者专利设计，将专利申请称为专利，或者未经许可使用他人的专利号，使公众将所涉及的技术或者设计误认为是他人的专利技术或者专利设计的，立即停止发放该材料，销毁尚未发出的材料，并消除影响；

（四）伪造或者变造专利证书、专利文件或者专利申请文件的，立即停止伪造或者变造行为，销毁伪造或者变造的专利证书、专利文件或者专利申请文件，并消除影响；

（五）责令假冒专利的参展方采取从展会上撤出假冒专利展品、销毁或者封存相应的宣传材料、更换或者遮盖相应的展板等撤展措施；

（六）其他必要的改正措施。

第四十九条　假冒专利行为的行为人应当自收到处罚决定书之日起 15 日内，到指定的银行缴纳处罚决定书写明的罚款；到期不缴纳的，每日按罚款数额的百分之三加处罚款。

6. 对处罚决定不服的法律救济途径

《专利行政执法办法》第四十八条规定：

管理专利工作的部门作出处罚决定后，当事人申请行政复议或者向人民法院提起行政诉讼的，在行政复议或者诉讼期间不停止决定的执行。

第六十五条【侵犯专利权的损失赔偿】

侵犯专利权的赔偿数额按照权利人因被侵权所受到的实际损失确定；实际损失难以确定的，可以按照侵权人因侵权所获得的利益确定。权利人的损失或者侵权人获得的利益难以确定的，参照该专利许可使用费的倍数合理确定。赔偿数额还应当包括权利人为制止侵权行为所支付的合理开支。

权利人的损失、侵权人获得的利益和专利许可使用费均难以确定的，人民法院可以根据专利权的类型、侵权行为的性质和情节等因素，确定给予一万元以上一百万元以下的赔偿。

一、本条含义

本条是关于侵权专利权赔偿数额计算方法的规定。

二、重点讲解

（一）赔偿损失

损失赔偿是认定侵犯专利权行为成立并给权利人造成损失时，侵权人承担民事责任的方式之一。在侵犯专利权纠纷案件中，由于专利权的客体是无形的，其市场价值难以确定，侵权行为使权利人受到的损失也难以确定，因而赔偿数额的确定较为困难和复杂，需要在专利法中明确规定侵权赔偿数额的确定方式，才能既确保权利人的利益得到充分保障，又不至于使侵权人承担不合理的责任，并保证执法标准的统一。

(二) 赔偿数额的计算

1. 确定赔偿数额的顺序

本条明确了计算侵权赔偿数额的适用顺序,首先按照专利权人受到的实际损失来确定赔偿数额;在专利权人受到的实际损失难以确定的情况下,再按照侵权人因侵权获得的利益进行赔偿;如果前两者均难以确定,可以参照该专利许可使用费的倍数合理确定;在前三种确定方式均难以确定的情况下,才可以适用法定赔偿。

2. 权利人因被侵权所受到的实际损失

从实践中看,在专利权人已经有专利产品投放市场的情况下,因为侵权产品的出现,往往会使权利人的销售量减少或者销售价格降低,或者会增加权利人的营销成本。尤其是在专利产品以及依照专利方法直接获得的产品的市场较为饱和的情况下,一旦在市场上出现侵权产品,要么会使权利人的销量下降,其结果使权利人能够获得的利润降低;要么迫使权利人采取降价、增加营销成本的方式确保销量,其结果同样会使权利人能够获得的利润减少。在这种情况下,权利人受到的实际损失就是如果没有侵权行为发生,权利人在正常情况下所能获得的利润与在出现侵权情况下实际所获利润之差。

3. 侵权人因侵权所获得的利益

侵权人因侵权所获得的利益,是指侵权人实施侵权行为所得的利润。根据本条规定,以侵权人因侵权行为所获得的利益来确定赔偿数额,其适用的前提是权利人的实际损失难以确定。

《最高人民法院关于审理专利纠纷案件适用法律问题的若干规定》第二十条第二款规定:

专利法第六十五条规定的侵权人因侵权所获得的利益可以根据该侵权产品在市场上销售的总数乘以每件侵权产品的合理利润所得之积计算。侵权人因侵权所获得的利益一般按照侵权人的营业利润计算,对于完全以侵权为业的侵权人,可以按照销售利润计算。

在上述司法解释中,出现了"营业利润"和"销售利润"的两个概念,这是因为,在现行企业财务制度下,利润的概念涉及销售利润、营业利润和净利润。销售利润是指产品销售收入减去相应的销售成本(包括制造成本和销售费用)、产品销价税金及附加费用后的利润;营业利润是指产品销售利润减去管理、财务等费用后的利润;净利润是指营业利润减去增值税等税收后的利润。由于在一般情况下销售利润大于营业利润,营业利润大于净利润,即销售利润 > 营业利润 > 净利润。

因此,以哪一种利润来确定赔偿数额对当事人的利益有很大影响,需要予以明确。对一般的侵犯专利权行为以营业利润计算赔偿数额,对当事人来说比较公平,也比较符合侵权人因侵权所获得利益的实际情况。但对于以侵权为业的侵权人,则可以按照侵权产品的销售利润确定赔偿数额,以体现对这类侵权行为的惩治力度。

另外,《最高人民法院关于审理侵犯专利权纠纷案件应用法律若干问题的解释》第十六条第一款规定:

人民法院依据专利法第六十五条第一款的规定确定侵权人因侵权所获得的利益,应当限于侵权人因侵犯专利权行为所获得的利益;因其他权利所产生的利益,应当合理扣除。

需要对比记忆的,对于假冒专利行为,根据《专利行政执法办法》第四十七条确定行为人的违法所得:

管理专利工作的部门认定假冒专利行为成立的,可以按照下列方式确定行为人的违法所得:

(一)销售假冒专利的产品的,以产品销售价格乘以所销售产品的数量作为其违法所得;

(二)订立假冒专利的合同的,以收取的费用作为其违法所得。

4. 参照该专利许可使用费的倍数合理确定

权利人的实际损失和侵权人的非法获利,是确定侵犯专利权赔偿数额的两种基本方式。但在实践中,也会出现这两种方式均难以适用的情况。例如,专利权人没有实施其专利,而侵权人仅仅是制造厂侵权产品但尚未销售,或者侵权人的销售记录、财务报表已被销毁或者不完整,或者侵权人经营侵权产品并未获利等。在这些情况下,可以根据本条的规定,参照该专利许可使用费的合理倍数确定。

本条规定中所述的"倍数",应当以专利许可使用费的数额为基础,考虑专利权的类别、所属行业通常的费率标准、许可的类型(独占许可还是普通许可)、侵权行为的类型(制造、进口、使用、许诺销售、销售)、侵权持续的时间、侵权产品的数量、侵权人可能的获利以及权利人的市场情况等因素,按照公平合理的原则予以确定。

《最高人民法院关于审理专利纠纷案件适用法律问题的若干规定》第二十一条前部分规定:

权利人的损失或者侵权人获得的利益难以确定,有专利许可使用费可以参照的,人民法院可以根据专利权的

类型、侵权行为的性质和情节、专利许可的性质、范围、时间等因素，参照该专利许可使用费的倍数合理确定赔偿数额。

5. 法定赔偿或者定额赔偿

法定赔偿又称定额赔偿，是指在权利人损失、侵权人非法获利以及专利许可使用费均难以确定的情况下，由法院依据与侵权行为相关的一些因素在法定幅度内酌情确定的赔偿数额。法定赔偿是确定赔偿数额的"第四顺序"。法定赔偿的范围是 1 万元至 100 万元。

《最高人民法院关于审理专利纠纷案件适用法律问题的若干规定》第二十一条后部分规定：

没有专利许可使用费可以参照或者专利许可使用费明显不合理的，人民法院可以根据专利权的类型、侵权行为的性质和情节等因素，依照专利法第六十五条第二款的规定确定赔偿数额。 规定法定赔偿的突出作用，在于对侵权人施加必要的法律震慑力。最高可达 100 万元的法定赔偿数额可以防止侵权人通过销毁有关证据或者炮制假账等方式以躲避或者减少其应当承担的赔偿数额，迫使侵权人如实交代其非法获利。否则，在侵权人明显有违诚实信用原则的情况下，被法院判处高额的法定赔偿数额就是咎由自取。

6. 为制止侵权行为所支付的合理开支

在任何民事侵权诉讼中，原告都不是无代价的，需要付出相当的人力物力，包括付出调查取证费用或者律师费等开支。侵犯知识产权的诉讼，特别是侵犯专利权的诉讼尤其如此。

《最高人民法院关于审理专利纠纷案件适用法律问题的若干规定》第二十二条规定：

权利人主张其为制止侵权行为所支付合理开支的，人民法院可以在专利法第六十五条确定的赔偿数额之外另行计算。

需要注意的是，专利法第六十五条第一款规定，权利人最终得到的赔偿应当是实际损失、侵权人的非法获利或者使用费的合理倍数之一与合理开支之和；而在专利法第六十五条第二款中，法院以法定赔偿的方式确定赔偿数额，不能在已经确定的法定赔偿之外另行附加所述合理开支，因为法定赔偿是法院确定的赔偿总额，其中应当已经包含了为制止侵权行为所支付的合理开支。

7. 侵权零部件专利权的赔偿数额的确定

《最高人民法院关于审理侵犯专利权纠纷案件应用法律若干问题的解释》第十二条第一款、第十六条第二款分别规定：

第十二条第一款 将侵犯发明或者实用新型专利权的产品作为零部件，制造另一产品的，人民法院应当认定属于专利法第十一条规定的使用行为；销售该另一产品的，人民法院应当认定属于专利法第十一条规定的销售行为。

第十六条第二款 侵犯发明、实用新型专利权的产品系另一产品的零部件的，人民法院应当根据该零部件本身的价值及其在实现成品利润中的作用等因素合理确定赔偿数额。

8. 侵权包装物外观设计专利权的赔偿数额的确定

《最高人民法院关于审理侵犯专利权纠纷案件应用法律若干问题的解释》第十六条第三款规定：

侵犯外观设计专利权的产品为包装物的，人民法院应当按照包装物本身的价值及其在实现被包装产品利润中的作用等因素合理确定赔偿数额。

根据上述规定，在侵权人将侵权包装物连同被包装的产品一并出售的情况下，计算赔偿数额时不应当以被包装产品的利润作为计算侵权人的侵权所得的基准，而只能以该包装物本身的价值及该包装物在实现被包装产品利润所产生的作用来确定侵权人的侵权所得。

三、真题分析

34.【2019 年第 100 题】甲向法院起诉乙侵犯了其发明专利权并请求获得赔偿，下列关于侵权赔偿数额的说法正确的是？

A. 侵权赔偿的数额按照甲因被侵权所受到的实际损失确定，还应包括因研发该专利技术所投入的合理成本

B. 侵权赔偿的数额可以按照乙因侵权所获得的利益计算

C. 侵权赔偿数额应包括甲为制止侵权行为所支付的合理开支

D. 侵权赔偿数额可以参照该专利许可使用费的倍数合理确定

【考点】侵权赔偿

【分析】专利法第六十五条规定，侵犯专利权的赔偿数额按照权利人因被侵权所受到的实际损失确定；实际损失难以确定的，可以按照侵权人因侵权所获得的利益确定。权利人的损失或者侵权人获得的利益难以确定的，参照该专利许可使用费的倍数合理确定。赔数额还应当包括权利人为制止侵权行为所支付的合理开支。权利人的损失、侵权人获得的利益和专利许可使用费均难以确定的，人民法院可以根据专利权的类型、侵权行为的性质和情节等因素，确定给予一万元以上一百万元以下的赔偿。因此，选项 A 错误，选项 BCD 正确。

【答案】BCD

35.【2016年第92题】甲将自己拥有专利保护的一款运动鞋委托乙代工生产，后发现乙未经其许可，自行生产该款运动鞋并对外销售，甲向法院起诉并请求获得赔偿。以下可以作为侵权赔偿数额计算依据的是？

A. 甲因研发该专利技术所投入的合理成本
B. 乙因侵权所获得的利益
C. 该专利权的市场评估价值
D. 甲乙双方签订的委托加工合同中约定的专利侵权赔偿条款

【考点】侵权赔偿数额

【分析】专利法第六十五条第一款规定，侵犯专利权的赔偿数额按照权利人因被侵权所受到的实际损失确定；实际损失难以确定的，可以按照侵权人因侵权所获得的利益确定。权利人的损失或者侵权人获得的利益难以确定的，参照该专利许可使用费的倍数合理确定。赔数额还应当包括权利人为制止侵权行为所支付的合理开支。由此可知，作为侵犯专利权的赔偿数额的依据包括侵权人因侵权所获得的利益，而不包括选项 A "甲因研发该专利技术所投入的合理成本"选项和 C "该专利权的市场评估价值"，因此，选项 AC 错误，选项 B 正确。

《最高人民法院关于审理侵犯专利权纠纷案件应用法律若干问题的解释（二）》第二十八条规定，权利人、侵权人依法约定专利侵权的赔偿数额或者赔偿计算方法，并在专利侵权诉讼中主张依据该约定确定赔偿数额的，人民法院应予支持。因此，选项 D 正确。

【答案】BD

36.【2016年第93题】甲拥有一项机床的发明专利权，乙未经甲的许可制造了该机床，用于为自己的客户加工零部件，同时将部分机床对外销售；丙不知道该机床为侵权产品，以合理价格购买了该机床用于企业的生产，以下说法哪些是正确的？

A. 乙制造该机床供自己使用的行为不侵犯甲的专利权
B. 丙使用该机床侵犯了甲的专利权
C. 丙能证明其采购机床的合法来源，无须承担赔偿责任
D. 法院根据甲的请求，应当判令乙、丙立即停止使用该机床

【考点】专利侵权行为　免除赔偿责任

【分析】专利法第十一条第一款规定，发明和实用新型专利权被授予后，除本法另有规定的以外，任何单位或者个人未经专利权人许可，都不得实施其专利，即不得为生产经营目的制造、使用、许诺销售、销售、进口其专利产品，或者使用其专利方法以及使用、许诺销售、销售、进口依照该专利方法直接获得的产品。本题中，乙的制造和销售行为属于侵权行为，丙的使用行为属于侵权行为。因此，选项 A 错误，选项 B 正确。

专利法第七十条规定，为生产经营目的使用、许诺销售或者销售不知道是未经专利权人许可而制造并售出的专利侵权产品，能证明该产品合法来源的，不承担赔偿责任。因此，选项 C 正确。

《最高人民法院关于审理侵犯专利权纠纷案件应用法律若干问题的解释（二）》第二十五条第一款规定，为生产经营目的使用、许诺销售或者销售不知道是未经专利权人许可而制造并售出的专利侵权产品，且举证证明该产品合法来源的，对于权利人请求停止上述使用、许诺销售、销售行为的主张，人民法院应予支持，但被诉侵权产品的使用者举证证明其已支付该产品的合理对价的除外。本题中，丙不知道该机床为侵权产品，且以合理价格购买该机床用于生产，属于上述规定的例外情形，因此，选项 D 错误。

【答案】BC

第六十六条【侵犯专利权的诉前临时措施】

专利权人或者利害关系人有证据证明他人正在实施或者即将实施侵犯专利权的行为，如不及时制止将会使其合法权益受到难以弥补的损害的，可以在起诉前向人民法院申请采取责令停止有关行为的措施。

申请人提出申请时，应当提供担保；不提供担保的，驳回申请。

人民法院应当自接受申请之时起四十八小时内作出裁定；有特殊情况需要延长的，可以延长四十八小时。裁定责令停止有关行为的，应当立即执行。当事人对裁定不服的，可以申请复议一次；复议期间不停止裁定的执行。

申请人自人民法院采取责令停止有关行为的措施之日起十五日内不起诉的，人民法院应当解除该措施。

申请有错误的，申请人应当赔偿被申请人因停止有关行为所遭受的损失。

一、本条含义

本条是关于专利权人或者利害关系人就可能对其造成重大损失的即发侵权行为可以在起诉前申请人民法院采取临时措施的规定。

二、重点讲解

（一）专利侵权行为的诉前停止

1. 申请诉前停止侵权的主体

《最高人民法院关于对诉前停止侵犯专利权行为适用法律问题的若干规定》第一条规定：

根据专利法第六十一条❶的规定，专利权人或者利害关系人可以向人民法院提出诉前责令被申请人停止侵犯专利权行为的申请。

提出申请的利害关系人，包括专利实施许可合同的被许可人、专利财产权利的合法继承人等。专利实施许可合同被许可人中，独占实施许可合同的被许可人可以单独向人民法院提出申请；排他实施许可合同的被许可人在专利权人不申请的情况下，可以提出申请。

2. 诉前停止侵权行为申请的提出

《最高人民法院关于对诉前停止侵犯专利权行为适用法律问题的若干规定》第二条至第四条分别规定：

第二条　诉前责令停止侵犯专利权行为的申请，应当向有专利侵权案件管辖权的人民法院提出。

第三条　专利权人或者利害关系人向人民法院提出申请，应当递交书面申请状；申请状应当载明当事人及其基本情况、申请的具体内容、范围和理由等事项。申请的理由包括有关行为如不及时制止会使申请人合法权益受到难以弥补的损害的具体说明。

第四条　申请人提出申请时，应当提交下列证据：

（一）专利权人应当提交证明其专利权真实有效的文件，包括专利证书、权利要求书、说明书、专利年费交纳凭证。提出的申请涉及实用新型专利的，申请人应当提交国务院专利行政部门出具的检索报告。

（二）利害关系人应当提供有关专利实施许可合同及其在国务院专利行政部门备案的证明材料，未经备案的应当提交专利权人的证明，或者证明其享有权利的其他证据。

排他实施许可合同的被许可人单独提出申请的，应当提交专利权人放弃申请的证明材料。

专利财产权利的继承人应当提交已经继承或者正在继承的证据材料。

（三）提交证明被申请人正在实施或者即将实施侵犯其专利权的行为的证据，包括被控侵权产品以及专利技术与被控侵权产品技术特征对比材料等。

3. 人民法院作出裁定的期限

专利法第六十六条第三款规定：人民法院应当自接受申请之时起四十八小时内作出裁定；有特殊情况需要延

---

❶ 现行《专利法》第六十条。

长的，可以延长四十八小时。

4. 诉前停止侵权措施的解除

专利法第六十六条第四款规定：申请人自人民法院采取责令停止有关行为的措施之日起十五日内不起诉的，人民法院应当解除该措施。

5. 诉前停止侵权的裁定及对裁定不服的救济

专利法第六十六条第三款规定：当事人对裁定不服的，可以申请复议一次；复议期间不停止裁定的执行。

6. 裁定诉前停止侵权的执行

专利法第六十六条第三款规定：裁定责令停止有关行为的，应当立即执行。

7. 申请诉前停止侵权的担保

专利法第六十六条第二款规定：申请人提出申请时，应当提供担保；不提供担保的，驳回申请。

《最高人民法院关于对诉前停止侵犯专利权行为适用法律问题的若干规定》第八条规定：**停止侵犯专利权行为裁定所采取的措施，不因被申请人提出反担保而解除。**

三、真题分析

37.【2019年第26题】专利权人对于正在实施的侵权行为，可以在诉前申请采取责令停止有关行为的措施，下列说法正确的是？

A. 利害关系人提出诉前责令停止侵权行为的申请时，可以不提供担保

B. 利害关系人可以向管理专利工作的部门提出诉前责令停止侵权行为的申请

C. 只有独占实施许可合同的被许可人可以单独向人民法院提出申请

D. 当事人对责令停止侵权行为的裁定不服的，可以申请复议

【考点】专利侵权行为的诉前停止

【分析】专利法第六十六条第一款、第二款、第三款规定，专利权人或者利害关系人有证据证明他人正在实施或者即将实施侵犯专利权的行为，如不及时制止将会使其合法权益受到难以弥补的损害的，可以在起诉前向人民法院申请采取责令停止有关行为的措施。申请人提出申请时，应当提供担保；不提供担保的，驳回申请。人民法院应当自接受申请之时起四十八小时内作出裁定；有特殊情况需要延长的，可以延长四十八小时。裁定责令停止有关行为的，应当立即执行。当事人对裁定不服的，可以申请复议一次；复议期间不停止裁定的执行。由此可知，申请人只能向人民法院提出诉前禁令，并且应当提供担保，因此，选项A错误，选项B错误。而当事人对裁定不服的，可以申请复议，因此，选项D正确。

根据《最高人民法院关于对诉前停止侵犯专利权行为适用法律问题的若干规定》第一条第二款的规定，提出申请的利害关系人，包括专利实施许可合同的被许可人、专利财产权利的合法继承人等。专利实施许可合同被许可人中，独占实施许可合同的被许可人可以单独向人民法院提出申请；排他实施许可合同的被许可人在专利权人不申请的情况下，可以提出申请。因此，选项C错误。

【答案】D

38.【2018年第88题】发生专利侵权纠纷时，依法向人民法院提出诉前责令停止侵犯专利权行为的申请的，以下说法错误的是：

A. 专利权人或专利财产权利的合法继承人可以向人民法院提出申请

B. 无论专利权人是否提出申请，排他实施许可合同的被许可人均可单独向人民法院提出申请

C. 专利普通实施许可合同的被许可人可以与专利权人一起向人民法院提出申请

D. 诉前临时措施的被申请人可以通过提出反担保以解除该诉前临时措施

【考点】侵犯专利权的诉前临时措施

【分析】《最高人民法院关于对诉前停止侵犯专利权行为适用法律问题的若干规定》第一条规定，根据专利法第六十一条❶的规定，专利权人或者利害关系人可以向人民法院提出诉前责令被申请人停止侵犯专利权行为的申

---

❶ 现行《专利法》第六十条。

请。提出申请的利害关系人，包括专利实施许可合同的被许可人、专利财产权利的合法继承人等。专利实施许可合同被许可人中，独占实施许可合同的被许可人可以单独向人民法院提出申请；排他实施许可合同的被许可人在专利权人不申请的情况下，可以提出申请。因此，选项A的说法正确，选项B的说法错误，选项C的说法错误。

专利法第六十六条第二款规定，申请人提出申请时，应当提供担保；不提供担保的，驳回申请。《最高人民法院关于对诉前停止侵犯专利权行为适用法律问题的若干规定》第八条规定，停止侵犯专利权行为裁定所采取的措施，不因被申请人提出反担保而解除。因此，选项D的说法错误。

【答案】BCD

39.【2016年第25题】甲于2011年2月1日提交了一项涉及产品X的发明专利申请，该申请于2012年8月1日被公布，并于2014年5月1日获得授权；乙在2013年1月开始制造销售上述产品X，由于销路不佳，在2014年3月30日停止制造销售行为；丙在2011年4月自行研发了相同产品，并一直进行制造销售。下列说法哪个是正确的？

A. 由于乙制造销售产品X的期间在甲专利授权之前，因此无须向甲支付费用
B. 虽然丙是在专利申请公布前独自完成的发明，但也需向甲支付费用
C. 如果甲在2014年2月1日知道了乙的制造行为，其有权要求乙立即停止制造销售行为
D. 如果甲在2014年2月1日知道了丙的制造行为，其诉讼时效为自2014年2月1日起两年

【考点】发明专利申请临时保护 诉讼时效

【分析】专利法第十三条规定，发明专利申请公布后，申请人可以要求实施其发明的单位或者个人支付适当的费用。专利法第六十九条规定，有下列情形之一的，不视为侵犯专利权：其中，（二）在专利申请日前已经制造相同产品、使用相同方法或者已经作好制造、使用的必要准备，并且仅在原有范围内继续制造、使用的。专利法第六十八条规定，侵犯专利权的诉讼时效为二年，自专利权人或者利害关系人得知或者应当得知侵权行为之日起计算。发明专利申请公布后至专利权授予前使用该发明未支付适当使用费的，专利权人要求支付使用费的诉讼时效为二年，自专利权人得知或者应当得知他人使用其发明之日起计算，但是，专利权人于专利权授予之日前即已得知或者应当得知的，自专利权授予之日起计算。

本题中，乙制造销售产品X的期间在甲专利授权之前，同时在公开日之后，根据专利法第十三条的规定，乙需要向甲支付费用，因此，选项A错误。丙制造销售产品X的期间在甲专利申请日之后，且一直在制造销售，根据专利法第十三条的规定，丙就其在该发明专利申请从公开到授权期间的制作销售行为，需要向甲支付费用，因此，选项B正确。需要注意的是，根据专利法第六十九条的规定，由于丙的制造行为是在该发明专利申请的申请日之后，而不是在该发明专利申请的申请日之前，因此，丙不享有先用权。甲如果在2014年2月1日知道乙的制造行为，由于专利尚未获得授权，不能要求乙停止制造，因此，选项C错误。如果甲在2014年2月1日知道了丙的制造行为，其诉讼时效为自专利权授予之日，即2014年5月1日起两年，因此，选项D错误。

【答案】B

40.【2016年第91题】甲公司发现乙公司未经其许可，制造销售了甲公司拥有实用新型专利权的某产品，向法院提起侵权诉讼；乙公司在被诉后向专利复审委员会提起针对甲公司上述专利权的无效宣告请求；专利复审委员会经过审理，作出宣告甲公司上述实用新型专利权全部无效的审查决定；甲公司不服该决定，向法院提起行政诉讼要求撤销该审查决定。下列说法哪些是正确的？

A. 甲公司提起侵权诉讼时，法院可以要求其提交专利权评价报告
B. 甲公司在侵权起诉前可以请求当地管理专利工作的部门采取证据保全措施
C. 根据专利复审委员会作出的无效宣告审查决定，法院可以裁定驳回甲公司的侵权起诉，无需等待针对上述审查决定的行政诉讼结果
D. 甲公司提起行政诉讼后，乙公司作为第三人参加诉讼

【考点】无效宣告请求 行政诉讼 侵权诉讼

【分析】专利法第六十一条第二款规定，专利侵权纠纷涉及实用新型专利或者外观设计专利的，人民法院或者管理专利工作的部门可以要求专利权人或者利害关系人出具由国务院专利行政部门对相关实用新型或者外观设计进行检索、分析和评价后作出的专利权评价报告，作为审理、处理专利侵权纠纷的证据。因此，选项A正确。专利法第六十七条第一款规定，为了制止专利侵权行为，在证据可能灭失或者以后难以取得的情况下，专利权人

或者利害关系人可以在起诉前向人民法院申请保全证据。因此，选项 B 错误。

《最高人民法院关于审理侵犯专利权纠纷案件应用法律若干问题的解释（二）》第二条第一款规定，权利人在专利侵权诉讼中主张的权利要求被专利复审委员会宣告无效的，审理侵犯专利权纠纷案件的人民法院可以裁定驳回权利人基于该无效权利要求的起诉。因此，选项 C 正确。专利法第四十六条第二款，对专利复审委员会宣告专利权无效或者维持专利权的决定不服的，可以自收到通知之日起三个月内向人民法院起诉。人民法院应当通知无效宣告请求程序的对方当事人作为第三人参加诉讼。因此，选项 D 正确。

需要说明的是，《最高人民法院关于审理侵犯专利权纠纷案件应用法律若干问题的解释（二）》第二条设计了"先行裁驳、另行起诉"的制度，即在专利复审委员会作出宣告专利权无效的决定后，审理专利侵权纠纷案件的法院可以裁定"驳回起诉"，无需等待行政诉讼的最终结果，并通过"另行起诉"给权利人以司法救济途径。

【答案】ACD

41.【2015 年第 28 题】下列关于诉前停止侵权行为的说法哪个是正确的？
A. 专利权人提出诉前责令停止侵权行为的申请时，应当提供担保
B. 专利权人可以向管理专利工作的部门提出诉前责令停止侵权行为的申请
C. 专利实施许可合同的被许可人不能单独提出责令停止侵权行为的申请
D. 当事人对责令停止侵权行为的裁定不服的，可以申请复议或提起上诉

【考点】专利侵权行为的诉前停止

【分析】专利法第六十六条第一款、第二款、第三款规定，专利权人或者利害关系人有证据证明他人正在实施或者即将实施侵犯专利权的行为，如不及时制止将会使其合法权益受到难以弥补的损害的，可以在起诉前向人民法院申请采取责令停止有关行为的措施。申请人提出申请时，应当提供担保；不提供担保的，驳回申请。人民法院应当自接受申请之时起四十八小时内作出裁定；有特殊情况需要延长的，可以延长四十八小时。裁定责令停止有关行为的，应当立即执行。当事人对裁定不服的，可以申请复议一次；复议期间不停止裁定的执行。由此可知，申请人只能向人民法院提出诉前禁令，并且应当提供担保，因此，选项 A 正确，选项 B 错误。而当事人对裁定不服的，可以申请复议而不是提起上诉，因此，选项 D 错误。

《最高人民法院关于对诉前停止侵犯专利权行为适用法律问题的若干规定》第一条第二款的规定，提出申请的利害关系人，包括专利实施许可合同的被许可人、专利财产权利的合法继承人等。专利实施许可合同被许可人中，独占实施许可合同的被许可人可以单独向人民法院提出申请；排他实施许可合同的被许可人在专利权人不申请的情况下，可以提出申请。因此，选项 C 错误。

【答案】A

第六十七条【侵犯专利权的诉前证据保全】

为了制止专利侵权行为，在证据可能灭失或者以后难以取得的情况下，专利权人或者利害关系人可以在起诉前向人民法院申请保全证据。

人民法院采取保全措施，可以责令申请人提供担保；申请人不提供担保的，驳回申请。

人民法院应当自接受申请之时起四十八小时内作出裁定；裁定采取保全措施的，应当立即执行。

申请人自人民法院采取保全措施之日起十五日内不起诉的，人民法院应当解除该措施。

一、本条含义

本条是关于专利权人或者利害关系人可以在起诉前申请保全证据的规定。

诉前证据保全，是指依当事人的申请，人民法院对有可能灭失或者以后难以取得的证据，在当事人起诉前加以固定和保护的制度。

二、重点讲解

本条规定的诉前证据保全与专利法第六十六条规定的诉前临时措施都属于侵犯专利权的临时救济。

(一) 诉前证据保全

1. 申请诉前证据保全的主体

根据本条第一款的规定，申请诉前证据保全的主体是专利权人或者利害关系人。

"利害关系人"的含义参照《最高人民法院关于对诉前停止侵犯专利权行为适用法律问题的若干规定》第一条第二款的规定，"提出申请的利害关系人，包括专利实施许可合同的被许可人、专利财产权利的合法继承人等。专利实施许可合同被许可人中，独占实施许可合同的被许可人可以单独向人民法院提出申请；排他实施许可合同的被许可人在专利权人不申请的情况下，可以提出申请"。

2. 诉前证据保全申请的提出

根据本条第一款的规定，当事人申请诉前证据保护，其条件是"证据可能灭失或者以后难以取得"。

根据本条第二款的规定，人民法院采取保全措施，可以责令申请人提供担保；申请人不提供担保的，驳回申请。

在申请人是否需要提供担保的问题上，本条关于诉前证据保全的规定与专利法第六十六条关于诉前临时措施的规定是不同的：前者由受理法院自由裁量，后者则必须提供。之所以如此，是因为诉前证据保全并不必然会对被申请人造成损失；诉前停止有关行为则必然对被申请人造成损失。从而需要考虑在申请错误的情况下由申请人赔偿被申请人损失的问题。例如，权利人仅仅在诉讼前申请保全有关广告、合同、发票、账册以及价值不大的样品等证据的，法院就可以不要求申请人提供担保；如果申请将被申请人的大型设备（如大型运输设备）作为证据进行保全，有可能导致被申请人因无法正常使用该大型设备而遭受损失的，则需要申请人提供与被申请人所遭受损失的数额相当的担保。

3. 人民法院作出裁定的期限

根据本条第三款的规定，"人民法院应当自接受申请之时起四十八小时内作出裁定"。需要注意的是，这里规定的期限与专利法第六十六条对诉前停止有关行为的申请作出裁定的期限可以延长 48 小时的做法不同，这一期限是不能延长的。

4. 诉前证据保全的解除

根据本条第四款的规定，申请人自人民法院采取保全措施之日起十五日内不起诉的，人民法院应当解除该措施。

5. 诉前证据保全的执行

根据本条第三款的规定，裁定采取保全措施的，应当立即执行。

第六十八条【侵犯专利权的诉讼时效】

侵犯专利权的诉讼时效为二年，自专利权人或者利害关系人得知或者应当得知侵权行为之日起计算。

发明专利申请公布后至专利权授予前使用该发明未支付适当使用费的，专利权人要求支付使用费的诉讼时效为二年，自专利权人得知或者应当得知他人使用其发明之日起计算，但是，专利权人于专利权授予之日前即已得知或者应当得知的，自专利权授予之日起计算。

一、本条含义

本条是关于侵权专利权的诉讼时效和要求支付临时保护期使用费的诉讼时效的规定。

二、重点讲解

(一) 诉讼时效

1. 诉讼时效的含义

诉讼时效期间是权利人请求法院依法保护其权利的法定期限。在此期间内，权利人可以依照诉讼程序请求法院强制义务人履行义务。期间届满，权利人的胜诉权消灭，但起诉权和实体权利并没有消灭，还可以依照诉讼法向法院提起诉讼。

本条关于侵犯专利权诉讼时效的规定其目的在于敦促专利权人及时行使其权利，尽早制止侵权行为。

《最高人民法院关于审理专利纠纷案件适用法律问题的若干规定》第二十三条规定：

侵犯专利权的诉讼时效为二年，自专利权人或者利害关系人知道或者应当知道侵权行为之日起计算。权利人超过二年起诉的，如果侵权行为在起诉时仍在继续，在该项专利权有效期内，人民法院应当判决被告停止侵权行为，侵权损害赔偿数额应当自权利人向人民法院起诉之日起向前推算二年计算。

《最高人民法院关于审理民事案件适用诉讼时效制度若干问题的规定》第二条规定：

当事人未提出诉讼时效抗辩，人民法院不应对诉讼时效问题进行释明及主动适用诉讼时效的规定进行裁判。

上述规定表明最高人民法院认为诉讼时效具有抗辩权的性质，应当由当事人提出适用的请求，而不能由法院主动予以适用。

需要注意的是，专利法实施细则第六条第五款规定，"本条第一款（因不可抗力请求权利恢复）和第二款（因其他正当理由请求权利恢复）的规定不适用专利法第二十四条（不丧失新颖性的情形）、第二十九条（优先权）、第四十二条（专利权期限）、第六十八条（诉讼时效）规定的期限"。根据该规定，本条关于诉讼时效的规定不适用权利恢复。

2. 专利权人要求支付使用费的诉讼时效

根据本条第二款的规定，发明专利申请公布后至专利权授予前使用该发明未支付适当使用费的，专利权人请求支付适当使用费的诉讼时效期间有两种计算方式：一是从实际得知或者应当得知之日起计算；二是从授予发明专利权之日起计算，两者中以较后届满者为准。这样，能够更好地保护专利申请人和专利权人的合法权益。

三、真题分析

42.【2017年第39题】发明专利申请公布后至专利权授予前他人使用该发明不支付适当费用的，在专利权授予后，专利权人可以起诉。关于诉讼时效，下列哪些说法是错误的？

A. 如果在授权前专利权人已经得知或者应当得知他人使用该发明，诉讼时效从授权之日起计算

B. 诉讼时效从专利权人得知或应当得知他人使用该发明之日起计算

C. 专利权人要求支付使用费的诉讼时效是1年

D. 诉讼时效从他人使用该发明之日起计算

【考点】诉讼时效

【分析】专利法第六十八条规定，侵犯专利权的诉讼时效为二年，自专利权人或者利害关系人得知或者应当得知侵权行为之日起计算。发明专利申请公布后至专利权授予前使用该发明未支付适当使用费的，专利权人要求支付使用费的诉讼时效为二年，自专利权人得知或者应当得知他人使用其发明之日起计算，但是，专利权人于专利权授予之日前即已得知或者应当得知的，自专利权授予之日起计算。本题中，选项AB的说法正确，选项CD的说法错误。

【答案】CD

第六十九条【不视为侵犯专利权的行为】

有下列情形之一的，不视为侵犯专利权：

（一）专利产品或者依照专利方法直接获得的产品，由专利权人或者经其许可的单位、个人售出后，使用、许诺销售、销售、进口该产品的；

（二）在专利申请日前已经制造相同产品、使用相同方法或者已经作好制造、使用的必要准备，并且仅在原有范围内继续制造、使用的；

（三）临时通过中国领陆、领水、领空的外国运输工具，依照其所属国同中国签订的协议或者共同参加的国际条约，或者依照互惠原则，为运输工具自身需要而在其装置和设备中使用有关专利的；

（四）专为科学研究和实验而使用有关专利的；

（五）为提供行政审批所需要的信息，制造、使用、进口专利药品或者专利医疗器械的，以及专门为其制造、进口专利药品或者专利医疗器械的。

一、本条含义

本条规定了五种不视为侵犯专利权的实施专利行为，是对专利权效力的必要限制。也是对专利法第十一条规定的重要补充。以平衡专利权人和社会公众之间的利益，使专利制度产生最佳的社会效益。

二、重点讲解

（一）不视为专利侵权的情形

1. 权利用尽

专利权用尽原则是对专利权效力的一种十分重要的限制，其目的在于防止对专利权的保护超过合理的限度，对正常的经济社会秩序产生不良影响。

（1）权利用尽的基本含义。本条第（一）项规定了权利用尽，该原则的基本含义是：公众中的任何人在购买合法售出的专利产品，也就是由专利权人自己或者其被许可人售出的专利产品或者依照专利方法直接获得的产品之后，应当享有自由处置购买的产品的权利。此后，该购买者以何种方式使用、许诺销售、销售该产品，均不应当构成侵犯该项专利权的行为。

规定该原则的原因在于，一是专利权人通过自己制造、进口或者通过许可他人制造、进口的专利产品，并予以销售，就可以从中获利，权利人的权利已经实现，权利人不应当就同一产品重复获利；二是专利产品在合法予以制造、进口并予以售出之后，如果权利人还可以对该产品行使权利，则不利于专利产品的流通和利用，而且在实践中要对已经售出的专利产品再实行控制也是困难的。

（2）权利用尽的类型。专利权用尽包括专利权的国内用尽、专利权的国际用尽，其中，专利权是指在专利权人在我国获得的专利权，而不问该专利权人在其他国家是否获得专利权。

本条第（一）项中提到五种行为，其中，对于"售出"，既可以发生在我国境内，也可以发生在我国境外；对于"使用、许诺销售、销售"而言，仅指发生在我国境内的行为；对于"进口"行为而言，是指由我国境外向我国境内的"跨境"行为。

（3）专利权的国内用尽，对于在我国获得的专利权而言，专利权人或者其被许可人在我国售出专利产品或者依照专利方法直接获得的产品后，购买者在我国境内使用、许诺销售、销售该产品的，不视为侵犯专利权的行为。

（4）专利权的国际用尽，对于在我国获得的专利权而言，专利权人或者其被许可人在我国境外售出专利产品或者依照专利方法直接获得的产品后，购买者将该产品进口到我国境内以及随后在我国境内使用、许诺销售、销售该产品的，不视为侵犯专利权的行为，也称为平行进口。

需要注意的是，专利权用尽是相对于每一件投放市场的专利产品而言的，所谓"权利用尽"，是指专利权人对经其同意而售出的每一件专利产品的处置不再拥有控制权，无论购买者随后以何种方式使用或者销售该专利产品，专利权人都无权干预；而不是指该专利权的整个权利从此就终结了。只有专利权没有被依法宣告无效，则专利权在其整个专利有效期内都是有效的。

2. 先用权

根据专利法第九条第二款的规定，我国专利制度采用先申请制，即"两个以上的申请人分别就同样的发明创造申请专利的，专利权授予最先申请的人"。然而，首先申请并获得专利权的人不一定是首先作出发明创造的人，也不一定是首先实施该发明创造的人。在专利权人提出其专利申请之前，可能有人已经研究开发出同样的发明创造，并且已经实施或者准备实施，这样的人被称为先用者。在这种情况下，如果在授予专利权后禁止先用者继续实施发明创造，显然有失公平，而且会造成社会资源的浪费。因此，本条第（二）项规定了先用权，以对专利权人的权利进行限制。在专利申请以前实施或者准备实施专利技术的行为被称为在先使用。在先使用产生先用权，可以作为抗辩权对抗专利权。适用先用权应当满足以下条件：

（1）先用者在先使用行为必须是善意的。先用者制造相同产品、使用相同方法或者为此而进行的准备，必须是根据申请日之前自己研究开发的技术或者通过合法途径所获得的信息而进行的。

《最高人民法院关于审理侵犯专利权纠纷案件应用法律若干问题的解释》第十条第一款规定：

被诉侵权人以非法获得的技术或者设计主张先用权抗辩的，人民法院不予支持。

（2）在专利申请日前已经制造相同产品、使用相同方法或者已经作好制造、使用的必要准备。本条第（二）项中"制造"和"使用"的含义应当与专利法第十一条所采用措辞的含义相同。对于产品专利权来说，能够产生先用权的行为只包括"已经制造相同产品或者已作好制造的必要准备"，而不包括使用、许诺销售、销售、进口相同产品的行为；对于方法专利权来说，能够产生先用权的行为只包括"使用相同方法"的行为，而不包括使用、许诺销售、销售、进口依照该方法所直接获得的产品的行为。

本条第（二）项规定"专利申请日（有优先权的，是指优先权日）前"，不含当日。

《最高人民法院关于审理侵犯专利权纠纷案件应用法律若干问题的解释》第十条第二款规定：

有下列情形之一的，人民法院应当认定属于专利法第六十九条第（二）项规定的已经作好制造、使用的必要准备：

已经完成实施发明创造所必需的主要技术图纸或者工艺文件；已经制造或者购买实施发明创造所必需的主要设备或者原材料。

另外，为了防止对先用权的滥用，先用权的享有者不能许可他人实施有关专利，也不能单独转让其先用权。先用权只能连同先用权人的企业一起转让和继承，而不能脱离其企业将先用权单独转让或继承。

《最高人民法院关于审理侵犯专利权纠纷案件应用法律若干问题的解释》第十五条第四款规定：

先用权人在专利申请日后将其已经实施或作好实施必要准备的技术或设计转让或者许可他人实施，被诉侵权人主张该实施行为属于在原有范围内继续实施的，人民法院不予支持，但该技术或设计与原有企业一并转让或者承继的除外。

（3）在原有范围内继续制造、使用。《最高人民法院关于审理侵犯专利权纠纷案件应用法律若干问题的解释》第十五条第三款规定：

专利法第六十九条第（二）项规定的原有范围，包括专利申请日前已有的生产规模以及利用已有的生产设备或者根据已有的生产准备可以达到的生产规模。

需要注意的是，当认定先用者的实施行为是否超出原有范围的，应当区别对待，即在原有范围之内的那部分实施行为不视为侵犯专利权的行为，而超出部分以侵犯专利权论处。

另外，根据专利法的规定，不侵权抗辩的方式有三种，一是根据本条第（二）项进行先用权抗辩；二是根据专利法第六十二条进行现有技术或者现有设计抗辩；三是根据专利法第六十八条进行诉讼时效抗辩。

三种抗辩权的区别如下：

抗辩理由	前提条件	实施范围
A69第（二）项先用权	在专利申请日前已经制造相同产品、使用相同方法或者已经作好制造、使用的必要准备	在原有范围内继续制造、使用
A62现有技术或者现有设计	证明其实施的技术或者设计属于现有技术或者现有设计	不受限制
A68诉讼时效	诉讼时效期满	不受限制

3. 为临时过境外国运输工具自身需要而使用有关专利

本条第（三）项是关于外国交通工具临时过境的规定。根据该规定，临时通过我国领陆、领水、领空的外国运输工具，为运输工具自身需要而在其装置或者设备中使用有关专利的，依照其所属国同中国签订的协议或者共同参加的协议或者共同参加的国际条约，或者依照互惠原则，不视为侵犯专利权。作出该规定的理由在于：运输工具处于不断运动的过程中，如果将出于运输工具自身需要而使用有关专利的行为视为侵犯专利权的行为，会产生限制运输工具进入其他国家或者地区的结果，影响国际交通运输的正常进行；同时，由于运输工具进入其他国家或者地域的时间通常十分短暂，对其使用专利的行为提出专利侵权指控，在实际中很难实现。

对本条第（三）项的理解，需要注意以下内容：

（1）仅适用于外国运输工具，不适用于我国交通工具。运输工具是外国的还是中国的，应当以其注册地为准。

（2）本条所称运输工具包括船舶、飞机和路上车辆，既可以载人，也可以载物。

（3）本条所称陆地是指我国的陆地，领水包括我国的领海和内河，以及包括码头在内的全部港口。

（4）适用对象是临时或者偶然通过中国领陆、领水和领空的外国运输工具。临时通过包括定期进入和偶然进入，前者包括定期航班，但不包括长期在中国国内停留；后者是指在特殊情况下进入中国领陆、领水和领空，例如躲避风暴、机械故障、船舶失事等。

现实中，极少发生因外国交通工具临时通过我国领陆、领水、领空而产生专利侵权纠纷的情况。

4. 为科学研究和实验而使用有关专利

本条第（四）项是关于专为科学研究和实验而使用有关专利的规定。

"科学研究和实验"是指专门针对专利技术本身进行的科学研究和实验，目的在于考察专利技术本身的技术特性或者技术效果，或者对该专利技术本身作进一步的改进，而不是泛指一般的科学研究和实验；"使用有关专利"指为上述目的按照公布的专利文件，制造专利产品或者使用专利方法，对专利技术进行分析、考察，而不是利用专利技术作为手段进行其他的科学研究和实验项目。

"为科学研究和实验而使用有关专利"行为的限制条件是需要针对专利技术本身进行研究和实验，而无须限制研究实验者的主体类型，以及是否是生产经营目的。

5. 专利药品和专利医疗器械的行政审批例外

本条第（五）项是关于专利药品或者专利医疗器械的行政审批例外（Bolar 例外）的规定。本条（五）项涉及的对象是"专利药品"和"专利医疗器械"，在专利法实施细则第七十三条第二款规定：

专利法第五十条所称取得专利权的药品，是指解决公共健康问题所需的医药领域中的任何专利产品或者依照专利方法直接获得的产品，包括取得专利权的制造该产品所需的活性成分以及使用该产品所需的诊断用品。

由于本条第（五）项与专利法第五十条的规定具有相同的立法目的，都是为了更好地维护公共健康，因此，本条第（五）项所称"专利药品"应当做相同解释。

本条第（五）项所称"专利医疗器械"也应做基本相同的解释，即"不视为侵犯专利权"所指的专利权不仅包括针对医疗器械本身的专利权，也包括针对该医疗器械使用方法、该医疗器械专用零部件的专利权。

三、真题分析

43.【2019 年第 47 题】下列哪些情形不视为侵犯专利权？

A. 某药厂为提供行政审批所需要的信息进口一批专利药品

B. 甲获得一项发明专利，乙在该专利申请日前已经实施与之相同的技术并在原有范围内继续实施

C. 某临时通过中国领空的美联航飞机上为其自身需要而使用有关专利

D. 某大学实验室使用有关专利进行科学研究以便对其加以改进

【考点】不视为侵犯专利权的情形

【分析】专利法第六十九条规定，有下列情形之一的，不视为侵犯专利权：（一）专利产品或者依照专利方法直接获得的产品，由专利权人或者经其许可的单位、个人售出后，使用、许诺销售、销售、进口该产品的；（二）在专利申请日前已经制造相同产品、使用相同方法或者已经作好制造、使用的必要准备，并且仅在原有范围内继续制造、使用的；（三）临时通过中国领陆、领水、领空的外国运输工具，依照其所属国同中国签订的协议或者共同参加的国际条约，或者依照互惠原则，为运输工具自身需要而在其装置和设备中使用有关专利的；（四）专为科学研究和实验而使用有关专利的；（五）为提供行政审批所需要的信息，制造、使用、进口专利药品或者专利医疗器械的，以及专门为其制造、进口专利药品或者专利医疗器械的。因此，选项 ABCD 正确。

【答案】ABCD

44.【2018 年第 27 题】甲获得了一项工艺方法的专利权，该工艺方法的实施需要使用一种专用装置 X，该工艺方法直接获得产品 Y。甲并未申请该专用装置 X 的专利保护。

甲与乙订立书面购销合同，甲向乙出售一批该专用装置 X。所述合同中，甲未对该装置 X 的使用方法提出任何限制。

乙使用该批装置 X 按照甲公司的专利方法制造产品 Y，并将其批发给丙。丙在市场上公开销售该产品 Y。

则以下说法正确的是？
A. 乙和丙侵犯了甲的方法专利权
B. 乙未侵犯甲的方法专利权，丙侵犯了甲的方法专利权
C. 乙侵犯了甲的方法专利权，丙的行为属于"不视为侵犯专利权"的行为
D. 乙未侵犯甲的方法专利权，丙的行为属于"不视为侵犯专利权"的行为

【考点】不视为侵犯专利权的行为

【分析】专利法第十一条第一款规定，发明和实用新型专利权被授予后，除本法另有规定的以外，任何单位或者个人未经专利权人许可，都不得实施其专利，即不得为生产经营目的制造、使用、许诺销售、销售、进口其专利产品，或者使用其专利方法以及使用、许诺销售、销售、进口依照该专利方法直接获得的产品。专利法第十二条规定，任何单位或者个人实施他人专利的，应当与专利权人订立实施许可合同，向专利权人支付专利使用费。被许可人无权允许合同规定以外的任何单位或者个人实施该专利。由此可知，专利实施许可合同的形式不限于书面形式，还可以是口头许可或者默示许可等形式。

本题中，甲与乙订立的书面购销合同对专用装置X的使用方法没有提出任何限制，应当推定甲乙双方都默认乙购买专用装置X的目的是实施该专利方法，即乙获得该专利方法的"默示许可"，因此，乙使用该批装置X按照甲公司的专利方法制造产品Y，其未侵犯甲的方法专利权；而丙从经专利权人许可的乙处批发得到产品Y，之后进行销售，属于上述第（一）项权利用尽的情形。因此，选项ABC错误。

专利法第六十九条规定，有下列情形之一的，不视为侵犯专利权：（一）专利产品或者依照专利方法直接获得的产品，由专利权人或者经其许可的单位、个人售出后，使用、许诺销售、销售、进口该产品的；……本题中，丙销售的产品Y属于"由专利权人许可的单位、个人售出"的产品，属于不视为侵犯专利权的情形，选项D正确。

【答案】D

45.【2018年第30题】关于"不视为侵犯专利权的情形"，以下说法正确的是：
A. 甲发明了一项产品，仅在中国申请并获得了专利权，乙公司在越南制造销售该专利产品，丙公司从越南的乙公司购得该专利产品，并将其进口到中国内地销售。丙的行为属于平行进口行为，不视为侵犯专利权的情形
B. 甲获得一项焊接技术专利。乙公司在该专利申请日前已经运用该技术用于焊接，丙公司将乙公司连同该焊接技术一并收购，并在乙公司原有生产规模范围内继续实施该焊接技术。丙公司实施该专利技术的行为不视为侵犯甲的专利权
C. 某大学工业设计实验室对某项外观设计专利产品进行分析，研究仿制该外观设计产品。该大学实验室的行为属于专为科学研究和实验而使用有关专利的行为，不视为侵犯专利权
D. 某大学研究所针对某专利产品进行了研究，并组织了中等产量规模的试制。该大学研究所的行为属于专为科学研究和实验而使用有关专利的行为，不视为侵犯专利权

【考点】不视为侵犯专利权的情形

【分析】专利法第六十九条规定，有下列情形之一的，不视为侵犯专利权：（一）专利产品或者依照专利方法直接获得的产品，由专利权人或者经其许可的单位、个人售出后，使用、许诺销售、销售、进口该产品的；（二）在专利申请日前已经制造相同产品、使用相同方法或者已经作好制造、使用的必要准备，并且仅在原有范围内继续制造、使用的；（三）临时通过中国领陆、领水、领空的外国运输工具，依照其所属国同中国签订的协议或者共同参加的国际条约，或者依照互惠原则，为运输工具自身需要而在其装置和设备中使用有关专利的；（四）专为科学研究和实验而使用有关专利的；（五）为提供行政审批所需要的信息，制造、使用、进口专利药品或者专利医疗器械的，以及专门为其制造、进口专利药品或者专利医疗器械的。

本题选项A中，甲在中国申请了专利，而没有在越南申请专利，丙公司的进口的产品从乙公司购得，并不是由专利权人或者经其许可的单位、个人售出的。因此，丙的行为不属于平行进口行为，不符合上述第（一）项的规定，选项A错误。其中选项A中由于甲公司没有在越南申请专利，因此，甲公司无权对乙公司在越南的制造销售行为进行许可。

《最高人民法院关于审理侵犯专利权纠纷案件应用法律若干问题的解释》第十五条第四款规定，先用权人在

专利申请日后将其已经实施或作好实施必要准备的技术或设计转让或者许可他人实施，被诉侵权人主张该实施行为属于在原有范围内继续实施的，人民法院不予支持，但该技术或设计与原有企业一并转让或者承继的除外。因此，本题选项 B 中，丙公司实施该专利技术的行为不视为侵犯甲的专利权，符合上述专利法第六十九条第（二）项的规定，选项 B 正确。

由于上述专利法第六十九条第（四）项"科学研究和实验"是指专门针对专利技术本身进行的科学研究和实验，而本题选项 C 涉及外观设计产品的仿制，而不是科学研究，因此，不符合上述专利法第六十九条第（四）项的规定，选项 C 错误。

本题选项 D 中，某大学研究所针对某专利产品组织中等产量规模的试制，不符合上述专利法第六十九条第（四）项的规定，因此，选项 D 错误。

【答案】B

46.【2015 年第 89 题】甲公司就一项手术刀于 2010 年 6 月 10 日提出实用新型专利申请并于 2010 年 9 月 29 日获授权。乙公司 2010 年 8 月 15 日自行研制出了相同的手术刀，于 2010 年 9 月 29 日前完成了生产制造的准备。未经甲公司许可，乙公司于 2010 年 10 月开始制造该手术刀，并通过丙公司销售给了丁医院使用。下列说法哪些是正确的？

A. 乙的制造行为侵犯甲的专利权
B. 乙在专利授权前已经做好了生产制造的准备，其制造行为不侵犯甲的专利权
C. 丙的销售行为侵犯甲的专利权
D. 丁能证明其产品的合法来源，其使用行为不侵犯甲的专利权

【考点】专利侵权行为

【分析】根据专利法第十一条第一款的规定，发明和实用新型专利权被授予后，除本法另有规定的以外，任何单位或者个人未经专利权人许可，都不得实施其专利，即不得为生产经营目的制造、使用、许诺销售、销售、进口其专利产品，或者使用其专利方法以及使用、许诺销售、销售、进口依照该专利方法直接获得的产品。因此，选项 AC 正确。

根据专利法第六十九条的规定，有下列情形之一的，不视为侵犯专利权：……（二）在专利申请日前已经制造相同产品、使用相同方法或者已经作好制造、使用的必要准备，并且仅在原有范围内继续制造、使用的；……本题选项 B 中乙在专利授权前做好了相关准备，而不是在专利申请日前做好了相关准备，因此，选项 B 错误。

根据专利法第七十条的规定，为生产经营目的使用、许诺销售或者销售不知道是未经专利权人许可而制造并售出的专利侵权产品，能证明该产品合法来源的，不承担赔偿责任。本题中，丁能证明其产品的合法来源，不承担赔偿责任，但其行为仍侵犯甲的专利权，因此，选项 D 错误。

【答案】AC

第七十条【损失赔偿责任的免除】

为生产经营目的使用、许诺销售或者销售不知道是未经专利权人许可而制造并售出的专利侵权产品，能证明该产品合法来源的，不承担赔偿责任。

一、本条含义

本条是关于非恶意的专利侵权行为不承担赔偿责任的规定。

二、重点讲解

（一）赔偿责任的免除情形

适用本条规定的行为限于为生产经营目的的许诺销售、销售或者使用专利产品或者依照专利方法直接获得的产品的行为，不包括制造或者进口有关产品的行为，也不包括使用产品制造方法的行为。专利法对专利产品的制

造、进口提供的保护是一种"绝对保护"，制造、进口行为是否构成侵权行为与制造者的主观意图无关。这表明，制造者、进口者不能以不知道其制造、进口的产品是他人受保护的专利产品为理由，请求免除其赔偿责任。

满足本条规定的行为仍然是专利侵权行为，能够免除的仅仅是其赔偿责任。换言之，行为人应当承担除赔偿损失之外的其他民事责任，这就是立即停止其许诺销售、销售或者使用该侵权产品的行为。而且免于承担赔偿责任限于知情前的行为，在得知或被告知实情后继续侵权的，属于故意侵权，那就不能免除赔偿责任了。

根据本条规定，许诺销售者、销售者和使用者仅仅以"不知道"为理由尚不足以免除其赔偿责任，还必须证明该专利侵权产品有合法来源。其中，"合法来源"是指该专利侵权产品是通过正当、合法的渠道而获得的，其中"合法"一词并不是指该产品的制造、进口合法，而正是因为该产品的制造、进口行为本身是违反专利法规定的行为，因此称其为专利侵权产品。

注意区分以下不同行为及其法律责任：

法条	行为性质	法律责任
专利法第十一条、第六十条	侵权专利权的行为	赔偿损失、停止侵权行为
专利法第六十九条	不视为侵权专利权的行为	无需承担民事责任
专利法第七十条	侵犯专利权的行为	停止侵权行为，不承担赔偿责任

另外，需要对比记忆的，在假冒专利的行为中，有免除罚款的规定，即在专利法实施细则第八十四条第三款规定，"销售不知道是假冒专利的产品，并且能够证明该产品合法来源的，由管理专利工作的部门责令停止销售，但免除罚款的处罚"。

需要注意的是，根据专利法第七十条规定，使用者、许诺销售者、销售者合法来源抗辩成立时，免除其赔偿责任。然而，善意的使用者在证明合法来源且已支付合理对价的情况下是否还应停止使用，《最高人民法院关于审理侵犯专利权纠纷案件应用法律若干问题的解释（二）》第二十五条第一款通过但书将善意使用者予以排除：

为生产经营目的使用、许诺销售或者销售不知道是未经专利权人许可而制造并售出的专利侵权产品，且举证证明该产品合法来源的，对于权利人请求停止上述使用、许诺销售、销售行为的主张，人民法院应予支持，但被诉侵权产品的使用者举证证明其已支付该产品的合理对价的除外。

第七十一条【向外国申请专利泄露国家秘密的法律责任】

违反本法第二十条规定向外国申请专利，泄露国家秘密的，由所在单位或者上级主管机关给予行政处分；构成犯罪的，依法追究刑事责任。

一、本条含义

本条是关于违反本法规定向外国申请专利泄露国家秘密应当承担的法律责任的规定。

二、重点讲解

（一）擅自向外国申请专利泄露国家秘密及其法律责任

申请人违反本法第二十条规定的，首先应当承担行政责任，应当由其所属单位或者上级机关给予行政处分。

行政处分作为一种行政法律责任，适用范围具有一定局限性，并不是对任何人都普遍适用。如果违反本法第二十条规定向外国申请专利，泄露国家秘密的行为人没有单位或者隶属于某个行政主管部门，也就无法适用行政处分。随着我国经济体制改革的深化，经济主体开始趋向多样化，这个问题将会更加突出。所以，本条规定的法律责任有一定缺陷，以行政处罚代替行政处分作为法律责任，可能更加合适。

违反专利法第二十条的规定向外国申请专利，泄露国家秘密，如果给国家造成重大损失，就构成了上述刑法规定的泄露国家机密罪，应当依法承担刑事责任。我国《刑法》第三百九十八条规定：

国家机关工作人员违反国家保守秘密法的规定，故意或者过失泄露国家秘密，情节严重的，处3年以下有期徒刑或者拘役；情节特别严重的，处3年以上7年以下有期徒刑。非国家机关工作人员犯前款罪的，依照前款的规定酌情处理。

需要注意的是，本条规定不包括国家知识产权局工作人员玩忽职守、没有对涉及国家安全或者重大利益需要保密的专利申请采取必要的保密措施，导致泄露国家秘密的行为，该行为按照专利法第七十四条的规定进行处置。

第七十二条【侵夺发明人、设计人权益的法律责任】

侵夺发明人或者设计人的非职务发明创造专利申请权和本法规定的其他权益的，由所在单位或者上级主管机关给予行政处分。

一、本条含义

本条是关于侵夺发明人或者设计人的非职务发明创造专利申请权和本法规定的其他权益应承担的法律责任的规定。

二、重点讲解

（一）本条所称发明人或者设计人的权益

专利法第六条第二款规定了申请专利的权利，对于非职务发明创造而言，申请专利的权利属于发明人或者设计人；申请被批准后，该发明人或者设计人为专利权人。

专利法第七条规定，对发明人或者设计人的非职务发明创造专利申请，任何单位或者个人不得压制。

专利法第十七条规定了署名权，发明人或者设计人有权在专利文件中写明自己是发明人或者设计人。

（二）本条规定的处置措施

本条规定的处置措施有两种，一是由所在单位给予行政处分；二是由上级主管部门给予行政处分。这一规定是1984年制定《专利法》时，根据当时的国情制定的，现在已经没有什么现实意义。

因侵夺发明人或者设计人合法权益引起纠纷的，可以依照专利法实施细则第八十五条的规定请求管理专利工作的部门调解，也可以直接向人民法院起诉。

第七十三条【管理专利工作部门不得从事经营活动】

管理专利工作的部门不得参与向社会推荐专利产品等经营活动。

管理专利工作的部门违反前款规定的，由其上级机关或者监察机关责令改正，消除影响，有违法收入的予以没收；情节严重的，对直接负责的主管人员和其他直接责任人员依法给予行政处分。

一、本条含义

本条是关于禁止管理专利工作的部门参与向社会推荐专利产品等经营活动，以及违反这一规定应当承担的法律后果的规定。

二、重点讲解

（一）管理专利工作的部门参与经营活动及其法律责任

"管理专利工作的部门"是各级人民政府设立的，负责管理专利工作的行政机关。"向社会推荐专利产品"

是指为了自身的利益，利用社会对政府行政机关的信任，向社会介绍专利产品，鼓励公众购买、使用专利产品。"参与专利产品的经营活动"指以获取经济利益为目的，参与专利产品的生产、销售活动。

"情节严重"指违法行为造成较大影响的，包括违法所得金额较大，或者推荐产品情况不真实，给公众带来较大损失等。"直接负责的主管人员"指作出推荐专利产品或者参与专利产品经营活动的决定的人员；"其他直接责任人员"指直接参与推荐专利产品或者其他经营活动，具体执行任务的人员。

第七十四条【对有关国家机关工作人员的要求及法律责任】

从事专利管理工作的国家机关工作人员以及其他有关国家机关工作人员玩忽职守、滥用职权、徇私舞弊，构成犯罪的，依法追究刑事责任；尚不构成犯罪的，依法给予行政处分。

一、本条含义

本条是关于从事专利管理工作的国家机关工作人员以及其他有关国家机关工作人员对自己的渎职行为应承担的法律责任的规定。

二、重点讲解

（一）专利行政部门人员渎职行为及其法律责任

从事专利管理工作的国家机关工作人员指由各级人民政府设立的，负责管理专利工作的部门的工作人员，包括国家知识产权局的工作人员以及各级地方管理专利工作部门的工作人员。其他有关国家机关工作人员指虽然不从事专利管理工作，但是依法处理与专利有关事务的国家机关工作人员。如《专利法》第十四条规定中的国务院有关部委和省、自治区、直辖市人民政府的工作人员。

本条规定的违法行为是从事专利管理工作的国家机关工作人员以及其他有关国家机关工作人员的渎职行为，包括玩忽职守、滥用职权、徇私舞弊等行为。

本条规定的法律责任有两种情况：构成犯罪的，依法追究刑事责任；尚不构成犯罪的，依法给予行政处分。《刑法》第三百九十七条规定：

国家机关工作人员滥用职权或者玩忽职守，致使公共财产、国家和人民利益遭受重大损失的，处三年以下有期徒刑或者拘役；情节特别严重的，处三年以上七年以下有期徒刑。本法另有规定的，依照规定。

国家机关工作人员徇私舞弊，犯前款罪的，处五年以下有期徒刑或者拘役；情节特别严重的，处五年以上十年以下有期徒刑。本法另有规定的，依照规定。

第八章 附 则

引 言

本章是专利法的最后一章,主要规定一些不宜放在前面各章而又需要规定的补充性内容。本章只有两条规定:一是关于专利费用的规定;二是关于专利法施行日期的规定。

专利费用包括:在授予专利权之前申请人在申请专利时以及在授予专利权的审查过程中需要缴纳的费用;在授予专利权之后专利权人为维持其专利权有效需要缴纳的费用以及当事人启动有关程序需要缴纳的费用。关于专利费用,专利法仅仅作了十分原则的规定,至于费用的具体种类、缴纳方式、缴纳期限等具体规定由专利法实施细则予以规定。

施行日期是我国所有法律的附则中都必须包括的规定,专利法自然也不例外。

2015~2019年专利法律知识真题在本章的分布统计如下:

法条	2015年	2016年	2017年	2018年	2019年	合计
A75	2	1	0	1	0	4
A76	0	0	0	0	0	0
总计	2	1	0	1	0	4

第七十五条【专利费用】

向国务院专利行政部门申请专利和办理其他手续,应当按照规定缴纳费用。

一、本条含义

本条是关于申请专利和办理其他手续应当按照规定缴纳费用的规定。

二、重点讲解

(一)费用

1. 费用的类别

《专利法实施细则》第九十三条规定:向国务院专利行政部门申请专利和办理其他手续时,应当缴纳下列费用❶:

(一)申请费、申请附加费、公布印刷费、优先权要求费;

---

❶ 2018年6月15日国家知识产权局公布的《关于停征和调整部分专利收费的公告(第272号)》第一条规定,停征专利收费(国内部分)中的专利登记费、公告印刷费、著录事项变更费(专利代理机构、代理人委托关系的变更),PCT(《专利合作条约》)专利申请收费(国际阶段部分)中的传送费。

（二）发明专利申请实质审查费、复审费；
（三）专利登记费、公告印刷费、年费；
（四）恢复权利请求费、延长期限请求费；
（五）著录事项变更费、专利权评价报告请求费、无效宣告请求费。

前款所列各种费用的缴纳标准，由国务院价格管理部门、财政部门会同国务院专利行政部门规定。

根据《专利审查指南 2010》第五部分第九章第 1.1.3 节的规定，申请人在办理登记手续时，除应当缴纳专利登记费、授权当年（办理登记手续通知书中指明的年度）的年费、公告印刷费以外，同时还应当缴纳专利证书印花税。

2. 费用的减缓

《专利审查指南 2010》第五部分第二章第 3 节规定了费用的减缓。

申请人（或专利权人）缴纳专利费用有困难的，可以根据专利费用减缓办法向专利局提出费用减缓的请求。提出该请求不需要缴纳费用。

（1）允许请求减缓的费用种类。《专利审查指南 2010》第五部分第二章第 3.1 节规定了可以减缓的费用种类。

① 申请费（不包括公布印刷费、申请附加费）；
② 发明专利申请实质审查费；
③ 复审费；
④ 年费（自授予专利权当年起三年的年费❶）。

（2）请求减缓的手续及其审批。《专利审查指南 2010》第五部分第二章第 3.2 节规定了费用减缓的手续。

提出专利申请时以及在审批程序中，申请人（或专利权人）可以请求减缓应当缴纳但尚未到期的费用。

提出费用减缓请求的，应当提交费用减缓请求书，必要时还应当附具证明文件。费用减缓请求书应当由全体申请人（或专利权人）签字或者盖章；申请人（或专利权人）委托专利代理机构办理费用减缓手续并提交声明的，可以由专利代理机构盖章。委托专利代理机构办理费用减缓手续的声明可以在专利代理委托书中注明，也可以单独提交。

费用减缓请求符合规定的，审查员应当予以批准并发出费用减缓审批通知书，同时注明费用减缓的比例和种类。费用减缓请求不符合规定的，审查员应当发出费用减缓审批通知书，并说明不予减缓的理由。

专利费用减缓办法另行公布。

3. 费用的缴纳期限

《专利审查指南 2010》第五部分第二章第 1 节规定了费用缴纳的期限。

（1）申请费的缴纳期限是自申请日起两个月内，或者自收到受理通知书之日起 15 日内。需要在该期限内缴纳的费用有优先权要求费和申请附加费以及发明专利申请的公布印刷费。

优先权要求费是指申请人要求外国优先权或者本国优先权时，需要缴纳的费用，该项费用的数额以作为优先权基础的在先申请的项数计算。

申请附加费是指申请文件的说明书（包括附图、序列表）页数超过 30 页或者权利要求超过 10 项时需要缴纳的费用，该项费用的数额以页数或者项数计算。

公布印刷费是指发明专利申请公布需要缴纳的费用。

未在规定的期限内缴纳或者缴足申请费（含公布印刷费、申请附加费）的，该申请被视为撤回。未在规定的期限内缴纳或者缴足优先权要求费的，视为未要求优先权。

（2）实质审查费的缴纳期限是自申请日（有优先权要求的，自最早的优先权日）起三年内。该项费用仅适用于发明专利申请。

（3）延长期限请求费的缴纳期限是在相应期限届满之日前。该项费用以要求延长的期限长短（以月为单位）计算。

---

❶ 2018 年 6 月 15 日国家知识产权局公布的《关于停征和调整部分专利收费的公告（第 272 号）》第二条规定，专利年费的减缴期限由自授权当年起 6 年内，延长至 10 年内。

（4）恢复权利请求费的缴纳期限是自当事人收到专利局确认权利丧失通知之日起两个月内。

（5）复审费的缴纳期限是自申请人收到专利局作出的驳回决定之日起三个月内。

（6）专利登记费、授权当年的年费以及公告印刷费的缴纳期限是自申请人收到专利局作出的授予专利权通知书和办理登记手续通知书之日起两个月内。

（7）年费及其滞纳金的缴纳期限参照本部分第九章第2.2.1节的规定。

（8）著录事项变更费、专利权评价报告请求费、无效宣告请求费的缴纳期限是自提出相应请求之日起一个月内。

4. 费用的缴纳方式

《专利审查指南2010》第五部分第二章第2节规定了费用支付和结算方式。

费用可以直接向专利局（包括专利局各代办处）缴纳，也可以通过邮局或者银行汇付，或者以规定的其他方式缴纳。专利局代办处的收费范围另行规定。

（1）银行或邮局汇付。费用通过邮局或者银行汇付的，应当在汇单上写明正确的申请号（或专利号）以及缴纳的费用名称，且不得设置取款密码。不符合上述规定的，视为未办理缴费手续。

在汇单上还应当写明汇款人姓名或者名称及其通讯地址（包括邮政编码）。同一专利申请（或专利）缴纳的费用为两项以上的，应当分别注明每项费用的名称和金额，并且各项费用的金额之和应当等于缴纳费用的总额。

同一汇单中包括多个专利申请（或专利），其缴纳费用的总额少于各项专利申请（或专利）费用金额之和的，处理方法如下：

① 缴费人对申请号（或专利号）标注顺序号的，按照标注的顺序分割费用；

② 缴费人未对申请号（或专利号）标注顺序号的，按照从左至右，从上至下的顺序分割费用。

造成其中部分专利申请（或专利）费用金额不足或者无费用的，视为未办理缴费手续。

在中国内地没有经常居所或者营业所的当事人使用外币向专利局缴纳费用的，应当使用指定的外币，并通过专利代理机构办理，但是另有规定的除外。

（2）现金或支票面付。根据专利法实施细则第九十四条第三款的规定，直接向国务院专利行政部门缴纳费用的，以缴纳当日为缴费日。

（3）缴费日。费用通过邮局汇付，且在汇单上写明申请号（或专利号）以及费用名称的，以邮局取款通知单上的汇出日为缴费日。邮局取款通知单上的汇出日与中国邮政普通汇款收据上收汇邮戳日表明的日期不一致的，以当事人提交的中国邮政普通汇款收据原件或者经公证的收据复印件上表明的收汇邮戳日为缴费日。审查员认为当事人提交的证据有疑义时，可以要求当事人提交汇款邮局出具的加盖部门公章的证明材料。

费用通过银行汇付，且写明申请号（或专利号）以及费用名称的，以银行实际汇出日为缴费日。当事人对缴费日有异议，并提交银行出具的加盖部门公章的证明材料的，以证明材料确认的汇出日重新确定缴费日。

费用通过邮局或者银行汇付，未写明申请号（或专利号）的，费用退回。费用退回的，视为未办理缴费手续。

因缴费人信息填写不完整或者不准确，造成费用不能退回或者退款无人接收的，费用暂时存入专利局账户（以下简称暂存）。费用入暂存的，视为未办理缴费手续。

各种费用以人民币结算。按照规定应当使用外币支付的费用，按照汇出该费用之日国家规定的汇兑率折合成人民币后结算。

5. 专利费用的退款/暂存和查询

（1）暂存。《专利审查指南2010》第五部分第二章第4.1节规定了暂存。

由于费用汇单字迹不清或者缺少必要事项造成既不能开出收据又不能退款的，应当将该款项暂存在专利局账户上。经缴款人提供证明后，对于能够查清内容的，应当及时开出收据或者予以退款。开出收据的，以出暂存之日为缴费日。但是，对于自收到专利局关于权利丧失的通知之日起两个月内向专利局提交了证据，表明是由于银行或者邮局原因导致汇款暂存的，应当以原汇出日为缴费日。暂存满三年仍无法查清其内容的，进行清账上缴。

（2）退款的原则。《专利审查指南2010》第五部分第二章第4.2.1节规定了退款的原则

多缴、重缴、错缴专利费用的，当事人可以自缴费日起三年内，提出退款请求。符合规定的，专利局应当予以退款。

第一，当事人可以请求退款的情形。

① 多缴费用的情形：如当事人应当缴纳年费为 600 元，在规定期限内实际缴纳费用为 650 元，可以对多缴的 50 元提出退款请求。

② 重缴费用的情形：如提出一次著录项目变更请求应当缴纳著录项目变更手续费 200 元，当事人缴纳 200 元后，再次缴纳了 200 元，当事人可以对再次缴纳的 200 元提出退款请求。

③ 错缴费用的情形：如当事人缴费时写错费用种类、申请号（或专利号）的；或者因缴费不足、逾期缴费导致权利丧失的，或者权利丧失后缴纳专利费用的，当事人可以提出退款请求。

第二，专利局主动退款的情形。

下列情形一经核实，专利局应当主动退款。

① 专利申请已被视为撤回或者撤回专利申请的声明已被批准后，并且在专利局作出发明专利申请进入实质审查阶段通知书之前，已缴纳的实质审查费。

② 在专利权终止或者宣告专利权全部无效的决定公告后缴纳的年费。

③ 恢复权利请求审批程序启动后，专利局作出不予恢复权利决定的，当事人已缴纳的恢复权利请求费及相关费用。

第三，不予退款的情形。

① 对多缴、重缴、错缴的费用，当事人在自缴费日起三年后才提出退款请求的。

② 当事人不能提供错缴费用证据的。

③ 在费用减缓请求被批准之前已经按照规定缴纳的各种费用，当事人又请求退款的。

（3）退款的请求。《专利审查指南 2010》第五部分第二章第 4.2.2.1 节规定了退款请求的提出。

退款请求人应当是该款项的缴款人。申请人（或专利权人）、专利代理机构作为非缴款人请求退款的，应当声明是受缴款人委托办理退款手续。

请求退款应当书面提出、说明理由并附具相应证明，例如，专利局开出的费用收据复印件、邮局或者银行出具的汇款凭证等。提供邮局或者银行的证明应当是原件，不能提供原件的，应当提供经出具部门加盖公章确认的或经公证的复印件。

退款请求应当注明申请号（或专利号）和要求退款的款项的信息（如票据号、费用金额等）及收款人信息。当事人要求通过邮局退款的，收款人信息包括姓名、地址和邮政编码；当事人要求通过银行退款的，收款人信息包括姓名或者名称、开户行、账号等信息。

《专利审查指南 2010》第五部分第二章第 4.2.2.2 节规定了退款的处理。

经核实可以退款的，专利局应当按照退款请求中注明的收款人信息退款。

退款请求中未注明收款人信息的，退款请求人是申请人（或专利权人）或专利代理机构的，应当按照文档中记载的相应的地址和姓名或者名称退款。

完成退款处理后，审查员应当发出退款审批通知书。经核实不予退款的，审查员应当在退款审批通知书中说明不予退款的理由。

（4）退款的效力。《专利审查指南 2010》第五部分第二章第 4.2.3 节规定了退款的效力。

被退的款项视为自始未缴纳。

（5）查询费用的范围和方式。《专利审查指南 2010》第五部分第二章第 5 节规定了费用的查询。

当事人需要查询费用缴纳情况的，应当提供银行汇单复印件或者邮局汇款凭证复印件（未收到专利局收费收据的）或者提供收据复印件（已收到专利局收费收据的）。查询时效为一年，自汇出费用之日起算。

6. 费用种类的转换

《专利审查指南 2010》第五部分第二章第 6 节规定了费用种类的转换。

对于同一专利申请（或专利）缴纳费用时，费用种类填写错误的，缴纳该款项的当事人可以在转换后费用的缴纳期限内提出转换费用种类请求并附具相应证明，经专利局确认后可以对费用种类进行转换。但不同申请号（或专利号）之间的费用不能转换。

当事人缴纳的费用种类明显错误，审查员可以依职权对费用种类进行转换。依职权转换费用种类的，应当通知当事人。

费用种类转换的，缴费日不变。

三、真题分析

1.【2018年第48题】李某与甲公司共同提出一份发明专利申请的同时，提出费用减缴请求，并指定李某为代表人，因甲公司不具有费减资格，国家知识产权局做出不予费减决定。则以下说法错误的是：

A. 李某与甲公司应当在指定期限内足额缴纳申请费及其他需要在受理程序中缴纳的费用，否则该申请将被视为撤回

B. 如果甲公司在下一年具备费减资格条件，对于尚未到期的费用，李某与甲公司可以在相关收费缴纳期限届满日两个半月之前继续提出费用减缴请求

C. 在甲公司具备费减资格条件后，李某与甲公司继续提出费用减缴请求的，其在费用减缴请求书中只需填写甲公司的信息即可，并且无须再次提交李某的费减资格证明

D. 专利授权公告第二年李某与甲公司获得70%费减比例后，将该专利权转让给冯某和乙公司的，则冯某和乙公司可在费减年限内继续享有年费70%的费减比例，无须提出新的费用减缓请求

【考点】费用减缴

【分析】专利法实施细则第九十五条第一款规定，申请人应当自申请日起2个月内或者在收到受理通知书之日起15日内缴纳申请费、公布印刷费和必要的申请附加费；期满未缴纳或者未缴足的，其申请视为撤回。因此，选项A的说法正确。

《专利收费减缴办法》第三条第二款规定，两个或者两个以上的个人或者单位为共同专利申请人或者共有专利权人的，应当分别符合前款规定。《专利收费减缴办法》第五条规定，专利申请人或者专利权人只能请求减缴尚未到期的收费。减缴申请费的请求应当与专利申请同时提出，减缴其他收费的请求可以与专利申请同时提出，也可以在相关收费缴纳期限届满日两个半月之前提出。未按规定时限提交减缴请求的，不予减缴。因此，选项B的说法正确。

《专利收费减缴办法》第七条第一款、第二款规定，个人请求减缴专利收费的，应当在收费减缴请求书中如实填写本人上年度收入情况，同时提交所在单位出具的年度收入证明；无固定工作的，提交户籍所在地或者经常居住地县级民政部门或者乡镇人民政府（街道办事处）出具的关于其经济困难情况证明。企业请求减缴专利收费的，应当在收费减缴请求书中如实填写经济困难情况，同时提交上年度企业所得税年度纳税申报表复印件。在汇算清缴期内，企业提交上上年度企业所得税年度纳税申报表复印件。《专利收费减缴办法》第九条规定，专利收费减缴请求有下列情形之一的，不予批准：……（四）收费减缴请求的个人或者单位未提供符合本办法第七条规定的证明材料的；（五）收费减缴请求书中的专利申请人或者专利权人的姓名或者名称，或者发明创造名称，与专利申请书或者专利登记簿中的相应内容不一致的。本题选项C中，李某与甲公司继续提出费用减缴请求的，其在费用减缴请求书中应当填写李某和甲公司两者的信息，并提交李某和甲公司两者的费减资格证明，因此，选项C的说法错误。

《专利收费减缴办法》第十条规定，经国家知识产权局批准的收费减缴请求，专利申请人或者专利权人应当在规定期限内，按照批准后的应缴数额缴纳专利费。收费减缴请求批准后，专利申请人或者专利权人发生变更的，对于尚未缴纳的收费，变更后的专利申请人或者专利权人应当重新提交收费减缴请求。因此，选项D的说法错误。

【答案】CD

2.【2016年第57题】关于费用转换，下列说法哪些是正确的？

A. 当事人请求转换费用种类的，应当在转换后费用的缴纳期限内提出请求并附具相应证明

B. 费用种类转换的，缴费日不变

C. 费用种类转换的，缴费日应确定为当事人提出转换费用请求之日

D. 不同专利申请之间的费用不能转换

【考点】费用转换

【分析】《专利审查指南2010》第五部分第二章第6节规定了费用种类的转换，对于同一专利申请（或专利）缴纳费用时，费用种类填写错误的，缴纳该款项的当事人可以在转换后费用的缴纳期限内提出转换费用种类请求并附具相应证明，经专利局确认后可以对费用种类进行转换。但不同申请号（或专利号）之间的费用不能转换。当事人缴纳的费用种类明显错误，审查员可以依职权对费用种类进行转换。依职权转换费用种类的，应当通知当

事人。费用种类转换的，缴费日不变。因此，选项 ABD 正确，选项 C 错误。

【答案】ABD

3.【2015 年第 17 题】申请人向国家知识产权局邮寄了一件专利申请，寄出的邮戳日为 2015 年 3 月 6 日。国家知识产权局于 2015 年 3 月 8 日收到了该申请，并于同日发出了受理通知书。申请人于 2015 年 3 月 10 日收到了该受理通知书。申请人最迟应当在哪一天缴纳申请费？

A. 2015 年 3 月 25 日　　B. 2015 年 4 月 7 日　　C. 2015 年 5 月 6 日　　D. 2015 年 5 月 8 日

【考点】申请费缴纳期限

【分析】专利法第二十八条规定，国务院专利行政部门收到专利申请文件之日为申请日。如果申请文件是邮寄的，以寄出的邮戳日为申请日。专利法实施细则第九十五条规定，申请人应当自申请日起 2 个月内或者在收到受理通知书之日起 15 日内缴纳申请费、公布印刷费和必要的申请附加费。本题中，申请日为 2015 年 3 月 6 日，最迟缴费日为 2015 年 5 月 6 日，因此，选项 C 正确，选项 ABD 错误。

【答案】C

4.【2015 年第 20 题】国家知识产权局于 2014 年 3 月 6 日向申请人刘某发出其申请视为撤回通知书，但该通知书由于地址不详被退回，国家知识产权局于 2014 年 5 月 29 日公告送达。刘某最迟应当在哪天缴纳恢复权利请求费？

A. 2014 年 5 月 21 日　　B. 2014 年 7 月 29 日　　C. 2014 年 8 月 13 日　　D. 2014 年 8 月 29 日

【考点】恢复权利请求费

【分析】《专利审查指南 2010》第五部分第七章第 2.3 节规定，期限的第一日（起算日）不计算在期限内。期限以年或者月计算的，以其最后一月的相应日（与起算日相对应的日期）为期限届满日；该月无相应日的，以该月最后一日为期限届满日。《专利审查指南 2010》第五部分第六章第 2.1.4 节规定，自公告之日起满一个月，该文件视为已经送达。《专利审查指南 2010》第五部分第二章第 1 节规定，恢复权利请求费的缴纳期限是自当事人收到专利局确认权利丧失通知之日起两个月内。本题中，视为送达日于 2014 年 6 月 29 日，因此，刘某最迟应当在 2014 年 8 月 29 日缴纳恢复权利请求费，选项 D 正确，选项 ABC 错误。

【答案】D

第七十六条【实施日期】

本法自 1985 年 4 月 1 日起施行。

一、本条含义

本条是关于本法实施日期的规定。

二、重点讲解

《专利法》是 1984 年 3 月 12 日第六届全国人大常委会第四次会议审议通过并公布，1985 年 4 月 1 日起施行的。其后，全国人大常委会分别于 1992 年、2000 年和 2008 年三次对《专利法》进行了修改。

施行修改后的专利法的过渡办法

第一条 为了保障2008年12月27日公布的《全国人民代表大会常务委员会关于修改〈中华人民共和国专利法〉的决定》的施行，依照立法法第八十四条的规定，制定本办法。

第二条 修改前的专利法的规定适用于申请日在2009年10月1日前（不含该日，下同）的专利申请以及根据该专利申请授予的专利权；修改后的专利法的规定适用于申请日在2009年10月1日以后（含该日，下同）的专利申请以及根据该专利申请授予的专利权；但本办法以下各条对申请日在2009年10月1日前的专利申请以及根据该申请授予的专利权的特殊规定除外。

前款所述申请日的含义依照专利法实施细则的有关规定理解。

第三条 2009年10月1日以后请求给予实施专利的强制许可的，适用修改后的专利法第六章的规定。

第四条 管理专利工作的部门对发生在2009年10月1日以后的涉嫌侵犯专利权行为进行处理的，适用修改后的专利法第十一条、第六十二条、第六十九条、第七十条的规定。

第五条 管理专利工作的部门对发生在2009年10月1日以后的涉嫌假冒专利行为进行查处的，适用修改后的专利法第六十三条、第六十四条的规定。

第六条 专利权人在2009年10月1日以后标明专利标识的，适用修改后的专利法第十七条的规定。

第七条 在中国没有经常居所或者营业所的外国人、外国企业或者外国其他组织在2009年10月1日以后委托或者变更专利代理机构的，适用修改后的专利法第十九条的规定。

第八条 本办法自2009年10月1日起施行。

专利文献与专利分类

引　言

专利文献是专利制度贡献给人类社会最宝贵的财富之一，近 400 年来，特别是近一个世纪，世界各国公布或者公告的专利文献总量已逾 5000 万份。毫不夸张地说，这些专利文献是对全世界近现代自然科学发展最完整和最真实记录的宝库。专利文献以其蕴含的丰富技术信息、法律信息和经济信息而受到越来越强的重视。为了有效地使用浩如烟海的专利文献，在几十年前，国际社会还创造了国际专利分类法。与此同时，关于专利文献的检索技术也在不断发展，极大地提高了专利文献对经济社会的贡献和作用。

2015~2019 年专利法律知识真题在本章的分布统计如下：

章节	2015 年	2016 年	2017 年	2018 年	2019 年	合计
第一节	2	2	0	1	2	7
第二节	1	1	0	0	0	2
第三节	0	0	0	0	0	0
总计	3	3	0	1	2	9

第一节　专利文献基本知识

一、专利文献概述

在世界知识产权组织（WIPO）1988 年编写的《知识产权教程》中指出，专利文献是包含已经申请或被确认为发现、发明、实用新型和工业品外观设计的研究、设计、开发和实验成果的有关资料，以及保护发明人、专利所有人及工业品外观设计和实用新型注册证书持有人权利的有关资料已出版或未出版的文件（或其摘要）总称。

作为公开出版物的专利文献主要有：各种类型的专利说明书、专利公报、文摘和索引，以及发明、实用新型、工业品外观设计的分类表等。

1. 专利文献特点

（1）集技术、法律、经济信息于一体的综合信息资源；
（2）数量巨大、内容广博；
（3）传播最新的技术信息；
（4）标准化的文件结构、格式统一规范；
（5）采用或标注统一的国际分类体系。

2. 专利文献作用

（1）传播技术信息，促进科技进步；
（2）评估某些国家、某些行业科技研究的发展重点；

（3）发现、判断竞争对手的研发动态、获取产品和技术的竞争策略信息；
（4）为宏观决策、贸易活动提供依据。

3. 同族专利

人们把至少有一项优先权相同的、在不同国家或国际专利组织多次申请、多次公布或批准的内容相同或基本相同的一组专利文献，称为专利族（Patent Family）。

同一专利族中的每件专利文献称为专利族成员（Patent Family Members），同一专利族中每件专利互为同族专利，其具有以下作用：

（1）同族专利可以提供有关该相同发明主题的最新技术发展、法律状态和经济情报。
（2）同族专利可以帮助阅读者克服语言障碍。
（3）同族专利可以为专利机构审批专利提供参考。
（4）同族专利可以解决对专利文献的收藏不足问题。

4. 专利文献的出版及载体

专利文献的出版载体包括纸载体、缩微胶片、磁带或软盘、光盘、联机数据库和计算机网络等。目前，有90多个国家、地区及组织以30多种文字出版专利文献，每年以150万件左右的数量递增，约占世界图书期刊年出版总量的1/4。目前，世界各国专利文献以磁介质存贮为主，互联网形式公布。

二、专利说明书类文献组成部分

专利说明书包括扉页、权利要求书、摘要、说明书及附图、检索报告。

1. 扉页

专利说明书扉页，这种类似书籍的标题页，相当于专利说明书的一览表，是了解整篇文献非常有用的一页。

扉页的基本结构：著录项目、摘要或权利要求、一幅主要附图（机械图、电路图、化学结构式等）三部分内容。

2. 权利要求书

权利要求书是以说明书为依据，说明发明或者实用新型的技术特征，清楚、简要的表达请求专利保护范围的文件。专利文献的一个重要作用就是告知公众相关专利的保护范围，因此，必须要有权利要求书。

3. 说明书及附图

说明书是清楚、完整的描述发明创造的技术内容的文件。专利文献担负着公开技术的重任，必须要有说明书。至于附图，发明专利可以没有附图，但实用新型专利必须要有附图。

4. 检索报告

检索报告是专利审查员通过对现有技术进行检索，反映检索结果的文件。对于评价发明创造的新颖性和创造性，决定是否授予专利权十分有用。检索报告通常与专利申请说明书一起出版或单独出版，这对申请人很有参考价值，申请人可据此对其发明创造专利性做出判断并根据检索结果对权利要求进行删改。对于申请人的竞争对手或任何人而言，是预测该申请能否授权的参考依据。

三、专利说明书种类

1. 专利说明书种类相关标准

专利文献按其内容性质和加工层次可分为：（1）一次专利文献，是指各种专利说明书；（2）二次专利文献，是指专利公报、专利文摘、专利索引；（3）专利分类资料，是指国际专利分类、工业品外观设计分类、关键词索引等。

2. 国别代码相关标准

为便于各局工业产权以编码形式标识国家、其他实体及政府间组织时使用，WIPO制定了《ST.3用双字母代码表示国家、其他实体及政府间组织的推荐标准》。

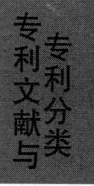

主要国家、地区及组织代码

代码	名称	代码	名称
AP	非洲地区知识产权组织	HK	中国香港特别行政区
AT	奥地利	JP	日本
AU	澳大利亚	KR	韩国
CA	加拿大	MO	中国澳门特别行政区
CN	中国	OA	非洲知识产权组织（讲法语国家）
DE	德国	RU	俄罗斯
EP	欧洲专利局	SU	前苏联
ES	西班牙	TW	中国台湾省
FR	法国	US	美国
GB	英国	WO（IB）	世界知识产权组织（国际局）

四、专利文献著录项目及其代码

著录项目是专利文献技术、法律、经济三种信息特征的集合。通常用一套国际承认的著录数据识别代码（Internationally agreed Numbers for the Identification of (bibliographic) Data），简称 INID 码，由圆圈或括号中的两位阿拉伯数字表示。

INID 码的优点在于浏览各国专利文献时不受语言限制，起快速引导专利文献用户寻找相关专利信息和简要解释的作用。《专利文献著录项目标准（试行）》作了如下规定。

（一）发明、实用新型专利文献著录项目名称及相应 INID 代码

（10）专利文献标识
（12）专利文献名称
（15）专利文献更正信息
（19）公布或公告专利文献的国家或机构名称
（21）申请号
（22）申请日
（30）优先权数据
（43）申请公布日
（45）授权公告日
（48）更正文献出版日
（51）国际专利分类号
（54）发明或实用新型名称
（56）对比文件
（57）摘要
（62）分案原申请数据
（65）同一申请的公布数据
（66）本国优先权数据
（71）申请人姓名或名称及地址

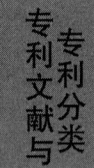

(72) 发明人姓名

(73) 专利权人姓名或名称及地址

(74) 专利代理机构名称及专利代理人姓名

(85) PCT 国际申请进入国家阶段日

(86) PCT 国际申请的申请数据

(87) PCT 国际申请的公布数据

需要说明的是，在中国发明专利单行本扉页中，专利文献名称著录项目虽然使用通用 INID 代码（12），但著录项目名称却使用专用名称"发明专利"，曾用"发明专利说明书"；文献号著录项目虽然使用通用 INID 代码（10），曾用（11），但著录项目名称却使用专用名称"授权公告号"（见图附录-1）。

在中国实用新型专利单行本扉页中，专利文献名称著录项目虽然使用通用 INID 代码（12），但著录项目名称却使用专用名称"实用新型专利"，曾用"实用新型专利说明书"；文献号著录项目虽然使用通用 INID 代码（10），曾用（11），但著录项目名称却使用专用名称"授权公告号"（见图附录-2）。

（二）外观设计专利文献著录项目名称及相应 INID 代码

(10) 专利文献标识

(12) 专利文献名称

(19) 公告专利文献的国家或机构名称

(21) 申请号

(22) 申请日

(30) 优先权数据

(45) 授权公告日

(51) 外观设计国际分类（洛迦诺分类）

(54) 使用外观设计的产品名称

(55) 外观设计图片或照片

(57) 外观设计简要说明

(58) 外观设计专利文献更正日期

(62) 分案原申请数据

(72) 设计人姓名

(73) 专利权人姓名或名称及地址

(74) 专利代理机构名称及专利代理人姓名

需要说明的是，在中国外观设计专利单行本扉页中，专利文献名称著录项目虽然使用通用 INID 代码（12），但著录项目名称使用专用名称"外观设计专利"；文献号著录项目虽然使用通用 INID 代码（10），曾用（11），但著录项目名称使用专用名称"授权公告号"。

[19] 中华人民共和国国家知识产权局	[51] Int. Cl. G01N 33/38 (2006.01) B01L 1/00 (2006.01)
[12] **发明专利说明书**	
专利号 ZL 200610018571.3	

[45] 授权公告日 2009年7月1日	[11] 授权公告号 CN 100507561C
[22] 申请日 2006.3.16 [21] 申请号 200610018571.3 [73] 专利权人 武汉理工大学 　　地址 430070 湖北省武汉市洪山区珞狮路 　　　　122号武汉理工大学科研处 [72] 发明人 胡曙光　陈静　丁庆军　王发洲 　　　　　 周志锋 [56] 参考文献 　CN2639816Y　　2004.9.8 　JP7318145A　　1995.12.8 　CN2467941Y　　2001.12.26 　JP2003279083A　2003.10.2 　审查员　郑瑜	[74] 专利代理机构　湖北武汉永嘉专利代理有限公司 　　代理人　王守仁 权利要求书1页　说明书4页　附图1页

[54] 发明名称
　　分流式内加湿型环境箱
[57] 摘要
　　本发明是分流式内加湿型环境箱，其包括内室(1)和加湿、蒸发、冷凝装置，还设有：在加湿室(4)内部装有内置加温型加湿器，对内室空气进行分流的管道，以及控制空气分流的流量比例调节阀(8)；其中，内室的左端通过进气管道(2)连通旁路管道(3)和加湿室，其分流处各设有一个流量计(29)和流量比例调节阀，加湿室又由连接管道(5)、温控管道(6)、出气管道(7)连通内室的右端；加湿器设有分流管(11)、加热器和位于加热器上方的超声波发生器(12)；由控制电路调节流量比例调节阀的开度。本发明由于在加湿时，能使空气分流，可调节加湿和不加湿的空气量，显著提高了环境箱内部湿度控制精度，并且能够实现水循环利用。

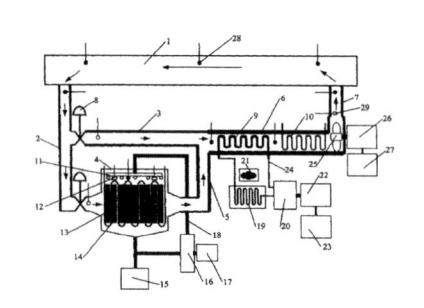

中国发明专利单行本扉页

(19) 中华人民共和国国家知识产权局

(12) 实用新型专利

(10) 授权公告号 CN 202281366 U
(45) 授权公告日 2012.06.20

(21) 申请号 201120317536.8

(22) 申请日 2011.08.26

(73) 专利权人 滁州市明亮机械制造有限公司
地址 239000 安徽省滁州市来安县工业开发
C区纬一东路二号

(72) 发明人 覃明亮

(74) 专利代理机构 安徽合肥华信知识产权代理
有限公司 34112
代理人 余成俊

(51) Int.Cl.
F24F 13/32 (2006.01)

权利要求书 1 页　说明书 1 页　附图 1 页

(54) 实用新型名称
可调式空调支架

(57) 摘要

本实用新型公开了一种可调式空调支架，包括底板，所述底板的左右两端设有支撑板，所述两支撑板上设有竖直方向上的滑槽，所述滑槽的侧壁上设有数个螺栓调节孔，所述左右两滑槽内分别滑动安装有左右两安装座，所述安装座上设有与螺栓调节孔对应的螺栓孔，所述两安装座之间具有安装板，所述左右两支撑板的顶端设有垂直于支撑板的横板。本实用新型安装简单、耗时短、安全性强。

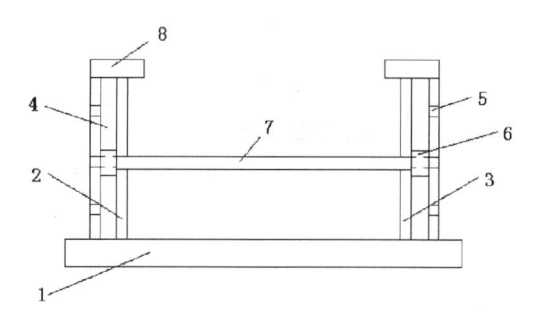

(19) 中华人民共和国国家知识产权局

(12) 外观设计专利

(10) 授权公告号 CN 301537653 S
(45) 授权公告日 2011.05.04

(21) 申请号 201030286967.3
(22) 申请日 2010.08.25
(30) 优先权
　　　2010.03.01 JP 2010-004867
(73) 专利权人 本田技研工业株式会社
　　　地址 日本东京都
(72) 设计人 片桐洁　岸敏秋　广濑润
(74) 专利代理机构 中国国际贸易促进委员会专利
　　　　　　　　 商标事务所 11038
　　　代理人 李洋
(51) LOC(9)Cl.
　　　12-11

图片或照片 10 幅　简要说明 1 页

(54) 使用外观设计的产品名称
摩托车

立体图

中国外观设计专利单行本扉页

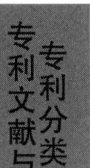

五、专利文献编号

专利文献的编号包括申请号和文献号。专利文献的编号从形式上看，是一些简单的阿拉伯数字的排列，但这些简单的阿拉伯数字排列却有着严格的使用场合和各自不同的作用。因此，搞清各种专利文献编号具有很重要的意义。

（一）专利申请号

1. 专利申请号的组成结构

专利申请号用12位阿拉伯数字表示，包括申请年号、申请种类号和申请流水号三个部分。

按照由左向右的次序，专利申请号中的第1~4位数字表示受理专利申请的年号，第5位数字表示专利申请的种类，即1表示发明专利申请，2表示实用新型专利申请，3表示外观设计专利申请，8表示进入中国国家阶段的PCT发明专利申请，9表示进入中国国家阶段的PCT实用新型专利申请；第6~12位数字（共7位）为申请流水号，表示受理专利申请的相对顺序。

2. 专利申请号与校验位的联合使用

国家知识产权局在受理专利申请时给予专利申请号和校验位。校验位位于专利申请号之后，在专利申请号与校验位之间使用一个下标单字节实心圆点符号作为间隔符。除法律法规和行政规章另有规定以外，在专利法、专利法实施细则及其他相关法规规定的各种法定程序中均应将专利申请号与校验位（包括两者之间的间隔符）联合使用。

3. 专利申请号与中国国家代码CN的联合使用

可以将中国国家代码CN与专利申请号联合使用，以表明该专利申请是由中国国家知识产权局受理。代码CN应位于专利申请号之前，如果需要，可以在CN与专利申请号之间使用1位单字节空格。

（二）专利文献号

1. 专利文献号的组成结构

专利文献号用9位阿拉伯数字表示，包括申请种类号和流水号两个部分。

专利文献号中的第1位数字表示申请种类号，第2~9位数字（共8位）为文献流水号，表示文献公布或公告的排列顺序。如下图所示：

```
× ××××××××
       │    └── 文献流水号
       └────── 申请种类号
```

2. 专利文献号与中国国家代码CN，以及专利文献种类标识代码的联合使用

中国国家代码CN和专利文献种类标识代码均不构成专利文献号的组成部分。然而，为了完整地标识一篇专利文献的出版国家，以及在不同程序中的公布或公告，应将中国国家代码CN、专利文献号、相应的专利文献种类标识代码联合使用，排列顺序应为：国家代码CN、专利文献号、专利文献种类标识代码。如果需要，可以在国家代码CN与专利文献号、专利文献号与专利文献种类标识代码之间分别使用1位单字节空格。如下所示：

CN ××××××××× A
CN ××××××××× B
CN ××××××××× C
CN ××××××××× U
CN ××××××××× Y
CN ××××××××× S

六、中国专利文献

中国专利文献有由国家知识产权局公开和公告的有关专利的官方出版物。中国专利文献主要包括各类中国专利单行本和专利公报。

(一) 中国专利文献种类及其代码

1. 中国专利文献种类

中国专利文献种类,是指国家知识产权局按照相关法律法规对发明、实用新型、外观设计专利申请在法定程序中予以公布或公告,由此产生的各种专利文献。

2. 中国专利文献种类标识代码

中国专利文献种类标识代码,是指国家知识产权局为标识不同种类的专利文献而规定使用的字母代码,或者字母与数字的组合代码。

(1) 中国专利文献种类标识代码的组成。中国专利文献种类标识代码是以一个大写英文字母,或者一个大写英文字母与一位阿拉伯数字的组合表示,单纯数字不能作为专利文献种类标识代码使用。

大写英文字母表示相应专利文献的公布或公告,阿拉伯数字用来区别公布或公告阶段中不同的专利文献种类。

(2) 专利文献种类标识代码中字母的含义。

A 发明专利申请公布

B 发明专利授权公告

C 发明专利权部分无效宣告的公告

U 实用新型专利授权公告

Y 实用新型专利权部分无效宣告的公告

S 外观设计专利授权公告或专利权部分无效宣告的公告

(3) 发明、实用新型、外观设计专利文献号(见下表)。

发明专利文献号

文献种类	专利文献号与国家代码、文献种类代码的联合使用		说明
发明专利申请公布说明书	申请公布号	CN 1 00378905 A	不同专利申请应顺序编号
		CN 1 00378906 A	
发明专利申请公布说明书(扉页再版)		CN 1 00378905 A8	同一专利申请沿用首次赋予的申请公布号
发明专利申请公布说明书(全文再版)		CN 1 00378905 A9	
发明专利说明书	授权公告号	CN 1 00378905 B	同一专利申请的授权公告号沿用首次赋予的申请公布号
发明专利说明书(扉页再版)		CN 1 00378905 B8	
发明专利说明书(全文再版)		CN 1 00378905 B9	
发明专利权部分无效宣告的公告(第1次)		CN 1 00378905 C1	
发明专利权部分无效宣告的公告(第2次)		CN 1 00378905 C2	

实用新型专利文献号

文献种类	专利文献号与国家代码、文献种类代码的联合使用		说明
实用新型专利说明书	授权公告号	CN 200364512 U	不同专利申请应顺序编号
		CN 200364513 U	
实用新型专利说明书(扉页再版)		CN 200364512 U8	同一专利申请的授权公告号沿用首次赋予的授权公告号
实用新型专利说明书(全文再版)		CN 200364512 U9	
实用新型专利权部分无效宣告的公告(第1次)		CN 200364512 Y1	
实用新型专利权部分无效宣告的公告(第2次)		CN 200364512 Y2	

外观设计专利文献号

文献种类	专利文献号与国家代码、文献种类代码的联合使用		说明
外观设计专利授权公告	授权公告号	CN 3 00123456 S	不同专利申请应顺序编号
		CN 3 00123457 S	
外观设计专利授权公告（全部再版）		CN 3 00123456 S9	同一专利申请的授权公告号沿用首次赋予的授权公告号
外观设计专利权部分无效宣告的公告（第1次）		CN 3 00123456 S1	
外观设计专利权部分无效宣告的公告（第2次）		CN 3 00123456 S2	

（二）中国专利编号

1. 1985~1988年

	申请号	申请公开号	申请公告号	审定公告号	专利号
发明专利	88100001	CN88100001A		CN88100001B	ZL88100001
实用新型专利	88210369		CN88210369U		ZL88210369
外观设计专利	88300457		CN88300457S		ZL88300457

2. 1989~1992年

	申请号	申请公开号	申请公告号	审定公告号	专利号
发明专利	89100002.X	CN1044155A		CN1014821B	ZL89100002.X
实用新型专利	89200001.5		CN2043111U		ZL89200001.5
外观设计专利	89300001.9		CN3005104S		ZL89300001.9

3. 1993~2010年

	申请号	申请公开号	授权公告号	专利号
发明专利	93100001.7 200710055212.X	CN1089067A CN100998275A	CN1033297C CN100569061C	ZL93100001.7 ZL200710055212.X
进入中国国家阶段的PCT发明专利	98805245.8 200580000002.X	CN1258422A CN101213848A	CN100440991C CN100447927C	ZL98805245.8 ZL200580000002.X
实用新型专利	93200001.0 200620075737.0		CN2144896Y CN200938735Y	ZL93200001.0 ZL200620075737.0
进入中国国家阶段的PCT实用新型专利	98900001.X 200790000002.4		CN2437102Y CN201201653Y	ZL98900001.X ZL200790000002.4
外观设计专利	93300001.4 200630128826.1		CN3021827D CN300683009D	ZL93300001.4 ZL200630128826.1

4. 2010年以后

	申请号	申请公开号	授权公告号	专利号
发明专利	200710195983.9	CN101207268	CN101207268B	ZL200710195983.9
进入中国国家阶段的PCT发明专利	200680012968.X	CN101164163A	CN101164163B	ZL200680012968.X
实用新型专利	200920059558.1		CN201435998U	ZL200920059558.1
进入中国国家阶段的PCT实用新型专利	200790000064.5		CN201436162U	ZL200790000064.5
外观设计专利	200930140521.7		CN301168542S	ZL200930140521.7

七、其他主要国家/组织专利文献

（一）欧洲专利文献种类及其代码

欧洲专利申请说明书（European Patent Applications），文献种类识别代码 A

A1—附有检索报告的欧洲专利申请说明书

A2—未附检索报告的欧洲专利申请说明书

A3—单独出版的检索报告

A4—对国际申请检索报告所做的补充检索报告

欧洲专利说明书（European Patent Specification），文献种类识别代码 B

B1—欧洲专利说明

B2—经（异议）修改后再次公告出版的欧洲专利说明书

（二）PCT国际申请文献种类及其代码

PCT国际申请说明书（International Applications），文献类型识别代码 A

A1—附有检索报告的国际申请说明书

A2—未附检索报告的国际申请说明书

A3—单独出版的检索报告

（三）美国专利文献种类及其代码

专利说明书（United States Utility Patent），文献种类识别代码 B1，B2（A）

专利申请公布说明书（Patent Application Publication），文献种类识别代码 A1，A2，A9

植物专利说明书（United States Plant Patent），文献种类识别代码 P2，P3，（P）

植物专利申请公布说明书（Plant Patent Application Publication），文献种类识别代码 P1，P4，P9

再版专利（Reissued Patent），文献种类识别代码 E

再审查证书（Reexamination Certificate），文献种类识别代码 C1，C2，C3（B1，B2）

依法登记的发明（Statutory Invention Registration），文献种类识别代码 H

设计专利（United States Design Patent），文献种类识别代码 S

（四）日本专利文献种类及其代码

公開特許公報（专利申请公开说明书），文献种类识别代码 A

特許公報（专利公告说明书），文献种类识别代码 B2

公表特許公報（国际申请说明书日文译本），文献种类识别代码 A

公開實用新案公報（实用新型申请公开说明书），文献种类识别代码 U

公表實用新案公報（实用新型国际申请说明书日文译本），文献种类识别代码 U

實用新案公報（实用新型公告说明书），文献种类识别代码 Y2

登錄實用新案公報（注册实用新型说明书），文献种类识别代码 U

實用新案登錄公報（实用新型注册说明书），文献种类识别代码 Y2

意匠公报（外观设计公报），文献种类识别代码S

八、真题分析

1.【2019年第30题】下列关于文献种类代码与专利类型对应关系说法错误的是？
A. U、Y用于标识实用新型专利
B. A用于标识发明专利申请
C. B、C用于标识发明专利
D. D、S用于标识外观设计专利
【考点】专利文献种类标识代码
【分析】根据《专利文献种类标识代码标准》的规定，A为发明专利申请公布；B为发明专利授权公告；C为发明专利权部分无效宣告的公告；U为实用新型专利授权公告；Y为实用新型专利权部分无效宣告的公告；S为外观设计专利授权公告或专利权部分无效宣告的公告。因此，选项ABC的说法正确，选项D的说法错误。
【答案】D

2.【2019年第89题】下列哪些选项所示申请号为实用新型专利申请？
A. 201430465498. X
B. 201290004238. 0
C. 201320278122. 1
D. 201140376384. 3
【考点】申请号
【分析】《专利申请号标准》第4.1节规定，专利申请号用12位阿拉伯数字表示，包括申请年号、申请种类号和申请流水号三个部分。按照由左向右的次序，专利申请号中的第1~4位数字表示受理专利申请的年号，第5位数字表示专利申请的种类，第6~12位数字（共7位）为申请流水号，表示受理专利申请的相对顺序。专利申请号中使用的每一位阿拉伯数字均为十进制。《专利申请号标准》第4.3节规定，专利申请号中的申请种类号用1位数字表示，所使用数字的含义规定如下：1表示发明专利申请；2表示实用新型专利申请；3表示外观设计专利申请；8表示进入中国国家阶段的PCT发明专利申请；9表示进入中国国家阶段的PCT实用新型专利申请。因此，选项BC正确。
【答案】BC

3.【2018年第100题】关于专利文献种类，下列说法正确的是？
A. CN××××××××A表示一篇发明专利申请公布文本
B. CN××××××××B表示一篇发明专利申请公告文本
C. CN××××××××Y1表示一篇实用新型专利授权公告文本
D. CN××××××××U表示一篇实用新型专利权部分宣告无效的公告文本
【考点】专利文献种类标识代码
【分析】根据《专利文献种类标识代码标准》的规定，A为发明专利申请公布；B为发明专利授权公告；C为发明专利权部分无效宣告的公告；U为实用新型专利授权公告；Y为实用新型专利权部分无效宣告的公告；S为外观设计专利授权公告或专利权部分无效宣告的公告。因此，选项AB正确，选项CD错误。
【答案】AB

4.【2016年第30题】以下关于专利文献种类标识代码中字母含义的说法哪个是正确的？
A. 字母"B"表示发明专利申请公布
B. 字母"Y"表示发明专利权部分无效宣告的公告
C. 字母"U"表示实用新型专利权部分无效宣告的公告
D. 字母"S"表示外观设计专利授权公告或外观设计专利权部分无效宣告的公告
【考点】专利文献种类标识代码
【分析】根据《专利文献种类标识代码标准》的规定，A为发明专利申请公布；B为发明专利授权公告；C为发明专利权部分无效宣告的公告；U为实用新型专利授权公告；Y为实用新型专利权部分无效宣告的公告；S为外观设计专利授权公告或专利权部分无效宣告的公告。因此，选项D正确，选项ABC错误。
【答案】D

5.【2016年第54题】下列哪些选项所示申请号为实用新型专利申请？
A. 201430465498. X
B. 201290004238. 0

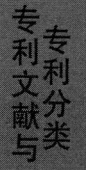

C. 201320278122.1 D. 201140376384.3

【考点】申请号

【分析】根据《专利申请号标准》的规定，按照由左向右的次序，专利申请号中的第1~4位数字表示受理专利申请的年号，第5位数字表示专利申请的种类，第6~12位数字（共7位）为申请流水号，表示受理专利申请的相对顺序。专利申请号中的申请种类号用1位数字表示，所使用数字的含义规定如下：1表示发明专利申请；2表示实用新型专利申请；3表示外观设计专利申请；8表示进入中国国家阶段的PCT发明专利申请；9表示进入中国国家阶段的PCT实用新型专利申请。因此，选项AD错误，选项BC正确。

【答案】BC

6.【2015年第61题】根据ZC0006—2003专利申请号标准，下列关于专利申请号中申请种类号的说法哪些是正确的？

A. 1表示发明专利申请 B. 2表示实用新型专利申请
C. 3表示外观设计专利申请 D. 4表示进入中国国家阶段的PCT发明专利申请

【考点】申请号

【分析】《专利申请号标准》第4.3节规定，专利申请号中的申请种类号用1位数字表示，所使用数字的含义规定如下：1表示发明专利申请；2表示实用新型专利申请；3表示外观设计专利申请；8表示进入中国国家阶段的PCT发明专利申请；9表示进入中国国家阶段的PCT实用新型专利申请。因此，选项ABC正确，选项D错误。

【答案】ABC

7.【2015年第100题】某专利文献扉页上印有"CN100378905A"，由此专利文献号可以分析出下列哪些信息？

A. 这是一篇中国专利文献 B. 这是一篇实用新型专利文献
C. 该专利申请已被授予专利权 D. 第一位数字1表示发明专利申请

【考点】国别代码 中国专利文献编号

【分析】《专利文献号标准》第5.2节规定了专利文献号与中国国家代码CN，以及专利文献种类标识代码的联合使用，因此，选项A正确。根据《专利文献种类标识代码标准》的规定，A为发明专利申请公布。因此，选项BC错误。《专利文献号标准》第4.2条规定，专利文献号中的申请种类号用1位阿拉伯数字表示。所使用的数字含义规定如下：1表示发明专利申请；2表示实用新型专利申请；3表示外观设计专利申请。因此，选项D正确。

【答案】AD

第二节 专利分类

一、发明和实用新型的国际专利分类（IPC）

（一）国际专利分类八个部的类名

A部　人类生活必需
B部　作业；运输
C部　化学；冶金
D部　纺织；造纸
E部　固定建筑物
F部　机械工程；照明；加热；武器；爆破
G部　物理
H部　电学

（二）分类表的等级结构与完整的分类号

1. 分类表的等级结构

国际专利分类表是一种等级分类系统。较低等级的内容是其所属较高等级内容的细分。

国际专利分类表按部、大类、小类、大组、小组由大到小的递降次序排列类目。但在小组间的等级结构是由各小组类目之前的圆点数来确定的，而不是根据小组的编号确定。根据此等级原则，小组的技术主题范围是由它前面级别比它高的组共同确定的。

例如：

A47K3/00 浴缸；淋浴器；其辅助设备

A47K3/02 ·浴缸（一点组）

A47K3/022 · ·专门适宜特殊用途的，例如洗脚的、坐浴用的（二点组）

A47K3/024 · · ·儿童或婴儿专用的（三点组）

上述示例中，小组 3/024 的技术范围是由等级较高的组 3/00、3/02、3/022 确定的。

2. 完整的分类号

一个完整的分类号是由代表部、大类、小类、大组或小组的符号构成。其中，部是用英文大写字母 A～H 表示；大类的类号由部的类号及在其后加上两位数字组成；小类的类号由大类类号加上一个英文大写字母组成；大组的类号由小类类号加上 1～3 位阿拉伯数字及 "/00" 组成；小组的类号由小类类号加上 1～3 位阿拉伯数字，后面跟着斜线 "/"，再加上一个除 "00" 以外的至少两位的数组成。例如：A01B1/02

部　　　A

大类　　A01

小类　　A01B

大组　　A01B1/00

小组　　A01B1/02

（三）IPC 号在专利文献中的表达形式

IPC 分类号在专利文献中的表示顺序如下：首先代表发明信息的分类号，将其中那个最充分代表发明信息的分类号列于首位。其次代表附加信息的分类号。第三位的是引得码。

IPC 第 8 版（2006.01）分类表分为基本版和高级版，但鉴于维护两种具有不同修订程序和出版周期的独立版本的复杂性，IPC 联盟于 2009 年决定不再继续公布 IPC 的两个独立版本，为了满足基本版本的用户的需求，IPC 联盟决定：这些用户可以仅使用分类表中的大组对其专利文献进行分类。以前按基本版分类的情况现在称为"仅分入大组"，以前按高级版分类的情况现在称为"分入完整 IPC"。

大多数专利局要么分入完整 IPC，要么分入大组，中国国家知识产权局专利局对专利文献进行分类时"分入完整 IPC"。

对一篇专利文献当分入完整 IPC 时，IPC 分类号和版本号表示的示例如下：

Int. Cl.

B60K 5/00（2006.01）表示分入完整 IPC（斜体）的发明信息（黑体）；

B60K ***6/20***（2007.10）表示分入完整 IPC（斜体）的发明信息（黑体）；

H04H 20/48（2008.01）表示分入完整 IPC（斜体）的附加信息（普通字体，即非黑体）。

对于 IPC 第七版之前的早先版本，通常在 "Int. Cl." 缩写之后，以阿拉伯数字上标的方式指明。因此，对按照第七版分类的文献，缩写为 Int Cl[7]。但对按照第一版分类的文献，并没有阿拉伯数字上标显示，仅仅标识为 Int. Cl. 。

（四）技术主题所涉及的发明信息

发明信息是专利申请的全部文本（例如：权利要求书、说明书、附图）中代表对现有技术的贡献的技术信息，对现有技术的贡献的技术信息是指在专利申请中明确披露的所有新颖和非显而易见的技术信息。发明信息是利用专利文献的权利要求提供的信息并且适当地参考说明书和附图确定的。

（五）技术主题所涉及的附加信息

附加信息不是微不足道的技术信息，它本身虽不代表对现有技术的贡献，但是对检索可能构成有用的信息，其中包括引得码所表示的技术信息。附加信息是对发明信息的补充，例如已经分类的技术主题（产品）的用途或应用方面的特征。

（六）发明的技术主题

发明创造的技术主题可以是方法、产品、设备或材料，还包括这些技术主题的使用或应用方式。应当以最宽泛的含义来理解这些技术主题的范围。

1. 方法

例如：聚合、发酵、分离、成型、运送、纺织品处理、能量传递和转换、建筑、食品制备、试验、设备的操作及其运行、信息处理和传输的方法。

2. 产品

例如：化合物、组合物、织物和各种制造出的物品。

3. 设备

例如：化学或物理工艺设备、各种工具、各种器具、各种机器、各种执行操作的设备。

4. 材料

例如：组成混合物的各种组分。材料包括各种物质、中间产品以及用于制造产品的组合物。具体例子如下：混凝土，组成材料是水泥、沙石、水等。

应当注意的是：一个设备，由于它是通过一种方法来制造的，可以看作是一件产品。但是术语"产品"只是用来表示某一方法的结果（如某化学或制造方法的最终产品），而不管该产品其后的功能如何。而术语"设备"是与某种预期的用途或目的联系在一起的，例如，用于产生气体的设备、用于切割的设备。材料本身就可以构成产品。

二、外观设计的洛迦诺分类

（一）《国际外观设计分类表》的编排/等级结构

国际外观设计分类表（洛迦诺分类表）的编排：

采用两级结构，即有大类和小类组成。

用阿拉伯数字按顺序编排，并有英文版产品系列号及法文版产品系列号。

例如：17类乐器（大类号：17类；大类类名：乐器）

例如：17-03弦乐器（小类号：17-03小类；类名：弦乐器）

"吉他，六弦琴"的产品系列号：V0029英文版产品系列号

L0107法文版产品系列号

（二）分类号的表示

外观设计国际分类号由大类号和小类号组成，

大类号和小类号之间用破折号"—"分开，

大类号和小类号均采用两位阿拉伯数字，

大类号和小类号前加"LOC（n）CL."表示。N为所使用的洛迦诺国际外观设计分类表的版本号，如：LOC（8）CL.06-13

三、真题分析

8.【2016年第100题】下列各组表示了国际专利分类表部的类号所指示的部的类名，请判断哪些组存在错误？

A. G部：固定建筑物　　F部：机械工程、照明

B. E部：电学　　　　　C部：化学、冶金

C. A 部：人类生活必需　　D 部：纺织、造纸
D. H 部：物理　　　　　　B 部：作业、运输

【考点】国际专利分类

【分析】根据《国际专利分类表》的规定，A 部是指人类生活必需。B 部是指作业；运输。C 部是指化学；冶金。D 部是指纺织；造纸。E 部是指固定建筑物。F 部是指机械工程；照明；加热；武器；爆破。G 部是指物理。H 部是指电学。因此，选项 ABD 正确，选项 C 错误。

【答案】ABD

9.【2015 年第 30 题】下述说法哪个是错误的？
A. 中国采用国际专利分类法对发明专利申请进行分类
B. 中国采用国际专利分类法对实用新型专利申请进行分类
C. 中国采用洛迦诺分类法对实用新型专利申请进行分类
D. 中国采用洛迦诺分类法对外观设计专利申请进行分类

【考点】国际专利分类法 洛迦诺分类法

【分析】《专利审查指南 2010》第一部分第三章第 12 节规定，专利局采用国际外观设计分类法（洛迦诺分类法）对外观设计专利申请进行分类，以最新公布的《国际外观设计分类表》中文译本为工作文本。《专利审查指南 2010》第一部分第四章第 1 节规定，专利局采用国际专利分类对发明专利申请和实用新型专利申请进行分类，以最新版的国际专利分类表（IPC，包括其使用指南）中文译本为工作文本，有疑义时以相同版的英文或法文版本为准。因此，选项 ABD 错误，选项 C 正确。

【答案】C

第三节　专利信息检索

一、专利信息检索概述

（一）专利信息检索概念

专利信息检索是指使用者根据需要，借助一定的检索工具，从专利信息集合中找出符合特定要求的专利信息的过程和技术。

上述专利信息检索概念包含三方面的含义：线索、工具和目的。

根据某一（些）专利信息特征，即专利信息检索的线索；从各种专利数据库中找，即专利信息检索的工具；找出符合特定要求的专利文献或信息，即专利信息检索的目的。也就是说，专利信息检索概念是根据"要达到的目的、掌握的线索和选择的工具"概括而成的。

（二）专利信息检索工具

专利信息检索工具是实现专利信息检索目的的物质基础，是影响专利信息检索效果的中药客观因素。

常用的专利信息检索工具包括纸件专利文献、缩微专利文献和电子专利文献。互联网上的专利文献是电子专利文献的另一种发布形式，包括各国专利局和国际性专利组织利用互联网传播专利信息，提供网上专利信息检索的数据库及数据库集合。专利检索方式分为手工检索和计算机检索两种。

二、专利信息检索种类

由于专利信息检索的目的不同，检索依据的专利信息特征不同，从而形成不同的专利检索种类。

（一）专利技术信息检索

专利技术信息检索也称"专利技术主题查全检索"，是指从任意一个技术主题对专利文献进行检索，其目的是找出与被检索技术主题相关的参考文献，看是否有相关的技术依据申请专利。专利技术信息检索包括追溯检索

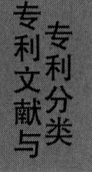

和定题检索。追溯检索是以某一特定时间为起点进行检索。定题检索是确定相关技术或者是相关技术领域进行检索。

(二) 专利性检索

专利性检索是针对特定技术而言，考察该技术是否具备新颖性和创造性，从发明创造的技术方案对包括专利文献在内的全世界范围内的各种公开出版物进行的检索，其目的是找出与发明创造技术方案可进行新颖性或创造性对比的文件。专利性检索包括新颖性检索和创造性检索。新颖性检索主要是通过检索来确定特定技术是否是公知技术；创造性检索主要是通过和既有的技术相比较考察特定技术是否具备《专利法》规定的创造性的要求。

(三) 专利法律状态检索

专利法律状态检索是指对专利的时间性和地域性进行的检索，又分为专利有效性检索和专利地域性检索。专利有效性检索是指针对一项专利或专利申请当前所处的状态进行的检索，其目的是了解该项专利是否有效。专利地域性检索是指对一项发明创造都在哪些国家和地区申请了专利进行的检索，其目的是确定该项专利申请的国家范围。

(四) 同族专利检索

同族专利检索是指针对一项专利或专利申请在其他国家申请专利并被公布等有关情况进行的检索，该检索的目的是找出该专利或专利申请在其他国家公布的文献号信息。

(五) 专利引文检索

专利引文是指在专利文献中列出的与本专利申请相关的其他文献，包括专利文献和非专利文献。专利引文检索是指查找特定专利所引用的专利引文以及被其他专利作为专利引文引用的过程。专利引文检索可以扩大专利信息检索范围、追踪技术发展方向、确定核心技术示例以及确定竞争对手及竞争对手间的技术联系。

(六) 侵权检索

侵权检索的目的是防止自己侵权他人权利或者查看自己的权利是否被他人侵犯。包括防止侵权检索和被动侵权检索。

三、专利信息检索技术与方法

专利检索可以通过以下内容进行：公开（公告）号、申请号、申请日、名称、摘要、权利要求书、说明书、申请（专利权）人、发明（设计）人、优先权、主分类号和分类号、代理人、专利代理机构、地址、范畴分类、国省代码、国别代码等。

(一) 布尔逻辑运算

布尔逻辑运算也称作布尔逻辑搜索，严格意义上的布尔检索法是指利用布尔逻辑运算符连接各个关键词，然后由计算机进行相应逻辑运算，以找出所需信息的方法。布尔逻辑运算符一般包括 AND，OR，NOT，NEAR，BEFORE，AFTER 和括号等。其中最基本的是 AND，OR，NOT 和 NEAR。

(1) 逻辑"与"
用"AND"或"＊"表示。可用来表示其所连接的来个那个检索项的交叉部分，也是交集部分。

(2) 逻辑"或"
用"OR"或"＋"表示。用于连接并列关系的检索词。

(3) 逻辑"非"
用"NOT"或"－"表示。用于连接排除关系的检索词。

(4) 邻近度算符 NEAR
用"Near"表示。表示检索词 A 和 B 不仅要同时出现在一条记录中，还要同时出现在一个字段里的文献才是命中文献。

(二) 专利检索要素

首先分析请求保护范围最宽的独立权利要求的技术方案，确定反映该技术方案的基本检索要素。基本检索要素是体现技术方案的基本构思的可检索的要素。一般地，确定基本检索要素时需要考虑技术领域、技术问题、技术手段、技术效果等方面。

在确定了基本检索要素之后，应该结合检索的技术领域的特点，确定这些基本检索要素中每个要素在计算机检索系统中的表达形式。

在确定反映技术方案的检索要素时，不仅要考虑技术方案中明确的技术特征，必要时还应当考虑技术方案中的某些技术特征的等同特征。等同特征是指与所记载的技术特征相比，以基本相同的手段，实现基本相同的功能，达到基本相同的效果，并且所属技术领域的技术人员能够联想到的特征。在确定等同特征时，应当考虑说明书中描述的各种变型实施例、说明书中不明显排除的内容等因素。

四、主要互联网专利信息检索系统

互联网上的专利信息资源是检索和获取的最佳方式之一。使用者可以不受时间和空间的限制，随时随地进行检索。目前许多国家的专利局或国际性专利组织开发了网上专利数据库，为公众提供专利信息服务。占全世界专利信息总量的80%的四个网上数据库为：

中国国家知识产权局网站（http：//www.cnipa.gov.cn）

该网站设有专利检索系统及法律状态查询系统；专利检索系统收录了1985年以来公开（告）的全部中国发明、实用新型、外观设计专利的中文著录项目、摘要和全文说明书图像；法律状态查询系统收录了1985年以来的全部中国发明、实用新型、外观设计专利的法律状态信息。

美国专利商标局网站（http：//www.uspto.gov）

美国专利商标局网站提供美国授权专利检索系统，专利申请公布检索系统，专利权转移系统，专利公报浏览系统，美国专利分类表查询系统，美国专利法律状态检索系统等。

日本专利局网站（http：//www.jpo.go.jp）

日本专利局已将自1985年以来公布的所有日本专利、实用新型和外观设计电子文献及检索系统通过其网站上的工业产权数字图书馆免费提供给全世界的读者。日本专利局网站中的工业产权数字图书馆被设计成英文版和日文版两种系统。英文系统含有日本专利、实用新型、外观设计与商标全文数据，FI与F－TERM分类表及其检索，以及日本公开专利英文文摘数据。日文系统除上述数据外，还含有法律状态信息。

欧洲专利局网站（http：//www.epo.org）

欧洲专利局网站中设有供检索包括欧洲专利在内的世界各国专利信息、同族专利信息及部分国家专利法律状态信息的esp@cenet网站http：//ep.espacent.com以及供检索欧洲专利法律状态信息的epoline网站http：//www.epoline.org/portal/public。